朱越利 主编

道藏说略

增订本

上册

北京联合出版公司

增订版序言

《道藏说略》第一版是北京燕山出版社《说略》系列图书中的一部，2009年6月出版。全书分上下两册，精装本，共965千字。《道藏说略》第一版封面上印着"国家古籍整理出版资助项目"和"北京市新闻出版局古籍整理出版资助项目"两行字，封底印着"本书由下列单位资助出版""北京市东岳庙庙务民主管理委员会""苏州玄妙观""上海钦赐仰殿道观"四行字。

北京燕山出版社于2013年第2次印刷《道藏说略》第一版，改为豪华本，封面上又增印了"荣获第二届中国出版政府奖图书奖提名奖"一行。函套封面又增印了篇目和各篇作者姓名。

《道藏说略》是国学基础读物，其主要功能，一是普及国学知识，二是充当阅读道经的"向导"。因此，其应当保证提供的《道藏》知识是重要的、准确的、完整的和新鲜的。显然，不能将陈旧有误的知识向社会普及，不完整的知识不能胜任范围更广的"向导"。

日月如梭，时光流逝。为了保证《道藏说略》继续充分发挥国学基础读物的主要功能，有必要不断增订。此次出版的是《道藏说略》第一版的增订版。增订的内容分为两类：一类是对第一版原文的增补和订正，另一类是增添新篇。

对第一版30篇原文的增补和订正，包括增补12年来有关道经研究的新成果，包括订正文字，有错尽改。增补的新成果，以已经得到学界普遍认可的部分为限。尚未引起学界注意或尚在讨论中的新成果，一般不在增补之列。其中少数涉及重大学术问题者，则突破了这一限制，但点到为止。各篇增订内容的多寡，由各篇作者根据学术研究的进展情况掌握。有既增补也订正者，有只订正而无增补者。

《道藏说略》增订工作启动后，已故王卡研究员的夫人尹岚宁教授，加入了"道藏说略增订"微信群，与其他作者包括增订版编辑一起商讨及交流增订工作。增订版新篇作者之一汪桂平研究员，接受尹岚宁教授授权，认认真真地代替王卡研究员增订了《敦煌道经说略》篇。

增订版聘请作者的标准与第一版完全相同。增订版新增了《道藏中的女性说略》《道教南宗经典说略》《道藏中的儒家说略》《道藏中的诸子说略》《道藏中的民间宗教说略》《道藏中的历史文献说略》《道藏中的文学说略》《道藏中的图像说略》《道藏中的音乐说略》和《道藏图书学说略》等10篇，意在帮助更多专业的读者认识《道藏》或查找资料。

新增10篇，共11位作者。新增的《道教南宗经典说略》篇的作者盖建民教授，是第一版的老作者，其余10位是新作者。新作者中的9位，在大学或研究所工作，另一位盛克琦道长是增订版44位新老作者中唯一的教内人士。

盛克琦道长是学者型道长，长期致力于整理道经，并加以论述。他点校了20多部道经，硕果累累，洋洋大观。盛克琦道长是活跃在体制外学术研究第一线的学者，增订版也是按照第一版作者的标准聘请他的。

撰写《道藏说略》新篇，担子沉重。10位新作者肩负的本职工作已经相当沉重，再压上新篇的重担，可谓重上加重。但他们都义无反顾地接受了邀请，硬挤时间，殚精竭虑，向读者奉献出精美的普及性说略新篇。10位新作者对社会和青年一代的责任感，千金一诺的守信品德，足以与第一版30篇的34位老作者们并肩媲美。

《道藏说略》是集体合撰的著作，由专家分篇撰起，每一篇介绍《道藏》的一个方面。围绕着提供《道藏》知识这样一个共同的主题，本书各篇依照道经的类别有序排列。本增订版40篇沿袭第一版的做法，

44位作者各署名于所作之篇章，全书作者排名不分先后。

在《道藏说略》增订版即将出版之际，我们全体作者要感谢北京联合出版公司的领导，感谢他们深入领会并坚决贯彻执行国家的出版政策，坚定不移地弘扬祖国传统文化的精华，支持出版优秀的宗教学术著作。他们毫不迟疑地批准了张永奇先生再版《道藏说略》的提议，并鼓励他圆满完成《道藏说略》增订版的编辑工作。祝北京联合出版公司的出版工作蒸蒸日上。

朱越利

2021年7月22日

第一版前言

北京燕山出版社于2002年10月推出了一套《经史说略》，即《十三经说略》与《二十五史说略》，销售火爆，出版社不得不赶紧于2003年3月第二次印刷，以满足翘首以盼的读者。受市场鼓舞，出版社萌生了出版"说略"系列的想法。系列之二确定为《佛典道藏说略》，包括《道藏说略》和《佛典说略》两册。

2004年下半年，北京燕山出版社开始打电话同我联系，说是他们的学术顾问白化文教授全力推荐我和方广锠研究员，分别主持《道藏说略》和《佛典说略》的编写工作。

大概是20年前，有一次，我在北京大学图书馆书库里找书，在书海里邂逅白化文教授。馆长主动为我们作了介绍。白化文教授为人彬彬有礼，恪守传统美德。白化文教授是周绍良先生的弟子。周绍良先生晚年隐居东郊农村一座幽静的别墅，远离城市的喧嚣。那时北京马路塞车已经令人生畏，我去别墅看望过周绍良先生，深知去一趟行路不易。那些年，年过古稀的白化文教授不惮长途跋涉之苦，时时趋前问候，市内郊外两头照料，直至周绍良先生西归。亲子也不过如此，令人感动。

北京燕山出版社对我来说并不陌生。我们那套《道教文化丛书》，就是1992年12月在这家出版社出版的。我写的一本小书《道教要籍概论》，也列在丛书中。

2004年12月30日，责任编辑杨韶蓉女士来我办公室约稿。她将一套《经史说略》带给我。我浏览了一下，肃然起敬，作者们大部分是研究某经某史的学术权威。

经过8个月的大力邀请，2005年8月20日，北京燕山出版社正式向作者们发出了约稿函。不久，商讨撰稿各种事项的电子邮件不断发来，电话不断打来。又过了一段时间，书稿也开始陆续而至。

一年后，2006年8月18日，北京燕山出版社邀请有关人员，在西山大觉寺讨论《道藏说略》《佛典说略》和《太平广记汇校本》的编写出版工作，检查写作进度。总编辑赵珩先生重申，《道藏说略》和《佛典说略》是全国古籍整理出版规划领导小组"十一五"重点规划项目、北京市新闻出版局古籍整理出版重点资助项目。出版局和社领导非常重视，要求这套书从撰稿到出版均要以出精品为目标。《经史说略》是不设主编的，会议决定《道藏说略》和《佛典说略》设立主编。另外，因杨韶蓉女士已调离，出版社决定改由原编辑室主任李剑波女士任责任编辑。后来，增加了新编辑胡芳女士任责任编辑。

大觉寺是将现代物质享受与佛意禅趣结合起来的场所。季羡林先生曾在报纸上发表散文，对在大觉寺小住几天表示非常满意。当晚，我们在寺中一处花木扶疏的院子当中，靠坐在藤椅里，围着圆桌，饮茶避暑，享受古寺清幽的山间夜色。北京市新闻出版局张苏处长、中华书局顾青副总编辑、中国人民大学张国风教授、赵珩总编辑、李剑波主任、杨韶蓉女士等在座。我听着大家高谈阔论，想着往常此时我正在敲键盘，身心感到一阵放松。我写了一首七绝《桑拿天夜宿大觉寺》，纪念《道藏说略》编写工作中的这一小插曲。歪诗曰："大觉禅寺茅台酒，明慧花庭龙井茶。围坐高谈消夏夜，山风送爽喜得暇。"

以上讲本书的缘起。我想说的是，《道藏说略》的问世，应当归功于北京燕山出版社。题目是他们提出来的，他们做了许多细致的工作，倾注了大量心血。

北京燕山出版社将《经史说略》定位为国学基础读物。李学勤先生在《经史说略》的第一篇《经史总说》中说：

> 我们不能要求人人都通读《十三经》《二十五史》，但是希

望大家对这两部最重要的文献有基本的知识，而且知道在需要的时候怎样去阅读和使用。《经史说略》正是帮助读者取得这方面知识的良好指导。

《道藏说略》的定位与《经史说略》完全相同。它既带有普及道经知识的性质，又是学术入门的向导。

《经史说略》的《出版说明》介绍了出版社选择作者的标准：

一、撰稿人必须是学术界德高望重、名实相符的专门名家；

二、撰稿人在某经或某史的研究方面有专著出版或专文发表，并为学术界高度认可；

三、撰稿人必须是活跃在教学与科研第一线，非常了解年轻学子的现状，并洞悉他们的特点，以期在撰稿时体现出针对性。

我以为，出版社制定这样三条标准，就是要保证国学基础读物的学术性和高品位。具体地说，就是要保证提供的知识是重要的、准确的、完整的和新鲜的，提供的指导是正确的和一流的，同时还要深入浅出。只有研究得比较透彻了，才能够把复杂的知识和深奥的道理用几句大众语言讲出来，使人一听就明白。国学基础读物看起来简单，写起来不容易。

《道藏说略》也是按照这三条标准选邀作者的。本书的作者都是研究道教的学者，绝大多数活跃在科研或教学第一线，许多人站在学术的前沿。因此，《道藏说略》不仅便于学习和使用，而且也等于为青年学子们开列了一张道教学老师的名单，学子们可以照着名单寻师求教。

我想起青少年时代阅读过的通俗读物。这类读物对我的心灵启迪很大，同时教给我许多宝贵的知识，使我受益终生。我对优秀通俗读物的作者始终怀着感恩之心。他们之中，不乏大学者和大作家，比如主编

《中国历史小丛书》和《外国历史小丛书》的吴晗，比如撰写《格兰特船长和他的儿女》《地心游记》《海底两万里》《八十天环球旅行》等系列科幻小说的儒勒·凡尔纳，等等。

《道藏说略》的作者都很忙。他们只能像鲁迅说的那样，似海绵挤水般挤时间写《道藏说略》。有的作者是在病中完成书稿的。有的作者在国外出差时还在抽空写稿。有几位作者是中途甚至是快到截稿日期时，我们才紧急邀请他们"救场"的。作者们的写作都很认真，书稿的质量整体上超出了我的预想。作者们也许是见贤思齐，向吴晗、儒勒·凡尔纳和李学勤等看齐，怀着对社会、对青年的一种责任感；也许只是为了兑现对约稿函的千金一诺。

以上讲本书的写作。我想说的是，《道藏说略》的问世，应当归功于本书的作者们。他们表现出来的那种责任感和守信的品格，在今天是多么可贵啊！

朱越利
2008 年 9 月 1 日

目　录

道藏总说　朱越利 / 1
　一、《道藏》的特点和价值 / 2
　二、悠久的道藏编纂史 / 6
　三、《道藏》独特的分类法 / 14
　四、自成体系的道经目录 / 18
　五、藏外道书和续修道藏 / 23
　六、《道藏》研究的部分成果 / 30

敦煌道经说略　王　卡 / 41
　一、敦煌道经的发现与流散 / 41
　二、敦煌道经与一切道经 / 46
　三、敦煌道经所见道教史迹 / 58

藏外道书说略　陈耀庭 / 78
　一、藏外道书的界定 / 78
　二、藏外道书的数量 / 79
　三、搜集和研究藏外道书的原因 / 85
　四、怎样利用藏外道书 / 87
　五、藏外道书的价值 / 91
　六、结语 / 109

洞真部道经说略　　钟国发 / 111
　　一、洞真部概述 / 111
　　二、洞真经籍选介 / 124

洞玄部道经说略　　王承文 / 141
　　一、序 语 / 141
　　二、道教历史上的"葛氏道"和"灵宝派" / 142
　　三、敦煌本陆修静《灵宝经目》及其著录的
　　　　"古灵宝经" / 144
　　四、《灵宝五篇真文》与中古道教经教体系的
　　　　建构 / 148
　　五、灵宝经与佛教及道教斋醮科仪的关系 / 162
　　六、主要经典介绍 / 165

洞神部道经说略　　樊光春 / 174
　　一、《道藏》洞神部的内容 / 174
　　二、洞神部的最初来源：三皇经 / 186
　　三、关于老子西游化胡的神话 / 193
　　四、道教遭遇的两次焚经之祸 / 205

太玄部道经说略　　尹志华 / 213
　　一、太玄部道经概述 / 213
　　二、太玄部应收经籍选介 / 220

太平部道经说略　　胡孚琛、姜守诚 / 245
　　一、《太平经》的历史和太平部的现状 / 245
　　二、太平部的主体灵魂——《太平经》
　　　　之介绍 / 250

三、《太平经》研究述评 / 261

太清部道经说略　盖建民、夏涛 / 268
    一、太清部的错乱 / 268
    二、汉代的太清经 / 270
    三、魏晋南北朝太清经 / 278
    四、结语 / 289

正一部道经说略　郭树森 / 292
    一、正一部和正一经 / 292
    二、《正一法文》《正一盟威箓》《天官章本》/ 297
    三、《老子想尔注》/ 307
    四、《云中音诵新科之诫》和《道门科略》/ 315
    五、《虚靖真君语录》和《明真破妄章颂》/ 323
    六、《岘泉集》和《道门十规》/ 331
    七、天师道正一经典在中国文化史上的作用和
        影响 / 340

符图类道经说略　姜守诚 / 352
    一、符图类道经之概要介绍 / 352
    二、符图类道经之分类举例 / 357
    三、研究综述 / 381
    附录：《道藏》中载符图、印章、剑镜等分布
       情况一览表 /384

戒律类道经说略　丁培仁 / 403
    一、总说戒律类 / 403
    二、分说戒律类道经 / 412

科仪类道经说略　张泽洪 / 459
　　一、南朝至唐五代时期道教科仪经书的
　　　　编纂 / 459
　　二、宋元明清时期科仪经典的编纂 / 468
　　三、20 世纪以来道书的编纂与民间科仪本的
　　　　收集 / 478
　　四、道教科仪经书举要 / 481
　　五、中外学界关于斋醮科仪经典的研究 / 493

法术类道经说略　刘仲宇 / 502
　　一、有关符图、法箓等道法手段的记载与论著 / 503
　　二、法术原理与方法的记载、论说 / 517
　　三、一派或多派法术的集成 / 527
　　四、研究综述 / 537

外丹经说略　容志毅 / 541
　　一、释外丹经与外丹黄白以及丹 / 541
　　二、明《正统道藏》外丹经应入《太清部》
　　　　而误入《洞神部·众术类》/ 543
　　三、历代外丹经之造作 / 545
　　四、《道藏》外丹经要辑说略 / 552
　　五、《道藏》所载外丹经 / 576
　　六、诸经史子集载外丹经 / 582
　　七、近代以来对外丹经及外丹之研究 / 584
　　附录 / 590

内丹经说略　霍克功 / 603
　　一、内丹学概念 / 603

二、内丹学源流 / 604

三、内丹经概说 / 610

四、《道藏》所载内丹经 / 636

四、内丹学研究综述 / 645

仙传类道经说略　杨　莉 / 656

一、仙传类道经概述 / 656

二、主要仙传介绍 / 673

三、仙传类道经研究 / 683

道藏中的女性说略　沈文华、盛克琦 / 698

一、女神、女仙与女冠 / 702

二、女子修道 / 720

三、相关经籍 / 728

名山宫观志说略　杨立志、王少儒 / 735

一、名山宫观志概说 / 735

二、三家本《道藏》中的名山宫观志 / 740

三、三家本《道藏》中的其他志书性文献 / 748

四、其他道经总集中的名山宫观志 / 760

五、其他名山宫观志简述 / 765

六、名山宫观志的作者与主要内容 / 776

七、名山宫观志的编修目的及作用 / 781

八、名山宫观志的特点 / 787

九、现代新编名山宫观志及道教金石碑刻
　　专集 / 790

十、名山宫观志简评 / 797

全真派道经说略　潘显一、田晓膺、雷晓鹏 / 804
　　一、全真道经总述 / 804
　　二、全真道主要著述介绍 / 808

道教南宗经典说略　盖建民 / 829
　　一、张伯端《悟真篇》及其注疏类文献 / 830
　　二、二祖、三祖、四祖类文献 / 836
　　三、白玉蟾著述文献 / 840

神霄派道经说略　李远国 / 854
　　一、神霄派道经的研究状况 / 854
　　二、神霄内府秘藏经概述 / 856
　　三、《灵宝无量度人上品妙经》与神霄祖师
　　　　著作 / 860
　　四、《道法会元》与《法海遗珠》中的
　　　　神霄道经 / 871

净明派道经说略　郭　武 / 888
　　一、净明道的兴起与"净明经"的出现 / 888
　　二、南宋时期的净明道经典 / 889
　　三、元代的《净明忠孝全书》/ 896
　　四、明清以来的净明道经典 / 904

道教善书说略　唐大潮、周冶 / 911
　　一、序语 / 911
　　二、道教善书的渊源 / 912
　　三、道教善书的形成和发展 / 916
　　四、道教善书的基本内容 / 920

五、道教善书的影响 / 923
　　六、主要经典介绍 / 927

道藏中的儒家说略　汪桂平 / 935
　　一、概述 / 935
　　二、儒家著作 / 941
　　三、援儒入道的道经 / 945

易学类道经说略　章伟文 / 963
　　一、《道藏》道教易学类道经概述 / 963
　　二、道教易学的研究状况及其与玄学易、儒学易的区别 / 965
　　三、道教易学的历史发展及其对道教教义思想的影响 / 971
　　四、《道藏》道教易学类经书简介 / 981

数术类道经说略　章伟文 / 993
　　一、《道藏》数术类经书概述 / 993
　　二、道教数术学的研究状况及其在道教教义思想发展中的地位与价值 / 1000
　　三、《道藏》数术类经书简介 / 1003

道藏中的诸子说略　吕锡琛 / 1013
　　一、《道藏》中的诸子概述 / 1013
　　二、《老子》及注《老》作品 / 1016
　　三、《庄子》及注《庄》作品 / 1023
　　四、其他诸子作品 / 1029
　　五、诸子作品入《道藏》的历史文化意义 / 1039

道藏中的民间宗教说略　李志鸿 / 1043

　　一、引言 / 1043

　　二、《道藏》中民间教团资料 / 1046

　　三、《道藏》中民间道坛资料 / 1052

　　四、《道藏》中民间神明资料 / 1054

道藏中的佛经说略　强　昱 / 1064

　　一、历史发展情况的概述 / 1064

　　二、佛道教的根本分歧 / 1072

　　三、具有代表性的道化佛典 / 1080

　　四、道化佛典的历史意义与文献价值 / 1109

　　附录：《道藏》中题属佛教的著作 / 1115

道藏中的历史文献说略　刘　屹 / 1123

　　一、引言 / 1123

　　二、与特定历史背景关联的文献 / 1126

　　三、特定道派的历史文献 / 1144

　　四、其他历史文献概说 / 1148

道藏中的文学说略　蔡觉敏 / 1153

　　一、综述 / 1153

　　二、诗词 / 1158

　　三、文和赋 / 1166

　　四、戏剧类 / 1170

　　五、仙传类 / 1173

道藏中的图像说略　赵　伟 / 1181

　　一、《道藏》图像综述 / 1181

二、图像道经介绍 / 1196

　　三、道教图像研究及出版概况 / 1205

道藏中的音乐说略　甘绍成 / 1212

　　一、引言 / 1212

　　二、道教音乐演礼 / 1213

　　三、道教音乐乐器 / 1218

　　四、道教音乐表演 / 1235

　　五、道教音乐形式 / 1244

　　六、道教音乐曲谱 / 1255

　　七、道教音乐思想 / 1259

　　八、结语 / 1265

医药养生类道经说略　杨玉辉 / 1270

　　一、医药养生类道经概述 / 1270

　　二、几种重要的医药养生类道经 / 1277

　　三、医药养生类道经的功能和价值 / 1295

　　四、医药养生道经研究简况 / 1298

科技类道经说略　姜生、韩吉绍 / 1302

　　一、道教与科技史研究命题的由来及发展过程 / 1302

　　二、《道藏》中的科学技术成就概论 / 1307

　　三、科技类重要典籍介绍 / 1311

　　四、研究成果举要 / 1330

道藏图书学说略　刘康乐 / 1338

　　一、道藏图书学概述 / 1338

二、图书学类道经说略 / 1352

道教类书说略　王宗昱 / 1364
　　一、《无上秘要》的教义体系 / 1365
　　二、融合佛道的《道教义枢》/ 1370
　　三、小道藏《云笈七签》/ 1375

道教碑文说略　黄海德 / 1384
　　一、碑文的起源及其历史价值 / 1385
　　二、道教碑文概况及其研究现状 / 1388
　　三、《道藏》碑文概述 / 1391

禁毁道经说略　朱越利 / 1415
　　一、含有反叛思想 / 1415
　　二、含有谶纬内容 / 1418
　　三、含有化胡说 / 1419

道藏总说

朱越利

《道藏》是中国传统文化的宝库之一，包含着丰富的精华。研究道教自然离不开《道藏》。对于研究中国传统的文学、历史、哲学、音乐、美术、建筑、医药学、民俗、科技等等，《道藏》中也保存着重要的史料。

道藏的编纂经历了悠久的历史。历代编修的道藏，现今只有明代万历三十五年编纂的那部《道藏》硕果仅存。我们今天一般说"道藏"，指的就是这部明《道藏》。今人对这部明《道藏》做了点校。

这部明《道藏》并没有将明代万历三十五年（1607）之前的所有道经收齐，尚有不少"失收道经"游离在《道藏》之外，比如敦煌道经。已经有学者将敦煌道经整理成集。明代万历三十五年之后"新出道经"大量问世，当然更属于藏外道书之列。藏外道书是本应收入这部明《道藏》和等待收入下一部道藏的道经。已经有学者编辑出版了《藏外道书》。

从"藏"字本来意义上讲，道藏应当总括世上一切道经。换言之，道藏即"道经全书"，如同《四库全书》，如同百科全书。世上所有的道经丛书和所有分散的道经单行本，都可视为道藏的子书。历代一次次编修道藏，就是在不停地增补"新出道经"，使全书随时间的推移而扩充。但是，总括世上一切道经是无法做到的，"失收道经"总是存在的。总括世上一切道经的道藏是虚拟的，只存在于道士和道教学者的观念和想象之中。

一、《道藏》的特点和价值

按照宗教严格的说法，只有神说的话和神传的文本才能称为经。所以，许多道经不署作者姓名，声称出自神仙，或者在署作者姓名之处直接署神仙名。关于此类道经出世的神话有以下一些：第一，妙气所成，自然天书；第二，神尊口吐；第三，神尊天宫说法；第四，神神授受；第五，神帝授受；第六，天神授受；第七，神真撰或下传；第八，面壁现经；第九，神仙现世，亲授真经；第十，神真降授，记录成经；第十一，异人降授；第十二，依托祖师名人等授。这些是本义上的道经。其实，所有的宗教经典都是人写成的。这些作者为了创教、传教，塑造了神，也编写了经，隐瞒了自己的作者身份。这为我们考证作者和年代带来了困难。

有的本义上的道经，被人注释和论述。有的神仙和道士，被人撰写了传记和年谱，整理了语录。教团制定了戒律、清规、科仪，教派书写了发展史，宫观编写了宫观志、山志。还有的道士和对道教感兴趣的人士留下了有关道教的游记、诗词等。这些作品大都题署了作者的真名实姓，不少还附有序跋。这些作品也被笼统地称为道经，这些是扩大意义上的道经。为了叙述方便，我将上述本义上的道经称为第一种道经，扩大意义上的道经，我将之算为第二种。有些道士撰写了非道教内容的作品，是因人而称的道经，可算作第三种。后来编辑《道藏》的时候，把第二种、第三种道经也收录了进来。

还有第四种，既不宣扬道教教义，也非道士所作，是因收于《道藏》而称的道经。具体地说，《道藏》也收录了不少关于中国古代医药、养生、天文、史地和诸子百家的著作。因此，《四库提要》贬斥《道藏》滥收充数，毫不掩饰对《道藏》的蔑视态度。道教界的陈撄宁对《四库提要》的这种态度深感愤慨，特发表《论〈四库提要〉不识道家学术之全体》一文予以反驳，一抒胸中块垒（见《道协会刊》第4期，1964

年)。《道藏》是滥收充数,还是道家学术之全体?《四库提要》之批判与陈撄宁之辩护孰是孰非,此处不作评判。但是,要是说起明《道藏》,我们只能尊重它的本来面貌,尊重它收录了四种子书的事实。对于其他道教丛书,也应持这种态度。但是,我们只应承认前两种为真正的道经。

《道藏》中的道经继承了中国传统的神仙信仰、道家哲学、术数、巫术、鬼神观念、自然崇拜、儒家思想、宗法宗教、佛教教义等内容,采用了数十种古代文体。从内容到形式均以中国传统文化为主干,并融合有外来文化,这是《道藏》的第一个显著特点。中国传统文化是广博的。道教全面继承了中国传统文化,所以《道藏》也是广博的。内容广博,形式多样,这是《道藏》的第二个显著特点。

道教的创立方式,与世界三大宗教完全不同。道教的一些派别有创始人,有该教派的根本经典或祖经。但整个道教没有唯一的创始人和与之紧密相连的最初、最根本的一部或一批经典。我们无法指出第一部道经究竟是哪一部,也无法指出哪一部或哪一批道经可以直接代表道教所有派别的教义。道经是各时期各派分别编写的。比如,两汉产生了太平道经、五斗米道经以及一些仙传和该时期丹经等,六朝产生了魏晋五斗米道经、洞渊派经、南朝天师道经、三皇经、灵宝经、葛氏道经、上清经、陆修静总括三洞的著作、楼观派经等,隋唐五代出现了尊崇道家诸经的注疏论述、茅山派经、三洞科仪经典、重玄派经、正一派经、天童派经、道教的孝经、道教哲学诸经以及该时期外丹经、内丹经等,宋元出现了龙虎山天师派经、新神带来的新经、神霄派经、灵宝大法、清微派经、劝善书、全真道经、道教南宗丹经以及该时期外丹经等,明清出现了明正一派经、清龙门派经以及该时期内丹经等,近现代出现了一些新的道经。子书所属派别的多元化是《道藏》的另一显著特点。

道经对中国古代社会生活的各个方面均产生过深刻的影响。道经也越过边境,流传国外,在促进中外文化交流中起到积极作用。我们可以从以下几方面认识《道藏》的价值:

1. 《道藏》的宗教价值

道经作为道教信仰的文字记录，在中国封建社会中受到许多统治者和广大道士、信徒的尊崇。道经是道士和信徒的读本，诵经也是一种宗教活动。《道藏》的主题是宣传对道、对神仙的信仰，诉说着道教著述家、活动家和广大信徒的自我意识、世界观、痛苦与呻吟以及人生处方。它反映了一些人对终极真理的追求，一些人对现实斗争的逃避。它凝聚着人类的某些智慧，也暴露着人类的某些愚昧，是中国历史的一面巨大的折射镜。

2. 《道藏》保存了不少古籍善本

《道藏》包含着丰富的文化成果。敦煌道经是目前已知道经中最早的手抄本，具有很高的校勘价值。各地图书馆还收藏了一些宋版、元版道经，均很珍贵。明《道藏》源于《政和万寿道藏》，其中有唐版，宋版更多。比如《道藏》本《墨子》源于宋本，《墨子》唯赖《道藏》才得以保存。若无《道藏》，我们今天则无《墨子》可读。《道藏》之功，此为一端。《道藏》中无法判明年代的版本，至少属于明版，其中也有不少精善本。由于《道藏》中拥有大量古本、善本，故不少学者均利用《道藏》进行古籍校勘或辑佚。如孙星衍编辑《平津馆丛书》，严可均编辑《全上古三代秦汉三国六朝文》等。

3. 《道藏》保存了道教对儒佛二教产生影响的资料

儒释道三家的斗争与融合，贯穿于东汉以来中国封建社会始终，构成中国古代思想史的重要内容和特点。在这一过程中，道教曾经吸收佛教和儒家的许多内容，同时也对佛教和儒家产生了重大影响。南北朝隋唐时期，三教围绕着神灭、因果报应、夷夏之辨等问题展开争论。道教对佛教的攻击，客观上对佛教的中国化起到催化剂的作用。道教首创了以劝善书的形式宣扬善恶报应的做法，这一形式为佛教效仿。佛教"施饿鬼"的活动，受到道教中元思想的影响。佛教的"守一禅法"受道教影响很深。一些禅宗著作引用了道教资料。道经保存了不少两汉时期的谶纬资料。道教徒有不少注释"三玄"的著作，参与了玄学讨论。道教用以解释丹法的宇宙生成论对宋代理学的形成的影响更为巨大，为后者的直接思想渊源之一。许多与上述问题相关的道经保存在《道藏》之中。

4. 《道藏》保存了大量道教史料

道经记录了道教的全部历程。研究道教史，自然要翻阅正史和其他有关书籍。同时《道藏》中也蕴藏着极为丰富的道教史史料。如陶弘景《真诰》为上清史珍贵资料，也是研究灵宝派的主要资料。书中还有佛道交流及上清派与天师道交流的史料。正史关于早期天师道活动情况的记载很简略。陆修静所述"三张科律"，弥补了正史之不足。另外有些道经直接记录了历史事件和有关文件。道经中有大量的注疏序跋。有些作者具有特殊身份，他们为道经撰写注疏序跋的举动本身即具有研究价值。同时，注疏序跋的内容也是研究其撰著者的第一手资料。有的注疏序跋中还包含着有关道教的其他资料。《道藏》中还有许多综合性史料。

5. 《道藏》保存了大量文学艺术史料

一些道经为了便于朗诵、记忆、流传，全部或部分采用了诗词歌赋等文学形式。因此《道藏》也是一座文学宝库，很值得从文学的角度去努力挖掘。道教中有两种文学形式，即步虚词和青词，也为道教外所采用。道教文学促进了中国文学中浪漫主义手法的形成与发展。《道藏》对中国古代音乐、戏曲、美术、书法、建筑、园林、雕塑、服饰等都给予了巨大影响。

6.《道藏》保存了大量医药科技史料

《道藏》和其他道教丛书中，保存了大量的中医药学著作。道经在养生方面的贡献非常突出。道经叙述的内丹术对于健身祛病是有效的。道经对气的重视和关于天人相副、人体小宇宙的观点，促进了我国古代医学和养生学的发展和对人体的研究。道教的黄白术和外丹术是近代化学的先驱，对世界文明做出了卓越贡献。道经还记载了铸造法、机械制造、天文学等方面的知识。

二、悠久的道藏编纂史

郑樵《通志·校雠略》说："学问之苟且，由源流之不分"，"类例既分，学术自明"。这是说，研究学问离不开历史学的方法，应当搞清发源和流变，研究图书应当搞清分类和目录。陈国符的《道藏源流考》，是研究道藏的主要奠基著作。

（一）道藏的形成

汉魏两晋时期，方士辈出。他们撰写经典，制作符箓，比较活跃。东汉宫崇向皇帝献上其师于吉所得《太平清领书》170卷，又有记载说张陵另出《太平洞极经》144卷。东汉末年，张角怀揣《太平经》，借助太平道发动黄巾起义，天下震动。张鲁撰写《老子想尔注》，依靠五斗米道实行地方割据，偏安一隅垂30年。黄巾起义和五斗米道割据两大社会运动，标志着道教正式创立。汉代还有人撰写《黄帝九鼎神丹经》

和《周易参同契》，记录方士烧炼外丹的方法和体会。其后，三国帛和得《三皇文》，东晋时杨羲传《上清经》，葛巢甫造《灵宝经》，各种经书愈出愈多。这些经典及符箓的宗教思想相同或相近。东晋时，一些饱学方士大量收藏各种宣扬修炼成仙和驱邪治鬼的经典与符箓，道藏初现雏形。

道教的形成过程的总趋势是先有分散的小教，然后逐步联合为一大教。联合为一大教后，原来的小教则成为派。简而言之，道教是先有派，后有教。南北朝时期，各小教方士逐渐觉得大家有共同语言，好似共属一教，应当联手。这种认同意识催生道藏，有人付诸行动，精心将几个小教的经典编辑为一部总集，道藏应运而生。编纂道藏者旨在推动联合，即试图以道藏向世人显示一大教的存在，并巩固和加强各小教的认同意识。那时，的确有几个小教显示了实力，具备了联合的资格和能力。

六朝末隋唐时期已将贮经之处称为"藏"，但南朝和唐代的几部道经全书还没有被称为"道藏"，而是被称为《三洞经书》《玉纬七部经书》《三洞琼纲》与《三洞玉纬》等。"三洞""七部"等名词，表达的也就是道经全书的意思。《三洞经书》等是尚无"道藏"名称的道经全书。学术研究中将它们也统称为"道藏"。至宋代，"道藏"之称才开始普遍起来。

历史上编纂道藏有二十多次，以下仅介绍历代编纂的九种道藏。若欲了解其他各次编纂道藏的情况，可参阅陈国符著《道藏源流考》。

（二）明代以前的道藏

1. 郑隐藏书

东晋葛洪在《抱朴子内篇》的《遐览》篇中，按照"道经"和"诸符"两个类别，著录了其师郑隐的藏书。道经总集应具备三项最基本的特征：（1）所收道经基本齐全，（2）独自成为丛书，（3）编制了分类目录。无论是郑隐还是葛洪，均不是有计划、有目的地收集和编纂道经全书。但由于"郑隐藏书"丰富和葛洪《抱朴子内篇·遐览》如同"郑隐藏书目"，使"郑隐藏书"初现道经全书的三项最基本的特征，因而可视其为道藏的雏形。之所以称其为雏形，是因为"郑隐藏书"尚有两点不足之处：第一，不仅缺斋仪之书，而且原始道教经典也遗漏很多；第二，葛洪的著录过简，并且不规范。葛洪之后，不见"郑隐藏书"的记载。

2. 陆修静《三洞经书》

南朝宋明帝尊崇道教，陆修静深受宋明帝礼敬。陆修静住在明帝于北郊天印山为他修建的崇虚馆中，弘扬道教，故得以皇帝之力搜取各地道经，尽得各地经书。可见，陆修静编纂道藏得到宋明帝的支持。《道教义枢》卷二《三洞义》将这些经书的目录称为《三洞经书目录》。陆修静大概没有为这批道经题一个总名，我们据经目称之为《三洞经书》大概是合适的。陆修静在崇虚馆以三洞分类法整理道经，对后世道藏的编纂深有影响。

3. 孟法师《玉纬七部经》

南朝梁代有两位孟法师。一位是孟景翼，字辅明，平昌安丘（今属江苏）人。曾任梁武帝大道正，经常为皇帝讲法。因为他精于道教教义，时人尊称他为法师，号大孟。另一位是孟智周，丹阳建业（今属江苏）人，为陆修静弟子。梁武帝时，孟智周曾与光宅寺僧法云辩论，亦精于道教教义，时人也尊称他为法师，号小孟。由于都姓孟，都是法师，后人把他们两个弄混淆了，分不清谁是谁了。其中一人编成《玉纬七部经书目》，也有人说两人都参与了编纂，后人干脆笼统地题为"孟法师编"，兼指大小孟，随人去自由理解。从经目看，道士们对道经的汇辑、整理工作非常活跃，收集的范围更加广泛，而且确定了七部分类法，影响深远。当时也没有为所整理的道经题总名，但从经目看，可称为《玉纬七部经》。

4. 唐《三洞琼纲》和《三洞玉纬》

唐玄宗以尊崇道教而著名，道教在唐玄宗时十分兴盛。开元年间又值唐朝国富民泰的巅峰时期，无论是风尚、心理，还是人力、财力，都为编纂高质量的道经总集准备了充足的条件。唐玄宗开元年间曾校刊道经，是不奇怪的。唐玄宗开元年间编纂了《三洞琼纲》与《三洞玉纬》，并题经目曰《琼纲经目》和《玉纬别目》。后人也有将《三洞琼纲》和《三洞玉纬》合称为《开元道藏》的。《三洞琼纲》与《三洞玉纬》也没有保留下来，但从广泛搜集、玄宗亲自领导、卷数众多和逐级转抄来判断，这部道藏显然达到了一个新的高峰。

5. 《大宋天宫宝藏》

大中祥符初年，宋真宗命王钦若领校《道藏》，共录道经4359卷，赐名《宝文统录》，但从现存篇目看，质量不高。大中祥符六年（1013）冬，张君房被任命为著作佐郎，受命专门负责编纂道经总集的工作。张君房收入旧的道经总集经本，即六朝隋唐旧经。另外又收入摩尼教经书和五代北宋新道经，故总数增加到4565卷。这部总集题曰《大宋天宫宝藏》。《大宋天宫宝藏》是第一部正式称为"藏"的道经全书。此藏名中的"大宋"二字，可有可无，亦可冠于该朝第二部道藏的题名前；"天宫"二字为此藏专名，不可缺。《大宋天宫宝藏》仍以七部分类法排列子书。但以千字文为函目，便于查找，是了不起的进步。《大宋天宫宝藏》完成于天禧三年（1019）春，前后费时五年半，并抄录了七部。

6.《政和万寿道藏》

宋徽宗政和初搜访道门遗书，政和五年（1115）或六年设经局，令道士校刊。雕版当在政和六年或七年，地址是福州闽县九仙山天宁万寿观。取雕版年份和地点，此藏名曰《政和万寿道藏》。"政和"二字和"万寿"二字共为此藏专名。人们亦简称之为《政和道藏》或《万寿道藏》。《政和万寿道藏》大约共收道经5481卷。《政和万寿道藏》是第一部正式称为"道藏"的道经全书。道经雕版印刷始于五代。《政和万寿道藏》也是第一部全藏雕版印刷的道藏。雕版印刷使《政和万寿道藏》得以大批复制，广为流传。但《政和万寿道藏》后来失传。

7.《大金玄都宝藏》

金代统治者对道教始而疑虑，继而压制，后终于转为扶植、利用。为此，金世宗、章宗二帝支持刊印道藏。金世宗于大定二十八年（1188）下诏将南京（今开封）道藏经版交给天长观（今北京白云观前身），又将中都玉虚观的道经运到天长观供校刊用。金章宗明昌元年（1190），又赐土地扩大天长观面积，用来修建房屋以贮藏经版。并派文臣二员，协助天长观提点、冲和大师孙明道参订经书。由于各种条件齐备，故不到两年即完成了搜集和刻版任务。刻版完成后，孙明道又会同诸道士，按照三洞四辅排列，商校异同，合成一藏，共6455卷，分602帙，题曰《大金玄都宝藏》。藏名中的"玄都"二字指仙界的玄都玉京山，为此藏专名。泰和二年（1202）天长观为大火焚毁，《大金玄都宝藏》的经版亦随同付之一炬。

8.《大元玄都宝藏》

元代除成吉思汗礼敬丘处机，全真道极盛一时外，其余皇帝并不过于重视道教，反而加以限制。但全真道的一时兴盛，却也为道士自己编道藏奠定了基础。元太宗九年（1237）宋德方主持平阳（今山西临汾市）玄都观，与门下讲师通真子秦志安等计议刊刻道藏之事。秦志安听后，表示愿意承担。丞相胡天禄闻讯后很高兴，捐白金千两。宋德方将白金授予秦志安，令他在平阳玄都观主持这项工作。前后八年时间，至乃马真后三年（1244）大功告成。宋德方、秦志安所刊刻道藏亦称《玄都宝藏》，"玄都"为此藏专名。此藏名中的"玄都"二字既指平阳玄都观，又指仙界的玄都玉京山。此专名与《大金玄都宝藏》的专名重复，为相区别，后者似可称为《大元玄都宝藏》。佛道二教的斗争在元代又趋激烈，并对道经的存亡产生了重大影响。宪宗、世祖三次焚毁道经，特别是焚毁纯阳万寿宫所存《大元玄都宝藏》经版，对道教文献造成了巨大损失。

（三）明代道藏

明代统治者对宗教活动采取了严格限制的政策。但在划定的框架之内，政府不仅允许宗教活动，有时还加以扶植，明成祖施政即是如此。他在政变过程中，曾得力于道士散布的谶语，故而对道教的扶植和利用要超过明太祖朱元璋。比如，他下诏寻访张三丰，大力提倡供奉真武大帝，下令在武当山大修道教宫观，召集道士在京城编修《道藏》。

有记载说，明成祖敕第四十三代天师张宇初重修《道藏》，但无下文。明成祖在《道藏经序》中自述：他于永乐十七年（1419）敕修《道藏》，永乐二十年（1422）修成，凡464函，5134卷。据考，武当玉虚宫提点任自垣统其事。1990年，任继愈主编《中国道教史》曰：1422年，"任自垣修《道藏经》成，进上"。但关于这部《道藏》的赐名，没有记载。这部《道藏》修成后，由内府与《永乐北藏》一起有组织、有步骤地刊刻，经洪熙（1425）、宣德（1426—1435）而告成于正统（1436—1449）初年。任自垣奉旨修成的这部《道藏》刊刻后，曾颁赐道观。如正统三年（1438）敕赐姑苏弥罗阁《道藏》一部、正统八年（1443）敕赐金陵玄真观《道藏》一部，等等。

及颁赐道观，或即有人指出任自垣搜罗之不周与《道藏》刊刻之差误，于是，明英宗于正统九年（1444）诏通妙真人邵以正点校《道藏》。邵以正的点校系校正已刊《道藏》经版之讹误，而并非刊刻五千余卷巨著。正统九年十月之后，邵氏领导的点校工作主要有四：勘正经版之误；合并短小卷帙使各函厚度大致平衡；补刻神像、题词，置于各函首尾；将新近搜辑到的170余卷道经刻版，置于正一部之后。经版于正统十二年（1447）二月十五日全部完成，接着印刷、装帧，选定八月十日吉日，英宗亲撰"护道藏敕"，并由翰林院修撰许彬恭记其盛，于是大规模颁赐《道藏》于天下道观。明英宗也没有为这部道藏赐名，后人为方便起见，称为《正统道藏》，"正统"年号为此藏专名。《正统道藏》凡480函，5305卷。《正统道藏》校刊功成之后，英宗、宪宗、世宗诸帝陆续印刷，颁赐天下宫观。

明神宗又是一位崇奉道教的皇帝，他于万历三十五年（1607）敕第五十代天师张国祥刊印道藏。张国祥增加了54种道经，凡32函，180卷。依《开元道藏》和《正统道藏》先例，张国祥刊刻的道藏全藏可称为《万历道藏》。张国祥为增加的54种道经编制了《续道藏经目录》，并将此目录和增加的54种道经编排在正统九年刻印的旧经之后。宋、金、元道藏增加道经皆不后续，亦不称"续"，称"续"始自张国祥。由此，后人称增加的54种道经为《万历续道藏》。因有此称，今没有称这部全藏为《万历道藏》者，仍称这部全藏为《正统道藏》或明《道藏》。古代道藏只有经张国祥增加了54种道经的这部明《道藏》保存至今。

（四）明版《道藏》的新版本

20世纪20年代以来，明版《道藏》陆续出现了重印、影印或点校的新版本，截至2004年，新版本共六种：

1. 涵芬楼本《道藏》

1923年10月—1926年4月，田文烈、李盛铎、赵尔巽、康有为、张謇、董康、张元济、梁启超、钱能训、熊希龄、江朝宗、黄炎培和傅增湘等十三人发起重印明《道藏》。民国政府总统徐世昌"慨出俸钱"，支持宏举，请教育总长傅增湘总理其事。有学者认为傅增湘和张元济实为策划与推动重印明《道藏》的核心人物。所用底本为北京白云观藏本。将原本缩为石印六开小本，改梵夹本为线装本，由上海涵芬楼影印。每部1120册，共印了350部。明版《道藏》存者不多，且藏于道观，一般人难以接近。自有了涵芬楼本《道藏》后，才有较多的学者得以阅览。20世纪20年代出版线装涵芬楼本《道藏》，功德无量。

2. 艺文本《道藏》

1977年，台湾艺文印书馆缩小影印《道藏》，编为32开本60册，另有总目和索引1册。

3. 新文丰本《道藏》

1977年，台湾新文丰出版公司缩小影印《道藏》，编为16开本60册，另有总目录1册。

4. 中文出版社本《道藏》

1986年（昭和六十一年）10月，日本株式会社中文出版社缩小影印《道藏》，名曰《重编影印正统道藏》，编为16开本30册。

5. 三家本《道藏》

1988年，文物出版社、上海书店、天津古籍出版社联合缩小影印《道藏》，编为16开本36册。其第一册前有胡道静先生撰《前言》和目录，第36册末附白云霁《道藏目录详注》四卷。此本共计补缺1700行，纠正错简17处，还描补缺损字五百余。由于是三家出版社联合影印，有人简称此版为三家本《道藏》。也有人以排首位者代表三家，简称此版为文物本《道藏》。

6.《中华道藏》

2004年，华夏出版社出版了明《道藏》的点校本，增补了数十种失收道经，由张继禹任主编，共49册，题名为《中华道藏》。题名中的"中华"二字当取自新中国国名，但题名中不见此藏专名。《中华道藏》将所收经书重新分类编次，共分为三洞真经、四辅真经、道教论集、道法众术、道教科仪、道史仙传和目录索引等七部类。

以上六种之外影印的新版本，还有九洲图书出版社《道书集成》（汤一介主编，1999年）、九州出版社《道藏：正统道藏万历续道藏合刊》（郑同校，2015年）和《影印涵芬楼本正统道藏》（2015年）、台北中华古籍出版社《大道藏（正统道藏万历续道藏）》（2015年）、国家图书馆出版社《道藏集成》第一辑（何建明主编，2017年）等。

三、《道藏》独特的分类法

汉魏时期，道经数量不多，编纂道藏尚未提上议事日程，分类更无从谈起。两晋时期，各派相互排斥，分类只在一派道藏中进行，一般只有经、符之分或三品之分，极为简单。

南北朝时期，包容诸派经典的道藏出现。新的道藏旨在加强同教意识，要求新的分类法，遂以教派作为合同别异的标准，并将势力最强的上清派经典排为类序之首。

新的分类法为三分法，三类分别为洞真、洞玄和洞神，合称"三洞"。三洞的"洞"字，第一个涵义为"通"，强调经典具有引导人通向真理、通向仙境的功能。第二个涵义为"同"，表示三部分经典"同一大乘"。无论哪一种解释，"洞"字都是三派认同意识的标志，也都暗含着鼓励三派联合行动的用意。

三洞即三类，三类即三派。三洞与三派经典的关系是，洞真部收录上清派经，洞玄部收录灵宝派经，洞神部收录三皇派经。三洞将三派经典合为道藏，也为三派排列了高下顺序。

三洞分类法将两晋以来流行于江南的三派经典统一起来，调和了上清、灵宝、三皇等三派的矛盾。三洞分类法为汇辑更多派别的经典奠定了基础，影响深远。

两晋时期，上清、灵宝、三皇等三派之外尚有他派。如以楼观台为中心的楼观派也出现于宗教舞台，重玄派思想家们著书立说，五斗米道（后改称正一派）活跃于全国各地，葛氏道等金丹派道士授徒传诀。此外的派别还有很多，如李家道、帛家道等。北魏时寇谦之创北天师道。南北朝初期建立的三洞分类法，远不足以统辖这些派别的经典。故南北朝后期很快又设立了新的类别，即太玄、太平、太清和正一等四部。太玄部主要收录托名老子、尹喜的经注，收录道家及诸子百家著作。太平部主要收录太平道的《太平经》和五斗米道的《太平洞极经》。太清部主要收录各种丹经。正一部主要收录正一派的经箓。太玄、太平和太清三部合称"三太"，"三太"加正一部合称为"四辅"。"四辅"与派别的关系已经有些错乱。

按照分类设计者的说法，四辅与三洞是辅与被辅的关系，所以称四辅。具体说，太清部辅洞神部，太平部辅洞玄部，太玄部辅洞真部，正一部统辅三乘。这种辅与被辅的关系仅仅是一种说法，各部经典实际上没有这种关系。

南北朝各派对"辅"字有不同的解释。有人将"辅"字解释为"生"，说"三太"经典好像父母生子那样派生出"三洞"经典。如果这样解释，则是说楼观派、重玄派等派的地位高于上清等三派。有人将"辅"字解释为"辅佐"，说"四辅"经典为好像幕僚辅主那样是补充、辅佐"三洞"经典的。如果这样解释，则是说楼观派、重玄派等派的地位低于上清等三派。正一部经从不自称或承认本类经典为"辅"，似有不屑与上清等三派一比高下之意。将正一部经与"三太"经典合称为"四辅"，是其他派别后起的说法。细加品味，"辅"字确有些味道，它隐藏着各派既认同又争位的微妙关系。

三洞与四辅合称七部。七部构成道藏的七大类。《正统道藏》七部的排列顺序是洞真、洞玄、洞神、太玄、太平、太清和正一。这种排列是三洞在前，四辅在后，"四辅"辅佐"三洞"。《万历续道藏》没有分类。

七部分类法仅仅反映派别，而不涉及内容。为了克服这一不足，南北朝时期又在七部之下，设立了第二级分类十二部。三洞下各分十二部，各洞的十二部名称与顺序完全相同。宋代以后，为避免与七部混淆，遂将十二部改称十二类。明《道藏》十二类的名称以及道教的解释是：

第一，本文类：先出现道经，而后才创立道教，经是教的本源。所有三洞经文都归于此类。

第二，神符类："神"是神妙莫测，"符"是信如符契。所有三洞符箓都归此类。

第三，玉诀类："玉"是宝贵之物，"诀"是解决疑问。古人写道经，常用金书，因此各道经的注解都叫作玉诀，取金玉两相配合之意。

第四，灵图类："灵"即灵异，"图"即画图。道经、道书中凡是以图为名者，都归此类。

第五，谱录类："谱"是谱系，"录"是记录。凡高真上圣的功德名位和应化事迹，皆归此类。

第六，戒律类："戒"是劝善止恶的告诫，是思想和言行应当遵守的条文；"律"是违反这些告诫和条文时的处罚规定。凡与戒律有关的经书及功过格等，皆归此类。

第七，威仪类："威"是气象庄严，"仪"是斋醮仪式。《道藏》中这一类书很多，大约有六百卷左右。

第八，方法类：本意指设坛祭炼及身内修持的各种方法，后来与"众术类"混杂不分。

第九，众术类：本意指外丹炉火、五行变化和一切术数，后来又与"方法类"各书相混杂。

第十，记传类：本意指传记，如《十洲记》《冥通记》《列仙传》《神仙传》等，还包括各种碑铭、山志。

第十一，赞颂类："赞"是赞美，"颂"是歌颂。如步虚词、赞颂灵章、诸真宝诰等。

第十二，表奏类："表"是表白愿望，"奏"是上奏天庭，凡祈祷时所用的表文以及宋明两代文章中所谓青词，皆属此类。近代道教将此类也称为"疏头"。

南北朝时期，道藏按三洞四辅分类收录的上清派、灵宝派、三皇派、重玄派、太平道、正一道、楼观派、葛氏道、北天师道和金丹诸派经典，分类已经有些错乱。并且还有上述派别之外的其他派别的经典，没有收入道藏。唐代修道藏时，将南北朝时期未收录的其他派别的经典强行归入七部之中，更与七部不符。至于唐代以后新出的各派经典，更是为南北朝时期的七部无法统辖。这种混乱沿袭到明《正统道藏》。

明《正统道藏》仍以七部分类，但如《上清经》当入《洞真部》，今大多误入《正一部》；《度人经》诸家注当入《洞玄部》，今误入《洞真部》；道家诸子注疏当入《太玄部》，今误入《洞真部》。明《道藏》的三洞四辅，更加名实不副。

四、自成体系的道经目录

目录统领群经，因而查阅目录能起到"辨章学术，考镜源流"的作用。道教群经目录大致区分为四类。第一类可称作"道藏全目"及其他道教丛书目录，相当于目录学所说的综合目录。第二类可称作"道藏偏目"，包括派别经目、"法次仪"所规定的授经目录、镇坛经目、神话宣扬的造经目录和宫观山志经目等，相当于目录学所说的专门目录。第三类是包含在国家图书目录、史志目录或私家藏书目录中的道经目录，这些可称作"著录道经目录"。第四类是将道经、佛经或儒书所引用以及提及的道经的目录汇集起来，可称作"引用道经目录"。这四类道经目录对于考证都很有用。"道藏全目"及其他道教丛书目录最能反映道教目录的编纂水平，"道藏偏目"则很能体现道教的特点。道经目录的编制经历了一个摸索、总结和发展的过程。

道经目录的出现，无论是一经中的篇目，还是总汇群经的书目，虽皆比国家藏书目录要晚，但历史也相当久远。其他文献比较成熟的最早的一书篇目《史记·太史公自序》和《汉书·叙传》下篇，为两汉时的产物。道教的《太平经目录》的编著不迟于东汉，与《史记·太史公自序》和《汉书·叙传》下篇几乎同时或略迟。其他文献最早的群书目录《兵录》编于汉武帝时，葛洪《抱朴子内篇·遐览》（"郑隐藏书目"）编于东晋，当然无法与《兵录》争早晚，但却可与道安所编中国佛教史上第一部影响最大的经录《综理众经目录》比肩。《综理众经目录》已经亡佚了，而《抱朴子内篇·遐览》仍存。六朝时期，道经目录的编制，数量繁多，构筑了完整的分类体系，总体水平与国家图书目录和佛经目录并驾齐驱，不相上下。

六朝以后，道经目录仍不断被编制出来，但不像六朝时期那样繁荣，创新精神也不如六朝时期那样突出。可以说是因循守旧的做法占了上风。而我国古代国家图书目录、私家藏书目录和佛经目录的编纂却继续发展。因此，道经目录的编纂水平被甩在了后面。这不仅表现在目录编制的实践和成果方面，也表现在目录编制的理论方面。道士们没有在道经目录学方面下功夫。不过，道经目录一直保持着自己的系统和特色，不愧为古典目录百花园中的一片芳卉。举例如下：

（一）东汉时期

东汉时期，道藏和其他道教丛书均没有问世，自然谈不上道藏全目和丛书目录。《汉书·艺文志》的著录旁及道经。成书于东汉的太平道主要经典《太平经》170卷的目录，被敦煌遗经"斯"4226号残卷基本完整地保存了下来。

（二）六朝时期

六朝时各派别道经目录大都失传了。今知有一部《上清源统经目》已亡佚，但却留下了《注叙》，保存在《云笈七签》卷四中。再如《中品目》《魏传目》《鲍南海序目》《大有箓图经目》和《上清真迹题秩目》等目录只遗留下目录名称或序，而亡佚了目录。

敦煌遗书"伯"2861号和2256号拟名《通门论》卷下，其中向世人展示了南朝宋文明纂《灵宝经目》。《灵宝经目》是灵宝派的道经目录。

葛洪在《抱朴子内篇》的《遐览》篇中，将老师郑隐的藏书分为道经和诸符两大类，进行了认真的著录，共著录了1299卷。"郑隐藏书"称得上是最早的道藏。与此相应，《遐览》篇则称得上最早的私家道经藏书目录和最早的道藏目录。

刘宋道教学者陆修静在宋明帝的支持下，于泰始七年（471）编成《三洞经书》，献上《三洞经书目录》。该目录也被称为《陆修静目》。据后人记载，大约登记了1200卷左右的道经。此后，直到北周，类似陆修静《三洞经书目录》的三洞系道经目录，还有萧梁孟法师《玉纬七部经书目》、陶弘景《陶隐居经目》、不知编者姓名的《太上众经目》《三十六部尊经目》、北周玄都观《玄都经目》和王延《珠囊经目》7卷等。《太上众经目》和《三十六部尊经目》当撰于南北朝末至初唐时期。《玄都经目》又被称为《玄都馆经目录》，至天和五年（570）共搜集了2040卷道经和4323卷经名。王延《珠囊经目》搜集的道经多达8030卷。这些目录均亡佚了。

据说《正一经治化品目录》著录了正一经930卷、符图70卷，共计千卷。《正一经治化品目录》大概是独立的正一派的经目。

萧梁金明七真撰《洞玄灵宝三洞奉道科戒营始》之卷四和卷五有一部分称作"法次仪"。它详细记载了道士升级应授予哪些符箓和经典，等于提供了一部道经目录，可称为《三洞科戒法次仪经目》。它是继《遐览》和宋文明《灵宝经目》之后，至今仍存的第三部有名有实的重要道经目录。该经目共著录道经250种左右。该经目中还辖有两部题名的目录，即《灵宝中盟经目》和《上清大洞真经目》。前者著录了42种古灵宝经，后者著录了43种古上清经。如果说《三洞科戒法次仪经目》是一部全部等级的授经目录的话，《灵宝中盟经目》和《上清大洞真经目》则是其中两个等级的授经目录。撰于北朝时期的《传授经戒仪注诀》专述授《太玄经》科仪，著录了10卷共7部太玄经，可称《传授太玄经目》，其地位相当于《灵宝中盟经目》和《上清大洞真经目》。

（三）隋唐时期

《通志略》诸子类道家著录《隋朝道书总目》4卷，稍稍反映了当时道经的情况。

唐高宗时昊天观和宗圣观观主尹文操编《玉纬经目》，著录道经7300卷；唐玄宗时太清观主史崇玄撰《一切道经目》，著录道经2000余卷；唐玄宗时编《三洞琼纲经目》，著录道经3744卷，一说唐玄宗时编

《琼纲经目》，著录道经7300余卷；唐玄宗时复编《玉纬别目》，著录道经9000余卷。

唐代也有几部道经记叙了由"法次仪"或造经神话产生的道藏偏目。一部见于唐张万福著《传授三洞经戒法箓略说》。该经上卷列《戒目》《正一法目》《道德经目》《三皇法目》《灵宝法目》。这些经目基本上继承了《科戒营始》的授经目。另一部见于唐代《太上洞神三皇仪》。其中著录了"《洞神经》十四卷"的细目，也是授经目。第三部见于唐末五代杜光庭删订《太上黄箓斋仪》。其第五十二卷收有《三洞真经部帙品目》。该《品目》只是三十六部分类的类目，不是经目。但在《品目》之后，列有《历代圣人神仙所受经》，其中所录既有一部一部的经目，又有一类一类的经目，还有只记某类经诀的总数。

（四）宋元时期

《通志略》诸子类道家著录宋代道经目录曰：
　　《宋朝明道宫道藏目录》六卷
　　《洞元部道经目录》一卷
　　《太真部道经目录》二卷
　　《洞神部道经目录》一卷
　　《三洞四辅部经目录》七卷（王钦若等撰）
　　《道藏经目》七卷

《秘书省续编到四库阙书目》史类目录和子类道书著录曰：
　　《道门藏经目》一卷
　　《道经目录》一卷
　　《三洞四辅部经目》七卷（王钦若等撰）
　　《道藏经目》七卷

《道藏阙经目录》著录曰：
　　《三洞要录》十卷
　　《洞玄灵宝三洞经箓品格要训目录》
　　《洞神三皇五岳目录》
　　《宋万寿道藏三十六部经品目》
　　《宋万寿道藏目录》十卷

晁公武《郡斋读书志》书目类著录曰：
　　《道藏书目》一卷（右皇朝邓自和撰）

可以肯定，上述著录中包括《宝文统录》和《政和万寿道藏》的全目和一些偏目。至于是否包括其他几部宋代道藏，仅从著录难以判定。上述著录中的《洞玄灵宝三洞经箓品格要训目录》，大概不是经书目录，而是类书目录。《三洞要录》疑为目录，也可能是摘录汇编。《宋万寿道藏三十六部经品目》，大概是经品的目录。三十六部的名目有多种。总之，北宋时期道经编目工作可能比较繁荣，上述著录略现端倪。

北宋初年孙夷中编《三洞修道仪》，是一部记录"法次仪"的授经目录。《无上黄箓大斋立成仪》第一卷署名留用光传授，蒋叔舆编次。二人皆宋人。该卷收录了一部《斋坛安镇经目》，开列经目35种，其中竟有34种是古灵宝经。

元代道经曾遭宪宗和世祖先后三次焚毁，损失惨重。明代正统年间刊行《道藏》时，对照元《玄都宝藏》的目录，找出经过焚经和兵燹而损失的道经的目录，然后将之汇集在一起，编成《道藏阙经目录》上下两卷，收入明《道藏》。两卷共著录道经795种。《道藏阙经目录》有助于了解《大元玄都宝藏》的情况。

《道藏阙经目录》卷下著录《金万寿道藏三十六部经品目》和《金万寿道藏经目录》10卷。《金万寿道藏》大概即《大金玄都宝藏》，已亡佚。

元代道经目录今有一部题为《道藏尊经历代纲目》，附载于《道藏阙经目录》之后。该目录于元世祖至元十二年（1275）曾刻之石。该目录不是一部一部具体的道经的目录，而是历代《道藏》的简目。

元刘大彬造《茅山志》，其卷九题为"道山册"，即茅山艺文志，主要列道经目。

（五）明代

正统九年（1444）编《正统道藏》结尾收有其藏的《道藏经目录》。紧接其后的《续道藏经目录》，为万历三十五年（1607）张国祥增加的54种道经的目录。这两部目录可以合称为明《道藏》目录。《遐览》之后历代所修道藏中，明《道藏》是目录与子书共存至今的唯一的一部。

道士白云霁撰有《道藏目录详注》四卷，注释的就是包括《道藏经目录》和《续道藏经目录》的明《道藏》目录。但他的注释并不详细，名不副实，而且多有脱误。

五、藏外道书和续修道藏

由于各种主客观原因，有一些明万历年以前的道经，被明《道藏》漏收，成为"失收道经"。如《老子想尔注》就没有被《道藏》收录，而是在敦煌道经中被发现的。明万历年以后，假托扶乩降笔、天启神授、古本今现、异人偶传的道经和旧道经的新注释以及道士撰述，仍不断问世，是为"新出道经"。"失收道经"和"新出道经"皆属于藏外道书之列。

清代以来，收集藏外道书的工作一直有人在做。有人整理敦煌遗书，有人编辑丛书。主要有：

1.《道藏辑要》

有学者说《道藏辑要》的初编者是清康熙时彭定求，有学者（比如意大利莫尼卡研究员）说是清嘉庆时蒋予蒲（字元庭），多年来学界对此未达共识。2021年，黎志添教授的《〈道藏辑要〉与〈重刊道藏辑要〉考证》长文，确认《道藏辑要》的初编者是蒋予蒲。文中说：嘉庆十年（1805），蒋予蒲及其觉源坛同门弟子开始编纂《道藏辑要》，最迟于嘉庆二十一年（1816）完成编纂并刻板刊行。在嘉庆二十四年（1819）蒋予蒲逝世前，《道藏辑要》曾数次增刻刊行。光绪三十二年（1905），阎永和、彭翰然、贺龙骧等人编纂《重刊道藏辑要》，又增添道经。此后，《重刊道藏辑要》又不断出现新的刊本。这一过程造成《道藏辑要》版本较多，各版所收道经数量不尽相同。半个世纪以来，一些出版社又先后出版了影印本、重印本。黎志添教授综合诸版本后断定：《道藏辑要》（包括《重刊道藏辑要》）收道经307种。其中，明《道藏》内道经203种，藏外道经104种。

2.《道藏精华录》

民国守一子（丁福保）辑，共100种。其中《道藏》《云笈七签》及《道藏辑要》之外的道经约占三分之一。

3.《道藏精华》

近人萧天石主编，收录道经800余种，内容以丹经和道教哲学著作为主。自1956年由台湾自由出版社出版第一集，至1992年已经出版了十七集和一部外集。

4.《庄林续道藏》

美国学者苏海涵编,台湾成文出版社,1975年。凡4部104卷,辑录了相当多的台湾符箓科仪道经。题名中的"续"字效仿《续道藏经目录》。

5.《敦煌道经·目录编》《图录编》

日本学者大渊忍尔编写。《敦煌道经·目录编》,日本福武书店,1978年。《敦煌道经·图录编》,日本福武书店,1979年。两编整理了496件敦煌道经。

6.《藏外道书》

胡道静、陈耀庭、段文桂、林万清主编,共36册,收集《道藏》未收道教经籍和著述991种,由巴蜀书社先后于1992年和1994年出版。该书的特点是所收道经门类齐全,分为古佚道书类、经典类、教理教义类、摄养类、戒律善书类、仪范类、传记神仙类、宫观地志类、文艺类、目录类、其他等11类。更可贵的是收编了一些道书中之稀世孤本和海内珍本,如《太清风露经》《天罡玄秘都雷法》《大成金书》《玉笈金箱》等。

7.《中华续道藏》初辑

龚鹏程、陈廖安主编,20册,台湾新文丰出版社,1999年。题名中的"续"字亦效仿《续道藏经目录》而来。全藏道书分为仙真传记、宫观地志、经典教义、百家众派、丹道养生、科仪轨范、道法方术、教外道典、戒律善书、道教支系、道教文学、古佚道书、敦煌道书、域外道书、新辑道书、文物史料、论著选辑、目录索引等18个类目。已经出版的初辑20册为仙真传记、宫观地志和经典教义前三类。据说还要出版后15个类目的道书80册。

8.《道书集成》

汤一介主编，60册，原名《中华道藏》，九洲图书出版社，1999年。《道书集成》影印《正统道藏》《万历续道藏》，并增补道书384种，合计1878种。其中新增不少海外收藏的道经，大多是明清抄本。

9.《敦煌道藏》

李德范辑，5册，全国图书馆文献缩微复制中心，1999年。整理汇编敦煌遗书中的五百余件道教文献。

10.《中国道观志丛刊》《续编》

《中国道观志丛刊》，高小健主编，36册，江苏古籍出版社，2000年。《中国道观志丛刊续编》，张智、张健主编，28册，广陵书社，2004年。两书集宫观山志之大成。

11.《敦煌道教文献研究——综述·目录·索引》

王卡著，中国社会科学出版社，2004年。整理敦煌道经的数量比大渊忍尔《敦煌道经》新增加了不少，达800件之多，并做了精细的校勘。

12.《三洞拾遗》

王卡、汪桂平主编，20册，黄山书社，2005年。主要收集明清以来新出的道教经典、文集、劝善书、科戒书等共200多种，凡700余卷。版本有木刻本、石印本、手抄本、铅印本等。其中有不少珍本秘籍是首次面世。

13.《道法海涵》

李丰楙主编，新文丰出版社。主要收录清至民国期间赣、湘、闽、粤、浙等省的地方道坛和法坛所用的抄本，均为藏外道经。2014年出版第一辑，20册。2017出版第二辑，18册。其后各辑，待出版。

14.《尚氏珍藏道教文献丛书》

尚觉传整理，宗教文化出版社，2015年。收录清代至民国期间南方正一派、清微派教义类和符法类道经，多为手抄本。

15.《道教文献》

林洁祥主编，丹青图书有限公司，1983年。收《龙虎山志》《太岳太和山志》《逍遥山万寿宫志》《金盖心灯》《三教搜神大全》《玉定金科例诛辑要》《玉定金科例堂辑要》《玉定金科例宥辑要》。

16.《道藏集成》

何建明总主编。第一辑，已见前述。第二辑影印《道藏辑要》，国家图书馆出版，2019年。第五辑《关帝卷》，王见川、〔法〕高万桑主编，中国书店出版社，2020 年。其他各辑，待出版。

17.《东方道藏》

孔令宏主编，社会科学文献出版社。分为《民间道书合集》和《珍稀道教刊本文献汇编》两大系列。《民间道书合集》收录各地保存在民间道士手中原用于道坛、宫观和乩坛的文本、画作、曲谱等。《东方道藏·民间道书合集》第 1 辑，共 20 册，2019 年。其后各辑，待出版。

18.《敦煌道教文献合集》

王卡主编，社会科学文献出版社。收录敦煌道教文献和吐鲁番道教文书，尽力求全。预计六册。2020 年出版了第一册"洞真上清部"与"洞玄灵宝部（上）"和第二册"洞玄灵宝部（下）"。其后各册，待出版。

19.《中华道经精要（点校本）》

李光富主编，尹志华常务副主编，东方出版社，待出版。收录 1557 部道经，其中藏外道经占 40%。

20. 抢救与整理瑶族道经

瑶族抄本文献多抄于清代及民国时期，数量庞大，很早就开始流散海外。李生柱和龙宇晓二位学者统计了美国、德国、英国、荷兰和越南五国图书馆收藏的瑶族抄本文献，共计 15824 件，日本和泰国收藏件数不详。百余年来，瑶族抄本文献已成为世界性的研究课题。一些外国学者对瑶族抄本文献进行了调查、整理，如日本学者白鸟芳郎、丸山宏，德国学者欧雅碧等。

  海外一些图书馆收藏的瑶族抄本文献曾湮没无闻。2007年，中国学者何红一教授在美国国会图书馆亚洲部做了题为《神奇的瑶族古书——国会图书馆瑶族文献研究》的讲座后，国会图书馆馆员才认识到他们收藏的瑶族抄本文献非常珍贵。2010年，中国学者郭武教授在英国牛津大学伯德雷恩图书馆发现了近300册的瑶族文献。通过全文阅读，郭武教授摸清了这批文献的来历和内容，并发表论文，公之于世。不久，中国学者徐菲博士对牛津大学收藏的瑶族抄本文献做了整理和拍照工作。现海外一些图书馆收藏的瑶族抄本文献，仍亟待整理和抢救。

  道教不仅是汉族的宗教。长期以来，瑶族民众信仰的本民族原始宗教中，大量融入了道教内容。故而，瑶族民众信仰的宗教被学术界称为瑶传道教，瑶族道公和师公唱诵的经书被学术界称为瑶族道经。瑶族抄本文献中，以瑶族道经的数量居多，尤具特色。道藏是道教经典的全书，瑶族道经属于道藏的一部分。对于明《正统道藏》而言，瑶族道经属于新出的藏外道经。

  一些外国学者依据瑶族道经对道教进行了研究，如法国学者雷蒙恩、越南学者潘玉圭、美国学者司马虚、荷兰学者田海等。近二十年来，国内张有隽教授、张劲晖研究员、郭武教授、徐祖祥教授对瑶族道经的研究，张泽洪教授、高其才教授对瑶传道教仪式的研究，更加深入。中外学者出色的学术成果，开阔了道藏研究的视野。

  此外，还有（明）一壑居士辑《道言中外》，阎鹤洲辑《道书全集》，陆西星撰《方壶外史》，清抄本《道书》，陶素耜撰《道言五种》，董元真辑《道贯真源》，刘一明撰《道书十二种》，□□辑《陈氏志学斋丛刊》，闵一得辑《古书隐楼藏书》《道藏续编》，傅金铨撰《济一子道书》《证道秘书》《悟真四注篇》，江含春撰《楞园仙书》，玉枢真人著《仙术秘库》，汪东亭辑《道统大成》，民国徐伯英选集《中华仙学》，今人苏鼎堂、杨逢时著《道符制法》，峨眉居士藏版《中国道坛符咒总集》，峨眉居士等编集《道坛作法》，林洁祥主编《道教文献》，广文书局影印《仙佛灵异丛书》，胡道静、陈莲笙、陈耀庭选辑《道藏要籍选刊》，胡道静主编《道藏精华》，陈廖安主编《珍藏古籍道书十种》，延藏主编《古今图书集成佛道教文献汇编》，李光富、高文柱主编《道医集成》等。

六、《道藏》研究的部分成果

（一）《道藏》源流研究

刘师培于1911年在《国粹学报》上发表《读道藏记》。沈曾植于20世纪初阅读《道藏》，撰写了《海日楼札丛》，写了70多条读书札记（1947年钱仲联整理，辽宁教育出版社，1998年再版）。他们开《道藏》研究之先河。

最早全面论述《道藏》者则是陈国符著的《道藏源流考》（中华书局1949年初版印行）。全书分为《三洞四辅经之渊源及传授》和《历代道书目及道藏之纂修与镂版》两大部分，附录《引用传记提要》《道藏札记》和《道学传辑佚》。此书除深研道经全藏外，还旁涉道教名山志、宫观志、佛藏传记、正史、类书、各省方志与唐以来各家文集，凡与道藏有关者均着力搜求。该书资料翔实，考证绵密，结论可靠，对道藏之形成与演变，均能溯本穷源，条分缕析，在国内外学术界影响很大。

《道藏源流考》由中华书局于1963年12月增订再版。全书除对原文做了一些修改和增补外，还增加了《道乐考略稿》《南北朝天师道考长编》《中国外丹黄白术考论略稿》和《说周易参同契与内丹外丹》四篇新的附录。

陈国符后来又出版《道藏源流续考》(台湾明文书局，1983年)和《中国外丹黄白法考》(上海古籍出版社，1997年)，对外丹经典的年代进行了全面的考证。

《道藏源流考》增订本出版后，陈国符教授又做了大量的读《道藏》的笔记，准备再次修改、补充《道藏源流考》，可惜没有来得及。陈国符教授去世后，胡孚琛、李显光承担了整理陈国符教授生前留下的修改资料的委托。2014年，中华书局根据他们的整理和修改，第三次印刷《道藏源流考（新修订版）》，增加了有关考据的新内容，并在附录中补充了研究道教音乐的两篇文章。

年代比较近的有朱越利著《道经总论》(辽宁教育出版社，1991年)，分道经之源、道经的产生、道藏编纂史、道经分类、道经目录、敦煌道经、藏外道书举例、道经评介八章内容。书末附有"综合索引"。书中肯定了前人整理道经的重要成就，并在前人研究的基础上取得了新的拓展。

国外学者对《道藏》源流也做了深入研究。如：

（1）福井康顺著《道教の基础的研究》(书籍文物流通会，1952年，1958年)，尚未翻译为中文。

（2）吉冈义丰著《道教经典史论》(道教刊行会，1955年，1966年)，尚未翻译为中文。

（3）尾崎正治撰《道教经典》(福井康顺等监修《道教》第一卷，平河出版社，1983年)，已翻译为中文（朱越利译《道教》第一卷，上海古籍出版社，1990年）。

（4）柳存仁撰《阅道藏记凡例》(《马来亚大学中文系学术论文集》第1辑，1977年)，为中文。

（5）柳存仁撰《道藏刻本之四个日期》(《历史における民众と文化——酒井忠夫先生古稀祝贺纪念论集》，东京，1982年)，为中文。

（6）柳存仁撰《张君房与宋代道书》(《明报月刊》第240期，1985年)，为中文。

（7）柳存仁撰《〈道藏〉之性质》(《中国文哲研究通讯》第 2 卷第 1 期，1992 年），为中文。

（8）大渊忍尔，The Formation of the Taoist Canon（ *Facets of Taoist*, pp.253—267. H.Welch and A.Seidel, eds. New Haven：Yale University Press, 1979），尚未翻译为中文。

此书名及版本翻译为中文是：大渊忍尔著《道藏的形成》(收入尉迟酣和索安编《道教面面观》第 253 页—267 页，纽黑文，耶鲁大学出版社，1979 年）。

（9）Jndith M Boltz, *A Survey of Taoist Literature：Tenth to Seventeenth Centuries*（Berkeley：University of California Press，1987），尚未翻译为中文。

此书名及版本翻译为中文是：鲍菊隐著《道教文献通论——十至十七世纪》(伯克利，加利福尼亚大学出版社，1987 年）。

（10）Poul Andersen，The Study of the Daozang（ *Studies in Central & East Asian Religions* 3.1990），尚未翻译为中文。

此书名及版本翻译为中文是：安德逊《〈道藏〉研究》（载《中亚和东亚宗教研究》（三），1990 年）。

（二）《道藏》提要

清末民初刘师培是近现代研究《道藏》较早的一位学者。他于 1910 年读明版《道藏》于北京白云观，同年撰《读道藏记》。最早发表于《国粹学报》，后收入《道藏精华录》第一集和《刘申叔全书》。该记对《道藏》中 37 种道经钩玄提要，颇有见地。

任继愈主编、钟肇鹏副主编《道藏提要》(中国社会科学出版社，1991 年 7 月第 1 版）简要地介绍了明《道藏》中每一部书的内容，尽量考订其时代和作者，写成提要 1400 多条，并附有新编目录、撰人小传及各种索引。《道藏提要》1995 年第二次印刷时为修订本，做了一些修改和补充。2005 年 12 月第三次印刷时，又做了一些修改和补充，为再修订本，从第一版的 32 开本改为 16 开本。

朱越利著《道藏分类解题》（华夏出版社，1996 年）简要介绍每种子书的内容，重点放在考证作者和年代。笔者在每一子目下，均逐一标明其书在明《道藏》及五种影印本中的类别、函目、册码和页码，并编制了一些索引和表格。《道藏分类解题》完全放弃了明《道藏》原分类法，按照中国图书馆分类法对《道藏》全部子书重新分类。明《道藏》所收子书大大超出了道教的范围，中国图书馆分类法对这些非道经的子书是比较适用的。对于明《道藏》所收道经，笔者用中国图书馆分类法重新分类，旨在指出它们具有的现代学科研究价值。《道藏分类解题》以方便现代人翻检《道藏》为目的，不是要取代道教内部使用的宗教性分类法。

潘雨廷著《道藏书目提要》（上海古籍出版社，2003 年），由于是独自撰写，所以没有来得及写完，生前没有出版。潘雨廷教授逝世后，他的夫人金德仪将保存的潘雨廷写的 286 种文献提要遗稿拿出来，由张文江教授整理出版。张文江教授还编辑了三种附录，即《〈道藏编目〉自序》《道书提要补遗》（共补遗提要 19 种）和《〈正统道藏〉与〈万历续道藏〉》。张文江教授在后记中说：《道藏书目提要》写作于 1980 年—1982 年，已经是潘雨廷先生的晚年著作，基本上可以代表他成熟时期的思想。《道藏书目提要》最大的特色在于注意各道书之间的贯通。

施舟人（Kristofer Schipper）和傅飞岚（Franciscus Verellen）主编的《道藏通考》(*The Taoist Canon: A Historical Companion to the Daozang*，芝加哥大学出版社，2004 年），已由张崇富教授等翻译为中文待出版。该书是相当于《道藏提要》的工具书，由 29 位学者耗时近 30 年完成。该书作者开始采用了法、德、英、意四种语言撰写提要，后统一翻译成英文出版。该书采用了三个历史分期和两种流通模式（内部流通和外部流通）的分类方法。该书前有总论，后附道人小传、参考文献、撰稿人简介和索引。

萧登福著《新修正统道藏总目提要》（巴蜀书社，2021年），总共1473条提要，是迄今为止最新的明《道藏》提要，由作者独自撰成。萧登福教授运用多元资料对一些道经的年代进行考定或推测。该书的初版《正统道藏提要》（文津出版社，2011年）出版后，作者历经十年对其修订和扩增，增加篇幅超过三分之一，定名为《新修正统道藏总目提要》。

对部分道经钩玄提要的工作起始也很早，成果很多。柳存仁撰《民国以来之道教史研究》（《和风堂新文集》下册，新文丰出版公司，1997年）第一部分内容是"《道藏》和它的提要"，追溯了道藏提要的编写史，罗列不少对部分道经钩玄提要的成果，一直讲述到1992年。此后的成果继续呈现，如朱越利著《道教要籍概论》（北京燕山出版社，1992年）和丁培仁著《道教典籍百问》（今日中国出版社，1996年）等。

（三）《道藏》重新分类

宋代张君房编《云笈七签》时，已经对所收录的道经重新分类。近现代，戴遂良（L·Wiegel，旧译魏哲）编《道藏分类表》、陈撄宁撰《道藏书目分类》、钟肇鹏撰《新编道藏目录刍议》、朱越利著《道藏分类解题》、张继禹主编《中华道藏》等，都提出或实施了新的分类方案。

丁培仁著《增注新修道藏目录》（巴蜀书社，2007年）不限于对明《道藏》的子书重新分类。丁培仁教授参考历代书目，从现存与道教相关的文献及其称引中，爬梳剔抉，录出近6000种道书，是明《道藏》子书种数的4倍，悉数纳入新的分类体系之中。丁培仁教授系统地考证其中主要道书的著者、编著年代、内容、传承、流变等著述情况。还以类为经，以时代、流派和人物为纬，并以"存目"一例酌情收入已佚或编者所未经见的道书，旨在给研究者提供一件关于道书流变的草图。由于大的分类是按照道教本身的性质特征和内部结构对道书重新加以区分，因此普通读者也能从中领略道教的精神实质。

《增注新修道藏目录》将道经分为教理教义、戒律清规、科范礼仪、符箓道法、术数图像、修炼摄养、仙境宫观、神谱仙传、文学艺术和总类等十大类，复将十大类再细分为四十八小类。最后附录"子书及古佚道家书""道教研究论著"。

（四）索引

翁独健编《道藏子目引得》（哈佛燕京学社1935年版，上海古籍出版社1986年重印），全书分为四部分：分类引得、经名引得、撰人引得、史传引得。此书编制精审，资料详明，并且纠正了此前中、西文《道藏》工具书存在的缺点和错误，因此在很长时间内是一部适用、完备和可靠的《道藏》检索工具书。

〔法〕施舟人（Kristofer M.Schipper）编《道藏通检》（*Concordance du Tao-tsang*，巴黎远东学院，1975年），中文书籍，可以一字检索。即只要用某道经名中的任何一个汉字，都可从《道藏通检》中查到该经的卷数、经函千字文序号和涵芬楼石印本的册数。

Piet van der Loon, *Taoist Books in the Libraries of the Sung Period*: *A Critical Study and Index*（London：Ithaca Press，1984）。此英文书名和版本翻译为中文是：龙彼得著《宋代收藏道书考——考证和引得》（伦敦，依大卡出版社，1984年）。在该书封面上，与横排的英文书名并列着竖排的中文书名"宋代收藏道书考"。索引部分题中文为"宋代馆阁及家藏道书综录"。这两个中文名，也被一些中国学者作为该书的书名引用。该书考证部分用英文书写。索引部分用中文编制，根据笔画多少排列经名，注明每种经名被《新唐书》《宋史》等13种史志著录的情况。该书已由李丰楙教授和俞森林教授翻译为中文，待出版。

大渊忍尔、石井昌子编《六朝唐宋の古文献所引道教典籍目录·索引》（国书刊行会，1988年），将45种文献所引道教典籍目录摘出，编制了索引，供检索。45种文献既包括《抱朴子内篇》《云笈七签》、敦煌道经等道教文献，也包括《弘明集》等佛教文献和类书《艺文类聚》《太平御览》等。1999年，又出版了大渊忍尔、石井昌子、尾崎正治编《改订增补六朝唐宋の古文献所引道教典籍目录·索引》，对1988年版进行了改订增补。

陈耀庭编《道藏索引——五种版本道藏通检》（上海书店出版社，1996年），系《道藏》经名一字索引，据施舟人（Kristofer M.Schipper）《道藏通检》改编。

除上述几种之外，还有《道藏丹药异名索引》（黄兆汉编，学生书局，1989年）和不少单经的索引等。

（五）有关道经的新学科

1. 道经语言学

明《道藏》中的道经，皆由截止到明万历年间的古汉语写成。其中既有朝野通用文言，又有一些大众口语，更有道教教义、科仪和方术中特有的语言及文字。此外，道经中有不少咒语可能出自音译，至今罕有人研究。明《道藏》、敦煌道经以及其他所有的藏外道经，是名副其实的古汉语的语料宝库之一。

道经语言的重要价值，逐渐引起了语言学界的高度重视。从20世纪90年代中期开始，对道经语言的研究进入了自觉的阶段。语言学者们对一批古代重要道经展开了深入细致的语言学研究。如俞理明教授著《〈太平经〉正读》、叶贵良教授著《敦煌道经写本与词汇研究》《敦煌道经词语考释》《道经语言与道教文化：以敦煌灵宝经语言研究为中心》、周作明教授著《中古上清经行为词新质研究》等。一些语言学教授以道经语言学为方向，指导硕士生、博士生撰写毕业论文。后起的语言学者们在研究《太平经》《抱朴子》《周氏冥通记》《真诰》《云笈七签》《道教义枢》《太上洞渊神咒经》和敦煌道经等的过程中迅速成长，成果丰硕。新老语言学家们纠正了之前道经释读中的不少错误。道经语言学客观上对

《道藏》研究伸出了援手。

2010年,刘祖国副教授发表论文《试论道经语言学》(《船山学刊》第3期),阐述道经语言学的内涵和治学方法。文中说:道经语言学,是以中国道教经典的语言为研究对象。它是一门道教学和语言学相结合的交叉学科,利用既有的文字学、音韵学、训诂学、词汇学、语法学等多方面的知识,去读懂道经,把里面的语言现象搞清楚,发现其中的特点,进而总结道经语言中的规律。

2. 道教文献学

文献学是研究文献内容和研究文献整理方法的学问。20世纪80年代以来,我国的文献学打破了半个世纪的沉寂,逐渐活跃起来。2000年,针对文献学活跃的局面,长期从事文献学理论研究和学科建设的冯浩菲教授,就中国文献学学科体系的定位和改革发表了十分中肯的重要意见。在《我国文献学的现状及历史文献学的定位》(《学术界》2000年第4期)一文中,冯浩菲教授指出:文献学是一门具有边缘性、综合性、交叉性的学科。几乎文理各学科都可以有自己的文献学,这些文献学属于专科文献学。冯浩菲教授例举了6个专科文献学,其中之一即道教文献学。他信心满满地预言说:过不了多少年,这类著作都会应运问世。

冯浩菲教授的预言很准。我国蓬勃发展的道藏研究为道教文献学的诞生提供了需求和依据。2019年,丁培仁教授站在学术前沿,出版了《道教文献学》一书(四川大学出版社)。该书说:道教文献学是道教学的一部分,是道教研究和文献学交叉结合的学术,是道教研究的基础性学问,对于弘扬传统文化具有十分重要的意义。道教文献学的主要资料是书文资料。道教文献学以道教文字记载作为研究对象,也包括文物上的文献,尤以道教典籍为主要研究对象。道教文献学跟传统文献学一样,大体由校勘学、版本学和目录学三大部分组成,还需要借鉴现代技术。

建议阅读书目：

陈国符：《道藏源流考（新修订版）》，中华书局，2014 年 9 月。

王卡：《敦煌道教文献研究》，中国社会科学出版社，2004 年 10 月。

丁培仁：《道教文献学》，四川大学出版社，2019 年 5 月。

黎志添主编：《道藏辑要·提要》，香港中文大学出版社，2021 年 5 月。

朱越利：《道经总论》，辽宁教育出版社，1991 年 12 月。

主要参考书目：

陈国符：《道藏源流考（新修订版）》，中华书局，2014 年 9 月。

柳存仁：《民国以来之道教史研究》，《和风堂新文集》下册，新文丰出版公司，1997 年。

朱越利：《三十七年来的道教学研究》，载《中国文化与中国哲学》，三联书店，1988 年 8 月。

朱越利：《道经总论》，辽宁教育出版社，1991 年 12 月。

冯千山：《明代纂修〈道藏〉从任自垣始》，《宗教学研究》1991 年第 3、第 4 期。

杨立志：《元明正一天师与武当道》，《武当学刊（哲学社会科学版）》1996 年第 2 期。

冯浩菲：《我国文献学的现状及历史文献学的定位》，《学术界》2000 年第 4 期。

郑天星：《国外的道藏研究》，《国外社会科学》2002 年第 3 期。

陈敏：《20 世纪中国道教学研究》，载任继愈、卓新平主编《20 世纪中国学术大典·宗教学》，福建教育出版社，2002 年 9 月。

韩松涛：《〈道藏〉及藏外道书分类研究》，《宗教学研究》2004 年第 1 期。

虞万里：《〈正统道藏〉编纂刊刻年代新考》，《文史》2006 年第

4期。

侯慧明：《元刊〈玄都宝藏〉刻局与玄都观考》，《西南大学学报（社会科学版）》2009年第1期。

〔意〕莫尼卡撰，万钧译：《"清代道藏"——江南蒋元庭本〈道藏辑要〉之研究》，《宗教学研究》2010年第3期。

刘祖国：《试论道经语言学》，《船山学刊》2010年第3期。

陈晓维：《商务印书馆旧档漫谈之一——涵芬楼影印〈正统道藏〉二三事》，《好书之徒》第146页—158页。中华书局，2012年8月。

郭　武：《牛津大学图书馆藏瑶族道经考述》，《文献》2012年第4期。

黄　剑：《张元济与〈正统道藏〉重版》，《现代哲学》2017年第3期。

尹志华：《涵芬楼影印〈道藏〉始末考》，《世界宗教研究》2019年第2期。

徐　菲：《论海外瑶族文献的保护与利用——以牛津大学图书馆馆藏瑶族文献为例》，《郑州轻工业学院学报（社会科学版）》2020年第5期。

黎志添：《〈道藏辑要〉与〈重刊道藏辑要〉考证》，黎志添主编《道藏辑要·提要》第57页—151页。香港中文大学出版社，2021年5月。

刘康乐：《明清各地宫观庋藏〈道藏〉补遗》，《宗教学研究》2021年第2期。

李生柱、龙宇晓：《瑶族文化经籍的海外传播、典藏与研究——全球记忆研究的视角》，《世界民族》2021年第2期。

于文涛：《国内外现存明版〈道藏〉状况调查》，《中国道教》2017年第1期。

作者简介

朱越利,现为山东大学荣誉教授。主编《今日中国宗教》《中国道教宫观文化》《当代中国宗教禁忌》《道藏说略》《理论·视角·方法——海外道教学研究》和《道教学译丛》,共同主编《道教手册》《少数民族宗教信仰与禁忌》,著《道教答问》《道经总论》《道教要籍概论》《道藏分类解题》《神奇之由——探究雪域佛教》,出版本人论文集《道教考信集》《回首集》,合著《道藏提要》《道教学》,校点《墨子》,翻译《道教(第一卷)》《真诰校注》,合译《道教(第二卷)》《道教(第三卷)》。

敦煌道经说略

王 卡

一、敦煌道经的发现与流散

甘肃省河西地区古称陇西或凉州，是古代中国通向西域的走廊。自西汉张骞出使西域后，河西走廊一直是中原汉族政权与西北各民族政权竞相争夺的要地，同时也是古代中国与中亚、南亚各国相互朝聘、通商和文化交流的重要通道。多民族的杂居和中西交往的频繁，使河西地区，特别是河西走廊西端的敦煌，成为各种文化的交汇之地，留下了丰富多彩的文化遗迹。而这种多样化的文化色彩，在宗教方面显得尤为突出。

自汉魏六朝至隋唐五代，河西地区存在的宗教，有来自南亚印度的佛教、西亚波斯的火祆教、摩尼教、景教。这些外来宗教首先传到中亚的西域诸小国，然后通过河西走廊传入中原地区。但是河西地区作为中西文化交汇之处，不仅有来自西方的文化，也有来自中国内地的文化；不仅受中国儒家文化的影响，也受道家和道教文化的影响。汉魏六朝正是中国道教开始从民间兴起，并逐步发展为成熟的正统宗教的时期，隋唐五代则是道教兴盛的时代。作为在中国内地越来越兴旺的宗教，道教在河西地区也有传播，并留下许多遗迹。但是直至清末敦煌藏经洞发现之前，关于汉唐间河西地区道教历史及经典的研究，尚未引起学者们注意。大概因为此前的历史文献很少有相关的记述。

藏经洞发现者王圆箓（1849—1931），湖北麻城人。出身贫苦农家，早年因家乡连年灾荒，为衣食计，逃之四方，"历尽魔劫，灰心名利"。清光绪初，入肃州（今甘肃酒泉）巡防营为兵勇。退伍后在酒泉拜盛道为师，出家受戒为道士，道号法真。①后离师云游，远至新疆。约光绪二十三年（1897）或次年，来到敦煌城东南鸣沙山麓的莫高窟，时年五十岁左右。当时莫高窟已渐荒凉，窟前有上、中、下三寺。上、中两寺被西藏喇嘛占据，王道士住持窟南区北段的太清宫（即下寺）。他四处布道化缘，收受布施，小有积蓄，立志将洞窟拓建为道教灵宫。

位于下寺对面的一处大窟（今编为16号窟），是王道士拓建灵宫的主要场所。他雇用几位伙计，帮助清理洞口甬道堆积的沙土。又雇用敦煌人杨某为其文案，冬春间抄写道经以供发售；夏秋朝山旺季，便在16号窟内设案接待香客，代写章疏，兼收布施。据说光绪二十六年庚子（1900年，一说二十五年）初夏，16号窟甬道内沙土已渐次清理完毕，杨某因偶坐甬道内，返身向甬道北壁磕烟袋锅，觉有空洞回音，疑墙壁后有秘室，告诉王圆箓。6月22日（农历五月二十六日）夜半，王圆箓与杨某击破洞壁，果然发现壁后有一小洞室，室内积满白布包裹的经书写本、印本，佛帧绣像、铜佛等物。②震惊中外的敦煌藏经洞（今编为17号窟）就这样被发现了。

藏经洞被发现后，其中的经书不久即开始流散。王道士多次拿出部分书画精品，送给甘肃地方官绅。安肃道台兼兵备使廷栋，受王道

---

① 参见《太清宫大方丈道会司王师法真墓志》。此墓碑系1931年王道士亡故后百日，徒子赵明玉、徒孙方至福所立。碑文称王师本名圆箓，道号法真。今按"圆箓"亦当为道名，而非其出家前俗名。据王圆箓及其徒子、徒孙之名推测，当系全真道龙门派第十九代至二十一代弟子。自清康熙以来，甘肃省出家受戒道士多属龙门派。清末民初，全国各地龙门派道士大多亦为圆、明、至字辈弟子。
② 参见谢稚柳《敦煌石室记》，1949年。按此书系谢先生据1943年在敦煌所闻民间传说而记述。

士赠送经卷一箱，但未予以重视。据说嘉峪关税务司（比利时人Paul-Splingaeit）归国辞行时，廷栋将其中数卷写本转赠给他。光绪二十八年（1902）叶昌炽出任甘肃学政后，从敦煌县令汪宗翰等人手中得到经卷、佛像数件。叶昌炽建议甘肃藩台将宝藏运省保管，但因经费无着而罢。光绪三十二年（1906）苏子培任敦煌典史，获得佛道经书6卷。① 这些都是外国人到来之前流散的敦煌文物。

  光绪三十三年（1907）3月至5月，英籍匈牙利人斯坦因（Aurel Stein）到敦煌考察期间，用白银二百两购得经卷二十四箱，佛像及绣品等五箱。次年3月至5月，法国人伯希和（Paul Pelliot）接踵而来，用白银五百两购得经卷写本及画像等6000多卷。斯坦因、伯希和二人都是受过考古学训练的著名学者，他们拿走了藏经洞中最具文献和艺术价值的精品。宣统元年（1909）伯希和来京活动，清政府学部获悉藏经洞大量宝藏流散的消息，次年电令甘肃布政使何彦升清点残余经卷，押运京师保管。王道士因不满地方官府截留经费，私藏了部分较好的写经。民国元年（1912）日本大谷探险队来敦煌，从王道士处用银三百五十两购得写经400多件。1914年斯坦因再次来敦煌，又用银五百两从王道士处购得写经570件。1914年—1915年间，俄国人奥登堡（S.F.Oldenburg）率队来敦煌考察期间，从王道士处获得300多件经卷。俄国人还在当地民间收购200多件写本，并发掘到数以万计的写经残片。奥登堡离开敦煌后，1944年8月敦煌艺术研究所修建宿舍时，在莫高窟中寺后园土地庙的残塑像体内，又发现60多件写本和残片。有学者考证这些也是藏经洞的卷子，或许是王道士转移隐匿的。

  王道士作为藏经洞的发现者，本可名垂青史。但他在外人引诱下，私自隐藏、赠送并出卖宝藏，致使大批珍贵古籍和艺术品流散国外，其贪婪愚昧的行为令人叹惋。当然，贪婪的人并不只有王道士。那些比他

---

① 以上参见荣新江《敦煌学十八讲》第三讲《敦煌藏经洞的发现及文物的早期流散》，北京大学出版社，2001年。

更有权势、有知识的官僚文人也毫不逊色。在押运敦煌劫余经卷进京前后，就有不少官僚文人监守自盗。据说押运官傅宝书等进京后，未将经卷立即移交学部，而是把大车直接拉进何彦升之子何鬯威宅中。何氏乘机伙同其亲友李盛铎、刘廷琛、方尔谦等，各自盗取精品数百卷，又将一些长卷子撕为两段以凑足卷数。最后入藏京师图书馆的经卷只剩不足 9000 件以及部分残篇碎片。

目前学术界认定的"敦煌文献"，一般指上述藏经洞和土地庙发现的遗书。此外，近现代在敦煌地区及新疆吐鲁番、和田，内蒙古西夏黑水城等地，也发现过大批古代文书简牍和写本。这些古代文书尤其是吐鲁番文书，也属于广义的"敦煌学"研究范围。

敦煌遗书流散后，分藏于世界各国的数十家公私机构，有些由私人收藏。其中最大的四家机构：

（1）英国国家图书馆，收藏斯坦因所得遗书约 16000 号[①]，其中汉文遗书约 14000 号，藏文及其他语种遗书约 2000 号；

（2）法国国家图书馆，收藏伯希和所得遗书 7000 多号，其中汉文遗书约 4000 号，藏文及其他语种遗书约 3000 号；

（3）俄罗斯圣彼得堡东方学研究所收藏奥登堡所得遗书约 19000 号，其中较大的卷子仅 500 多号，其余均为小残片，且混入不少藏经洞之外发现的文献；

（4）中国国家图书馆收藏约 16000 号，其中约 14000 号属于清末押运北京的经卷，另有约 2000 件是后来从民间收购或接受捐赠。

除以上四大收藏单位外，前文所述王道士私赠官员及官僚文人们自

---

① 所谓"号"是各收藏单位为管理方便，给每件经书或残片的编号。每个编号中可能抄写几件不同文书，也可能许多个编号的残片缀合成一件文书。现存 63000 多号敦煌遗书缀合后，较大的经卷仅有约 30000 件。各收藏单位的编号有不同字头，如英国国家图书馆藏汉文写本编号字头为 S.（Stein 的缩写），法国国家图书馆藏汉文写本编号字头为 P.（Pelliot 的缩写），俄藏本汉文编号字头为 Д x，中国国家图书馆藏写本编号为 BD（北敦）。

盗的经卷，后来通过捐赠、转售等途径，大多成为中国、日本公私机构或个人的收藏品。中国各地区图书馆、博物馆、文物公司等机构及个人收藏约2000号至3000号。日本公私单位及个人收藏约2000号；欧美诸国一些文化机构也有零星收藏。值得注意的是，这5000多号各国散藏的遗书中，有不少是文人奸商们伪造的赝品。

上述四大单位藏品及各国散藏遗书，总计约63000号。其中汉文遗书约58000号，藏文及其他语种文书约5000号。遗书的形制大多为手抄本卷轴，也有册叶本、刻印本和碑文拓片。汉文写本大多抄于盛唐至宋初。20世纪80年代前，中国大陆学者大多只能看到英、法藏品的部分缩微胶卷，不便开展研究。20世纪90年代以来，有多家出版社推出印刷精美的敦煌遗书图册。例如北京图书馆出版社的《国家图书馆藏敦煌遗书》150册，四川人民出版社的《英藏敦煌文献》（收入汉文非佛教写本）14册，上海古籍出版社的《法藏敦煌文献》34册、《俄藏敦煌文献》16册、《北京大学图书馆藏敦煌文献》2册、《天津艺术博物馆藏敦煌文献》7册、《上海图书馆藏敦煌吐鲁番文献》4册、《上海博物馆藏敦煌吐鲁番文献》2册，甘肃人民出版社的《甘肃藏敦煌文献》6册，浙江教育出版社的《浙藏敦煌文献》1册，文物出版社《敦煌文物》1册（收入天津文物公司的藏品），安徽美术出版社《晋魏隋唐残墨》1册（收入石谷风的个人藏品）。这些大型图册的出版，有力推动了敦煌学的研究。此外，台北石门图书公司《"国立中央图书馆"藏敦煌卷子》6册、上海教育出版社《中国历史博物馆藏法书大观》第11卷、香港商务印书馆《故宫博物院藏文物珍品全集》第18册、文物出版社《中国古代书画图目》第1册—12册等图册中，也有敦煌遗书的精美图片。迄今为止，中国还有部分收藏单位的藏品未公布图片，但写本的目录多已发表。日本散藏的敦煌经卷，尚待公布完整的图录，而且目录也未全部公开发表。2009年以来日本羽田亨博士旧藏敦煌文书以《敦煌秘笈》之名陆续出版，使得日本国内最大的敦煌遗书收藏单位杏雨书屋的藏品得以公布于世。该书由武田科学振兴财团杏雨书屋编集发行，其中目录1

册、图版9册，共计10册。

敦煌遗书的内容以佛教经书为主，约占总数的95%以上。道教经书及相关文书有800多号，约占总数的1.5%。此外还有儒家的四部书、医药方术书及官私文书等。道书的数量虽不算多，但内容丰富。有三洞经书、论疏、道家诸子、科仪法术，还有与道教相关的类书、诗集、话本、讲经文、斋愿文、镇宅文等。这些经书及相关文书，学术界称为"敦煌道经"或"敦煌道教文献"。自20世纪20年代以来，敦煌道教文献受到各国道教学者重视，用于考订、辑补现存《道藏》经书，或研究唐代敦煌地区道教史。80年代以前，国外学者（特别是日本和法国学者）的研究成果较多。1978年改革开放后，特别是90年代大批敦煌遗书图册出版以来，中国学者的研究也有长足进步。下面我们就以敦煌道经与《道藏》的关系、敦煌道经所见唐宋道教史迹为题，略作论述。

二、敦煌道经与一切道经

道藏的编纂始于唐代，现存《道藏》编成于明代。唐代道藏的整体构成及文本样式、经书内容，早已见不到了。20世纪各国学者对道藏编纂史的研究成果颇多。代表作有陈国符《道藏源流考》、吉冈义丰《道教经典史论》等。

敦煌道经抄写年代，大多在南北朝末至唐代前期（公元6至8世纪中叶），"安史之乱"后中晚唐至宋初的写本很少。南北朝至唐前期，正当道藏源起及编成时代。因此敦煌道经对考察道藏早期的文本，辑补校正明代《道藏》经书的缺讹，都有重要价值。

(一)道藏的形成及其规制

道教经书的整理、编目工作始于汉代。《汉书·艺文志》已著录早期道家、神仙家的经书47种，近1200卷（篇）。东汉道教教团建立后，《太平经》等道经相继问世。降至魏晋，道书渐增。晋人葛洪《抱朴子·遐览篇》著录的道书和符箓有260种，近1300卷。东晋南北朝时期，《上清经》《灵宝经》《三皇经》《正一法文》等经书纷纷问世，广为流布。搜集、整理道经的工作也随即展开。宋明帝泰始七年（471），道士陆修静奉敕编撰《三洞经书目录》，著录道家经书并药方、符图等，总1228卷。梁武帝普通四年（523），学士阮孝绪编撰《七录》，其《仙道录》中有经戒、服饵、房中、符图四部书，合425种，1138卷。北周武帝天和五年（570），京师玄都观道士撰《玄都经目》称：道经、传记、符图、论著，见有书本者2040卷，其中经传符图1156卷，诸子论884卷。

南北朝的道书整理主要是编撰目录，尚未汇编成藏。在编目中将道经分为七个部类，形成"三洞四辅"分类体例。三洞即洞真、洞玄、洞神；四辅即太清、太玄、太平、正一。据唐初孟安排《道教义枢》称：洞真部为上清派经，洞玄部为灵宝派经，洞神部为三皇派经；太清部（服饵炼丹经书）辅洞神部，太平部（即《太平经》《太平洞极经》）辅洞玄部，太玄部（老子所说经书）辅洞真部，正一部（早期天师道经箓）通辅三洞三太各部。这是道教构造的经教体系，唐以后历代编修道藏都依此体例来编排经书。

据《隋书·经籍志》载：隋开皇三年（583），秘书监牛弘奏请搜访异书，又于内道场集道、佛经，别撰目录。道书有经戒、服饵、房中、符箓四部，合377种，1216卷。隋代内道场校写的道经目录及写本，早已见不到了。但敦煌写本中有S.2295《老子变化经》，其卷末题记："大业八年（612）八月十四日，经生王俦写，用纸四张。玄都玄坛道士覆校。装潢人□□。秘书省写。"此卷当即隋朝内道场所写道经佚本，非常珍贵。

"道藏"一词见诸记载，约始于唐高宗、武后时。据宋代佚名氏《宝刻类编》卷八著录，唐初道士王悬河，曾于成都刻立"道藏经序碑二，其一高宗制，其一武后制。弘道元年（683）十二月二十三日刻"。另据敦煌 S.1513《老子像名经》抄本前，有御制的《一切道经序》。序文内容为哀悼"孝敬皇帝"病逝，并敕写"一切道经三十六部"。据汤用彤先生考证，孝敬皇帝李弘，是唐高宗与武则天所生长子。显庆元年（656）立为太子，上元二年（675）病逝，追谥孝敬皇帝。《一切道经序》当系武后哀悼太子而作，敕令为他写道经荐亡。① 这篇序文当即弘道元年（683）王悬河所刻《道藏经序碑》。唐代抄本中称"一切道经"，宋人著录时改作"道藏经"。

唐代道藏称作《一切经》或《一切道经》②，这与当时汉文佛教《大藏经》亦称《一切经》相似。"大藏经"一词大约始出于南北朝末至隋初。"藏"是梵文 Pitaka 的意译，原意指盛放物件的箱子或笼子，古代印度僧人常用箱笼存放抄写的贝叶经。中国古代收藏经典文书的金匮石室称作"藏室"。用"藏"字对译梵文 Pitaka，符合其为经书收藏器具或藏室之含义。"道藏"一词的出现略晚于"大藏"，可能受佛教影响。佛教经书的聚藏既称"一切经"或"大藏经"，道教经书则称"一切道经"或"道藏经"，以示区别。

唐玄宗是崇奉道教的皇帝，即位之初就敕令京师太清观主史崇玄、昭文馆学士崔湜等人，"集见在道经，稽其本末，撰其音义"。史崇玄等奉敕"据京中藏内见在经二千余卷以为音训"，撰成《一切道经音义》

---

① 参见《从〈一切道经〉谈到武则天》，载《汤用彤学术论文集》，中华书局，1983年。
② 贞松堂旧藏《本际经》卷五抄本末尾题记："冲虚观主宋妙仙入京写一切经，未还身故。"所谓"一切经"当即唐代道藏。道门内自称一切经，教外文献则称一切道经。

及目录113卷。① 按此书的主编者史崇玄，是武后之女太平公主的党羽，先天二年七月因公主谋逆案而被诛。他编撰《一切道经音义》依据的底本，"京中藏内见在经二千余卷"，可能是武则天当政时已有的《一切道经》。这部道藏现已不存，但敦煌道经中的 S.1513《老子像名经》，当即这部道藏的写本。此外还有些敦煌抄本中用了武周时颁布的异体字，也应属于唐初藏经。②

敦煌本《三洞奉道科戒经》，大约成书于隋唐之际。该书卷五《写经品》中，记述了唐初道教写经作藏之法。写经规格有十二种：一金简刻文、二银版篆字、三平石镌书、四木上作字、五素书、六漆书、七金字、八银字、九竹简、十壁书、十一纸书、十二叶书。作藏的规格有二种：一者总藏，二者别藏。其文曰：

> 总藏者，三洞四辅同作一藏，上下或左右前后作重级，各安题目，曰《三洞宝经藏》。别藏者，三洞四辅各作一藏。凡有七种：一者《大洞真经藏》、二者《洞玄宝经藏》、三者《洞神仙经藏》、四者《太玄经藏》、五者《太平经藏》、六者《太清经藏》、七者《正一经藏》。皆明题目，以相甄别。

又该书《法具品》中记述经藏的制作方法：

> 凡造经藏，皆外漆，内装沉檀，或表里纯漆，或内外宝装，或表里彩画，或名木纯素。各在一时，大小多少并随力办。或作上下七重，或三重，并别三间或七间，安三洞四辅，使相区别。门上皆置锁钥，左右画金刚神王。悉须作台安

---

① 参见《正统道藏》太平部所收《一切道经音义妙门由起序》。又按，《新唐书·艺文志》著录此书，题作"道藏音义目录"。《通志·艺文略》著录作"唐朝道藏音义目录一百十三卷"。
② P.2806《本际经》卷四、BD6097《道德义渊》等抄本中，都有武周时异体字。

（置），不得直尔顿地。

除写经作藏的方法外，《法具品》对经书装裹方法也有规定：

> 凡经每一部或五卷、十卷，皆须着裹。凡裹有五种，一者锦绮，二者织成，三者绣作，四者纯彩，五者画绘。皆内安裹及带，如法皆书题曰某经。

据此可知，唐初道经写本的形制及装裹也模仿佛教经卷。敦煌发现的佛经完整写本，大体上都是卷轴装，卷首安裹带，卷尾安木轴；每数卷或十卷用包袱裹成一裹，并题写经名和裹号。敦煌道经数量比佛教少得多，尚未发现包裹道经的裹袱。但首尾完整的道经写本，均为卷轴装，在黄麻纸上作乌丝栏格，楷书精美。总之，道教经书在书写、装置、收藏等方面，都仿照佛教《大藏经》，最迟在唐初已形成了完整的规制。

开元末至天宝年间，唐玄宗崇道尤甚，下令编修和抄写道藏。据《文献通考》卷二二四引宋《三朝国史志》称：

> 东汉后道教始著，而真仙经诰别出焉。唐开元中列其书为藏，目曰《三洞琼纲》，总三千七百四十四卷。

按《三洞琼纲》又称《琼纲经目》，据说是唐玄宗御制的藏经目录[①]，全部藏经的名称应为《一切道经》（教内人士称《一切经》，后来人称作《开元道藏》）。天宝年间，玄宗诏令各地传写此经。《混元圣记》卷九载天宝七年（748）闰六月丙辰诏曰：

[①] 《新唐书·艺文志》及《崇文总目》均著录"三洞琼纲三卷"，题道士张仙庭撰。但杜光庭删定《太上黄箓斋仪》卷五二称："至开元之岁，经诀方兴，玄宗著《琼纲经目》，凡七千三百卷。"《通志·艺文略》著录"开元道经目一卷"，《道藏阙经目录》著录"三洞琼纲五卷"，均未题撰人。张仙庭可能是唐玄宗御制经目的捉笔人。

> 今内出《一切道经》，宜令崇玄馆即缮写，分送诸道采访使，令管内诸郡转写。其官本便留采访至郡，亲劝持诵。①

此次敕令各地方官转写的"内出一切道经"，当即开元间编修的道藏。

《开元道藏》编成后不久，就因"安史之乱"而遭焚毁。唐末五代战乱，道经又屡遭劫火。虽有各地道士收集余烬，但中晚唐不再有官修道藏之举。北宋多次官修道藏，曾利用各地遗存的唐代藏经。金元两朝编修道藏，又据宋藏予以增补。元世祖至元十八年（1281），因僧道争辩，诏令焚毁道藏。大批晋唐道书毁于劫火，《三洞琼纲》也因此失传。唐道藏的原貌遂不可知。岂知敦煌藏经洞开启后，竟使部分唐道藏写本再现于世。

现存敦煌道经多是道教徒为传授经戒，或为作法事而抄写的文本，不能径称为"道藏"。但其中确有少数经书，可能是《开元道藏》的样本或转写本。以下试举几例：

（1）P.2457《太上正一阅紫录仪》抄本，卷末题记：

> 开元廿三年太岁乙亥九月丙辰朔十七日丁巳，于河南府大弘道观，敕随驾修祈禳保护功德院，奉为开元神武皇帝写《一切经》，用斯福力，保国宁民。经生许子颙写。修功德院法师蔡茂宗初校，京景龙观上座李崇一再校，使京景龙观大德丁政观三校。

此卷尾题明确说是功德院奉敕为开元皇帝所写的《一切经》。写经人是功德院经生，楷书纯正浑厚。校对人也是京城著名道观景龙观的上座大德。

---

① 此诏又载《唐大诏令集》卷九：天宝八载闰六月丁酉，大赦天下，制曰："今内出《一切道经》，宜令崇玄馆即缮写，分送诸道采访使，令管内诸郡转写。其官本留采访使郡太一观，持诵圣人垂训。"颁诏年日及诏文稍有不同。

（2）P.2354《立成投龙章醮威仪法则》残抄本，楷书雄浑精美。内称：

> 今功德院修撰《立成投龙章醮威仪法则》，所投龙璧，州各附一本，并坛图铺设次序。

另一件 BD14841 抄本，内容文字与 P.2354 相同，但末尾残存章词：

> 维大唐开元厶年太岁厶子厶月朔厶日吉时，係天师厶化厶炁臣厶乙、监官□□□，奉为大唐开元神武皇帝上丿。

可知此篇也是功德院为开元皇帝修撰，颁布天下诸州的经文。或许功德院是负责编修《一切道经》的机构。

（3）P.3725《唐玄宗老子道德经注》抄本，卷尾题记：

> 国子监学生杨献子初校，国子监大成王仙周再校。开元廿三年五月　日，令史陈琛、宣德郎行主客主事专检校写书杨光乔、朝议郎行礼部员外郎上柱国高都郡开国公杨仲昌、正议大夫行礼部侍郎上柱国夏县开国男姚弈、金紫光禄大夫礼部尚书同中书门下三品上柱国成纪县开国男林甫。

据此可知，这是宰相李林甫等监修，国子监生员抄写的文本。此篇经文是皇帝御撰，应当收入《一切道经》。

（4）S.2506B→P.2810A＋S.2506A＋P.4073＋P.2810B→P.2380，《通玄真经》卷九残抄本，末尾题记：

> 大唐开元廿七年二月一日，开元圣文神武皇帝上为宗庙，下为苍生，内出钱十千贯敬写。道士冯楚瑾初校，道士常华夷

再校,道士何必远三校。

此篇也是朝廷出钱,雇用道士为开元皇帝写校的道经,书法淳厚,校对精良。

《开元道藏》是历史上首次官修的道经总集,不幸毁于战乱和元代焚经。上列敦煌经卷如能确定为唐道藏的写本,其珍贵价值自不待言。

(二)敦煌道经的文献价值

敦煌道经不仅可供了解唐代道藏的样貌,而且可以校补明代《正统道藏》的缺讹。目前已知的800多件敦煌道经及相关文书抄本,能考定或拟定经名的约有170种。其中《正统道藏》未收的80多种,《道藏》本残缺而敦煌本可补缺的18种30多卷。就是说,有超过半数敦煌经卷不见于明《道藏》。其中约20种见于《道藏阙经目录》著录,是元代焚毁的唐代道藏所收经书。这些失而复得的早期道经,对解决道教研究中悬而未决的问题,具有极重要的文献价值。下面举几个实例来作说明。

1.《老子化胡经》

老子化胡的传说,在历史上曾是佛道二教长期争讼的问题。早在东汉佛教传入中国时,已有"老子入夷狄为浮屠"的传说。[①] 三国魏明帝时人鱼豢撰《魏略·西戎传》称:"盖以为老子西出关,过西域,之天竺,教胡浮屠,属弟子,别号合有二十九。"相传西晋惠帝时,道士王浮与沙门帛远争论道佛邪正,始作《老子化胡经》诬谤佛法。[②] 南北朝隋唐时期,佛道二教围绕化胡真伪问题屡次展开激烈辩论,各自造经书支持己说。元初因道士在佛道辩论中失败,《化胡经》和大批道书被元

---

① 参见《后汉书·襄楷传》。
② 参见(梁)僧佑《出三藏记集》卷一五《法祖法师传》。

世祖下令焚毁，以致后人无法了解《化胡经》的真实内容。敦煌遗书中发现了唐代《老子化胡经》（十卷本）的数件残抄本，保存原经卷一（S.1857、P.2007）、卷二（Дx0769＋S.6963）、卷八（P.3404）、卷一〇（P.2004）等四个卷次的大部分内容，为研究佛道二教关系史提供了重要资料。自敦煌抄本发现后，近代中外学者纷纷发表研究论著。王维诚《老子化胡说考证》，日本武内义雄《老子の研究》、吉冈义丰《佛教と道教》、福井康顺《道教の基础的研究》等书，均为力作。诸家众说纷纭，但大体上都确认《老子化胡经》十卷本，是汇集南北朝至唐初老子化胡说的经书。

2.《老子道德经》及其注疏

《老子道德经》及其注疏也是近代学者研讨的热点。敦煌抄本中除《老子五千文》及《道德经》无注本外，现已知还有 11 种注疏本。其中《河上公章句》、唐玄宗御注及御疏，明《道藏》收入全本。其余 8 种汉末至唐代的注疏本缺佚。最受人们关注的是《老子想尔注》。此书相传为汉末五斗米道祖师张陵或其孙张鲁所作，用于教化信徒。南北朝时被列为道教必传经书，元代缺佚。敦煌 S.6825 残抄本，写于南北朝末，保存原经上卷的部分内容，非常珍贵。香港中文大学饶宗颐先生据抄本整理出《老子想尔注校笺》，是研究早期天师道教义的基本文献。但此书问世年代尚存争论。饶宗颐、大渊忍尔等人认为出于汉末，楠山春树、小林正美等认为出于南北朝。

《老子节解》也是汉末或魏晋传世的重要注本，假托关令尹喜撰（或说系师张鲁），以内修养生之旨注解《道德经》。原书二卷，元代亡佚。敦煌 S.6228v 抄本，残存其 33 章至 35 章部分经注文，揭示了原书旧貌，非常珍贵。① 又南齐道士顾欢所撰《老子义疏》，见于《隋志》及

---

① 参见拙作《敦煌本老子节解残页考释》，《敦煌吐鲁番研究》第六卷，2002 年。

《新唐志》著录，元代亡佚。《正统道藏》收入顾欢《道德真经注疏》八卷，有学者认为是唐人编集，但笔者考证应为赵宋时编集的伪书。敦煌S.4430残抄本，保存第70章至80章部分经注文。大渊目录据藤原氏论文，拟定此件为顾欢注，大致可信。这个残卷是证明《道藏》本伪误的重要证据。

3. 重玄学

重玄学是南北朝隋唐时期流行的道教哲学。当时有大批道门学者纷纷注解老庄，阐明重玄学理。其中成玄英、李荣发挥重玄义理最为精彩，但其著作后来都缺损或失传。敦煌遗书中有四种用重玄义理解释《老子》的注疏。

其一，佚名氏《老子道德经义疏》（S.6044＋BD14677），其疏文体例及义理近似李荣、赵志坚等唐人注疏。但抄本不避"渊"字、"民"字讳，或系梁陈周隋之际道士所作。

其二，《玄言新记明老部》（P.2462），是唐初著名学者颜师古为《老子王弼注》所作的疏，用重玄义理疏释《道德经》篇章次第及其要旨。

其三，李荣《道德真经注》，李荣是唐高宗时著名道士，其注解以虚静合道为旨归。原本四卷，明《道藏》残存前两卷《道经注》，缺《德经注》。敦煌P.2594＋P.2864＋S.2060＋P.3237＋P.2577＋P.3277抄本，恰好补全《道藏》本所缺后两卷。

其四，成玄英《老子道德经开题序诀义疏》，据《新唐志》著录原本为7卷，元代亡佚。敦煌发现两件残抄本，P.2353为该书《开题》，开解老君降生应化事迹及所说经法要旨；P.2517尾题《老子道德经义疏》卷第五，残存第59章至81章经疏。上列四种注疏都是研究唐代道教义理学的重要资料。

4.《太平经》

《太平经》是道教最早的一部大型道书，也是研究汉代原始道教的重要资料。该书原本有170卷，分为甲乙丙丁戊己庚辛壬癸十部。但现存明《正统道藏》本仅残存《太平经》57卷，另有唐人闾丘方远摘录的《太平经钞》10卷。恩师王明先生根据这两种残缺不全的版本和其他资料，编成《太平经合校》一书，使原书旧貌有所恢复。但《太平经合校》较原经170卷还缺损甚多，特别是现存《道藏》本没有一个完整的目录，使人难以了解原书的全貌。

敦煌道经中的S.4226《太平部卷第二》残抄本，写于南北朝，其中有《太平经》10部，170卷，366篇的完整目录，列举了所有的篇名（内有五篇漏抄）。抄本首尾还有前序和后跋，概述《太平经》传世始末、经文要旨和修习传授之科仪。这一抄本的发现，不仅揭示了《太平经》原书的全貌，而且证实了现存《太平经钞》甲部之伪，因此引起有关学者的重视。

5.《无上秘要》

《无上秘要》是北周武帝主持编纂的第一部大型道教类书，也是研究汉魏六朝道教经典和教义的重要史料。该书原本有100卷，早在唐末已有缺损，《新唐志》著录此书72卷。现存《道藏》本仅有68卷，而且没有完整目录。敦煌发现《无上秘要》抄本13件，有11件是开元六年（718）敦煌神泉观道士马处幽、马抱一叔侄二人抄写，工笔楷书，字迹优美。其中P.2861（目录）、S.80（卷一〇）、P.3327（卷六二或六三）等三件，均不见于《道藏》本。另外8件抄本亦可校补《道藏》本卷第五、第二九、第三一、第三三、第五二、第八四等卷的错漏。尤其是P.6821《无上秘要目录》抄本的发现，揭示了《无上秘要》全书100卷，288品的目录，使今人得以知道《道藏》本缺佚部分的内容，具有极为珍贵的史料价值。

敦煌道经可弥补《道藏》缺佚的珍贵抄本还有许多，不烦逐一列举。

（三）敦煌道经抄本的编目

自20世纪20年代以来，中外学者已发表许多相关研究论著。这里仅就分类编目略作评述。

敦煌道经抄本的定名和编目，是一项细致复杂的工作，迄今有三位前辈的成果值得重视。陈国符先生《道藏源流考》（中华书局，1963年修订本），书中的《敦煌卷子中之道藏佚书》，首次著录北京、伦敦、巴黎三地所藏的部分道书，对某些佚经略作考释。当时敦煌文献的图版影片尚未公布，因此陈先生的目录仅是初步成果。

其次，吉冈义丰在20世纪50年代英藏敦煌文献部分胶片公布后，开始从事其中道教文献的考定工作。在20世纪60年代日本东洋文库组织编写的四册《西域出土汉文文献分类目录》中，吉冈氏负责编成第三册《スタイン将来大英博物馆藏敦煌文献目录——道教の部》（东洋文库，1969年）。该目录分三洞、四辅、古佚（《道藏》未收经书）、其他（经名未详）四个部分著录道经。这个目录的主要成果后来被大渊目录吸收。

大渊忍尔教授搜集世界各地所藏的敦煌道经抄本，积数十年研究之功，撰成《敦煌道经目录编》（福武书店，1978年）。书中共著录敦煌、吐鲁番道经抄本496件，考订书名，并详细记录抄本卷幅、纸质、书写年代、行格款式等。1979年大渊又编集出版了《敦煌道经图录篇》，刊出全部敦煌道经（除去重复抄本）的影写图版。

大渊目录及图录不仅搜集资料较为完备，而且创立了较完善的体例。其最大优点，是以经书为中心，而不是按馆藏编号的顺序来著录世界各地收藏的抄本，便于专业学者查阅内容相关的文献。该书出版后，成为研究敦煌道教文献的基本工具书。但其中也有不少可以改进之处。

第一,大渊目的搜集并未达到网罗无遗,不仅《庄子》《列子》《文子》等道家经书未收,而且当时已公布胶片的北京、伦敦藏本都有不少遗漏。近三十多年来,大批中、英、俄藏及散藏敦煌遗书图录出版后,大渊目未著录的抄本就更多了。

第二,在考证方面存在某些错误,不少经名误定或失考,作者年代误考,尤其对太清部(服食炼丹)、洞神部(道法咒术)经书的失考较多。

第三,大渊目的分类未遵循唐代道经三洞四辅分类体例,而是自定为灵宝经、上清经、道德经、杂道经、道教类书、失题道经六大类。所谓"杂道经类"收入的多为洞渊部、太玄部重要经书。

第四,大渊目缺少介绍经书内容的提要,编号索引过于简略(仅列编号而无对应的经名),没有残抄本缀合的索引,对敦煌文献与吐鲁番文献未明确分别。

如前所述,敦煌道经大多为唐代写本,最接近三洞四辅体例形成时代。因此按唐代道藏三洞四辅分类法来著录和编排敦煌道教文献是最合适的。设置的部类应有洞真部、洞玄部(含升玄)、洞神部(含洞渊)、太玄部、太平部、太清部、正一部。另加三部:道教类书丛书、道教相关文书、其他(经名待考残片及佛道相关文书)。拙著《敦煌道教文献研究》(中国社会科学出版社,2004年),已对上述大渊目录的不足之处有所补正。

三、敦煌道经所见道教史迹

(一)敦煌道教的历史概况

河西及敦煌地区的道教,在11世纪初藏经洞封闭之前,大致经历了三个阶段：汉末魏晋道教的初传期，北朝至盛唐的兴盛期，"安史之乱"后的衰落期。

中国道教形成于东汉晚期（约公元2世纪），首先出现的道教教团有太平道和五斗米道。太平道传播于东部的中原各州，五斗米道则在西南益州巴蜀地区流传。河西凉州不是原始道教的发源地，但道教成立后不久，就在汉末魏晋时传入河西。近人张凤《汉晋西陲木简汇编》收入敦煌出土的道教木简符箓一枚，其正面文字为"仙师敕令三天贵龙星镇定空冞安●"，背面文字为"金木水（火土）"。据陈槃《敦煌木简符箓试释》一文考证，这枚五斗米道的木简符箓，大约为魏元帝景元四年（263）之物。这是魏晋之际道教在敦煌传播的重要实物证据。

公元5世纪中叶北魏攻克凉州之后，直至8世纪中叶"安史之乱"爆发前，河西地区有三百多年处于北魏、西魏、北周、隋、唐等中原王朝的有效控制下。中国从分裂趋于统一，国力逐渐强盛，中西交流畅通无阻。中原地区的道教也在这一时期日趋兴旺，唐代前期达到鼎盛。这些有利条件使敦煌的道教也发展兴盛起来。虽然现存史籍中有关西凉边地宗教状况的记载甚少，但敦煌石室发现的道经抄本，恰好可弥补史料的空缺。敦煌道经的某些抄本末尾附有题记，披露抄写人和监校者的姓名、身份，抄写地点、年代、事由以及道师传经授戒的盟誓文。合计约有五十多条。将这些题记、盟文搜集起来，研究其中出现的人物、道观及年号，就可知道当时敦煌道教的发展状况。此外，有些不属于道教的敦煌文书，如图经地志、医书药方、历日占卜等，也载有道教活动的零星资料。

根据对敦煌抄本中出现的年号及抄本纸张、字体的研究，已知敦煌道经的抄写年代，大多数在南北朝末至唐前期（即公元6世纪至8世纪中叶）。题记中出现最早的年号，是梁元帝承圣三年（554），最迟年号为唐肃宗至德二年（757）。唐代年号的抄本，尤其是唐高宗、武后和玄宗年号的抄本最多，而且多是在优质黄纸上楷书精校的道经写本。也有少数用干支来纪年的道经以及字体纸质粗劣的文书，大约抄于吐蕃占据期及归义军统治期（即中晚唐至北宋初）。大致上以公元755年"安史之乱"爆发为界限，此前有大批楷书精美的正规道经抄本，此后正规道经愈来愈少，而代以木笔写或草书体的文书。这种书写风格和用纸的差别，反映了敦煌道教盛衰的历史。唐代前期的鼎盛与中晚唐以后的衰落，形成鲜明对照。

敦煌道经及《沙州图经》等抄本中，见有八座唐代敦煌地区道教宫观的名称：灵图观、冲虚观、神泉观、开元观、龙兴观、紫极宫、白鹤观、玄中观。其中六座道观可确定设在沙州。① 据《唐六典·礼部》载：

祠部郎中、员外郎掌道、佛之事，凡天下寺总数五千三百五十八所，观总数一千六百八十七所。

这是开元二十四年（736）将道观改隶于宗正寺之前的数字。当时全国有328州府，平均每州道观数5.14座。沙州是边陲小州，有六座宫观已不算少。其中的紫极宫，是唐朝官方祭祀大圣祖玄元皇帝（太上老君）的宫观，规模宏大。据《旧唐书·礼仪志四》及《唐大诏令集》卷七八载：唐玄宗因崇奉老君，开元二十九年（741）诏两京及诸州各置玄元庙一所，天宝二年（743）又提升为宫，西京及亳州称太清宫，东京称太微宫，诸州称紫极宫。诸宫皆拟皇家宫阙制度，祭献礼仪与太庙同。又据S.2005《沙州都督府图经》记载，神泉观在沙州东北四十里清泉驿侧。该观道士在唐代抄写及传授的经书最多。冲虚观则是当地女冠庙，观中女道士抄经和授经活动也较活跃。

关于这些宫观经济活动的资料极少，仅有一件天宝十三年（754）

---

① 按：白鹤观、玄中观是否在敦煌，存在争议。据陈祚龙《敦煌学识小》考证，两观名均见于P.3562v抄本，当年殆皆设在沙州。马德《敦煌文书〈道家杂斋文范集〉及有关问题述略》认为：白鹤观应在京师长安，玄中观是四川成都的著名道观（唐末因僖宗驻跸，改名青羊宫）。故唐代前期记载可靠的敦煌道观，应以六座为准，两座存疑待考。

六月五日的便麦契（P.4053v），记录龙兴观道士杨神岳，因观主缺少种粮，向某人借麦捌硕，限八月还纳；若违限不还，用观主所有的车牛杂物充抵麦值。这件契约证明道观不仅有房产，还有观主自种的麦田，否则不会向人借麦种。

敦煌抄本中出现的道士、女冠姓名，已知约有四十余人。他们的身份有观主、三洞法师、常住道士及男女清信弟子等。有些道士、女冠可能来自中原地区，但多数为本地人。至于沙州道士、女冠的总数，尚无准确的统计资料。据 P.4072《请准乾元元年新度僧尼道士度牒状》残抄本称：

> 合管内六军州，新度未得祠部告牒僧尼、道士女道士，已奏未（得者）陆百陆拾人。计率得写告牒钱，共壹仟肆佰陆拾伍贯□□。叁佰贰拾柒人僧，壹佰陆拾玖人尼，壹佰叁拾柒人道士，叁拾柒人女道士。

这是乾元元年（758）沙州申报朝廷批准发给度牒的道士、女冠数，合计 174 人，约相当于僧尼数的 35%。人数也不算少。

敦煌道士抄写和传授的经书，多数为当时内地流行的《上清经》《灵宝经》《道德经》等三洞经典和道教科仪戒律。其中隋唐时流行的《太玄真一本际经》抄本就有 140 多编号，《灵宝经》和《五千文》的抄本也为数不少。有些抄本题记是为唐朝皇帝和太子祈福而写。有些抄本题记原本写于内地宫观。如京师长安的景龙观、灵应观、清都观、五通观，雍州长安县东明观，河南府（洛阳）大弘道观等，都是隋唐时两京的著名道观。[①] 参与监督校写经书人员的身份，除道士之外，还有隋唐中央各部门的官员。如隋秘书省经生、唐国子监生员、道学博士、功德院修撰法师等。敦煌道士也有入京抄写道经的，例如武周长寿二年（693），

---

① 参见（清）徐松撰《唐两京城坊考》，中华书局，1985 年。

沙州神泉观道士索□□，于京师东明观为亡妹写《本际经》一部（见上海图书馆078号题记）。又如冲虚观主宋妙仙，入京写《一切经》，未还身故（见散0689号题记）。这些事例表明当时内地与敦煌道教的交流频繁。

唐玄宗天宝十四年（755），中原地区爆发"安史之乱"，两京失陷，国力由盛转衰。道教在动乱中遭到沉重打击，经典被焚，宫观名山被侵占。虽然此后唐宪宗、武宗、僖宗等皇帝仍然尊祖崇道，但是中晚唐的道教已无法恢复"安史之乱"前的盛况。吐蕃统治者乘唐朝内乱之机出兵进攻河西地区，大历元年（766）已攻占甘、肃、兰、凉诸州，阻断中原与河西交通。贞元初年（约786年前后）瓜、沙二州沦陷。此后直至大中二年（848），张议潮起兵收复瓜、沙诸州，建立归义军政权，敦煌地区才名义上复归唐朝统治。

吐蕃统治者崇信佛教，极力培植其势力，提高僧人地位，扩建寺院。汉族民众信奉的道教，因失去唐朝官方的扶持而衰落。有关吐蕃占据期敦煌道教的史料极少。据P.4640抄本《大番故敦煌郡莫高窟阴处士公修功德记》载：唐朝都尉敦煌人阴伯伦，"赞普启关之后，左衽迁阶；及宰辅给印之初，垂袪补职蕃朝，改授得前沙州道门亲表部落大使"。姜伯勤先生认为："沙州道门亲表部落"是8世纪末吐蕃管辖沙州后，由道士、女冠及其亲属组成的一个千户。①这个材料可证明吐蕃时期道教在敦煌仍有存在，但仅从官职名称还不足以推论部落的组成人员。敦煌在籍道士、女冠及其家属，不太可能达到1000户。

不仅吐蕃占据期道教不兴，后来在张氏、曹氏归义军统治期，敦煌道教活动虽有所恢复，但未能再现隋唐之际的兴盛。敦煌道经抄本自至德二年（757）之后，不再有中原王朝的年号出现。有些用干支纪年的道经抄本，用硬笔书写或草书体的文书，据推测可能写于吐蕃占据期或归义军时期。从这些抄本来看，唐至德二年（757）后至北宋太平兴国

---

① 姜伯勤：《沙州道门亲表部落释证》，载《敦煌研究》1986年第3期。

九年（984）前，二百多年间敦煌道经及相关文书抄本，据推测仅有约70号。但此前北朝末至唐前期约二百年间（554—757）的道经抄本，则有700多件（编号）。前后相差极大，证明"安史之乱"后敦煌地区道教衰落的事实。其次，在晚期抄本中仍有道教的三洞经书及斋仪文书，但其书写质量已大不如前。可见宫观道士的职业素质下降，传抄和研习经书教义的出家住观道士，人数可能愈来愈少；而从事度亡、镇宅等仪式及占卜法术活动的民间道士则增加。那些书法拙劣的斋仪文书和阴阳占卜书，可能就出自他们的手笔。五代宋初曹氏归义军统治期间的道教文书，只有民间道士书写的几件镇宅文书。唐代前期的敦煌道教宫观，在晚期抄本中都不见踪影。只有一座非正统的"玉女娘子观"，祭祀当地水神玉女娘子。① 太平兴国九年（984）的《敦煌王曹延禄镇宅祈愿文》，或许即此观道士所写。

敦煌道教宫观经济的盛衰，还可从抄写用纸的变化看出。唐前期的官修道经抄本，多用优质厚黄纸，书法精美。道士为弟子传经授戒、或为信徒作功德抄写的经书，也多用好黄纸，字迹工整。可见道教自身的经济力量和文化素养也不差。但当道教衰落后，有许多敦煌道经抄本被撕裂，或用其旧纸重新粘贴，在背面抄写汉文或藏文的佛教经书。有学者认为，这是佛教徒有意毁坏道经写本。但从晚期道书抄本看，实际当时道教徒也利用废旧纸，或用劣质薄黄纸、褪色灰白纸，且字迹浅淡模糊。这种现象说明宫观经济衰落后，民间道士财力不济，无钱买好纸好墨和雇佣好写手。总之，敦煌道教自"安史之乱"后陷入衰落。北宋初敦煌藏经洞封闭后，该地区道教的活动不再见诸文献记载。

---

① P.4075《某寺丁丑年破历》载："四月八日，官取黄麻五硕，又粟肆斗，太宝就玉女娘子观来著酒用。"太宝即归义军节度使曹延禄，丁丑年为宋太平兴国二年（977）。玉女娘子观在沙州城西南十八里都乡，大约唐末至宋初存在。

（二）敦煌地区的道教行事

敦煌道经中所见的宗教行事，大致有三个方面：写经、造像及讲经、度亡、祈福、镇宅仪式，养生、修持及法术活动。这些道教行事既有某些当地特色，又受中原地区教义教规和汉族礼俗传统的影响。下面略作介绍。

1. 写经、造像及讲经文

南北朝至隋唐之际，道教的发展趋于正规化，形成一套传经授箓制度。规定不同道派或品级的法师及其弟子，应授受和诵习不同的经戒法箓，并举行传授经书的盟誓仪式。敦煌道经中有许多与此相关的科仪书。如《洞真上清经授度仪》《太上正一度仙灵箓仪》《陶弘景五法传授仪》《三洞奉道科戒经》等。现存《道藏》中也有与此相关的科仪书。从这些书中可以看出，南北朝隋唐道士传度和诵习经书的次序，大致为初入道弟子授清信戒律、正一盟威法箓，其次授太玄部道德经箓、洞渊神咒经箓、洞神三皇经箓、洞玄灵宝升玄经箓、灵宝中盟经箓，最后授洞真上清经箓。敦煌道经中的许多抄本，就是用于这些授度仪式的。

在各种授度仪式中，最重要的是传授诵习《五千文》及《十戒经》。据说这种仪式源于道教初创时期。东汉末张鲁在巴蜀地区教化道徒，使传习《老子五千文》。所谓"五千文"，是将《老子道德经河上公章句》的经文删定为5000字的文本，又称"系师定本"。后来东吴道士葛仙公（葛玄）又撰写《老子道德经序诀》，加在《五千文》本之前，故又称"葛本"。东晋南北朝以来，《五千文》成为道教徒传授诵习的首要文本。隋唐道士入道门后，皆须从三洞法师受度《五千文》及《十戒经》。因此敦煌遗书中有不少葛仙公《序诀》、《五千文》与《十戒经》的抄本或合抄本，并附录弟子受经、受戒的盟誓文。已发现《序诀》与《五千文》的抄本50多件编号（附盟文5篇），《十戒经》及盟文抄本10件

（盟文7篇）。这个传经授戒的文本及12篇盟文，不见于《道藏》，是敦煌发现的唐代道教重要文献。盟文中记录的传经授戒年代，自唐中宗景龙三年（709）到肃宗至德二年（757）；受经、受戒的弟子涉及敦煌县七个乡。另有一件P.3417抄本，是雍州栎阳县龙泉乡清信弟子周景仙在长安东明观受戒盟文。从盟文内容看，当时敦煌与内地道观传经授戒的仪式基本相同。

　　唐代道士传经授戒，不仅是确定道士身份品级的教内仪轨，也是道士出家取得度牒和田地的凭据。唐代前期实行均田制，成年丁男计口受田，出家人亦给田地。据《大唐六典》卷三尚书户部条载："凡道士给田三十亩、女冠二十亩。僧尼亦如之。"又《白氏六帖·事类集》卷二六道士条引《授田令》："道士受《老子经》以上，道士给田三十亩。僧尼受具戒准此。"据日本学者考证，这是唐玄宗开元年间的田令，唐初僧道受田与此稍有别。据释道宣《集古今佛道论衡》卷丙载，太宗贞观二十二年（648）前的田令为："道士通《三皇经》者，给地三十亩。"因有人表奏《三皇经》语涉妖妄，不可传授，着吏部杨纂等议论后，敕旨："其《三皇经》并收取焚之，其道士通《道德经》者给地三十亩，仍著令。"① 由此可见，唐太宗优待道士，将道教的授经规制与均田制挂钩。佛教僧尼受田以道士、女冠为准，因此颇为不满，要求废止。但朝廷没有废除道士受田令，反将受田资格从通《三皇经》降为通《道德经》。② 而僧尼受田的资格仍为受具足戒，难怪他们忿忿不平，指责这是

---

① 以上参见〔日〕小林正美《唐代の道教と天师道》第一章第二节，知泉书馆，东京，2003年4月。
② （唐）张万福《传授三洞经戒法箓略说》："凡人初入法门，先受诸戒，以防患止罪；次佩（正一）符箓，制断妖精，保中神炁；次受《五千文》，诠明道德生化之源起；次受《三皇》，渐登下乘，缘粗入妙；次受《灵宝》，进升中乘，转神入慧；次受《洞真》，炼景归无，还源反一，证于常道。"据此可知，受《五千文》者位阶低于《三皇》。

道士私通奏官而为。① 由于受《五千文》可得到受田资格，因此盛唐时在敦煌有许多《五千文》经卷及盟文抄本。"安史之乱"后，均田制衰落，建中元年（780）唐朝改制，实行两税法。大概受此影响，吐蕃及归义军统治期的敦煌抄本中，不再有《五千文》及盟文留存。

敦煌道士抄经的另一目的，是用于积功求福。南北朝隋唐时代，道教吸取佛教修造福田之说，要求信徒写经、造像，作为治病消灾、超度亡灵的功德。不仅道士和百姓为此写经，皇室也未能免俗。敦煌道经中有不少这样的写本。例如 P.3233、P.2444 两件《洞渊神咒经》抄本末题："麟德元年（664）七月廿一日，奉敕为太子于灵应观写。"据唐长孺先生考证，应为超度废太子李忠亡灵而写经。② 上元二年（675）新太子李弘又病故，追谥孝敬皇帝。唐高宗或武后御制《一切道经序》（S.1513 抄本），哀悼孝敬皇帝病逝，并敕写《一切道经》三十六部。永淳二年（683）十二月唐高宗病逝，道士又奉敕造像祈福。P.3556v 抄本称：

> 伏惟高宗天皇大帝……悠示鼎湖，乘披云而遂远。哀缠万国，痛结九天。弟子谬奉遗恩，叨膺重托。……今故奉为大帝，敬造绣玄真万福天尊等一千铺。

除为皇家写经、造像外，道士也为同门师友或信徒父母写经造像，度亡祈福。如北大 D117 抄本末题记：

---

① （唐）释法琳《法苑珠林》卷五五载："如佛教依内律，僧尼受戒得荫田，人各三十亩。今道士皆依《三皇经》受其上清下清，替僧尼戒处，亦合荫田三十亩。此经既伪，废除，道士、女道士既无戒法，即不合受田，请同经废。道士、女道士等当时惧怕，畏废荫田，私凭奏官，请将《老子道德经》替处。"认为道士不应受田，又用《道德经》替代《三皇经》受田。
② 参见唐长孺《史籍与道经中所见的李弘》，载《魏晋南北朝史论丛拾遗》，中华书局，1983年。据史书载，唐高宗永徽六年（655）立武则天为皇后，废太子忠；次年立武后之子李弘为太子。麟德元年（664）废太子忠死于黔州。

文明元年（684）三月，弟子胡宽为亡考敬写《天尊说济苦经》一卷，愿亡者得入升仙，同登大道。

隋唐之际问世的《太玄真一本际经》，是道教信徒治病度亡时常写的经书。已知《本际经》的抄本多达140余件，部分抄本卷末题记如下：

S.3135抄本：仪凤三年（678）三月廿二日，三洞女官郭金基，奉为亡师敬写《本际经》一部，以此胜福资益亡师，惟愿道契九仙，神游八境。

上图078抄本：大周长寿二年（693）九月一日，沙州神泉观道士索□□，于京东明观，为亡妹写《本际经》一部。

P.2806抄本：证圣元年（695）闰二月廿九日，神泉观（法）师氾思庄，发心敬写，奉为一切法界苍生，同会此福。

津艺116抄本：道士张澄波，奉为亡伯师写。

散0689抄本：冲虚观主宋妙仙入京写一切经，未还身故。今为写此经。

P.3235抄本：弟子□□比缘染患，沉痼积时，针灸不瘳，药石无捐，爰发弘愿，委命慈尊，遂蒙大圣匡扶，宿疾除愈。谨抽妙宝，割舍净财，敬写《本际经》一部。愿以是功德，资益弟子九玄七祖、内外亲姻，长辞地狱之酸，永受天堂之乐。傍周动植，爰及幽明，同会胜因，俱沾此福。

唐宋时期的佛寺、道观中流行"俗讲"，用民间口语或说唱结合的形式，向民众宣讲宗教经典和神异故事。记录俗讲的文本有讲经文、变文、诗话等，对后来宋元话本、弹词等俗文学和民间宗教宝卷的发展，有重要的影响。因此在敦煌发现变文抄本后，引起近代文学史家的重视。王重民等人编纂《敦煌变文集》，收入的大多数是讲唱佛经或民间故事的文本。道教文本仅有S.6836《叶净能诗（话）》，记述唐代著名道士叶净（或作静）能的传奇故事，有他施展法术惩治邪魔、陪伴唐玄宗游月宫等情节。笔者近年又发现两件敦煌道教的发愿讲经文。一件BD7620抄本，残存文字50行。另一件BD1219（北列19），残存文字长达502行。前22行内容是道教忏悔发愿文，第23行以下开始讲述道教经文戒律，内容大致为劝喻道众礼拜天尊，奉道受戒，写经造像，发愿施舍，等等。所讲经文有《本际经》《定志经》等道教经书，亦常引佛教经变故事为喻。可见这是唐代道士模仿佛教的讲经文。

2. 敦煌道教的斋醮法事

斋醮法事俗称做"道场"，是道教特有的宗教仪式。道教的斋醮仪法极为复杂。大体上南北朝隋唐道教中最流行的祈福、度亡仪式，主要有金箓、黄箓两种斋法。前者用于调和阴阳，消灾伏异，为帝王国主请福延祚；后者则用于为百姓忏罪谢过，拔度祖先亡魂罪根。此外，普为皇家和百姓祈福，"拔济一切存亡厄难"的灵宝自然斋仪，在唐代也较流行。敦煌道经中有不少金箓斋、黄箓斋及自然斋仪的抄本。如《灵宝金箓斋行道仪》《灵宝金箓斋忏方仪》《灵宝下元黄箓简文威仪经》《灵宝自然斋戒威仪经》《灵宝自然斋行道仪》《灵宝自然斋宿启仪》。此外，属于天师道派的斋仪有《太上正一阅众箓仪》《太上正一阅紫箓仪》《太上洞渊三昧神咒斋仪》等。现存《道藏》中也收入不少唐代以前的道教斋仪书，但大多是唐末道士杜光庭删定的文本。敦煌抄本则是《道藏》未收的唐前期文本，为研究道教斋仪发展史提供了重要资料。

唐代皇室与道教关系密切，凡有国家庆典、皇室祖先忌日祈福或庆贺皇室成员寿诞，传度经箓、超拔亡灵，多有道士建坛设醮，做金箓斋仪。敦煌本《灵宝金箓斋行道仪》《灵宝金箓斋忏方仪》等，记录了道教为"大唐皇帝"及皇后、太子、诸王、公主等做金箓斋时忏悔发愿的文词。金箓斋法中还有一种投龙简仪式，其主要程序是设坛祭祀山川岳渎，将金龙玉璧或刻写名刺告文的金简（或铜简、玉简）投埋于山水，旨在招真致灵，镇伏山川。据考证，道教投龙醮仪形成于南北朝，隋唐时期成为官方祭祀礼仪，唐高宗、武后、玄宗时最盛行。留下的重要文物，有山东泰山东南麓王母池的《唐岱岳观碑》（碑文见《道家金石略》），1982年河南登封县嵩山峻极峰发现的"武则天中岳投龙金简"（今藏河南省博物馆），清道光年间湖南衡山发现的"唐玄宗南岳投龙铜简"（今藏贵州省博物馆）。

唐玄宗开元年间，各地都奉敕频繁举行投龙仪式。《唐会要》卷五〇载开元二十四年敕曰：

> 每年春季，镇金龙王殿功德事毕，合献投山水龙璧，出日宜差散官给驿送，合投州县便取当处送出，准式投告。

此敕文中所说的投龙"准式"，即由官方修订的投龙仪式，不见于传世文献。但在敦煌遗书中发现了两件残抄本。P.2354抄本称：

> 比者投龙文仪，多不周具。……今功德院修撰《立成投龙章醮威仪法则》，所投龙璧，州各附一本，并坛图铺设次序。

又BD14841抄本末残存章词：

> 维大唐开元厶年太岁厶子厶月朔厶日吉时，系天师厶化厶炁臣厶乙、监官□□□，奉为大唐开元神武皇帝上启。

可见这两件抄本即开元年间敕令功德院修撰，颁发给各州的投龙仪式。沙州敦煌有这种官方仪式抄本，应属于奉敕举行投龙醮仪的州县。另据S.0788晚唐《沙州志》残抄本中，有涂抹文字"欠投龙事，在沙井"，证明唐代可能在鸣沙山月牙泉举行道教投龙仪式。

唐代道士除为皇家和官府建金箓斋外，更多是为本地信徒或百姓作黄箓斋、自然斋法事。从有关记载看，正式的黄箓斋仪应在宫观设坛施行，自然斋仪及驱邪治病、度亡祈福法事多在斋主家宅举办。因此自然斋可能更容易在民间流行，并出现地方化的特色。敦煌本《灵宝自然斋行道仪》（北大D171号）、《灵宝自然斋宿启仪》（P.2436），抄于唐代前期。其内容近似《道藏》所收自然斋仪。另一件晚唐抄本P.3562v《道教斋醮度亡祈愿文集》[①]，抄录敦煌道教的斋法及其发愿文，有时代和地域特色。例如抄本中的《征回平安愿文》，说施主某公"须为边城未静，塞外犹惊，投名白刃之前，争功红旗之下，亡躯殉国，出生入死"。《东行亡文》称：

  惟公气调纵横，风神倜傥，在家存昏定之礼，于国申报主之心。属以河陇鲸鲵，京畿路阻，天使三道，宣慰万里，却拜龙颜，既惧不虞，远随翊卫，龙荒逶迤。鹿塞萧条，回绝人烟，路穷水草，卒逢狂寇，锋刃相加，遂非命丧躯，魂游漠北，不知何仰，惟福是资，故于此辰设斋追福。

这两段都是为出征将士作祈福法事的文书，从中可见唐末敦煌战争频繁惨烈的现实。抄本中的斋仪属于自然斋法，但较唐前期的斋法也有变化。

  敦煌道士为百姓所作斋法，除前述治病、度亡、祈福外，还有祈求神灵保护家宅平安的镇宅法事。S.12609《老君说安宅八阳经》残抄本，是唐代镇宅禳灾的经书。P.3358《护宅神历卷》是唐代道士镇宅符咒文书，内有镇宅四角符、房舍符、门符、床脚符等符图和咒诀。据说将符咒置于民宅各处，可镇压邪祟，保护家宅平安。施用镇宅经文和符咒

[①] 按：此抄本首尾残损，原无题名。王重民《伯希和劫经录》拟名为"道教杂斋文"。陈祚龙《敦煌学识小》拟名"设斋祈福文范小集"，谓出于吐蕃占据沙州之前。马德拟名"道家杂斋文范集"，考定为唐末张氏归义军时期抄本。参见马德《敦煌文书〈道家杂斋文范集〉及有关问题述略》，载《道家文化研究》第十三辑。

时,要举行镇宅法事。敦煌抄本《敦煌王曹延禄镇宅文》,是太平兴国九年(984)敦煌道士为归义军节度使曹延禄作镇宅法事的文书。已发现S.4400、P.2649、P.2624v、P.2573P2/S.9411v等四件抄本。这些文书的词句与《道藏》中的镇宅文书相比,已有明显不同。不仅言词俚俗,而且所请的神灵有"怪公怪母、怪子怪孙",也是荒诞不经,当系民间道士所写。

3. 敦煌道士的修持法术

道教追求长生成仙,兼修各种养生术和符咒道法,敦煌有不少修炼长生的经书抄本。首先看内炼养生功法。敦煌有数种《道藏》收入的经书,如《老子中经》《老子枕中经》《上清大洞真经修行诀》《上清紫文行事诀》等,讲述诵经思神念咒法诀。胎息行气也是重要的内炼法术,《道藏》收入的唐代气功法诀有数十种。但敦煌仅有一件P.3043《胎息行气绝谷仙方》残抄本,抄录行气歌诀:

> 内有三真田不朽,若人得之命长久;上补泥丸下补元,三田之中为住寿。六字法:大月从呵至呼呬吹嘘嘻,小月从呵至嘘吹呬呼嘻,极妙之方。

房中术在唐代称作"阴丹",敦煌可能也有人传播此术。P.2702v有房事交接图,卧立坐跪四种姿势,是现存最早的房中术图像。S.4433v《房中养生治病药方》,有20多条方诀,近似唐代流行的《玉房秘诀》《洞玄子》等房中书。P.2539《天地阴阳交欢大乐赋》,极力敷陈男女交接之乐,注文中也引述《洞玄子》《素女经》等道书。

服食仙药是道教古老的方术。常服药物有胡麻、松脂、茯苓、黄精、白术、甘菊、五茄皮、章陆根等草木药,有雌黄、雄黄、赤石脂、云母、芒硝等石药以及各种菌科植物(如灵芝)。道士入山采集这些药物，配制成丸散膏丹或汤酒饮品，期望服用后达到辟谷补身、治病延年功效。道书中还有用药召役鬼神、熏香美容、去三尸、伏丹毒等各种方法。敦煌遗书中发现的医书药方抄本，有些应属道教的服药养生方。如 S.5795→2438A 抄本中，有绝谷仙方、去三尸方、轻身健行等药方，与《道藏》所收《灵宝五符序》《太清经断谷法》等书所载服食仙方基本相同。

外丹术在隋唐时期达到极盛，出现了青霞子、孙思邈、张果、陈少微等著名炼丹家，大批炼丹专著纷纷问世。现在《道藏》中收录的上百种外丹术著作，多数都出于隋唐道士之手。敦煌遗书中发现的外丹抄本有两件。一件是《太清金液神气经》残抄本（Дx6057），残存经文两段，前段 8 行见于《道藏》本卷上，后段存 7 行，不见于《道藏》本。证明现存《道藏》本是残缺本。另一件 P.3093v《炼丹服食法诀》残抄本，内容有作朱砂柜法、庚辛方、长牛涌泉汞法、钗子法、白朱砂法等。其丹法近似《道藏》所收《修炼大丹要旨》《庚道集》等书，应为晚唐至宋初道士所作。

道教的方术杂而多端，既有追求长生成仙的养生服食法术，也有民间巫师或阴阳术士的占卜、隐遁及符咒法术。敦煌遗书中的道教符咒，基本上属于唐代流行的道法。S.6030《陵阳子说黄金秘法》，内容为道教通灵役鬼秘术，假托"陵阳曰"，有服食木药役鬼方术、策鬼通灵印经诀、踏金翅鸟步召鬼术。有学者认为这件抄本可能是古代巫医书。但用服药、法印、踏步来召役鬼神的法术，又见于《太上通玄灵印经》等唐代道经。敦煌本可肯定是道士召鬼经诀，而非古巫医禁方。

S.5666＋4279《罗睺星君禳解神像咒诀》，是道教解星禳灾醮仪中所用的神像及符咒。咒诀中提及"罗睺星神"，又称"愿神星欢喜，其人福至〔灾消〕，星神放过赦罪"云云。按罗睺星君是九曜（或十一曜）星神。九曜即金星（太白）、木星（岁星）、水星（辰星）、火星（荧惑）、土星（镇星）、太阳（日）、太阴（月）、罗睺（黄幡）、计都（豹尾）。再加上紫炁、月孛二星，合称十一曜。印度婆罗门历法以九曜配日，称"九曜历"。自唐开元间梵历传入中国后，星命术士即用九曜（或十一曜）运数推算祸福，说人的祸福命运由生年所值星宫而定；又说罗睺、计都乃逆行之星，蚀神恶煞，若逢灾星临照则有大祸。唐宋间道士又有设醮诵咒，供养三元、九曜（或十一曜）、二十八宿星君图像，禳灾祈福之法。《道藏》收入数种相关经书[①]。S.5666＋4279 抄本中图像，当即罗睺、计都星君。

公元 11 世纪初，敦煌藏经洞被封闭。其后数百年间，该地道教的活动未见文献记载。藏经洞中的道教文献也湮没无闻。直到清朝康乾盛世，敦煌地区才恢复道教活动。据道光十一年刊《敦煌县志》卷三载，敦煌城西三里有雍正八年（1730）所建的西云观，城东南有乾隆五十年（1785）建的太清宫。清末，太清宫住持王圆箓发现藏经洞，使埋藏千年的珍贵古籍重现于世。这些文献为我们了解中古道教经典传承和西北边陲的道教史迹，提供了极为珍贵的资料。

建议阅读书目：

陈国符：《道藏源流考》，中华书局，1962 年。

王　卡：《敦煌道教文献研究》，中国社会科学出版社，2004 年。

〔日〕大渊忍尔：《敦煌道经目录编》，东京，福武书店，1978 年。

主要参考书目：

1. 图版影片资料

黄永武：《敦煌宝藏》，台北，新文丰公司，1981 年—1986 年。

[①] 有《太上洞真五星秘授经》《元始天尊说十一曜大消灾神咒经》《上清十一大曜灯仪》《河图内篇三官辰曜解禳星运醮》（见于《道门定制》卷六）等。前两种大约出于唐末。

杨文和：《中国历史博物馆藏法书大观》第十一卷《晋唐写经·晋唐文书》，东京柳原书店、上海教育出版社，1999年。

施安昌：《故宫博物院藏文物珍品全集》第十八册《晋唐五代书法》，香港商务印书馆，2001年。

施萍婷：《甘肃藏敦煌文献》，甘肃人民出版社，1999年。

潘重规：《"国立中央图书馆"藏敦煌卷子》，台北，石门图书公司，1976年。

罗振玉：《贞松堂藏西陲秘籍丛残》，《敦煌丛刊初集》第七册影印，台北，新文丰出版公司，1985年。

石谷风：《晋魏隋唐残墨》，安徽美术出版社，1996年。

〔法〕吴其昱：《太玄真一本际妙经》，台北，学海出版社，1976年。

〔日〕大渊忍尔：《敦煌道经图录编》，东京，福武书店，1979年。

〔日〕寺冈龙含：《敦煌本郭象注南华真经辑影》，日本福井汉文学会，1960年。

〔日〕小田义久：《大谷文书集成》，京都法藏馆，1984年—2003年。

〔日〕藤枝晃：《高昌残影》（出口常顺藏吐鲁番出土佛典断片图录），京都法藏馆，1978年。

《英藏敦煌文献（汉文佛经以外部分）》，四川人民出版社，1990年—1995年。

《法藏敦煌西域文献》，上海古籍出版社，2000年—2004年。

《俄罗斯科学院东方研究所圣彼得堡分所藏敦煌文献》，上海古籍出版社，1992年—2001年。

《中国国家图书馆藏敦煌遗书》，北京图书馆出版社，2005年—2008年。

《北京大学图书馆藏敦煌文献》，上海古籍出版社，1995年。

《上海图书馆藏敦煌吐鲁番文献》，上海古籍出版社，1995年—1999年。

《天津艺术博物馆藏敦煌文献》，上海古籍出版社，1996年—1998年。

《浙藏敦煌文献》，浙江教育出版社，2000年。

《中国古代书画图目》，文物出版社，1986年—1992年。

2. 目录索引资料

王重民：《敦煌遗书总目索引》，商务印书馆1962年初版，中华书局1983年新版。

施萍婷：《敦煌遗书总目索引新编》，中华书局，2000年。

王重民：《敦煌古籍叙录》，中华书局，1979年。

黄永武：《敦煌遗书最新目录》，台北，新文丰出版公司，1986年。

荣新江：《英国图书馆藏敦煌汉文非佛教文献残卷目录（S.6981—13624）》，台北，新文丰出版公司，1994年。

方广锠：《英国图书馆藏敦煌遗书目录（S.6981—8400）》，宗教文化出版社，2000年。

宋家钰、刘忠：《英国收藏敦煌汉藏文献研究》，中国社会科学出版社，2000年。

王尧：《法藏敦煌藏文文献解题目录》，民族出版社，1999年。

陈垣：《敦煌劫余录》，《敦煌丛刊初集》第3—4册影印，台北，新文丰出版公司，1985年。

方广锠：《晋魏隋唐残墨缀目》，载《敦煌吐鲁番研究》第六卷，北京大学出版社，2002年。

荣新江：《向达的敦煌考察及其学术意义》，载《敦煌吐鲁番研究》第七卷，中华书局，2004年。

王卡：《中国国家图书馆藏敦煌道教遗书研究报告》，载《敦煌吐鲁番研究》第七卷，中华书局，2004年。

荣新江：《德国吐鲁番收集品中的汉文典籍与文书》，载《华学》第三辑，紫禁城出版社，1998 年。

季羡林：《敦煌学大辞典》，上海辞书出版社，1998 年。

荣新江：《吐鲁番文书总目（欧美收藏卷）》，武汉大学出版社，2007 年。

刘进宝：《百年敦煌学：历史、现状、趋势》，甘肃人民出版社，2009 年。

樊锦诗、李国、杨富学：《中国敦煌学论著总目》，甘肃人民出版社，2010 年。

〔日〕大渊忍尔：《敦煌道经目录编》，东京，福武书店，1978 年。

〔日〕大渊忍尔著，隽雪艳、赵蓉译：《敦煌道经目录编》，齐鲁书社，2016 年。

〔英〕翟林奈：《英国博物馆藏敦煌汉文写本注记目录》，伦敦，1957 年。Lionel Giles：Descriptive Catalogue of the Chinese Manuscripts from Tunhuang in the British Museum，1957，London。

〔法〕谢和耐（J.Gernet）等人合编：《敦煌汉文写本目录（法国国立图书馆藏伯希和汉文文库）》（六卷），巴黎，1970 年—2001 年。Catalogue des manuscrits chinois de Toren-houang.

〔俄〕孟列夫（L.N.Men'sikov）主编，袁习篯、陈华平合译：《俄藏敦煌汉文写本叙录》（中文本），上海古籍出版社，1999 年。

〔日〕羽田亨：《敦煌秘笈》，大阪，武田科学振兴财团，2009 年—2013 年。

〔日〕羽田亨：《敦煌秘笈目录》（稿本）。[①]

《英国国家图书馆藏敦煌遗书》，广西师范大学出版社，2011 年—2017 年。

[①] 参见〔日〕落合俊典《羽田亨稿本〈敦煌秘笈目录〉简介》，载郝春文主编《敦煌文献论集》，辽宁人民出版社，2001 年。又参见〔日〕落合俊典《敦煌秘笈新增目录 433—670 号》，载《国际敦煌学学术史研讨会论文集》，2002 年。

作者简介

王卡,生于1956年12月,河北广宗人。1978年考入中国社会科学院研究生院,师从王明先生。1989年获哲学博士学位并留院工作,从事道教历史、教义、思想及文献学等方面研究。2017年7月因病在西藏林芝辞世。主要著述有《道教史话》《洞经乐仪与神马图像》《道家文化精神与源流》《道家与道教思想简史》《敦煌道教文献研究——综述·目录·索引》《道教经史论丛》(论文集),整理《老子道德经河上公章句》,与人合著《中国道教史》《道藏提要》,参与编纂《中华道藏》《中华道教大辞典》《中华大典·宗教典·道教分典》《中国宗教历史文献集成·三洞拾遗》。

藏外道书说略

陈耀庭

一、藏外道书的界定

说到藏外道书，首先要说明"藏"就是《道藏》，"道书"就是道教的经籍文献。"藏外道书"就是《道藏》以外的道教的经籍文献。

其次，说到藏外道书，有人就会想到1992年—1994年四川的巴蜀书社出版的一部大型道教经籍丛书《藏外道书》。这部丛书有36册，其中35册是经籍，最后第36册是全书的索引。笔者就是这部丛书的主编之一。从《藏外道书》的名称可以知道，当时这样的命名就是在我们的心目中已经将道教的全部经籍划分为两个部分，一部分就是已经搜集在明代正统年间编成的《道藏》中间了，根据施舟人原编、笔者改编的《道藏索引——五种版本道藏通检》（上海书店，1996年），正统年间编成的《道藏》包括大约1487种经籍。另外一部分就是没有被搜集在《道藏》之中的道教经籍，统而言之，就是《道藏》以外的道书，那就是藏外道书。

2005年，黄山书社出版了由王卡、汪桂平主编的另一部大型道教经籍丛书《三洞拾遗》。这部丛书有20册，是黄山书社出版的《中国宗教历史文献集成》的一种。由于中国社会的进步与发展，这部丛书的图版和印刷的质量是明显远超过十年前问世的巴蜀书社版《藏外道书》的。丛书名中的"三洞"原是《道藏》经书分类的名称。三洞分类法就是将经书分成洞真、洞玄和洞神三类。因此，"三洞"就是道藏的意思。"拾遗"就是采录遗漏的意思。"三洞拾遗"的书名从意义上说，和"藏外道书"是类似的，只是更加文雅而带有书卷气。

1999年，台湾新文丰出版公司出版、印行了由龚鹏程、陈廖安主编的另一部道教经籍丛书《中华续道藏初辑》。这部丛书的初辑有20册，饶宗颐先生题写了书名，只是未见续辑问世。新文丰出版公司原先出版过《正统道藏》，这里以"中华续道藏"为名，想来是为沿袭《正统道藏》的"正统"地位，与大陆学者和书商甘居"藏外"和"拾遗"，不敢"夺主"的想法不同。不过，就《中华续道藏初辑》收书的内容范围和编辑体例而言，和大陆前后出版的二种藏外丛书比较，彼此相差不多，都是收集《正统道藏》未收的道教典籍。

二、藏外道书的数量

各位从道藏经书的说略中已经知道，道藏的编纂有过一个岁月漫长而跌宕起伏的过程。可以说，从唐代开始，编了又散失，散失了又编。就我们今天能够看到的记载，唐代的道藏名为《三洞琼纲》，有3744卷。一场"安史之乱"，把唐代道藏烧了精光。宋代所编道藏名为《大宋天宫宝藏》，有4565卷。北宋末，刻板印刷的《万寿道藏》，达到5481卷。各处收藏的道藏大多在宋金之战中，毁于战火。金代重新编纂，名为《大金玄都宝藏》，达到6455卷。元代编纂的《玄都宝藏》有7800余卷。可是，今天我们看到的明代正统年间刊刻的《道藏》，只有5485卷。同金元时代编纂的道藏相比，残缺了至少1000卷。《道藏》的正一部收有《道藏阙经目录》二卷，这是明朝在编纂时对照元代《玄都宝藏》的存目，发现《道藏》所缺少的道教经籍的目录，其中列举的缺经达到786种。当然，经过近人研究，《阙经目录》所列的各项有的实际并未缺失。例如，《太清风露经》名列《道藏阙经目录》。但是，中国国家图书馆（原北京图书馆）就收藏着这部经籍。经过已故著名学者胡道静先生的考证，证明北图藏本就是元《玄都宝藏》的刊本。当然，《道藏阙经目录》中还有许多已经很难见到了。这一部分缺失经籍中已经被发现的，现在理应包括在藏外的道书之中。

近百年来，随着以田野调查为基础的近代考古学传入我国，中国的考古工作对于道教经籍也有不少新的发现。1900年在敦煌石窟中发现了大量古代写本文书，其中就有至少800件道教经籍。当然，这些敦煌文书有的在今本《道藏》中是有的，但是，也不乏原来认为已经亡佚的道经。例如《老子想尔注》。《老子想尔注》是一部亡佚已久的重要经籍，《道藏阙经目录》里载有该经籍名。1956年香港饶宗颐教授从大英博物院收藏的敦煌文书中挖掘出来，加以校笺和出版。1973年长沙马王堆汉墓发掘成功，从三号汉墓的一个长方形大盒中出土了28种，约12万字的帛书。其中就有道家著作两件，一件是《老子》甲本和卷后佚书四篇，还有一件是《黄帝四经》和《老子》乙本。两件总计有29000多字。马王堆帛书《老子》是目前所见到的、可靠的西汉时代的《老子》古本。而其附有的《黄帝四经》以及其他古佚书，也是早已亡佚的西汉时代黄老思想的重要著作，同早期道教的形成有密切关系。出土的帛书中，还有术数类帛书11种，医学养生类帛书5件9种。《导引图》画有44种不同的运动形态。《养生方》记载了古代房中养生的方药。这些都是最早的导引和房中养生术的宝贵资料。20世纪末，在湖北荆门郭店村又发现了竹简本的《老子》，世称郭店楚简本《老子》。这些考古发现的早期道教的经籍自然应该列入藏外的道书之中。

藏外道书中，数量最多的当然是明代正统年间以后，道教中出现的新的道教经籍。如果我们按照经籍的内容来区分的话，新出现的道教经籍至少有这样几类。

一类是明代、清代和民国以来，不断有人继续在做《道德经》(《老子》)、《南华真经》(《庄子》)、《冲虚真经》(《列子》)、《通玄真经》(《文子》)等经书的注解,这些新的注解本也是新增的道书。以《道德经》为例,清代时期的著作有清世祖《御注道德经》、王夫之《老子衍》、纪昀《老子道德经校订》、毕沅《老子道德经考异》、王念孙《老子杂志》、李涵虚《道德经注释》、严复《老子道德经评点》、刘师培《老子斠补》等。民国以来的著作,如杨树达《老子古义》、马叙伦《老子校诂》、丁福保《老子道德经笺注》、高亨《老子正诂》、蒋锡昌《老子校诂》、劳健《老子古本考》、严灵峰《老子章句新编》、萧天石《老子哲学阐微》、朱谦之《老子校释》、杨兴顺《中国古代哲学家老子及其学说》、许抗生《帛书老子注释与研究》、张松如《老子校读》、陈鼓应《老子注释及评介》、任法融《道德经释义》等。《南华真经》的注解,明清时期有方以智《药地炮庄》、王夫之《庄子解》、姚鼐《庄子章义》、孙诒让《庄子札迻》、陆西星《南华真经副墨》,民国以来有马叙伦《庄子义证》、刘文典《庄子补正》、高亨《庄子新笺》、钱穆《庄子纂笺》、陈鼓应《庄子今注今译》等。其他重要的经籍注解,还有陈撄宁《黄庭经讲义》《坤宁经》《坐忘论》、王沐《悟真篇浅解》等。这些书的作者,有的自称是道家,有的则是道教中人,但是,绝大多数都是文人、学者,乃至政治家之流。之所以将这些书都列入藏外道书之中,主要原因有两个:一个是道家从魏晋南北朝的玄学以后,就再没有出现新的道家流派。从隋代以后直到今天,道家思想的继承、弘扬和发展主要依靠道教,道教成为道家思想的载体。一些有道家思想的人可能不会说自己是个道士,但是,道教中的道士没有一个不说自己是信奉老子及其《道德经》的。既然道教是道家思想的直接继承者,因此,一切研究和注解《老子道德经》《南华真经》和其他道家著作的,自然应该归纳在藏外道书的范围之中。另一个原因就是《道藏》原来的编辑体例,就是广泛收录历史上一切学习和研究道家和道教经籍的著作,而不问其作者有怎样的背景,只要其内容不是诋毁这些经籍。正是根据以上两个原因,因此,清代以来的道家和道教经籍的注释和研究著作理应划分在藏外道书的范围之内。

另一类就是明代中期以来,广泛流传的新出的道教经籍。从明代正统年间以后，道教的生存环境日趋艰难，但是，在局部地区还是出现了有影响的高道，并且有重要的著述流传于后世。例如，清代甘肃道士刘一明，号悟元子，别号素朴散人。刘一明潜心修道，得到前人传授的秘诀，悟彻了丹道奥秘，长期居住甘肃兰州栖云山，设坛传教，著书立说，成为清朝乾嘉时期全真教龙门派的主要代表人物。他著作甚多，有《易理阐真》《孔易阐真》《参同契经文直指》《敲爻歌直解》《阴符经注》《道德经会要》《悟道录》《修真九要》等20多种。民国初年汇刻成集，称《道书十二种》。清代浙江道士闵一得，字小艮，道号懒云子，世为吴兴望族，拜天台桐柏山高东篱为师，皈依全真龙门派。康熙年间在云南鸡足山学得西竺斗法，居浙江金盖山修道，对江南全真道的发展有重大影响。著有《金盖心灯》，阐述龙门派的历史；另纂有《古书隐楼藏书》28种。这些明代以后新出的道教中人著述，当然都是藏外道书的重要内容。

　　由于明代以后的道教主要活动逐渐转向民间，在这一过程中，在中国的北方地区出现了一些以宝卷为形式的经典，在南方地区则出现了一些由当时的道教界和儒生们合作编写的新经典。其中，最为典型的就是《九天大罗玉都师相吕圣真君无极宝忏》，简称《吕祖无极宝忏》。这本道教科仪用的经忏，并未见于《道藏》和《续道藏》，也未见收入《吕纯阳文集》和《吕祖全书》，但是，从清代末年起广泛流传于岭南地区，直到今天。因此，一些研究家认为，此部《吕祖无极宝忏》可能出自清末岭南地区流行的崇拜吕祖的乩坛之中，是将扶乩的降示编集起来的结果。在这部《吕祖无极宝忏》中，集中了有大约七个《吕祖宝诰》，颂扬吕祖得道度人的仙迹，还有针对"顽劣者""聪明者""英雄者""无知者""愚忠者""凶邪者""荣华者""贪淫者""求生者""徒忧者""偷生者""贪饕者""瞋怒者""贪荣者""痴痴者"的15篇度化忏文，列举了种种违背道的表现。[①] 由于忏文具有比较强的针对性，因此，《吕祖无极

---

① 《吕祖无极宝忏》，香港道教学院，1997年。

宝忏》对于民间崇拜吕祖的道教徒有很强的感染力和规戒力。诵读《吕祖无极宝忏》就是让道教徒以吕祖的训示检点自身思想行为，并且在礼拜中忏悔自身所犯罪过：

> 数声长啸，可散发以披襟；一首清吟，实怡情而得趣。能参大道，终不赴于九泉；敬礼纯阳，有日游乎三岛。①

除了新出的经籍以外，由于道教逐渐转向民间，而民间宗教活动最为活跃的是道教的科仪。因此，从明代以后，各地道教在原有的道教科仪基础上又衍生出许多适合当地信众需要的新的科仪，并且一直演习至今，对于当地道教徒的信仰活动保持着持久的影响。其中最为突出的是炼度仪式，炼度仪式大致形成于北宋末年，而在南宋时期得到了广泛的演习和流行，出现了许多炼度和济炼类的科仪。明清时期炼度科仪又派生出了全真派的"铁罐炼"、粤港地区的"大三清"（即"先天斛食济炼幽科仪"）、上海地区的"斗姥炼"、苏北地区的"蓬壶炼"以及苏州地区的"太乙炼"。所有这些炼度仪式尽管主旨相同，神学思想相同，但是，根据各地信众的要求，又有许多差别。直到现在，各地道教仍然演习不衰。

在明代《道藏》中，收录了许多道教的名山宫观志书，例如《茅山志》《金华赤松山志》《天台山志》《西岳华山志》《西川青羊宫碑铭》等。这些志书一直受到研究者的重视和使用。清代和民国时期又出现了许多名山志、宫观志，例如《龙虎山志》《罗浮山志会编》《崂山志》《金鼓洞志》《武林玄妙观志》《重印玄妙观志》《紫阳庵志》《重阳庵志》《白云观志》等。这些志书有的是道门中人编纂的，其内容反映了名山宫观的道教活动。有的虽然不是道门中人编纂的，但是因为这些名山宫观本身就是道教的洞天福地，所以，其中包含了许多道教活动的历史资料。它们

---

① 《吕祖无极宝忏》，187 页。

都是了解和研究这些道教名山宫观的重要地域资料。像《阁皂山志》所志阁皂山，世称是道教灵宝派的祖庭，系明清时期符箓三宗之一，此前却从来没有志书流传。上海图书馆收藏有明代俞策公临撰写的《阁皂山志》抄本。前有"王摛孙纪念物"的印记，十分珍贵，实为后代研究阁皂山道教的历史的重要资料。

在明代《道藏》中，收录了许多神仙传记，例如《历世真仙体道通鉴》等。清代和民国时期也有不少神仙传记的汇编经籍出现，例如《列仙全传》《三教源流搜神大全》等。这些书尽管都是历史上的神仙传记的汇编，但是，因为大多附有线刻画像，因此，流传很广，影响也大，并且在中国木刻绘画史占有一定的位置，所以也非常值得重视。

近百年来，由于中国社会曾经发生过剧烈的动荡，因此，道教的经籍也曾遭到被排斥、被清除、被烧毁的厄运。但是，正如植根于民众心灵和生活之中的中国传统文化是难以被行政命令或者狂风暴雨式的群众运动所改变的一样，道教文化和道教经籍也是不会被轻易消灭的。近三十年来，藏外道书的搜集工作是在各地道教界朋友的支持下，从偏远的农村群众的收藏中得到了许多珍品；从图书馆的收藏中，从海外有关学校和研究机构的收藏中，我们也得到了许多珍品。可以期待的是，藏外道书的发掘和搜集的工作一定还会有更加丰硕的成果。

在《道藏》以外的道书究竟有多少种？现在还没有做过统计，也还没有一个比较完整的编目，因此，还很难说得清楚。不过，从目前搜集藏外道书最多的1994年巴蜀书社出版的《藏外道书》（三十六册）来看，这部丛书搜集的藏外道书达到991种。没有被收入的以及这些年又陆续发现的，估计还有四五百种。据有人告知，仅荷兰著名道教研究家施舟人收藏的台湾地区道教科仪的经本及有关抄本就达到338种之多，因此，《道藏》以外的道书，估计总量应该在1500种以上，也就是大约与《道藏》收入的经籍相当。

三、搜集和研究藏外道书的原因

笔者从1990年开始就关心藏外道书的搜集和整理的问题。当时开始做这项工作，一个原因是道教恢复和振兴工作的需要。从改革开放以后，我国的宗教信仰自由政策得到了认真的贯彻和落实。道教也开始全面复苏。一座座道观恢复开放，道士们在道观内开始正常的宗教活动。道教信徒蜂拥进入已经关闭十几年乃至几十年的道观烧香祭拜。当时最困难的一件事情就是没有经文可以念。没有经文可念，道教的宫观不能进行满足信徒需要的宗教活动，那么，道教的恢复和振兴就只能是一句空话。于是一些名山宫观出现了根据老道长记忆背诵而记录下来的手抄本道经。当然其中错别字就举不胜举了。1988年，文物出版社、上海书店和天津古籍出版社联合出版的36册《道藏》问世，这解决了道书缺乏的部分问题。不过，《道藏》是明代永乐、正统和万历年间编成的，同当代道教宫观需要的经书还不完全一样。为了解决道教宫观没有统一经书的问题，就需要大力搜集散失在民间的道教经书，编出一部藏外的道书来。这是道教恢复、生存和振兴的现实需要。

另外一个原因是开展道教研究工作的需要。从改革开放以后，我国的学术研究认真贯彻和落实"百花齐放，百家争鸣"的方针，道教研究工作也在北京、四川和上海等地迅速开展起来。研究工作需要资料，因此，道教研究同样面临缺乏可供研究的道教经籍的问题。在36册《道藏》还没有印制问世的时候，大陆的大学和研究机构从台湾购买了上百部《道藏》应急。而明代以后的道教经籍，更是难以找到。特别是四川大学承担了编写四卷本《中国道教史》的国家研究任务，在编写明代以后的道教历史的时候，如果没有足够的道教经籍来研究的话，这项研究任务就会夭折。为了解决《道藏》以外的道教经籍，特别是明代以后的道教经书缺乏的问题，就需要大力搜集和整理《道藏》以外的道教经籍，编出一部藏外的道书来。这是道教研究正常开展和发展的现实需要。

从学术研究的角度来说，学术研究的基础是研究资料，不论你是研究宗教、历史的，或者是研究思想和思想史的，还是研究社会学、人类学的，如果没有研究资料，就什么也做不成。我们进行研究工作都知道一个最基本的道理：有什么样的材料，才能说什么样的话；有多少材料，说多少话；没有材料就说话，那是瞎说；有三分材料说七分话，那是夸大其词。我们说中国文化是儒释道三足鼎立，可是研究明代以后道教的现成材料却很难找到。材料不是没有，而是散落在各处，寻找起来很不方便。因此，要研究明清和民国时期的中国社会和中国文化都必须掌握藏外的道书，特别是要研究道教的历史，研究道教和社会、道教和民众的关系的，都要掌握藏外的道书。不然，我们研究中国社会的历史和文化就是缺了一条腿，就不能反映出中国社会儒释道三足鼎立的大局面。

中国的历史研究，对于明代以后的历史研究相对就薄弱得多了。二十四史早就编成了，可是，清代的历史现在还是一部《清史稿》。21世纪初，北京开始组织全国的专家启动了编纂清史的工作；至于中华民国的历史编纂，还没有开始。中国宗教史的研究也是一样，明清时期的中国宗教史研究也是一个薄弱的环节，还有许多问题没有解决。其中道教史的研究更是如此。例如，全真道派有个龙门派，据说北京白云观是全真龙门派的祖庭，龙门派是全真七子之一丘处机创立的，可是丘处机活着的时候并没有龙门派的说法。丘处机去世以后，他的几个弟子也没有丘处机创立龙门派的说法。这几年来，学者通过对于龙门派文献的研究，发现龙门派的说法是到了清代以后才有的，真正创立龙门派的可能就是清代白云观的方丈王常月，只不过王常月创立龙门派，将创派人依托在丘处机身上，表明自己忠实地继承丘处机的弘道事业。如果，我们没有王常月和白云观的材料，没有清代道士编纂的有关全真龙门派的传承史料，我们就无法得出这样一个结论。

中国的思想史的研究，对于明代以后的研究也相对薄弱一些。因为，中国封建王朝走向了没落，思想史上除了"三教合一"这样一句话，就说不出任何新的内容、新的观点。其实，说"三教合一"也有各式各样的"三教合一"，有朱熹那样的"三教合一"，有王阳明那样的"三教合一"，有方以智那样的"三教合一"。如果对此一一加以解读，以学案体的形式呈现，编纂成书，笔者以为字数一定不会比《宋儒学案》《明儒学案》来得少。可是，因为对于明清以来道家和道教思想研究得不够，还很难有人能够编得出来。其次，道教因为得不到朝廷的支持，开始转向民间。民间的"三教合一"思想是以一种什么样的状态出现的，现在还很难说得明白。因此研究中国思想史需要解决的问题也很多，也有待于我们利用藏外道书的资料来加以深入探究。

总起来说，我们关心、搜集和研究藏外的道书既是落实宗教信仰自由政策的需要，道教自身恢复振兴的需要，也是深入开展道教学术研究的需要，而非为了纯粹的收藏和猎奇的兴趣。

四、怎样利用藏外道书

各种藏外道书和明代的《道藏》中所收的道书，从版本的可靠性来说是不同的。因为，各种藏外道书大多是坊间完成的，没有经过权威的鉴定和修订。

明代的《道藏》是明成祖即位以后敕命第四十三代天师张宇初编修的，经过大约四十年的编订和刊刻，在明正统十年（1445）才完成。这四十年中，起码有一半的时间花在对于道教经籍做校订的工作。明神宗即位以后，又命第五十代天师张国祥续编《道藏》，直至万历三十五年（1607）编成《续道藏》，其间也经历了三十多年进行校订工作。因此，《道藏》和《续道藏》中的经籍版本大多是完整和可靠的，可以作为定本来使用。目前《道藏》经本的某些缺漏，来自于后来的收藏散失或者其他的人为因素。

可是藏外道书不同，因此，在利用藏外道书时就需要做一些校勘学的工作，也就是要考证各种版本，选择较为完善的版本，或者甚至要做必要的校对、考证的工作。这里就以明清时期流传极广的吕祖崇拜和《吕祖全书》来作为例子。

道教发展的各个历史时期中信仰的重点是不一致的。早期道教着重于对太平和天师的信仰，魏晋南北朝时期则盛行元始天尊崇拜，隋唐时期则盛行道德天尊（太上老君）崇拜，宋元时期某些地区盛行东岳大帝崇拜。明代盛行真武大帝崇拜。明清时期，特别是清代的南方地区开始盛行吕祖崇拜。在道教神仙中，吕洞宾是位比较特殊的神仙。这位神仙在人们心目中是一位风流倜傥、不拘小节、剑术高强的神仙，民间有许多他济贫扶困、丹药度世、教化民众的故事。全真派奉他为北五祖之一。吕洞宾是唐代一位高道，历史上实有其人的。人们熟知的《全唐诗》中就收有吕嵒（即吕洞宾、吕纯阳）的诗歌达一百多首。研究吕洞宾就需要研究吕洞宾的著述，可是利用今天我们看到的吕洞宾的著述，就必须下一番校勘学的功夫。

吕洞宾的著述，现在我们看到的有很多。其中，明代编纂的《道藏》和《续道藏》收录的有四种：

第一种是被收在《修真十书》里的《钟吕传道集》。这部书是钟离权向吕洞宾传授丹法时两位神仙之间的问答，由吕洞宾的大弟子施肩吾加以记录和编定后，传布于世。这部著作是内丹学研究的经典，十分重要。其中阐述的内丹思想既是钟离权的，也是吕洞宾的。因此，它是研究吕洞宾的可靠的材料。

第二种是《纯阳真人金丹诀》，其中收集了吕洞宾18首金丹诗诀，每诀四句，每句四字。这部丹诀书，也是研究吕洞宾的材料。

第三种是《纯阳真人浑成集》2卷，《浑成集》是吕洞宾的诗歌别集，由金元间清真道人何志渊编集。《浑成集》共收录吕洞宾的诗歌有200多首。据说，清代编辑《全唐诗》的时候，吕洞宾的诗歌都采自这本诗集。

第四种是《续道藏》中的《吕祖志》6卷。

除了《道藏》和《续道藏》以外，目前在藏外见到的有关吕洞宾的研究资料还有：《道书全集》（中国书店出版，1990年）中的《纯阳吕真人文集》，共8卷。《藏外道书》中的《吕祖全书》，共32卷。庐山仙人洞道观刊印的标点本《吕祖全书》，共33卷。另外，还有在局部地区或坊间流传颇广的《吕祖无极宝忏》《吕祖灵签》《吕祖药签》等。

因此，我们在研究吕洞宾的时候，就必须对这些资料作一番研究。通过研究可以发现，《藏外道书》中的《吕祖全书》和2004年庐山仙人洞道观刊印的《吕祖全书》二书最为接近。庐山仙人洞道观刊印的《吕祖全书》的前32卷，内容基本上与《藏外道书》的32卷相同，只是增加了第33卷，称为《吕祖全书卷之三十三续编》，其内容就是署名为"正阳真人钟离权云房著，纯阳真人吕岩洞宾传"的《灵宝毕法》。

不过，从成书年代来考察，《藏外道书》收的《吕祖全书》有乾隆九年陈悳荣的序言，陈悳荣的序言中说道：

> 因闻师曾降神于江夏涵三宫，前后四十余年，所演经典甚夥，每购一册，辄为梓行，惜未多见。癸亥冬，刘君柯臣，忽以所刊全书示余，敬受而卒读焉。①

乾隆癸亥，当是乾隆八年（1743）。因此，《藏外道书》收的《吕祖全书》应当就是乾隆初年的刊本。

通过研究还可以发现，所有吕纯阳诗文集，成书年代最早的可能是《道书全集》中的《纯阳吕真人文集》。这部文集收有南宋乾道二年（1166）谷神子陈得一的序言。该序言的时代远比《道藏》成书的年代要早得多，可能比《纯阳真人浑成集》的成书年代也要早。《纯阳真人

---

① 《藏外道书》第七册，巴蜀书社，1994年，第54页。

浑成集》是由何志渊编撰的。何志渊撰有《玉京观碑》，立石于至元十八年（1281）；有《玉泉观记》碑，立石于元贞乙未年（1295）。[①] 因此，何志渊生活的年代要比较《纯阳吕真人文集》刊印的年代要晚上百年。另外，何志渊的《浑成集》已经从诗歌的体裁和字数，对吕纯阳的诗歌作了比较合理的分类和编排，而较早出版的《纯阳吕真人文集》对诗歌的编排则还较为混乱。

从上述考证和比较，我们自然可以明白，最早收在吕洞宾文集中的诗文，最有可能是吕洞宾的原作，而《吕祖全书》中的大量诗歌和文章则是明清时期扶乩降神所赐。正如乾隆九年陈熹荣的序言说到的"师曾降神于江夏涵三宫，前后四十余年，所演经典甚夥"，这里说的降神应该就是指吕洞宾作为乩仙降神于乩坛。当然，我们将这类后出的诗文，作为明清道教"三教合一"思潮的材料是妥当的，但是作为吕洞宾的研究材料就不恰当了。

另外，明清时期道教书籍的刊刻大多在坊间进行，缺少严格的校对和印刷管理。因此，这些经籍往往有大量许多漏刻、缺页、颠倒以及版面模糊不清等技术错误，加上使用劣质纸张，辨读也十分困难。作为研究工作的前期工作就自然应该包括处理这类经典的技术事务。

利用藏外道书来作研究工作的时候，我们除了必须作校勘学的基本工作以外，还要注意掌握教内教外说法的区别，也就是既要有科学的治学态度，又不要伤害道教徒的宗教感情。因为，道教徒从信仰吕祖、崇拜吕祖的感情出发，自然绝对不会怀疑《吕祖全书》中诗文有什么真伪的问题，他们认为书中的诗文都是真实可靠、不应怀疑的。我们作学术研究的人，从保护道教徒的宗教感情出发，经过考证和辨伪，似乎不必过度渲染和辨证真伪问题，只要自己不拿后出的诗文来立论就可以了，而那些后出的诗文无疑也是研究明清时期道教信仰和流变的珍贵材料。

[①] 《道家金石略》，文物出版社，1988年，第633页、683页。

五、藏外道书的价值

《道藏》和《续道藏》未收的道书本身具有极其重要的价值,是道教研究中一片待开掘的园地。这里仅仅举一些例子就可以说明这个道理。

(一)《老子想尔注》

先说说《老子想尔注》。《老子想尔注》是一部亡佚很久的重要经籍,全称是《老君道德经想尔训》,有2卷。唐玄宗《道德真经疏外传》和杜光庭《道德真经广圣义》都说到这部经籍,并且认为《老子想尔注》的作者是东汉张陵,也就是说它是张陵创立道教时的理论著作。宋代谢守灏《老君实录》、彭耜《道德真经集注杂说》和董思靖《道德真经集解》也都这样说。不过,唐代陆德明的《经典释文·序录》说到《老子想尔》2卷的作者"不详何人,一云张鲁,或云刘表"。《道藏》的《传授经戒仪注诀》也说:"系师(张鲁)得道,化道西蜀,蜀风浅末,未晓深言,托构《想尔》,以训初回。"这里也把《想尔》的作者确定为张鲁。《云笈七签》卷三三的孙思邈《摄养枕中方》曾经引用《想尔》的话,注解称:"想尔,盖仙人名。"目前中国学者大多认为,《老子想尔注》是张陵开其端,张陵的孙子张鲁最终完成的正一盟威道派的重要理论著作。

《老子想尔注》在明代的《道藏》和《续道藏》中都没有收录,因为早已亡佚了。《隋书·经籍志》《旧唐书·经籍志》和《新唐书·艺文志》等也都没有著录。所以说,大约在唐代《老子想尔注》就已经看不到了。清朝末年,六朝写本的《老子道经想尔注》残卷在敦煌莫高窟发现了,现在残卷的原件收藏于伦敦的大英博物馆。香港著名学者饶宗颐先生将敦煌的《老子道经想尔注》残卷的经文与注释分别录出,按《老君道德经河上公章句》的次第分别章次，并且作了考证，著有《老子想尔注校证》。

据饶宗颐考证：残卷末题"老子道经上"，下注"想尔"二字分行；起"则民不争"，迄卷终，共580行。大体上是老子《道经》的注释本。

《想尔注》具有重要的历史价值和理论价值。其历史价值就在于它是道教创始人的著作，体现了早期道教信仰的内容和特点。《老子想尔注》明确地诠释了道教神灵的神体是"气"，认为："道至尊，微而隐，无状貌形象。"道是至高无上的、神秘的、具有人格意志的。道就是"一"，而"一散形为气，聚形为太上老君，常治昆仑，或言虚无，或言自然，或言无名"。太上老君是"散形为气"的"道"聚形而成的，由此，道教神灵的神体就是"气"，而气也就是"道"的衍生。如果说，中国道教是中国有神论思想发展产物的话，那么道教神体理论的奠定，就为中国有神论思想的成熟创造了必要的条件。

《想尔注》的理论价值还在于它指明了道教的长生成仙的终极目的，确定了道教神学思想的基础。《想尔注》数处改易《老子》原文，如将第十六章"公乃王，王乃天"句中的"王"字改为"生"字，并将其解释为："能行道公政，故常生也。""能致长生，则副天也。""天能久生，法道故也。""人法道意，便能长久也。"第七章"非以其无私邪？故能成其私"句中的"私"字改为"尸"字，并将其解释为："不知长生之道，身皆尸行耳，非道所行，悉尸行也。道人所以得仙寿者，不行尸行，与俗别异，故能成其尸，令为仙士也。"《想尔注》还从精、气、神去讲修炼长生之道。它指出"精结为神"，修道者欲令神不死，就应该"结精自守"，以清静为本。道散形为气，道气常上下，经营天地内外；其所以不见，乃"清微"之故，人若奉行道诫，则"微气归之"。

《想尔注》在社会政治思想方面，同《太平经》一样强调"太平"，认为治国之君务修道德，忠臣辅佐务在行道，道普德溢，太平就将到来。在伦理思想方面，认为"道"能够"设生以赏善，设死以威恶"，如果人们按道的训诫去做，就可以"积善成功，积精成神，神成仙寿"。

《想尔注》以儒家的伦理价值观和道教的修仙理想相结合，对于道教后来的发展有着深远的影响。

隋唐以前，《想尔注》在道教中是很受重视的。《传授经戒仪注诀》列举道士应当诵习十卷经，其中第五、第六即是《想尔注》。从敦煌经卷中发现的《想尔注》残卷是研究早期道教的重要资料。

（二）《张三丰先生全集》

其次，要说一下《张三丰先生全集》。张三丰是明代的著名道士，特别是因为明代几朝皇帝都想召见他，哪怕皇帝将召见他的文书刻在石碑上，到处树立，张三丰也没有赴阙应召，这就使得张三丰更加神秘莫测、身价百倍。根据《明史》记载，张三丰有《金丹直指》和《金丹秘诀》各1卷传世，但是，明《道藏》和《续道藏》都没有收入这二部书。据说清代雍正元年（1723），当时任通议大夫、河南全省河道副使的汪锡龄，即汪梦九，遇见了显化的张三丰，并且得到了张三丰的丹经2卷，于是大力搜集散落在民间的张三丰的著述，编成了《三丰祖师全集》，类似于已经流传开来的《吕祖全书》。道光二十四年（1844），四川道士长乙山人李西月又将《三丰祖师全集》增补为8卷，名为《张三丰先生全集》。

《张三丰先生全集》有《凡例十二则》，其中说明，《明史》记载的张三丰《金丹直指》和《金丹秘诀》各1卷，就是全集卷三的《大道论》和《玄机直讲》以及卷四的《玄要篇》上下。卷五的《云水前集》是张三丰住世时所作。这些著述主要讲述张三丰的内丹功法，主张内药养性、外药养命，性命双修。其功法融合全真南北二宗，不拘一格。因此，符合三丰派的特点，可以认为是张三丰的原著。而《云水后集》和《云水三集》则是汪梦九所作或扶乩所示。据传，张三丰善诗文、通音律，因此，《张三丰先生全集》中有不少诗文，特别是他的道情诗很有特色。道情作为一种歌唱的诗体大约出现于唐代。南宋时期，道情诗配以渔鼓和简板，成为当时民众喜闻乐见的一种曲艺形式。张三丰的道情诗《无根树》的内容都是歌咏修道、劝诫世人以及讲述内丹功法。诗歌生动，语言浅显，具有感染力和教化作用。例如，第二十四首称：

无根树，花正无，无相无形难画图。无名姓，却听呼，擒入中间造化炉，运起周天三昧火，煅炼真空返太无。谒仙都，受天符，才是男儿大丈夫。①

因此，对于《张三丰先生全集》的研究，无疑是研究明清时期道教信仰的流变和特点的重要课题。

《张三丰先生全集》在《道藏辑要》和《藏外道书》中都有收录。

(三)《上清灵宝济度大成金书》

另外，藏外道书中有相当数量的道教科仪经籍。科仪是道教的主要宗教活动。道教科仪也有一个历史发展的过程。在南宋和金元时期，道教科仪有过一个显著变化的阶段。北方道教出现全真派，南方道教出现了神霄、东华、玉堂、清微等派。各派的科仪同中有异，异中有同。《道藏》中收有南宋时期多种科仪总集，例如林灵真《灵宝领教济度金书》320卷、王契真《上清灵宝大法》66卷、金允中《上清灵宝大法》44卷、蒋叔舆《无上黄箓大斋立成仪》57卷、《灵宝玉鉴》43卷等。到了明代，由于皇室的干预，道教科仪有过一个整顿过程。特别是经过明代后期、清代以及民国以来的社会动荡，道教科仪也发生了巨大的变化。而在这个时期，唯一一部藏外的科仪总集《上清灵宝济度大成金书》(简称《大成金书》)就显得特别珍贵。

《大成金书》是由明代龙虎山道士周思得编撰的。周思得，或作周

---

① 《藏外道书》第五册，巴蜀书社，1994年，第602页。

思德。据《列朝诗集》闰一记载：

> （周思得）字养真，钱塘人，行灵官法，先知祸福。文皇帝北征，召扈从，数试之不爽，招邪祓除，祈雨禬兵，咸如影响。乃命祀灵官神于宫城西。灵官藤像，上获之于东海，朝夕崇礼，所征必载。及金河川异，不可动。就思得秘问之，曰：上帝有界，止此也。已而，果有榆川之役。思得历事五朝，年逾九十。赐谥弘道真人。

周思得少年时代就非常聪明，曾经在龙虎山跟随第四十三代天师学习道教经典，永乐初年，跟随永乐皇帝出征，很得永乐皇帝的欣赏和信任。《明一统志》卷三八载："宣德、正统间，累封崇教弘道高士，领道录司事。卒年九十二，赠通灵真人。"《西湖游览志》卷二一载："景泰初，归老。"因此，《列朝诗集》的传记里说到他曾经服务五朝，可能就是指永乐、洪熙、宣德、正统和景泰五朝。其生活的年代，可能在公元1360年至1460年之间。

《大成金书》是周思得在宣德七年（1432）编撰成书的。据他在《大成金书》的序言里说，他少年时代从学于丘月庵，读到了林灵真所编辑的《灵宝领教济度金书》，丘月庵羽化以后，又访求于吴大节提点和杨震宗，因为当时道门中"职是者，但著威仪于科范，而不本乎诚。纵矩步于罡斗，而不求乎理。习音声于潮梵，而不探其奥。辟造化于荒唐，视鬼神于无有。其性命之微，开度之仁，邈然无芥于中"的情况，于是花了二十年的功夫，编集了《大成金书》40卷。

《大成金书》将道教科仪分解成18个门类，即《玄教祝颂门》《赞唱应用门》《誊词启建门》《朝真谒帝门》《升坛转经门》《赞祝灯仪门》《召魂浴食门》《受炼更生门》《流传利济门》《礼成醮谢门》《登坛宗旨门》《仙仪法制门》《合契符章门》《颁告符简门》《灵幡宝盖门》《文检立成门》《章法格式门》《表笺规制门》《圣真班位门》《斋醮须知门》。每个门类中，又根据不同科仪的不同演习方法分成若干"品"。在每个"品"下，又区分若干项目，分别论述。同南宋时期的几部大科仪总集比较，条理清楚，内容简略，更加便于道士在科仪中的使用。因此，过了五六百年，直到今天，这部《大成金书》对于正一派的科仪仍然具有规范的作用，保持着很大的影响。

根据台湾成功大学丁煌教授的研究，《大成金书》目前存世极少。美国普林斯顿大学图书馆和台北"中央图书馆"各存有一部。四川巴蜀书社出版的《藏外道书》据上海图书馆的藏本影印。

（四）《广成仪制》

《广成仪制》是全真道派的科仪丛书的总名。该丛书收集的清代末年四川全真派科仪达到270余种，由云峰羽客陈仲远校辑。《广成仪制》于清宣统三年（1911）在成都二仙庵陆续刷印出版，民国二年重刊。其刻板至今仍保存于成都青羊宫旁边的二仙庵里。1994年编辑《藏外道书》时，得到已故的前中国道教协会会长傅圆天的支持，将青城山古常道观收藏的《广成仪制》刊本收入《藏外道书》，人们才大致获知《广成仪制》一书的全貌。人们一直以为全真道派重内养修炼，不精于科仪符箓。从《广成仪制》可以知道，全真派到了清代末年，其科仪内容覆盖了社会生活的各个方面，三元大会，九皇醮会，斗醮，元辰醮，宫观中例行的度亡法事，民间举行的各种和瘟、谢火等太平醮仪一应俱全。从《广成仪制》还可以知道，全真派的科仪并不排斥正一派科仪的经文和演习方法，而是吸收了许多正一派科仪的成分，并且根据全真派自身的特点作了许多修改。例如，正一派有炼度科仪，《广成仪制》也有《青玄济炼铁罐施食全集》。正一派有破狱灯仪，《广成仪制》也有《破暗燃灯全集》。从《广成仪制》还可以知道，清代末年的全真派科仪按照当时民众生活的特点，还吸收了当时四川民众的生活习俗，新创了一些经文和演习程式。例如：《杨泗正朝全集》就是祭祀四川民众供奉的长江神杨泗将军，《川主正朝全集》就是祭祀"蜀中福主、川内镇神"，祈愿"锡福于守牧之地，降祥于车辖之前"。①因此，对于《广成仪制》的研究必然会加深对于道教科仪历史的研究。

（五）《月洞诗集》

《月洞诗集》是南宋王镒的诗集。王镒，《宋季忠义录》作王磁，字介翁，括苍人，曾经官至县尉，在宋帝赵昺播迁以后，弃官归隐于湖山，与尹绿坡、虞君集和叶柘山等人结社赋诗，隐居于月洞。明代嘉靖年间，王氏后人汇编其诗，集以"月洞"为名，刊版传世，称《月洞诗集》。《月洞诗集》上卷有诗83首，下卷有诗127首，共收诗210首。

王镒隐居成为道士以后，到过龙虎山，并且在月洞接待了石门道箓，这些行迹尽管年代无考，但是都留有诗章。例如：

> 莲盂送别万峰云，龙虎山前过小春。草履惯穿枯岭叶，布衣犹带旧京尘。毡寒不见游仙梦，路远谁怜倦客贫。东望海门归未得，北风吹雪满唐巾。（《寓龙虎山中示张炼师》）
>
> 石门仙人云霞裳，飘飘飞佩来山房。松间看鹤不相见，灵风满路馥天香。（《谢靳石门道箓见访》）

王镒与南宋时某些隐居的文人不同，他不只是改宦服为黄冠，而是诵经礼斗，成为一个真正的道士。王镒的《游仙词三十三首》中有这样的诗句：

> 紫云缭绕玉城开，张许真人入奏台。大帝正签雷雨时，宝函捧出又回来。

---

① 《藏外道书》第十五册，巴蜀书社，1994年，第293页。

> 昨夜三清醮罢迟，步虚声逐翠云飞。小仙自问人间去，留得青词袖里归。
>
> 夜半瑶宫上会开，龙车声轧凤飞来。演穷灵宝玄元法，大梵天仙带月回。

如果王鏊不会诵经礼斗，不熟悉道教科仪，那是很难写出如此细致地描绘科仪场面的诗句来的。王鏊的《游仙词》中还有不少写到道教的神灵，例如，写许逊（许真君）的有：

> 天诏旌阳上玉宫，功成鸡犬亦无踪。独留铁柱难飞去，要锁东溟老毒龙。

写西王母的有：

> 西母瑶池宫殿高，夜明帘卷玉丝绦。隔云听得东方笑，三度曾偷碧树桃。

至于其描写道观和道士生活的篇章，也自然真实，读来清风扑面。例如：

> 井气蒸云湿石栏，白头道士自烧丹。开门风带琴声出，一阵松花满醮坛。（《寿光宫》）
>
> 拜章台上月如霜，云湿栏干面面凉。道士醮归秋夜净，满身薰得紫藤香。（《紫极宫》）

据记载，月洞位于西湖边的湖山，因此，王鏊也有许多诗歌同西湖景色以及浙江风情有关，例如《西湖春晓》《三潭印月》《柳浪闻莺》《花港观鱼》《六桥春望》《过钓台谒严先生祠》，等等。尽管王鏊已经隐居于湖山，但是他并非沉醉于湖光山色，而是一直关心时局，忧国忧民之心溢于诗表。其《岳忠武王墓》诗云：

誓将铁骑复神京，一片精忠自性成。臣主英雄空有义，父兄皇帝久无情。三军恸哭朱仙镇，二圣飘零五国城。此日西湖谁土地，凌霄华表尚峥嵘。

《感事》诗云：

海门烟树晓青青，梦断英雄唤不醒。多少骷髅山下泪，定随潮转浙江亭。

另有《时事》诗一首，虽然版刻已经遭到涂挖，但是仍然可以看清王镒的本意。诗云：

羽书飞报南州捷，百万戎师尽转官。豪杰危中成事易，规模狭处济时难。云生杀气雕旗暗，风肃军声虎帐寒。何日山河□□□，□□□□旧衣冠。[①]

其爱国情怀，堪比陆游。

王镒的诗集，清代《四库全书》也有收载，集名《月洞吟》。但是，《四库全书》本的《月洞吟》只有一卷，仅收诗歌69首，为《月洞诗集》的三分之一。以《月洞吟》与《月洞诗集》相比较，王镒的一些有关道教生活的诗歌（除《寓龙虎山中示张炼师》《赤城李丹士》和《寿光宫》外）均未收入，留下的只是《四库全书提要》赞扬的王镒"沿晚唐派者"风格的诗歌。《四库全书提要》称王镒的"七言律诗格力稍弱，

[①] 《四库全书》的《月洞吟》收有此诗，作"何日山河还正朔，汉人重睹旧衣冠"。

不及七言绝句",而七言绝句"又多近于小词,不为高调",因此"往往有佳句而乏高韵",但是"较之江湖末流寒酸纤琐则固胜之"。就研究价值而言,《四库全书》本的《月洞吟》显然不如《月洞诗集》。

东京大学东洋文化研究所图书馆所藏《月洞诗集》,线装,上下卷,二册,光绪十三年(1887)刊本。前有涂以辀在清嘉庆二十年(1815)撰的《重镌月洞诗集序》,柯挺撰的《序》,明万历二十九年(1601)汤显祖撰的《月洞诗序》,明嘉靖壬子(三十一年,1552)王养端撰的《月洞诗序》。卷末有清嘉庆癸酉(十八年,1813)王梦篆撰的跋,清光绪十三年(1887)王人泰的跋。王梦篆跋称:

> 外间藏书家虽未有斯集,而子姓为镌版者,代不乏人。自前明震堂公重刻前册,后有叔隆公为之再镌。本朝则故族伯宗虞又为补刻后册,乃不数十年版又散失,今公裔孙楠恐复失传,将前后册合并付梓。

由此可见,《月洞诗集》在明清时的刊刻情况。

中国古代文人的诗文集,可以说不计其数。明清时期,由于纸张生产工艺的改进,刻字排印技术的进步,文人诗文集的出版更为便利。其中,不少作品与道教相关。清中叶海盐道士张谦所纂的《道家诗纪》收存明清道士诗歌11卷,作者中道士诗人达183人。其他明清总集中也收有道士诗文。例如,清钱谦益编《列朝诗集》各集各卷都辑有道士诗人的诗歌作品,清徐世昌辑《晚晴簃诗汇》,有道士诗歌2卷,道士诗人78人,另女冠诗人6人。这些道士创作的文学作品都还没有被开展过认真系统的研究。如果将"道教文学"的概念外延扩大到一般文人和道士诗人的应答酬作,那么明清文人诗文集中的道教文学研究资料将扩大许多倍。

（六）《铁刹山志》

《铁刹山志》10卷，白永贞撰，1936年刊，线装，排印本，4册。铁刹山，在今辽宁省。白永贞《铁刹山志序》称：

> 铁刹山有九顶之干云、八宝之标异，从无名人韵士登临题咏，名其状，写其真，以发天地之精光淑气。其何故哉？猥以是山也，僻介东陲。当明之季世，弃如瓯脱。鹿豕之所居，豺狼之所嗥。周王之马迹不至，谢公之屐齿不登，虽有天然之形胜，其孰从而知之。……明季有郭真人，自山东马鞍山渡海北来，栖鹤于兹，蹑石登攀危岩，仰而观，俯而察，四顾彷徨，得其梗概。爰于荒烟蔓草、古洞幽邃之间，寻长眉李大仙之遗迹，乃披榛斩棘，创建仙宫，坐洞焚修，导引炼气。道风所播，徒众皈依。……胜地高人，相得益彰者也。有郭真人而山乃著名，有铁刹山而其道乃大显。

《铁刹山志》前有1935年白永贞撰的《铁刹山志序》，同年翁恩裕的《又序》，同年奉天道德会总分会会长张成箕的《又序》。志末有1937年谈国桓的"跋"。据序跋称，《铁刹山志》的编写主要依赖铁刹山三清观监院炉向阳和名宿白永贞。翁恩裕的《又序》称：

> 炉监院向阳恐无志书，湮没有迹，遂多方收罗。凡山之来脉、洞之胜景以及往昔陈迹，费功数年，始得调查完竣。延白明经佩珩纂修山志。白君为襄平名宿，文章富丽，见重于时，纂修此志，为山生色不少。

《铁刹山志》10卷，其中卷三分上下。各卷内容如下：

卷一：山志序，缘起，山之位置及暑度，铁刹山形式，咏铁刹山，题九顶铁刹山，大阳云台山大势，八宝云光洞内观，日月乾坤洞，天桥洞，郭祖塔及天然井，天冠洞，铁刹山记，题云光洞八宝，题诸峰顶，各宫观像设位置，三清观法物，三清观经卷书籍，铁刹山四外八宫。

卷二：太上老君道教主，褒封五祖七真制，加赠（正阳、纯阳、海蟾、重阳）制，加赠丘真人制，加赠丹阳六真人制，加赠尹真人制，加赠李真人制，加赠宋真人制，加赠宋道安等制，五祖七真诰，五祖七真之传略，十八宗师之略历。

卷三（上）：玄门戒律，初真戒说，中极上清大戒经，三百大戒，天尊说天仙大戒，天尊说真藏经，圣真遗训序，玉帝真言，雷府辛天君垂训，魏元君劝世文，道门清规。

卷三（下）：长春真人语录，玄风庆会录，泥丸祖师录，山灵显异记。

卷四：太上玄门功课经，七宝，学道须知内参访，长春真人执事榜，清规榜，道教会宣言书，道教会大纲。

卷五：四川青羊宫碑记，楼观台列真碑。

卷六：马鞍山碑，泥丸道人碑序，白云观丘祖碑记，太清宫承志碑文，重修石塔铭，郭真人碑记，保存公产碑志，纪念碑序，长眉李大仙碑记，静阳子诗八首，历代监院碑，续承志碑，重修云光洞碑，重修三清观碑，道士王明泰碑。

卷七：道教宗派，龙门派宗谱，马鞍山道统序，马鞍山谱系，历代方丈。

卷八：长眉仙传，黑大仙灵迹（附歌），铁山兴复记，铁山宗谱序，道教源流考，谱系表，郭祖以下略历，铁山分支绥化慈云谱系，附志。

卷九：参访记略，旅行记，各宫观灵迹录，各宫观碑志录，万神宫阙圣号，福地洞天十洲三岛。

卷十：报领山林通知书，保存古迹庙产，请增修庙宇文，修盘磴记，遇难得救事略，三清观事略，庙产诉讼记，田亩表，房产表，庙产契照送丛林寄存底稿。

从以上目录可知，《铁刹山志》的内容来自三个部分。

第一部分来自道教的历史文献以及道观志和名山志。例如，卷二中关于道教全真派五祖七真的传略和制诰以及十八宗师略历，都来自《道藏》的《金莲正宗记》等。卷三下的《玄风庆会录》同于《道藏》的《玄风庆会录》，只是词句略有差异。卷三上的《初真戒说》《中极上清大戒经》等来自《道藏辑要》。《圣真遗训序》等来自"马鞍山志"。卷七的《道教宗派》参照《白云观志》和《太清宫志》，《马鞍山道统序》和《马鞍山谱系》均抄自《马鞍山宗谱》。

第二部分来自民国时期道教文书或铁刹山道士与政府间的往来文书。例如，卷四的《道教会宣言书》《道教会大纲》《内务部复国务院道教会准予立案并抄送词文》《道教会发起人》等，均系民国元年在北京白云观成立的中华民国道教会的建会文件。卷十的《报领山林通知书》《保存古迹庙产》《请增修庙宇文》等都是民国九年至十九年间铁刹山道士为庙产和庙观维修扩建与政府间的往来文书。

第三部分是有关铁刹山以及铁刹山道教宗派和活动的自撰文稿。例如：卷一关于铁刹山形胜的介绍，有《山之位置及晷度》《铁刹山形式》，白永贞《题九顶铁刹山》，李枢忱《游铁刹山七古》，庆跰《咏铁刹山》《铁刹山记》，王紫佐《题云光洞八宝七律八首》等。卷八有白永贞所撰《长眉李大仙传》，记载铁刹山八宝云光洞开山鼻祖的仙踪；白永贞《铁刹山云光洞护法黑大仙之灵迹》，记载铁刹山地区民间流传的黑老太太的来历。卷十有曲魁文撰写的《修治铁刹山盘磴工竣记》《记铁刹山凿石筑道工费概略》，记载了1924年至1933年间铁刹山修建盘山道路的情况；《遇难得救事略》记载了铁刹山道观前后二次被抢劫和被绑票事件的始末；《三清观事略》记载铁刹山三清观自清代初年起发展和继承事略；《炉监院出家之缘起》记载了三清观监院卢崇坤为表明出家弃俗以及在铁刹山修道之决心改卢为炉的经过；《庙产诉讼记》记载了清代末年至民国初年铁刹山道观和租借庙地的佃户为庙产归属的诉讼案经过；《道士靳宗和自缢案》记载了1921年道士靳宗和不愿在恶势力逼迫下操办荤菜而自尽的经过。

中国东北的道教传播起自铁刹山，因此，《铁刹山志》对于明清和民国时期东北道教的研究具有重要的资料价值。需要指出的是，尽管此志书出版于伪康德年间，但其编撰和刊行依靠的是道门自己的努力，书中绝无中伤中华国格、人格的词句。

（七）《吴山城隍庙志》

《吴山城隍庙志》8卷，原刊于乾隆五十四年（1789），光绪四年（1878）八月重刊。线装本，4册。原藏于东方文化学院东京研究所，现藏于东京大学东洋文化研究所图书馆。

关于吴山的城隍庙，旧有志书二种。一为明代道士钱斯馨撰，崇祯十一年（1638）巡抚喻思恂序，清代乾隆时已佚。一为清代康熙四十三年（1704）钱塘顾鸣廷撰，共7门，40叶，所载简略未备。现存乾隆本《吴山城隍庙志》系"里中朱朗斋、诸愚庵、胡蓉镜"三人编撰，觉罗琅玕、朱珪、顾学潮、归景照、鹿荃、清泰等鉴定，两浙江南等处都转盐运使司盐法道襄平卢崧监修。

《吴山城隍庙志》，前有乾隆五十四年（1789）浙江学政大兴朱珪的《重修吴山城隍庙志叙》，乾隆五十三年两浙江南盐法道襄平卢崧的《重修吴山城隍庙志序》，乾隆五十四年翰林院侍讲、国史馆纂修官仁和孙效曾的《重修吴山城隍庙志叙》。书末有朱文藻的《跋》和光绪五年（1879）冯一梅的《重刊吴山城隍庙志后序》。据称，吴山城隍庙创建于南宋时，左江右湖，庙貌显赫。供奉的城隍神为"前明按察周公，冷面寒铁，其神为最忠。……水旱疾疫，祷祀有应，其祀为最重"。清代乾隆皇帝六次下江南，曾五次派员赴吴山城隍庙进香，并且于二十七年（1762）亲临该庙拈香，赐匾额"福庇南黎"。

全志8卷，计：卷一，图说、公牍；卷二，祀典、建置；卷三，事迹、灵应；卷四，祷祠、祠宇；卷五，住持；卷六，侨寓、碑记（匾联附）；卷七，艺文、古迹；卷八，杂志。

其中卷五"住持"中，详尽记载了明代永乐以后三百余年间，"丹房环列，详其屋宇；表其高道，纪其诗文"。卷内列有明代高道6名：沈元理、章德芳、钱子云、俞九章、邓光年、钱斯馨等。清代高道17名：黄治中、江世珍、施载璋、姚家骏、徐大伸、沈顗若、王守宁、徐法祥、施恩远、陈本达、钟有相、王德明、沈仁安、徐有祯、李天玉、陈冲怙、李真源等。清代高道施恩远曾有诗名，被天师推荐于内廷。雍正十年（1732）赴京，受到光明殿妙正真人娄近垣的赏识，常侍左右。"真人心契其诚，故于道法枢要，随时披露，靡有所藏。"后随娄近垣面见雍正皇帝，特授江西龙虎山提点，掌管上清诸宫院膳田。乾隆时回归本山，结侣日众，道业益隆。

据书末光绪五年冯一梅《后序》称，由于社会动乱，乾隆年刊的《吴山城隍庙志》几近湮没。

> 是年秋，即得此残志，付文昌庙徐道士名以璋者藏之。道士以兴复庙制为己任。越八年，募修庙之大门、廊庑、坡级、石栏，焕然一新。道士旋羽化。明年于青云街书棚续得一卷，并前帙为五卷，并付其徒藏之，而道士已不及见矣。今又越五年，始获其全，重梓以传，而道士之姓名几于湮没无闻矣。则此志全而道士不及见其全，为可悲也。此志传而道士之姓名反无以传，尤可悯也。

冯一梅的话告诉我们，中国土地上无数道教宫观依靠着一代又一代道士辛勤操劳，艰苦努力，保存至今。然而存名于世的高道，又有几位呢？从道士修道之心而言，他们淡泊名利，高风亮节，不求青史留名。也正因为如此，他们的高尚道德更加值得人们的尊敬、怀念和记诵。

《藏外道书》《三洞拾遗》等丛书都收集了一些明《道藏》未收名山宫观志书。据2015年广陵书社出版的《中国道观志丛刊正续编》，丛刊收集的、藏外的道教名山宫观志书接近100种，其中有不少志书反映出了明清时期各地道教历史发展的轨迹，具有重要的研究价值。至于《中国道观志丛刊》漏收的名山宫观志现在还陆续有所发现，例如，2016年上海古籍出版社出版的，由美籍华裔学者王岗点校的《茅山志》。这部《茅山志》比较完整地重现了明代嘉靖年间茅山玉晨观刊、元刘大彬著《茅山志》的原貌，并增补了三卷明代资料，值得重视。

（八）《道家金石略》

《道家金石略》是20世纪80年代末出版的大型道教碑刻资料集，共收有道教碑刻文1500多篇，总字数超过100万字。中国历来有将值得永远纪念的人和事用石刻的形式记录传世的传统。李道谦在《甘水仙源录》的序言中有云：

> 每因教事，历览多方，所在福地名山、仙宫道观，竖立各师真之道行及建作胜缘之碑铭者，往往多鸿儒钜笔所作之文，虽荆金赵璧，未易轻比。①

这些石刻碑铭文字，都是历史研究的重要资料。

已故的陈垣先生正是主要根据碑铭文字研究全真教、太一教和真大道教，写出了著名的《南宋初河北新道教考》。陈垣先生在20世纪20年代任北京大学研究所国学门导师，他利用北京大学收藏的石刻拓片和图书，开始搜集道教金石碑刻文字。经过二十年的努力，到40年代，陈垣先生就已经搜集道教碑文1000余篇，编成80万字的资料集。其后由于校对的困难以及时局的变化，直到陈垣先生在1971年逝世，这一

---

① 《道藏》第十九册，文物出版社、上海书店、天津古籍出版社联合出版，1988年，第722页。

研究成果一直未能出版。20世纪80年代初，陈垣先生之孙陈智超研究员开始整理其留下的全部资料，做了校勘、增删、标点、注解、统一字体及格式、编排次序、编制目录及索引等大量工作，终于使陈垣先生的《道家金石略》一书在北京的文物出版社出版。

在这以后，北京大学哲学系的王宗昱教授也在2005年出版了《金元全真教石刻新编》，该书汇集了山东、陕西、北京、山西、河南、河北、辽宁、江苏、湖北、甘肃、安徽等地的有关全真教的石刻碑铭。旅居美国的原上海社会科学院宗教研究所的吴亚魁博士也对江南道教的碑刻作了搜集和整理，出版了《江南道教碑记资料集》（上海辞书出版社，2007年）。山东大学赵卫东教授从2010年起，在香港青松观资助下，在齐鲁书社连续出版了其主编的《山东道教碑刻集》的《青州　昌乐卷》《临朐卷》《博山卷》等。云南社会科学院宗教研究所萧霁虹研究员在2013年出版了《云南道教碑刻辑录》。陕西社会科学院的樊光春研究员从2016年起，在香港青松观资助下，连续出版了其主编的《山西道教碑刻》的《太原　晋中卷》《阳泉·平定县卷》《阳泉·城区、郊区卷》《长治·沁源、沁县、武乡县卷》《晋城·城区、陵川县卷》《晋城·高平县卷》等。如此数量的道教碑刻资料的整理和出版，有助于道教研究的全面和深入。因为，道教碑刻资料丰富了道教历史人物的史料，保存了某些宗派的传承脉络，弥补了许多宫观发展历史资料的不足。道教碑刻还从多方面反映了明清道教同社会生活的紧密联系。

当然，研究工作也已经注意到，碑刻上的史料也会有许多问题。一方面写碑铭的人可能史学训练不够，所说的地名、年份甚至关系人等资料常常会有误，需要引用人认真校订。另一方面写碑铭的人可能出于为长者讳的传统伦理观念，记载历史事实会故意隐瞒或者扭曲。这些问题都需要我们在研究使用碑刻材料时倍加小心。

（九）《海东传道录》

道教是在中国土地上产生，在中华文化的环境中发展成长的。但是，在历史上，道教也传播到了周边国家和地区，并且为中外文化的交流作出过贡献。《海东传道录》是一部讲述道教内丹术传入朝鲜半岛历史的经籍。《海东传道录》创作于明代万历庚戌年（1610）。全文是中国古代汉语，约1500字。作者是韩无畏（1517—1610），出生于今清州的西原。幼年时就有强烈的侠义心肠。他原为儒生，因为与清州的官妓来往，杀害官妓的丈夫，逃到关西的宁边一带，遇见了熙川校生郭致虚，跟从郭致虚学习炼丹秘方而入道，道号鞜玄真人、得阳子。其后，韩无畏在巡安传授内丹术，培养弟子。据传，韩无畏在八十岁时仍双目有神，须发墨黑。在坐化之前，韩无畏写下了这部《海东传道录》。韩国人士早在唐代就到中国求学问道。《云笈七签》卷一一三下，《续仙传》有《金可记》的传记称："金可记（？—858），新罗人，宾贡进士，性沉静，好道，不尚华侈，或服气炼形，自以为乐。""俄擢第不仕，隐于终南山子午谷葺居。"《海东传道录》记录了韩国道教传承的脉络，即：唐代开元时期，即新罗末期，正阳子钟离将军把《青华秘文》《灵宝毕法》《金诰人头五岳诀》《内观玉文宝箓》和《天遁炼魔法》等传授新罗人崔承佑、金可记、僧慈惠等人。其后，金可记留在中国直到羽化升仙，而崔承佑和僧慈惠等回到韩国传道，经历了高丽时代的李茗、朝鲜时代的金时习（1435—1493）、尹君平、郭致虚，直至《海东传道录》的作者韩无畏。《海东传道录》原来在韩国某和尚手上，一次偶然的株连事件，被县官发现，送交李泽堂（1584—1647）后才公诸于世。《海东传道录》的研究表明，中国的道教至少在唐代时就已经传入朝鲜半岛，并且道教的内丹术在韩国建立了传承的法脉。

六、结语

以上简单介绍了《道藏》以外的道教经籍的情况,读者可以发现这些藏外的道书,内容广泛,史料丰富。因此,这块尚待认真开发的园地,具有极其重要的理论价值、历史价值。研究这些藏外的道书,也具有极其重要的现实意义。

道教是中国的本土宗教,道教文化是中华文化的组成部分。明代正统和万历年间编成的《道藏》《续道藏》为荟萃和保存道教文化作出了不可磨灭的贡献。但是这两部丛书编成以来,已经有四百多年了。这四百年间,尽管有不少道教丛书,如《藏外道书》36 册、台湾版《中华续道藏》(初辑)20 册出版,均以《道藏》以外的经籍为其内容,但是,这些丛书都是道教以外的人士编纂和出版的。人们自然期待,由中国道教的权威组织中国道教协会在《中华道藏》正式出版以后,再来主持《中华续道藏》的编纂和出版工作,将《道藏》和《续道藏》以外的道教经籍,即藏外道书加以校订、标点和排印出版,使其成为中华道教文化脉络中的一部分,以有助于当代道教的恢复和振兴,并且推动道教文化的研究和弘扬工作,以发挥道教的优良传统,有利于社会的发展和稳定。

2015 年 6 月,中国道教协会第九次全国代表会议召开。会议提出了编撰《中华续道藏》的工作计划。《中华续道藏》随即作为文化重大工程被列入国家"十三五"规划纲要和"中华古籍保护计划",由中央统战部推进实施,文化和旅游部协调指导,中国道教协会组织实施,委托具备实力的学术科研机构、专家学者组成专业团队和道教界一起开展工作,准备用十二年时间完成这一有历史意义的大工程。只是《中华续道藏》收录道教经籍的年限规划止于 1949 年中华人民共和国成立之前,而从 1949 年距今也已有七十余年了。这七十余年中新出的部分道教经籍,如《太岁神传略》(宗教文化出版社,2005 年)等,对于《中华道藏》和《中华续道藏》来说,仍然属于"藏外道书"。从这个意义来说,只要中华文化绵延不绝，道教文化生生不息，"藏外道书"这个名词始终蕴涵着生命力。

建议阅读书目：

陈耀庭：《藏外道书和明清道教》，《海峡两岸道教文化学术研讨会论文》，台湾学生书局，1996年。

主要参考书目：

胡道静、陈耀庭等：《藏外道书》（36册），巴蜀书社，1994年。

（清）彭定求编著：《道藏辑要》，巴蜀书社，1985年。

陈耀庭：《明抄本〈玉笈金箱〉及其主要内容》，《道家文化研究》第四辑，上海古籍出版社，1994年。

陈耀庭：《四种未见著录的道教典籍——日本国东京大学东洋文化研究所图书馆藏书》，《中国道教》2001年第1期。

作者简介

陈耀庭，1939年生，上海人。1963年毕业于北京大学中文系。1981年调入上海社会科学院宗教研究所，历任副所长、所长。曾任中国宗教学会理事、上海宗教学会理事、上海社联委员。2001年退休后，旅居澳洲。现任四川大学讲座教授，香港道教学院客座教授，上海城隍庙、上海道教学院、新加坡道教学院顾问。曾参与编纂《道藏要籍选刊》（10册）、《藏外道书》（36册）等，主编《道教礼仪》（香港版），著有《道教在海外》《逍遥达观——仙与人生理想》《道教神学概论》《全真道诗欣赏》《陈耀庭道教研究文集》等。

洞真部道经说略

钟国发

一、洞真部概述

"洞真部道经",准确地说,不如称为"洞真部道籍"。洞真部是《道藏》中的七部之一,而《道藏》是道教文献的结集。宗教文献种类很多,性质不一,有的可以称为经,有的不能称为经。中国古代将那些被奉为典范的、具有一定神圣性的著作称为"经",大致相当于基督教所谓 cannon(正典)。佛教称所谓佛陀所说之教法为 sūtra,汉传佛教意译为经(音译为修多罗)。各种宗教奉为经的文献,原则上都应该是被认为出自神灵的或先天存在的神圣著作,具有最高的权威性。西方一神教的神圣权威高度集中,人神之间严格区分,所以经与非经的区别也很严格,而东方多神教的神圣权威相对分散,人神之间没有严格界限,所以经与非经的区别也相对含糊一点。道教称经稍嫌随意,但也不是没有限制。《道藏》中冠以"经"号的文献只是少数,通常限于神仙所著,或先天所存。大致相当于十二部分类法中的"本文""神符"两部。中国民间有时将《佛藏》的经、律、论三藏统称佛经,将《道藏》全部、甚至藏外一些并不具备较高权威的道教文献统称道经。作为流俗之言,可不深究,但研究者应尽量有所区分。可惜许多专业研究者至今未能留意于此。本章标题按照全书统一体例,使用"洞真部道经"的提法,但所论内容不限于严格意义的道经,包括了更多的道教文献的非经部分,特此说明。

(一) 上清经的由来

"洞真部"是道教经籍传统分类的七部之一，指的是以"上清经"为核心的一系列道教文献。

上清经的产生，与丹阳郡句容县土著大族许氏有关。句容所辖的茅山，是江南一座宗教气氛浓厚的名山。两晋之交，中原大乱，北人大举南迁，政治上的失意感驱使许多士人向超越世俗的宗教理想寻求安慰，而江南土著士人受到北来士族的挤压，政治失意的感受更深。天师道南迁以后，茅山脚下的许家一度成为天师道吉阳治的新基地。许家名士许迈不乐仕进，曾拜吉阳治祭酒李东为师，后来入山隐居，改名玄，字远游，最后不知所终。许迈的弟弟许谧（305—376），曾任护军长史，但热中仙道，他在茅山中建有别墅，可作修炼之用，并广交道术之士，其中包括华侨（生卒不详）、杨羲（330—386）。

两晋之交的南迁人士中，有一位精通黄庭思想的女道士魏华存（252—334）。《黄庭经》说人身有三部八景二十四神，修道者对身神进行"存思"，便可通神感灵，长生成仙。所谓"存思"或"存想"，就是围绕主观思维的某种意象符号进行专注的沉思冥想。魏华存的新道法，在句容许家及与许家有联系的一些道术之士中，引起了很大的兴趣。

据陶弘景编《真诰》记载，华侨是许家的姻亲，籍属晋陵（今江苏常州），也是江南土著士族。他对家传俗神信仰感到不满，便到"丹阳许治"来求天师道法；但天师道传统的鬼神道法也不能使他满足，于是他着重钻研仙道存思等术，终于感得真仙降临。真仙（紫阳真人周义山、清灵真人裴玄灵）让他去向许谧通传谕旨，但后来华侨向外人泄露了这个机密，真仙责罚了他，另选杨羲承担接真传谕的重任。于是杨羲在修炼存想之术时（或在京中，或在句容家中，或在茅山许氏别墅），忽然宣称有大批真人（高等神仙）降临，而且此后这种降临频繁发生，众仙向他传授了大量经文和口谕,杨羲把这些经文和口谕用隶字写出,再传给许谧及其第三子许翙(341—370),二许重新抄写。这样的传经降谕活动,大约从晋哀帝兴宁二年(364)开始,持续了好几年。

华侨与杨羲如此自述,人们当然要怀疑其真实性。他们是不是在装神弄鬼,蛊惑人心?不过仔细考虑,似乎可能性不大。古今中外确实不乏神棍装神弄鬼的事例,但蛊惑就得有对象,这种对象应该多多益善;而且装神弄鬼最好在人群聚集之际,利用群体行为中的情绪感染性、暗示感受性和从众现象,煽动非理性的狂热,才容易取得蛊惑效果。但是杨、许的接灵活动只在三人小圈子里进行,所得文本用于自修而不对外张扬,后来也力图在许家内部秘传,不肯轻易外泄,看来起码许家是真信的。如果说是二许受杨羲及华侨的欺骗,那么二许都有相当不错的文化修养和宗教造诣,不是容易受骗的对象;而杨、华如果真是在与二许朝夕相处的情况下,不断精心设计,长年累月刻意表演,风险既大,成本又高,究竟是为了什么?蛊惑二许能够给他们自己带来多大的好处?这样做值得吗?

笔者倾向于下面的解释。华侨和杨羲都是天资聪慧而特别敏感的人,易于幻想,容易进入通灵幻觉。华侨在家传俗神信仰中就惯于充当通灵使者,到句容学了仙道存思方术后,苦练中诱发了真仙降临的幻觉。后来,可能是他在许家接触到的、茅山一带传承的大量仙术信息超出了他的把握能力,他的通灵幻觉无力继续演绎,于是不得不在潜意识中调动分裂的人格,假真仙罢黜之名,封闭了自己的神秘感受。

华侨的通灵幻觉体验可能对杨羲产生了强烈的诱导作用。杨羲也是江南土著士人,家世不详,与许谧结交以后寄居句容。他也早就有过通灵体验。华侨离开许家后,杨羲发生了为时更长、强度更高的通灵体验。他在存思的过程中,下意识地关闭了对外感觉,转入"内视"状态,造成"愿望幻境",于是他的心理活动中积存的个人无意识和集体无意识都被动员起来,组合成奇特而鲜灵的场景与情节。平时累积的仙学知识和修炼心得,包括零散而不甚经意的,甚至已经失落在无意识领域的，都得到奇异灵感的创造性加工，借助于幻觉中的真灵之口回授于自我，然后传给二许，一篇篇被当作真灵授予的作品，就这样产生了。

据说降临的真灵中就有女仙魏华存，她把从前清虚真人王褒传给她的一组上清经，全部传给了杨羲，因此魏华存成为杨羲之师。但是关于这次传经的具体情况，《真诰》中没有直接记录的材料。《真诰》提及的王褒、魏华存均有传记，现存王传说到他得其师西城真人授《大洞真经》等31卷，现存魏传也说到她从王褒受《大洞真经》等31卷。《真诰》卷五《道授》（"甄命授第一"）说到48项"道有"或"仙道有"的事物，其中20多项可能是上清经书的名称，但标明"在世"的只有7种。这有可能就是最早问世（杨羲亲自授受）的上清经的篇数。《道授》说老君之师"太上"就是"道之子孙"，似乎这个太上就是杨羲当时设想的最高神格。太上又称为"上清真人"，这可能就是"上清经"一名的由来。

这组上清经和大批"真人口啜之诰"，建构了一套新的神学观念、神话体系及修炼方术，对宇宙和人生作出了新的解释，颇能耐人寻味，因而成为许家秘不示人的宝物。但其内容仍不免有所泄露，并且惹得有人暗中仿冒。到了元兴三年（404），刘裕因讨伐篡晋的桓玄而出兵攻打建康，许翙之子许黄民便带着上清经等杨、许真迹往剡县（今浙江嵊县）避难。不少人慕名来此，千方百计向许黄民求看经书。黄民禁不住众人的殷勤求告以及财物奉献，一来二去，扩散出去的经文也就不少。社会上传习上清经法的人士，逐渐形成了一个组织松散的新兴仙道派别。

有个道士王灵期，很有才华，他受到葛巢甫造构灵宝经的启发，也来向许黄民求经，守在门外不肯离开，长时间忍受天寒地冻，差点把命搭上，黄民颇受感动，便把经书给他看了。王抄得原经后，偷偷进行改写，把文辞加工得更加华丽，并且按照杨、许文书及周义山、王褒、魏华存等仙人传记中提到的仙经题目，放手编造新的上清经文，最后，他手里的上清经达到50多篇。他便定出高额礼信，向外传授。他的经文有精细加工的余裕，与杨羲下意识的即兴创作相比，至少在形式上更容易让信众接受，因此门下兴旺，赚得财帛不少。于是他又放出话来，说许黄民手上的经卷已不是原件。黄民听后也糊涂了，又把自己的经卷收起来，反而去把王灵期的经文抄写回来，作为向外传授的母本。黄民去世后，其长子许荣弟索性作假，不但利用王氏经文从事仪式咏唱，传授信徒，而且仿照杨、许书法把王氏经文全部抄写一遍，并且都在篇末加上"某年某月某真人授许远游"的字样。于是，上清经的杨、许原本和王氏仿本，就更加混淆不清了。

再几十年后，陶弘景大力搜求杨、许真迹，仔细考证，编写出《真诰》一书。他的考证能力很强，但是他对传世上清经的真伪鉴别问题没有发表明确的意见。也许他自己有心得，却故意不说。他在《真诰叙录》中对王灵期的造经事实直言不讳，却又未加谴责，反而视为神圣意志的安排，说："此当是道法应宣，而真妙不可广布，故令王造行此意也。"他把所得杨、许真迹封存于茅山昭真台，留给历史风雨去吹打，直到李含光献给唐玄宗以后不知所终。这样，后人对于上清经中哪些是杨、许所传的原本，哪些是王灵期或另外什么人仿造，就很难弄得清楚了。

据刘宋时的《上清原统经目注序》说，上清经起源于天界的上清宫，杨、许所传的上清经文有 31 卷。约成书于六朝末至唐初的道教典籍《洞玄灵宝三洞奉道科戒营始》卷五载有一份"上清大洞真经目"，计有：

《上清大洞真经三十九章》一卷

《上清太上隐书金真玉光》一卷

《上清八素真经服日月皇华》一卷

《上清飞步天刚蹑行七元》一卷

《上清九真中经黄老秘言》一卷

《上清上经变化七十四方》一卷

《上清除六天文三天正法》一卷

《上清黄气阳精三道顺行》一卷
《上清外国放品青童内文》二卷
《上清金阙上记灵书紫文》一卷
《上清紫度炎光神玄变经》一卷
《上清青要紫书金根上经》一卷
《上清玉精真诀三九素语》一卷
《上清三元玉检三元布经》一卷
《上清石精金光藏景录形》一卷
《上清丹景道精隐地八术》上下二卷
《上清神洲七转七变舞天经》一卷
《上清大有八素大丹隐书》一卷
《上清天关三图七星移度》一卷
《上清九丹上化胎精中记》一卷
《上清太上六甲九赤班符》一卷
《上清神虎上符消魔智慧》一卷
《上清曲素诀词五行秘符》一卷
《上清白羽黑翮飞行羽经》一卷
《上清素奏丹符灵飞六甲》一卷
《上清玉佩金珰太极金书》一卷
《上清九灵太妙龟山元录》三卷
《上清七圣玄纪回天九霄》一卷
《上清太上黄素四十四方》一卷
《上清太霄琅书琼文帝章》一卷

共计30篇，34卷。这些上清经构成洞真十二部类之一的"本文"类。而围绕这些本文衍生出来的更多的文献，则分别划入洞真部之下的"神符""玉诀""灵图""谱录""戒律""威仪""方法""众术""记传""赞颂""章表"等类。

这些篇目，我们在明《正统道藏》中大多可以找到，只是多半都被混入"正一部"。至于它们的文本是否还是六朝原样,有多大变动,就需要分别具体研究了。

(二)上清派的神学

"上清经"及上清派的有关文献为世人提供了一个独具特色的新神学,标志着民间黄老道派发展过程的一个转折点。

早期民间黄老道派组织兴起于汉末,极富反叛精神,都以社会群体纲纪为重,都有积极进取的倾向,力图在现实世界中很快实现太平盛世的理想。这一理想在汉末大乱中破灭了,幸存下来的天师道不得不把自己对主流社会的态度,从疏离与挑战转为靠拢与合作。汉末天师道基本上是鬼神道派,即以鬼神方术为基础的宗教组织,但鬼神方术有较浓的巫术气息,它比较适合下层民众的心理,却易招上流人士轻蔑。因而魏晋天师道不断加重仙道因素,以迎合士人的需求,于是有相当多的士人加入了天师道。但天师道的基本倾向始终是入世性的,而魏晋时代追求个体自由的思潮相当高涨,对士人的出世倾向有强化作用。这类士人不少皈依了佛门,但其中坚持华夏文化本位的一部分士人既不愿全盘皈佛,又不能从天师道得到满足,便在华夏隐逸传统的基础上,结合仙术宗教化的新思潮,形成了一种既出世又非佛的新型宗教信仰,自视为比天师道层次更高,上清经就是这一信仰形成的标志。

上清派新神学的主要内容可以概括为五点:

1. 元气自然的有机整体宇宙观

上清派沿袭了战国、秦汉以来的元气生成论,认为"元气"是构成宇宙万物的原始质料,是从"道"生成万物的中间环节,宇宙天地万物是由元气沟通关联的一个有机整体。上清派继承民间传统信仰关于宇宙空间的三界观念,并把它与个人修炼的仙、人、鬼三境界结合起来。大体是神仙居于天界，凡人住在地面，鬼界则在远离人间的特定地面兼地下。并说宇宙有一定的劫运周期，会定期发生巨大的灾变。

在人类各族宗教神话中，天宫通常被设想为神灵活动的主要空间。中国古代原有的天宫观念相对简单平实，远不能与古代印度神话的浪漫想象相比。在上清经中却能看到中国古籍中前所未有的关于所谓"诸天奥秘"的各种繁复绚丽的新图像，这大概与随佛教传入的印度文化的刺激不无关系。

2. 以后天仙真为主体的等级制神仙体系

上清经中的神灵形象更加多样和人格化。从凡人修炼得道的大量后天仙真被纳入神界，与先天尊神及元气自然化生的其他神灵一起组成一个神仙体系。虽然先天尊神占据顶级高位，但是得道成仙者以庞大的数量成为神仙体系的主体。独成系统的身神则属于元气化生的神灵。神仙形成复杂的等级官僚体系，共同维持着宇宙秩序。除了先天道君之外，一般气化之神大多不及仙人地位高，发号施令的文职仙官大抵由仙人担任；而听从调遣的武职神将吏兵都是气化之神。无论是自然神灵，还是肉身凡胎修成的仙人，他们作为自然世界的一部分，与凡人、鬼怪一样要接受终极力量（道）的主宰。

3. 以存神为主的修仙方术

上清派的修仙兼采众术，而以存神为主。魏晋时期的修仙方术，分为外养、内炼两大类。外养即服食之术，实证性较强，距离经验技术或广义的科学较近。内炼亦称炼养之术，讲的是修炼人体内的"元气"，大致相当于今人所谓"气功"，比较复杂微妙，与心理因素关系较大，难于验证，故而容易走向神秘化，尤其是其中的意念操纵方术，如需要调动想象力的"存思"一类，更易向宗教发展。黄庭思想就是一种存思身神的思想，上清经就是以黄庭思想为本的。身神观念是黄老道神灵观念与以《黄帝内经》为代表的中医脏腑理论相结合的产物。《黄庭经》之法只讲存思身神，上清经法则加上存思上界神灵，将身内神与身外神一气贯通。

古代修仙方术中有房中术一类，也属于内炼方术，其实就是性交技巧和性卫生知识的神秘化。天师道重视的"黄赤之道"，是房中术的一种。"黄赤之道"与儒家伦理观念严重冲突，不利于社会秩序的稳定，因而成为外界批判天师道的一个重点。上清派也对"黄赤之道"持否定的态度。

4. 以罗酆山为中心的鬼域

上清派关于罗酆山六天宫的说法，是继汉代"死属泰山"之说后，对华夏死后世界观的新发展。《真诰》卷一五载所谓中茅君宣告说：罗酆山在北方癸地，山高二千六百里，周回三万里。山上山下各有六宫，周回各千里，是为六天鬼神的管理机构。山上为外宫，洞中为内宫，名称、制度都相同。六宫的名号是："纣绝阴天宫""泰煞谅事宗天宫""明晨耐犯武城天宫""恬昭罪气天宫""宗灵七非天宫""敢司连宛屡天宫"。周朝曾建都于酆，以象征周朝的名字"酆"为鬼官命名，可能与天师道有关。这样既承认了儒教控制世俗必死之民的权力，又抬高了以修炼不死之道为目标的道派的地位。上清派将此说加工发挥以后，便为各民间黄老道派普遍接受，后来又与佛教的地狱观念结合起来，并在其后道教的死后世界观念中占了主导地位。杨、许所传罗酆山六天宫仍不完全是地狱，但其中为宗教威慑作用所需的惩罚色彩已经比较突出了。而且《真诰》别处已出现了"地狱"的概念，南北朝道教将地狱纳为基本概念以后，罗酆山也就成为道教早期的主要地狱所在了。

5. 消减了批判锋芒的末世论

末世论就是关于现实世界终结的教义，集中反映了宗教对现实的批判精神。曹魏天师道号召信徒"为善得种民"，所谓"种民"即"人种"，意谓宇宙劫难即将来临，人将死绝，只有少数为善得道者可被老君挑选存活，留作后来太平之世的种子。东晋天师道将正一道法定位为以"罢废六天"为己任的"三天正法"，所谓"六天"可能暗指儒教秩序（东汉儒家经学大师郑玄解释天有六位）。上清派接受了天师道关于"种民"与"三天"取代"六天"的一套末世论概念。但放弃暗藏反儒意蕴的天师道"六天"含义，而解释六天为"赤虚天、太玄都天、清皓天、泰玄天、泰玄仓天、泰清天"，三天为"清微天、禹余天、大赤天"；又把鬼魂世界的主管机构称为"罗酆山六天宫"。这是有意寻求与儒教所代表的现实秩序相适应的新道路。上清经以"金阙后圣太平李真天帝上景君"为末世灾厄之后的太平圣世之主。晋唐间民间盛传关于救世之主李弘的神秘预言，上清派的后圣李君可能与李弘传说有某种关系。天师道要求为"罢废六天""平正三天"而积极投入社会斗争，民间传说中的李弘更加激进，以李弘名义号召造反的事件不断发生。而上清派的后圣李君却没有社会斗争的要求，人们只要信从上清经法，针对自己的身心努力修炼，就可以静待某个已由神秘机运注定的宇宙转折时间的到来了。

（三）洞真部的变迁

上清、灵宝、三皇三系经书分别号为洞真、洞玄、洞神。在东晋南北朝之交的道教统一运动中，民间黄老道徒逐渐形成一种共识，即以上述"三洞"代表道教的正统。

"一分为三"是中国思维方法的精髓，三分法成为中国思想文化的特色，"三"因此成为古代中国人习用的神圣数字。"三洞"的"洞"就是"通"的意思;"三洞"就是三种通达道妙的途径。对这种途径的解释离不开经书,于是又逐渐出现以某部或某类经书代表某"洞"的一些说法。指引途径、传授经书,都离不开神灵,所以又可用"三洞"指神灵,例如《三皇经》有"三洞之尊神"的说法,指"天宝君""灵宝君""神宝君",又称"天皇""地皇""人皇",说他们是"大有之祖气"所化。三洞名号如何,对应于哪些道书、哪些神灵?起初说法不一。灵宝系统的《九天生神经》说"天宝君""灵宝君""神宝君"分别是"大洞""洞玄""洞神"之尊神,各依一定的劫期出世,并分别出书,这是以江南流行的上清、灵宝、三皇三系经书直接比附"三洞"。稍后的一些灵宝经,已将"三洞"的名号整齐化,称为"洞真""洞玄""洞神"了。上清系统的《大有妙经》谈到元气演生的"洞天元洞""洞地洞真""洞渊洞玄"三洞境界,与号称"三宝奇文"的三部上清经一一对应;但另有一些上清经则接受了灵宝派的三洞说,例如《太霄琅书》卷四"为师诀"说:"故有三洞,洞神、洞玄、洞真是也。"

  汉晋民间黄老道派系林立,往往互相冲突。它们与主流社会还处于对立状态时,佛教已率先进入中国传统文化的主流,地位遂凌驾于民间黄老道派之上。原来的各民间黄老道派,面临来自儒、佛两方面的越来越大的压力,便逐渐形成一种命运与共的整体意识,努力开拓新的发展方向,寻求生存空间。于是在当时作为华夏传统文化主要根据地的南中国东晋辖区,便出现了上清、灵宝、三皇等新型黄老道派。它们的共同取向是增加仙道因素(上清、灵宝都以仙道为主),重视个人修炼;既坚持华夏本土文化传统立场,又不奢求取代儒教的主导地位;既不像儒教及汉末造反的鬼神道派那样热衷于追求政治权力,又不像佛教那样决然地自外于现实政治秩序。这样既能提供一种较儒教远为开阔的宗教视野,又能比佛教更从容地发扬华夏传统文化在实践理性和人文关怀方面的特长。原有的鬼神道派纷纷追随仙道新派之后,努力改造自身,消减理念上的粗俗性和行为上的过激性,以与社会相适应。于是一种泛指民间黄老道各派的新的"道教"观念逐渐形成和发展,按照这种观念,儒乃世俗之道，非道之本；佛乃夷狄之道，非道之正；唯它们自己乃华夏正宗的形而上之道的体现者。这种观念虽未获得社会的普遍认可，但得到了相当普遍的重视和容许，进而获得官方一定程度的支持，实现了民间黄老道各派组织上的统一。在北方，是魏太武帝支持寇谦之在整顿天师道的基础上组建新道教；在南方，则是宋明帝支持陆修静以仙道诸派为中心组建新道教。于是，进入南北朝以后，新道教取得了"道教"之名的专有权，继儒、佛两教之后在主流文化中取得了一席位置。

陆修静以"总括三洞"的教义体系，借助于宋明帝的支持，在京师建康（今江苏南京）建立崇虚馆作为黄老道派的全国活动中心，开始缔造统一的新道教组织，使之成为在传统中国主流体制中占有正统合法地位的道教的正源。在陆修静的三洞判教体系中，洋溢着贵族气息的洞真部被排在第一位。但陆修静主要致力于新道教的组织建设，因此大力阐扬洞玄灵宝经法，对洞真上清经法不是很在意。

杨、许造出上清经以后，陆续有人仿造，至晋末王灵期已握有50余篇。宋明帝泰始七年（471），陆修静奉旨撰成《三洞经书目录》，可惜现已佚失。据北周甄鸾《笑道论》说：

> 按玄都道士所上经目，取宋人陆修静所撰者。目云：《上清经》一百八十六卷，一百一十七卷已行。

是则刘宋末年上清经书已有117卷之多。

陆修静之后，南朝道教发展了判教体系，在三洞之后加上"四辅"（太玄、太平、太清、正一），成为七部体系。齐、梁之际，陶弘景大力阐扬洞真上清经法，以提高道教的精神境界和文化品位。他确立了上清经法在道教内部的崇高地位，并把茅山建设成为上清经法的大本营，使得南朝道教统一体能够依靠自身的素质，顶住佛教及往往推行崇佛政策的南朝政权的强大压力，顽强地发展起来，不但没有解体，反而更加巩固了。后来北朝道教也逐渐接受了南方的道统。《隋书·经籍志》说：

受道之法，初受五千文箓，次受三洞箓，次受洞玄箓，次受上清箓。

可见至迟到隋朝，一种以洞真上清为顶峰、统合各派的箓位制已经成为全国道教通行的制度了。隋唐时期，全国道教是一个统一体，以三洞四辅判教体系为指导的经戒法箓等级体系就是维系道教统一体的核心制度，精通上清经法的茅山道团得到朝廷的大力扶持。道士们循序渐进，逐级升迁，领受洞真部经戒法箓成为登上最高等级的标志，许多道士为此耗费了终身精力。

三洞四辅判教体系是与帝国统一体制及门阀贵族主导的社会文化风尚相适应的。因此，随着大唐帝国的崩溃，加以商品经济与城市生活的突破性发展导致社会文化平民化，这个判教体系也就逐渐瓦解，道教又向宗派林立的局面演变。三洞四辅判教体系瓦解以后，洞真部失去了标志道教内部等级位次的意义，成为纯粹的道教经籍分类学概念。失去道教统一体制支撑的上清道团在北宋中期转型为茅山宗，并把经法重点转向符箓、斋醮，以迎合平民口味。南宋晚期以后，茅山上清宗逐渐沦为龙虎山正一宗的附庸。

宋真宗令王钦若主持编校道教经籍，王钦若仍按七部体系分类，但他把四辅中的《道德经》《阴符经》升入了洞真部。他们共校得经籍4359卷，其中洞真部有620卷。张君房奉命在这个基础上重新编校，得4565卷，题名为《大宋天宫宝藏》，写录以后分函存放，取《千字文》前半的466字，按顺序作为函目。此后历代编印道藏，都沿用七部分类与千字文分函的办法。

现存《道藏》编于明代。它的正编刊印于英宗正统年间，共5305卷，480函；其中洞真部有764卷，占78函，包括洞真部本文类（严格意义的道经）160卷（77篇），15函。续编刊印于神宗万历年间，计180卷，32函，不分部。洞真部应该以上清系统的经籍为主体（与七部来源关系不大的经籍不妨附入），不过明代道士对这一点似乎已经不很清楚，或者是不屑认真对待。正统《道藏》洞真部中，上清色彩不浓，灵宝经多于上清经，第一篇就是灵宝系统的《灵宝无量度人上品妙经》；而早期上清经的大多数篇目，竟然被放在"正一部"去了。

本书以下所说洞真经籍，仍指上清系统的经籍，不以明《道藏》的"洞真部"为准。

二、洞真经籍选介

（一）《大洞真经》

全名《上清大洞真经三十九章》，别称《大洞真经》《三十九章经》，简称《洞经》《洞章》《大洞》等。它在杨羲所传上清经中居于核心地位，《真诰》称它"至精至妙"（卷五），所以杨羲所传全部上清经也可以统称为"上清大洞真经"。

杨羲所传《大洞真经》原只一卷，但文本没有公开。许黄民私下泄露以后，被王灵期加工改写，经文开始窜乱。陶弘景所见《大洞真经》，已有大本、小本两种，小本只有三十九章，大本前面还多出"回风混合之道"；他觉得小本似乎更可靠一些。《道藏》现存《上清高圣太上大道君洞真金元八景玉箓》一卷，可能是晋末古上清经，其篇末附注说到"其《大洞真经》一万字"，很可能这就是杨羲所传《大洞真经》一卷本的字数。现《道藏》洞真部本文类收有《上清大洞真经》六卷，这是茅山上清宗坛的传本，应该是比较权威的。但它的第一卷是"诵经玉诀"，总叙修炼之法（包括思神法、存思图、诵经法、咒文、科仪等，内插一篇"大洞灭魔神慧玉清隐书"），卷二至卷六才是三十九章，最后是"徊风混合帝一秘诀"。所以它到底是出自小本，还是出自大本？还是难以判断。显然里面有后人增益的内容，远不是原经旧貌了。

《云笈七签》卷八《释三十九章经》说：

>《大洞真经》云：高上虚皇道君而下，三十九道君各著经一章，故曰《三十九章经》，乃大洞之首也。

这位"高上虚皇道君"在有的道书中被等同于灵宝派所说的最高神格"元始天尊"。据说诸位道君可以"回真下映"，以他们的真气进入世间每个人的身体，占据不同的部位，结成不同的身神，并且各自按照所关联的人体部位造出一段具有调遣神灵功能的经文。这些经文经由元始天王撰集，就形成《三十九章经》的主体。《上清大洞真经三十九章》之所以成为上清首经，正是因为其建构了一个包括三十九道君的神仙新谱系。上清派存思身神的特点，鲜明地反映在《大洞真经》中。

上清宗坛传本各章结构相同，都是以各位道君的"玉经"为中心；颂经之前，要经过祈请、真思、默咒、次思等程序，载有该道君所对应的身神名号及所居身体部位，存思此神的方法（包括祝词、存思图）；接"颂玉经"，然后还要经过祝祷、佩符、念诀、叩齿、咽液等程序，载有祝词、符诀、符图。

例如，第三十章属于"金阙后圣太平李真天帝上景君"，所对应的身神是"胎中白炁君"。章文以"谨请"起句，祈请之后，开始"真思"，要感觉真炁罩于顶上，再"默祝"，祝毕又"次思"，要感觉真炁从泥丸入口，结作三神，以白炁君为首，"下布结喉之本户"。然后颂本章的玉经，接一段"太上消魔玉清王"的祝词，然后"微祝"一段奇怪的秘语："天上内音，辉延勒，得曰贤。地上外音，籍会元，帝符子。"然后有一张"大洞胎中一元白炁君消魔玉符"的图样，要求朱书黄缯，念诀佩带，最后以"叩齿二通，咽液二过"结束。

另外，洞真部玉诀类有《上清大洞真经玉诀音义》一卷，北宋陈景元撰，对上清宗坛本道君经文的一些文字作了校释；《云笈七签》卷八有《释三十九章经》，解释了上清宗坛本道君经文的部分文句；《云笈七签》卷四二有《存大洞真经三十九真法》，大体上就是上清宗坛本的存思身神之法及祝文，但文字不尽相同。

明《道藏》保存了另外几种《洞经》文本：

一是洞真部本文类的《大洞玉经》二卷，据说是汉坛传本。所谓"汉坛"，当指宗奉所谓汉天师的龙虎山正一宗坛。但此经内容比上清宗坛本简单一些，也是前有诵经玉诀，继以三十九章，各章经文之后有玉符一枚、祝词一节。经文及祝词后有注，据说是"太玄赵真人"加上的。三十九章后有"太玄真人咒""大洞内炼玉章"及三品"玉清大洞内炼玉经"。

二是洞真部本文类的《太上无极总真文昌大洞仙经》五卷，假托文昌帝君于南宋时降笔于鸾坛，后世称为"梓潼文昌经本"或"蜀本"。前两卷由文昌帝君自述其诵《大洞真经》而得大洞法箓，藉以广施善行，终于证果为"更生永命天尊"的经历，并叙经旨及持诵礼仪，后三卷传述所谓元始天王所出"大洞宝文"三十八段，实即取《三十九章经》中的道君经文，舍弃章题、存思之法及符咒，稍加改易而成。但主题不再是存思身神，已被改为劝善度人，失去上清色彩了。

三是洞真部玉诀类的《玉清无极总真文昌大洞仙经注》十卷，元朝卫琪注，但将"玉经"改组为三十六章，说是与"人身三十六宫"相通。注释则用宋儒性理之学参以丹诀禅机来解释经文，也没有上清色彩。

《道藏辑要》氐集收有明清时期刊行的几种《大洞玉经》文本，包括《元始大洞玉经》三卷、《元始大洞玉经疏要十二义》一卷、《大洞玉经坛仪》一卷、《总论》一卷，均题为魏华存疏义。

《大洞真经》作为上清经之首，在南北朝隋唐道教中地位崇高。唐末以后，上清经法逐渐失去道教主流地位，存神方术也渐被新兴的内丹术所吸收和取代。一般人对于《大洞真经》幽奥的词句，也越来越难以理解。所以才有人把它改编为劝善书，有人借它讲性理之类。时至今日，它已经远离道教的实践了。

（二）《真诰》

南朝陶弘景编撰。原编作七篇二十卷，在陶弘景的侄子陶翊所著《华阳隐居先生本起录》中，著录陶弘景《真诰》一秩七卷，当是把一篇算作一大卷。唐、宋许多公、私书目，包括《旧唐书·经籍志》《宋史·艺文志》等，都著录陶弘景《真诰》，但都录作十卷。明《道藏》仍分为二十卷，收入太玄部。

基本内容是杨羲、许谧、许翙关于杨羲通灵所得"仙真"诰授的记录，加上他们的自述性文字资料。这些资料流传民间已久，多有散失，或遭人改窜，宋、齐时期的道士顾欢曾加以搜集、整理，编为《真迹》一书。陶弘景特地重新搜访、校订，加上注释和说明，改编为七篇二十卷，因为主要记录所谓仙真的诰授，所以改名《真诰》。主要内容在齐末已经写定，只是卷一九至卷二〇《翼真检》和卷一三末的《华阳颂》十五首，都已提到昭灵台藏经，当写成于梁武帝天监十三年（514）敕建朱阳馆以后。

陶弘景编《真诰》，体现了求真崇实的科学精神。他自己不肯欺骗读者，他也相信杨羲通灵不是骗人的，杨、许所传资料确实是对仙真诰授的记录。他忠实记录资料的原始信息，尽可能保全材料的"本迹"。他博闻强记，思路清晰，熟悉史事，精通历法，因而能够找出杨、许遗留文本中不少矛盾、不通、违背史实的地方，但他只用注释把可疑之处仔细说明，无法说明的就宁可存疑，也不去改动资料的原貌，堪称考订精密、校勘严谨。

《真诰》篇卷次第及内容如下：

第一篇，叙录拟名"运题象"，但正文实际题作"运象篇"，含四卷，以关于所谓真人降临情况的记录为中心，以杨羲笔录所谓仙女愕绿华降会羊权的故事作开篇，然后比较详细地展现了所谓众真降临，尤其是所谓紫清上宫九华真妃安郁嫔与杨羲交流情感的过程，录存许多教义训诫以及仙真应答的诗词。

第二篇"甄命授"，含四卷，以所谓真人训诫为中心，比较集中地展示了上清经法的基本义理，包括所谓仙真对许谧一家命运的指点以及对一些当世人物事件的品评。

第三篇"协昌期"，含二卷，主要是关于各种方术的一些修行实用诀窍，在介绍"方诸真人法"时还对所谓金阙上相青童大君（所谓后圣李君的主要辅佐）的驻地（方诸山仙岛）加以介绍，其中说到"大方诸之西，小方诸上"有奉佛道者，顺带叙及佛教如何传入中国。

第四篇"稽神枢"，含四卷，主要叙述茅山形胜，包括洞天仙馆以及历代在茅山修炼的人物事迹，旁及其他一些仙人仙境。但今《道藏》本《真诰》卷一三（"稽神枢第三"）开头三段大谈"鬼官"位次之类，应是第五篇的内容，在传写或刻印中给人颠倒错乱了。

第五篇"阐幽微"，含二卷，主要叙述作为幽冥世界总部的所谓罗酆山六天宫，包括幽冥世界职位等次以及主要职位在任鬼魂的身份由来，并宣扬所谓"形识不灭，善恶无遗"的教义。

第六篇"握真辅"，含二卷，是杨羲、许谧、许翙三人在世修炼期间留下的一些自述性文字资料，包括他们的往来书信以及他们关于感梦、通神、读经、修行等的杂记。这些不属于仙真的诰授，可以算《真诰》的附录。

第七篇"翼真检"，含二卷，也不属于仙真的诰授，而是陶弘景的直接叙述，包括《真诰叙录》《真经始末》和《真胄世谱》三部分。《真诰叙录》解释全书体例与编辑原则，《真经始末》详细叙述了上清经的来源和流传过程，《真胄世谱》记述许氏家族谱系以及杨羲、华侨等人的传略。

《真诰》是陶弘景力图用实事求是的态度考察上清派历史的成果。可能正因为是实话实说，恐怕对外宣传效果不好，所以《本起录》注明这书"不出外阅"，似乎是只供上清道士内部参考用的。这部书其实对当时道教的发展未必有多少直接意义，只是因为陶弘景的认真考据，为后人留下了一套相当可靠而格外有价值的道教历史资料。他的实证精神当然不足以从本质上破解上清经法的神秘，但是他的努力毕竟廓清了许多本来可能被神秘思潮扭曲以致埋没的历史事实，为后人客观地研究道教前期这段复杂的历史，提供了极大的方便。因此《真诰》虽是内部资料，却引起了不少教外人士的兴趣，甚至成为唐宋时期上清系统的经籍中比较有社会影响的一部。陶弘景对杨、许文书的整理和注释，等于为上清经法作了一番提要解说，教外人士读这个"提要解说"，总比读那些隐晦而枯燥的上清经典容易入门。后代不少文士还从《真诰》关于仙凡恋爱的描写中获得了文学创作的灵感。

（三）《登真隐诀》

南朝陶弘景编撰。《道藏》洞玄部玉诀类收载，三卷。书中汇集了修仙的大量经诀以及陶弘景的研究心得，大约写成于他45岁左右，即齐末深隐茅山，与外界隔绝的时期。当时他深信道教经籍包含着修仙的真谛，但认为困难在于理解，因为经籍的文句简略，而道理深奥，必须分析比较、综合判断，这不是一般人能力所及的，所以人们依照修行却往往不见效果。他相信经过自己的多年研究，已经把有关经诀理解得相当透彻，可以作一番通盘的整理和注释了。《登真隐诀》是他多年钻研上清系统修仙方术的一部总结性著作，与《真诰》差不多同时成书，唐人贾嵩《华阳陶隐居内传》指出："《隐诀》以析纲目，《真诰》以旌降授。"两书互相补充，都是陶弘景的得意之作。

《本起录》著录《登真隐诀》为三秩二十四卷，《旧唐书》《新唐书》都录作二十五卷，与《本起录》出入不大。但是宋代《崇文总目》和《通志·艺文略》都录作六十卷，卷数陡增，估计不是内容增加，而是把大卷分成小卷了。因为陶翊在《本起录》的注语中特地说明，陶弘景一般把自己的著作写成小字大卷，如果改用大字，一卷将变成四卷。原本二十四卷，宋代变成六十卷，可能是改抄本，用字还不是太大，否则就是内容已经有所缺佚了。《文献通考》录作二十五卷，可能是编者当时还见到了唐代小字旧本；《茅山志》卷九"道山册"录作二十四卷，则可能是茅山道观藏本还保持梁代原貌；而《宋史·经籍志》录作三十五卷，显然是已经残缺的大字本。《道藏目录详注》录作三卷，就是今人所见的残本，显然原本大部分已经亡佚了。刘师培指出：唐宋诸道书引用《登真隐诀》而超出现在三卷范围的，不下数百则；而《道藏》中现有的一卷《上清明堂元真经诀》和一卷《上清三真旨要玉诀》，都与《登真隐诀》体例相似，很可能都是《登真隐诀》缺失的篇卷，被人拿去另外标上书名了。另外，敦煌文书中还发现《登真隐诀》残卷一件，编号 P.2732。

《真诰叙录》说"《登真隐诀》亦为七贯"，则原书应该是分为七部分。据王家葵考证，第一篇的篇名或可拟为"真传"；第二篇的篇名或可拟为"遵戒"；第三篇的篇名或可拟为"修用"；第四篇的篇名不详，但现存遗文多与服云芽有关；第五篇的篇名亦不详；第六篇的篇名或可拟为"巡山定室"；第七篇的篇名不详，但现存遗文多与服食有关。今本《登真隐诀》卷中应属原编第六篇的"符图诀"部分。

今本《登真隐诀》上卷为"玄洲上卿苏君传诀"，卷内分"真符""宝章""九宫""明堂""洞房"五章，都是关于"守一""存神"的内炼方术。前两章是谈守一所用召唤身神的符章，后三章是谈人身头部的九宫，就是所谓身神栖息的处所。"明堂""洞房"就是九宫的第一、第二宫。五章所有正文基本上都可以在现存《大有妙经》中找到。中卷前一部分有"三十七事"，内容是关于"朝拜、摄养、施用、起居"之类杂事的神秘技术。中间部分有"六事"，内容是对付精魔鬼怪的办法。后一部分有"九事"，涉及存想、内视、叩齿、咽津、理发、按摩、服气、饵药、服符、念咒等诸多方术。中卷都属于"众真授诀"，内容当是取自杨、许传出的所谓真授之诰。下卷属于"魏传诀"，凡五事，先讲"诵黄庭经法"，包括拜祝、存神等内容，然后接"入静""章符""请官"（包括"二朝"之法）三章，都是天师道所传请神逐鬼的手段。今本中卷"五十二事"和下卷各章的正文，基本上都可以在《真诰》中找到。

卷上题注说：

> 传中有守一，曲碎关穿；经中有飞步，径略断绝；皆学者之所难，故各加详注，以驱疑蔽也。

但卷内五章全讲"守一"，没有涉及"飞步"；介绍头部九宫之后只分述了明堂、洞房两宫之法，缺少另外七宫的存想之法。卷上篇幅也只及以后各卷的一半，所以三卷本成书时，卷上原来很可能还有关于另外七宫和"飞步"的内容，而这些内容后来又亡佚了。卷下应该包括"五事"，但我们只看到四章，不知是已有文字残缺，还是应该把"请官"章末尾所述"二朝"之法看作另外一章。

《本起录》注《登真隐诀》云："此一诀皆是修行上真道经要妙秘事，不以出世"，就是说只供仙道修行者内部参考之用，不给外人随便看的。唐代上清经法鼎盛，《登真隐诀》在修炼上清经法的高级道士圈子里应当是很受重视的。但是宋代道教的体制和修炼方术都发生了巨变，《登真隐诀》便开始遭人冷落，所以才会逐渐缺佚到如此严重的地步。

（四）《大有妙经》

全名《洞真太上素灵洞元大有妙经》。《道藏》正一部收载，一卷，由九篇经诀科赞组成。

第一篇，《三洞混化内真变生官号宝名》。首先介绍《大有妙经》，说它"本与元气同存，元始俱生，三精凝化，结朗玉章"，秘在九天之上大有之宫的金台玉室素灵房中；然后介绍《大洞真经》《雌一五老宝经》：称此三经"总三宝为奇文"。然后分别介绍"洞天元洞之官"九位、"洞地洞真之官"九位、"洞渊洞玄之官"八位（三洞之官分别上治素灵宫的清微、兰台、皇堂三府，下治人体的上元泥丸、中元绛宫、下元丹田三宫），讲述了这二十六位内真的名、字、服饰，以便修法者存思。

第二篇，《太上道君守三元真一经》。本篇对"三宝奇文"之道作了进一步的说明，并提出"元洞主天，洞真主地，洞玄主人"，存思三洞内真，存念官号宝名，可以修成真人。

第三篇，《太上道君守元丹上经》。主要讲述人体头中九宫（明堂、洞房、丹田、流珠、玉帝、天庭、极真、玄丹、太皇），各有神君守护，并述他们的名字、服色，说是依法修存，可成神仙。今本《登真隐诀》卷上的"九宫""明堂""洞房"三章正文，基本上取自本篇。

第四篇，《四宫雌真一内神宝名玉诀》。说人体头部九宫之中，有四宫的神真体现为女性，称为"雌真一"，即玉帝宫的玉清神母、天庭宫的上清真女、极真宫的太极帝妃、太皇宫的太上君后，据说她们的道比其他五宫的"雄真一"高。本篇介绍了她们的名讳、乡居、衣服、形影，以便修法者存思。其后附"太上太极帝君真符宝章"篇，今本《登真隐诀》卷上的"真符""宝章"两章正文，基本上取自本篇。

第五篇，《太上大洞守一内经法》，是全经的核心。说"一"在人体体现为三一："上一"为一身之天帝，"中一"为绛宫之丹皇，"下一"为黄庭之元王，分住上、中、下三元，是"一身之灵宗，百神之命根"。篇末分叙"三元真一之法"，即存思三一的方法。

第六篇，《太上三九素语内咒诀文》。首先讲述五方帝君的咒语，要求学道者在修行众经时闭目暗诵，说是可以达到通释三宫、开明九孔的目的。其后说到修道阶次，以三皇内文、黄白之道为下品，灵宝洞玄为中品，上清道经、太丹隐书为上品，特别强调"道有三奇"，即《大洞》《雌一》《大有》三经。

第七篇，《太真隐朝求仙上法》。讲的是受《大有妙经》之后可修"隐朝求仙上法"的仪式，即每月一日、十五日、二十五日共三次朝礼元始天王、太真丈人、九天真王，七年可致真灵现形，最终可致白日飞升。

第八篇，《太上九真明科》。这是一批规范条例，分为三品，上品传经九篇，是关于上清各种经典符箓传授的规定；中品诫罪九篇，是接受上清宝经者不可触犯的罪过；下品赎罪九篇，是违犯上述科戒以后的赎罪办法。

第九篇，包括《太帝君偈大有妙赞》《天帝君赞》《太微天帝君诵》《后圣金阙帝君诵》。这四位帝君就是本经的传授者；四首赞诵综述全经的妙谛。

此经各篇其实并非同一作者或同一时间的作品，但脉络是贯通的，突出"一"（道的别称），强调"守三一"的作用，并且把《大洞真经》《雌一五老宝经》《大有妙经》与"三一"相配合，从理论与方法上构成一个"三宝上清真经"的统一体系，对上清经法的信徒影响很大。

（五）《坐忘论》

唐朝高道司马承祯撰。《新唐书》《文献通考》《茅山志》都著录《坐忘论》一卷，只有《通志·艺文略》录作三卷。《道藏》正一部收载的是一卷本。此外还有明代吴勉学刊《二十子》本，题《司马子》。

司马承祯是唐朝道教鼎盛时期的代表人物。据《茅山志》载，司马承祯"著《坐忘论》及撰《修真秘旨》十二篇，为隐居《真诀》之副"（卷十《十二代宗师传》），他把自己这篇著作看作是对陶弘景《登真隐诀》的继承和发展。

所谓"坐忘"，是《庄子》的说法，说颜回达到了一种高级精神境界：

> 堕肢体，黜聪明，离形去知，同于大通，此谓坐忘。（《大宗师》篇）

《坐忘论》禀承《庄子》离形去知、与道合一的旨趣，结合道教养生养心修性的实践经验加以阐发。

全文按照修炼的步骤，分为七章："敬信"章讲坚定修炼的信念，这是修道的根本；"断缘"章讲断绝俗事有为之缘，不得不为之事则"随机化导，对境忘心"；"收心"章讲顺任真性，"收心离境"而又不能"执心住空"；"简事"章讲处事安闲，应物而不为物累，学仙也要求"易简"，反对方术繁巧；"真观"章讲看待现象世界的方法，宅心物外，不生得失之心；"泰定"章讲精神修养最后达到的境界，"无心于定，而无所不定"；"得道"章讲修炼的最后目标，就是"形随道通，与神为一"，这样就形体不死，成为神仙了。

早期上清经法注重修炼方术，对义理的阐发相对欠缺一些。南北朝至唐初，道教重玄学兴起，结合老庄思想与佛学中观理论，大谈义理，但论者多流于玄虚，不能落实到修炼实践上。《坐忘论》借鉴佛教天台宗"止观双修"的方法，把重玄理趣与修炼功夫融为一体，阐述十分系统、严密、简练，对后来道教乃至整个中华宗教系统的修炼实践有很大的影响，例如其修炼体验层次影响唐宋道教内丹学，其主静的思想影响宋代理学家。

（六）《真系》

唐朝道士李渤撰于庐山，成书于德宗贞元乙酉岁（805）。《新唐书》著录《真系传》一卷；《道藏阙经目录》也有著录，说明元《玄都宝藏》曾经收录。全文现载于《云笈七签》卷五，题作《真系》。

卷首序文把上清经箓的传授作为道教存在和发展的标志，简单地叙述了上清经箓传授的历史线索，列举了上清经箓从"众真降授"以后的十二位传人，即杨羲、许翙、许黄民、马朗、叟季真、陆修静、孙游岳、陶弘景、王远知、潘师正、司马承祯、李含光；认为其中的马朗、叟季真二人"幸会而不业"，即有幸得到真经却不曾用于实践，所以实际传"真宗之道"的是其中另外十人。他显然是把这十人认定为道教的正宗传人。正文就是记叙这十人的十篇小传。

李渤为了突出上清经法的传承谱系，不免按照主观愿望对史事作了一些妆饰。例如他说孙游岳"门徒弟子数百人，唯陶弘景入室焉"，后代学人多据此认定陶弘景是陆修静、孙游岳的衣钵传人。其实陶弘景对陆、孙推重灵宝经法的路线不以为然，专以发扬上清经法为职志。就组织制度而言，陶弘景是一位从来没有拜过师的特殊的道教徒；至于在精神上，他在《许长史旧馆坛碑》中明确表示：许翙才是"弘景玄中之真师"。所以潘师正追述师承，只说"自陶隐居"以来如何，并不提及陆修静和孙游岳。又如王远知把自己看作陶弘景道统的继承人，但是他自己并未冒认陶弘景为业师，他师承的是梁陈之际著名的重玄学者臧矜。只是臧矜在民众中的名气远不如陶弘景响亮，因此王远知门下许多人宁肯强调他修的是"陶隐居经法"。《真系》说陶弘景"弟子数十人，唯王远知、陆逸冲称上足焉"，并记王远知"年十五入华阳事贞白先生"，其实考核生平史实，陶弘景去世时，王远知只不过八九岁。

尽管有牵强附会、故神其事的成分，《真系》毕竟是保存至今的关于东晋南朝隋唐从上清派至道教的历史发展过程的重要史料。李渤在这里认定的传法谱系，在后来的道教发展过程中受到广泛重视。宋代茅山宗追尊的本门宗师，以其至李含光为止的前十三代宗师与《真系》所述十二传经人对比，有十一人完全相同，只是增加了魏华存为第一代太师，以马罕（马朗的堂弟）取代了夋季真，认为二马有"保经之功"，承认他们为第五、第六代宗师。至于夋季真，大概认为他只是曾奉旨往马家取经入朝的皇家后堂道士，就不配纳入宗师之列了。

（七）《茅山志》

元朝茅山上清宗的著作，成书于泰定元年（1324），题为上清嗣宗师刘大彬造。刘大彬在《序录》中说是十二篇十五卷；《道藏》洞真部记传类收载，析为三十三卷。

茅山在今江苏金坛，古代孕育过丰富的神仙文化；道教传说中十大洞天的第八洞天（句曲山洞号"金坛华阳之天"）、七十二福地的第一福地（地肺山）都在茅山。这里是上清经法的发源地和大本营，在唐代曾是道教最重要的圣地，北宋以来是上清宗的宗坛所在，名居道教三大经箓宗坛之一。宋代已经有若干种茅山志书，但都比较粗略，元代《茅山志》便是在旧志的基础上增补修撰而成的。因为取材丰富，编排得当，历来受到教内外的重视。

卷一至卷四为《诰副墨》，录所谓高级神灵策授三茅君仙职的文告、历代（从萧齐至元）皇帝有关茅山的诏诰以及与这些诏诰有关的道士所上的表奏。

卷五为《三神纪》，载所谓三茅君的世系以及他们三位的事迹。

卷六、卷七为《括神区篇》，叙述茅山的地理形胜，着重宣传神奇的洞天福地以及与神仙传说和道教事迹有关的山、峰、洞、水、坛、石、桥、亭。

卷八为《稽古篇》，记天市坛、飚轮迹、姜巴路、雷平池、茅君丹井、葛洪井、昭明太子读书处、隐居幽馆、桐柏先生墓等23处比较重要的古迹，大都与神仙传说和高道事迹有关。

卷九为《道山册》，首先简介《道德经五千文》，其后记录茅山所传"上清大洞经箓"的篇目以及从隋唐正史《经籍志》采录的众真所著经论的篇目，加上郑樵《通志·艺文略》著录的茅山道书目录。

卷一〇至卷一二为《上清品》（卷十二题为《上清品篇》），先述上清经箓降世以前所谓"上天七传"的谱系，并介绍这七位在仙界传承上清经箓的"圣师"的来历与身份；然后是茅山上清宗所谓历代宗师的传记，从魏华存算起，以简介第四十五代宗师刘大彬为结束。

卷一三、卷一四为《仙曹署篇》，介绍所谓设置在华阳洞天的三宫五府，并介绍了一些仙真的重要行迹，包括据说在这些宫府担任职司的主要仙真以及其他一些与茅山有关系的重要仙真。

卷一五、卷一六为《采真游篇》，介绍历代曾在茅山隐居修道的重要道士或隐士，共计 141 人，所记详略不等，有的只记身份与姓名，有的还介绍了其人的嘉言懿行，有的则是完整的传略。

卷一七、卷一八为《楼观部篇》，介绍了当时茅山的 23 处宫观、5 处庙宇的建置沿革，对若干山房庵院也简略介绍来历和位置，另外还有 100 多所庵院仅记录名号。

卷一九为《灵植检篇》，介绍茅山传说中的神芝奇药和现实可见的名木异卉。

卷二〇至卷二七为《录金石篇》，辑录了茅山历代（从萧梁至元）的碑铭，大都收录碑文，也有少数只列碑名。

卷二八至卷三三为《金薤编》，辑录了历代（从萧齐至元）有关茅山的诗作，包括陶弘景、顾况、皮日休、陆龟蒙、王安石、卢挚、吴全节等数十人的作品；最后一卷收录有关茅山的一些杂著，包括书、启、铭、序等各种文体。

清代茅山全真道士笪重光曾将《茅山志》重编为《茅山全志》十四卷，现收入《藏外道书》宫观地志类；它对《茅山志》加以删节，打乱了原有的条理，除了增辑一些明清文献以外，就没有多少价值了。

建议阅读书目：

陈国符：《道藏源流考》，中华书局，1963 年。

钟国发：《茅山道教上清宗》，台北：东大图书公司，2003 年。

萧登福：《六朝道教上清派研究》，台北：文津出版社，1985 年。

〔法〕贺碧来：《〈大洞真经〉——它的真伪及在上清经中的地位》，载司马虚主编：《纪念石泰安密宗和道教研究文集》，第 394 页—433 页，布鲁塞尔，1983 年。Isabelle Robinet, *Le Ta-t'ung chen-ching: son authenticité et sa place dans les texts du Shangqing ching*, in Michel Strickmann ed. *Tantric and Taoist Studies in Honour of R.A.Stein*, vol. II, p394–433, Bruxell, 1983.

主要参考书目：

陈国符：《道藏源流考》，中华书局，1963年。

任继愈：《道藏提要》，中国社会科学出版社，1995年修订本。

钟国发：《茅山道教上清宗》，台北：东大图书公司，2003年。

钟国发：《陶弘景评传》，南京大学出版社，2005年。

王家葵：《陶弘景丛考》，齐鲁书社，2003年。

王家葵：《登真隐诀辑校》，中华书局，2011年。

赵　益：《六朝南方神仙道教与文学》，上海古籍出版社，2006年。

宇汝松：《六朝道教上清派研究》，山东文艺出版社，2009年。

萧登福：《六朝道教上清派研究》，台北：文津出版社，2005年。

钟国发：《陶弘景〈华阳颂〉十五首考释》，载《传统中国研究集刊》第六辑，上海人民出版社，2009年，第136页—153页。

〔日〕石井昌子：《道教学研究——以陶弘景为中心》，国书刊行会，1980年。

〔日〕吉川忠夫：《六朝道教研究》，京都：春秋社，1998年。

〔日〕麦谷邦夫、吉川忠夫：《真诰研究（译注篇）》，京都大学人文科学研究所2000年发行。

〔日〕麦谷邦夫、吉川忠夫：《周氏冥通记研究（译注篇）》，京都大学人文科学研究所2003年发行。

〔日〕麦谷邦夫：《陶弘景年谱考略》，东京，《东方宗教》第47号（第30页—61页）、48号（第56页—83页），1976年。

〔日〕石井昌子：《道教上清派の经典目录考——〈上清经〉三十一卷について》，东京，《创价大学人文论集》第6号，1994年。

〔日〕麦谷邦夫：《〈上清大洞真经三十九章〉をめって》，载吉川忠夫编《中国古道教史研究》，京都大学人文科学研究所研究报告，京都：同朋社，1992年。

〔瑞典〕施舟人、〔法〕傅飞岚：《道藏通考》，芝加哥大学出版社，2004年。Kristofer Schipper and Franciscus Verellen edited：

The Taoist Canon: A Historical Comanion to the Daozang, The University of Chicago, 2004.

〔法〕贺碧来:《道教的冥想》,巴黎,Dervy-Livres1979 年出版;包士廉与诺曼·吉拉多特英译:《道教的冥想——茅山的上清传统》,奥尔巴尼,纽约州立大学出版社,1993 年。Isabelle Robinet, Méditation taoïst, Paris: Dervy-Livres, 1979. English translation by Julian F. Pas & Rorman J. Girardot, Taoist Meditation: The Mao-shan Tradition of Great Purity, Albany, N.Y.State University of New York Press, 1993.

〔法〕贺碧来:《〈大洞真经〉——它的真伪及在上清经中的地位》,载司马虚主编:《纪念石泰安密宗和道教研究文集》,第 394 页—433 页,布鲁塞尔,1983 年。Isabelle Robinet, Le Ta-t'ung chen-ching: son authenticité et sa place dans les texts du Shangqing ching, in Michel Strickmann ed. Tantric and Taoist Studies in Honour of R.A.Stein, vol. II, p394-433, Bruxell, 1983.

〔法〕贺碧来:《道教史上的上清启示》,巴黎,《法国远东学院刊物》卷二 (137 页), 1984 年。Isabelle Robinet, La revelation du Shangqing dans l'histoire du taoïsme. 2 vols. Paris: Publications de l'Ecole Française d'Extrême-Orient (137), 1984.

〔美〕司马虚:《茅山的启示——道教与贵族社会》,巴黎,《通报》卷 63, 第 1 页—64 页, 1977 年。Michel Strickmann, The Mao shan Revelation: Taoism and the Aristocracy, Paris: T'oung Pao, vol.63, p1-64, 1977.

〔美〕司马虚:《论陶弘景的炼丹》,载霍姆斯·韦尔奇与安娜·赛德尔主编:《道教面面观:中国宗教论文集》,第 123 页—192 页,纽黑文,耶鲁大学出版社,1977 年。Michel Strickmann: On the Alchemie of T'ao Hung-ching, In Holmes Welch & Anna Seidel, ed. Facets of Taoism: Essays in Chinese Religion. New Haven:

Yale University Press, p.123-192, 1979.

〔美〕司马虚:《茅山的道教——启示编年史》,《法兰西学院汉学研究所学术报告》第 17 卷,巴黎,1981 年。Michel Strickmann, *Le taoïsme du Mao chan : chronique d'une revelation*, Paris: *Mémoires de l' Institut des Hautes Etudes Chinois*, Collège de France, XⅦ, 1981.

〔美〕柏夷:《早期道教经典》,洛衫矶:加利福尼亚大学出版社,1997 年。Stephen R. Bokenkamp. *Early Daoist Scriptures.* Berkely, Los Angeles: University of California Press. 1997.

〔德〕邦巴切尔:《道学传的残篇》,法兰克福,Peter Lang,2000 年。Stephan P. Bumbacher. *The Fragments of the Daoxue zhuan.* Frankfurt: Peter Lang, 2000.

作者简介

钟国发,1945 年 2 月生,四川省金堂县人。1962 年—1966 年就读于西南师范学院(今西南大学)历史系;1969 年—1995 年在新疆就职,其间 1978 年—1981 年就读于武汉大学研究生院,获历史学硕士。曾任新疆师范大学历史系主任、副教授,受聘为新疆维吾尔自治区人民政府哲学社会科学规划领导小组历史专家组成员。1996 年调入上海社会科学院宗教研究所,曾任研究员、中国宗教学会理事;2005 年退休,其后曾任上海社会科学院传统中国研究中心特约研究员、学术委员。主要著作有《茅山道教上清宗》《神圣的突破——从世界文明视野看儒佛道三元一体格局的由来》《陶弘景评传(附寇谦之、陆修静评传)》《恍兮惚兮——中国道教文化象征》(合著)、《香港道教》《上海灵光城隍庙》(合著)。

洞玄部道经说略

王承文

一、序语

明代《道藏》是古代道教经书的总集，以其卷帙浩繁和内容博杂令人叹为观止。《道藏》通过"三洞""四辅""十二部"等一系列经典分类方法，构造了一个完整而严密的编纂体系。其中"三洞"是指"洞真部""洞玄部""洞神部"，分别代表上清经、灵宝经和三皇经三种道经。本文所讨论的"洞玄部"，即是专指《道藏》中灵宝经系的经典。

在中古道教经书中，"灵宝"一词的涵义有多种解说。例如，东晋末年古灵宝经《太上无极大道自然真一五称符上经》卷上即称老君曰：

> 灵者，道通也，能通大道至灵，使役万神；宝者，能与天地相保：故曰灵宝。

南朝初年道教宗师陆修静（406—477）在其《洞玄灵宝斋说光烛戒罚灯祝愿仪》中说：

> 灵者，神也。微妙之功，出于思议之表，变化无穷，故谓之灵也。宝者，一也，是三才所得而清宁贞也。既不可失，故谓之宝。经者，由通之径也。

至于"洞玄"一词的涵义，唐代道教学者薛幽栖注解《度人经》称：

> 洞者，通达也；玄者，微妙也。

可见，无论是"灵宝"还是"洞玄"，都具有通向神圣、神秘、玄妙境界的含义。

然而，现存《道藏》"洞玄部"所收录道经，其中有不少并非灵宝经。同时，还有很多灵宝经被编入其他部类。这种情况早在宋代就已经出现。究其原因，一方面是因为自宋代以来，新的道派和道经大量出现，而道教原有的"三洞""四辅"等体例，实际上已经难以囊括一些新出道经；另一方面则是后来某些《道藏》编纂者已经不能很好地理解道教传统的"三洞""四辅"本来的涵义，从而使《道藏》的分类出现了比较混乱的状况。

二、道教历史上的"葛氏道"和"灵宝派"

"灵宝"一词的最初出现，可能与先秦时期南方巫觋的通神活动有关。战国时期楚国诗人屈原的《九歌》中即有"灵保"一词。"灵保"与"灵宝"相同。东汉袁康的《越绝书》记载大禹治水，遇见神人传授《灵宝五符》，用于制伏蛟龙水豹。汉代纬书《河图·绛象》亦有大致相同的记载，并称该书为"一卷，凡一百七十四字"。葛洪（283—344）所撰《抱朴子内篇·辨问》也记载：

> 《灵宝经》有《正机》《平衡》《飞龟授袟》凡三篇，皆仙术也。

在今《道藏》本《太上灵宝五符序》中，有少量内容可以和《抱朴子内篇》所征引的《灵宝经》相对照。一部分研究者据此将《太上灵宝五符序》的年代确定得相当早。但是《太上灵宝五符序》卷中"灵宝黄精方"却出现了葛洪的名字，该经中还有某些比葛洪更晚的内容。因此，《道藏》本《太上灵宝五符序》的最终形成，可能已经晚至东晋后期。

历史上"洞玄部"灵宝经的出现和发展，大致经过了这样几个阶段。首先，是从汉代到东晋后期以《灵宝五符经》为中心的传授。其次，东晋末年"古灵宝经"兴起并真正开始成为具有重大影响的道经体系。直到南朝隋唐时代，尚有不少新的灵宝系经典出世。最后则是宋至明时期，主要侧重于灵宝科仪书的编纂。

六朝时期，今江苏省境内古丹阳郡句容县的道教世家葛氏家族，与早期《灵宝五符经》和东晋末年的"古灵宝经"关系密切。这个以葛氏家族为核心的道教教团，国内外学术界习惯于将其称为"葛氏道"。"葛氏道"把三国孙吴时期著名道士葛玄奉为教祖，葛巢甫则是东晋末年"葛氏道"最主要的代表人物。

按照"古灵宝经"的记载，灵宝经的开端可以追溯到宇宙形成初期《灵宝五篇真文》的出世和演化，并经历了从天界到人间的传授过程。据称，其在人间的传授是由太极真人徐来勒等神灵传授给作为太极左仙公的葛玄，再由葛玄传给郑隐，郑隐传给葛洪。根据唐代孟安排《道教义枢》卷二记载，葛洪又将灵宝经传授给其兄子海安君等，"至从孙（葛）巢甫，以晋隆安（397—401）之末，传道士任延庆、徐灵期之徒，相传于世，于今不绝"。

从道教本身的记载来看，从汉末到东晋末年，灵宝经的传授确实存在一个相对清晰的以江南葛氏家族为核心的传授系统。南朝道教宗师陆修静以及后来的宋文明，其宗奉灵宝经的倾向也是毋庸置疑的。陶弘景在其《真诰》一书中，也记载了在作为南朝上清派活动中心的茅山，有"修灵宝斋及章符"和"作灵宝唱赞"的道教教团活动。一批新出的灵宝经典，特别是敦煌本《升玄内教经》和《本际经》的重新发现，反映了灵宝经作为一种相对独立经系从南朝到隋唐的存续和发展。直到宋代，在江西清江县阁皂山还有专门传授《灵宝经》的道派，与茅山上清派、龙虎山天师道并称为江南道教"符箓三宗"。

然而，从"葛氏道"早期代表人物葛玄的求仙活动，到葛洪《抱朴子内篇》将金丹炼养奉为"至道"和核心信仰，再到东晋末年葛巢甫确立以《灵宝五篇真文》等"灵宝天文"作为其宗教信仰的核心，并"风教大行"，异军突起，他们在一系列根本性教义和教法上存在着重大差异。特别是在葛巢甫、任延庆、徐灵期之后，灵宝经具体的传授记载付之阙如，作为一个独立道派的宗教活动亦相当匮乏。至于宋代江西阁皂山的灵宝符箓派，与六朝历史上的灵宝经传承也没有直接关系。因此可以说，没有资料足以证明六朝隋唐道教史上存在一个如同茅山上清派以及南北天师道一样的"灵宝派"。相反，倒是有不少资料表明，虽然"古灵宝经"的制造者仍然是以句容葛氏家族为核心的小团体，但是其主要传授对象却是一部分江南天师道信徒，甚至还有可能包括上清经的信奉者。

至于六朝道教史上没有出现一个专门"灵宝派"的原因，我们认为就在于"古灵宝经"问世之初，就不是面向某一特定的宗教团体的。"古灵宝经"具有极为明显的整合道教各派以建立道教统一经教体系的倾向和特点；而南北朝到隋唐道教发展的历史也证明，灵宝经已经逐步成为道教内部所共同尊奉的经典，并在隋唐具有统一性的道教经教体系的建构中发挥了极为重要的作用。

三、敦煌本陆修静《灵宝经目》及其著录的"古灵宝经"

根据陶弘景《真诰·翼真检》记载，东晋末年，"葛巢甫造构《灵宝》，风教大行"。陆修静是最早对灵宝经进行甄别和整理的道教学者。

刘宋元嘉十四年（437），陆修静撰成了《灵宝经目》和《灵宝经目序》。其中《灵宝经目序》保存在宋代张君房编纂的《云笈七签》卷四中。然而其《灵宝经目》则长期失传。也正因为此，后代学者若试图了解《道藏》"洞玄部"的早期发展和源流，就存在极大的困难。

1974年，日本道教学者大渊忍尔发表了《论古灵宝经》一文，他通过对敦煌文书伯希和2861号和2256号残卷的拼合和研究，基本上恢复了长久佚失的《灵宝经目》，并将《灵宝经目》所著录的早期灵宝经明确称为"古灵宝经"。这一研究的重大意义在于，它使我们能够从卷帙浩繁的《道藏》经书中区别出20多部最早的灵宝经典。国际道教学界有关灵宝经的研究也因此进入了一个新的时期。

敦煌本《灵宝经目》著录的古灵宝经有：

（1）《太上洞玄灵宝五篇真文赤书》上下卷，明代《正统道藏》本为《元始五老赤书玉篇真文天书经》上中下三卷。

（2）《太上洞玄灵宝玉诀》上下卷，《道藏》本为《太上洞玄灵宝赤书玉诀妙经》上下卷。

（3）《太上洞玄灵宝空洞灵章经》一卷，《道藏》阙载。

（4）《太上说太上玄都（玉）京山（步虚）经》一卷，《道藏》本为《洞玄灵宝玉京山步虚经》一卷。

（5）《太上洞玄灵宝自然至真九天生神经》一卷，《道藏》本为《洞玄灵宝自然九天生神章经》一卷。

（6）《太上洞玄灵宝大道无极自然真一五称符上经》一卷，《道藏》本作《太上无极大道自然真一五称符上经》上下卷。

（7）《太上洞玄灵宝诸天内音自然玉字》上下卷，《道藏》本为《太上洞玄灵宝诸天内音自然玉字》四卷。

（8）《太上洞玄灵宝智慧罪根上品》一卷，《道藏》本为《太上洞玄灵宝智慧罪根上品大戒经》上下卷。

（9）《太上洞玄灵宝智慧上品大戒威仪自然》一卷，《道藏》本为《太上洞真智慧上品大诫》一卷。

（10）《太上洞玄灵宝金箓简文三元威仪自然真一经》一卷，该经在《道藏》中部分为《洞玄灵宝玉箓简文三元威仪自然真经》一卷。

（11）《太上灵宝长夜九幽玉匮明真经》一卷，《道藏》本为《洞玄灵宝长夜之府九幽玉匮明真科》一卷。

（12）《太上洞玄灵宝智慧定志通微经》一卷，《道藏》本为《太上洞玄灵宝智慧定志通微经》一卷。

（13）《太上洞〈玄〉灵宝真文度人本行妙经》一卷，《道藏》本阙。

（14）《太上洞玄灵宝真一劝诫法轮妙经》一卷，《道藏》本为《太上洞玄灵宝真一劝诫法轮妙经》一卷、《太上玄一真人说劝诫法轮妙经》一卷、《太上玄一真人说三途五苦劝诫经》一卷、《太上玄一真人说妙通转神入定经》一卷。

（15）《太上洞玄灵宝无量度人上品妙经》一卷，《道藏》本为《灵宝无量度人上品妙经》第一卷。

（16）《诸天灵书度命》一卷，《道藏》本为《太上洞玄灵宝诸天灵书度命妙经》一卷。

（17）《太上洞玄灵宝灭度五炼生尸妙经》一卷，《道藏》本为《太上洞玄灵宝灭度五炼生尸妙经》一卷。

（18）《太上洞玄灵宝三元品诫》，《道藏》本为《太上洞玄灵宝三元品戒功德轻重经》一卷。

（19）《太上洞玄灵宝二十四生图三部八景自然神真箓仪》一卷，《道藏》本为《洞玄灵宝二十四生图经》一卷。

（20）《太上洞玄灵宝天文五符序经》一卷，或作三卷，《道藏》本为《太上灵宝五符序》三卷。

（21）《太上玉经太极隐注宝诀》一卷，《道藏》本为《上清太极隐注玉经宝诀》一卷。

（22）《太上洞玄灵宝真文要解上经》一卷，《道藏》本为《太上洞玄灵宝真文要解上经》一卷。

（23）《太上太极太虚上真人演太上灵宝威仪洞玄真一自然经诀上卷》

一卷,《道藏》本阙。

（24）《太极真人敷灵宝斋戒威仪诸要解经诀下》一卷,《道藏》本为《太极真人敷灵宝斋戒威仪诸经要诀》一卷。

（25）《太上消魔宝真安志智慧本愿大戒上品》一卷,《道藏》本为《太上洞玄灵宝智慧本愿大戒上品经》一卷。

（26）《太极左仙公请问经上》一卷,《道藏》本阙。

（27）《太极左仙公请问经下》一卷,《道藏》本为《太上洞玄灵宝本行宿缘经》一卷。

（28）《仙公请问本行因缘众圣难》一卷,《道藏》本为《太上洞玄灵宝本行因缘经》一卷。

（29）《太极左仙公神仙本起内传》一卷,《道藏》本阙。

（30）《太极左仙公起居注》一卷,《道藏》本阙。

笔者认为，在敦煌本《灵宝经目》中，陆修静实际上把古灵宝经分为"元始旧经"（即从第1至第19）和"新经"（从第20至第30）两部分。除了《太上灵宝五符序》之外，"新经"的出世一般都要比"元始旧经"稍晚；但至迟在刘宋元嘉十四年（437）陆修静整理古灵宝经以前，全部"元始旧经"和"新经"都已经出世。

这里需要补充的是，近年来，有学者认为：全部"新经"均比"元始旧经"更早出世；以葛巢甫为代表的"葛氏道"仅创作了一部分"新经"，而"元始旧经"是由某些"不知名的道士们"创作而成，与"葛氏道"无关。但是，陆修静《太上洞玄灵宝授度仪》之"师告丹水文"明确记载："元始天尊于眇莽之中，敷演《真文》，结成妙经。劫劫济度，无有穷已，如尘沙巨亿无绝。灵文隐奥，秘于金阁，众真宗奉，诸天所仰。逮于赤乌，降授仙公，灵宝妙经，于是出世度人。"以上是说，早在宇宙形成之初的"龙汉劫"开端时，元始天尊就依据《灵宝五篇真文》演绎出了全部"元始旧经"，又称为"十部妙经"，并将其珍藏在最高天界——大罗天太玄都玉京山七宝紫微上宫之内，主要为天界神灵所尊奉。在三国孙吴赤乌（238—250）年间，天界神真又将这些真经降授给太极左仙公葛玄，于是就有了"元始旧经"出世度人。因此，这一段文字恰恰证明葛玄领受了"元始旧经"，"葛氏道"与"元始旧经"有着密不可分的关系。在笔者看来，若把"葛氏道"与"元始旧经"完全割裂开来，一方面并不真正符合古灵宝经的实际情况，另一方面也容易造成学术界对古灵宝经的认知困难。对于这一问题，学界仍有分歧，有必要进一步加以讨论，但限于篇幅，这里不再赘述。

除陆修静《灵宝经目》外，其他敦煌道经遗书也是研究古灵宝经的重要资料。在敦煌莫高窟发现的道经文书中，灵宝经占一半以上。这批珍贵的灵宝经文书，一方面为我们提供了部分重要经典在唐代及其以前的版本，这些经典在后来的流传中已发生比较大的变异；另一方面则保存了一批在道教史上产生过重要影响，但后来在明代《道藏》中阙收的道经。例如，被敦煌本《灵宝经目》著录而《道藏》阙载的数部古灵宝经，大多在敦煌文书中都有一定程度的保存。

四、《灵宝五篇真文》与中古道教经教体系的建构

"古灵宝经"对中古以来道教的发展产生了极为重要而深刻的影响。笔者近二十多年来主要致力于六朝隋唐道教灵宝经的研究，因此在有限的篇幅中，将侧重于介绍中古时代灵宝经的主要内容及其在道教史上的重要地位。

（一）《灵宝五篇真文》神学与道教经教的宗源

"古灵宝经"在道教史上最突出的地位，我们认为是其在构建中古道教经教体系中的重要贡献。对于这一点，国内外学术界似乎尚很少关

注和讨论。

何谓"经教"?"经教"一词在汉晋佛教经典多有出现。在汉晋佛教中,释迦牟尼所说一切教法均被称为"经",而经所阐扬、阐释之教就被称为经法或"经教",记载经教的书籍则被称为经典。道教有"经教"一词,最早可能开始于汉代《老子道德经河上公章句》。道教"经教"一词,可以解释为以经典为核心的教法。东晋末年古灵宝经开始频繁而大规模地使用"经教"这一概念,其含义明显借鉴了佛教。古灵宝经中"经教"的概念,既指由元始天尊开示并由《灵宝五篇真文》所演绎的"元始旧经"及其教法,同时又指以"三洞经书"为主体的道教经典教法。

在隋唐宋时期,一些重要的道教义理著作,如《洞玄灵宝玄门大义》《道教义枢》《云笈七签》等,在论述道经十二部分类之首的"本文"或"本源"时,都明确把作为"本文"或"本源"代表的《灵宝五篇真文》,规定为"经教之始,文字之根"。因此,隋唐宋时代道教使用"经教"这一概念,在某种意义上就是指元始天尊所开示的以《灵宝五篇真文》为核心的经典教法。宋代张君房编纂《云笈七签》,在该书前面特地设置有《三洞经教部》多卷,即是以古灵宝经经教学说为核心,对六朝隋唐道教经教思想进行系统的总结。中古道教具有统一性的经教体系,在某种意义上是以《灵宝五篇真文》的神学理论为基础建立起来的。

"灵宝自然天文",又称"天书""真文""本文""云篆""三元八会之文"等,主要是指《元始五老赤书玉篇真文天书经》中的《灵宝五篇真文》。此外还有《太上洞玄灵宝诸天内音自然玉字》中的"大梵隐语自然天书",《太上灵宝五符序》中的《皇人太上真一经诸天名》等,共有1109字。这些"灵宝自然天文"都采用了非常奇特而神秘的"秘篆文"形式。在过去很长的时期内,学术界一般都只是将其视为一种巫术化的符咒,因而既未能准确地解读这些奇异的"天文",同时也未对这些"天文"在中古以来道教发展中的重大意义加以研究。但是在古灵宝经中却充满了对这些"灵宝自然天文"的高度神化。古灵宝经所确立的道教教主元始天尊，其所有事迹均与"灵宝自然天文"直接相关。"天真皇人"作为一个特殊神灵，则受元始天尊之命，将这种来自天上的"大梵隐语、自然天书"转译成普通的文字而在人间流传。我们要特别强调的是，真正具有宇宙本源意义和道教经教本源意义的"灵宝自然天文"，其实只有《灵宝五篇真文》。《灵宝五篇真文》是灵宝经所有教义思想的基础和核心，是中古道教经典分类体系形成的前提，也是我们理解中古道教的整合以及统一性经教体系最关键的因素。

《灵宝五篇真文》神学的渊源其实可以追溯至中国远古宗教的传统，包括早期的《河图》《洛书》信仰、"八卦"崇拜和伏羲创造文字的神话等，同时也源于汉晋时期道教内部"天书"降授的传统，特别是早期上清经有关"八会之书"和"云篆"的观念。但是，古灵宝经在此基础上则有极为重要的创造性发展。

首先，《灵宝五篇真文》等"灵宝自然天文"被神化为"道"和"元气"，因而是宇宙万物的本源和创造者。在先秦至秦汉的哲学思想中，"道"与"元气"都是具有宇宙本源意义的范畴。而古灵宝经直接赋予了《灵宝五篇真文》作为宇宙本源的意义。《灵宝五篇真文》被描述成为"道"的本体和表现形式，是"元气"的凝聚，是"道"与"元气"的统一。《灵宝五篇真文》因而完全等同于《老子》的"道"，是宇宙万物的创造者。

《灵宝无量度人上品妙经》称：

> 混洞赤文，无无上真，元始祖劫，化生诸天。开明三景，是为天根。上无复祖，唯道为身。五文开廓，普殖神灵。无文不光，无文不明，无文不立，无文不成，无文不度，无文不生。

《度人经》明确地将《灵宝赤书五篇真文》看成是"道身"，即道的本体，是宇宙世界的根本和真正的创造者。南齐时代严东注解《度人经》称：

> 元炁始结而成玉字。玉者，自然之精，精出而发光，以成天地，日月星辰所以化成。

也说明《灵宝五篇真文》是先天的"元气"凝结而成。《灵宝五篇真文》更确切地说是"道"与"元气"的统一。《度人经》称《灵宝赤书五篇真文》"上无复祖，唯道为身"，南齐严东释为：

> 祖，宗也。上无所宗，唯道炁结精而后成其身也。

唐代薛幽栖注曰：

> 真文之质，即道真之体为文。故云唯道为身也。

而成玄英则曰：

> 真文之体，为诸天之根本。禀元始妙炁之自然，而化成大道之法身。妙炁自成，不复更有先祖也。

可见《灵宝五篇真文》既是"元始妙炁"的凝结，又是"大道"的法身。

在此需要补充的是，有研究者认为"元始旧经"直接吸收了佛教"劫"的观念而创立了"劫运"学说，因此《灵宝五篇真文》并不真正具有宇宙本源性。其理由是：佛教宇宙观认为宇宙"劫"的轮回循环是一种永恒的存在，既无始无终，亦无穷无尽；而"元始旧经"也认为有无数个这样从天地开辟到天地毁灭的轮回曾经存在。因此，在灵宝经

"劫"的时间观念下来看《灵宝五篇真文》，更可相信它根本不是在原初的宇宙诞生时就存在的，它只有特定阶段的功能性，而不具有贯穿宇宙时空的本源性。

然而，多部"元始旧经"其实对于《灵宝五篇真文》与其"劫运"学说之间的关系都有专门阐述。一方面强调《灵宝五篇真文》具有完全不受宇宙"劫运"影响的品质；另一方面则强调《灵宝五篇真文》的原本始终保存在最高天界——大罗天太玄都玉京山紫微宫中。而这里就完全不受任何"劫运"的影响。至于其专门用于"安镇五岳"的《灵宝五篇真文》副本，正如《太上洞玄灵宝诸天灵书度命妙经》所说的，将同其他"真经"一样，"大劫周时，其文并还无上大罗中玉京之山七宝玄台，灾所不及"。《元始五老赤书玉篇真文天书经》卷上对此也有专门论述，其称《元始赤书玉篇真文》：

> 元始刻题上帝灵都之馆，累经劫运，而其文保固天根，无有毁沦。与运推迁，混之不浊，秽之愈清，毁之不灭，灭之极明。

所谓"累经劫运，而其文保固天根，无有毁沦"，就是说在各种"劫运"到来时，恰恰是《灵宝五篇真文》保存和巩固了宇宙天地的根本，并使之免于被彻底毁灭。其称"与运推迁，混之不浊，秽之愈清，毁之不灭，灭之极明"，则更是强调《灵宝五篇真文》本身能够与"劫运"一起推移变迁，不存在任何湮灭毁伤的情形。宇宙天地间的各种混乱、污浊和毁灭，反而使之更加清白和光明。众所周知，老子《道德经》特别强调"道"能"独立而不改，周行而不殆"，就是说"道"不依靠任何外力而独立长存，能循环运行而永不衰竭。而古灵宝经也强调《灵宝五篇真文》具有永恒长存的性质。因此，古灵宝经"劫运"学说恰恰是从另一方面证明了《灵宝五篇真文》所具有的宇宙论意义。也可以这样说，古灵宝经虽然吸收借鉴了佛教"劫"的观念，但是却并未从根本上改变道教所坚持的"大道"创造世界的宇宙论。《太上洞玄灵宝诸天灵书度命妙经》又称：

> 斯经尊妙，度人无量，大劫交周，天崩地沦，四海冥合，金玉化消，万道势讫，而此经独存，其法不绝。

也是说《灵宝五篇真文》本身不但能超越各种"劫运"所带来的毁灭，而且还能在各种"劫运"的循环往复中不断创造宇宙世界。

其次，在古灵宝经中，《灵宝五篇真文》被确立为道教"三洞经书"和道教所有经典科教的本源。这一点对于理解中古道教经教体系的内涵极为重要。自从陈国符先生的《道藏源流考》第一次对道经分类体系进行专门研究以来，中外的道教学者多侧重于对特定历史时期的一些具体记载进行文献学的考证和研究。我们认为，道经分类体系其实并不是一种单纯的文献分类方法，它首先是一个宗教神学问题，其起源和演变贯穿了六朝隋唐道派之间的不断渗透和整合，体现了中古道教经教体系的形成和发展，而且也是一个动态的不断发展的过程。

道教"三洞"观念的出现，贯穿了道教宇宙本源论和"三一"理论等宗教哲学和神学思想的发展。具有哲学意义的"道"与"气"才是一切道经的根本基础。而理解"灵宝自然天文"作为道教"三洞经书"本源的关键，是必须要理解"三洞经书"在本质上也是"道"与"气"演化的产物。《云笈七签》卷六《三洞经教部·三洞并序》称：

> 又三洞之元，本同道气，道气惟一，应用分三。皆以诱俗修仙，从凡证道，皆渐差别。

以上是道教对"三洞经书"的本质最经典的概括。我们要特别强调的是，道教在任何时候都强调"三洞经书"是具有神圣意义的道与气演化的产物，因而与世俗的文献典籍具有根本的不同。"三洞经书"的本源是"道气"，即道与"一气"演化的结果。而"一气"的存在和演化形式又体现为一分为三，即所谓"应用分三"。万物归三，三归于道。"三炁"的具体体现就是道教的"三洞经书"，而"三炁"的"垂迹应感"就是道教的天宝君、灵宝君、神宝君"三宝君"。可见，由于"灵宝自然天文"是"道"和"元气"的统一，而"三洞经书"在本质上又是"道"和"气"演化的结果，所以《灵宝五篇真文》就是"三洞经书"的本源。

长期以来，国内外学术界一般都把南朝陆修静看成是道教"三洞"学说的创始者。在此我们有必要明确的是，在东晋末年出现的一批古灵宝经中，实际上已经形成了非常完整而明确的"三洞经书"学说，第一次将上清经、灵宝经、三皇经等三种道经看成是既分门别类而又同源合一的整体。《灵宝赤书五篇真文》等"灵宝天文"按"三一"观念一分为三而成"三洞经书"。这种思想对于中古道教的整合和统一经教体系的形成具有极为重要的意义。而陆修静自称"三洞弟子"，并在公元471年奉宋明帝敕令撰成《三洞经书目录》，均是对古灵宝经思想的继承和发展。南朝中期，属于天师道的《正一经》和孟智周的《玉纬七部经书目》提出了"七部"道经分类方法。这是一种试图以天师道为本位来整合道教各派的道经分类法，其核心在于突出"正一经"本身的重要性。但是在隋唐开始确立的具有统一性的道教经教体系，则是以《灵宝五篇真文》神学理论为基础建构起来的。"灵宝自然天文"不但演化了"三洞经书"，也演化了"四辅经书"。对此，我们在相关论著中已有详细的讨论。

我们在此仅试举两部较后期的道经来说明。大致宋代成书的《灵宝无量度人上经大法》卷一称：

> 三洞之经，四辅符箓，皆因赤书玉字而化，禀受灵宝之炁而成。

意即"三洞四辅"均为"灵宝自然天文"所演化。明朝初年编成的《道藏阙经目录》卷下收有元代《道藏尊经历代纲目》，其文云：

> 天尊哀悯，大开方便之门，下民失道，受苦无边，乃演道为经，谈玄立教。故天书云篆，则元始天尊开其先。宝笈琼章，则道君、老君继其后，遂说三洞真经。洞真演大乘上法九圣之道。洞玄演中乘中法九真之道。洞神演小乘初法九仙之道。三部共一百九十三万四千三百八十卷，秘在玉京玄都，洞天海岳，未尽降世。三洞真经又分四辅。洞真则太玄辅之，洞玄则太平辅之，洞神则太清、正一辅之。凡七科，号三洞四辅。

其中由元始天尊开示并作为"三洞四辅"的本源的"天书云篆"，就是我们一直所强调的《灵宝五篇真文》所代表的"灵宝自然天文"。

（二）"灵宝自然天文"与中古道教神灵体系的构建

唐代前期道教"三清"神灵体系的形成，是中古道教统一经教体系的重要组成部分。元始天尊是东晋末年古灵宝经中的最高神灵，太上大道君是东晋后期早期上清经中的尊神，太上老君则是汉晋天师道的最高神灵。然而，这些来源于不同道派或经系且原本互不隶属的至上神，为什么最终会成为一个具有统一性的"三清"神灵体系？在"三清"神灵体系中，为什么最晚出的元始天尊地位最高，而最早出的太上老君反而地位最低？我们认为这一切均与《灵宝五篇真文》所代表的"灵宝自然天文"神学直接相关。

道教认为道生神，即道教的神灵均是道的创造和演化的结果。古灵宝经既然将《灵宝五篇真文》等比作是道，于是就具备了创造各种神灵的功能。《灵宝五篇真文》的神圣功能之一，即在于它能"开张万神""开张万真"。《元始五老赤书玉篇真文天书经》卷上称《元始赤书玉篇真文》,是"空洞之灵章,成天立地,开张万真,安神镇灵,生成兆民"。可见,宇宙天地以及神与人均由《灵宝五篇真文》所创造。《度人经》也称《灵宝五篇真文》的经德曰:"《五文》开廓,普殖神灵。"也是指《灵宝五篇真文》成就了道教所有神灵。敦煌本《太上洞玄灵宝真一五称经》强调"天地万神皆归于灵宝",即天地宇宙中所有道教神灵的出现,都应归功于"灵宝自然天文"。

在敦煌本《灵宝经目》中,《元始五老赤书玉篇真文天书经》被置于首位,其在中古道教历史上的特殊意义在于:一方面它将《灵宝五篇真文》确立为宇宙世界的本源,是"道"与"元气"的统一;另一方面则是确立了元始天尊作为道教共同教主的地位。至于元始天尊与《灵宝五篇真文》等"天文"之间的关系,在古灵宝经中也有完整而清晰的阐述。《元始五老赤书玉篇真文天书经》卷上称《灵宝五篇真文》"生于元始之先",意即在元始天尊之前就已经存在。《太上洞玄灵宝诸天内音自然玉字》卷三《大梵隐语无量洞章》称"诸天内音自然玉字""生于元始之上,出空洞之中,随运开度,普成天地之功"。所谓"生于元始之上",意即"大梵隐语自然天书"的地位更在元始天尊之上,因为只有"灵宝天文"才造就了宇宙天地。南齐严东注解《度人经》也称:《灵宝赤书五篇真文》在"元始未受号之先,已化生天地"。其实,古灵宝经这种独特的神学思想的根源仍在于老子《道德经》中。《道德经》第四章的最后一句是"象帝之先",意即早在上帝出现之前,混沌的大道就已经存在了。汉代《老子道德经河上公章句》释"象帝之先"曰:"道似在天帝之前,此言道乃先天地生也。"老子在历史上第一次将具有哲学本体意义的"道",确定为宇宙万物化生的本源和原动力,在一定意义上也是对商周以来"天命观"的否定。

古灵宝经对道教最高神灵元始天尊的塑造也极具神学意义。《元始五老赤书玉篇真文天书经》还通过元始天尊自己,称《灵宝五篇真文》"为元始之玄根"。说明《灵宝赤书五篇真文》是道教最高神灵元始天尊的根本，因而元始天尊实际上也是《灵宝五篇真文》演化的结果。元始天尊只是《灵宝五篇真文》的"开示者"。古灵宝经的这种神学思想虽然与汉晋天师道有重要区别，但在本质上仍然符合传统的"大道"生成万物的宇宙观。

　　需要指出的是，不同于汉魏天师道将太上老君视作"道"的化身，古灵宝经在确立道教的共同教主——元始天尊时，充分借鉴了佛教和儒家各自对最高神灵的塑造，最初并未直接赋予其"道"的属性。对此，我们需做较详细的解释。首先，古灵宝经吸收了佛教"本行"的观念。佛教信奉"缘起论"，认为宇宙世界都是因缘和合的产物。因此，佛祖释迦牟尼亦非所谓的创世者，而是因修道而"觉悟"的典范。在佛教中，"本行"是指释迦牟尼成佛以前尚在菩萨位（因位）时的行迹，是作为成佛之因的根本行法。在古灵宝经《太上洞玄灵宝真文度人本行妙经》中，中国传统儒家的"五方天帝"一方面被改造为《灵宝赤书五篇真文》的信奉者；另一方面，古灵宝经又通过佛教的"本行"观念，将"五老帝君"塑造成具有佛陀性格的尊神，其修道经历多世轮回的过程。而在《太上洞玄灵宝智慧定志通微经》中，元始天尊已完全具备了佛祖释迦牟尼的特征。元始天尊通过讲述自己的前身作为道士"乐净信"无数次轮回的过程，实际上已经成为一位虔诚修道而最终成道的典范。

　　其次，古灵宝经创立元始天尊，也直接借鉴了传统儒家的最高神灵——"昊天上帝"（或称"天皇大帝"）。早在西周、春秋时代，作为至上神的昊天上帝即已出现。秦朝至西汉前期，由于五行学说和以天命论为核心的"五帝德"理论的推动，传统的上帝观念已发生重大变化。在先秦时期，最高上帝是由"五帝"构成的群体。至汉武帝时代，五帝并立的局面已经不能适应大一统帝国的需要。《史记·封禅书》记载汉武帝在元鼎年间（前116—前111），根据亳人谬忌的建议对祭祀礼仪制度进行了重大改革，确立了太一作为至上神的地位。太一之下则是"五帝"，即黄帝、太昊等上古时代的君王。而西汉后期开始的谶纬思潮又使"五帝"的观念逐步与天上的太微五星相结合，"五帝"由五人帝向

"五方天帝"转变。所谓"五方天帝"就是东方青帝灵威仰、南方赤帝赤熛怒、中央黄帝含枢纽、西方白帝白招矩、北方黑帝汁光纪。而在以上"五方天帝"之上,又创造了一个最高天神"曜魄宝"(或称"天皇大帝曜魄宝")。从先秦到两晋,昊天上帝、太一、天皇大帝曜魄宝等都是不同时期作为"天"的象征的最高天神,其居住之处都是中国传统最高天界——紫微宫(又称紫宫或中宫);而谶纬中的"五方天帝"则居住在太微宫。

东晋末年古灵宝经塑造元始天尊,实际上对传统儒家的神灵系统既有直接借鉴,又有重要的创造性发展。《元始五老赤书玉篇真文天书经》卷上有"元始五老灵宝官号"(《太上灵宝五符序》卷上有"灵宝五帝官将号",与此基本相同),其"五老帝君"系统的表述为:东方安宝华林青灵始老,字灵威仰;南方梵宝昌阳丹灵真老,字赤熛弩;中央玉宝元灵元老,字含枢纽;西方七宝金门皓灵皇老,字曜魄宝,又字白招拒;北方洞阴朔单郁绝五灵玄老,字隐侯局,又字叶光纪。学术界以往的研究强调古灵宝经对于汉代谶纬神学的直接继承,但是古灵宝经对此实有极为重要的改造。首先,古灵宝经将汉代谶纬神学中居于"五方天帝"之上的"天皇大帝曜魄宝"降为"五帝"之一,即西方天帝;而元始天尊则被确立为最高天界——"紫微宫"的主人;因而道教用自己的至上神元始天尊正式取代了在儒家传统中作为"天"的象征的天皇大帝。其次,古灵宝经将"五老帝君"直接归结为《灵宝五篇真文》的演化。《太上洞玄灵宝真文要解上经》就明确称:"夫《灵宝五文》,皆天地之根,化生五老。""五老"即"五老帝君",或称"五方天帝"。

在古灵宝经中,元始天尊并没有等同于"道"和宇宙的创始者。"道"高于"天",而"道"的化身和宇宙的创造者就是《灵宝五篇真文》。元始天尊只是《灵宝五篇真文》的"开示者"和"传授者"。只有在南朝初期的上清派经典——《太上太真科》中,元始天尊才开始获得了"道"的属性。从南朝陶弘景的《真灵位业图》到隋唐多种道教经典,不断赋予元始天尊"道"和宇宙创造者的特性。

古灵宝经还将原出于早期上清派的尊神太上大道君和汉晋天师道的至上神太上老君整合进以《灵宝五篇真文》为核心的神学体系中。古灵宝经中太上大道君的原型，是东晋上清经中的尊神上清高圣太上大道君，《上清高圣太上大道君洞真金元八景玉箓》有其神格的完整记载。敦煌文书P.3022号《太上洞玄灵宝真文度人本行妙经》是一部已佚的古灵宝经，该经通过《灵宝五篇真文》的神学重新构造太上大道君的"本行"事迹，使之成为受元始天尊之命传授灵宝经法的神灵。

《灵宝五篇真文》的神学也将太上老君纳入其体系中。自从汉魏以来，老君或太上老君一直是天师道所尊奉的最高神灵，太上老君本身就是"道"，是宇宙的创造者。但是在古灵宝经中其地位则发生重大变化。虽然古灵宝经中的大量斋仪往往直接来源于天师道的传统，但是这些仪式中已贯穿了《灵宝五篇真文》的核心信仰。太上老君也不再具有至高无上的地位。在太上老君之前，往往还排列着灵宝经的尊神元始天尊，有时还有太上大道君。《太极真人敷灵宝斋戒威仪诸经要诀》将老子直接称之为"玄中大法师"。敦煌文书S.1351号《太极左仙公请问经上》则称为"太上太极高上老子无上法师"。因此，在更多的场合，太上老君只是一位宣扬灵宝经法的大法师。

《元始五老赤书玉篇真文天书经》卷下记载了每月定期斋戒十天的制度，即"月十斋"，规定每月八日，"元始、灵宝北天大圣众至真尊神、无极大道、太上老君、灵宝妙行真人""上会灵宝玄都北上玉山阴元台，奉斋朝《天文》"。其中，"元始"是指古灵宝经尊奉的最高神灵——元始天尊，"灵宝北天大圣众至真尊神"是对灵宝"十方天"中北方天界众多尊神的一种统称，"无极大道"是指太上大道君，而"太上老君"是指汉晋天师道尊奉的最高神灵"太上老君"。所谓"奉斋朝《天文》"，就是以上这些神灵都集体朝觐珍藏在最高天界——紫微宫中的《灵宝五篇真文》。也可以这样说，太上老君等均已成为在元始天尊之下尊奉《灵宝五篇真文》的神灵。该经又规定每月十五日，元始天尊、灵宝东天大圣众、太清玄元上三天无极大道、无上玄老、太上老君等，都要到灵宝太玄都玉山青华玉陛宫，去奉斋朝觐《灵宝五篇真文》。正因为如此，源于天师道的太上老君以及众多神灵均已被改造成为《灵宝五篇真文》的虔诚信奉者。

《隋书·经籍志·道经序》的道教教义是直接依据古灵宝经写成的。《道经序》称元始天尊"开劫度人""所度皆诸天仙上品，有太上老君、太上丈人、天真皇人、五方天帝及诸仙官"等。可见，在隋唐时代这种以《灵宝五篇真文》为核心的经教体系中，太上老君等已完成了向元始天尊门徒的转变。由于古灵宝经将道教所有神灵都归结为"灵宝天文"的创造和演化，所以元始天尊、太上大道君、太上老君等这些本来分属于不同道派的最高神灵，还有各种其他神灵，包括来自于儒家传统的"五方天帝"等，都依据其与《灵宝五篇真文》的关系而整合统一起来，并为唐代前期道教"三清"神灵体系的最后形成奠定了神学理论基础。因此，古灵宝经的经教神学代表了中古道教的重大变化和发展。

（三）《灵宝五篇真文》神学在中古道教史上的重要意义

东晋南北朝时代是道教内部发生急遽而极为深刻变革的时期，从表面上看，是新的道派孳生分立，各种经典教法歧异纷呈，神灵世界则因派出多门而似乎显得散漫无序，因而表现出明显的分散与地域性的特征。然而从本质上来看，则是道教各个宗派在教义思想上的相互渗透和整合，道教内部统一连带意识的重大发展。道教经过汉魏以来教派独自分散的阶段，开始向以经典传授为核心的具有统一性的教会道教发展。东晋末年一批古灵宝经中的整合思想即是这一特定时代的产物，因而在中古道教史上具有极为重要的意义。

近年由施舟人（Kristofer Schipper）和傅飞岚（Franciscus Verellen）主编、美国芝加哥大学出版的《道藏通考》(*The Taoist Canon：A Historical Companion to the Daozang*, p.448）指出：

道教传统的统一开始于公元5世纪，在唐朝达到了它的顶点。陆修静在其《三洞经书目录》及其对天师道仪式的修定（《道门科略》）中奠定了这种统一的基础。陶弘景（452—536）的《登真隐诀》和《真灵位业图》以一种不同的方式，同样试图对那个时代的道教传统提供一种整体的、统一的观点。宏大的类书《无上秘要》则进一步推进了将不同的道教传统整合成单一体系的进程。

我们认为，道经分类体系的开端与道教所确立的一种共同的本源具有极为密切的关系。汉晋时代，中国各地的道教教团基本上都是独自形成的，教团之间既未形成一种同类或连带的意识，也没有充分的交流。而东晋末年古灵宝经在道教史上最突出的意义之一，恰恰就在于它为道教创造了一种同类意识。古灵宝经将《灵宝五篇真文》确定为道与气的统一，是道教所有经典科教的本源。《灵宝五篇真文》演化了"三洞经书"。古灵宝经所创造的最高神元始天尊既"开示"了《灵宝五篇真文》，又以天宝君、灵宝君和神宝君的神格演说了上清、灵宝、三皇等"三洞经书"。这种经典神学对中古道教统一的经教体系的形成影响极为深远。它使汉魏以来散漫无序的道教经典科教具有了共同的本源和统一的神学基础。正是在这种思想的基础上，陆修静以及后来的道教学者才不断地将独自存在的道经收集一处并编成目录，最终形成了完整的道经分类体系。古灵宝经的经教学说对隋唐统一的经教体系的形成也具有极为深远的影响。从南朝初年道教宗师陆修静、南朝中期灵宝经学者宋文明、北周国家道书《无上秘要》，到隋唐时期重要的道教教义学著作《玄门大义》《道教义枢》《隋书·经籍志·道经序》《道门经法相承次序》《一切道经音义妙门由起》，直到宋代《云笈七签》、明代《正统道藏》的编纂体系等等，其中论及宇宙本源、天地开辟、劫运观念、教法本起，乃至以元始天尊为核心的神真体系等，基本上都是以古灵宝经为基础来建构基本框架的。

在晋唐道教统一性经教体系的形成过程中，东晋末年古灵宝经中的《灵宝五篇真文》神学思想占有极为重要的地位，也直接影响了后来道教一系列统一进程的发展。其根本原因就在于《灵宝五篇真文》本质上是一种对"道"的崇拜和信仰。道教的教义思想固然"杂而多端"，但是对"道"的崇奉则是所有道教派别最根本的信仰。"道"被看成是宇宙的本源，"道生一，一生二，二生三，三生万物"，这种神学本原论使得来源各异的宗派、经系和神灵都可以在对"道"的信仰基础上得到统一。《灵宝五篇真文》既然被赋予了"道"的本性，也就具备了"道"的包容性和统一性，具备了"道"的巨大适应性和创造力。总之，如果从中古道教经教体系的视角来理解"古灵宝经"，我们就会发现，这批经典并不是如同上清经、三皇经、天师道那样的道经集成，而是中古道教走向整合和统一的基础和平台，具有极为重要的意义。

五、灵宝经与佛教及道教斋醮科仪的关系

（一）灵宝经与佛教的关系

在中古道教各宗派或经系中，以灵宝经与佛教的关系最为密切。古灵宝经中充斥着大量的佛教术语和内容。早在南北朝到隋唐时代佛教与道教之间激烈的论战中，古灵宝经就一直是佛教攻击批判的对象，被指责为剽窃和抄袭。而灵宝经与佛教的关系，也是数十年来国外学术界的研究最集中的方面之一。西方学者将其直接称为"佛道的混合物"，道教中"第一个真正为佛教所渗透的道派"。我们在肯定古灵宝经借鉴了大量佛教观念和教义思想的同时，还要强调以下几点：

首先，古灵宝经保持了更为深厚的、本土宗教和文化的传统。古灵宝经对先秦两汉国家宗教祭祀礼仪、两汉谶纬学说、汉晋天师道教

法、老庄及秦汉道家思想、汉魏以来葛氏道等的神仙思想、早期上清派和三皇经的传统等本土宗教文化资源加以整合，构成了古灵宝经的主要内容。

其次，古灵宝经在大量吸收佛教的同时，也表现了突出的"文化本位"立场。古灵宝经将佛教看成是元始天尊所说教法的一个分支，灵宝经是既兼容佛教而又超越佛教的。它甚至相当明确地把佛教信徒纳入灵宝经的传授范围，使之皈依于宇宙中最高的道，即灵宝教法。其对佛教的态度，更确切地说其实也是一种兼容与整合。

（二）灵宝经与道教斋醮科仪的关系

斋醮仪式是道教存在和活动最主要的形式，是道教作为一种宗教所特有的仪式，同时又是道教信仰和教义的集中体现。道教从最初的民间团体向具有统一性和官方性的教会道教发展，是与斋醮仪式的不断完善和发展联系在一起的。在中古道教诸宗派中，以古灵宝经对道教斋醮仪式的发展贡献最大，影响最为深远。

根据陆修静《洞玄灵宝五感文》，灵宝斋法主要包括：金箓斋，其功用为"调和阴阳，救度国正"；黄箓斋，功用为"拔九祖罪根"；明真斋，功用为"拔亿曾万祖九幽之魂"；三元斋，功用为"一年三过，自谢涉学犯戒之罪"；八节斋，功用为"一年八过，谢七玄及己身宿世今生之罪"；自然斋，功用为"普济之法，内以修身，外以救物，消灾祈福，适意所宜"。经过陆修静、宋文明、张万福、杜光庭等不断发展，灵宝斋法的功能越来越多地被强调为镇护国家、济度众生。

马伯乐（Henri Maspero）在《道教与中国宗教》一书中提出：

> 中国先秦的古代宗教仅仅与社会团体相联系，没有留给个人的位置。一旦中国人的世界被分成数以百计的领地，它就变成了诸侯国的集体祭祀，就像希腊宗教和罗马宗教是城邦的集

体祭祀一样。这种古老的宗教随着诸侯国社会一起瓦解。与这些集体仪式的背景相对照，道教是中国人试图创立的一种个人的宗教。

马伯乐的这一说法有一定的合理性。汉晋时代，天师道、上清派、三皇派的经典和科仪，确实比较注重个人的祛病消灾和得道成仙，体现了道教作为"个人宗教"的特征。

但是，灵宝斋法的特点，首先在于它的集体性质。古灵宝经的斋醮仪式在较大程度上整合和吸收了天师道、上清派等的仪法，同时也继承和发展古代宗教祭祀的传统，而且还吸收、借鉴了印度佛教的某些观念，从而大大突出了其仪式与家族、社会集团和国家的关系，使之具有明显的集体仪式的特点。灵宝经对古代宗教祭祀礼仪及其所代表的礼教秩序的维护发展，亦促使道教真正向上层社会和王朝国家所认同的宗教转变。而这也是灵宝斋醮仪式成为唐宋国家祭祀礼仪一部分的重要原因。

其次，灵宝斋法在历史上广泛而深远的社会影响，尚在于其度人救世的精神。与早期天师道、上清经、三皇经相比，古灵宝经吸收了大乘佛教的地狱、轮回，特别是度人等教义思想，使道教作为普世宗教的特性得到了极大的发展。《太上玄一真人说劝诫法轮妙经》称其经德为：

　　广度一切，为诸津梁，轮转劝诫，以教导三乘，广覆无外，开生度死，其福无量。

如灵宝斋中的黄箓斋法，就是以《度人经》为基础，贯穿了元始天尊度人的思想和灵宝真文信仰。杜光庭《太上黄箓斋仪》卷五十七曰：

　　黄箓斋，拯救幽灵、迁拔飞爽、开度长夜、升济穷泉，固其大旨也。然祛灾致福、谢罪希恩、人天普修、家国兼利，功无不被矣。

也正是灵宝斋法所具有的这些特点，使之成为自中古以来道教仪式发展的主流。

六、主要经典介绍

(一)《抱朴子内篇》二十卷

晋代道士葛洪（283—344）撰。有关本书的主要内容，葛洪在其《抱朴子外篇·自序》中说："其《内篇》言神仙方药、鬼怪变化、养生延年、禳邪却祸之事，属道家。"《内篇》把玄、道、一作为宇宙的本体，以此来说明神仙的存在。书中提出了道本儒末的思想，认为："道者，儒之本也；儒者，道之末也。"该书集战国秦汉以来神仙方术之大成，详细地叙述了金丹、黄白、辟谷、服药、导引、房中、变化、服气、隐沦、存思、召神、符箓、乘蹻等方术，尤其是金丹术，对于研究道教史和科学技术史均有重要价值。其中，《遐览篇》记载了古道经目录。近人王明先生有《抱朴子内篇校释》。

(二)《太上灵宝五符序》三卷

一名《灵宝五符经》，简称《五符经》。该经上卷记载《灵宝五符》从玄古经三皇五帝一直到吴王阖闾具有神话色彩的传承。汉代袁康的《越绝书》、纬书《河图·绛象》均提到《灵宝五符》。葛洪《抱朴子·登涉篇》所征引的《灵宝经》之文，均见于该经下卷。但是，我们不能因此推断该经的最后成书很早，因为该经中尚有不少葛洪以后的内容,尤其是该经卷下出现了具有典型佛教意义的"大劫"等观念,而醮祭仪式中出现了"上皇天尊"等后起的观念,反映该经的最后形成经历了较长时期。该经卷下有《皇人太上真一经诸天名》,又名《天皇真一之经》,其文字即是一种"秘篆文",共64字,实际上也属于"灵宝自然天文"的一部分。敦煌本宋文明《通门论》引陆修静所言,将这些"秘篆文"归纳为"五方元精名号,服御求仙、练神仙形、白日升腾之法"。因此,这种"灵宝自然天文"信仰与早期《灵宝五符》以符箓禁厌为特色的信仰之间也有重要差别。

（三）《元始五老赤书玉篇真文天书经》三卷

在东晋末年问世的"古灵宝经"中,《元始五老赤书玉篇真文天书经》占有极为重要的地位。敦煌本《灵宝经目》将其著录在首篇,而其他古灵宝经则大多与该经有关。该经在中古道教中的特殊地位,即在于《灵宝五篇真文》神学的建构和道教教主元始天尊的创立。

该经共三卷。卷上首先叙述了《灵宝五篇真文》的出世及其至高无上的经德,称《灵宝五篇真文》"皆自然空洞之书,秘于九天灵都紫微宫七宝玄台""生于元始之先,空洞之中""二仪待之以分,太阳待之以明""天地得之而分判,三景得之而发光"。太上大道君率领众多神真上升到元始天尊所在的上清太玄玉都紫微上宫,恳请元始天尊传授《灵宝五篇真文》,以此显示了《灵宝五篇真文》的尊崇无比。该经卷上完整地保留有《灵宝五篇真文》的"秘篆文"原文。分东、西、南、北、中五篇,分别名为《东方安宝华林青灵始老九炁青天赤书玉篇真文》《南方梵宝昌阳丹灵真老三炁丹天赤书玉篇真文》《中央玉宝元灵元老一十二炁黄天赤书玉篇真文》《西方七宝金门皓灵皇老七炁白天赤书玉篇真文》《北方洞阴朔单郁绝五灵玄老五炁玄天赤书玉篇真文》。《灵宝赤书五篇真文》的"灵宝自然天文"共668字。敦煌文书伯希和2256号宋文明《通门论》记陆修静称：

> 其六百六十八字，是三才之原根，生天立地，开化人神、万物之根。云有天道、地道、神道，此是谓也。

因而，其在道教神学中特殊而极端重要的地位是不言而喻的。每篇《真文》分为四节，篇内节与节之间的功效各不相同。然而五篇《真文》对应章节的功效又大体相似。《太上洞玄灵宝赤书玉诀妙经》卷上在总结《灵宝五篇真文》功用的基础上，形成了具体而详细的使用方法。

《元始五老赤书玉篇真文天书经》卷下则主要记载了在古灵宝经所确定的斋戒日，所有尊神均在不同天界朝礼《灵宝五篇真文》，并一同校定仙人和学仙人功过深浅。其定期斋戒：有"岁六斋"，为每年的正月、三月、五月、七月、九月、十一月斋戒；"月十斋"，为每月一日、八日、十四日、十五日、十八日、二十三日、二十四日、二十八日、二十九日、三十日；此外，还有"甲子日""庚申日""八节日"等斋戒。

全经的结尾又称：

> （《灵宝五篇真文》）至五劫周末，乃传太上大道君、高上大圣众、诸天至真，奉修灵文，敷衍玄义，论解曲逮。有十部妙经三十六卷、玉诀二卷、以立要用，悉封紫微上宫。

其意是指"十部妙经三十六卷"古灵宝经，都是《灵宝五篇真文》演化而成的。元始天尊、太上大道君等则参与了这一演化的过程。《灵宝五篇真文》在灵宝斋法和一系列道教科仪的制定中发挥了重要影响，并一直影响到现在。

（四）《灵宝无量度人上品妙经》一卷

敦煌本《灵宝经目》著录有《太上洞玄灵宝无量度人上品妙经》一卷。《正统道藏》中有《灵宝无量度人上品妙经》，但已增衍为61卷，除了第一卷为古灵宝经的原文外，其他各卷则都是在宋代增加的。第一卷经文计五千余字，可分为：前序、正经二章（《元始洞玄章》《元洞玉历章》）、道君中序、灵书上中下篇、道君后序、太极真人颂。该经主要叙述元始天尊在始青天中为众神真演说灵宝度人经教。

我们认为该经在中古道教中的特殊地位在于其中的"大梵隐语自然天书"。"大梵隐语自然天书"原本是一种"灵宝自然天文"，或称"天书"。其原文保存在古灵宝经《太上洞玄灵宝诸天内音自然玉字》中。"大梵隐语"所代表的宇宙结构与中国传统的宇宙观相比具有很大的不同。它将宇宙划分为东、南、西、北四方，每方各8天，合32天。而"大梵隐语"的"天书"在每方为64字，四方合256字。这些"天书"实际上是32天每一天中的天神和灵魔的名讳以及天神所居都城等的隐名。敦煌文书伯希和2256号宋文明《通门论》记陆修静亦将其作为"经之本源"，称：

> （大梵隐语自然天书）其二百五十六字，论诸天度数期会，大圣真仙名讳位号，所治宫府，城台处所，神仙变化，升降品次，众魔种类，人鬼生死，转轮因缘。

《度人经》自东晋末年问世以来，历代都有道教学者进行注释和发挥，包括陆修静、宋文明、张万福、杜光庭等。其中，南齐严东，唐代薛幽栖、李少微、成玄英的注释是唐以前有关《度人经》最系统的注疏。《道藏》中有《元始无量度人上品妙经四注》四卷，即是宋代道教学者陈景元将以上四位学者的注释编纂在一起，前面还收有宋真宗"御制"《灵宝度人经序》和陈景元自己所作《度人经集注序》，是我们研读《度人经》的重要参考文献。

《唐会要》卷五〇《尊崇道教》记载唐穆宗长庆二年（822），诏令：

> 诸色人中有情愿入道者，但能暗记《老子经》及《度人

经》，灼然精熟者，即任入道。

说明《度人经》同老子《道德经》一样，已被唐朝国家推崇为道教中最重要的经典。敦煌文书中多有其抄本。唐末道士闾丘方远《太上洞玄灵宝大纲钞》称灵宝经"都五十八卷。其经旨在此《度人经》中。其五十七卷，皆演说科仪，斋法，教戒，缘起"。是说灵宝经总共有58卷，而其"经旨"集中在《度人经》中；其他的各种灵宝经共57卷，则主要演说科仪、斋法、戒律和因缘等内容。唐宋时代以来，《度人经》的影响更集中在道教斋法中的运用。

(五)《太上洞玄灵宝三元威仪自然真经》

在敦煌本《灵宝经目》中，著录为《太上洞玄灵宝金箓简文三元威仪自然真一经》，是一部对中古道教科仪发展产生过重大影响的古灵宝经。其中大量斋仪内容，包括斋官的设立和职掌、斋坛法式、礼灯科仪、忏仪、投龙简仪、奉师威仪、受经威仪、拔度罪根威仪等，被南北朝以来，特别是唐宋道教科仪著作奉为准绳。该经原分为《上元金箓简文》《中元玉箓简文》《下元黄箓简文》三篇，合为一卷。明代《正统道藏》中仅存其《中元玉箓简文》，题为《洞玄灵宝玉箓简文三元威仪自然真经》，编入洞玄部威仪类。其大部分内容已散佚。敦煌文书中有伯希和3184号、3663号，列宁格勒藏518号均为该经《下元黄箓简文》的残抄。而南北朝至唐宋的道教和佛教典籍，也保存了该经相当丰富的佚文，使对这部重要古灵宝经的辑佚和研究成为可能。

(六)《太上洞玄灵宝升玄内教经》

简称《升玄经》，约出于南北朝末，撰人不详。此书流行在隋唐之际，其后逐渐阙佚。《道藏阙经目录》著录有《太上灵宝无等等升玄内教经》十卷，即为此书。《正统道藏》收录有《太上灵宝升玄内教经中和品述议疏》，是唐人所出该经卷七的义疏本。另有改编本数种。敦煌文书中有抄本二十余件。日本道教学者山田俊《唐初道教思想史研究》曾对该经作过辑佚和整理。

（七）《太玄真一本际经》

简称《本际经》，原书不题撰人。唐武则天时玄嶷著《甄正论》，记载隋道士刘进喜造《本际经》五卷，唐初道士李仲卿续成十卷。该经在唐初流传颇广，亦颇受唐朝皇室的尊崇。武则天为亡太子李弘写一切道经即含此经。唐玄宗曾两次敕令天下道观转写《本际经》。例如宋谢守灏《混元圣记》卷八记载唐开元二十九年（741）十二月敕令：

> 天下诸观自来年正月一日至年终以来，常转《本际经》。老君所降，以富国安民者也。

《道藏》中收有该经残卷或改编本数种，例如《太玄真一本际妙经》《元始洞真决疑经》《太上洞玄灵宝开演秘密藏经》等。敦煌文书中该经的唐写本极为丰富，多达140余件。该经是敦煌道经写本中数量最多的经书，这从一个方面说明了其在唐前期的重要影响。该经是研究唐初道教义理发展的重要资料。

建议阅读书目：

陈国符：《道藏源流考》，中华书局，1963年。

朱越利：《道经总论》，辽宁教育出版社，1991年。

王承文：《汉晋道教仪式与古灵宝经研究》，中国社会科学出版社，2017年。

王承文：《敦煌古灵宝经与晋唐道教》，中华书局，2002年。

主要参考书目：

陈国符：《道藏源流考》，中华书局，1963年。

王承文：《敦煌古灵宝经与晋唐道教》，中华书局，2002年。

朱越利：《道经总论》，辽宁教育出版社，1991年。

王承文：《"灵宝天文"信仰と古灵宝经教义の展开—敦煌本〈太上洞玄灵宝真文度人本行妙经〉を中心に——》，载日本京都大学人文科学研究所编《中国宗教文献研究》，京都：临川书店，2007年2月。

王承文：《古灵宝经"五老帝君"与中古道教经教学说的建构》，载《2006年道文化国际学术研讨会论文集》，台北：昶景文化事业有限公司，2006年9月。

Wang Chengwen. "The Revelation and Classification of Daoist Scriptures" in *Early Chinese Religion*: *The Period of Division*（220–589 AD），ed by John Lagerwey，Brill，Leiden，The Netherlands，1.2010.

王承文：《葛洪晚年隐居罗浮山事迹释证》，载陈鼓应主编《道家文化研究》第21辑，北京三联书店，2006年。

王承文：《南朝天师道"七部经书"分类体制考释》，载《文史》2008年第1辑。

王承文：《论中古道教"三清"神灵体系的形成》，载《中山大学学报》2008年第2期。

王承文：《论隋唐道经分类体系的确立及其意义》，载台湾《敦煌学》第27辑"柳存仁先生九十华诞祝寿专辑"，2008年2月。

王承文：《"灵宝天文"与中古道教经教体系的构建》，香港道教学院编《道教星斗信仰》，齐鲁书社，2014年。

王承文：《敦煌古灵宝经〈洞玄本行经〉版本结构论考》，《敦煌学辑刊》2018年第2期。

王承文：《论古灵宝经"十部妙经"观念及其内在结构——兼论古

灵宝经的研究方法问题》上、下篇，《宗教学研究》2021年第3期、第4期。

王承文：《论古灵宝经对佛教"劫"的观念的吸收和改造——以〈灵宝五篇真文〉与"劫运"的关系为中心》，《宗教学研究》2020年第2期。

王承文：《再论"元始旧经"和"新经"出世先后问题——兼评刘屹博士〈六朝道教古灵宝经的历史学研究〉》，《中山大学学报》2020年第2期。

王承文：《论六朝道教"葛氏道"与"元始旧经"的关系》，《学术研究》2019年第12期。

王承文：《论古灵宝经分类争论中的"历史人物"问题》，《魏晋南北朝隋唐史资料》第46辑，上海古籍出版社，2022年。

OFUCHI Ninji（大渊忍尔），*On Ku Ling-pao-ching*, Acta Asiatica 27, 1974. 译文见刘波译、王承文校《论古灵宝经》，载陈鼓应主编《道家文化研究》第13辑，北京三联书店，1998年。

任继愈主编：《道藏提要》，中国社会科学出版社，1991年。

Kristofer Schipper and Franciscus Verellen edited：*The Taoist Canon: A Historical Companion to the Daozang*. The University of Chicago Press，2004.

Isabelle Robinet，*La Révélation du Shangqing dans L'histoire du Taoisme*，Publications de L'École Française d'Extrême-Orient, Vol. CXXXVII, 1984.

王　卡：《敦煌道教文献研究：综述、目录、索引》，中国社会科学出版社，2004年。

〔日〕福井康顺：《灵宝经の研究》，载《东洋思想の研究》第四，东京：岩波书店，1950年。

〔日〕大渊忍尔：《敦煌道经目录编》，东京：福武书店，1978年。

〔日〕大渊忍尔：《道教とその经典》，东京：创文社，1991年。

〔日〕小林正美著、李庆译：《六朝道教史研究》，四川人民出版社，

2001年。

〔日〕山田俊:《唐初道教思想史研究——〈太玄真一本际经〉の成立と思想》,京都:平乐寺书店,1999年。

Stephen R. Bokenkamp, "Sources of the Ling‐pao Scriptures," In M. Strickmann ed *Tantric and Taoist Studies in Honour of R.A.Stein* Vol.2 Brussel.

Stephen R. Bokenkamp, "The Wondrous Scripture of the Upper Chapters on Limitless Salvation," in Stephen R. Bokenkamp, *Early Daoist Scriptures*, Berkely: University of California Press, 1997.PP: 373–479.

Maspero Henri, Taoism *and Chinese Religion*. University of Massachusetts Press, 1981.

编集委员会:《敦煌と中国道教》,东京:大东出版社,1983年。

〔日〕神塚淑子:《六朝道教思想の研究》,东京:创文社,1999年。

〔日〕神塚淑子:《道教经典の形成と佛教》,名古屋:名古屋大学出版会,2017年。

王皓月:《析经求真:陆修静与灵宝经关系新探》,中华书局,2017年。

刘屹:《六朝道教古灵宝经的历史学研究》,上海古籍出版社,2018年。

作者简介

王承文,生于1962年10月,湖南常德人。1998年在中山大学获得历史学博士,现为中山大学历史学系教授、博士生导师,兼任中国唐史学会副会长。主要从事隋唐史、敦煌学、华南区域史以及道教经典和道教史研究。代表性著作有:《唐代环南海开发与地域社会变迁研究》《汉晋道教仪式与古灵宝经研究》《敦煌古灵宝经与晋唐道教》等。

洞神部道经说略

樊光春

一、《道藏》洞神部的内容

洞神部是明代《道藏》三洞经典的第三部分。明代道教学者认为,这个部类中的经典主要是"太上老君"传授下来的,共分十二类,各类收集的经典数量、卷数及各自在洞神部所占比例,见下表:

类目	经数(种)	所占比例	现存卷数	所占比例
本文	51	14.05%	73	6.21%
神符	5	1.38%	8	0.68%
玉诀	88	24.24%	727	61.87%
灵图	5	1.38%	9	0.77%
谱录	14	3.86%	46	3.91%
戒律	7	1.93%	12	1.02%
威仪	26	7.16%	35	2.98%
方法	63	17.36%	79	6.72%
众术	74	20.39%	133	11.32%
记传	20	5.51%	39	3.22%
赞颂	7	1.93%	8	0.68%
表奏	3	0.83%	6	0.51%
总计	363	—	1175	—

按照《道藏提要》的统计，明代正统《道藏》和万历《续道藏》共计收录道经1473种，5485卷，洞神部所占比例分别为24.64%和21.43%，超过全藏七大部分的平均篇幅，所以是全部《道藏》中的重要部分。

从洞神部收录的经典来看，涉及道教教义最原始的部分。虽然《道藏》各部都分作十二类，但是编排次序实属杂乱。其实，占据洞神部主体的，是有关老子著作及其注释和老子传记、神话，还有托名老子和太上老君的经文，这几部分内容大约占洞神部的30%以上。按洞神部道经的实际内容，应当归作以下六类：

（一）仙经及注释

洞神部收录的"仙经及注释"共151种，其中《道德经》及注释51种、托名老子著道经及注释2种、以"太上老君"名义制作的道经及注释59种、道教所奉其他仙真经典及注释36种、洞神部的来源"三皇经"3种。

1.《道德经》及注释

在洞神部中，收录了两种《道德经》即《老子》古本。一种没有标明校注人，是唐代以前的写本，有错简情形；另一种是唐人傅奕校定的本子：两本都分做两卷。

对《道德经》作出的注释，是洞神部中篇幅最多的内容。收录的注释作者，从汉代到明代，总计36人。最早为《道德经》作注的是河上公，虽然晋人葛洪《神仙传》和《隋书·经籍志》认为河上公为西汉时人，但经历代学者考证，此书当为东汉时期作品。河上公注本吸收儒家三纲五常思想和黄老清静无为学说，融合修炼方术，用以解读《老子》，是历史上第一部释老作品，在学术界和道教界具有深刻影响。魏晋时人王弼的《道德真经注》是早期注解《道德经》另一部重要著作，他的注文言简意深，对老子的虚无清静之旨有独到见解。他还用老子思想注解《周易》，对老子思想推崇备至。唐宋以后，注释《道德经》的著作大量涌现，也是仁者见仁，智者见智。如唐玄宗注释以理国、修身为主旨；唐代道士杜光庭《道德真经广圣义》长达50卷，列历代注释60余家，采撷众说，而以唐玄宗注为主体；宋司马光《道德真经论》以儒家观点解释老子思想；苏辙《道德真经注》则主张三教同源，"孔老为一，佛老不二"。

2.《西升经》及注释

托名老子著述的道经是《西升经》。经考证，这部著作是晋代作品，是根据道教神话制作的。按神话，老子为尹喜撰写《道德经》后，感觉意犹未尽，再次向尹喜讲授"道"理，分作39章。其内容亦以《道德经》为神仙学说之本，认为修道"以得一为要妙，以飞升为余事"，"神生形，形成神"，"形神合同，固能长久"。收入明正统《道藏》洞神部的《西升经》由宋徽宗校注，其注释对《道德》《西升》两经思想有较深刻的理解和阐发。

3. 以"太上老君"名义制作的道经及注释

冠以"太上老君"名义的道经，大概都是历代道士所制作，是道教徒对道教教义的阐发，其中当然也包含有对《道德经》的理解。早在东汉末出现的《老子想尔注》里，就出现了"太上老君"的称呼，这是老子神格化的标志。以"太上老君"为作者的道经中，最著名的是《太上老君说常清静妙经》。这部道经出于唐代，只有短短的391字，集中阐述"清静"在修道中极其重要的作用。经文中强调：

> 清者浊之源，动者静之基。人能常清静，天地悉皆归。夫人神好清而心扰之，人心好静而欲牵之。常能遣其欲而心自

静，澄其心而神自清。

如果能做到澄心遣欲，空无常寂，乃至"寂无所寂"，就能实现"合道"的目标。由于这部道经简单明了地论述了持守清静之道的基本原则和方法，所以被历代修道者所重视，唐宋金元各代都有注本。全真道规定此经为日常持诵的必需功课。

4. 其他仙真经典及注释

道教所奉的其他仙真经典有《南华真经》《文始真经》《冲虚至德真经》《洞灵真经》和《通玄真经》。由于道教奉庄子为南华真人、尹喜为文始真人、列子为冲虚真人、庚桑子为洞灵真人、文子为通玄真人，所以把他们的著作也称作仙经，分别冠以他们的真人名号。其中尹喜的"真人"名号源于《庄子·天下篇》，文中将尹喜与老子并列为"古之博大真人"。庄子、列子、庚桑子和文子的"真人"名号，都是唐玄宗敕封的。庚桑子这个人物亦见于《庄子》，名庚桑楚，古传有著作传世，但不存。唐人王士元取春秋诸子著作中涉及庚桑子和与其相类的言论，重新撰写《庚桑子》（又名《亢仓子》）九篇，所以《道藏》洞神部中的《洞灵真经》实为王士元所撰。而《文始真经》即《关尹子》则真伪莫辨。因《关尹子》书名虽在《汉书》中有记录，但历代未见其书。元代有道士称得之于浙江永嘉山中，献给全真道掌教尹志平，后来作为《文始真经》收入《道藏》。有学者认为：

> 其宗旨和内容的神仙方术色彩甚浓，与崇尚虚无自然的古之博大真人关尹子的思想宗旨多有不合，必是后人借关尹之名所杜撰。①

---

① 王士伟：《楼观道源流考》，陕西人民出版社，1993年，第32页。

为"真人"经典所作的注释，以《南华真经》为最多，达 12 种。其中，南宋褚伯秀《南华真经义海纂微》长达 106 卷。但对后世影响最大的注释为晋郭象和唐成玄英的《南华真经注疏》35 卷。《南华真经》之所以受到特别重视，是因为《庄子》所述养神修真之道，如坐忘、心斋、养气、守一、守心、全形复精等，被道教摄取为仙道要法。书中对仙人、神人、真人的描述和修真养寿的道理，都被道教视为宗源。

（二）仙真传记

洞神部的"仙真传记"共 15 种，其中老子传记和神话 6 种，其他仙传和大事记 9 种。

1. 老子传记和神话

洞神部所收老子传记和神话，分别归入"谱录类"和"记传类"中。其中一种成书于唐代，其他 5 种都是宋代的作品。最早的一种是唐人编集的《太上混元真录》，未署撰人。这部传记叙述自殷周以来老子历世降生的神话以及传道给尹喜的事迹。书中还根据《道德经》的主旨提出"以太虚为上，存真为宝"。所谓真即神；身为烦恼之本，故重神轻形；强调修炼在己，求神无益；但同时又认为得老子之道者可长生不死、役使鬼神。修真养神的方法，力主行气和守"三一"，反对导引和辟谷之术。

宋代出现的老子传记和神话，分别是由崇德悟真大师贾善翔编集的《犹龙传》、庐山清虚庵道士谢守灏编集的《太上老君混元圣纪》《太上老君年谱要略》《太上混元老子史略》和未署名的《太上老君金书内序》。《犹龙传》之书名源于孔子对老子的评语"吾今日见老子，其犹龙邪？"（《史记》卷六三老子传）是书采用编年体，旁征博引，详叙老子应时降世、传道设教的种种灵迹以及历代崇奉老子之事，大部分是道教徒编造的神话。谢守灏编集的三种传记，成书于《犹龙传》之后，以《太上老君混元圣纪》为最详。全书征引丰富，博而不乱，是道教徒编造的最为详悉的老子神话传记。《太上老君金书内序》受到《老子化胡经》的影响，言及老子西游化胡之事；并说老君起于元始，历无数之劫，周时下为王师。其中记述老子母"剖左胁而生"的神话，显然受到佛教的影响。

2. 其他仙传和大事记

（1）《太上说玄天大圣真武本传神咒妙经》
原为唐以前古籍，唐宋间有增补。道教徒认为是汉天师张道陵遇太上老君，得其亲授。以紫微大帝与妙行真人问答的形式，叙述道教尊神玄武将军源起及应化的由来。谓玄元圣祖八十一化为老君，八十二化变为玄武。又叙玄武奉元始敕命，率神兵下凡，翦妖伏魔，济世度人的神话。北宋时，因宋真宗避赵氏先祖赵玄朗讳，改玄武为真武。其实，玄武属于自然神灵，是二十八宿中的北七宿，与朱雀、青龙、白虎同为护卫之神，不属"仙真"序列，但在《道藏》中，这种混杂的编排多有所见。

（2）《真武灵应真君增上佑圣尊号册文》
这是宋徽宗颁发的诏书。他认为真武保佑国家海宇静谧，妖孽不作，嘉祥荐臻，太平盛熙，所以下令在其原有尊号"真武灵应真君"的基础上，再增加"佑圣"二字，全称为"佑圣真武灵应真君"。

（3）《玄天上帝启圣录》
大约编集于元末明初，作者不详。全书8卷，第一卷叙述玄武降生及修道成真的神话故事，其余各卷叙述唐宋间真武显灵的传说。

（4）《章献明肃皇后受上清毕法箓记》
北宋茅山道士朱自英撰文。朱自英曾为宋真宗祈嗣，诞生仁宗，所以受到两朝帝王的隆眷。仁宗的母亲刘太后即明肃皇后因此拜朱为师，接受上清经法符箓。这篇文章就是记叙授箓的来历和经过。由此文也可略窥宋室崇道的概貌。

（5）《华盖山浮丘王郭三真君事实》

华盖山在江西崇仁县，山中有浮丘、王、郭三真君祠庙及多处道教遗迹。相传浮丘公是周代神仙，晋时降世，度王褒和郭真人升仙，后世将他们合称"三真"。唐宋以后江南各地"三真"灵迹众多，以华盖山为主，文人、道士的记述也不少。本书就是宋代道士汇集前人的撰述编集而成，明《道藏》本为明代正一派第四十三代天师张宇初校正。

（6）《唐鸿胪卿越国公灵虚见素真人传》

又名《唐叶真人传》，为南宋时作品。叶真人，即叶法善（616—720），是唐代前期的著名道士，其生平颇具传奇色彩。他是括州括苍县（今浙江丽水）人，出生于道教世家，从曾祖开始，他是第四代道士。据说七岁时落入江中，家人以为溺死，三年后归家。十五岁又中毒，死而复生。自此便当了道士，独自云游茅山、青城、嵩山，止于罗浮山，学会多种法术。唐高宗闻知他的异行，召入长安；他辞官不就，住在皇家内道场，先后经历高宗、则天、中宗、睿宗、玄宗五朝，计六十余年。时而云游名山，时而出入宫禁。五朝皇帝都以上宾礼遇，玄宗还拜他为鸿胪卿，封越国公。本书前半部分详述其生平字里及修真体道、匡世济人、屡受封赠的事迹。后半部分收集叶法善的家谱、表奏以及李邕、唐玄宗、叶氏弟子丁政观等人撰写的有关碑记、敕书、奏状。最后是北宋政和六年（1116）加封叶法善"灵虚见素真人"尊号的敕文。

（7）《地祇上将温太保传》

南宋作品。温太保即温琼，字子玉，乳名卓朗，传说是温州平阳县人，唐代名将郭子仪麾下猛将。后因受猜忌，逃至泰山屠牛卖酒。遇神仙点化，化作东岳太保。宋徽宗时温州祈雨，当地百姓设醮谢天，向玄帝保奏温琼。宣和年间（1119—1125），天师张继先嘉奖他有"皈依正道，扶持宗教之志"，为其作"地祇一司正法"及符箓咒诀，使统领鬼兵，专司斩妖伏魔、杀鬼驱瘟。

(8)《玄品录》

元代茅山道士张天雨集。全书收录先秦至宋代、与道家有关的人物共一百三十余人，分为十品：道德、道权、道化、道儒、道术、道隐、道默、道言、道质、道华，每品数人，一人一传。但所录人物，不拘于道教仙真，凡生平涉及清静无为、隐居清修、风流倜傥、不慕权贵，都在其视线之内，如范蠡、鬼谷子、司马谈、曹参、张良、王弼、向秀、皇甫谧、谢安、王羲之、陶潜、李白、贺知章等。因此《四库提要》评论此书"蒐罗虽富，难免芜杂"。

(9)《墉城集仙录》

唐道士杜光庭撰，是一部专门记载道教女仙的道书。取材于《汉武帝内传》等道书仙传，原书收录自古至唐代女子成仙者一百零九人，编为十卷；现存六卷，仅有女仙三十八人：其来历多不可考。道教女仙首推西王母，相传她居住在昆仑山金墉城，因此本书以"墉城"为名。

（三）宫观碑志

洞神部收录的宫观碑志共14种，涉及的宫观有：终南山楼观、全真道祖庭重阳宫、武当山、成都青羊宫、宋开封太一宫、山西龙角山、河南王屋山、浙江大涤山等处的宫观。

1. 终南山楼观（2种）

(1)《终南山说经台历代真仙碑记》

元代茅山道士朱象先编。楼观在陕西周至县终南山北麓，相传是尹喜旧宅，老子曾在此讲授《道德经》。秦始皇构清庙，汉武帝建离宫，唐扩建为宗圣观，元改宗圣宫，被视为天下道教祖庭。北周时楼观道士韦节曾撰写《楼观先师传》即《楼观内传》（今佚），唐代楼观道士尹文操续撰。元代至元十六年（1279），朱象先赴楼观瞻礼，见旧传，予以节录，又增写 5 人传记，合为 35 人，各一小传，传后附一段赞语。并将其刻石，题名《楼观先师传碑》，立于楼观宗圣宫。但汉代以前人物事迹出于仙传，多不可考。

（2）《古楼观紫云衍庆集》

编撰者也是朱象先。其书名取自元代重建楼观时新修的紫云衍庆楼。书中收录了唐代记录楼观道教盛况的 3 通碑记和元代碑记 9 通。卷末录历代名人题咏楼观诗 95 首，内有唐宋著名诗人王维、储光羲、苏轼等人的诗作。

2. 重阳宫（2 种）

（3）《终南山祖庭仙真内传》

重阳宫是全真道祖庭，在今陕西西安鄠邑区（原名户县），地近秦岭，亦为古终南山地域，书名本此。元代道士李道谦编撰，有金元时期全真道士 37 人传记，是全真道的重要史料。

（4）《甘水仙源录》

本书仍为李道谦编撰，又名《甘泉仙源录》，也是研究全真道历史的重要文献。书名源自王重阳早期修道时"甘河遇仙"的故事。全书共 10 卷，前 8 卷收录以王重阳为首的全真道人物 50 人传记、碑文和祭文；后 2 卷收录各地全真道宫观的碑记和马丹阳等"七真传"序赞。录入本书碑文的作者，大多为金元时代的名流，如元好问、姚燧、王鹗、金源璹等。

3. 武当山（4 种）

（5）《大明玄天上帝瑞应图录》

从宋代开始，武当被奉为真武本山。原有宫观毁于元末。明永乐十年（1412），朝廷命隆平侯张信和驸马都尉沐昕统帅军夫 20 万人修建武当山宫观。本书专门记述其修建经过及各宫观分布和住持道士的相关情况。书中还记录了修建武当宫观过程中出现的各种"瑞应",并绘制图画,题名"黑云感应""榔梅呈瑞"等。书后附北京真武庙所刊《御制真武庙碑》一篇,文为明成祖朱棣所撰。

(6)《玄天上帝启圣灵异录》

元代武当山天一真庆宫住持道士张洞渊编集,汇集了当代崇祀真武之盛的碑记和诏旨,除武当本山以外,还收录了北京创建真武庙的碑文。

(7)《武当福地总真集》

本书是元人编集的有关武当历史的重要著述。卷上、卷中记述地理地貌、宫观沿革、神仙灵迹和珍稀物类;卷下首先记述宋代以后朝廷加封的玄帝尊号,其次记载历代在武当修炼的仙真。

(8)《武当纪胜集》

本书是元人题咏武当胜景的诗词汇编。

4. 成都青羊宫(1种)

(9)《西川青羊宫碑铭》

成都青羊宫是西南地区的一座重要道观,因老子神话而闻名。唐中和四年(884)获古砖,上刻"太上平中和灾"六字,僖宗以为瑞应,拨库银200万兴建青羊宫,因刻石记事。

5. 宋开封太乙宫(1种3篇)

(10)《太乙宫碑铭》

宋代崇祀太乙之神,百年间在首都开封兴建3座太乙宫,分名东太乙宫、西太乙宫和中太乙宫。《道藏》洞神部中收录的3篇碑文分别记述了3次修建的经过。

6. 山西浮山庆唐观（1种）

（11）《龙角山记》

龙角山在山西浮山县，原名羊角山。唐武德三年（620）曲沃人吉善行报告太上老君显现于羊角山，让他转告朝廷："吾而唐帝之祖也，告吾子孙长有天下。"（李隆基《御制庆唐观纪圣铭》）秦王李世民遣亲信前往礼谒，唐高祖李渊下令改浮山为神山，在羊角山建庆唐观，又名老君庙。后玄宗又改羊角山为龙角山，亲撰《庆唐观纪圣铭》，手书刻石。本书除收录唐玄宗御制碑文外，还有唐宋金三代有关龙角山庆唐观的其他碑记、诏令和祈祷文。

7. 河南王屋山（1种）

（12）《天坛王屋山圣迹记》

王屋山在河南济源，为道教十大洞天之首，唐代著名高道司马承祯曾在此山阳台观修道十余年。本书收集唐代道教学者杜光庭所撰《天坛王屋山圣迹记》、唐睿宗《赐司马天师书诗》和杜甫、金门羽客林山人、通真道人以及元人诗作。后附唐人卫阰撰《唐王屋山中岩台正一先生庙碣》，叙述司马承祯生平。另附唐人崔融撰《唐嵩高山启母庙碑铭》一篇，内容为嵩山启母庙兴建之由。启母即夏禹之妻。

8. 浙江大涤山（1种）

（13）《大涤洞天记》

原书名《洞霄图志》，为元初隐士邓牧编撰，是记述道教第三十四小洞天大涤山史实的宫观志书，分为宫观、山水、洞府、古迹、人物、碑记6门，各1卷。明代刊刻时改今名，并删去人物门。大涤山在浙江余杭县，又名大群山，有大涤洞。据传汉武帝曾在洞前建宫坛，唐高宗时著名道士潘师正奉敕建天柱观，宋改名洞霄宫，为宋代江南道教名山之一。

9. 综合各处（1种）

（14）《宫观碑志》

本书共收集宋金元三代宫观碑记9篇，内有甘肃泾川王母宫、陕西鄠邑重阳成道宫、河南鹿邑太清宫、洛阳上清宫记事碑各1篇，北京白云观（燕京大长春宫、大天长观）碑文5篇。其中《十方大天长观玄都宝藏碑铭》记叙了金《玄都宝藏》辑补刊印的情况，是研究道教史的重要资料。

（四）养生方术

洞神部收入养生方术137种，其中以内丹和服气为主的养生方术44种、外丹术70种、内外兼论3种、其他方术20种。

以内丹和服气为主的经典中，影响较大的有：陶弘景的《养性延命录》、葛洪的《抱朴子养生论》、孙思邈的《枕中记》《保生铭》《存神炼气铭》、司马承祯的《服气精义论》等。论述外丹的经典，有《太清石壁记》和《真元妙道要略》等。其中《真元妙道要略》记录了炼丹过程中偶然发明火药的事实。

（五）科仪

洞神部所收科仪共26种，均在"威仪"类中。

其内容包括正一道士的行为规范、传授重要道经的仪式、各类斋醮仪式的程序、表章文书格式等。如《正一威仪经》记录了30种132条仪则，是正一道士入道受戒、修行、衣食起居的行为规范；《玄门十事威仪》列举了道士日常生活中应当注意的10个方面的要求。洞神部还专门收录了涉及三皇经传授的3种仪式规则。一种为《太上洞神三皇仪》，是传授三皇经需要遵行的仪式。第二种为《洞神三皇七十二君斋方忏仪》，是按照三皇经文建坛醮祭"七十二君"的仪式规程。七十二君是指36位"四方九天帝君"和36位"四方九土皇君"。第三种为《太上洞神太元河图三元仰谢仪》，按照三皇经文举行"三元仰谢仪"时设置坛场和举行仪式的全部程序。三元是指天地人。

（六）道教文书

洞神部收入道教文书20种。其中符箓5种、图5种、赞颂7种、表奏3种。

道教文书的作用，一是对神的礼敬，如各种赞颂之辞，在举行法事时唱颂；二是举行法事时的前奏程序，即表奏，意为向神明报告本场法事的目的和内容；三是驱邪、护身的工具，即符箓和图形，往往同内修并用。

二、洞神部的最初来源：三皇经

（一）三皇经的传授过程

道经传授，通常要冠以神授的头衔，以显示其来源的正宗和神圣。三皇经，本名三皇文，是洞神部的来源，也是所有"三洞"的来源。晋代著名道士葛洪曾在《抱朴子内篇·遐览》中说，历来修道者最为重视的道经，莫过于《三皇文》《五岳真形图》。古代的仙官秘传此经。如果没有做神仙的天资，是不可传授的。这部经书珍藏在全国各大名山的石洞里，要想得到这部书，必须用精诚的心进山寻求。这时候，山神会打开山洞之门，使人见到真经。

按道教文献记载，三皇文有两种：小有三皇文和大有三皇文。前者出于西汉时期。据葛洪《神仙传》和其他道书记载，有辽东人帛和，入地肺山即终南山寻访仙人，拜董奉为师。董奉教给他服气法，并对他说："我只学到了这点本事，没有得到神丹金砂，不能周游天下；你现在还年轻，不妨多走些地方，多学点东西。"后来帛和就到第三大洞天西城山奉仙人王君为师。王君告诉他："西城山有一个山洞，你可以去洞里修炼，注意看北边的石壁，看久了就会看见文字，看见文字，你就得道了。"于是，帛和就住进山洞，天天面壁。过了三年，他果然看见石壁上现出了文字，是古人刻写的《太清中经神丹方》《三皇天文大字》和《五岳真形图》。时在西汉太初二年（前103）或天汉元年（前100）。帛和把他看见的文字和图形，抄录在纸上，读了一遍又一遍，百思不得其解，再去请教师父，王君告诉他几句口诀，他才理解。当然，这个过程是帛和创作的一个神话。帛和得到三皇文后，到林虑山（在今河南林县，又名隆虑山）隐居修行，并将三皇文传给世人，后来经葛洪之手广为流传。

大有三皇文出于晋代。古代有仙人刘根在嵩山一个石洞里修行，后人称此洞为刘君石室。晋人鲍靓于永康元年（300）学道嵩山，听说有此石室，便去洞中斋戒思道。同帛和一样，他也在石壁上看见了三皇文，并把它抄录到绢帛上，后来传授给葛洪及其弟子，依次下传陆修静、孙游岳和陶弘景等江南著名道士。由于这个三皇文同世上已经流传的三皇文版本不同，所以被称为大有三皇文，帛和传本便被称作小有三皇文。关于大有三皇文的来历，另一种说法是：鲍靓曾任南阳中部都尉和南海太守，是葛洪的岳父。他曾见过仙人阴长生，接受道诀。后世所传大有三皇文即署名阴长生。第三种说法则是：鲍靓师从左慈，从他手中得到三皇文和《五岳真形图》，并把这些仙经传给许谧。至于仙人阴长生，相传是东汉和帝阴皇后的高祖，曾经从仙人马鸣生学习道术，后随马鸣生入青城山，受《太清神丹经》。继入武当石室炼丹，合成黄金万两，施济穷人。最后周游天下，白日飞升。

（二）三皇经的核心思想和功用

三皇经所称"三皇"指天皇、地皇、人皇。天皇又称天宝君，地皇又称灵宝君，人皇又称神宝君。按北周道书《无上秘要》引《三皇经》的解释，三皇出现于黄帝之前，是"三洞之尊神，大有之祖气也"。天宝君为大洞（后世改称洞真）尊神，"太元玉玄之首元"；灵宝君为洞玄尊神，"太素混成之始元"；神宝君为洞神尊神，"皓灵太虚之妙气"。北周甄鸾《笑道论·十三鸟迹前文者》引《洞神三皇经》也说：

> 三皇者，则三洞之尊神，大有之祖气。天皇主气，地皇主神，人皇主生。三合成德，万物化生。

所谓"大有之祖气"，是对汉代哲学和《太平经》中元气说的进一步发展。

其三洞尊神说的创立，渊源于《道德经》中的"三一论"。《道德经》第四十二章云："道生一，一生二，二生三，三生万物。"第十四章云："视之不见，名曰夷。听之不闻，名曰希。搏之不得，名曰微。此三者，不可致诘，故复混而为一。"希、夷、微分别代表道的三种特性或存在状态，而三者又共同为一个道。《汉书·律历志》继承了这一思想，认为"泰极元气含三为一"。《道德经》河上公章句认为：

> 道之所生者一也，一生阴与阳也，阴阳生和、清、浊三气，分为天地人也。天地人共生万物也。

《太平经》对"三一论"予以尽情发挥：

> 元气有三名，太阳、太阴、中和。形体有三名，天、地、人。天有三名，日、月、星，北极为中也。……治有三名，君、臣、民，欲太平也。(《太平经钞》乙部《和三气兴帝王法》)
>
> 天之命法，凡扰扰之属，悉当三合相通，并力同心。乃共治成一事，共成一家，共成一体也，乃天使相须而行，不可无一也。(《太平经》卷四八)

《太平经》还从"三一论"引申出精、气、神"三气共一为神根"的思想，与《三皇经》中"大有之祖气"衍化"三元""三气"的思想具有相通性。

东汉天师道的理论著作《老子想尔注》和《大道家令戒》认为：天地以下，皆道所生杀；道散形为气，聚形为太上老君。也就是说，道所代表的"微气"衍化出玄、元、始三气，而这三气即为万物之父母，又是至尊至神，是一种人格化的神灵。

至《三皇经》提出天宝、灵宝、神宝三君，道教至上神体系建立起来，随后又敷衍出玉清、上清、太清三境和清微、禹余、大赤三天的概念，后世道教尊奉的元始天尊、灵宝天尊和道德天尊"三清"尊神，实起源于《三皇经》。

《三皇经》创立的道教至上神概念，不仅具有宗教神学的重大意义，而且对于道教徒的日常宗教修习也有很大的帮助。葛洪在《抱朴子内篇》卷一九《遐览篇》中说：斋戒百日以后诵读《三皇经》，可以召劾天神、司命、太岁、日游、五岳、四渎、社庙等自然神灵。道士如果要修炼长生不老的方术，只要携带《三皇经》到山里去，就不会受到野兽、山精和毒气的伤害。"家有《三皇文》，避邪恶鬼、瘟疫气、横殃、飞祸。若有困病垂死，其信道心至者，以此书与持之，必不死也。"《三洞珠囊》也用事例说明：《三皇经》有疗疾的功效。晋代道士吴猛从鲍靓处得到《三皇经》，以道术闻名当时。有道士舒道云身患疟疾，三年不愈。吴猛教他讽诵三皇诗，不久即病愈。(《三洞珠囊》卷一)

（三）现存《三皇经》的主要经文

《三皇经》最初称为"三皇文"或者"皇文大字"，是92枚形似篆体的符箓。《云笈七签》卷六引《叙目》说：三皇文"皆上古三皇所授之书""作字似符文，又似篆文，又似古书，各有字数"。今《道藏》本《洞神八帝妙精经》也说：

> 皇文乃是三皇以前鸟迹之始大章者也。三皇安业，则天和地静，纪纲阴阳，维制鬼神，伏辜万精，与身俱生，乃王母之所玩贵，仙官之所崇仰，真宝文者也。

由此可见，后来形成的《三皇经》，实是帛和、鲍靓、葛洪等人造作的。按《洞神八帝妙精经》附录葛洪撰《抱朴密言》，帛和传授的三皇文及大字是仙人王君"集撰抄撮"的，只有1卷；而鲍靓所授天文三皇大字"有四万言"：因此分别称为小有和大有。小有三皇文经陆修静传给孙游岳时，重新编次为4卷；至陶弘景再次编排为11卷，连同大有三皇文，共计13卷；陶弘景之后又编为14卷。据南北朝时成书的《太上洞神三皇仪》记录，14卷篇目为"大有篆图天皇内文""大有篆图地皇内文""大有篆图人皇内文""八帝妙精经上""八帝妙精经中""八帝妙精经下""八帝玄变经上""八帝玄变经中""八帝玄变经下""八帝神化经上""八帝神化经下""三皇斋仪""三皇朝仪""三皇传授仪"。

《三皇经》在流传过程中经目常有改动，今《道藏》洞神部中的六种经文大致保存了其主要内容：

（1）《洞神八帝妙精经》

据《太上洞神三皇仪》记载，原有上中下3卷，今本为1卷。经文的主要内容为"斋持八戒法"，文曰：

> 动以缘静安定。安定之阶，以斋为本。斋以齐整为急，急

以齐整身心。身心齐整，保无乱败。败起多端，大略有八：一者杀生自活，二者盗他自供，三者淫欲放意，四者妄语为能，五者醉酒恣适，六者杂卧高广大床，七者竞玩香爱华饰，八者耽著歌舞作倡。励心之子，学圣真仙，不为此八事，则八败无从起。八败无从起，则八戒自然立。立久不失，延年保命，神通洞达。

《洞神八帝妙精经》中记录的"斋持八戒法"也在陆修静的思想中有所体现。唐王悬河《三洞珠囊》卷六《受持八戒斋品》引述陆修静语中，大致原文引用了《洞神八帝妙精经》的内容，并指出这段话出于"洞神经第十二"。《洞神八帝妙精经》的其他内容是："三皇三一经"，劝人守身中三一之神；"阳歌九章"，描述仙境；"九皇图"，供人存思；"招真降灵符"，劝人清斋服符；"西城要诀三皇天文内大字"，书召神役鬼之符 92 道以及学道禁忌 13 条。

（2）《太上洞神三皇仪》

今本 1 卷，主要内容是叙述法师向弟子传授《洞神经》及箓图契券的仪式。同时记录了《洞神经》14 卷目录。

（3）《洞神三皇七十二君斋方忏仪》

今本 1 卷，题"广成先生杜光庭删定"。内叙道士建坛行洞神三皇仪，祭醮"七十二君"，谢北方太一元君等仪程。"七十二君"指 36 位四方九天帝君和 36 位四方九土皇君。

（4）《太上三皇宝斋神仙上录经》

今本 1 卷。这部道经包括三方面的内容。一是宣扬三皇文的通神功效，谓持诵三皇文可以"除罪成真"。将三皇文朱书在青布幡上，以一丈竹竿悬于庭中，北坐烧香，叩齿二十四通后致祝词，可以"消灾更生"。二是三种制作香珠神浆用以服食和沐浴的方法。三是醮仪，有设三皇座、烧香献礼、拜请三皇、向北念咒、酌酒拜祝、跪读词旨、烧香复炉等全套程序。

（5）《太清金阙玉华仙书八极神章三皇内秘文》

今本3卷，简称《三皇内秘文》，大约为宋代作品。其主旨为：玄元皇帝降垂《道德经》以教化世人，而八方鬼神杂扰，则降此文以荡妖邪。三卷均为10章，分载三皇君言论和方法。上卷首论天地万物秉气而生，道德真一为之根本；然后分述三清九霄五岳洞天福地之神名、五方四十天鬼名、七十二精魅名及其为害与治法、治邪斩妖的法坛符式、天皇印图及三皇印的功用、咒语、符、醮坛图式及请三皇五岳表式、制剑方法。中卷记述地皇神印符箓，入山修行择地法事及辨识仙邪、芝草、药物和服饵的方法。下卷论述制恶兴善、绝情去欲、积精炼气、清静无为、恬淡自守，以求长生成仙的道理。

（6）《三皇内文遗秘》

今本1卷，分上中下三章。第一章为天皇内文，均为四言韵语。谓日诵一遍，可获神佑。如四时八节念诵七遍或抄写送山洞中，可免死保生。第二章为地皇内文，也是四言。首段为行走山川时念诵，可辟恶兽精邪、蛟龙毒蛇；第二段至三段，保六畜和家属无灾难；末段，保达"地仙长寿"。第三章为人皇内文，全是咒语，须书写后焚烧或埋地，可获神佑、镇邪、招财、治病。学道之士应当佩带三皇内文，"方始通神"。

另外，与《三皇经》关系十分密切的《五岳真形图》有两种经文，分别收录在今《道藏》洞玄部和正一部中：

（1）《洞玄灵宝五岳古本真形图》

今本1卷。原题东方朔撰，实为魏晋人依托。葛洪在《抱朴子内篇·遐览》中引述其师郑思远的话说："道书之重者，莫过于《三皇内文》《五岳真形图》也。……家有《五岳真形图》，能避兵凶逆；人欲害之者，皆还反受其殃。"全文分为三部分，叙述道教灵山的形胜灵迹。第一部分为序言，概述泰山、衡山、嵩山、华山、恒山、青城山、庐山、霍山、潜山等五岳四山的形神来历。所谓五岳四山真形图，是仿照山水曲折参差的形状图写而成。传说五岳图是"神农前世太上八会群方飞天之书法"，四山图则是黄帝征讨天下时亲自描绘的。第二部分是九幅图形，每幅图前有一道符。各符图后有文字略述图形及符箓书写和佩带的方法。第三部分与第二部分内容基本相同，是《五岳真形图》的另一个版本。

（2）《五岳真形图序论》

今本1卷。首叙西王母授汉武帝《五岳真形图》的故事。次叙东方朔为汉武帝说十洲以及沧海、方丈、扶桑、蓬丘、昆仑山等地的地理位置、物产和神话传说。十洲指祖洲、瀛洲、玄洲、炎洲、长洲、元洲、流洲、生洲、凤麟洲、聚窟洲。再次叙述三天太上道君侍官以真形图授鲁女生，鲁女生传封君达，"晋魏际，君达入玄丘山，临去，传郑氏"。最后叙述郑氏（郑隐）说祭图之法以及黄帝封霍山、潜山、青城山、庐山等事。附录《授图祭文》和《受图祭文》。

三、关于老子西游化胡的神话

老子西游化胡的神话流传时代久远。所谓"化胡"，有两重含义：一为以《道德经》为主体的中土文化教化西域胡人；二是化身为佛陀，使胡人信奉，而佛教教义自然源于《道德经》。这是在中土文化优越论的背景下产生的宗教文化事象。及至出现《老子化胡经》，便演为佛道关系史上的一桩公案，聚讼千年，至今仍莫衷一是。经众多学者解读历史著作和敦煌佛教、道教文献，大致理清了这一神话的来龙去脉。

（一）老子化胡说的形成过程

有关老子的历史真实性，现在学界大概已经没有人怀疑。但是对他的生平，史书记载非常简略，因此为神话的出现给出了足够的想象空间。正史最早记录老子事迹的是《史记》。据记载，老子生平有两大特点：一是隐居，二是长寿。他在函谷关授给尹喜《道德经》后，"莫知其所终"。到哪里去了呢？汉成帝在位时（前33—前7）任光禄大夫的刘向开始了神化之旅，他在《列仙传》中叙述尹喜事迹时说：

> 关令尹喜者，周大夫也。善内学星宿，服精华，隐德行仁，时人莫知。老子西游，喜先见其气，知真人当过，候物色而遮之，果得老子。老子亦知其奇，为著书。与老子俱之流沙之西，服巨胜实，莫知其所终。（《列仙传》卷上）

刘向虽然只是说尹喜随老子游历流沙之西即西域之地，并且服食巨胜即胡麻（芝麻），但同化胡说已经沾上了边。接着，这种说法又从西域传到中土，并且发展为老子化胡之说。

汉元寿元年（前2），大月氏遣使臣伊存到汉朝，向"博士弟子"景卢口授《浮屠经》，学界认为这是第一部汉译佛经。《三国志·魏书》卷三〇《乌丸鲜卑东夷传》裴注引《魏略·西戎传》曰：

> 临儿国。《浮屠经》云，其国王生浮屠。浮屠，太子也。父曰屑头邪，母云莫邪。浮屠身服色黄，发青如青丝，乳青毛，蛉赤如铜。始，莫邪梦白象而孕，及生，从母左胁出。生而有结（髻），堕地能行七步。此国在天竺城中。天竺又有神人，名沙律。昔汉哀帝元寿元年，博士弟子景卢受大月氏王使伊存口授《浮屠经》曰"复立"者，其人也。《浮屠》所载临蒲塞、桑门、伯闻、疏问、白疏间、比丘、晨门，皆弟子号也。《浮屠》所载，与中国《老子经》相出入。盖以为老子西出关，过西域，之天竺，教胡。"浮屠"属弟子别号，合有二十九，不能详载，故略之如此。

这段文字是从介绍西域诸国中的临儿国开头的,接着叙述了"浮屠"降生的过程和他的弟子名号。把全文重新整理,其大意应当是这样的:天竺境内有一个小国,名叫临儿国,太子别号浮屠,其母因梦白象而孕,后从左胁生产。天竺还有一个神人沙律,是浮屠的弟子。《浮屠经》记述浮屠的言行,同中国传到西域的《老子经》有相通之处,也有歧异;据说中国的老子曾经到天竺,向胡人教授他的著作。

文中所说的《老子经》,应当是指《道德经》。说明至迟在西汉后期,《道德经》已经在西域流传。而文中记述"老子西出关,过西域,之天竺,教胡",明显受到《列仙传》的影响。《魏书·释老志》也记载:

> 及开西域,遣张骞使大夏还,传其旁有身毒国,一名天竺,始闻有浮屠之教。哀帝元寿元年,博士弟子秦景宪受大月氏王使伊存口授《浮屠经》。中土闻之,未之信了也。

这就是说,中国知道有佛教,是在西汉张骞通西域之后,人们听说以后,还不十分了解。至于《浮屠经》之名,亦有不同的记录,如唐人段成式所集《酉阳杂俎》前集卷二称:"老君西越流沙,历八十一国,乌弋、身毒为浮屠,化被三千国,有九万品戒经,汉所获大月支《复立经》是也。"

至于老子化身为佛陀的传说,则形成于东汉晚期。延熹九年(166),襄楷上书桓帝,其中提到:"或曰,老子入夷狄为浮屠。"(《后汉书》卷三〇《襄楷传》)东汉末年皇甫谧在《高士传》中有关于老子教化胡王的说法,更加明确地提出老子化身为佛陀:"桑门浮屠经,老子所作。""老子出关,入天竺国,教胡王为浮屠。"(《广弘明集》卷一三)西晋惠帝在位时(290—206)长安道士王浮在前代有关老子化胡神话的基础上撰成《老子化胡经》(《法苑珠林》卷五五作《明威化胡经》),实现了这一神话的系统化。与王浮大致同时代出现的《西升经》(在正统

《道藏》洞神部）也有"老君西升，开道竺乾，号古先生"的记载。《北史》卷九七《西域传》亦记载："于阗西五百里有比摩寺，云是老子化胡成佛之所。"

（二）《老子化胡经》的基本内容

《老子化胡经》全称《老子西升化胡经》，简称《化胡经》。王浮初撰时为1卷，至唐代增至10卷。因元代焚毁该经，明《正统道藏》未收录。但在唐代敦煌道经中保存有两种《化胡经》，均为残卷，从中可以看到有关"老子化胡"的基本情节。

1.《老子西升化胡经》

现存唐代敦煌残抄本5件：魏明帝序及卷一、卷二、卷八、卷十，由王卡合校为一书，收入《中华道藏》第八册。据王卡注，其中卷八为武周时奉敕校定的经本；卷十为敦煌净土寺藏经，该卷内容应出于北魏太武帝灭佛之后、孝文帝迁都洛阳之前。

卷一集中叙述了老子四次化胡的神话，大意如下：殷王汤甲之岁建午之月，太上老君入玉女玄妙口中，寄胎为人。庚辰之岁二月十五日诞生于亳。须发皓白，立地能行，号为老子。左手指天，右手指地，说："天上天下，唯我独尊。"周康王时师辅王者，为柱下史。昭王癸丑岁西迈，过函谷关，授尹喜《道德经》，并说《妙真》《西升》等经。而后西度，经历流沙，至于阗国毗摩城所。手举如来节，召来赤松子、中黄丈人、元始天王、太一元君等天神仙人十万余众乘云驾龙，浮空而至。于阗国王及朱俱半、渴叛陁、护密多、大月氏等八十余国国王及其后妃皆来听法。老君言："汝等心毒，好行煞害，唯食血肉，断众生命。我今为汝说《夜叉经》，令汝断肉，专食麦面，勿为屠煞；不能断者，以自死肉。"又因胡人须发卷曲，梳洗困难，令其剔除须发，兼持禁戒。又以神力化为佛形，身高丈六，体作金色，面向东方，以示根本。继而越葱岭，令渴叛陁王降服毒龙。再过乌苌，入摩竭国，化为清净佛，立浮屠教，令刹帝利、婆罗门信奉。二十四年后，老君复归中夏，入东海、游蓬莱。又过二百多年，再次西度，越西海，至于聚窟、流麟诸洲，教化诸国。又经六十余载，周桓王之世，老君遣弟子尹喜降中天竺国，入白净夫人口中，生太子悉达。太子舍王位，入山修炼，成无上道，号佛陀，广说经戒，又破九十六种邪道，年七十入涅槃。后经四百五十余年，老君又乘光明道气，飞入西那玉界苏邻国，降诞王室为太子，亦舍弃王位，出家修道，号末摩尼，转大法轮，说经戒律定慧等法，宣三际、二宗法门，教化天人。后世传教中土，于是三教混齐，同归于我。中州道士广说因缘，大弘法事，总摄一切法门。

老子四次化胡，前三次是亲自或派弟子尹喜化身为佛，创立佛教；第四次则是化身为末摩尼，创立摩尼教。又说后来摩尼教也传到中土，形成三教归一，同归老子门下。

在《老子化胡经》中，列举了于阗等82个西域国家名称，所涵盖的地域东起我国的新疆，西至地中海，南达古印度，大部分在中亚地区，其中许多国名不见于常见史书。大致可在史书找到记录的共有47个，首见于下列文献：

《汉书》：于阗、罽宾、安息、大月氏、康居、疏勒、龟兹、焉耆

《后汉书》：大秦、天竺、拘弥（《化胡经》作俱密）

《魏书》：朱居（朱俱半）、渴槃陁（渴叛陁）、波斯、赊弥（奢弥）、乌苌、乾陁（乾陁罗）

《北史》：高昌、石、女、米、史、曹、何、乌那曷、穆

《隋书》：挹怛

《新唐书》：泥婆罗、识匿（瑟匿）、骨咄、师子、拂菻、大食

《大唐西域记》：胡实健（护实健）、乌刺尸、呾刺健（多勒建）、珂咄罗（诃达罗支）、迦什弥罗（迦叶弥罗）、钵露罗（不路罗）、拘尸那揭罗曷、瞻波（瞻波罗）、三摩呾吒、乌荼、僧伽罗（迦罗）、苏剌他

（苏剌吒）、信度、狼揭罗。

《老子化胡经》卷二记录的是96种"外道"的名称及恶行。卷首部分缺失，基本完整的内容从第七外道开始。最后是老君对尹喜的说教：

> 此诸鬼神败乱正法，于修道人能为摩事，作诸变怪种种形象。或复令人坠落邪道，陷诸众生便不休息。吾去之后，遍行于世，乃至东夏，专行邪或，迷乱人心，令其颠倒风狂。

然后，老君授给尹喜一段偈语，让他日常念诵，以驱除外道邪魔。

卷八记录的是老子同胡王的对话，以老子言论为主，大致讲述"道"和道教的神仙理论，胡王听后表示愿"使举国男女，终世奉行"。老子在对话中还讲述了一个神话故事：迦夷国王好杀，淫奢无度。老子前往说教，其王不仅不听，反加凌辱。于是，老子左手捉太阳，右手捉月亮，都藏进发髻中。一时天昏地暗，国人恐怖。老子又放出日光，照耀大地，草木焦枯。又使雷电霹雳，地震山裂。迦夷国王于是顶礼膜拜。老子登坛说法，"度国人优婆塞五百人作比丘，优婆夷五百人作比丘尼"。

卷十分为四部分：第一部分卷首缺失，《中华道藏》拟题为《化胡歌》，以下三部分依次为《尹喜哀叹五首》《太上皇老君哀歌七首》和《老君十六变词》。全卷都是歌谣，讲述老子化胡故事和道教义理，读来琅琅上口，便于在民间流传。例如《化胡歌》第六首：

> 我昔离周时，西化向罽宾。路由函关去，会见尹喜身。尹喜通窈冥，候天见紫云。知吾当西迈，沐浴斋戒身。日夜立香火，约敕守门人。执简迎谒请，延我入皇庭。叩枑亦无数，求欲从我身。道取人诚信，三日口不言。吾知喜心至，遗喜五千文。欲得求长生，读之易精神。将喜入西域，迁喜为真人。

2.《太上灵宝老子化胡妙经》

本书仅1卷,约出于东晋末北魏初,早于十卷本《化胡经》,是研究《老子化胡经》的重要历史资料。王卡《中华道藏》注:疑为寇谦之撰。敦煌抄本两种,都有残缺。

前段抄本为第一人称,以老子口吻作自我介绍:

> 无极太上,至后天地开辟千六百亿年,无世不化。然时人知我者希。……或谓吾是圣,或谓是凡,或谓日月五星之精,或谓是大宗师,或谓之天人帝王之师。不知吾是天尊,不知吾是虚无之母也。

而后是历代为帝王师的名号:伏羲时号宛华、名田野子,神农时号太成子,祝融时号傅豫子,黄帝时号力默子,帝喾时号绿(录)图子,帝尧时号务成子,帝舜时号君(尹)寿子、自称大宗师。

后段抄本为第三人称,记录天尊在某大城中与国王和民众的对话,以天尊说法为主。当一长者问:"天下唯言一生,大圣云何复有二尊?"天尊答:"我观见天下边国胡夷越老,一切众生心意不同,不识真伪,不信罪福,各行恶逆,是故我今分身二乘,教化汝耳。"因此,天尊在此大城中,遇道士授以道经,遇沙门传授佛法。天尊还讲述了以神力感化胡国的故事。大意为:二天尊游历万国,以道教化,悉皆归向,惟有胡国不伏。于是二天尊入其国乞食,胡王令举国作食,仍不能饱。天尊便以金挝打地,种种食物从五方涌来,国人食之不尽。又有一凶狠胡人,将天尊捆绑,置于干柴之上,火烧七日七夜,天尊颜色不变。胡王见此,率领举国民众,礼拜天尊。天尊乃说法,以兴善止恶教化大众。最后称所诵之经有三名:《元始大圣经》《老子经》和《天尊经》。

（三）其他道经涉及的老子化胡神话

除敦煌文献中保存的《老子化胡经》以外，正统《道藏》中没有题名为《老子化胡经》的经文。但是一些有关老子神话的道经，仍然保留了大量老子化胡的内容。

1. 洞神部

（1）《太上混元真录》一卷

唐人编集。经文主要叙述老子西行至函谷关，向尹喜讲授《道德经》之经过。将化胡说置于开篇，作为老子西行的目的："是时太上复命老君开化西域天竺、维卫、大秦、安息、罽宾诸国。"值得注意的是，经文同时提到老子西游的另一个目的是寻访道德之国：

> 老君知周之衰，乃收天文，因而退官归居故里。于是隐遁闲居，欲往流沙。其时天西北有绝灭之国，去昆仑山九十万里，国名长引，其国中人身长四十尺，寿八千岁，皆有道德。欲往从之，言归昆仑。

但是没有下文，众多道经中反映的只有化胡之事。如果说西方另有此道德之国，就与化胡说中描写的西域野蛮国土不同。

（2）《犹龙传》六卷

宋贾善翔编集。全面记述老子生平和神迹。各段落的小标题是：起无始、禀自然、见真身、启师资、历劫运、造天地、登位统、典灵篇、撰仙图、传经蕴、为帝师、降生年代、明宗绪、七十二相八十一好、为柱史、去周、试徐甲、度关试关令、授关令道德二经、青羊、流沙化八十一国九十六种外道、孔子问礼、号河上公、授干吉太平经、度汉天师、授葛仙公斋法、赐大魏太平真君之号、大唐圣祖、真宗皇帝朝谒、共计 29 个小标题。

其中"流沙化八十一国九十六种外道"系节录十卷本《化胡经》，主要记录西域诸国国名和九十六种外道的名称。其题目所指八十一国为同上文"七十二相八十一好"相对应，而《化胡经》所列八十余国，实为 82 个，因《化胡经》文中明确记录"于阗国王乃至朱俱半王……如是等八十余国王"，81 个乃"八十余"之数，不包括于阗在内。又，《化胡经》载老子为诸胡王说《夜叉经》，本篇则改为《浮屠经》。

（3）《混元圣纪》九卷

宋谢守灏撰。这部经书系统汇集老子神话及历代尊奉老子的事迹。在卷四全篇和卷五前半部分集中叙述了老子西域化胡的故事，其内容取材于十卷本《老子化胡经》和《太上灵宝老子化胡妙经》。但在化胡事毕之后是如何返回中土的，前述《化胡经》抄本残卷未记，而此经言："老君将还中夏，乃与群胡辞决。……言讫，老君驾八景云舆，尹真人乘白鹿，群仙跨鹤，仙乐骇空，天神导从，升天而去。"

（4）《太上混元老子史略》三卷

宋谢守灏编集，系节录《混元圣纪》。卷上为《老子年谱》，卷中和卷下为老君自三皇以至周时随方设教、历劫为师、度关授经、化胡西域的故事。

（5）《太上老君金书内序》一卷

不著撰人，疑为南宋时作品。叙述老君本始和随世应化之迹。于西游化胡亦有记述，大意为：老子现黄金之身，向尹喜传授《道德经》后，命尹喜为无上真人二十八天主；九天真形，复西游流沙八十一国。"至于天竺，作浮屠之术，以化胡人，其国皆号老君为有古先生。"又称：佛陀逾城受道，"身参太极，上帝遥礼"，诵经万遍，白日升天。

2. 太平部

（6）《三洞珠囊》十卷

唐王悬河集。其中卷九《老子西化胡品》节录《化胡经》的内容，并说明《化胡经》原有两种不同版本，节录时将二者融合了起来。这里所说两种版本，疑即敦煌文献中的两个《化胡经》抄本。

3. 正一部

（7）《老君变化无极经》一卷

出于南北朝后期。全文均为韵文，在第二段叙述老君变化易形、西化胡人等事。文曰：

> 老君变化易身形，出在胡中作真经。胡儿反叛无真诚，朝降暮反结罪名。部落强丁至死倾，叩头来前索求生。老君执意欲不听，谪被赭衣在身形。沐头剃须为信盟，绝其妻娶禁杀生。若能从化过其名，日中一食读真经。不得欺殆贪淫情，若有犯法灭汝形。胡儿弭伏道气隆，随时转运西汉中。

通过阅读以上多种道经中涉及老子化胡的叙述，《老子化胡经》的基本内容大致了然。

（四）佛教典籍中的老子化胡内容

佛教《大藏经》中收录有大量涉及佛道论争的文献，其中一些文献提及道教方面坚持的老子化胡内容，比较集中的是《佛祖历代通载》，其卷二一、卷二二在辩论老子化胡真伪时，引用了《老子化胡经》原文（不全），这些文字大约就是敦煌抄本《化胡经》缺失的。但其中也夹杂了少量《八十一化图说》(详后)的内容：

（1）老子生在五运之前。

（2）老子生于下三气之中。

（3）吉祥之气成元始天王，同时生五老，又生老君。

（5）太上老君分布清浊，开辟天地。

（6）老君姓李，讳弘元曜灵，字光明。

（8）老君随元始天尊说灵宝十部妙经，出法度人。

（9）太上老君撰集宝经三百卷、符图七千章、玉诀九千篇；授下三皇洞神经，洞真、洞玄、洞神各一十二部，合为三十六部尊经。

（10）老子入玄妙玉女口中八十一年，圣母剖左腋，攀李树而生。

（11）老君托玄神玉精降太元玉女，号无上老子，一号大千法王。

（12）老君寄九天飞玄玉女，号高上老子。

（13）老君降元素玉女，号九灵老子。

（19）周文王时老君为燮邑子，西伯闻之，拜为守藏史，教文王以仁义之道。武王克商，迁为柱下史。成王、康王之后，世为柱下史。

（23）老子以周昭王二十三年七月十二日至函关，说《道德经》二篇五千余言，尹喜受其要。

（26）老君于青羊大会引尹喜冉冉升空。

（30）胡王积薪焚太上，老君火中说《金光明经》。又于镬汤之中坐莲花上说《涅槃经》。又使尹喜为佛。

（34）老君使尹喜变身为佛，与胡人为师，令作桑门授以浮图之法。老君至舍卫国，自化作佛，坐七宝座。又以周庄王九年于梵天命烦陀王（老君弟子）乘月精托天竺摩耶夫人胎，至十年四月八日右胁诞生。后入雪山修行六年，道成类佛陀，众号末牟尼。至匡王四年解化，太上命升贾奕天，为善惠仙人。

（42）老子入摩竭国，现希有相，以化其王。立浮图教，名清净佛，号末摩尼。至舍卫国，自化作神。又至罽宾，降胡王及王子。

（48）商太宰问，孔子有犹龙之叹。

(66)于阗国毗摩城伽蓝,是老君化胡成佛之处,中有石幢刻记其事,云东方圣人号老君来化我国。

(五)《八十一化图说》

《八十一化图说》是集中反映老子化胡说的最晚出的作品,成书于元代焚毁《化胡经》之前。署名"薄关清安居士令狐璋编修,太华山云台观通微道人史志经引经全解"。令狐璋生平不详。按元人王鹗撰《洞玄子史公道行录》和《浑源县真常子刘公道行记》,史志经,字天纬,号洞玄子,山西翼城县人,元代全真道最主要的史学家之一。他于金兴定五年(1221)以丘处机弟子刘道宁为师。蒙古太祖十八年(1223)丘处机从西域大雪山东还,史志经随师前往蒙古境迎接,于阿不罕山栖霞观相逢。丘处机赐其名志经。太宗十三年(1241)西游华山,曾撰著《华山志》14卷(已佚)。至定宗元年(1246)离开华山至燕京,后来又撰写了记述丘处机事迹的《玄风庆会图》。因此,《八十一化图说》应是1241年至1246年间的作品。

全书用绘图配文字说明的方式,叙述老子的事迹。仿照《犹龙传》的结构,各化的小标题是:起无始、显真身、尊宗室、历劫运、辟天地、隐玄灵、受玉图、变真文、垂经教、传五公、赞元阳、置陶冶、教稼穑、始器用、住崆峒、为帝师、授隐文、诞圣日、为柱史、弃周爵、过函关、试徐甲、训尹喜、升太微、会青羊、游诸天、入罽宾、化王子、集圣众、演金光、起青莲、捧神龙、摧剑戟、说浮屠、降外道、藏日月、拔太山、游于阗、留神钵、化诸国、到天竺、入摩竭、舍卫国、赐丹方、弘释教、授真经、叹犹龙、扬圣德、胤四真、教卫生、训阳子、天地数、诏沈羲、解道德、授道象、游琅琊、授簿书、传正一、说斗经、教飞升、授三洞、拯民灾、授神丹、封寇谦、建安化、毗摩铭、光醮坛、黄天原、新兴寺、彰灵宝、应帝梦、传丹诀、现朝元、颁流霞、刻三泉、云龙岩、居玉堂、明崖壁、珍庞勋、传古砖、起祥光。

《图说》的题材来源，除了《犹龙传》和《化胡经》的内容外，还引用了《庄子》即道教所尊《南华真经》中所述老子言行，并且将黄帝的诸多事迹移植于老子名下。其行文同《化胡经》中的八十一化有明显区别，而且文字较少。因《图说》是宣传老子化胡说的主要作品，在元代被焚毁，所以明代《道藏》没有收录，密藏于一些宫观，现存者见于陕西陇县龙门洞道院，为明代刻本，前录朱元璋《御制道德经序》。近世全真道宫观中多绘老子八十一化壁画，均取材于本书。编纂《中华道藏》时，尚未发现此本，亦未收录。

四、道教遭遇的两次焚经之祸

洞神部道经是三洞的源头，其中早期重要经典也是道教招致焚经之祸的诱因，但事件的根本原因则是佛教同道教争夺信众和教产的利益之争。

（一）佛道关系的三个阶段

日本学者福井文雅在《道教和佛教》一文中认为，道教和佛教的关系中虽然有过斗争和对抗的时期，但从总的趋势看，是一部二教并存，并走向融合的历史。道佛二教关系可以概括地分为三个阶段：第一阶段可视为混同的时期，第二阶段是对立、斗争与颉抗的时期，第三阶段是（在承认不同点的条件下）并存或融合的时期。这种认识基本上是符合两教关系发展事实的。

佛教传入中国之初，在中土文化优越的认识环境中，异域宗教立足是有相当大的阻力的。在这种条件下，与中土文化攀亲，采用中国人熟悉的词语，把自己打扮成一个与中国本土宗教十分相似的形象，使得中国人对其产生好感，无疑是一项成功的策略。因此，老子化胡说不是首先出自道教经典，而是出自佛经，就不奇怪了。当然，这个说法也不是佛教方面创造的，它只是巧妙地借用了当时已经出现的这个说法而已。而且，僧人学佛法亦称修道，自称道人或道士。宋叶梦得《石林燕语》："晋宋间佛教初行，未有僧称，通曰道人。"东晋史学家习凿齿，曾赞誉名僧道安为"非常道士"（梁僧祐《出三藏记集》卷一五《道安法师传》）。这种称谓一直保持到南北朝后期。《法苑珠林》卷六九甚至认为是道教窃取了"道士"这一称呼："始乎汉、魏，终乎苻、姚，皆号众僧以为道士。至魏太武二年，有寇谦之始窃道士之名，易祭酒之称。"这种说法当然也不尽符合历史事实。此处不论。

荷兰汉学家许里和认为，化胡说起初并非用来作为一种排佛的策略，而是把它与中国古代圣人的名字相联系，借此强调佛法清净而又慈悲为怀的特点。事实上，化胡说不过是提供了一个把道教的思想和实践与一知半解的佛教相混合的佐证。于是，在中国人看来，佛教似乎是道教的外国分支，而使佛教对中国百姓更具有亲和力。汤用彤先生也指出：汉世佛法东来，道教亦方萌芽，纷歧则势弱，相得则益彰。故佛法均藉老子化胡之说，会通两方教理，遂至帝王列二氏而并祀，臣下亦合黄老、浮屠为一，固毫不可怪也。因此可以说，老子化胡说是道教和佛教共同培植起来的神话，也是双方都受益的神话。

在佛道关系发展的第二阶段，情况就发生了变化。一方面，佛教在中国站住了脚跟，宗教势力远远超过道教。另一方面，道教也利用自身的优势，几度在政治排位上压倒佛教，并推动了几次废佛事件，双方的斗争一度达到白热化。

两次焚毁道经的事件，就发生在两教关系的第二阶段。

(二)《三皇经》被焚毁的经过

道教《三皇经》被焚，是佛道两教斗争中的一个小插曲。

南北朝时期，是佛教和道教竞相发展的时期，因而在互相交融的过程中难免触发摩擦。刘宋道士顾欢发表《夷夏论》，详辩二教之是非异同、高下优劣，认为道教乃中华正教，佛教为西夷异法，引发佛教方面的激烈反驳。其后相继发生北魏废佛和北齐废道的极端事件，两教关系剑拔弩张。唐代皇室大力扶持道教，佛教自然不满，需要寻找机会对道教实行打压。据《法苑珠林》卷五五记载，贞观二十二年（648），吉州司法参军吉辩检查监狱，发现囚犯刘绍略妻王氏送进狱中的衣笼中有《五岳真形图》及鲍靓所造《三皇经》十四页。其中一页上书写：

> 凡诸侯有此文者必为国王，大夫有此文者为人父母，庶人有此文者钱财自聚，妇人有此文者必为皇后。

于是，吉辩拷问刘绍略来源。刘回答是一个道士送给他的。州官认为这个东西属于图谶，有谋反嫌疑，将其封存起来，并迅速上报朝廷。太宗勅令朝议郎、刑部郎中纪怀业等勘问京城道士。受到调查的有长安下清（都）观道士张慧元、西华观道士成武英等。都答称此经系先朝道士鲍靓等所作，而不是今人所造。太宗下令将其除毁，并不株连道教。但是偏向佛教的大臣却不干。有一田姓大臣奏称，依内律，佛教僧尼受戒以后每人可以得到荫田三十亩；京城的道士、女道士也享受这样的待遇。但是他们都诵持《三皇经》。现在废除了《三皇经》，他们就不能再享受这个待遇。但这个议案未获批准，因为皇帝不愿意。当年五月十五日勅：

> 《三皇经》文字既不可传，又语涉妖妄，宜并除之。即以老子《道德经》替处。有诸道观及百姓人间有此文者，并勒送省除毁。
>
> 其年冬，诸州考使入京朝集，括得此文者，总取礼部尚书厅前，并从火谢也。

（三）《老子化胡经》及几乎全部道经被焚毁的经过

在对待老子化胡说的态度上，佛教由借用改为贬斥，而道教则变本加厉，逐步演变为攻击佛教的工具。这个转变发生在两晋以后。晋惠帝时，有僧人帛远在长安城筑精舍，以讲授佛经为业。时有道士王浮，常与之争辩两教义理。据《出三藏记集》卷五《法祖法师传》和《晋世杂录》等记载，王浮辩论每屈于帛远，因此改《西域传》为《老子化胡经》以"诽谤佛法"。然而这时的争论，还只限于个别僧道之间的辩论，佛道两教之间的关系大体还是很融洽的。例如前秦苻坚在位时（357—385）名僧道安与道士王嘉同在长安城中，相交甚厚。至西燕慕容冲围城前，道安劝王嘉一起离开长安，而王嘉执意留在长安，后来死于后秦姚苌之手。至梁武帝由信仰道教改宗佛教，老子化胡说便被佛教彻底抛弃，甚至认为老子、周公、孔子等都是如来弟子，且"止是世间之善，不能革凡成圣"（《法苑珠林》卷五五）。北魏太武帝在位时（423—451）灭佛事件后，老子化胡说成为两教斗争的焦点。北魏孝明帝在位时（515—528），僧人昙无最曾与道士姜斌在殿庭中辩论《化胡经》真伪，但没有辩论出结果，姜斌被崇信佛教的孝明帝发配。

一批高僧征引历史文献，论证老子是人不是神，而且考证出老子的归宿之地。唐代高僧法琳在《十喻篇》中说："老聃生桓王丁卯之岁（前714），终景王壬午之年（前519），虽迄孔丘之时，不出姬昌之世。"还说老子生在楚国濑乡，死在秦国槐里。另一高僧道宣也在《老子疑问反讯跋》中说："（老子）坐观周衰，遁于西裔，行及秦壤，死于扶风，葬于槐里。"佛教方面的这些论证，其目的就是彻底推翻老子化胡说。

《新唐书》卷五九记载，武周万岁通天元年（696），僧惠澄上言请求除毁《老子化胡经》，武则天令秋官侍郎刘如璿等考证议论。议论的结果是化胡经有根有据，不容置疑。武则天下达《僧道并重敕》说：

> 老君化胡，典诰攸著，岂容僧辈妄请削除。故知偏辞，难

以凭据。当依对定，佥议惟允。倘若史籍无据，俗官何忍虚承？明知化胡是真，作佛非谬，道能方便设教，佛本因道而生，老释既自元同，道佛亦合齐重。自今后，僧入观不礼拜天尊，道士入寺不瞻仰佛像，各勒还俗，仍科违敕之罪。(《全唐文》卷九六)

武则天其实是做了一回和事老，因为在唐帝尊老子为先祖、道教排序在佛教之前的政策背景下，尽管她在内心是倾向佛教的，但此时篡唐未久，她不敢激化两教的矛盾。据宋志磐《佛祖统纪》卷四一记载，神龙元年（705）九月，中宗下诏：

> 如闻道观皆画化胡成佛之相，诸寺亦画老君之形，两教尊容互有毁辱，深为不然。自今并须毁除。其《化胡经》屡朝禁断，今后有留此伪经及诸记录有言化胡者，并予削除，违者准敕科罪。

弘道观道士桓彦道上表请留《化胡经》，不许。但事实上，《化胡经》仍在民间流传。至于《佛祖历代通载》卷二一所记："唐（高宗）总章元年法明辨化胡之伪，敕搜聚天下《化胡经》，抑尝火其书矣。"显然与前述历史不符。唐武宗在位时（840—846）又一次发生废佛事件。虽然其主要原因是朝廷要抑制过于庞大的佛教势力，但道教亦从中推波助澜。从此以后，历经唐末五代和宋金几个朝代，佛道两教没有发生严重的冲突。

蒙古时期，由于丘处机得到成吉思汗的尊重，全真道获得空前绝后的大发展。在扩充实力的过程中，一些因战乱废弃的佛教寺院被道教占据，据佛经统计有482所之多，因此招致佛教的强烈不满。当成吉思汗和丘处机于同一年（1227）去世以后，忽必烈接受藏传佛教灌顶，成为密教信徒。佛教充分利用皇室的宗教情感，逐步发动反击，终于酿成全面焚毁道经的事件，使道教蒙受无法弥补的巨大损失。而此次冲突的表面原因仍是《化胡经》。据《至元辨伪录》等佛教文献记载，史志经编绘《八十一化图》后，被全真道掌教李志常组织刻板，广为散发；宋德方在编纂《玄都宝藏》时，也将《老子化胡经》收入其中。佛教认为这两件作品"百端诬诞之说，使识者诵之则齿寒，闻之则掩鼻"。蒙古宪宗五年（1255），河南少林寺住持福裕上表指责全真道徒造《老子八十一化图》伪妄，宪宗即下令"道教禁造伪经，僧道各返寺观"，以示调和。但是佛教仍不罢休。宪宗八年（1258）集僧道双方各17人辩论，道士辩论失败，17人被勒令落发为僧，并令焚毁《化胡经》及其雕版，道教归还佛寺37所。至元十七年（1280），元世祖下诏命全真道继任掌教祁志诚"焚毁道藏伪妄经文及板"，同时交还佛寺237所。当时被焚毁的道经，与《化胡经》相关的有39种：

（1）《化胡经》（王浮撰）

（2）《犹龙传》

（3）《太上实录》（宋谢守灏撰）

（4）《圣纪经》

（5）《西升经》

（6）《出塞记》

（7）《帝王师录》

（8）《三破论》（齐人张融假托他姓）

（9）《十异九迷论》（傅奕、李仲卿）

（10）《明真辨伪论》（吴筠）

（11）《十小论》（吴筠）

（12）《钦道明证论》（唐员半千假托他姓）

（13）《辅正除邪论》（吴筠）

（14）《辟邪归正议》（杜光庭）

（15）《黜邪论》（梁旷）

（16）《辨仙论》（梁旷）

（17）《三天列记》

（18）《谤道释经》（破大藏经，林灵素、杜光庭撰）

（19）《五公问虚无经》

（20）《三教根源图》（大金天长观道士李大方述）

（21）《道先生三清经》

（22）《九天经》

（23）《赤书经》

（24）《上清经》

（25）《赤书度命经》

（26）《十三虚无经》

（27）《藏天隐月经》

（28）《南斗经》

（29）《玉纬经》

（30）《灵宝二十四生经》

（31）《历代应现图》

（32）《历代帝王崇道记》

（33）《青阳宫记》

（34）《纪胜赋》

（35）《玄元内传》

（36）《楼观先生内传》

（37）《高上老子内传》

（38）《道佛先后论》

（39）《混元皇帝实录》

次年十月，百官集于悯忠寺，又将《道德经》以外的所有道教经书尽行焚毁。至此，历时近三十年的佛道相争，以道教的惨败而告终。

建议阅读书目：

陈国符：《道藏源流考》，中华书局，1963 年。

任继愈主编：《道藏提要》，中国社会科学出版社，1991 年。

王承文：《敦煌古灵宝经与晋唐道教》，中华书局，2002 年。

王士伟：《楼观道源流考》，陕西人民出版社，1993 年。

主要参考书目：

陈国符：《道藏源流考》，中华书局，1963 年。

任继愈主编：《道藏提要》，中国社会科学出版社，1991 年。

任继愈主编：《中国道教史》，上海人民出版社，1990 年。

陈垣等编：《道家金石略》，文物出版社，1988 年。

王承文：《敦煌古灵宝经与晋唐道教》，中华书局，2002 年。

〔日〕福井康顺等：《道教》第 1 卷—3 卷，上海古籍出版社，1990 年—1992 年。

朱越利、陈敏：《道教学》，当代世界出版社，2000 年。

王士伟：《楼观道源流考》，陕西人民出版社，1993 年。

方广锠：《浮屠经考》，《国际汉学》第一辑，商务印书馆，1995 年。

作者简介

樊光春，1952 年 3 月出生，陕西省紫阳县人，自修大专学历。陕西省社会科学院宗教研究所研究员、前所长，院道学研究中心名誉主任。相继主编出版《紫阳县志》《长安终南山道教史略》《陕西道教两千年》《西安道教与道观》《西北道教史》《终南仙籍》《山西道教碑刻》(丛书)等学术著作，承担国家哲学社会科学规划课题《西北道教历史与现状研究》《陕西道教典籍整理与研究》，现任中国道教协会教材《道教史》主编。

太玄部道经说略

尹志华

一、太玄部道经概述

太玄部是道教"三洞四辅"经典体系中的"四辅"之一。按道教的说法，太玄经辅洞真部，为大乘经典。关于"太玄"一词的含义，有两种解释。一说太玄是指太玄都，即老君隐居之处，"此都无际，包罗毕周，最大无比，故谓为太；有而难见，故谓为玄"（《传授经戒仪注诀》）。一说太玄就是特别推崇"玄"，"玄义远大，故曰太玄"（《道教义枢》卷二）。

关于太玄部经书的主旨，《道教义枢》卷二说："太玄者，重玄为宗。"这一概括乃是重玄学盛行的隋唐时代的人们的看法，并不一定符合太玄部经书的本来面目。实际上，太玄部是以《道德经》为核心而形成的一组道经，主要阐发《道德经》的义理，兼及老子、尹喜的传记和传授《道德经》的仪轨。

陈国符先生所著《道藏源流考》，对三洞四辅经书作了系统考证。其中关于太玄经的考证，为这一研究领域的奠基之作。此后中外学者对太玄部的许多经书作了具体而深入的研究，在经书的时代判定、内容探讨、渊源和影响考述以及辑佚等方面都取得了丰硕的成果。下面综合学界已有的研究成果，对太玄部经书进行概述。

太玄部经书大多托称老君（即老子）所说或所授。史载老子曾为周朝守藏室之史，后见王室衰落，于是辞官隐居。西行至函谷关时，应关令尹喜的恳求，写下了五千文上下篇，后世称为《老子》或《道德经》。道教传说，老子传授给尹喜的经书，除《道德经》外，还有《妙真经》和《西升经》。《道教义枢》卷二说："尹生所受，唯得《道德》《妙真》《西升》等五卷。"据陈国符先生《道藏源流考》所说，此五卷经书分别是《道德经》二卷、《妙真经》二卷和《西升经》一卷。此三书后来被视为太玄部的核心经典。

另有道书记载说，老子传授给尹喜的经书，还有《老子中经》（或尊称《太上老君中经》）。如刘宋时期的道经《三天内解经》即说："老子知周祚当衰，被发佯狂，辞周而去。至关，乘青牛车与尹喜相遇，授喜上下《中经》一卷、《五千文》二卷，合三卷。"所谓"上下《中经》一卷"，即指《老子中经》。考《道藏》所收《太上老君中经》，经文说："吾时时自案行此二篇上下《中经》也。"但因该经并非阐述义理，而是讲存神修炼之法，故在早期道经目录中被归入太清部，而不列入太玄部。如《传授经戒仪注诀》说："昔尹子初受大字三篇，《中经》在太清部中，所以付上下两卷。"《云笈七签》卷六引《玉纬》也说："其《中经》珍秘，部入太清。"

道教传说，老子后来又于东汉时传授给张道陵天师《太玄经》二百七十卷。《云笈七签》卷六引《道门大论》说："按《正一经》云：太上亲授天师《太玄经》，有二百七十卷。推检是汉安元年（142）七月得是经。尔来传世，乃至今日。但其零落阙遗，亦是运还天府耳。"又说："今《玉纬》所撰，止有一百三十五卷。"《道门经法相承次序》卷下亦载：太玄部，一百三十五卷。此二百七十卷或一百三十五卷的《太玄经》，今已不得其详了。陈国符先生《道藏源流考》认为，《正一经》所载，当系虚数。

我们今天要考察太玄部经书之名，所能依据的文献主要有成书于南北朝时期的《传授经戒仪注诀》和《三洞奉道科诫仪范》（见于敦煌遗书，《道藏》本改名《洞玄灵宝三洞奉道科戒营始》）、唐代张万福《传授三洞经戒法箓略说》和唐末五代杜光庭《太上三洞传授道德经紫虚箓拜表仪》等。

这几部书中，《传授经戒仪注诀》所载太玄部经书最少，因其所载书目的范围仅限于"《道德》尊经、戒律科仪"，故只"传授十卷"。作者认为这十卷经书是太玄部必须修习的经书，至于其他经书，如《老子内解》等，"余力观之，幸亦无妨"。这就说明，太玄部经书其实不止十卷，《传授经戒仪注诀》只是载其中最重要的经书而已。按《传授经戒仪注诀》所载十卷经书只有七种：第一、二卷为《老君大字本道德经》，第三、四卷为《老君道德经河上公章句》，第五、六卷为《老君道德经想尔训》，第七卷为《老君思神图注诀》，第八卷为《老君传授经戒仪注诀》，第九卷为《老君自然朝仪注诀》，第十卷为《老君自然斋仪》。

《三洞奉道科诫仪范》所载高玄弟子应受的经书，与《传授经戒仪注诀》所载经书相比较，无《老君思神图注诀》《老君传授经戒仪注诀》和《老君自然斋仪》，多出《杂说》《关令内传》和《诫文》三书。《三洞奉道科诫仪范》又载，太上高玄法师应受的经书，要在高玄弟子应受经书之上，再加上《老子妙真经》《西升经》《玉历经》《历藏经》《老子中经》《老子内解》《老子节解》《高上老子内传》和《皇人三一表文》。这些经书均为《传授经戒仪注诀》所不载。故有的学者认为，《传授经戒仪注诀》所载乃太玄部"原始经目"，以后诸书所载乃太玄部"修订经目"。卢国龙先生在《中国重玄学》一书中认为：太玄部修订经目为南朝道士臧矜所定。《云笈七签》卷六叙太玄部源流："玄靖法师（即臧矜）开为三部，宗致《道德》二卷。"臧矜所开列的三部经典，即《道教义枢》所说的《道德经》《妙真经》和《西升经》。臧矜将《道德经》《妙真经》《西升经》确立为太玄部的基本经典，"对于重玄理论由玄学流派转变为道教的'重玄之道'，无疑发挥了极为重要的作用"。

唐张万福《传授三洞经戒法箓略说》所载《道德经目》，其第一部分列七种经书，与《传授经戒仪注诀》完全相同，并标明"此《太玄经》所明，应受持修行"；第二部分亦列七种经书，标明为左仙公及金明所说。金明所说大概即指《三洞奉道科诫仪范》，因为该书题为"金明七真撰"。但《传授三洞经戒法箓略说》所载经书，与《三洞奉道科诫仪范》相比较，少了《玉历经》《历藏经》《老子中经》和《皇人三一表文》，不知何故。所列《紫虚箓》，则为《三洞奉道科诫仪范》所无，大概出自"左仙公所说"。

唐末杜光庭《太上三洞传授道德经紫虚箓拜表仪》所载，与《三洞奉道科诫仪范》相比较，无《关令内传》《老子内解》《老子节解》和《高上老子内传》，增加了《高上紫虚天书秘箓》和《六甲存图》。此《高上紫虚天书秘箓》，即张万福《传授三洞经戒法箓略说》所载之《紫虚箓》。考《无上秘要》卷三七曾引《传授五千文箓仪》，《太平御览》卷六六七、卷六七九两引太玄经之《老子传授经戒箓仪注诀》，可知太玄经之箓仪自南北朝已有，非唐代所增。杜光庭所列《六甲存图》，前三书皆未载。不过仍有蛛丝马迹可寻。考《三洞奉道科诫仪范》言，太上弟子要领受紫宫移度大箓、老君六甲秘符、黄神越章。《六甲存图》大概即《老君六甲秘符》。

以上四书所载太玄部经目，大多已佚。现存者只有《老子》（或名《道德经》）、《老子河上公章句》《老子想尔注》（即《老君道德经想尔训》，只存道经部分）、《传授经戒仪注诀》《老君思神图注诀》（明《道藏》本名《太上老君大存思图注诀》）、《西升经》和《老子中经》。近来有学者对太玄部经书作了辑佚工作。如澳大利亚柳存仁先生、中国台湾郑灿山先生和日本前田繁树先生分别辑有《妙真经》，中国台湾严灵峰先生辑有《老子节解》，郑灿山先生辑有《高上老子内传》《无上真人内传》（即《关令内传》）等，为进一步的研究提供了便利。

由于太玄部是围绕《道德经》而展开的一组经书，故一些学者主张，举凡与老子和《道德经》关系较密切者，如历代《道德经》注疏，老子传记，继承老子思想的道家诸子书，均应归入太玄部。这一观点是符合道经实际的。

道教自立教之始，即奉《道德经》为基本经典。东汉天师道祭酒教授徒众的教科书即是《道德经》；张道陵（一说张鲁）还亲自撰写了《老子想尔注》，用道教的观点解释《道德经》。在此之前，已有《老子河上公章句》，以"身国同治"之理注释《道德经》，并有"轻举升云"的成仙之说。魏晋时期，又出现了完全以道教的养生修炼思想注释《道德经》的《老子节解》（托称老君与尹喜解）和《老子内解》（托称尹喜著）。以上四种注解《道德经》之书，在南北朝时期最受道教尊崇，道书中颇多引述。

除上述四书外，历代道士所作的《道德经》注疏，比较有影响的有唐代成玄英的《老子道德经开题序诀义疏》，唐代李荣的《道德真经注》，唐末杜光庭的《道德真经广圣义》，北宋陈景元的《道德真经藏室纂微篇》，南宋吕知常的《道德经讲义》，南宋白玉蟾的《道德宝章》，南宋范应元的《道德经古本集注》，元代杜道坚的《道德玄经原旨》，元代李道纯的《道德会元》，明代王一清的《道德经释辞》，明代陆西星的《道德经玄览》，清代宋常星的《道德经讲义》，清末黄裳的《道德经注释》等。

另外，一些道士所作的《道德经》集注，不仅收有道教之注，而且收有儒家、佛教之注，对保存老学文献作出了重要贡献。一些重要思想家如王安石等人的《老子注》，正是有赖于道士的集注，才使今人得以稍窥其貌。《道藏》中的《道德经》集注主要有金代李霖的《道德真经取善集》，南宋彭耜的《道德真经集注》，南宋董思靖的《道德真经集解》，元代刘惟永的《道德真经集义》，明代危大有的《道德真经集义》等。

历代道士所作《道德经》注疏，其总的特点是将《道德经》宗教化，以之作为道教教理教义、修炼方术的根据。当然，因时代不同和个人理解的差异，道士们的注本也呈现出各自的特点。如唐代成玄英、李荣的注本以阐发重玄之道为特征，北宋陈景元的注本以阐发道之体用为特征，南宋白玉蟾的注本以道禅融合为特征，元代杜道坚的注本以阐发"皇道帝德"的治国之术为特征，明代陆西星的注本以阐发内丹思想为特征，等等。

《道藏》中也收有道教以外人士所作的《道德经》注疏多种。比较有影响的如西汉严遵的《老子指归》，曹魏王弼，唐末陆希声，北宋司马光、苏辙、吕惠卿等人的《道德经注》，南宋林希逸的《道德真经口义》，元代吴澄的《道德经注》，明代焦竑的《老子翼》等。这反映了道教人士编纂《道藏》时的开放心态。

值得一提的是，历史上还有六位皇帝亲自为《道德经》作注，他们分别是梁武帝、梁简文帝、梁元帝、唐玄宗、宋徽宗和明太祖。其中唐玄宗的《道德经》注和疏、宋徽宗的《道德经解》和明太祖的《道德经注》均被收入明《道藏》。另，清世祖也曾令大学士成克巩撰成《御定道德经注》，并亲撰序文。

关于老子的传记，六朝时期流传有《高上老子内传》《玄妙内篇》《濑乡记》等，唐代有尹文操撰《玄元皇帝圣纪》等，今皆不存。明《道藏》中保存的老子传记有：约出于唐代的《太上混元真录》，北宋道士贾善翔撰《犹龙传》，约出于北宋的《太上老君金书内序》，南宋道士谢守灏撰《混元圣纪》(原名《太上老君混元上德皇帝实录》)、《太上老君年谱要略》《太上混元老子史略》等。

道家常以老庄连称，《庄子》一书被视为继承和发展老子思想的最重要的著作。但汉魏两晋时期的道教徒，对《庄子》不甚重视。其原因大概是庄子的齐死生之说与道教徒对长生成仙的追求格格不入。晋代道士葛洪即批评庄子的齐死生之说"其去神仙，已千亿里"，故不值得研究。然而魏晋玄学兴起，《庄子》被视为"三玄"之一，特别是郭象的《庄子注》大行于世后，庄子思想在社会上产生了广泛的影响。社会风气不能不对道教产生一定影响。故自南北朝以来，道教也逐渐推崇庄子。且《庄子》中本来就有对神仙境界的描述和对修炼方术的记载，故道教援庄子入神仙之列，也是顺理成章的。南朝萧梁陶弘景《真诰·稽神枢第四》谓庄子"隐于抱犊山，服北育火丹，白日升天，补太极闱编郎"。六朝道经《太极真人敷灵宝斋戒威仪诸经要诀》谓："庄周者，太上南华仙人也。"其在世学道时发愿"敷演《道德经》五千文，宣畅道意"。唐初道士成玄英在郭象《庄子注》的基础上撰成《庄子疏》，对道教重玄学的构建做出了重要贡献。其后，庄子其人其书越来越受到道教的尊崇。具有里程碑意义的事件是，特别崇奉道教的唐玄宗于天宝元年（742）诏封庄子为"南华真人"，尊《庄子》一书为《南华真经》。从此，《庄子》作为道教基本经典的地位得到了确认。

唐玄宗在诏封庄子其人其书的同时，还诏封了先秦道家的其他三位人物及其著作：诏封列子为"冲虚真人"，尊《列子》一书为《冲虚真经》；诏封文子为"通玄真人"，尊《文子》一书为《通玄真经》；诏封庚桑子（即《庄子》所载庚桑楚）为"洞灵真人"，尊《庚桑子》一书为《洞灵真经》。此三书与《庄子》一起，在道教中合称"四子真经"。

除"四子真经"外，《道藏》所收先秦道家人物的著作还有《鬻子》《关尹子》《子华子》《尹文子》《鹖冠子》等。这些书虽然大多为后世依托之作，但从分类来说，都应归入太玄部。《道藏》所收汉代典籍《淮南鸿烈》（即《淮南子》），对老子思想颇多阐发，亦当归入太玄部。

按陈国符先生的观点，不仅道家诸子应归入太玄部，而且《道藏》中所收的"百家诸子"都应归入太玄部。"百家诸子"入《道藏》者，主要有《墨子》《韩非子》《公孙龙子》《孙子》，等等。这些书除《韩非子》外，与《老子》基本上没有什么关系，能否归入以《老子》为首的太玄部，是需要考量的。陈先生的归类判断是基于《道藏》已有的"三洞四辅"分类法，然而"百家诸子"恰恰是"三洞四辅"分类法所无法涵括的。明《道藏》在经书分类上的混乱，正反映了"三洞四辅"分类法的不足。新编《中华道藏》为处理这一问题，既保留了三洞四辅的传统经教体系，又对无法归入三洞四辅的经书，另行分类。这不失为一个可行的办法。

二、太玄部应收经籍选介

（一）《道德真经》

《道德真经》，即道教对《老子》的尊称。关于《老子》的成书时代问题，学术界争论较大。传统的观点据司马迁《史记》所载，认为《老子》五千余言乃春秋末期的老聃应关令尹喜之请而作。近代一些学者提出许多证据，认为《老子》成书于战国时期。有的学者如钱穆先生，甚至认为《老子》晚于《庄子》。最近十多年来，许多学者又对《老子》的成书年代问题从多方面进行了重新考证，倾向于回到传统的观点。

我们今天所能见到的最早的《老子》版本，是在湖北荆门郭店楚墓中出土的竹简本，抄写时间在战国中晚期。其次则是长沙马王堆汉墓出土的帛书本。竹简本有甲乙丙三种，文字皆仅为通行本的一部分，大概是摘抄本。其中有的句子跟通行本差异很大。如通行本第十九章"绝圣弃知""绝仁弃义"，竹简本作"绝知弃辩""绝伪弃虑"。帛书本有甲乙两种，其与通行本的最大差别是《德经》在前，《道经》在后。

在历史上流传最广的《老子》版本则是汉代河上公本和曹魏王弼本。朱谦之先生概括说，河上公本属民间系统，文句简古；王弼本属文人系统，文笔流畅。

汉魏六朝时期，在道教中流传的《老子》版本主要有两种：一种是《老子河上公章句》本，一种是白文本《老子五千文》。《老子河上公章句》将《老子》分为八十一章，每章前均有章名、章次，如"体道第一""养身第二"等。白文本《老子五千文》，在道教中被称为"系师定本"。系师即天师张道陵之孙张鲁。该本是据《老子河上公章句》本将《老子》删定为五千字，故称"五千文"。因将《老子》第十一章"三十辐共一毂"写成"卅辐共一毂"，故实际上只有4999字。

《老子》通行本分为八十一章。但西汉严君平将《老子》分为七十二章,唐代李约则将《老子》分为七十八章,元代吴澄又将《老子》分为六十八章。仅就分八十一章而论,除了通行的道经三十七章、德经四十四章外,道教中还有的本子是道经三十六章、德经四十五章。据传,此种分章法始自晋代道士葛洪。

《老子》的核心思想就是"道"。在中国文化史上,"道"的最初含义就是人们所走的路。后来含义逐渐扩大,自然与人事所遵循的途径(即规律)皆称之为道,遂有天道、人道之说。至老子,始将"道"提升为一个最高的哲学范畴。在老子之前,中国人以天为最大,昊天即是上帝。老子则认为:道是"先天地生"的,在"象帝之先"。从此,"道"成了中国文化最核心、最崇高的概念。

老子所说的"道",用今天的话来说,兼有宇宙的本源、万物存在的依据、事物运动变化的规律、人生修养的最高境界等多重含义。"道"的基本特性就是自然和无为。老子说:"道法自然","道常无为而无不为"。所谓"自然"就是"自己如此"。所谓"道法自然",就是说,道虽然生成、养育万物,但却不主宰、控制万物,而是让万物自然发展。所谓"无为",就是不干涉、妨碍事物的自然发展。自然是事物的理想状态,无为则是保持这一状态的方法。老子希望人们以道为榜样,按照自然、无为的原则处理一切事情。

《老子》中不仅有深邃的哲学思想,而且在社会政治观方面,也有精辟的见解。老子对统治者的横征暴敛进行了猛烈的抨击。书中说:"民之饥,以其上食税之多,是以饥。"老子认为统治者应当顺应民意,体贴民情。书中说:"圣人无常心,以百姓之心为心。"这充分反映了老子的民本思想。老子反对贫者愈贫、富者愈富的不合理现象,主张帮助弱势群体。书中说:"天之道,损有余而补不足。"又说:"既以为人,己愈有;既以与人,己愈多。"意即,帮助别人的同时自己也得到了丰富和完善。老子反对战争,主张和平。书中说:"以道佐人主者,不以兵强天下。"意即,有道者不以炫耀武力或发动战争来威服天下。

《老子》成书后,从战国末的韩非起,历代注家蜂起。唐末杜光庭曾胪列注疏《老子》者六十余家，他所未录而见于《新唐书·艺文志》的又有三十多家。但这还不完全。据各种文献所载进行统计，到唐末，《老子》注家已在二百人以上。元代道士张与材称："《道德》八十一章，注者三千余家。"这个数字也不算夸张，因为有许多注本未被著录。当然，能流传到今天的，只是其中的一小部分。

道教自创立以来，一直奉《老子》为基本经典。道教中的尊道贵德、重生贵和、道法自然、清静无为、少私寡欲、柔弱不争、上善若水、返朴归真、长生久视等重要教义主张，都来源于《老子》。国学大师蒙文通先生曾在《道教史琐谈》一文中指出："历代道教徒莫不尊老子、注《老子》，故论道教思想当以有关老子之著作为主。"此论甚确。

（二）《西升经》

东晋葛洪《神仙传·老子传》中已提及该经。约成书于东晋初中期的佛教典籍《正诬论》亦引有此经首章经文。故该经当出于魏晋间。原本一卷，后或分为二卷。今传本有两种，一为北宋陈景元《西升经集注》，分为六卷；一为宋徽宗御注《西升经》，分为三卷。二者皆分为三十九章，但文字略有不同。

此经以老子化胡说为背景，谓："老子西升，开道竺乾，号古先生，善入无为，不终不始，永存绵绵。"

此经以发挥《道德经》的道论和自然、无为、虚静、得一之说为主旨。故陈景元称："其微言妙旨，出入五千言之间。"宋徽宗也认为："是书盖与五千言相为表里。"

经中谓："道象无形端，恍惚亡若存。""天地与人物，本皆道之元。"这是继承《道德经》关于道生天地万物而又无形无象的观点。经中认为"道者，虚无之物"，但又说"虚无生自然，自然生道"，为强调道的虚无、自然特征，乃将虚无、自然置于道之上。此说于理难通，但却在南北朝道教中很有影响。

经中谓修道须循自然之理，认为"自然者，道之根本也"，故"古之为道者，莫不由自然，故其道常然矣"。又强调虚空无为，谓："人能虚空无为，非欲于道，道自归之。"又主张断除欲望，认为"欲者，凶害之根"，"人欲长久，断情去欲"。又倡言守一的重要性，谓："丹书万卷，不如守一。""子能知一，万事毕。"

经中论及形神关系时称："神生形，形成神，形不得神不能自生，神不得形不能自成，形神合同，更相生，更相成。"这是继承道教传统的形神相须、不可偏废的思想。但该经又受佛教的影响，有贬低形体的倾向。经中谓：养生之道有真伪，"真道养神，伪道养形"。又以老子的口吻说："观古视今，谁存形完？吾尚白首，衰老孰年？"经中认为，修道的最高境界是"形隐神留"。这就否定了道教传统的肉体长生思想，开启了后世道教追求精神不朽的先河。

该经试图融合道教的"道生万物"论和佛教的"缘起"论。它以树木作比喻，谓道好比是万物的根，根要长成大树，必须"合会地水火风，四时气往缘"。万物的根本都是道，但是"气行有多少，强弱果不均"，由此形成了世界的多样性。

该经以老子的口吻说："道非独在我，万物皆有之。"这是发挥庄子关于"道无所不在"的思想，对道教后来产生"一切有形，皆含道性"的教义，有一定的影响。

该经认为，人们的寿命长短并非天定，而是取决于人们自己。经中说："民之所以轻命早终者，民自令之耳，非天地毁、鬼神害。"人们若能懂得养生之道，做到"形神合同"，便可使生命长存。故经中提出了一个响亮的口号："我命在我，不属天地！"千百年来，这个口号一直激励着道门中人努力探寻生命的奥秘，以掌握生命的自主权。

（三）《妙真经》

此经二卷，已佚。《正一法文天师教戒科经》之《大道家令戒》中已提到此书，并以老子的口吻说："《妙真》自吾所作。"关于《大道家令戒》的成书年代，有曹魏时期、刘宋末期、苻秦初至北魏初和北魏时期等说法。与此相应，学者们对《妙真经》的成书时代也有多种说法。但我们可以据《弘明集》卷六所收刘宋谢镇之反驳顾欢的《重与顾道士书》确定《妙真经》成书时间的下限。谢镇之在批评道经"采撮《法华》"时，列举的道经中就有《妙真经》。谢镇之与顾欢围绕《夷夏论》而以书信往来争论，发生在刘宋泰始年间（465—471）。《妙真经》肯定成书于此前。

按《无上秘要》卷一〇〇《入自然品》引《妙真经》曰：

> 吾前以道授关令尹生，著《道德》二篇，将去，诫之曰：夫道，自然也。得之者知其自然，不得之者不知其所由然。譬犹瘖者识音，不能深晓，人心知之，口不能言。

这一段话的意思在《西升经》第一章中以近似的语言作了表述。这表明《妙真经》与《西升经》有着密切的关系。据樊波成研究，《妙真经》中冠以"道曰"的某些文字乃是因袭《西升经》而来。①

保存《妙真经》佚文最多的道书是《无上秘要》。该书卷五《人品》、卷六《王政品》、卷七《修真养生品》、卷四二《修学品》、卷六五《柔弱品》、卷八八《长生品》、卷一〇〇《入自然品》，都引有《妙真经》之文。此外，陶弘景《养性延命录》，范翛然《至言总》卷五，朱法满《要修科仪戒律钞》卷一二，《洞玄灵宝太上六斋十直圣纪经》，《上清道宝经》卷三，《道典论》卷四，《道体论·道体义》，《云笈七签》卷八九《诸真语论》和卷九四所收司马承祯《坐忘论·序》等，也引有《妙真经》之文。在敦煌遗书中发现的《大道通玄要》等道教类书中，也保存有《妙真经》佚文。诸书所引，颇多重复。如"罪莫大于

---

① 樊波成：《〈妙真经〉成书考》，《宗教学研究》2014 年第 2 期。

淫，祸莫大于贪，咎莫大于僭""使道与生相保，生与道相守"之类，屡次出现。从诸书重复的引文中，也可看出某些书的引文有误。如《无上秘要》卷八八《长生品》所引"志若流水，居处市城"，《要修科仪戒律钞》卷一二、《太平御览》卷六六八均作"志若流水，居若空城"，可知《无上秘要》所引有误。据樊波成研究，《妙真经》中没有冠以"道曰"的部分系由《老子指归》改编而成。

从现存佚文来看，《妙真经》有相当的内容是对《道德经》的阐发。如《无上秘要》卷四二《修学品》所引"夫道德治之于身""治之于家""治之于乡""治之于国"的内容，显然是在阐发《道德经》第五十四章的思想。综览现存佚文，可知《妙真经》主要是据《道德经》以立论，阐发《道德经》的自然、无为、虚静等思想。

（四）《老君存思图注诀》

《正统道藏》洞神部所收《太上老君大存思图注诀》和《云笈七签》卷四三所收《老君存思图十八篇》，应当是《传授经戒仪注诀》所说的《老君思神图注诀》的传本。《太上老君大存思图注诀》有图，但阙前八篇；《老君存思图十八篇》正文全，但阙图。二者合校，庶几可见《老君思神图注诀》之全貌。

据《老君存思图十八篇》，其存思图依次为：存道宝第一，存经宝第二，存师宝第三，存十方天尊第四，授《道德经》存三宫第五，朝朝于户外存四明等第六，夕入于户存四上等第七，入堂存三师第八，存五脏五岳五星五帝金映五色圆光第九，坐朝存思第十，卧朝存思第十一，朝出户存玉女第十二，夕出户存少女第十三，斋（《太上老君大存思图注诀》作"行道时"）存云气兵马第十四，上讲座存三色三一魂魄第十五，初登高座先存礼三尊第十六，登高座侍卫第十七，万遍竟云驾至第十八。

《老君存思图十八篇》谓："修身济物，要在存思。存思不精，漫澜无感。感应由精，精必有见。见妙如图，识解超进。"存思即默想，默想的对象即上述十八图，包括各种神仙及其城阙宫殿。存思的最高境界是使自己与存思对象合为一体，即道教中常说的"回风混合"。存思法盛于六朝，为当时道教中最主要的修炼方法。

（五）《传授经戒仪注诀》

此书全名《老君传授经戒仪注诀》，述传授太玄部经戒之仪轨。约成书于南北朝时期。内容分为前言和正文。前言称：老君为得道之大圣，幽显所共师，为大宗极主，住太玄之都，"主本无名，标曰太上"，"道成特高，故曰太玄高上老君"。又称，老君为表明凡世之人可以学真，乃于商时"降迹和光，诞于庶类"，"因李为姓，以耳为名，居于楚国苦县濑乡曲仁里中"。文王之时，仕周为守藏史。至昭王二十四年十二月二十八日，授关令尹喜《五千文》。

正文共十三章：序次经法第一，传授斋法第二，请师保法第三，书经法第四，书表法第五，书三师讳法第六，办信物法第七，授度所须物法第八，衣服法第九，诣师投辞法第十，斋仪增损法第十一，斋竟奏表法第十二，表本法第十三。

第一章述太玄部经书传授次序，首标大字本《道德经》，次为《道德经河上公章句》，次为《道德经想尔训》，次为《思神图注诀》，次为《传授经戒仪注诀》，次为《自然朝仪注诀》，次为《自然斋仪》。其中确认《道德经想尔训》为系师张鲁所作。又谓："《河上》《想尔》，注解已自有殊，大字文体，意况亦复有异，皆缘时所须，转训成义。"修学之人不可执此诮彼，应周通其义。

第二至十三章，述授经仪轨。重视设斋、请师和置办信物，并详细规定了缮写经书和上表文的规矩。谓依法修行，可使自己智慧通达，寿命延长，升仙成圣，并使九玄俱升。

此书独尊老子为道教宗主，以《道德经》为主要经文，对其他神君及经书略而不提，而"诣师投辞法"中又有"某治某气"之称，大概系出于天师道教徒之手。

(六)《老子节解》

早在东晋葛洪《抱朴子内篇·遐览》所著录的道教经书中，即有《节解经》之名。此《节解经》即《老子节解》。《云笈七签》卷九九《灵响词五首·序》所引"尹真人《节解经》"，其内容正是对《老子》第十四章的解释。

关于《老子节解》的作者，各种典籍所载不一。唐陆德明《经典释文·叙录》载《老子节解》二卷，称："不详作者，或云老子所作，一云河上公作。"唐王悬河编《三洞珠囊》卷八，引述《老子节解序》云："老子以无极灵道元年七月甲子，授关令尹喜《五千文节解图》。"唐末杜光庭《道德真经广圣义》在序文中著录《老子》注解六十余家，其中有《节解》上下，也称系老君与尹喜解。北宋王钦若等编《册府元龟》卷六〇五《学校部·注释第一》在著录"河上公注《老子》四篇"时，载："又云作《节解》二卷。"《宋史·艺文志》则著录为"葛玄《老子道德经节解》二卷"。严灵峰先生认为：《老子节解》之思想与葛玄《老子道德经序诀》相合，因此定为葛玄所著。但问题是，有的学者认为《老子道德经序诀》也是假托葛玄而已。而且，即使《老子道德经序诀》真为葛玄所著，也不能仅凭思想相合，就断定《老子节解》也为葛玄所著。因为"守一、行气、还精补脑之说"乃魏晋六朝道教之时代风尚，非葛玄所独倡。

此书已失传，但还有部分佚文保存。严灵峰先生曾据张君相《老子集解》(即《道藏》所收题为顾欢述的《道德真经注疏》)、强思齐《道德真经玄德纂疏》、李霖《道德真经取善集》诸书所引《节解》之文，编成《辑葛玄老子节解》一书，收入《无求备斋老子集成初编》中。日本藤原高男先生《辑佚老子古注篇》亦辑有《老子节解》。日本楠山春树先生所著《老子传说研究》，又从《太上混元真录》和释法琳《辩正论》中找出《老子节解》佚文数条。王卡先生著《敦煌本〈老子节解〉残页考释》一文[①]，发现敦煌 S.6228v 抄本，乃《老子节解》残片，存经注文19行，起第三十三章末句（死而不亡者寿）之注文，止第三十五章经文"视之不足"句。他还发现《云笈七签》卷五六《元气论》和卷九九《灵响词五首·序》各引有一条《老子节解》佚文。王卡此文亦辑录了顾本、强本所引《老子节解》，但有较多遗漏。

此书完全以养生思想注解《老子》，故唐赵志坚《道德真经疏义》评论说："以文属身，《节解》之意也。"即使《老子》明言治国，该书也以治身之理释之。如《老子》第六十一章"大国者下流"，此书注解说："泥丸为大国，口为小国。"第七十八章"受国不祥，是谓天下王"，此书注解说："国谓形也。"第八十章"邻国相望"，此书注解说："邻国，两耳也。"《老子》所言"用兵"，此书则分别以口舌之争和阴阳交合之说解之："上兵谓口也，下兵谓阴也。"如解《老子》第六十九章"用兵有言：吾不敢为主而为客"，云："口言妄则自伤，故言谦让也。轻用阴则丧精，故不敢为唱而为和也。"解"祸莫大于轻敌"，云："谓自恣交接者，则有丧祸之灾。"

书中所谓养生之道，主要是虚无自然、守一存神、闭气养精。尤重守一，谓"一去邪来"，"百病并生"，故当"守一坚固"，使"一"常行于身中。其思想渊源当为《老子》的"抱一""得一"之说和《庄子》的"守其一""知一"之说。

（七）《老子道德经开题序诀义疏》

初唐道士成玄英撰。据《新唐书·艺文志》载，成玄英著《老子道德经开题序诀义疏》七卷。原书已佚，主要内容散见于晚唐强思齐《道

---

① 载《敦煌吐鲁番研究》第六卷，2002年。

德真经玄德纂疏》、署名顾欢述的《道德真经注疏》和金代李霖《道德真经取善集》中。蒙文通先生于抗日战争时期据上述三书辑成《老子成玄英疏》六卷，1946年由四川省立图书馆印行。近年蒙先生哲嗣蒙默先生又重新进行了核校，并增录敦煌遗书中成玄英《老子道德经开题》，收入《蒙文通文集》第六卷，由巴蜀书社于2001年出版。另，台湾学者严灵峰先生和日本学者藤原高男先生也分别撰有辑校本。最近出版的《中华道藏》第九册，亦收有此书，系笔者据蒙文通先生辑校本和敦煌遗书成疏残本（存第六十章至第八十一章注文）进行合校，并对敦煌遗书《开题》残本和《序诀义疏》残本进行了释读。

成玄英在《开题》中指出，历代诸家注《老》宗风各不相同："严君平《旨归》以虚玄为宗，顾征君《堂诰》以无为为宗，孟智周、臧玄静以道德为宗，梁武帝以非有非无为宗，晋世孙登云'托重玄以寄宗'。"成玄英认为："虽复众家不同，今以孙氏为正。"故成玄英此书，便以着力阐发重玄之道为宗旨。他说，老子之"道"以虚通为义，而虚通无滞即是重玄的境界。所谓"重玄"，渊源于《老子》第一章"玄之又玄"之语。成玄英认为：

> 有欲之人，唯滞于有；无欲之士，又滞于无。故说一玄，以遣双执。又恐行者滞于此玄，今说又玄，更袪后病。

这样才能"非但不滞于滞（即不执着），亦乃不滞于不滞（即不执着于不执着），此由遣之又遣，故曰玄之又玄"。要达到虚通无滞的重玄境界，其方法就是顺其自然："自然者，重玄之极道也。"

成玄英此书的另一特点，是将道与性贯通起来，认为道乃"众生之正性"，并提出了"复于真性""复彼自然之性"的主张。

成玄英此书为唐代老学的代表作，其重玄之学和复性之论对唐宋时期的思想学术有着重要影响。

（八）《道德真经藏室纂微篇》

北宋道士陈景元著。陈景元（1025—1094），字太初，号碧虚子，建昌南城（今属江西）人。曾游天台山，遇著名道士陈抟之弟子张无梦，颇得《老》《庄》微旨。熙宁五年（1072）向朝廷进献所注《道德经》，蒙神宗御札褒奖，谓其书"剖玄析微，贯穿百氏，厥旨详备，诚可取也"。

此书名"藏室纂微"者，"藏室"谓藏经之室，"纂微"谓采摭藏室之奥典，纂集前人之微旨。然此书实以陈氏自己之注解为主。陈氏在《开题》中谓《老子》以重玄为宗，然细观其注文，却并无玄通无滞的理论思辨之风，而是着力于对道之体用关系的探讨。此乃时代风气使然。

陈景元说：道之体乃"常道"，常道自然而然，随感应变，无为而无不为，故不可言说；而"仁义礼智信，皆道之用，用则谓之可道"。这就把儒家的"五常"与道家之"道"联系起来了。陈景元认为，理想的政治就是在贯彻道家自然无为精神的基础上，以儒家的纲常名教来进行具体的操作。他说："君子以无为自然为心，道德仁义为用。""若乃尊道德仁义，而兼用礼教者，是礼之上也，则何往而不治哉？"

陈书的另一特点是在人性论上，对人性之本源与现实表现作了区分。作者认为：人性之本源都是道；但在禀受的过程中，由于受所禀之气的影响，自然产生了差异。由于人所禀之气有清、浊、中和三种，现实中的具体人性便相应地有善良、邪恶、善恶相混三种。这与同时代儒家学者张载对"天地之性"与"气质之性"的区分，程颐对"天命之谓性"与"生之谓性"的区分，其运思理路不谋而合。

陈书内容广博，对老学的许多方面都有所阐发，故不仅见重于当时，在后世也有较大影响。元代薛致玄说，自陈景元后，"道家之学翕然一变"。近人蒙文通认为，唐代解《老》之家颇重成玄英、李荣，宋代则重陈景元，于征引之多可以概见。

（九）《南华真经》

《南华真经》即《庄子》。今传本共三十三篇，分为内篇七，外篇十五，杂篇十一。一般认为内篇为庄子所著，外、杂篇是庄子后学所著。

据《史记·老子韩非列传》，庄子名周，战国中期蒙地人，曾为漆园吏。其学无所不窥，但其要本归于老子之言，所著书十余万言，大抵为寓言。

《庄子》继承和发展了老子的道论。书中说：道是"自本自根""自古以固存"的，为世界的最高本体。道"有情有信"，是客观真实的；但又"无为无形"，是人的感官所不能把握的。这基本上是继承了老子的思想。但《庄子》又认为：道能"神鬼神帝"；人若得道，就能登云天、处玄宫、立乎北极、比于列星。这显然是把道神秘化了。

《庄子》还继承了老子的"道法自然"思想。司马迁曾评论说："庄子散道德放论，要亦归之自然。"老子的"自然"，庄子多称为"天理"，要人们"循天之理""顺之以天理"。《秋水》篇说："牛马四足是谓天，落马首、穿牛鼻是谓人。"庄子要人们"无以人灭天"，不要以人为去毁灭自然。

《庄子》主张逍遥以游世，并认为真正的逍遥应该是不需要依赖任何特定条件的，即应该是"无待"的。而要做到"无待"，必须无己、无功、无名。

《庄子》从"道通为一"的观点出发，主张齐万物、齐是非、齐死生、齐贵贱，达到"天地与我并生，而万物与我为一"的精神境界。

《庄子》认为，认识是没有统一的标准的，因而是非也就无法判断。《齐物论》篇举例说：人睡在潮湿的地上，就会腰痛以至半身不遂，泥鳅也这样吗？人在高树上会害怕得发抖，猴子也这样吗？那么，人、泥鳅、猴子三者中，究竟谁知道什么才是恰当的住处呢？《庄子》以此来说明，并没有判断正确与否的绝对标准。

《天下》篇谓庄周"独与天地精神往来，而不敖倪于万物，不谴是非，以与世俗处"，这可以说是对《庄子》主旨的精辟概括。

《庄子》还塑造了"神人""真人"的形象。如《逍遥游》谓："藐姑射之山，有神人居焉，肌肤若冰雪，绰约若处子。不食五谷，吸风饮露，乘云气，御飞龙，而游乎四海之外。"《大宗师》谓真人"登高不栗，入水不濡，入火不热"，"其寝不梦，其觉无忧，其食不甘，其息深深"。这些描述为后世道教塑造神仙形象提供了依据。《天地》篇所谓"千岁厌世，去而上仙，乘彼白云，至于帝乡"，则为道教飞升成仙说的滥觞。

《庄子》中还记载了许多养生修身的方术，如"心斋""坐忘""守其一"以及"吹呴呼吸，吐故纳新，熊经鸟申"，等等。这些方术都被后世道教所继承和发展。

自唐玄宗诏封《庄子》为《南华真经》后，道教对《庄子》益加尊崇。明《道藏》收《庄子》注疏十余种，重要的有晋郭象注、唐成玄英疏《南华真经注疏》，北宋陈景元《南华真经章句音义》，北宋王雱《南华真经新传》，南宋林希逸《南华真经口义》，南宋褚伯秀《南华真经义海纂微》，明焦竑《庄子翼》等。

(十)《南华真经注疏》

晋郭象注，唐成玄英疏。

郭象注的重要特点之一是提出"独化"论。郭象反对"有生于无"之说，认为"无既无矣，则不能生有"。在此基础上，他进一步推论出"道不能生物"。因为按照王弼的解释，道就是无。那么，万物是怎么产生的呢？郭象认为："物各自生，而无所出焉。"万物的存在和变化都是"外不资于道，内不由于己，掘然自得而独化也"。

郭象提出"性分"论，谓："天性所受，各有本分，不可逃，亦不可加。"他将庄子的逍遥解释为"自足其性"，认为只要是"物任其性，事称其能，各当其分"，都称得上是逍遥的。

郭象主张：习"名教"与任"自然"并不矛盾。他说："夫圣人虽在庙堂之上，然其心无异于山林之中。"故"名教"即是"自然"，"游外者依内"，"离人者合俗"。

成玄英疏的主旨则是阐发重玄之道。他说："道之根本，所谓重玄之域，众妙之门。"又认为："至道之境"在于返其本真，"归其重玄之乡"。

此外，成玄英疏阐述了"率性任真""率性守分"的修心复性论。

成玄英的《庄子疏》与其《老子道德经开题序诀义疏》互相呼应，同为唐代重玄学的重要著作。

（十一）《南华真经义海纂微》

南宋道士褚伯秀撰。该书汇集了郭象、王旦、吕惠卿、林疑独、陈祥道、陈景元、王雱、刘概、吴俦、赵以夫、林希逸、李士表、范应元等十三家注，中间还多次引用陆德明之《庄子音义》，并间引成玄英《庄子疏》、文如海《庄子正义》和张潜夫《庄子补注》。褚书所引诸注，今多已散佚，故该书对保存庄学文献大有功劳。

褚氏不仅纂集诸家注疏，而且提出了自己的见解。褚氏认为：《庄子》乃救世之书。他说：

> 南华老仙盖病列国战争，习趋隘陋，一时学者局于见闻，以纵横捭阖为能，掠取声利为急，而昧夫自己之天，遂慷慨著书，设为远大之论，以发明至理，开豁人心。

荀子曾批评庄子"蔽于天而不知人"，褚氏则认为庄子既讲天道，也讲人道。他说：

> 盖善论天道者必本乎人，能尽人道者可配乎天，天人交通，本末一致。

> （庄子）论五变而形名可举，九变而赏罚可言，此万世不易之理，所以立人极、赞天道也。
> 孰谓南华之论一于清虚而无关治道哉？

褚书融通儒道之学，谓"学道之要，先须求圣贤乐处"，并引用宋儒的"存天理，灭人欲"之说注解《庄子》。

（十二）《冲虚至德真经》

《冲虚至德真经》即《列子》。宋真宗在唐玄宗诏封列子为"冲虚真人"的基础上，又加"至德"二字，故明《道藏》所收《列子》名《冲虚至德真经》。列子名御寇，或作圉寇，战国时期郑国人。《庄子》中多处提到了他，谓其能"御风而行"。西汉刘向称：《列子》原有二十篇，经其校订，除重复十二篇，定为八篇。《汉书·艺文志》即著录为八篇。很多学者认为，古本《列子》早已亡佚，今本《列子》可能是晋人伪撰。但近年来也有一些学者认为今本《列子》不伪，应是战国时代的著作，只是在许多地方经过了后人的增改。《列子》传世本系东晋张湛整理本。

《列子》一书的中心思想，早在《吕氏春秋·不二》中就被概括为"贵虚"两个字。《列子·天瑞篇》说："莫如静，莫如虚。静也虚也，得其居矣；取也与也，失其所矣。"虚静的最高境界是"心凝形释，骨肉都融"，"不觉形之所倚，足之所履，心之所念，言之所藏"。

《列子》在宇宙论上主张"有形者生于无形"，认为在天地产生之前，宇宙已经经历了太易、太初、太始、太素四个阶段。

《列子》中叙述了华胥氏之国的理想社会，记载了周穆王游昆仑之丘会西王母于瑶池之上的故事以及愚公移山、夸父追日等神话，对后世影响颇大。

收入明《道藏》的《列子》注本有唐道士殷敬顺撰、北宋道士陈景元补遗的《冲虚至德真经释文》，宋徽宗《冲虚至德真经义解》，宋江遹《冲虚至德真经解》，宋林希逸《冲虚至德真经口义》和金高守元纂集《冲虚至德真经四解》（晋张湛注、唐卢重玄解、宋徽宗训、宋范致虚解）。

（十三）《通玄真经》

《通玄真经》即《文子》。《汉书·艺文志》著录《文子》九篇，并注曰："老子弟子，与孔子并时，而称周平王问，似依托也。"据晁公武《郡斋读书志》所载，北魏李暹曾为《文子》作注，称：文子姓辛，名鈃，号曰计然，受业于老子，乃范蠡之师。后世道教徒沿用此说。

今本《文子》有十二篇，其中大部分内容与《淮南子》重合。故一些学者认为：古本《文子》已散佚，今本系后人杂取《淮南子》等书补缀而成。

1973年，河北定县西汉中山怀王墓出土了竹简《文子》残篇，仅有2700多字。其中约有1000余字与今本《道德》篇相对应。另有一些文字散见于《道原》《精诚》《微明》《自然》等篇中。但也有一些文字，今本无相应内容。

有学者将今本《文子》与《淮南子》一一对照后，发现今本《文子》不见于《淮南子》的内容不到7000字。这些文字中，比较独特的观点有：（1）称德仁义礼为"四经"，认为："四经不立，谓之无道。"（2）主张"执一无为"，认为："执一者，见小也，见小故能成大也；无为者，守静也，守静故能为天下正。"（3）兴"义兵"亦能成就王道，谓："以兵王者亦德也。"（4）提出"学问不深，听道不精"的观点，与《老子》区别"为学"与"为道"的观点不同。

《文子》古注有东晋张湛注、北魏李暹注等，今已不存。明《道藏》收有注本三种，分别为唐道士徐灵府（号默希子）、宋人朱弁、元道士杜道坚所注。

（十四）《洞灵真经》

《洞灵真经》即《庚桑子》，或称《亢仓子》《亢桑子》。庚桑子即庚桑楚。《庄子·庚桑楚》谓其为老聃之役者，"偏得老聃之道，以北居畏垒之山。……居三年，畏垒大穰"。《列子·仲尼》作"亢仓子"，称其得老聃之道，能视听不用耳目。司马迁《史记·老庄申韩列传》谓《庄子》一书中"《畏累虚》《亢桑子》之属，皆空语无事实"。司马迁所言《亢桑子》即今本《庄子》中的《庚桑楚》。按，《庚桑子》一书，《汉书·艺文志》《隋书·经籍志》皆不载。《新唐书·艺文志》著录王士元《亢桑子》二卷，并注云：

> （天宝元年诏封四子真经）然《亢桑子》求之不获，襄阳处士王士元谓："《庄子》作'庚桑子'，太史公、列子作'亢仓子'，其实一也。"取诸子文义相类者补其亡。

士元，或作士源。《孟浩然集》有宣城王士源序，自谓于终南山"修《亢仓子》九篇"；又有天宝九年（750）韦滔序，亦称王士源"著《亢仓子》数篇传于代"。全书分为《全道》《用道》《政道》《君道》《臣道》《贤道》《训道》《农道》《兵道》九篇，系杂采《庄子》《列子》《文子》《商君书》《吕氏春秋》《说苑》《新序》等书而成，大旨在于以道全身、治国。其中《农道篇》谓"国以农为本"，并述农耕技术，颇有价值。明《道藏》收有何璨注三卷。

（十五）《文始真经》

《文始真经》即《关尹子》，《道藏》本尊称为《无上妙道文始真经》。相传为关令尹喜所著。《汉书·艺文志》有《关尹子》九篇，刘向《列仙传》作《关令子》，然隋唐史志皆不载，宋以前道书亦未见称引，则其书久已亡佚矣。南宋陈振孙《直斋书录解题》谓系时人得之于永嘉孙定家，"未知孙定从何传授，殆皆依托也"。《古楼观紫云衍庆集》载，元太宗五年（1233），沂水羽客张仲才向全真道掌教宗师尹志平献《关尹子》，亦称其书系"进士孙定得之永嘉山中"。《四库提要》谓其书"或唐五代间方士解文章者所为也"。余嘉锡《四库提要辨证》则谓为南宋孝宗时文士所撰。

明《道藏》本《无上妙道文始真经》，前有关尹子小传。《道藏》所收南宋陈显微《文始真经言外旨》，前有汉刘向进书表，后有葛仙翁（葛洪）后序，盖皆系依托。全书九篇：《一宇》《二柱》《三极》《四符》《五鉴》《六匕》《七釜》《八筹》《九药》。每篇题下有简短解题，谓："宇者，道也。""柱者，建天地也。""极者，尊圣人也。""符者，精神魂魄也。""鉴者，心也。""匕者，食也。""釜者，化也。""筹者，物也。""药者，杂治也"。王希夷为《文始真经言外旨》所作序，对《关尹子》推崇备至，谓：道家大藏千万卷，"最精微者《关尹子》书也"。

此书主旨在阐道论、述气化、明物理。谓：天、命、神、玄合称为道，懂道之人，于一物之中就能知天尽神，致命造玄。天地万物皆缘气生，而气缘心生，故我之一心，能于至无中变成一气，于一气中变成万物，因而人之力可以夺天地之造化。有道之人能见精神而久生，能忘精神而超生。

书中还论述了治国之道。谓：圣人之治天下，本之以谦，含之以虚，执之以易，行之以权。圣人不以一己治天下，而以天下治天下。

书中将儒家的仁义礼智之说引入道教养生方术中，谓："人勤于礼者，神不外驰，可以集神；人勤于智者，精不外移，可以摄精；仁则阳而明，可以轻魂；义则阴而冥，可以御魄。"

书中有不少警句，如"勿轻小事，小隙沉舟；勿轻小物，小虫毒身；勿轻小人，小人贼国"等，是人们长期生活经验的积淀。

《道藏》所收注本，除南宋道士陈显微《文始真经言外旨》外，尚有元代道士牛道淳《文始真经注》。

（十六）《鬻子》

《鬻子》一书，《汉书·艺文志》中著录为二十二篇，并注解说：鬻子"名熊，为周师，自文王以下问焉，周封为楚祖"。该书后有散佚。梁庾仲容《子钞》著录只有六篇。今传本为唐逢行珪注本，共十四篇。然《列子》和贾谊《新书》所引鬻子言论，多为今本所无。宋代以降，学者或疑逢本《鬻子》为汉人甚至唐人伪造，但也有不少学者认为逢本《鬻子》虽然并非真出鬻熊之手，但确实记录了鬻熊的言论。这些言论世代相传，有所增附，大约于秦汉间辑成《鬻子》一书。书中以道家思想论述政治观点，认为：君子之谋，应该做到能必用道，能必忠，能必信；统治者最应引以为戒的是知善不行，知恶不改。书中特别主张"慎诛"，认为宁可使有罪之人漏网，也不可错杀一人。

（十七）《子华子》

《子华子》一书，《汉书·艺文志》未著录，学者多认为系后人伪作。子华子其人，在《庄子·让王》中有记载，称其以"两臂重于天下"之说劝导韩侯放弃与魏国争夺土地。《吕氏春秋·贵生》载子华子主张"全生为上，亏生次之，死次之，迫生为下"。《道藏》所收《子华子》，题"晋人程本著"。书前有托名刘向的序，称：子华子姓程，名本，字子华，晋人；《子华子》原有二十四篇，校除重复，定著十篇；其思想"以道德为指归，而经纪以仁义"。此书以子华子答问之体，泛论天地阴阳、人物典故及治世养生之道。

（十八）《尹文子》

《尹文子》一书，《汉书·艺文志》列入名家类，实应归入黄老道家类。尹文子即尹文，战国时齐国人，曾与宋钘、彭蒙、田骈同在齐国稷下学宫游学。《庄子·天下》将尹文与宋钘视为一个学术流派，称其观点是"不累于俗，不饰于物；不苟于人，不忮于众。愿天下之安宁，以活民命；人我之养，毕足而止"，并谓其"见侮不辱，救民之斗，禁攻寝兵，救世之战"。今本《尹文子》分为《大道上》和《大道下》两篇。书中谓：大道无形，称器有名，故应检形定名，以使名实相符。以大道治天下，则名法儒墨自废；以名法儒墨治天下，则不得离道。仁义礼乐名法刑赏为五帝三王治世八术，而八者皆有弊端，运用时得其道则天下治，失其道则天下乱。书中强调"万事皆归于一，百度皆准于法"，故学者谓"其言出入于黄老申韩之间"。

（十九）《鹖冠子》

《鹖冠子》一书，《汉书·艺文志》著录为一篇，列于道家。鹖冠子为战国末期楚国人，隐居深山，以鹖鸟羽为冠，"莫测其名，因服成号"。南朝刘勰《文心雕龙·诸子篇》称赞说："鹖冠绵绵，亟发深言。"《隋书·经籍志》著录为三卷。今传本共十九篇。唐韩愈称"其词杂黄老刑名"。书中谓万物"莫不发于气，通于道，约于事，正于时，离于名，成于法"（《环流》篇），故凡道气、阴阳、四时、名法等，皆有所论述，思想较驳杂。《道藏》所收为北宋陆佃注本。

（二十）《淮南鸿烈》

《淮南鸿烈》即《淮南子》，西汉淮南王刘安及其宾客著。《汉书·艺文志》列为杂家。东汉高诱认为"其旨近老子"，"归之于道"，并解"鸿烈"二字曰："鸿，大也；烈，明也：以为大明道之言也。"作者自称此书"观天地之象，通古今之事，权事而立制"，"非循一迹之路，守一隅之指"。实以道家思想为主，杂糅阴阳、儒、法诸家。其书采撷《老子》思想最多,其《原道训》是《老子》之后最为详备的道论,其《道应训》引《老子》五十二处,以事例明之,可谓独特的《老子》注。

(二十一)《太上混元真录》

此书引隋薛道衡《老子碑铭》,避唐太宗李世民和唐高宗李治讳,盖系唐人之作。又书中称函谷关在桃林县南。考唐玄宗于天宝元年(742)改桃林县为灵宝县,故该书应作于此年之前。王卡先生认为:从全书内容文字看,作者似为楼观派道士。丁培仁先生认为:此书有可能是唐代尹文操所撰《玄元皇帝圣纪》的残存本。

此书谓老君在殷周之时,或出或处,凡经二百余载。周昭王时,太上命老君开化西域诸国。返周后,老君以八天隐文授于昭王,昭王不予重视。老君知周之衰,乃收天文,辞官退居故里。其时西北有绝灭之国,去昆仑山九十万里,其国中人寿八千岁,皆有道德。老君欲往其国,于是去周西度。至函谷关,关令尹喜知其为圣人,遂留住老子,虚心请教。老君授尹喜《道德经》五千文,并为之"次第节解";又为其述炼金、食气、存三一及入室静修等法。

书中谓老君于关令宅南望气台上说《道德经》,但其后所述之长段文字实为《西升经》之内容。

书中谓:老君授经完毕后,于尹喜宅南升天;临升天前,嘱尹喜于三年后往"成都市青羊之肆"相会。此书所述,大抵皆道教神话传说。

(二十二)《犹龙传》

北宋道士贾善翔撰。宋代书目著录为三卷,明《道藏》本析为六卷。

《史记》称孔子问礼于老子,退而语弟子曰:"吾今日见老子,其犹龙邪？"此书遂以"犹龙"为老子之代称，而名曰《犹龙传》。

书首有贾氏自序，谓司马迁所作老子传记太简略，他因而搜集内外诸书而广之。序中略述老子降生、度关、授经及历代化身为帝师等故事。

此书正文六卷，可视为序言内容的扩充。书中谓老子即大道之身，起于无始，禀自然而生，金容玉姿，变现莫测；述老子启师资、历劫运、造天地、证道果、典灵篇、撰仙图、传经蕴、为帝师等故事。又辨老子降生年代、姓氏由来，述老子七十二相八十一好，又述老子为柱下史、去周过函谷关、试御者徐甲、试关令尹喜、授尹喜《道德经》后升天，三年后又降生成都青羊肆与尹喜再相见，遂携尹喜西入流沙教化八十一国九十六种外道。继述孔子问礼于老子之事。又谓老子应时降世，传道设教：于汉文帝时号河上公，授帝《老子章句》及《上清经》《五岳真形图》；于汉成帝时，授干吉《太平经》；东汉时，度天师张道陵；三国时，授仙公葛玄斋法；北魏时，授寇谦之新科符箓，授太武帝太平真君之号。又述唐朝奉老子为圣祖，老子屡有降迹。书末述宋真宗于大中祥符七年（1014）赴亳州太清宫朝谒老子，并载真宗御制《朝谒太清宫颂并序》。

（二十三）《混元圣纪》

南宋道士谢守灏编。明《道藏》本为九卷。此书原名《太上老君混元上德皇帝实录》，共七卷。中国国家图书馆和美国国会图书馆收藏有明抄宋刻残本，存六卷，缺卷一，但保留了宋代书名。《道藏》本只有陈傅良序，明抄本则另有蔡元定、吴雄、唐辂、谢谔四序和柯正蒙跋。据学者研究，《混元圣纪》系后人对《老君实录》进行增删后重新分卷而成。增加的内容主要在卷一，是增补一些古书的记载，如《三五历纪》《唐纪》《河图历代姓纪》等。删节的内容主要为老子化胡说。

全书取编年体例，叙述老子灵迹变化、世作圣师及历代崇敬等事迹。卷一述老君应世降迹之年谱，从三皇时代至徽宗政和二年（1112）。卷二先述老君以一气化生三天、九天、日月星辰、动物植物及人类；又述老君历世化身，宣说道经，教化世人；后述老君诞生及修道事迹。卷三述老君西度函谷关，三试关令尹喜后，为说《道德经》及修道方法。卷四述老君携尹喜游观八方仙境，上朝玉晨大道君，继到西域诸国教化胡人。卷五先述老君遍化西方诸国后，又游东海、西海；继述周穆王为尹喜建楼观及周朝住持楼观之道士。卷六先述老君门人辛鈃、阳子居、庚桑楚，并记孔子问礼于老子之事；后述老君教导秦献公以及秦始皇建老君祠于楼观之南等故事。卷七至卷九，述老君从汉代到北宋间化身显灵的事迹及历代帝王对老子的尊崇。

此书征引宏富，为现存最全面系统的老子神话传记著作。

建议阅读书目：

陈国符：《道藏源流考》，中华书局，1963年。

任继愈主编：《道藏提要》（修订本），中国社会科学出版社，1991年。

朱越利：《道藏分类解题》，华夏出版社，1996年。

卢国龙：《中国重玄学》，人民中国出版社，1993年。

〔荷兰〕施舟人、〔法〕傅飞岚主编：《道藏通考》，美国芝加哥大学出版社，2004年。

主要参考书目：

郑灿山：《迈向圣典之路——东晋唐初道教〈道德经〉学》，台湾师范大学国文研究所2000年博士论文。

卿希泰主编：《中国道教》"第四编：经籍书文"，上海知识出版社，1994年。

蒙文通：《道教史琐谈》，收入《古学甄微》，巴蜀书社，1987年。

蒙文通：《道书辑校十种》，巴蜀书社，2001年。

潘雨廷：《道藏书目提要》，上海古籍出版社，2003年。

朱越利：《道教要籍概论》，北京燕山出版社，1992年。

丁培仁：《道教典籍百问》，今日中国出版社，1996年。

王　卡：《敦煌道教文献研究——综述·目录·索引》，中国社会科学出版社，2004年。

熊铁基等：《中国老学史》，福建人民出版社，1995年。

熊铁基等：《中国庄学史》，湖南人民出版社，2003年。

刘固盛：《宋元老学研究》，巴蜀书社，2001年。

尹志华：《北宋〈老子〉注研究》，巴蜀书社，2004年。

强　昱：《从魏晋玄学到初唐重玄学》，上海文化出版社，2002年。

〔日〕楠山春树：《老子传说的研究》，东京创文社，1979年。可参阅其中的"《老子河上公注》研究""《老子节解》考""《老子内解》考""《老子想尔注》考"等。

〔日〕前田繁树：《初期道教经典的形成》，东京汲古书院，2004年。可参阅其中的"《老子西升经》研究""《老子妙真经》小考"等。

〔日〕小林正美著，李庆译：《六朝道教史研究》，四川人民出版社，2001年。

〔法〕贺碧来：《直到七世纪的〈道德经〉注疏》，巴黎：法国大学出版社，1977年。

作者简介

尹志华，1972年生，湖南常宁人。哲学博士。1998年7月至2003年7月在中国道教协会工作，任助理研究员。2003年8月至2005年1月在北京联合大学民族与宗教研究所工作，任讲师。2005年2月至2017年8月在中国道教协会工作，历任《中国道教》编辑部副主任、国际部副主任和主任、中国道教文化研究所所长。现为中央民族大学哲学与宗教学学院教授。著有《北宋〈老子〉注研究》《清代全真道历史新探》《王常月学案》，参与编纂《中华道藏》《老子集成》《国际儒藏》等大型丛书，在《哲学研究》《哲学动态》《世界宗教研究》《宗教学研究》等刊物上发表论文60余篇。代表性论文有《道教生态智慧管窥》《〈老子〉通行本分章问题再探讨》《从老学史看"六经注我"的诠释方法》等。

太平部道经说略

胡孚琛、姜守诚

一、《太平经》的历史和太平部的现状

西汉成帝在位时（前32—前7），齐人甘忠可诈造《包元太平经》十二卷进献朝廷，被认为是"假鬼道罔上惑众"，遂下狱而死；哀帝建平二年（前5），夏贺良等人再次献书，虽得以采纳，但仅历时月余便因夏氏"欲妄变政事""其言亡验"而遭取缔。此后近一个半世纪中，《太平经》之传承情况未见有史书记载。直至东汉顺帝在位时（126—144），"琅邪宫崇诣阙，上其师干吉于曲阳泉水上所得神书百七十卷……号《太平清领书》……有司奏崇所上妖妄不经，乃收藏之"（《后汉书·襄楷传》）。延熹九年（166），襄楷先后两次上疏游说桓帝接受"宫崇受干吉神书"，亦以失败告终。从《包元太平经》到《太平清领书》这一演变过程，反映了《太平经》成书及传承的历史。为了更好地厘清这段历史，我们先来介绍《包元太平经》《太平洞极经》《太平清领书》《太平经》诸书之间的关系。

第一，《包元太平经》与《太平清领书》之间是否有渊源关系？

《包元太平经》与《太平清领书》之间是否有渊源关系？有关这个问题的讨论，最早可追溯至清末名士沈曾植，其在《海日楼札丛》一书中谈到《包元太平经》时指出："甘忠可齐人，传《太平经》者亦皆齐

人，于吉之《太平经》，殆忠可之传也。"此外，陈寅恪在《天师道与滨海地域之关系》（1933年发表）一文中也认为二者存在明显的共同特征，如共同的地域特征——齐地或临近海滨，相似的内容与旨趣——兴国广嗣之术。随后，汤用彤从元气论、主火德、兴国广嗣之术等角度入手，分析指出："由此言之，则于吉之书（指《太平清领书》），疑上接甘忠可（《包元太平经》）也。"陈国符在谈到《包元太平经》与《太平清领书》之渊源问题时，认为："据传，此经（指《包元太平经》）述灾异广嗣益寿。盖与宫崇所上《太平经》说相似。疑与后汉于吉《太平经》，或有关系，亦未所知。"蒙文通也认为："《包元太平经》，是为早期道教经典《太平经》之权舆。"

第二，有关《太平洞极经》的文献记载及其成书问题。

有关《太平洞极经》的文献记录十分少见，鲜见的相关叙述也多语焉不详，或充斥神秘色彩，难以尽信。《道教义枢》卷二《七部义》谈到《太平洞极经》之来历及其与《太平经》之关系时说：

> 然其卷数，或有不同。今甲乙十部合一百七十卷，今世所行。按《正一经》云，有《太平洞极之经》一百四十四卷。此经并盛明治道，证果修因，禁恶众术也。其《洞极经》者，按《正一经》，汉安元年，太上亲授天师，流传兹日。若甲乙十部，按《百八十戒》云，是周赧王时，老君于蜀，授琅琊干吉。至汉顺帝时，宫崇诣阙，上其师干吉所得神书百七十卷，号《太平经》。帝不信，其经遂隐。

也就是说，在《道教义枢》所处的那个时代，世人对《太平洞极之经》与《太平经》之关系的认识已经开始模糊。因此只能依据推断，认为：《太平洞极之经》同"甲乙十部"一样，可能都是《太平经》的别本。现代学者也大都持这种看法。如陈国符谈到二者时就含蓄说道："今本

《太平经钞》已部、庚部,《太平经》卷四十一、卷八十八皆诠《洞极经》。"陈撄宁更推进了此观点,认为:

> 于吉的《太平青领书》和张道陵的《太平洞极经》这两种书是分不开的,若非一书二名,就是于吉的书已把张道陵的书吞并在内而加以融化了。

有关《太平洞极经》的造作年代,由于缺乏有力的证据,已无法确切查考。不过,从零星线索上看,似不早于东汉中叶。所谓"汉安元年,太上亲授天师"显然是出于道门杜撰,不足为据,但透过这些被神化的授书过程,我们也可以发掘出隐藏在虚构情节背后的有用信息。例如,"汉安元年"是东汉顺帝年号,即公元142年。从这一点上可以判断,《洞极经》成书至迟是在东汉中叶。北宋张君房在《云笈七签》中引述了上段经文,只是在"有《太平洞极之经》一百四十四卷"之后嵌入一句:"今此经流亡殆将欲尽"。由此可知,《太平洞极经》在北宋真宗天禧年间(1017—1021)即濒临亡佚。《太平洞极经》所载之内容与思想,是否残存于今本《太平经》中?学界对此尚有争议。熊德基认为,《太平洞极经》即《太平经》问答体部分(并且认为,问答体全部出自襄楷之手),一百四十四卷之卷数可能就是《太平经》问答体之篇数。

第三,《太平清领书》与《太平经》(定本)是否就是一回事?

换句话说,《太平清领书》能否称得上是《太平经》(定本)之完成者?历代文献中,最早述及此问题的,当推唐代李贤。其在注释南朝宋范晔撰《后汉书·襄楷传》中所言"神书"——《太平清领书》时说道:"神书,即今道家《太平经》也。"日本学者小柳司气太则于1930年撰文考订《道藏》本《太平经》即是汉代《太平清领书》,今本《太平经》应与李贤所见之本无异。此后,不断有学者讨论这个问题,大多赞同小柳氏的观点，认为可将《太平清领书》等同于《太平经》。我们的观点是：《太平清领书》可能是《太平经》最早的定本，但不排除其在成书后又经编辑和修订。至于《道藏》本《太平经》所据系何种传本，汤用彤推断说："正统本《太平经》……所根据之写本，或出于陈末唐初之间。"李刚也认为："《敦煌目》与今残存《太平经》及《钞》的排列顺序不同，反映的可能正是两种不同的本子。"这两种本子分别是"敦煌本"和"上清本"，并且"敦煌本更多地保存了原初风貌"。敦煌卷子《太平经目录·序文》曾谈到《太平清领书》，兹录如下：

> 世多耶巧，托称道云，千端万伎，朱紫盘磷。故记三合以别真，上下二篇法阴阳。复出青领太平文，杂说众要，解童蒙心。复出五斗米，道备三合，道成契毕，数备三道。虽万恶犹纷，猗公行和，窃号之正目，事乖真实，师之所除。

概括说来，对于《包元太平经》《太平洞极经》《太平清领书》与后世《太平经》之关系，学界基本达成较一致的看法：《包元太平经》十二卷是《太平清领书》的前身之一（或其中之一部分），后者以前者为蓝本增补和扩充而成。《太平清领书》与《太平经》乃属书名之变迁，名异实同；《道藏》本《太平经》大体是这部"神书"的残本。这就是说，从西汉成帝至东汉顺帝的一百五十年间，《太平经》实从十二卷增扩至一百七十卷。

《太平经》成书后在民间广为流传，且对下层民众影响甚大。东汉末年，冀州巨鹿（今河北平乡西南）人张角借鉴《太平经》倡导的宗教理论组建起太平道团，他以传道和治病为名，在农民中宣扬教义，招纳信徒，积蓄力量。经过十余年的准备，以张角为首的太平道信徒已达三四十万人。东汉中平元年（184），张角率领太平道信徒掀起全国性武装斗争，史称"黄巾起义"。这次农民起义虽以失败告终，但却沉重打击了贵族势力,加速了东汉王朝的灭亡。黄巾起义失败后,《太平经》受此事件之影响开始渐趋于沉寂,乃至逐渐融入他经。据史料证实,唐代之后《太平经》亡佚;并且,以《太平经》为主体的《道藏》太平部诸经也多散佚。今存明《正统道藏》太平部道经十分杂乱,大部是他部之经或后出的全真经。

所谓"太平部",就是《道藏》"三洞四辅"分类体系中位居"四辅"之第二,其为洞玄部的辅助和补充,按理说其所辖诸经应是对洞玄诸经的阐述与发展。太平部以《太平经》为首经,故陈国符有言:"太平部者,《太平经》也。"《道教义枢》卷二《七部义》是这样诠释"太平部"之名的:

> 太平者,太言极大,平谓和平,明六合大通为一,正平之炁斯行。故《太平经》云:今平炁行矣。有解三台正为太平,有解景星见曰太平。今明此经见世,能使六合同文,万邦共轨,君明物度,可谓太平。

《云笈七签》卷六引《玉纬》亦云:

> 澄清大乱,功高德正,故号太平。若此法流行,即是太平之时。

总括而言,"太平部"的涵义就是说:《太平经》出世,天下将呈现一派太平气象。

除《太平经》外,太平部所辖之其他道经可谓繁杂多端,总揽其数计达六十七部之多。这些道经,无论从内容还是性质上来看都存有很大差异。就经书的造作时代而言,有汉代(如《太平经》)、六朝(如《太上洞玄灵宝本行宿缘经》《太上洞玄灵宝三十二天天尊应号经》等)、隋唐(如《太玄真一本际妙经》《洞玄灵宝玄门大义》等)、宋元(如《太上灵宝净明玉真枢真经》《太上灵宝首入净明四规明鉴经》《净明忠孝全书》等）、明初（如《仙传外科秘方》《法海遗珠》等）。就经书所述主旨和内容来看，有的主要讲述道门科仪轨范（如《三洞奉道科戒营始》《道学科仪》《道门科略》等），有的侧重阐释道教义理（如《道教义枢》《道典论》等），或阐发重玄学（《太上灵宝升玄内教经中和品述议疏》《太上妙法本相经》），有的专修道经之音训（如《一切道经音义妙门由起》），有的讲述内丹修炼之原理（如《渐悟集》《自然集》等），有的属于医书（如《孙真人备急千金要方》《急救仙方》《仙传外科秘方》），有些则是对某些道经中重要段落或文字的摘抄，亦即属类书性质（如《无上秘要》《三洞珠囊》等）。就派别而言，这些经书又分属于太平道、净明道、全真道、上清派、灵宝派、重玄学派、符箓派等。

二、太平部的主体灵魂——《太平经》之介绍

《太平经》是东汉道教的一部经典著作，对于研究汉代至南北朝时期的哲学、文学、史学、民俗学等具有不可忽视的参考价值。《太平经》成书年代较久远，在传抄过程中造成不少文字方面的讹误。《太平经》原分为甲、乙、丙、丁、戊、己、庚、辛、壬、癸十部，每部分为一十七卷，共计一百七十卷。我们现今所能看到的《太平经》最初始的本子就是收录于明代《正统道藏》的《太平经》及唐代节抄本——《太平经钞》。实际上，《道藏》收录的《太平经》已经严重残缺，仅存五十七卷，甲、乙、辛、壬、癸五部经文全佚。

20世纪40年代，王明先生根据《太平经钞》及其他二十七种引书加以"校""补""附""存"，编辑成《太平经合校》，大体恢复了一百七十卷的原貌。在《道藏》本《太平经》之前，附有《太平经钞》十卷，分甲、乙、丙、丁、戊、己、庚、辛、壬、癸十部，每部一卷，据王明

先生考证，此书当系唐末道士闾丘方远从《太平经》中辑出，因被《道藏》编纂者误认为是《太平经》前十卷而列于该经之前段。

《太平经》之后，尚附二篇短文——《太平经复文序》（一卷）和《太平经圣君秘旨》（一卷）。《太平经复文序》以神化的方式叙述了《太平经》的出世背景及早期传承等情况，概言一百七十卷的《太平经》乃由四卷的《太平本文》（即今本《太平经》卷一〇四至卷一〇七，复文计2132字，该处经文则载计2128字）推演而成，流传于后世。《太平经圣君秘旨》乃专言守一之法，其文字分别摘录《太平经》卷九六《守一入室知神戒》、卷七一《真道九首得失文诀》和《太平经钞》癸部《令人寿治平法》、乙部《守一明法》。王明先生推测此书与《太平经钞》均出自闾丘方远一人之手。概言之，《太平经钞》《太平经复文序》《太平经圣君秘旨》皆由《太平经》本文衍生而成，差别在于分别从不同角度阐述《太平经》之旨趣。下文将对《太平经》的文本问题先做一个简要介绍。

（一）《太平经》的文献介绍

1.《太平经》的成书问题

研究《太平经》必须首先解答一个问题：《太平经》究竟成书于哪个时代？对此，汤用彤先生曾于1935年撰文陈述《太平经》当属汉代旧书。其后，王明先生又分别从汉代语言、地理名称、社会风尚、思想内容等方面展开考察，认为《太平经》"大抵是公元二世纪前期的作品"，"就现存《太平经》残卷来看，大体上还保存着汉代著作的本来面目"。同时，他又指出："《太平经》成书，是经过长期演变过程的产物。"上述观点，得到了学界的广泛认同。在古代，任何一部具有深远影响的巨著从雏形到定型多要经历一个长期的来自于知识、文化、政治、社会等诸方面的累积、沉淀以及筛汰之过程。同样，《太平经》也绝不是某个人在短时间内就能一挥而就的作品，想必也历经过长期的增益和衍变的过程。对此，我们从《太平经》涉及内容之庞杂即可略见一斑。尽管如此，就宗旨理念、核心思想而言，《太平经》基本上还应属于汉代作品。

2.《太平经》书名之内涵及其篇目

《太平经》书名有其独特内涵，经文中对此给予了诠释。如《太平经钞·癸部》云：

> 太者，大也；大者，天也；天能覆育万物，其功最大。平者，地也；地平，然能养育万物。经者，常也；天以日月五星为经，地以岳渎山川为经。

这是说，"太平经"这一名字的由来乃是总括了天地间一切事物的经纬之理而提炼出来的。此外，经文还对与其名字相关的"太平""太平气"二词的含义进行了界定和说明。如卷九三《敬事神十五年太平诀》解释"太平"之含义时说：

> 太平者，乃无一伤物，为太平气之为言也。凡事无一伤病者，悉得其处，故为平也。

卷四八《三合相通诀》在定义"太平气"时说：

> 太者，大也；平者，正也；气者，主养以通和也：得此以治，太平而和，且大正也，故言太平气至也。

《太平经》计有三百六十六篇，但今本《太平经》残缺严重，大部分篇章终究无法落实佚文之分目与题名。值得庆幸的是，敦煌经卷（现藏英国伦敦博物馆）中恰好残存一份手抄本《太平经目录》（简称《敦煌目录》)。这份目录十分详细地著录了《太平经》的卷第、篇名等情况。据此,参照《道藏》本《太平经》,可以校补诸多遗缺的篇章名称,并确定其先后次序。故而,《敦煌目录》对《太平经》文献研究具有重要的参考价值。概括地说,其意义主要有如下几点:

(1)《敦煌目录》提供了《太平经》较为完整的目录,借助各篇名字尚得一窥经书之全貌。

(2)《敦煌目录》是南北朝末写本,由楷书手写而成,证明《太平经》定本至迟六朝末时就已定型,同时也印证了《太平经复文序》中所述《太平经》传承是有一定依据的。

(3)敦煌卷子原题"太平部卷第二",据有关学者考证,此当属南北朝孟法师《玉纬七部经书目》中的一部分。因《太平经》分属"三洞四辅"中"四辅"经中的第二大部——"太平部",故标明"太平部裹第××"及末尾题"太平经部第二"等字样。这也说明"三洞四辅"道经分类法在当时已经形成。

(4)《敦煌目录》本身就已成体系,显然是由某个人按照相关原则编订完成。因此,目录的编订也反映出编订人对道教理论及其思想框架的理解和把握。这对于研究《太平经》的成书过程具有重大价值。

3.《太平经》的文风及体例

《太平经》全书的文章体裁并不统一。若据语体文风之差异角度,可将今本《太平经》五十七卷分成三类:"散文体"(或称"说教体")、"问答体"、"对话体"(或称"会话体")。关于这三种文体的出世顺序,今人熊德基先生认为:"散文体"最早,"对话体"次之,"问答体"最晚。日本学者高桥忠彦氏认为:"会话体"(即熊氏命名的"对话体")最早,"说教体"(即熊氏的"散文体")次之,"问答体"则晚出。我们则认为,"问答体"其实也不是一时一人之作,其中一部分属于《太平经》成书前的早期蓝本——"洞极之经",似成于(或构思于)王莽时代。嗣后,东汉时又被陆续加以增饰。故对"问答体"部分,也不能一概而论。我们对相关经文加以分析,可以发现:这些篇章均属同一种体裁——问答体,也具有近似一致的文风和语言特征:问答的双方是天师与真人,尊卑关系明确;语言较为通畅;内容比较完整,大多有开场白和结束语,等等。

就语言风格而言,《太平经》有几个特点:(1)行文十分通俗,文中夹杂大量民间俚语等。(2)行文重复,相同的意思或类似的文字在不同场合多次出现。关于前一个特征,可能归因于《太平经》大抵出自俗士之手,他(或他们)基本属于民间知识分子阶层,由于出身平民或长期生活在庶民社会中,对民众习俗俚语十分熟谙。采用非学术语言写作,不仅能真切地反映下层百姓的心声,更有利于《太平经》被广大民众所理解和接受。有关行文重复之现象,《太平经》则自行做了辩解,如卷六八《戒六子诀》云:"勿怪吾书前后甚复重也。所以复重者,恐有失之也。"也就是说,行文重复乃是因为天师认为有些内容十分重要,故而必须反复宣讲,以示强调。

此外,《太平经》还明确规定了传抄经文时的书写装帧规范——"青领丹字"。据《太平经钞》丁部《阙题》(据《敦煌目录》,似属《书用丹青诀》)载:

> 吾书中善者,使青为下而丹字,何乎?吾道乃丹青之信也,青者生仁而有心,赤者太阳,天之正色。吾道太阳,仁政之道,不欲伤害也。

这一特征也得到了有关史书的印证。如《后汉书·襄楷传》载:

> 初,顺帝时,琅邪宫崇诣阙,上其师干吉于曲阳泉水上所得神书百七十卷,皆缥白素朱介青首朱目,号《太平清领书》。

正因为"青领丹字"这一独特的装帧式样，使得《太平经》早期传本又被称为《太平清（青）领书》。

（二）修身与治国——《太平经》的基本内容

《太平经》卷帙繁多，内容庞杂，粗略的阅读一般较难把握全书的主旨大义。那么，透过这些庞杂表象的背后，是否存在一个挈领全书的主题或中心思想呢？答案应该是肯定的。南朝宋范晔《后汉书·襄楷传》载襄楷于延熹九年（166）上书桓帝时曾谈到"神书"——《太平清领书》（亦即《太平经》）的性质与主旨，其中清楚地指出该书兼含"兴国"和"广嗣"之术，如谓："前者宫崇所献神书，专以奉天地、顺五行为本，亦有兴国广嗣之术。"明代白云霁《道藏目录详注》卷四在注解《太平经》时亦云：该书"内则治身长生，外则治国太平"。综上所述，《太平经》的主要内容可大致分为两大方面：生命学（即修身养生之法）和政治学（即治国太平之道）。这种"身国同治"的主张不仅折射出汉代社会的主流思潮，也开启了中国道教的理论特色。《太平经》将这两个中心思想完美地结合在一起：修身是治国太平的前提和基础，而治国则是修身养生的自然辐射和外在保障，二者是交融互补、互为根本的。下面，我们对此予以梳理和介绍。

1. "恶死乐生"——重人贵生的修身之道

《太平经》一书包含了丰富的生命学思想，乃至成为贯穿全书的中心线索之一。具体地说来，《太平经》的修身之道主要包括几项内容：除疾病、享天年、度世成仙。下面，我们按这几个方面进行分析和论述。

《太平经》认为疾病是人民所遭受的痛苦，也是引发邪恶之根源。卷一一九《道佑三人诀》云："疾病鬼物者，乃邪恶之阶路也，贼杀良民之盗贼也。"故而,《太平经》主张人若患病,就当及时救治。《钞》己部云:"夫人有病,皆愿速较为善。"卷五一《校文邪正法》也说:"若人有剧病,欲乐见治也。"《太平经》坚信,若及时清除体内的疾病隐患,生命将得到保障,也就能颐享天年。《钞》壬部如此说道:"身能自除其疾病,各竟其天年……而身有疾病,被灾不能被去,或夭年而死。"需要指出的是,《太平经》所说"见治"疾病并不仅限于自身,也包括对他人(如父母)所患疾病或潜伏的疾病隐患,均宜及早发现,并竭力施以救治;否则,将被视为大谬之人而遭受上天的责罚。《钞》辛部:"父母有疾,占相之知,能尽力竭精,有以救之;知而不救,天将大罚。"

值得注意的是,《太平经》的疾病观念贯穿着一种"天医"观念,即认为人若潜心修道,便可感动神祇,天医将会降临人间,为善人除病却灾。如卷八七《长存符图》:"天医自下,百病悉除,因得老寿。"卷一一四《有功天君敕进诀》更拟造了一个情景:天君将一群犯有渎职罪的神祇贬斥到人世间卖药,为凡人治病,长达十年之久,"天君欲不惜诸神,且未忍相中伤。教谪于中和地上,在京洛十年,卖药治病,不得多受病者钱"。

为什么将"卖药治病"作为责罚仙人的方式?这恐怕颇具深意。概括地说,这里面包含了如下几点信息:首先,谪仙降入凡世卖药治病说明《太平经》对医术(行医问药)比较重视,同时也折射出世人的行医风俗。秦汉时,民间多流传谪仙卖药救人的说法,如《列仙传》就载有多位以卖药示人的神仙形象。另外,古人深信圣人(神人)素好隐居医卜,如《史记·日者列传》载述贾谊之言:"吾闻古之圣人,不居朝廷,必在卜医之中。"其次,"卖药治病"被作为惩罚手段也折射出当时社会可能正遭受疾疫的困扰。东汉中后期(特别是桓帝、灵帝和献帝时),当时全国各地频繁地爆发多种瘟疫疾病。据史料记载的不完全统计,这段时期(计66年间)发生的"大疫",竟达九次之多;此外,一些地方性流行病也呈蔓延趋势。再次,这也暗示《太平经》所载部分经文承担着济民救命的美好愿望。作者反复宣讲，经文乃由天师口述亲传，上达天命。天君体恤人间百姓，救济民众之忧苦，派遣天仙治疗疾病，拯救百姓脱苦痛之厄。故而，治病灵验与否就理所当然地被视为甄别其道真伪的符验之一。

《太平经》之所以重视疾病之救治，乃是为了使人得享天年。《太平经》继承了传统道家哲学的生命精神，认为"生"属于真道的一种存在形态，也是"道"之价值与意义的充分展现。人的生命乃导源于天地，因此就具有了神圣的形上依据。卷四五《起土出书诀》言："天者养人命，地者养人形。"正鉴于此，人有责任保养好自己的生命，使其能各尽天年。除此之外，《太平经》也认为：每个人只能有一次生命，一旦死亡，便无法再生。卷九〇《冤流灾求奇方诀》有言：

> 今人居天地之间，从天地开辟以来，人人各一生，不得再生也。……今一死乃终古，穷天毕地，不得复见，自名为人也，不复起行也。

卷七二《不用大言无效诀》也说：

> 死亡，天下大凶事也。……凡天下人死亡，非小事也。壹死，终古不得复见天地日月也，脉骨成涂土。死命，重事也。人居天地之间，人人得壹生，不得重生也。……故凡人壹死，不复得生也。

所以，《太平经》反复地强调生命的现世意义，并将乐生推奉为天地之至善。卷四〇《乐生得天心法》云："人最善者，莫若常欲乐生，汲汲若渴，乃后可也。"现实生命的存活期限，亦称寿命，《太平经》将其美誉为"天之重宝"。《钞》乙部《解承负诀》言："夫寿命，天之重宝也。"经文进而将人的寿命依次分为上寿（120岁）、地寿（100岁）、人寿（80岁）、霸寿（60岁）、仵寿（50岁）等，并着重申明：对多数人而言，生命的理想目标就是"竟其天年"，诚如卷一一○《大功益年书出岁月戒》所说"完躯之人，爱其命年"。

《太平经》认为：对凡人而言，能得享天年已是乐事；但有道之人却可在此基础上追求度世成仙的终极目标。据卷九二《万二千国始火始气诀》载：

> 然人生有终，上下中各竟其天年，或有得真道，因能得度世去者，是人乃无承负之过，自然之术也。

这里谈到的能够有助于体道的"自然之术"，其内容具体包括：存神、守一、服食、辟谷等，以及不断提高道德修养、积功累德、消弭承负等。最后，《太平经》还提出得道之人度己之余，也须度他人、度俗世，更有义务传授民众以真道，祛除苦难。倘若不然，必将遭受上天之严厉惩戒，故卷六七《六罪十治诀》中所举六大罪之第一者便是"不肯教人开蒙求生""断天生道"，云：

> 人积道无极，不肯教人开蒙求生，罪不除也。或身即坐，或流后生。所以然者，断天生道，与天为怨。

《太平经》所倡导的"恶死乐生"观念，对后世道经也产生了深远影响。

2."致太平"——带有神学化的政治理想

东汉末年，社会矛盾激化，人民生活困苦。针对严峻的现实状况，《太平经》提出了自己独特的理想社会模式。作者试图推行这些措施来革除政治弊端，缓和日趋尖锐的阶级矛盾，并最终达到实现太平盛世的目的。

《太平经》推崇一种理想的宗教化社会管理模式，并为此虚构了一套神人、真人、仙人、霸治递相蜕化的历史进程。《太平经钞》乙部《阙题》云：

> 前古神人治之，以真人为臣，以治其民，故民不知上之有天子也，而以道自然无为自治。其次真人为治，以仙人为臣，不见其民时将知有天子也，闻其教敕而尊其主也。其次仙人为治，以道人为臣，其治学微有刑被法令彰也，而民心动而有畏惧，巧诈将生也。其次霸治，不详择其臣，民多冤而乱生焉，去治渐远，去乱渐近，不可复制也。

这一套社会治平理念，虽然从根本上说仍维护了当时的封建君臣秩序，但也大胆地要求君主以德治国，推行有利于社会和人民的改良措施。这反映出广大民众痛恨现实中的残酷剥削和专制压迫，渴望建立顺乎天道人心的政治秩序的美好愿望。

《太平经》反对以重刑酷法来震慑百姓，主张任德不任刑、以德化民，才能使天下大治。经云：

> 是以圣人治，常思太平，令刑格而不用也。（卷四〇《乐生得天心法》）

> 故得天下之欢心，其治日兴太平，无有刑，无穷物，无冤民。（卷五四《使能无争讼法》）

《太平经》明确地指出滥用刑罚的严重后果："好用刑罚者，其国常乱危而毁也。"这是因为"以刑治者，外恭谨而内叛，故士众日少也"。鉴于汉代刑律执行的不公正状况，《太平经》提出：德君治国应做到扫除冤狱，给受害人以公正，还冤屈者以清白，将有罪之人绳之以法，并依其所犯罪过加以量刑，这才是公平合理的法律制度。经云：

> 平之为言者，乃平平无冤者，故为平也。是故德君以治，太平之气立来也。所以然者，乃天下无自冤者，各自得其所乐。(卷九八《包天裹地守气不绝诀》)
>
> 今天下之事，各以其罪罪之为平也。(卷一〇八《灾病证书欲藏诀》)

《太平经》十分重视人才的合理任用，认为这是关系国家安危的大事情。卷一〇九《四吉四凶诀》云：

> 得其人几吉，不得其人几凶。得其人，何所能成？不得其人，何所能倾？……得其人有四吉，不得其人有四凶。得其人，天地六方八远安；不得其人，天地六方八远不安。

汉代朝廷在选用官吏时多凭门第、论出身，这就严重妨碍了人才的选拔，使大批德才兼备的人因出身卑微无法参与政事，导致严重的人才缺乏现象。《太平经》对此提出了自己的看法，主张选任官吏应该举贤用能而不能以出身等级为标准。卷九六《守一入室知神戒》云：

> 神、真、仙、道、圣、贤、凡民、奴、婢，此九人有真信忠诚，有善真道乐，来为德君辅者，悉问其能而仕之，慎无署非其职也，亦无逆去之也。……天非人，但因据而任之，而各问其所能长，则无所不治矣。德君宜试之，日有善效者进之，慎无失也，无效者疾退之。

这里将人依据其德才的多寡划分为神、真、仙、道等九个级别而分别施予任用。这九个等级也并不是固定的，可随学识修养的提高而递次晋升。虽然，《太平经》任贤的思想充满了神学成分，但却打破了封建社会中身份等级的森严界限，将德才视为选拔官员的重要标准，大胆地提出不论门第，皆可"悉问其能而仕之"。这种观念在当时称得上难能可贵。

最后，《太平经》体恤人民的疾苦，反对战争，呼吁社会和平，并反复强调帝王必须摒弃武力——"断金"。如卷六五《断金兵法》云："但急断金兵，敢有持者，悉有重罪。"卷六九《天谶支干相配法》又云：

> 从上古、中古到于下古，人君弃道德，兴用金气兵法，其治悉凶，多盗贼、不祥也。是故上古圣人深知天固法象，故不敢从兵革武部以治也。帝王欲乐长安而吉者，宜按此天谶，急囚断金兵武备，而急兴用道与至德。

这些提法，有着现实背景。当时社会动荡，各地先后爆发了骚乱和战争，这就更加重了人民的困苦。鉴于此，《太平经》提出：人君应顺应天道，讲求以德治国而不能轻易地付诸武力。

综上所述，《太平经》将修身与治国并重，认为修身是治国之基础，治国是修身之目的，并藉此号召信众们由度己到度人，最终建构一个理想的大同世界。

三、《太平经》研究述评

现代学术意义上的《太平经》研究始于20世纪30年代，迄今有近百年学术史。据笔者统计，涉及《太平经》的学术论文总计449篇（截至2007年以前）：中国大陆及港台地区学者论文达371篇，海外学者论文达78篇。此外，以《太平经》为选题的硕博士学位论文计有17篇：中国大陆及港台地区14篇（其中博士学位论文2篇）；海外3篇，均出自韩国。下面，我们分中国（含港台）和海外两大部分予以详细介绍。

（一）中国大陆及港台地区

据上述成果分析，中国大陆学者关于《太平经》的学术研究可大致划分为三个阶段：

第一个阶段，20世纪60年代以前。这个阶段属于《太平经》研究的拓荒期，此时专注《太平经》的学者数量上虽较少，但却多有造诣，如沈曾植、汤用彤、傅勤家、刘师培、陈国符等。他们大都从文献角度对《太平经》进行考证和梳理，澄清了《太平经》成书年代等问题。值得一提的是，汤用彤于1935年发表了《读〈太平经〉书所见》，对《太平经》成书及其思想等做了初步考证。此后，王明先生对《道藏》所收《太平经》残本加以校补和整理，撰成《太平经合校》一书，意义重大，从而为日后的研究打下坚实基础。

第二个阶段，20世纪七八十年代。这个阶段主要讨论《太平经》与农民起义之关系，参与讨论的人物有冯友兰、卿希泰、熊德基、喻松青、冯达文、钟肇鹏等。基于当时的政治背景，与农民起义有关的课题研究一度被称为学术界"五朵金花"之一，属于显学。这个阶段，就论文数量而言可谓最多，但多局限于分析《太平经》所代表的阶级成分及其与农民战争之关系，对《太平经》文献本身的研究无甚推进。

第三个阶段，20世纪90年代至今。这个阶段，《太平经》研究趋于专题化、精细化。中国大陆学者从80年代中晚期开始侧重研究书中某些具体的内容和思想——如承负说、政治伦理观、宗教特征等命题。少数学者开始打破以往单一的研究路数，转而注重借助地下出土的实物资料及民俗学、文字学等不同学科知识对《太平经》某一专题展开综合性考察，如对于《太平经》生命学的探讨就日益增多，也出现一批重要的研究成果。

港台地区的《太平经》研究起步较晚，直到20世纪90年代开始才有少数学者对其展开系统研究，如台湾李丰楙、龚鹏程、林富士和香港黎志添等均有佳作问世。

值得一提的是，20世纪90年代以来《太平经》白话文翻译工作获得较大推进。由于《太平经》卷帙繁富、内容庞杂、文辞拙涩，这就给广大普通读者带来诸多阅读上的障碍，故将其翻译成现代语体就显得十分必要。令人可喜的是，这项工作在近几十年来取得较大推进，国内学界先后有五种译本面世，分别是：

（1）杨寄林：《〈太平经〉释读》，载吴枫主编《中华道学通典》，南海出版公司，1994年。

（2）罗炽主编：《〈太平经〉注译》（上、中、下册），西南师范大学出版社，1996年。

（3）龙晦、徐湘灵、王春淑、廖勇译注：《〈太平经〉全译》，贵州人民出版社，1999年。

（4）俞理明：《〈太平经〉正读》，巴蜀书社，2001年。

（5）杨寄林译注：《〈太平经〉今注今译》（上、下册），河北人民出版社，2002年。

这些译著对《太平经》的推广普及均有推动之功。其中，杨寄林译注《〈太平经〉今注今译》一书计百余万字，不仅译文优美流畅，通俗易懂，且考辨钩沉、稽验真伪，实为同类作品之杰出者。此外，2000年香港商务印书馆出版了由刘殿爵、陈方正担任主编的《〈太平经〉逐字索引》一书，为研究《太平经》提供了重要工具书。

（二）海外地区

海外学者对于《太平经》的研究，也值得我们重视。有关《太平经》的海外研究成果主要分布在几个国家：日本计44篇，主要有小柳司气太、福井康顺、大渊忍尔、吉冈义丰、酒井忠夫、浅野裕一、蜂屋邦夫、吉元昭治、神塚淑子、山田利明、前田繁树、武田秀夫等人。韩国15篇，主要有郑在书、尹灿远等人。澳大利亚3篇，主要出自芭芭拉（Barbara Hendrischke）等人之手。此外，德国3篇，法国2篇，加拿大2篇，不明国籍者8篇。就上述海外成果而言，日本学者在《太平经》研究中所取得的成就可谓十分卓著。

日本学者小柳司气太于1930年发表了关于《太平经》的第一篇学术论文——《后汉书襄楷传之太平清领书与太平经之关系》，由此揭开了日本学界研究《太平经》的序幕。此后，围绕《太平经》的成书时代问题，几位日本学者展开争论。小柳司气太、大渊忍尔等认为《太平经》从思想内容上看大致属于汉代著作，但至六朝时濒临散佚，后经上清派道士（抑或桓法闿、周智响等）加以收集和编辑，重新恢复了东汉时的旧体例和格式。福井康顺则对此提出不同看法：《后汉书·襄楷传》中载干吉《太平清领书》即后世道教所奉《太平经》。但从该书的传承历史上看，似存在过数种《太平经》传本。今本《太平经》乃是梁、陈时茅山道士造作而成。

20世纪三四十年代，福井康顺、大渊忍尔等撰文全面地介绍了《太平经》的有关思想和来历。此后，法国学者Maxime Kaltenmark（康德谟）撰《〈太平经〉的思想观念》，于1972年9月发表于日本长野县举办的第二次国际道教研究会议。在《太平经》的某些具体问题上，日韩等国学者也做了细致的梳理。如日本学者原田二郎、韩国学者尹灿远等论述了《太平经》中人的本质及养生思想等内容，指出"重人贵生"是《太平经》对待生命的基本态度，并由此衍生出祛病延年的养生理论。在《太平经》与中医学问题上，日本学者吉元昭治博士关于道教医学之研究取得显著成绩，其撰《道教と不老长寿の医学》一书中就谈到《太平经》的医学思想等内容。韩国学者崔埈和、朴成范等人对此也给予关注。在《太平经》与佛教的交涉问题上，日本学者福井康顺撰《太平经の一考察——特に干吉の师承と其の佛教的缘故について》，吉冈义丰撰《太平经成立の问题と佛教》等做了翔实的考察，也为研究初创时的佛道关系提供了重要素材。在《太平经》与"守一"修炼术的关系问题上，日本学者吉冈义丰撰《太平经の守一思想》，山田利明撰《〈太平经〉における守一と存思》，韩国学者郑舜日撰《〈太平经〉의 守一思想

研究》就此课题进行了深入的讨论。

总之，回顾近百年《太平经》的研究历程，可以说：国内外学界对《太平经》研究一直保持着很大热情，乃至成为道家道教文化研究的一个重要的学术热点。

建议阅读书目：

傅勤家：《中国道教史》，商务印书馆，1937年第1版，1998年影印版。

王明编：《太平经合校》，中华书局，1960年。

陈国符：《道藏源流考》，中华书局，1963年。

王　明：《道家和道教思想研究》，中国社会科学出版社，1984年。

朱越利：《道经总论》，辽宁教育出版社，1991年。

〔日〕安居香山、中村璋八辑：《纬书集成》（全三册），河北人民出版社，1994年。

〔日〕小林正美著，李庆译：《六朝道教史研究》，四川人民出版社，2001年。

杨寄林译注：《〈太平经〉今注今译》（上下册），河北人民出版社，2002年。

王　卡：《敦煌道教文献研究——综述·目录·索引》，中国社会科学出版社，2004年。

姜守诚：《〈太平经〉研究——以生命为中心的综合考察》，社会科学文献出版社，2007年。

主要参考书目：

〔日〕小柳司气太：《後漢書裏楷傳の太平清領書と太平經の關係》，载桑原博士还历纪念论文集刊行会：《桑原博士還曆紀念——東洋史論叢》，京都：弘文堂书局，1930年。又載《東洋思想の研究》，东京：森北书店，1942年。

汤用彤：《读〈太平经〉书所见》，北京大学主办《国学季刊》5卷第 1 号，1935 年。又载氏著《汤用彤学术论文集》，中华书局，1983 年。

王明：《论〈太平经钞〉甲部之伪》，《国立中央研究院历史语言研究所集刊》第十八本，1947 年。又载氏著《道家和道教思想研究》，中国社会科学出版社，1984 年。

（清）严可均校辑：《全上古三代秦汉三国六朝文》第一册，中华书局，1958 年。

王明编：《太平经合校》，中华书局，1960 年。

陈垣编纂：《道家金石略》，文物出版社，1988 年。

《道藏》（全三十六册），文物出版社、上海书店、天津古籍出版社，1988 年。

林富士：《试论〈太平经〉的主旨与性质》，载《"中央研究院"历史语言研究所集刊》第六十九本、第二分，台北，1998 年。

熊德基：《〈太平经〉的作者和思想及其与黄巾和天师道的关系》，《历史研究》1962 年第 4 期。又载氏著《六朝史考实》，中华书局，2000 年。

李丰楙：《当前〈道藏〉研究的成果及其展望·道藏中道书研究举隅——以〈太平经〉为例》，台北《书目季刊》25 卷第 3 期，1991 年。

任继愈主编：《道藏提要》，中国社会科学出版社，1991 年。

刘昭瑞：《〈太平经〉与考古发现的东汉镇墓文》，《世界宗教研究》1992 年第 4 期。

胡孚琛主编：《中华道教大辞典》，中国社会科学出版社，1995 年。

朱越利：《道藏分类解题》，华夏出版社，1996 年。

刘殿爵、陈方正主编：《〈太平经〉逐字索引》（上下册），香港商务印书馆，2000 年。

〔日〕小林正美著，李庆译：《六朝道教史研究》，四川人民出版社，2001 年。

作者简介

胡孚琛，全国老子道学文化研究会创会会长，中国社会科学院哲学研究所研究员，中国社会科学院研究生院哲学系教授、博士生导师和外国留学生导师。1964年考入天津市南开大学化学系，师从原西南联大教务长、中国化学会理事长、南开大学校长、著名化学家杨石先教授，1969年毕业后在地方的医疗卫生部门和化工部门工作。1979年考入中山大学攻读硕士学位，导师为广东省人大副主任、中山大学副校长、著名物理学家黄友谋教授。1980年受钱学森院士安排，开始调研密宗、禅宗和丹道的佛道两教修持方法。1982年获中山大学硕士学位，1983年至1984年在山东大学任教。1984年考取中国社会科学院博士研究生，师从王明研究员，专攻道教史和中国哲学，1988年初获哲学博士学位，供职于中国社会科学院哲学研究所，1993年开始享受政府特殊津贴待遇。

主编有《中华道教大辞典》《道教通论》。著有《魏晋神仙道教——抱朴子内篇研究》《道教与丹道》《道藏与佛藏》《道教志》《道学通论》《丹道法诀十二讲》《丹道与仙术入门》《新道学引论》等，译有〔俄〕凯德洛夫《科学发现揭秘》。编辑先师张义尚《丹道薪传》《中医薪传》《武功薪传》《禅密薪传》，为先师陈国符出版《道教源流考》（新修订版）等。

姜守诚（1975—），男，山东烟台人，哲学博士、历史学博士后，中国人民大学哲学院教授、博士生导师，教育部人文社会科学重点研究基地中国人民大学佛教与宗教学理论研究所专职研究员。学术研究方向为道教文献及道教史研究。先后在《世界宗教研究》《哲学动态》《新史学》《成大历史学报》等杂志发表论文100余篇，出版《出土文献与早期道教》《中国近世道教送瘟仪式研究》《〈太平经〉研究——以生命为中心的综合考察》等专著，主持国家社科基金项目3项，参与国家社科基金重大项目3项。

太清部道经说略

盖建民、夏涛

一、太清部的错乱

太清部，按照道教经书三洞四辅十二类的分类法，是四辅的第三部，为洞神部的补充。据号称小道藏的《云笈七签》卷六和《道教义枢》的说法，太清以太一为宗，"所收多是金丹之要"，因此凡是记述道教外丹黄白术的经典，都应属于太清部。据陈国符先生《道藏源流考》，"太清部者，金丹诸经也"。今天我们看到的《道藏》乃是明代正统十年（1445）所编的《正统道藏》和明代万历三十五年（1607）编的《万历续道藏》的合刊本，由于没有严格遵守道教经书三洞四辅十二类的分类法，太清部收入了许多不该入此部的老庄诸子之书，如《公孙龙子》《尹文子》《子华子》《墨子》《韩非子》《孙子》《淮南鸿烈解》等，本应该收入此部的外丹经书却散入其他部类。

现今《道藏·太清部》收录的道教经书主要有《太上感应篇》三十卷、《太上老君中经》二卷、《太上老君清静心经》一卷、《太上老君说上七灭罪集福妙经》一卷、《抱朴子内篇》二十卷、《抱朴子外篇》五十卷等道教经典。在《抱朴子内篇》中，有《金丹》《黄白》《仙药》三篇，集中论述道教外丹黄白术和道教医药。根据陈国符先生《道藏源流考》和孟乃昌等学者的研究，《道藏》中应该收入太清部的外丹黄白术经典还有《太清金液神丹经》《太清金液神气经》《太清经天师口诀》《太清经断谷法》《太清石壁记》《上清九真中经内诀》《上清经真丹秘诀》《灵宝众真丹诀》《太极真人九转还丹经要诀》《太极真人杂丹药方》《黄帝九鼎神丹经诀》《九转流珠神仙九丹经》《抱朴子神仙金汋经》《神仙服饵丹石行药法》《神仙养生秘术》《通玄秘术》《灵飞散传信录》《玄霜掌上录》《悬解录》《雁门公妙解录》《神仙服食灵草菖蒲丸方传》《太上肘后玉经方》《蓬莱山西灶还丹歌》《白云仙人灵草歌》《纯阳吕真人药石制》《种芝草法》《轩辕黄帝水经药法》《三十六水法》《阴真君金石五相类》《参同契五相类秘要》《金石簿五九数诀》《石药尔雅》《丹方鉴源》《玄和子十二月卦金诀》《天皇太一神律避秽经》《神仙炼丹点铸三元宝照法》《魏伯阳七返丹砂诀》《大洞炼真宝经修伏灵砂妙诀》《大洞炼真宝经九还金丹妙诀》《玉洞大神丹砂真要诀》《太上卫灵神化九转丹砂法》《阴阳九转成紫金点化还丹诀》《九转灵砂大丹》《九转青金灵砂丹》《九转灵砂大丹资圣玄经》《张真人金石灵砂论》《太古土兑经》《灵砂大丹秘诀》《感气十六转金丹》《诸家神品丹法》《铅汞甲庚至宝集成》《丹房奥论》《指归集》《丹房须知》《渔庄邂逅录》《碧玉朱砂寒林玉树匮》《金华玉液大丹》《金华冲碧丹经秘旨》《庚道集》《大丹记》《大丹铅汞论》《修炼大丹要旨》《龙虎还丹诀》《龙虎还丹诀颂》《龙虎元旨》《龙虎还丹歌诀》《通幽诀》《红铅入黑铅诀》《玉清内书》《还丹肘后诀》《太清修丹秘诀》《太白经》《元阳子金液集》《还丹歌诀》《还丹金液歌注》《陶真人内丹赋》《金丹赋》《还金述》《大丹篇》《太上日月混元经》《金液还丹百问诀》《海客论》《金丹真一论》《修丹妙用至理论》《还丹众仙论》《太极左仙公说神符经》《太清玉碑子》《大丹问答》《金木万灵论》《稚川真人校证术》《真元妙道要略》《修真历验钞图》《先天玄妙玉女太上圣母资传仙道》《上洞心丹经诀》……这些经典为我们了解外丹黄白术提供了最直接的资料。为避免本书内容上的重复介绍，这里谨选择汉魏六朝时期的外丹著作（不包括《周易参同契》）作具体介绍。

二、汉代的太清经

炼丹，是古人追求长生的一种实验活动。这种实验活动大致可分为两种类型。一类是以呼吸、吐纳、导引、周天运转等为手段的心理、生理炼丹术，又名内丹术，现代则多称之为气功术、道教养生功法等。另一类则以化学实验为手段，旨在烧炼金液还丹、黄白（黄指黄金，白指白银），希望通过服食它们达成长生成仙的夙愿。这就是人们通常所说的外丹术。今天所说的炼丹术，一般是指外丹术。外丹术是指用炉鼎烧炼丹砂等矿物质以获取"长生不死"之仙药的方术，又称为炼丹术、金丹术等。金丹术与黄白术先于道教产生，其根本目的从一开始就是为了益寿延年、长生成仙。

炼丹术的出现，与人们寻找长生药的实践有关。早在战国时期，燕齐等地就流传关于"神仙"的传说，人们相信可以找到仙人，求得仙药，服之长生。甚至千古一帝的秦始皇，对此也笃信不疑。到了汉武帝时期，情况有所变化，武帝一方面派人外出寻求仙药，乐此不疲，另一方面也支持方士们人工炼制丹药。据《史记·封禅书》记载：

> 少君言上（武帝）曰："祠灶则致物，致物而丹沙可化为黄金。黄金成，以为饮食器则益寿，益寿而海中蓬莱仙者乃可见。……"于是天子始亲祠灶，遣方士入海求蓬莱安期生之属，而事化丹砂诸药齐为黄金矣。

这些话，奠定了中国炼丹术中金丹和黄白二大分支相结合的基础，同时也标志着古代人工炼制丹药的实践登上了一个新的台阶。

人工炼制丹药的广泛开展，为炼丹术类著作的出现创造了条件。就是在武帝时代，淮南王刘安"招致宾客、方术之士数千人，作为《内书》二十一篇，外书甚众，又有《中篇》八卷，言神仙黄白之术，亦二十余万言"(《汉书·淮南王传》)。这里的《中篇》八卷，就是中国最早的一批炼丹术著作之一；只是它们已经失传，我们无从窥其原貌。从总体来说，西汉的炼丹术著作不多。

我国的外丹术最迟在秦代已经出现。在外丹著作中，一般认为属于汉代作品的有《三十六水法》，它是早期水法炼丹的重要文献。此外还有成书于西汉末东汉初的《太清金液神丹经》《黄帝九鼎神丹经》(即《黄帝九鼎神丹经诀》卷一）以及《周易参同契》《太清金液神气经》(即今《太清金液神气经》卷上）和《太微灵书紫文琅玕华丹上经》《太上八景四蕊紫浆五珠绛生神丹方（经）》(即《上清太上帝君九真中经》卷下）等。其中淮南王刘安的时代就已流行于世的《三十六水法》是迄今所知世界上现存最早的一部炼丹术著作。

（一）《三十六水法》

《三十六水法》是目前所知最早的炼丹术"水法"专著，也是现存最古老的炼丹书，其作者不详，其主体部分保存《道藏》本一卷，收入洞神部众术类得以保存至今，具有很高的史料价值。不过，对其西汉成书说，有学者认为也还存在疑点，提出成书时间可能晚于西汉。胡孚琛主编的《中华道教大辞典》认为此书从内容及其文字上看"似出于魏晋南北朝"。《三十六水法》被后世的许多炼丹和医药书籍所引用，《通志·艺文略》记载该书为"炼三十六水石法"，《抱朴子·遐览篇》中也著录有《三十六水经》。

此书古本记述了三十六种石水制作方法，包括矾石水、雄黄水、雌黄水、丹砂水、曾青水、白青水、磁石水、硫黄水、硝石水、白石英水、紫石英水、赤石脂水、玄石脂水等。后来增补了石胆水、铜青水、戎盐水、铁华水、铅缸水等十五种石水的制作方法。其中最重要的是"丹砂水""雄黄水""雌黄水"。

其石水作法大致为：将某种金石药物与辅助药物相配，纳入竹筒中，加入硝石，封固后纳入华池（即盛有浓醋的溶解槽），或瓶装埋入地中，若干日后就会化为金石药水。

（二）《太清金液神丹经》

《太清金液神丹经》，原书题为"长生阴真人撰"，是最古老的炼丹原著之一，今本的文字是古风式的。今本《太清金液神丹经》所述阴长生，是东汉时人，略早于或与魏伯阳为同时代人。按该书今本分为卷上、卷中、卷下，收入《道藏》洞神部众术类"兴"字号。另外，《云笈七签》卷六十五收有相当于该书卷上与卷中第一与第五页的内容，并没有卷下的内容。该书可与《抱朴子内篇》相对照，是研究早期炼丹术的重要资料。据葛洪《神仙传》载：汉末阴长生师事真人马鸣生，得授《太清神丹经》三卷。《抱朴子·金丹篇》称：汉末左慈以《太清（神）丹经》三卷传葛玄，后由郑思远传葛洪。陈国符先生根据韵文用韵情况推断该书出于西汉末东汉初，至迟在东晋或梁代问世。

根据《抱朴子·金丹篇》记载："凡受《太清经》三卷及《九鼎丹经》一卷、《金液丹经》一卷。"孟乃昌先生认为，《太清金液神丹经》是合并葛洪所见的《太清（神）丹经》与《金液丹经》二书，构成了经书今本的主体。

《太清金液神丹经》内容分为三部分，是一部专门记述外丹黄白术的经书。第一部分为序，假托天师张道陵撰写，由其弟子王长、赵升注释。主要讲述服食行气、内修守一的方术。第二部分为经文，假托阴长生撰述。内容包括两段七言韵文及治六一泥法、治金液还丹法、取雄黄雌黄精法、作霜雪法等，并列举出炼丹所用药物的配方、器具、制作捣炼程度。据称依照此方法炼成金液还丹，可以点铅成金，人服食后能羽化飞升。第三部分为郑思远与葛洪所述。这部分记述了晋人鲍靓遇阴长生并得其传授道法的故事以及扶南、西图、大秦、月氏、安息等二十个国家的方位、物产。书中讲到这些国家多出产丹砂仙药，因此被称为

"生丹之国"。

《太清金液神丹经》显示了早期炼丹术水法与火法同举、内丹与外丹并重。在经文中多处可见明证。如韵文称：

> 金液丹华是天经，太清神仙谅分明。……六一合和相须成，黄金鲜光入华池。名曰金液生羽衣，千变万化无不宜。云华龙膏有八威，却辟众精与魑魅。津入珠儿乃腾飞，所有奉祠丑未衰。……雄雌之黄养三宫，泥丸真人自溢充。绛府赤子驾玄龙，丹田君侯常丰隆。三神并悦身不穷，勿使霜华得上通。郁勃九色在釜中，玄黄流精隐幽林。和合阴阳可飞沉，飞则九天沉无深。丹华黄轻必成金，水银铅锡谓楚皇。河上姹女御神龙，流珠之英能延年。华盖神水乃亿千，云液踊跃成雪霜。挹而东拜存真王，陵为山称阳为丹。
>
> 金液还丹仙华流，高飞翱翔登天丘。黄赤之物成须臾，当得雌雄纷乱殊，可以腾变致行厨。……其精凝霜善沉浮，汝其震敬必来游。

其中的"金液丹华""金液还丹"都是对水法与火法并举的表述。"黄金鲜光入华池，名曰金液生羽衣"恰好印证了正文"以古称黄金九两置苦酒中，百日可发……名金液也"，这就是对水法金液最早的炼制方法的记述。这里的"黄金"既指真金，也指药金。"黄赤之物成须臾"可与唐代丹经《张真人金石灵砂论》中所述"释金液篇……黄赤如水"对照来看，应是当时对水法金液的描述。

关于火法，正文中写道：以丹砂、雄黄、雌黄一起加热三十六天，"飞着上釜，如奔月坠星、云绣九色、霜流炜烨，又如凝霜积雪、剑芒翠光、玄华八畅、罗光纷纭。其气似紫华之见太阳，其色似青天之映景云，重楼蜿蜒，英采繁宛。乃取三年赤雄鸡羽扫取之，名曰：金液之华"。这一段对火法金液的描述预示了后世火法金液丹的发展，今天看来，应是升华后的硫化汞、硫化砷乃至氯化汞、氧化砷的混合物。

与"金液"并提的"丹华"是典型的火法炼丹术。《黄帝九鼎神丹经诀》和《周易参同契》都有同样的说法，其中的炼丹产物则是氧化铅和氧化汞。早期的炼丹经书在内容上具有相通之处。《太清金液神丹经》中述及"（作）霜雪法"，以曾青、硫黄、戎盐、礜石、凝水石、代赭、水银等为原料。有学者推测，这可能是最早的氯化亚汞的合成配方。

《太清金液神丹经》的韵文部分大量使用药物隐名，其散文部分则不同。如前引述韵文中的"云华龙膏""河上姹女"是水银，"珠儿"是朱砂。诸如此类还很多，在此不一一列举了。

值得一体的是，《太清金液神丹经》从东汉留传至今，在传承过程中内容上的增补和删减甚至亡佚都极有可能。韵文中常常可以见到内丹术的术语和内容。"泥丸（宫）"指代百会穴及其内部，"丹田"则是关元穴及其内部，"丰隆"也是经穴名。此外，韵文中还有"山林石室身百炼……天鼓叩鸣响怀抱"，是阐述外功导引。《太清金液神丹经》卷上正文开头部分记述内丹，其内容应是唐代的增述。卷下所题"抱朴子序述"，则是重要的中外交通史料。

（三）《黄帝九鼎神丹经》

同属西汉末东汉初的炼丹术著作还有《黄帝九鼎神丹经》，这本书对后世影响颇大，《抱朴子》曾多次引述。现在收录于《道藏》中的《黄帝九鼎神丹经诀》，作者已不可考，共二十卷，简称《九鼎神丹经诀》。据陈国符先生《道藏源流考》考证，其第一卷即《黄帝九鼎神丹经》。《道藏》本《黄帝九鼎神丹经》中"匡"字缺笔，避宋太祖赵匡胤名讳，可知其源于宋本。《抱朴子·金丹篇》引述《黄帝九鼎神丹经》内容，与此书卷一基本相同，由此可知该书卷一即抱朴子葛洪所见之文，应出于晋以前。陈国符先生《道藏源流考》指出，《黄帝九鼎神丹经》于西汉末东汉初出世，金丹法之可考者，以此为最古。其书东汉末左慈曾得之，由其留传下来。

《黄帝九鼎神丹经诀》认为：凡欲长生而不得神丹金液是不行的，呼吸导引、吐故纳新及服草木之药，可以延年，但不免于死，惟服神丹"令人神仙度世，与天地相毕，与日月同光"。因此书中列举多种炼丹方法，如玄黄法、丹华法、神符法、神丹法、还丹法、饵丹法、炼丹法、柔丹法、伏丹法、寒丹法等丹法，提出炼丹必择明师以受诀，并引狐刚子说以证之。经中所述及的主要是外丹法，首先说玄女向黄帝传授还丹至道，黄帝又授予玄子。

《黄帝九鼎神丹经诀》卷一即丹经的正文主体，经书所述的神丹分九种：第一种丹名曰丹华，第二种丹名曰神符，第三种丹名曰神丹，第四种丹名曰还丹，第五种丹名曰饵丹，第六种丹名曰炼丹，第七种丹名曰柔丹，第八种丹名曰伏丹，第九种丹名曰寒丹。其中重要的是取九斤水银、一斤铅，混合倒入赤土釜中。用猛火加热，从天刚亮开始，一直到中午，或是太阳落山时结束。水银和铅的精华都被炼制出来，呈现出黄金的颜色，被称为黄精、黄芽、黄轻或者黄华。这段表述实际相当于《周易参同契》隐讳之文的直述。

卷二转引《抱朴子·金丹篇》和《真人九升经》，主要阐述九种神丹的功效。经中还说，以丹粉题书于门户之上可以辟鬼邪盗贼，服丹则可以除病成仙。

卷三讲述拜师并引述《张天师诀》等四种诀文。

卷四"明防辟恶邪魅守神保身"、卷五"明朱成神丹必藉资道之缘"与《抱朴子·登涉篇》内容大致相同，阐述了入山炼药的各种禁忌和防避方法以及许多种药物，如水银、丹砂、雄黄等的具体制作，还涉及登山辟邪和符箓的内容。

卷六是对于丹药功效的总述，本卷再次列举了九种神丹的名称。

卷七介绍炼丹房、炼丹炉、土釜、六一泥等的造作。从炼丹房的建造到室内炼丹炉，特别着意于反应器（土釜）和它的封固，这是中国炼丹术从一开始就着手解决的问题，但始终没能找到真正密闭的容器。

卷八"明化石为水并硝石法",本卷序言述及"三十六水法"由八公传授给淮南王刘安的经过。接着介绍了丹砂水、黄矾石水等。由于该书较《三十六水法》晚出,因此在炼丹方法上有更进一步的经验,如加热的"速成水法",还有再结晶法制备盐类等。这些都是化学史上的重要资料。

卷九讲述炼丹过程中的方法,如制备高纯度金银的方法等。"炼石胆取精华法"据研究是以五水硫酸铜煅烧制备硫酸的方法。

卷十通篇阐述炼药和炼丹的禁忌。

卷十一至十八的内容是在唐苏敬《本草》的基础上略有增删。记载的药物包括水银、铅、丹砂、雄黄、曾青、硫黄、磁石、戎盐、礜石、矾石、朴硝、芒硝、钟乳、代赭、卤咸、铅丹、胡粉等,其中特别重视铅,有"丹铅秘目"三十六种隐名和"狐刚子作九转铅丹法""太极真人九转丹"的专门介绍。还记载了浓醋加各种盐类构成的华池。

卷十九内容比较杂,既有水法的讲述,又有祛除药物毒性的方法,还有符箓等。

卷二十先讲炼丹忌讳,再述九丹炼法、开釜法、试药法等。

九种神丹各有不同的药物、做法和功效,但是不必每种都炼制,得其中之一便能成就神仙。炼制神丹应当选择深山中人迹罕至的幽僻之处,必须先准备土釜、玄黄及六一泥。其作法大略如下:将红土放入筛中捣,然后蒸;再用烧酒拌和,等红土熟后,就可以制成土釜。用十斤水银、二十斤铅放入铁器中用猛火烧,直到出现紫黄色精华,这被称为玄黄(即生成玄色的氧化汞与黄色氧化铅)。再加入矾石、戎盐、卤咸、礜石一起煅烧二十日,加牡蛎、赤石脂、滑石等七种物质,轻轻搅拌并以猛火煅烧,与醋一起和为泥状,成为六一泥,其作法与《太清金液神丹经》基本相同。用六一泥在土釜内外壁各涂大约三分厚,曝晒十日,使六一泥凝固;再用烧过的胡粉、玄黄和醋,各涂土釜内外壁约三分厚,曝晒十日,使其干燥;把所炼制的玄黄放在下釜中,将上釜盖在其上,用六一泥密封上下釜的接口处。先用文火烧,后改用猛火,经过若干日，药物升华并附着在上釜内壁，用赤雄鸡羽毛扫取，搓成丸状，就制成神丹了。这种炼制方法被称为飞，也叫作转，飞转即飞炼九次。

《黄帝九鼎神丹经诀》是一部专业性类书，被唐代人辑录，收录有许多炼丹书的片断，被收录者大都已成为佚书，因而该书具有很高的史料价值。东汉乃至其后相当长一段时间的炼丹术著述，很多都靠该书的引录才为后人所知。该书出现年代之早以及丹法内容之详细，都是外丹经中罕见的。书中记录了道教外丹的制法，指明了药物、斤两、时间、火候、程序等，为研究中国古代科技及道教外丹术提供了宝贵资料。

（四）《太清金液神气经》

《太清金液神气经》，现存《道藏》本三卷，收入洞神部众术类。其撰人不详。从内容文字上看，似乎是出自隋唐道士之手。北宋《崇文总目》以及《通志·艺文略》著录该书十卷。

全书内容大致以外丹服食术为主，辅助讲述思神咒鬼术。经文上卷，假托清虚真人讲述"三丹要道"。"三丹"是绛晨丹、五辉丹、阴丹，分别用二十八味、十六味或十二味药物配合炼制而成。书中列举所用药物斤两及其合炼方法，并明确指出服用三种丹药足以起死回生，杀灭精魅，"白日升晨"。卷中首先列举天神、地神姓名，并认为：经常念诵天神姓名可以却病治鬼，起死回生；而呼唤地神名字则"所向通利，祸散灾消"。其次记载了灵飞散方、漆丹法、未央丸方等，都具体介绍了药物斤两及制作方法。作者宣称服药后可以长生不老，飞升成仙。卷下转引《真诰》的文字并记述了郭子华、赵叔达、山世远、展上公、郭四朝、赵威伯等仙人修道求仙的故事及其各自的仙术。

三、魏晋南北朝太清经

（一）《抱朴子内篇》

道教产生以后，将金丹术与黄白术变为自己重要的仙术之一，并加以充实和完善。魏晋时期，道教外丹黄白术有了较大发展，出现了一些积极从事炼丹活动的道士。而魏晋时期道教外丹黄白术的集大成者首推东晋的金丹家葛洪。在《抱朴子外篇·自叙》中记述了葛洪曾学过风角、望气、三元、遁甲、六壬、太乙之法。但只是"粗知其旨，又不研精"。葛洪的从祖葛玄，字孝先，好神仙修炼之术，是东吴有名的道士，号葛仙公。曾师从左元放（左慈），受《太清》《九鼎》《金液》等丹经，又于天台、括苍、南岳、罗浮、阁皂诸名山修道，授炼丹秘术于弟子郑隐。据《晋书》记载，由于葛洪"尤好神仙导养之法"，于是"洪就隐学，悉得其法焉"，后来葛洪在羁留广州期间，又曾"师事南海太守上党鲍玄，玄亦内学，逆占将来。见洪，深重之，以女妻洪。洪传玄业，兼综炼医术"。到了晚年，葛洪便隐居罗浮山，积极从事炼丹活动并著书不辍。

在道教神仙家中对金丹术与黄白术论述最详尽，倡导最有力的应当首推葛洪。他在自己的名著《抱朴子内篇》中有《金丹卷第四》与《黄白卷第十六》专门论说金丹、黄白之事。

葛洪一生著述颇丰，现存主要有《抱朴子》内外篇七十卷、《神仙传》十卷、《肘后备（要）急方》四卷、《金匮药方》一百卷。其中《抱朴子内篇》中《金丹》《黄白》《仙药》等卷，对金丹术的指导思想、理论基础以及秦汉、魏晋以来金丹术所取得的成果，在理论和实践上作了全面系统的总结和发挥。

在《金丹》篇中，葛洪首先在魏伯阳金丹思想的基础上提出了他的"假外物以自坚固"和"金银可自作，（乃）自然之性"的金丹理论。为了论证服饵金丹就可以使人长生或成仙，葛洪写道：

> 余考览养性之书，鸠集久视之方，曾所披涉篇卷，以千计矣，莫不皆以还丹金液为大要者焉。然则此二事，盖仙道之极也。服此而不仙，则古来无仙矣。

他认为还丹与金液乃是益人万倍于五谷的上品神药，服食后可以成仙。他进一步解释说：

> 夫金丹之为物，烧之愈久，变化愈妙。黄金入火，百炼不消；埋之，毕天不朽。服此二物，炼人身体，故能令人不老不死。此盖假求于外物以自坚固，有如脂之养火而不可灭，铜青涂脚，入水不腐，此是借铜之劲以扞其肉也。

葛洪认为金丹大药是上品的神药，如同五谷能养人身体一样，服食金丹大药，定能"与天地相毕，乘云驾龙"，让人长生不死。他还说：

> 夫五谷犹能活人，人得之则生，绝之则死，又况于上品之神药，其益人岂不万倍于五谷耶？

而服食草木之药，只能起到延年的作用，不免一死。他说：

> 草木之药，埋之即腐，煮之即烂，烧之即焦，不能自生，何能生人乎？

葛洪这种"假外物以自坚固"的理论流行了好几个世纪，一直是服丹成仙的经典说明。

关于黄白，葛洪说：

> 黄者，金也。白者，银也。古人秘重其道，不欲指斥，故隐之云尔。或题篇云庚辛，庚辛亦金也。……我命在我不在天，还丹成金亿万年。

他认为通过特殊的方法可以炼制出服以升仙的金银，其中的基本原理与服食金丹是一致的。所以他认为："朱砂为金，服之升仙者，上士也。"对此，葛洪在《黄白》篇中提出了他的自然万物可嬗变的炼金思想。自然万物都是可以相互转化的，这就如同高山为渊、深谷为陵一样，"变化者，乃天地之自然，何嫌金银不可以异物作乎？"因此葛洪认为："金银可自作，自然之性也。"在他看来，黄白术实质上是一种变化之术。而这种变化之术是以道家、道教朴素的自然观为理论基础和核心的。

金丹术在道教成仙方术中占有极其重要的地位。葛洪继承了战国以来方仙道的思想，明确指出：长生之道，不在祀鬼神，不在导引和屈伸，而在金丹大药。因此在《抱朴子·内篇》中，葛洪把服食金液还丹当作成仙的最高途径。方仙道思想还反映在葛洪对炼金术目的的看法上。葛洪认为，道教炼金术（黄白术）用人工方法制造金银的真正目的不在于致富，而在于饵服成仙。他说："至于真人作金，自欲饵服之致神仙，不以致富也。"葛洪对那些把黄白术当作一条致富捷径的"不敦信让，浮深越险，干没逐利，不吝躯命，不修寡欲"之徒予以痛斥。

在《仙药》篇中，葛洪根据他的"假外物以自坚固"的金丹理论，进一步把金液、还丹等仙药按上、中、下进行了分类：

> 仙药之上者丹砂，次者黄金，次者白银，次者诸芝，次者五玉，次者云母，次者明珠，次者雄黄，次者太乙禹余粮，次则石中黄子，次则石桂，次则石英，次则石脑，次则石硫黄，次则石饴，次则曾青，次则松柏脂、茯苓、地黄、麦门冬、木巨胜、重楼、黄连、石韦、楮实、象柴，一名托卢是也。

葛洪引用《神农四经》说："上药令人身安命延，升为天神，遨游上下，使役万灵，体生毛羽，行厨立至。"故服饵丹砂、玉札、曾青、雄黄、雌黄、云母等皆可令人飞行长生。又说："中药养性，下药除病，能令毒虫不加，猛兽不犯，恶气不行，众妖并辟。"

在《抱朴子内篇》的《金丹》《黄白》《仙药》三篇中，葛洪详细地总结和论述了晋代以前的各种丹经、丹法和黄白之方，具体介绍了各种金液、还丹的配方、炼制程序和实验操作方法。

针对晋代以前成书的有关外丹黄白术著作大都缺乏详细的丹药配方和具体的实验操作记载的状况，葛洪在《抱朴子内篇》的《金丹》《黄白》卷里，系统总结了战国以来的炼丹、炼金成就，具体介绍了许多丹经和炼制方法。在《金丹》卷中，记载了《黄帝九鼎神仙经》《太清丹经》《五灵丹经》等古代丹经，而且还记载了"岷山丹法""务成子丹法""羡门子丹法""立成丹""取伏丹法""赤松子丹法""石先生丹法""康风子丹法""崔文子丹法""刘元丹法""乐子长丹法""李文丹法""尹子丹法""太乙招魂魄丹法""采女丹法""稷丘子丹法""墨子丹法""张子和丹法""绮里丹法""玉柱丹法""肘后丹法""李公丹法""刘生丹法""王君丹法""陈生丹法""韩终丹法""以金液为夷喜巨胜之法""小神丹方""小丹法""小饵黄金法""两仪子饵黄金法"等三十多种丹法。

关于炼金术（黄白术），在《黄白》开篇中葛洪首先就指出了当时有《神仙经黄白之方》二十五卷，一千多首。

> 抱朴子曰：《神仙经黄白之方》二十五卷，千有余首。黄者，金也。白者，银也。古人秘重其道，不欲指斥，故隐之云尔。

在《黄白》卷中，葛洪详细记载了"武都雄黄法""作丹砂水法""金楼先生所从青林子受作黄金法""治作赤盐法""稷丘子所授化黄金法""治作雄黄水法""小儿作黄金法""务成子法"等多种黄白方。通过葛洪的这些记载，使得许多已失传的、晋代以前的金丹文献得以见其梗概，弥补了魏伯阳《周易参同契》缺乏具体方法和实验记载的不足。

(二)《太清经天师口诀》

《太清经天师口诀》仅一卷，收入《道藏》洞神部众术类，其撰述者已无从考证。从内容上看，应该出于南北朝时期。

经文正文分为两部分，前半篇为《太清神丹经诀》，后半篇为《赤松子肘后药诀》，主要阐述外丹法术。《太清神丹经诀》中有作华池法、水真珠法、消铅锡为水银法、银雪法、雄雪法等，都属于水法炼丹术，与《抱朴子·金丹篇》所述内容有相同之处。而后半部分《赤松子肘后药诀》则记载了赤松子传授的制作十种丸、散、膏药的方法。经文列举了度灾灵飞散、玉灵飞霞散、白精固命散、乾元子黄神膏、胡冲子玉灵膏、真华子白神膏、太真未央丸、三景膏、凝灵膏、初精散十种药物的配方、斤两、合药方法以及服用方法、服药注意事项和药效。经文末尾部分特别指出：凡合大药，须选择山林静处，作符药以却恶鬼神。正文中专门记载了却鬼丸药的制作方法。

(三)《太清经断谷法》

《太清经断谷法》，今《道藏》本一卷，收入洞神部方法类，其撰述者已无从考证。据考证，所出时间大约是东晋。南宋《秘目》及《通志·艺文略》都著录了此书。

经书辑录了约三十种服食断谷的方法，声称服食药物能够经久不饥。其中包括服食松根、服食茯苓、服食术、服食黄精、服食葳蕤、服食天门冬、服食巨胜、服食杂米麦、服食大豆、服食桑椹、服食牛羊苏等方法。还包括用于解除断谷恢复正常饮食的服葵子汤、服大麻子汤的方法。书中所述的服食巨胜法是转引《灵宝五符经》的记载；书中还引述了抱朴子葛洪的话语。这都是该书出于晋代的有力证据。

经书所载归纳起来，不外乎"服气辟谷"与"服药辟谷"两大类。第一，"服气辟谷"即以服气与辟谷相配合，并以服气为基础，通过服气达到辟谷的目的。具体说法不一。有的主张服气之初，就施行辟谷，饥饿时候只喝一两盏胡麻汤、酥汤或一两杯酒，口渴时仅仅能饮清水。有的则主张服气之初渐减食物，每日减食一口，递减到十天后完全断食。有的主张不能强行辟谷，等到服气功深，至三年后，便会自然断谷。具体方法据记载，有食十二时气法、食岁星气法、食六戊精气法、思神食气法等。《抱朴子内篇·杂应》也有相关记述。第二，"服药辟谷"即以服食药物代替粮食。药方中，取高营养而消化慢的豆、枣、胡麻（芝麻）、栗、酥、茯苓、黄精、天门冬、术、人参、蜂蜜等配伍，制成丸膏，在断谷后口服一二丸，用以取代谷食；或者取高营养而难消化的食物配方，一顿饱餐后就进入绝谷期，可以辟谷很长时间；或者作美食饱餐一顿，再服药以养所食之物，据说可以辟谷三年；甚至有用草木药熬煮特定的石子，用石子当饭的。《太清经断谷法》和《云笈七签·方药部》都记载了具体药方。

（四）《上清九真中经内诀》

《上清九真中经内诀》一卷，收入《道藏》洞神部众术类。撰人不详。从内容上看，应出于南北朝。原书假托为仙人赤松子讲述，分作五节。其中第一种是饵丹砂法，出自《抱朴子内篇·仙药》。具体的制作方法是用丹砂、纯漆、淳苦酒拌和后煎成药丸，谓服之可除百病，去三尸。第二种是醮太一法，详述服药时醮祭太一的仪式。此外还有三种，为醮青龙、白虎、朱雀、玄武诸符法，蒸苣胜法，蒸胡麻法。但文字残缺，仅存祝奏及咽气口诀。

值得一提的是，该书内容与《三洞珠囊》《云笈七签》等书所引《上清九真中经内诀》不符。《云笈七签》卷八十六尸解部三中收入的《上清九真中经内诀》有如下记载：

> 夫人修身中九真之道，身未升登，翳景示俗，暂入太阴，身经三官，三官不得摄也。则九真召魂，太一守骸，三元护气，太上摄魂。骨肉不朽，五脏不陨。能死能生，能阴能阳。出虚入无，天地俱生。是道士精静营形，感致九真之气应也。三元飞精以盈虚，太一抱尸而反质，微乎，深哉！九真名字多，此不具录之，略抄出在道例第九《名数品》中。又常存九真神，常所居育，乃在此房，紫明之北。观生续精，防守玄谷。出入命室，遨游洞阙。时入中官，上通太无。太一守魂，寝息幽庭。

很显然，与《道藏》中所收录的赤松子讲述丹法、斋醮的内容迥异。

经诀假托的作者赤松子，也被称为"赤诵子"，相传是神农时的雨师，能入火自焚，随风雨而上下。《淮南子·齐俗训》是最早记载其事迹的典籍，此后的《列仙传》才有详细记述。刘安有言：

> 今夫王乔、赤诵子，吹呕呼吸，吐故纳新，遗形去智，抱素反真，以游玄眇，上通云天。

高诱在《淮南子注》中说：

> 赤诵子，上谷人也。病厉入山，寻引轻举。

《列仙传》也称：

> 赤松子者，神农时雨师也，服水玉以教神农，能入火自

烧。往往至昆仑山上，常止西王母石室中，随风雨上下。炎帝少女追之，亦得仙俱去。至高辛时复为雨师，今之雨师本是焉。

并称赞道：

眇眇赤松，飘飘少女，接手翻举，泠然双飞；纵身长风，俄翼玄圃，妙达巽坎，作范司雨。

除《列仙传》讲到炎帝少女随赤松子修道成仙外，还有皇初平遇赤松子修道成仙的传说。据宋人倪守约《金华赤松山志》记载，皇初平曾在赤松山中遇赤松子，修道于石室中，能"叱石成羊，汲井愈疾，坐起立亡"。

关于赤松子修炼成仙的故事有诸多传说，并且屡次被古籍所载。在《山海经图赞》中郭璞写道：

水玉冰体，潜映洞渊；赤松是服，灵蜕乘烟；吐纳六气，升降九天。

抱朴子葛洪称：

火芝，常以夏采之，叶上赤，下茎青，赤松子服之，常在西王母前，随风上下，往来东西。

《艺文类聚》也有"赤松子好食柏实，齿落更生"的记述。从上述记载来看，赤松子乃传说中的服食成仙者。

也正是因此，后世某些道士为了将所撰之书托之远古，曾假赤松子之名为自己的书命名，如《赤松子中戒经》《赤松子章历》。据考证，这两本书都出自魏晋南北朝。任继愈先生主编的《道藏提要》称：《赤松子中戒经》"盖六朝古籍也"，《赤松子章历》"约出于南北朝"。又如《上清太上帝君九真中经》原题"太虚真人南岳上仙赤松子传"，《上清九真中经内诀》原题"赤松子述"，为早期上清派著作，假托为赤松子所传，大致都出于魏晋南北朝。

（五）《太极真人九转还丹经要诀》

《太极真人九转还丹经要诀》一卷，收入《道藏》洞神部众术类。撰人不详。从内容上看，应该是南北朝或隋唐上清派道士的手笔。

经诀中提及："欲合九转，先作神釜……当用荥阳、长沙、豫章土釜"，"临东流水上作神灶屋"，合丹前需先斋戒，"投清酒五斛于所止之流水中"，九转神丹方由西城王君所传授，"传授神经丹诀皆约斋盟誓"。这些在陶弘景的著作中都得到印证。

《太极真人九转还丹经要诀》假托西城王君的口述，记载了炼制九转还丹的方法。首先必须制作土釜，建造炼丹房和丹炉。然后依次将矾石、空青、白石英、丹砂、雄黄、雌黄捣碎碾细，搅拌均匀后倒入釜中，用水银浇灌并密闭，温养烧炼九十昼夜。升华的粉屑就是还丹。等到冷却后，用赤雄鸡的羽毛扫取。书中还讲到，如果服食的人在太阳升起时面向东方，以清水送服还丹，就能够分身隐形，飞翔于太虚之境。

《要诀》列出了合丹所用的七种药：矾石、空青、白石英、丹砂、雄黄、雌黄和水银（《隋书》卷三十四也记载有同样的七种药）。炼制九转还丹和炼制琅玕一样，火候要求极为严格，丹釜要分阶段逐步接近炉火，最后没入炉火之中。文中说：

> 先以糠煜火入銳下，令去釜底六寸，九日九夜。又加火，去釜底三寸，九日九夜。又加火，齐釜底三寸，九日九夜。又加火，上釜腹三寸，九日九夜。又加火，再上釜腹二寸，共五

寸，九日九夜。又加火，齐釜合际之下一寸，九日九夜。止，寒之十日。又加火，至釜际之下半寸，顿三十六日昼夜。凡合九十昼夜，名曰九转还丹。日满，寒之七日，乃出釜下灶，去上釜。其飞精九色流光焕烂，皆悬着上釜矣。……取铅十斤，着铁器中，猛火火之，令沸，投九转之华一铢于铅汁中，搅之，须臾立成黄金九斤矣。取水银一斤、锡七斤，着锅中，火之三沸，投九转之华一铢于锡汁中，搅之，须臾立成白银也。

不过点化金银只能试验还丹成功与否。文中说：

> 取土釜中丹滓，合捣五万杵，合和以白砂蜜，丸梧子大，名曰太极还命神丸。其已死未三日者，开其口，投二丸，以新水下之，皆即活矣。其伤败残屈、目盲耳聋，以神丸敷之，皆平复如故。病在内者，饵两粒。病在外者，散二丸为粉，以摩敷之，即立愈。所治，随意任手也。旦服一丸，寿同天地。以神丸涂物，出手自还也。

这种还丹用来点化锡铅，可以成金银。经中还讲述用釜中的丹渣与白砂蜜混合搅拌成太极还命神丸，能令人服后起死回生，还能治疗伤残盲聋。

《太极真人九转还丹经要诀》还附录了"黄帝四扇散方"和"王母四童散方"，用的都是植物药材，在饵丹之前服用，可以去浊气、清脏腑。经诀末尾列载的是"茅君五种芝茸方"。五芝是龙芝、参成芝、燕胎芝、夜光洞草和科玉芝。以上五种灵芝是大茅君种在句曲山的，诚心笃志的求仙者于三月或九月上山，可能会找到一株。炼丹道士深信，依照这三种药方制药服用，可以断谷祛病，返老还童，位列仙官。

（六）《九转流珠神仙九丹经》

《九转流珠神仙九丹经》二卷，收入《道藏》洞神部众术类。属于道教外丹典籍。经书原题"太清真人述"。陈国符先生根据此书注文中所用的地名，考证该书为隋以前的古籍。该书在南宋《秘书省续编到四库阙书目·仙家类》及郑樵《通志·艺文略》中都有著录。

虽然经书的前一部分有缺文，但是从其主体部分的叙述中，我们可以看到这九种神丹的名称和大致作法。第一种丹，名曰丹华。首先应当制成玄黄，用雄黄水、礜石水、戎盐、卤盐、矾石、牡砺、赤石脂、滑石、胡粉各数十斤，制成六一泥，煅烧三十六天后就制成了。服食丹华七天后，可以成仙。不仅如此，经书还写道："和以龙膏，丸之大如小豆，置猛火上，以鼓囊吹之，饭顷成黄金。"第二种丹，名曰神符，服后百日可以成仙。用神符涂抹脚底，就能够在水上行走如同地上。服药百日后，"腹中三虫三尸皆自败坏"。第三种丹，名曰神丹，道士服食，即刻飞升成仙，即使不曾修炼的普通人服后一年也羽化登仙。第四种丹，名曰还丹，服食后能令人百岁不知饥饿口渴；每日一服，百日后成仙。第五种丹，名曰饵丹，服后三十天成仙。第六种丹，名曰炼丹，服后十天可登仙；如果用来和水银调合并煅烧，就能生成黄金。第七种丹，名曰柔丹，服食后令人返老还童，为官的人服后，立刻升迁，从此官运亨通。第八种丹，名曰伏丹，不仅服食后成为神仙，随身带一颗枣粒大的伏丹就能够驱避虎狼、鬼怪。第九种丹，名曰寒丹，服后百日可成仙，有仙童、仙女服侍，不用羽翼也能够飞行自如。

《九转流珠神仙九丹经》的作法、功效、丹名都与《黄帝九鼎神丹经诀》卷一相同，只在文字、次序上略有差异。该书在各种丹药的作法之前，多几句七言韵诗并附有注解。其第一丹的韵语与《黄帝九鼎神丹经诀》中的《真人词》基本相同。另外该书叙述的重点在第一丹（丹华），其余各丹除药粉有异外，其他如用泥、制釜、固济、火候均如"治丹华法"。篇末载方法数种：饵雄黄方、真人神水法、仙人凤纲法、吕恭起死方、采灵芝法、淮南神仙方，每种都有具体作法及功效。

（七）《抱朴子神仙金汋经》

《抱朴子神仙金汋经》，现存《道藏》本共三卷，收入洞神部众术类。其作者还有待于进一步考证。从经文的内容上看，似乎是南北朝或隋唐道士假托葛洪所作。《通志·艺文略》著录此书三卷。

经书上卷叙述金汋还丹的作法及其功效。具体制作方法以黄金、水银加入雄黄、硝石，放入青竹筒中密封，一百天后化作金水、汞水。再将金水煮水银，用淳苦酒将溶液完全浸泡，以猛火煅烧三十天，使水银变为紫色。然后用六一泥涂抹在黄土瓯内壁，将水银盛入其中，烧炼成还丹。据说服此还丹可以升仙。若再将还丹放置在猛火上烧成赤色，就成为"丹金"。用丹金涂在刀剑表面可以"辟兵万里"，用来制成盘碗饮器，长期使用，就能长生。中、下两卷全部引述《抱朴子内篇·金丹》，仅有个别文字的差异。主要内容是论述外丹经诀的源流及炼服金丹、药金能令人不死的理论依据，并叙述黄帝九鼎丹、太清神丹（九转丹）、九光丹、五灵丹、岷山丹、务成子丹、羡门子丹、立成丹等金丹的作法以及服食效验。经书末尾阐述了制作金液和威喜巨胜的方法。

四、结语

在道教产生以后，炼丹术一般是道士专门从事的活动，炼丹术类著作也就理所当然被收入了《道藏》。上述各部经典都被收入《道藏》中，但只是《道藏》所收录的同类著作的一部分。炼丹术作为一种历史文化现象，在各类古籍中都有所反映，研究外丹黄白术的历史，对它们也不应当忽视。

炼丹术类著作本身既反映了古人一定的科学知识，同时又包括大量与道教信仰有关的、长生求仙的内容。由于道士们信仰以及经典传承的缘故，使得这类书籍长期鲜为人知，处于被冷落的状态。要了解它们的真正价值，还需要做大量细致深入的研究工作。

道教外丹黄白术在中国盛行了近二千年。我国著名的化学史专家袁翰青先生认为：炼丹术是近代化学的先驱，它所用的实验器具和药物成为化学发展初期所需要的物质准备。虽然道教外丹黄白术最终未能达到预期目的，但道教丹家顽强不息的实践和探索活动，客观上却刺激、推动了中国古代科学的发展。纵观整个世界化学发展史，正如西方在古希腊、亚历山大里亚时期，"化学在炼金术的原始形式中出现了"一样，在东方，道教外丹黄白术则孕育了中国灿烂的古代化学。中国人引以自豪的四大发明之一黑火药最初就是在唐代道教炼丹家的"伏火"实验中孕育出来的，并在北宋时期率先应用于战争之中。而道教外丹黄白术中的金丹思想在中国古代化学思想史上则占有极重要的地位。有关道教外丹黄白术对中国古代化学思想的贡献，可参阅今人盖建民著《道教科学思想发凡》等相关书籍。

建议阅读书目：

陈国符：《中国外丹黄白法考》，上海古籍出版社，1997年。

盖建民：《道教科学思想发凡》，社会科学文献出版社，2005年。

主要参考书目：

陈国符：《中国外丹黄白法考》，上海古籍出版社，1997年。

陈国符：《道藏源流考》，中华书局，1963年。

张觉人：《中国炼丹术与丹药》，四川人民出版社，1981年。

盖建民：《道教医学》，宗教文化出版社，2001年。

盖建民：《道教科学思想发凡》，社会科学文献出版社，2005年。

朱越利：《道经总论》，辽宁教育出版社，1991年。

朱越利：《道藏分类解题》，华夏出版社，1996年。
胡孚琛主编：《中华道教大辞典》，中国社会科学出版社，1995年。

作者简介

盖建民，1964年生，现任教育部长江学者特聘教授（2013/2014），四川大学道教与宗教文化研究所所长，2004年入选教育部首届新世纪优秀人才，曾任厦门大学人文学院教授。专长于道教医学研究、道教南宗历史与文献、道教科技专题研究。著有《道教金丹派南宗考论》《道教科学思想发凡》《道教医学》，执行主编《中国历代张天师评传》（五卷本）、《中国宗教通论》等，近年主编出版《道教研究学术前沿丛书》等。

夏涛，厦门大学宗教学专业研究生毕业，现为新疆社科院社会学研究所研究人员。

正一部道经说略

郭树森

一、正一部和正一经

正一部是道教经书分类法四辅的第四部，通贯三洞、三太各部，遍陈三乘，其所收道经主要为张陵天师道的正一经。

道教经书的造作，隋以前大致上分为两个阶段：一是东晋以前造作了大量的早期道书；二是南北朝时期造作了三组古经，即三皇经、灵宝经和上清经。道教经书的编集始于南朝，其分类法是先产生"三洞"，后增加"四辅"等。刘宋道士陆修静总括三洞经书，撰《三洞经书目录》，通过搜集、整理，将道书分为三类，即洞真、洞玄、洞神。三洞所收经书为六朝出世的三组古经。即洞真部以上清经为主，号称上乘；洞玄部以灵宝经为主，号称中乘；洞神部以三皇经为主，号称下乘。三洞之说形成在陆修静之前，陆修静得三洞经书，自称"三洞弟子"，遂将三洞排成次序，作为教阶，统一教法。《茅山志·陆修静传》云陆修静"总括三洞，为世宗师，乃敕北郊天印山，立崇虚馆，建传经宗坛，教法大备矣"。

"四辅"是道书又一分类法。最早见于梁朝道士孟智周法师《玉纬七部经书目》，由于以三洞分类，不能囊括全部道书，故继三洞之后又产生了"四辅"。四辅即太玄部、太平部、太清部、正一部。在三洞之外，又加四辅，总成七部。四辅所收道书为东晋以前造作的早期道书，以作为对三洞经书的补充或辅助。《道教义枢·七部义》引《太平经》云：

> 辅者，父也，扶也。今言"三太"（即太玄、太平、太清）辅"三洞"者，取其事用相资，成生观解，若父之能生也。

所以，"辅"实为资生、扶赞之意。七部经典各有传承，并非主次的关系，然而当时的四辅经典是老的早期道书，为三洞经书之父，资生出六朝古经。① 具体来说，金丹术的道书归太清部，辅助洞神部；《太平经》归太平部，为洞玄部之辅；老子《道德经》及其注疏归太玄部，为洞真部之辅；张陵天师道的"正一经"，则归正一部，统辅三洞、三太六部，遍陈三乘。

正一部之所以能够统辅三洞，遍陈三乘，这是基于两条原因。一则，洞言通也，三太辅三洞，六部三乘上下玄义是相通的。"正一经"是道教早期教义，可以统辅六部，遍陈三乘。二则，正一是治世正法，"正以治邪，一以统万"，正一亦称"真一"。道教认为"一"为世界万物之本，永恒不变，故正一"宗道德，崇三洞，遍陈三乘"。《云笈七签》卷六引《道本尊卑经》云：

> 真经（正一经）要妙，其文无双，三十六万四千，正言无数，不离正一，演气布化，《五千》为宗。……然此法虽复久远，论其所盛，起自汉朝。天师既升天后，以此法降与子孙、弟子……修行传习。

《云笈七签》卷六又云：

---

① 参见胡孚琛、吕锡琛著《道学通论》，第 624 页。

> 通言"部"者，以部别为义。三部通名"太"，正一独称"正"者：以三部辅于三洞大法，故言"太"；正一既遍陈三乘，简异邪道，故称为"正"也。

这就是说，正一独称"正"，是强调它作为道藏的总教义主题。

正一经是道藏正一部道书之总称。疑南北朝以前总称为《正一盟威之经》，以后简称"正一经"。宋时编修道藏七部经，列正一部经三百七十卷，并以正一部经通贯全藏。另道书中多引《正一经》语，似"正一经"不但是正一道经的泛称，可能还是一本具体的经典，撰者不详。《三洞奉道科戒营始》一书列举诸道书名时，在正一部诸符箓科仪之外，专门举出"《正一经》二十七卷"之名。又《正一修真略仪》一书在列举正一盟威诸符箓及科仪之外，亦单举《正一经》之名。古《正一经》原文今大多已佚。在敦煌道经中，曾有一部无题道经残卷，王卡先生尝将残卷与道书中所转引的经文作参照考证，认为乃是唐人抄写的六朝道书《正一经》的残卷。[①]

正一经为汉天师张陵一派所造，陈国符在《道藏源流考》中指出："正一经，张陵一派所传经箓也。"从现在《道藏》正一部所收张陵天师道的正一经来看，大概由三个部分组成：一为汉末魏晋南北朝早期天师道所造作的正一经典；二为南北天师道首领整顿和改革早期天师道的正一经典；三为龙虎山天师道在大发展中造作的正一经典。此外，正一部亦列入其他杂著。

天师道是在汉末社会危机爆发，统治阶级和广大人民都需要摆脱困境的情况下，渊源于古代巫术、秦汉神仙方术和两汉谶纬迷信，并依托黄老关于"道"的学说作为创教指导思想而发展起来的一种宗教组织。天师道是由张陵、张衡、张鲁祖孙三代创立的。据《三天内解经》《汉天师世家》等书记载，张陵原为沛国丰县（今属江苏）人，自称是

---

① 见王卡《敦煌正一经残卷》，载《宗教学研究》1986年第2期。

张良的九世孙，本为太学生，于汉章帝建初五年（80）始学道，为黄老道徒，得《黄帝九鼎丹经》及长生之术，广聚弟子，于汉顺帝永建初年（126），携弟子由江西龙虎山经嵩山入巴蜀，初居阳平山，后迁鹤鸣山（今成都市大邑县境内），依据《太平经》造作道书，发展道徒，到汉安元年（142）声称在鹤鸣山受太上老君命，获封天师之位，得新出"正一盟威之道"，遂率千余弟子，四处布道，立二十四治（教区），建立祭酒道官制度管理道民，创立了天师道。张陵天师道组织的创立，标志着中国道教的形成。天师道为张陵教团自称，因其传正一盟威之道，故亦称正一道。因凡入道者须交五斗米，故早期亦被世人俗称为五斗米道。由于张陵得"道"而创立道教，其信徒便称他为张道陵。张陵死后，其子张衡、其徒张修、其孙张鲁继续推行其道。尤其是张鲁，使早期天师道得到了很大的发展。他建立了政教合一的政权，雄据巴、汉三十余年。张氏祖孙后来被称为"三张"或"三师"。《历世真仙体道通鉴》卷一九说张陵称天师，其长子衡称嗣师，衡长子鲁称系师。甄鸾《笑道论》说："陵传子衡，衡传子鲁，号曰三师。"

张陵祖孙在创教的过程中，造作了大量的道书，史有明载，这是没有疑问的。因为一种宗教的创立，需要扎实的理论作为指导思想。陈撄宁先生在《道教知识类编》中指出：

先出现道经，而后才创立道教。经是教的本源。

如先有《太平经》，后有太平道，就是明证。《三国志·张鲁传》说：

祖父陵，客蜀，学道鹄鸣（"鹄"与鹤音近，古通用）山中，造作道书，以惑百姓。

至于张陵究竟造作了什么道书，史无明载。葛洪《神仙传》也只是说，张陵"精思炼志"，造作道书"二十四篇"。内容是什么，他也没有涉及。这已成了道教史上的一个悬案。"三张"造作道书的手段，皆依托太上老君降授，所以很难确定作者为谁。他们这么做的目的，是为了提高经文的神圣性、权威性，便于教化道民。今人饶宗颐在《老子想尔注校笺》后附"张道陵著述考"，列有《道书》《灵宝》《天官章本》《黄书》及存疑十种：

(1)《中山玉柜神气诀》一卷

(2)《刚子丹诀》一卷

(3)《神仙得道灵药经》一卷

(4)《峨眉山神异记》三卷

(5)《太上玄灵北斗本命延生真经》

(6)《太上说东斗主算护名妙经》

(7)《太上说西斗记名护妙经》

(8)《太上说中斗大魁保命妙经》

(9)《太上三天正法经》一卷

(10)《太平洞极经》

附录两种：

《二十四治图》

《张陵别传》

另，陈国符《道藏源流考》列有《太平洞极经》144卷，又言："汉张陵得《九鼎丹经》，以授弟子王长、赵升。"《上清金液神丹经》三卷，卷上有正一天师张道陵序、经文及作丹法。"上述存疑和陈国符所列，据当代著名道教学者卿希泰考证，多为后人的依托之作，不是张陵祖孙的原著。[①] 到目前为止，可以确定为张氏祖孙所作的主要有《正一法文》《正一盟威箓》《老子想尔注》《天官章本》《太平洞极经》和《微经》等。

《魏书·释老志》谓北魏寇谦之改革天师道时，也托言太上老君及其玄孙李谱文降临，授以《云中音诵新科之戒》二十卷、《录图真经》

[①] 见卿希泰主编《中国道教史》第一卷，第160页。

六十余卷。现《道藏》中仅存《老君音诵戒经》一卷。非张陵子孙改革天师道者，除寇谦之外，尚有杜京产、孙泰、陈瑞等多人；陆修静亦著《陆先生道门科略》，试图整顿天师道：天师道从而分为南北两家。

汉末（或说西晋永嘉年间）张鲁之子张盛（或云张鲁之侄，张卫之子）由汉中迁涉至江西龙虎山修道，开创龙虎宗，世代传正一盟威之法。由唐而宋，渐趋贵盛，由一教之主到主领三山（龙虎山、阁皂山、茅山）符箓，再到掌天下道教事，传至六十三代，被公认为正统的张天师世家。这一系道书皆当归入正一部。

二、《正一法文》《正一盟威箓》《天官章本》

收入《道藏》正一部的、早期天师道的正一道经，大多为魏晋南北朝时期正一道士重新辑录的残卷，如《正一法文》《正一盟威箓》《天官章本》等。

张陵祖孙等在创教的过程中，依托太上老君造作了一系列正一道经。《云笈七签》卷六引《正一经》天师自云：

> 我受于太上老君，教以正一新出道法。谓之新者，物厌故旧，盛新新出，名异实同，学正除邪，仍用旧文，承先经教，无所改造，亦教人学仙，皆用上古之法。

又称《正一经》云："《正一法文》一百卷。"《玉纬》云：

> 汉末，有天师张道陵精思西山，太上亲降，汉安元年（142）五月一日授以《三天正法》，命为天师；又授《正一科术要道法文》。其年七月七日，又授《正一盟威妙经》、三业六

通之诀，①重为三天法师正一真人。

《魏书·释老志》云：

> 张陵受道于鹄鸣山中，因传《天官章本》千有二百……其书多有禁秘，非其徒也，不得辄观。……造道书二十四篇。

《道教义枢·七部义》云：

> 按《正一经》云有《太平洞极之经》一百四十四卷。……汉安元年，太上亲授天师，流传兹日。

《赤松子章历》卷一说：

> 汉代人鬼交杂，精邪遍行。太上垂慈，下降鹤鸣山，授张天师《正一盟威符箓》一百二十阶及千二百官仪、三百大章、《法文秘要》，救治人物。天师遂建二十四治，敷衍正一章符，领户化民，广行阴德。

上述正一道经，张陵皆称受之于太上老君，显系依托，实际上是他们在创教的过程中，根据需要，逐步造作出来的。但究竟造作了多少，现已不可考。因汉末魏晋以来，三张去世，天师道受到统治者的沉重打击，教区纷纷瓦解，处于发展低潮，加上汉末社会大动乱和晋代的八王之乱，使正一道经遭受严重毁坏和散佚。故收入《道藏》的早期正一经典，大多为魏晋南北朝正一道士重新辑录的残卷，并加进了许多整顿和

---

① 三业：精、气、神谓三业。又指身业、口业、意业，三业中有一不善，死后必坠地狱。六通：指通晓六种神仙法门。

改革旧天师道的内容。下面介绍几种正一道经：

（一）《正一法文》

《正一法文》即是《正一经》。《道教义枢·七部义》引《正一法文图科戒品》云："《正一法文》宗道德，崇三洞，遍陈三乘。"按此《正一法文》应与《正一经》同义。就《正一法文》四字函义的解释，《道教义枢·七部义》引《正一盟威经》说：

> 正一者，正以治邪，一以统万。又言：法文者，法以合离，文以分理。此言众生离本，所以言离。故下文云：反离还合，合真舍伪，由法乃成也。……治邪者，文云：众生根粗，去道奢邈，大道慈悲，立法训治，趣令心开，两半成一，一成无败，与常道合真，故曰正一法文。

据此可见，收入在《玉纬七部经书目》分类中的100卷天师道正一经的书名，似都可以冠以"正一法文"的总标题，目的是要表示各卷《正一经》的目的都是要说明通过"法文"来达到"治邪"与"归一"的目的。

《正一法文》为早期天师道经典，其残卷约出于南北朝。《云笈七签》卷六引梁朝《孟法师录》，著录《正一法文》有100卷，凡为10帙。又北宋孙夷中《三洞修道仪》著录："《正一法文》经，一百二十卷。"原书早已散佚，其卷帙篇目，见于《道藏阙经目录》。《正统道藏》现收入《正一法文》残卷九篇：

（1）《太上正一法文经》
（2）《正一法文天师教戒科经》
（3）《正一法文经章官品》四卷
（4）《正一法文法箓部仪》

（5）《正一法文经护国醮海品》

（6）《正一法文修真旨要》

（7）《正一法文十箓召仪》

（8）《正一法文传都功版仪》

（9）《正一法文太上外箓仪》

《道藏阙经目录》除载《正一法文》60卷之外，冠以"正一法文"经的佚文有16篇：

（1）《正一法文三师设治职仪》

（2）《正一法文玄妙经》五卷

（3）《正一法文天师旨教经》二卷

（4）《正一法文王赵太平问难经》

（5）《正一法文盟威济众经》七卷

（6）《正一法文法箓部》

（7）《正一法文三天紫宫玉台无极神仙紫箓》

（8）《正一法文五道八券箓》

（9）《正一法文妙解箓》

（10）《正一法文天师符窍祝文》三卷

（11）《正一法文出官图》

（12）《正一法文记传》

（13）《正一法文治病消灾千二百官号》

（14）《正一法文真科令》

（15）《正一法文左玄真人奉道科》

（16）《正一法文修身斋仪》

另《道教义枢》卷二收录二种《正一法文》经的佚文：

（1）《正一法文经图科戒品》

（2）《正一（法文）治化品墨录》

上述加在一起，已知的有道经名称并属《正一法文》经目的天师道经典有27篇。

另外，现存《道藏》所收冠以"正一"书目的道经有14篇，《道藏阙经目录》卷下收录"正一"经名的有13篇，合计亦是27篇：

(1)《正一威仪经》

(2)《正一解厄醮仪》

(3)《正一出官章仪》

(4)《正一指教斋仪》

(5)《正一指教清旦行道仪》

(6)《正一敕坛仪》

(7)《正一醮宅仪》

(8)《正一醮墓仪》

(9)《太上正一咒鬼经》

(10)《太上三五正一盟威箓》六卷

(11)《太上正一盟威法箓》

(12)《正一修真略仪》

(13)《正一天师告赵升口诀》

(14)《正一论》

(15)《正一修真玉经》三卷

(16)《正一太上真元正本法行经》

(17)《正一天师诣太上老君请问法经》

(18)《正一太上万称经》

(19)《正一真科经》

(20)《正一肘后修用诀》

(21)《正一三五存思妙图》二卷

(22)《正一并进箓》

(23)《正一上元九星图》

(24)《正一二十四化记》三卷

(25)《正一考召斩邪引》

(26)《正一天师墨教》

（27）《正一传治仪》

不过，这些冠以"正一"的道经是否即是早期天师道《正一法文》经系内的经典，则有待考证。

从上述两个方面的统计，再加上《道藏阙经目录》未列出标题的60卷来推测，早期天师道《正一经》当在百卷以上。

收入《道藏》中的九种《正一法文》残卷，主要是阐述早期天师道的科仪杂法。其内容归纳起来有三个方面：

（1）早期天师道的戒科教令

戒科教令即道教戒律。戒律为道士和信徒道德修养和宗教活动必须遵守的宗教规定。这方面内容，集中在《正一法文天师教戒科经》一文之中。该文辑录了五篇天师道戒科教令。即《老君戒经》(原佚名)、《大道家令戒》《天师教》《阳平治》《天师五言牵三诗》。这五篇教戒科令主要是解释奉道持戒之理，劝人修持天师道五戒：一不得淫逸不止，志意邪念，劳神损精；二不得情性暴怒，心忿口泄，扬声骂詈；三不得侵毒含害，嫉赖于人，专怀恶心；四不得秽身荒浊，饮酒迷乱，变易常性；五不得贪利财货。要求诸道官、道民清整自治，奉守教令，行善积德，以求太平长生。

（2）修真及消灾获福之法

《正一法文修真旨要》一文中辑录了十余种修真要法，包括服日月光芒法、孟先生暮卧法、恶梦吉梦祝、明耳目诀、青牛道士存日月诀、栾巴口诀、服食忌并治病法、序元气、服气诀、导引法、察候四大、察候形色、五脏相乘、行禁治病法等。

修真的目的，是为了消灾获福。《太上正一法文经》强调指出：世间人民困于疫病、牢狱、水火、刀兵、虎狼、虫蛇等苦难，不能自免。凡此，皆因生民不信宿命罪福因缘，轻师慢道，破斋犯戒，违负天地；或因其恃强凌弱，倚官仗势，为君无道，为臣不忠。是故天有九丑杀鬼，各率徒众九千万人，散布疫病、牢狱等九种厄难。又有五帝神官，手执五刀，行于人间，散布瘟疫等五厄。世人欲消灾获福，应常行善事，诵经修道，忏悔受戒，烧香设斋，布施穷乏，写经造像等等，方可解脱厄难。另外，《正一法文经护国醮海品》中提出醮祭江河湖海水宅龙神，可使国安民丰，家中富裕；《正一法文经章官品》中还提出上章召请天官来消灾获福等。

（3）早期天师道的法箓以及传授法箓或升迁盟信科仪等

《正一法文十箓召仪》，内载十余种早期天师道法箓。即元命赤箓、青甲箓、赤甲箓、武甲箓、文甲箓、圣真神箓、黄图中纲箓、兼官箓、男女上仙九十将军箓。各种箓文、格式相似，皆记述某人生辰八字，应受某位神君召。例如正月生，被太始将军召；二月生，被上始将军召……子时生，玄元始炁君召；丑时生，太始元炁君召……又有"赤箓券""六甲六十真讳诀"，记载人身中五方圣人、将军及六十甲子神之姓名、服色、治所、乡里等。其目的用于召神护卫，拘制魂魄。

《正一法文太上外箓仪》，内载正一道士传授初级法箓之仪法。其中叙五种女人，即处女、出家女、嫁妇、寡妇、归居女的受箓之法；又有奴婢和夷狄羌戎受箓之仪法。还有受"七十五将军箓""百五十将军箓"等法箓后上章谢恩、奉持戒律、立功求进、忏谢罪行等科仪章法。

早期天师道主要有四种盟仪，即《黄素三盟登坛仪》《太一黄素三盟仪》《太一登坛黄素三盟逆刺付授仪》《太一三盟付授仪》，四种盟仪皆用于道士受度太一三盟法箓。

《正一法文法箓部仪》文中载有登坛、启奏、盟誓、授箓等仪式以及所用奏文、盟契、符箓、誓词等文书。据称道士盟受法箓后，誓告神明、谨守契信，可以修成仙道。

《正一法文传都功版仪》特别讲到传授都功版文之盟信科仪。所谓"都功版文"，实即正一道士受任或迁升二十四治职官之任命书，以朱笔书写于银木或槐梓木板上。版文上记录某位道士之姓名、年龄、籍贯、奉道有何功德以及按其功德补授何种职位等事项。据称天师子孙可以补授阳平治大都功之职，非天师子孙则只能补授其他各治职位。

(二)《正一盟威箓》

所谓"盟威",即与万神盟约,再则盟誓鬼邪。《二十四治·序》中说:

> 张天师正一盟威之道,是为伐诛邪伪,整理鬼气,统承三天,佐国育民,与天下万神分付盟约,令其悉承正一之道。

汉末巴蜀地区本是巫鬼盛行的地方。当时四川疠气大行,生民夭横,盗贼多有,淫祀风行,巫觋乘机装神弄鬼,以传播巫鬼道聚敛民财。张陵及其弟子将中原的黄老道带进巴蜀之后,立即和巴蜀地区流行的巫鬼道发生冲突。张陵布道争取了巫觋赖以为衣食的巫鬼道信徒,当然会引起巫鬼道的反抗。道书中记载张天师在四川以太上老君的剑印和符箓同鬼兵大战的传说,便是这种冲突的反映。据葛洪《神仙传》等书记载,张陵以符水疗病,传行气、导引、房中诸方术,用太学里学宫"祭酒"的名号设置道官,以太上老君为教主,以《三官手书》劝道民行善悔过,修桥铺路,并轮番供应米绢、器物、纸笔、樵薪什物等。张天师创立与神明盟约的上章之法,制定禁科戒律,崇祀"太清玄元"之神,禁祀淫邪之鬼,并传出驱鬼杀鬼的法术,以改变道民信鬼怕鬼的心理。他以清约治民,使民知廉耻,不但救民疾病,又断绝淫祀淫盗,整饬社会风气,深得民心,从而使天师道在四川站稳了脚跟。

"箓",一般称为"符箓"。"符"本是凝神摄精气而成的八体六书之形的文字符号或图形,作为与灵异世界沟通的信物或神物,寄托着人们消灾祈福的愿望。"箓"通常指记录有关天官功曹、十方神仙名属,召役神吏,施行法术的牒文。它是道教教法中的重要部分,所以,道教中又称之为法箓。法箓牒文中一般必有相关的符图,道教经典中有时又统称符箓。道教法师们认为箓文是由道气演衍而成的文字,为了增加箓文的神秘性、宗教灵应,法师们把箓文说成是太上神真的灵文、九天众圣的法言。因此，符图的绘制采用象征云霞烟雾的篆体，文中排列众多天仙地祇名号，要求受箓道士熟读背颂，成为做法事的凭仗。道教箓文的创始历来依托太上老君，实际上开创于张陵。《汉天师世家》卷二述说张道陵居阳平山修行时，立二十四治教区，造正一盟威经箓二十四品，分属二十四治气，督察二十四治鬼神功吏。

《正一盟威箓》是东汉以后，南北朝隋唐以来正一天师门下法箓的总汇集，是正一派辅正驱邪、治病救人、助国禳灾的主要手段。正一盟威箓又称作"太上三五正一盟威宝箓"。正一道士认为："太"是最大、最高、最尊贵之义，即所谓"三界独尊""众圣之极"。"上"者，太上老君。"三"者，天、地、人三才。"五"者，《正一修真略仪》云：

　　五者，黄中总数，统御生死，以摄万灵，安镇人身，元精固守也。又以三五为日月之数，戊己配于坎离也。

"正一盟威"者，《正一修真略仪》解释道：

　　人禀阴阳正气，三元五运，万象必全，由心而正。心正则神精不亏，与我为一，然后全日月之明，合五灵之本，故能死生无变于己，何邪异之所能干？由是焕照群阴，威伏六贼，是谓正一盟威。

正一派以法箓为主体，除了传授给已出家并具有一定道德修养的道士外，还注重向儿童、妇女，甚至奴婢、下人、四夷等人广传箓牒，在公众中广开法门，给以种种方便。这是正一派经法箓牒得以深入民众，有较好的社会基础的保证。

今《道藏》中所收《太上三五正一盟威箓》六卷和《太上正一盟威法箓》一卷，即《正一盟威箓》的留存。留存的这两篇，约出于汉末魏晋间，在内容上大致相同，盖系不同传本。书中辑录早期天师道符箓二十四阶和另外十四种符箓。其中有童子箓、将军箓、三五功曹箓、保命长生箓等，与四时五行、十二月、二十四节气、二十八宿、二十四治等相应。各种符箓内容大致相似，皆列举诸神将吏兵之名额、符图及盟仪，用于召神驱鬼、护卫身家。

（三）《天官章本》

《天官章本》，又名《千二百官章经》，相传为张陵所作。据《魏书·释老志》载称：

> 及张陵受道于鹄鸣，因传天官章本千有二百，弟子相授，其事大行。斋祠跪拜，各有法道，有三元九府、百二十官，一切诸神，咸所统摄。

所谓"天官章本"即是陶弘景所引的《千二百官仪》，保存在今《正一法文经章官品》之中。《天官章本》实是用来祈请天官的章本，以此章本来祈请天官救治人物。《赤松子章历》中载有请雨章、请晴章、天旱章、保蚕章、断瘟疫章、收除火灾章、保胎章、催生章、乞子章等；指出道民凡遇诸事，即可诣天师治请祭酒奏章，乞恩求福。《正一法文经章官品》，全书四卷。卷一有收土公、军兵收怪、主利宅舍、收官事等二十四条，卷二有收万精魅、收颠痫、收目病等二十四条，卷三有主斩草、收葬送冢墓鬼等十一条，卷四有主蚕桑、主六畜、主鱼捕、主贾市等十六条。内皆叙遇某灾病，应请某天官治之。认为一切灾害疾病，皆由精鬼作祟，或恶逆之人为之，而各灾病皆由神主之，故应根据不同灾病，请不同之天官治之，才能免灾疫而获福佑。这从一个侧面反映了道教与自然灾害、疫病作斗争的宗教精神。

三、《老子想尔注》

凡宗教的创立，都有自己教诫信徒必须尊奉的著作和向世人阐述教义的文章，即所谓以文彰其教也。早期天师道的经典，除了《正一法文》《正一盟威箓》《天官章本》之外，其教义方面主要是《老子想尔注》。《老子想尔注》是张陵改造《道德经》为道教圣经的一个创举。

《老子想尔注》一书，佚失已久，《隋书》《唐志》均未著录，《正统道藏》也未收载。故该注作者为谁，历来存在不同看法。根据香港知名学者饶宗颐先生的考订，《想尔注》最初是由道教创始人张陵撰述的，后传其子张衡，张衡又传其子张鲁。张鲁在汉中地区传道，写成定本，流传于世。饶先生写道：

> 陵初作注，传衡到鲁。而鲁更加厘定，故有系师定本之目。

我认为这个考订是正确的。

从唐以后的一些记载和天师道创立时即以《老子五千文》为信奉的主要经典来看，《想尔注》最初作者为张陵。《广弘明集》中唐释法琳《辨正论》曰："汉安元年，道士张陵分别《黄书》，故注五千文。"唐玄宗御制《道德真经疏外传》与五代道教学者杜光庭《道德真经广义》列历代诠疏笺注《老子》各家，其中有《想尔》二卷，皆云："三天法师张道陵所注。"敦煌莫高窟所出古写本典籍有《想尔注》残卷，经文连书，不分章次及字体大小，保存东汉注书的形式，其内容从用字、韵语到思想，都有东汉作品的特点，题为"张道陵著"。

而唐初陆德明《经典释文·序录》说，《老子想尔注》二卷，原注："不详何人，一云张鲁，或云刘表。"陆德明是道教以外的学者，听到的两种说法，不足视为信史。据《后汉书·刘表传》中说，荆州刺史刘表

"起立学校，博求儒术，命綦毋闿、宋忠等撰立五经章句，谓之后定"。刘表尚儒术，不可能作诋毁五经之《老子想尔注》。而张鲁只是保存有《想尔注》的《老子》原文，即元代道士刘大彬《茅山志》所说的张镇南（张鲁）"古本"，并不是《老子想尔注》的首创作者。张鲁的"古本"实际上是继承张修的。据《后汉书·刘焉传》注引《典略》谓张修之法，"又使人为奸令祭酒，主以老子《五千文》，使都习"。又云张鲁"自在汉中，因其人信行修业，遂增饰之"。据此，张鲁即使人习老子《五千文》。可见，在张鲁之前的张修即以老子《五千文》为道教经典了。它的注者和删定者当在张鲁之前。张修是张陵的弟子，与张衡同辈，他教道徒所习的老子《五千文》又是继承张陵的，因为史籍上没有关于张修注《老子》的任何记载。将注释的《老子》减字（主要是删去助辞兮）到刚好五千字，乃是张陵为了把他注释的《老子》奉为真经，并且便于理解《老子》原旨而采取的一项措施。《老子》一书不是刚好五千字，司马迁《史记》中说的是"五千余言"。根据现行河上本统计，则有五千四百多字；帛书甲、乙本各近六千。道教所谓的《老子五千文》，刚好五千字，手抄时将"三十辐"省写为"卅辐"，实为四千九百九十九字。张陵作《想尔注》，主要是为了改道家哲学著作为道教神学经典，从而为道教的创立制造理论依据。

至于唐张万福或南梁孟安排的《传授经戒仪注诀》所说的"系师得道，化道西蜀，蜀风浅末，未晓深言，托遘想尔，以训初回"，说的应是张道陵，而不是张鲁。"系师"是"天师"之误。这句话的意思是说，张陵"得道"后到四川创立道教，因为四川的巫风很盛，不理解道教的深义，张陵为了启发、诱导蜀民，就假托仙人[①]的名义注解《老子》，对经文的哲理进行修改和曲解，阐述道教之信仰及其教义，进行创教活动。如果这句话说的是系师张鲁，就很难说得通。张鲁是张陵的孙子，他本来生在四川，继承祖业，谈不上"得道"和"化道西蜀"；天师道

---

① "想尔，盖仙人名"，见《云笈七签》卷三三注。

到张鲁手上已经有了很大发展，不是初创，道教信仰及其教义在蜀中已经深入人心，用不着"托遘想尔，以训初回"。

清末从敦煌莫高窟发现古代《想尔注》写本残卷。其《德经》部分全佚；《道经》37章中，仅存34章。①此残卷早已被英国考古学家斯坦因私带回国，现藏大英博物院，列为斯坦因编目6825号。饶宗颐先生《老子想尔注校证》附有《老子道德经想尔注》残卷影印件26幅，是研究《想尔注》的可靠资料。虽然《想尔注》仅为残本，但其中已涉及天师道的主要思想内容。

《想尔注》是中国思想史上第一部站在宗教立场上用神学注解《老子》的书，它开创了道教系统改造、利用道家著作的传统，它是老学与长生成仙说及民间道术合流的早期代表作，因而在早期道教发展史上有着特殊重要的意义。《想尔注》主要神学思想如下：

（一）神化《老子》的"道"，建立以"道"（太上老君）为最高精神本体的神学思想体系

《老子》曰"是无状之状，无物之象"，《想尔注》曰：

> 道至尊，微而隐，无状貌形象也；但可从其诫，不可见知也。②

这样，作为一种终极真理的形而上之"道"，变成了至尊至威、必须服从的至上神了。《老子》曰："载营魄抱一，能无离乎？"《想尔注》曰：

> 一者，道也。……一散形为气，聚形为太上老君，常治昆

---

① 按《老子河上公章句》章次，第一、二章已失，第三章前二句亦失，起于"不见可欲"。
② 引文均据饶宗颐《老子想尔注校笺》，下同。

仑，或言虚无，或言自然，或言无名，皆同一耳。

《老子》原意是强调形与神、养生与养性的紧密结合，经《想尔注》的注释，"一"作为道，可以化聚为有形象的、叫作"太上老君"的尊神，这是较早的、一种对老子之神仙形象的称呼，并成为道教"一气化三清"说之滥觞。《老子》曰"道法自然"，《想尔注》曰：

> 自然者与道同号异体，令更相法，皆共法道也。

原文是强调道的无意志、无主宰性，注文把道和自然解说成二物，又归结为自然法道，把道抬高到自然之上。《老子》曰："执大象，天下往。"《想尔注》曰：

> 道尊且神，终不听人。

经此注释，本来无意志的道，变成与人对立，凌驾于人之上的尊神。总之，《老子》的"道"是超乎形象的抽象化了的绝对，《想尔注》的"道"是高高在上的、人格化的、支配人间的主宰者，从而把《老子》中的"道"本体论变成了"一"（太上老君）本体论，这就是宗教神学的一种创世说，在这样的本体论上建立起来的思想体系也就是经过哲学论证的宗教神学体系。

（二）阐扬长生成仙说，论证彼岸世界的存在

《想尔注》的彼岸世界，就是说一个人经过长期刻苦修炼，摄生"守诫""守一"，可以返本还源，与"道"同一体性，成为神仙，长生久视。《老子》曰："圣人后其身而身先。"《想尔注》曰：

得仙寿，获福在俗人先，即为身先。

原文是不敢为天下先而能获得世人爱戴之意，注文曲解为长生成仙之福高出世俗之人。《老子》曰："生能天。"《想尔注》曰：

能致长生，则副天也。

《老子》曰："百姓皆谓我自然。"《想尔注》曰：

我，仙士也。

《老子》曰："其中有信。"《想尔注》曰：

古仙士实精以生，今人失精以死，大信也。

《老子》曰："其在道"，《想尔注》曰：

欲求仙寿天福，要在信道。

以上一组，其原文皆无长生成仙的含义，注文则牵强附会地解释成信道宝精以求仙寿的道教观点。

注作者为了宣扬长生成仙的宗旨，竟不惜改字作解。如将"道大、天大、地大、王大，域中有四大，而王处一"中的两"王"字，改为"生"字，并注云：

生，道之别体也。

又将"以其无私，故能成其私"的两"私"字，皆改成"尸"字，并注云：

> 不知长生之道，身皆尸行耳。
> 故能成其尸，令为仙士也。

前者以"生"释"道"，表现出道教对生命的重视。后者将"尸"分成两类，一为普通人之身，不能长久；一为仙士之身，尸解成仙。《老子》原书里，确有一些长生的胚胎思想，如"故能长生""长生久视之道"，但《老子》的基本思想是以人身为祸患之源，因此主张"无身"，书中的"长生"乃长寿之义，所以《想尔注》要想借以宣扬道教信仰，不能不加以穿凿改铸。这里，《想尔注》已经明确提出了一个长生不死的境界，而且这个长生不死的境界即彼岸世界，与现实世界是相通的；相通的桥梁就是"一"，"一"既等同于"道"，又"聚形为太上老君"。

（三）提出道功、道术，指出通向彼岸世界的具体途径

《想尔注》认为，长生不死的彼岸世界不仅是存在的，而且是可以达到的。它提出了"保形""炼形"与"食气"三种办法。

1. 保形

所谓"保形"，主要是"守诫"。《想尔注》说：

> 以道保形容，为天地上容。处天地间，不畏死，故公也。
> 人但当保身，不当爱身，何谓也？奉道诫，积善成功，积精成神，神成仙寿，以此为身宝矣。
> 诫为渊，道犹水，人犹鱼。鱼失渊，去水，则死；人不行诫守道，道去，则死。

《想尔注》认为：保形守诫，一要去恶行善。《想尔注》曰：

> 上士心通，自多所知。知恶而弃，知善能行，勿敢为恶事也。
>
> 水善能柔弱，像道。去高就下，避实归虚，常润利万物，终不争，故欲令人法则之也。
>
> 人当法水，心常乐善仁。
>
> 人当常相教为善，有诚信。

二要去欲无身。《想尔注》说：

> 名与功，身之仇，功名就，身即灭，故道诫之。
>
> 道人求生，不贪荣名。
>
> 富贵贫贱，各自守道为务，至诚者道与之，贫贱者无自鄙，强欲求富贵也。不强求者为不失其所，故久也。
>
> 圣人不与俗人争，有争，避之高逝，俗人如何能与之共争乎？
>
> 贪荣宠，劳精思以求财，美食以恣身，此为爱身者也，不合于道也。
>
> 俗人不信道，但见邪恶利得。照照，甚明也。
>
> 求长生者，不劳精思求财以养身，不以无功劫君取禄以荣身，不食五味以恣，衣敝履穿，不与俗争。
>
> 志欲无身，但欲养神耳。

三要结精自守。《想尔注》说：

> 谷者，欲也，精结为神；欲令神不死，当结精自守。

> 阴阳之道，以若结精为生。年以知命，当名自止。年少之时，虽有（欲），当闲省之。
>
> 能用此道，应得仙寿，男女之事，不可勤也。
>
> 精并喻像池水，身为池堤封，善行为水源。若斯三备，池乃全坚。心不专善，无堤封，水必去。行善不积，源不通，水必燥干。
>
> 所以精者，道之别气也，入人身中为根本。

2. 炼形

所谓"炼形"，则是指死后去太阴中聚气复生。《想尔注》曰：

> 太阴道积，炼形之宫也。世有不可处，贤者避去，托死过太阴中，而复一边生像，没而不殆也。俗人不能积善行，死便真死，属地官去也。
>
> 道人行备，道神归之，避世托死，过太阴中复生，去为不亡，故寿也。

3. 食气

所谓"食气"，就是指调整呼吸，吐纳导引，求得长生。《想尔注》说：

> 食母者，身也，于内为胃，主五藏气。俗人食谷，谷绝便死；仙人有谷食之，无则食气，气归胃，即肠重囊也。
>
> 腹者，道囊，气常欲实。
>
> 神成气来，载营人身。欲全此功，无离一。一者，道也。今在人身何许？……一在天地外，入在天地间，但往来人身中

耳，都皮里悉是，非独一处。

在《想尔注》作者看来，"精"是"道"之别气，"身为精车"，"神成气来，载营人身"，"古仙士实精以生，今人失精以死"。只要行道奉诫守一，保形、炼形并食气，就可以"微气归之"，"守信微妙"，与天相通，而成为神仙，长生不死。

总之，《想尔注》建立了一套比较完整的神学体系，为道教的创立和发展奠定了扎实的理论基础。天师道徒遂把神化了的"道"作为他们最根本的信仰，并为得道成仙而奋斗终身。

四、《云中音诵新科之诫》和《道门科略》

寇谦之《云中音诵新科之诫》和陆修静《道门科略》是改革旧天师道的代表作。汉末天师道，在魏晋南北朝发生了变革。变革的原因，总的来说，是由于形势所迫以及自身发展的需要。具体来说：一是魏晋南北朝社会矛盾的尖锐化；二是大量士族人物进入天师道，并对天师道提出了新的要求；三是佛教的传播和神仙道教的官方化等社会思潮的刺激。改革使天师道从内容到形式都发生了变化，代表这种变化的主要人物有寇谦之、陆修静等。

（一）寇谦之《云中音诵新科之诫》对天师道的改革

据《魏书·释老志》载：寇谦之，字辅真，上谷人。其父为寇修之，曾任东莱太守。寇谦之的道教信仰，最初受其家族信仰天师道的影响。谦之"少修张鲁之术"，曾学"服食饵药"及算七曜、《周髀》等。由于"服食饵药，历年不效"，及算七曜、《周髀》不合，谦之逐渐对早期天师道法术不满足,甚至怀疑了。于是又从成公兴入嵩山修道。据说成公兴精通七曜,善攻《周髀》,被称为"仙人",是一位以佛教为基本信仰而又融汇儒道的隐修之士。寇谦之从学成公兴,接受他三教合一的理论,思想上有了一个很大的转变。

寇谦之改革天师道的思想主要体现在他所著的《云中音诵新科之诫》一书之中。原书已散佚,汤用彤《康复札记》曰:

> 今《道藏》洞神部戒律类有戒经七种……其中《老君音诵诫经》《正一法文天师教戒科经》《女青鬼律》等三种恐均系寇谦之的著作,恐均出于《云中音诵新科之诫》。因其文句虽在辗转抄录中或有错落,或有后人增改者,然各经之内容与《释老志》所载寇谦之思想基本相同。

寇谦之改革天师道,为了名正言顺,采取了托神改制手段。因为三张天师道是世袭相传的,天师之袭教以阳平治都功印为天师首领之象征,于是寇谦之便利用神权,托言老君亲授其天师之位及道书,取得了合法的天师继承权,当上了新教主。《魏书·释老志》对此言之甚详:

> (寇谦之)以神瑞二年(415)十月乙卯,忽遇大神……称太上老君。谓谦之曰:"往辛亥年,嵩岳镇灵集仙宫主,表天曹,称自天师张陵去世已来,地上旷诫,修善之人,无所师授。嵩岳道士上谷寇谦之,立身直理,行合自然,才任轨范,首处师位。吾故来观汝,授汝天师之位,赐汝《云中音诵新科之诫》二十卷,号曰'并进'。"

不仅如此,寇谦之还诡称太上老君的玄孙李谱文来到嵩岳授他天书,教他辅佐北方泰平真君(即魏太武帝),使其"假政治之力以推行其道"的行为变成神的意志。《魏书·释老志》说:

> 泰常八年（423）十月戊戌，有牧土上师李谱文来临嵩岳……云："……赐汝（指谦之）《天中三真太文录》劾召百神，以授弟子。《文录》有五等……凡六十余卷，号曰《录图真经》。付汝奉持，辅佐北方泰平真君。……"

于是寇谦之在明元帝拓跋嗣、太武帝拓跋焘和宰相崔浩等人的大力支持下，对天师道进行了改革，并创立了史称北天师道的新道派。

1. 改革天师道的组织制度

早期天师道，张陵创立了二十四治，并置"鬼卒"。"祭酒"为治的首领，充任天师的助手。天师、祭酒之位，世代相传。三国两晋时代，天师道组织虽然涣散，但其组织名称和世袭制基本上沿用如旧。寇谦之创立的新道教组织依附于皇权组织，取消宅制之称，已不再设立独立的教区了，并且改变天师、祭酒等世袭制。《老君音诵诫经》说：

> 从今以后，诸州郡县男女有佩职箓者，尽各诣师改宅治气，按今新科。……其蜀土宅治之号，勿复承用。若系天师遗胤子孙在世，不精循治教、领民化者，不得信用。诸官祭酒为法律上章时，不得单称系天师位号，当称职号名，与诸官同等。

2. 去除三张伪法

所谓"三张"，一般认为是指张陵、张衡、张鲁三代天师。但有时又指张角、张梁、张宝三兄弟。据《释老志》的记载，寇谦之并没有诽谤张陵，而且声言自己是继张陵之后为天师。他之所以要除去三张伪法，其因便是从张陵去世以后，农民起义接连不断，大多打着道教的旗号。孙恩、卢循领导的道民起义虽然失败，但统治阶级极端惧怕农民革命利用道教。因此寇谦之改革天师道，首先要废除"三张伪法"，即废除农民利用道教起义的不轨行为。

3. 禁止私纳"租米钱税"

张陵创立天师道时，建立有入道者出五斗米为活动资金的制度。但是在其身后，一些道教小头目，如祭酒等各自为政，开始要求道民给其私人交纳钱税租米。《老君音诵诫经》曾记载张陵去世后，诸道官祭酒取人金银财帛之事：

> 而后人道官诸祭酒，愚暗相传，自署治箓符契，攻错经法，浊乱清真。……授人职契录（箓），取人金银财帛。而治民户，恐动威逼，教人赒愿，匹帛牛犊，奴婢衣裳，或有岁输全绢一匹，功薄输丝一两，众杂病税不可称数。

这种情况严重地损坏了天师道在民众中的形象，削弱了天师道在民间的影响力，同时也是北魏统治者所不能允许的。寇谦之建立新教，必然禁止这种恶劣的现象。《老君音诵诫经》明确地说：

> 以诸官祭酒之官，校人治箓、符契，取人金银财帛，众杂功赒愿，尽皆断禁。一从吾乐章诵诫新法。其伪诈经法科，勿复承用。

4. 废除男女合气之术

男女合气之术，即房中术，是道教讲求节欲、保精以长生的一种方法。但魏晋以来被歪曲成了男女关系中某种程度上的自由放任。于是，寇谦之禁止房中术，他在《老君音诵诫经》中说：

> 吾《诵诫》断改黄赤，更修清异之法，与道同功。其男女官箓生佩契黄赤者，从今诫之。
> 吾观世人夫妻修行黄赤，无有一条按《天官本要》所行，专作浊秽，手犯靖庐治官禁忌。

但是，寇谦之禁止房中术，并非绝对。《老君音诵诫经》说：

> 然房中求生之本经契，故有百余法不在断禁之列。若夫妻乐法，但勤进问清正之师，按而行之，任意所好，传一法亦可足矣。

可见，寇谦之废除的"男女合气之术"是有特殊规定的，他要废除的只是"其男女官箓生佩契黄赤者"，其他类房中术不在禁止之列。

此外，寇谦之还通过对儒佛玄、仙道思想的广泛吸收和融合，丰富发展了天师道的教规、教义和思想内容，除去了旧天师道中不合于其阶级需要的内容，从而建立了北天师道。北天师道在北魏社会中得到了广泛的传播，对北魏社会生活产生了深刻的影响。

（二）陆修静《道门科略》对天师道的改革

当寇谦之在北方创立新道教之时，在南方也由南朝著名道士陆修静推向了变革的高潮。他"祖述三张，弘衍二葛"，汇集东晋以来上清、灵宝、三皇三洞经书，大倡斋醮、科仪；陶弘景更弘扬陆说，创立神仙谱系，使天师道从形式到内容都有了很大的突破。历史上把他们创立和发展的新教派称为南天师道。

陆修静（406—477），字元德，吴兴东迁人，号为吴丞相陆凯之后。父琳，为高道处士。陆修静笃好文籍，旁究象纬，通辟谷之术，曾入云梦山修道。宋元嘉（424—453）末，市药京师，文帝召之于内。讲理说法，不舍晨夜，孜孜诱劝，无倦于时，帝服膺尊异之。时太后王氏雅信黄老，降母后之尊，行门徒之礼。后有太初（453）之难，遂拂衣南游，入庐山修道长达十七年。宋明帝思弘道教，慕陆修静之名，于泰始三年（467）召致建康（今南京）天印山。陆修静在崇虚馆广集道经，总括三洞，加以整理甄别，为世宗师。刘宋元徽五年（477）三月解化，谥号简寂先生。他的遗体为徒弟从南京运回庐山，安葬于布袋岩。

针对天师道组织混乱、科律废弛的严重局面，陆修静在他所著的《道门科略》中，提出了一套整顿、改革天师道的计划。

1. 整顿组织系统，健全三会日制度

三张时期天师道的根本组织系统是"立治署职"，让道官、祭酒"领户化民"。而要真正体现和不断加强这种道官、道民之间的统属关系，还要靠一些制度来保证。"三会日"制度就是其中的一项重要制度。它规定，凡三会之日，每个道民都必须到本师治所去进行宗教活动。《道门科略》谓：

> 令以正月七日、七月七日、十月五日，一年三会。

三会日进行什么活动呢？《道门科略》说：

> （三会日）民各投集本治师，当改治录籍，落死上生，隐实口数，正定名簿。三宣五令，令民知法。其日，天官地神咸会师治，对校文书。师民皆当清静肃然，不得饮酒食肉，喧华言笑。会竟，民还家，当以闻科禁威仪教敕大小，务共奉行。

可见这个"三会日"是很重要的,是道官联系道民,向道民宣讲科戒、传布指令的重要途径和方法,是体现和不断加强道官、道民之间的统属关系的重要桥梁。但是这个重要制度在三张之后逐渐废驰了。《道门科略》说:

> 今人奉道,多不赴会。或以道远为辞,或以此门不往。舍背本师,越诣他治。唯高尚酒食,更相炫诱。明科正教,废不复宣,法典旧章,于是沦坠。元纲既弛,则万目乱溃。

就是说,这个根本制度一废弛,整个组织系统都瓦解了。陆修静对此状况十分不满,训斥道:

> 如此之师,则灭后绝种;如此之民,则夭横破丧。

他决心把这个"三会日"制度重新建立和健全起来,以期扭转已经混乱的组织状况。

2. 整顿名籍混乱状况,加强"宅录"制度

在维系道官、道民统属关系上,除"三会日"制度外,还有一个"宅录"制度也很重要。所谓"宅录",类似于后世的户口簿,即道民入道,须把全家的男女口数,登记于册,名曰"宅录"。以后凡有生婴添口,或死亡减口,都须赴本师治所(大都在三会日)进行登记或注销。道民凭此宅录向道教组织缴纳"命信"(又称贶信,即敬神的信物),道教组织即派守宅之官予以保护。很显然,这也是道教组织管理道民的一个重要方法。但是在三张之后,这项制度也完全废驰了。《道门科略》说:

> 今人奉道，或初化一人，至子孙不改；三会之日，又不投状。

家有生娶添口，不去登记；家有死亡减口，又不去注销。因此造成"或死骨烂，籍犹载存；或生皓首，未被记录；或纳妻不上，或出嫁不除"的结果，一本宅录完全成了一笔"存亡混谬"的糊涂账，很难对道民进行管理。因此陆修静主张彻底清理宅录，规定以每年三会日之最后一日，作为登记、审核宅录的最后期限。

3. 禁止道官自行署职，健全道官按级晋升制度

当时组织混乱，科律废弛，与道官祭酒有很大关系。《道门科略》说：

> 今人受箓，无此德；受治，无此才。或都无师籍，或有师无籍，或虽有师籍而无德，于时受箓之日，越诣他官，既不归本，又不缘阶，妄相置署，不择其人。佩箓唯多，受治唯多，受治唯大，争先竞胜，更相高上。……身无戒律，不顺教令，越科破禁，轻道贼法。恣贪欲之性，而耽酒嗜食。背盟威清约之正教，向邪僻袄巫之倒法，把持刀笔，游走村里，遇逋违之民，婴考被灾。

说明在科律废弛以后，许多道官祭酒任非其人，他们违科犯戒，干出种种不法事情来。这无疑有害于天师道的发展。因此，陆修静主张对道官祭酒进行认真的整顿。

整顿的根本办法，就是恢复和健全天师道过去的依功受箓和按级晋升的制度。他指出：

科教云：民有三勤为一功，三功为一德。民有三德，则与凡异，听得署箓。受箓之后，须有功更迁。从十将军箓，阶至百五十。

德才兼备者，从任"箓吏""散气道士""别治""游治""下治""配治"到"三八之品"，直至拜"阳平、鹿堂、鹤鸣三气治职"。总之，道官祭酒的升迁是按他本人的德行，而且是逐级提升。这样做了，自然可以保证道官的质量，做到"勿以人负官，勿以官负人"，不致所任非人。

由于寇谦之、陆修静等对天师道的整顿和改革，不仅使天师道组织得到了发展，而且教规、教仪也得到了充实，对后世天师道乃至整个道教的发展产生了广泛而深刻的影响。变革的结果使天师道的宗教性质发生了演变，由民间道教逐步变为官方道教。

五、《虚靖真君语录》和《明真破妄章颂》

天师道中兴时期，收入《道藏》的正一经典，主要有张继先的《虚靖真君语录》和《明真破妄章颂》等。

正一天师道，首创于东汉张陵，在道教诸派中历史最为悠久。汉末张陵的四世孙张盛从川陕一带迁居江西龙虎山，创龙虎宗，世传"正一盟威之道"，该山遂成为正一派中心。魏晋南北朝，天师后裔"岩栖谷隐"，"嗣胤微弱"，一段时间不显于时，经过自身变革，至唐时受到统治者的重视，又开始显赫，被视为道教正统，其势日盛。

宋代对天师道的扶植和利用尤胜于唐代。大中祥符五年（1012）真宗敕改龙虎山真仙观为"上清观"，八年（1015）召见第二十四代天师张正随,赐以当时道士中最高阶位的"先生"号,为正一天师受朝廷赐号之始。吏部尚书王钦若奏请于汴京为正一天师立"授箓院",从张正随始,到南宋末的第三十五代天师张可大,正一天师几乎代代都得到宋室所赐"先生"号。神宗熙宁年间,还加封正一始祖张陵为"三天扶教辅元大法师",徽宗大观二年(1108)更册立张陵为"正一靖应真君",南宋理宗嘉熙三年(1239)加封张陵为"三天扶教辅元大法师正一靖应显佑真君",并命第三十五代天师张可大提举三山符箓,兼御前诸宫观教门公事,主领龙翔宫,正一天师从此取得了统领符箓诸派的地位,步入了中兴时期。

两宋正一天师中最杰出者为第三十代天师张继先。他阐扬正一宗旨,更新、发展天师道教义,为天师道的中兴作出了巨大的贡献。张继先(1092—1127)字嘉闻,又字道正,号翛然子,宋代道教思想家。他九岁嗣教,十三岁便被徽宗召见,携入寝宫,问仙术政道,封为碧虚大夫,继先辞而未受。崇宁间四次召见,曾命劾治解州盐池灾怪,"甚著神异",因而赐号"虚靖先生",秩视中散大夫,追封其祖、父,诏有司于京东建"崇道观"以居之,并升龙虎山上清观为"上清正一宫",赐银扩建,拨步口田五万亩为庙产。靖康二年(1127),金兵南侵,钦宗召张继先作法禳解,行至泗州云庆观而卒,年仅36岁。

张继先虽然早逝,但这位天师儒雅能文,不仅在宗教实践活动方面是位高手,且撰有《虚靖真君语录》七卷和《明真破妄章颂》等诗文阐扬道教教义,其著作特点是能够顺应时代思潮,广摄儒释道诸家之学,发展正一天师道的传统学说。

(一)《虚靖真君语录》

张继先撰,明初第四十三代天师张宇初编集,七卷,收入《道藏》正一部。此书为诗文集,收录文章九篇、诗词歌颂二百余首。诗文内容大多为论述修道理论和修炼方法。卷一收录了《心说》《开坛法语》《答林灵素书》等九篇论文。卷二至卷七皆为诗词歌颂。其中有《大道歌》《虚空歌》《休歇歌》《橐籥歌》《靖通庵歌》《野轩歌》等，歌咏驭神住气为修道之要。又有《金丹诗》四十八首，皆述内丹之法。其道教理论和宗教实践主要有以下几点：

1. "心"为本体

在道教早期理论中，很少谈到"心"的作用。到张继先时，心学有了很大的发展。北宋程颢、程颐把"理"同"道"等同起来，认为世界的根源是"理"；朱熹继承二程观点，认为人的"心"中生来就有一切事物之理，但"心"虽含有万理而不能直接认识自己，必须通过"格物"才能"穷理"。在心学方面，禅宗最为彻底。在禅宗看来，心是派生一切诸法、囊括宇宙、包罗万象的、绝对的神秘本体。禅宗创始人慧能在《坛经》中说过：

心量广大，犹如虚空……世界虚空，能含万物色象。日月星宿、山河大地、泉源溪涧、草木丛林、恶人善人、恶法善法、天堂地狱、一切大海、须弥诸山，总在空中。世人性空，亦复如是。

张继先通过长期炼养，认识到"心"是主宰人身的枢机，同时又受到儒、释心学的启发，于是将老子的"道"具体化，立心为宗，放在至高无上的位置，作为宇宙本体，为其修道养生服务。他在《心说》中论述以心为本体的理论时说：

（心）果何物哉？杳兮冥，恍兮惚，不可以智知，不可以识识。强名曰道，强名曰神，强名曰心。

夫心者，万法之宗，九窍之主，生死之本，善恶之源，与

> 天地而并生，为神明之主宰。或曰真君，以其帅长于一体也；或曰真常，以其越古今而不坏也；或曰真如，以其寂然而不动也。用之，则弥满六虚；废之，则莫知其所。其大无外，则宇宙在其间，而与太虚同体矣；其小无内，则入秋毫之末，而不可以象求矣。此所谓我之本心，而空劫以前本来之自己也。

在这段话里，张继先把"心"与老子所言"道"等同起来，上升到最高范畴，认为修道就是修心，道在身中而具于心，修心就是修道，只有通过心，才能认识万理，用"心"指导一切、主宰一切。从而牵强附会地把释道的宇宙本体论拴在了一起。

2. "道"在身中

在早期道教理论中，"道"的客观内容代表事物发生与运动的普通法则，人只是"道"的一种派生物。而张继先用"心"改造了这一理论，认为"道"存在于人的身中。他在送给宋徽宗的《大道歌》中说：

> 道不远，在身中，物则皆空性不空。性若不空和气住，气归元海寿无穷。欲得身中神不出，莫向灵台留一物。物在身中神不清，耗散精神损筋骨。神驭气，气留形，不须杂术自长生。……神若出，便收来，神返身中气自回。如此朝朝还暮暮，自然赤子产真胎。

其意是说，修心性的方法在于"真常而不妄作"。真常，则可以越古今而不坏；妄作，则欲念萌生；欲生念起，则将轮回于生死之途。所以，修道之士当修心体道。这样，便使抽象的"道"完全主观化了。这显然是吸收了禅宗"佛向性中作，莫向身外求"的思想。另外，张继先还把禅宗"追求本心"的思想作为道教"归根复命"的思想注脚。他说：

> 故斋戒以神明其德，一真澄湛，万祸消灭。老子曰："致虚极，守静笃，万物并作，吾以观其复。夫物芸芸，各复归其根。归根曰静，静曰复命，复命曰常，知常曰明。不知常，妄作凶。"所谓常者，越古今而不坏者；所谓妄者，一念才起者是也。庄子曰："既以为物矣，欲复归根，不亦难乎？在易也，其为大人乎？"自兹以往，慎言语，节饮食，除垢止念，静心守一，虚无恬淡，寂寞无为，收视返听，和光同尘。瞥起是病，不续是药，不怕念起，惟恐觉迟。譬如有发，朝朝思理。有身有心，胡不如是？行住坐卧，勿使须臾离也。（《心说》）

禅宗追求"即心是佛"，道教追求"复命知常"，这两者有着相似之处，张继先用前者来注释后者，这就大大丰富了道教理论。

3."一切皆空"

张继先还把佛教的"空"论充实于道教理论之中。他在《虚空歌》中说：

> 本来真性（心、神、道）同虚空，光明郎耀无昏蒙。偶因一念落形体，为他生死迷西东。堪叹世人全不觉，死即哀兮生即乐。不知生是死根由，只喜东升怕西落。东升西落理当然，休将情识相牵缠。不信但看日与月，朝昏上下常周天。生非来兮死非去，无有相因随所寓。六道轮回浪著忙，真人止在虚空住。……识得真空方不昧，古往今来镇常在。掀翻世界露全身，尽度众生超苦海。

本来，日月东升西落，人生有生有死，都是一种自然规律，而人们喜

"升"哀"落"、好生恶死也是一种人之常情。而张继先认为这一切都是虚假的，无休无止的日月升落、人世生死，说到底都是"虚空荡荡"；对此，任何感伤都是大可不必的。

他把识得"本来真性"的要诀，归结于禅学常说的"休歇"二字。他在《休歇歌》中说：

千般要妙万般玄，只是教人各休歇。既能休，复能歇，一切情缘皆断绝。饥餐渴饮困时眠，万死千生没交涉。

"休歇"，即放下一切念头，主要指放下"一切情缘"（即在现实生活中所生的种种情欲），这虽是一种宗教禁欲主义的修养之道，但却丰富了道教的养生理论。

4. 自然之道

张继先笃行老子清静自然之道，在他的一生当中，除了多次被召入阙和去四川考察天师创教时所设置的教区——二十四治之外，始终按自然之道在山中修炼。其修行之法有三：

一是在日常生活中体现自然之道的精神。他在《和张知县省食费韵》中说：

食馔不须丰，古人贵量腹。一饱尚何求，八珍非所欲。

在衣饰上，他主张合体适身，整洁即可，无须华丽昂贵。但他又反对"修行之人，不事精洁，拙工乱裁"。他说："些小未称身，中心已不悦"（《又省衣》），这样则不合乎修养之道。

二是按自然之道进行自身炼养，特别是坚持内炼。张继先认为其他一切均为空幻，只有围绕解决生死问题这一核心而努力，方为正道。这在他的《金丹诗》中得到了充分的反映。诗曰：

  金鼎玄珠夜半功，纷纷五彩满房中。只为日月交加合，却被龟蛇取次攻。

前两句是炼功者达到一定层次，在自身周围出现的一种五彩斑斓的光环。后两句，是指在自身内炼过程中，离火下降，坎水上浮，水火交媾，循环往复的一种奇特效感。该诗又曰：

  乍见容仪方恍惚，久看相貌即朦胧。殷勤为报阳人道，此个真空不是空。

这是在极静中逐渐达到的一种恍惚杳冥、空无不空的状态。另一首诗曰：

  龙虎翻施双入路，龟蛇腾焰两边侵。但知五色纷纷起，满室荧煌可照心。

在炼功中，所出现的种种境界，只有亲身实践、体会者，方能言及，非常人所夸谈。

  三是极力反对不符合自然之道的房中术。张继先认为：神仙所行乃清静之道，"男女腥膻本俗情，秽浊岂堪充上品"，到头来还是免不了轮回生死。他说："房中之术空传世，迷杀寰中多少人。""流俗纷纷不悟真，不知求己却求人。"张继先所主张的内炼方术，以他的另一首《金丹诗》概括，即是：

  真铅真汞最堪凭，此理昭昭却少行。白虎鼎中成玉液，腾蛇宫里养金精。坎男离女分三位，日月东西合一程。若向此中寻得路，婴儿相貌自然成。

此中白虎、螣蛇、坎离、日月、铅汞、婴儿等皆为比喻，实为道教内丹术中精、气、神互换之妙用。

(二)《明真破妄章颂》

《明真破妄章颂》一卷，收入《道藏·洞神部·赞颂类》。该书以老子道生天地人之说为根据，用七言绝句诗咏述道教雷法宗旨。雷法的主要目的是通过作法求雨祈晴，解决农业生产中自然灾害的现实问题。正一道传统符箓中本来无"雷法"，张继先的雷法当为与他同时代的神霄派创始人王文卿所传。

张继先主张以自己内炼、真性不迷为本，谓之"明真"；以符图咒诀为末，书中广斥舍本逐末而重符箓事相之妄，故曰"破妄"。他认为人身"三宝"（元精、元气、元神），皆先天一炁所化，与上天雷神"同祖同宗"。修道者以自身与天仙同诸一炁，以心合神，一炁即可发动"雷机"，叱咤元神，召唤百万雷兵，左右晴雨。又认为"雷乃先天炁化成"，"一炁具身名曰道"，而一身之元炁主于真心，故心乃万法之宗、雷法之枢。《法即是心》颂说：

此心心外元无法，咒诀符图少合真。心真将何为妙用，灵光一点运元神。

谓唯此"灵光一点"，始可通天、感神，达到役使鬼神的目的，故作法时凡书符、飞章、取炁降魔、劾召等诸项，皆以用"灵光一点"为要诀，此乃"先天道妙"。他甚至说："先天玄妙工夫到，咒诀符图可有无"，把修心见性抬高到几乎可取消传统咒术的地位。认为若昧于"一点灵光"，而以妄念画符存思，便是"着相"，而"着相想存行咒诀，将来只是墨和朱",是不可能灵验的。这一观点较传统正一符法仅重符图、咒诀、存思,增加了不少哲学的、神秘的色彩。之所以改变,在于禅宗与在禅宗影响下的内丹学的影响。

总之,张继先关于"心性"的学说,在综合道、释、儒三家思想的基础上,通过他自己的炼养实践,将心性学提高到一个新的高度,丰富了道教思想理论。

六、《岘泉集》和《道门十规》

天师道鼎盛时期,收入《道藏》的正一经典以张宇初的《岘泉集》和《道门十规》为代表。

由于宋、元统治者对天师道的大力扶植和利用,统领三山,掌管江南道教事,使其在大江南北迅速传播发展。其宫观遍及今江西、江苏、浙江、上海、湖南、湖北、广西、福建、四川以及北京、河北等地,宫殿、楼宇、门垣务极宏丽。就龙虎山本身来说,自元世祖时,第三十六代天师张宗演入觐返山,有诏免江南诸宫观赋税,天师道大行于世,时四方之民为老氏之徒者日集龙虎山,以至于无处可安。至成宗时,龙虎山声名大振,四方学仙者附之而居,枝牵叶连者,不可胜数。

至明代,天师道进入了鼎盛时期。以光复汉族政权自任的明王朝,虽然再未像唐、宋王朝那样演出利用道教神化皇权的闹剧,但从维护封建纲常的需要及神鬼崇拜的信仰出发,也在一定程度上恢复唐宋崇道之制,对以神鬼崇拜为主旨的正一道予以扶植利用。洪武七年(1374),朱元璋敕命道士宋宗真编纂成《大明玄教立成斋醮仪》一卷,简化道派传统科仪,制定统一的斋醮仪轨。朱元璋在御制序文中评价释道二大派说:

> 朕观释道之教，各有二徒。僧有禅，有教；道有正一，有全真。禅与全真务以修身养性，独为自己而已。教与正一专以超脱，特为孝子慈亲之设，益人伦，厚风俗，其功大矣哉！

于道教二大派中扬正一而抑全真的态度灼然可见。终明之世，朝廷常建醮设斋，帝后多扶乩降仙，醮祭乐官皆用道士。对符箓道教的重视有过于金元，不逊于两宋。道士被授予真人、高士名号乃至赐爵封官者，有明一代为数甚多，其中绝大多数皆属正一道士。元室大略等视道教诸派，诸大派道士皆有任知集贤院道教事者，正一天师的权限仅限于统领江南诸路道教。明代从洪武初即命正一天师掌天下道教事，正一道的地位较元代大为提高，凌驾于全真派之上。而正一道诸派中，始终以天师一派为首。

第四十二代正一天师张正常（1335—1377），早在1361年朱元璋攻占南昌之时，即遣使上谒，和朱氏拉上了关系。1365年—1366年又两度入觐。洪武元年（1368），张正常入朝礼贺，革其天师号，授正一嗣教真人，赐银印，秩视二品，略同元制。洪武五年，敕令永掌天下道教事。张正常卒后，长子宇初嗣。洪武十三年授大真人，领道教事。张宇初博学能文，为张继先以来正一天师中最有才华者。洪武十六年，奉敕建玉箓大斋于南京紫金山，十八年奉诏祈雨，二十三年奉敕重建龙虎山大上清宫。永乐四年（1406）奉敕编辑《道藏》。张宇初之后，至明末的第五十一代正一天师张显庸，代代皆袭封大真人，掌天下道教事。

张宇初（1359—1410），字子璇，别号耆山，生于江西贵溪县上清镇，明太祖洪武十年袭教。他针对当时正一道内部"玄纲日坠，道化莫敷"的局面，撰成《道门十规》，志在"激励流风，昭宣圣治"。《道门十规》（见《道藏》正一部）共分十节：

（1）道教源派

（2）道门经箓

（3）坐圜守静

（4）斋法行持

（5）道法传绪

（6）住持领袖

（7）云水参访

（8）立观度人

（9）金谷田粮

（10）宫观修葺

其中吸取全真教戒律清规，要道士"以戒行为先"，遵守《修真十戒》以及白祖师、冯尊师堂规等。这对整肃当时道教戒律松驰、组织涣散的弊病不啻是良方妙药。从这里也可以得窥张宇初在道法上吸收、融合各门各派的恢弘气度。他曾向当时净明道的头面人物刘渊然学习道法，尽管"后与渊然不协，相诋讦"，但对净明道提倡忠孝还是深表赞许。作为符箓派的传人，他对丹鼎派的内外丹十分欣赏，认为内外丹是学道之本，不可不学。他将内丹与符箓结合起来，甚至强调以内炼为主，不执门户之见，而是以宽阔的胸怀去拥抱各派，吸取其精华，从而使正一道茁壮成长。

在思想理论上，张宇初更是融贯九流百家，兼收并蓄，不拘一格。他博通经史，学养深厚，硕果累累。幼时聪颖持重，长而学识渊博，贯综三氏，融为一途，诸子百家之籍，靡不穷搜，发为载道记事之文，各极精妙，并善书画，时王公缙绅之士，莫不仰重。他一生中做了大量的道教文献整理和撰写道教经书的工作。除主持纂修《道藏》之外，还编集了先祖张继先的《三十代天师虚靖真君语录》七卷。张宇初自己撰著遗世者主要有《岘泉集》十二卷（见《道藏》正一部）。《龙虎山志》载："张宇初著《岘泉集》二十卷，诗文各半。"《四库全书》中仅收《岘泉集》四卷。《提要》云："二十卷之旧已不复存。"此外，张宇初还撰有《元始无量度人上品妙经通义》四卷等，为方内方外之士所敬重，并给予很高的评价。新安程通为宇初《岘泉集》作序，曰：

> 英华焕发，昭耀简编。……及观集中，所著《冲道》《慎本》《太极》《河图》《原性》诸篇，义理之玄微，研究之精极，议论之闳肆。其于天地造化、山川人物、礼乐制度，靡不该贯。虽专门擅业、皓首穷经之士，有不能及者。非惟有功于玄教，其于世教亦有裨焉。

从时人的评论来看，他被誉为"列仙之儒"，的确是当之无愧的。作为明初道教正统思想的代表，张宇初的道教学说大略有以下几方面的特点：

（一）"以太虚为体"的天道观

张宇初继承老子"虚无自然"的哲学思想，发扬道教有生于无的传统观点，又融合理学本体论于其中，从而提出了"以太虚为体"的天道观。

"太虚"，宇初有时又称为"虚无"，或简称为"虚"。《岘泉集》卷一《冲道》强调"天地之大，以太虚为体"，并指出："非虚，则物不能变化周流。"如像寒暑之交、昼夜交替、江河奔流等天地"运而不息者"，都"囿于至虚之中"。就是说，宇初已经看到，事物的运动是在空间中进行的，没有空间场所，则事物的周流变化就失去了依据，故"太虚"就是天地万物的本体。关于"太虚"，宇初在《岘泉集》卷十一《题洞玄子》中进一步论证说："太虚本是浑仑体，空洞中含寂默声。"看来"空洞"是太虚最显著的特征，太虚是种无限的虚空状态，但并非是什么都没有的绝对虚无，故能容受天地万物在其中毁败生成，运行周流。只有这样的虚空（又称真空）才称得上是世界万物之本体。如果说程朱以"理"为万物本原，世界本体，陆九渊强调"心"本体，张载突出"气"在宇宙中的地位，那么宇初则把这些都纳入"太虚"范畴中，以虚无作为自己哲学本体论的标志。"太虚"这一范畴，是宇初对世界的根本认识。

为了说明世界是由"太虚"演化而来的，张宇初把太虚放在与老子之道同等的地位，以之作为"物之宗"。他在阐释《道德经》第四章"道，冲而用之或不盈，渊兮似万物之宗"时说："冲犹虚也"，并引庄子"惟道集虚"来说明"道集则神凝，神凝则气化，气化则与太虚同体"(《岘泉集》卷一《冲道》)，这是说道即虚也，虚即道也。《元始无量度人上品妙经通义》卷二说：

  道以虚无为宗，不可以象求，是曰强名。故无形无名，无声无臭，大包天地，囊括宇宙，其上它无所祖者，道也。儒曰无极，释曰真空，道曰太虚，其理一也。

宇初还认为，"道"具有三性：一曰"虚通性"，二曰"统一性"，三曰"质朴性"。因此，道充满于空间，在时间上也是永恒的，亦即他所谓"盈天地间，古今不息者，道也。"道由微观世界而渐显于宏观世界，这不是一般人所能见到的，也就是《岘泉集》卷二《龙虎山志序》所谓：

  道之潜于至微而显于至著也。天地之大，阴阳周始而理著焉；事物之众，盛衰循环而文著焉。此其至微之机潜于至著之间，人不可得而见矣，殆夫历千百载之下而不泯绝者而后知也。

在张宇初看来，有无自相生化推动万物运行，而把握了道则能通达有无相生之机，故从根本上说道是宇宙运动的原动力。

在这里，张宇初为了融汇儒道二家思想和调和理学名家观点，又用"太极"来解释"道"。《岘泉集》卷一《太极释》说：

  太极者，道之全体也。浑然无所偏倚，廓然无得形似也，

> 其性命之本欤！性禀于命，理具于心，心统之之谓道。道之体曰极，五居九畴之中曰皇极，《易》曰会其有极，《诗》曰莫匪尔极，以是求之，即心也，道也，中也。周子曰中焉止矣，程子曰太极者道也，邵子曰心为太极，朱子曰太极者理也，陆子曰中者天下之大本，即极也。理一而已，合而言之，道也。

最终将理学各家之言统一在"道"的旗帜下。至于"太虚""太极"和"道"如何形成万物？宇初是把"气"作为一道桥梁，使宇宙本体与现象界联系起来，他实质上是说万物起源于气。《岘泉集》卷七《灵实炼度普说》指出："万物与天地并生，均禀一炁而有形"，"万物相浑沦而未离其气"，"人与天地万物一气也"。天地万物不仅由气构成，而且是由气所化生。

宇初的虚本体天道观，用气合理地解释了"太极"以至万物的起源，并对宇宙具体的生成过程，提出了自己的一些独到见解。如把气分为"有形之气"与"空无之气"，并提出"祖炁"概念，对于我们今天穷究自然之面目，有一定的启迪意义。

（二）"心为本体"的人道观

宇初依据邵雍"心为太极"和陆九渊"心即理"的命题，建立起自己的心本体论，将宇宙万化归本于心。

宇初的人道观即是心学，主要源于邵雍。他所谓"心"指的是什么？《岘泉集》卷一《冲道》的回答是：

> 曰虚灵、曰太极、曰中、曰一，皆心之本然也。是曰，心为太极也。

心是太极，太极又是什么？同卷《太极释》答称：

> 太极者,道之全体也。

太极就是道,就是心,显然宇初将心与太极看作同一范畴,二者可以互训,这就是宇初对"心"的释义。"心为太极"的命题是邵雍提出来的。邵氏《观物外篇》就说过:"心为太极。"又曰:"道为太极。"邵氏把心、太极、道作为同一范畴。宇初步其后尘,同样对于"心"作如是观。陆九渊提出"心即理"的命题,要人们明白:"人皆有是心,心皆具是理"。把"心"直接作为世界本体。宇初承袭陆子的心本体论,肯定理就在心中。《岘泉集》卷一《太极释》强调:

> 万事万化皆本诸心,心所具者,天地万物不违之至理也。

宇初甚至认为,心是道之本,以心为世界本源。

在宇初看来,心本体也具有"虚"的性质。正因为如此,心本体与太虚本体可以合二为一。《冲道》指出,天道虚,人道也应"虚心净虑","中虚而不盈","心虚则万物皆俱于我,容宇宙于方寸之中"。心是体用不二的,心虚就能取之不尽,用之不竭,不为情欲所窒塞。中国文化有注重"虚"的一面,要人虚怀若谷,虚心容受外物,人只有虚心才能进步。中国文化的这一面,主要体现在道家思想中。张宇初将心本体与虚本体接通,就体现了道家思想的这一特色,再现了中国文化注重虚的一面。

既然以心为本体,那么认知"道"的唯一途径就是"观心"。《冲道》告诫人们:"知道者,不观于物,而观乎心也。"这种观心论的要点是:不论宏观世界还是微观世界,宇宙的一切都出于心而又回归于心。因此,人们只需要观心,就可以把握整个世界。

宇初的心本体人道观,紧密地接通了天人,天人由此合为一体,而心与天合,是宇初哲学思想最重要的价值目标。同时,宇初还阐释了

"性""性命"和"生灭"等人生理论,在学术理论和实际炼养上也有不少独到见解。

(三)"天人合一"的修道观

天道、人道在宇初那里往往是分不开的,有紧密的内在联系,他谈天道不离人道,论人道上挂天道,最终落实在天人合一的层面上。

宇初十分明确地讲天人一致,天人合一。《岘泉集》卷一《广原性》毫不含糊地说"天人之道一",意谓天道与人道是同一的。这首先是因为心与天是同一的,而且互相感应。《玄问》认为:

> 心与天一,吾心即天也。故以天合天,不可彼天此非天,彼玄此非玄也。则感应之机,其致一也,岂有一发之间哉!

心与天是同一的,所以说心即天。这两片天相合时,就不能说自然之"天"是天,心之"天"不是天。这两片天的感应之机相一致,其间没有丝毫距离。心与天的同一性具体体现为:一是心本体与道的虚本体合二为一,天人由此同一;二是"至理具存心,天人斯一致",人心内在地具备天理,人与天地由此而成为一致;三是从人心与物性的关系看,自然与人也是同一的。

其次,人的身体与天也是同一的。《元始无量度人上品妙经通义》卷二说:"人身一小天地",自然为一大天地,人身不过是此天地的缩小,故人的身体与天地有同一性。《岘泉集》卷七《授法普说》曰:

> 人禀一灵,并天地而为三才,一身之造化阴阳,与天地并行而不违也。……所谓天人合发者,岂非枢阴机阳也哉。人之合乎天者,冲炁为和。

人体由阴阳二气构成，在构成上与天地并行不违，人不论精神还是形体都与天有同一性。

正因为人与天具有同一性，所以天人之间可以互相感通。当然，从人对天的感通来说，并非人人都能做到。《冲道》认为：

> 惟以诚事天，以和养生，以慈利物，则上天之载感通无间矣。

只要有良好的道德修养，在养生上冲气以和，顺其自然，就可以亲密无间地感通上天。然而有些人，"惟声利是趋，藻黻是尚，皆弃本逐末，舍真竞伪，又何异夫巫祝贪佞之徒，以饶口体货财为计哉！……岂不去道远矣，尚何冀感通之谓也"（《玄问》）。宇初告诫人们，信奉"正一之法"，可以极大地感通上天。奉正一之法，实际上就是奉守天之大法，故能感通上天并被赐福。

从天人合一之道出发，形成了宇初的一整套有特色的修养方法。他提出了"致虚为宗"的教义，认为："知致虚则明，明则净，净则通，通则神，神则不疾而速，不行而至，无不应，无不达矣。"（《冲道》）致虚即是通神达道的玄机。对于修道者来说，致虚首先必须修心、收心，使"心"不被物杂，感物不动，无思虑尘欲，虚明存一，则性命之道备矣。性命之道的炼养方法，既要注重心性的修养，又要重视命功修炼，养神与炼气二者是相辅相成的。宇初曾在《玄问》篇中说：

> 善言仙者，止曰无视无听，抱神以静。是以忘形以养气，忘气以养神，忘神以养虚而已。

主张修道者不要"溺于金石草木、云霞补导之术，一明乎身心神炁，自然之理"（《还真集序》）。对内丹之道的炼养，认为当以"神室为丹之枢纽，日魂月魄为真铅真汞也。阴升阳降不离子午之方"。如此，就能

"会二五之精，凝九一之气，养之内曰丹，施之外曰法"（《玄问》）。内丹外法同样都要明其事理，内养以成金丹，以成仙寿，秉内修之功，施之于外，则诸法方可起妙用。这里，值得特别说明的是，在生灭问题上，宇初注重精神的修持，追求精神不死。道教以神仙长生不死作为其生命哲学的宗旨。宇初也在谈神仙长生，但他所谓的长生久视是指人的元神不灭，与传统道教的肉体不死相去甚远。对于生灭，宇初的思想是要解脱它，超越它。《道门十规》说：

> 太上立教度人，正为超脱幻化，了悟生死。若非究竟本来，了达性命，则何所谓学道之士也。经曰：积心善行，绝世所欲，不兴妄想，无有染著，不滞有无，永绝生灭，是名真人。

这就是宇初的生命思想。

总起来看，张宇初的天道、人道和天人合一之道的道教思想理论，其内容是非常丰富的。这虽然是来源于儒道释三家，但宇初集其大成，形成了他自己的思想体系，并有很多的独到见解。他对道教，特别是天师正一道的振兴和发展，作出了不可磨灭的贡献。

七、天师道正一经典在中国文化史上的作用和影响

天师道是道教重要道派之一，从东汉创立到现在，历经一千八百多年，其正一经典在我国文化史上产生了重要的作用，有着不可磨灭的影响。

（一）在思想理论上对"道论"的发展

道教以其独特的思想体系，在中国文化史上，不管在不同的时代有何不同的表现形式，其基础都可归结为"道论"。天师道作为道教中创建最早的一个派别，它在思想理论建设方面特别是对"道论"的发展明显地经历了三个阶段。

1. 天师道早期思想理论中"道论"的神学化

天师道在早期思想理论中对"道论"的阐述，主要表现在张陵所著的《老子想尔注》一书之中。张陵在注《老子》的过程中，吸收了《太平经》和《老子河上公章句》的宗教思想，阐述了其带有明显神学色彩的"道论"。其具体做法是：一是通过神化《老子》的"道"，变客观、自然之道为主现、有意识之道，使"道"成为宰制人世的至上尊神，以适应建立神学"道论"的需要。二是通过解"道"为"一"，并进而神化"一"，使"一"与老子（太上老君）等同，如说：

> 一者，道也。……一散形为气，聚形为太上老君，常治昆仑，或言虚无，或言自然，或言无名，皆同一耳。

从而建立了以"道""一""老子"三位一体的神学化了的"道论"思想体系。之后，《老子想尔注》又提出长生成仙说以及"保形""炼形"与"食气"等具体成仙的途径，无一不是以这样神学化了的"道论"作为理论基础的。

2. 天师道变革时期"道论"的玄学化

魏晋南北朝是天师道变革时期。在这一时期内，以寇谦之为首的北天师道和以陆修静、陶弘景等为代表的南天师道，在充实道教教义与丰富道教思想体系方面作出了突出的贡献。这集中体现在，他们对"道论"作了明显的玄学化。

玄学是魏晋时期的一种哲学思潮，主要是用老庄思想揉合儒家经义，以代替衰微的两汉经学。主要观点有"贵无""无为而治""名教出于自然"等。陆修静、陶弘景、寇谦之很注重道教理论的研究，作过很大的努力。其贡献主要体现在两个方面：一是把"道"看成是宇宙万物的根源。陆修静的《道德经杂说》，就是用道教思想对道家经典《老子》的发挥，可惜我们现在看不到其原文。陶弘景在《真诰·甄命授》中谈到万物的起源时说：

> 道者混然，是生元炁。元炁成，然后有太极。太极则天地之父母，道之奥也。

这就是说，元炁、太极、天地万物等一系列的东西，都是由"道"产生的。"道"首先产生元炁，元炁生成以后，才产生太极；有了太极，然后产生天地。这显然是对《老子》"道生一，一生二，二生三，三生万物"的发挥。这种超越元炁，先于元炁而存在并产生元炁的"道"，只能是"绝对观念"之类的精神实体。这种唯心主义的世界观，乃是宗教的理论基础。由此生发开去，就为人的修真养性提供了思想依据。因此陶弘景在《真诰·甄命授》中接着说：

> 故道有大归，是为素真。故非道无以成真，非真无以成道。道不成，其素安可见乎？是以为大归也。见而谓之妙，成而谓之道，用而谓之性。性与道之体，体好至道，道使之然也。

此说人体自然与道契合，所以天命谓性，率性谓道，修道谓教。今以道使性成真，则同于道矣。显然，这是揉合儒、道而成的一种新的道教理论。这与魏晋玄学"贵无"论有关思想是完全一致的。

二是主张道释儒三教合流，吸收儒佛理论。寇谦之在改革天师道中，"以礼度为首"，就是用儒家名教来训诫道徒，维护封建等级秩序，使道教为封建地主阶级服务；"加以服气闭炼"，就是吸收丹鼎派炼气养生之术，充实天师道教义；把"生死轮回"的思想引入道教，吸收了佛教的内容。这些努力使道教增强了存在的活力。

3. 天师道兴盛时期"道论"由外向内的变化

不管是早期天师道神学化了的"道"，还是其变革时期玄学化的"道"，它们对于个体来说都是一种外在于人的"道"。而唐、宋、元、明是天师道兴盛时期，这一时期天师道的"道论"发生了某种微妙的变化，即从外在于个体的"道"变为直指人的内心的"道"。因此，这一时期的"道论"与"心学"是紧密联系的。如第三十代天师张继先在谈论道时，总要伴随着谈"心"，他甚至把"道"与"心"视为同一事物。他在《心说》一文指出：

> （心）果何物哉？杳兮冥，恍兮惚，不可以智知，不可以识识。强名曰道，强名曰神，强名曰心。

这里，他把"道"直视之为"心"，使"道"完全"内化"了。最后，他给宋徽宗唱了一曲著名的《大道歌》，把虚无漂渺的"道"归根于人的身中之物。其后，明初第四十三代天师张宇初也继承了张继先的这一思想，明确提出了"观心知道"的思想。他在《冲道》一文中指出：

> 知道者，不观于物而观乎心也。盖心统性情而理具于心，气围于形，皆天命流行而赋焉，曰虚灵、曰太极、曰中、曰

一，皆心之本然也。是曰心为太极也，物物皆具是性焉。(《岘泉集》卷一)

这与张继先的有关思想是完全一脉相承的。

值得一提的是，道教的"道论"这种由外向内的思想发展轨迹，从思想史角度来说应是一个进步。因为在道教初创时期，人们对自然界的认识还比较浅薄，许多自然现象得不到合理的解释。因此，这时把"道"归结为一种外在的神，对人的心理具有一种强烈威慑作用，这自然有利于道教教义的传播。然而，随着历史的推移，人们对自然认识的经验积累不断丰富，人们对自然认识的兴趣逐渐退居第二位，而认识人的瞬息万变的内心世界却逐渐上升为首位。因此，由神学的"道"变为内心的"道"正是反映了道教在认识目的上的这种转移。故天师道最后把"道"归结为这方寸之间的"心"时，也就标明其"道论"发展到了顶峰。

（二）在炼气养生上对丹法的贡献

道教与佛教有一个很大的不同，它不是把人的自然肉体看成是"臭皮囊""行尸走肉"，看成是不屑一顾的东西，它"出世"但又"恋世"。因此，寻求延年，追求长生不死是道教的一大特点。为了追求不死，道教在养生方面积累了一套丰富的经验，总结了许多方术。道教史上经常提到的"外丹""内丹"等都属于这方面的养生术。

天师道与炼丹术的关系，史书记载不多，从我们今天能见到的一些不多的文字记载和实物来看，天师道特别是早期天师道与炼丹术有一定关系。如《汉天师世家》记载：天师道的创始人张道陵就曾率"弟子王长从淮入鄱阳，登乐平雩子峰……炼丹，其间，山神知觉，而双鹤导其出入。遂弃其地，溯流入云锦山（即龙虎山）炼九天神丹，丹成而龙虎现，山因以名"。这里所言的"九天神丹"究竟为何物，今不可考，不过张道陵当年炼丹之地龙虎山至今仍可见炼丹岩、濯鼎池和飞升台等遗迹。

魏晋南北朝时期天师道的重要代表人物陶弘景，也是一位著名的炼丹理论家。在他丰富著述中，不少是和炼丹有关的。如他曾著《合丹药诸法式节度》一卷、《集金丹黄白方》一卷、《服云母诸石药消化三十六水法》一卷、《太清诸丹集要》三卷、《服饵方》三卷等。陶弘景在炼丹方面是颇有造诣的，《南史·陶弘景传》说：

> 弘景既得神符秘诀，以为神丹可成，而苦无药物。帝给黄金、朱砂、曾青、雄黄等。后合飞丹，色如霜雪，服之体轻，及帝服飞丹有验，益敬重之。每得其书，焚香虔受。

隋唐以后，道教的炼丹活动有一种由"外丹"逐渐向"内丹"过渡的趋势。但在理论上，对"外丹"的修炼方法仍有所保留。明初张宇初《岘泉集》中《玄问》一文便对"外丹"多有议论。其曰："外丹莫不以铅汞为宗，金液与天地造化同途……"可见，张宇初虽然生活在明初，但对炼丹活动仍抱有一定的兴趣。

传统正一道虽亦有"守一""存思"等修炼之道，但重在符法咒术，不讲内丹。五代以来，内丹兴起，呈取代道教各种传统炼养术之势。张继先顺应这一潮流，学习内丹，并撰有《金丹诗四十八首》阐发内丹学。其诗按钟吕派丹书之例，先广斥内丹以外的一切炼养术为"假法"，尤痛斥房中术，谓：

> 堪笑愚人被色萦，拟将呼吸要留精。神仙清静方为道，男女腥膻本俗情。秽浊岂堪充上品，还丹方可保长生。房中之术空传世，迷杀寰中多少人！

作为正一天师，这是对汉魏时重"男女合气之术"的天师道的又一次否

定和改造。张继先强调内丹药材乃自身精气神,《金丹诗》说:

> 昆仑山上楼台耸,北海炉中龙虎攒。此个药中为贵宝,将来炼就作天官。

这里所说的药物,当即钟吕内丹派所谓泥丸宫(喻为昆仑山)中的元神与生自下丹田(北海炉中)的元精、元炁(龙虎)。至于内丹的具体修炼,张继先倾向于从摄心修性入手,与陈抟一派丹法同轨。其《大道歌》说"欲得身中神不出,莫向灵台留一物",意谓摄心收念、冥心空无为保养元神之要。《大道歌》又说:

> 神若出,便收来,神返身中气自回。如此朝朝还暮暮,自然赤子产真胎。
> 性若不空和气住,气归元海寿无穷。
> 神驭气,气留形,不须杂术自长生。

认为只要神返身中,不念一切,令"元性"常现,则自然气回精住,而气便能使人长生。张继先的这些金丹诗简明扼要,常为后世丹书所引用。

(三)在法术方法上与科学有暗合之处

举行符箓、斋醮活动是天师道的长处所在。他们所从事的这些活动在历史上产生过很大的影响,在上层社会与下层社会中吸引了众多的信徒。在这种独特的历史现象背后,自然是有其深刻的社会或心理的原因的,而各种原因集中到一点,就是符箓斋醮的所谓"灵验",它的背后是与科学有些暗合之处的。据笔者调查,天师之位一般由天师嫡长子继承,在嗣教之前,一是由上一代天师秘授法文经,二是学习天文、地理、气象、医药和内炼等。因此，作为天师对这些方面的知识还是有所掌握的。天师画符用的布帛、纸张、墨水、朱砂等等，都是用不同的药物加工过的。符画好后，放在"净水"中浸泡，让病者服下。所谓"净水"，也是用药物配制的，药物主要是中草药，秘方很多。因此，符医实际上就是药医。在治疗过程中，先摸清患者的病情，对症画符和用净水，实际上就是对症下药，患者只知吞符而不知实际在吃药。佩箓的情况也很相似。另外，天师道徒在行符、箓的同时，十分注意心理疗法。天师道徒在为患者治疗时，非常强调一个"诚"字。在治疗过程中，法师往往要让病者忏悔自己，即说出自己以往所作甚至所想的罪孽。这种治疗方法就是要求病人将自己得疾病的原因，归诸自己的犯过，以求得上天的宽恕。这样，一方面可以使病者产生信念，觉得有神护佑，从而增强了战胜疾病的信心；另一方面，这种忏悔本身，也有利于病者排出积忧，解除身心的困扰，对健康是有一定帮助的。所以，符箓治病，有时能产生一定的效果。至于祈雨祷晴，其具体细节虽已不可考，但有一点是可以肯定的，如果真有什么"灵验"的话，也只能说明天师世家积累了一套有关天文、气象的经验知识，代代相传，并没有什么神异。天师后裔多次治理水患，受朝廷嘉奖，也并不是有什么天神相助，而是采用了一定的先进工具。《汉天师世家》中多次提到"铁符"，有理由怀疑就是一种治理水患的有效工具。由此看来，符箓、斋醮等法术的所谓"灵验"，其实并不神秘；说到底，不过是这些方法经过长期的经验积累，不自觉地与科学有些暗会罢了。

（四）在文学上有其特殊的价值

天师道与文学的关系是十分密切的。正如前所述，这不仅表现在天师道以其宏伟华丽的宫观以及景色奇丽的自然风光吸引了许多文人于此流连忘返，留下了大量的诗文；而且，一些天师本人及其法师们也非常爱好结交一些著名文人。以元代为例，当时江南一些文章大家虞集、赵孟頫、揭傒斯、袁桷、宋濂等几乎都与天师道有十分密切的往来，他们或是由于对道教的信仰，或是由于对天师的友情，撰写了大量的有关道教的碑志记传序跋以及一些咏叹诗文，有些至今仍然有着宝贵的文学艺术价值。不仅如此，有些天师本人就是集道士与文学家于一身的，如第四十三代天师张宇初著《岘泉集》，"诗文过半"，在文学史上有一定的影响，他的文集被收入《道藏》和清代钦定的《四库全书》之中。

还值得一提的是，在文学史上，天师道在某些文体的形成上是有所贡献的。譬如青词便是一例，道教祈禳时的奏章之文曰青词，亦曰绿章。唐代李肇《翰林志》上说：

> 凡太清宫道观荐告词文，用青藤纸朱字，谓之青词。

这是青词名称的由来。后来，由于道士经常请一些著名文人代写青词。于是，青词逐渐变为一种文体。如宋代真德秀诸人的文集内，都载有青词。明代的世宗最为崇道，因而他所宠用的大臣都写得一手好青词，以至于明朝有"青词宰相"的称号。青词在后来常被诗人用来抒怀，如清代诗人龚自珍的著名诗句：

> 九州生气恃风雷，万马齐喑究可哀。我劝天公重抖擞，不拘一格降人才。

诗后自序云：

> 过镇江，见赛玉皇及风神、雷神者，祷词万数，道士乞撰青词。

可见，这首诗就是作者在镇江为道士写的青词。天师后裔中也有不少是写青词的高手。如第三十代天师张继先在《虚靖真君语录》以及四十三代天师张宇初的《岘泉集》中都有相当数量的青词，因此，他们对推动青词这种文体的发展都起过一定的作用。

建议阅读书目：

《太上正一法文经》，《道藏》第876册，正一部，满字号。

《正一法文天师教戒科经》，《道藏》第563册，洞神部戒律类，力字号。

《正一法文十箓召仪》（附：正一法文传都功版仪），《道藏》第878册，正一部，逐字号。

《正一法文经章官品》四卷，《道藏》第880册，正一部，物字号。

《正一法文法箓部仪》，《道藏》第990册，正一部，肆字号。

《正一法文太上外箓仪》，《道藏》第991册，正一部，肆字号。

《正一法文修真旨要》，《道藏》第1003册，正一部，吹字号。

《正一法文经护国醮海品》，《道藏》第1008册，正一部，皆字号。

《太上三五正一盟威箓》六卷，《道藏》第877册，正一部，逐字号。

《太上正一盟威法箓》，《道藏》第877册，正一部，逐字号。

（东汉）张陵：《老子想尔注》，清末敦煌莫高窟发现的六朝写本《老子道经想尔注》残卷，原件已为英国人斯坦因掠走，现藏于伦敦大英博物馆，列为斯坦因编目6825号。见饶宗颐《老子想尔注校笺》，香港出版社，1956年。

（北朝）寇谦之：《老君音诵诫经》，《道藏》第562册，洞神部戒律类，力字号。

（南朝）陆修静：《陆先生道门科略》，《道藏》第261册，太平部，仪字号。

（北宋）张继先：《三十代天师虚靖真君语录》七卷，《道藏》第996册，正一部，席字号。

（北宋）张继先：《明真破妄章颂》，《道藏》第615册，洞神部赞颂类，渊字号。

（明）张宇初：《岘泉集》十二卷，《道藏》第1019册—1021册，正一部，转字号—疑字号。

（明）张宇初：《道门十规》，《道藏》第988册，正一部，楹字号。

主要参考书目：

（唐）孟安排：《道教义枢·七部》，《道藏》第762册—763册，太平部，诸字号。

（宋）张君房：《云笈七签》卷六《三洞经教部》，蒋力生等校注，华夏出版社，1996年。

陈国符：《道藏源流考》(增订本)，中华书局，1963年。

卿希泰主编：《中国道教史》1卷—4卷，四川人民出版社，1988年。

郭树森主编：《天师道》，上海社会科学院出版社，1990年。

张继禹：《天师道史略》，华文出版社，1990年。

任继愈主编：《中国道教史》，上海人民出版社，1990年。

任继愈主编：《道藏提要》，中国社会科学出版社，1991年。

朱越利：《道经总论》，辽宁教育出版社，1991年。

黄钊主编：《道家思想史纲》，湖南师大出版社，1991年。

牟钟鉴、胡孚琛、王葆玹主编：《道教通论》，齐鲁书社，1993年。

胡孚琛主编：《中华道教大辞典》，中国社会科学出版社，1995年。

张金涛、郭树森主编：《道教文化管窥——天师道及其他》，江西人民出版社，1996年。

胡孚琛、吕锡琛：《道学通论——道家、道教、仙学》，社会科学文献出版社，1999年。

熊铁基、刘国盛主编：《道教文化十二讲》，安徽教育出版社，2004年。

郭树森：《道教文化钩沉》，华夏翰林出版社，2005年。

作者简介

郭树森,生于1942年,辽宁康平人。1963年考入江西大学政教系,攻读本科,毕业后分配至江西汽车制造厂。1980年通过中国社会科学院招考研究人员考试,被录取到江西省社会科学院,从事科研、编辑工作。在审校完本篇清样后,不幸于2022年3月14日因病去世。曾任《江西社会科学》杂志副主编、主编,院宗教研究所副所长、所长,院学术委员等职。长期从事传统文化,特别是道家、道教研究,成果丰硕。著有《天师道》《道家思想史纲》(合作、副主编)《道教文化钩沉》《宁静斋文丛》《大道之源——周易与中国文化》《道教文化管窥——天师道及其他》《东方智圣——鬼谷子文化探微》《江西省宗教志》(合作、副主编)等15部。主要论文有《中国道教医学论略》《天师道的创立及其沿革》《宋应星对元气本体论的丰富和发展》《论道家到道教的演变》等二百余篇。

符图类道经说略

姜守诚

神符、图形、云篆等是道门中人惯用的撰述手法。所谓"符",就是书写或刻画在纸、绢、木、竹或金属等物品上的一些似字非字、似图非图的特殊符号。道士们认为借此可将神力附着在这些"文字"(或图形)上用来遣神役鬼、镇魔压邪、治病求福等。所谓"图",就是以绘画形式来传达天意或心灵体验。若以内容划分,其包括神像、人物图、内修图、坛式图、炼丹图、易图、人体内脏图等。所谓"云篆",亦称真文、玉字等,传说是天神昭示旨意的天书,实即临摹天空云气变幻形状或古篆籀体而造作的符箓。此外,还有印玺、图章、手印、镜鉴、法剑等临摹图形。我们将上述内容通称为符图类,并将以此类符图作为载体的道经称为符图类道经。这类道经大多收录在《道藏》十二部分类法中"神符""灵图"等部类中。此外,其他部类中所见亦甚多。据笔者初步统计,《正统道藏》及《万历续道藏》中含有符图的道经就达三百七十余种。

一、符图类道经之概要介绍

符图类道经是历经漫长的发展与演变,才逐渐得以成熟和定型。大略地说,其过程可分为三个阶段。

（一）东汉时的萌芽阶段

符箓早在远古巫觋时代就已出现，在东汉方士及民众中有广泛流传。据《后汉书·方术传》载：

> 河南有麴圣卿，善为丹书符，劾厌杀鬼神而使命之。
> （费长房学道于卖药翁，其师）又为作一符，曰："以此主地上鬼神。"……遂能医疗众病，鞭笞百鬼，及驱使社公。……后失其符，为众鬼所杀。

此外，近几十年来的考古发掘成果也证实东汉时人墓葬中大量使用符箓。

东汉末年，初具教团性质的原始道教开始创立。在这种情况下，传教授道所需的道经也就应运而生。早期道经在撰述教旨、阐述义理时不光有秘诀等记述文字，也间或配以绘图、符文等形式，使之图文并茂、便于阅读和传播。如《太平经》即属此类。今本《太平经》（收入《道藏》太平部）中现收录图七幅——东壁图、西壁图、乘云驾龙图、虚无无为自然图、虚无之室图等，复文四卷计2132字。此外，据经文内容显示，抑或有亡佚不存之符图。虽然，我们尚难断言上述符图是否全都在汉代《太平经》出世之初就已成形，但诸多证据表明，至少其中部分内容（如复文等）当至迟出现在汉末之前，甚至可能早于《太平经》初次结集的时间。据此证实，早在道教初创时期，符图类道经就已经萌芽，并略具雏形。此外，据传张道陵创立五斗米道时也曾造作符书，其符原貌已难详究。道门所传各种"天师符"多冠以张天师之名，然实为后人造作。

（二）魏晋时的初创阶段

东汉以后，随着道教力量的不断壮大，经书编撰者的理论水平得以提高，道书种类也不断丰富。至魏晋时，道经中符图所占的比重明显增大，并形成了专书，即开始出现专门的符图类道经。《抱朴子内篇·遐览》是现存最早的道经总目，其中载录了几百种道经之名，并萌发了道经的分类观念。如陈国符先生所言：

> 考其书目[①]，则可分为道经、记、符、图。试为分类，则具服饵、炼养、符图、算律。

虽然，该篇所载道经大多已亡佚，但据其名也可推知大致内容。其中当与图有关的道经有：《守形图》《坐亡图》《观卧引图》《含景图》《观天图》《木芝图》《菌芝图》《肉芝图》《石芝图》《大魄杂芝图》《东井图》《八史图》《候命图》《五岳真形图》。其记载的符名有：

> 《自来符》《金光符》《太玄符》三卷、《通天符》《五精符》《石室符》《玉策符》《枕中符》《小童符》《九灵符》《六君符》《玄都符》《黄帝符》《少千三十六将军符》《延命神符》《天水神符》《四十九真符》《天水符》《青龙符》《白虎符》《朱雀符》《玄武符》《朱胎符》《七机符》《九天发兵符》《九天符》《老经符》《七符》《大捍厄符》《玄子符》《武孝经燕君龙虎三囊辟兵符》《包元符》《沈羲符》《禹躔符》《消灾符》《八卦符》《监乾符》《雷电符》《万毕符》《八威五胜符》《威喜符》《巨胜符》《采女符》《玄精符》《玉历符》《北台符》《阴阳大镇符》《枕中符》《治百病符》十卷、《厌怪符》十卷、《壶公符》二十卷、《九台符》九卷、《六甲通

[①] 指《遐览》篇——笔者注。

灵符》十卷、《六阴行厨龙胎石室三金五木防终符》合五百卷、《军火召治符》《玉斧符》十卷，此皆大符也。其余小小，不可具记。

除《遐览篇》外，其他诸篇也载有符图类道经之名。其中与图有关的是：《神芝图》(《地真篇》)、《三皇图》(《抱朴子内篇》佚文)。另有几篇虽未题确切书名，但已言明有图。例如，《金丹篇》中谈"九丹"时，载："祭自有图法一卷也。"《仙药篇》谈论"木芝"时，载："此辈①复百二十种，自有图也。"谈论"菌芝"时，言："(菌芝)亦百二十种，自有图也。"

其他诸篇中所记符名有：《九符》(《对俗篇》)，《华池赤盐艮雪玄白飞符》《五帝符》(《金丹篇》)，《河图记命符》(《微旨篇》)，《三部符》(《道意篇》)，《老子入山灵宝五符》《灵宝符》《开山符》(《仙药篇》)，《六丙六丁之符》《六壬六癸之符》《赤灵符》《燕君龙虎三囊符》《西王母兵信之符》《荧惑朱雀之符》《南极铄金之符》《却刃之符》《祝融之符》《六阴神将符》《武威符》《大隐符》《儿衣符》《天文二十一字符》《丙丁洞视符》《皇符》《老子领中符》《赤须子桃花符》(《杂应篇》)，《升山符》《七十二精镇符》《东海小童符》《制水符》《六甲三金符》《天水符》《上皇竹使符》《老君黄庭中胎四十九真秘符》《六戊符》《玉神符》《八威五胜符》《李耳太平符》《西岳公禁山符》(《登涉篇》)，《尸解符》《太玄阴生符》(《抱朴子内篇》佚文)。此外，《登涉篇》中还绘有《登山符》(即《老君入山符》)之图形计七通，《入山辟虎狼符》之图形计二通，《陈安世符》之图形计一通，《入山佩带符》之图形计三通。

此外，《抱朴子内篇》中所载印章有："五利之印"(《论仙篇》)，"百邪之章""朱官印包元十二印""中黄华盖印文""黄神越章之印"(《登涉篇》)。值得注意的是，经文在描述"黄神越章之印"时说：

---

① 即指木芝——笔者注。

> 其广四寸，其字一百二十，以封泥著所住之四方各百步，则虎狼不敢近其内也。

这是说，该印章长约四寸（刻印用材当是竹木等，以便于携带），上面印有一百二十个符字。这样大型印章的出现，也充分反映出魏晋时符印之雕刻及制造工艺已达到相当水平。法印、符箓也多用于劾鬼治病，如《隋书·经籍志》卷四载：

> （道士）又以木为印，刻星辰日月于其上，吸气执之，以印疾病，多有愈者。

据上述统计可知，以葛洪《抱朴子内篇》为代表的魏晋时期，符图类道经已大略形成，且多有专书传世，其他各派道经也大量采用这种图文并茂的形式以供宣传之用。

（三）唐宋时的高峰阶段

唐代道士孟安排编集《道教义枢》卷二《十二部义》将道书按内容分为十二类，其中符图、谱录等单独分类，文云：

> 第一本文，第二神符，第三玉诀，第四灵图，第五谱录，第六戒律，第七威仪，第八方法，第九众术，第十记传，第十一赞颂，第十二章表。

并对各项内容进行逐一诠释，说：

> 第二神符者，即龙章凤篆之文、灵迹符书之字是也。神以

不测为义，符以符契为名。谓此灵迹，神用无方，利益众生，信如符契。……第四灵图者，如舍景五帝之象，图局三一之形，其例是也。图，度也，谓度写玄妙，传流下世。

由此可见，此时符图类道经无论是内容、性质抑或作用上均已得到相应的重视。

唐宋时期，乃是符图类道经发展的最高峰，此时道经中所涉符图之门类已近乎齐备。概括地说，这一时期符图类道经大抵表现出三个特征：第一，符箓之造作渐趋于精细化、复杂化；第二，开始出现将各种图谱、符箓、秘文、印章等汇集于一身的大全式著作，如约出于北宋末南宋初的《灵宝无量度人上品妙经》（六十一卷）和《灵宝玉鉴》（四十三卷），南宋金允中编《上清灵宝大法》（四十五卷）和南宋灵宝派道士王契真编纂《上清灵宝大法》（六十六卷）；第三，随着唐末五代内丹道教的兴起，与内丹修炼有关的符图也日益增多，并渐成一股潮流，试图通过有形的图像来传达抽象的丹道之理，如南宋道士龙眉子撰《金液还丹印证图》（一卷）。这一做法一直延续到元明之季，对内丹各派尤其全真道产生深远影响。

二、符图类道经之分类举例

符图类道经是我们对那些大量收录符图、秘文、印章等道经的统称。可依据经文中所附符图之性质，大致分为如下几类：其一，道术修炼类；其二，神像—人物图类；其三，药材写实临摹类；其四，法器用具类；其五，符箓—秘文类；其六，杂类。笔者翻检《道藏》，于每类中择取几部具有代表性的道经加以介绍。

（一）道术修炼类

1. 内视、存神图

（1）《上清大洞真经》[①]

又名《上清大洞真经三十九章经》，或简称《大洞真经》《三十九章经》，收入《道藏》洞真部本文类。全书计六卷，皆言修炼之旨。据《洞玄灵宝三洞奉道科戒营始》卷五《上清大洞真经目》载"《上清大洞真经三十九章经》一卷"，由此可知此经原本仅一卷，后至南北朝时窜乱，加入后人增益之内容而出现诸种不同传本。《道藏》中所收此本乃宋代茅山上清宗坛传本。故卷首列《上清大洞真经序》，题曰"茅山上清二十三代宗师观妙先生朱自英述"，卷末附明初四十三代天师张宇初所撰之《后序》；正文各卷开篇均题"茅山上清三十八代宗师蒋宗瑛校勘"。

《上清大洞真经》是早期上清派的重要典籍，以其地位显要而列上清诸经之首，素为历代道教上清派道士所奉持和倚重。该经卷一乃总括修炼之道法要诀，其中包括诵经玉诀、存思图、咒语（文）等，并附《大洞灭魔神慧玉清隐书》（五字韵文体，凡470字）；其后卷二至卷六，凡经文三十九章，另附《徊风混合帝一秘诀》一篇，均讲述念咒、养气存神、存想神真等道术。该经所论述的内容及其宗旨，可援引其《后序》中所言"是经之旨，乃存心养性以事天，聚精会神而合道"以概括。

经中所绘符图共计八十九幅，其中图像五十幅、道符三十九通。诸符图均与存想等道术修炼有关。其中，五十幅图像所体现的主题内容大多是描绘修炼者在实施某种道术时在脑海中所应存思、想象的神祇形象。闭目存思时，乃要根据人体不同部位而观想特定的神祇形象，并因

[①] 《道藏》第1册，第512页—555页。

此神祇之相貌、服饰、人数、仪态等也会有所不同,如"命门桃君""泥丸九真""肺中六真""脾中五真"等均各具造型。实施存思时,大多在意念中想象所思部位之神真"罩于顶上",并同时配合默念咒语。这些神祇形象大抵是以普通人物为模本而临摹出的,可谓栩栩如生。此外,经中所附三十九通道符亦是配合存思人体中某种特定的神真而使用的。

(2)《上清琼宫灵飞六甲左右上符》[①]

一卷,又名《玉精真诀》《景中之道》《白羽黑翻隐游上经灵飞六甲神道》,造作者不详,收入《道藏》洞真部神符类。此经属早期上清派经典之一,约六朝时已出世,《上清大洞真经目》已有著录。该经的主旨亦在于传授内视、存神之法,畅言存想六甲玉女、吞服六甲神符,如云:

> 每至甲日平旦,向王方闭目内视,存六甲一旬之玉女,尽来罗立我前,衣服形色如上。良久毕,乃叩齿六通,咽液六十过。毕而微咒曰:……咒毕乃服符。

所谓"六甲"乃指六十甲子,经文将其神格化,使之化身为"上清琼宫灵飞六甲六十玉女",并各赋予名讳,分列左右六部。每一位玉女后均附有神符一通,共计六十符。每部十位玉女后则绘制一幅玉女图像,共计六幅。这些神像服饰鲜明、情态各异,以供修炼者施行存思术之用。此外,经文末尾附有"太极玉精真诀上符"二通,乃"是灵飞六甲之符宗也。……此二符主招神灵,通达万精,长服不废,飞仙长生。既服六十玉女符,故当须此符兼修之也"。如此,《上清琼宫灵飞六甲左右上符》中符图共计六十八件,其中图计六幅,符计六十二通。

---

① 《道藏》第 2 册,第 169 页—177 页。

(3)《上清八道秘言图》[①]

一卷，撰人不详，收入《道藏》洞玄部灵图类。经文所述内容与正一部所收《上清太上帝君九真中经·中央黄老君八道秘言章》大抵相同。经文乃分八个段落，每段之后均附插图一幅，共计八幅，故名《八道秘言图》。该经属上清派经典，意在传授存思之术。经文认为，分别在八节之日——立春、春分、立夏、夏至、立秋、秋分、立冬、冬至中的某一特定时辰实施存思之术，可致真飞升。经书收录的这八幅图像所描绘的对象分别是太上三元君、太微天帝君、太极上真君、扶桑大帝君、太素上真天皇白帝君、南极上真赤帝君、上清真人帝君、太霄玉妃太虚上真人。这些神祇形象造型逼真、雍容华贵，仙人端坐乘舆之中，四周祥云缭绕。每幅画面的布局简单，重点突出，整体氛围庄严肃穆，十分适合于存神者修炼之用。

(4)《上清金阙帝君五斗三一图诀》[②]

一卷，撰人不详，收入《道藏》洞神部灵图类。该经属早期上清派经典，经文假托后圣金阙帝君传授仙人涓子，主要内容是讲存神飞斗术等修炼方法。其法大略是说，修炼者分别于春分、夏至、秋分、冬至、六月一日或十五日夜半时以及"建除"十二辰中的"建""除""开"等日，依次面朝东、南、西、北、西南等方向"瞑目存我身中三宫、三一三卿及我合七人，我在中央也，俱乘紫炁之烟"，从而共登北斗五星（即指阳明、丹元、阴精、北极、天关星）。每段经文之前附插图一幅，共计十五幅，前五幅图中上方标注人物服饰色彩等。这些图大多是以修炼者形象为主导、旁配众仙数目不等（或三四位、或十数位），另有一玉女或数仙人手捧真符宝章，乘祥云从空中降临，空中大多绘有北斗七星形象。

---

① 《道藏》第6册，第680页—683页。
② 《道藏》第17册，第218页—224页。

（5）《上清天关三图经》①

一卷，撰人不详，收入《道藏》正一部。就经文内容而言，该经与《洞真上清开天三图七星移度经》②大略相同，区别在于前者附有绘图二十幅，而后者则无。《洞真上清开天三图七星移度经》属早期上清派经典，约成书于东晋。此经《真诰》中有载，如卷五《甄命授第一》云"仙道有天关三图七星移度"，即指此经。《上清天关三图经》，当是此经之别本。

《上清天关三图经》主要讲述存思之法，默念北极七星之神、酆都六宫、五方帝君等神祇，如此可"上登天关，塞死路于东北，记生录于南仙"。经中所附图均属人物图，大都先画一位修炼者席地而坐、呈静思之状，再于头顶上方绘制神祇若干、配以祥云缭绕。就人物神态而言，相对比较单一，每幅画面所描述的场景也不复杂。

2. 内丹图

（1）《金液还丹印证图》③

一卷，南宋道士龙眉子撰，收入《道藏》洞真部灵图类。经书卷首附龙眉子撰《自叙》，文末题记"宋嘉定戊寅（1218）仲冬元日"；编末附元阳子林静于己酉岁（1234）所书《后序》。此经意在宣讲内丹修炼之次第及其旨要，着眼于印证丹道，教人明晰真法、步入正途，避免误陷旁门。诚如作者《自叙》中所言：

　　道之不传，己则过大。将言复辍，欲罢不能。谓其隐秘于玄微，孰若铺陈其梗概。因述师旨，绘作图章。著《外法象》九章，所以尽作丹之微妙；著《内法象》九章，所以条养丹之

---

① 《道藏》第33册，第808页—818页。
② 《道藏》第33册，第448页—457页。
③ 《道藏》第3册，第102页—110页。

详细。……前《警悟》及后《还元》共二十章,接四五侣,外有《炼丹行》,所以贯串首尾,错综篇章;《指迷箴》所以明辨正邪,分别真儒。

据此可知,原书分为二十章。今本虽亦分二十章,然无内外《法象》之名,显然已遭后人窜改。正文所列这二十章之次第及名称,乃隐喻内丹修炼之火候、步骤及其旨要,分别是:《原本》《警悟》《乾坤》《鼎器》《铅汞》《和合》《真土》《采取》《制度》《辅佐》《服丹》《九鼎》《进火》《退火》《抽添》《沐浴》《金液》《抱元》《朝元》《还元》。每章先列一图,共计二十幅。图后均附七律一首,阐述炼丹之理。

(2)《上乘修真三要》①

原书分上下卷,收入《道藏》洞真部方法类。作者原题"圆明老人述",此人疑为马钰再传弟子高圆明,乃系金元时全真道士。该经讲述全真内丹修炼原理,卷上载"三法颂",开篇有"明三法"图和"无极、太极之图",意在总括修心炼性之主旨;其后有七律十二首,每首前附有一图,前十幅均是牧马图,借此隐喻内丹修炼的功法次第和行功指要。这些牧马图构思十分巧妙,通过形象地描绘人与马的表情、动作等充分地传达了收心、弃欲,性命双修的全真派内丹宗旨。卷下分十二章,通篇将易学原理贯穿在内丹修炼中,每章亦绘一图,计十二幅,分别是:《混沌之图》《乾坤体用之图》《乾坤丹鼎修炼之图》《乾坤偃月修真之图》《乾坤阴阳升降之图》《乾坤周天火候之图》《乾坤三元真水火图》《乾坤七返返本图》《乾坤九还还丹之图》《乾坤日精月华之图》《乾体双忘真元超脱之图》《无无寂无无为大道之图》。

(3)《上阳子金丹大要图》②

一卷,元代道士陈致虚撰,收入《道藏》太玄部。该经以绘图的形

---

① 《道藏》第4册,第903页—912页。
② 《道藏》第24册,第70页—74页。

式阐述了内丹修炼之原理,将传统内丹学说与宋元时宇宙论、本体论相结合,从而在学理上提升了道教内丹学的思辨水平。经文中融汇了太极说、八卦说、五行说,借助宋代理学关于太极生两仪四象、六十四卦爻象变化之说,诠释内丹修炼中坎离交媾、运气火候之学。书中绘图大抵简捷明了,每幅图下均附解说文,共计二十二幅,分别是:《太极图》《太极分判图》《先天太极图》《后天太极图》《金丹九还图》《金丹五行之图》《太极顺逆图》《元气体象图》《金丹三五一图》《清浊动静之图》《宝珠之图》《金丹四象之图》《金丹八卦之图》《形物相感之图》《明镜丹道图》《紫阳丹房宝鉴之图》《紫清金丹火候图》《林神凤金丹法象投壶图》及"悬胎鼎""偃月炉"等图。

（二）神像—人物图类

1. 单一人物造型

（1）《玄元十子图》①

一卷,元代赵孟頫撰绘,收入《道藏》洞真部灵图类。经文卷首收录正一派第三十八代天师张与材于大德乙巳（1305）孟冬作《序》,略述了此部经图所受时人推崇之情况;其后,又附黄仲圭于大德丙午年（1306）、黄石翁于大德丁未年（1307）所撰两篇《序》。编末有赵孟頫所撰《跋》,有云:

> 师（杜道坚）属予作老子及十子像,并采诸家之言,为列传十一传,见之所以明老子之道。

其后附宋末元初道士杜道坚于大德丙午年（1306）所撰之《跋》。所谓

---

① 《道藏》第 3 册,第 257 页—261 页。

"玄元十子",即老子的十位弟子,分别为:关尹子、文子、庚桑子、南荣子、尹文子、士成子、崔瞿子、柏矩子、列子、庄子。每位人物均绘有一幅肖像图,并配以简短传记,略述其生平事迹。这些人物图像均由工笔绘制,单线勾勒,线条简约,却能形象逼真,栩栩如生,颇具传神之妙,使人阅后犹如亲见。

(2)《金莲正宗仙源像传》①

一卷,又名《全真正宗仙源像传》,由元代道士刘天素、谢西蟾编撰,收入《道藏》洞真部记传类。卷首收录正一派第三十九代天师张嗣成(太玄子)于元泰定丁卯年(1327)所撰《序》及全真道士刘志玄于元泰定丙寅年(1326)所撰《序》。经文前录有《元太祖成吉思皇帝召丘神仙手诏》《元世祖皇帝褒封制词》和《武宗皇帝加封制词》。是书旨在追溯全真创教之渊流,祖述老子及五祖七真,共计十三人,分别是:混元老子、东华帝君、正阳子(钟离权)、纯阳子(吕洞宾)、海蟾子(刘海蟾)、重阳子(王重阳)、丹阳子(马钰)、长真子(谭处端)、长生子(刘处玄)、长春子(丘处机)、玉阳子(王处一)、广宁子(郝大通)、清净散人(孙不二)。每述一人物时,均于前附白描肖像画一幅,并随后介绍姓名、字号、封号及生平传记等。这十三幅画像对于研究全真宗祖具有十分重要的意义。

(3)《上清太一帝君太丹隐书解胞十二结节图诀》②

一卷,收入《道藏》正一部。该经主要阐述存神佩符、开解体内十二胞胎结节之法。经文开篇点明:

> 夫人生由胞胎以自变,禀血精以自成。故既生而胞胎更结,既成而血液不留。……胞胎有十二结节盘固五内,五内滞碍,结不可解,节不可除。故人之病也,由节滞也;人之死

---

① 《道藏》第3册,第365页—380页。
② 《道藏》第34册,第96页—101页。

也，由结固也。常以本命日若八节日，上请帝君与太一混合约制百神而解胞中牢坚之结、盘根之死节也。胞有十二结，内又有十二节，节在结内，人不知解胞结节者亦不免死矣，恒解之者长生。

并陈述"解结之法"云：

入室闭户，存思，先读帝君以下百神名字再过毕，乃按次解结。此法是帝君太一混合二十四神解结除尸气之道也。兆以本命日若八节日，日中、夜半时任意也。正坐向本命之方，接手、端心、叩齿二十四通，曰：男生某甲上启胞父、胞母，始生之日，三积留血化为十二大结，今本命之日，谨请三九之神、二十四真人解三关十二结，请言所召。

随后，绘有神像二十八通，并分别标注了神祇名讳，部分神像下也旁标了神祇的服饰颜色。除了这些单一神像外，书中还配有其他修炼图及人物图计六幅，也多属单一人物造型。

2. 复杂神像图

《三才定位图》[①]

一卷，北宋张商英撰绘，收入《道藏》洞真部灵符类。该经分上、下两篇，上篇言玉京天及道教最高神三清所居地——三清天（泰清天、上清天、玉清天）之由来及其大略概况；下篇分别详述虚皇天、玉清天、上清天、泰清天、八卦降炁、玉京天玉京山通明殿、易有之门、紫微垣、酆都六宫等各自情况，并随后附有插图四幅。第一幅描绘虚皇十

---

① 《道藏》第 3 册，第 122 页—128 页。

天，天真九皇居中，其右分别为虚皇元老、虚皇元尊，其左分别是虚皇元帝、虚皇元君。第二幅刻画了玉清天之情景，此为天宝君之治所。天宝君居中威严而坐，其左右两旁侍立众多仙班。第三幅是关于上清天的情况描述，其治者灵宝君拈指而坐，正聆听朝臣的奏报，左右侍从神祇秩序井然。左侧绘有一神手持如意，左右各有一云中玉女随侍，神像上题曰"圣祖上灵高道九天司命保生天尊大帝"，亦是宋真宗钦定的赵氏宗祖。第四幅塑造了神宝君的治所——泰清天的布局情况，亦是祥云环绕，神吏臣僚侍立四周，左右各有一处莲花池，末端附绘"东方八天""北方八天""西方八天"，四周均以宫殿楼阁环绕，中有神祇若干。这些绘画构思巧妙，颇具艺术欣赏性，实属制作上乘的道经插图。

3. 图传及图录

（1）《许太史真君图传》[①]

原书二卷，据考乃出自元代净明道士之手，收入《道藏》洞玄部灵图类。该经是《道藏》中所载数种许逊传记之一，然其体裁独特，乃以连环画方式来叙述许逊事迹。这种形式在《道藏》中是不多见的。

此经开篇附有"玉陛锡诏""玉陛再诏""真君圣诏"三段文字，皆属渲染许逊成仙、晋升神职之辞。其后正文的主要内容即是以图画形式展现许真君（逊）的生平及事迹，共计五十二幅（卷上三十幅，卷下二十二幅）；每图之后均附一段简短解说文字，共计五十二节。编末附许逊弟子十二人之画像，每像后亦配文简略介绍其名讳及生平。正文所绘五十二幅图，立意紧凑，将诸多复杂的故事情节和人物场景浓缩到一幅幅小小的画面之中，阅后使人有身临其境之感，充分体现了绘制者的良苦用心。这些图画借助于叙述许真君惩恶扬善的一系列小故事，以一种寓教于乐、雅俗共赏的形式表达了道法的正义性及其哲理，充分地发挥

[①]《道藏》第6册，第716页—735页。

了宗教宣传的普及化作用，同时也具有丰富的艺术价值和美学鉴赏性。

（2）《上清侍帝晨桐柏真人真图赞》[①]

一卷，唐代道士司马承祯撰著，收入《道藏》洞玄部赞颂部。是书开篇即作者自序，叙述桐柏真人——周灵王太子晋（即王乔）生平事迹及成仙故事。经文中所言，大多采撷《逸周书》《列仙传》《真诰》等有关内容编缀而成。《序》后分列十一图，每幅图前配短文予以解说，文后所附赞辞均四字韵文。这十一幅图分别描述了王子晋生前及升仙后的诸多事迹，如：第一图，劝谏灵王不要填塞谷、洛二水；第二图，与叔誉、师旷问答；第三图，吹笙游伊洛，遇浮丘公；第四图，蜕世尸解，从浮丘公隐遁嵩山；第五图，嵩山修道及三十年后告桓良将于七月七日现缑氏山；第六图，隆重地显迹于缑氏山，辞谢时人驾鹤升天；第七图，入上清天金阙诣玉晨大道君，拜受策命；第八图，领受赐号"侍帝晨桐柏真人"，仪仗威严，赴任天台山金庭洞宫；第九图，坐镇金庭，接受众仙拜谒；第十图，传授周季山以素奏丹符及授夏馥以黄水云浆之法；第十一幅图，降临茅山杨君处所。上述图画多以宫廷、山岳为背景，再绘以人物点缀其间，画上方空白处多附简短文字以说明画中人物的衣着服饰颜色等。这些画大多线条浑厚，笔触古朴，每幅画所表现的主题内容也相对单一。

（3）《大明玄天上帝瑞应图录》[②]

一卷，撰人不详，收入《道藏》洞神部记传类。该经以图文并茂的形式记载了明代永乐年间重修武当山宫观的整个事件始末。开篇卷首列明成祖于永乐十六年（1418）《御制大岳太和山道宫之碑》及永乐十一年（1413）《圣旨》及任命重修武当山的督办官员及相关宫观负责人的敕令数通，篇末附永乐十三年（1415）《御制真武庙碑》。正文中详细描述了修建过程中所出现的各种灵异祥瑞，并据此绘制成图——如《黄榜荣

---

① 《道藏》第 11 册，第 157 页—163 页。
② 《道藏》第 19 册，第 632 页—640 页。

辉》《黑云感应》《骞林应祥》《梛梅呈瑞》《神留巨木》《水涌洪钟》以及玄天上帝显迹像、神真像，计十一幅。

（三）药材写实临摹类

（1）《图经衍义本草》[①]

四十七卷，其中《序例》三卷、正文四十二卷，由宋代唐慎微、寇宗奭等编撰而成，收入《道藏》洞神部灵图类。该经详细记载各种药材的性能、产地、采制方法及服用禁忌等，并旁征博引了《图经》《千金方》《唐本草》《齐民要术》等百余种医书及陶弘景、孙思邈、日华子等人注解言论，给予诠释。该经堪称北宋以前本草药物学之集大成者，所收药材种类极其丰富，分列出玉石部、草部、木部、人部、兽部、禽部、虫鱼部、果部、米谷部、菜部等十大门类，举凡1042种（除去重复者），部分药物旁绘有写实临摹图以示甄别，据笔者统计，共有489幅（味）。这些临摹图所绘药材十分逼真，大抵勾勒出了各自的基本特征。编撰人绘制这些图的目的是为了让读者更好地了解药物特征及其性能。譬如，同一味药材因产地不同，外形、特质等略有差别，故将其绘制成图以作对照，使人阅后了然于胸，犹如亲见。如记载"云母"条时，就列举出分别产自江州、兖州两地的云母的不同形状；又如"黄精"条中就绘有十种黄精图样，各不相同；有的图不仅绘制出药品，也一并画出了制药所需之工具，如记载"水银"条时，便不光临摹了水银的原材料——朱砂，同时也旁绘出提炼朱砂的工具——炼炉；有的图甚至绘制出某味药材的整个制作流程，如记载"食盐"条时便以图描形式分解出海盐提炼的全过程。

[①]《道藏》第17册，第238页—778页。

(2)《白云仙人灵草歌》①

一卷，撰人不详，收入《道藏》洞神部众术类。此书亦为《通志·艺文略·道家》著录。该经现已残缺，除卷首标注"序文缺"外，另据篇末诗言：

七十二草总有灵，各伏丹砂并通神。不是上方留下界，凡世俗流少听闻。

可知，该经原收录72种（味）草木类药材，今本收录草药名计有57种（味），三味药草（即五云草、明月草、红蓝草）仅列名字而经文缺佚，实存五十四种（味）。该经所记载的五十四种（味）草药，在每味草药下均注明花色、质地，并配有写实临摹图以供鉴别，另附五言韵文简介该味草药之产地、药性、用途及其对炼丹烧制所起的作用。现将54味草药名列举如下：

达道草、白禄草、海宝草、紫枝草、合穗草、望仙草、金莲草、玉液草、大秘草、金凤草、仙人钦草、宝剑草、林泉草、地榆草、金线草、地宝草、大通草、天降草、惹罗衣草、大道草、长生草、白鹤草、磨罗草、凤青草、显志草、玉柱草、水红草、红焰草、地蕉草、宝山草、小白禄草、小金线草、真珠草、金鸾草、海石榴草、聚珍草、海桃草、金灯草、山青草、万通草、白珠草、龙泉草、宝峰草、金钱草、仙娥草、黄芽草、青金草、七星草、山浆草、银线草、宜男草、金罗草、杨桃草、百金草。

(3)《太上灵宝芝草品》②

一卷，撰人不详，收入《道藏》正一部。该经宣讲服食仙芝、灵草成仙之术，如开篇所云："窃以延命之术，本因饵药长生。"随后，逐一

---

① 《道藏》第19册，第328页—335页。
② 《道藏》第34册，第316页—337页。

举列 127 种灵芝种名、产地、药性及成仙功效等。为了便于感观上的认识，在每种灵芝前均附绘一幅临摹图，以示甄别，举凡 127 幅灵芝图。每幅图中均以该品灵芝为主体背景，同时也描绘出了所产之地的地形和物貌。图中所绘之笔触虽简捷素朴，却能将灵芝之外形特征勾勒得淋漓尽致、栩栩如生，作为衬托背景而刻画的山川物貌也大多形象逼真。

（四）法器用具类

1. 剑鉴式图

（1）《上清长生宝鉴图》[①]

一卷，撰人不详，疑似造作于唐代，收入《道藏》洞玄部灵图类。该经开篇径载镜铭一首，曰：

> 百炼神金，九寸圆形。禽兽翼卫，七曜通灵。鉴包天地，威伏魔精。名山仙佩，奔轮上情。

随后，经书收录了七幅道镜式图，前三幅镜鉴式图乃由诸多形象化的抽象图案构成，其后四幅道镜纹饰则由各种结构复杂的符篆秘字组合而成，其中第四品镜式图旁注有"明镜图符"字样，当系指镜纹而言。下文以第一、第二幅镜鉴式图为例，予以详细介绍。

《上清长生宝鉴图》载录的首品镜图，其纹饰配以四灵、八卦、干支、星辰及符篆秘字等图案。整幅镜图以中央的小方块——镜钮为中心，用三弦纹划分为呈圆形的四个区域。第一区有一处长方形的镜钮，内有"戊""己"二字；其上有北斗七星图案，斗口内有一处标注着"辰星"字样的星点；镜钮两侧及下端有分别标注着"岁"（即岁星）、"太

[①] 《道藏》第 6 册，第 679 页—680 页。

白"（即水星）、"镇"（即镇星）、"荧惑"（即荧惑星）等星点五处；区内四隅还分别标有"玄武""朱雀""青龙""虎"字样以象征四灵兽，另有"神人""仙人""仙女""仙童"等字样。第二区乃由符篆写就的二十八星宿名组成，自右向左逆时针依次辨读为：角、亢、氐、房、心、尾、箕、斗、牛、女、虚、危、室、壁、奎、娄、胃、昴、毕、觜、参、井、鬼、柳、星、张、翼、轸。第三区是用十天干（缺少戊、己二干）与十二地支字混写的铭文带，现按顺时针释其字：子、癸、丑、寅、甲、卯、乙、辰、巳、丙、午、丁、未、申、庚、酉、辛、戌、亥、壬。第四区是由八卦与三十二个符篆组成的铭文带，每隔四个符篆即插入一幅卦象，共计八卦。镜图旁标注有"鉴绿地"字样。据王育成先生考证，此品镜图现今存有实物——即"唐代天象镜"，该镜由浙江上虞县文化站收藏。

《上清长生宝鉴图》载录的第二品镜图，也分三个圆形区域。第一区大抵可分为三层：第一层中铭刻着青龙、白虎、朱雀、玄武四灵图像，第二层是八卦图案，第三层是十二生肖图像。第二区是由二十四个难以辨读的符篆字组成的铭文带。第三区仅有两个卦象，分别位于中心线的正上方和正下方位置。据王育成先生考证，现存实物中尚有四式古镜与此品镜图纹饰大抵相同，分别载于北宋徽宗时末王黼编纂《宣和博古图》（卷三〇）所录两枚铁镜拓片和徐乃昌撰著《小檀栾室镜影》（卷四）所录两枚古镜拓片。

（2）《上清含象剑鉴图》[①]

一卷，原题"天台白云司马承祯进"，收入《道藏》洞玄部灵图类。是书文字部分乃由《含象鉴序》及《景震剑序》二文组成，行文流畅，言简意赅。二《序》后均有配图，镜鉴式图计有三幅，剑图计有二幅，每图各附铭文及其释字。经文末尾收录《唐明皇御批并诗》；其后载录北宋人吴及于景德二年（1005）所呈进献奏状，题曰"进司马天师铸

[①] 《道藏》第6册，第683页—686页。

含象鉴表"，据此可知，此书当编于北宋。编末附《铸剑镜法并药》和《炼砂成银法》两则短文，似属后人辑入。

经文第一部分《含象鉴图序》云：

> 夫四规之法，独资于神术；千年之奇，唯求于乌影。含光写貌，虽睹其仪；尚象通灵，罕存其制。而鉴之为妙也，贞质内凝，湛然惟寂，清晖外荧，览焉遂通。应而不藏，至人之心愈显；照而征影，精变之形斯复。所谓有贞明之道也，有神灵之正也。捧玩之宝，莫先兹器。既可以自见，亦可以鉴物。此鉴，所以外圆内方，取象天地也。中列爻卦，备著阴阳也。太阳之精，离为日也。太阴之精，坎为月也。星纬五行，通七曜也。雷电在卯，震为雷也。天渊在酉，兑为泽也。云分八卦，节运四时也。此表天之文矣。其方周流为水，以泻四溟，内置连山，以旌五岳，山泽通气，品物存焉。此立地之文也。词铭四句，理应三才，类而长之，可以意得。此寄言以明人之文也。故曰：含象鉴。

文后，收录镜图三幅。

第一品镜图呈外圆内方形，乃以围成正方形的八卦卦象为界，划分为内外两个区域。内区呈正方形，以象征大地之方，东、南、西、北、中五个方位各绘有一处山纹，以象征五岳；四个边角则各书一篆形铭文，文序为转角跳读，图旁所附楷书释文云："天地含象，日月贞明，写规万物，洞鉴百灵。"外区呈圆形，以象征天圆，上方绘有一圆，内有三足乌，寓意太阳；下方亦绘一圆，内含桂树及玉兔捣药，寓意月亮；左右两侧嵌有诸多星点，联成几种简单图案，以象征星辰。王育成先生考证后，认为：现存五式唐代铜镜实物可与此品镜图相印证，它们分别藏于北京故宫博物院、洛阳博物馆、中国历史博物馆、旅顺博物馆等单位。

第二品镜图分成内外两个圆形区域，内区中央有一龟形镜钮，除此无他；外区是由十二个篆书铭文组成，镜旁附有镜铭的篆字及其楷书释文云："龟自卜，镜自照，吉可募，光不耀。"镜图旁附标有"金龟绿地"字样。据王育成先生指出，此品镜图尚存铜镜实物两面，分别见于北京故宫博物院和徐乃昌《小檀栾室镜影》(卷四)中著录。

第三品镜图分成四个圆形区域，最里一层同第二品一样也是一龟形镜钮；第二层中上下左右四方分别绘有四灵图案，这层的空间宽幅比较大；第三层空间最小，是由三十五个篆书铭文组成，图旁列有镜铭的篆字及其楷书释文，云：

青盖作镜，大吉昌。巧工刊之，成文章。左龙右虎，辟不祥。朱鸟玄武，顺于旁。子孙富贵，居中央。

经文第二部分《景震剑序》云：

夫阳之精者，著名于景；阴之气者，发挥于震。故以景震为名，式备精气之义。是知贞质相契，气象攸通，运用之机，威灵有应。扨神代形之义，已睹于真规；收鬼摧邪之理，未闻于奇制。此所以剑面合阴阳，刻象法天地。乾以魁罡为杪，坤以雷电为锋。而天罡所加，何物不伏！雷电所怒，何物不摧！佩之于身，则有内外之卫。施之于物，则随人鬼之用矣。

文后，附有"景震"剑图两幅。这两幅图分别标示了剑身两侧之图形。首先，剑柄末端分别有篆书"景"和"震"二字，以示剑名。"景"字剑身中手柄部位刻有十二字篆书铭文，图旁所附楷书释文云："乾降精，坤应灵。日月象，岳渎形。""震"字剑身中手柄部位也刻有十二字篆书铭文，旁附释文云："扨雷电，运玄星。摧凶恶，亨利贞。""景"字剑身部位末端刻有一符，名曰"辛酉符"；"震"字剑身部位末端也刻有一符，名曰"庚申符"。其后，"景"字剑身刻有诸多星点，依次代表日、月、岁星、荧惑星、镇星、太白星、辰星，另外刻有篆书铭文"春""夏""季""秋""冬"字样，剑身顶端则刻有北斗七星图。"震"字剑身则刻有十五篆书铭文，据图旁所附篆书及其释文云："戊己岱淮衡江嵩河华济恒风云雷电"，乃意喻干支、五岳、四渎及风云雷电等物象。

2. 印章及令牌

（1）《太上灵宝净明法印式》①

一卷，撰人不详，收入《道藏》洞玄部方法类。文中收录净明派法印两枚，印文系篆体书写，分别是"太上净明之印""净明法主之印"。其后，配有短文略予说明，云：

> 凡得净明法者，雕印二颗，各二寸四分。一曰"太上净明之印"，一曰"净明法主之印"。净明之印，奏牍即用之；法主之印，即遣呼召鬼神等用之。又有职称者，印雕职印。

全文仅此六十二字。

（2）《太上通玄灵印经》②

一卷，撰人不详，收入《道藏》洞神部方法类。此经总论灵印之神通，卷首列法印五枚，分别是：通灵印（左右二图）、摄鬼印、策鬼印、召鬼印。正文开篇径言：

> 老子曰：此通灵印是一切法、万术之根。若人不得此法者，一切道术虚行不成。

---

① 《道藏》第 10 册，第 526 页。
② 《道藏》第 18 册，第 612 页—615 页。

随后，经文假托老子详细阐述了法印的用法及其功效，若依法持印，可"变身万种，立生水火、金银、宝玉、天下百草、树木、河海、土石、风雨，而禽兽所化皆成，无所不为"，并可"使八史、六丁为人取金银、一切宝物、仙药者"。末尾，经文引老子之言说：

> 先元无八史箓，以永寿元年有神师观虚空中八史共语言，神师因撰《八史醮》一卷，更撰六卷，世人得此真根者，不须受箓。……昔有鬼谷先生、费长房曾行此法方，乃得升仙。以晋永和三年……受与诸葛先生，从是以来，少有人得此法。……诸葛先生撰为《通灵使役鬼书》一卷，后留人也。

随后，援引诸葛氏所言论述运用符印来驱役鬼神等法。

（五）符箓—秘文类

1. 道符

（1）《大洞玉经》①

《大洞玉经》为《上清大洞真经》传本之一，收入《道藏》洞真部本文类。全书分上下二卷。卷前载诵经法、存思图、祝词咒语等，并收录《大洞神慧隐书》（其文与《大洞真经》中所附完全相同）；正文与《大洞真经》一样，亦分为三十九章，各章次第及名称与《大洞真经》大抵相同，然经文较之后者更为简略；正文后，另附"太玄真人呪"、《大洞内炼玉章》《玉清帝君玉章》（上、中、下品）三章；编末附"八十九翁秋水龚德同"所撰《后序》，谈到该经之宗旨时，言："大概以生门

---

① 《道藏》第1册，第556页—575页。

死户、守雌抱雄为主。"

就所述内容来看，《大洞玉经》与茅山宗坛本《上清大洞真经》一样，都是以诵经念咒、存思神真为主。若二者相校，可发现其中各篇章文句、祝辞符咒多有不同，究其原因，正如编末所附龚德同《后序》中所言：

> 《大洞玉经》，汉坛传之久矣。……后得茅山宗坛及梓潼文昌经本比方，各有差殊。或因传写之误，或音声之讹，大同小异，互有得失。

不过，两个传本最大的差异还不是经文异字，而在于彼此对符与图的侧重不同。茅山宗坛本《上清大洞真经》在讲述修炼实践时多附有逼真的人物图像（共计50幅），试图通过存思这些神祇形象来达到定心、静念、修行道法的效果；虽经文中也穿插有少量道符（计39通），然就其作用而言，乃处于辅助地位。也就是说，就符、图而言，《大洞真经》无疑是以图为主、符为辅。《大洞玉经》则恰反，此经所附符图共计45幅，其中除一幅《存思图》外，余下均属道符。正文三十九章中，每章均附有玉符一通，并配以祝文。现将经中所附道符名称罗列如下：

《大洞震灵符文》《大洞照辟符文》《大洞太微玉符》《大洞太一玉符》《大洞皇上玉符》《大洞无英玉符》《大洞白元玉符》《大洞司命玉符》《大洞桃康玉符》《大洞天户玉符》《大洞丹皇玉符》《大洞黄庭玉符》《大洞九真玉符》《大洞八真玉符》《大洞左七真玉符》《大洞右七真玉符》《大洞六真玉符》《大洞五真玉符》《大洞四真玉符》《大洞三真玉符》《大洞二真玉符》《大洞一真玉符》《大洞九元玉符》《大洞皇一玉符》《大洞紫素玉符》《大洞黄素玉符》《大洞白素玉符》《大洞日中玉符》《大洞月中玉符》《大洞阳光玉符》《大洞阴精玉符》《大洞胎仙玉符》《大洞胎神玉符》《大洞结中玉符》《大洞节中玉符》《大洞胞中玉符》《大洞血中玉符》《大洞七神玉符》《大洞九神玉符》《大洞三神玉符》《大洞帝一玉符》《大洞总真玉符》

《都匠符》。

（2）《太上秘法镇宅灵符》[①]

一卷，撰人不详，收入《道藏》洞真部神符类。此经讲述化凶宅为吉宅及施符镇宅之法。经文开篇即引《上元经》载汉文帝访"三愚之宅"故事，引出了二神人化作书生传七十二通镇宅灵符而得以安居凶宅之理。随后，经文将这厌鬼辟邪之七十二通灵符逐一列出，并各自标明用途。另，诸符之前还收录"璇玑八卦之图"一幅，编末列举了每月神降之日、供养之仪及忌食种类。《太上秘法镇宅灵符》所列七十二通镇宅符对研究道教符箓及风水堪舆等均有重要意义。

（3）《太上老君混元三部符》[②]

三卷，撰人不详，收入《道藏》洞神部神符类。书中通篇收录的均是道符，共计746通，大多数道符下注明了用途方法等。这些道符大抵按照类别依次举列，其中涉及都匠、解秽、安宅、辟土炁、移徙、辟火、止魑耗、田种、利蚕、死丧咎痊、厌百怪、鬼怪、鼠怪、蛇怪、狐怪、鹅怪、釜怪、百鸟怪、蜘蛛虫蚁、旋风、龙虹怪、诸杂异怪、六畜怪及诸怪、四季、十二日辰见怪、十二时地、护身、捍厄、延年、辟鬼、安魂、断恶梦、辟瘟、求子安胎、产难、祛蚊虱、百解、求官、治酒浆等内容。每个标题下所列道符数量不一，少则几通，多则数十通。就所涉内容而言，其实已涵盖了古人日常生活中的诸多方面，堪称道教符箓之总汇。

（4）《上清琼宫灵飞六甲箓》[③]

一卷，收入《道藏》正一部。该经属早期上清派经典，主要讲述存思六甲玉女，吞服六甲神符之术。六甲，即指六十甲子，也就是自甲子至癸亥一个周期，该经将其人格化、神格化为"上清琼宫灵飞六甲玉女"，并逐一列举了神祇名讳。该经前半部分主要讲述存神吞符之

---

① 《道藏》第2册，第180页—186页。
② 《道藏》第11册，第644页—676页。
③ 《道藏》第34册，第161页—168页。

法，随后于后半部分陈列了六十道符，分为左右六部，并按六十甲子顺次排列，符文后旁注玉女名讳。经末另附"太极玉精真诀上符"二通，并言：

> 二符是灵飞六甲之符宗也。……此二符招神开灵，通达万精，长服不废，飞仙长生。

2. 篆书玉字

（1）《云篆度人妙经》①

一卷，造作者不详，收入《道藏》洞真部神符类。所谓"云篆"，就是指像云一样的篆行文字，经书多认为这是一种来自于天或上天所授的神圣文体。《云篆度人妙经》就是以云篆符文书写《灵宝无量度人上品妙经》，篆字之下皆录注楷书以作诠释。据笔者统计，全文共计4624字。《云篆度人妙经》是现存数量不多的云篆符文典籍，对于研究道教篆书符文及其演变等均具有不可估量的参考价值。

（2）《太上灵宝诸天内音自然玉字》②

又名《洞玄诸天内音经》《诸天内音经》《内音玉字经》，撰人不详，收入《道藏》洞真部玉诀类。该经共计四卷，内分为两部分：卷一、卷二分属《大梵隐语无量洞章玉诀》，卷三、卷四分属《大梵隐语无量洞章》。该经假托天真皇人所述，言："天书玉字，凝飞玄之气以成灵文，合八会以成音，和五合而成章。"经文开篇即列举出四组"天书玉字"——"九炁总诸天文""三炁总诸天文""七炁总诸天文""五炁总诸天文"，每组六十四字，共计二百五十六字。其意乃隐指东、南、西、北各八天，计三十二天，每天有八字，合此数目。这些"玉字"，乃是

---

① 《道藏》第2册，第150页—161页。
② 《道藏》第2册，第532页—563页。

天上灵文。若在特定时日朱书吞服，修持数年，便可长生飞天。

（3）《洞真太微黄书九天八箓真文》[①]

一卷，撰人不详，收入《道藏》洞真部方法类。据经文中交代，该经原属《太微黄书》（八卷）中的第八篇，又名"太微九天八箓真文交带文"，因"其第一、第二、第三、第四不行于世，其第五、第六、第七传当为真人"，故此第八卷独立成篇流传于世。该经的主要内容是记载真文，真文乃用云篆书写，共计二百字。真文之后附有"交带文"（即楷书释文），皆倒置写就，意喻"上下逆顺，四面皆成字也"，"上下四往，皆成行列"。其文意晦涩难读，似与上清经诀有关。

（六）杂项

1. 抽象的山脉走势

《洞玄灵宝五岳古本真形图（并序）》[②]

一卷，旧题"东方朔"编撰，收入《道藏》洞玄部灵图类。经文分为三部分：第一篇《五岳真形图序》，开篇即点明五岳真形图乃取象于山水之形，摹拟山脉河流所特有的绵延曲折，抽象写意而成，如云：

> 五岳真形者，山水之象也。盘曲回转，陵阜形势高下参差，长短卷舒，波流似于奋笔，锋芒畅乎岭崿，云林玄黄，有如书字之状。

随后，序文介绍了五岳真形图的各自功用，并云"子尽有五岳形，横天纵地，弥沦四方。见我欢悦，人神攸同"；又说明了五岳和四山这

[①] 《道藏》第4册，第561页—563页。
[②] 《道藏》第6册，第735页—744页。

九座山脉[1]中主管神祇的执掌职责及其属吏。第二篇《灵宝五岳古本真形图》，经书前段部分列道符七通，其后载录真形图九幅，分别是"东岳泰山真形图""南岳衡山真形图""中岳嵩山真形图""西岳华山真形图""北岳常山真形图"以及四山——青城山、庐山、霍山、潜山的真形图。这九幅真形图均以抽象写意的形式勾勒出各自所属山脉的真形及灵迹，每图之前附有一通道符，分别标注有名称，乃系所辖之神名，依次是"东春""南夏""中央戊巳土""西秋""北冬""黄帝命霍山南储君""潜山南储君""青城丈人""庐山使者"。每图之后均附文一行，简介该山之形制及所处地界。第三篇为《洞元灵宝五岳真形图》，与第二篇《灵宝五岳古本真形图》大略相同，当属其别本。不过，究其细节，两个版本尚存二点差别：其一，真形图前所附符箓虽署名相同，但外形却有较大差异，且《灵宝五岳古本真形图》中符文笔画厚重、粗犷有力，而《洞元灵宝五岳真形图》则运笔较细、形貌飘逸。其二，《洞元灵宝五岳真形图》中收录的九幅真形图均附小字注文，然《灵宝五岳古本真形图》则无。

2. 曲线谱

《玉音法事》[2]

三卷，出自宋代，撰人不详，收入《道藏》洞玄部赞颂类。该经是道乐音韵谱集，共辑录了唐、宋道曲五十首。所谓"玉音"乃指御制、帝音之意，"法事"即斋醮仪式。也就是说，在斋醮仪式中吟唱北宋皇帝（徽宗、真宗等）御制道词。卷上收宋徽宗御制《白鹤词》一首，卷中收宋徽宗御制《玉清乐》《上清乐》《太清乐》《散花词》《步虚词》，卷下收宋徽宗御制道词、宣和续降道词、宋真宗御制道词等。卷上、卷中

---

[1] 即指泰山、衡山、嵩山、华山、恒山、青城山、庐山、霍山、潜山。
[2] 《道藏》第11册，第120页—145页。

载道词吟谱，系采用曲线符号标其声韵腔词，分长吟和短吟（或称促吟）两种。据笔者统计，共有 1263 条长短线谱。这些线谱的共同特点是一字下绘有一线谱，线谱中间或有小字。线条曲折反复，通常会先往下转折，随即又向上回旋拖延。每字下均配线谱，形状各不相一，以标识吟唱时曲调之异同。据陈国符先生考证，《玉音法事》曲线谱"与工尺谱属于不同之乐谱系统，系声曲折乐谱"。

三、研究综述

有关道教符图的研究，20 世纪初以来开始受到学界的不断关注。早在 20 世纪初，金石学大家罗振玉先生对历代出土的符箓有过初步探索，所撰《贞松堂集古遗文》及《补遗》《续编》等著作中收录不少这类实物的拓片及模本。20 世纪 70 年代，中国台湾学者陈槃先生撰《敦煌木简符箓试释》一文，对敦煌地区出土的木简上所画几枚符箓之含义加以阐释。此后，20 世纪 80 年代中国内地学者吴荣曾先生在《镇墓文中所见到的东汉道巫关系》一文中利用东汉出土的镇墓文等资料揭示了早期道教与巫术方士之密切关系。

20 世纪 90 年代以来，中国学术界对道教符图的研究掀起一轮新高潮。张勋燎先生着眼于考古新材料，结合道教文献先后撰写了《东汉墓葬出土的解注器材料和天师道的起源》《川西宋墓和陕西、河南唐墓出土镇墓文石刻之研究》《古器物所见"五岳真形图"与道教五岳真形符》《道教五岳真形图和有关两种古代铜镜的研究》《试论我国南方地区宋墓出土的道教"柏人俑"和石真》《江西高安出土南宋淳熙六年徐永墓"酆都罗山拔苦超生镇鬼真形"图石刻》等论文，其近年出版的《中国道教考古》一书则利用现存的道教遗物、遗迹，大致勾勒出一个相对完整的道教发展简史，从而在一定程度上达到了还原古代道教活动之目的，书中不少篇幅也谈到道教符图法术的问题。

此外，王育成先生在研究道教符箓、篆文等方面也取得令人瞩目的成就，其论文有《东汉道符释例》《唐宋道教秘篆文释例》《略论考古发现的早期道符》《中国古代道教奇异符铭考论》等多篇，并就道教法印及全真宗祖图等专题先后出版了《道教法印令牌探奥》《明代彩绘全真宗祖图研究》等学术专著。

李远国先生也长期关注道教符图法术的问题，撰有《论道教符箓的分类》《道教符箓派诸宗概述》《道教法术的渊源》《论道符的结构与笔法》《论道教符箓的功用与文化要素》《关于湖南石门县圹符碑的说明》《关于北极驱邪院的几个问题》等论文，所著《神霄雷法：道教神霄派沿革与思想》附录"道教符箓学讲义"一章中对道教符箓派的历史、派别及符箓的种类、功用及影响等问题予以介绍和梳理。

刘昭瑞先生侧重于从出土资料入手分析和论证汉晋时早期道教符箓方术之情况，其论文有《〈太平经〉与考古发现的东汉镇墓文》《谈考古发现的道教解注文》等，此外，所撰《考古发现与早期道教研究》一书中也涉及与此相关的部分内容。

刘仲宇先生《道符溯源》一文简略地梳理了道符之源流、功用，并分析了巫符、道符之关联，所著《道教法术》一书也有大量篇幅讨论道教符箓法术等内容。

詹石窗先生长期致力于易学与道教关系之研究，所著《易学与道教符号揭秘》一书探讨了道教金丹术的符号表征及符咒法术的易学象数等内容。

综上所述，有关符图类道经及道术的问题，虽然已有不少学者取得令人瞩目的成绩，然因其所涉内容庞杂，此专题尚存一些空白领域，应给予进一步的梳理和考察。

建议阅读书目：

胡孚琛主编：《中华道教大辞典》，中国社会科学出版社，1995年。

詹石窗：《玄通之妙：易学与道教符号解密》，中国书店，2001年。

李　零：《中国方术考（修订本）》，东方出版社，2001年。

刘仲宇：《道教法术》，上海文化出版社，2002年。

李远国：《神霄雷法：道教神霄派沿革与思想》，四川人民出版社，2003年。

王育成：《明代彩绘全真宗祖图研究》，中国社会科学出版社，2003年。

罗振玉编撰：《贞松堂集古遗文》，北京图书馆出版社，2003年。

张勋燎、白彬：《中国道教考古》，线装书局，2006年。

主要参考书目：

陈　槃：《敦煌木简符箓试释》，台北《"中央研究院"民族学研究所集刊》第32期，1972年。

吴荣曾：《镇墓文中所见到的东汉道巫关系》，《文物》1981年第3期。

王育成：《东汉道符释例》，《考古学报》1991年第1期。

刘昭瑞：《谈考古发现的道教解注文》，《敦煌研究》1991年第4期。

王育成：《唐宋道教秘篆文释例》，《中国历史博物馆馆刊》1991年第15/16期。

刘昭瑞：《〈太平经〉与考古发现的东汉镇墓文》，《世界宗教研究》1992年第4期。

张勋燎：《古器物所见"五岳真形图"与道教五岳真形符》《川西宋墓和陕西、河南唐墓出土镇墓文石刻之研究》，《南方民族考古》第五辑，四川科学技术出版社，1993年。

张勋燎：《江西高安出土南宋淳熙六年徐永墓"酆都罗山拔苦超生镇鬼真形"图石刻》，载陈鼓应主编：《道家文化研究》第七辑，上海古籍出版社，1995年。

王育成：《文物所见中国古代道符述论》，载陈鼓应主编：《道家文化研究》第九辑，上海古籍出版社，1996年。

张勋燎：《东汉墓葬出土的解注器材料和天师道的起源》，载陈鼓应主编：《道家文化研究》第九辑，上海古籍出版社，1996年。

王育成：《中国古代道教奇异符铭考论》，《中国历史博物馆馆刊》1997年第2期。

王育成：《略论考古发现的早期道符》，《考古》1998年第1期。

饶宗颐：《敦煌出土镇墓文所见解除惯用语考释》，《敦煌吐鲁番研究》第三卷，北京大学出版社，1998年。

附录：《道藏》中载符图、印章、剑鉴等分布情况一览表

简要说明：

（1）本表所据《道藏》乃三家本，统计者为姜守诚。"册数"指该经在三家本《道藏》第几册。

（2）神像、人物图、内修图、坛式图、炼丹图、易图、人体内脏图等，简称为"图"。

（3）符箓，简称为"符"。

（4）篆书、真文、玉字、复文等，简称为"秘字"。

（5）印玺、图章、手印等，简称为"印章"。

（6）镜鉴、法剑，简称为"剑鉴"。

（7）幡盖、令牌，简称为"幡牌"。

序号	经名	册数	图	符	秘字	印章	剑鉴	幡牌
1	灵宝无量度人上品妙经	1	1	41	401			
2	上清大洞真经	1	50	39				
3	大洞玉经	1	1	44				

续表

序号	经名	册数	图	符	秘字	印章	剑鉴	幡牌
4	太上三十六部尊经	1		432				
5	高上玉皇本行集经	1		30	672			
6	无上九霄玉清大梵紫微玄都雷霆玉经	1		9				
7	太上说朝天谢雷真经	1		57		4		
8	元始五老赤书玉篇真文天书经	1		41	672			
9	太上九天延祥涤厄四圣妙经	1		5				
10	上清黄气阳精三道顺行经	1		8				
11	元始天尊说变化空洞妙经	1		8				
12	太上导引三光九变妙经	1		24				
13	太上说六甲直符保胎护命妙经	1		1				
14	高上太霄琅书琼文帝章经	1			240			
15	太上玉佩金珰太极金书上经	1		9	9			
16	上方天尊说真元通仙道经	1			12			
17	三洞神符记	2		5	153			
18	云篆度人妙经	2			4624			
19	洞真太微黄书天帝君石景金阳素经	2		19		54		
20	上清洞真元经五籍符	2		12				
21	白羽黑翻灵飞玉符	2		5				
22	上清琼宫灵飞六甲左右上符	2	6	62				

续表

序号	经 名	册数	图	符	秘字	印章	剑鉴	幡牌
23	太上洞真经洞章符	2		12（存目4）				
24	太上秘法镇宅灵符	2	1	72				
25	元始无量度人上品妙经通义	2	9					
26	元始无量度人上品妙经内义	2	3					
27	太上洞玄灵宝无量度人上品妙经法	2	41					
28	太上灵宝诸天内音自然玉字	2			256			
29	九天应元雷声普化天尊玉枢宝经集注	2		15				
30	玉清无极总真文昌大洞仙经	2	13					
31	黄帝阴符经讲义图说	2	8					
32	上清握中诀	2		1				
33	灵宝无量度人上品妙经符图	3	14	45	837			
34	无量度人上品妙经旁通图	3	4					
35	修真太极混元图	3	16					
36	修真太极混元指玄图	3	9					
37	金液还丹印证图	3	20					
38	修真历验钞图	3	12					
39	龙虎手鉴图	3	1					
40	上清太玄九阳图	3	20					
41	三才定位图	3	4					
42	上清洞真九宫紫房图	3	1					
43	周易图	3	103					

续表

序号	经名	册数	图	符	秘字	印章	剑鉴	幡牌
44	大易象数钩深图	3	134					
45	易数钩隐图	3	54					
46	易数钩隐图遗论九事	3	9					
47	易象图说内篇	3	24					
48	易象图说外篇	3	18					
49	玄元十子图	3	10					
50	元始高上玉检大录	3	1	47				
51	金莲正宗记	3	1					
52	金莲正宗仙源像传	3	13					
53	太上九真妙戒金箓度命拔罪妙经	3		2				
54	太真玉帝四极明科经	3		5				
55	灵宝无量度人上经大法	3	70	1175	3203	31		
56	无上玄元三天玉堂大法	4	78	374	132			
57	无上三天玉堂正宗高奔内景玉书	4	40	19				
58	清微神烈秘法	4	9	90	45			
59	清微元降大法	4		298	4243	20		2
60	清微斋法	4		146	429	1		
61	玉清金笥青华秘文金宝内炼丹诀	4	9					
62	纸舟先生全真直指	4	10					
63	陈虚白规中指南	4	21					
64	大丹直指	4	22					
65	玉溪子丹经指要	4	4					
66	会真集	4	21					
67	中和集	4	20					
68	三天易髓	4	5					

续表

序号	经名	册数	图	符	秘字	印章	剑鉴	幡牌
69	大洞金华玉经	4	10					
70	玉景九天金霄威神王祝太元上经	4		3				
71	洞真太微黄书九天八箓真文	4			200			
72	太玄八景箓	4		25	106			
73	修真十书杂著指玄篇	4	15					
74	修真十书金丹大成集	4	9					
75	修真十书杂著捷径	4	15	3				
76	修真十书悟真篇	4	1					
77	修真十书黄庭内景玉经注	4	6					
78	上乘修真三要	4	26					
79	真仙秘传火候法	4	1					
80	三极至命荃蹄	4	16					
81	修真精义杂论	4		11				
82	清微丹诀	4	5					
83	先天金丹大道玄奥口诀	4	7					
84	抱一子三峰老人丹诀	4	1					
85	黄帝宅经	4	2					
86	通占大象历星经	5	51			1		
87	洞玄灵宝丹水飞术运度小劫妙经	5		9				
88	洞玄灵宝诸天世界造化经	5		5				
89	上清五常变通万化郁冥经	5	1	6	48			
90	太上洞玄灵宝智慧定志通微经	5	1					

续表

序号	经 名	册 数	图	符	秘字	印章	剑鉴	幡牌
91	太上洞渊神咒经	6		30				
92	太上洞玄灵宝赤书玉诀妙经	6			64			
93	上清金匮玉镜修真指玄妙经	6		39				
94	上清三元玉检三元布经	6		19	390			
95	太上洞玄灵宝灭度五炼生尸妙经	6			272			
96	太上三生解冤妙经	6		3				
97	太上灵宝五符序	6		12	67			
98	太上洞玄灵宝素灵真符	6		605				
99	太上洞玄灵宝五岳神符	6		36				
100	上清金母求仙上法	6		47	170			
101	上清豁落七元符	6		14				
102	上清太一金阙玉玺金真纪	6		5				
103	太上洞玄灵宝投简符文要诀	6			502			
104	洞玄灵宝自然九天生神章经注	6		19				
105	上清紫精君皇初紫灵道君洞房上经	6		1				
106	上清胎精记解结行事诀	6		4				
107	太上洞玄灵宝五帝醮祭招真玉诀	6			184			
108	上清修行经诀	6			36			
109	上清长生宝鉴图	6					7	

389

续表

序号	经名	册数	图	符	秘字	印章	剑鉴	幡牌
110	上清八道秘言图	6	8					
111	上清含象剑鉴图	6		2			5	
112	七域修真证品图	6	6					
113	玄览人鸟山经图	6	1					
114	太上玉晨郁仪结璘奔日月图	6	6	2				
115	上方大洞真元妙经品	6	1					
116	上方大洞真元妙经图	6	5					
117	上方大洞真元阴阳陟降图书后解	6	7					
118	许太史真君图传	6	64					
119	洞玄灵宝五岳古本真形图	6	18	32				
120	上清高上玉真众道综监宝讳	6		91				
121	上清众经诸真圣秘	6		300				
122	上清骨髓灵文鬼律	6		2		1		
123	灵宝领教济度金书	7—8	44	2163	3476			20
124	太上黄箓斋仪	9			888			
125	无上黄箓大斋立成仪	9	13	177	488	14		11
126	黄箓九幽醮无碍夜斋次第仪	9	1					
127	灵宝玉鉴	10	87	1150	1820			29
128	太极祭炼内法	10	1	2		1		
129	上清天枢院回车毕道正法	10		15		6		
130	灵宝净明天枢都司法院须知法文	10		3				

续表

序号	经　名	册数	图	符	秘字	印章	剑鉴	幡牌
131	高上月宫太阴元君孝道仙王灵宝净明黄素书	10	5	19	161			
132	灵宝净明院真师密诰	10		2				
133	太上灵宝净明法印式	10				2		
134	灵宝净明大法万道玉章秘诀	10			259			
135	太上灵宝净明秘法篇	10	1	9				
136	灵宝净明新修九老神印伏魔秘法	10	1	2		4		
137	太上灵宝净明飞仙度人经法	10	2	51	1392			
138	太上净明院补奏职局太玄都省须知	10				4		
139	上清天心正法	10	10	54				
140	上清北极天心正法	10	6	6		4		
141	抱一函三秘诀	10	13					
142	养生秘录	10	1					
143	玄圃山灵匮秘录	10	1	60		14		
144	灵宝六丁秘法	10	1	6	1			
145	魁罡六锁秘法	10		1		1		
146	太上三辟五解秘法	10		6				
147	上清六甲祈祷秘法	10				1		
148	贯斗忠孝五雷武侯秘法	10	4					
149	黄帝太乙八门入式诀	10	5	14				
150	黄帝太一八门入式秘诀	10	5	43		9		
151	黄帝太一八门逆顺生死诀	10	13	41				
152	太上赤文洞神三箓	10		35		5		

续表

序号	经 名	册数	图	符	秘字	印章	剑鉴	幡牌
153	玉音法事	11	此经收录道乐词谱,每词配一条线谱,共计1263条。					
154	上清侍帝晨桐柏真人真图赞	11	11					
155	太上宣慈助化章	11		6				
156	太上说南斗六司延寿度人妙经	11		6				
157	太上北斗二十八章经	11		1				
158	太上太清天童护命妙经	11		1				
159	太上飞步五星经	11		1				
160	太上飞步南斗太微玉经	11	3	6				
161	皇天上清金阙帝君灵书紫文上经	11		3				
162	洞神八帝妙精经	11	9	96				
163	太上老君说天妃救苦灵验经	11		1				
164	太上老君说长生益算妙经	11		15				
165	太上老君说五斗金章受生经	11		5				
166	无上妙道文始真经	11	1					
167	冲虚至德真经	11	1					
168	洞灵真经	11	1					
169	南华真经	11	1					
170	太上无极大道自然真一五称符上经	11		5				
171	太上老君说益算神符妙经	11		8				
172	太上老君混元三部符	11		746				

续表

序号	经名	册数	图	符	秘字	印章	剑鉴	幡牌
173	无上三元镇宅灵箓	11		3				
174	上清丹天三气玉皇六辰飞纲司命大箓	11	18	22				
175	道德真经三解	12	1					
176	道德真经直解	12	1					
177	道德真经集义大旨	14	16					
178	太上玄灵北斗本命延生真经注	17		57				
179	太上玄灵北斗本命延生真经注解	17	12	7				
180	太上玄灵北斗本命延生经注	17		10				
181	北斗七元金玄羽章	17		7				
182	太上说玄天大圣真武本传神咒妙经	17			167			
183	清静经注	17	3					
184	太上老君说常清静经注	17	1					
185	太上老君说常清静妙经纂图解注	17	25					
186	太上三元飞星冠禁金书玉箓图	17	2					
187	上清金阙帝君五斗三一图诀	17	15					
188	四气摄生图	17	6					
189	太上通灵八史圣文真形图	17		25				
190	图经衍义本草	17	489					
191	唐鸿胪卿越国公灵虚见素真人传	18	1					
192	正一出官章仪	18		5				

续表

序号	经 名	册数	图	符	秘字	印章	剑鉴	幡牌
193	太上洞神三皇仪	18		1				
194	太上洞神太元河图三元仰谢仪	18	2	64				
195	服气精义论	18		1				
196	神仙食炁金柜妙录	18		2				
197	三元延寿参赞书	18	5					
198	太清金阙玉华仙书八极神章三皇内秘文	18	3	26		3		
199	三皇内文遗秘	18		6		3		
200	秘藏通玄变化六阴洞微遁甲真经	18	6	87		3		
201	太上洞神玄妙白猿真经	18	3	28				
202	太上通玄灵印经	18				5		
203	上清镇元荣灵经	18	1	34				
204	太上六壬明鉴符阴经	18	27	134				
205	太清元极至妙神珠玉颗经	18	1					
206	天老神光经	18	4					
207	鬼谷子天髓灵文	18	2	39		12		
208	北斗治法武威经	18	2			1		
209	太上除三尸九虫保生经	18	26	10				
210	紫庭内秘诀修行法	18		21				
211	太上老君大存思图注诀	18	11					
212	太上五星七元空常诀	18	3					
213	上清金书玉字上经	18	2					
214	黄帝九鼎神丹经诀	18	4	28		3		
215	丹房须知	19	4					

续表

序号	经名	册数	图	符	秘字	印章	剑鉴	幡牌
216	稚川真人校证术	19	1					
217	上清九真中经内诀	19	1					
218	感气十六转金丹	19	6					
219	修炼大丹要旨	19	6					
220	还丹肘后诀	19	15					
221	铅汞甲庚至宝集成	19	2					
222	白云仙人灵草歌	19	54					
223	太极真人杂丹药方	19	10					
224	玉清内书	19	1					
225	上洞心丹经诀	19		22		2		
226	庚道集	19	1					
227	大明玄天上帝瑞应图录	19	17					
228	上清神宝洞房真讳上经	19		1				
229	上清太渊神龙琼胎乘景上玄玉章	20	1	1	12			
230	古文龙虎经注疏	20	2					
231	周易参同契鼎器歌明镜图	20	3					
232	周易参同契发挥	20	29					
233	周易参同契解	20	9					
234	易外别传	20	16					
235	易图通变	20	4					
236	金锁流珠引	20	16	47				
237	真诰	20		2				
238	黄帝素问灵枢集注	21	1					
239	素问入式运气论奥	21	29					

续表

序号	经 名	册数	图	符	秘字	印章	剑鉴	幡牌
240	黄帝八十一难经纂图句解	21	31					
241	云笈七签	22	37	42				
242	海客论	23	2					
243	清庵莹蟾子语录	23	2					
244	玄宗直指万法同归	23	8					
245	上阳子金丹大要图	24	22					
246	还真集	24	14					
247	爱清子至命篇	24	5					
248	长生指要篇	24	1					
249	太平经钞	24	1					
250	太平经	24	6		2132			
251	太上灵宝净明九仙水经	24	1					
252	太上洞玄灵宝飞行三界通微内思妙经	24	1					
253	洞玄灵宝三洞奉道科戒营始	24	11					
254	无上秘要	25	1					
255	太古集	25	33					
256	急救仙方	26	20					
257	仙传外科秘方	26	24					
258	法海遗珠	26	53	538	212			
259	太上感应篇	27			4			
260	天原发微	27	69					
261	抱朴子内篇	28		18				
262	大慧静慈妙乐天尊说福德五圣经	28		5				
263	无上三天法师说荫育众生妙经	28		1				

续表

序号	经名	册数	图	符	秘字	印章	剑鉴	幡牌
264	洞神八帝元变经	28	10	16				
265	上清明鉴要经	28	4	3				
266	太上正一盟威法箓	28	42	157				
267	正一法文十箓召仪	28		1				
268	醮三洞真文五法正一盟威箓立成仪	28	1					
269	太上玄天真武无上将军箓	28	1	1				
270	高上大洞文昌司禄紫阳宝箓	28	36	21	74	2		
271	太上北极伏魔神咒杀鬼箓	28	1	11		12		
272	太上正一延生保命箓	28	1	11				
273	太上正一解五音咒诅秘箓	28	1	4				
274	高上神霄玉清真王紫书大法	28	61	376	127	5		
275	道法会元	28—30	此经内容十分旁杂，所含符箓、秘文较多，无法精确统计					
276	上清灵宝大法（两部同名）	30—31	略					
277	道门定制	31	1	90	1968			
278	道门通教必用集	32	1	2		9		
279	太上助国救民总真秘要	32	38	132		4		
280	全真坐钵捷法	32	1					
281	正一法文箓部仪	32		4				
282	受箓次第法信仪	32		16				
283	洞玄灵宝课中法	32	1					

续表

序号	经 名	册数	图	符	秘字	印章	剑鉴	幡牌
284	太清玉司左院秘要上法	32		30	33	2		
285	道法心传	32	14					
286	雷法议玄篇	32	4	2				
287	北帝七元紫庭延生秘诀	32		8				
288	邓天君玄灵八门报应内旨	32	6	1				
289	九天上圣秘传金符经	32	3					
290	上清修身要事经	32			36	1		
291	三洞道士居山修炼科	32		10				
292	雨旸气候亲机	32	39					
293	道法宗旨图衍义	32	22					
294	元辰章醮立成历	32	1	1				
295	传道集	33	23					
296	洞真高上玉帝大洞雌一玉检五老宝经	33		3				
297	洞真太上素灵洞元大有妙经	33		4	16			
298	洞真上清青要紫书金根众经	33		8				
299	洞真上清太微帝君步天纲飞地纪金简玉字上经	33	2	20				
300	洞真上清开天三图七星移度经	33		9				
301	洞真太上三元流珠经	33		6				
302	洞真西王母宝神起居经	33		1				
303	洞真太上八素真经精耀三景妙诀	33	1					

续表

序号	经 名	册数	图	符	秘字	印章	剑鉴	幡牌
304	洞真太上八素真经服食日月皇华诀	33		14				
305	洞真太上八素真经登坛符札妙诀	33		7				
306	洞真上清龙飞九道尺素隐诀	33		7	37			
307	洞真太上三九素语玉精真诀	33			60			
308	太上九赤班符五帝内真经	33		9				
309	洞真太一帝君太丹隐书洞真玄经	33		8				
310	洞真上清神州七转七变舞天经	33		6				
311	洞真太上紫度炎光神元变经	33		11				
312	洞真太上神虎玉经	33		2				
313	洞真太上紫文丹章	33			120			
314	洞真太上金篇虎符真文经	33		3				
315	洞真太微金虎真符	33		18				
316	洞真太上太素玉箓	33		4	12			
317	洞真八景玉箓晨图隐符	33		9				
318	洞真太上仓元上录	33		2				
319	洞真黄书	33	13					
320	洞真太上说智慧消魔真经	33		20				
321	洞真太上道君元丹上经	33		5				

399

续表

序号	经 名	册数	图	符	秘字	印章	剑鉴	幡牌
322	洞真金房度命绿字回年三华宝曜内真上经	33		3				
323	洞真太上上清内经	33		23				
324	洞真太上太霄琅书	33			240			
325	上清太上玉清隐书灭魔神慧高玄真经	33			120			
326	上清高上灭魔玉帝神慧玉清隐书	33	5	5	170			
327	上清高上灭魔洞景金元玉清隐书经	33		16				
328	上清丹景道精隐地八术经	33		10				
329	上清元始谱录太真玉诀	33		9				
330	上清天关三图经	33	20					
331	上清河图内玄经	33	1	9				
332	上清高上玉晨凤台曲素上经	34	1	16				
333	上清外国放品青童内文	34			325			
334	上清金真玉光八景飞经	34		12				
335	上清玉帝七圣玄纪回天九霄经	34			130			
336	上清明堂玄丹真经	34	1	16				
337	上清九丹上化胎精中记经	34		4				
338	上清太上元始耀光金虎凤文章宝经	34		1	306			
339	上清太一帝君太丹隐书解胞十二结节图诀	34	34					

续表

序号	经　名	册数	图	符	秘字	印章	剑鉴	幡牌
340	上清洞真天宝大洞三景宝箓	34	1	47	304			
341	上清大洞三景玉清隐书诀箓	34	5	37				
342	上清元始高上玉皇九天谱录	34		113				
343	上清金真玉皇上元九天真灵三百六十五部元录	34		3				
344	上清洞天三五金刚玄箓仪经	34	1	14				
345	上清琼宫灵飞六甲箓	34	6	62				
346	上清曲素诀辞箓	34	30	38	165			
347	上清元始变化宝真上经九灵太妙龟山玄箓	34		63	216			
348	上清大洞九微八道大经妙箓	34		15				
349	上清河图宝箓	34	1		9			
350	四斗二十八宿天帝大箓	34	1	48				
351	上清黄庭养神经	34	1	12				
352	上清黄庭五藏六府真人玉轴经	34	6					
353	太上灵宝芝草品	34	127					
354	洞玄灵宝二十四生图经	34		24	96			
355	玉清上宫科太真文	34	18	18	32			
356	太上元始天尊说北帝伏魔神咒妙经	34	9	93	8	12		
357	北帝说豁落七元经	34		8				
358	七元真诀语驱疫秘诀	34		1	50			

续表

序号	经名	册数	图	符	秘字	印章	剑鉴	幡牌
359	七元召魔伏六天神咒经	34	1	23				
360	七元真人说神真灵符经	34		21				
361	圣母孔雀明王尊经启白仪	34	3					
362	太上元始天尊说孔雀经白文	34	2					
363	上清元始变化宝真上经	34			36			
364	儒门崇理折衷堪舆完孝录	35	19					
365	古易考原	36	7					
366	法师选择记	36	3					
367	天皇至道太清玉册	36	14	18		2		21
368	吕祖志	36	4	2				
369	紫微斗数	36	12					
370	庄子翼（附录）	36	1					

戒律类道经说略

丁培仁

一、总说戒律类

道经三洞十二部分类法——本文、神符、玉诀、灵图、谱箓、戒律、威仪、方法、众术、记传、赞颂、表奏，戒律列在第六类。"戒"又作"诫"，有告诫之义。《太上老君戒经》载：

老君曰：戒中淫、酒，能生五恶。戒者，戒恶也。

梁代道士陶弘景《登真隐诀》云：

戒者，遏秽垢之津路，防邪风之往来。

唐初道教科文《千真科》说：出家之人不交世俗，不求名利，不作有为功德，静思入定，降伏外魔，就叫净戒，这才是真实法母。唐代三洞道士朱法满编《要修科仪戒律钞》卷四说：

经以检恶，戒以防非。

明道士白云霁撰《〈道藏〉目录详注·凡例》说：

>　戒律，如防止六情十恶之例。

六情：眼、耳、鼻、舌、身、意。十恶：杀生、偷盗、邪淫、妄语、两舌离间、恶口、绮语、贪欲、瞋恚、邪见。这是指以图书的形式告示那些约束道士或道教徒行为的教规、警戒条文。戒，劝诫、戒止；律，律令、规则。戒律便是要求道教徒为善止恶的一套规则，将它们编录成书，目的在于令道士诵习，防止罪恶的意向、行为，以制服眼、耳、鼻、舌、身、心六情，进修至上仙品级，远超脱欲界、色界、无色界三界的束缚。

成熟的组织化的宗教都有自己的一套宗教道德，这些宗教道德主要体现于戒律。作为条文内容的戒律，是道教徒必须遵守的思想行为准则，事无巨细，皆有规定，《三洞法服科戒文》中与道士法服相关的科戒就有四十六条。戒律在道教内部结构的重要性仅次于教义。大约成书于南朝齐梁的道书《上清洞真智慧观身大戒文》指出：道士有经教而无戒律，就好比要想涉海而无舟楫，有口而无舌，便无缘度身入道。《洞玄灵宝道学科仪》说：凡是学道的人，当知持戒发慧，安身炼心。唐京都长安太清观道士张万福编录的《三洞众戒文序》说：

>　学道求真，莫不先持斋戒。故《灵宝升玄步虚章》云：皆从斋戒起，累功结宿缘。

又引用所谓太极左仙公的话说：学道不修斋戒，山林修炼也徒劳。由此看来，戒是戒诸恶行。若不持戒，无由得道。从这些话中，足见戒律在道教中的重要地位。梁代阮孝绪《七录·仙道录》分道书为四部，其中"经戒"归入一类，居于首位，后来为《隋朝道书总目》所承袭。这表明戒律仅次于经教，有辅助经教的作用。而且道教成书的戒律本身也每每被称作经，如《正一法文天师教戒科经》《太上老君戒经》《洞玄灵宝天尊说十戒经》等名目，表明其尊贵的地位。

戒律除了辅助经教的作用之外，还与科仪有着密切的历史渊源关系。朱法满编《要修科仪戒律钞》引《易注》说：洗心就称为斋，防患便叫作戒。古代无论道教内外，往往"斋戒"连称，这是由于上古时代在祭神之前需要斋戒，斋时要求遵守相应的戒，以便用洁净、虔诚的心态去交接神灵。《千真科》说：若要从事斋，先令受戒，戒之所起，以控制身、口、意三业为初基。《三洞众戒文·七百二十门要戒律诀文》也说：

> 志学之士，急务修斋，斋直齐心，守戒为主。主以制心，心定则生；忘戒失主，心乱则死。

而道教的斋是最重要的科仪，有时人们还用"斋醮"一词代指道教科仪。根据南朝宋著名道士陆修静的说法，斋具有与戒同样的节制身、口、意三业的功效，所以道教也往往"斋戒"连称，表明二者有着紧密的联系。可是随着有关斋和戒的书名目分别增多，二者便在道书分类体系中分为戒律和威仪两类。

早期道书的分类比较简单，两晋间葛洪《抱朴子内篇·遐览》只分道经和符二类，他所经见的戒律书仅有少量的几部，如《立功益筭经》《道士夺筭律》归在道经类，《微旨》篇又引《易内戒》及《赤松子经》。陆修静编撰《灵宝经目》，提出十二部即十二种类别，戒律和威仪已分成两类。所谓戒律，指规戒科律。道教的戒律书多称为"戒经"，戒偏重于要求信众应当或不可做什么，戒于事前。律则同时规定有犯戒后由神予以惩罚的条例，如《玄都律》就是如此。但这个区分并非一成不变，例如《太上老君经律》实际上只是一部戒经。道教标题为"律"的文书多出自正一系，有禁制鬼的《女青鬼律》，这是道教招神劾鬼的特色所在。不过《女青鬼律》还有规范修道者行为的条文，因此仍属戒律类道经范畴。

按照道教的观点，守戒就会有神灵护佑，违戒则将招致鬼魅祸患。《千真科》说：

> 出家之人能持三戒、五戒、九戒、十戒，乃至三百大戒等，一戒之中，各有二十四善神之所拥护，天人供养，不犯众恶。有不信戒，众恶故犯，罪结冥阳，却受生堕落盲道。违戒奉戒，得福获罪，不问道俗，至理无偏，其功等尔。

戒经如《太上洞玄灵宝三元品戒功德轻重经》及律文如《玄都律》《女青鬼律》等书自不必言，东晋南朝时期已出世的各种科文如《四极明科》《九真明科》等也应归入此类。

科近于律。古代官府的法律法规也称作"科法"。道教的科是奉道者尤其是道士的行为规范，把这些科条编著成书，就叫做科文。多题为某某"明科"。"明"古通"盟"，意思是与神盟誓，永不犯戒。《云笈七签》引《九真明科》为《九真盟科》，可证"明""盟"相通。科文跟律文一样，规定有罚过条例。故《太真玉帝四极明科经》说：

> 律以制罪，科以检非。学无明科，如盲投光，不见通源，不解其方，行失次第，动入罪乡。

到南北朝时代，戒律类道书实包括三类：戒经、律文和科文。

金元间全真道效法佛教禅宗的丛林制度，始订立清规。清规是道士日常修行规式，通常有惩处条例，由住持、道众对犯过道士予以惩罚。

宋代以后流行功过格和劝善书。功过格和劝善书萌芽颇早，"功过格"一词早见于东晋中叶上清系的降神书《真诰》，在早期的道教经典里就有"功过品目"，但有固定格式的功过格则是始于南宋金代《太微仙君功过格》。由信徒（不限于道士）自己填写每日所行善事和恶事，月终以过除功，以功折过，然后总计，检查功多少、过多少。因这种书提供了定量计算每一功过的轻重及折除的固定格式，故名"格"。定量计算的办法使道教戒律更为具体化。

至于劝善书（简称善书），它的劝善的基本精神存在于早期道教经戒中，如《太清五十八愿文》就是从《太上洞玄灵宝智慧本愿大戒上品经》分析出来，体现了通过愿力摄意奉戒的思想。愿文在南北朝一直到隋唐时代很流行，今天存世的道教石刻造像就有不少愿文。敦煌遗书有《天尊说三善发愿经》[①]。《太清五十八愿文》在《道藏》中与《太微仙君功过格》同卷，表明《道藏》的编纂者了解它们的性质相近。同样，《太上洞玄灵宝四方大愿经》与《太上洞玄灵宝太玄普慈劝世经》在明《道藏》中收在同卷。《太上洞玄灵宝太玄普慈劝世经》劝人行五戒十善，亲近三宝，本身就有劝善书的性质。可是，典型的善书《太上感应篇》则出现于宋代。于是道教的戒律书又增加了三类。因此到如今，道教的戒律书可分为戒、律、科、清规、功过格和善书六类。

当然，前三类只是一个大概的区分，并无严格的界限。例如《正一法文天师教戒科经》既称戒，也称科；《老君百八十戒》在张万福的《传授三洞经戒法箓略说》被明确指出是"重律"。除此之外，戒律和威仪两类也有交叉现象。如《洞玄灵宝道学科仪》既可归入戒律书，又可归入威仪书。灵宝系经书重斋直，故而其科文《明真科》兼具戒律和威仪二者的性质。但《明真科》仍然偏重于戒律，所以敦煌写本 P.2861[②] 在著录《明真科》之后引宋法师（即梁代名道宋文明）云："明戒律之差品。"这都是需要具体对待的。

概括起来，道书戒律类可分为戒经、律文、科文、清规、功过格、善书六种：

（1）戒经，如《虚皇天尊初真十戒文》《正一法文天师教戒科经》《赤松子中诫经》《老君音诵戒经》《洞玄灵宝天尊说十戒经》《太上洞玄灵

---

① S.6002，即英籍匈牙利人从敦煌掠走的编号为6002的卷子。
② 法国人伯希和从敦煌掠走的编号为2861的卷子。

宝上品戒经》《太上洞玄灵宝智慧罪根上品大戒经》《太上洞玄灵宝三元品戒功德轻重经》《太上洞玄灵宝智慧本愿大戒上品经》《太上洞玄灵宝诫业本行上品妙经》《太上洞玄灵宝真一劝诫法轮妙经》《太上玄一真人说劝诫法轮妙经》《太上玄一真人说妙通转神入定经》《太上玄一真人说三途五苦劝戒经》《太上太玄女青三元品诫拔罪妙经》《太上十二上品飞天法轮劝戒妙经》《太极真人说二十四门戒经》《太微灵书紫文仙忌真记上经》《太上九真妙戒金箓度命拔罪妙经》《洞真智慧观身大戒文（经）》《上清众真教戒德行经》《太上洞玄灵宝八仙王教诫经》等。

（2）律文，如《道士夺箓律》《玄都律》《女青鬼律》《太上老君经律》《上清骨髓灵文鬼律》之类，继承两晋间葛洪以前久远的道教传统，属正一道系统。

（3）科文，流行于东晋南北朝至隋唐。东晋南北朝上清经教有《四极明科经》《九真明科》，灵宝有《明真科》，正一兼上清有《太真科》，正一道则有《正一真人演千明科经》（已佚）；《三洞奉道科诫》和《千真科》系隋、唐初之间所出，适用于道教全体。

（4）清规，如《全真清规》《碧玉真宫大戒规》，仿自禅宗，只适用于全真道士。明代正一道天师张宇初撰《道门十规》，性质与之相似。

（5）功过格，如《太微仙君功过格》《十戒功过格》《警世功过格》等。

（6）劝善书，如《太上洞玄灵宝太玄普慈劝世经》《太上感应篇》等。与此相类的有愿文，如《太清五十八愿文》《太上洞玄灵宝四方大愿经》等，具有戒律性质。

全真道的戒律书，以《初真戒》《中极戒》和《三坛圆满大戒》为次。前二者基本沿袭旧有戒律（"中极"名称有异）；《三坛圆满大戒》系新出，且是清代作品。

传授戒律类道经有严格的顺序，大抵从低级到高层。根据隋唐间道教的规定，始起心入道，需要受三归戒，表示皈依道、经、师三宝，然后依次为：

> 箓生，五戒、八戒；在俗男女，无上十戒；新出家者，初真戒；正一弟子，七十二戒；男官、女官，老君百八十戒；清信弟子，天尊十戒、十四持身品、五千文金纽、太清阴阳戒；太上高玄法师，二十七戒（也称想尔二十七戒）；洞神，三道要言五戒、十三戒、七百二十戒门；升玄内教，百二十九戒；灵宝初盟，闭塞六情戒；中盟，智慧上品大戒；大盟，三元百八十品戒；上清，智慧观身三百大戒。（《三洞众戒文》）

道教尚有"一千二百威仪戒""千二百戒"的说法，但并无其书存世。《玉清经·本起品》称上品之人或受《一百九十九戒》，或受《观身三百大戒》，或受《千二百威仪之戒》。柳守元《三坛圆满天仙大戒略说》：

> 上清有三百观身戒，洞神有七百二十戒，玄都律文，天尊有千二百威仪戒。

洞神部散佚甚多，洞神七百二十戒今已不存。敦煌写本有《神人所说三千威仪观行经》，今亦不见于《道藏》。故此《千二百威仪之戒》也许原来确有其书，只是早已亡佚了。

敦煌写本有少量明《道藏》所未收载的戒经，如《灵真戒拔出生死济苦经》（P.4559、2385，S.793、5921，北大藏本117）、《天尊说禁戒经》（S.784）、《老子说法食禁戒经》（P.2447）。《老君说一百八十戒》（P.4721、4562）虽未佚，而《道藏》本收在《太上老君经律》中，无单行。《十戒经》也有多种唐写本。

南北朝道教的戒律分属不同的部类即不同的经教系统，例如张万福《三洞众戒文》首载"始起心入道三归戒文"，所谓三归戒就是：第一戒归身太上无极大道，第二戒归神三十六部尊经，第三戒归命玄中大法师，亦即皈依道教所谓三宝——道、经、师。特地注明"出太玄部"，表示这三归戒文原是辅助学习《道德经》等道教经论（属太玄部）所必须经历的初阶。又如正一弟子七十二戒出自正一部经教，升玄内教百二十九戒出自《升玄内教经》，灵宝初盟闭塞六情戒文、智慧上品大戒、三元百八十品戒皆出自灵宝洞玄经教，上清智慧观身三百大戒出自洞真部经教。这些原来互不联属的系统，经过梁、北周至隋唐间道士的整合，便形成统一的传授体系。

一般以三归戒为初阶，但也有主张从一戒起始，朱法满编《要修科仪戒律钞》卷四就认为：

> 施教造业，一而无二。所谓一戒，是发无上自然道意，如此正因，最为根本。又有二戒，所谓二观：气观、神观，即是定、慧。又有三戒，所谓三舍：舍身、舍命、舍财。又有四戒，谓四寄心——慈、爱、善、忍。又有五戒，所谓五念：思道清静，思道离诸色欲，思道动与俗反，思道无有禁忌，思道非形声法。《升玄》又有五戒者：若见色利荣华灿采，以戒掩目；若闻好恶之言、五音之属，以戒塞耳；若有八珍之馔、甘香之美，以戒杜口；若愿想财货七宝奇珍，放情极欲，以戒挫心；若忆奸淫贪趣恶事，以戒折足。能行此五事者，七祖生天。又有六戒，所谓六度，勤信雌，终谏诤，离酒色等。又有七戒，所谓七觉：知一、知三、知凶、知吉、知俗、知道、知有无。又有八戒，所谓八能：能受非，不自申；能让德于人；能不欲人所欲；能容无理不争；能远无道，藏身幽处；能不违心；能不负经戒；能不伐口，闭塞六情。六度生六通。《三十八戒》亦曰六觉，亦名六慧。

道教认为，一能统万，简可驭繁。这是主张从一戒、二戒最基本的戒作起，积微成巨，渐入自觉遵守诸多戒律的佳境。

道教传授戒律，早期是由法师主持，跟传授经箓同时进行。随着唐宋法师、炼师、律师等的分工，有了专门修行戒律的律师。《唐六典》卷四记载：

> 道士修行有三号，其一为法师，其二为威仪师，其三为律师。其德高思精，谓之炼师。

据此，唐代始有专门修行戒律的律师。全真道出现后，律师授戒制才被最后确定下来。然而金元时代关于道教的碑文透露出全真道士多称"炼师"，表明他们以修炼内丹为要务，那时鲜见称全真道士作"律师"。到明清之交，全真道便由律师主持传授戒律。

全真道传授戒律类道经也按照从低级到高层的原则，只是内容有所不同，是以《初真戒》经《中极戒》到《三坛圆满大戒》为次。《全真清规》是全真道特有的，只适用于全真道士。至于功过格和善书流行于民间，是通俗化的道教戒律。既然是道教与民间联系的纽带，也就没有限制何人不可传授以及传授有何阶次。还有，功过格和善书都是三教合流的产物，存世量颇丰；某些书究属道教，抑或佛教、儒教，是有争议的。故本文不作全面的介绍。

必须指出，道教的戒律并不全出自戒律类道经，这类例子颇多。如升玄内教百二十九戒出自《升玄内教经》，《云笈七签》卷三八、卷三九《说戒》所收十戒出《玉清经·本起品》，太霄琅书十善十恶出上清系《洞真太上太霄琅书》，思微定志经十戒出灵宝系《思微定志经》，妙林经二十七戒出《大乘妙林经》，化胡经十二戒出《老子化胡经》，说戒喻引《海空智藏经》，而《老子化胡经》《洞真太上太霄琅书》《太上洞玄灵宝智慧定志通微经》《升玄内教经》《玉清经》《大乘妙林经》《海空智藏经》都不是戒律类道经，这表明道教戒律范围较戒律类道经更广。我们这里只介绍后者。

以上是戒律类道经总的概况。

二、分说戒律类道经

(一) 戒经

1.《虚皇天尊初真十戒文》

一卷，收入明《道藏》洞真部戒律类。唐京都长安太清观道士张万福编录《三洞众戒文序》，列南北朝后期以来受戒次第，说：

> 始起心入道，受三归戒；箓生，五戒、八戒；在俗男女，无上十戒；新出家者，初真戒；正一弟子，七十二戒……

北宋张君房主编的《云笈七签》卷三七为《斋戒》，卷三八至卷四〇为《说戒》。卷四〇《说戒》有《初真十戒》。可证此是唐宋以前的书。但明《道藏》本有注释讲：

> 初心出家，未能独立，须仗丛林，或结道伴，递相扶持，不至偏颇。

金元间全真道始仿禅宗，设立丛林，注文还引及元代净明忠孝道的论述，可证注文乃元明间全真道士所作。那么，此本应当是全真道所传。

道教的十戒有多种，如《洞玄灵宝天尊说十戒经》、敦煌唐写本《十戒经》，《太上洞真智慧上品大诫》①也有十戒，但内容并不一定相同；在俗男女无上十戒也与新出家者初真戒或者清信弟子天尊十戒有别。

《虚皇天尊初真十戒文》是针对新出家者而制定的，内容讲忠孝仁

---

① 笔者按："洞真"系误题，当是"洞玄"。

信，当尽节君亲，推诚万物；行阴德，广济群生；不得杀害含生，以充滋味，当行慈惠及于昆虫；不得淫邪；不得败人成功、离人骨肉；不得谗毁贤良；不得饮酒过多、食肉违禁；不得贪求无厌；等等。值得注意的是，元明间全真道士注文按仙传说："仙经万卷，忠孝为先。"又说：

> 大忠者不昧其心，至一物不欺；大孝者不悖于理，至一体皆爱。然则一语欺心，非忠也；一事悖礼，非孝也。

这些话出自元代净明忠孝道典，后文还谈到出家之忠孝，表明注释者在新的历史时期充实了原有的内容。

2.《正一法文天师教戒科经》

一卷，主体部分约撰于魏末，是张鲁后裔的教戒、教令。由一篇无标题的教戒和《大道家令戒》、七言歌行《天师教》、《阳平治》、《天师五言牵三诗》11首所组成，成文时间稍有不同。南朝以后收入《正一法文》一系道经，从而有了我们今天看到的总名。

此书收于明《道藏》洞神部戒律类。前半部分可称为本经文，言：

> 天师设教施戒，奉道明诀，上德者神仙，中德者倍寿，下德者增年，不横夭也。

又说这些事，并非富贵者货赂求请所能得通，亦非酒肉祭祷鬼神可降致；这是道人贤者奉敬教戒，精专勤身，先苦后报而得到的福应。其思想同于《抱朴子内篇》，而其思想语言与张鲁《老子想尔注》亦颇相类。其文曰：

> 人不念道，道不念人。人之若鱼，道之若水，鱼得水而

生，失水而死。道去人虚，何望久生也。

这个比喻就像是抄自《想尔注》，说明二者应有相承关系。其次，尚未像东晋以后道经那样抨击胡人。又"道人"与"俗人"对举，明显不同于后文《天师五言牵三诗》称道士。当不会晚于西晋。

关于《大道家令戒》，大渊忍尔和陈世骧认为形成于三国魏；杨联陞认为北魏成立，假托三国魏，吉冈义丰赞同此观点。日本《东洋的思想与宗教》1985年第二号载小林正美《关于大道家令戒的成立》一文，他则认为《大道家令戒》是南朝刘宋后半期形成的。今考《大道家令戒》：

子念道，道念子；子不念道，道不念子也。
道在一身之中，岂在他人乎？

其思想与张鲁《老子想尔注》相通。又言及赤汉承天道，出黄石之书以授张良，尚未明确言张良为张氏祖。戒文说，道世世为帝王师；并有化胡思想，影射佛教剃头等事。但老子化胡说出自汉代，佛教也早在西汉末传入中国，故不可作为晚出之证。虽有厄难观念，尚无东晋末灵宝经所谓"五运"之说，故应在东晋末以前。

文中言：

魏氏（指三国曹魏）承天驱除，历使其然，载在河洛，悬象垂天，是吾顺天奉时，以国师命武帝行天下，死者填坑。既得吾国之光，赤子不伤身，重金累紫，得寿退亡，七子五侯，为国之光，将相掾属，侯封不少，银铜数千，父死子系，弟亡兄荣，沐浴圣恩。

系，继承的意思，这是讲正一道系师张鲁投降曹操之后，被封为侯，五子皆为列侯。史书记载如此。"吾国之光"，指的是张鲁曾在汉中建立政教合一政权，作者认为是正一道光辉的历史一页。而此处所谓国师指张鲁。"以国师命武帝行天下"，这是隐讳投降曹操之事的曲笔。又说：

> 自从太和五年以来，诸职各各自置，置不复由吾气，真气领神选举。

三国魏太和五年当公元231年。又说：新故民户、男女老壮，自今正元二年正月七日，其能守善，做到臣忠子孝，夫信妇贞，兄敬弟顺，内无二心，就可得为种民。新故民均指道民，正一道认为，他们因修道德，能够成为安度厄难、飞身成仙的种民。三国魏正元二年当255年。《大道家令戒》当作于此时。

《天师教》七言用韵，元部言、烦，桓部官、冠，山部间，先部先、前、天、眠，仙部仙、泉、还，与文部文，真部因、烟、辰、秦、民、神、人、臣押韵，合用宽泛，确为三国晋代的情况。"观视百姓夷胡秦，不见人种但尸民"，当反映了五胡乱华的情况。尚言先秦中国人相信的"黄泉"，而不说"地狱"，表明是东晋之前的作品。《阳平治》云：

> 诸祭酒主者中颇有旧人以不？从建安、黄初元年以来，诸主者祭酒人人称教，各作一治，不复按旧道法为得尔，不令汝辈按吾阳平、鹿堂、鹤鸣教行之。

这是以张天师的口吻说的话。相传正一道创始人张陵的时代曾设立了二十四治，各治由张陵及其后嗣张天师任命道官管理道民，其中阳平、鹿堂、鹤鸣三治最为重要。此是说东汉建安、魏黄初以来，诸道官祭酒都不听从张天师的号令了。汉建安共二十四年，即公元196年—219年。魏黄初，七年，220年—226年。这些都是此书早出之证。后文《天师五言牵三诗》也不晚于东晋。

汉末，张陵创立正一道（俗称"五斗米道""天师道"），其孙张鲁承袭祖业，在汉中建立起一个政教合一的政权。建安二十年（215），张鲁投降曹操，被拜为镇南将军，封阆中侯，五子皆封列侯。此事在本书中有所反映，已如前述。曹操同时对宗教活动有所限制，故书中流露出怀旧情结，称张鲁政权为"义国"。张鲁在降曹后次年逝世，群龙无首，加之道民流散各地，便造成组织涣散、科律废弛的状况。书中指出，各地新道官不听从张氏后裔的号令，自署道职，道民则愚愚相教、邪邪相传，因公行私，乱道纲纪。

针对这些弊端，张氏后裔便发布了教戒教令，宣说：天神记过，承负报应，修善得福，为恶得罪。经文言：

> 人能修行，执守教戒，善积行者，功德自辅，身与天通，福流子孙。
>
> 奉道者身中有天曹吏兵，数犯嗔恚，其神不守；吏兵上诣天曹，白人罪过，过积罪成，左契除生，右契著死。祸小者罪身，罪多者殃及子孙。

经文称：奉道守戒，上德者可得神仙，中德者倍寿，下德者增年不横夭；违戒为恶，则不尽寿而横夭。并告以不得淫佚不止、情性暴怒、佞毒含害、秽身荒浊、贪利财货等戒，要求奉道勤、事师敬、事亲孝、事君忠、宝己身、从教戒。这些话表明早期正一道就接受了中国传统社会"君、亲、师"道德观念，所不同在于师居于首位，其次才是双亲和君主。

本经文提出道人以戒自检的方法：

> 若见色利，以戒掩目；若闻好恶之言，以戒塞耳；若食甘香之美，以戒杜口；若愿想财宝，放情爱欲，以戒挫心；若趣向奸非，意欲恶事，以戒折足。

> 道人百行当备，千善当著，虽有九百九十九善，一善未满，中为利动，皆弃前功。治身关念，守戒不废，乃得度世。

经文说：

> 大道至尊，高而无上，周圆无表里，囊括天地，制御众神，生育万物，蜎飞蠕动含气之类，皆道所成所生。道之威神，何所不集，何所不消，何所不伏；把持枢机，驱使百鬼，先天而生，长守无穷。人处其间，年命奄忽，如眼目视瞬间耳。

人不知真道大神，如鱼不知网。道之视人，如人之视虫蚁；道能杀人，如人能杀虫蚁。但是道好生恶杀，终不杀人。我们往往以为，人类战天斗地，无所不知，无所不能。可是本书作者却以宗教语言提醒人们：人处在浩瀚的宇宙之中，其实是十分渺小的；人的生命也是非常短暂的，故而人所知极其有限。这对我们反思人类中心主义倾向，的确具有某种警醒作用。

文中还一再重申为道当治身养生，勿怨贫苦；要求道众遵行正一道原来的组织方式。

《大道家令戒》提到张角黄巾作乱一事，后来北魏道士寇谦之《老君音诵戒经》又指斥张角等以道教的名义发动农民起义。谚言"死人不如生鼠"，表达了早期道教的核心价值观。

3.《太上老君戒经》

一卷，有注。明《道藏》洞神部戒律类收录。起于"老君西游，将之天竺"，与《西升经》同。又依托老君与尹喜问答。于是尹喜闻而受之，注说此书"非如《五千》是老子自出"。经文称《老子》为"经"

或"经文《五千》"。又注"边夷"称"俚獠也,其人相食",与"中国"对举。注"三宝"称三尊,亦称三师,为太上之法。这些都为此书留下了时代特征。经文老君说颂三章抄自灵宝系《智慧本愿大戒上品经》而有改动。又称引流行于南北朝的《玄妙内篇》。然注称上清法为大乘,解"太上经"为上清法,认为在诸经中最高。楼观道士推崇尹喜,以化胡为标志。据楼观道士传记,北魏末以后楼观道士多习上清经法,则经与注皆系楼观道士所造。语言风格同于北朝隋唐道经,如善男子、善女人,若男若女,清信男、清信女,在家出家,等等。并称道士为出家人,与《出家因缘经》相同,则时代当在北朝末至隋、唐初之间。唐高宗时道士孟安排所编《道教义枢》曾引此书,可断其下限。唯经文不避"坚"、注不避"广"等隋讳,经、注均不避"世""治"等唐讳。

关于大戒,注云:

> 大戒为《百八十》太清等戒,若《四明科禁》,众仙大忌,皆是学真之具法也。

所谓"太清家"指的就是正一道。陆修静已言及正一系《老君百八十戒》,《四极明科》是东晋南北朝上清系科文,而此处称及,故经、注最有可能均为南北朝作品。书末有"原缺文"三字小注,表明《道藏》所收并非完本。《云笈七签》卷三九摘引前半部分经文。

此经讲说戒杀、戒盗、戒淫、戒妄语、戒酒,是为五戒。这五戒是持身之本、持法之根。经文指出淫的界限是:戒淫者,非指夫妇;若出家人不妻不娶,皆不得犯。可是注释又说"夫妻虽非犯戒,过亦为淫犯",要求奉道者不可过淫。经文把《道德经》"十有三"解释为六尘六识皆由于心,这虽非《老子》原义,但强调戒心的重要性,却体现了戒律的时代特征。

注文有南北朝道教典型的反对杀生淫祀思想,认为祈神祭鬼,以求曲佑,是甚诣的不当行为。联系到前面介绍过的《正一法文天师教戒科经》说成仙非酒肉祭祷鬼神可降致，可知早期道教的主张是跟传统祭祀宗教的作法刚好相反的。今日人们往往把道教跟传统祠祀混为一谈，可是早期道教却并非如此。

4.《太上经戒》

一卷，系杂采诸经编成。明《道藏》洞神部戒律类收录。所引《玉清经》是北周或隋唐之作，此书当晚出。与《云笈七签》卷三八、卷三九《说戒》所收相似，疑是后人摘录《云笈七签》。内容包括十戒[①]、大戒上品并序[②]、太霄琅书十善十恶、思微定志经十戒、妙林经二十七戒、老君二十七戒[③]。

5.《老君音诵戒经》

原名《云中音诵新科之诫》，二十卷，现存仅一卷，收于明《道藏》洞神部戒律类。北魏道士寇谦之著。寇谦之字辅真，出生于官宦大家。早好仙道，年少时修张鲁之术。后隐居嵩山，神瑞二年（415）十月，自称太上老君下降，授予他"系天师"称号（"系"是继承的意思），教生民佐国扶命，勤理道法；并赐《云中音诵新科之诫》二十卷，令他宣传老君新科，清整道教，除去张陵、张衡、张鲁祖孙三代伪法、租米钱税以及男女和气之术，专以礼度为首，而加上服食闭炼。根据《魏书·释老志》的记载，则书作于此时。

今本每段都以老君的口吻宣说教戒，其实体现的是寇谦之的主张。张鲁死后，正一道组织涣散，科律废弛。租米钱税制度既加重道民的负担，又冲击王朝赋税；房中术则授人以损辱道教的口实。寇谦之试图革

---

① 出自《玉清经》。
② 出自灵宝系《智慧本愿大戒上品经》，引有"礼经祝三首"。
③ 此同《太上老君经律》"道德尊经戒九行二十七戒"。

除这些弊端，书中一一加以指斥。他假托老君，说：

> 从（张）陵升度以来，旷官真职，来久不立系天师之位。吾（老君）使诸州郡县土地真官注气，治理鬼事，领籍生民户口，不用生人祭酒理民浊乱之法。而后人道官诸祭酒愚暗相传，自署治箓符契，攻错经法，浊乱清真……妄传陵身所授黄赤房中之术，授人夫妻，淫风大行，损辱道教。

书中说：

> 道尊德贵，唯贤是授，若子胤不肖，岂有继承先业？有祭酒之官，子之不肖，用行颠倒，逆节纵横，错落道法，何有承系之理者乎？

他认为有必要整顿改革，提出"道尊德贵，唯贤是授"，天师、祭酒等道官的后代如果德才不备，就不应该继承祖业，而应让位于异姓贤者。

书中又主张：

> 上章时，直言臣，而不得称真人。若灵箓外官，不得称治号。其蜀土宅治之号，勿复承用。若系天师遗胤子孙在世，精循治教、领民化者，不得信用诸官祭酒为法律；上章时，不得单称系天师位号，当称职号名，与诸官同等。

规定赏罚的办法：

> 进一贤善，除过十年，求仙速达；进一佞一恶，反罪十年，求仙求福，终不可得。

又规定：今后断改房中术，不再允许祭酒诸道官随便取人金银财帛。道民有病，只需奉神香火，一心章奏。唯听民每户每岁输纳纸三十张、笔一管、墨一挺，供道官治章表之用。道民若求愿，先设厨会之具，随家丰俭。斋法：素饭菜，断房室、五辛、生菜、肉食，酒以五升为限。房中术只限于夫妻，但勤问清正之师，传一法就可以了。他强调守戒科律法的重要性，说奉顺戒后，才从中挑选可以成仙的种民。南北朝至唐代，中国社会存在大量奴婢。对此，书中规定不得唤奴婢，当呼字；不得打骂奴婢。还主张先读《道德经》，区分道场音诵和直诵两种诵法。

今本首句作"老君曰：烦道不至，至道不烦"，表明寇谦之改革的基本方向是简化道教。但书中也继承了道教原有的教义，例如规定"不得言说死事。此道民之大忌"。旧天师道最重要的"道气"信仰也保留了下来。书中说，老君出世之时，得有神药之应，便是道气入身，乃敢受系天师之位。

6.《赤松子中诫经》

一卷，收入明《道藏》洞真部戒律类。书中后代承负祖先罪过的思想是中国原有的，而且两晋间葛洪《抱朴子内篇·微旨》"按《易内戒》及《赤松子经》及《河图记命符》皆云，天地有司过之神，随人所犯轻重，以夺其筭"，似乎即此；然今本有"三业""酆都""宫观""五运""开悟""地狱""师傅""五贼""善哉善哉"等语，当是后人有所增附、修改。言"妇人孝顺翁婆，敬顺夫婿，清贞洁行，饮气吞声，参省晨昏，和颜悦色，无私奉上"云云，疑是宋人语；把破坏社庙作为罪状，似乎也是宋人的观念，而不类葛洪时代道士的思想。文中言"心是五贼之苗、万恶之根"，"经云：天有五贼，见之者昌，失之者亡"，分明是在引用《阴符经》。语言有多处晚出之证。宋代各种官私书目著录此书，陈振孙《直斋书录解题》就认为《中诫经》称黄帝、赤松子问答，乃是假托；《秘书省续编到四库阙书目》题此书作《赤松子八戒录》，谓陈抟撰。据此，宋代已有人疑为当时人作。今本承袭宋本。总之，今本《赤松子中诫经》即使有一个古底本，也非葛洪所见的原貌，不得定为六朝故籍。

明《道藏》本书中声称：生民各载一命星，主管人的贫富死生。为善者福德随之，为恶者灾祸随之。人朝夕作恶，人神司命就会上奏星辰，夺其寿算。人的天寿都为一百二十岁，因为犯了天地禁忌，所以才早亡。书中承袭东汉道教《太平经》承负思想，说夭折和善人常遇灾祸，都是祖先余殃；还罗列必须戒止的过恶八百余件，认为这些事皆犯本照星辰；也略举善的项目。今日人们讲德、智、体全面发展，毕竟是将德和智区别看待。可是作者却把智人分成三等，都与道教道德联系起来，说明古人的观念与今人大相异趣。

7.《洞玄灵宝天尊说十戒经》

一卷，明《道藏》洞玄部戒律类收录。刘宋时已成书的《明真科》称言《洞玄灵宝十戒上经》，但不知是否就是此书。灵宝系有多种十戒，此为其中之一。今本附十四持身之品。较早出的灵宝经《太上洞玄灵宝智慧罪根上品大戒经》有十四戒持身之品、十戒之律；《洞玄灵宝天尊说十戒经》十四持身之品当是依据它，但十戒中不杀、不得妄作邪念、不得取非义财、不欺、不醉、常思净行、宗亲和睦等内容与之不同。所谓十四戒持身之品是：

> 与人君言，则惠于国；与人父言，则慈于子；与人师言，则爱于众；与人臣言，则忠于上；与人兄言，则友于弟；与人子言，则孝于亲；与人友言，则信于交；与人夫言，则和于室；与人妇言，则贞于夫；与人弟言，则恭于礼；与野人言，则勤于农；与贤人言，则志于道；与异国人言，则各守其域；与奴婢言，则慎于事。

8.《太上洞玄灵宝上品戒经》

一卷，明《道藏》洞玄部戒律类收入。此书十劝戒，也见于《太上洞玄灵宝智慧本愿大戒上品经》十善劝戒，唯文字略异；亦见于《太上洞真（玄）智慧上品大诚》，题为"智慧十善劝助上品大诚"。六情戒上品，亦见于《太上洞真（玄）智慧上品大诚》，题为"智慧闭塞六情上品诚"。《太上洞真（玄）智慧上品大诚》顺序为十诚、十二可从、智慧闭塞六情上品诚、智慧度生上品大诚、智慧十善劝助上品大诚、智慧功德报应上品诚。北周道教类书《无上秘要》卷九《洞玄戒品》引有《洞玄智慧经洞玄十善戒、十恶戒》《洞玄智慧十戒》《洞玄智慧十二可从戒》《智慧闭塞六情上品戒》《智慧度生死上品大戒》，多见于此书与《太上洞真（玄）智慧上品大诚》，是《太上洞真（玄）智慧上品大诚》原与此为一书。

《太上洞玄灵宝上品戒经》言及灵观，劝造天尊圣像供养。此时已称观，当是南北朝后期作品。南北朝后期造像运动当本诸此。"岂得存吾我"等言，与南北朝中道教"以吾我为真实"恰好相反，表明受佛教影响加剧。愿舍身肉饲饿禽兽云云，显然亦为佛教影响痕迹，敦煌佛教壁画就有此题材。

9.《太上洞玄灵宝智慧罪根上品大戒经》

简称《智慧上品大戒》，二卷，收于明《道藏》洞玄部戒律类。此书是东晋末南朝宋较早成书的一部灵宝戒经。《灵宝经目》著录说，《智慧上品（大）戒》三卷，二卷已出。据此推断，刘宋时已出书。未出的一卷当是后来单独成书的《太上洞玄智慧上品大戒》[①]。书中言"次有上品百八十戒"，当指《太上洞玄灵宝三元品戒功德轻重经》所言"三元

---

① 《道藏》本误题为《太上洞真智慧上品大诚》。

品戒部有六十条，合一百八十条戒"，知成书在《太上洞玄灵宝三元品戒功德轻重经》稍晚或同时。

此书由元始天尊向太上道君说经教戒律、十善因缘上戒、十四戒持身之品、十戒之律、十二可从戒等组成，并附太上智慧长乐颂、太上智慧苦神颂。十善因缘上戒宣扬广作功德，书经礼诵，修斋念道，退身护义，不争功名。十戒之律，不嫉、不酒、不淫、不得弃薄老病穷贱之人、不得诽谤善人、不得贪积珍宝等，与《太上洞真（玄）智慧上品大诫》有异。十二可从戒相同。十四持身之品，《太上洞真（玄）智慧上品大诫》没有这样的内容。经文规定不得杀生祠祀六天鬼神，对后来的戒律书影响甚大。

北周道教类书《无上秘要》卷三五《授度斋辞宿启仪品》引十戒，谓"右出《大戒经》"，不见于此书，亦不见于《太上洞玄灵宝智慧本愿大戒上品经》。《无上秘要》卷九《洞玄戒品》引有《洞玄智慧十戒》《洞玄智慧十二可从戒》。

10.《太上洞玄灵宝智慧本愿大戒上品经》

一卷，也是灵宝戒经之一。明《道藏》洞玄部本文类收入。署题"太极仙公请问太极法师"，声称是灵宝玄师太极真人徐来勒在天台山给葛玄宣授的戒说。此书在《灵宝经目》的全名为《太上消魔宝身安志智慧本愿大戒上品》，刘宋时已经成书。除《道藏》本外，敦煌本有P.2400、2468，S.6394。由"葛玄徐来勒问答论戒""智慧本愿大戒上品""礼经祝三首""太极智慧十善劝助功德戒""三徒五苦歌""受戒颂"和"葛玄告弟子郑思远语"等组成。

此经体现了通过愿力摄意奉戒的思想。如说"若见居家妻子，当愿一切早出爱狱，摄意奉戒""若见夷狄，当愿一切得生中国，不生边境"云云。持戒制情，立福求仙，超解苦难，此是一书之大意。十善劝戒分两类：一类如劝助礼敬三宝，供养法师，写经建斋；一类如劝助国王父母，子民忠孝。书中说：学升仙之道，当立一千二百善功；立功三千，便可以白日登天；立三百善功，可得长存地仙；若一功不全，则更从一始，而都失前功了。施惠别人是最好的功德，人无此德，即便服药佩符、读经斋戒，终无得仙灵验。并强调说：若不修人道，希求肉体飞升，也属枉然；将长处地狱，求死不得。其"礼经祝三首"为不少赞颂书转录，成为道门日常功课和道场所诵持的祝词。

《太清五十八愿文》"若见居家妻子，当愿一切早出爱狱，摄意奉戒"等文及十善劝实取自此经。《太清五十八愿文》收在明《道藏》洞真部戒律类，不另作介绍。

11.《太上洞玄灵宝三元品戒功德轻重经》

简称《三元戒品》，一卷，明《道藏》洞玄部戒律类收入。南朝宋道士陆修静《灵宝经目》著录。与《太上洞玄灵宝智慧罪根上品大戒经》和《明真科》大约同时成书。《上清洞真智慧观身大戒文》三元三百大戒当是在此基础上造成。《无上秘要》卷四四《洞真三元品诫仪》说"三部品诫，部有六十条，合一百八十条诫，合有阴阳左右"，正在此经文中。《太上洞玄灵宝智慧罪根上品大戒经》言"有上品百八十戒"，当指此经合一百八十条戒。

《太上洞玄灵宝三元品戒功德轻重经》是洞玄部中戒条最多的戒经，它按下中上三元品部各分六十条，合有一百八十条戒。三元品部正对三元日，按照规定，三元日校戒，当谢过清斋。经中说：天地运度如车之轮，人之生灭如影随形，善恶罪福命根正由心，故得道者无复有形。但又声称"身、神并一，则为真身"。与《太上洞玄灵宝真一劝诫法轮妙经》一样，宣扬先度人、后度己身。具有典型的灵宝经教特征。

明《道藏》洞真部本文类收有《太上太玄女青三元品诫拔罪妙经》三卷，部分内容与此经相同，也由三元考官监督人的行为。但制作时代较晚，不当是古灵宝经。洞玄部玉诀类收有《太上大道三元品诫谢罪上法》一卷，是忏悔三元品诫范围内的罪行的方法。

12.《太上洞玄灵宝真一劝诫法轮妙经》

简称《法轮罪福》，一卷，南朝宋道士陆修静《灵宝经目》著录，谓"已出"，称是玄一真人所说。明《道藏》中，此书被分割成《太上洞玄灵宝真一劝诫法轮妙经》《太上玄一真人说劝诫法轮妙经》《太上玄一真人说妙通转神入定经》《太上玄一真人说三途五苦劝戒经》，收在不同的部类。敦煌本有S.1605、1906，P.4618、2426、2842，Ch77.X6v等。书中宣扬三途五苦，度厄解难，施功布德，建立福田，轮转福庆不灭，皆由先身积行所致。此经深受大乘佛教的影响，提倡制心斋戒以及先人后己的度脱观，也是灵宝经教代表作。

13.《太上洞玄灵宝诫业本行上品妙经》

一卷，明《道藏》洞玄部本文类收入。题名为"本行"的灵宝经典有南朝宋《灵宝经目》著录的"《本业上品》一卷，已出。卷目云《太上洞（玄）灵宝真文度人本行妙经》"。宋法师注说："明行业之由从。"《无上秘要》引称《洞玄本行妙经》，《三洞奉道科诫》著录《太上灵宝本业上品》一卷，皆同书而异名。今本有"本业易造"云云，疑此书即是《本行经》，又名《本业经》。以"道言"起头，可是文中又以天尊言或天尊告道君的形式阐说经戒。宣讲金真本行十善之功及十恶之业、十善道及十恶道等，如断五色贪利缘、慈孝顺物等，夹以法轮诫业玉章颂、法轮本行上品玉章颂、法轮转通十圣洞明玉章颂、无上飞天法轮转十善妙通玉章颂、无上飞天法轮转十恶入妙通上品玉章颂、无上飞天法轮转度十苦品玉章颂、无上飞天法轮转八难上品玉章颂等等。害生祭祀列在诸戒之中。书中也讲罪福所由，三灾劫难，大劫降经；提出三乘宝藏说；主张安贫乐道，供养三宝、晨夕礼诵、执戒持斋的灵宝经修持法。

14.《太上洞玄灵宝宣戒首悔众罪保护经》

原三卷,明《道藏》只存中、下二卷,收于洞玄部戒律类,是南北朝后期所出《升玄内教经》(原十卷)的一部分,不知何时被分出成一书。"首"是自首的意思。"首悔众罪"就是自己坦白并忏悔自己的罪过,由此起到戒的惩前毖后的效果。据史书记载,东汉道教初起时便采用令信徒"首过"的办法。此书即根据原始道教的旨趣。所论明显沿袭《周易·坤·文言》的承负思想。

15.《太上十二上品飞天法轮劝戒妙经》

经文较短,在明《道藏》洞真部戒律类与《太极真人说二十四门戒经》收于一卷。托称太极真人传左仙翁,但从语言特征来看当是隋唐间作品。宣扬元始天尊以化身名为虚皇;虚皇之号,称为道君。从"归依道经师三宝"以下有十二项道教基本戒。

16.《太极真人说二十四门戒经》

在明《道藏》中与《太上十二上品飞天法轮劝戒妙经》收于一卷,也是同时代作品。从不得杀生以下有二十四戒,故名。

17.《太上洞真智慧上品大诫》

一卷,明《道藏》误收入洞真部戒律类。"洞真"系误题,当是"洞玄"。此书与《太上洞玄灵宝上品戒经》原为一书,属于洞玄灵宝经,只是传本不同而致误。北周道教类书《无上秘要》卷九《洞玄戒品》引有《洞玄智慧经洞玄十善戒、十恶戒》《洞玄智慧十戒》《洞玄智慧十二可从戒》《智慧闭塞六情上品戒》《智慧度生死上品大戒》，多见于此书。今本分十诫、十二可从、智慧闭塞六情上品诫、智慧度生上品大诫、智慧十善劝助上品大诫、智慧功德报应上品诫。

18.《太微灵书紫文仙忌真记上经》

东晋南朝上清系统戒经，原为《灵书紫文》的一部分。在明《道藏》洞真部戒律类与《虚皇天尊初真十戒文》《太上九真妙戒金箓度命拔罪妙经》收于同卷。言修仙的各种禁戒，勿好淫、勿为阴贼凶恶、勿醉酒、勿食父母己身本命兽肉、勿食五辛之菜、勿杀生昆虫以上、勿北向便曲仰视三光等等。与灵宝系戒比较，可知二者有许多相同之处。

19.《太上九真妙戒金箓度命拔罪妙经》

敦煌本题为《九真妙戒金箓度命九幽拔罪妙经》（S.957）。在明《道藏》与另一上清系统戒经《太微灵书紫文仙忌真记上经》收于同卷。内容大略为道教基本戒。

20.《上清众真教戒德行经》

误收入明《道藏》洞玄部戒律类，与《洞玄灵宝天尊说十戒经》同卷。此实上清系书，为后人抄自《真诰》编成。

21.《上清洞真智慧观身大戒文》

这是明《道藏》本（误收在正一部）的名称，原名为《洞真智慧观身大戒经》，例如北周武帝宇文邕主持编纂的道教类书《无上秘要》引作《洞真观身大诫经》《洞真智慧观身大戒品经》。洞真部是一组道经，它的本义是上清道士所诵持的经书，即广义的《上清经》。但《上清洞真智慧观身大戒文》的作者不一定就是上清道士，那时的戒多出《灵宝经》（后归属洞玄部），故它是在三洞说（洞真、洞玄、洞神三部分类）形成、上清经被公认为道经的上乘以后，将若干已有戒条汇编起来归入洞真部，作为道士传授的最高档次的戒经。因主体部分是道教戒律最高层次的三百大戒，所以又称《洞真观身三百大戒文》。异名很多，如《智慧观身戒》《保仙灵文》《高上洞真度命灵丹》等。成书年代大约在梁代或稍前。

日本学者吉冈义丰《道教与佛教第三》断此书年代约为公元500年，即南朝齐末。根据笔者考察，《上清洞真智慧观身大戒文》所说《大洞真经》泛指洞真部经，与洞玄部经相对举，表明此时已形成完整的三洞部。其主体部分为三百大戒，隋《三洞奉道科诫》著录为《洞真观身三百大戒文》一卷，正相吻合。较早的上清系《四极明科》未著录此书。但《四极明科》著录有另一部洞真系《太霄琅书》，而《太霄琅书》卷一于东晋早出，后九卷为南朝时期续成。大约成书于梁代的《太霄琅书》卷一〇《行道去来得道未去诀第三十八》提到三百部戒，则此戒经已出世，故大概成书于齐梁间。《上清洞真智慧观身大戒文》也提到《洞真太上太霄琅书》卷一〇《太上徊玄大品章》，言以此章品配大戒，则此书与《太霄琅书》卷一〇或造于同时同人亦未可知。值得注意的是，分三元戒品，皆称"玉清智慧"。《无上秘要》卷四五《玉清下元戒品》云："观身戒从五戒至一百八十君臣父子之道，名下元品诫。"与今本略异。《玉清中元戒品》云："观身戒从第五至二百一十六，无上正真之道，名玉清智慧中元戒品。"《玉清上元戒品》云："观身戒从第五至三百首，太上无极之道，名玉清智慧上元戒品。"与今本大略相同。

此书每条戒都以"道学"起头，指出道学当以戒律为先，认为：

> 非道举难，奉戒难耳。……戒全而诵宝经，佩大符，若复

不仙，天下无有不死之道矣。

道的要领在能行惟慈、惟爱、惟忍、惟辱此四等，加以能勤能信，能始能终，能谏诤，能弃色酒，是为六度之法。能受非、不自申，能让人，能不欲，能容无理不争，能远无道、藏身幽处，能不违心，能不负经戒，能不伐口戒，便是八能。

作者主张复归古人之为道——坐忘。比较重要的戒条有：不得杀生暨蠕动之虫、饮酒、绮语两舌不信、淫犯妇女、窃盗人物、嫉贤妒能、背师恩爱、不忠其上、积七宝不散施四辈、金银器食饮、死厚葬骸骨、贪乐荣禄、贪食五辛、为草书、知预军国事物、设权变谋、无故见天子王侯、求知天时指论星宿、以火烧田野山林、无故伐树木、人中多语参预流俗、人中独食、预世间婚姻事、习世间妓乐、泄人阴恶私鄙、说人祖宗善恶、面誉世人、亲宗族、疏异姓、妄多忌讳、与父母别门异户、嗔恚弟子、怒责世人、骂人为奴婢畜生、黥奴婢面、伤其四体、为人图山立宅、占知世间吉凶、无故见贵人、驰骋流俗求竞世间、笼飞鸟走兽、祠祀神祇、向神鬼礼拜、裸形三光、妄呵风雨、以意增减经戒、傲慢道经师三宝、轻忽天人、劝人谋反君长师父、劝人不孝父母兄弟、矫称自号为真人、信用外道杂术、邪见不真等。文中说：

> 道学有心，则天真高逝，魔官不服。道学有家，则三毒不灭，三真不居。道学有身，则众欲不去，精思无应。……道学当念菜食为常。道学当念先度人，后度己身。道学当念居山林，幽静精思。道学当念安贫读经，行道无倦。……道学当念请受三洞宝经，勤身供养。道学当念立功度人，终劫不倦。……道学当念远鬼神，不敬不慢。道学当念远怪术禁忌之道。……道学当念无求无欲。……道学当念心无异想，唯空唯寂。……道学当念七祖父母，咸升天堂。……

此外，当念的还有无数之劫体道合真、观世和光登仙度世、见圣王治世太平、游天地仙境、食自然天厨、隐秘天真名讳，等等。此书集中体现了道教的宗教特征和道德观念，具有很高的历史文献价值，使人们认识原来道教是怎么回事。

22.《三洞众戒文》

上下二卷，唐代道士张万福编，收于明《道藏》洞真部戒律类。首自序。以下分别为始起心入道三归戒文、弟子奉师科戒文、灵宝初盟闭塞六情戒文、三戒文、五戒文、八戒文、三诀文、八败文、三要文、十三禁文、七百二十门要戒律诀文。较多的戒只作阐述，并未录文。张万福另有《传授三洞经戒法箓略说》二卷，言及戒的阶次，可作此书补充。

23.《三洞法服科戒文》

一卷，唐张万福编录。明《道藏》洞神部戒律类收。以天师请问法服品标目，表明有所本，疑原为《三洞众戒文》之一部分。于明《道藏》中单独成书，说出家道士法服科戒四十六条。

24. 全真道的戒经

全真道的戒经《初真戒》《中极戒》和《天仙大戒》均收入清代编的《重刊道藏辑要》张集，近又影印在《藏外道书》第十二册。

首载开玄阐秘宏教真君柳守元撰《三坛圆满天仙大戒略说》一卷。柳守元，大约清乾隆间人。曾有日本学者在笔者研究《道藏辑要》、指出其编纂者是蒋元庭的基础上，进一步认为，根本就无柳守元其人，他是清中期扶乩者幻想出来的仙真。无论如何，可以肯定的是：此书

"玄"缺笔，避康熙玄烨讳；"弘"作"宏"，避乾隆弘历讳。书中称吕洞宾"纯阳道祖妙道大天尊"或"燮元赞运"四字，则书作于此前。《道藏辑要》另收他的《道门功课》《十戒功过格》等。在《功过格题词》自称"宏教弟子"。此书又说吕洞宾开启天仙法派，足称全真正教，可以推测是全真道天仙法派的代表作品。其书言登坛受戒仪及诸戒，杂引《太上洞玄灵宝业报因缘经》《太上虚皇天尊四十九章经》《太上洞玄灵宝三元无量寿经》《高上玉皇本行集经》《碧玉真宫大戒规》《太微灵书紫文仙忌真记上经》《孚佑帝君十戒功过格》，戒条多出于其中，并要求大众同持《太上常清常静真经》《高上玉皇心印妙经》《警化孚佑上帝纯阳吕祖天师心经》《无极至道冲虚太妙金玉玄经》各一遍，由此可知全真道也承袭了许多道教传统戒条。

次载清初昆阳子王常月律师《初真戒律》。前有王自序、龙起潜序、龙起潜题《戒坛规范引言》、太一震阳氏《初真戒说》，末有清初道教居士笪重光《初真戒后序》。此书除《虚皇天尊初真十戒文》戒条外，附若干相关条目，如行持总说、入戒要规、持受诸咒品、三衣式、玄门持戒威仪、弟子奉师科戒三十九条、戒衣四十六条等，并附女真九戒、昆阳律师（王常月）付嘱偈。前已指出《道藏》本《虚皇天尊初真十戒文》是全真道传本，王常月乃继承此传统。王常月另撰《碧苑坛经》三卷，有《古书隐楼藏书》本，近收入《藏外道书》第十册。

《中极戒》抄自《上清洞真智慧观身大戒文》三百条戒，省略每句前"道学"，题为《中极上清洞真智慧观身大戒经》，并附录着道装的各种咒。

又，清康、雍、乾间道士张清夜撰《玄门戒白》，近人蒙文通藏手抄本，载四川省图书馆《图书集刊》第八期，1948年6月成都出版。以上均为全真戒。

（二）律文

1.《女青鬼律》

六卷，明《道藏》洞神部戒律类收录，应入正一部。此书以天师的名义发布正一道禁鬼律文，声称有道男女生知鬼姓名皆吉，万鬼不干，千神宾伏。已有道民当奉道之戒律，凡呼天无神、饮酒食肉、露合阴阳、灭天所生、不孝五逆、专作鬼教、祠祭故炁、指鬼呼神、露行三光、与鬼通同、妄传房中术等，都是犯戒。若犯戒，将除去寿筭若干。作者认为：阴阳不调、水旱不适、灾变屡见者，皆由人事失理使其然。显然，作者承袭了盛行于汉代的天人感应思想。

书中所说"正一之炁""盟威正一之气女青鬼律"，是正一道出处。"太清玄元上三天太上律勒天地水三官主者"云云，与晋人常璩《华阳国志》所说"张陵自称太清玄元"相互印证。又说：

> 皇天初生，唯神为尊。今世愦愦，邪乱纷纷，不见真神，唯鬼乱人。今当纪别鬼名，定立三五神以治鬼。

由于灾祸不绝，故而：

> 太上大道不忍见之，二年七月七日日中时下此《鬼律》八卷，纪天下鬼神姓名、吉凶之术，以勒天师张道陵，使勒鬼神，不得妄转东西南北。

并称张陵言：

> 吾受太上教勒严切，令以示天民，令知禁忌，不犯鬼神；灵书《女青玄都鬼律令》，使道民皆悉知闻，逆者还顺，恶者

还善，改往修来，当依鬼律令。

这是一书之纲要。

律中言正一道有新旧科文，则此书不当是张陵、张鲁时作。律文说："上三天生炁，三五七九之生，以与天民"，"三五七九之日，慎行生炁"，"道士虽知《黄书》契令，不知二十四神人，故为伪人"。而正一道的《黄书》也有"三五七九"之言，此证明"三五七九"指行房中日，作者当见过房中术《黄书》。作者知道人身有二十四神，加之前文言存思神灵，据此知二十四神人即所存思之神。葛洪《抱朴子内篇》著录《二十四生经》，证明东晋之前正一道士亦存二十四神。道教的三清说出自东晋中叶以后。作者犹承正一道旧说，以玄都太清为高，不言上清、玉清。此皆出自东晋前之证。作者明悉黄老道家思想，如说"道在不远，三五来反"，主张天道以鬼助神施炁，而且有天地运会、种民观念，然尚未言"劫难""五运"这些常见于东晋末以后道经的观念，只称及"天皇元年"。又有一段话当说五胡乱华之事，提及"庚子年"。然西晋末无庚子。按照传统说法，庚子年代表改迁、变乱时。从"方外故州""今来入国"等语推断，应是东晋即4世纪作品。"谁正此道有姓名，木子三台常与并"，当指李弘，在晋代，这是一位无论民间还是道经都常常提到的人物，甚至成了当时反叛朝廷的一面旗帜。还有一段涉及《黄庭内外经》的文字，七言皆仿《黄庭经》。那么成书不得早于《黄庭内景经》，即不得早于东晋中叶以前。日本有学者认为是南北朝作品，是不准确的。

2.《太上老君经律》

一卷，明《道藏》洞神部戒律类收入。分道德尊经戒（九行二十七戒）、老君说一百八十戒并序（以上男官同受）、太清阴戒（存目，缺内容）、女青律戒（存目，缺内容。以上女官受）。实则《道德尊经想尔戒》即九行；《道德尊经戒》，即老君二十七戒，似出现较早。《老君说一百八十戒》，刘宋陆修静已称及，当出于之前。《老君说一百八十戒》序中说：

  天下万民无有长存，人生有死，物成有败，日出则没，月满则缺，从古至今，谁能长存者？唯道德可久耳！

颇近于《老子西升经》。北魏道士寇谦之《老君音诵戒经》提及男女道官浊乱来久，有作祭酒之官累世贪浊，经数年，赇钱逋税，贪秽入己，"此是前造诈言经律"。所言"经律"似指此《太上老君经律》。然此处也说，诸男女祭酒托老君尊位，贪财好色，擅己自用，更相是非，则寇谦之所言正一"经律"当另有所指。

  书中所收《老君说一百八十戒》造于东晋，而此书编成于南北朝。其语言特征与东晋以后道书相近，如灭度、供养等。思想也相近，如规定，不得贪恋居家，当勤求长生、昼夜勿倦，当勤服气断谷、为不死道，戒勿祷祀鬼神，不得祠祀鬼神以求侥幸，不得向他教鬼神礼拜，不得求知军国事及占吉凶，不得求知星文、卜相天时，不得为人图山、立冢宅起屋，不得厌治病，不得畜世俗占事，亦不得习八神图，不得烧野田山林，不得妄伐树木，不得妄摘草花、妄凿地、毁山川，不得贩卖奴婢，不得骂人作奴婢，不得鬃奴婢面，不得诱柱良人为奴婢，不得为人保赁券契卖田宅奴婢之事，不得以足蹋六畜，不得冬天发掘地蛰藏，不得妄上树探巢破卵，不得笼罩鸟兽，不得妄鞭打六畜，不得妄与兵贼为亲，人为己杀鸟兽鱼等皆不得食，见杀不食，见膻不食，能断众生六畜之肉为第一，不然则犯戒，能食菜最佳，不得作草书，等等。

  此书所收《老君说一百八十戒序》（亦有敦煌本）对早期道教历史有自己的一套说法，是研究东晋以前道教史的重要资料。

3.《玄都律文》

一卷，分虚无善恶律，有"十三虚无"等题；戒颂律，列十三条恶，以承负说作为惩罚依据；百药律，喻当行为药；百病律，喻不当行为病；制度律，有关制度的规则；章表律，有关上章请神的事宜。其中以制度律最为重要。此书误收入明《道藏》洞真部戒律类，实为正一系律文。据道书引至少有九卷。《崇文总目》著录《玄都律编》八卷，宋《秘书省续编到四库阙书目》作《玄都律》十五卷，《道藏》本缺佚甚多。如《灵宝无量度人上经大法》卷二八引《玄都律》，即不见于今本。《上清骨髓灵文鬼律》引《玄都律》云"分形散影，即若世之法外也"，透露出原来大概也有禁鬼的内容。

《道藏》洞真部玉诀类载《太上洞房内经注》，题"周真人撰"。末有"颂曰"，注云："此颂出《正一玄都律》第九卷。"南朝梁道士陶弘景《周氏冥通记》提及《太上洞房内经》，作《洞房经》《方诸洞经》，《真诰》称引《洞房中法》《方诸洞房经》，《登真隐诀》作《方诸洞房》，北周《无上秘要》引作《洞真洞房内经》，《云笈七签》有《方诸洞房行事诀》。周真人即陶弘景弟子周季通。据此，《玄都律》为梁以前作品无疑。律中有东晋末以后三洞观念，且提及南北朝末所出《升玄内教经》，理论上说不得早于南北朝末。但此律前部分只提治，后部分则有南北朝末期名物，如靖宇观治并称。故可能原有一初本，而历代有所增益。

有的内容讲的是魏晋间的情况。《玄都律文·制度律》说天租米是天之重宝，与北魏寇谦之思想正好相反。据《魏书·释老志》记载，寇谦之清整道教，除去三张伪法、租米钱税。寇谦之《老君音诵戒经》即《云中音诵新科之诫》也能印证这一点。《玄都律文·制度律》规定：

> 制道士、女官、道民、箓生、百姓所奉属师者，父亡子继，兄没弟绍，非嫡不得继。或儿息弱小，当大人摄治，儿长则立治依旧。

而《老君音诵戒经》说：

> 有祭酒之官，称父死子系，使道益荒浊。诫曰：道尊德贵，惟贤是授。若子胤不肖，岂能继承先业？有祭酒之官，子之不肖，用行颠倒，逆节纵横，错乱道法，何有承系之理者乎？

一再重申天道无亲，惟贤是授。正是与《玄都律文》针锋相对。可见此书在北魏寇谦之前，而南北朝时又有所增益。

《要修科仪戒律钞》卷一二引《玄都律》。唐王悬河《三洞珠囊》卷七《二十四职》亦引《玄都职治律》，陈国符《道藏源流考》下册351页引之，并云：

> 右记二十四职，与梁代天师后裔张辩所记二十四炁官不同。盖《玄都律》行于北朝，而寇谦之已于后魏清整道教，于三张旧科，已多所更改。

其实《玄都律》重视传统，同于陆修静《道门科略》。陈国符说似有误，且《玄都律》非仅行于北朝。

此书称引盟威律，是正一道原有《盟威律》。重视传统，如说：

> 男官、女官主者，制阳平治，得署四正游治、鹿堂治、鹤鸣治，得署三正游治。自此以下，一归天师治。

又涉及正一道早期历史，说：

> 于洛阳靖，天师随神仙西迁蜀郡赤城，人浊不清，世浑不

> 平，于是攀天柱，据天门，新出正一盟威之道，欲更清明天人，诛罪不义，养育群生，立二十四治，署男职女职二十四职，乘玄元之施，开化后代，皆悔过，及得列为真人。一月听三贡上章表，自改悔罪过，断绝复连，消除灾害、疾病。危急，一月听三上章也。

又坚决反对淫祀百鬼和杀生血祀，认为：如此违律者，罪及害身。文曰：

> 众官烹杀畜生，以供厨会，不合冥法。杀生求生，去生远矣。犯者殃及后世，主者罚算一纪。

其他如诸职治道士、女官及散民、新民都不许与狼戾祭祀家饮食；饮酒食肉、男女合会，皆是犯禁。不仅如此，道士、女官都不得使民私自祠祀鬼神，杀猪羊，妖言惑语，说此等伪事，皆道之所禁。违律者均有相应的惩罚。这表明早期道教不但与传统祠祀相异，而且坚决反对神祠宗教。仅此一端，即可见此书对于研究正一道历史具有较大的价值，可以澄清人们对于道教的诸多误会。

4.《上清骨髓灵文鬼律》

三卷，题"紫微宫使日直元君饶洞天定正，受上清大洞箓行天心正法邓有功重编"。二人皆宋人，饶洞天为天心派实际创立者。其书勉强收在洞玄部戒律类，是没有根据的。分鬼律、玉格、行法仪式三目。鬼律性质与《女青鬼律》相同，以下又分法道门二十七条、太甲门二条、太戊门一十七条、正一门四条、亡崇门六条、国祀门五条、飞奏门二条。卷前有邓有功序。首引《书》曰：天道福善祸淫"，指出：善者必福之，淫者必祸之；命有德，讨有罪，乃天之道。因此，"神有功于国与民者，莫不载之祀典而秩祭之；乃若邪怪之鬼物，为祟为厉，为妖为孽，扰民害物者，莫不有以治之"。此书既体现了道教反淫祀的传统立场，但也对民间祠祀表现出某种宽容，这是宋代道教发展的新动向。

另对施行道法者的行为有规范。如说：

  诸行法官乃阳行阴报，并依式岁考功绩，如能止邪抑非，治困拯危，度死超生，含灵受赐，解除怨仇者，依仪迁职。如傍循私曲，随恶长奸者，许三官纠察以闻，当议重行黜责。

这部书所称引的《酆都律》《九地律》已不存，于此可见道教原来尚有多种类似的律。

5.《要修科仪戒律钞》

十六卷，唐三洞道士朱法满撰。《道藏》洞玄部戒律类收入。朱法满名君绪，法满是其字。辑录多种道书，以《千真科》最晚。卷四以下辑录众戒及愿念，合一千一百条，首三戒，次五戒、六情戒、太上九戒、十戒、十二禁、十二可从戒、十四治身之法、三十六戒、四十五念、五十二愿、一百二十九戒、老君百八十戒、百病戒及百药戒、观身三百大戒。卷七列三元罪戒品目一百八十条。除此之外，多仪轨。

（三）科文

1.《太真玉帝四极明科经》

五卷，简称《四极明科》，是上清系科文。明《道藏》洞真部戒律类收入。东晋中叶杨羲、许谧和许翙等人通神作品《真诰》卷一已提及它，另有多种上清经称引。当出现于东晋，最后编定于梁代或稍前。《无上秘要》卷九、卷四三、卷九七、卷九九等引《四极明科》，或称《洞真四极明科》，明其为上清系科戒。《洞真太上太霄琅书》卷三引《四极明科序》，而今本不称序。《四极明科》著录传授经目，《太上九真明科》"玄都九真篇曰：传授经目在九真三品科中者"，与《四极明科》案例相同，表明上清系传授经目在科文中。今本有缺文。

此书称：太上大道君授高圣太真玉帝一百二十条律，上检天真，中检飞仙，下检罪人。所谓"检"就是检察神仙和修道者有无犯过的行为。分为太玄都上宫、下宫、左宫、右宫和中宫女青四极明科律文，声称：各有青、赤、白、黑、黄五帝玉司君掌领五岳之一职，主管修道者；若不依科修行，就将受到处罚。宣讲生死宿命罪福善恶因缘，莫不有报。主张为学上清之道，明科为先，存念惟道为身，绝行房中阴阳；斥责与俗人共相交关，履生死之秽，触忤真灵，啖食五薰，裸露三光，轻慢玉晨等。书中有受仙号、经文及修道冠服、诵经等规定，并有轻慢、泄漏经文等犯科的惩罚律条。受经要求诣师告盟，且须择日服符。所列上清经目有极高的道教文献价值。

2.《太上九真明科》

一卷，也是上清系科文，误收入明《道藏》正一部。北宋《崇文总目》著录《玄都九真明科》一卷，"真"误作"章"，与今本内篇目相同。《通志·艺文略》并同。上清系有《九真中经》，"九真"是其推崇的神灵。据本文所说，乃是"解九阴之重责"的科文，"以辅扬三奇《素灵妙经》"。所谓"三奇"，即《大洞真经》《雌一宝经》和《太上素灵大有妙经》三部上清系主要经典。《大洞真经》和《太上素灵大有妙经》均为东晋中叶所出，二者也有以后增益的内容。明《正统道藏》正一部所收《洞真太上素灵洞元（玄）大有妙经》称及《太上九真明科》，且亦有首《三品律》，文字与单行本略同，次三品二十七篇。正一部另收《洞真太上道君元丹上经》，本自《太上素灵大有妙经》，亦载《洞真太上九真明科三品律》《玄都九真明科上品传经篇》《玄都九真明科中品诫罪篇》《玄都九真明科下品赎罪篇》，末《玄都九真篇》，与单行本次第略同。继有诸偈赞颂诵，全抄《洞真太上素灵洞玄大有妙经》。《无上秘要》卷三四引《洞真四官（宫）内神宝名诀经》："受《太上素灵大有》末篇《九真明科》"云云。《无上秘要》卷三四又引《洞真青要紫书经》："凡受《紫书》者，依《九真玄科》修行法度。"而本文有"玄科"一词。据此知《九真明科》原在《洞真太上素灵洞玄大有妙经》末篇，是辅助三奇《素灵妙经》；也可单行，与受其他上清经配合施行。从文中所用词汇来看，已知"上法""上真之道"指上清道，"三奇宝文"指《大洞真经》《雌一宝经》和《太上素灵大有妙经》三部上清主要经典，"洞玄秘文"原指《洞真太上素灵洞玄大有妙经》，不是后来出现的洞玄部经，故"三洞"不一定是指道教洞真、洞玄、洞神三洞分类，洞真、洞玄、洞神三洞经书乃是后出的概念。此书有三清思想，以玉清为最高。据文中内容分析，推测不会早于东晋末年，当作于东晋末南朝初。"玄都九真篇曰：传授经目在九真三品科中者"，此与《四极明科》案例相同。

《云笈七签》卷四《玄都九真盟科九品传经录》节录此书。

此书称是太上告诸天帝王后圣君、上相青童、太极真人的。与《四极明科》的区别为"《九真明科》以禁后学，《四极明科》总领四达"，即主要是检束信徒的行为。分为传经、诫罪和赎罪上中下三品，每品九篇，共二十七篇，即二十七条规则。修功之戒有带近妇人，行阴阳之事，心怀贼害，手行虐暴，杀生行凶，攻略奸诡，嫉贤妒能，攻毁同气，伐败经师，等等。另有施用要诀和四篇赞词。

3.《玉清上宫科太真文》

一卷，收于明《道藏》正一部。题目疑"科"字在"太真"之后，当作《玉清上宫太真明科》。

南朝道教原有《太真科》，也称《太真明（盟）科》。大约东晋时出书的上清系《洞真高上玉帝大洞雌一玉检五老宝经》有"九天太真道德经篇目"。正一系《赤松子章历》始于"谨按《太真科》"云云，其论三等章言《千二百官仪》《三百大章》出书较久，而《太真科》及《赤松子章历》则是新出的科历。《洞真太上太霄琅书》卷五《太真九科第十五》引作《太上太真玉制科经》，谓此九科是九宫真人申明。《洞真太上太霄琅书》除卷一之外当成书于南朝梁以前，这是此科出书于南朝梁代前之证。还有，《太上洞真经洞章符》有"一如《太真明科》律令"等语，则此书也称《太真明（盟）科》。北周道教类书《无上秘要》卷五五、卷五六、卷五七为太真下元斋、中元斋、上元斋品，谓是"太真科文"。《道要·灵祇人鬼品经》《道典论》《妙门由起》《洞玄灵宝道学科仪》《要修科仪戒律钞》《三洞神符记》等皆提及此书或引其佚文。敦煌遗书 P.2459 亦引有此书，言长斋菜食等，称《太上太真科经》，据此知有上中下三卷。北宋张君房编道教类书《云笈七签》卷二八《二十八治》引《太真科》下卷，也表明是三卷。宋《秘书省续编到四库阙书目》《通志·艺文略》著录《太上高上太真科令》三卷。《道藏阙经目录》亦著录为三卷，作《洞玄灵宝太上高上太真科令》。今书一卷，列九品犯科及当行条目，并称"功过品目如《太真科文》"。

《云笈七签》卷三七《斋戒部》引《太上太真科经》，有些文字不见于《道藏》本《玉清上宫科太真文》。今本把裸露五岳、便曲江海、毁废靖祠、烧败圣文、诛伐神灵、哂笑真仙等事，列入考校罪恶之列。又列玄、元、始三炁神居于神之首位，其第三为观世音；有趣的是观世音为男像，尚保留了其早期的形象。又说他化生下始白炁中，号为元始丈人，经过三劫而生清微天，清微天帝玄号叫元始天王。这一段说法似六朝旧文。今本并附有符文、神像十八。每神像均配卦象，当是后人所加。据上所述，疑是宋以后人据残本编成。

列九品戒条，均为修仙的基本戒行，如轻师慢道、淫酒等。并说："太真文九条科以检上真持仙行"，意即修仙也要检查戒行的功过。罪罚被称为"考"。文曰：

> 小考三年，生对万苦；中考，灭身，失仙品；大考九年，风刀劫后失人道。小功现世光明，三界侍护，不枉遭夭横；中功万灵奉给，役召自然五帝，交友真人；大功道成，白日升天，上登天阙，逍遥上清。

4.《洞玄灵宝长夜之府九幽玉匮明真科》

一卷，灵宝系科文。明《道藏》误收于正一部，当入洞玄部戒律类。此书自称《明真科律》《明真科》。著录于刘宋陆修静《灵宝经目》。"长夜之府九幽"指地狱。声称此书为元始天尊所说，藏于仙界玉柜中，故而题名"玉匮"。主要讲罪福因缘、善恶报应、解拔苦根、戒人之行，并有拔度死魂怨怼、祈福禳灾的盟真等斋仪以及施用、奉受灵宝系首经《灵宝五篇真文》的诀法、受《灵宝真文十部妙经》的事项。其言"不舍昼夜"，当是援引《论语》"逝者如斯夫，不舍昼夜"。"天朗气清"，当是沿袭东晋王羲之《兰亭序》语。指斥有些人"不关天地，私传无盟，自作一法，违负四明"，表明作者看过《四极明科》。主张生世敬信、修奉《智惠上品十戒》，则是东晋末同时或稍后出书。数处称玉清、三宝，三宝似指道、经、师，或称"供养三宝经"，则又似指《九天生神章经》所言天宝君、灵宝君、神宝君。显然是三清说出现以后的产物，亦即其成书年代不得早于《九天生神章经》[①]。

书中承袭了旧天师道的某些术语如天科、鬼法、治堂等；称治堂，不同于唐代后出的《千真科》称观堂、玄坛。

其中也有早期道教反对巫术、淫祀的内容，如说：

---

① 该书中出现天宝君、灵宝君、神宝君分居三清天。

> 无极世界男女之人，生世恶逆，咒诅善人，叫唤神鬼，质誓三官，杀生淫祀，祷祭邪神，歌舞妖孽，自称姑郎，贪啖百姓，妄作无端，贼满罪定，死受恶对，魂鬼囚徒，流曳三官，五岳（狱）之中，一日三掠，痛苦难言，万劫当得，还生贱人，或婴六极，无人之形，沉沦罪深，望反冥冥，不得开度，福道无缘。

又以杀生淫祠、叛道入邪、诽笑道士、訾毁真人、轻慢三宝、弃法入伪、恣意无道、不信宿命、自作一法为大罪。

其言"灭度升天堂，后生国王门。奉师过奉神，欣欣对真经。生处贵门中，灭度三界庭"，此种轮转灭度、因缘不绝的成仙说可谓新颖的观点，在南北朝道经里有较大的反应。主张苦行修生道，推崇生道虽与南北朝时代"道主生，佛主死"的观念吻合，但苦行则是接受中国一些佛教徒的观点。书中已有誓愿思想，当是受同时代佛教净土一派影响。值得注意的佛教术语还有开悟、发愿、心不退转、法音。这些情况显示出一种动向，即东晋末年以后，佛教思想已在潜移默化地浸入道经的制作之中了。

5.《陆先生道门科略》

一卷，南朝宋道士陆修静撰。明《道藏》太平部收。言正一道奉道之科，当入正一部。小注文气与正文如一，应是陆修静自注。

书中所言六天故气就是鬼气，与道气或天师正一盟威之道相对立。正一道道官之治仿自官府，治理对象为道民，所称阳官即寇谦之所言生官。其云："奉道之科，师以命籍为本，道民以信为主。"在师为命籍或录籍，在民有副籍，称为宅录。若口数增减，皆应改籍。奉道之家有靖室，其中清虚，不杂他物，因此也称静室。要做到洒扫精肃，常若神居。唯置香炉、香灯、章案、书刀四物而已。相对而言，杂俗之家，

"床座形像、幡盖众饰"，当指奉佛之家。又规定，道官以法服治箓别其高下。初佩箓之人称为箓生。从十将军箓阶至百五十将军箓为箓吏，之上为散气道士。又其上依次为别治祭酒、游治祭酒、下治祭酒、配治祭酒、二十四治祭酒。若任二十四治祭酒，须得本治道士保举，经嗣张天师子孙委任。当皆为道官，男称男官，女称女官。这些规定反映的是寇谦之改革之前正一道的旧制，只能说明陆修静尊重传统，与寇谦之改革道教全然不类。对于了解南方正一道有极高的历史资料价值。

6.《洞玄灵宝千真科》

一卷，明《道藏》正一部收。此书依托太上道君命千真为说科戒于太极左仙公葛玄，故名《千真科》。唐代道士朱法满称引《千真科》，知是原书名。书中称三百大戒即《上清洞真观身三百大戒文》，引用《明真科》《灵宝经》《太清经》《定志经》，强调依《明真》拔罪之法，提及《五练生尸》法，并引《升玄经》。《五练生尸经》是灵宝系经书，《灵宝经目》著录；《升玄经》是南北朝后期作品，北周道教类书《无上秘要》称引，故不得早于《升玄经》。书中保留了南北朝后期道教观念，如言上清为大洞，是大乘，洞玄灵宝是中乘，洞神三皇为小乘，但重新作出发挥。中食咒用上清存神法。斋饭亦咒，真人、神人、仙人、圣人为次，当是沿袭南朝后期观念。又言造像，像有三等：天尊为上，真人为中，众仙、玄中法师等为下。证之以今存道教造像，体现的是南北朝后期以后道教观念。且论及造十方天尊、真仙、圣众像方法，或金、或铜、或铁，泥木图画，随力能办。承袭梁代所出《洞真智慧观身大戒经》，称道教之学为"道学"。"道学"一词似流行于唐代，如《唐会要》卷五〇《杂记》所记。此与宋代儒家道学不同。又称观、大观、玄坛。北朝后期称观，隋炀帝时短暂改称玄坛，此事《隋书·百官志》《唐六典》卷一六均有记载，言隋炀帝改佛寺为道场，改道观为玄坛。此书称玄坛，但是用于大道观设坛事。也用"道场"一词，是道教作斋之义，异于炀帝。故其上限在隋代以后。

从避讳的情况来看，书中不避隋炀帝讳"广"，不避唐讳李渊"渊"、李弘"弘"、李贤"贤"、李治"治"、李隆基"隆""基"、李亨"亨"；有"世"字，但不见"民"字，疑避李世民"民"讳。据唐书记载，唐代规定，若"世民"二字，只避其一。"历代""百代""俗间"似亦避唐太宗讳。"圣人去代，众生隐慕"，"去世"作"去代"，分明是避李世民"世"讳。则为宋本改唐讳"代"为"世"未尽。又不避宋讳。至于"匡""恒"下缺一笔，避北宋赵匡胤、赵匡乂、赵恒讳（唐亦避穆宗李恒"恒"讳），当是保留了宋本的某些痕迹。《道藏》本《洞玄灵宝长夜之府九幽玉匮明真科》"恒"字亦缺笔避宋讳，不独此书然，只能说明《道藏》收书多据宋本。

南朝以前所出道书颇称郡县乡里，如《玄都九真明科》。从本书中透露的社会情况及名物掌故来看，称州县府主，而隋唐皆置有州县，唐有府，如《元和郡县图志》所记。府级别比县高，然为新设，故列在州县后。后多"州府"连称，如《唐会要》所载。道法、大德、男官、女官、出家之人，用法同于唐代。"道法"意谓道教，此与宋代意谓行符咒之法不同。"弃贤世界"也是隋至唐前期道教特殊用语。书中说："传经度戒之时，女官得入道士观，道士得入女官观。"按唐制，道士男女分别立观，如《唐会要》卷五〇所记。道观住持称纲维，亦同于唐代。唐代道士居所亦有称院者，如《唐会要》卷五〇《杂记》。此书也说："每观舍应须精思别院置名，得平常集众，同在斋堂。"关于道士行为准则，《唐会要》卷五〇《杂记》：唐高宗"永徽四年四月敕，道士、女冠、僧、尼不得为人疗疾及卜相"。女冠即女道士，又称"女官"。此书也有这方面内容。又，语言风格同唐前期诸道经，如"不得食故，必死无疑"，"故"属上读。"问曰：斋食若为次第？""若"的用法亦同唐代道经。唐前期道教居士称清信士女、"善男子、善女人"如高宗时所造《海空智藏经》，而此书有"清信俗人""善女人"语，合于唐前期情况。书中说"诸初入道，戒行未全，依倚村坊"。唐前城市设坊，宋代撤坊，可见是唐人的口吻。文中透露出床是坐具，此亦为唐前早出之证。据此数端，可断为唐作。朱法满编《要修科仪戒律钞》引有此书。朱法满名君绪，唐玉清观道士。玄宗开元八年（720）卒。朱书既引用此书，则是唐玄宗之前作品无疑。结合避讳情况，避唐太宗讳，却不避唐太宗以后诸帝名讳，推断此书最有可能是唐太宗时所出。

主要内容为信众奉道持戒、道士居观修行、道士名相阶级、迎客归家等规制。强调道俗分别，规定：

> 出家之人，与俗既别，置观立舍，并不得与俗人及家口寄住。

据宋代史书记载，家口寄住宫观，此种状况一直延续到北宋初年，说明这一规定后来遭到了破坏。朱法满继承南北朝道教传统，主张出家之人，务在简静；反对非法行事，如为人婚姻卜相等，强调孝顺父母师主，亲自供养；重申三乘之道，小乘隐处山林，中乘兼济度物，大乘忘功绝私，发弘誓愿，等等。但在隋唐统一之后，说道服是中华之衣，体现出民族意识高扬。提出：

> 出家之人有五种阶级：从七岁至十一，名蒲车道士；十二至十四，名驱邪道士；十五至十九，名趣施道士；二十至六十，名弘护道士；七十至九十，名住持道士。

所言道教制度、名物掌故，可与隋唐道书如《三洞奉道科诫》等相互印证。其中誓愿思想当是受佛教净土宗影响。作者强调出家，乃至说：

> 纵有人造幡造盖，悬至三清之境，功德亦不如劝人出家之功德。

其中出家的思想可以追溯到东晋杨羲、许穆等人，他们遁入茅山，离家隐修。又据佛教方面《甄正论》说，6世纪前半叶的道士宋文明颇增出家之法，行其道者始断婚娶，禁止薰辛。南朝末《太上洞玄灵宝出家因缘经》、隋《本际经》均提倡出家。

唐代奴婢制度尚盛。"净人"[①]指躬执称稼之人，且与奴婢相对，当指非奴婢的俗人。书中说："若有人将使人奴婢以供给者，悉不当受。其使人能斋菜持戒者，可受。"这既是当时道教主张，也体现唐代状况。根据历史记载，唐武宗会昌二年（802）灭佛，下令拆毁寺院，还俗僧尼26万余人，没收奴婢15万人。书中反对畜贩奴婢，此与唐代佛教寺院大量收畜奴婢形成鲜明的对照。但又区分"良贱"，下文说"不能广立威恩，却更诱引他家子弟、奴婢"，反映出道教宫观受当时社会影响，也有相当的奴婢。

由上举例，可见此书对于研究唐初道教教义、制度和伦理观念具有很高的参考价值。

7.《三洞奉道科戒》

《道藏》本（收在太平部仪字号）作《洞玄灵宝三洞奉道科戒营始》，敦煌唐写本作《三洞奉道科诫仪范》。唐玄宗初即位时所编《一切道经音义·妙门由起》称引此书，作《三洞奉道科戒》；明《道藏》本卷前原序称本书题目叫《三洞奉道科戒》，可知这是原书名。八十一条罪业因缘科戒、三十八条福善缘对出《太上业报因缘经》，故书成于《太上业报因缘经》之后。隋炀帝改道观为玄坛，唐初恢复称观。此称"灵观玄坛"，又强调立观造像，指斥盗经像等为罪，合于史书记载，则大概是隋代作品。也有学者认为属唐初道书。

此书依托金明七真撰。原共512条，仪范八章，分为三卷。《正统道藏》本又分为六卷，次序与原本有所不同，分罪缘、善缘、总例、置观、造像、写经、度人、法具、法服、居处十品和诵经、讲经、法次、

[①] 应指良民、编户齐民，疑避李世民讳而作此称。

法服图、常朝五仪。而据原序，应是立观度人、造像写经、供养礼拜、烧香明灯、读诵讲说、传授启请、斋戒轨仪、修行法相，正合八章之数。唐写本残卷的文句也有不见于今本的。

此书属科诫书，故敦煌写本每条后都有违戒夺筭的明文规定。明《道藏》本《总例品》也说：违反经戒则夺筭或除寿，依本科目得罪。例如，毁坏天尊大道形像、訾毁三洞大法经典、诽谤出家法身、破坏灵观玄坛，皆有相应的恶报。规定：“凡道士、女冠入道，即须受持经戒、符箓，须别作受道院，造坛及对斋堂静室。”其中用语，如天尊大道形像、天尊大道、出家法身、出家人、出家、出家三宝法身、修行法相、三洞大乘经教、造经铸像、大德法师等，皆值得注意。《置观品》言及观中设施，除天尊殿、天尊讲经堂等之外，提及若干坊，此模仿唐前城市制度。观有庄田碾硙。经楼容纳三洞宝经、四辅玄文。

书中谈到《道藏》的"藏"的原义是指储存道书的处所或容器，说"夫经皆须作藏"，就指经橱。记载的道经作藏方法，是按照三洞四辅之目，将众书归类后收藏于橱柜，标明类别，以便检索。作藏又分总、别二种：一是总藏，二是别藏。总藏指三洞四辅同作一藏，上下或左右、前后作重级，各安题目《三洞宝经藏》。别藏指三洞四辅各作一藏，凡有七种：第一《大洞真经藏》，第二《洞玄宝经藏》，第三《洞神仙经藏》，第四《太玄经藏》，第五《太平经藏》，第六《太清经藏》，第七《正一经藏》，皆明题目，以相甄别，按照顺序安在经台上或天尊殿当阳左右间，左三洞，右四辅。书中还详细规定了经帙、经函、经厨、经架等藏具制度，反映出《道藏》规制已经比较完备了。还讲到古代道士造写经书，共有"十二相"，即十二种形态：金简刻文、银版篆字、平石镌书、木上作字、素书、漆书、金字、银字、竹简、壁书、纸书、叶书。尤其可贵的是涉及刊本书起源问题，讲到造元始天尊、玉晨大道君、高上老子、太一天尊等神像，造法有十二种，其中就有印纸的方法。这大概是雕版印刷的最初应用。雕印整部道书实际上是雕印天尊像的进一步延伸，这二者在技术上说并无实质区别。

449

书中透露的隋唐道教内外制度、《道藏》制作范式和传授道经目录等,均具历史价值,是不可多得的珍贵的道教文献。

8.《洞玄灵宝道学科仪》

二卷,托称太极太虚真人作。收于明《道藏》太平部。内容非仅限于洞玄灵宝一部。虽题为"科仪",上卷实有学道之科律。引《太真科》《中元经》和南北朝后期《升玄内教经》,可断此书上限。所言"师君",张鲁、寇谦之皆有此称。似避唐太宗、高宗讳,可能撰于此时。

此书分言语、讲习、禁酒、忌荤辛、制法服、巾冠、敬法服、背道、山居、理发、沐浴、解秽、钟磬、必斋、读诵、坐斋相罚、坛礼、然灯、饮水先咒、奏章、醮请、都禁、神枕、明镜要经、九节杖、作神剑法、诣圊厕便曲、解恶梦、父母、老病、灭度、师资制服、父母制服、追福功德、灭度财物三十五品。书中指出犯戒者有十种错乱,如不孝师尊外众父母等,敢食牲血、屠戮生命是特重的犯戒。有六种遗弃因缘是现在报。修行上法,是真出家。禁止道士、女冠食五种荤辛。对法服高低也有明确规定。主张得离世俗牢狱,各求解脱。另有居山制度十事因缘,出自《升玄内教经》。谓父母制服品为灵宝世间科。《必斋品》列举科仪有箓生朝仪、五千文朝仪、灵宝朝仪、上清朝仪、三皇朝仪、上元斋、中元斋、下元斋、八帝斋、三五大斋、下元三十二天斋、中元请七十二君斋、上元六直斋、灵宝金箓斋、黄箓斋、明真斋、三元斋、灵宝自然斋、涂炭斋、旨教斋,大略是南北朝后期至隋唐初的情况。

(四)清规

1.《全真清规》

一卷,元明间姚江(今浙江余姚)春庵通玄子陆道和编集。明《道藏》正一部收入。全书由指蒙规式、簪披次序、游方礼师、堂门戒腊、坐钵规式、三不起身、全真体用、钵室赋、教主重阳帝君责罚榜、了真子升堂文、长春真人规榜、朗然子家书等篇组成。指蒙规式系初真童蒙出家、服役、从役、诵经、侍众、迎客等规式。簪披次序讲正式入道后戴冠披衣、诵经、拜师、受道、供祖师、斋戒、礼谢等事项。堂门戒腊有关十方丛林接众事，要求勘验文凭，然后安单。坐钵规式是入堂静坐的规定及处罚条例。

重阳帝君为元武宗给全真道教主王嚞（即王重阳）的封号，责罚榜即清规十条，其中有戒酒色财气等内容。长春真人即丘处机，"规榜"强调：

夫住庵者清虚冷淡，潇洒寂寥，见性为体，养命为用，柔弱为常，谦和为德，慈悲为本，方便为门。

见三教门人，应当平和对待，不得有怠慢心。又称：

更防一等道人，愚徒之辈，奸诈之人，一言相惑，点污徒众，破除庵舍，常谈诽谤，便合遣出。若有投庵出家者，不得擅便引进，先观道气，次看悟道，或祖上家风善恶及自己德行浅深。

大旨归于清静无欲、济人利物、炼己还丹和坐斋住庵。并说：要想达道了心，全在日常实行真功。

此外，清闵一得辑录有《全真法脉清规全旨》，收在《道藏精华》第一集。《古书隐楼藏书》有《清规玄妙全真参访集》，见于《藏外道书》第十册。

2.《道门十规》

一卷，明代正一道天师张宇初撰，系采前代定规、群师遗则撰成。明《道藏》正一部收入。此是受全真道影响而作，但也包含思想规范。首论道教源派、道门经箓之后，言坐圜守静为入道之本。他说，南宋、金之初，重阳王祖师遇钟吕之传，始立全真之教。经书讲"养其无体，体故全真"，故全真教犹以坐圜守静为要点。论道法传绪又说："凡行持之士，必有戒行为先，次以参究为务。"其他如论住持领袖、云水参访、立观度人也涉及戒行，而所谓丛林、甲乙云云，也是全真道以后的情况。

（五）功过格

1.《太微仙君功过格》

收于明《道藏》洞真部戒律类，与《太清五十八愿文》同卷。金大定十一年（南宋乾道七年，公元1171年）道号叫"又玄子"的人所编著。卷前有他的序文，首引《易》曰"积善之家，必有余庆；积不善之家，必有余殃"，道科讲"积善则降之以祥，造恶则责之以祸"，来证明儒、道二教无异：

> 古者圣人君子、高道之士，皆著盟诫，内则洗心炼行，外则训诲于人，以备功业矣。

声称梦游紫府，醒后编著此书，含功格三十六条，过律三十九条，各分四门，以明功过之数，付修真之士自记功过。一月一小比，一年一大比，便自知功过多寡和上天真司考校之数。认为大凡书功易，书过难，这样可顿悟罪福因缘，自知罪福，不必问别人休咎。依此行持，远恶迁善，距神仙就不远了。正文前有简目：功格三十六条，分救济门十二条、教典门七条、焚修门五条、用事门十二条；过律三十九条，分不仁门十五条、不善门八条、不义门十条、不轨门六条；并略述填写格式和计算方法。其法若以符法针药为例，救重疾一人为十功，小疾一人为五功，受病家贿赂则无功；依次可以类推。

《道藏》外同名或题为"太微仙君"功过格的还有《太微仙君吕纯阳祖师功过格》（清雍正十二年撰）、《太微仙君功过格》（乾隆五十四年撰）、《太微仙君善过格》（收于《太上宝筏图说》）、《太微仙君功过格》（收于《信心应报录》）、《太微仙君功过格》（收于《敬信录》）等。

2.《十戒功过格》

收入清代编的《道藏辑要》张集，近又影印在《藏外道书》第十二册。题"孚佑上帝纯阳吕祖天师示定"，依托之作。有所谓纯阳子（吕洞宾）序、柳守元题词，据后者可知此本出自清中期觉源乩坛。道教的十戒即戒杀、盗、淫、恶口、两舌、绮语、妄语、贪、嗔、痴，本书将这十戒细化为许多条目，记功过方法同前。

3.《警世功过格》

也收入清代编的《道藏辑要》张集，近又影印在《藏外道书》第十二册。同样题"孚佑上帝纯阳吕祖天师示定"，当也是觉源乩坛传本。首《求心篇》，次例言，主体内容将功过各分意、语、行三大类，以下列细条目。末附明陶望龄《功过论》，清惠觉弟子蒋予蒲、通仁弟子赏错后跋。蒋予蒲即蒋元庭（1755—1819），乾嘉间人，《道藏辑要》的编纂者，出自天仙派觉源坛。其奉道事迹见于清野史等记载。

4.《石音夫功过格》

有《藏外道书》第十二册影印本。与其他功过格不同之处在于并无格式，而是以宋代石音夫故事宣扬道教功过思想。前有郑嗣曾等序，后有跋，知为重刻校订本。

（六）善书

1.《太上感应篇》

题为"李昌龄传，郑清之赞"，这是一部依托太上所说，专言天人感应、善恶报应的劝善书。南宋《秘书省续编到四库阙书目》著录一卷，不题撰人。《宋史·艺文志》题作"李昌龄《感应篇》一卷"。《郡斋读书志》赵希弁《附志》说此书八卷，汉嘉夹江（今属四川）隐者李昌龄编，赵希弁的生父、师门曾为之作序，后程公许、汤中继书序。考李昌龄传、郑清之赞，李传[①]文提及南宋间事，止于乾道八年（1172），则李昌龄是南宋人。传文多举蜀事，与赵希弁所言吻合。《宋史》有《李昌龄传》，但这位是北宋初人，为官贪鄙，也没有隐居的事迹，因此当是另外一人。李昌龄只是此书的注者，《宋史·艺文志》却把编注者和作者混为一谈。其实，宋代《道藏》原有此书。南宋理宗绍定六年（1233）临安（今浙江杭州）太一宫刊本也是八卷，虽取"蜀士李昌龄之注"（陈奂子序），本文却据"宝藏"（太一宫道士胡莹微上表）。所谓"宝藏"指的应是北宋真宗时编的《大宋天宫宝藏》。《感应篇直讲》也说：《感应篇》起初在《道藏》中，自从宋真宗皇帝赐钱百万命工刊刻，然后大显于世。当时贤人君子都极尊奉。明朝世宗皇帝亦作序颁行。清朝顺治十三年八月，世祖章皇帝钦谕，刊刻《感应篇》，颁赐群臣，并

---

① "传"，中国本土经学的一种注释体例。

举贡生监，皆得遍及。因此估计北宋真宗以前已出现此书。原一卷，南宋李昌龄注刊本八卷，明《道藏》太清部所收又分三十卷。正文仅1274字，始于"祸福无门，唯人自召"，终于"诸恶莫作，众善奉行"。据龚幼采跋称："指归精切，不过此一十六字。愚夫愚妇，易知易行。"确实指出它是针对中下层社会的通俗说教。

此书认为善恶报应如影随形，有司过神专门监督人的行为，依人所犯轻重予以处罚。人身有三台北斗神君、三尸记录罪恶，每到庚申日，三尸便上诣天曹告人罪过，月晦日灶神也这样。要想长生，先须避免过失，不作坏事，积累功德，慈心于物，忠孝友悌，正己化人，悯人之凶，乐人之善，济人之急，救人之危。这样，人皆敬他，天道佑他，福禄随他，众邪远他，神灵卫他，所作必成，可冀望成仙。曾行坏事，后来自己改悔，也将转祸为福。这些思想多可在早期道教经典中找到出处。书中还说：施恩不求报，与人不追悔。提倡做善事总归是善事，所以历代有不少人赞许此书，士大夫称它"正所以开千万世愚夫愚妇为善之门"。从而衍生出多种刻本、注本，如元陈坚撰《太上感应灵篇图说》、清查升《太上感应篇集注》、惠栋《词馆分写太上感应篇引经笺注》、俞樾《太上感应篇缵义》、王砚堂《太上感应篇注》和《太上感应篇直讲》等即是。

2.《文昌帝君阴骘文》

依托文昌帝君垂训。文昌帝君又名梓潼帝君，实则是文昌星神与四川地方梓潼神的合一。元代延佑三年（1316）加封为"辅元开化文昌司禄宏仁帝君"。"阴骘"典出《尚书·洪范》"惟天阴骘下民"，大意说天在暗中默默保佑人，引申而有天人感应之义。此书《道藏》不载，应当是明中叶以后的作品。清代朱珪校定的《阴骘文注》认为，《阴骘文》有宋郊之事，当作于宋代。今仍有人说，南宋道士假称文昌帝君的天启，作了此书。或认为书成不会晚于元代。日本学者酒井忠夫认为是明代末叶下层士人所作。

文甚短，首以文昌帝君口气说"吾一十七世为士大夫身，未尝虐民酷吏"云云。宣讲阴功利人修善，为国救民，忠主孝亲，敬兄信友，广行三教，等等。

收于《道藏辑要》星集，近又收入《藏外道书》第12册。也有多种刊本、注本，如朱珪校、蒋予蒲（即蒋元庭）重订的《文昌帝君阴骘文注》、赵如升辑著《阴骘文像注》、裘元辅书《阴骘文图证》等。另有异名《丹桂籍》。清初吴昌祺《丹桂籍原序》说：《丹桂籍》就是《文昌帝君阴骘文》。不称《阴骘文》而名《丹桂籍》，这是何种原故？是由于奉帝君新命如此。古代将士子中举喻为高折丹桂，而文昌帝君专管文运、包括中举进士簿籍的大神，故有此名。同样称文昌帝君垂训的善书还有《蕉窗十则》。

道教善书尚有多种，这里只举两种具有代表性的。

无论中国还是海外，关于戒律类道经的专门研究几乎还是一个空白。日本的研究很少，主要是善书的研究。中国有少量论述道教戒律的论文，但戒律类道经的研究是没有的。在吕鹏志编译的《法国道教研究文献目录（1831—2002）》也看不到这方面的信息。笔者这里只是尝试，可谓过去道教文献研究的一个组成部分。

建议阅读书目：

吴亚魁：《从戒律看道教的道德要旨》，《弘道》2002年第12期。

吴亚魁：《道教戒律的宗教意义》，《弘道》2001年第11期。

强　昱：《〈老君说一百八十戒〉的律法精神》，《中国道教》2000年第6期。

于　珍：《〈正一法文天师教戒科经〉的教育思想》，《中国道教》2001年第3期。

见　见：《道教戒律的历史发展与特色》，《中国道教》2000年第6期。

主要参考书目：

陈国符：《道藏源流考》，中华书局，1963年。

〔日〕吉冈义丰：《道教经典史论》，大正大学道教刊行会，昭和三十年。

〔日〕大渊忍尔编著：《敦煌道经目录》，法藏馆，1960年。

胡文和：《中国道教石刻艺术史》，高等教育出版社，2004年。

〔英〕龙彼得：《宋代收藏道书考》．Pier van der Loon：*Taoist books in the libraries of the Sung period*，Ithdca Press，London，1984。

丁培仁编著：《增注新修道藏目录》，巴蜀书社，2007年。

丁培仁：《道教典籍百问》，今日中国出版社，1996年。

朱越利：《道经总论》，辽宁教育出版社，1992年。

任继愈主编、钟肇鹏副主编：《道藏提要》，中国社会科学出版社，1991年。

〔日〕吉冈义丰：《道教与佛教》，第一至第三，日本·国书刊行会，昭和五十八年。

卿希泰主编，陈耀庭、曾召南副主编：《中国道教》，知识出版社（沪版），1994年。

〔日〕酒井忠夫：《中国善书研究》，日本·弘文堂，1960年。

〔日〕秋月观暎著，丁培仁译：《中国近世道教的形成——净明道的基础研究》，中国社会科学出版社，2005年。

〔日〕小笠原宣秀：《围绕敦煌本〈劝善经〉》，《东方宗教》第22号，昭和三十八年。

〔日〕酒井忠夫：《关于阴骘文的形成》，《东方宗教》第12号，昭和三十二年。

〔日〕小林正美：《关于〈大道家令戒〉的成立》，《东洋的思想与宗教》1985年第2号。

〔日〕前田繁树：《关于〈老君说一百八十戒序〉的形成》，《东洋的思想与宗教》1985年第2号。

卿希泰、李刚：《试论道教劝善书》，《世界宗教研究》1985年第4期。

李　刚：《〈太上感应篇〉初探》，《宗教学研究》1988年第1期。

〔日〕森由利亚：《〈道藏辑要〉与蒋予蒲的吕祖扶乩信仰》，《东方宗教》第98号，平成十三年。

丁培仁：《道教戒律书考要》，《宗教学研究》2006年第2期。

吴亚魁：《从戒律看道教的道德要旨》，《弘道》2002年第12期，。

吴亚魁：《道教戒律的宗教意义》，《弘道》2001年第11期。

强　昱：《〈老君说一百八十戒〉的律法精神》，《中国道教》2000年第6期。

于　珍：《〈正一法文天师教戒科经〉的教育思想》，《中国道教》2001年第3期。

见　见：《道教戒律的历史发展与特色》，《中国道教》2000年第6期。

作者简介

丁培仁，四川大学道教与宗教文化研究所教授。著有《道教典籍百问》《求实集》《增注新修道藏目录》《世界主要宗教系统纲要》《元前道派研究》《道教文献学》，译有《中国近世道教的形成》，合作编撰国家社科重点研究项目《中国道教史》（四卷本）第一、二卷，《中国道教》（四册），《中国大百科全书·宗教卷》等九部书，参与点校《中华道藏》。自1982年以来，曾开设8门以上硕士、博士研究生课程。除研究、教学和指导研究生之外，还参加本所主办的《宗教学研究》编委会审稿、编辑工作。多次参加国际、国内学术研讨会和学术交流，提交学术论文。

道藏说略

朱越利 主编

增订本

中册

北京联合出版公司

科仪类道经说略

张泽洪

道教的祭祀仪式习称为斋醮，有关斋醮的一系列法事内容称为科仪。道教祀神的科仪，又称作仪范、科范，举行仪式称为行道。斋醮科仪作为道教特有的祭祀仪式，主要通过外在的咒诀罡步、香赞礼表等方法，结合内在的存想讳诀、叩齿集神等功修来进行。斋醮要按照科仪经书依科行事，即按照道教仪式的科本和祭祀的程式仪格进行。因此，道教历来重视斋醮科仪经书的编纂，可以说科仪类道经是与道教斋醮史相始终的。

一、南朝至唐五代时期道教科仪经书的编纂

（一）陆修静编纂斋醮科仪

道教斋醮科仪经书的编纂，始自东汉五斗米道的《三官手书》及张陵在鹤鸣山所传《天官章本》。至南朝刘宋陆修静整理灵宝斋法，道教斋醮科仪已初具规模。陆修静（406—477），字符德，吴兴东迁人。三国吴丞相陆凯后裔，家世为南朝高门著姓。陆修静是改革、整顿天师道，使民间道教官方化的关键人物。陆修静对江南道教的改革，其中包

括三洞经的分类整理，而为适应民间道教向神学宗教转化的历史趋势，他还系统制定正统道教科仪所需的斋醮仪范。据元刘大彬《茅山志》记载，陆修静所撰斋法仪范达百余卷。现知其名的有《金箓斋仪》《玉箓斋仪》《九幽斋仪》《解考斋仪》《涂炭斋仪》《三元斋仪》《灵宝道士自修盟真斋立成仪》《太上洞玄灵宝授度仪》《洞玄灵宝斋说光烛戒罚灯祝愿仪》《古法宿启建斋仪》《燃灯礼祝威仪》等。陆修静对斋醮科仪经典的编纂，据他在上《太上洞玄灵宝授度仪表》中说，他曾在十七年中"竭诚尽思，遵奉修研，玩习神文，耽味玄趣，心存目想，期以必通"，将收集的江南各派道经反复阅读考察。

陆修静在总括整理三洞经的过程中，尤其用心于科仪经典的编纂。陆修静制定的百余卷斋仪，其内容可分为"九斋十二法"，包括灵宝斋九法、上清斋二法和三元涂炭斋法。据《洞玄灵宝五感文》所记"涂炭斋"是在露地立坛，设置区分神圣与世俗的栏格，修斋者"悉以黄土泥额，披发系著于栏格，反手自缚，口中衔璧，覆卧于地，开两脚，相去三尺，叩头忏谢"。陆修静《洞玄灵宝五感文》，记洞玄灵宝斋之九法为：金箓斋、黄箓斋、明真斋、三元斋、八节斋、自然斋、洞神三皇斋、太一斋、指教斋。

陆修静的九斋十二法，原科仪经本似在《无上秘要》中尚有保存。北周道经《无上秘要》卷四八至卷五七，收录南北朝道教行用的各种斋法，虽一概未著录撰人，但从科仪编纂的实况看来，收录的应是陆修静的斋醮科本。《无上秘要》卷四七《斋戒品》称：

> 道家所先，莫近乎斋，斋法甚多，大同小异，其功德重者，唯太上灵宝斋。

该经所收录的科仪经本，确系当时风行的灵宝派斋法。陆修静《洞玄灵宝斋说光烛戒罚灯祝愿仪》亦宣称：

夫斋法之大者，莫先太上灵宝斋。

此外，可资说明的还有一条例证：《无上秘要》卷四八收录《灵宝斋宿启仪品》，而南宋道士蒋叔舆编纂的《无上黄箓大斋立成仪》，其中卷一六为《古法宿启建斋仪》，著录为"东晋庐山三洞法师陆修静撰"。两种宿启科仪的格式，具有明显的沿袭痕迹，据此亦可推知《灵宝斋宿启仪品》系陆修静撰作的科本。

道教认为灵宝之教最初密而不传，在道门中口口相授，太极仙翁葛玄始撰成经典，《无上黄箓大斋立成仪》卷一说葛玄"著敷斋威仪之诀，陆天师复加撰次，立为成仪"。陆修静作为灵宝派道士，担当制定斋仪之重任，但他并不囿于灵宝斋仪，对上清派和天师道的斋仪亦兼收并蓄，予以收集整理。南宋金允中《上清灵宝大法》卷二二评价陆修静斋科说："陆君主张教法，立万代之范模；考定经典，别千古之真伪。"陆修静所撰斋科，被后世视为斋仪之范模，考证科书之歧异，多追根溯源，指陆修静科本为定说。唐代杜光庭撰修斋科，亦是既考三洞经科，又参以陆修静科仪。陆修静整理、制定科仪，以江南盛行的斋科为主。此后，灵宝之斋大行于世。陆修静奠定了灵宝斋仪的主导地位，此后的道教科仪经典所载斋法皆以灵宝为宗，甚至有"非灵宝不可度人"之说。

宋宁全真《上清灵宝大法》卷五六说：陆修静"摭经诀而撰斋谢戒罚之仪"，制定的三箓、九幽、解考、涂炭等斋仪，推行的三日七日、一时九时行道的坛仪规则，"品目虽繁，仪矩则一"。总之，后世道教常行的金箓、黄箓、玉箓斋会，三日斋醮，七日斋醮，一时行道，九时行道的仪格，在陆修静时就已具雏形。陆修静的九斋十二法中，在灵宝斋九法之上，首列上清之斋二法，即绝群离偶、孤影夷豁。陆修静所列上清斋二法，实际是唐代道经《斋戒录》引《道门大论》所载上清斋第一法，属内斋范畴，为极道之斋。唐代道经《太上洞玄灵宝业报因缘经》卷五所列九等斋是：太真、金箓、黄箓、明真、自然、三元、涂炭、洞神、神咒。此处列为第一的太真斋，即上清斋第二法的太真仪格。在上清斋中，仅此太真仪格属外斋范畴，为济度之斋。此经所列九等斋，可与陆修静《洞玄灵宝五感文》所载九斋比较，亦可见对陆修静斋法既有沿袭又有修订。

至于三元涂炭斋，为早期天师道所行斋法。宋代道经《正一论》说：涂炭斋法是因为群生咎障已深，非涂炭之道法大功不能解考；若不能解考拔度，则道民不能学道成仙，更不能济度厄世。因此，"天师以汉安元年十月十五日，下旨教于阳平山，以教众官，令入仙目"。天师张陵的弟子王长、赵升修涂炭斋法，最终得以位登上道。后来正一道始终认为涂炭仪先于江南灵宝派的灵宝法行世，是早期天师道特有的斋醮科仪。

关于道教斋法的济度功能，陆修静在《洞玄灵宝斋说光烛戒罚灯祝愿仪》有详细论说，认为：

> 夫感天地，致群神，通仙道，洞至真，解积世罪，灭凶咎，却怨家，修盛德，治疾病，济一切，莫过乎斋转经者也。

陆修静认为斋直是求道之本，斋醮的巍巍功德是一般法术不能比的。斋醮的功德在于上可升仙得道，中可安国宁家，延年益寿，得无为之道，下则可以赦除罪愆，济度世间一切苦难。陆修静有关斋醮济度功能的论述，为后世道门科仪所沿袭。自陆修静制定斋醮仪范后，道教斋醮活动的举行有章可循，南北朝时期道教斋醮科仪已粗具规模，这标志着道教正向成熟宗教转化。

（二）张万福整理斋醮科仪

唐代长安道士张万福，是整理、编纂斋醮科仪的重要人物。张万福，生卒年不详，是唐中宗、睿宗、玄宗时期活动于长安的著名道士，曾在长安参与编纂唐代道藏。张万福曾居长安清都观、太清观，所撰科书或题"三洞弟子京太清观道士张万福编录"，或题"三洞弟子清都观道士张万福撰""京三洞弟子清都观张万福"，因此后世道门科书称之为张清都。

《正统道藏》收录张万福编纂的斋醮科仪经书，有《传授三洞经戒法箓略说》《三洞众戒文》《洞玄灵宝道士受三洞经诫法箓择日历》《醮三洞真文五法正一盟威箓立成仪》等。张万福还曾修撰《洞玄灵宝长夜之府九幽玉匮明真科》《黄箓仪》《灵宝五炼生尸斋》《五等朝仪》等科仪。南宋蒋叔舆《无上黄箓大斋立成仪》卷一六，题为"大唐清都三洞法师张万福补正"。

张万福的科仪思想对后世影响甚著，尤其是他编纂的《黄箓仪》，奠定了唐宋道教济度科仪的基础。宋蒋叔舆《无上黄箓大斋立成仪》卷一五说：

> 张清都《黄箓仪》无谢恩醮，杜广成仪始有之。

杜光庭在张万福《黄箓仪》基础上，增加了黄箓谢恩醮的仪节，用以设醮筵以酬赏降临坛场的神灵。《无上黄箓大斋立成仪》卷一六，有题为陆修静撰、张万福补正的黄箓科仪。唐末五代杜光庭编纂《太上黄箓斋仪》，南宋蒋叔舆编纂的《无上黄箓大斋立成仪》，其斋仪释文多处引用张万福斋仪的论述，用以辨析斋法源流，说明张万福所编《黄箓仪》及其科仪思想，在道门中有相当影响。

唐代道教受到皇室的尊崇。按唐代国家的仪礼制度，凡三元日和皇帝诞生日，道教宫观要举行金箓大斋、明真斋，为帝王长寿、国家康泰而祈祷。张万福编纂的《五等朝仪》，就是为唐代国家斋醮仪式而设。随着唐代道教斋醮法事的盛行，陆修静所制订的斋醮科仪，在实践中已暴露出种种问题，需要道门中人整理改进。唐代长安是道教文化中心，是各名山高道荟萃之地。张万福当时五十余岁，入道修持已四十余载，身为长安太清观大德，故担当起整理斋醮科仪之重任。张万福对斋醮科仪的整理和贡献，主要在经戒法箓、法服科戒、斋醮仪式等方面。

在道教三洞诸经中，有关戒律的经典颇多。随着唐代道教的发展，在戒律修持方面出现新的问题。为此，张万福编纂《三洞众戒文》，收录《始起心入道三归戒文》《弟子奉师科戒文》《灵宝初盟闭塞六情戒文》《三戒文》《五戒文》《八戒文》《三诀文》《八败文》《三要文》《十三禁文》《七百二十门要戒律诀文》等。规定始起心入道者受《三归戒》，在俗男女受《无上十戒》，新出家者受《初真戒》，正一弟子受《七十二戒》等，要求法师随法传授。在《传授三洞经戒法箓略说》中，张万福进一步强调学道持戒的重要，认为：学道当以戒律为先，若有法而无戒，犹欲涉海而无舟楫，犹有口而无舌，则无从学道以登真成仙。

张万福《洞玄灵宝道士受三洞经诫法箓择日历》，根据南北朝以来道教经书的记载，编纂出传授各种经戒法箓选择吉日之历表。规定师徒之间传授经戒，均需严格实行"三盟""六证"的仪轨。张万福《三洞法服科戒文》，是对道教服饰制度的解说。道教法服主要有冠、裙、帔三要件。《三洞法服科戒文》阐述法服的象征意义，说：

> 冠以法天，有三光之象；裙以法地，有五岳之形；帔法阴阳，有生成之德。

道教法服是"道"的表征，有法天象地的象征意义。法服依道士经戒的高下而有区别，凡出家修行成为道士，即须易俗衣而着法服。道士应保持服饰威仪，道士身着法服应遵四十六条科戒，即有关法服穿、脱、制、置的四十六条规定。

《醮三洞真文五法正一盟威箓立成仪》，是张万福整理制定的专醮仪。张万福认为：醮仪是荐诚于天地，祈福于冥灵，故须诚心诚意；若不精诚，则不足以通感神灵。醮坛以设于名山洞府为佳，其次选幽闲静寂之地。奉献的时果芳馔，都应该丰富新鲜，以符合道法清虚的要求。

醮坛的器物座具也有讲究。

张万福上承陆修静,后启杜光庭,是唐中期纂修科教的一代宗师。

(三)杜光庭修订斋醮科仪

唐末五代著名道教学者杜光庭,是斋醮科仪的集大成者。杜光庭(850—933),字宾圣,道号东瀛子,或称登瀛子。处州缙云人,或说是京兆杜陵人。唐僖宗中和元年(881)入蜀,在蜀中弘道五十余年,是唐五代颇负盛名的道士。前蜀主王建封为光禄大夫尚书户部侍郎上柱国蔡国公,赐号广成先生。晚年隐居青城山白云溪。八十四岁羽化,葬于青城山清都观后。杜光庭是唐代弃儒入道者,关于杜光庭入道的生平,《宣和书谱》卷五、清吴任臣《十国春秋》卷四七《杜光庭传》有载。宋陶岳《五代史补》卷一《杜光庭入道》载其生平,说:杜光庭应九经举,不第。唐僖宗诏潘尊师在长安两街求道门名士,潘尊师认为杜光庭是两街中的掌教之士。他向唐僖宗推荐杜光庭说:

> 臣于科场中识九经杜光庭,其人性简而气清,量宽而识远,且困于风尘,思欲脱屣名利久矣。以臣愚思之,非光庭不可。

唐僖宗召杜光庭问道,赐给杜光庭紫衣、师号,命他主持长安道教。

杜光庭是唐五代道士中著述宏富者。他对道教理论建设颇多贡献,修订斋醮科仪即是其一大成就。南宋道士吕太古《道门通教必用集》卷一《杜天师传》记杜光庭修订斋醮科仪说:

> 道门科教,自汉天师、陆修静撰集以来,岁久废坠。乃考真伪,条列始末,故天下羽褐,至今遵行。

金允中《上清灵宝大法》卷二一说:

> 杜君斋科，世间遵用已四五百年。

广成斋仪成为道教斋醮法坛遵行的仪制，被视为科书的经典之作。

杜光庭编纂斋醮科仪，始于身居长安主持道教之时。金允中《上清灵宝大法》卷四〇，就指出杜光庭编集斋科之时，因有身居翰苑并主持道教的便利，"朝廷典籍，省府图书，两街道官，二京秘藏，悉可指索，皆得搜扬"。杜光庭编纂科仪经书都有经典的依据，由此天下后世无不遵行广成科仪。又据《太上黄箓斋仪》卷五二载，唐末黄巢起义逼近长安之时，杜光庭随僖宗入蜀，当时道教经书遭焚荡之余，所剩十无三二，且散乱无统纪，杜光庭遂在成都"阅省科教"。这说明杜光庭在长安、成都，都曾致力于编纂斋醮科仪。

《正统道藏》收录杜光庭编纂的斋醮科仪有：《太上黄箓斋仪》《无上黄箓大斋立成仪》《太上正一阅箓仪》《太上三五正一盟威阅箓醮仪》《太上三洞传授道德经紫虚箓拜表仪》《太上灵宝玉匮明真斋忏方仪》《太上洞渊三昧神咒斋十方忏仪》《太上洞渊三昧神咒斋清旦行道仪》《太上洞渊三昧神咒斋忏谢仪》《太上洞神太元河图三元仰谢仪》《金箓斋启坛仪》《金箓斋忏方仪》《洞神三皇七十二君斋方忏仪》《道门科范大全集》。此外，《道门科范大全集》还提到杜光庭撰有《河图九曜醮仪》《北帝斋仪》。杜光庭修订的斋醮科仪近二百卷，成为唐代以后斋醮科仪的范本，影响最为深远。后世言斋醮者，必谈广成先生科仪。

从科仪种类看，杜光庭修订的主要是金箓斋、黄箓斋、明真斋、神咒斋、阅箓仪、拜表仪、仰谢仪、方忏仪等。杜光庭撰修黄箓斋科仪，是其对道教科仪的重要贡献。与《无上秘要》收录的黄箓斋仪比较，杜光庭的黄箓斋仪确乎更加完备。对此，南宋金允中《上清灵宝大法》卷三九就说斋法起于中古晋宋之间，陆修静"始分三洞之目，别四辅之源"，初步整理、疏列斋法科条。虽又经唐代张清都编纂科仪，但斋醮科仪尚未大备，"至广成先生荐加编集，于是黄箓之科仪典格，灿然详密矣"。

唐代黄箓科仪的编纂，确实反映出科仪经典渐趋完备的实况。道教认为黄箓总兼死生，人天同福，具有广泛的济度功能。金允中《上清灵宝大法·总序》评价唐广成先生杜光庭对科仪的贡献，说他按道教经诰修成《黄箓斋科》四十卷，"由是科条大备，典格具彰，跨古越今，以成轨范"。宁全真《上清灵宝大法》卷五四说：杜光庭撰集《黄箓斋科》，"其科文严整，典式条畅，发明古则，昭示方来，斋法至此不可有加矣"。《正统道藏》收录杜光庭《太上黄箓斋仪》五十八卷，一部分著录为杜光庭集，一部分著录为杜光庭删，当系后人在《黄箓斋科》四十卷基础上编集而成。杜光庭《黄箓斋科》在黄箓斋仪中加入谢恩醮的仪节，此举将斋醮仪式合二为一，在科仪史上具有划时代的意义。道教的灵宝斋法与正一醮仪至此融汇一坛，斋醮科仪的内容更为丰富，科仪格式渐趋完备。

杜光庭修订科仪的另一贡献，是在科仪中增加了散坛醮仪，以此丰富斋醮仪式的内容。杜光庭增加的黄箓散坛醮仪，编入《黄箓斋科》四十卷之中。宁全真《上清灵宝大法》卷五四说："自告斋始事，以至醮谢散坛，则广成科中，无不备具。"《太上黄箓斋仪》卷五〇即为《散坛设醮》。杜光庭编黄箓谢恩醮，用于斋后酬谢真灵，是在考详古式的基础上撰修而成。北周道经《无上秘要·三皇斋品》，已有斋后设醮的记载，但在斋科中正式编入谢恩醮却始于杜光庭。自此以后的道教科仪，都遵广成先生仪制，在斋后设醮谢恩，且不限于黄箓斋。林灵真《灵宝领教济度金书》在许多斋品后，都立有谢恩醮的节次。可以说在道教斋醮中，先斋后醮仪格的形成，标志着科仪格式已趋于完备。斋醮科仪经典的逐渐丰富，科仪格式的日渐完备，是道教科仪思想渐趋成熟的标志。

杜光庭在蜀中活动期间，王公大臣、信徒道众多慕其声名，请他为当地举行的斋醮仪式撰写文书。杜光庭《广成集》收录的科仪文书多撰写于蜀中。《广成集》的科仪文书词章典雅，堪为道书之上乘。后蜀何光远《鉴戒录》卷五称杜光庭"学海千寻，词林万叶，凡所著述，与乐天齐肩"。南宋吕太古《道门通教必用集·杜天师传》誉为"词林万叶，学海千寻，扶宗立教，天下第一"。杜光庭的斋醮章词，成为后世道教章表书写的范本。

陆修静、张万福、杜光庭撰修科仪，在道教史上具有深远影响。宁全真《上清灵宝大法》卷五四，对三人在斋醮科仪史上的贡献有客观评价：陆修静始明经书授受降世之源，别三洞四辅之目，编纂斋仪经诰，奠定了科仪的次序；唐代张清都（万福）又编集科书，使斋醮的典式逐渐详备；而唐末五代广成先生杜光庭"总稽三十六部之经诠，旁及古今之典籍，极力编校，斋法大成"。

在道教斋醮科仪编纂史上，张万福、杜光庭与陆修静前后相隔数百年，但其科仪思想却相贯通为一辙。后世尊陆修静、张万福、杜光庭为科教三师，《无上黄箓大斋立成仪》卷三八《圣真班次门》立有"静默堂师位"，即简寂先生陆真人、清都先生张真人、广成先生杜真人。明周思得《上清灵宝济度大成金书》卷三六《文检立成门》有"申科教三师"，即祖师简寂先生陆真人、清都先生张真人、广成先生杜真人。举行祈禳黄箓大斋时，要上申科教三师的状文。

晋唐时期科教三师编纂斋醮科仪，代表了当时斋醮科仪的主流。但此时代还有不同流派的科书行世，如北魏寇谦之撰《云中音诵新科之诫》，唐代朱法满撰《要修科仪戒律钞》，就是科仪经书中具有影响者。

二、宋元明清时期科仪经典的编纂

（一）宋代科仪经典编纂的兴盛

宋朝是道教科仪编纂史上的重要时期。为使道教斋醮科仪适应国家祭祀的需要，宋代肇开由国家专门编纂科仪经典的先例。宋真宗时王钦若组织东京道士编定科仪。王钦若在奉敕撰写的《翊圣保德真君传》中，按道经神仙降世说的惯用神学表达方法，宣称翊圣保德真君降世，教张守真结坛。张守真所传九种结坛法，分为上中下三等。据《翊圣保德真君传》载：第一等上三坛为国家斋醮的坛法。第一等中最上叫顺天兴国坛，共设星位三千六百，为普天大醮。其次是延祚保生坛，共设星位二千四百，为周天大醮。最下叫祈谷福时坛，共设星位一千二百，为罗天大醮。第二等中三坛则为臣僚设立。最上叫黄箓延寿坛，共设星位六百四十；其次叫黄箓臻庆坛，共设星位四百九十；最下叫黄箓去邪坛，共设星位三百六十。第三等下三坛则为士庶设立。最上叫续命坛，共设星位二百四十；其次叫集福坛，共设星位一百二十；最下叫却灾坛，共设星位八十一。

科仪中的星位又称分位。斋醮坛场设上真圣位，每座神位前要奏纸钱马一分，故称神真圣位为分位。上述三等九级法坛中，周天大醮、罗天大醮已见于唐代文献，杜光庭《广成集》有举行周天大醮、罗天大醮的词文，《全唐文》亦有行周天大醮、罗天大醮的记载。唐代是否已有三等九级法坛，因文献记载阙如而难以确认，但《翊圣保德真君传》的记载，反映出宋真宗时三等九级法坛已经形成的事实。经王钦若及众道士的修订，三等九级法坛大行于世，为后世道教斋醮奉为圭臬。

道教为国家祭祀的三箓斋的格式，也在宋真宗时正式确定为上三坛的坛仪。宋吕元素《道门定制》卷三载三箓斋说：上元金箓斋是帝主修奉祭天的科仪，罢散设普天大醮三千六百分位；中元玉箓斋是保佑六宫妃后的科仪，罢散设周天大醮二千四百分位；下元黄箓斋是臣庶通修的科仪，罢散设罗天大醮一千二百分位。宋真宗在王钦若上罗天科仪奏状的批答中，提到王钦若重新修订三箓斋升降次第及圣真位号，敕命颁下东京宫观和天下名山福地，以备朝廷或地方大臣为国修奉。至此，宋代国家三元斋会的坛仪有了明确规定，后世道教的大型斋醮以三箓斋著称，在科仪史上的影响至为深远。金元时期全真道诸宗师为国家举行的斋醮，就多是普天大醮、周天大醮、罗天大醮等三箓斋、三坛大醮的仪格。

宋真宗大中祥符年间（1008—1016），王钦若还主持重新编成《罗天科仪品位》十卷，其中包括《罗天圣位》九卷，《罗天科仪集成》一卷。后由崇文院缮写十五本，颁给会真、太宁、上清、太平等宫观，作为国家斋醮科仪的范本。继宋真宗时期编纂科仪之后，宋神宗、宋徽宗时亦继续编纂斋醮科仪。宋神宗熙宁六年（1073），陈绎编修《道场斋醮式》二十八卷。张商英亦奉旨修订《金箓斋科仪》，署名为张商英编修的《金箓斋投简仪》一卷，为明代编修的《正统道藏》收录而流传后世。宋徽宗大观二年（1108），制定《金箓灵宝道场仪范》四百二十六部，宣和年间（1119—1125）杨杰奉敕编纂《金箓道场科仪》，此科书是徽宗朝国家斋醮的范本。宋徽宗政和四年（1114），诏命天下诸路监司，每路选拔宫观道士十人赴京城左右街道箓院讲习，这是全国性的科道声赞规仪的培训，所编纂的《玉音法事》是最早的斋醮音乐经韵集。

北宋皇帝御敕编纂斋醮科仪经书，旨在整肃国家祭祀仪式。北宋时期编纂斋醮科仪取得明显效果，道教斋醮的规模和科仪的丰富都超过唐代。但随着北宋王朝的覆没和少数民族政权在北方的建立，宋代国家祭祀大一统的格局已不复存在，南宋时期道教科仪形成诸家并起、各持一说的局面。南宋是民间道教自由编纂科仪的时代，南宋的留用光、蒋叔舆、宁全真、金允中、王契真、路时中、吕太古、吕元素等人，作为道教各派科仪的代表，其编纂传世的一批斋醮科仪经典，无论是科书经典的数量，还是科仪门类的齐全，都远超出中唐张万福和唐末五代杜光庭的科仪。这些科仪经典既反映宋代道教斋醮水平，也显示南宋道教科仪宗师惊人的创造力。

宁全真、林灵真、王契真承袭北宋东京科仪的传统，其科仪以显扬灵宝斋法为己任。路时中也是曾活动于东京的道士，他编纂的《无上玄元三天玉堂大法》，代表了宋代的玉堂大法流派，又具有显扬正一科法的特点。吕元素、吕太古原本是巴蜀道士，他们在移徙南宋都城临安以后，分别撰写《道门定制》《道门通教必用集》，又有推崇巴蜀道教古科的特色。

南宋道士王契真根据宁全真的传授，编成《上清灵宝大法》六十六卷。该书共分二十七门，第二十至二十七为斋法科仪格式的内容，即斋法坛图门、神虎玄范门、斋法符箓门、大炼符箓门、斋法宗旨门、斋法章奏门、杂用牒札帖关门、文移杂用门等，共计二十六卷。该经之《古序》称：

> 大道救物，巨细无遗，请福祈真，斋法为大。斋有二十七等，备在三洞经中，则三洞各九品斋也。

南宋道士金允中编《上清灵宝大法》四十四卷，并附目录一卷。该书题为"洞玄灵宝法师南曹执法典者权童初府右翊治金允中编并论义"。全书分五十五品，卷一六至卷四四皆为科仪，计有黄箓次序品、修斋受词品、扬幡科式品、镇信威仪品、坛图幕式品、玉文真箓品、登斋科范品、临坛符法品、章词表牍品、上章科格品、六幕启谢品、奏申文檄品、升度符诰品、受持策杖品、燃灯破狱品、神虎摄召品、水火炼度品、施食普度品、散坛设醮品、投龙送简品、传度对斋品等。金允中撰写《上清灵宝大法·总序》，综述编灵宝大法始末梗概，称：

> 其书起自南渡之初，迄今将百载。邪说异论，几遍浙东，岁月浸深，传流渐广，后学之事，习以为常，乱败典章，靡有穷已。

金允中以维护中原旧法为己任，宗承杜光庭科仪理论，驳斥所谓"邪说异论"，以矫正乱败科典之风。该经载有杜光庭《黄箓斋科》行用之科仪，可与今本《太上黄箓斋仪》比较。推崇广成科仪与灵宝古法，是该科书一大特点。

南宋道士留用光（？—1206）搜集、整理黄箓斋仪，传授其徒蒋叔舆，编成《无上黄箓大斋立成仪》五十七卷，集古今黄箓斋仪之大成，考证古法，辨析源流，是最具影响的黄箓科仪经本。留用光是与宁全真齐名的道教科仪宗师，《无上黄箓大斋立成仪》卷五七附有高文虎《宋冲靖先生留君传》，载：留用光父曾受龙虎山法箓，留用光少年入道，受法于上清正一宫道士蔡元久。他潜心于科教，凡金简玉字、琼箓琅函、十洞要诀、三皇内文，都能尽究旨归，并有自己的见解。其法术主宗正一法、玉府五雷法，曾任龙虎山上清正一宫管辖。留用光精于科仪词章，撰写"章词表疏、牒檄戒誓之文，累数百纸，无一差。江浙间建黄箓大斋会者万计，肸蠁咸应，登载充册"。据该书卷五七蒋叔舆之子冲素、冲一等撰《修书本末》载：庆元元年（1195），留用光曾赴括苍，与蒋叔舆相见，谈论古斋法，趣尚玄合，遂为师徒之交。庆元五年（1199），嘉泰二年（1202），蒋叔舆两次拜访留用光，深得留用光看重，后者遂将平生得于荆蜀隐居高道的科仪经本全部传授给蒋叔舆。

南宋时期醮法兴盛，斋法趋于影灭迹绝。在此情况下，蒋叔舆受留用光之命，诠考编纂斋法，自嘉泰二年（1202）至嘉定十六年（1223），历时二十二年，撰成《黄箓斋仪》三十六卷、《自然斋仪》十五卷、《度人修斋行香诵经仪》二十四卷，总称为《灵宝玉检》，共计七十五卷。今本《无上黄箓大斋立成仪》，就是在《黄箓斋仪》基础上，经后人敷衍增补而成。关于《黄箓斋仪》三十六卷的撰作，蒋叔舆在《无上黄箓大斋立成仪》之《序斋》中说：

> 今将十部妙经、三洞经科、灵宝玄范及留冲靖所传古斋，一宗轨仪行遣，参以所受法诀，考证编次，修为成书，合三十六卷，以上追张、杜二师之遗躅。

今本《无上黄箓大斋立成仪》五十七卷，多题"三洞法师冲靖先生留用光传授，太上执法仙士蒋叔舆编"。该经上承陆修静、张万福、杜光庭之黄箓斋仪，辨析源流，考证精审，保存了丰富的黄箓斋仪资料。

在正统派的科仪宗师们看来，北宋徽宗朝林灵素的神霄雷法风行一时，天心正法在社会上广为流播，尤其江南道教科仪掺杂地方信仰的因素，都与古代道教的正统科法相悖。因此南渡诸科仪宗师撰写科书，旨在对神霄派败坏道教形象予以拨乱反正。陈耀庭先生《论道教仪式的结构——要素及其组合》指出：道教的斋醮科仪经历了由简趋繁、由繁趋简的历史过程。纵观宋代道教斋醮的规模及科仪经典的丰富，我们有理由相信宋代正是斋醮科仪由简趋繁的顶点。

目前中外道教学者的道教史观，大都是以北宋末为限度，将道教史的发展分为前后两个时期。日本学者丸山宏在此道教史观的基础上，亦相应将道教仪礼的发展史分为前后两个时期。在他的道教仪礼和民间信仰的时代区分论中，指出科仪结构和科仪新语汇在南宋大量出现，因此认为南宋是第二时期的关键时代。至于斋醮科仪经典在南宋大量编纂的原因，丸山宏认为南宋处于分裂时期，缺乏强有力的统一王朝的控制。当时分裂和离乱的时代背景，客观上为各派科仪的显扬提供了机遇；而乱世中欲图振兴道教的忧患意识，也激发了道门人士编纂科仪的创发力。

（二）元明时期斋醮科仪经书的编纂

南宋宁全真（1101—1181）传授的《灵宝领教济度金书》，是在元初由林灵真编纂而成。《灵宝领教济度金书》以三百二十卷的庞大篇幅，显示出宋代科仪门类的齐备，其中的五炼生尸斋、血湖道场、水火炼度、请光分灯等科仪，都为宋代道教新出科法。尤其此科书将数百种科仪，明确分为祈禳、开度两大类别，后世民间则俗称为阳法事、阴法事。《灵宝领教济度金书》，成为明代周思得编纂《上清灵宝济度大成金书》的基础。

明代编修《道门科范大全集》共八十七卷，该经题为唐末五代杜光庭删定。该经卷二五至四五、六三、六五至六九，均题"三洞经箓弟子仲励修（或编）"，余卷均题"广成先生杜光庭删定"，间有不著题名者。此经卷二五、二六"请称法位启文"列举九天金阙灵济洪恩真君及九天玉阙灵济洪恩真君尊号，此为明成祖永乐年间（1403—1424）对南唐徐知证、知谔兄弟之加封，则该经编纂于明成祖之后。

明洪武七年（1374），明太祖朱元璋敕命礼部与道教拟定科仪格式，颁行天下遵行。道士宋宗真、赵允中等编成《大明玄教立成斋醮仪范》，在传世的斋醮科仪经本中，首次出现斋醮合称的科仪题目。明张萱《疑耀》卷七"斋醮"条说："斋与醮，义异而事同，羽衣家鲜能辨之。"道教的祀神活动习称为斋醮，一般道士也很难区别其间的歧异。

明代道教斋醮科仪经书的编纂，最重要的是周思得编纂《上清灵宝济度大成金书》。周思得（1359—1451），浙江钱塘人，字养真，别字素庵，又曾署名思德。周思得生于元至正十九年（1359）正月十八日，早年师从杭州宗阳宫提点月庵丘公学道，其师洪武初曾任杭州府道纪司都纪。后来拜访四十三代天师张宇初学道，得龙虎山正一派道法的传授。周思得精习灵宝度人之旨，行持五雷火府之法，以道法济幽度显，门下弟子百余人。宣德、正统年间，累封"崇教弘道高士"。周思得以显扬宋元道教新出的灵官法，奠定了他在明代道教史上的地位。明成祖时，周思得住持京师大德观、朝天宫，主持编纂《上清灵宝济度大成金书》。《上清灵宝济度大成金书》的编纂，据顾惟谨、周士宁《上清灵宝济度大成金书·赞》之序文称：履和养素崇教高士周先生，收集所得水南林灵真济度金书、符箓与卫国佑民、捍灾止患、济生度死不传之科，编纂为四十卷，取名《上清灵宝济度大成金书》。东华派宗师林灵真（1239—1302）所撰科书的卷帙，据《灵宝领教济度金书·嗣教录》载，为《济度之书》十卷、《符章奥旨》二卷。林灵真的十二卷科书，在后来还有增加。据北京神乐观提点杨震宗撰《上清灵宝济度大成金书·后序》称林灵真以三洞领教诸科及历代祖师所著内文秘典，参照正一教法，辑撰为《济度之书》《符章奥旨》三十四卷。据此可以推测林灵真所撰十二卷科书，至元代初年已增补为三十四卷。道教科书在传播中，有的会经后人增补润色，其卷帙会有增加，此即为例证之一。

除林灵真科书外，还有灵虚田宗师（东华派肇始者田灵虚）符书，亦为周思得撰书之源，杨震宗《上清灵宝济度大成金书·后序》称周思得以所传灵虚田宗师符章奥旨，集为《金书》三卷，传播于四方，又以林灵真修撰《济度之书》，"参以平昔所用诸品科范，校雠成帙，命之曰《上清灵宝济度大成金书》，凡四十卷"。此序作于宣德七年菊月既望（八月十六日），可知该科书撰成于宣德七年。此经始撰时间，是周思得宣德元年任大德观住持之后，前后历时七年始撰成明代著名的巨帙科书。

（三）清代斋醮科仪经书的编纂

清代道教科仪的编纂，值得一提的有川西道士陈仲远编《广成仪制》，龙虎山道士娄近垣撰《黄箓科仪》。

青城山道士陈仲远（1736—1795），又名陈复慧，生于四川新津县，别号武阳云峰羽客。陈仲远少年时仰慕黄老之学，师从汉州（今四川广汉县）老君观道士毛来至学道，苦读道书，深悟玄理。后转居温江龙蟠寺，潜心研究科仪。他在青城山将川西地区流行的科仪经本，编纂成集，名曰《广成仪制》。据民国《灌县志》卷一二载：

  清乾隆年间，邑人患疫，仲远为建水陆斋醮。会川督巡境临灌，闻于朝，敕赐南台真人。

据此可判定陈仲远为清康雍乾时人。陈仲远在川西地区开创有隶属于全真道的广成坛，系民间火居道组织，其影响遍及川西各县。陈仲远成为清代川西道教宗师，被尊为南台亚史陈大真人。

《藏外道书》收录之《广成仪制》，多为成都二仙庵藏版，缺佚部分用青城山天师洞藏手抄本补齐。该经各集刊刻时间不一，如《金木正朝全集》末题"宣统三年辛亥，成都二仙庵藏板"，《星主正朝全集》末题"宣统元年，成都西门外二仙庵藏版"，《受生鸿斋迎库官全集》末题"民国壬子年刊"。另一部分科仪系青城山天师洞藏抄本，如《天皇流金火铃诏敕集》末题"大清光绪三拾肆年秋七月壬寅日天师洞置，末学蒋明道沐手书"。据此，《广成仪制》似先有抄本传世，后方有成都二仙庵宣统年间刻本。

《广成仪制》收录的《关帝正朝全集》《文昌正朝全集》《川主正朝全集》科本，反映清代道教民间信仰的盛行。而《太极灵宝祭炼科仪》《太极仙翁祭炼玄科》《金箓分灯卷帘科仪全集》等科本，则是近代以来道教炼度科仪的常行科本。《广成仪制》科书在川西地区影响深远，至今青城山及川西道教的斋醮仪式都使用《广成仪制》的科本。当代香港道教的斋醮科仪也使用《广成仪制》，如2006年香港黄大仙庙啬色园主办"大献供"仪式，就按照《广成仪制》中的"供祀诸天""迎斋上供"及"供祀荣华"等科仪进行。

娄近垣（1689—1776），字郎斋，法号三臣，又号上清外史，江南松江娄县（今上海市松江县）人。祖、父皆为道士。娄近垣幼年出家学道，赴龙虎山拜周大经为师，习正一法箓。雍正五年（1727）随五十五代天师张锡麟例觐入京。清雍正八年（1730）被封为四品龙虎山提点。雍正十一年（1733）封"妙一真人"。清雍正、乾隆年间为龙虎山著名法官，任钦安殿住持。张昭麟撰《敕赐重建大真人府第碑记》，述其生平甚详。娄近垣是以斋醮而享有盛名的道士，娄近垣在斋醮科仪方面的主要贡献是删定《黄箓科仪》十二卷，校订《先天奏告玄科》一卷。北京白云观藏有雍正十一年（1733）冲辉写本《先天奏告玄科》，此科书为娄近垣校订收藏，书末有钤记。《黄箓科仪》十二卷，不著编撰者名氏，今所见为清乾隆十五年（1750）和硕和亲王重刻朱墨套印本，每半页九行，行十五字，白口、单黑鱼尾，四周双边，版心上方有《黄箓科仪》四字。卷端题《清微黄箓大斋科仪目录》一行。朱印乐谱工尺，墨印句读。

据娄近垣在乾隆十五年（1750）撰写的《黄箓科仪·序》称：娄近垣于雍正丙午（1726）以值年来京，得到乾隆皇帝的看重，有机会看到朝廷收藏的道教科书，他将所见斋醮科仪一帙略加增删，重新刊成十卷本的科书。后又与清王室的和硕和亲王讨论此科书，和亲王乃取娄近垣所刻科仪本亲加披阅，崇道的和亲王决定重新镂板印刷，遂题名为《黄箓科仪》。

据娄近垣《黄箓科仪·序》，他将旧板《黄箓科仪》十二卷删为十卷，而经和亲王重新镂板的印本则为十二卷。现北京白云观藏本的《黄箓科仪》卷一至卷九为发奏、建坛、宿启、拜表、早朝、午朝、解坛、设醮各项科仪，卷一〇为总圣位科，卷一一为通用文检，卷一二为符秘手诀、坛图印式、步虚散花、乐谱赞文。《黄箓科仪》辑清初道教常行的斋醮科仪、牒文、符箓，清代正一道常行之黄箓法事基本汇于此科本。当今龙虎山与上海、苏州等地之正一道宫观仍沿用此科仪。

在道教斋醮科仪经书编纂史上，除上述科教诸宗师外，还有许多道士为科仪编纂作出了贡献。明洪武七年（1374），明太祖敕礼部会同道录司，拟定斋醮科仪格式，编成《大明玄教立成斋醮仪范》。宋明时期诸多斋醮科仪的编修，虽由朝廷文臣主其事，而具体撰作者则是京师的道士。周思得对东汉至宋元道教科仪诸宗师，有一总结性的阐述。《上清灵宝济度大成金书》卷三《朝真谒帝门》之《存真堂祝香演道文》，依次列举：东汉天师张真君开正一大教，醮天祭鬼；三国时葛真君阐太极之文，济度幽明；南朝宋陆修静、北魏寇谦之宣扬此道，广演经科；唐代杜光庭立黄箓斋醮之仪，此道愈大；南宋田灵虚得陆修静灵宝科书，广度学仙弟子；继有王契真、宁全真、金允中等诸祖，科仪虽有各派之分，但"源流颇殊，其道则一"；龙虎山留用光宗师、东华派传人林灵真，"各集大成而全之，可谓备矣"。周思得在《存真堂祝香演道文》有关斋醮之总论，概述一千多年以来道教科仪之源流，代表了道门人士关于斋醮科仪发展之一般观点。

三、20世纪以来道书的编纂与民间科仪本的收集

20世纪以来随着道教学研究的兴起,道书的编纂与民间科仪本的收集渐趋流行,道教经书的编纂呈现国际化的态势。对《正统道藏》以外道经的收集整理,是这一时期的显著特点。清代编纂《道藏辑要》收录了一些藏外道经,民国年间守一子丁福保《道藏精华录》也收了一些藏外道经。台湾学者萧天石自50年代搜集道书,主编《道藏精华》,所收书以藏外道经为主,达到八百余种。

从1992年8月至1994年12月,巴蜀书社先后影印出版《藏外道书》三十六册,称为"新续道教经典总集",由胡道静、陈耀庭、段文桂、林万清等主编。其分类不再依《道藏》三洞四辅十二类的传统,而分为古佚道书类、经典类、教理教义类、摄养类、戒律善书类、仪范类、传记神仙类、宫观地志类、文艺类、目录类、其他等十一类。该书为《正统道藏》之后编辑刊行的规模最大的一种道教丛书,其中所收经书,有的是海内孤本,有的是稀见珍本,有的经书从未刊行,文献价值很高。全书共收集《正统道藏》未收道教经籍和著述991种。《藏外道书》仪范类收录斋醮科仪经书,即从第十三册《斋醮正启三元》起,至第十七册《祀先祝文》止,新增道书285种。其中包括明代道士周思得编纂的《上清灵宝济度大成金书》及清代陈仲远编纂的《广成仪制》等。

美国学者迈克尔·萨梭(Michael R.Saso),中文名苏海涵。曾留学台湾辅仁大学,拜师入道,为外籍道士,得第六十三代张天师传授经法。他在台湾收集编纂的《庄林续道藏》《道教秘诀集成》,是近现代闽台道教传承科书的汇编,更是研究台湾道教的珍贵资料。《庄林续道藏》

二十五册,由台北成文出版社有限公司于1975年影印出版。该书为台湾道士庄法师、林法师所传科本,故题为此名。全书收载104种道书,系台湾北部经常使用的道经,其中相当多是符箓科仪道经,不少为手抄秘本。该书按科仪及使用的经典分为金箓、黄箓、文检、闾山神霄小法四部分。金箓收录记述金箓五朝斋醮的科书五十卷,黄箓为记述灵宝、度亡、炼度、血湖等科书十九卷,文检为符咒秘诀科书十卷,闾山神霄小法科书二十五卷。其中文检第一卷是华山道士吴景春带到台湾的咒诀录,闾山神霄小法相传为闾山派道士赴龙虎山求符箓时,得到张天师传授的神霄派符箓。

李德范辑《敦煌道藏》五册,全国图书馆文献缩微复制中心1999年12月影印本。20世纪初,道士王圆箓在敦煌莫高窟藏经洞中发现大批古文书抄本,其中道教遗书抄本约有500余件,约有半数抄本是《正统道藏》未收录的早期道教经书。尤以唐高宗、武后至唐玄宗时期的抄本最多,其内容包括道家诸子、道教经典、科仪等道书约100多种。其中科仪经书有19种,涉及敦煌文书卷子编号有50件,如P.3282号《灵宝自然斋仪》、S.3863号《三洞奉道科诫仪范》、P.2730号《太上洞玄灵宝长夜九幽府玉匮明真科》、P.3148号《太上洞玄灵宝金箓简文三元威仪自然真经》、S.4652号《灵宝金箓斋仪》、P.2354号《投金龙玉璧仪》、P.2457号《阅紫箓仪》、P.2394号《阅箓仪》等。

汤一介先生主编《道书集成》六十册,九洲图书出版社1999年影印本。收录《正统道藏》全部经书,其中还收录《广成仪制》,并从萧天石编《道藏精华》选取部分经书。《道书集成》新增了散见于各图书馆古代丛书、丛刊中的道书,佚散在寺庙、民间的道书散篇孤本,海外图书馆所藏《正统道藏》未收的道书,堪称道教历代经书之集成。《道书集成》增补道书书目共383个篇目。其中"增补威仪类"有《正统道藏》之外的科仪经书计59种,如《三官宝忏》《午朝启师科仪》《太乙救苦天尊说拔度血湖宝忏》《太上灵宝正一宿朝玄科》《申文科、功德发奏科仪》《百神灯科》《神霄醮用科仪》《开光科仪》《灵宝祝香科仪》等。

《道藏辑要》，最初由彭定求于清康熙年间（1662—1722）编纂，彭定求选《正统道藏》中所收道书204种，编成《道藏辑要》，实为《正统道藏》的节本。按二十八宿字号，分成28集，共200余册。清嘉庆年间（1796—1820），蒋元庭又编《道藏辑要目录》，这时已包括道书297种，共268册，分装28函。清光绪三十二年（1906），成都二仙庵又翻刻为《重刊道藏辑要》，该书增加至314种，题为"成都二仙庵住持阎永和、新津彭翰然重刻，井研贺龙骧校订"。《道藏辑要》的价值在于增收《正统道藏》之外的道书，其中绝大部分是明清时代新出的经本，其编纂标准反映了清代道教信仰的特征。该书收录有新出的科仪忏法经书，如《忏法大观》《三宝万灵法忏》《太上灵宝朝天谢罪法忏》等。

台湾清华大学王秋桂教授1991年至2000年间主持"中国地方戏与仪式之研究"计划，该计划成果有大型的《民俗曲艺丛书》80册问世。此外，王秋桂教授主编的《中国传统科仪本汇编》，共计14种，已经由台湾新文丰出版公司先后出版。其中包括：徐宏图、石元诗编著《浙江省上虞县灵宝斋坛科仪本汇编》，朱建明、谈敬德编著《上海南汇县正一派道坛与东岳庙科仪本汇编》，叶明生编著《福建省龙岩市东肖镇闾山教广济坛科仪本汇编》《福建省建阳市闾山派科仪本汇编》，段明编著《四川省江津市李市镇神霄派坛口科仪本汇编》，徐宏图编著《浙江省磐安县树德堂道坛科仪本汇编》《浙江省永康县道坛青祠科仪本汇编》，庞绍元编著《广西柳州市师公文武坛科仪本汇编》，李怀荪编著《湖南省会同县金龙乡岩溪冲梅山虎匠科仪本汇编》，胡天成编著《四川省重庆接龙区端公法事科仪本汇编》，叶明生、劳格文编著《福建省寿宁县道教闾山梨园教科仪本汇编》，毛礼镁编著《江西省高安县净明道科仪本汇编》《赣东灵宝教"太平清醮"科仪本汇编》，张子伟等编著《湖南省花垣县团结镇岩坝塘村董马库乡大洞冲村苗族道场科仪本汇编》。

参与此项研究的大陆学者都是地方文化精英，他们在研究中按照王秋桂教授提供的《科仪本汇编撰述体例》开展田野作业，结集的科仪本汇编具有较高的科仪史料价值。以徐宏图编著的《浙江省磐安县树德堂道坛科仪本汇编》为例，该科仪本汇编分两大部分：第一部分为总论，分别论述天台道教树德堂的道坛源流、坛班道士、道坛科仪、道坛经科本、道坛结构、道坛法器、道坛法服、道坛音乐等；第二部分为经科本附件，共收该坛世代密传的科仪本76种，其中大部分为清咸丰至宣统年间该坛重校的木刻本。

当代台湾寺庙整编委员会、台湾道教团体亦编辑出版了部分科仪经书，以应道门和社会各界人士所需。例如：

台湾寺庙整编委员会整理，黄志贤总编辑：《道教科仪文疏总汇》，台北：道观出版社，1992年。

王圣文著：《道门科仪全书》，台南：世一出版社，1991年。

黄福全编著，金春廷符篆绘制：《拔度功德文检》，台北：逸群图书有限公司，1995年。

黄福全编著，金春廷符篆绘制：《醮典文检》，台北：逸群图书有限公司，1995年。

四、道教科仪经书举要

道教斋醮科仪的各种经书主要收录在《正统道藏》的三洞经中，三洞中的"威仪类"即是历代斋醮科仪经书的汇集。洞真部威仪类收录各种灯仪、忏仪30种，洞玄部威仪类收录金箓、黄箓、罗天大醮、忏仪等99种，洞神部威仪类收录正一醮仪、忏仪等26种。这种在三洞——洞真、洞玄、洞神部集中收录科书的方法，反映了明代《正统道藏》编纂者的分类观点。此外，三洞之外的正一部亦收录《醮三洞真文五法正一盟威箓立成仪》《传授三洞经戒法箓略说》《上清灵宝大法》《道门定制》《道门科范大全集》《道门通教必用集》等28种科书，太平部收录《洞玄灵宝道学科仪》1种科书。《续道藏》中则收录《紫皇炼度玄科》《灵宝施食法》《天皇至道太清玉册》等6种科书。按照当代道教斋醮科仪研究的分类，洞玄部方法类的《灵宝玉鉴》、洞玄部赞颂类的《玉音法事》《众仙赞颂灵章》等8种，洞玄部表奏类的《赤松子章历》《广成集》等5种，收录法事所用音乐、词文、章文，实际亦可列入斋醮科仪经书之类。

《正统道藏》《道藏辑要》《庄林续道藏》《藏外道书》《道书集成》收录的科仪经典，多达上千卷之巨，是各个时期斋醮科仪经本的集粹。这些科书的撰写凝聚着历代高道大德的智慧和心血。以下择要介绍部分斋醮科仪经书，以见斋醮科仪经书编撰之一斑。

（一）《太上黄箓斋仪》

《太上黄箓斋仪》五十八卷，《正统道藏》收录于洞玄部威仪类第270册—277册。唐末杜光庭编纂。各卷首或题杜光庭集，或题杜光庭删。《太上黄箓斋仪》有三处著录编纂时间：卷五四《镇坛真文玉诀》卷末著录"庚子年中元日集"，卷五二《转经》末著录"大顺二年辛亥八月三日庚辰，成都玉局化阅省科教聊记云耳"，卷五七《八天真文》著录"天复元年辛酉十月五日癸未，天姥峰羽衣杜光庭宾圣序"。庚子年是广明元年，即公元880年，大顺二年是891年，天复元年是901年，由此可知《太上黄箓斋仪》的编纂年代，也大致可知杜光庭编纂此科书前后经历了二十余年时间。

该经每卷各一题，凡五十八种斋仪，可分为四部分：卷一至卷九为一般黄箓斋第一、二、三日清旦、中分、落景三时行道仪；卷一○至卷四○为各种专用斋之三时行道仪，用于太子降诞、特敕为臣下消灾、人臣为国消灾、安宅、忏禳疾病、三元行道、普度幽魂、迁拔、解考等；卷四一至卷四八为各种忏悔仪，诸如士庶消灾方忏、安宅行道忏、荷恩感瑞忏、人臣为国忏、解考忏等；卷四九至五八为斋醮所用各种杂仪，有言功拜表、散坛设醮拔苦济度忏、转经、赞导、投龙璧、礼灯、忏禳疾病方忏等仪及镇坛真文玉诀、八天真文等。

该经为唐代各类黄箓斋仪之汇编。黄箓斋系道教常行斋法之一。《太上黄箓斋仪》卷五七说：

> 黄箓斋拯救幽灵，迁拔飞爽，开度长夜，升济穷泉，固其大旨也。然祛灾致福，谢罪希恩，人天普修，家国兼利，功无不被矣。

在道教斋醮科仪中，唯黄箓斋应用最为广泛，既可用于济度，又可用于祈禳，既适用于皇室，又适用于百姓，能满足社会各阶层人士的各种心理需要。杜光庭《太上黄箓斋仪》，是研究唐代黄箓科仪的重要经书。

(二)《道门科范大全集》

《道门科范大全集》八十七卷，《正统道藏》收录在正一部第976册—983册。该经或署"三洞经箓弟子仲励修（或编）"，或题"广成先生杜光庭删定"，间有不著题名者。"三洞经箓弟子仲励"之生平不详。仲励所修《真武灵应大醮仪·说戒》，叙历代真武显灵之事迹，从唐武德三年（620）迄南宋高宗建炎（1127—1130）间止，据此则仲励似为南宋初人。《道门科范大全集》应是在唐代杜光庭编纂的基础上，经南宋仲励增补编修，明代最后总纂而成科仪大全。

《道门科范大全集》八十七卷，其中五十一卷著录为"杜光庭删定"，收录的科仪经本有：生日本命仪、忏禳疾病仪、消灾星曜仪、灵宝太一祈雨醮仪、祈求雨雪道场仪、灵宝祈求雨雪道场三朝坐忏仪、文昌注禄拜章道场仪、解禳星运仪、南北二斗同坛延生醮仪、北斗延生清醮仪、北斗延生道场仪、上清升化仙度迁神道场仪、东岳济度拜章大醮仪、灵宝崇神大醮仪等。杜光庭删定的科仪中，以礼斗科仪最具特色。著录为"三洞经箓弟子仲励编修"的科仪经本有：祈嗣拜章大醮仪、誓火禳灾说戒仪、誓火禳灾仪、安宅解犯仪、解禳星运仪、真武灵应大醮仪。其中卷六九至卷七四为道士修真谢罪仪，未著录编纂者。《道门科范大全集》收录唐宋斋仪较多，大体保存了唐宋多种斋仪的面貌。

（三）《道门定制》

《道门定制》十卷，《正统道藏》收录在正一部第973册—975册。该经题录为"宋吕元素集成，胡湘龙编校"。吕元素，字朴庵，南宋孝宗、光宗、宁宗朝西蜀道士。校者胡湘龙，字性斋，号朱陵真隐。《道门定制》为斋醮仪范集，编首有淳熙戊申（1188）吕元素自序，谓古时斋醮只用符箓朱章，而表状、文移皆后世所增益，作者因见其繁简纷歧，使用失当，故"别为校定，使之适中"。卷六卷首有吕元素小序云：

> 《定制集》备于大缘而遗于众醮，奉道深信之士，以无善本考校为不满，嘱以后集补其遗。……爰加参考，与前集为全书。

卷六至卷八有嘉泰辛酉（1201）吕元素题记，可见是书分前后二集，先有前集，即今本第一至第五卷，名《定制集》；嘉泰辛酉集成后集，以补前集之遗，合而为《道门定制》全书，后集即今第六至第十卷。

《道门定制》卷一至卷五，为斋醮所用各种章奏、表状、文牒、关疏之总论及文范，并有三皇内秘隐文、五方真文等符诰。卷六至卷八，为设坛、安宅、安坟、祭祀、诛邪、祈雨等各类斋醮仪。卷九至卷十，杂录斋醮所用各种神牌、牒文、榜文。全书采自六朝道书及唐张万福、杜光庭所制斋仪，并据当时道藏本加以校勘，附吕元素校语多条。《道门定制》卷六说：

> 广成先生曰："斋有二十七等，备在三洞经中，各有品题，

标明所主。"

《道门定制》说二十七等斋法各有所主，即具备特定的祈禳济度之功能。《道门定制》卷六载有二十二种醮，即河图内篇三官辰曜解禳星运醮、河图元纪南北二司延生同醮、玄灵北斗七元延生醮、祈雨九龙醮、祈求雨雪醮、五帝安宅醮、紫庭北阴醮、河头代命断除复连水醮、消灾益算醮、正一传度醮、储福定命醮、更籍换案续命延生醮、东岳延生醮、北极真武醮、文昌祈禄醮、祈祥保嗣醮、六甲保胎醮、正一安坟醮、誓火禳灾醮、九幽拔罪醮、随愿往生醮、灵宝洞玄自然拔亡醮、道士升化迁度醮、上清修真谢罪醮。据此可知唐宋时期常行斋醮的科仪格式。

《道门定制》卷三载黄箓罗天大醮一千二百分圣位，将一千二百位神灵分为一百状，是传世道书中收录罗天大醮圣位最早者。

(四)《无上黄箓大斋立成仪》

《无上黄箓大斋立成仪》五十七卷，南宋蒋叔舆编纂，《正统道藏》收录在洞玄部威仪类第278册—290册。该经各卷原题编辑修撰人不一，如卷一六题"陆修静撰，张万福补正，李景祈集定，留用光传授，蒋叔舆编次"，卷一七、卷一八题"李景祈集定，留用光传授，蒋叔舆重修"，卷一九、卷二〇题"杜光庭集"，卷二一题"杜光庭集，蒋叔舆修"，其余诸卷多题"三洞法师冲靖先生留用光传授，太上执法仙士蒋叔舆编次"。说明蒋叔舆实为全书之编纂者，撰成于南宋宁宗庆元六年（1200）。该经卷一五《醮谢请献门》首列《圣祖位序说》称：

　　唐以李姓出于老子，故祖老子；本朝以赵姓出于黄帝，故祖黄帝。

《无上黄箓大斋立成仪》卷一一载有一首作为范文的青词云"维大明国

某年岁次甲子",卷一二开经疏亦称"大明国某布政使司",可知今本《无上黄箓大斋立成仪》,乃是明代人补订增修之科本。

《无上黄箓大斋立成仪》卷一《序斋》自叙云:

> 今将十部妙经、三洞经科、灵宝玄范及留冲靖所传古斋,一宗轨仪行遣,参以所受法诀,考证编次,修为成书,合三十六卷,以上追张、杜二师之遗躅,仍以斋法修用一门总其纲领,订其疑误,各释经文之所从出,随事为之辨正,庶俾结斋之士得所遵承,据文便可施用。

故知该经为张万福、杜光庭黄箓斋仪之传承。《无上黄箓大斋立成仪》乃黄箓斋法全书,集古今黄箓斋仪之大成。该经不仅详列各种斋醮科仪,包括设坛法式、法具、法服、行斋节次、启文奏疏、咒语符图、偈颂赞引等,而且编集自陆修静、张万福、杜光庭、李景祈以来之斋醮科仪,诠考辨正甚为详细。其考证古法,辨析源流,乃诸斋仪中所罕见,保存不少古代斋仪已佚资料,是宋代最具影响的黄箓科仪经本。

(五)《灵宝领教济度金书》

《灵宝领教济度金书》三百二十一卷,《正统道藏》收录在洞玄部威仪类第208册—263册。题录为宁全真授,林灵真编。该经简称《济度金书》,书前有目录一卷。该经卷一《灵宝领教济度金书·嗣教录》,为元大德六年(1302)林灵真门人林天任撰,为宁全真、林灵真的传记。据元林天任《灵宝领教济度金书·嗣教录》载:林灵真"尽三洞领教诸科及历代祖师所著内文秘典,准绳正一教法,撰辑为篇,目为《济度之书》一十卷、《符章奥旨》二卷"。说明该书宋末元初仅十二卷,后经元明道士陆续增补,而成三百二十卷巨帙,前附目录一卷,共为三百二十一卷,实为《道藏》中卷帙最多之科书。该经为元明间道士陆续增补而成巨帙，如卷五五、卷一五九、卷一七五、卷三一四等所列奏启文牒款式中，皆有首称"大明国某州某县某乡某里人"者，即明人增修之证。

据《灵宝领教济度金书·嗣教录》，宁全真、林灵真相距百余年，二人并无直接的授受关系。该经题宁授、林编者，是以东华派教法而一脉相承。宁全真上承陆修静所传三洞仪范，又得杨司命所传灵宝玄范四十九品及符文印诀，开创东华派，专以祈禳炼度为业；林灵真学道于虚一先生林公、东华先生薛公，"乃绍开东华之教，蔚为一代真师"。

《灵宝领教济度金书》三百二十卷，"大而告天祝圣之文，小而田里檜禳之事，修斋奉醮，粲然毕备"。该经集录设斋建醮、祈禳炼度所用之各种科仪，包括立坛法度、各种斋醮之节次仪范及所用表章款式、符书云篆、偈赞颂词等，并附有多种符书图像。该经分二十品集录斋醮科仪，第七品为科仪立成品，卷帙最为庞大，从卷一二至卷二五九，共计二百四十七卷。科仪立成品先列祈禳、开度通用的各种科仪格式，然后分七曜斋、资福斋、黄箓斋、青玄黄箓斋、青玄斋、明真斋、五炼生尸斋、星斋、度星斋、师友命过斋、自然斋、安宅斋、保命斋、北帝斋、璇玑斋、传度斋、雷霆斋、十回斋、祈晴斋、禳蝗斋、净供、迁拔道场、血湖道场、消灾集福道场、玄灵经忏道场、传度道场、禳荧惑道场等，记载了各种斋法、道场的科仪格式。该经的五炼生尸、血湖道场、水火炼度、分灯等科仪，都为宋代新出科法。

《灵宝领教济度金书》的炼度科仪，有卷二五至卷二六"开度通用"的炼度醮仪，卷八〇"生神开度斋用"的炼度醮仪，卷八一"生神开度斋用"的炼度仪，卷九五"青玄黄箓斋用"的炼度醮仪，卷一〇六"明真斋用"的炼度仪，卷一一四"迁拔道场用"的太极心法祭炼仪，卷一三〇"度星斋用"的经法炼度仪，卷二六三至卷二六五炼度品等。《灵宝领教济度金书》收录三种分灯仪，分别是开度、祈禳、青玄黄箓救苦斋行用的仪式。该经所列科仪虽品类繁多，但以内炼存思为斋醮科仪之本。如卷三二〇说："法师能破身中之狱，然后能破地下之狱。"若法师未能全己之阳，则不能补亡灵之阴而度其脱离幽冥。卷三二〇还说：

"诸摄召全以运神为主,至于歌章吟偈,乃科仪耳。"该经可谓宋元道教斋醮的百科全书。

(六)《赤松子章历》

《赤松子章历》六卷,《正统道藏》收录在洞玄部表奏类第335册—336册。该经为早期天师道上章的科书,约编撰于南北朝时期。上章既是早期道教的救济手段,也是道教科仪的一种格式。《赤松子章历》卷一说太上于"鹤鸣山授张天师《正一盟威符箓》一百二十阶及千二百官仪、三百大章、法文秘要,救治人物"。所谓张陵传《天官章本》千有二百,就包括《赤松子章历》所载上章文书。

《赤松子章历》卷一列章信135种、章名134种,并列举所需要的信物。信物中有米、油、布、席、笔、墨、纸、香、钱、镮、绳、刀等,其品目、数量,因章而异,且分为天子、王公、庶人三等。上章须天门开,列有天门开闭日时、章辞疏列事项及章符吉凶日时等。上章之目的或为家国,或为己身,或为眷属,或为先亡,以祈福禳灾,保生度死。

《赤松子章历》卷二载书符式、书章法、封章法及断章法。所谓断章即积章若干通,或历时若干月,将章于净处火化。又有三元日、三会日、五德日、五腊日、四季日、六合日、天父日、天母日、天地闭塞日、六甲章符日等内容。还有上章时请官、存思、避忌、禁戒等的规定。

《赤松子章历》卷三至卷六收录章文共六十八篇,这个数目与千二百官章差之甚远,正如《赤松子章历》卷一所说:

> 尔后年代绵远,宝章缺失,今之所存,十得一二。

现存章文包括早期道教济度仪式的诸多内容。有为国家的天旱章、止雨章等,有为己身的解咒诅章、却三灾章等,有为眷属的催生章、保婴童章等,有为先亡的酆都章、为先亡言功章等。陈国符《道藏源流考》认为:《赤松子章历》卷三至卷六所录章表,尚是三张古科。他同时指出:《赤松子章历》已是残卷,并且经过后人的整理。根据《赤松子章历》的内容,证明五斗米道已具初步的斋醮科仪。

在《赤松子章历》收录的六十八种章文中,可见人们生产生活际遇中的各种问题,都可以通过上章获得救济。在早期正一道的章文中,驱鬼治病是常见的主题。早期正一道的上章之法,就是向天神呈章祷告,请求天神官将驱鬼治病。其中还反映汉代社会疾病瘟疫流行,道教以上章的方式求乞救治。值得指出的是,《赤松子章历》体现出早期道教的济世度人思想,"济度"一词在章文中已经出现。《酆都章》称"太上有济度亡人之法",《开通道路章》说"太上大道有解拔之科,济度亡魂之法",《上清言功章》称大道可以"济度天人",《三五言功章》称大道可以"济度一切"。道教所谓济度就是济生度死,以大道来普济天下生民。由于上章可以广行济度,遂成为三张五斗米道主要的救济手段,在行用中制作出各类章文。

(七)《广成集》

《广成集》十七卷,《正统道藏》收录在洞玄部表奏类第337册—339册。该经由唐五代道士杜光庭撰,因杜光庭号广成先生而得名。《宋史·艺文志》著录该经为一百卷,《通志·艺文略》别集类有《杜光庭集》三十卷,今存十七卷,则缺佚已多。《文渊阁四库全书》所收《广成集》,仅有《道藏》本《广成集》的前十二卷。杜光庭在巴蜀期间,王公大臣、信徒道众多慕其声名,请为斋醮仪式撰写文书,该经就是杜光庭所撰科仪文书的结集。

《广成集》卷一至卷三载表五十六通,其内容包括符瑞、恩赐、兴建、修斋、嗣位、慰丧等,如遇黄云、白鹊、嘉禾、战功、枯树再生、加官进位、死丧安葬、帝王疾愈等事，上表皇帝，歌颂谢慰。《广成集》卷四、卷五载斋词三十一通，有金箓、黄箓、明真、报恩、三元、受箓等斋词。《广成集》卷六至卷一七共载醮词一百八十六通，有北帝、南斗、九曜、周天、本命、安宅、三皇、八节、太一、还愿等醮词。从醮词内容可知唐代行用的醮仪有：北帝御醮、三会醮、安宅醮、北斗醮、南斗醮、九曜醮、北帝醮、本命醮、本命周天醮、周天醮、后土醮、太白狼星醮、北斗太帝醮、火醮、五星醮、川主醮、周天地一醮、六甲醮、生日醮、罗天醮、三皇醮、还愿醮、川主九星醮、八节醮、还愿谢恩醮、解灾醮、土星醮、九宫天府醮、地网醮、灵符报恩醮、谢土地醮、祈雨醮、三元醮、九宫醮、甲子醮、庚申醮、黑符醮等。此外还有不少因事设醮的醮词，如告修青城山丈人观醮词、画五岳诸神醮词、蜀王仙都醮山词，由此可知唐末五代时期道教醮仪已比较丰富。《广成集》所见唐末五代蜀中举行的斋醮法会有祈晴、祈雨、销灾、解灾、安宅、谢土、报恩、还愿、生日、本命、修造、修堰、星斗、甲子、川主、后土等。

《广成集》中斋醮文书的内容，都是为帝王、大臣、信徒、道众选时择日，修斋设醮，上章陈词，启奏天曹诸真众圣，祈福禳灾，保生度死。《广成集》中所载表词，涉及唐末五代历史颇多。如《贺收陇州表》《贺太阳合亏不亏表》《贺诛刘知俊表》《宣示解泰边陲谢恩表》《皇帝修符瑞报恩斋词》《中和周天醮词》等，可资史书参校。《广成集》有举行周天大醮、罗天大醮的词文，如《罗天醮太一词》说："是敢按遵玄格，崇启坛场，修黄箓宝斋，备罗天大醮。"这有助于考证道教三坛大醮形成的时代，说明普天大醮、周天大醮、罗天大醮的科格至迟在唐末五代时已产生。《广成集》中有关三会日的醮词，反映唐末五代蜀中民间三会、三元建斋设醮的民俗信仰。《广成集》文体骈偶，词章典雅，为道书中之上乘。

(八)《上清灵宝济度大成金书》

《上清灵宝济度大成金书》四十卷,该经撰成于明宣宗宣德七年(1432)。现上海图书馆、台北"中央图书馆"与美国普林斯顿大学葛思德东方图书馆,各藏有明宣德本《上清灵宝济度大成金书》一部。《藏外道书》第十六、十七册,收录上海图书馆藏本《上清灵宝济度大成金书》影印本。该经前附目录一卷,前有四十五代天师张懋丞、道录司左演法吴大节、诰授履和养素崇教高士周养真(周思得)前序三篇,后有北京神乐观提点杨震宗,门生大德观庙官顾惟谨同门生周士宁后序二篇。张懋丞前序署为"正一嗣教崇修至道葆素演法真人、领道教事、四十五代天师九阳子澹然"。该经由周思得门弟子书板,卷末有书板人署名,经文字体工整,格式统一,符合道经书写规范。

《上清灵宝济度大成金书》正文四十卷,其中八卷,即卷一、卷二三、卷三四至卷三七、卷三九、卷四〇,题为"制授履和养素崇教高士周思得修集",其余三十二卷题为"嗣青玄府下教司命灵宝领教法师林灵真撰集,制授履和养素崇教高士周思得重修"。卷一七至卷一九、卷三九署为周思得,卷二〇至卷二三署为周思憲。《上清灵宝济度大成金书》的编纂,据顾惟谨、周士宁《上清灵宝济度大成金书·赞》之序文称:

> 履和养素崇教高士周先生,集其所得水南林真人济度金书符箓,与夫卫国佑民、捍灾止患、济生度死不传之科,通为四十卷,题之曰《上清灵宝济度大成金书》。

该经始撰时间,是周思得宣德元年(1426)任北京大德观住持之后,周思得及其弟子前后历时七年,始撰成此巨帙科书。

《上清灵宝济度大成金书》的编纂体例是:每卷分门,门下分品,品下分细目。除分四十卷之外,又以十天干,分为甲、乙、丙、丁、戊、己、庚、辛、壬、癸十集。每集据内容分为上下卷，或上中下卷，或前后卷，其中辛集分为上、下、前、后、左、右六卷，为分卷最多之集。该经共分二十门，八十七品。《上清灵宝济度大成金书》的编纂体例，取法于宋代科书《灵宝玉鉴》《灵宝领教济度金书》《上清灵宝大法》。《灵宝玉鉴》四十三卷，分为二十五门；《灵宝领教济度金书》三百二十卷，分为二十品；宁全真《上清灵宝大法》六十六卷，分为二十七门；金允中《上清灵宝大法》四十四卷，分为五十五品。《上清灵宝济度大成金书》综合上述诸经之体例，以门统品，条分缕析，为道教科仪书中体例最完善者。四十五代天师张懋丞在《序》中赞曰："予尝披阅诸品经科，未有若是其明且尽者也！"

（九）《广成仪制》

《广成仪制》二百九十余卷，为全真道斋醮科书丛集。1911年成都二仙庵刊板，1913年重刊。今四川成都青羊宫内的"青羊宫印经院"还保存清光绪《广成仪制》梨木经版。今《藏外道书》第十三、十四、十五册，收录二仙庵版《广成仪制》影印本。唐末五代科教宗师杜光庭号"广成先生"，此部丛集继广成先生之遗风而作，因题名为《广成仪制》。《广成仪制》计有二百七十五集，每集目录下题"武阳云峰羽客陈仲远校辑"，偶有两本题"武阳云峰羽客陈复慧校辑"。

陈仲远为龙门派第十四代弟子，《广成仪制》为青城山道教流传科本。该丛集的正本可分三种。一种刻本为十行十九字、白口、四周双边，其中有一本卷末署为咸丰五年（1855），本丛集当初刻于是年。另一种为成都二仙庵重刻本，为八行十八字、黑口、四周双边。据经书中内题，时限为宣统元年（1909）至民国三年（1914）。还有一种系手抄本，所标时限为道光四年（1824）至宣统元年（1909）。手抄本部分较为杂乱，多数为《广成仪制》，间掺有《清微科仪》和北京白云观、鹤鸣山等地科书。以上三种经书版本，在时间上均处陈仲远之后，似为陈仲远校辑《广成仪制》之后，后来的道士重刻再续，并且加入一些抄本科书。该丛集缺乏总目，亦不作分类，各种科书年代不同、传本不一，但其编写格式大体一致。《广成仪制》中的许多科仪，是当今全真道斋醮仍在行用的科本，对于研究全真道斋醮科仪有重要文献价值。

五、中外学界关于斋醮科仪经典的研究

对道教斋醮科仪及其经典的研究，历来为国际道教学界所重视。法国远东学院的施博尔（Kristofer Marinus Schipper）、约翰·拉格威（John Lagerwey）、美国学者迈克尔·萨梭（Michael R. Saso）、康豹（Paul R.Katz）、加拿大学者肯尼思·迪安（Kenneth Dean），日本学者大渊忍尔、丸山宏、山田利明、浅野春二、松本浩一，中国台湾学者刘枝万、丁煌、李丰楙、周西波，中国大陆学者陈耀庭、张泽洪、王承文、詹石窗、吕鹏志等，都从不同角度探讨道教斋醮科仪，其中多有涉及科仪经书的讨论。其中，日本学者丸山宏的著作《道教仪礼文书的历史研究》，是学界不可多得的有关斋醮科仪经书研究的专著。中国学者丁煌、陈耀庭、张泽洪、王承文、詹石窗的相关论文，则是对于道教科仪经书的专门讨论。

法国著名的"道士"学者施博尔（Kristofer Marinus Schipper），中文名施舟人。在台湾八年考察研究期间，曾拜曾赐、陈聪二道长门下习科仪道典，曾、陈归真后随陈聪之子陈荣盛学习斋醮仪式。施博尔皈依道教，法名"鼎清"，亲身体验道士生活达四年之久。他结识第六十三代天师张恩溥，1968年被张天师授予大师称号。1966年7月16日，应"台湾省文献委员会"的邀请以《台湾之道教文献——台湾省文献委员会第十九次学术座谈会记录》为题作讲演（刊于《台湾文献》第17卷第3期，1966年）。后撰《台湾所见道经、科仪等旧抄本目录》，目录共

开列有 231 种科仪抄本。1968 年施博尔参加第一次国际道教研究会议，发表《道教的科仪传统》。1985 年 12 月 14 日在香港"道教仪轨及音乐国际研讨会"上发表《步虚研究》(A Study of Buxu)。施博尔是西方学者中最重视道教仪式研究者，所著《道教"分灯"科仪》(Le Fen-teng Rituel Taoïste)，由法国远东学院于 1975 年出版。该书指出 18 世纪—19 世纪的道教科仪经书，与宋代以来的灵宝斋法具有传承性。施博尔的代表作《道体论》(Le Corps Taoïste: Corps Social et Corps Physique)于 1982 年在巴黎出版，英文本于 1993 年由美国加利福尼亚大学出版社出版。全书共分十部分，其中第五部分专门讨论科仪。

约翰·拉格威（John Lagerwey），中文名劳格文，美裔法籍汉学家，法国远东学院院士。1981 年发表《〈无上秘要〉：6 世纪的道教总汇》(Wu-shang pi-yao: Somme Taoïste du VIe siècle)。该法文版著作对《无上秘要》的内容做了详细分析，其中包括《无上秘要》所收科仪经书。他于 1987 年在美国纽约麦克米伦公司出版《中国社会和历史中的道教仪式》(Taoist Ritual in Chinese Soeiety and History)，为西方第一部有关道教科仪的通论性著作。全书分导论、道教仪式的源流、道教的基本仪式、科仪道教和中国社会、结论五部分。导论提出"什么是道教仪式""道教仪式如何被应用于中国人的宇宙观""道教仪式和宇宙观在中国历史上是怎样具体化的"三个问题。劳格文于 20 世纪 90 年代长期在福建做民间道教的田野调查，注意搜集地方道教科仪经书。

肯尼思·迪安（Kenneth Dean），中文名丁荷生，现任加拿大迈克迪尔大学教授。1985 年 9 月到福建做田野调查，撰写《闽南道教——一九八五年秋六星期田野旅行调查记录》，并在当年 12 月 11 日—15 日香港中文大学"道教仪轨及音乐国际研讨会"上宣读。他最初的论文为《1985 年 9 月在漳州所见两场斋醮调查记录》，发表在法国远东学院京都分院院刊《远亚通讯》1986 年第 2 号。他的《葬礼在福建》《来自福建的抄本》又发表在《远亚通讯》1988 年第 4 号。他的成名作《东南中国的道教科仪和民间崇拜》(Taoist Ritual and Popular Cults of Southeast China)

于1994年在美国普林斯顿大学出版社出版。这是西方学者的第一部关于福建道教历史与现状的专著，内容涉及福建的道教经书史料及道教科仪的研究。

美国学者康豹（Paul R.Katz）《东隆宫迎王祭典中的和瘟仪式及其科仪本》,《民族学研究所资料汇编》第2期，台北"中央研究院民族学研究所"，1990年。该文涉及对台湾道教和瘟仪式科仪本的研究。

日本学者大渊忍尔编《中国人的宗教仪礼——佛教·道教·民间信仰》，东京福武书店，1983年版。该书收录台南正一派道士陈荣盛的科仪抄本，并附有陈荣盛道长对科仪的说明。此外，还收录台湾南部灵宝派道士的功德仪式，包括入殓至头七、安葬起程、开通冥路科仪，无上金书拔度发表科仪，血湖科仪，功德文检等科仪经本。该书颇具史料价值，广为国际道教学者所引用。

日本学者丸山宏著《道教仪礼文书的历史研究》，东京汲古书院，2004年12月版。该书第一部《六朝至唐宋时期天师道的仪礼与仪礼文书——上章仪礼与章的研究》，第一至第三章主要以《赤松子章历》为资料，侧重研究了上章中的冢讼章、治病章、受箓章，对天师道的上章文书有深入探讨。该书第二部《现代台南道教的仪礼与仪礼文书——以文检为中心的历史研究》，其中第四章《台南道教的功德文检》、第五章《台南道教的奏职文检》，就该类道经的的内容和特征有详细讨论。该书第三部《道门的道教仪礼学及其评说》，第一、二章侧重研究张万福、金允中的道教仪式学，并对金允中《上清灵宝大法》和王契真《上清灵宝大法》进行比较分析。第三章《台南道教和〈道藏秘要〉》，侧重探讨了《道藏秘要》的编纂时代及其与道教仪式有关的内容。最后在全书结语的《结章》(二)，对道教仪式文书研究的成果和意义进行概括总结。丸山宏为筑波大学大学院人文社会科学研究科教授，该书是国际道教学界有功力的专门探讨道教科仪经书的著作。

日本学者浅野春二《〈上清灵宝大法〉——展示灵宝派传统和革新的仪式经书》，主要探讨了金允中和王契真所编纂的两种《上清灵宝大法》,《度人经》和灵宝法的传统,金允中《上清灵宝大法》对天台法的批判,道教灵宝法经书在宋代的盛行等问题。该文收录在增尾伸一郎、丸山宏编《道教经典解读》(大修馆书店,2001年5月版)。浅野春二在《道教的教团和仪礼》第二部第三章撰写《仪礼和供品——以〈无上黄箓大斋立成仪〉为中心》,以南宋蒋叔舆《无上黄箓大斋立成仪》为史料,具体探讨了道教斋醮所使用的供品及斋坛镇信。浅野春二著《台湾地区的道教仪礼研究》(东京都笠间书院,2005年11月版),在研究台湾道教各种仪式及其源流中,亦涉及科仪经书的分析。

山田利明著《六朝道教仪礼研究》,东京东方书店,1999年版。该书针对寇谦之、陆修静的科仪思想进行探讨,分析了以《灵宝经》为基础的斋仪思想。

丁煌《"国立中央图书馆"藏明宣德八年刊本〈上清灵宝济度大成金书四十卷〉初研——道藏失搜书系列研究之一》,《"国立成功大学"历史学报》第十五号,1989年3月版。此文后收入郑志明编《宗教与文化》,台北台湾学生书局,1990年12月版。该文对台湾"国立中央图书馆"所藏宣德本《上清灵宝济度大成金书》进行了研究,内容涉及编纂者周思得生平的考证,该科书的版本源流及编纂情况,指出此巨帙科书在道教科仪史上的价值。

丁煌《〈正一大黄预修延寿经箓〉初研》,于丁煌总编辑《道教学探索》第八号、第九号连载。该文是对当代台湾道教所保存六十三代张天师传授经箓《正一大黄预修延寿经箓》的系统研究,首次披露了授箓科仪中的繁缛手续。丁煌教授指出全宗经箓共有箓、图、经、文、牒、诰、神像、执照等243件,此经箓于1947年中元节,由六十三代天师张恩溥在上海传授许进林。不过至全宗经箓传授完毕,已是六十三代天师到达台湾之后。此大宗经箓实物说明:龙虎山张天师统领三山符箓以后,正一道的授箓仪式愈趋复杂。丁煌教授在论文中指出:"考察许氏佩身箓中材料,可确知道教的授箓,并非一次同时将箓中所有物件,具交付给传授者,必须在繁细费时的仪式过程中,依科范程序,逐次交付箓中的相关物件。"许氏从1947年中元节开始受箓,全宗物件到张恩溥去台湾后才全部交付,前后历时数年。丁煌教授由此推测,在近代动荡的条件下,授箓仪必有旷缺从简的处理方式。

台湾中正大学周西波《杜光庭道教仪范之研究》,台北新文丰出版公司,2003年3月版。其中涉及杜光庭编纂科仪经书的研究。周西波《敦煌写本〈灵宝自然斋仪〉考论》,台湾《敦煌学》第24辑,敦煌学会编,2003年6月版。该文据P.3282、S.6841、P.2455及北大藏D171号四件敦煌写本《灵宝自然斋仪》,考定其内容,分析其结构,论述宿启仪式之建立与争议。

陈耀庭《照彻幽暗,破狱度人——论灯仪的形成及其社会思想内容》,《道家文化研究》第五辑,1994年11月版。该文指出:道教的分灯科仪经书,清代以来行用的是《金箓分灯卷帘科仪全集》,现收于《藏外道书》第17册,是清光绪十五年(1889)的刻本。此科本先行分灯仪,后行卷帘仪,实际是两种科仪的合集。该文认为世界上许多宗教都有天堂地狱之说,而道教的高明之处在于,造作出内蕴丰富的灯仪,要从根本上击破地狱,拔度幽魂出狱,这是其他宗教不可企及的。

陈耀庭《四种未见著录的道教典籍——日本国东京大学东洋文化研究所图书馆藏书》,载《中国道教》2000年第1期。该文介绍了东京大学东洋文化研究所所藏四种未见著录的道教经书,其中属于科仪经书的《灵宝施食济度金书》一卷,为清刻本。陈耀庭对该经书的版本、作者进行考证,指出《灵宝施食济度金书》是施食仪式的科书。关于"施食"仪式,尽管南宋和明代的一些科仪总集多有记载,但单一的"施食"科书似未见到。明代万历《续道藏》收录《灵宝施食法》一卷,《广成仪制》中亦收有《铁罐斛食全集》《青玄济炼铁罐施食全集》,传统上称其为全真派科仪书,此本自称"灵宝",当属不同的系统。《灵宝施食济度金书》是道教施食仪式中较为完整的科书,在道教科仪研究中具有重要的价值。

陈耀庭著《道教礼仪》,北京宗教文化出版社,2003年12月版,其中亦涉及道教斋醮科仪及经书的研究。1985年12月11日至15日，在香港中文大学举行的"道教仪轨及音乐国际研讨会"上，陈耀庭发表《上海道教斋醮及其"进表"科仪概述》。1986年4月11日至13日，美国夏威夷大学宗教系举行"全真道教斋醮仪式国际讨论会"，陈耀庭发表《论"先天斛食济炼幽科仪"的历史发展及其社会思想内容》，此文后刊载于《世界宗教研究》1987年第1期。此外，在"道教仪轨及音乐国际研讨会"上，徐佩明亦发表《新界的道教科仪经文》。

张泽洪著《道教斋醮符咒仪式》，成都巴蜀书社，1999年4月版；《道教斋醮科仪研究》，成都巴蜀书社，1999年9月版；《道教神仙信仰与祭祀仪式》，台北文津出版社，2003年1月版。三种书中都涉及斋醮科仪经书编纂史的讨论。张泽洪《周思得与〈上清灵宝济度大成金书〉》，载《中国道教》1998年第1期。该文对周思得其人及《上清灵宝济度大成金书》的编纂，在丁煌教授考察基础上进一步论述，考察了《上清灵宝济度大成金书》与《灵宝领教济度金书》的传承关系，指出《上清灵宝济度大成金书》是集前代之大成的科书。张泽洪《早期正一道的上章济度思想》，载《宗教学研究》2000年第2期。该文通过对早期正一道上章与三官手书的探讨，认为五斗米道的三官手书就是上章的文书；并从道教斋醮科仪思想的角度，对正一章文的济度思想进行分析，指出斋醮济度思想源于正一道的上章。

王承文《敦煌本古灵宝经两部佚经考证》，载《敦煌研究》2003年第1期。该文指出：敦煌本陆修静《灵宝经目》所著录的东晋末年一批古灵宝经中，《洞玄灵宝三元威仪自然真经》和《灵宝威仪经诀上》是两部对中古道教科仪产生了重大影响的道经。《三元威仪自然真经》除少部分内容收录在《正统道藏》外，其余大部分已经散佚。《灵宝威仪经诀上》则完全散佚，然而敦煌文书和南北朝至唐宋道书则保存了这两部经典的大量佚文。该文考察了两部经典的主要内容及其在历史上的流传，并指出学术界往往把唐宋道书对《三元威仪自然真经》的征引误作唐宋材料来使用。南朝刘宋陆修静所撰《太上洞玄灵宝授度仪》《洞玄灵宝斋说光烛戒罚祝愿仪》大量征引了该经。南北朝至唐宋相当多的科仪经书，大篇幅地征引这部古灵宝经，说明这部经在近千年的道教科仪发展史中很有影响。

詹石窗《宁全真科仪著述与医学养生》，载《宗教学研究》1999年第2期。该文通过对南宋宁全真所述《上清灵宝大法》的考析，说明道教科仪中包含着一些医学养生的义理。指出该经内的咒语诗词尽管映射着宗教神秘主义的内容，但从所创造的境界看，却有一定的精神治疗的功用，这值得今人加以总结。

吕鹏志《天师道授箓科仪——敦煌写本S203考论》，载《"中央研究院"历史语言研究所集刊》第77本第1分，2006年。该文研究的敦煌文书S.0203号《度仙灵录仪等》，大渊忍尔将其归入"失题类道经·正一经系"，论文对此经所见的天师道的授箓科仪进行了讨论。

最后应该提到的是朱越利著《道经总论》，书中亦涉及科仪类道经的探讨。

建议阅读书目：

陈耀庭：《道教礼仪》，宗教文化出版社，2003年12月。

张泽洪：《道教斋醮科仪研究》，巴蜀书社，1999年9月。

张泽洪：《道教神仙信仰与祭祀仪式》，台北文津出版社，2003年1月。

主要参考书目：

〔日〕丸山宏：《道教仪礼文书的历史研究》，汲古书院，2004年12月。

〔日〕增尾伸一郎、丸山宏编：《道教经典解读》，大修馆书店，2001年5月。

〔日〕浅野春二：《台湾地区的道教仪礼研究》，笠间书院，2005年11月。

丁　煌：《"国立中央图书馆"藏明宣德本〈上清灵宝济度大成金书〉初研》，郑志明编：《宗教与文化》，台湾学生书局，1990年12月。

丁　煌：《〈正一大黄预修延寿经箓〉初研》，丁煌总编辑：《道教学探索》第八号、第九号连载，道教学探索出版社，1994年12月、1995年12月。

陈耀庭：《国际道教研究概况》，李养正主编：《当代道教》，东方出版社，2000年8月。

陈耀庭：《照彻幽暗，破狱度人——论灯仪的形成及其社会思想内容》，陈鼓应主编：《道家文化研究》第五辑，上海古籍出版社，1994年11月。

陈耀庭：《论道教仪式的结构——要素及其组合》，陈鼓应主编：《道家文化研究》第一辑，上海古籍出版社，1992年6月。

陈耀庭：《四种未见著录的道教典籍——日本国东京大学东洋文化研究所图书馆藏书》，《中国道教》2000年第1期。

张泽洪：《周思得与〈上清灵宝济度大成金书〉》，《中国道教》1998年第1期。

张泽洪：《早期正一道的上章济度思想》，《宗教学研究》2000年第2期。

王承文：《敦煌本古灵宝经两部佚经考证》，《敦煌研究》2003年第1期。

詹石窗：《宁全真科仪著述与医学养生》，《宗教学研究》1999年第2期。

任继愈主编：《道藏提要》，中国社会科学出版社，1991年7月。

朱越利：《道经总论》，辽宁教育出版社，1991年12月。

作者简介

张泽洪，1955年生，哲学博士，现为四川大学宗教·哲学与社会研究创新基地学术带头人，四川大学道教与宗教文化研究所、中国俗文化研究所教授、博士生导师。主要研究方向为道教、西南少数民族宗教，著有《文化传播与仪式象征——中国西南少数民族宗教与道教祭祀仪式比较研究》《道教斋醮符咒仪式》《道教唱道情与中国民间文化研究》《道教礼仪学》等。

法术类道经说略

刘仲宇

道教是一个重法术的宗教。所谓法术，是指希望利用超自然的力量，造成外物包括鬼神世界与自身变化的方法。在道教中，此类方法称为秘术、道术、道法。其范围甚广，大凡变化万物之术、自身隐形变化之术、驱邪杀鬼之术、超度亡灵之术、驱瘟治病之术，都在其中，内容十分庞杂。

法术的丰富是道教的一个重要特点。在某种意义上说，法术是道教徒自诩的超自然能力，追求这种能力是他们神仙信仰的一个组成部分，也是他们为信众提供宗教服务的主要手段。还在道教初创时，无论是太平道，还是正一盟威道，都曾以符水治病等法术为手段收徒授道，发展组织。以后的发展中，这种传统被各个道派所继承。即使兴起于金元时期，一般被认为不尚神奇的全真道，实际上也有自己的法术及相应的仪式，而且随着时间的推移，对于法术的重视愈益加深。在漫长的历史中先后兴起的各个道派，都形成过自己的法术体系。尤其是被称作符箓派的正一、灵宝、上清、三皇、神霄、清微、净明等派，其体系更为庞大。

由于道门重术，所以有关法术的论述、编制、操作程式等，十分丰富。即使一部分道教子书，如《抱朴子内篇》、谭峭《化书》，都有关于法术的大段论述甚或通篇论述。所以，有关法术的论著在道教典籍中占有十分重要的地位。我们这里只叙述那些法术的专门著作，而一般地涉猎法术的其他论著，则不加讨论。

法术的专门著作，有些是托于元始天尊、太上老君等尊神所说的，称之为经；有些是历代法师将操作的方法包括仪式加以编集的，常称之为某法；也有些是专对某些法术加以论述的，应当称为论。不过，实际的情况不像这里说的那样清楚，往往是三种内容常常混杂在一起，不易区分。

根据我们的研究，这些法术类著作可以大致分为三部分：其一是有关符图、法箓、掐诀、禹步等道法手段的专门论著，其二是有关法术的仪式等操作方法的专门论著，其三是有关法术科仪的集成，其四是其他杂术。杂术中不少是社会上流传的术数，由于有专门一章来讨论术数，故有关术数类的著作从略。

一、有关符图、法箓等道法手段的记载与论著

符与箓是道教行法的最重要的手段。符，是召劾鬼神的权力凭证，即有其符便能召其鬼神，然后或指挥他们完成现实中无法完成的任务，或对他们的功过予以处分。简单的小法中，可能用一二符便可以完成——在观念中起到镇邪逐鬼的效用；大型的法术中更少不了符，有时甚至要用到大量的符，比如在某些考召仪中，要用一百几十幅的符，一般立法坛时也要用五方镇坛符等多种。符的出现可能与古代兵符有关。在传说中，黄帝时代已出现神符，而在考古材料中，睡虎地秦代《日书》已提及使用"禹符"的方法，由此可以断定先秦时巫师已在使用符，后世道士正是继承了巫符才形成道符。箓的出现，可能直接与道教教团的形成有关。箓，在东汉时的道书中，如《正一法文经章官品》中写作"录"，受过录的称为录生。因为符、箓是道门授受的主要法器，在全真道出现以前，几乎所有的道派都以授符箓为入道、道阶升迁的凭证以及行法的资格与基本手段，所以符箓常连称，以授符箓为自身组织

手段的道派又被称为符箓派。现今有将符混称为符箓的。其实，符是符，箓是箓，两者虽然常常相互为用，但严格说来却有所不同。从箓的功能上说，是作为入道的凭证；箓分多阶，每阶箓都对应某一道阶，所以箓也是升迁的凭证。大凡道箓，上面多写神灵名号、形象及召该神的符、咒，意为得之者便有召该箓神灵兵将的资格；同时常有一段盟誓，表示受之者与道派组织之间订立了盟约，不得背叛。正因为符、箓地位极重，所以在法术类的书籍中，符与箓皆有不少记载。

（一）有关道符的典籍

符是道教行法的基本手段之一。所以各道派都重视道符的授受与使用，故在道书的编纂体例中，"神符"专列一名，为三洞十二部义之一。孟安排《道教义枢》卷二《十二部义第七》说：

> 第二神符者，即龙章凤篆之文，灵迹符书之字是也。神以不测为义，符以符契为名。
>
> 神符者，明一切万有莫不以精炁为用，故二仪三景，皆以精炁行乎其中。万物既有，亦以精炁行乎其中也。是则五行六物，莫不有精炁也。以道之精炁，布之简墨，会物之精炁，以却邪伪，辅助真教，召会群灵，制御生死，保持劫运，安镇五方。然此符字，本于结空，太真仰写天文，分置方位，区别图象符书之异。符者，通取云物星辰之势；书者，别析音白诠量之旨；图者，尽取灵变之状。然符中有书，参以图象，书中有图，形声并用。

因此符既是一种不测其妙的灵文，又系道之精炁的代表，而且是开辟之初天上云炁自然结成，由天真们摹写下来，区分成符、书、图三者，三者又相互渗合，故无论从其功能上，或者来源上，都非寻常物事可比，甚至于道法中的其他法器，也多不能离开符。

由于这样的原因，道教中创制和使用的符极其繁多，目前仍然保留下来的也不在少数，其中很大一部分散在仪式、修行等书中，也有一部分收集在专门的符集或符咒集中。比如《道藏》中有若干种专门的符书，其中如《上清豁落七元符》《上清琼宫灵飞六甲左右上符》《白羽黑翮灵飞玉符》，又有《上清佩符青文券诀》（另有佩白券、绛券、黄券、黑券诀）皆为修上清法时所用，其中一部分与上清派的若干种大经相配合，如灵飞符显然与《六甲灵飞经》相配合，豁落七元符与《上清大洞真经》中的回风混合法相配合。其他以洞真、灵宝等名义保存下来的符书也还有一些，可以依之了解各派的符法。另外有些符，可能主要是提供给民间的信众，或因民间风俗所需而编制，如《太上秘法镇宅灵符》之类。至于后世编集的《符箓大全》《符咒大全》之类，往往而有，有的收入《道藏》和以后编的《藏外道书》《庄林续道藏》诸丛书，有的则在坊间流传。

不过，保存下来专门的道符集，都是供本派道士行法时依样画、依科行的范本，有些则是后人综合各派符书而编成的所谓"大全"，它们对于学术研究而言，价值高的不多。主要的原因是，道符的制作本来有一定的规则，系由符字构成类似于咒语般的句子，若能读出其符字，从而由之明白造作此符的缘由以及被赋予的功能。然而，当时创符者，多模拟中国文字创造中的"六书"之法，但用的并非世间文字的"六书"而是自定的字体、字形和规则，其笔画曲折，构字奇特，尤其是常用所谓云篆，笔形曲折缠绕以像云气飘渺，构成全符时又采取勾心斗角的方式，其符形了不可识。

但是也有一些符书中，偶或透出一些如何造符的信息，则弥足珍贵。《太上洞玄灵宝素灵真符》上中下三卷，其上卷、中卷题"陆先生"，下卷则题"杜先生受"，按道门中常以陆先生称南朝陆修静，而常将他与唐张万福、唐末五代杜光庭视作传授科仪最重要的三位先生，故此书极可能经过陆修静等人之手。对此，尚需进一步考订。此书所载符以治病符为主，以百病、瘟疫、伤寒、疟疾等病症分类，较为系统，但对研究者来说，其主要价值仍在于透露了少量的符字的秘密。其卷上曾举"都匠符"为例，说明制符、用符之法。书称：

> 凡一切符文皆有符字，但人不解识之。若解读符字者可以录召万灵，役使百鬼，无所不通也。今且注解都匠符符之要旨。

书中举的都匠符，系"合明天帝日"五字重叠一遍所构成，但是其符字作了变形。

按符文与符的关系，晋葛洪已经在《抱朴子内篇》中提及，称吴介象能读符文，介象之后便少有能读了。与本书相互印证，足见其说不虚，然而介象以后未必无人能读，问题在于创制者未说清，后人便无从索解罢了。后世各派不断创其符字系统，若是授受清楚，仍能读符。《太上洞玄灵宝素灵真符》还对画都匠符时凝神驭气等要领及使用时的事项等都有所说明。虽然说的只是一例，但对于后人理解其义，举一反三，有很大的启发。

从这个意义上说，《道藏》所收另有一部符书也很有价值。其书名《上清金母求仙大法》，题"庐山李玄真演"，其人与时代皆不详。此书称西王母请问太上大道君，"灵宝经中符图则有文字，其文秘隐，未蒙训授"，道君为之解说"见出真符，解音如左"，其法为"先画真符，诀解其音"，即在每一符后皆注明音读。此书所收系灵宝派道符，但其所列符文与读法实具有普遍意义。

上面提到的这些符书给如何读符提供了线索，循此反观道书，明白读符的关键在于懂其符字，但符字多为独创，故需追溯各派造符之初的一些情况。只是由于时过境迁，或者文献阙如，难以董理。关于符字，《道教义枢》《云笈七签》等书都曾罗列多种，《三洞神符记》则从上述二书中抄摘其要，作了解释。这是从理论上说。从历史文献上说，我们现在可以查到的汉代的符字系统，大要有三系：一是《太平经》系统的，称为复文，载在其书卷一〇四至卷一〇七，系用当时的通行文字稍加变形，然后多字重迭构成；其二为灵宝符命系统；其三为《三皇文》系统。

《太平经复文·序》称其"复文"为：

> 凡四部，九十五章，二千一百二十八字，皆太平本文。其三百六十二章是干君从本文演出，并行于世，以复相辅成教而传授焉。

其符字基本上由通行的隶书多个文字叠合而成，如二个生字并列、下列二个元字，唯此类字的读音已失传。

灵宝符，传说出于天地未辟之先，虚空中云气自然结成，这当然只是一种宗教的理论，实际其符书的出现大致上可以确定在东汉时。盖灵宝一系的经书，教内相传，说是葛玄得神仙秘授，然后在子孙中相传，及其五代从孙葛巢甫于东晋末大造灵宝经书，风教大行。其经书应起于东汉。《道藏》中收有《太上灵宝五符序》一种，因为以"序"为名，且涉及后世事，大多怀疑系后人所作。据刘师培《读道藏记》考证，其中仍保存了东汉时的灵宝五符。按之其书，其中有灵宝五符，即五方灵宝符命。其符形勾心斗角，无可详识。灵宝一系的符书较为系统的还有五方五芽真文，五方灵宝符命实与之有关。《元始五老赤书玉篇真文天书经》详细地叙述了灵宝符书"生于元始之先，空洞之中"的仙家理论解释，而且列出五方灵宝符命及五方真文，其字皆为篆体，但与凡间之字不同，系道士自制之"云篆"。由此可以推知，灵宝五方符命应由云篆构成。这成为灵宝符构成的通例。灵宝符书，其中如《度人经》中元始灵书，皆有云篆之文，因其用于超度、镇墓等，在考古中也有发现。不过，现存《道藏》中有《云篆度人经》一种，全由云篆写成，唯其字体与其他灵宝经书相较，颇有不同，当是后人另制。

东汉时另有一系符书，称《三皇文》。该书于唐代曾遭禁毁，故一般都认为其书已不存于世。作为单行本，它确已不存，但此套符书实为各类仪式尤其是超度仪所常用，所以它们仍保存于若干种灵宝科仪的集子中。笔者曾为之检出几种不同的版本。比如在320卷的《灵宝领教济度金书》卷二六二正收有《三皇内文》，其余如《道门定制》，收于《藏外道书》的《灵宝领教济度大成金书》，也收有其文，只个别文字有所不同，当系不同的抄本，或同一本在传抄中有讹误所致。①

《三皇文》的符字，既有像《太平经复文》那样用多个通行字体重叠构成的，也有所谓的"虫书鸟迹"之文以及像灵宝一系的云气缭绕的"云篆"，系一混合的系统。

《灵宝领教济度金书》为宁全真授、林灵真编。宁全真卒于南宋孝宗淳熙八年（1181），为南宋初高道。②林灵真则生于宋理宗嘉熙三年（1239），卒于元大德六年（1302）。宁全真存世时及林灵真的早年，《三皇文》尚未阙失，观《宋史·艺文志》、郑樵《通志》等即可知。故知收入《灵宝领教济度金书》的《三皇内文》并非后人拼凑的赝本。

《济度金书》中所收的《三皇内文》字形似篆，而又有多个字重叠之文，这正与宋以前对《三皇文》的描述相合。按宋张君房《云笈七签》卷六载《三皇文序目》云：

> 《小有三皇文》本出于《大有》，皆上古三皇所授之书也。《天皇》一卷、《地皇》一卷、《人皇》一卷，凡三卷，皆上古三皇时所授之书也。作字似符文，又似篆文，又似古书，各有字数。

似古书，是说它有些字如传世虫书鸟迹；似篆文，则指字似大小篆之

---

① 参看拙文《三皇文新探》，载《中国道教》1993年第2期。
② 参看《道法会元》卷二四四。

形。至于"似符文"一节，是指它的不少字是多个相同或相异的字拼起来的，乃是早期符字的构形法。比照上述记载看，《济度金书》所收《三皇文》形式仍是古制。

《济度金书》所收《三皇文》，其篇制大小也与古代所记相近。天、地、人三皇文，各有字数。统计《济度金书》所收，《天皇文》279字，《地皇文》240字，《人皇文》152字，合671字。文献载《三皇文》号称三卷，其实篇帙不大。所以有时又将之合为一卷，如郑樵《通志》即载为《三皇内文》一卷。据唐释法琳《法苑珠林》卷六九《破邪篇》曰：

> 至唐贞观二十年，有吉州囚人刘绍略妻王氏，有《五岳真仙图》及旧道士鲍靓所造《三皇文》，合一十四纸。

唐代《五岳真仙（形）图》合《三皇文》共14纸，可见其卷帙不大。《济度金书》所收《三皇内文》每行8字，共14页零1行，671字，加每段后小注一行（占字一格）。看来，两本字数是接近的。

《道藏》中有《三皇内文遗秘》一书，其中述东岳泰山为天齐大生仁圣帝、南岳为司天昭圣帝、西岳为金天顺圣帝、北岳为安天元圣帝、中岳为中天崇圣帝，按此四岳封号皆为宋大中祥符年间（1008—1016）所加，独东岳"大生"二字为元至元二十八年（1291）所加，似乎其书传于宋代，元人抄时加上元代封号，但却粗疏地只加于第一位岳神（东岳列在最先），对另四位岳神称号却仍其旧。此书又详载《黄神越章》诸印的用法，而此印在宋代早已不那么流行，是故猜想此书所用的材料，来源仍在唐代甚或其先。《三皇内文遗秘》主要内容是《三皇内文》的音读和用法，所载《三皇文》已改成可以音读的楷书，不复魏晋之旧，①但极有可能是依某一《三皇文》传本翻译成楷书并音读，故可作推测古本《三皇文》旁证。据此本，《天皇内文》有315字，《地皇内文》264字，《人皇内文》216字，总计795字。比《济度金书》所收《三皇内文》多124字。分开比较，《三皇内文》多36字，《地皇内文》多24字，《人皇内文》多64字。这种矛盾，可能来自不同传本。晋代迄唐，多种资料都说明《三皇文》有帛和、鲍靓两个传本，帛和本先出，而鲍靓本与世所传的帛和本不同。上述字数的差异可能由此而来，同时也不排斥在流传过程中有所增减。

陈国符先生在《道藏源流考·三皇文考证》中说：

> 据《无上秘要》卷二十五《三皇要用品》引《洞神经》，《三皇天文大字》《天皇文》《地皇文》《人皇文》皆所以劾召鬼神；《抱朴子·遐览篇》云是符书，今皆佚，疑皆似《元始五老赤书玉篇真文》，是篆文。

根据目前所发掘出来的《三皇内文》，应当说陈先生的推测已近得其真。须知，他早在没有见到（或见到而忽略）原本的情况下推测出它为篆文的结论的，我们不能不佩服陈先生的锐利眼光。当然，据我们所找到的《三皇内文》，严格说来，其字似符文，又似篆文，又似古书，一如《三皇经序目》所说。

这里说的篆文、古文，是从字体而言，其结构、用笔或如篆文，或如古文，但其音却不可知，字义亦不可识。《道藏》中的《三皇内文遗秘》因有楷书文字和音读，所以笔者怀疑它为《三皇内音》，但其字数既与《济度金书》所收不同，自然无法据以音读。

《三皇文》的符字，是介于《太平经复文》和《五芽真文》之间的，

---

① 按《通志》载《三皇内音》一卷，与《三皇内文》并列，此《遗秘》所载或即《内音》欤？书阙有间，暂时存疑。

为二者的综合。这种综合，并不是复文与真文的拼合，而是各用其造字之意，另造符书。《三皇文》的这种综合，多少透出了汉末魏晋道教演变的若干迹象。

《三皇内文》原貌久已无传，所以学者只能对之多方猜度。有的据《洞神经》系统中存世的《洞神八帝妙精经》中所载方法，断言："所谓《三皇文》实际就是92枚篆文符箓。"[①]现在可以肯定，这一断言是不确切的，而将其符称为"符箓"也有问题。盖箓中有符，且符箓常连称，实际上符是符，箓是箓，二者功能结构都有差异。文繁，且置勿论。但是《三皇文》与《妙精经》92枚符也并非完全无关，而是体与用、根本与枝叶的关系。盖用其符字，可以拼成一幅幅的符，而且据《云笈七签》卷七所载，符书有所谓"四会成字"之法，可以将一个符字分成四方，四方又可另与其他符字切割下的部分合成新的符字，当然也可合成一幅幅新的符。

(二) 有关道箓的典籍

道箓又称法箓、宝箓，简称为箓。一种道教符书，作为入道凭信与行法依据，通常上列有神吏名号及相应的符，有的还绘上神像，"箓皆素书，记诸天曹官属吏佐之名有多少，又有诸符，错在其间，文章诡怪，世所不识"（《隋书·经籍志》）。道教认为箓为自然之气结成的文字，由神人所传授。《正一修真略仪》：

> 神符宝箓，其出自然，故于元始赤明浩劫之初，浑茫之际，空中自结飞玄妙气，成龙篆之章，乃元始神尊化灵应气然也。

[①] 任继愈主编：《中国道教史》第四章，上海人民出版社，1990年版，第126页。

当然，这种说法只表现了道门的信仰。实际情况是，箓是宗教的人为创造物，它是由早期道派创立的一种符书。

可能是由于古今语言变迁，古代的单音词现在多演为双音，一部分人不知符箓之别，将符也泛称为符箓。其实，符与箓是相互联系却又有所区别的两种东西。符被认为有调动天兵神将并由之驱邪灭魔、或者传递消息到达天上某某权力机构和职能机构请求消灾纳福的职能，所用主要在外。但箓却不同，系授予道士或一般信士的一种凭证，其重在于受箓者便被承认为道门正式弟子；箓上记有神将名号、神兵数量不等，得受之者便可以支配他们。每一道派的箓都有不同的阶次，如能升授更高的箓，意味着其道阶的提高。箓也是对于被授者的一种约束，实际的授箓中常与戒律同授。同时，授箓常与授符、授经、授法共行，所受者越高，也就表示其人的"法力"越大。所以，箓中有符，但符并非箓。箓的结构与符也颇有不同。一般来说，箓上常有箓的阶位、名称、来历等道派信息，又有被授者名讳、籍贯等私人信息，然后是个人与道派之间订立的盟誓，再后面才是箓的主体部分：神将的名讳、形象，召他们的符、咒等。一部分箓上还载明其特殊用途，如专行某法之类。

箓最初是什么时候出现的？它可以推至张陵创道之时。正一盟威道的《正一法文经章官品》多次提到箓，但字作"录"，可能最初称录。后世方专造箓字，以与一般的记录之"录"相区分，以突出其神圣性。该书云：

> 箓可用移徙，吏主营护某家男女釜灶六畜，移徙出宅，开通无它，却十二辰禁忌。

故当时受箓，主在护身护家，至于有道职者如祭酒，受箓之后当有更多法术。当时箓上也规定有一定的禁忌、戒律，犯之，当受冥谴，所以有对"祭酒犯录（按：为箓字异写）止禁饮酒食肉"等过错的解除方法。足见在鹤鸣创道或此后不久，箓的创造和相关制度已相当完整。

考察现存的道箓，以正一二十四阶箓为最早。箓分二十四阶，每阶皆应二十四治中某一治之气。按二十四治，是正一盟威道政教合一的组织机构，其完善可能在张鲁割据汉中后，但其雏形应是张陵所奠定。今考二十四治，也不全局限于巴蜀汉中，如洛阳北邙便是例子。大致说来，正一道按地域划为二十四治，每治设治头——大祭酒，下属有祭酒等，分管道民。道民逢宗教节日，赴治接受校核功过，举行法事活动；其名籍皆隶于治及其下的"靖"。正一箓与二十四治配合，正与其宗教组织一致。同时，授箓与否，划分了是否教徒的界限。授箓达一定阶次，方可为人举办法事，这样又为道法的传授和施行规定了严格的条件。授箓制度的完善，使道教有了比较严密的组织制度，道法的传承也有了严格的规范、程式。这是道法优于散漫的巫术的重要表现。

正一道的授箓方式有如上所述优点，所以后世各道派纷纷仿效采纳，形成诸派符箓。

箓所授的对象，一般是道士，或愿意正式皈依道门的信士。

历史上的箓，现在保留在《道藏》中的还有不少，不过征之《正一授箓仪》等文献，相当一部分箓已不见于世，存者也不一定是全貌。现在收于《道藏》而较为重要的箓，首先是《正一盟威箓》二十四阶箓，有《太上三五正一盟威箓》传本，较符原貌；另有《太上正一盟威法箓》，系另一传本，但已有增衍。这里的讨论，据于前者。

这些箓中，有作护身命之用的，也有为行各类专法所设。普遍地说，箓中仙吏神将，皆归受箓者所役使，而有些箓所召将军地位重要，由之形成一系列专法。比如《太上正一三将军箓》，召役左上仙蔽身大将军唐宏、右上灵隐影大将军葛雍、中上仙藏形大将军周武。据《金锁流珠引》，此三将军地位重要，为正一法中主要召役神将。

又如《太上正一九州社令箓》称：

奉受太上正一九州社令箓，遣察行九州名山川泽、五岳四渎、五湖四海、三十六国、万二千乡亭里域，周遍上下无

> 极，东西南北，限召众邪故炁万鬼立到，不得迁历，救治万民，千二百鬼注依法收录，万神常在左右侍从，延年益寿，除凶度厄。

列符67幅，召治地上各类鬼神。显然，这是用来"杀鬼"的利器之一。征之前面引及《正一法文经章官品》中《收社令鬼》的内容，似即二者配合。此箓后又载判鬼、召鬼的方法，云：

> 凡诸州神名，主其州中所部县、乡、里域，社君不得令邪精鬼魅血食。大小山神，其有不伏者，案法召之。

可以推知，主要便是召治"社令"所管辖的鬼魅。

正一箓中又有《太上正一星纲五斗箓》一种，专为步纲而设。步纲，又称步罡，或称踏罡步斗，是道法中的基本形体动作，其详情后面还要讨论。正一派的星纲五斗箓，反映了正一派对此法的整理发展，同时也为章奏的送达神界奠定基础。

这种箓所示的方法与正一派的法术内容相配合的显例，还有《太上正一三五考召箓》。考召，为考鬼召神的要术。大凡灾祸横生、疾病难愈，往往归咎于鬼神作怪，便要召鬼神来考问来历，即是考召。所以在道法中，考召地位十分重要。授考召箓后，方得为考召法师。

南北朝时，符箓道派有正一、上清、灵宝、楼观等多宗。楼观情况不明，上清、灵宝的早期文献中皆未提及授箓。葛洪的《神仙传》《抱朴子内篇》中谈到经书、符法授受，都提到"告盟"的办法，只是在神明前发誓罢了，没有提到授箓。但南北朝以后各派皆以授符箓方式传道，看来是接受了正一派的方法。

继正一之后，灵宝、上清都形成了自己的箓。同时，自北宋末起，直到元初，冒出许多新符箓派，其中如神霄、清微、净明等，各有自己的符箓，其中有些还可查得，如神霄派法箓分七阶，在《高上神霄玉清真王紫书大法》中尚有记载。现存于《道藏》中以箓为名的典籍尚有24种，有的能看出其道派归属，有些则须详加辨别。如《上清琼宫灵飞六甲箓》，便是直接题为上清的一种，另有《上清琼宫六甲左右上符》，应是与其匹配的符。

箓的功能在于能召役鬼神：

> （箓）以检劾三界官属，御运元元；统握群品，鉴隲罪福，考明功过善恶轻重，纪于简籍校诚宣示之文；掌览灵图，推定阳九百六天元劫数。又当诏令天地万灵，随功役使，分别仙品，众官吏兵，亿乘万骑，仙童玉女，列职主事，驱策给侍之数目。浩劫无穷，太上十方至真众圣，皆互禀师资，结盟受授，从俗登真，永保生道。（《正一修真略仪》）

故得其箓者，方能召唤箓上神吏兵将护卫身形，或役之施行道法。箓能召役鬼神，而要学会操作方法，须得平时经常训练召役方法。正一法中有"阅箓仪"称：

> 凡受正一法箓，常以甲子、庚申、本命、三元、三会、五腊、八节、晦朔等日，是乃天气告生，阳明消暗，万善惟新，天神尽下，地神尽出，水神悉到，太一在位，搜选种民，考算功过，掇死定生，列名金阙。道士及种民，其日须清斋入靖，以卯酉时焚香，排办酒果二十四分，或一十六分，或一十二分，或八分，务令严洁，先展舒法箓于几案之上，著新净衣服，澡浴盥漱，毕，然后入户，上香存注，一一如法，不可阙也。（杜光庭：《太上正一阅箓仪》）

正一阅箓仪中有"出奏法箓吏兵"又称"随品出箓中吏兵"即实际的"阅箓"，其仪为召出二十四品箓中的相应神将仙吏，即召出箓上神将、灵官、功曹等。那目的，大约是为了练习指挥箓上神将吏兵。因为"阅"即召神，颇像现实生活中的检阅三军。——召出神将，纯熟后方能临事施设，不致慌乱。从阅箓仪，我们可以清楚看出箓上的神将仙吏与道门法术的施行密切相关。

对于箓的传授，有一定的仪式加以规范。关于授箓的经典，大多数在各教派内秘授，其中也有一些被收入《道藏》。如唐张万福《醮三洞真文五法正一盟威箓立成仪》《洞玄灵宝道士受三洞经戒法箓择日历》《传授三洞经戒法箓略说》等，就是较为重要的几种。另有一些典籍，侧重于授之后如何演练、操作，如《太上正一阅箓仪》，说明了如何存想箓上吏兵的方法。

箓的出现与演变，总的来看是适应了道派的组织传承的需要，但也有些箓，可以看得出实际上是为了新出的社会生活中的问题而制，其所授的对象，也有针对性。如《高上大洞文昌司禄紫阳宝箓》，① 系为古时的读书人求禄而设，云受之者"显擢科名，进登禄位"。这部箓归于正一大真人名下，应系龙虎山嗣汉天师府所掌，其卷下《文昌应寝八图品》引"虚靖天师曰"云云，足见其传与三十代天师张继先有关，应当在北宋末年；而收入《道藏》的正一部，且以四十二代天师张正常为经师、四十三代天师张宇初为籍师、四十四代天师张宇清为度师，足见系明初所制。按北宋时文昌信仰升温，到文昌神前求签、祈梦都在士子中盛行，故正一天师制作此类箓正为迎合士人中的风尚，试看其中提及"应寝"即记载梦中所见以辨其兆，便可见一斑。

关于符、箓的论著现存者多入于《道藏》及藏外文献，目前所知，一部分存于道教界，如龙虎山嗣汉天师府近年来收到部分道箓，系江西修水道士所藏，或因其地稍偏，得以逃过"文化大革命"之劫。但所收仍只有部分道箓实物，有关研究仍阙如。同时，在考古材料中也有少量文献，如敦煌文书中，S.3750，法藏 P.2559，二件可以拼合，大渊忍尔

---

① 三家本《道藏》，第 28 册。

《敦煌道经目录编》定为《陶公传授仪》，系陶弘景所传三皇经系统的符法仪范。

二、法术原理与方法的记载、论说

在法术类论著中，有相当一部分是关于法术的原理与方法的记载、论说。盖前面所说的有关符箓等的记述，尽管非常重要，但毕竟是关于法术手段和资格的要素，要使法术真正地施行并取得"效果"，则还需更多的介绍与说明。一个完整的法术，要综合地运用符、箓、咒语、掐诀、踏罡步斗等，还要有存想等的配合。如收于《道藏》的《太上正一咒鬼经》《玄圃山灵秘箓》《太上洞渊神咒经》、三皇系统之《洞神八帝元变经》《金锁流珠引》《道法心传》《鬼谷子天髓灵文》等以及收于《藏外道书》的《伐祟一宗》等，都是此类论著。

在这些道书中，对于法术的记载或简或繁，或是隐形、变化之类的小术，也有些是大型的法术。

（一）符箓派法术论著：《金锁流珠引》

其中较为重要的有《金锁流珠引》，29卷。旧题"中华总真大仙宰王方平、张道陵、赵升、王长、司命李仲甫、茅盈、许玉斧等系代撰述，中华仙人李淳风注"。通行本有明代《正统道藏》本等。

本书为符箓派法术论著。旧题作系代撰述的王方平、李仲甫都是魏以前传说中的仙人，张道陵为正一派的创始人，赵升、王长是他弟子；茅盈东汉时在苏南句曲山修道，所在之山后称为茅山，为上清派宗坛所在；许玉斧生活于东晋，是上清派的传人。此书有如此多"仙人"经手未必是事实，但可看到它在正一派和上清派中都有传承。李淳风，隋末唐初人，唐贞观年间曾任职司天监，对天文、历法多有建树，同时又是著名的占验家。《新唐书·方伎传》说，他"于占候吉凶，若节契然，当世术家意有鬼神相之，非学习可致，终不能测也"。所谓鬼神相之，指他能召役鬼神，考问休咎。此注不见于李淳风传记及唐宋志书，应是在道教内秘传，疑或为后人假托，皆已难考。

书前有李淳风序，称该书原称《太上三五太玄金箓》，最初由元始天尊传出，数传至后圣太上老君李聃，改名为《太玄三五金锁流珠经箓》，以自撰略为15卷正经及《掌诀图书》。又解释"金锁"云：

> 始其意，金锁本说锁魂链魄求生去死之法；本说坚身如金，留神系锁。口诵金锁，足履金纲。故名此两字以授后贤，晓达其名，应时得道。

解释"流珠"云：

> 是北斗九星也，人以修行步纲，故曰流转随珠。本名《金箓行法》，四字为首，后圣君改"行法"名流珠，即今飞步七星，配衣九斗，伐恶收逆是也。

神仙传经本为假托，是道经出世常用手段。但据此知本书为从古传经典中删略而成，内容主要为踏罡步斗，配衣九斗（像有北斗七星加辅弼二星围绕自己），伐除邪恶鬼神，收捕不服天条的邪魅。全书以阐述踏罡步斗原理方法为主，兼及应用其法于役使六丁六甲，考召、召役三部将军等法，为现存的此类道法科范中最古老的一种。

卷一《三五步纲引》称：

> 夫步纲者是强身健神壮魄之法也。先从地纪，坚劳其身，壮健其神。神炁自然镇藏，然后通天地，感使神灵也。用之速

于水火。

步纲,原作步罡,罡指北斗柄上最后一星。古人认为天罡所指,万邪摧伏。指在地上画一北斗七星图,循图步之,认为可以飞行九天,禁制鬼神,后来北斗罡又扩大为东、南、西、北、中五斗,统称为步星纲。此书将步罡的内涵作了扩展,但仍重北斗。说:

> 北斗者,是中斗也。中斗九星,下变为九灵,步作九迹,谓之星纲。禹见鸟步星纲,转石木,取蛇食,禹学之三年,术成,能覆九斗,配星于足,以足指物即转,不知手为之。后登剡山岭之巅,有神人谓之曰:足履手指,何以足履亦使足指?王不见灵鸟足履觜指?禹拜之而受。后得道,驱使神鬼蛟龙虎豹,开决山川,引理江河,分别九州,后登帝位,方取道解易形变而升太极。

书中并载步法、掐诀和相应咒语。

卷二,记载三步九迹图、二十八宿禹步法。禹步,为古代巫师行法时的步法。其出之由凡有两种说法,一说禹治水得偏枯病,走路腿瘸,巫师效之,称为禹步,见《扬子法言》;一说禹治水时,至南海之滨,见到鸟行步指石,能禁大石翻动,禹效鸟步也能翻动石头,因其法自禹传出,故称禹步,见《抱朴子内篇》及《洞神八帝元变经》。禹步后与步纲混合,其步法有三步九迹、十二迹等多种。依功能分有飞天纲、蹑地纪等名目。书中称步之可求长生、克灾害,概述其事为:

> 后圣君告天师:初为飞天纲、蹑地纪,禹步翻为九迹,亦中斗数也,顺倒反三遍也。若急速欲之得力,但三步履旧纲左右各一遍,男童左,女童右,是代顺倒反三遍也。如若收凶恶行兵之法,欲恐有灾于身,步二十八宿之禹步,而出之百步纲

讫，三十五日之内验于水火。

同时又载步纲所用十二祝（咒）及相应掐诀和步伐配合的方法。

卷三，《初受三五法》，即对初入门学习三五步纲法的道士解释其法原理。此卷指称三五之名：三者是三元，五者是五行。上、中、下三元仙箓，各有三大将军"以为三统部领。立三元将军防卫于内，治身救人，置三官主掌于外，驱鬼使神，制约人物，皆是三元五星之所主也"。

卷四，《五等礼师引诀》，记上章表、安坛等事中的礼师法。礼师指礼请祖师，其用有五等，一奏章表礼师，二步纲礼师；三考召治病礼师，四行禁炁天地间万物礼师，五行兵入军、入山、入水、行往他国礼师。各师皆有不同名讳及礼拜方式，并记相应道符。

卷五，《太玄元炁所生三元引》，称：

> 太玄元炁生大道，大道生太一，太一生三炁之色也。玄黄、元白、始青，此三炁之色。三炁烟煴，交通往复，黄生赤，青生黑，此五色之炁也。炁生色，炁色相生，三五无极，炁色结形，号之曰神。神形有名，标其位，明有尊卑，更相辅助，治邪佑正。

凡人出生日月辰的干支决定其五行命相，生、成、荣、王、休、废、刑、祸各有不同，所应福星、祸星不同。书中记步罡召请福星，禁制祸星之法。

卷六，存使周、葛、唐三将军法，系以步纲掐诀，辅助存想，召役三位神将之法。

卷七，《说中篇上部转身存用图》。李淳风注："步纲之迹，事须转身。古人言之转身，即今之步纲是也。"称老君曰：

> 夫求长生之道，皆须步纲捻诀，并及救人制鬼、伏神龙虎

豹之法，瘟毒疫疠之处，五兵之中皆能独身迥出，亦能禁制，亦能令众兵出害。此法微妙，不可得闻见，闻见者得通神，神人卫护。

书中泛说踏罡步斗禁炁之法以及神兵神将环罗的图诀。

卷八、卷九，记踏罡步斗役使上元三部将军、功曹等的方法。

卷一〇，泛记存诵中斗七星、存使四斗、配衣存（斗）行法，使柱天力士击敌凶恶图等，系围绕祭拜、役使五斗为中心的一组法术。

卷一一，记佩诸天（神）隐讳、诸地隐讳及拔宅上升天宫之法。隐讳指神的名讳，认为：将诸天地神的名讳符字置于一袋，佩在身上，则经过之处，神灵俱拜送扶迎，不敢为患，且受驱使；仙官保举，升为上仙。拔宅上升天宫为道教最羡慕、最理想的盛事。书中称太上老君传下"拔宅"法，修之使"全家男女得道，鸡犬一时俱升云天"。大要以步罡蹑纪，配以咒语、存思，以期"感摄天地大神，与卿拔宅上升天庭"。

卷一二至卷一五，《五行六纪所生引》，依据每人星命归属五行，各步五行罡，掐五行诀，加以符、药以及醮祭之法，以禳退凶灾，收本命星君以"作福力"。分别五命制法，故相当繁复。其法又以步、诀为主，文曰：

且诸要真上道，秘重在于掐诀、配衣、转斗、指天。能飞云走雨，拔折树木者，龙也。志人得此妙道诀之者，但行蹑飞禹步，三年配衣，掐飞龙诀，转天关指之，应手坠落而死。虽能指落，不可妄行。妄行，退失仙位。

卷一六至卷一九，《六甲阴功》。六甲，指六甲神。称：

六甲号曰灵飞，管一千三百六十玉童，二千四百四十玉女。其老君秘符六甲有大将军十一人，从官千二百人，玉童玉女符吏等九百七十人，兵兽使等足可一十二万人，为上等。太上老君置为天地六甲，军有六营，营有四处，一在人身。灵飞为中等，五行六甲为下等，此名三等六甲也。其三等六甲，学道之人，皆须修奉。

书载六甲法的阴功十条，实即指行此法所有的功效以及致每一"阴功"的行持方法。

卷二〇，《六甲七星步躡为国战贼救度灾厄符法》，指存思役使七星及踏纲步斗以及佩符，以入兵，称能飞腾千里，役天兵战胜敌方，及替人治病、捉妖等法，法以佩符为主。

卷二一，《二十八宿旁通历仰视命星明暗扶衰度厄法》，记每人生辰的二十八宿属宿。称：

所在之处，每至本命日，夜晴明，即夜非人行时潜看，明净者吉，暗动者有灾，不见者大厄至。即以躡地纪、飞天纲各三遍，散为禹步，转天关，指有衰厄人鬼之乡，即以自消灭。常一月三度为之，即星明朗，身则无忧厄，灾害自消灭。

卷二二，《醮七星二十八宿法》，载醮祭北斗、二十八宿的方法；《杂使天关助国安家护身出灾度厄救人济物众法》《赤章助国伐贼法》《发符檄制止三官中凶恶为祟害人物等法》，系欲使鬼神救灾退贼、治病、驱邪的杂法。

卷二三至卷二六，载行符治病、断邪、捉禁、伏龙虎、断瘟、考召等法。

卷二七，所载多为缩地装天一类变化法术。缩地法，李淳风注云：

地轴篆是黄庭将军符，有三卷二十四将，将甚能缩地脉。缩千里为五里，或为百步之间，万里为十里，或为五步之间。

昔壶公先生能为之，费长房遇之，因宿壶中一夜长来以经三年，遂受此箓，能缩地脉日行万里之外，不可能及其人也。今人只知有缩地脉，不知地脉亦属北斗所管。欲缩欲开，皆自由也。长房曰：吾能开寸步为千里江山，千里江山摄为寸步地，神通自在之故也。

故其法即以步纲，掐诀行之。入洞天法，指以步罡念咒使洞天福地之门打开之法。《乘龙驾鹤乘风上天入地入水入石法》，指以罡诀禁制龙凤的办法，龙凤以桐木为像，缚于足下，云以掐诀制之，复加"蹑纪三遍，禹步九迹，配衣，转天关，指东方，天上青凤来，控御驾而乘上天，周游八方，来往不倦于仙府也"。《画地为江河或为众山法》，指以步诀变现江河或高山逃避追兵、盗贼之术。《变壶器盛天地六甲七星府天营出没隐现法》云：

夫志人修六甲二等功成，及蹑纪飞步三等功成，更佩受三元五德，法箓具足，自然通神变化，不测可以。能变一升之器，可容天地，如初造化自然之功也。

所谓壶，指一种葫芦，中纳以符、药，复对之禹步、念咒，称：

老君曰：夫为法者，先起于心。人若以心可忠，能盛着天地，作此法即成，心若不平，偏邪曲妒，学得法术，徒欲损人，又欲幻惑人，不为正直之道，事有邪假。身在天地之间，尚被鬼神所杀，不得寿终于天地，何况欲将小器化成大罗天地，此非即至心真志神圣造化功力，不能得见此法，况其欲行之得力也。

此类法术，道门中视为至秘，虽哄传于世，其"作法"则极少流传，此为研究它们的重要文献。

卷二八、卷二九，所载主要为考召法。考召，指考鬼召神，即召致鬼神，考校他的功过并予以处置的法术。凡有久病不愈、精神错乱、灾祸不断等，即请法师行考召法，查验作祟鬼神精怪并加驱治。道门中视考召为大法，正一、灵宝、上清、神霄、清微等皆行之。此处所载为早期的考召法，以踏罡步斗、存思、念咒及发符檄为主。其中考召法师说巡游图法，指存想带领神兵巡视各地捉祟，以掐诀、步纲辅助存想，称：

> 夫志心求道，须每十日一思存，游巡世界国土之中，领将军吏兵行数十里之外，如大将军行军布阵相似，亦存摄御前军，引导冲灭凶顽妖精，思复军，复军回合，卫我正真之炁，志人之身，亦救未晓之人身家灾害，助国安邦，济救危厄，两兵相伐，彼此俱散。志人长巡，即救得难，以著阴功，功满升仙也。

《考召法师存思说召延寿六星君名图法》，延寿六星君指南斗。古人认为北斗注死，南斗注生。故在人病危时请南斗星君救治，其法为禹步存想南斗司命到坛，存想：

> （老君）问司命，责宅神及地界社庙土地神官、名山洞府水司：何神管此间，何神判此地，住处司命，致令鬼贼害人？今仰火急检某病人年命寿数，文桉上，并便令此病限若干日差，仰速报待凭救治。

并发符檄召神将驱鬼。卷二九《考召法师存思木官起屋救病法》《考召法师存思说身巡游病家图法》《考召法师存思说青龙白虎朱雀玄武镇疾图法》，都是存想召致各类神将驱赶鬼祟精怪的法术，如：

此一法治病，法师先思存巡游病人家，入病人门内，直入户房内，见病人床上卧，师即呼召，存一阵野马散吏兵，把棒驱之，踏杀作祟鬼贼，惊叫奔走而散。又存野猪、大象、师子来，一一而并入房吃食，作妖精野鬼奔走。又存蛇、蜈蚣等毒物，捉捕作祟鬼贼精邪之物，趁捉亡散，而书次某鬼。

此书所载诸多法术，有的已亡佚不传，传者也多数被视作秘术，外人难得而窥之。同时，每术不仅载其法，亦叙其理，故为研究道术史及道法理论的重要文献。

（二）五雷正法

道法是道教的重要组成部分，随着时代的变迁，它也在发展着。从最初的吸收民间巫术的墓门解除、气禁、符咒，形成自己的道法系统，道教的法术系统一直处于变化之中，所以记载其法的典籍也陆续出世。宋以降，所谓五雷正法迅速发展起来，成为最重要的法术体系。参与到演习此法中来的，几乎综合了全部符箓道派。对于五雷正法的阐释，自然也不限于一派。不过，一般都将雷法理解成内丹学说与符咒等道术的结合，道门中有"内道外法"之说，而所谓道，则偏重于指修内丹有成，故又有内丹外法之说。

雷法是理论上最成熟的法术系统，其理论和操作方法常被收入各派的道法科书，或综合的道法集成如《道法会元》之中。除此之外，也还有些单行的书籍。比如《贯斗忠孝五雷武侯秘法》便是专讲具体雷法操作的，而《三十代天师虚靖真君语录》多涉及将五雷正法引入正一法的三十代天师张继先的有关论述，《冲虚通妙侍宸王先生家语》则记载了北宋末著名雷法大家王文卿的雷法理论，其他像元万宗师《雷法议玄篇》、王惟一《道法心传》，都是讨论雷法原理的重要著作。

（三）灵宝派斋法

历史上曾与上清、正一并列的灵宝派，也是一个重视各类法术的道派，而且灵宝法对于其他道派也有重大影响。即使宋元时期，龙虎山正一大真人总领三山符箓以后，灵宝派仍得以独立发展；明以后，灵宝派渐并入正一派，但是灵宝法仍大量流传。不过，明以后人们较熟悉的灵宝法，多施于阴事，以超度亡灵著称。但是，实际上，历史上的灵宝派法术，范围极广，凡隐形变化、镇压鬼神、驱邪伐祟，全都施行，超度特其擅场耳。因为唐代灵宝法箓置于上清之后，故常被称为中部法。

除上面我们谈符箓时提及的灵宝法箓、符书之外，在法术的操作上，灵宝法多斋法，本书另有仪式篇加以讨论；也有用于镇邪、祈祷等事的法术，这里稍作介绍。此类法术，早期灵宝法中，《太上洞玄灵宝五符序》《五岳真形图》及所传授的《三皇内文》，都已涉及。到了宋代，灵宝斋法发展成东华灵宝法，相关科仪论著皆常以"大法"为名，如《上清灵宝大法》等，而其符法也泛用于驱邪治病等，留下了一部分法术著作。

此派长于斋法，而其度亡斋法尤其流传广泛，且影响到其他各派。度亡，是法术的一大类，特别是其中许多内容意在使亡灵通过法师的功力，直接升入仙界或往生善道，是典型的企求凭借超自然手段改变对象存在状态和发展趋势的方法。这方面的操作科仪留下较多，而理论阐释不甚周详。南宋末至元初的郑所南《太极祭炼内法》则是对于此仪的操作并原理阐述较透的著作。据郑所南的理解，祭炼法系"葛仙翁祭鬼之法"，接续在灵宝派所认同的祖师葛玄的法统上，所以仍是灵宝法的一种；尽管在实际的历史上，祭炼法（又称炼度、济炼、斛食）是内丹法与原有的度亡法结合的成果。

三、一派或多派法术的集成

现存的法术著作中,有一些大部头的作品,其中多是诸派法术或者多派法术科仪的汇集。

(一)正一道法术科仪

东汉社会上曾经先后崛起不同的道派,最著名的为太平道与正一道。太平道传播几至全国,其道法应当卓然可观,惜乎遭了镇压,难知其详。正一道割据汉中数十年,社会环境相对稳定,可以从容地开展本教派的组织、理论建设,与之相应,道术的发展也可以综合传习,形成体系。

后世的《天师世家》及其他神仙传记中,对张陵等人的法术说得神乎其神,而且越是往后的记述,神奇越甚。这类记述,难以征信。不过,正一道对法术曾作综合、改进与发展,倒是事实。张陵当年的符书,皆已不传,详情无法考知。至于其法术大概,从他们召役的神将门类及所授的符箓,可以推知。当年他们的法术论著,一定非常可观,但现在存者无多,难以知其全貌,不过收于明《道藏》的《正一法文经章官品》四卷,尚可提供一些分析的资料。按正一道的法术操作,有斋、醮①和上章等不同的方式,当年应当有丰富的科书存在,但是多已亡佚,"章官品"只是上章时所召的神将的名录,可能只是卷帙庞大的正一法文经中的一部分,但是从中仍可看出其法紧密结合百姓生活、广泛多样的特点。

《正一法文经章官品》是依法术内容排列所召役的神将、仙吏的,

---

① 按:早期正一道的醮,与宋以后的作醮、打醮仪式不同,基本上只是在星光下醮祭后将星气布于事先准备好的木印上,然后以之印向病人以治病,参看《隋书·经籍志》。

从它的目录，可以推知其法术内容的广泛。从目录看，其法术内容，总共77条，实际每条下尚有若干子目。从这些内容看，他们的法术几乎涵盖了古人生活中的一切疑难、矛盾。大要有：

1. 经济类

此类法术庞杂多样。凡有《田作瓜瓠》《护蚕滋好》《保六畜》《主斩草》《主田种》《主蚕桑》《主六畜》《主鱼捕》及《主贾市》《市买欺诈》等。可以说，当时人的生产、经济活动的各方面都照顾到了，法术琐碎。

2. 生活类

《主利宅舍》《主徙宅舍》《利居宅》《主嫁娶》《主县官口舌》《解官事》《县官口舌》《县官怨仇》《解囚系牢狱》《远行万里》《入山不渴饮》及《逐盗贼》等术。

3. 疾病类

有《收癫痫》《收目病》《玉女医疾》《诸毒立差》《主收耳聋》《主收齿颊喉痛》《治劫杀注》《治蛇蝮五毒》《治肿痈鼠漏》《治风痹痿》《治久病淋露》《治疟疾》《治男女百病》《治呕逆咳嗽》《保产生胎妊》《治杂病》《治众疾》及《治喑哑》等。这些病，涉及内、外、五官、神经、传染等医学领域。

4. 丧葬类

中国人素来视丧葬为大事。前面提到原来围绕着丧葬有不少巫术。

早期正一法对之有所继承。《章官品》中罗列的有关法术，相当细密。就大目言，有《主冢墓》《收葬送冢墓鬼》《收先祖病子孙》《收死人耗害》，每项又有小目若干不等，将建墓送葬和葬后的隔绝人鬼都考虑在内了。

5. 雨旸请祷类

此类所占比例不大，但却很重要。中国是农业大国，影响收成的重要灾害，为雨过度成涝、过少成旱。正一道始处于巴蜀，多山，易遭旱灾，所以"请雨"远多于"主晴"，前者引十二条，后者只四条。

6. 度厄延生类

此凡《寿命度厄》《录魂长生》两目，在《玉女医疾》中也涉及"救命"。所谓度厄，与一般说的小灾不同，是指命中注定，到时必有灾祸，且有生命之忧，要想法予以禳解。过其厄，则能长寿。

7. 收精鬼类

此类最多，凡《收土公》《军兵收怪》《收万精魅》《治解社灶》《治虫鼠精怪》《治云中闲客鬼》《主土公鬼》《主土气鬼》《主收耀鬼》《主井灶鬼》等，另外《主冢墓鬼》在丧葬类中已提及。

8. 教徒专用类

凡《主解首过》《男女解罪》《录祭酒求录》《祭酒开心》及《叛道求还》等，是专为道民及教职人员所设。

9.反击邪法类

《诽谤诅咒》《收邪师》《解诅咒》《口舌诽谤》等目，皆是反击别人的诽谤等恶语言及诅咒等邪法。

（二）上清派法术

除正一法之外，上清、灵宝、净明、神霄、清微等先后出现的符箓道派，也都还有相应的经书留下，只是不一定保存齐全。现在只挑那些在《道藏》《藏外道书》等中能查到的稍加讨论。

上清派的符箓，我们在上面提到过一些。与之相关的法术操作，也还有一些留存。此一道派，在南朝至于宋前期，一直受到社会上层的钟爱，实际上居于主流地位。唐代综合诸家法箓，以上清箓为最高，而且一直沿用至今。所以在历史上，诸派修道思想、法术理论与具体操作，都受其影响，或者常常向之挂靠，在法前安上"上清"之称。所以，我们不能单看其名称径定为上清派法术；具体的情况，需要具体考订。像《上清天枢院回车毕道正法》则可以确定系该派的法术经书。据《道藏提要》介绍此书时引《茅山志》卷九《道山册》著录《上清回车毕道箓》，说"疑即此书"。① 按，箓与法不全相同，箓是行法的凭证，有箓才能召役箓上吏兵，方可行其法，而所谓法，主要指操作的方法而言，回车毕道箓未必即是此书，但是却可以肯定，回车毕道法有其箓相配合，为上清法无疑。而且，此法中首列其印为"上清九老仙都之印"，也可证明其法出于上清。盖九老仙都君为上清重要神仙，其印向来重秘。北宋时皇帝赐予茅山元符宫八宝，其中便有"九老仙都君印"，宫中视为重器，保留至今。该书主要载上清派的印、符、咒等法器以及伏魔、治病、祈祷等法。其中颇提及都天大雷火印及雷公符，但未见提及

---

① 任继愈主编：《道藏提要》，中国社会科学出版社，1991年版，第398页。

独立的雷部神吏，大致上为五雷正法盛行之前的经书，而且也可以看到上清法对于后世雷法的影响。

（三）北帝派法术

在道法的发展历史上，北帝派的法术也曾产生过巨大的影响。北帝即北极紫微大帝，北斗七星君即为其属下。北帝的崇拜由来已久，盖中国天文学中，以北极为天之中心，而以北斗为帝车，北斗转动为天象运行的中枢，引进术数，便是各类北极、北斗的崇拜和方术。所谓踏罡步斗之术，便是视天罡（北斗柄上末一星）具有莫大的威权和力量，模拟步之，认为可以禁制鬼神、飞行九天。后世又从步北斗之罡，衍为步五方星斗，也泛称为步罡或步星纲。

北斗、北帝的崇拜，很早就进入道教，正一盟威道便重视步斗、礼斗，而上清派宗师陶弘景《登真隐诀》曾载有"北帝杀鬼法"，又称天蓬神咒。后来天蓬咒又发展成完整的"天蓬大法"，今《道法会元》卷一五六至卷一六八还载有《上清天蓬伏魔大法》。及至五代以降，北帝派召役五雷的法术又独立演变成五雷正法，而盛行于北宋之末。故北帝法是综合了正一、上清等派道法又独立于世的道法，也曾成为传统法术向内丹外法的新法术——雷法过渡的桥梁。该派之法，不少被安上"上清"字样，大约其法术的发展，确实受过上清影响，同时也因为上清箓最高的缘故。现存《道藏》中有《北帝说豁落七元经》《北斗七元金玄羽章》《北斗七元星灯仪》《太上元始天尊说北帝伏魔神咒妙经》《太上洞渊北帝天蓬护命消灾神咒妙经》等，都是与北帝有关的法术经书。它们多出现于南北朝时期。据一些资料显示，唐五代时，北帝法相当流行，也出现了像谭紫霄等著名法师。而到了宋代，则有人对之加以整理，形成《上清北极天心正法》《上清天心正法》二书，存于明《道藏》，而以《上清天心正法》较为完备。《上清北极天心正法》称天心法系当年"太上降鹤鸣山日授天师指东北极之书"从而流传，又引：

> 虚静先生云：有两印，一系北极驱邪院印，又云都天统摄三界鬼神之印；二系都天大法主印。简而不繁，留付奇人，留传于世。

则此法实经过龙虎山传承，宋代的传出与三十代天师张继先有关。《上清天心正法》传于宋邓有功，其序称：

> 重删天心正法一部，分为上下二卷。仍略今时法师所用符咒，皆是北帝符，别作三卷，名曰北帝符文，在正法之外。

并说另有修三洞四阶实箓秘谱，足见其书乃是他的删改之本。但现存者分为七卷，或者后人又加分析。北极天心法以召劾鬼神、驱邪、上章诸法为主，大致用于禳灾治病等阳间法事。

由北极天心正法分出一个旁支，称为无上三天玉堂大法。现存于《道藏》中有《无上玄元三天玉堂大法》三十卷，同时收有《无上三天玉堂正宗高奔内景玉书》上下卷，系同一道派的法术著作。前者多述所谓玉堂大法的基本原理以及操作方法，后者则主要供修此派道法者自我修炼之用。《玉堂大法》卷一末有路时中记，称宣和庚子上元夜，遇赵升降，告知于飞升之际曾有秘书藏于茅山之顶，后数年时中在通守金陵任上，上山取出其书，因将之厘定为二十四品。并称自己承玉旨，许与龙虎嗣均礼，阳行阴报，昭格则过之。乃知其书为时中所造或所改编，自视甚高，在道法上欲与龙虎山正一真人即俗称的张天师分庭抗礼，而且也拟定了自己派系的法阶，其卷二即载之。玉堂法虽称赵升所授，实吸收了多派的法术要素，其中尤与北帝派关系密切，实为其分支。据《上清北极天心正法》称，天心正法止有三符，一为天罡大圣符，二为黑煞符，三为三光符。而《无上玄元三天玉堂大法》卷一《发明大道品》称："夫嗣玉堂者，与天为徒也。天为徒非他，三光而已。所以真师内修三光以成道，外运三光以为符。"足见一脉相承之迹。

（四）神霄、清微、净明诸派法术科仪

北宋末至于南宋，及于元，相继有神霄、清微、净明诸新符箓道派出现。他们皆以道法见长。其中以神霄法影响最深远，而以后出的清微法最为精致。

神霄法，起于北宋末，以行五雷正法为主，徽宗朝有林灵素、王文卿等以行此法著名，但恐非神霄创派人物。其创始过程，现在仍不甚清楚，只知其法自称传之元始天尊长子神霄玉清真王南极长生大帝，大帝居于大罗天上最高的一层。神霄法强调内道外法，以内丹修炼为行法之基。现存的以神霄为名的法术书籍尚有《高上神霄宗师受经式》《高上神霄玉清真王紫书大法》，严格说，前一书只是神霄法师取得行法资格的仪式，后一书才是该派的法术集成。神霄法还有不少被收进《道法会元》，如其送瘟仪，最大量的还是雷法科书。

《高上神霄玉清真王紫书大法》十二卷，前有序，叙述神霄法的来历与神奇，称玉清王以秘法传于下世，"首教于我"，似乎是其实际创派者的口吻，但因未署名，不知究竟为谁。其卷一又提及"神霄玉清王今玉帝就命人主准神霄玉清府"，征之史实，当年林灵素见宋徽宗，即大言："天有九霄，神霄为最高，其治曰府。神霄玉清王者，上帝之长子，主南方，号长生大帝君，陛下是也"[①]云云，则其书应即编定于徽宗朝。此书颇有理论，第一卷，《总序大法源》，并有论箓、论秘诀、论妙旨、论法等阐释其义，又有各类修行仪、日常咒语等，表现出其法有其独特的系统。以后各卷则载明其符、咒、诀、罡步等行法手段以及大护身伏魔战鬼、霹雳摧魔、神府祈雨等法术；同时也反复说明行道者应持戒、立誓等，表现了注意内修与外法统一的倾向。

---

① 《宋史》卷四六二《方伎传》。

继神霄流行之后，又有清微法现于世。清微一系，自称其法出自清微天元始天尊，元始之教分为玉晨（大道君）与老君，再一传而衍为真元、太华、关令、正一四派，十传而到昭凝祖元君（祖舒）又复合为一。[①]但是实际上，此派多承上清、灵宝、正一诸派道法又加以创新，尤其是与神霄派关系密切，至有"清微法者，即神霄异名也"[②]的说法。清微法后出，故能综合各家，不仅单独传承，也为其他各道派所吸收，故其传播甚广。现存清微一系的法术，一部分以清微的名义保存下来，一部分则汇进《道法会元》之中。以清微名义保存下来而较为重要的，有《清微神烈秘法》上下卷，《清微元降大法》二十五卷，另有《清微斋法》上下卷，以超度为重点。前两者表现了清微法的主要特征，在于行雷法，以祈祷、驱邪、治病等，亦行超度等法。其中《清微元降大法》理论与操作并行，较为可观。

源起于许逊崇拜而大行于宋元时期的净明派，也是一个符箓道派。其法颇受灵宝等法的影响，其书亦或冠以"灵宝净明"字样。此派经书多言许逊崇拜，从宋末元初起，则更加宣扬忠孝之道，但也行各类秘法。现存有关净明法的书尚有多种。其中如《太上灵宝净明秘法篇》《灵宝净明新修九老神印伏魔秘法》颇多日常行持、修仙咒诀、造印伏魔诸法；《太上灵宝净明飞仙度人经法》以《太上灵宝无量度人上品妙经》为根基，叙各类修仙之法，又多论各类运用之法，安镇、摄召等无一不备。

（五）《道法会元》

现今仍存世而又较为完整的道法集成，要数收于明《道藏》的《道法会元》。该书达二百六十八卷之多。其内容以编次各种当时流传的道

---

① 参看《清微仙谱序》。
② 《清微神烈秘法》卷上《雷奥秘论》。

法科范为主，诸法中又重雷法；同时首列《道法枢纽》阐说道法的基本理论，在部分法术科仪中，也间有对这方面的解释。其卷一的理论部分，称《清微道法枢纽》，含《法序》《道法枢纽》《清微大道秘旨》，其内容征之《清微元降大法》卷二五所载题为云山保一真人李少微授的《道法枢纽》，基本上一致，足见系以清微理论为主导，或者编者即为清微传人亦未可知。卷一同时收有南宋白玉蟾《道法九要》，亦系道法理论的简明概括。文中有云：

> 夫法者，洞晓阴阳造化，明达鬼神机关，呼风召雷，祈晴请雨，行符咒水，治病驱邪，积行累功，与道合真，超凡入圣。

但又强调法"本出乎道"。他们说的道，或得道，实指内丹有成而言。所以，这一部法术集成，不是简单的科仪汇萃，而是有理论有操作，以理论指导操作的著作。"会元"者，会于一元，其元即是道，也即是丹。除卷一之外，卷二至卷五，也多述清微传承和基本理论，卷六六收《雷霆纲目说》，卷六七《雷霆玄论》，卷六九《王侍宸祈祷八段锦》，卷七〇《王侍宸玄珠歌》，卷七一至卷七二《虚靖天师破妄章》《雷霆默朝内旨》等，都是阐述雷法理论的重要论著。当然，本书的主要部分，仍是各类道法的操作方法，书中称为"行持"，而其法又多以所召的主要神将为名，称某某大法或秘法，如九州社令蛮雷大法（卷一二五）、灵官马元帅秘法（卷二二二至卷二二六）；也有称为某仪，如神霄遣瘟送船仪（卷二二〇）；其中也列出了法术仪式中章表文书的格式，称为"文检"。

该书虽以《清微道法枢纽》为其主要理论，并泛引宋至元代神霄、清微、正一和金丹南宗白玉蟾等的论述，似乎全部系北宋末年始盛行的五雷正法。其实不全如此：其所收道法有很大一部分可能在雷法盛行之前便流传，其来源比雷法更古老，如卷一五六至卷一六八《上清天蓬伏魔大法》、卷一六九至卷一七〇《混元飞捉四圣伏魔大法》，系北帝派的法术，系从南北朝至五代逐步衍生与完善起来的；也有一部分道法，虽然传自张继先等人，但原来却并非雷法，比如卷二四六《天心地司殷元帅大法》，卷二五三起的诸种地祇法，卷二六一至卷二六八所收的酆都法，皆非雷法。大致上可以肯定，该书以清微道法理论为指南，对原有的各种道法作了整合。所以，《道法会元》所收的道法，以五雷正法为主，其法不止一派，其中既有正一、神霄、清微这样的大派，也涉及一些可能来自于别的道派或是从民间不知名的道法采撷而来的科仪，如卷一二二至卷一二三《邵阳火车五雷大法》，称由陈楠传出，但又说其法在邵阳地区流传，似乎是原来在民间流传的雷法，经过陈楠改编；另有天蓬法等非雷法的系统。

《道法会元》所收的各种"大法"，一般都首列"主法"，即该法所依恃的主要神灵，盖在行法中，法师需要变神，成为主法，才有指挥其属下天兵神将的资格。每法又各列"将班"，即将要指挥他们去完成各项任务的神将系列。然后才列"行持"即具体的操作方法。所以，其法显得具体而清晰，大多条理分明，可以显示出编制其法者的思路。一部份法术科仪还列有"师派"，即述其传承法脉。道门素有道不外传的说法，注明师派，是说明传承有绪，所行之法有来历，而非臆造。

《道法会元》中除了汇辑了大量的道法科仪，还收有《天坛玉格》《酆都黑律灵书》等秘不外授的"考鬼召神"等科仪的行法依据。这点尤其重要。盖自从道教形成教团以来，便极其重视召劾鬼神，而如何对鬼神加以"处分"便是一个问题。为此，道教中制定了不少处分鬼神的"律"，可以看成鬼神世界的法律文书。较早的有"女青鬼律"，现有同名之书收在明《道藏》，唯不知是否经后人增益改编。后世所制鬼律也有单本行世，现存于《道藏》中的《上清骨髓灵文鬼律》便是其中一种。此书题饶洞天定正，邓有功重编，前有邓序，可以肯定是宋代玉堂法的律文。而"其要皆所以批断鬼神罪犯，辅正驱邪"①，《道法会元》卷二四九至卷二五〇收《天坛玉格》，卷二五一至卷二五二收《太上女青鬼律》，卷二六五至卷二六八收《酆都黑律灵书》（包括使用该律时的方法），都是此类鬼神世界的律法，或者说他们为鬼神世界拟定的法律。其中特别重要的是《天坛玉格》，系统地记录了对于各类鬼神所犯罪行或所立功劳处分的标准，亦即所谓律；同时也记述了法师的阶次，升降的依据。因此，对于行法者来说，十分重要。《天坛玉格》并非任何人都可以使用，必须经过正式的仪式授予，故龙虎山嗣汉天师也藏之甚密。传说清代苏州道士施亮生得天师授予"天坛玉格"，并准于他再以授人，结果江南的正一道士多有得之者。《道法会元》所载鬼律、玉格，使得整个法术完整统一，复加理论的阐释，遂成为目前存世的最完整最有条理的法术集成。

四、研究综述

道教法术非常引人注目，但研究者却不多。这种情形，影响到了法术类典籍的研究。与养生、内外丹、哲学类的道经相比，对法术类的道经的研究要薄弱得多。除了少量专门论著从典籍的角度对之探讨、著录以外，涉及法术类道经的，大多数是从术数、法术、民俗等学科兼而及之。

对于法术类的道经较早涉及的，有刘师培的《读道藏记》，该书撰成于1911年，是作者读《道藏》的札记，并非专对法术类经典而作，但是其中一部分涉及法术著作。比如对于《灵宝五符序》的考证，对于人们理解今本《灵宝五符序》中尚保留着的灵宝五符旧典，颇有助益。

---

① 《上清骨髓灵文鬼律》卷前邓有功序。

不过，对于道书分类、考订用功最勤的，还是陈国符先生。他的名著《道藏源流考》及书中所附《道藏札记》《南北朝天师道考长编》，都对法术类经典有所涉及，如关于五符经、三皇经的考证，颇涉符书；有关上清经录的讨论，列出了上清录之目，而论禹步引《洞神八帝玄变经》，则又涉及三皇经派法术。

20世纪70年代末起，由任继愈担任主编、钟肇鹏为副主编，羊华荣、朱越利、王卡等人实际操作，用功多年，撰成《道藏提要》，各种道法著作凡是仍存于《道藏》者，都作了提要，并简述其问世年代等。此书后来数次重版。其对于具体经典的结论尚有可商之处，但其开创之功甚巨，而且其间有些结论虽云不能皆妥，但也有其因。盖道教著作，常不留撰者姓名、时代，今人要想正确判断，难度实在极大。

继《道藏提要》之后，若干学者对于道经分类作出过探索，其中就涉及法术类道书应当如何按现代图书目录学归类的问题。胡道静主编《道藏精华》[①]将法术类著作列入"方术门"，大抵仍使用传统术语，而曾参与过《道藏提要》撰写的朱越利于所著《道藏分类解题》，则将全部道经按现代图书分类予以重新归类，其中法术类书籍多数归入第壹部哲学的第六类"法术"，其中部分有关符箓授受科范的书籍，则归入"文学"部第十五类"戏剧"，盖以科仪如同戏剧有显著的表演性。法术类道书的归类，实际上表达了现代人对它们的定位，朱越利等人的探索，尚属初步，其结论也尚未取得学界共识，但作为一种尝试，颇引人注目，而且也会引发更多的思考。

如果说上述研究系专为典籍而论，对于法术类道书更多的讨论则在道派史、法术史、考古学、民俗学及佛道关系等研究中兼而及之。

早在民国时期，许地山、傅勤家等在研究道教史时，都涉及有关的法术道书，及20世纪70年代末中国大陆改革开放以后，研究道教的禁区一一被打破，在道教史研究中不再讳言法术、科仪等事，所以在道教

---

① 岳麓书社，1993年。

史中常涉及诸派法术，而论诸派法术又离不开有关法术的道书，只是一般从历史学维度做研究，对于版本的考订、内涵的分析，都较简略。而对于某些道派或道法的专题型研究中，则会对相关典籍作稍深入的考释分析。如李远国著《神霄雷法》，对神霄派的渊源、特征、流变作了系统的分析，其中也不能不涉及神霄雷法的相关书籍；刘仲宇《道教的内秘世界》《道教法术》对于符咒步诀的讨论，对于道教法术的讨论，都不可避免地讨论到前面提到的内容和各类道书。

总的看来，对于道法典籍的研究，尚处于初步阶段。相信随着更多的学者投入这项研究，会有新的成果出现。

建议阅读书目：

李远国:《神霄雷法》，四川人民出版社，2003年7月。

刘仲宇:《道教的内秘世界》，台湾文津出版社，1997年11月。

刘仲宇:《道教法术》，上海文化出版社，2002年1月。

主要参考书目：

刘师培:《读道藏记》,《道藏精华录》第一集，浙江古籍出版社，1989年9月。

陈国符:《道藏源流考》，中华书局，1963年12月。

任继愈主编:《道藏提要》，上海辞书出版社，1991年7月。

任继愈主编:《中国道教史》，上海人民出版社，1990年6月。

卿希泰主编:《中国道教史》，四川人民出版社，1996年12月。

朱越利:《道藏分类解题》，华夏出版社，1996年1月。

王　卡:《道教经史论丛》，巴蜀书社，2007年6月。

李远国:《神霄雷法》，四川人民出版社，2003年7月。

刘仲宇:《道教的内秘世界》，台湾文津出版社，1997年11月。

刘仲宇:《道教法术》，上海文化出版社，2002年1月。

作者简介

　　刘仲宇，1946年生，曾任华东师范大学宗教文化研究中心主任、华东师范大学明道道教研究所所长。长期从事中国哲学和宗教的研究，早年以《周易》及宋明理学为主，1982年起主攻道教研究，先重点攻治道教思想与文化研究，著有《中国道教文化透视》。其后，为了更深地理解道教思维特征，乃转而研究道教的法术、仪式，撰成《道教法术》；又因其与民间风俗颇多联系，故兼而研究儒、释、道三教与民俗关系，成《儒释道与中国民俗》《中国民间信仰与道教》。参与对道门人物传记的撰写，有《刘一明学案》《弘道八十年——陈莲笙道长事略》。主持国家社科基金课题"道教授箓制度研究"，成《道教授箓制度研究》，收入国家哲学社会科学成果文库。并应邀参与"中国道教科学技术史""中国民间信仰与社会"等国家社科、教育部重点攻关课题。

外丹经说略

容志毅

一、释外丹经与外丹黄白以及丹

"外丹经"是相对"内丹经"而言的。其中的"经"实际上包括了"经"和"诀"两部分:"经"就是经书;"诀"则包括了歌诀、诗诀、口诀和文诀,魏晋以前外丹书多用诀,晋以后道士则多将丹诀题为丹经。因此,所谓的"外丹经",就是烧炼外丹和黄白的经诀。

道教之所谓"外丹",实是"外丹"与"黄白"的总称:"外丹"是用矿物烧炼的长生不死丹药;"黄白"是人工烧炼的外表像黄金或白银的合金,除了作假黄金或假白银流通外,还作为测试外丹烧炼是否成功的标志。东晋葛洪《抱朴子内篇·黄白》说:

> 黄者,金也;白者,银也。古人秘重其道,不欲指斥,故隐之云尔。或题篇云庚辛,庚辛亦金也。

隋代以前称外丹为金丹,后因要与兴起的内丹相区别,至唐代时才将金丹称为外丹。唐代丹经《通幽诀》说:

> 气能存生,内丹也;药能固形,外丹也。

当然，在古人的观念中，"黄白"的概念并不仅仅局限于黄金、白银，而是泛指一切外表呈金黄或银白色的合金，特别是铜合金和铅汞齐。在金丹术兴起之初，外丹和黄白是相互依赖的两个部分，即所谓的"金成者丹成也，金不成者丹不成"。原因很简单，因为在道士们的眼里，黄金是"煮之不烂，埋之不朽，烧之不焦"的不朽不死的宝物，如果炼好的外丹能烧炼出黄金（黄白），就说明这外丹具有了像黄金一样不朽不死的功效，服食了这样的外丹，当然就能够让人像黄金一样不朽不死了。因此，道士们最初烧炼黄白的目的并不只是为了致富，而更多的是作为是否能够烧炼出丹药的测试手段，撰于南北朝的《太极真人九转还丹经要诀》就专门有"试丹法"：

取铅十斤，著铁器中，猛火火之令沸，投九转之华一铢于铅汁中搅之，须臾立成黄金九斤矣。

"九转之华"丹能在瞬间变铅为"金"，说明这丹已然炼成。

那么，"外丹"中"丹"的含义又是什么呢？虽说葛洪《抱朴子内篇》中有"金丹"篇，却并未解释什么是"丹"。事实上，丹的含义是有一个演变的过程的。历史上的丹，其最初的含义并非指的是什么具体的实物，而是指红色或红色系列的颜色，如橙红色、桔红色、紫红色等等，正所谓"丹者，赤色之名"也。而丹砂在自然界中恰好是较为容易得到的红色矿物，且不少需用红色的地方，颜料又大多来自于丹砂，故丹砂后来就被称之为丹。汉以后，随着炼丹术的兴起，加之丹砂及血液这类红色的物体被神化为有生命力的东西，所以丹砂便被道士们作为首选的炼丹药物。更凑巧的是，这些用丹砂炼出的丹正好又是红色的，故理所当然地被称作丹。再后来，不论是否用丹砂烧炼，只要所得的丹药呈红色，道士们都一概以丹相称，如"九鼎丹""五石丹""黄丹""铅丹"等等，它们的颜色大都在红色与橙色之间。甚至，随着炼丹原料的不断增多，如"五石""八石""七十二石"等等，所得的各种颜色的丹药也被称之为"丹",但这并未改变最初的丹是红色的界定。

随着"丹"的含义的不断演变,在道士们的眼里,"丹"已然是一种凝聚了天地精气的可见、可触摸的物质化了的"道"。老庄哲学中的"道"是不生、不死、不灭的形而上的道,而道士通过在丹鼎中模拟宇宙自然运行生发规律所获得的"道"(即"丹道"),虽然有一个"化生"的过程,却同样具有老庄之"道"的不死、不灭的性质,人吞食了这样的"道",也就同时获得了"道"(丹药)所具有的不死、不灭的性质和功能。因此,"道"不死,人亦不死,炼丹就是为了得"道",饵丹就是为了与"道"同体:道在我身,我身即道。为了得道,为了与道同体,为了长生不死,道士们在近1800年的时间里,执着地将矿物倒入丹鼎中,以期烧炼出那固体的、作为"道"的化身的丹药。在这里,宗教的执着与科学的探索融为一体:宗教的执着推动着科学的探索,科学的探索又强化了宗教的执着。

二、明《正统道藏》外丹经应入《太清部》而误入《洞神部·众术类》

道教自东汉以后便陆续有自己的典籍出世,这种整理典籍的做法实际上是从佛教那里学来的。佛教首先将自己的全集称为"一切经",至唐玄宗纂修道经时,便也学佛教的样子,将道教的全集称为"一切道经",但直至唐武后时才有"道藏"一词的出现。唐《一切道经音义》按三洞(洞真、洞玄、洞神)、四辅(太玄、太平、太清、正一)的方法,把道经全集分为七部。此后宋、金、元、明四朝所刊道藏,均沿用这种分类方法,且各朝道藏经书分部均有秩序。然元代道藏经板及各处道藏被焚,以致明正统年间重辑道藏并纂成明《正统道藏》时,各经书分部已多舛错,若欲由其而窥道藏本始,已不复可知。

《道藏》三洞，每洞各分为十二部，四辅则不分部。四辅的设置是要辅佐说明三洞：太玄部辅佐洞真，太平部辅佐洞玄，太清部辅佐洞神，正一部则通贯全藏。有关十二部的具体内容，南北朝道士孟安排的《道教义枢》卷二引《本际经》说：

> 第一本文，第二神符，第三玉诀，第四灵图，第五谱录，第六戒律，第七威仪，第八方法，第九众术，第十记传，第十一赞颂，第十二章表。
>
> 第九众术者，如变丹炼石、化形隐景之例是也。众，多也；术，道也。修炼多途，为入真初道也。

如此说来，《道藏》中之外丹经似应入众术部。但三洞共有三个众术部，那么外丹经到底应入哪一洞的众术部呢？按理，应入洞神部，因为"洞神者，召至鬼神，其功不测"，而外丹术在汉代兴起之初，就是通过召神致鬼以提升丹砂的功效、进而求得长生不死的。对此，司马迁《史记·封禅书》有很清楚的记载：

> 祠灶则致物，致物而丹砂可化为黄金，黄金成以为饮食器则益寿，益寿而海中蓬莱仙者乃可见，见之以封禅则不死，黄帝是也！

这段话的背后包含着一个很严密的逻辑：祭祀灶神就会使鬼神（"物"）下降，鬼神下降后即可使炉灶中的丹砂烧炼成黄金，用烧炼成的黄金做成饮食的器皿就会使人长寿，长寿的人就有机会遇见海上蓬莱的仙者，见了仙者后就会受到封禅，被封禅人就长生不死了。由此亦可想见，自秦始皇始，何以历代皇帝多有登泰山封禅之举，实是冀望长生之故。而这段话所记载的炼丹活动，实可为后世炼丹之张本。因此，表面上看是丹药的效力，实则是鬼神的神力渗透其中。这也是为什么所有的炼丹活动都有一套复杂仪式的缘故，原因就是希望在炼丹中求得鬼神的帮助。基于此，外丹经入洞神部似乎是顺理成章的。

因此，当明代重纂《道藏》时，道士们便理所当然地将外丹经收入洞神部的"众术"类。但这样分部是欠妥的，因为它只考虑到洞神部"众术"类是囊括"变丹炼石，化形隐景"的经书的，却没考虑"太清"部是专为辅佐说明洞神部众术类外丹及纬候类经书的，故《道藏》外丹、纬候类经书应入"太清"部。对此，宋张君房《云笈七签》卷六说得直白：太清以太一为宗，"所明多是金丹之要，又著纬候之仪"。又说：

> 太清者，孟法师云：大道，气之所结，清虚体大，故曰太清，以境目经也。……此经既明金丹之术，服御之者，远升太清，故言"太清"也。
>
> 《正一经》云：《太清（经）》，金液、天文、地理之经，四十六卷。此经所明，多是金丹之要。

而孟安排的《道教义枢》"七部义"则说：

> 太清经辅洞神部，金丹已（以）下仙品。

以此，外丹经确应入太清部而非洞神部"众术"类。然明《正统道藏》却将外丹经入洞神部"众术"类，反将老庄诸子之书入"太清"部，误也。今本《道藏》乃明《正统道藏》之影印版，故亦复踵其误。

三、历代外丹经之造作

按通常道理，书籍的记载应在记载的事物出现之后，且年代越往前便越如此。依此，则外丹经的造作就应是外丹出现之后的事了。那么，有文献记载的外丹最早大约是在什么时候出现的呢？据载，可能在舜帝时就已经有了。因为根据南北朝道士陶弘景所辑《真诰·稽神枢》的记载：

> 北戎长胡大王，献帝舜以"白琅之霜""十转紫华"，服之使人长生飞仙，与天地相倾。舜即服之而方死，葬苍梧之野。

则舜帝（夏代前，约公元前22世纪左右）的死，是因为服食了北戎大王所献的"白琅之霜"和"十转紫华"二种丹药所致。如此，则中国至迟于夏代时就已经有炼丹术的出现了，可惜此说证据不多，若再加上《史记·封禅书》载黄帝炼丹一事，也仅二例（其余道书所载可信度较低），尚不足于证明夏代时就已经有炼丹术。退一步说，即使依陈国符先生的说法：

> 我国之金丹术和黄白术，可溯源至战国时代燕齐方士之神仙传说与求神仙仙药。盖战国时代先有神仙传说与求神仙奇药，及前汉始有金丹术与黄白术之发端也。

则中国至迟在西汉时也已经有炼丹术了。所以，外丹经的出现至迟也应在西汉与东汉之间，而文献的记载亦正好与这个推测相吻合。当然，历史上最早的外丹经到底作于何时，这恐怕是一个永远没有答案的问题，而且似乎也没有这样提问的必要。因为按汉魏伯阳《参同契》的说法，仅汉代时就有"火记六百篇"的外丹经出世。如果《参同契》的说法不误，那么以600篇的巨幅，也非一时一代所能造作，更可能在汉代以前就已经有外丹经的出世了，可惜其中的篇卷大都亡佚，现在我们只能在存世的文献中见到几篇汉代的外丹经卷了。下面暂且以《道藏》为主要依据，对历代外丹经的造作略予述说。

（一）汉魏两晋外丹经之造作

汉魏两晋时期正是道教初创并逐渐发展的时期，为实现长生不死的宗教信仰，道士们开始了从求神仙仙药转向人工烧炼丹药，认为神仙手里的仙丹是可以在人间的世界里烧炼成功的。于是乎，烧炼不死丹药的活动便从此登上了历史的舞台，而外丹经的造作也随之拉开了神秘的帷幕。

说到外丹经的造作，不能不首先提到西汉淮南王刘安召集方士纂辑的外丹经《中篇》八卷。据《汉书·淮南王》说，淮南王"招至宾客方术之士数千人，作《内书》二十一篇，《外书》甚众；又有《中篇》八卷，言神仙黄白之术，亦二十余万言"。淮南王后因谋反被诛。《汉书·刘向传》说淮南王刘安有"《枕中鸿宝苑秘书》，书言神仙使鬼物为金之术"。东晋葛洪《神仙传》也说："又《中篇》八卷，言神仙黄白之事，名为《鸿宝》。"因此，《枕中鸿宝苑秘书》就是《中篇》八卷，专言外丹黄白术，为淮南王宾客中的八公所作。惜此书大都亡佚，现存《淮南万毕术》乃后人据《枕中鸿宝苑秘书》辑佚，已残缺不全。除《枕中鸿宝苑秘书》外，八公又授淮南王《三十六水法》，该经是现存最早的水法炼丹著作。汉代尚有其他外丹经出世，如《汉书·艺文志》就载有外丹经《泰壹杂子黄冶》三十一卷，而"三茅君"亦曾造作过外丹经，但现在连书名是什么都不知道了。

迨至东汉顺帝，道教兴起，外丹烧炼日渐增多，外丹经的造作也随之增多。今本《道藏》载最早外丹经，是张道陵所得《黄帝九鼎神丹经》，又称《九转流珠神仙九丹经》，约出于西汉末东汉初；张道陵的另一篇外丹经是《太清经天师口诀》。另外，《太清金液神丹经》《太清金液神气经》《文始先生无上真人关令内传》等均为汉代所出，而汉魏伯阳所撰《周易参同契》，则是保存最完好的一部汉代外丹经，该经虽仅6000余字，却对炼丹理论及方法作了较系统的阐述，内容相当丰富。其"丹鼎歌"一篇，是现存关于炼丹的重要工具"丹鼎"的最早记载。也是在同一时期，炼丹术藉道教势力获得迅速发展。《后汉书·刘焉传》载："张陵，顺帝时客蜀，学道鹤鸣山中，造作符书，以惑百姓。"《太平广记》卷八说张道陵得"九鼎丹法"，并传给其弟子王长、赵升。据陈国符考证，"九鼎丹法"是现存最古的金丹之法。

大约为汉末至东晋时期的狐刚子，曾造作了《五金粉图诀》《出金矿图录》《狐刚子感应类丛谱》等外丹黄白术方面的书籍。但狐刚子为何时代人，学界并无定论。赵匡华云其为汉代人："大约是公元1世纪，后汉明帝、安帝时人。"而陈国符则说他是东晋人："在晋代，大致与葛洪同时，狐刚子实为最大之外丹黄白师。""狐刚子，一作狐罡子，东晋人。"综合二人意见，则狐刚子约在汉末至东晋葛洪之间。

值得注意的是，原来并不从事炼丹、服饵活动而主张以存思、服气为主的道教上清派，却在此一时期造作了两部专论外丹的经书，即《太上八景四蕊紫浆五珠降生神丹方经》和《太微灵书紫文琅玕华丹神真上经》，其中的《太上八景四蕊紫浆五珠降生神丹方经》，是现存最早的、记载了原始火药配方的外丹经。

另外，东晋时期还出现了一位道教史上最著名的炼丹家葛洪，他是炼丹史上承前启后的重要人物。他继承了早期的炼丹理论和实践，并在数十年的炼丹实践与学习中加以丰富和发展，所撰写的《抱朴子内篇》对后世炼丹家有很大影响。该书实际上是对西晋末年各种方术的提要，举凡金丹、仙药、黄白、房中、吐纳、导引、禁咒、符箓等，均作了概括性叙述而又以金丹之说为主。其《金丹篇》记载的"九鼎丹""太清神丹""金液"，即所谓的金丹。

（二）南北朝隋唐外丹经之造作

在道教炼丹史上，南北朝是一段重要的转折时期。此一时期，道教经寇谦之、陆修静、陶弘景等人的改造后，取得了统治阶级的支持，道教炼丹术也因此获得青睐，使汉魏两晋时期主要由道士个人或道团内部分散的炼丹实验，一跃而为统治者支持的、由门阀士族参与的规模化和官方化的炼丹活动。

毫无疑问，陶弘景应是此一时期最著名的炼丹家。在为梁武帝烧炼"九转丹"的长达20年的时间里，陶弘景进行了大量的炼丹实践，并在外丹经的传承和纂辑方面做了许多工作。在他隐居茅山的45年里，共造作了《合丹药诸法式节度》《集金丹黄白方》《太清诸丹集要》《炼化杂术》《服云母诸石方》等外丹经，可惜均已亡佚。这些工作奠定了他在道教炼丹史上的重要地位，并成为茅山丹鼎派的一代宗师。但在外丹理论和实际操作方面，陶弘景均缺乏创新，在数度炼丹失败后，仍拘泥于只用谷糠烧炼，而未尝试其他燃料，几乎导致炼丹失败。

至隋末唐初，炼丹术已臻兴盛。此一时期出世之炼丹著作数量颇巨，举凡如《黄帝九鼎神丹经诀》《甲庚至宝集成》《大丹铅汞论》《金碧五相类参同契》《丹方鉴源》《张真人金石灵砂论》《太古土兑经》《龙虎还丹诀》等等，均是这一时期所造。隋末道士苏元朗本以内丹见长，但亦兼炼外丹，其所撰《宝藏论》共载药金、药银近30种。唐代另一著名道士梅彪所撰《石药尔雅》，共载"诸有法可营造丹名"69种，载"诸大仙丹有名无法者"28种。由此可见，唐代时有丹名的炼丹方法不下97种。另外，唐陈少微所撰《大洞炼真宝经修伏灵石妙诀》，记载了多种"砂"的炼制方法，其中甚至包含了朴素的辩证思想；而唐徐久的《轩辕黄帝水经药法》，则是自汉代《三十六水法》之后的第二部水法炼丹书。这都从一个侧面说明，唐代外丹经的造作，确已达到一个鼎盛阶段。

唐末五代，炼丹术始显颓势，然承唐代炼丹极盛之余绪，丹炉之火仍绵延不绝。据传为孟要甫所撰《庚道集》，其中所载丹方数量之多、使用药物之广、药物配方和剂量之合理、制备器具之详明，在现存丹书中实无出其右者。又五代或宋代郑思远所撰之《真元妙道要略》，亦为道教炼丹重要经典之一，该书详细描述了火药燃烧现象；而《诸家神品丹法》所收"日华子口诀"16条，据《陈国符道藏研究论文集》载，

"日华子一生由五代以及宋初",其外丹著述亦多。五代时梁太祖服道士庞九经炼制的金丹后,"眉发立堕,头背生痈"。南唐烈祖也因服饵金石药物而患疽致死。

(三)宋元明清外丹经之造作

宋代尽管内丹张显,但外丹的烧炼却薪火不断。尤其值得一提的是程了一所撰《丹房奥论》,该书凡16篇,论述了矿物的鉴别、药石的炼制、烧炼的火候、制转、浇淋、点化、燃料等操作事项,是此一时期外丹经的代表。据宋张邦基《墨庄漫录》卷三载:

> 章圣时,炼丹一炉,在翰林司金丹阁。日供炭五秤。至宋神宗熙宁元年(1067),犹养火不绝。刘奕,延仲之父,被旨裁减百司,此一项在经费之数,有旨罢之。其丹作铁色,诏藏天章阁。张忠定公安道居南都,炼丹一炉,养火数十年。丹成,不敢服。时张刍圣民守南都,羸瘠殊甚,闻有此丹,坚求饵之。安道云:不敢吝也,但此丹服火之久,不有大功,必有大毒,不可遽服。圣民求之甚力,乃以一粒如粟大以与之,且戒宜韬藏,慎勿轻饵。圣民得之即吞焉。不数日,便血不止,五脏皆糜溃而下,竟死云。

这一时期出世的外丹经仍为不少,如《修炼大丹要旨》《丹房须知》《还丹众仙论》《指归集》《金华冲碧丹经秘旨》《渔庄邂逅录》等等,而宋代文人如苏轼、苏辙等都曾炼过丹。沈括《梦溪笔谈》也记载了当时的一些炼丹情况。

元代炼丹术仍有余绪。当时道教著名人物陈致虚、俞琰等人,虽都属内丹派,但对外丹仍很熟悉,在他们的著述里均采用了大量外丹术语来阐扬其内丹学说。其他如《丹阳术》《月桂长春丹法》等,显示炼丹及造作外丹经书，仍是道士常为之事。

明代炼丹术曾出现了短暂的"回光返照"。据《明史·佞幸》说：明世宗求长生，王金与"（申）世文及陶世恩、陶仿、刘文彬、高守中伪造诸品仙方"，"与所制金石药并进。其方诡秘不可辨，性燥，非服食所宜。帝御之，稍稍火发，不能愈"，"未几，帝大渐。遗诏归罪金等"。又《明史·佞幸》说：礼部尚书太子太保顾可学、礼部尚书太子少保盛端明"食禄不治事，供奉药物而已"。这里的"药物"即是丹石之药。明代还刊行了《庚辛玉册》《金丹要诀》《缘遇编》《造化钳锤》《黄白镜》等外丹经。另外，值得注意的是，明代时出现了另一类长生不老药——"红铅"，其实质就是李时珍所谓"惨忍邪秽者"的一种，是明代上层社会相当流行的一种长生不老药。只是该药空有"铅"之名，而无铅之实，是采用少女初潮经血提炼而成。这反应了炼丹术药物有一个由矿物、植物到人体分泌物的演变路径。该路径分化的出现，实由矿物丹药之毒性所致。

清代仍有炼外丹者，同治十三年（1874）间还有《金火大成》刊印，收有25种外丹要籍。

到了近代，民间及宫观中仍偶有炼外丹者，但大多出于医疗目的。如已故四川著名炼丹家张觉人先生即是其一，他积60年炼丹经验撰写的《中国炼丹术与丹药》一书，记载了28种主要丹药的炼法及在临床上的应用，是医用炼丹术颇为珍贵的资料。另外，台北保安宫近年在修复宫观时，发现了一册据推断记于20世纪五六十年代炼制医用丹药的纪录，共55页。说明炼丹术发展演化至近代，已完全转入了医药的范畴。炼丹求长生的欲望，也随着时间的流逝，终于幻化为阳光下的泡沫，消失在历史的长河中了。

四、《道藏》外丹经要辑说略

今本《道藏》36册中，有专论外丹的经诀约95篇，仅第19册洞神部下就记载了本属太清部的炼丹经诀68篇，余约30来篇散见于洞真部上清经及洞神部三皇经中。这些外丹经诀构成了《道藏》宏富的外丹学说体系，亦是古代原始化学和医学的重要组成部分。藉由如下几部重要外丹经的讨论，亦可大略窥见道教外丹术与中国古代化学、医学、矿物学、文学、艺术乃至宗教、政治等因素相互缠结在一起的缘由。

（一）《参同契》说略

成书时间可能稍晚于《黄帝九鼎神丹经》及《三十六水法》的《周易参同契》，大约写于汉顺帝与汉桓帝（126—147）之间（有关该书出世之朝代，学界尚有争议，此暂以汉代说为据），是世界上现存较古老且完整的炼丹著作，至宋代时更被道徒们奉为"万古丹经王"，对道教炼丹思想及理论影响极大，自汉以来，凡论炼丹者，罕有轶其范围的。以下从三个方面对《参同契》略予解说。

1.《参同契》名实辨

《参同契》一书一般冠有"周易"二字，称《周易参同契》。晋葛洪《神仙传》中有"伯阳作《参同契》《五相类》凡三卷"之语，并未冠以"周易"。而陶弘景在《真诰》注中有"《易参同契》"之称，多一"易"字。但此后志书均冠以"周易"。可见"周易"二字系后人所加，成书时，仅名《参同契》。

而《参同契》中之所谓"周"，系指周代之名。相传三代易名，夏谓《连山》，殷谓《归藏》，周谓《周易》，易是因代题名。这点，成书于西晋的《真诰》亦持此说，在其《运象篇》中曾以"廋辞"形式云及杨羲："偃息盛木，玩执周书。"陶弘景注云："此八字即是作'杨'字也。"意即前4字暗合"木"字，后4字则暗合"易"字。故所谓"周书"实为《易》，也就是《易经》或《周易》。

但"易"字之解法则颇有不同，计有蜥蜴说、变易说、平易说、日月为易说、筮官说、策占说等等。然而通过对新出土的甲骨文的研究，表明最初的"易"的本义为"倾倒、倾注"，其他如赏赐、改变、交换、更易等含义均是其本义的延伸，既非蜥蜴象形，更非从日从月或从勿，小篆及隶书定后从日从勿，乃字形演变的结果。

那么"参同契"的含义又是什么呢？宋代朱熹以前，多以"参"为"杂"意，至宋俞琰始以"三"解题，认为"参"与"三"相通。故"参同契"实指大易、黄老、炉火三道相通，如符合契。具体说，"大易"是指基于《周易》阴阳变化道理之上的安身立命术，"黄老"则指的是顺应自然的男女合气术，"炉火"就是外丹术。

2.《参同契》几个关键字词的释读

《参同契》于唐代盛行后，关于它的内容便歧见纷呈。元陈致虚对此有过精到的描述：

> 后人各执异见，不立苦志参访真师，不明阴阳同类相胥，各尚所闻，愈差愈远。彼见"周易"，则指为卜筮纳甲之书，又恶知同类得朋之道乎？彼见"鼎器之说"，则猜为金石炉火之事；彼闻"采取之说"，则猜为三峰采战之术；彼闻"有为"，则疑是旁门邪径；彼闻"无为"，则疑是打坐顽空；彼闻"大乘"，则执为禅宗空性。（《周易参同契分章注》）

因此，就连朱熹这样的大家也说："(参同契)用字皆根据古书，非今人所能解，以故皆为人妄解。"妄解的原因不少，但很大一个原因是其中一些字词过于晦涩，如"根""一""元""胞""内"等，一旦将这些关键的字弄懂后，读起来便豁然开朗了。

《参同契》中的"根"，一般可解作男根。而"元"则是元胞，元胞就是女器。因此，"归根返元"的意思就是：归至男根、返回女器。又由于"一"与易经中的阳爻"—"相近，黄老道徒们便借"—"为"一"来表示男根。郭沫若先生就曾将阳爻"—"与阴爻"--"分别解作男根和女阴，而陶弘景的《养性延命录》则说："人年六十，当闭精守一。"《太平经》亦说："一者，数之始者，生之道也，元气所起也。"又说："子欲养老，守一最寿。"故《参同契》中的"抱一勿舍"和"一者以掩蔽，世人莫知"，似与《太平经》中的"守一"相同。但无论是"一者"还是"守一""抱一"，其中的"一"在黄老道中均可作男根解。

《参同契》中另一个难理解的字是"内"。然一言以蔽之，所谓的"内"，实际上指的就是"内人"，中国古代多称妻子作内人。然此"内人"似非仅指妻子而言，应为"女子"的泛称，这样就更加契合黄老术的原貌了。了解了《参同契》黄老一词的来龙去脉及相关含义，对于"引内养性，黄老自然；含德之厚，归根返元；近在我心，不离己身；抱一勿舍，可以长存"一段文字的所指，也就不难理解了。最显而易见的是"毋舍"二字，其义明明白白地说："勿泄精"，否则就滑向了"顺而生人"的路子上去了，而"顺则生人，逆则成仙"历来就是黄老术需要参透的至理。特别需要指出的是，在"黄老用究，较而可御"句中，"较"之一字，实乃"交"字之隐语，是"交而可御"。如此读来，确有"理通而契合"之感，可谓恍然有悟、神明清朗了。

3.《参同契》的外丹学说

《参同契》吸收、发展了汉代易学及矿学方面的成就，将它们用于外丹学说的建立与阐释，主要表现在可称为"丹鼎小宇宙论""丹药生成化合论""丹药五行反应论"和"铅汞大丹论"这四个方面。

"丹鼎小宇宙论"认为，修丹与天地造化乃同一道理，天道与丹道是相通的。此说将丹鼎视作一个小宇宙，以应自然界的大宇宙；以小宇宙的药物，应大宇宙的日月星辰；以丹鼎内药物的烧炼变化，应自然界万物阴阳五行的运作。因此，丹鼎小宇宙不仅能有效地浓缩空间，也能够极为有效地浓缩时间。这种时空的浓缩效应，正是促使炼丹家不断将矿物药倒入鼎中的重要原因之一。"丹药生成化合论"将阴阳学说用于解释丹药的生成，认为万物的产生和变化都是阴阳相须交错、使精气得以舒发的结果。《参同契》推崇铅汞阴阳二药，以铅为阴，以汞为阳，阴阳二药在丹鼎内雌雄交合，造化施功，从而促使铅汞和水火之气相交合，于丹鼎之内生成至药还丹。"丹药五行反应论"就是借助五行学说以阐明丹药的变化过程，藉以解释药物相互化合的原因，从而说明铅、汞、丹砂、仙丹等丹药的转化及生成。《参同契》所建立的这个外丹理论，成为后世道教徒烧炼外丹时普遍遵循的原则。"铅汞大丹论"就是主张只用铅汞为原料烧炼大丹。因为铅是"五金之主"，而汞则是"灵而最神"的升仙灵液。另外，《参同契》的外丹理论还包括在它的所谓"此两孔穴法"中，该法认为，在固态铅上，好像存在着流出、流入两个孔，当液铅从出孔流出时，铅就变成了液铅；当液铅从入孔流入时，又重新还复为铅。同样，当丹砂中的汞从"出孔"流出时，就只见汞而不见丹砂；当汞从"入孔"流入时则只见丹砂不见汞。这是《参同契》时代未能明了铅的凝固及熔化的物理和化学机理时的一种解释，也是《参同契》主张只以铅汞炼丹的一个重要原因。

依上所论，《参同契》的主旨就是炼大丹、服大丹，因为在当时道士们的观念中，只有炉火大丹才是通往不死成仙的不二法门。故此，《参同契》就是一部借炉火大丹而致神仙不死的外丹经。

(二)《黄帝九鼎神丹经》说略

据陈国符考证，出于西汉末东汉初的《黄帝九鼎神丹经》，即唐人所辑《黄帝九鼎神丹经诀》之第一卷，其与晋葛洪《抱朴子·金丹》所引《黄帝九鼎神丹经》内容、字义相同，属《黄帝九鼎神丹经》之正文部分。而《黄帝九鼎神丹经诀》卷十的"真人歌九鼎"及卷二十的"九鼎丹隐文诀"，则是该经原文之摘录。且《道藏》收录的《九转流珠神仙九丹经》，实是《黄帝九鼎神丹经》的经文、丹法及注文。该经后为左慈、张陵所得，遂行于世。

据葛洪《神仙传》卷四载，张陵得《九鼎丹经》以传弟子王长、赵升。《汉天师世家》载张陵率"弟子王长从淮入鄱阳，登乐平雩子峰……炼丹……溯流入云锦山炼九天神丹。丹成而龙虎见"。云锦山亦因此被称为"龙虎山"；而九鼎之出，恐是方士杜撰。考武帝元鼎四年，方士公孙卿利用汾阳出土大鼎之机，上献鼎书，杜撰"黄帝得宝鼎宛朐"和"黄帝采首山铜，铸鼎于荆山下，鼎既成"，黄帝因之得道而骑龙上天等故事。《史记·封禅书》载：

> （黄）帝得宝鼎神策，是岁己酉朔旦冬至，得天之纪，终而复始。于是黄帝迎日推策，后率二十岁，复朔旦冬至，凡二十推，三百八十年，黄帝仙登于天。

《史记·孝武帝本纪》载：

> （武帝）北巡朔方，勒兵十余万，还祭黄帝冢桥山，泽兵须如。上曰："吾闻黄帝不死，今有冢，何也？"或对曰："黄帝已仙上天，群臣藏其衣冠。"

黄帝不死在道士们看来是可信的。因此《黄帝九鼎神丹经》的命名，可能与黄帝不死与铸鼎的故事有关。而且还有另外一重要原因，就是假黄帝之名以自抬其说。《淮南子·修务训》云："世俗之人多尊古而贱今，故为道者必托之于神农、黄帝而后能入说。"如《神农本草经》《黄帝内经》皆是，故该经之命名与此风不无干系。而经名所冠"九鼎"，除"九"为阳之极数外，尚与古人视鼎为神圣之饮食器有关，正所谓"致物则丹砂可化为饮食器"是也，实乃观念崇拜之产物。

对《黄帝九鼎神丹经》的外丹思想及理论，赵匡华先生曾从六个方面作了概括，他说：

> 其一，他们摒弃了自战国以来以服食草木仙药为主，以服食某些天然矿物（如丹砂、云母、石钟乳）为铺的长生术，转而独尊经人工升炼的神丹。……为丹鼎派发表的"宣言书"，或者说是丹鼎派炼丹术思想的核心。其二，炼丹术的"丹"在这里首次亮相，这是现存的最早记载。其三，以金液、还丹为中心，"藉外物以自坚固"的长生术指导思想从此确立起来。……其四，明确指出制作金液（药金）、点化黄金乃为服饵长生，而非（也不应该）以发财致富为目的。其五，这部丹经明确指出，神丹既可服饵，又可点化黄金，兼有捍卫肉体与加速金属精化、演进的特异功能，而且把点化药金的成败作为神丹灵验与否、修炼火候是否适当的一个检验标准。其六……提出天然金石矿物积郁了太阳、太阴之气，而含有大毒，于是提出以火炼的方法来制伏其毒，并提炼其飞升的精华。正是出于这种见解，道士的服食便从直接饵服天然金石（主要是黄金、丹砂）过渡到火伏金石，升炼神丹……的炼丹术技艺。

《黄帝九鼎神丹经》的思想及炼丹经验，为后来道教外丹经所继承，尤其对葛洪"假求外物以自坚固"的金丹理论的形成，起到了重要作用。魏伯阳更直接继承了该丹经的思想，他说："惟昔圣贤，怀元抱真，服炼九鼎，化迹隐沦。"还说："先白而后黄兮，赤黑达表里，名曰第一鼎兮，食如大黍米。"所谓"第一鼎"，即《黄帝九鼎神丹经》中的第一鼎"丹华"。可见魏伯阳是很熟悉这部丹经的。

（三）《太清金液神丹经》说略

《太清金液神丹经》，李约瑟等认为年代难定，但肯定在南朝梁以前，含公元320年至330年在内，但大多文字更可能是第五世纪初的。今按：此年代段隐指葛洪及稍早于陶弘景，实与内容不合。陈国符据原文韵脚考证，定此书出于西汉末、东汉初。142年张陵得此书，且托名太上老君授，以故神其说（正如《九鼎丹经》托名黄帝一样），尽管今本有张陵序，然亦可能如张陵所言，此书在他之前已有。果如此，其成书年代与陈氏所言亦不矛盾。因此，说《太清金液神丹经》卷上为现存最早丹经之一（略有后人文字混入）亦不为过，它与《参同契》约略同时代而稍早。至于"太清"之冠名，如前所述，实因其属《太清经》金丹黄白部之故。

《太清金液神丹经》分上、中、下三卷。卷上可分为三部分：其一为天师张陵所作之序，论及导引行气、炼制金丹、淋浴斋戒等，显示了早期道教修炼中内养与外炼并重的特点。其二为叙述"太清金液神丹"的经文，其主体是一首"合五百四字"的韵文，体现了炼丹中水法与火法并重、行气与导引共融的特点。其三是韵文所作之《注》："此《太清金液神丹经》文，本上古书，不可解，阴君作汉字显出之"，无非是将古文《金液神丹经》用今文作出诠释。我们知道，今文经与古文经之分的一个依据，就是所写文字的不同。今文经是经师口授，以汉代流行之隶书写成。从《太清金液神丹经》内容上看，不可能是先秦六国时的作品，如前所述当出于西汉末东汉初，此时虽以今文说为主导，但亦不排除在阴君之前（约西汉末东汉初）有人以古文经的形式撰写了该丹经，因此才有阴君以今文"作汉字显出之"之记载。然此话显系后人追述之语，故阴君与张道陵一样，应为东汉末传人之一，而非撰者本人。按阴君即为东汉末之道士阴长生，阴传授给马鸣生，而马又于青城山传授《太清金液神丹经》。因此，该丹经成书时间最迟不会晚于马鸣生。

而上卷经文所述六一泥及玄黄作法，则多与《黄帝九鼎神丹经》相同，唯玄黄中水银或铅的用量采用了《三十六水法》的配方："水银九斤，铅一斤。"而《黄帝九鼎神丹经》是："水银十斤，铅三十斤。"二者在铅的用量上差了许多。在此基础上经文紧接着又提出了"作丹法"：取好胡粉 [$PbCO_3$ 或 $Pb(OH)_2 \cdot 2PbCO_2$]，放在铁器中以火加热，如金色，与玄黄等分，和以左味（醋）治万杵，涂上下釜内外……再加越丹砂十斤，雄黄、雌黄各五斤，以六一泥涂釜际会处……经马屎、糠火烧三十六昼夜，药成，冷却一日，打开，以雄鸡羽扫取，即得金液神丹。其成分大约为 HgS、As_2O_3、As_2S_2、As_2S_3 的混合升华物，服之七至十日，任何人都可成为神仙。当然，"药成者，金成"的检验标准在此也是成立的："先以一神丹投水银一斤，合火即成黄金。"这里的"黄金"应主要为砷汞齐。

中卷署名为"长生阴真人撰"。正文的主体是卷首的"金液还丹歌"，注云："凡六十三字，本亦古书难了，阴君显之。"从歌词看，似为水法金液的描述。此卷并有"作霜雪法"：取曾青、礜石、石硫黄、戎盐、凝水石、代赭、水银七物合治，以醇醯和之，置土釜中，苇火其下，四日夜，神华霜雪上著，雄鸡羽扫之，名曰霜雪。据赵匡华、吴琅宇先生推断，文中所得"霜雪"可能是氯化亚汞（甘汞 Hg_2Cl_2），为现存文献中之最早记载。

丹经下卷为"抱朴子述"，多记葛洪在扶南等南海诸国考查当地有关丹砂、硫黄、曾青等产地情况。然葛洪扶南之行是否成立，学界尚无定论。但无论是葛洪亲历，还是据传闻所写，抑或为后人伪托，其与《太清金液神丹经》已无多大干系。

(四)《三十六水法》说略

考中国古代炼丹术有火法炼丹和水法炼丹两种，相对水法炼丹来说，道教丹术更大量使用的是火法炼丹。与火法炼丹聚天地精气的方法不同，水法炼丹要在提取存在于金石矿物中的精气。方法虽有不同，其实则别无二致，都是为了获取外部金石中的不朽精气，进而寿若金石，长生不死。

今《道藏》所录《三十六水法》，为现存水法炼丹的早期著作，唐《轩辕黄帝水经药法》实据此书而出。据《黄帝九鼎神丹经诀》卷八"明化石序"谓：

> 臣闻凡合大丹，未有不资化石神水之力也。此水之法，虽自黄帝，至于周备，则是八公"三十六水"之道也。
>
> 昔太极真人以此神经及水石法授东海青童君，君授金楼先生，先生授八公，八公授淮南王刘安。

陈国符先生考证后认为，《三十六水法》乃汉代古籍。《太平御览》有"淮南王安从仙公受《金丹》及《三十六水方》"之说，故该书出于汉代大概不会有错。葛洪《神仙传·淮南王八公》亦载：

> 一人能煎泥成金，锻铅为银，水炼八石，飞腾琉珠……千变万化，种种异术，无不有效。遂受丹经及《三十六水法》等方。

该法涉及到溶液中酸碱平衡、沉淀平衡、氧化还原平衡和络合反应平衡四个平衡在内的多种水法反应，通常采用将金石药物置"华池"内溶解为溶液或悬浊液的方法进行。但水法炼丹并非一成不变，在晋、尤其是在隋唐以后，道教炼丹术有将水法与火法相结合的趋势，在炼丹中交替使用，不再单独分出水法或火法，特别在一些炼丹中使用了植物、植物灰以及成分较为复杂的金石药物后，使用水法伏炼的情况就更多，这在稍后的炼丹著作中有不少记载。

《三十六水法》或"三十六水经"包括了矾石水、雄黄水、雌黄水、丹砂水、曾青水、白青水、胆矾水、磁石水、硫黄水、硝石水、白石英水、紫石英水、赤石脂水、玄石脂水、绿石英水、石桂英水、石硫丹水、紫贺石水、华石水、寒水石水、凝水石水、冷石水、滑石水、黄耳石水、九子石水、理石水、石脑水、云母水、黄金水、白银水、铅锡水、玉粉水、漆水、桂水、盐水。今本《三十六水法》在这第三十五"盐水"之后说：

> 右三十六水法，古本省要，易可遵用。而诸石中，亦有非世所识，丹药不尽须之者。其朱点头十五种，是后荐之，限石名既同，所以合此也。

所谓"朱点头"今已不见。然据此，原书之水应从上述35种水中去掉15种。这样，原来古本中应有20或21种水。《抱朴子内篇》中的《金丹》《黄白》《仙药》等篇中，至少辑录有丹砂水、雄黄水、矾石水、曾青水、三五神水、云母水、玄水液（磁石水）、五石液、银水、蚌蛛水、桂葱水、浮石水、玉水这13种水，并云均出自《三十六水经》。故葛洪所见该经估计与"古本"较为接近。晋以后炼丹家又在第35种"盐水"之后，复加了石胆水、铜青水、戎盐水、卤碱水、铁华水、铅釭水、釭水7种。所以今本《三十六水法》有42种水共59个方。

研究《三十六水法》，一个很重要的目的，是了解古代的炼丹家是否掌握了化学溶解。但事实上，在以上所列四十二种水中，赵匡华先生说：

> 除少数如盐水、石胆水、卤碱水是真溶液外，其他绝大多

数是矿物粉与硝石（KNO_3）溶液构成的悬浊液。

但近代以来，不少科技史家却一直致力于研究其中的化学溶解作用，在取得一些成绩的同时，也留下了诸多不解和疑问。事实上，《三十六水法》所载各种"水"，多为后来众多的炼丹和医药著作所称引，其中比较重要的有黄金水、丹砂水、雄黄水、雌黄水和矾石水等，均据所炼丹药的不同而选用。"黄金水"作为火法炼丹与水法炼丹间的一种过渡，不仅为古代炼丹家所推崇，而且也受到不少近代化学史家的重视。然而古代炼丹家追求的是通过黄金的伏炼而获取长生不死的"金液"大丹；化学史家的兴趣则在于搞清楚，古代炼丹家是否已掌握了溶解各种金石矿物的化学方法。李约瑟等人首先指出，《三十六水法》诸方中均大量使用了稀薄的硝酸，王奎克和孟乃昌则更进一步认为，"金液"丹中也使用了稀硝酸，并巧妙地把酸碱反应与氧化还原反应加以统一运用，从而肯定了道教炼丹术至迟在公元4世纪已开始应用非蒸馏法生产无机酸的历史。

但无论是"黄金水"还是"雄黄水"，其实都不过是一些悬浊液而已，而不是真正地溶解黄金。那么，古代炼丹家却为什么在上千年的时间里，一直在伏炼各种"水"呢？若只将注意力集中在溶解上，也许上述争论仍将持续下去。

事实上，水法炼丹的真正原因，并非真的要去"溶解"黄金或其他矿物，而是要想方设法将黄金或金砂类矿物中的不朽因素提取出来。对此，《太清金液神丹经》说：

金在醯（按即醋）中过三七日（21日）皆软如饵，屈伸随人，其精液皆入醯中。

可见，道士服食的并不是将金溶解后的液体，而是要服食由"金"汇入到醯中的"精液"，即原先隐含在金块内的精气或精液一类能使人长生不朽的因素。通过醯和加了硝石的水的浸泡，道士们认为能够将隐含的不朽因素消解出来。因此，在古代道士们的理解中，"水"并非指金砂溶化后变成的溶液，而是指在苦酒等液体内浸入金石类矿物药，在经过一定时间的浸泡后，金石类矿物药中的不朽因素便会消解进苦酒等液体中，服食了这样浸泡成的液体，自然就会汲取其中的不朽因素，进而获得与金石、尤其是与黄金一样不朽长生的功能。与丹鼎猛火烧炼中不可避免的丹药渗漏不同，道士们想藉华池的药醋，将五金八石的精华"销入药"中，人服食了这类丹药，便可摄取"销入"药中的精华，其目的与服饵炉火大丹以求长生的愿望是一致的。事实上，这正是古代炼丹家水法炼丹的真正原因。今人在理解的过程中大多走入了歧途，只在"溶解"上下功夫，偏离了古人的原意，故生出诸多牵强和疑问。

（五）《太上八景四蕊紫浆五珠降生神丹方经》说略

按《道藏》三洞、四辅之分类，道教上清派典籍《洞真上清经》（以下简称《上清经》）中，除《太上八景四蕊紫浆五珠降生神丹方经》（陈国符将之简称为《八景丹方》，下从之）和《太微灵书紫文琅玕华丹神真上经》是两部专讲炼丹的文诀外，其余一般不专述外丹黄白事，间或略有论及者，亦多以"存思""服气"为要。故《八景丹方》实为认识《上清经》与道教炼丹关系之要诀。

《太上八景四蕊紫浆五珠降生神丹方经》一文，收入今本《道藏》第34册《上清太上帝君九真中经》卷下，题"张道陵撰并著"；该文又收入《云笈七签》卷六八，并有"宋朝……张君房集进"之语。据陈国符考，"此经于西汉末至东汉初出世"。然此说似可商榷。盖因《八景丹方》乃道教《上清经》经文之一种，而陶弘景（456—536）《真诰·翼真检》有"伏寻《上清真经》出世之源，始于晋哀帝兴宁二年太岁甲子"之语，则《上清经》出世当在公元364年。若此，则《八景丹方》出世朝代应与《上清经》大略同时，即大约在晋哀帝兴宁二年左右。此与陈国符所说略有出入，可互为参照。

又，《八景丹方》中有所谓"右二十四种（药）合二十四神之气"一句，实明示此丹之拟定，应在二十四神气说兴起之后。二十四神气说起于何时，暂难稽考，然此说大抵与汉天文学兴起之"四分法"有关。岁有三百六十五日三时之整数，分二十四气，每一气得十五日二时五刻。道家因之，以一神配一气，故有二十四神气之说。迄上清派肇始，其存神服气法中始多"二十四神"之语，是二十四神气说之孳乳亦应与《上清经》出世大略同时。而该丹方所用24种药物中，有"薰陆香（按，即乳香）"一药。据史载，薰陆香当时多产自南亚一带，故应是丝绸之路通行或佛教入中国后输入的，以此，该方应为汉或之后所出。按宋陈敬《香谱》引《香品举要》云：

> 香最多品类，出交、广、崖州及海南诸国。然秦汉以前未闻，惟称兰、蕙、椒、桂而已。至汉武，奢广，尚书郎奏事者始有含鸡舌香，其他皆未闻。迨晋武（即晋武帝司马炎，公元265—290年在位）时，外国贡异香始此。及隋，除夜火山，烧沉香甲煎不计数，海南诸品毕至矣。

的确，在晋以前的文献中，均未见载"薰陆香"一物。在现存史料中，除《八景丹方》外，最早见载"薰陆香"者，乃东晋葛洪（283—363）《肘后备急方》卷五所载《葛氏卒毒肿起急痛方》："麝香、薰陆香、青木香、鸡舌香各一两，以水四升煮取二升，分为再服。"另，晋嵇含《南方草木状》亦载薰陆香，云其"出大秦（国）"。据此，则《八景丹方》所载"薰陆香"，至迟已在东晋葛洪时自南亚输入，大概时间应在晋武帝时或稍后。若此，及晋哀帝兴宁二年（364）《上清经》肇始时，《八景丹方》的药物中出现薰陆香才成为可能。

除薰陆香外，青木香始入中国的时间亦颇可注意。考诸正史，首载青木香一物者，乃《隋书》卷八三，其云"漕国"产"安息、青木等香"，并曾于"（隋）大业中（约公元611—612）遣使贡方物"，这"方物"里可能就有潏国盛产的青木香;而本草首用青木香者,即前所云葛洪《肘后备急方》卷五。以此观之,青木香入中国时间,亦大约在汉至东晋之间,与薰陆香入中国时间大略重合。而《八景丹方》中亦用到青木香,是其大约出自汉至晋之又一证。

另外,就炼丹而言,汉至东晋葛洪时,道士炼丹一般不用草木药,盖因"草木药埋之即朽,煮之即烂,烧之即焦。不能自生,焉能生人?可以疗病益气,又不免于死矣"。而《八景丹方》则用了白附子、薰陆香、青木香、鸡舌香四味草木香药,这显然与上说颇为不合。因此,若说《八景丹方》"出于西汉末东汉初",殊为牵强。考中国古代炼丹术用草木药,大概自唐时兴起。有唐一代,炼丹服食风气日炽,服丹中毒者亦渐为增多。为解丹药之毒,除尝试以伏火方法解毒外,延草木药入丹药中,亦被迫成为道士的选择。然而在道士眼里,香料似乎并非纯粹等价于草本药。盖自汉起,焚香习俗已渐兴起,其本意是借香料之烟以袚除不祥并感格神仙。道士变通,在丹药中添加香料,一则可将其作为解毒药直接使用;二则因香料乃神仙所喜之物,可感格以解丹毒。以此猜测,在汉、唐间曾有一段矿物药与香料合炼的时期,这既不同于汉以前纯以矿物药炼丹,也不同于唐以后用矿物与草木药同炼。显然,这个时期始于晋中叶便是可以理解的。由此,定《八景丹方》出晋哀帝之时,于情于理,已无突兀之感。若然,则所谓"张道陵撰并著"云云,不过乃后世道士伪托之词。

按道教之所谓"丹药"和"黄白(亦称药金、药银)",二者既有相同点又有不同点。就相同点而言,丹药多用于实现羽化成仙的目的,而黄白除了成仙外,还可用于致富;就不同点来说,丹药通常是指凝结在上釜内壁的升华物,而黄白则指两种或两种以上的金属化合物或金属齐类。《八景丹方》除烧炼有"太上八景四蕊紫浆五珠降生神丹"外,还烧炼有"明月五珠丹""三华飞纲之龙"2种外丹以及"四蕊紫浆"(亦称"四蕊紫映")、"蓤蕤金""金""紫金""紫蕊玉"和"玄梨绿景玉"6种黄白。故全方实载"三丹""六黄"之烧炼。

该"三丹""六黄"的烧炼,所涉过程甚为复杂,然总的来说可有如下结论：

（1）道教与科学确有千丝万缕的联系，世界上所有的宗教中，只有道教是为其宗教目的而主动、积极地从事科技制作与科学探索活动。

（2）《太上八景四蕊紫浆五珠降生神丹方》出于晋中叶，而非"西汉末东汉初"。

（3）在道士将药物纳入丹鼎底部的过程中，其紧挨着放入的4斤雄黄（As_2S_2）、3斤雌黄（As_2S_3）、5斤空青（$CuCO_3·Cu[OH]_2$）、3斤薰陆香和1斤硝石（KNO_3），已经包括了火药配方中的硝、黄、炭三元素。而且道士有意用大剂量、高熔点的空青将二黄与硝石和碳隔开，说明至迟在晋中叶时，炼丹道士已经认识到"三黄"与植物、硝石合并后会发生燃烧和爆炸现象。道士们为防止燃烧与爆炸事故的发生，便有意采取措施将二黄与炭和硝石隔开，同时采用了逐渐加热和隔热降温的方法。

（4）药物中的5种有机物（薰陆香、青木香、鸡舌香、白附子、真瑰）在缺氧加热时会碳化，产生的碳（C）与As_2O_3反应会析出单质砷（As）。这可能是世界上最早制得的游离态元素砷。

（5）"萎蕤紫金"中所获得的"彩色金"，较孙思邈《太清丹经要诀》中的"伏雌雄二黄法"早300年左右。

（6）"八景丹"成份中所含有的硫酸亚汞（Hg_2SO_4），虽不及赵匡华先生考订东汉"五毒方"已制得硫酸亚汞的结论早，但却是实实在在制得了这种自然界不存在的化合物。

（7）晋中叶时，道士可能已磨制或烧炼出了凸透镜，并用于放大细小的粉末图像，从而制成了世界上最早的放大镜。

（8）至迟于晋中叶，道士们已经有了等比数列的概念，并将其用于炼丹时间的确定。

（六）《真诰》说略

《真诰》二十卷，为上清派重要典籍。南梁道士陶弘景辑注。全书凡7篇，每篇一大卷。《旧唐书·经籍志》《新唐书·艺文志》《崇文总目》、衢本《郡斋读书志》《直斋书录解题》《宋史·艺文志》等均著录十卷。《真诰》卷一九记有各篇篇名：

《真诰·运题象》第一（即卷一至卷四）

《真诰·甄命授》第二（即卷五至卷八）

《真诰·协昌期》第三（即卷九、卷一〇）

《真诰·稽神枢》第四（即卷一一至卷一四）

《真诰·阐幽微》第五（即卷一五、卷一六）

《真诰·握真辅》第六（即卷一七、卷一八）

《真诰·翼真检》第七（即卷一九、卷二〇）

将其与篇首相较，唯第一篇《运题象》与《运象篇》篇名略有不同，是知二名必有一讹，但未详孰是。

《真诰·翼真检》云此书为"真人口嗳之诰也"，意即扶乩降笔。但此显系神化之说，道士之所谓"乩文"，乃人为操纵乩笔书写而得。但《真诰》文字众多且文词优美，全不似乩笔所为，应是人工写作的经文才对。所以名之为"真诰"，不过是仿佛教徒云其佛经为"佛说"以自神其说罢了。文中凡紫书大字者为东晋杨羲（330—386）、许谧（303—373）等人于升平三年（359）至太和二年（367）所作。杨、许逝后，其书遂流播江东，其间多有散佚、增窜。在陶弘景以前，道士顾欢曾予搜集整理，纂成《真迹》（亦称《真迹经》或《道迹经》，原文已佚。今本《无上秘要》中尚有其不少佚文）。陶弘景又勤加搜访，乃校之《真迹》，补罅纠谬，重新诠次，详加注解，以致注文几达全文之半，且更名曰"《真诰》"。因此，全书在保留东晋道教轨迹的同时，亦保留有大量南北朝道教发展演变的第一手材料，是研究东晋南北朝道教史极为珍贵的资料。

《真诰》纂成之时间，陶弘景于其注文中曾略有透露：

又疑洞天中央玄窗之上，不应乃近南门，复恐在中茅间，邑人耆老亦不复知仙人市坛处。自隐居来此山七八年，尚未得穷历践行，而况悠悠之徒，令其究竟之耶。

该注文透露的一个重要信息，是陶弘景辑注《真诰》的时间，是在其"来此山七八年"时。而考陶弘景上表辞禄、退隐茅山的时间是在永明十年（492），依此推论，向后七八年，正是永元元年（499）、二年（500）之间。此即是陶弘景为《真诰》作注文的时间，亦是辑注《真诰》的时间。据此，《真诰》出世时间当在永元二年（500）或稍后一段时间。

道教上清派，除《太上八景四蕊紫浆五珠降生神丹方》和《太微灵书紫文琅玕华丹神真上经》两部专论炼丹的经文外，一般并不从事炼丹、服饵活动，而是主张以"存思""服气"，即着重于个体之精、气、神修炼为主。而《真诰》作为上清派重要经典之一，与本派的主张是较相一致的。但尽管如此，书中与炼丹有关之事项，如丹经、丹方、丹法、丹药等仍为不少，然此处暂时略而不谈。

另外，《真诰》还是最早将道教思想与《周易》哲理及《老子》思想相合的道经。而此前的丹经，如汉代的《黄帝九鼎神丹经》《太清金液神丹经》《太上八景四蕊紫浆五珠绛生神丹方》，甚至东晋葛洪的《抱朴子内篇》中的《黄白》和《金丹》，"皆不用易理"，因此道教丹经用易理始自《真诰》，故该书真为研究道教思想史之要籍。

(七)《华阳陶隐居内传》说略

今本《道藏》第5册所载唐贾嵩《华阳陶隐居内传》与陶弘景的《真诰》，是现存有关南北朝道教炼丹活动的两篇最重要的文献。该《传》除卷首附贾嵩自述外，全书分上、中、下三卷。上卷记陶弘景家谱世系，以及其早年生平和出仕事迹，止于永明十年（492）。下卷乃录文人名士为陶弘景所撰之碑文、墓志铭及像赞酬应诗文之属。其中窜入北宋宣和年间加封陶弘景的诏书，当系后人所加。中卷与上卷略同，亦为传记体例，记陶弘景辞官隐居茅山炼丹、著书事迹，直至大同二年（536）陶弘景解驾违世止。要在该卷所记陶弘景为梁武帝炼丹事颇详，虽间有文字简略之虞，然以其为主线并考诸他书，则可窥陶弘景炼丹事迹之大概。

陶弘景乃上清派重要传人，茅山宗开创之宗师。考上清派早期传授之经典，虽亦包括一些属于金丹、服食的内容，但上清派仍以"存思""服气"为主，属精、气、神兼修的道派，一般不从事炼丹活动。那么，为何陶弘景在隐居茅山后，开始了长达20年的炼丹活动呢？很重要的一点与梁武帝让陶弘景为其烧炼丹药有关。除此而外，它还是道教与政治相互利用、调和的结果：一方面，陶弘景要藉统治阶级的势力来谋取道教的发展，至少在佛教势力鼎盛的时期，争得与佛教并存的机会；另一方面，亦与梁武帝挟道教以令天下道徒并借以赢得民众的信任和支持有关。当然，也与当时整个社会对炼丹术的崇信不无关系。

但作为一个清醒的道教徒及学者，陶弘景对服丹可致羽化登仙的效果是深表怀疑的。还在其18岁时便对炼丹颇有鄙视之心，《华阳陶隐居内传》卷中即云：

> 先生……年十二（465）时，于渠阁法书中见郗愔（313—384）以黄素写《太清》诸丹法，乃忻然有志。及年二九（473年）授（应作"受"）上道，见《上清太极法》，遂鄙（"《太清》诸丹法"）而不为，奚况饵毒丹求遁去乎？

此时的陶弘景虽尚未成为上清派传人，但已视上清为上道，这也是其日后成为上清派传人的重要原因，而鄙视炼丹的思想已然萌生，甚至将上清以外的丹药均视作毒丹。无怪当其50岁开始为梁武帝炼丹时曾质问道：“吾宁学少君耶？”逮至炼丹18年（此时陶已68岁，离最后炼丹成功还有两年），欲以试丹法验其已营丹药成败时，乃云梦中有仙人告其："不须试，试亦不得。""世中岂复有白日升天人？"于是乃将18年艰辛炼得之丹"一皆埋藏"，认为它们离真正成功的丹药还有差距，只好弃之重炼。由是可见，若非顾及道教的发展、武帝的敦促以及侯王公卿们的冀盼，想来陶弘景是不会以其道教领袖之身份而从事炼丹的。

既然要炼丹，那就面临着具体炼什么丹的问题，陶弘景经多方筛选，最终择定"高真上法"中的"九转丹"。认为，要想获得"梯景辔云之速"的效果，没有比用朱砂、雄黄为主烧炼的九转丹更佳的了。《内传》说：

> 唯九转所用药石，皆可寻求，制方之体，辞无浮长，历然可解。

看来，隐居选定"九转丹"是颇费心计的，并非仅因九转丹药石易寻、丹法易解之故，决定其最后取舍者，实因"九转丹"乃正统上清派丹法，其本人作为上清派代表人物，选用本派丹法固在情理之中。

分析"九转丹"成份可知，其中含有多量之砒霜（As_2O_3）与还丹（HgO），此二物均为剧毒之物，故三君所言"挹'九转'而尸臭"实乃经验之说。

梁天监四年（505）春，陶弘景正式开始炼丹。据《内传》载：

> 四年春，先生出居岭东，使王法明守上馆，陆逸冲居下馆，潘渊文、许灵真、杨超远从焉。是岁有事于炉燧，明年（506年）元日开鼎，无成。

所谓"有事于炉燧"，包括选择炼丹地址，营建丹坛、丹房、丹灶、丹鼎，准备燃料，履行必要的炼丹仪式，起火炼丹等事项。在经历六次失败、无数挫折之后，普通五年（524年，陶69岁）九月九日，陶弘景再次"涂鼎起火"，"明年（525年）正旦甲子开鼎"，但见"光气照烛，动心焕目，形质似前者而加以彩虹杂色"。与丹家所说"九转丹成，则飞精九色、流光焕明"颇为一致，陶弘景认为是成功了。对此《内传》云：

> 始天监四年初有志于此，及是凡七营乃成。

这期间经历了长达20年的时间，比之北魏诸帝之炼丹活动，实有过之而无不及，是炼丹史上一次空前规模的活动。

（八）《张真人金石灵砂论》说略

今本《道藏》第19册载"《张真人金石灵砂论》"一卷，题"蒙山张隐居撰"，故"张真人"亦称"张隐居"。然检唐代有多处蒙山，此蒙山到底指何处蒙山，学界无有定论，连陈国符先生也叹道："此是何处蒙山，不能断定。"然翻检史料，与张隐居身世紧密者，以下六条为尤可注意者：一是张氏《金石灵砂论·朱砂篇》所载其自述文字：

> 余自开元（713—741）二十余年，专心金鼎，颇见幽微。

二是宋欧阳修《新唐书》卷五九所载：

> 张隐居《庄子指要》三十三篇（原注：名九垓，号浑沦子，代、德时人）。

三是宋姚铉编《唐文粹》卷九五，记唐权德舆受张隐居之托为其《庄子指要》所作之序：

> 今之畸人有隐居张氏者，治《庄子》内外杂篇，以向郭旧《注》未尽，采其旨，乃为之训释。犹惧学者之荡于一端、泥于一说，又作三十三篇《指要》以明之。……隐居名九垓，别号浑沦子，老于是学，偏（遍）游名山，无常居，不粒食，与土木鸟兽同其外而中明也。……予抠衣于君，实所辱命，粗举庄生之略，直书隐居之志，以冠于篇。

四是宋张敦颐《六朝事迹编类》卷下记"华阳宫"时有如下文字：

> 旧《经》云："张真人炼丹之所也。"梁陶隐居是为华阳上馆，唐天宝七年（748）改今额。

五是宋范致明《岳阳风土记》：

> 洞庭湖西玄石山，俗谓之墨山。……自墨山西北至石门二十里间，尽生云母石，其道路荧煌如列星。又有宝慈观，乃张真人炼丹飞升之所，弟子葬其衣冠，俗谓之衣冠冢。丹灶遗迹尚在。

六是宋晁补之《鸡肋集》卷六：

> 每惭张隐居，凌旦发囊药。晓来天境清，日出鸟语乐。

由第一、二条，知张隐居名"九垓"，号"浑沦子"，自唐开元（713—741）"二十余年"[①]专心炼丹。考唐开元共29年，故此"二十五

---

① 为方便计，以下将"二十余年"视作"二十五年"。

年"可有两种解释：一是张隐居曾在唐开元年间炼丹"二十五年"，一是张隐居于唐开元中的某一年开始炼丹"二十五年"。又根据上述第二条知道，张隐居是唐代宗（762年—779年在位）、德宗（780年—805年在位）时人，也就是说，大约在公元800年左右张隐居尚在世。进一步，若假设张九垓自20岁开始炼丹，那么按第一种解释，张隐居应是唐武则天长寿三年（694）左右出生，至唐德宗贞元十六年（800），寿106岁。如按第二种解释，则张隐居应自唐开元十四年（726年，以唐开元中年计）左右开始炼丹，这样，他的出生年份应该在唐神龙三年（707）左右，至唐德宗十六年，寿93岁。按一般常理，寿93岁的可能性更大。如此，则大概可断张九垓生于唐神龙三年（707）而卒于唐贞元十六年（800）。

由第三条，知张隐居与唐权德舆曾有私交，这除了"予抠衣于君，实所辱命"可以证明外，考权德舆曾在两淮间为官，而其时张隐居亦居淮浮光山间。据宋梅尧臣《宛陵集》载：

> 汝南（今河南汝南县）江邻几云：鄎（今河南息县）南并淮浮光山（今在河南固始县境内），有张隐居种松桧于其上，养母甚孝，时有猛兽驯庭中。

这段话有两点值得注意：（1）宋江邻几为汝南人，若张隐君为息县人，则两人为邻县，以江邻几之文人身份，加之其去张氏不过二百年左右，故所云张隐君事可信度较高；（2）张九垓除在浮光山隐居外，还在汝南县南部（"鄎南"）隐居过。考诸现今地理并查史料可知，息县南部、即今光山县西北，有一山名"雾山"，清《嘉庆重修一统志》第2223册言及"雾山"时，有如下之注文：

> （雾山）在光山县西七十里，高插宵汉，常有云雾蒙其上。

故江邻几所说张隐居曾种松桧并养母之"郾南",大概指的就是雾山。因道士炼丹多在山里,而雾山与浮光山作为与息县毗邻的两座山,张隐居既要照顾老母又要炼丹求仙,那么这两座山便是最好的选择了。关于浮光山,北魏郦道远《水经注》卷三〇:

> 淮水……又东径浮光山北,亦曰扶光山,即弋阳山也。出名玉及黑石,堪为棋。其山俯映长淮,每有光辉。

宋祝穆《方舆胜览》卷五〇:

> 浮光山(原注:在固始县西八十里,一名浮弋山。《水经》云此即弋阳山。出名玉及黑石棋子)。

《明一统志》卷三一:

> 浮光山在光山县北八十里,一名浮弋山,即弋阳山也。奇形伟观,未可殚尽,俯映长淮,每有光曜山。出名玉及黑石,堪为棋子。

据上三条记载,知浮光山在今息县东,下瞰淮河。由上可知,无论是雾山还是浮光山,均与息县县境毗邻,若张隐君为息县人,则其完全有可能分别于二山隐居炼丹并就近赡养其母。因曾隐于雾山,故张氏自号"雾山张隐居"即在情理之中。由此,所谓"蒙山张隐居",实为"雾山张隐居"之误。由是,知张九垓不仅曾隐于息县南部("郾南"),亦曾隐于浮光山,且其老母与之相随而居。按中国古代孝道,若非外出为官者一般在家孝敬父母。据此,张隐居似为河南息县一带人氏。又据宋人"宣和癸卯登浮光山"诗:

> 呼舟入境陟崔嵬，今日登临慰昔怀。览胜凌虚缘绝磴，凭高索句付磨崖。松声夜落千年洞，山势晴连万里淮。仙迹空遗丹井在，宦尘行叹老筋骸。

可知浮光山确有炼丹遗迹，或即张九垓所为。又因张九垓尚于雾山隐居修炼，且"雾""蒙"二字通假，故疑明正统十年道士重辑《道藏》时，或有意将"雾山张隐君"抄为"蒙山张隐君"，以致陈国符先生有"不能断定"之叹，实在是难为了。

由第四条知，张九垓曾在江苏句容（今江苏金坛）华阳宫炼丹，该宫于梁天监（503—519）陶弘景炼丹时已存，且名之曰"华阳上馆"，至唐天宝七年（748）始更名为"华阳宫"。第五条告诉我们，张九垓不仅曾在句容炼丹，还曾在洞庭墨山西北宝慈观炼丹，[①] 并仙逝于此，有衣冠冢及丹灶等遗迹为证。由第六条知，张氏还精于医药，且随身带有囊药。

至此，大概可以理出如下结论：张真人可能为河南息县人氏，约生于生于唐神龙三年（707）而逝于唐德宗贞元十六年（800），寿93岁；张真人因其曾于息县南部之雾山隐居修炼，故亦称"雾山张隐居"，名"九垓"，号"浑沦子"，老于庄学，勤于炼丹，精于医药。除《金石灵砂论》（实即《金石灵台记》）外，张九垓尚撰有《庄子指要》三十三篇、《菖莆传》一卷并"演《龙虎上经》二卷"。

《张真人金石灵砂论》由相对独立的12篇组成：黄金篇、白金诀（篇）、黑铅篇、雄黄篇、朱砂篇、真汞篇、砒黄篇、成金篇、释紫粉篇、释还丹篇、释金液篇和释阴阳篇（此篇疑为后人伪托）。在丹药理论方面，该经实际包括了"阴阳相配原理"和"转化论"两个方面，它们贯穿于中国外丹黄白术的整个流变史中；在黄白的具体烧炼上，廓清

---

① 这与唐权德舆说张隐居"偏（遍）游名山，无常居"之性格是相吻合的。也说明张隐居除在写作《金石灵砂论》之前于曾炼丹25年外，之后亦曾于洞庭墨山炼丹，而此时其老母多半已经过世，以至可以抽身遍寻名山炼丹。

了"铅"与"黑铅"的区别，使以往的诸多疑虑得以释然。事实说明，唐代道士在外丹黄白烧炼的温度控制和丹药性质的划分上，已形成一套有别于汉晋南北朝的方法和理论。

(九)《金火大成》说略

据陈国符《道藏源流考》载，《金火大成》一书他并未确见，而是据易心莹道士所述记录的。该书共九卷，初刊于清同治十三年（1874），删定后改名《金火集要》，再刊于光绪年间，为晚清李保乾所集。1917年成都施精术馆书局刻本，收有25种外丹要籍，其中多明人撰述。各卷篇目如下：卷一为《金火集要（即金火大成）自序》《龙虎上经》《金药秘诀》《明镜匣经》《金谷歌》《火莲经》；卷二为《铜符铁券》（未刊）；卷三为《我度法藏》《金诰摘锦》《无极经》《还金述》《地元真诀》《答论神丹》；卷四为《渔庄录》；卷五为《十段锦》《洞天秘典》（未刊）、《地元正道》《三种金莲》；卷六为《秋月（应为日）中天》《黄白破愚》《黄白镜》；卷七为《承志录》（未刊）；卷八为《黄白指南车》《星（应为金）火灯》；卷九为《了易先资》（不在此书内）。

该书实为道教外丹经造作史上的收山之作，也为2000年的外丹经历史画上了圆满的句号。

五、《道藏》所载外丹经

如前所述，三家本《道藏》36册中，有专论外丹的经诀约108篇。以下仅记此类经诀名目及所在《道藏》册数，凡已考明年代及纂辑者亦随文给出，余均不论。

（1）《黄帝九鼎神丹经》，又称《九转流珠神仙九丹经》，出汉张道陵，见唐《黄帝九鼎神丹经诀》第一卷，《道藏》第18册。

（2）《三十六水法》，据说八公授汉淮南王，《道藏》第19册。

（3）《太清金液神丹经》，出汉阴长生，《道藏》第18册。

（4）《太清经天师口诀》，出汉晋狐刚子，《道藏》第18册。

（5）《太清金液神气经》，出汉代，撰者不详，《道藏》第18册。

（6）《周易参同契》，汉魏伯阳撰，《道藏》第20册。

（7）《华阳陶隐居内传》，唐贾嵩撰，《道藏》第5册。

（8）《真诰》，梁陶弘景辑，《道藏》第20册。

（9）《太上八景四蕊紫浆五珠降生神丹方》，出晋代，撰者不详，《道藏》第34册《上清太上帝君九真中经》卷下。

（10）《太微灵书紫文琅玕华丹神真上经》，出晋代，撰者不详，《道藏》第4册。

（11）《黄帝九鼎神丹经诀》，出唐代，佚名撰，《道藏》第18册。

（12）《大丹铅汞论》，唐金竹坡撰，《道藏》第19册。

（13）《丹方鉴源》，五代独孤滔撰，《道藏》第19册。

（14）《张真人金石灵砂论》，唐张九垓撰，《道藏》第19册。

（15）《太古土兑经》，唐张先生撰，《道藏》第19册。

（16）《龙虎还丹诀》，唐金陵子撰，《道藏》第19册。

（17）《太白经》，唐施肩吾撰，《道藏》第19册。

（18）《石药尔雅》，唐梅彪撰，《道藏》第19册。

（19）《大洞炼真宝经修伏灵砂妙诀》，唐陈少微撰，《道藏》第19册。

（20）《轩辕黄帝水经药法》，唐徐久撰，《道藏》第19册。

（21）《庚道集》，五代孟要甫撰，《道藏》第19册。

（22）《真元妙道要略》，唐郑思远撰，《道藏》第19册。

（23）《诸家神品丹法》，五代孟要甫辑，《道藏》19册。

（24）《丹房奥论》，宋程了一撰，《道藏》第19册。

（25）《纯阳真人药石制》，出唐代，撰者不详，《道藏》第19册。

（26）《修炼大丹要旨》，出宋代，撰者不详，《道藏》19册。

（27）《丹房须知》，宋吴悮撰，《道藏》第19册。

（28）《还丹众仙论》，宋杨在集撰，《道藏》第4册。

（29）《指归集》，宋吴悮撰，《道藏》第19册。

（30）《渔庄邂逅录》，宋吴悮撰，《道藏》第24册。

（31）《金华冲碧丹经秘旨》，宋孟煦撰，《道藏》第19册。

（32）《巨胜歌》，宋柳冲用撰，《道藏》第19册。

（33）《白云仙人灵草歌》，《道藏》第19册。

（34）《种芝草法》，出南北朝或隋唐，撰者不详，《道藏》19册。

（35）《周易参同契解》，宋陈显微撰，《道藏》第20册。

（36）《神仙炼丹点铸三元宝照法》，唐归耕子撰，《道藏》第18册。

（37）《周易参同契通真义》，五代彭晓撰，《藏外道书》9册。

（38）《丹论诀旨心鉴》，五代张元德撰，《道藏》第19册。

（39）《周易参同契注》，出宋代，无名氏注，《道藏》第20册。

（40）《铅汞甲庚至宝集成》，唐清虚子纂，《道藏》第19册。

（41）《阴真君金石五相类》，唐阴长生撰，《道藏》第19册。

（42）《周易参同契注》，出宋代，无名氏撰，《道藏》第20册。

（43）《云笈七签》，宋张君房辑，《道藏》第22册。

（44）《周易参同契鼎器歌明镜图》，五代彭晓撰，《道藏》第20册。

（45）《太清石壁记》，隋苏元朗撰，唐楚泽先生改编，《道藏》第18册。

（46）《太清金液神丹经》，汉阴长生注，《道藏》18册。

（47）《金碧五相类参同契》，汉阴长生注，《道藏》19册。

（48）《纯阳吕真人药石制》，出唐宋间，撰者不详，《道藏》19册。

（49）《还金述》，宋陶埴撰，《道藏》第19册。

（50）《抱朴子内篇》，东晋葛洪撰，《道藏》28册。

（51）《许真君石函记》，晋许逊撰，《道藏》19册。

（52）《玄和子十二月卦金诀》，疑唐代道士太空撰，《道藏》，32册。

（53）《九转灵砂大丹资圣玄经》，出唐宋间，撰者不详，《道藏》19册。

（54）《魏伯阳七返灵砂诀》，出隋唐，黄童君注解，《道藏》19册。

（55）《太极真人九转还丹经要诀》，约南北朝或隋唐，撰者不详，《道藏》第19册。

（56）《金液还丹百问诀》，唐末五代李光玄撰，《道藏》第4册。

（57）《大洞炼真宝经九还金丹妙诀》，唐陈少微撰，《道藏》第19册。

(58)《九转灵砂大丹》,出唐宋间,撰者不详,《道藏》第19册。

(59)《九转青金灵砂丹》,出唐宋,撰者不详,《道藏》第19册。

(60)《阴阳九转成紫金点化还丹诀》,出唐代,撰者不详,《道藏》第19册。

(61)《玉洞大神丹砂真要诀》,唐张果撰,《道藏》第19册。

(62)《灵砂大丹秘诀》,出南宋,撰者不详,《道藏》第19册。

(63)《碧玉朱砂寒林玉树匮》,唐陈大师撰,《道藏》第19册。

(64)《稚川真人校证术》,晋葛洪撰,《道藏》第19册。

(65)《大丹记》,出隋唐,撰者不详,《道藏》第19册。

(66)《太上卫灵神化九转丹砂法》,出唐代,撰者不详,《道藏》第19册。

(67)《参同契五相类秘要》,唐卢天骥撰,《道藏》第19册。

(68)《龙虎元旨》,出唐代,撰者不详,《道藏》第24册。

(69)《金石簿五九数诀》,出唐代,撰者不详,《道藏》第19册。

(70)《上清九真中经内诀》,出南北朝,撰者不详,《道藏》第19册。

(71)《金华玉液大丹》,撰者不详,《道藏》第19册。

(72)《感气十六转金丹》,出唐宋,撰者不详,《道藏》第19册。

(73)《灵飞散传信录》,唐代齐推撰,《道藏》第19册。

(74)《通幽诀》,出唐宋间,撰者不详,《道藏》第19册。

（75）《还丹肘后诀》，出唐宋间，佚名撰，《道藏》第19册。

（76）《蓬莱山西灶还丹歌》，唐黄玄钟撰，《道藏》第19册。

（77）《抱朴子神仙金汋经》(即《抱朴子内篇·金丹》)，晋葛洪撰，《道藏》第19册。

（78）《灵宝众真丹诀》，年代及撰者不详，《道藏》第6册。

（79）《天皇太一神律避秽经》，出唐宋间，撰者不详，《道藏》第32册。

（80）《大还丹照鉴》，出后蜀，佚名撰，《道藏》第19册。

（81）《太清玉碑子》，出唐宋间，撰者不详，《道藏》第19册。

（82）《悬解录》(又名《雁门公妙解录》)，出唐代，撰者不详，《道藏》第19册。

（83）《固气还神九转琼丹论》，年代及撰者不详，《道藏》第6册。

（84）《大还心鉴》，年代及撰者不详，《道藏》第19册。

（85）《大还丹金虎白龙论》，宋还阳子撰，《道藏》第19册。

（86）《大丹篇》，出五代宋初，撰者不详，《道藏》第19册。

（87）《大丹问答》，出唐代，撰者不详，《道藏》第19册。

（88）《金木万灵论》，出唐宋间，撰者不详，《道藏》第19册。

（89）《红铅入黑铅诀》，出唐宋间，撰者不详，《道藏》第19册。

（90）《通玄秘术》，唐沈知言撰，《道藏》第19册。

（91）《玄霜掌上录》，出唐代，撰者不详，《道藏》第

19册。

（92）《太极真人杂丹药方》，出唐代，撰者不详，《道藏》第19册。

（93）《玉清内书》，出唐代，撰者不详，《道藏》第19册。

（94）《神仙养生秘术》，出唐宋间，题太白山人传，刘景先受，抱一子校正，《道藏》第19册。

（95）《上洞心丹经诀》，宋太极真人嗣孙撰，《道藏》第19册。

（96）《橐籥子》，出唐宋间，撰者不详，《道藏》第28册。

（97）《先天玄妙玉女太上圣母资传仙道》，出宋代，撰者不详，《道藏》第18册。

（98）《太上肘后玉经方》，唐霞栖子卢遵元撰，《道藏》第18册。

（99）《太上日月混元经》，《道藏》第11册。

（100）《神仙服饵丹石行药法》，宋京里先生撰，《道藏》第6册。

（101）《元阳子金液集》，唐元阳子撰，《道藏》第4册。

（102）《金丹赋》，唐马茝昭注，《道藏》第4册。

（103）《古文龙虎经注疏》，南宋王道注，《道藏》第20册。

（104）《金丹正宗》，南宋胡混成编，《道藏》第24册。

六、诸经史子集载外丹经

（1）《墨庄漫录》，宋张邦基撰，《四库全书》子部杂家类。

（2）《金火大成》（亦称《金火辑要》），清李保乾辑，成都施精术馆书局刻本。

（3）《淮南鸿烈解》，汉刘安辑，商务印书馆。

（4）《日月玄枢篇》，唐刘知古撰，上海古籍出版社。

（5）《周易参同契考异》，宋朱熹撰，文渊阁《四库全书》子部十四。

（6）《庚辛玉册》，明朱权撰，《明史》卷九八志第七十四著录。

（7）《黄白镜》，明李文烛撰，入《宝颜堂秘笈》。

（8）《缘遇编》，明李隐之撰，藏北京图书馆。

（9）《金丹要诀》，明伍守阳撰，《道藏辑要》。

（10）《造化钳鎚》，明朱权撰，《明史》卷九八志第七十四著录。

（11）《师正百法》，又名《秋日中天》，清溧阳子撰。

（12）《洞天秘典》，明灵阳子撰，存。

（13）《黄白直指》，明陈自得撰，存。

（14）《琴火重光》，明陈自得撰，陈撄宁校订，翼化堂铅印本。

（15）《铅汞奥旨》，明陈自得撰，存。

（16）《中国炼丹术与丹药》，今人张觉人撰，四川人民出版社。

（17）《铜符铁券》，晋许逊撰，《重刊道藏辑要》危集第3册。

（18）《答论神丹书》，题卓有见撰，未明何年代，《道言内外集》。

（19）《墨娥小录》，撰者未详，明吴继刻印，美国哈佛大学燕京图书馆藏有清乾隆刻本。

（20）《宝藏论》，唐苏元朗撰，见《通志》卷六七。

（21）《渔庄录》，题宋渔庄老人撰，传闻经友人范仲淹，传于老人之子，存。

七、近代以来对外丹经及外丹之研究

道教外丹黄白之引起世人关注并进入学术研究的视野，应自20世纪20年代始。但若要追本溯源，则应上溯到19世纪初期。1807年，德国学者朱利斯·克拉普罗特（Julius Klaproth）以法文撰写了一篇名为"第八世纪时中国人的化学知识"的论文，认为早在唐至德元年（756），中国的道士即已发现和认识了氧气。1928年，美国学者约翰逊（Obed Simon Johnson）在上海出版了其博士论文《中国炼丹术考》（A Study of Chinese Alchemy）。该书论述了炼丹与道教思想的密切关系，肯定了炼丹在医学和化学工业上的地位，同时指出欧洲的炼丹术曾受到过中国炼丹术的影响。稍后，30年代，留学美国的吴鲁强（1904—1936）与麻省理工学院的戴维斯（Tenney L.Davis）合作，先后将魏伯阳的《周易参同契》和葛洪《抱朴子内篇》中的"金丹篇""黄白篇"译为英文。另外，戴维斯还与陈国符（1914—2000）合作，将《抱朴子内篇》中的另两篇也译作英文介绍给了西方。

几乎与此同时或略早一些，国内的化学史家在研究中国古代化学史时，也或多或少地涉及道教炼丹术，如章鸿钊（1877—1951）、王琎（1888—1966）、梁津（约1894—1942）等。之后，20世纪30年代至40年代初，以曹元宇（1897—1988）、黄素封（1904—1960）等为主的科技史家，亦将研究触角伸向道教炼丹。这些工作进一步推动了对中国古代外丹黄白术的系统研究，典型者有1940年出版的李乔苹（1895—1981）《中国化学史》、1954年出版的冯家昇（1904—1970）《火药的发明和西传》、1955年出版王琎等主编的《中国古代金属化学及炼金术》、1956年出版的袁翰青（1905—1994）《中国化学史论文集》、1964年出版的张子高（1886—1976）《中国化学史稿（古代之部）》，这些专著在相当程度上涉及了道教外丹黄白的诸多内容，而作者的学术背景则大多是训练有素的化学家。他们正处在一场前所未有的中西两大文明的碰撞激荡中，他们依据所掌握的化学知识，对道教炼丹中的外丹黄白术知识作了新的审视，尝试发掘道教外丹黄白所隐含的化学成就。因此，这一时期对道教炼丹的研究，基本是从化学史的角度进行的，而绝少从宗教的背景中去探讨道教与外丹黄白史的关系。该状况的改变出现在1949年，是年，中华书局出版了陈国符先生撰写的、影响深远的道藏研究专著《道藏源流考》，该书在"附录五"中，以"中国外丹黄白术考论略稿"为题，对道教炼丹术作了梳理。尽管作者仍以化学家之面目介入，但他是在通读了整部《道藏》的基础上，站在道教与化学史的角度进行的跨学科研究，带有相当的权威性，成为研究道教、包括外丹黄白术的必备书。此后，陈国符又先后出版了《道藏源流续考》（1983年）和《中国外丹黄白法考》（1997年）二书。2004年，上海古籍出版社为纪念陈国符先生诞辰90周年，将其论文汇聚为《陈国符道藏研究论文集》予以出版。这些论著，对道教外丹黄白术经诀的出世朝代、道教炼丹词谊、炼丹药物隐名暗语以及炼丹所涉草木药的名称、出处等做了详实考证，无论对道教研究还是对外丹黄白术研究而言，均具有开创性的意义，为后来学者开展道教外丹黄白史研究作了建设性的铺垫。

提到对道教外丹黄白史的研究，很自然地要与美国的席文（N.Sivin，1931—）和英国的李约瑟（Noel Joseph Terence Montgomery Needham，1900—1995）两位著名学者联系起来。还在1969年，席文就在其博士论文的基础上，出版了《中国炼丹术的初步研究》（*Chinese Alchemy Preliminary Studies*，1968年），该书被认为是中国炼丹术研究的开山之作，接着又陆续发表了《金丹术的理论背景》（*The Theoretical Background of Elixir Alchemy*，1980年）。之后，李约瑟更在其煌煌巨著《中国科学技术史》（*Science and Civilization in China*）书中，除了多处论及道教外丹黄白术外，还在第五卷中以第二（1974年）、第三（1976年）、第四（1980年）3个分卷的巨量篇幅，对道教外丹黄白术作了专门探讨。其第二分卷由鲁桂珍参与合作撰写，内容为炼丹术的冶金与化学背景和生理学背景；第三分卷由何丙郁与鲁桂珍参与合作撰写，内容涉及了道教炼丹术之编年史；第四分卷则由何丙郁（1926—2014）、鲁桂珍（1904—1991）和美国的席文合作撰写，内容是有关炼丹术的仪器、理论与成就。在该卷中李约瑟认为，"道教哲学虽然含有政治集体主义、宗教神秘主义以及个人修炼成仙的各种因素，但它却发展了科学态度的许多最重要的特点，因而对中国科学史是有头等重要性的。所以，道士又根据他们的原理而行动，因此，东亚的化学、矿物学、植物学、动物学和药物学，都发端于道教"。

当然，也有相反的意见，美国学者席文在其名为"道教与科学"（*Taoism and Science*）一文中就认为：

> 没有证据表明在 Taoism（道教）与科学之间存在任何普遍的和必然的联系。至少要给出某个个人与这种或那种 Taoism（道教）的从属关系，才能够让我们设想，我们或许会发现对科学的探索的积极态度；或者，哪怕给出某个涉及了科学、技术或医学的个人，让我们发现其 Taoist（道教的）动机。无论我们考虑道的哲学还是宗教，这一点都是成立的。

席文的意思是让人举出例子来。那么，我们就举陶弘景为例，看看在他的科学活动中，能否发现其"Taoist 动机"。唐贾嵩《华阳陶隐居内传》在描述陶弘景制作"浑天象"和"自然漏刻"时，有这么一段文字：

> 先生作浑天象，高三尺许，天转地静，列宿度数，七曜行道，昏明中星，见伏早晚。以机转之，宛与天会。云：修道所需，非史官家事。又因流水作自然漏刻（中国古代的一种计时仪器），十二时循环自转，无劳守视。

它表明陶弘景做"浑天象"与"自然漏刻"的目的，是用于确定道教外丹或炼功的季节与时辰，的确不是为了什么"史官家事"，而仅仅是为

"修道所需",也就是说,切实是为了他的"Taoist 动机"。至此,好像已没有再举他例的必要了,道教与科学间的渊源关系再次获得了张扬。可以说,在世界的所有宗教中,只有道教是为其宗教目的而主动、积极地从事科技制作与科学探索活动的。

进入 20 世纪 80 年代之后,道教外丹黄白术在研究方法上有了一些显著的变化,其中最主要的特点是在注重文献考据的同时,将化学的模拟实验用于复原古代道士在丹鼎中所实现的化学反应。通过对炼丹产物化学成份的分析,确定了许多丹药的化学组成,使得原来一些长期争论不休的问题得到了解决。如王奎克(1918—1999)与朱晟、郑同等人通过模拟实验,证实了东晋葛洪《抱朴子内篇·仙药》中记载了提炼单质砷的方法,指出该方"三物合炼"的配方,是已知文献中最早的火药配方,并进而得出"火药的发明导源于古代(道教)炼丹家以三物合炼雄黄的实验"(1982 年)的结论。事实上,这期间做模拟实验最多、取得成果也最大的,是北京大学的赵匡华先生及其合作者,他们通过大量的模拟实验,分别对汉代疡科"五毒方"的化学成份(1985 年)、古代的"抽砂炼汞"技术(1984 年)、道教炼丹中"黄芽"的化学成份(1989 年)、对唐代孙思邈丹方记载的单质砷炼制方法(1984 年)、炼丹中各种矾的具体成份(1985 年)等等,都做了模拟实验和化学分析,所得结论被大量引用。由赵匡华主编的《中国古代化学史研究》(1985 年),其中不少文章,反映了这一时期道教外丹黄白术研究的整体水平。1998 年,由卢嘉锡(1915—2001)主编、赵匡华与周嘉华撰写的《中国科学技术史·化学卷》,以两章的篇幅讨论了炼丹术与化学的关系,是对 20 世纪炼丹术研究的综合概括。与赵匡华相似,在 1982 年—1990 年期间,孟乃昌也采用了文献考证与模拟实验相结合的方法,对《道藏》中一些丹经丹诀记载的配方做了模拟实验,并于 1993 年出版了《道教与中国炼丹术》,此书虽冠以"道教",但仍以炼丹术的历史研究为主。另外,郭正谊通过对《龙虎还丹诀》等《道藏》经诀的研究(1981 年—1983 年),揭示了至少在唐代时,道士已认识到丹鼎中药物反应的物质守恒关系，同时指出始自唐代、盛于宋代的著名"胆水炼铜"法，其源头即来自于道教炼丹。1981年，张觉人先生出版了《中国炼丹术与丹药》一书，张氏在长期烧炼医用丹药的基础上，对炼丹术与医用丹药的炼制和应用作了详尽的介绍，是一本很有特色的专著。另外，这一时期出版的道教通史或文化史著作，如任继愈主编的《中国道教史》（1990年）、卿希泰主编的《道教与中国传统文化》（1990年）等，也对外丹黄白术给予了应有的重视。一些专题论著，如王明《抱朴子内篇校释》（1980年），在对葛洪这部著名道教经典作全面校释的同时，对其中的外丹黄白史中的化学成就给予了很高评价。1989年，道教界出版了两本较有影响的书，一是胡孚琛的《魏晋神仙道教》，对葛洪所处东晋时期的外丹黄白术作了专门探讨；一是黄兆汉的《道藏丹药异名索引》，第一次以专著的形式对丹药的隐名暗语作了系统整理，是一本很有用的工具书。

到了20世纪90年代，又相继产生了一些引人注目的成果。1990年，金正耀博士发表了《唐代道教外丹》一文，对道教炼丹理论与实践在唐代的发展，以及为何在唐代达到极盛的历史原因和社会影响作了探讨。稍后，金正耀氏又于1991年出版了其博士论文《道教与科学》，该书在探讨道教与科学关系的同时，以较大篇幅讨论了道教外丹黄白术与传统科技的关系。1995年，祝亚平的《道家文化与科学》出版，该书对《道藏》中的科技史料、道家的科学活动和思想作了较为深入的阐释，以超过三分之二的篇幅探讨了道教外丹黄白术与化学的关系，并在"附录"中给出了"《道藏》科技史料主题词表""《道藏》科技史料分类目录"，方便了对《道藏》科技史料的检索。1997年，容志毅出版的《中国炼丹术考略》，对道教外丹黄白术的历史轮廓作了大致的梳理。

进入21世纪，第一本有关道教炼丹术研究的出版物，是金正耀博士的《道教与炼丹术论》（2001年），该书实际上是作者将其在道教和炼丹术研究领域的论文结集，反应了作者在这方面的研究成果。尤为值得一提的是，由姜生先生和汤伟侠先生主编的《中国道教科学技术史·汉魏两晋卷》（2002年）及《中国道教科学技术史·南北朝隋唐五代卷》

（2010年）的出版，分别对汉魏两晋与南北朝隋唐五代的道教外丹黄白史做了较为系统的研究。值得一提的是，由法国学者施舟人与傅飞岚领衔，集29位欧美道教研究权威、用30年完成的《道藏通考》(*The Taoist Canon: A Historical Companion to the Daozang*, 2004)，无疑是此一时期西方道教研究的一部煌煌巨著，具有极高的学术品味，不仅是欧洲汉学界的集大成之作，而且也是近代以来道教研究最大的一项学术工程，在学术界产生了巨大影响，必将以其学术性、严谨性、实用性、系统性和完备性，有力地推动世界范围内道教研究的开展。2005年，由盖建民先生撰写的《道教科学思想发凡》一书，以一章的篇幅，阐述了道教外丹黄白术与古代化学思想的形成与演变历程，颇具启发意义。2006年，意大利学者玄英（Fabrizio Pregadio）在其博士论文基础上出版了《太清：中国中古早期的道教和炼丹术》(*Great Clarity: Dhina and Alchemy in Early Medieval China*, 2006)，强调了外丹黄白术在3—7世纪道教传统中的地位。2006年，容志毅在其博士论文《南北朝道教炼丹与化学研究》基础上出版了《道藏炼丹要辑研究·南北朝卷》一书，对南北朝道教外丹黄白史作了较详实的考证；2009年，容志毅教授发表了《东晋道士发明火药新说》一文，并在2011年申请的国家哲学社会科学项目《东晋道士发明火药的模拟试验及文献再检索》课题中，与南京理工大学化工学院"烟火研究室"合作试验，证明至迟在公元364年，中国道士即已在炼丹中使用了最早的火药配方，从而将火药的发明时间提前了至少五百五十年。尤应指出的是，韩吉绍教授于此一时期，发表了系列有关外丹黄白史研究的论著，如《知识断裂与技术转移：炼丹术对古代科技的影响》（2009年）、《道教炼丹术与中外文化交流》（2015年）、《黄帝九鼎神丹经诀校释》（2015年）三部专著以及《论西汉的炼丹术》（2009年）等10多篇论文，有力地推动了外丹黄白史的相关研究。另外，蔡林波副教授的《神药之殇：道教丹术转型的文化阐释》（2008年）对道教外丹黄白与内丹的演变关系给出了系统的论述，难能可贵。再就是朱晶博士的《炼丹术研究的转向：从前化学到社会、文化与认知情境》（2013年）一文,对炼丹术的研究动态做了颇有见地的剖析。

从20世纪20年代至今近百年间,国内外对道教外丹术的研究有了长足的进展,在上面所例举的有关化学、古代科技和道教通史的论著中,也都对外丹术给予了足够的重视和研究。但是,相对于外丹术在《道藏》乃至整个道教中所占有的重要性来说,不论就分量还是深度而言,都还未达到令人满意的程度。大量的外丹经诀至今尚未有人作过系统的整理研究,经诀中所含有的大量传统文化成份、较完整的道教理论体系和众多丹药丹方里的原始化学及医药学成就,还需数代人的持续努力,方可望有一个比较完整的了解。

附录:

(一)古代道士何以要伏火炼丹

对于道士没有或很少直接服用天然矿物,而是间接服用经丹鼎烧炼后的丹药的原因,有学者认为,这是由于天然金石矿物含有大毒的缘故,于是才用火炼的办法来制伏其毒并提炼其飞升的精华。该见解不无道理,且具有相当的代表性,它说明了道士从直接饵服天然金石(主要是黄金、丹砂)过渡到火伏金石、烧炼神丹的一个重要原因。但是,除金石重坠之物不堪直接服食须火炼伏毒这一表面原因外,道士采用伏火的手段烧炼外丹还有另外三个重要原因:

一是经过丹鼎小宇宙的烧炼,可以有效地将不同金石所含的精气合而为一,使原来分存在于各矿物内的精气都凝聚到丹药中。服食了丹药,也就同时摄入了所有金石矿物的精气,这较之单独服食或分别服食天然矿物的效果要好得多。更重要的是,未经丹鼎伏炼的天然矿物,其内在的精气提炼不出来,不能为人体所吸收,也就达不到"假求于外物以自坚固"的目的。那么,在道士们的眼里,天然金石类矿物在自然中到底都吸收了些什么样的精气呢?不妨举几例看看:

雄黄、雌黄、黄汞、黄金吸收的是"正土之气",《淮南子》云:

> 正土(中央之土)之气,御乎埃天。埃天五百岁生□□(雄黄),□□(雄黄)五百岁生黄埃(雌黄),黄埃五百岁生黄澒(黄汞),黄澒五百岁生黄金。

曾青、青汞、铅吸收的是"偏土之气":

> 偏土(东方之土)之气,御乎青天。青天八百岁生青曾(曾青),青曾八百岁生青澒(青汞),青澒八百岁生青金(铅)。

丹砂、赤汞、铜吸收的是"牡土之气":

> 牡土(南方之土)之气,御乎赤天。赤天七百岁生赤丹(丹砂),赤丹七百岁生赤澒(赤汞),赤澒七百岁生赤金(铜)。

礜石、白汞、银吸收的是"弱土之气":

> 弱土(西方之土)之气,御乎白天,白天九百岁生白礜(礜石),白礜九百岁生白澒(白汞),白澒九百岁生白金(银)。

磁石、黑汞、铁吸收的是"牝土之气":

> 牝土(北方之土)之气,御乎玄天,玄天六(水行生成数)百岁生玄砥(磁石),玄砥六百岁生玄澒(黑汞),玄澒六

百岁生玄金（铁）。

除此之外，金石类矿物还有所谓的"天地精英之气""太阳之气""太和之气""青阳之气""离宫之气"等等。道士们认为，当把这类矿物投入丹鼎内烧炼后，它们各自所禀赋的天地自然精气，就会随着药物的熔化而被提炼并浓缩、汇聚到丹药中。对此，唐陈少微《大洞炼真宝经九还金丹妙诀》有云：

> 夫还丹，本阳九之精降受二十四真，真水真火内外包含，含化五神，五神运气，积而为砂，积砂成丹，禀积气极，乃号"紫华红英大还之丹"。……其汞烧抽变炼，则含其内水火之精气，亦合于七篇之大数，自然水、火、金三光禀气相会，合精而化灵证真也。……且阳元之魂遇阴气所感，伏形成魄，谓之兑金。兑金则见阴质而更含药精，渐令去其滞气，灵汞投化转转增光，反浊归清，然后正阳之体。其修金用药，穷真合元，令其灵通于七篇也。

因为铅汞具有"合精""合元"等聚气浓缩效应，以它们为主要药物烧炼的还丹也才有了"化灵证真"和"灵通于七篇"的神力。这种观念的本质，实际上是认为物质内的精气具有一种"浓缩"效应，而正是这种"精气浓缩"观念，才使得道士们不断地将天然金石类矿物投入到丹鼎内，同时也是后世丹家将愈来愈多的矿物用于外丹的重要原因之一。因为药物愈多，丹药中所浓缩的各类药物的精气也就愈多，成仙的速度也就愈快。

二是一旦将这些金石矿物投入丹鼎内烧炼，就等于对它们重新进行了一次宇宙的生成演化过程。因为丹鼎是"合天、地、人三才五神而造"的，它模拟的是整个宇宙："上台高九寸为天，开九窍，象九星；中台高一尺为人，开十二门，象十二辰，门门皆有具扇；下台高五寸为地，开八达，象八风。"《九转灵砂大丹资圣玄经》也说：

> 鼎有三足，以应三才，上下二合以象二仪，足高四寸以应四时，炉深八寸以配八节，下开八门以通八风，炭分二十四斤以生二十四气。阴阳颠倒，水火交争，上水应天之清气，下火取地之浊气。

这都是人为地在丹鼎内模仿天道运行、万物生成的规律，将自然界中的二仪、三才、四时、八节、八风、二十四气都囊括、汇聚在丹鼎内，丹鼎便由此获得了天地造化的枢纽，实现了由自然大宇宙到丹鼎小宇宙的转化，从而为药物的生成提供了演化的天地。经过这样的丹鼎小宇宙的烧炼，以人间烟火仿造宇宙天火的造化之功，在人造的丹鼎小宇宙中浓缩自然还丹的造化过程，从而大大缩短了还丹的形成时间。因为在外丹家的时间表中，丹鼎内一个时辰，即相当于世上一年，若是炼上九九八十一天，就几乎相当于烧炼了上千年。这实际上可称之为一种"时间浓缩"观念。

三是一旦将药物投入丹鼎，丹鼎也就随之获得了天地间一些最具灵气的药物，它们极易以自身的灵气与外界天地相互感应，从而将自然宇宙间的造化之功吸收、凝聚在丹鼎小宇宙内。与"时间浓缩"观念相似，这实际上是一种"空间浓缩"观念，这在《参同契》中表现得尤为明显。《参同契》极力推崇铅汞为外丹至药，将汞尊为七十二石之首，铅列为"五金之主"，认为只有以铅汞的至尊至贵之象，才能感应、激荡天地自然精气，才能炼成至宝大药。因此，丹鼎小宇宙不仅能有效地浓缩时间，也能有效地浓缩空间。正是这两种观念的存在，才使得投入丹鼎内的金石类药物，在极短的时间内获得宇宙空间中极大量的自然精气，并最终转化为浓缩了多种多量自然精气的产物——丹药。

基于上述三种主要观念，道士们才不断地将单味或多味金石药物倒入丹鼎，目的就是通过伏火的手段，在极短的时间内，将天地间的精气都浓缩、凝聚在丹药中,人服食了这种丹药,就会摄入其中的大量自然精气,进而达到"与天相毕,与日月同光"的长生不死境界。而所有这些观念的建立,又都直接或间接地与早期神仙思想的泛滥和《参同契》的外丹学说有这样或那样的关系。

(二)外丹烧炼常用矿物药中、英文名称、化学式及常用异名、隐名

历来道教外丹所用矿物药与医用矿物药无甚差别,盖因矿物药有一个由医到外丹、又由外丹到医的相互循环过程。二者同源而分流,分流又合流,相互掺合,不可二分。

道士所用药物中,丹砂、铅、汞、硫黄、雄黄、雌黄、礜石等为最常见。外丹初起时,多以丹砂为主,如汉李少君"化丹砂诸药齐(剂)为黄金"即是,但同时也兼及他药,如《黄帝九鼎神丹经》《三十六水法》等丹经,已将其他矿物药倒入丹鼎,反映了汉时道教外丹用药的基本情形。

被道士们遵奉为"丹法之祖"的《参同契》,提倡"雄雌设陈,挺除武都,八石弃捐",主张只以铅汞二味为外丹大药,以象坎离变化而炼制大丹,此则为汉时药物多样化趋势中的另一情形,并因之成为道教铅汞派之肇端。但同时代的诸多外丹家则不同,他们所用药物要广泛得多,诸如雄黄、雌黄、硫黄、曾青、空青、石胆、砒霜、戎盐、白矾、牙硝、礜石等。东晋葛洪《抱朴子内篇》所涉药石亦多,并于金石药之外更多地采用了动、植物药,此与汉代丹方殊异。如《金丹》篇中之"立成丹":

> 取雌黄、雄黄烧,下其中铜,铸以为器,覆之于三岁淳苦酒上,百日,此器皆生赤乳,长数分,或有五色琅玕,取埋而服之,亦令人长生。又可以和菟丝,菟丝是初生之根,其形

似菟，掘取克其血，以和此丹，服之立变化，任意所作也。又和以朱草，一服之，能乘虚而行云，朱草状似小枣，栽长三四尺，枝叶皆赤，茎如珊瑚，喜生名山岩石之下，刻之汁流如血，以玉及八石金银投其中，便可丸如泥，久则成水。以金投之，名为"玉醴"，服之皆长生。

这里的菟丝、朱草即为植物类药物。

从魏晋南北朝至隋唐一个相当长的时间里，道教外丹仍以石药为主，而草木药因其"埋之即朽，煮之即烂，烧之即焦，不能自生，焉能生人"之故，而很少为丹家采纳。虽然间或也使用一些草木药，如枸杞、菟丝、天冬、地黄等，但仅是将它们作为辅药以祛病延寿之用。对金石药的崇拜，在这一时期道教外丹术思想中占着统治的地位。只是后来随着服丹中毒而亡者增多，为解金石药毒，道士们才渐渐在外丹中更自觉地采用一些动、植物药，但这是隋以后的事了。故本附录暂不拟收入动、植物药，而仅就常用矿物药略予述之。

道教外丹所用矿物类药的名称，很多使用了隐名暗语。葛洪在《抱朴子内篇·黄白》中对此有过说明，其云：

凡方书所名药物，又或与常药物同而实非者，如河上姹女，非妇人也；陵阳子明，非男人也；禹余粮，非米也；尧浆，非水也。而俗人见方用龙胆虎掌、鸡头鸭跖、马蹄犬血、鼠尾牛膝，皆谓之血气之物也；见用缺盆覆盆、釜𬬻大戟、鬼箭天钩，则谓之铁瓦之器也；见用胡王使者、倚姑新妇、野丈人、守田公、戴文浴、徐长卿，则谓人之姓名也。近易之草，或有不知，玄秘之方，孰能悉解？

众多的隐名暗语给道士炼丹罩上了几许神秘色彩，同时亦给道教外丹的传播和理解平添诸多麻烦。无怪陈国符先生将正确理解外丹隐名暗语，列为治古代外丹术所必须掌握的三项内容之一，实在是用心良苦。

唐道士梅彪《石药尔雅》载古代外丹术常用药物150余种，又将各药物之隐名注于其通名之后。如"汞"之下注其隐名、别名竟达21种之多。该书对于研究道教外丹术甚为重要，其书名虽以"石药"名之，但由于唐代已将多种动、植物药用于炼丹及解丹毒，故其所论并非仅限于石药，尚有其他如"白项蚯蚓汁""白狗胆""白僵蚕""牛胆""羊脂""鲤鱼眼睛"等动、植物类药物。

今考约成书于先秦的《山海经》载有二种矿物药，这是我国有关矿物药的最早记载；至西汉《五十二病方》则已有21种；东汉的《神农本草经》载矿物药46种；南梁陶弘景《本草经集注》载矿物药73种；至宋唐慎微《证类本草》已载矿物药达215种；迨至明李时珍《本草纲目》所载矿物药已增至333种，由是可见外丹与医药交互发展之脉络。这里仅就道教外丹常用矿物药中、英文名称、化学式及常用异名、隐名列表如下，俾便查考。

外丹烧炼常用矿物药中、英文名称、化学式及常用异名、隐名表：

序号	矿物药	英文名	化学式	常用异名、隐名
01	丹砂	Cinnabaris	HgS	朱砂、辰砂、真珠、汞沙、丹粟、赤丹、太阳、赤帝、朱鸟、流珠、绛宫朱儿、朱雀、火精、天铅
02	水银	Hydrargyrum	Hg	汞、澒、铅精、姹女、流珠、玄水、玄女、青龙、河上姹女、玄明龙膏、太阴、赤血流汞、太阳流珠、神胶
03	铅	Lead	Pb	黑铅、青金、乌锡、水锡、青铅、河车、铅精、铅丹、黄丹、太阴、黄龙汁、粉锡、黑金、白钄、黄精

续表

序号	矿物药	英文名	化学式	常用异名、隐名
04	硫黄	Sulfur	S	石硫黄、黄男、石亭脂、黄芽、石硫丹、石硫芝、阳君、将军、昆仑黄、黄硇砂、九灵黄童、昆仑黄
05	雄黄	Realgar	As_2S_2	石黄、太旬首中石、明雄黄、帝男精、阳黄、柔黄、白陵、丹山日魂、男精、沉银、赤血流珠、黄奴、黄苍、天柔石、天阳石、天阳饭、真人饭、腰黄、勾陈、雄精、小灵丹
06	雌黄	Orpiment	As_2S_3	赤雄、帝女血、柔雌、黄龙血、黄安、阴黄、武都仇池、帝女血炼者、赤厨、帝女血、阴津、阴黄、山魂
07	礜石	Arsenopyritum	FeAsS	信石、特生礜石、苍礜石、鼠动、鼠乡、日礜、太石、苍石、白龙、秋石、白虎、鼠生母、握雪礜石
08	硝石	Sal Nitri	KNO_3	消石、芒消、苦消、化金石、水石、焰消、火消、地霜、秋石、河东野、北地玄珠、昆诗梁、小玉、黄鸟首
09	曾青	Azuritum	$2Cu_2CO_3 \cdot Cu(OH)_2$	扁青、绿青、石绿、碧青、毕石、朴青、黄云英、青龙血、青龙膏、昆仑、黄云英、赤龙翘、青腰使者
10	黄矾	Melanterite	$Fe_2(SO_4)_3 \cdot 9H_2O$	金丝矾、鸡屎矾、黄山脂、敦煌矾石、鸡矢矾、金线矾、
11	绿矾	Melanterite	$FeSO_4 \cdot 7H_2O$	青矾、盐矾、皂荚矾、皂矾
12	明矾	Alumen	$KAl(SO_4)_2 \cdot 12H_2O$	白矾、雪矾、云母矾、柳絮矾、黄老、白君、羽泽
13	胆矾	Chalcanthitum	$CuSO_4 \cdot 5H_2O$	石胆、胆子矾、制石液、黑石、碧青、君石、云梁石、毕石、棋石、铜勒

续表

序号	矿物药	英文名	化学式	常用异名、隐名
14	食盐	Halitum	NaCl	盐、咸鹾、大盐、石味、帝味、碧水、倒行神骨、北帝髓、玄武味、圣石
15	铅粉	Cerussa	$Pb_3(CO_3)_2(OH)_2$	粉锡、解锡、水粉、胡粉、定粉、锡粉、流丹、白膏、铅华、光粉、鹊粉、铅白、白粉、瓦粉、官粉
16	硇砂	Sal Ammoniaci	NH_4Cl 或 NaCl	NH_4Cl 称白硇砂；NaCl 称紫砂、北庭砂、海砂、饶砂、赤砂、金贼、狄盐
17	阳起石	Actinolitum	主含水硅酸钙镁铁	白石、石生、羊起石、五精全阳、五精金精、五精阴华、五精金黄羊
18	锡石	Cassiterite	主要含 Sn	白锡、解锡、伏丹、太阳、河车、金精、紫粉、黄精、黄华、假公黄、贺
19	石膏	Gypsum Fibrosum	$CaSO_4 \cdot 2H_2O$	寒水石、立制石、羽涅、白龙、制石、石虎、里石、寒盐、细理石
20	寒水石	Calcitum, Gypsum Rubrum	方解石 $CaCO_3$ 和红石膏 $CaSO_4 \cdot H_2O$	凌水石、凝水石、冰石、水石、白水石
21	芒硝	Natrii Sulfas	$Na_2SO_4 \cdot 10H_2O$	盆硝、朴硝、马牙消、皮消、东野消石、玄明粉、白龙粉、英消
22	白石英	Quartz Album	SiO_2	水精、银华、素玉女、白附、夜光明、白素飞龙、宫中玉女、阴运、浮余
23	云母	Muscoritum	含水硅酸铝钾 $KM_{2-3}[SiAlO_{10}](OH,F)_2$	玄石、云液白、云华、云华飞英、云华五色、云起、泄涿、云英青、紫云芝英、石银、明石、雄黑、云朱赤
24	禹余粮	Limonitum	$Fe_2O_3 \cdot 3H_2O$	太一禹余粮、太一旬石、石饴饼、白素、禹哀、天师食、山中盈脂

续表

序号	矿物药	英文名	化学式	常用异名、隐名
25	白石脂	Halloysitum Album	主要含水化硅酸铝	白符、白陶土、高岭土
26	黄石脂	Halloysitum Flarum	K·Al[Si$_4$O$_{10}$][OH]$_8$·4H$_2$O 和 SiO$_2$ 等	黄符
27	赤石脂	Halloysitum Rubrum	[Al$_4$(Si$_4$O$_{10}$)(OH)$_8$·4H$_2$O]	赤符、红岭土、赤石土、吃油脂、红土
28	钟乳石	Stalactitum	CaCO$_3$	石钟乳、虚中、钟乳、公乳、留公乳、芦石、夏石、黄石砂、卢布、夏乳根
29	炉甘石	Calamina	主要含 ZnCO$_3$ 和 Zn$_5$(CO$_3$)$_2$·(OH)$_6$	甘石、卢甘石、羊肝石、浮水甘石、炉眼石、制甘石、脱梯牙、朵梯牙
30	伏龙肝	Terra Flavausta	主含 Al$_2$O$_3$、SiO$_2$、Fe$_2$O$_3$、Ca$_3$(PO$_4$)$_2$	灶中黄土、釜下土、釜月下土、灶心土
31	紫石英	Fluoritum	CaF$_2$	赤石英、银花、上味、冰石、寒盐、紫女、西龙膏、仙人左味
32	滑石	Talcum	Mg$_3$(Si$_4$O$_{10}$)(HO)$_2$	画石、液石、脱石、冷石、番石、留石、雷河都子、南石、北石
33	信石	Arsenicum Sublimatum	FeAsS	礜石、特生礜石、苍礜石、鼠动、鼠乡、日礜、苍石、白龙、秋石
34	自然铜	Pyritum	主要含 FeS$_2$	赤金、红金、红银、丹阳、杖子、赤毛、赤红物、红肉、茚、铜落、骨头
35	硼砂	Borax	Na$_2$B$_4$O$_7$·10H$_2$O	蓬砂、鹏砂、大朋砂、月石、盆砂、白硼砂、特蓬杀
36	代赭	Haematitum	主要含 Fe$_2$O$_3$	代石、代丹、赭石、铁朱、土朱
37	磁石	Magnetitum	Fe$_3$O$_4$	玄石、磁君、慈石、处石、元武石、吸针石、摄石、磁石、灵磁石、铁石

续表

序号	矿物药	英文名	化学式	常用异名、隐名
38	玄精石	Selenitum Glanberitum	$CaSO_4 \cdot 2H_2O$ 和 Na_2SO_4	太阴玄精、太阴玄精石、太乙玄精石、阴精石、
39	无名异	Pyrolusitum	主要含 MnO_2	土子、干子

建议阅读书目：

陈国符：《道藏源流考》(尤其是第 2 册"附录五"和"附录六")，中华书局，1985 年。

陈国符：《道藏源流续考》，台湾明文书局，1983 年。

陈国符：《中国外丹黄白法考》，上海古籍出版社，1997 年。

陈国符：《陈国符道藏研究论文集》，上海古籍出版社，2004 年。

姜生、汤伟侠主编：《中国道教科学技术史》，科学出版社，2002 年。

〔英〕李约瑟：《中国科学技术史》第 5 卷第二、第三、第四分卷，科学出版社，1990 年。

王 明：《抱朴子内篇校释》，中华书局，1980 年。

赵匡华主编：《中国古代化学史研究》，北京大学出版社，1985 年。

卢嘉锡主编，赵匡华、周嘉华撰：《中国科学技术史·化学卷》，科学出版社，1998 年。

张觉人：《中国炼丹术与丹药》，四川人民出版社，1981 年。

容志毅：《中国炼丹术考略》，上海三联书店，1998 年。

容志毅：《道藏炼丹要辑研究（南北朝卷）》，齐鲁书社，2006 年。

主要参考书目：

姜生、汤伟侠主编：《中国道教科学技术史（汉魏两晋卷）》，科学出版社，2002 年。

〔英〕李约瑟著、陈立夫主译：《中国科学与文明》，台湾商务印书馆，1985年。

Nathan Sivin, *Chinese Alchemy: Preliminary Studies*, Harvard University Press, 1981.

尚志钧集纂：《中国矿物药集纂》，上海中医药大学出版社，2010年。

李养正：《当代道教》，东方出版社，2000年。

李乔苹：《中国化学史》，商务印书馆，1940年。

冯家昇：《火药的发明和西传》，华东人民出版社，1954年。

袁翰青：《中国化学史论文集》，三联书店，1956年。

张子高：《中国化学史稿（古代之部）》，科学出版社，1964年。

陈国符：《道藏源流考》（上、下册），中华书局，1985年。

陈国符：《道藏源流续考》，台湾明文书局，1983年。

陈国符：《中国外丹黄白法考》，上海古籍出版社，1997年。

陈国符：《陈国符道藏研究论文集》，上海古籍出版社，2004年。

李约瑟：《中国科学技术史》，科学出版社，1990年。

王　明：《抱朴子内篇校释》，中华书局，1980年。

赵匡华主编：《中国古代化学史研究》，北京大学出版社，1985年。

卢嘉锡主编，赵匡华、周嘉华撰：《中国科学技术史·化学卷》，科学出版社，1998年。

孟乃昌：《周易参同契考辩》，上海古籍出版社，1993年。

张觉人：《中国炼丹术与丹药》，四川科学技术出版社，1996年。

任继愈主编：《中国道教史》，上海人民出版社，1990年。

胡孚琛：《魏晋神仙道教：抱朴子内篇研究》，人民出版社，1989年。

黄兆汉：《道藏丹药异名索引》，台湾学生书局，1989年。

金正耀：《道教与科学》，中国社会科学出版社，1991年。

祝亚平：《道家文化与科学》，中国科学技术大学出版社，1995年。

作者简介

容志毅，男，广西容县人，山东大学历史学博士，现任广西民族大学民族学与社会学学院博士生导师、四川大学道教与宗教研究所兼职博士生导师、中国科学技术史学会理事、国家社科基金"宗教学"专家委员会评审委员。主要著作有《中国炼丹术考略》《道教炼丹要辑研究（南北朝卷）》，作为主要撰稿人参与了《中国道教科学技术史（汉魏两晋卷）》和《中国道教科学技术史（南北朝隋唐五代卷）》中"炼丹术与化学篇"的撰写。其研究将道士发明火药的时间提前了五百五十年以上，中央电视台9套节目曾以其在炼丹与巫蛊方面的研究拍摄了5集电视专题纪录片。

内丹经说略

霍克功

内丹经是指修炼内丹实践和内丹学理论形成过程中由道教内丹修炼者和道教学者所撰写的经典。因此，在略说内丹经之前有必要介绍一下内丹学的相关情况。

一、内丹学概念

内丹是什么呢？要回答这个问题，须从丹的概念入手。"丹"最早是指还原生成的红色丹砂。天然的硫化汞（丹砂）加热分解出汞（水银），将汞与硫磺作用又生成黑色的硫化汞，然后再加热则变成红色的硫化汞（丹砂）。这种红色的硫化汞（丹砂）就称为丹，它是中国古代炼丹术最重要的原料。之后，丹的范围扩大了，炼丹士将所有外观红色的烧炼产物，包括氧化汞、四氧化三铅（铅丹）等统称为丹。由于汞和铅的化学性质特别活跃，因而在炼丹术中占有特殊位置，且被日益神化，被认为是炼丹的至宝大药。古人发现黄金和由矿物质炼成的金丹具有不朽的性质，就认为人服用后也会不朽，从而长生不死。事实上，含有汞、铅、砷、锡等毒性金属的金丹，服用后不仅不能使人延年益寿，反而会致人慢性中毒，直至死亡。历史上帝王、道士服食金丹致死的例子屡见不鲜。服食金丹不能使人长生成仙，于是人们转向人体内部探求长生不死之方，内丹术便应运而生。

内丹术是一种内外兼修的功夫，内丹术的理论提升是为内丹学，它有几个突出的特点。首先，内丹学是以道教神仙信仰为核心，兼融儒家伦理、佛教心性学说的理论和实践体系。其次，内丹术是一种静功。其三，内丹术以人体先天精气神为修炼药物。其四，内丹术强调性命双修，开发人体的心理和生理潜能。其五，借用外丹术语和周易卦爻作为内丹学表述系统。其六，内丹术以大周天、小周天行气法为基本炼养方式，以筑基、炼精化气、炼气化神、炼神还虚为基本步骤。其七，内丹修炼成功后，人体内有丹形成。有关丹的形态有几种说法，一是黍米说：在腹中有黍米状固体物质，如同佛教法师圆寂焚化后的"舍利子"。二是气团说：先天精气神在人体丹田中凝聚成丸，似气团。三是光团说：修炼内丹至高成就者返观内视，能洞见体内丹田中或气脉上有明亮的、或小如黍米或大如雀卵的光团。此外，还有性圆说，精气神合一说，大还丹、小还丹、玉液还丹、金液还丹说等等。其八，先后达到世俗和宗教目标：长生久视和得道成仙。

二、内丹学源流

内丹学在中国的形成和发展经历了几千年。从先秦到东汉是内丹学的准备时期，东汉道教创立至隋唐为内丹学形成期，又称为早期内丹学；唐末五代至宋元，是内丹学的成熟期，称为中期内丹学；明清是内丹学的衰微期，为晚期内丹学。我们注意到内丹学的各个时期与道教的形成和发展时期基本对应。

（一）内丹学的准备时期

内丹学形成之前先有内丹术的创立，内丹术的理论提升是为内丹学。内丹的自我修炼功法，通称为内丹术、内丹功、丹鼎术，又称周天功。

殷商之前，就有内丹术的先导修炼法，如黄帝的移精变气修炼，王乔、赤松子则"吸阴阳之和，食天地之精，呼而求故，吸而求新"。先秦神仙信仰已经形成，基于神仙信仰的内丹术，也开始萌芽。当时的神仙家为了追求长生不死、返老还童，研习了许多延年益寿的方术，如行气、吐纳、导引、存思等。至战国时逐渐认识到男女合气之术即房中术是长寿的根本，为内丹学的建立起了决定性的作用。《老子》中有"专气致柔""啬精""玄牝之门""长生久视"等内容。《庄子》中有"熊经鸟伸""吐故纳新""缘督""踵息""心斋""坐忘"等多种修炼方术的记载。战国时《却谷食气篇》《行气玉佩铭》中记有"服气""服饵""行气"等方术。汉代出现《西汉导引图》。东汉的《太平经》中有爱气、尊神、重精思想，提出了内照、存神、食气、胎息、辟谷等修炼方法。

内丹术就渊源于这些早期的内炼功法，所以陈致虚说此修炼法"求于册者，当以《阴符》《道德》为祖，《金碧》《参同》次之"（《金丹大要》序）。内丹术的成熟就为内丹学的出现准备了条件。

（二）早期内丹学

东汉道教创立至隋唐是内丹学的形成时期，在此时期，内丹学的符号体系以及基本理论以一种极为艰深晦涩的方式建立起来。由于唐代开始重视内丹术，为了阐述其功法和理论，找到了《周易参同契》来作为工具。

汉末魏伯阳所著《周易参同契》（以下简称《参同契》）是一本专门论述内外丹法诀的仙学著作，奠定了内丹学清修、双修的理论基础。南宋高宗时期的高象先在其所编《金丹歌》中首次称其为万古丹经王，他说：

> 又不闻，叔通从事魏伯阳，相将笑入无何乡，准连山作参同契，留为万古丹中王。

后世沿用了此说法。宋末元初俞琰所著《周易参同契发挥》阮登炳序说：

> 《参同契》乃万古丹经之祖。

《参同契》以《周易》阴阳变化作为立论根据，以卦象规律来阐述修炼过程，并将《周易》、黄老与炉火三者参合在一起，对炼丹内养进行解说。《参同契》运用《周易》阴爻和阳爻组成的八个经卦和六十四个别卦及其比喻手法，来说明炼丹方法，以乾坤喻鼎器，坎离喻药物，以其余六十卦喻火候。在内炼方面，首次阐述了有关"养性""同类相从""牝牡化生""丹胎法象"等理论问题，并为内丹学创造了隐语表达系统。魏伯阳把以前的炼丹、内养方术，与其自身体验结合起来，予以理论概括，将《周易》阴阳交合之道、黄老自然养性之道、炉火铅汞炼丹之道合而为一，说明人欲长生成仙，必须服食铅汞所炼还丹（外丹），或炼养自身阴阳（内养），方能成道，在肯定外丹术的同时又肯定了内养术。

但在其后的三四百年里，其理论一直未被世人接受。徐从事所著《阴阳统略周易参同契》以阴阳注释《参同契》。魏晋时的葛洪将《参同契》解释为外丹炼制著作。而同时期的《黄庭经》则将内丹称为子丹、玄丹，重点研究了存神、意守三丹田、内视、调息为主的清修丹法。

"内丹"一词最早出现在东晋许逊的著作中，他在《灵剑子·服气》中说："服气调咽用内气，号曰内丹。"但《灵剑子》为宋代托名许逊的著作，不能为凭。较为可信的说法是，直到隋开皇年间，青霞子苏元朗才最早把《参同契》这颗珍宝发掘出来，用以解说和指导内丹修炼实践。并提出以"身为炉鼎，心为神室"，归神丹于心炼，自此正式出现内丹名称且为道徒所知。还有一种说法认为，唐玄宗时的刘知古是有文献记载的第一个推崇《周易参同契》的人。

唐代，外丹学盛极而衰，内丹学乘势而起，成玄英、王玄览、司马承祯、杜光庭等极力阐扬修心神以契道的思想；张果提出炼气结丹思想并实际修炼；陶植、羊参微主张真阴真阳互涵、铅汞性情合亲、龙虎互逐思想。唐代早期，有人认为通过炼胎息即可成内丹。如幻真《胎息经注》说：

> 常伏其炁于脐下，守其神于身内，神炁相合而生玄胎。玄胎既结，乃自生身，即为内丹，不死之道也。

作为《胎息经》附录的《胎息铭》干脆将胎息与内丹等同起来，它说：

> 假名胎息，实曰内丹，非只治病，决定延年。久久行之，名列上仙。

这时的内丹术，以口中甜香的口水增多作为成丹的标志，《上洞心丹经诀》卷中《修内丹法秘诀》说：在行胎息功后，"又运精气自尾闾、夹脊入脑。……脑满之后，丹自玄膺而下，其味甘，其气香，至此则内丹成矣"。

（三）中期内丹学

唐末五代至宋元，是为中期内丹学。这一阶段也是内丹学的繁荣时期，内丹学理论中的种种问题以越来越明晰的方式被提出，但仍具有概念、意义模糊不清，理论体系不完整的缺陷。此阶段有钟离权、吕洞宾、施肩吾、崔希范、彭晓、刘海蟾、陈抟、谭峭等进行内丹实践，正式出现内丹术。

各派内丹家多认为，钟离权、吕洞宾为内丹学开山祖师，其丹法为性命双修、形神并炼，以炼精、气、神为基本功，以摄取先天一气为要诀。我们知道，自魏伯阳《周易参同契》奠定了内丹的基本结构和文化要素以来，直到钟吕手中内丹才首次形成一个自成体系的理论和实践系统。吕洞宾、钟离权被称为内丹派的祖师。

晚唐施肩吾著《西山群仙会真记》，整理《钟吕传道集》，其内丹理论主要是河车论和性命论，保留了水火相交的标志是口水增多，并命名为紫河车；发展了内气运行理论，把人身元气运动命名为河车，人身元气过下关尾闾、中关夹脊、上关玉枕，至泥丸宫上丹田，后再自上丹田、中丹田至下丹田的运行过程名为大河车，后世称为周天；把肾气、肝气、心气、肺气、脾气五气相转称为小河车；并提出了炼形化气、炼气成神、炼神合道的修炼概念。他还认为，导引、辟谷、房中、外丹、胎息、守顽空、布施、供养等皆是小法旁门。主张先要养形，次补精气神，形全气壮后再进行正式的内丹修炼。施肩吾《西山群仙会真记》和崔希范《入药镜》，还将内炼思想上升到性命高度，使内丹理论体系形成雏形。

五代彭晓所著《周易参同契分章通真义》可能为现存从内丹角度来注释《参同契》的第一部著作。他积极主张人可以修炼成仙，倡导金液还丹，其理论核心是因元气而成还丹。

谭峭的虚、形互化思想是其《化书》的理论纲领，生死互化，化化不间，世间万物都是在不断变化之中。

五代北宋初的陈抟（871—989），字图南，自号扶摇子，赐号白云先生、希夷先生。他将内丹功法和理论概括为《无极图》和《指玄篇》，阐释了"顺则生人，逆则成丹"的还丹原理和"炼精化气，炼气化神，炼神还虚"的内丹修炼基本步骤。

至宋元时期，内丹学流派纷呈，主要有张伯端、石泰、薛道光、白玉蟾"先命后性"的南派，王重阳、马钰、丘处机的"先性后命"的北派和李道纯开创的以"守中为要"的中派。

北宋张伯端（984—1082）是内丹学的主要奠基人之一，他的《悟真篇》的问世，奠定了内丹学的基础。《悟真篇》把内丹功法明确分为筑基、炼精化气、炼气化神、炼神还虚四个步骤，并被后世所沿用。《悟真篇》问世后，南宗道士便分别以"双修""清修"视野加以理解和注释。对《悟真篇》的最早注本是南宋叶文叔、翁葆光的注疏。但到宋末，以石泰、薛道光、陈楠、白玉蟾为代表的清修派以优势力量压倒了以刘永年、翁葆光、若一子为代表的双修派。

元代陈致虚完成南北合宗，实质是将南宗归入北宗。元明间道士张三丰传三家相见的同类阴阳龙虎大丹，即男女双修丹法，是与吕洞宾、张伯端齐名的内丹家，称为隐仙派。

（四）晚期内丹学

明清时期是内丹学的晚期，其间内丹学的大量细节问题以前所未有的方式被展开讨论。随着明中叶以降，中国封建社会进入衰落期，内丹学的文化载体——道教也随之衰落。加之内丹的宗教神秘性质，与复杂的炼养方法不适合明清市民文化发展的需要，内丹术逐渐走向衰微。至晚清，内丹基本上仅作为一些道教团体内部及师徒同门秘传的炼养术，但内丹学理论进一步完善。明万历年间，陆西星创立内丹东派，力主男女双修，是中老年人修炼的上乘功法。清代道光年间，四川乐山人李西月创立西派，也传同类阴阳丹法即男女双修丹法。西派以清静自然筑基，用阴阳成丹，用彼家之铅，补我家之汞，使男女互补，达到返本还元的目的。

上述内丹学的源流，并未特别区分清修与双修功法。事实上，内丹清修功法与内丹双修功法是并存的，但清修派力量更大。所谓清修派（亦称清静派）是指男修炼者或女修炼者，自己独修，没有异性参与修炼的、炼己身之药的内丹功法。而双修是男丹士在内丹修炼的某个阶段或某几个阶段，用女伴作为鼎器配合修炼，进行男女性合炼的内丹修炼功法。双修派的内丹理论，与清修派丹法理论相同之处在于都重视炼气，以"先天一气"为根本。两家的区别主要是，清修派认为坎离均在自己一身之内，只须一己独修便能炼成内丹。而双修派却认为坎中真阳只能产生于同类的"彼家"，故主张男女双修，取彼家坎中真阳，以接补己身中之阴。这种采补式修丹法又分三乘。中、下乘行"体交法"，上乘则行"神交法"，即男不宽衣，女不解带，男女对坐，性情相交，气化感应，从而双修双补，利己而不损人，双方皆获采补之益。

三、内丹经概说

内丹经有很多，仅《道藏》中即有165部。《道藏辑要》《藏外道书》《道藏精华》《道藏精华录》等收录的还有很多。没有正式出版的内丹经数量也不少。《周易参同契》是内丹理论的根本经典，内丹各派都用其理论，具有特殊地位，不属于某一派别，故单独介绍。《悟真篇》虽属南宗经典，但也是内丹各派的基本经典。此外，还有很多不特属于某一派别的经典。下面主要结合内丹派别对其经典加以介绍。

（一）《周易参同契》

《周易参同契》虽未署名，但从书中可看出作者的身份和姓名，经学者考证系东汉后期魏伯阳所作。据最早记载魏伯阳事迹的《神仙传》说，魏伯阳是吴国人，出身高贵，喜好道术，善于养生，是一位杰出的炼丹家。其主要著作有《周易参同契》《五相类》等。葛洪于4世纪初所著《抱朴子内篇·遐览》篇却只记录了《魏伯阳丹经》一卷。至后晋开运二年（945）编成的《旧唐书》始著录有魏伯阳撰《周易参同契》二卷、《周易五相类》一卷。南朝梁陶弘景在其著作《真诰》卷一二也曾提到《周易参同契》。到了五代后蜀，彭晓著《周易参同契分章通真义》序，谈到了魏伯阳撰写《周易参同契》的由来和传承情况，魏伯阳传《周易参同契》与青州徐从事，徐从事进行了注释，至后汉桓帝时，魏伯阳又传给同郡的淳于叔通，《周易参同契》开始流行于世。

《周易参同契》分上、中、下三篇及《周易参同契鼎器歌》一首，共6000多字。其中四字一句、五字一句的韵文居多，散文体和离骚体较少。因其"词韵皆古，奥雅难通"，历朝历代为之作注者很多。宋郑樵《通志·艺文略》第五，载《周易参同契》及注本十九部三十一卷，可惜多散失。唐宋以后的《周易参同契》注本，《四库全书总目》道家类收入六部十六卷，明正统《道藏》收入11种。主要注本有后蜀彭晓《周易参同契分章通真义》三卷，宋朱熹化名空同道士邹䜣注《周易参同契考异》一卷，宋陈显微《周易参同契解》三卷，宋俞琰《周易参同契发挥》九卷等。

《周易参同契》是一部将《周易》、黄老与炉火三者参合在一起的炼丹修仙著作。书名中，参指三，同指相，契指类，是说《周易》、黄老、炉火三者掺合，融为一体，多用比喻之语说明炼丹、养性的理论。后代注家，多从外丹烧炼角度，也有从内丹炼养角度来注释的，实际上《周易参同契》是外丹和内丹修炼理论的综合性著作。

魏伯阳继承了先辈的理论成果。"行气玉佩铭""导引图"等出土文物表明，春秋战国至秦汉时期，我国养生术已有雏形。之后的《黄帝内经》则从医学保健的角度，用《易》之阴阳理论和道家清静无为思想，阐述养生的根本原则和方法。同时，外丹烧炼理论也有较大发展，汉代出现的《黄帝九鼎神丹经》[①]和《太清金液神丹经》就是对外丹实验过程

---

① 即《道藏》中的《黄帝九鼎丹经诀》卷一或《九转流珠神仙九丹经》。

的具体记录。这些都为魏伯阳撰写《周易参同契》创造了条件。

《周易参同契》应用了《易》的理论。《易》原为古代卜筮之书，以阴爻（— —）、阳爻（——）为单位，三爻组成一卦，共组合成八个经卦，再由这八个经卦，分别上下两两组合，共成六十四个别卦；将各种社会自然事物分成天道、地道、人道等类，并进一步哲理化，形成彖、象、文言、系辞，用不同的爻和卦来对应，并形成爻辞和卦辞，供占筮之用。《周易参同契》正是应用了《周易》的卦辞来说明炼外丹及内丹所涉及的鼎器、方位、药物、火候、时辰、变化等。《周易参同契》以乾坤两卦喻炉鼎，以坎离为药物。就内丹而言，炉鼎即在人身，乾阳在上，坤阴在下，药物坎离指精气神，特别是元气的阴阳变化。火候方面，《周易参同契》主要运用《周易》纳甲法和十二辟卦法来表示。所谓纳甲法是指用《易》的八个经卦分别与十天干相配，结合月亮运行规律，来表示一月之间阴阳之气变化情况。所谓十二辟卦法，是指根据阴阳消息、盛衰转化的原理，从六十四个别卦中挑出十二个卦，表示阳气逐渐由零至一再到六，由六减至一再到零的阴阳转化过程。《周易参同契》还谈到了服食外丹和修炼内丹的效果，认为服食金丹加上内养精气，即可长生久视，变形而仙。

魏伯阳的《周易参同契》系统论述炼丹、内养、延命长寿之道，是道教丹鼎派的重要著作。可以说，多数内丹经典都直接或间接地应用了《周易参同契》的理论成果。

《周易参同契》注本很多，《道藏》中有以下几种：

《周易参同契注》三卷，汉代阴长生撰，为现存最古老的《周易参同契》注本。

《周易参同契分章通真义》三卷[1]，五代彭晓注，是流传最广的《周易参同契》注本。该注本以鼎器、阴阳、水火等内丹概念解释《周易参

---

[1] 载1988年文物出版社、上海书店、天津古籍出版社联合影印本《道藏》(以下简称文物版《道藏》) 第20册。

同契》。

《周易参同契》三卷[1]，题（北宋）储华谷注，分40章，以乾坤为神室，以日月为运用，以六十四卦为火候，与南宗内丹理论相近。

《周易参同契解》三卷[2]，宋陈显微解，述南宗内丹术。

《周易参同契》三卷[3]，宋朱熹注，原名《周易参同契考异》，述金丹大药、火候进退。朱注对后世影响颇大。

《周易参同契注》三卷[4]，题无名氏注。年代不晚于宋，述内丹、外丹术。

《周易参同契发挥》九卷[5]，元俞琰注。经文与彭晓本次序多有不同。《四库全书》本为三卷。注文参考南宗诸说和儒道思想，发挥北宋以来内丹说。

（二）钟吕丹祖及其主要经典

钟吕指钟离权与吕洞宾，是内丹术的鼻祖，以后各派均尊他们为祖师。

钟离权字云房，号正阳子，唐代京兆咸阳人。隐遁终南山，从东华帝君王玄甫处得到赤符玉篆、金科灵文、大丹秘诀、周天火候。后又归隐晋州羊角山苦修。修炼功成后，天真赐号太极左宫真人，神游人间，变化无常。钟离权著作主要有《破迷正道歌》《秘传正阳真人灵宝毕法》。

《秘传正阳真人灵宝毕法》三卷[6]，题"正阳真人钟离权云房著，纯阳真人吕嵒洞宾传"。主要论述呼吸精气、生液还元、聚散水火、采补

---

[1] 载文物版《道藏》第20册。
[2] 载文物版《道藏》第20册。
[3] 载文物版《道藏》第20册。
[4] 载文物版《道藏》第20册。
[5] 载文物版《道藏》第20册。
[6] 载文物版《道藏》第28册。

还丹、勒阳关、日月周天、咽津、金液炼形、静坐忘机、存想入定、神游洞天诸步骤。以先天一气为本，"一气循环无阻碍，散在万物与人身。"只要金木合交，铅汞交结，龙虎合欢，子母相会，神气归根，合于混沌未分，则金丹乃成，炼得仙胎，炼成纯阳之体。他强调内丹炼养，首创内丹药物、采取、火候理论。

《破迷正道歌》[①]，题"正阳真人钟离述"。与《太上洞真凝神修行经诀》[②]是同一本书，但本歌完整。讲述铅汞交合、九还七返等内丹理论。

吕洞宾名岩，字洞宾，号纯阳子。世称吕祖或纯阳子祖师，与钟离权同处唐代，山西蒲坂县人，幻登仕途，屡考不第。于是拜正阳子钟离权为师，得金丹太乙神功，后隐修于庐山修成仙道。

吕洞宾著作主要有：《宋史·艺文志》神仙类收录有其《九真玉书》一卷；《全唐诗》中有其诗四卷；《道枢》卷一三中有其《指玄篇》，卷二五中有其《肘后三成篇》，卷二六中有其《九真玉书篇》；《道藏辑要》收录多种，但多系伪托作品；《纯阳真人浑成集》[③]是吕洞宾著作集。对西方现代心理学产生重大影响的《太乙金华宗旨》也伪托吕洞宾著。其他著作还有《还丹歌》《灵宝篇》《秘传正阳真人灵宝毕法》《百问篇》《敲爻歌》[④]《钟吕传道集》。

吕洞宾修道思想和修炼实践包括：

（1）阐述传统内丹功法。他在诗中说：

六年雪岭为何因，志定调和气与神。一百刻中都一息，方知大道显三乘。

九转烹煎一味砂，自然火候放童花。

七返返成生碧雾，九还还就吐红霞。

---

① 载文物版《道藏》第4册。
② 载文物版《道藏》第2册。
③ 载文物版《道藏》第23册。
④ 载《道藏精华》第9集之2《吕祖全书》。

天生一味变三才，交感阴阳结圣胎。

爱惜壶中一粒丹，镇藏幽洞在昆山。此中不是凡间药，服了将身列圣班。

这些诗句旨在阐述内丹修炼的一些基本方法，如调息、还丹、结胎等。

（2）论述儒道释三教合一思想。前述吕洞宾出身儒家，深受儒家思想影响，后又学道修炼成仙。在《历世真仙体道通鉴》中，吕洞宾是得道后升天的；但在《吕祖志》中，吕洞宾却立志度尽众生后，才愿意升天。

（3）倡导性命双修。吕洞宾阅读崔希范《入药镜》后，即知性命修行。崔希范所说的性指神，命指气，但性命与神气又有所不同。性命结合是为先天之体，神气运化是为后天之用。这种性命为先天、神气为后天的思想经吕洞宾传至李西月。《纯阳帝君神化妙通纪》中记述了钟离权在回答吕洞宾问题时，对性命问题的观点，他说：

一点灵明无昧，性也；一点元气常调，命也；性无命则无依倚，亦不能安止；命无性则不冲融，亦不能固密。二物混融，一真玉莹。性也、命也，俱强名尔。

点明性命实为一个事物的两个方面，不能分开。这一思想被吕洞宾继承发扬，他在《敲爻歌》中说：

八卦三元全藉汞，五行四象岂离铅。铅生汞，汞生铅，夺得乾坤造化权。杳杳冥冥生恍惚，恍恍惚惚结成团。性须空，意要专，莫遣猿猴取次攀。

报贤良，休慕顾，性命机关须守护。若还缺一不芳菲，执着波查应失路。只修性，不修命，此是修行第一病。只修祖性不修丹，万劫阴灵难入圣。达命宗，迷祖性，恰似鉴容无宝镜，寿同天地一愚夫，权握家财无主柄。性命双修玄又玄，海底洪波驾法船。生擒活捉蛟龙首，始知匠手不虚传。

可以看出，性命双修是吕洞宾修道思想的突出特点。

（4）提倡和光同尘的入世思想。《纯阳真人浑成集·百字诗》曰："和光且同尘，但把俗情混。"《七言绝句》说："不用禆媒向外求，还丹只在体中收。莫言大道人难得，自是功夫不到头。"表明修道要在俗世间进行，不一定非要到深山，在自我身体中就可修炼还丹，只要功夫修炼好，自然能得道成仙。

（三）南宗及其主要经典

若不特指，南宗一般是指南宗清修派。南宗比北宗创立略晚，其实际创始者是南宋宁宗时代的白玉蟾。但白玉蟾的弟子陈守默、詹继瑞却在《海琼传道集序》中给出的南宗源流是：

> 昔者钟离云房（钟离权）以此传之吕洞宾，吕传刘海蟾，刘传张平叔（张伯端），张传之石泰，石传之道光和尚（薛式），道光传之陈泥丸（陈楠），陈传之白玉蟾，则吾师也。

按照这一源流系统，南宗就要比北宗历史悠久得多了；即使从张伯端算起，也比北宗早百年。实际上这只是根据传说而定，不足为信，其目的是为了与北宗争雄，以显得更为正宗。

南宗创始人张伯端，字平叔，一名用成，号紫阳真人，浙江天台人，生于宋太宗雍熙四年（987），卒于宋神宗元丰五年（1082）。原为县衙官吏，因触犯刑律流落岭南。晚年在成都受异人金丹秘诀，后写成传世名篇《悟真篇》。《悟真篇》继承钟吕"道佛双融""性命双修"理论，强调"先命后性"；并对陈抟《无极图》中"炼精化气""炼气化神""炼神还虚""复归无极"思想进行了发挥,是内丹学史上有代表性的著作,与《周易参同契》并推为正宗,享有盛誉。虽被奉为南宗道祖,实际上张伯端并未创立教派,甚至连门徒都没有,只是将其书授与马默,以待流传后世。

张伯端弃官学道后,探究养生之术,后遇异人刘海蟾,传其金丹火符。他反复研读《参同契》并把握其精髓,刻苦修炼内丹,对内丹理论有非常深刻的理解,内丹修炼功夫日益成熟。《悟真篇》用歌诗的形式,借用外丹烧炼的名称,依托卦象符号系统解释内丹修炼的药物、鼎炉、火候、防危等丹经概念,构成完整的内丹修炼体系。可以说,《悟真篇》是内丹学史上里程碑式的著作,其继承《道德经》《阴符经》《参同契》及钟吕、陈抟的丹法思想而自成一系。

《悟真篇》正文共有丹诗词93首。其中:七言律诗16首,七言绝句64首,五言四韵1首,《西江月》12首。其后又有《西江月》1首,续绝句5首。合计99首。

这些作品传统上编为上中下三卷。上卷七言四韵16首,以表二八之数,是总论。指明修炼的关键在于阴阳得类和调停火候,技巧在于坎离颠倒,最高境界是玄珠成象、返本归原,最终目的是寿永天地。中卷绝句64首,以对《周易》六十四卦,是分论。主要讲述丹经的理论来源,涉及药物、鼎炉、火候、抽添、性命双修、先命后性等内容。下卷五言1首以象太乙,续添《西江月》12首以表一年十二个月,附录6首,共19首,是全书结论和总结。内容涉及内丹鼎器、药物、火候等内容。

其中,上卷16首律诗是《悟真篇》的总论,指出光阴易失,利禄无常,劝人们修功积德,学仙成道,而成仙的唯一途径是修炼内丹。修炼中要阴阳得类、坎离颠倒、注意火候,才能返本归原,寿比天地。

中卷64首绝句是分论,包括内丹概述、内丹源流、内丹要点三部分内容。在概述中,指出修炼开始须要先立鼎器,次拣药物,再明火候。强调内丹修炼时,要先将已耗损的精气神用同类先天真一之气补充后，再进入炼精化气阶段。

在内丹源流中，张伯端十分推崇《阴符经》《道德经》和《周易参同契》。认为内丹炼三（精气神）为二（气神），炼二为一（神），其后"炼神还虚"，与道合一。这一思想来源于《道德经》"道生一，一生二，二生三，三生万物"，顺则万物生，逆则归原的丹法思想。强调内丹修炼重在掌握真诀，反祸为福，来源于《阴符经》"火生于木，祸发必克"的思想。《悟真篇》沿用《周易参同契》术语和内丹理论，强调内炼功夫是唯一正确的延命之道，并将当时盛行的内视、步罡、食气、吐纳、房中等视为旁门左道。

《悟真篇》有三个要点。其一，讲火候进退，火候是指修炼内丹时以神为体，以意为用，掌握精气运行的快慢。其二，《悟真篇》继承吕洞宾"性命双修"思想，并主张先修命后修性。其三，取坎添离，炼成纯阳之体。其四，经过炼气化神阶段，精气神凝结成为纯阳之体。

下卷一首五言诗，总括《悟真篇》功法的全过程：阴阳交感，使先天真一之气在"恍惚""杳冥"中，由无生有，炼成金丹。《西江月》12首，指出孤阴寡阳不能成丹，要求修炼者勤行阳德，广积阴功，性命双修，先命后性。另外《紫阳真人悟真篇拾遗》载《禅宗歌颂诗曲杂言》，从中可以看出炼神还虚正与禅学的"无上至真妙觉之道"一脉相通。

张伯端丹法在性命双修的前提下主张先修命功，后修性功。故其丹法先命后性，先术后道。他援佛入道，以性命之说融合儒释的修炼理论，形成统一的内丹学。

张伯端从《参同契》获取了大量营养，并从三个方面作了发挥。首先，张伯端认为《参同契》是内丹修炼著作，那些外丹术语是用来借指内丹用语的。其次，张伯端指出，内丹修炼的药物不是有形质的金水铅汞，而是人人都有的精气神，依靠精气神都能炼就金丹。再次，张伯端指出，内丹修炼的场所不在深山老林，而在人体内部。他说："须知大隐居廛市，休向深山守静孤。""志士若能降炼，何妨在市居朝？"

《周易参同契》没有对功法的层次作出明确的分理。而张伯端继承陈抟：从冥心太无入手，待静极生动作为过渡，炼精化气，炼气化神，炼神还虚，复归无极等内丹修炼五阶段论。归纳为"筑基""炼精化气""炼气化神""炼神还虚"四步内丹修炼功法，逐渐发展成为道教内丹修炼的主要功法。

《悟真篇》注本很多，不同的注本代表不同派别的思想。有关南宗清修派的《悟真篇》注疏在《道藏》中有：《紫阳真人悟真篇拾遗》一卷①，张伯端撰，讲述南宗内丹术中的修性理论；《紫阳真人悟真篇讲义》七卷②，南宋夏宗禹（元鼎）注，讲解清修派内丹术。

张伯端著作除《悟真篇》外还有《金丹四百字》《玉清金笥青华秘文金宝内炼丹诀》《石桥歌》等。《金丹四百字》，载文物版《道藏》第24册，题"天台紫阳真人张平叔撰，盱江蕴空居士黄自如注"。书中强调玄牝一窍非凡窍，是南宗清修派丹法。《玉清金笥青华秘文金宝内炼丹诀》三卷③，署名紫阳真人张平叔，即张伯端撰。书中所述金丹下手功夫与《悟真篇》不同，以口诀、论、说、图论等讲述南宗清修派功法。

张伯端是主张清修的，以自身为乾坤，利用自身的阴阳、以自身为鼎炉进行修炼。之后张伯端传给石泰，石泰传薛道光，道光传陈楠，陈楠传白玉蟾，玉蟾传彭耜，这是正宗的清修派。张伯端、石泰、薛道光、陈楠、白玉蟾依次相传，被后世奉为南五祖，他们均系南方人，故其派别被称为南宗，因张伯端是浙江天台人，故南宗又称为天台宗。这是南宗清修派的传承系统。

南宗二祖石泰字得之，号杏林，一号翠元（玄）子，常州人。死于南宋高宗绍兴二十八年（1158），生年已不可考。其著作主要有《还源篇》，载文物版《道藏》第24册，共有五言诗81首。该书自序曰："昔年于驿中遇先师紫阳张真人，以简易之语不过半句，其证验之效只在片时，知仙之可学，私自生欢喜，及其金液交结，圣胎圆成，泰故作《还

---

① 载文物版《道藏》第2册。
② 载文物版《道藏》第3册。
③ 载文物版《道藏》第4册。

源篇》八十一章五言四句，以授晚学。"虽无其他旁证，石泰自述传自张伯端，也算一证据。

三祖薛道光，字太原（源），原名薛式，一名道光，一名道原（源），陕西鸡足山人，一云阆州人。《陕西通志》说他"寿一百十四岁"。《历世真仙体道通鉴》卷四九《薛道光传》说其死于光宗绍熙二年（1191），据此推算他应生于北宋神宗元丰元年（1078）。其主要著作有《悟真篇注解》《还丹复命篇》和《丹髓歌》。

四祖陈楠，字南木，号翠虚，惠州博罗县白水岩人。《历世真仙体道通鉴》卷四九《陈楠传》仅记其死于宋宁宗嘉定六年（1213）。因其为人治病，"捻土"为药，所以人称陈泥丸。著有《翠虚篇》，载文物版《道藏》第24册，由歌、诀、论、诗、吟等组成，讲述南宗丹法。

五祖白玉蟾，本姓葛，名长庚，琼州人。《祁阳县志》说他父亡故，母改嫁，所以改姓白，名玉蟾。他出身高贵，少年得志，举童子。后因"任侠杀人，亡命之武夷"，从陈楠学道为道士。他生前刊行的诗文集有《玉隆集》《上清集》《武夷集》等。后世有留元长编辑的《海琼问道集》，载文物版《道藏》第33册，题"海琼白玉蟾作"，前有其弟子留元长序，为白玉蟾文论诗歌集。除两篇论隐居外，其他均讲南宗内丹术。《海琼传道集》，载文物版《道藏》第33册。据陈守默和詹继瑞序，本书为白玉蟾口授，其弟子洪知常集，由《金丹捷径》《钩锁连环经》和《庐山快活歌》三篇组成，讲述南宗内丹术。此外还有《海琼白真人语录》等。

（四）南宗双修派及其丹经

南宗除上述清修派外还有阴阳双修派，也即南宗双修派。张伯端内丹功法在传播过程中发生变化，一些弟子认为阴阳是指男女，形成南宗阴阳派即男女双修派。南宗阴阳派又分成两个支派，一派是张伯端传刘永年，永年传翁葆光，形成很有影响的男女双修派。另一派是张伯端传石泰，石泰传赵缘督，缘督传陈致虚，也形成阴阳派。其中陈致虚一系对陆西星双修理论产生重大影响。据宋陈达灵《悟真篇注序》及若一子徒弟跋《金液还丹印证图·后识》记述，双修一派始于刘永年。刘永年字顺理，号广益子，是张伯端的徒弟，刘永年传翁葆光，翁传若一子。

阴阳派虽主男女双修，但和房中术的体接法不同，而是隔体神交，即男不脱衣，女不解带，男女双坐，神气相通，情感相合，心声相应，二气交媾；认为如此可生大丹。当然后世的双修派也有用体接法的，也有交替用体接法和隔体神交法的，如陆西星的东派、李西月的西派、陈致虚双修法等。双修派是从张伯端处分叉逐渐形成的。

南宗双修著作主要有：《紫阳真人悟真篇三注》[①]，原题宋薛道光、陆墅，元陈致虚注。三注皆讲南宗内丹术。《紫阳真人悟真篇注疏》八卷[②]，宋翁葆光注，陈达灵传，元戴起宗疏。本书与《紫阳真人悟真直指详说三乘秘要》原为一书，后人将之分为二书。讲解南宗内丹术。《紫阳真人悟真直指详说三乘秘要》一卷[③]，宋翁葆光撰，实为《紫阳真人悟真篇注疏》的附录。讲解南宗内丹术，并辨称薛道光注实为翁葆光（无名子）注。《悟真篇注释》三卷[④]，宋翁葆光注，讲述南宗内丹术。

（五）北宗及其丹经

北宗创始人为王重阳，他生活于南宋时金人统治的北方，早年在咸阳大魏村，后迁至终南山。他原名中孚，字久（一作"允"）卿，易名世雄，字德威，入道后改名喆（一作"嚞"），字知明（一作"名"），道号重阳子。王重阳善文习武，四十八岁时离家出游，于甘河镇遇异人得内炼真诀，悟道出家。五十六岁一路讨饭至山东，创立全真道，主张出

[①] 载文物版《道藏》第2册。
[②] 载文物版《道藏》第2册。
[③] 载文物版《道藏》第2册。
[④] 载文物版《道藏》第3册。

家住庵。他先后收徒马丹阳、谭处端、刘处玄、丘处机、王处一、郝大通和孙不二七人，这七名徒弟被称为北七真。王重阳与王玄甫、钟离权、吕洞宾、刘海蟾一起被尊为北宗五祖。

丘处机开创的龙门派，后来成为北宗的主要派别而流传下来。明末的伍守阳是龙门派的第八代道士，清代的柳华阳自称为龙门派的第九代传人，他继承了伍守阳的思想，后世称他们开创了伍柳派。伍柳派坚持北宗的清修传统，又仙佛合修。清代龙门派第十一代弟子北方有刘一明，南方有闵小艮。刘一明号悟元子，长期在甘肃省兰州榆中县栖云山修道传道，著书立说，主要著作有：《修真辨难》《参同直指》《悟真直指》等，后人辑为《道书十二种》。闵小艮即闵一得，号金盖散人，隐居在浙江湖州的金盖山，辑录了《古书隐楼藏书》《道藏续编》（包括闵氏自撰者）。他们均为清修派。

北宗与南宗（清修派）在功法上的差别在于从性功入手还是从命功入手。北宗主张先性后命，南宗主张先命后性。性是意识活动的基础，命指人体功能的基础。正如陆西星在《玄肤论》中所说：

性则神也，命则精与气也。性则无极也，命有太极也。可相离乎？

丘处机在《大丹直指》中又说：

性者天也，常潜于顶；命者地也，常潜于脐。顶者性根也，脐者命蒂也。一根一蒂，天地之元也。

显然这是以上下丹田分别代表性与命。所以一般认为，南宗主命功，从下丹田的精气入手；北宗主性功，从上丹田的元神入手。但两者都是性命双修，精气神并重。南北宗都主张三教合一。

北宗内丹经典主要有以下几种：

王重阳的《重阳真人金关玉锁诀》①，讲述清静去欲、修炼性命方法。《全真集》十三卷，是王重阳诗、词、歌之汇集，涉及其生平、思想及活动的诸多方面。其中，在修炼理论上，主张性命本不相离，必须"性命双修"；但在修炼次第上，更注重养性、修心。另有《授丹阳二十四诀》等。

丘处机《大丹直指》二卷②，题"长春演道主教真人丘处机述"，陈友珊《长春道教源流》认为本书为丘处机逝世30余年后人伪托。讲述神气交合，水火即济的内丹方法，有图20余幅。

《真仙直指语录》二卷③，卷上是元玄全子录其师马钰及谭处端、刘处玄、丘处机、郝大通等人语录，讲述修炼性命即炼气炼神之术；卷下为尹清和语录。

《太古集》四卷④，题"广宁子郝大通撰"，自序撰于金大定十八年（1178）。卷一为《周易参同契简要释义》。卷二、卷三讲述八卦、五行、象数。卷四为金丹诗30首。全集讲的都是内丹术。

《黄庭内景玉经注》一卷⑤，金刘处玄注，讲述坎离铅汞理论。

《黄帝阴符经注》一卷⑥，金刘处玄注，劝人全道全德，明性清心，以烹铅炼汞，炼好内丹。

到元代，南北宗逐渐融合，促使融合的代表人物是陈致虚。陈致虚字观吾，号上阳子。他认为内丹修炼理论主要以《参同契》《悟真篇》为依据，《上阳子金丹大要》曰：

且无知者，妄造丹书，假借先圣为名……切不可信，要当

---

① 载文物版《道藏》第25册。
② 载文物版《道藏》第4册。
③ 载文物版《道藏》第32册。
④ 载文物版《道藏》第25册。
⑤ 载文物版《道藏》第6册。
⑥ 载文物版《道藏》第2册。

以《参同契》《悟真篇》为主。

所谓南北宗的合并实际上是南宗并入北宗。北宗融合了南宗的思想流传下来，南宗作为单独的流派失传了。但其后的双修派都是直接或间接继承了南宗双修派的衣钵。南北宗合并是基于南北宗同源的认识之上。李道纯弟子柯道冲在《玄教大公案序》中说：

> 自周汉以来，惟尹子嗣祖位，金阙帝君继道统，授东华帝君，帝君传正阳钟离仙君，钟传纯阳吕仙君，吕传海蟾刘仙君，刘南传张紫阳五紫（祖），北传王重阳、七真，道统一脉，自此分而为二。

彭耜的弟子萧廷芝在《道德真经三解序》中也说：

> 一自三阳唱道以来，至于海蟾真人，传之张紫阳、王重阳，紫阳传之翠玄（石泰），翠玄传之紫贤（薛道光），紫贤传翠虚（陈楠），翠虚传之海琼先生（白玉蟾），凡九传；又王重阳真人之所传凡七真。

由此看出，南宗、北宗都由三阳（华阳真人李亚、正阳真人钟离权、纯阳真人吕洞宾）传下来，所以，到元代再合并，实属情理之中。

（六）中派及其内丹经

中派创立于元代的李道纯。李道纯号清庵，别号莹蟾子。他原是南宗白玉蟾门人王金蟾弟子，但他自称其宗为全真，是江南最早的全真道士。其著作主要有：《中和集》《三天易髓》《全真集玄秘要》一卷、《清庵莹蟾子语录》等。

《中和集》六卷[1]，元初李道纯撰，其徒弟蔡志颐编。主要有论道、三教关系、性命等内容，文体有诗词、论说等几种。

《三天易髓》一卷[2]，元李道纯撰，元末明初混然子王玠（道源）校正。全书有四部分组成：（1）《火符直指》，以十五颂讲述内丹术火符，以儒家思想解释太极。（2）《金丹了然图》，以九首绝句讲述九幅内丹图（现无图），以道释金丹。（3）《心经直指》，论空，以释家观点论圆觉。（4）《阴符经（注）》，讲述天道，执天机，以儒释思想证道。全书内容围绕中派丹法展开。

《全真集玄秘要》一卷[3]，元李道纯著，包括《注读周易参同契》《太极图解》。前者讲述丹法火候，劝人不要执文泥象；后者讲述内丹哲理。

《清庵莹蟾子语录》六卷[4]，集录了李道纯答问、讲义、诗词、杂述等内容。其中第二卷讲解《老子》。全书论述中派内丹术为主。

明代尹真人的弟子著《性命圭旨》[5]，清末黄元吉著《乐育堂语录》《道德经讲义》《道门语要》进一步阐释中派内丹修炼思想。中派传道法于中部地区的江浙一带，又以守中为要，故称中派。中派主张清修，同时援儒入道，以守中为要诀。这里的"中"即是玄关。关于守中思想，《中和集·玄门宗旨》曰：

《礼记》云："喜怒哀乐之未发谓之中。发而皆中节谓之和。"未发，谓静定中谨其所存也，故曰中；存而无体，故谓天下之大本。发而中节，谓动时谨其所发也，故曰和；发无不中，故谓天下之达道。诚能致中和于一身，则本然之体虚而灵，静而觉，动而正，故能应天下无穷之变也。老君曰"人能

---

[1] 载文物版《道藏》第4册。
[2] 载文物版《道藏》第4册。
[3] 载文物版《道藏》第4册。
[4] 载文物版《道藏》第23册。
[5] 宏道堂，1662年，国家图书馆古籍馆藏，索书号：140612。

常清静，天地悉皆归"，即子思所谓"致中和，天地位，万物育"，同一意。中也，和也，感通之妙用也，应变之枢机也，《周易》生育流行、一动一静之全体也。

在李道纯看来，人的情绪平静不激动就是中，感情表达适当不过激就是和。这与儒家致中和思想同一个意思，是修道的良好境界。守中在内丹修炼中是指什么？就是守玄关。李道纯说：

> 夫玄关一窍者，至玄至要之机关也。非印堂，非囟门，非肚脐，非膀胱，非两肾，非肾前脐后，非两肾中间。上至顶门，下至脚跟，四大一身，才着一处，便不是也。亦不可离了此身，向外寻之。所以圣人只以一中字示人，只此中字，便是也。

守中即为守玄关，内丹修炼之根本也。

（七）东派及其内丹经

东派创始人为明代道教学者陆西星（1520—1606），他是江苏扬州兴化人，字长庚，号潜虚子，又号方壶外史。由于九次参加乡试均未中，遂弃儒入道。自称在修炼中得逢吕洞宾降临其北海草堂，亲授丹法要诀。

"东派源自南宗，主阴阳双修。"陆西星代表作《金丹就正篇》说：

> 彼，坎也，外阴而内阳，于象为水为月，其于人也为女；我，离也，外阳而内阴，于象为火为日，其于人也为男。故夫男女阴阳之道，顺之而生人，逆之而成丹，其理一焉者也。

东派双修丹法是继承张三丰修炼思想，用女鼎隔体神交而聚气，即男不宽衣，女不解带，敬如神明，爱如父母，凝神聚气而成丹。明末朴真道人著作《玄寥子》认为陆西星的丹法简洁精妙，属于上乘丹法。明末孙汝忠、清代傅金铨丹法均与陆西星丹法类似。

陆西星主要著作有《方壶外史》[①]《三藏真诠》[②]。该书是陆西星内丹修炼作品总集，辑有《无上玉皇心印妙经测疏》《黄帝阴符经测疏》《崔公入药镜测疏》《纯阳吕公百字碑测疏》《紫阳真人金丹四百字测疏》《龙眉子金丹印证诗测疏》《邱长春真人青天歌测疏》《悟真篇注》《玄肤论》《金丹就正篇》《金丹大旨图》《七破论》《老子道德经玄览》《周易参同契测疏》《周易参同契口义》等。陆西星的处女作《金丹就正篇》，是道教史上第一篇双修问题专论，指出就修炼者来说是一男一女相配合，就修炼机制来说是男人之真精与女人之真气构成炼丹的药物。

在《三藏真诠》中陆西星提出了觅信理论，即觅他家阳生之信号。又指出炼己的重要意义在于采取外药时自然而然得到真气。这些都是陆西星对内丹双修理论的卓越贡献。

（八）西派及其内丹经

西派为清代李西月（1806—1856）所创。西派丹法基本范畴是先天与后天，以筑基完成（结丹）为界，之前为后天之身，之后为先天之身，筑基完成（结丹）意味着童体的恢复，返还先天。西派丹法的一个重要特点是，从无中生有处下手，凝神于虚空，开关展窍。有两种用鼎方法，隔体神交与合体实交。

李西月，原名李元植，四川乐山人，20岁时成为县学生员，善琴，

[①] 载《藏外道书》第5册和台北自由出版社印行、萧天石主编《道藏精华》第二集之八。

[②] 作为附录出现在四川大学出版社1995年出版、阳明著的《道教养生家陆西星与他的〈方壶外史〉》中。

嗜诗酒。后得伤血症，到峨眉山疗养，遇孙教鸾高徒郑朴山。郑朴山给他治病，并开导说："金石草木只可治标，治本则宜用自身妙药，方能坚固。"李原植当即开悟，拜郑朴山为师，成为孙教鸾传人。李西月还自称在峨眉山"遇吕祖、丰祖于禅院"，受道于吕洞宾和张三丰。李西月著作很多，主要有《太上十三经注释》①《大洞老仙经发明》《无根树道情词二注》，合册称"道言十五种"；另有《九层炼心》《后天串述》等刊行于世。《圆峤内篇》《三车秘旨》②《道窍谈》③三书，李去世后方刊行。

《道窍谈》，陈撄宁先生作序称，本书中画龙点睛处就是彼家二字，或说"欲养我己汞，必用彼家真铅"，或说"将彼家之铅，养我家之汞"，或说"此铅非还丹之铅，彼家之真火也"等。要看具体用法来定彼家含义。《道窍谈》全书共分四十章，主要有后天集解、筑基炼己、养己炼己、后天次序、内外二药、炼功五关、产药层次、精气神论、药物直陈、铅汞的辨、神息妙用、功成名遂身退论等。李西月西派特别重视后天功夫；明确鼎器指灵父灵母，即男女，是双修派内丹法。正式炼功前先要筑基炼己，内丹修炼中要多次用女鼎；炼功五关，指炼精化气、炼气化神、炼神了性、炼神了命、炼神还虚。

《三车秘旨》，将内丹修炼分为三个大的步骤，也即三件河车。

《九层炼心》，原题《人元大道九层炼心文终经》，强调内丹修炼的全部过程都要炼心。将炼心分为九个步骤：初层炼心是炼未纯之心，二层炼心是炼入定之心，三层炼心是炼来复之心，四层炼心是炼退藏之心，五层炼心是炼筑基之心，六层炼心是炼了性之心，七层炼心是炼已明之心，八层炼心是炼已伏之心，九层炼心是炼已灵之心。这也是西派丹法突出的特点。

---

① 载台北自由出版社2000年版、萧天石主编《道藏精华》第二集之四。
② 载《藏外道书》第26册，巴蜀书社，1994年版。
③ 载《藏外道书》第26册。

（九）张三丰及其内丹经

张三丰，元明间道士，以隐藏深山、不与官方往来而闻名，被称为隐仙，在其身后形成一个派别——隐仙派。收入《道藏辑要》的李西月所编《张三丰先生全集》（简称《三丰全集》），称其为隐仙派、隐派或犹龙派，将其师承追溯到尹喜：

> 大道渊源，始于老子，一传尹文始，五传而至三丰先生。虽然，老子之所传亦甚多矣。其间杰出者尹文始、王少阳，支分派别，各有传人。今特就文始言之。文始传麻衣，麻衣传希夷，希夷传火龙，火龙传三丰。或以为隐仙派者，文始隐关令、隐太白，麻衣隐石堂、隐黄山，希夷隐太华，火龙隐终南，先生隐武当，此隐派之说也。夫神仙无不能隐，而此派更为高隐。孔子曰："老子其犹龙乎"，言其深隐莫测也，故又称犹龙派云。按老子之道，文始派最高，少阳派最大。少阳传正阳，正阳传纯阳。纯阳首传王重阳，重阳传邱长春，开北派；纯阳又传刘海蟾，海蟾传张紫阳，开南派。再按文始一派，至麻衣而传希夷；少阳一派，刘海蟾亦以丹法传希夷：两派于斯一汇。是三丰先生，谓为文始派也可，谓少阳派也亦可；特其清风高节，终与麻衣、希夷、火龙相近云。

张三丰富有传奇色彩。由于明室之推尊神化，张三丰成为自吕洞宾之后最负盛名的活神仙。《明史》卷二九九《张三丰传》记载：

> 张三丰，辽东懿州人，名全一，一名君宝，三丰其号也。以其不饰边幅，又号张邋遢。颀而伟，龟形鹤背，大耳圆目，须髯如戟。寒暑惟一衲一蓑。所啖升斗辄尽，或数日一食，或数月不食。书经目不忘。游处无恒，或云能一日千里。善嬉

谐，旁若无人。尝游武当诸岩壑，语人曰：此山异日必大兴。时五龙、南岩、紫霄俱毁于兵，三丰与其徒去荆榛，辟瓦砾，创草庐居之，已而舍去。……后居宝鸡之金台观。……乃游四川，见蜀献王。复入武当，历襄汉，踪迹益奇幻。

张三丰的名和字很多，名有通、金、思廉、玄素、玄化等，字有玄玄、山峰、三峰、君宝、君实、铉一、全一，号有昆阳、张邋遢等。

有关张三丰生活年代有几种说法。一说是宋时人，一说是金代人，较为可信的说法是张三丰生活在元明时期。《三丰全集·古文·芦汀夜话》说，张三丰自称"延祐初年（1314）已六十七"。古人用虚岁，虚岁67，即周岁66，由此推算张三丰生于南宋理宗淳祐八年（1248）。

关于张三丰的籍贯也有几种说法，《山西通志》说他是平阳或猗氏人，《陕西通志》说他是宝鸡人，《四川通志》说他是天目人。其先辈为江西龙虎山人，后迁至懿州（今辽宁彰武西南）。

张三丰幼年时拜碧落宫白云禅师张云庵为师，学习道经，兼读佛教、儒家著作，据说读书过目不忘，并可以预先知道事情的结果。南宋理宗景定五年（1264）曾作中山博陵县令，次年辞官回家。曾云游河南、河北、陕西、甘肃、四川、湖北、山东等地。

张三丰死于何时，一直没有定论。清代雍正年间（1723—1735）的"梦九先生姓汪名锡龄，徽州歙县人，曾官剑南观察而宦情益淡，隐心愈深。遇三丰先生于峨眉"。果真如此，张三丰当有400多岁。甚至张三丰还传道给晚清的李西月："白白先生（李西月）者……道光（1821—1850）初遇张三丰先生于绥山，传以交媾玄牝金鼎大符之妙。"李西月"后至峨眉山，遇吕祖、丰祖于禅院"。按此说，张三丰当享寿570岁以上。这些当是神化张三丰，以抬高当事者地位的做法。

张三丰的著述，《明史·艺文志》著录有《金丹直指》《金丹秘诀》各一卷，李西月认为《金丹直指》《金丹秘诀》即是今之《大道论》《玄机直讲》《玄要篇》。其他著作还有《大道论》《玄机直讲》《玄要篇》《道言浅近说》等。张三丰善于用诗、词、散文以及民间的唱词、歌谣阐发道家思想；其《了道歌》《打坐歌》等既是道教经典，又是优秀民间作品。

清朝雍正时期，剑南观察汪锡龄将张三丰丹经二卷、诗文若干篇及张三丰显迹30余则编辑成《三丰祖师全集》收藏。道光二十四年（1844），"长乙山人（李西月）、遁圆居士，忘名利者也，得先生书于梦九六世孙名昙者之家，十存七八，因采诸书以补之"。西月从汪锡龄六世孙汪昙家得到《三丰祖师全集》一书，但因内容仅存百分之七八十，他又从其他书中找出相关文稿，编成《张三丰先生全集》八卷。

张三丰的宇宙观认为道是宇宙的本体，他说：

> 夫道者，统生天、生地、生人、生物而名，含阴阳、动静之机，具造化玄微之理，统无极，生太极。

提出"人心绝，道心见"，提倡"不窥牖，不出户，便知天下有把握"的认识论。主张儒道释三教合一，指出"仙是佛，佛是仙，一心圆明不二般。三教原来是一家，饥则吃饭，困则睡眠"，把佛教"打坐""坐禅"也作为道教修炼的方法，以"尽忠孝，立大节"为养性目的。

张三丰把无极、太极、阴阳的本源论与人的身心性命联系起来，把本源论与人的出生直接挂钩。这是张三丰思想的独特之处。《大道论》说：

> 父母未生以前一片太虚，托诸于穆，此无极时也。无极为阴静，阴静阳亦静也。父母施生之始，一片灵气投入胎中，此太极时也。太极为阳动，阳动则阴亦动也。自是而阴阳相推，刚柔相摩，八卦相荡，则乾道成男，坤道成女矣。

从人的生命历程来看，没有出生之前是一片太虚，处于无极阶段，无极为阴静，阳也随其静。父母交媾，受精卵形成的一刹那，灵气进入其中，是为太极阶段。太极是阳动，阴也随之动。阴阳互动生八卦，八卦顺变成人形，乾道成男，坤道成女。人出生后，"性浑于无识，又以无极伏其神。命资于有生，复以太极育其气。气脉静而内蕴元神，则曰真性。神思静而中长元气，则曰真命"。张三丰进而把其本源论"无极—太极—阴阳"的转换过程逆推而为内丹修炼的程序。修炼内丹就是返本归根。

张三丰的丹法，继承了北宗先性后命、性命双修的修炼思想。首重立基炼己。立基以伦理实践为要。《大道论》曰：

> 不拘贵贱贤愚、老衰少壮，只要素行阴德，仁慈悲悯，忠孝信诚，全于人道，仙道自然不远也。

炼己就要保持正念，扫除邪念。《玄机直讲》说："初功在寂灭情缘，扫除杂念，除杂念是第一着筑基炼己之功也。"但总的看，张三丰内丹是由双修而清修的理论和实践体系。其著名的双修著作有《玄机直讲》《玄要篇》《无根树》等。他的修炼方法称为"神仙裁接法"，以双修炼采外药，以清修炼养内药。他说：

> 外药者，在造化窟中而生；内药者，在自己身中而产。内药是精，外药是气。内药养性，外药立命。性命双修，方合神仙之道。

（十）其他双修派代表人物及其主要著作

前述东派、西派是内丹双修派的突出代表。但内丹双修派要从张伯端（984—1082）谈起，代表作《悟真篇》。《悟真篇序》曰：

至熙宁己酉岁（1069），因随龙图陆公入成都，以夙志不回，初诚愈恪，遂感真人授金丹药物火候之诀，其言甚简，其要不繁，可谓指流如源，语一悟百，雾开日莹，尘尽鉴明，校之仙经，若合符契。

《悟真篇后序》又曰：

仆自己酉岁，于成都遇师，授以丹法。

说明张伯端75岁时才受大师内丹法诀。

张伯端著作《悟真篇》以韵文形式写成，是对《参同契》最好的注解。但因文中多隐语和双关语，遂使后学分成内丹清修派与内丹双修派。前已述张伯端与石泰、薛道光、陈楠、白玉蟾被尊为南宗五祖。一般认为陈楠、白玉蟾为清修，石泰、薛道光为双修。

但双修正式立派则始于两宋刘永年，二传翁葆光。陈达灵在《悟真篇注序》中曰：

悟真仙翁闻道于青城之上，饵丹于荆湖之间，一传而广益子出焉，再传而无名子出焉。

刘永年，字顺理，自号广益子，生平不详，南宗双修派的实际创始人，无著作存世。南宋翁葆光，生卒年代不详，字渊明，号无名子，双修派，代表作《悟真篇注释》《悟真直指详说三乘秘要》。《道藏》第三册还收有翁葆光注、陈达灵传、戴起宗疏《紫阳真人悟真篇注疏》。翁葆光的双修主张和他所代表的南宗双修理论可从其《紫阳真人悟真篇注疏》中看出，他说：

阳里阴精，己之真精也。精能生气，气能生神，荣卫一身，莫大于此。油枯灯灭，髓竭人亡。此言精气实一身之根本也。奈何此物属阴，其质不刚，其性好飞，日逐前后便溺、涕唾、汗泪，易失难擒，不受制炼，故圣人谓之"太阳流光，其性猛烈"。若不得混元真一阳丹以制之，兼以阴中阳火以育之，则无由凝结，以成变化。若只修此一物，转见尫羸。按引劳形皆非正道，餐霞服气总是狂图。设使吞日月之精华，光生五脏；运双关于夹脊，脑补精还。以至尸解投胎，出神入定，千门万法，不过修阳里阴精一物而已。孤阴无阳，如牝鸡自卵，欲抱成鸡，岂可得乎？钟离公曰："涕唾精津气血液，七般物事总皆阴。若将此物为仙质，怎得飞神贯玉京？"以此言之，一身之中非惟真精一物属阴，五脏六腑俱阴非阳。分心肾为坎离，以肝肺为龙虎，得乎？用神气为子母，执津液为铅汞，得乎？若执此等治身而求纯阳之证，犹如去冷加冰，除热用汤，飞龟飞蛇，愈见乖张。

又说：

　　一阳奔走于形，虽男子，一己皆阴，若执一己而修，岂能还其原而返其本，又将何而回阳换骨哉？

可见翁葆光是反对独修的。他主张双修，说：

　　圣人知己之真气后天地生，本属阴阳（物），难擒易失，乃采先天一气，真阴真阳二八同类之物，擒在一时辰内，炼成一粒至阳之丹，号曰真铅，此造化在外，故曰外药。以此阳丹，点己阴汞，犹猫捕鼠。阳丹是天地之母气，己汞是天地之子气，以母气伏子气，岂非同类乎？此造化在内，故曰内药乎。

上述"真阴真阳二八同类之物""以母气伏子气,岂非同类"皆指男女。

宋元时期内丹双修家较著名者有若一子、陆墅、戴起宗、陈致虚等。南宋陆墅,字子野,双修派,代表作《悟真篇注》。元戴起宗,字同甫,号空玄子,双修派,代表作《紫阳真人悟真篇注疏》。元陈致虚(1290—?),字观吾,号上阳子,江右庐陵(今江西吉安)人,宋元时期最重要的双修家,代表作有《金丹大要》①《周易参同契分章注》②《紫阳真人悟真篇三注》③。为破除世人对双修内丹的偏见,陈致虚说:

> 致虚首闻赵老师之旨,未敢自足。后遇青城老仙之秘,方知阴阳造化顺则人逆则仙之理,无复更议。

明清两代的双修家主要有张三丰、陆西星、李文烛、彭好古、甄淑、陶素耜、仇兆鳌、孙教鸾、傅金铨、李西月等。其中张三丰、陆西星、李西月前已介绍。

李文烛,字晦卿,明万历间人,作《悟真篇直注》。彭好古,号一壑子,明万历间人,作《悟真篇注》。甄淑,号九映道人,明崇祯间为大司寇,作《悟真篇翼注》。清陶素耜,号存存子,清会稽人,双修派,代表作《悟真篇脉望》《周易参同契脉望》《悟真篇约注》。④清仇兆鳌,字沧柱,号知几子,清康熙进士、翰林,代表作《金丹梯梁》《黄老参悟》《悟真篇集注》《古本参同契集注》。清孙教鸾及其子孙汝忠,代表作《金丹真传》。⑤清傅金铨(1765—?),双修派,代表作《道书一贯真机易简录》《杯溪录》《顶批试金石》《天仙正理读法点睛》《度人梯径》《吕祖

---

① 见《藏外道书》第9册。
② 见《藏外道书》第9册。
③ 见《道藏》第2册。
④ 均见《藏外道书》第10册。
⑤ 见《道藏精华》第二集之七《顶批金丹真传》。

五篇注》《道海津梁》《赤水吟》《丹经示读》《心学》。[①] 以上的传承关系并不都是一代一代接传，只是表明在不同时代有不同的双修派代表人物及其著作。

四、《道藏》所载内丹经

（一）《道藏》分部与内丹经的关系

道教经典目录起源于南北朝，经隋唐宋元编集、补充，其基本在陆修静最初创立的规模。按陆修静确定的三洞、四辅分类原则编集道经一直沿用至今。道经的十二类，是按内容来分的：本文类、神符类、玉诀类、灵图类、谱箓类、戒律类、威仪类、方法类、众术类、记传类、赞颂类、章表类。《道藏》分为三洞四辅，三洞指洞真、洞玄、洞神；四辅指太玄、太平、太清、正一。洞真部收录上清经，洞玄部收录灵宝经，洞神部收录三皇经。太清经辅助洞神经，收录内丹经、外丹经。太平经辅洞玄部，收录太平经。太玄经辅洞真部，收录老子道德经及注释经典。正一经综合性的辅助各洞部经典。按照这样的分类规定，内丹经应分布在太清部。但不同时代的《道藏》是在前部《道藏》的基础上扩充而成的，分类就杂乱了。现存《道藏》是明正统《道藏》和明万历《续道藏》的合集。明代之后的内丹经，就收录在了《藏外道书》《道藏精华》等近代编纂的道经集中了。

[①] 均见《藏外道书》第11册。

（二）《道藏》所收全部 165 部内丹经一览

下列册数表示该经所在文物出版社、上海书店、天津古籍出版社 1988 年联合影印本《道藏》册数：

1. 南宗清修派内丹经

北宋张伯端撰：《玉清金笥青华秘文金宝内炼丹诀》，载《道藏》第 4 册，洞真部方法类 / 称

宋薛道光撰：《还丹复命篇》，载《道藏》第 24 册，太玄部 / 妇

宋储华谷注：《周易参同契》，载《道藏》第 20 册，太玄部 / 若（与南宗内丹说相近）

宋陈显微解：《周易参同契解》，载《道藏》第 20 册，太玄部 / 若

紫阳真人张平叔撰：《金丹四百字》，载《道藏》第 24 册，太玄部 / 唱

南宋王庆升述：《三极至命筌蹄》，载《道藏》第 4 册，洞真部众术类 / 芥

南宋王庆升撰：《爱清子至命篇》，载《道藏》第 24 册，太玄部 / 妇

周无所住述：《金丹直指》，载《道藏》第 24 册，太玄部 / 夫

南宋林自然述：《长生指要篇》，载《道藏》第 24 册，太玄部 / 妇

南宋李简易集：《玉溪子丹经指要》，载《道藏》第 4 册，洞真部方法类 / 称

南宋霍济之述：《先天金丹大道玄奥口诀》，载《道藏》第 4 册，洞真部众术类 / 芥

南宋龙眉子撰：《金液还丹印证图》，载《道藏》第 3 册，洞真部灵图类 / 调

宋张伯端撰，翁葆光述：《紫阳真人悟真篇拾遗》，载《道藏》第 2 册，洞真部玉诀类 / 律

南宋留元长编集：《海琼问道集》，载《道藏》第33册，正一部 / 弁
南宋洪知常编：《海琼传道集》，载《道藏》第33册，正一部 / 弁
南宋白玉蟾述：《静余玄问》，载《道藏》第32册，正一部 / 席
南宋陈楠撰：《翠虚篇》，载《道藏》第24册，太玄部 / 妇
宋石泰撰：《还源篇》，载《道藏》第24册，太玄部 / 妇
南宋碧虚子传：《碧虚子亲传直指》，载《道藏》第4册，洞真部方法类 / 称
南宋郑德安撰：《金液大丹口诀》，载《道藏》第4册，洞真部众术类 / 芥

2. 北宗内丹经

元末王元晖注：《太上老君说常清静经注》，载《道藏》第17册，洞神部玉诀类 / 是
金王喆撰：《重阳真人金关玉锁诀》，载《道藏》第25册，太平部 / 交
金郝大通撰：《太古集》，载《道藏》第25册，太平部 / 友
金刘处玄注：《黄庭内景玉经注》，载《道藏》第6册，洞玄部玉诀类 / 推
金刘处玄注：《黄帝阴符经注》，载《道藏》第2册，洞真部玉诀类 / 余
金丘处机述：《大丹直指》，载《道藏》第4册，洞真部方法类 / 称
元玄全子编：《真仙直指语录》，载《道藏》第32册，正一部 / 鼓
元金月岩编：《纸舟先生全真直指》，载《道藏》第4册，洞真部方法类 / 称

3. 南宗双修派内丹经

原题薛道光（实为翁葆光）、陆墅、元陈致虚注：《紫阳真人悟真篇

三注》，载《道藏》第 2 册，洞真部玉诀类 / 律

宋翁葆光注：《紫阳真悟真篇注疏》，载《道藏》第 2 册，洞真部玉诀类 / 岁

宋翁葆光述：《紫阳真人悟真直指详说三乘秘要》，载《道藏》第 2 册，洞真部玉诀类 / 律

宋翁葆光注：《悟真篇注释》，载《道藏》第 3 册，洞真部玉诀类 / 吕

4. 中派内丹经

元初李道纯撰，元末蔡志颐编：《中和集》，载《道藏》第 4 册，洞真部方法类 / 光

元李道纯撰：《三天易髓》，载《道藏》第 4 册，洞真部方法类 / 光

元李道纯著：《全真集玄秘要》，载《道藏》第 4 册，洞真部方法类 / 光

元李道纯答问：《清庵莹蟾子语录》，载《道藏》第 23 册，太玄部 / 卑

5. 钟吕派内丹经

题钟离权著，吕嵒传：《秘传正阳真人灵宝毕法》，载《道藏》第 28 册，太清部 / 志

南宋许明道撰：《还丹秘诀养赤子神方》，载《道藏》第 4 册，洞真部方法类 / 珠

钟离权述：《破迷正道歌》，载《道藏》第 4 册，洞真部众术类 / 芥

6.《周易参同契》及其注释类内丹经（不独属于某派的）

五代彭晓注：《周易参同契分章通真义》，载《道藏》第 20 册，太

玄部 / 容

宋朱熹注：《周易参同契（原名参同契考异）》，载《道藏》第20册，太玄部 / 容

无名氏注：《周易参同契注》，载《道藏》第20册，太玄部 / 映

元俞琰注：《周易参同契发挥》，载《道藏》第20册，太玄部 / 止

7.《阴符经》及其注释内丹经

《黄帝阴符经注》，载《道藏》第2册，洞真部玉诀类 / 余
《黄帝阴符经注解》，载《道藏》第2册，洞真部玉诀类 / 闰
《黄帝阴符经讲义》，载《道藏》第2册，洞真部玉诀类 / 藏
《黄帝阴符经颂》，载《道藏》第5册，洞真部赞颂类 / 鸟
《黄帝阴符经集解》，载《道藏》第2册，洞真部玉诀类 / 闰
《黄帝阴符经注》，载《道藏》第2册，洞真部玉诀类 / 闰
元末明初王道渊注：《黄帝阴符经夹颂解注》，载《道藏》第2册，洞真部玉诀类 / 余

8. 综合类内丹经

《太上黄庭内景玉经》，载《道藏》第5册，洞玄部本文类 / 人
《太上黄庭外景玉经》，载《道藏》第5册，洞玄部本文类 / 人
《太上元宝金庭无为妙经》，载《道藏》第34册，正一部 / 典
《真龙虎九仙经》，载《道藏》第4册，洞真部方法类 / 珠
《修真历验钞图》，载《道藏》第3册，洞真部灵图类 / 调
《太上九要心印妙经》，载《道藏》第4册，洞真部方法类 / 珠
《黄庭内景玉经注》，载《道藏》第6册，洞玄部玉诀类 / 推
《南统大君内丹九章经》，载《道藏》第23册，太玄部 / 尊
《太上日月混元经》，载《道藏》第11册，洞神部本文类 / 女

《元阳子金液集》，载《道藏》第4册，洞真部方法类/珠

《陶真人内丹赋》，载《道藏》第4册，洞真部方法类/果

《巨胜歌》，载《道藏》第19册，洞神部众术类/如

《养生咏玄集》，载《道藏》第18册，洞神部方法类/临

《修真太极混元图》，载《道藏》第3册，洞真部灵图类/调

《阴真君还丹歌注》，载《道藏》第2册，洞真部玉诀类/成

《太玄朗然子进道诗》，载《道藏》第4册，洞真部众术类/芥

《真人高象先金丹歌》，载《道藏》第24册，太玄部/唱

《至真子龙虎大丹诗》，载《道藏》第4册，洞真部方法类/重

《陈先生内丹诀》，载《道藏》第24册，太玄部/妇

《马自然金丹口诀》，载《道藏》第25册，太平部/交

《西山群仙会真记》，载《道藏》第4册，洞真部方法类/夜

南宋夏宗禹（元鼎）注：《紫阳真人悟真篇讲义》，载《道藏》第3册，洞真部玉诀类/吕

《道枢》，载《道藏》第20册，太玄部/笃、初、诚、美

《了明篇》，载《道藏》第4册，洞真部众术类/芥

宋王道注疏：《古文龙虎经注疏》，载《道藏》第20册，太玄部/映

南宋萧应叟撰：《元始无量度人上品妙经内义》，载《道藏》第2册，洞真部玉诀类/暑

南宋林元鼎述：《内义丹旨纲目举要》，载《道藏》第2册，洞真部玉诀类/暑

《太上修真体元妙道经》，载《道藏》第1册，洞真部本文类/辰

宋张无梦撰：《学仙辩真诀》，载《道藏》第2册，洞真部玉诀类/成

《龙虎手鉴图》，载《道藏》第3册，洞真部灵图类/调

宋程昭述：《九还七返龙虎金丹析理真诀》，载《道藏》第4册，洞真部方法类/珠

宋王常集：《真一金丹诀》，载《道藏》第4册，洞真部方法类/珠

宋潜真子述：《还丹显妙通幽集》，载《道藏》第4册，洞真部方法

类／珠

金王吉昌撰：《会真集》，载《道藏》第4册，洞真部方法类／夜

宋赵大信注：《谷神赋》，载《道藏》第4册，洞真部方法类／果

《真仙秘传火候法》，疑出于南宋，载《道藏》第4册，洞真部众术类／芥

托名许真君撰：《灵剑子》，载《道藏》第10册，洞玄部众术类／大

题许旌阳述：《灵剑子引导子午记》，当为宋净明道士依托，载《道藏》第10册，洞玄部众术类／大

通玄先生撰：《玄珠歌》，载《道藏》第10册，洞玄部众术类／大

《太上老君内丹经》，载《道藏》第11册，洞神部本文类／伤

《胎息精微论》，载《道藏》第18册，洞神部方法类／命

宋左掌子撰：《证道歌》，载《道藏》第24册，太玄部／妇

《洞元子内丹诀》，载《道藏》第24册，太玄部／妇

《太上赤文洞古经注》，载《道藏》第2册，洞真部玉诀类／藏

金长筌子注：《元始天尊说太古经注》，载《道藏》第2册，洞真部玉诀类／收

金侯善渊撰：《上清太玄九阳图》，载《道藏》第3册，洞真部灵图类／调

金侯善渊注：《太上太清天童护命妙经注》，载《道藏》第17册，洞神部玉诀类／是

金侯善渊注：《太上老君说常清静经注》，载《道藏》第17册，洞神部玉诀类／是

《阴符经三皇玉诀》，载《道藏》第2册，洞真部玉诀类／余

元俞琰注：《吕纯阳真人沁园春丹词注解》，载《道藏》第2册，洞真部玉诀类／成

元俞琰述：《易外别传》，载《道藏》第20册，太玄部／若

《玄牝之门赋》，载《道藏》第20册，太玄部／若

元陈致虚撰：《上阳子金丹大要》，载《道藏》第24册，太玄部／

睦、夫

《修炼须知》，载《道藏》第 24 册，太玄部 / 唱

元陈致虚撰：《上阳子金丹大要图》，载《道藏》第 24 册，太玄部 / 夫

元末明初王道渊注：《崔公入药镜注解》，载《道藏》第 2 册，洞真部玉诀类 / 成

元丘处机著，元末明初王道渊注：《青天歌注释》，载《道藏》第 2 册，洞真部玉诀类 / 成

元金月岩编：《抱一子三峰老人丹诀》，载《道藏》第 4 册，洞真部众术类 / 芥

元金月岩编：《抱一函三秘诀》，载《道藏》第 10 册，洞玄部众术类 / 大

元初林辕述：《谷神篇》，载《道藏》第 4 册，洞真部方法类 / 光

元陈冲素撰：《陈虚白规中指南》，载《道藏》第 4 册，洞真部方法类 / 称

元王惟一撰：《明道篇》，载《道藏》第 4 册，洞真部众术类 / 芥

元牛道淳撰：《析疑指迷论》，载《道藏》第 4 册，洞真部众术类 / 芥

元清微撰：《清微丹诀》，载《道藏》第 4 册，洞真部众术类 / 芥

《灵宝五经纲要》，载《道藏》第 9 册，洞玄部威仪类 / 被

《灵宝净明黄素书释义秘诀》，载《道藏》第 10 册，洞玄部方法类 / 身

《养生秘录》，载《道藏》第 10 册，洞玄部众术类 / 大

元邓錡撰：《道德真经三解》，载《道藏》第 12 册，洞神部玉诀类 / 改

元苗太素编：《玄教大公案》，载《道藏》第 23 册，太玄部 / 下

元玄全子集：《诸真内丹集要》，载《道藏》第 32 册，正一部 / 鼓

《太上修真玄章》，载《道藏》第 23 册，太玄部 / 别

宋末元初余洞真撰：《悟玄篇》，载《道藏》第 23 册，太玄部 / 别

元陈致虚注：《太上洞玄灵宝无量度人上品妙经注》，载《道藏》第 2 册，洞真部玉诀类 / 往

宋元间傅飞卿解：《高上月宫太阴元君孝道仙王灵宝净明黄素书》，

载《道藏》第10册，洞玄部方法类 / 身

《太上灵宝净明九仙水经》，载《道藏》第24册，太平部 / 奉

《太上灵宝净明中黄八柱经》，载《道藏》第24册，太平部 / 奉

元末明初王道渊撰：《还真集》，载《道藏》第24册，太玄部 / 夫

明初赵宜真撰：《原阳子法语》，载《道藏》第24册，太玄部 / 夫

明何道全述，贾道玄编集：《随机应化录》，载《道藏》第24册，太玄部 / 唱

华阳复注：《洞玄灵宝自然九天生神章经注》，载《道藏》第6册，洞玄部玉诀类 / 推

元明玄元真人注：《太上玄灵北斗本命诞生真经注解》，载《道藏》第17册，洞神部玉诀类 / 寸

《清静经注》，载《道藏》第17册，洞神部玉诀类 / 是

《高上玉皇心印经》，载《道藏》第1册，洞真部本文类 / 盈

《元始天尊说得道了身经》，载《道藏》第1册，洞真部本文类 / 昃

《元始八威龙文经》，载《道藏》第1册，洞真部本文类 / 昃

《混元阳符经》，载《道藏》第1册，洞真部本文类 / 昃

《太上洞真凝修行经诀》，载《道藏》第2册，洞真部玉诀类 / 成

《修真太极混元指玄图》，载《道藏》第3册，洞真部灵图类 / 调

《紫元君授道传心法》，载《道藏》第4册，洞真部方法类 / 珠

《龙虎中丹诀》，载《道藏》第4册，洞真部方法类 / 珠

《诸真论还丹诀》，载《道藏》第4册，洞真部方法类 / 珠

《丹经极论》，载《道藏》第4册，洞真部方法类 / 珠

《金晶论》，载《道藏》第4册，洞真部方法类 / 珠

《擒玄赋》，载《道藏》第4册，洞真部方法类 / 果

《上乘修真三要》，载《道藏》第4册，洞真部方法类 / 重

《乾元子三始论》，载《道藏》第4册，洞真部方法类 / 重

《太上洞玄灵宝天尊说救苦妙经注解》，载《道藏》第6册，洞玄部玉诀类 / 推

《灵宝大炼内旨行持机要》，载《道藏》第 6 册，洞玄部玉诀类 / 位

《养命机关金丹真诀》，载《道藏》第 10 册，洞玄部众术类 / 大

《存神固气论》，载《道藏》第 10 册，洞玄部众术类 / 大

《太上内丹守一真定经》，载《道藏》第 11 册，洞神部本文类 / 伤

《太上老君内日用妙经》，载《道藏》第 11 册，洞神部本文类 / 伤

《太上长文大洞灵宝幽玄上品妙经》，载《道藏》第 20 册，太玄部 / 取

《太上长文大洞灵宝幽玄上品妙经发挥》，载《道藏》第 20 册，太玄部 / 取

《古文龙虎上经注》，载《道藏》第 20 册，太玄部 / 映

《太玄宝典》，载《道藏》第 22 册，太玄部 / 去

李成之述：《玉室经》，载《道藏》第 24 册，太玄部 / 唱

李真人述：《龙虎还丹诀》，载《道藏》第 24 册，太玄部 / 唱

胡混成编：《金丹正宗》，载《道藏》第 24 册，太玄部 / 妇

赵民述：《亶甲集》，载《道藏》第 24 册，太玄部 / 妇

《金液大丹诗》，载《道藏》第 24 册，太玄部 / 妇

《内丹还元诀》，载《道藏》第 24 册，太玄部 / 妇

《橐籥子附阴丹内篇》，载《道藏》第 28 册，太清部 / 志

《龙虎精微论》，载《道藏》第 32 册，正一部 / 鼓

《金丹赋》，载《道藏》第 4 册，洞真部方法类 / 果

四、内丹学研究综述

内丹学研究取得了大量成果，在此列出著作名称和部分简介，供读者参考。

（一）已出版面内丹学研究专著

（1）玉昆子编著：《道家内丹修炼秘笈》，华夏出版社，2007年版。

本书介绍了梅花桩这一古老的拳种的历史和所属派系，并以图片的方式详细描述了梅花桩的动作、风格及修炼方法等内容。

（2）丁常春著：《伍守阳内丹思想研究》，巴蜀书社，2007年版。

本书对伍守阳的生平、著作进行较为全面的研究，深入系统地探讨了伍守阳内丹思想及其在内丹学史上的地位，对于后世的深远影响力，并考察伍守阳三教思想的内容，揭示其三教合一思想的特质和意义，还考察了伍守阳与柳华阳丹法之异同，分析了柳华阳对于伍守阳内丹思想的继承和发展。

（3）沈文华著：《内丹生命哲学研究》，东方出版社，2006年版。

本书立足于传统内丹理论，秉承寓道于术，全篇在"穷理""尽性""至命"等线索中展开论述，涵盖了内丹道和内丹术的主要方面。

（4）袁康就著：《钟吕内丹道德观研究》，宗教文化出版社，2005年版。

本书对钟吕内丹思想的形成、演变及其思想内容——尤其道德观念方面——作出深入探讨，分为前言、钟吕丹道的形成——神仙架构中的道德观念的演变等六章。

（5）谢正强著：《傅金铨内丹思想研究》，巴蜀书社，2005年版。

本书围绕傅金铨生平、著作及其内丹思想展开论述，以傅金铨《道书十七种》及相关内丹双修派典籍为基础，从丹道理论、丹法结构、丹经隐语等各个方面揭示傅金铨双修丹法之奥秘，并和与之时代相近的道教双修、房中、清修等等炼养学说进行了比较研究。

（6）戈国龙著：《道教内丹学溯源——修道·方术·炼丹·佛学》，宗教文化出版社，2004年版。

本书以晚唐后道教理论与实践的核心——内丹学为研究对象，考察其源流，对内丹学理论与道家修道、外丹修炼、佛学的关系等作探讨。

（7）戈国龙著：《道教内丹学探微》，巴蜀书社，2001年版。

本书论述了"修道现象学"和"创造的诠释学"的概念，以阐明文本的研究方法，分别以"顺逆""性命""阴阳""有无"四大问题对道教内丹学进行了深入的研究。

（8）张兴发著：《道教内丹修炼》，宗教文化出版社，2003年版。

本书内容包括道源、斋心、道术、仙术一、仙术二、仙术三、仙术四、内丹方术和内丹术语九个部分，分别从内丹修炼的历史源流与门派、基础与前提、过程与结果、方法与术语等角度描述了道教各大主要门派的修炼方法。

（9）张志坚编著：《道教神仙与内丹学》，宗教文化出版社，2003年版。

本书上编着重介绍道教中的多位神仙，包括先天真圣的三清、四御、三官大帝，后天仙真的彭祖、张三丰等，还介绍神仙的概念、来源、特征、属性、可学性和神仙境界等；下编着重介绍道教内丹学的概念、形成、流派及各流派的代表人物、功理、功法、经典。

（10）杨立华著：《匿名的拼接：内丹观念下道教长生技术的开展》，北京大学出版社，2002年版。

本书共分七章，包括："纬"的文化阐释、匿名的拼接、内丹与外丹、技术的巅峰、禁欲时代、作为个体的世界图景和生活样态的内丹、新道教的诞生。

（11）张广保著：《唐宋内丹道教》，上海文艺出版社，2001年版。

本书内容有：内丹、外丹与阴丹、阳丹考辨、中唐时期的内丹道、宋元史传中的钟离权、内丹道在南宋时期的发展等。

（12）杜献琛编著：《内丹探秘》，中医古籍出版社，1994年版。

本书分3编：内丹探秘、周易参同契浅解、内丹名著选录并浅解。

（13）梅自强编著：《颠倒之术：养生内丹功九层十法真传》，人民体育出版社，1993年版。

本书所介绍的功法乃清代著名学者、养生家黄裳元吉道长所传，并收录黄元吉的丹经著作《道德经注释》和黄帝内、外经中的部分文字。

（14）张荣明编著：《内丹与禅定：道佛医气功典籍选解》，上海文艺出版社，1991年版。

本书选编道教气功著作八种、佛教气功著作二种、中医气功著作三种，合为一帙，进行标点、分段以及考证作者生平、介绍全书内容、解释疑难之点。

（15）洪丕谟著：《道教内丹养生术》，上海书店，1991年版。

道教内丹养生术，即修仙气功，意思是通过对于内丹术的修炼，达到羽化登仙、长生不死的目的，本书对其进行了论述。

（16）胡孚琛、吕锡琛著：《道学通论》，社会科学文献出版社，1999年版。

本书在跨入新的千年纪元之门时，探讨道学的现代意义和发展前景，内丹学的科学内容和道教改革的方向。全书包括六篇：道论篇、道家篇、道教篇、方术篇、丹道篇、道藏篇。

（17）曾传辉著：《元代参同学：以俞琰、陈致虚为例》，宗教文化出版社，2004年版。

上篇从总体介绍了参同学的概念、历史和研究现状；下篇则分别介绍了仙性论、顺逆论等元代参同学的主要课题，并综述了元代参同学的基本特点和对后世的影响。

（18）李素平著：《女神·女丹·女道》，宗教文化出版社，2004年版。

本书以女性与道教为主线，将中华文化史上有关女性的文化魅力展现出来，讴歌了伟大的老子哲学对女性生命智慧的赞美；追溯上古女神神话，讲述了远古女神与始祖神、图腾神、守护神、自然神、爱神之婚姻脉络，梳理了女神、女巫、女仙之间的思想文化承续关系；介绍并简单剖析了女丹功法的起源、修炼法门、戒律规矩、功德辅行，讨论了中世纪中国妇女凋形立志、苦修苦练内丹之艰深历程和其精神的可贵可敬；阐述了中国历史上在政治舞台上有所作为的女主崇道和道教门派创宗开山的女宗师之不凡业绩。

（19）〔德〕卫礼贤、〔瑞士〕荣格著，通山译《金华养生秘旨与分析心理学》，东方出版社，1993年版。

本书内容有《太乙金华宗旨》的源流、内容、今译及评述，分析心理学与中国瑜珈等。

（20）霍克功著：《内丹解码——李西月内丹思想研究》，人民出版社，2008年版。

（21）王沐著：《内丹养生功法指要》，东方出版社，1990年版。

（22）王庆余著：《秘传道家筋经内丹功》，人民体育出版社，1990年9月版。

（23）董永法编著：《中医气功内丹法》，广东高等教育出版社，1991年版。

（24）王沐浅解：《〈悟真篇〉浅解》，中华书局，1990年版。

（25）张钦著：《道教炼养心理学引论》，巴蜀书社，1999年9月版。

（26）郝勤著：《龙虎丹道：道教内丹术》，四川人民出版社，1994年版。

（27）张广保著：《金元全真道内丹心性学》，三联书店，1995年版。

（28）陈国符著：《道藏源流考》（上下册），中华书局，1963年版。

（29）胡孚琛、吕锡琛著：《道学通论——道家·道教·丹道》（增订版），社会科学文献出版社，2004年版。

（30）朱越利、陈敏著：《道教学》，当代世界出版社，2000年版。

（31）牟钟鉴、胡孚琛、王葆玹主编：《道教通论——兼论道家学说》，齐鲁书社，1993年版。

（32）詹石窗著：《易学与道教符号揭秘》，中国书店，2001年版。

（33）洪建林编：《仙学解秘——道家养生秘库》，大连出版社，1991年版。

（34）陈撄宁著：《道教与养生》，华文出版社，2000年版。

（35）潘启明著：《〈周易参同契〉解读》，光明日报出版社，2005年版。

（36）田诚阳著：《中华道家修炼学》，宗教文化出版社，1999年版。

（37）田诚阳编著：《仙学详述》，宗教文化出版社，1999年版。

（38）萧汉明、郭东升著：《〈周易参同契〉研究》，上海文化出版社，2001年版。

（39）张振国著：《〈悟真篇〉导读》，宗教文化出版社，2001年版。

（40）马道宗编著：《中国道教养生秘诀》，宗教文化出版社，2002年版。

（41）刘宁著：《刘一明修道思想研究》，巴蜀书社，2001年版。

（42）张崇富著：《上清派修道思想研究》，巴蜀书社，2004年版。

（43）沈洁著：《内丹》，香港中华书局，1997年版。

（44）张广保著：《金元全真道内丹心性论研究》，台北文津出版社，1993年版。

（45）〔日〕清河新藏著：《中国内丹功》，台北经史子集出版社，2000年版。

（46）〔日〕柳田锦秀著：《中国導引内丹法便秘教室》，东京インターワーク出版。

（二）部分博士论文

（1）胡碧玲著：《全真道女冠孙不二与女丹思想》，2007年，国家图书馆博士论文文库，中图分类：B956.3。

（2）马宗军著：《〈周易参同契〉思想研究》，2008年，国家图书馆博士论文文库，中图分类：B221。后改名《〈周易参同契〉研究》，由齐鲁书社于2013年1月出版。

（3）蔡林波著：《内在化：中古道教丹术转型的文化阐释》，2007年，国家图书馆博士论文文库，中图分类：B95。后改名《神药这殇：

道教丹术转型的文化阐释》，由巴蜀书社于 2008 年 11 月出版。

（4）蔡钊著：《道教内炼学与中国器乐文化研究》，2006 年，国家图书馆博士论文文库，中图分类：B95。后改名《道教美学探索：内丹与中国器乐研究》，由四川大学出版社于 2004 年 12 月出版。

（5）郭健著：《道教内丹学与〈西游记〉》，2004 年，国家图书馆博士论文文库，中图分类：B95。后改名《取经之道与务本之道：〈西游记〉内丹学发微》，由巴蜀书社于 2008 年 5 月出版。

（6）张超中著：《〈黄帝内经〉的道与神》，2003 年，国家图书馆博士论文文库，中图分类：R221。后改名《〈黄帝内经〉的原创之思》，由中国医药科技出版社于 2013 年出版。

（7）申俊龙著：《道教内丹生命哲学思想研究：以道家、中医为主要参考》，2003 年，国家图书馆博士论文文库，中图分类：B95。

（8）赖锡三著：《道教内丹的先天学与后天学之发展和结构："精、气、神、虚"系统下的道论与气论》，2006 年，国家图书馆博士论文文库，中图分类：B95。

（9）萧进铭著：《形上之道的探求：老、庄及内丹认识论综合研究》，2001 年，国家图书馆博士论文文库，中图分类：B95。

（10）杨立华著：《两宋内丹道教及其渊源研究》，1999 年，国家图书馆博士论文文库，中图分类：B959.2。

（三）重要论文

（1）胡孚琛撰：《道教史上的内丹学》，载《世界宗教研究》1989 年第 2 期。

（2）胡孚琛撰：《道教内丹学揭秘》，载《世界宗教研究》1997 年第 4 期。

（3）李远国撰：《陈抟〈无极图〉思想探索——兼及其渊源与影响的考察》，载《世界宗教研究》1987 年第 2 期。

（4）胡孚琛撰：《道教医学和内丹学的人体观探索》，载《世界宗教研究》1993年第4期。

（5）盛克琦撰：《李涵虚与西派丹诀刍议》，载《气功》1999年第11期。

（6）卿希泰撰：《司马承祯的生平及其修道思想》，载《宗教学研究》2003年第1期。

（7）唐赤蓉撰：《〈淮南子〉的养生理论》，载《宗教学研究》2003年第1期。

（8）李刚撰：《司马承祯的服气论》，载《宗教学研究》1999年第4期。

（9）李刚撰：《〈道教义枢〉论有无》，载《宗教学研究》1997年第3期。

（10）张钦撰：《论内丹修炼心理的几个原则》，载《宗教学研究》1996年第3期。

（11）杨建华撰：《〈钟吕传道集〉的内丹养生教育思想》，载《宗教学研究》2003年第4期。

（12）谢正强撰：《〈陈先生内丹诀〉研究》，载《宗教学研究》2000年第3期。

（13）钟肇鹏撰：《道教与医药及养生的关系》，载《世界宗教研究》1987年第1期。

（14）卢国龙撰：《道教贵生思想学说的渊源》，载《世界宗教研究》1991年第3期。

（15）〔日〕加藤千惠撰：《〈真诰〉中的存服日月法》，载《宗教学研究》1997年第3期。

（16）尹志华撰：《吴筠的生命哲学思想初探》，载《宗教学研究》1996年第2期。

（17）王道国撰：《张三丰的生命观浅论》，载《中国道教》2005年第2期。

（18）张晓粉撰:《李西月内丹思想及其特色浅析》,《宗教学研究》2000年第1期。

（19）霍克功撰:《李西月内丹双修理论及其科学依据》,《世界宗教研究》2007年第2期。

道教研究的国际会议上,也有部分内丹研究的论文。国际性的道教研究会议,首先由美国学术团体委员会发起召开。第一次国际道教研究会议于1968年9月在意大利的佩鲁贾举行。第二次国际道教研究会议在得到日本政府和三菱公司资助后,于1972年9月,在日本长野县蓼科举行。其中有《道教炼丹术的社会内容》(李约瑟)、《论陶弘景的炼丹术》(斯特里克曼)两篇有关内丹的论文。第一、二次国际道教研究会议上都没有中国代表参加,尽管道教是中国的宗教。1979年9月,第三次国际道教研究会议在瑞士苏黎世举行。其中有《刘一明的哲学——道教精神修炼之研究》(宫川尚志)、《上清派运动及方士和不死探索者的传统关系之研究》(奥比奈)等两篇研究内丹的论文。1985年9月30日至10月12日在巴黎召开了"道教和日本文化"国际讨论会,其中有《〈医心方〉养生篇的道教的性格》(坂出祥伸)、《道教的"性"的概念和儒教的"性"的概念的关系》(奥比奈)两篇内丹研究的论文。

建议阅读书目:

戈国龙:《道教内丹学溯源——修道·方术·炼丹·佛学》,宗教文化出版社,2004年;中央编译出版社,新编再版,2012。

戈国龙:《道教内丹学探微》,巴蜀书社,2001年;中央编译出版社,新编再版,2012。

戈国龙:《为道与为学——道教内丹学研究论文集》,青松出版社,2009年。

张兴发:《道教内丹修炼》,宗教文化出版社,2003年。

洪丕谟:《道教内丹养生术》,上海书店,1991年。

霍克功:《内丹解码——李西月内丹思想研究》,人民出版社,

2008 年。

王　沐：《内丹养生功法指要》，东方出版社，1990 年。

王沐浅解：《〈悟真篇〉浅解》，中华书局，1990 年。

张　钦：《道教炼养心理学》，巴蜀书社，1999 年。

郝　勤：《龙虎丹道：道教内丹术》，四川人民出版社，1994 年。

陈国符：《道藏源流考》（上、下册），中华书局，1963 年。

胡孚琛、吕锡琛：《道学通论——道家·道教·丹道》（增订版），社会科学文献出版社，2004 年。

洪建林编：《仙学解秘——道家养生秘库》，大连出版社，1991 年。

陈撄宁：《道教与养生》，华文出版社，2000 年。

潘启明：《〈周易参同契〉解读》，光明日报出版社，2005 年。

田诚阳：《中华道家修炼学》，宗教文化出版社，1999 年。

田诚阳：《仙学详述》，宗教文化出版社，1999 年。

张振国：《〈悟真篇〉导读》，宗教文化出版社，2001 年。

〔日〕中野美代子著，王秀文译：《西游记的秘密（外二种）》，中华书局，2020 年。

〔法〕戴思博著，李国强译：《修真图——道教与人体》，齐鲁书社，2012 年。

主要参考书目：

卿希泰主编：《中国道教史》（修订本），四川人民出版社，1996 年。

朱越利：《道藏分类解题》，华夏出版社，1996 年。

胡孚琛、吕锡琛：《道学通论》，社会科学文献出版社，2004 年。

张兴发：《道教内丹修炼》，宗教文化出版社，2003 年。

任继愈主编：《道藏提要》，中国社会科学出版社，1991 年。

陈国符：《道藏源流考》（上、下册），中华书局，1963 年。

王沐浅解：《悟真篇浅解》，中华书局，1990 年。

朱越利：《道经总论》，辽宁教育出版社，1991 年。

戈国龙：《道教内丹学溯源》，宗教文化出版社，2004年。

张　钦：《道教炼养心理学》，巴蜀书社，1999年。

戈国龙：《道教内丹学探微》，巴蜀书社，2005年。

郝　勤：《龙虎丹道——道教内丹术》，四川人民出版社，1994年。

霍克功：《内丹解码——李西月内丹思想研究》，人民出版社，2008年。

作者简介

霍克功，1960年生，宗教学博士，宗教文化出版社原编审、出版策划部主任，兼任四川大学老子研究院、石河子大学法学院、西华大学客座教授，中共中央党校中国干部知识网专家，北京市高级职称评审专家，河南省人民政府宗教事务局宗教问题研究基地学术委员会委员。已出版专著《圣经故事赏析》《内丹解码——李西月西派内丹学研究》《道教内丹学》，在《世界宗教研究》《世界宗教文化》《中国宗教》《江汉论坛》《青海社会科学》等杂志发表论文多篇。

仙传类道经说略

杨 莉

一、仙传类道经概述

（一）仙传类道经的数量和分布

长生成仙是道教的核心信仰，神仙传记也因此而成为道教最具魅力的宗教典籍之一。《道藏》所录仙传类道经包括神仙传记、人物传记和道派谱录。在三洞十二类的划分中，这些道经主要编排在谱录类和记传类。

谱录类仙传多数是某一道派关于天帝仙真谱系的陈述，包括这些神灵的来历、名讳、神宫、位第等项目。《道教义枢》解谱录类为"绪记圣人，以为教法；亦是绪其元起，使物录持"。仙真谱系类道经是道教发展到一定历史阶段的产物。从广义上看，神仙概念包含了不同层次的得道者和成仙者。魏晋六朝时期的神仙三品说，就已经将神仙分为天仙、地仙和尸解仙三品。随着上清、灵宝等新兴道派的兴起，神仙观念进一步道教化为仙真的概念，神仙品级也进一步扩展，有九品、二十七品等说，成为道教修炼的重要指南。不同道派的仙真谱系正是依据本派的宗教宇宙观和仙真位业观建构而成，用以解说天帝真皇的出世因缘、应化功德以及本派道法的历史渊源和传承系统。这类仙传往往担负起记录和解说宇宙演化的深层动因与道教发展的神圣历史的任务，因而具有十分重要的地位。

列入记传类的仙传在形式、内容和性质上都更加多元化，既有神仙传记集，又有单篇个传；既有编年体，又有分类集；既有神仙传，又有人物传；既有道教山志等，又有通鉴性质的综合性仙传。由于仙传的传主既可以是三清四御等高位尊神，也可以是上古以来成道的帝王、圣贤和修行之士，这些仙传在文体和内容上就需要区分于两类相关文献：一是中国传统史传，二是西方宗教圣传。从文体上说，仙传渊源于史传。然而，中国古代史传多为纪实作品，称为"传记"，名实相符；而面对各种"神异"现象的记录，"传记"一词确有局限。由于宗教因素的介入，仙传与史传有着性质上的差别。从宗教学的角度来看，仙传具有圣传的性质而区别于一般传记。西方学术界通常以传记（biography）为纪实文献，而以圣传（hagiography）为非纪实文献。在这种意义上，神仙传记明确属于宗教圣传的范畴。与此同时，又必须看到，西方基督教的学术背景下，圣传的传主是圣者，早期多指以身殉教者，后来扩大为具有非凡的宗教禀赋、以某种非常的方式战胜死亡而通往天堂的人。道教仙传的情况却不尽相同：传主既可以是神，又可以是人。换言之，他们可以是天帝、仙真、神灵，也可以是修炼得道的人。因此，与传统史传相区别，我们把道教仙传划归宗教圣传的范畴；而作为一种宗教圣传，其内涵又超出了西方学术背景的宗教圣传范围。我们使用的道教仙传这一概念，正是来自史传而又区别于史传、具有宗教圣传性质的神仙传记类作品。

从三洞四辅七部道经的分布情况来看，仙传类道经主要集中在三洞经书，四辅部分各有零星篇目。在三洞中，这类道经按照十二类的划分，集中在第五谱录类和第十记传类，个别有图的仙传排在灵图类；四辅中也有少数篇目散见其中。总体情况列表如下：

类　目	洞真部		洞玄部		洞神部		总　计	
谱录类	13 种	21 卷	12 种	18 卷	14 种	42 卷	39 种	81 卷
记传类	19 种	104 卷	17 种	35 卷	19 种	37 卷	55 种	176 卷
灵图类	1 种	1 卷	1 种	2 卷	0 种	0 卷	2 种	3 卷
合　计	33 种	126 卷	30 种	55 卷	33 种	79 卷	96 种	260 卷

上述仙传的种类，依三洞看洞真部 33 种、洞玄部 30 种、洞神部 33 种；依十二部看，谱录类 39 种，记传类 55 种，灵图类 2 种；共计 96 种。在卷数上，洞真部 126 卷、洞玄部 55 卷、洞神部 79 卷；谱录类 81 卷，记传类 176 卷，灵图类 3 卷，共计 260 卷。此外，四辅中还有 8 种传记，其中太玄部 1 种，太平部 1 种，正一部 6 种，共计 45 卷；《续道藏》有 6 种，共计 72 卷。据此，见于现存《道藏》的仙传类道经有 110 种，377 卷；其中谱录类和记传类所占比例接近 90%。

《道藏阙经目录》著录了许多《道藏》现存篇目之外的仙传类道经。卷上有《上清紫虚元君南岳夫人内传》《马阴二君内传》《上清元始谱录》《上清高上元始玉皇谱录》《洞玄灵宝太极左仙公神仙本起内传》《洞玄灵宝太极左仙公起居注》《太上混元上德皇帝玄谱》《太上混元上德皇帝终始记》《神仙传》《高士传》《续高士传》《洞仙传》《续洞仙传》等；卷下有《仙传拾遗》《刘根真君传王玲真人修行记》《真系传》《道学传》《宝应传》《总仙记》《太上老君青羊符瑞记》《太上老君出塞记》《太上众仙记》《高道传》《仙隐传》《仙史类辞》《青城山神仙灵异记》《尘外记》《绎仙传》及《婺仙传》等。其中不少篇目是仙传类道经中不可缺少的重要环节。

《藏外道书》中收录了大量仙传类道经。如第 18 册收录了《群仙集》《神隐》《庐山太平兴国宫采访真君事实》《广列仙传》《铸鼎余闻》《新义录》《轩辕黄帝传》《钟吕二仙传》《韩仙传》《魏夫人传》《林灵素传》《希夷先生传》《周颠仙人传》以及《五百灵官爵位姓氏总录》。第 31 册收录了《金盖心灯》《白云仙表》《道学系统表》《龙门正宗觉云本支道统薪传》《东海传道录》《桂苑丛谈》《释神》《有像列仙全传》以及《三教搜神大全》。第19册、20册、32册和33册则收录了大量山志和宫观志。

《道藏》之外的仙传大量出现是在明清之际，多以集古今大成为己任，往往还配有插图。王秋桂、李丰楙主编《中国民间信仰资料汇编》（台湾学生书局，1989年）第一辑收集了十几种明清时期流传较广的仙传，包括《新编连相搜神广记》《三教搜神大全》《新刻出像增补搜神记大全》《广列仙传》《列仙全传》《仙佛奇踪》《新镌仙媛纪事》《历代神仙通鉴》《绘图历代神仙传》《神考》《释神》《铸鼎余闻》以及《古今图书集成》（神异典神仙部）。每种均列有提要、总目和正文。龚鹏程主编、陈廖安副主编《中华续道藏》初辑（新文丰出版社，1999年）收有一些《道藏》外的仙传，如清顺治薛大训集《古今列仙通纪》[①]。该书60卷，以黄帝传开篇，以地祇上将温太保传结束，录神仙人物870余名。

此外，历代史书、地方志、山志、笔记小说、文集、文学总集和类书中也记录了大量神仙传记作品及书目。在史书中，《史记》在《封禅书》中就详细记载了当时方士的种种事迹，《后汉书》首辟《方术列传》，《三国志》列《方技传》，其后历代史书多列释道、方外及隐逸传，以收录人物传记为主。与此同时，历代艺文志和经籍志也著录了大量神仙传记书目。与正史一样，地方志也列有释道或方外传。苏晋仁、萧炼子选辑《历代释道人物志——百种地方志选辑》（巴蜀书社，1998年）收集明清至民国地方志90种，摘录其中仙释（或释道、释老）及方外人物共计6500余人次。这些记载多是当地神仙传说及高道隐逸事迹，其中部份见于仙传或史籍，还有大量不见记载，十分珍贵。此外，道教山志和宫观志中又收有不少神仙传记，详见后文。

史书、方志及山志之外，笔记小说中收录的神仙传记和故事也十分丰富，如《搜神记》（晋干宝）、《夷坚志》（宋洪迈）等。文人文集（如《颜真卿文集》）中也有记录，而《太平广记》等文学总集以及《古今图书集成·神异典·神仙部》等类书，更是神仙传记故事的宝藏，也是仙

[①] 《四库全书总目提要》说是崇祯《神仙通鉴》，入清后，板毁重刊，改今名。

传校勘、辑佚工作的重要依据。举例来讲，唐道士胡慧超撰《晋洪州西山十二真君内传》一传已佚，《太平广记》卷一四《许真君》《吴真君》，卷一五《兰公》等条目即是其佚文。《道藏》之外还有大量金石碑刻类文献也保留了许多相关记载，《道家金石略》就有不少庙碑和墓志都保留了许多珍贵的传记资料。

（二）仙传类道经的历史和类型

神仙传记的历史渊源可以追溯到独立的仙传问世之前。《道藏》所录《穆天子传》，就是太康二年（281）汲县民盗发魏襄王墓所得竹书。原书六卷，《道藏》本合为二卷，取自元代王渐所序版本。由于元版已佚，《道藏》本即为现存最早版本。书中记载周穆王游行天下、会见西王母的传说。这种神人相会的模式深刻地影响了后世的宗教和文学作品，包括《汉武帝内传》等。道书对它的吸收和运用，就在其中所表达的对神仙不死的向往和追求。

在道教神仙传记的历史发展过程中，不同时期都相继出现一批不同特色仙传。这些传记很难完全以历史时代作划分，这里就将仙传分为不同类型，同时参考年代先后依次介绍：（1）早期仙传、（2）上清仙传、（3）老子神话及年谱、（4）道派仙传、（5）人物传记、（6）主题仙传、（7）道教山志、（8）综合性仙传。这些类型的出现往往配合道教发展的相应阶段，大致能够体现出一种历史的演进和节奏。

1. 早期仙传

《史记·封禅书》所记载的方士活动及神仙传闻，可以说是仙传前身。尽管司马迁的写作立场明显具有批判性，但他生动地记录了秦汉方士的活动情况，为后世神仙故事的演绎提供了历史记录。继之，范晔《后汉书·方术列传》开正史叙列方士专传之先例，虽为坚持正统立场的史家所诟病，但从纪实的角度来看，它却忠实地反映了方士们活跃于后汉历史舞台的史实。

独立成书的早期仙传深受这一方士传统的影响，大量记载了神仙方术的传说、信仰和修炼方法。《列仙传》和《神仙传》即是这一类型的代表作。《列仙传》是现存最早的一部仙传，旧题西汉刘向撰，学界一般认为是东汉或魏晋方士所作。书中所记上古三代至秦汉时期的神仙人物72人，起自神农雨师赤松子，止于西汉方士玄俗，十分典型地体现了早期仙传与神仙方士信仰的密切关系。《神仙传》的人物取材有类似之处，多为上古至秦汉的仙人或方士，所据资料既有前代仙传，又有《史记》《汉书》及其他相关著作。该书序言竟用三分之二的篇幅历数古代神仙方士30名，多是《列仙传》中人物。序言末尾专门交待刘向之书"殊甚简要，美事不举"，而此书力图"有愈于向多所遗弃也"。十分清楚，作者以继承和发扬《列仙传》的传统为己任。书中所载神仙事迹几乎涵盖了当时所有的修炼方法，包括行气导引、服食、房中、金丹、符箓等。

对照后起的上清仙传，早期仙传有两个显著的特点：一是少有单篇流传者，二是面向普通读者而不限于道教内部。《神仙传》序称该书"以为十卷，以传知真识远之士。其系俗之徒，思不经微者，亦不强以示之矣"。这就清楚地表明此书并非秘传经典，而欲求知于天下有识之士。此外，早期仙传所收篇目各据传说，或简或繁，不求整齐划一；人物性格各异，生动有趣。《梁书》载陶弘景就是少年时候读了《神仙传》而对道教产生了兴趣。《列仙传》和《神仙传》对后世仙传、道书乃至诗词小说影响甚广，成为神仙传记的经典之作。

2. 上清内传

东晋以降，上清派在其形成过程中先后推出一系列全新的传记作品，包括《太元真人茅君内传》《清灵真人裴君传》《玄洲上卿苏君传》

《紫阳真人内传》《清虚真人王君内传》《上清紫虚元君南岳夫人内传》等。单看书名就不难发现这批传记的两大特点：一是传主均称"真人"（女称夫人）而非仙人，二是传记多以"内传"命名。这批作品在文学上以个传形式成篇，在性质上属于教内秘传的宗教启示，无论形式还是内容都有重大突破，是仙传类道经发展过程中一个里程碑式的阶段。

对照早期仙传，上清内传在诸多方面都有质的区别，而最为核心的一点就是，它在本质上是在修炼者降真通灵、得到上界启示的情况下记录整理而成，是典型的宗教启示文学。因此，这种传记并非人人可作，亦非人人可读；它对传主、作者以及读者都有十分严格的限制。先看传主，《列仙传》与《神仙传》均称仙人，上清内传则称真人。上清派改写了既有的仙人概念，将"仙人"视为未得上道的初级修行者，而另推"真人"为修炼上清道法的高级修行者。上清派对真人的资格也有严格限制，他们往往因个人修行或福报而名录丹台，已经命定能够成就上道，才有机缘得遇真师、真经及真道。不仅如此，记录这些真人的内传本身乃是由通灵、降诰及降真的方式记录成书的。这与早期仙传博采众说的编写方式相去甚远，具有极其强烈的宗教性和神秘性。内传不仅叙述传主的家世、出生及生平事迹，更重要的是记录其修真历程、得道因缘、所遇高真、所受经书及教法等。因此，这种内传虽名为传而实不限于传记，它还包含了上清经典的重要信息，往往记载了经典的出世、品第、传授仪式以及明科戒律等，属于教内秘传的专门知识。

与此相应，内传的作者均为教内人士，多由传主的弟子或同门撰写。《隋书·经籍志》录《太元真人东乡司命茅君内传》[①]一卷，题弟子李遵撰[②]；《清灵真人裴君传》题弟子邓云子撰；《玄洲上卿苏君传》题周季通集，周氏即苏林弟子周义山；《清虚真人王君内传》题弟子南岳夫人魏华存撰；而魏华存本人的传记《上清紫虚元君南岳夫人内传》则由

---

① "东乡司命"当为"东岳上卿司命"之误。
② 而《云笈七签》所录《太元真人东岳上卿司命真君传》题"弟子中候仙人李道字安林撰"，李道则为李遵之误。

其师王褒命同门弟子范邈撰写。《紫阳真人内传》情况略同，详见后文。这些传记负有宣讲本派经典出世与传授的责任，用以建立教团内部所共识的传承谱系。传记所录仙真的出身、师承、修道历程、修炼方法以及所证仙位等，构成本派信徒的修行典范，传记本身也成为本派教材和修行指南。可以说，这类传记乃是教派圣传，具有教派经典的神圣性与神秘性。

基于上清内传的秘传性质，其读者也必须是教内信徒，限于教团内部传习。得到这些经典往往标志着相应的修行资格。大约成书于南北朝时期的《上清七圣玄纪经》，内列本派所尊奉仙真七圣、八真、二贤的传记篇目，能够得到这些传记的人就可飞升成仙。因此，这些传记不仅仅是信徒修道的典范和教材，更是他们获得救度的圣典，不够资格的人无缘得见。

需要说明的是，《道藏》中并非所有题名"内传"的传记都具有上述内传的性质和要素。正因为上清派给"内传"赋予秘传性质，后世某些仙传为凸显其神圣性而题名"内传"，其实并非由真灵降诰等神秘形式著成，亦非由门内弟子或同道撰写，如《汉武帝内传》等，我们阅读时需加区分。

张超然博士论文《系谱、教法及其整合：东晋南朝道教上清经派的基础研究》（2008年）虽非仙传的专题研究，却在梳理六朝上清派的教法和传承中大量运用上清传记文献，包括《太元真人茅君内传》《紫阳真人内传》《玄洲上卿苏君传》及《南岳夫人内传》等，并对相关文本进行了详细的分析和比对，以说明这些仙传与上清教法的内在关系，是上清仙传与道史的一部力作。

3. 道教神谱

从救度的意义上来说，另一类重要经典是道教神谱。严格意义上的道教神谱始于上清神谱。上清派以经典传承为纽带，十分重视传承谱系，上清神谱便是核心经典之一。梁陶弘景整理的《真灵位业图》是上清神谱的代表作，也可以说是道教神谱的代表作。该书将近700名神灵仙真编排成一个七层等级的大型神谱，每阶又设中位、左位、右位，以中位为主神，其中一些阶品设有女真位或地仙散位，仙灵们各依名号、位爵对号入座，秩序井然。该书后文将作专门介绍，这里先来理解一下道教神谱的性质和功能：《真灵位业图》这个神谱编排的目的和用途何在？对此，陶弘景序中有一段精准的解说：

> 今所诠贯者，实禀注之奥旨，存向之要趣。祈祝跪请，宜委位序之尊卑；对真接异，必究所遇之轻重……若不精委条领，略识宗源者，犹如野夫出朝廷，见朱衣必令史；句骊入中国，呼一切为参军。

由此可见，这个神谱的基本功能是为修炼者敬拜和存思各级神灵提供指南。陶弘景的这一解说大体也适用于其他同类道经。依据道藏十二类的划分，这类道书归入谱录类，基本都会交代所列仙真神灵的姓讳字号、形貌衣饰、居处职司等，编撰成谱，以供修道者礼拜存念。与《真灵位业图》同在洞真部谱录类的《上清三尊谱录》，即告信徒存思三尊，包括第一度师上玄真明道君（元始上皇丈人）、第二度师无上玄老（高上九天太上真王）、第三度师金明七真。书中详细记录了三尊的姓、讳、字、形、相、冠、服、佩带、座骑、侍从仙人及常在天宫等，信徒据此诚心存想，发愿祝祷。收入洞玄部谱录类的《上清众经诸真圣秘》更将数十种道经所列的神真分类编入，一一介绍其存想信息。

值得注意的是，多数神谱类道经在给信徒提供仙真信息的同时，就已经对这些仙真作了品级划分，即陶弘景所说"位序之尊卑"。这种划分本身就体现了一种判教立场。《真灵位业图》将上清神真置高位，清楚地表明了作者的上清立场。谱录类道经中有相当一部分既是神谱，同时还是所属道派的系谱和派史，如清微派《清微仙谱》、全真派《金莲正宗记》、净明道《许真君八十五化录》等,我们留在后面道派仙传部分再作讨论。

4. 老子神话及年谱

与上清仙传不同,老子神话和传记的编撰主要依据史料和传说,而不是宗教启示。在道教神学体系中,老子具有特殊而多重的身份。一方面,老子既是尊神,又是教主,同时还保留了历史人物的身份。作为历史人物,关于老子的记录因《史记》有传而深受史传传统的影响;而作为道的化身,老子事迹又被纳入中国古代宇宙和人类的演化历程,形成历代降世化民的神话。因此,道教老子传记的写作形式往往具有编年体的特色,多数是老子传说集,也有少数针对特定事件著成,在道教神仙传记中形成自成一格的传统。

道教关于老子的降世神话代有所出,现存典籍主要有两种情况。其中唐前的早期作品有不见于《道藏》者,例如可能出于汉末《老子变化经》,现有敦煌残抄本一件(S2259);《太上老君开天经》则收入《续道藏》及《云笈七签》卷二。《老君变化无极经》约出南北朝,收入《道藏》正一部。唐代有《太上混元真录》(不著撰人),还有唐末杜光庭编《历代帝王崇道记》。后期作品多出宋代,收入洞神部谱录类和记传类。宋代作品最多,有北宋贾善翔编《犹龙传》,南宋谢守灏编《太上老君混元圣纪》《太上老君年谱要略》和《太上混元老子史略》,以及不署撰人的《太上老君金书内序》。

值得注意的是,老子传记多以编年体著成,包括上面提到的《犹龙传》《太上老君混元圣纪》《太上老君年谱要略》和《太上混元老子史略》,以及《道藏阙经目录》所载《太上混元上德皇帝玄谱》和《太上混元上德皇帝终始记》等。从写作风格来说,这些传记既不同于单篇仙传,也不同于集体的类传,却以同一传主为中心、依据历史线索而展开。由于老子的特殊身份,相关传记往往着力张显所载事迹的真实性,并将这种真实性与神圣性紧密结合，冠之以实录、年谱、史略、圣纪等标题。很明显，老子传记在形式上深受传统史传的影响，而在内容上完全是从道教神学角度出发而著成的道教圣史。

5. 道派仙传

道派仙传可以说是起自六朝上清派，并与道教各派各宗的发展进程相呼应，是道教史的重要资料。《紫阳真人内传》等早期上清仙传已经具有明确的道派意识，陶弘景整理的《真诰》更是着力梳理上清派的传承源流。全书正文七篇，前六篇保留了真人降诰的经法、义理等内容，出自杨、许记录；第七篇"翼真检"分两部分：《真诰叙录》一卷，详细叙述上清经的传授源流；《真胄世谱》一卷，记录许氏家族谱系以及杨羲、华侨等人的传略。这一部分为陶弘景所作，可以算作较早的道派仙传，但作为《真诰》的一个说明部分，并未独立成书。

将上清诸师传记独立成书的是唐德宗朝道士李渤所撰《真系》。该书以记录上清经传承谱系为宗旨，称上清经自东晋杨羲传至中唐李含光，已历"十二世矣"，即杨羲、许翙、许黄民、马朗、殳季真、陆修静、孙游岳、陶弘景、王远知、潘师正、司马承祯、李含光。其中马朗和殳季真曾拥有经典而未曾传习，因而该书正文纂集二人以外的其他十位上清派宗师小传，以成本派传法谱系。这一说法奠定了后世茅山派师承系统的基调。

作为体现道派传承的仙传，唐代《洞玄灵宝三师记》值得一提。该书原题"广成先生刘处静撰"，实为唐末广成先生杜光庭撰。卷首自序即称道门弟子尊重三师，授道于己者为度师，度师之师为籍师、籍师之师为经师；"三师之重，媲于祖宗"。全书收入三篇实录，分别记述作者的经师田虚应、籍师冯惟良、度师应夷节的生平和灵异升化事迹。每篇之后各附赞词一首，颂扬三师。田、冯、应三人皆为唐代上清派天台宗嗣派宗师，对考察唐代上清派传承有重要史料价值。

净明道系统的仙传十分具有道派性格。这些传记围绕许逊及其诸弟子而形成一个层层累积的仙传系列，包括《许逊修行内传》《晋洪州西山十二真君内传》《许逊真人传》(《云笈七签》)、《孝道吴许二真君传》《十二真君传》《旌阳许真君传》《西山许真君八十五化录》《净明道师旌阳许真君传》《许真君仙传》以及《许太史真君图传》等。其中所载人物及其变化反映了净明道的发展历程。

元陈致虚《上阳子金丹大要列仙志》，是全真派传法谱系，记全真祖师16人之小传，东华帝君传钟离权，权传吕岩，吕传刘操、王重阳，刘操传董凝阳、张紫阳，王重阳传马丹阳等七真，马丹阳传黄房公宋德方，宋传李珏，李传张模，张传赵友钦，赵传陈致虚。关于全真道与净明道，本书均有专章，故不赘言。

另一部具有系谱性质的道派仙传是元陈采编《清微仙谱》一卷，收入洞真部谱录类。该书共分六节，前五节是《清微道宗》《上清启图》《灵宝宗旨》《道德正宗》及《正一渊源》，分别列出以元始上帝、玉宸大道君、灵宝天尊、玄元老君及张道陵为首的五组神真。这些神真的系谱关系始于第一组元始上帝为首的20余名神真，其下分化出其他四组神真[1]。这四组神真在唐代均传道于昭凝祖元君（祖舒），故四组神谱于篇末均注明下传祖元君，众神真因此由分而合，又汇成一系。因此，继前五节之后，该书列出最后一节《会道》，记录唐昭凝祖元君至元黄舜申共11位传人，构成清微派的完整系谱。

明代成书的《汉天师世家》是张天师家谱，由洪武年间四十二代天师张正常撰，永乐年间四十三代天师张宇初删定，万历三十五年（1607）第五十代天师张国祥续补，收入《续道藏》。全书四卷，上起张氏始祖西汉留侯张良、东汉祖天师张陵，下至明代第四十九代天师张永绪，逐一记述其生平履历、奉道事迹及有关著述。其中隋唐以前历代天

---

[1] 其中包括玉宸大道君等15位神真，灵宝天尊等9位神真，玄元老君等6位神真，张道陵等7位神真。

师生平不尽确实，晚唐北宋以后史实较为明确，是历代正一道天师的家族世系史。书中还记述了历代皇室对天师的封号及有关册封之制诰、赞文等。该书前后有宋濂、苏伯衡、周天球、喻文伟等名儒官僚的序文，宋濂还增补了张良以上张氏家族世系，多系传说。

以上道派仙传大多收录在谱录类，具有教派圣史的性质。除上面提到的《清微仙谱》外，元代全真派的《金莲正宗记》《金莲正宗仙源像传》和《七真年谱》均收入洞真部谱录类；《洞玄灵宝三师记》《孝道吴许二真君传》《许真君八十五化录》《许真君仙传》等则入洞玄部谱录类。道派仙传是仙传类道经中十分重要的一个类型，在分量上也占较大比重。这些传记是道派发展到一定程度的产物，并且构成维系本派传统的重要力量。

6. 道教人物传记

道教仙传常常将神灵、仙真与修道人物合一而论，并不严格区分。其中有偏重于仙真传记者，也有偏重于人物传记者。对照而言，以道教人物为主、明显具有人物传记性质的作品主要包括三种类型：一是单篇人物传，二是道派仙传，三是道教人物传记集。当然，这种区分也是相对而言的；因为许多道教人物本身已经得道成仙，并非以纯粹历史人物的身份入传。

单篇人物传记的大量出现是在上清派初创时期，以魏晋时代大量新型个传的涌现为历史背景，前文已作论述。《上清紫虚元君南岳夫人内传》等十分具有代表性。南北朝或隋唐初的《桓真人升仙记》，唐贾嵩撰《华阳陶隐居内传》、南宋张道统《唐叶真人传》、撰人不详《侍帝晨东华上佐司命杨君传记》、金末元初《体玄真人显异录》等即属此类。多数教派或宗派传统的仙传同时也是道教人物传，或包含道教人物的仙传。前述《真诰》和《真系传》《楼观传》《洞玄灵宝三师记》《高道传》《南岳九真人传》、净明道系许逊仙传以及《清微仙谱》的部分内容即是，故不赘言。

　　这里重点讨论的是道教人物传记集，因其明显以历史人物而非神仙事迹为主体，故专列一说加以讨论。最有代表性的就是南朝陈马枢著《道学传》，记录4世纪早期至6世纪晚期修道人事迹，明确以历史人物为对象，故不言仙，只题道学，很有特色。南朝见素子撰《洞仙传》情况类似，收录对象虽从秦汉至南北朝皆有，但受六朝上清派影响较大，资料多采自《真诰》。唐末杜光庭《仙传拾遗》记录唐代修道人事迹，南唐沈汾《续仙传》录唐代至五代修道人物，均属此类。北宋贾善翔《高道传》记东汉张天师至北宋真宗时道士张无梦等85人事迹，也明确以道门中人为对象。至于道教山志及宫观志中所记录的道门人物，更是明确的人物传记。

7. 主题仙传

　　所谓主题仙传也就是分类仙传，是同一主题的仙传集。这类仙传设置了同一种取材标准，将所录传记限制在同一种题材。就现有仙传来看，这些主题包括某种特定事件，如人仙感遇、圣物灵应等；还有特定的性别，如女性人物；特定的地域；有的甚至是特定的姓氏等。唐末杜光庭撰《神仙感遇传》《道教灵验记》《墉城集仙录》以及《王氏神仙传》，宋吴淑撰《江淮异人录》等，均属此类。如果扩大来看，道派仙传也可归属这一范围，但因涉及道派传承及谱系，故而单列一项，不入此类。

　　杜光庭撰《神仙感遇传》和《道教灵验记》，明确以特定性质的事件为主题。《神仙感遇传》纂集古今凡人与神仙感应相遇故事，现存共75条，每条以遇仙者名号为题。今《道藏》本仅残存五卷。《道教灵验记》十五卷，旨在编集汉魏六朝至唐代道门中罪福报应的灵异事件，劝善去恶。书中分卷记录宫观灵验34事，尊像灵验23事，老君灵验21事，天师灵验10事，真人灵验12事，经法符箓灵验32事，钟磬法物灵验13事，斋醮拜章灵验22事。这两部作品的主题都十分明确。在杜光庭的主题仙传中，《墉城集仙录》是道教史上第一部独立的女仙传记专集。在此之前，散见于神仙传记类作品当中或单篇流传的女仙传记时有所见，但均未辑录成册，尤其是未能凸显女仙这一主题。此外，杜光庭的《王氏神仙传》则以姓氏为标准，收录上古至唐代王氏男女修道成仙事迹，以献前蜀国主王建。

宋吴淑撰《江淮异人录》，是以地域为划分标准的代表作品。书中纂集唐末五代江淮地区道流、侠客、怪异故事共25人，如司马郊、钱处士、聂师道等。各篇皆系采集前人记述，编次而成。其中"耿先生"等条，马令、陆游《南唐书》皆采取之；"沈汾"条亦可补史书之不足。

8. 道教山志

道教名山所编山志在某种意义上说也以地域为界，但与《江淮异人录》这样纯属地理划分而不涉道派关系的集合有所不同。有些山志所录仙传明确具有道派性质，较为典型的如《茅山志》和《龙虎山志》。另一些山志仙传则没有十分明显的道派特色，如《南岳小录》及《南岳九真人传》等。更多的山志则是介于二者之间，因历史变迁而记录下不同道派的活动轨迹，如《武当山志》等。

元刘大彬撰《茅山志》较为忠实地记录了茅山从六朝到元代的上清道法及传承，是很有道派性格的一部山志，其中三茅真君及历代宗师传记在书中占有较大的分量，且对上清文献和历史研究都具有不可取代的价值，我们将在第二部分中专门介绍。这里先来看另一部具有道派性格的山志，即清代道士娄近垣编《龙虎山志》，收入《藏外道书》宫观地志类。龙虎山有志，始于元代之前。娄近垣依据旧志重新纂辑，乾隆五年（1740）刊印，有乾隆时张鹏翀撰《重修龙虎山志序》及娄近垣自序。全书十六卷，卷一《恩赉》，记载清代帝王对龙虎山的恩敕，包括宫观修复、真人封号及所敕匾额等。卷二《山水》，述山、水、岩、石、洞、井等自然景观。卷三至卷四为《宫府院观》，记历代龙虎山宫府、院观的建置沿革和当代之兴修情况。卷五《古迹》，记载历代山中名胜古迹，并附录周围部分僧寺。卷六《天师世家》，记载自第一代天师张陵至第五十五代天师张锡麟之传略。卷七记历代栖山修道具有卓行者之传略和事迹。卷八《爵秩》，记历朝天师之封号和爵位，以及明初更天师号给正一嗣教大真人印掌天下道教事与世袭情况。卷九《田赋》，记大上清宫真人府历朝赐田蠲赋免役之情况。卷一〇至卷一六《艺文》，录历朝天师赞和真人之诰命、语录、碑文、诗、记、序、表、赋、铭、赞、跋等文。从分量来看，书中卷六、卷七、卷八三部分都跟神仙及人物传记有关，且具明确的传承系统。原志书现藏上海图书馆，是研究龙虎山和道教史的重要资料。

在《茅山志》和《龙虎山志》这样道派性格突出的山志之外，多数道教山志所录仙传并不集中在某一道派，如唐末道士李冲昭撰《南岳小录》，北宋奉议郎廖偁撰《南岳九真人传》等。另有一些山志往往将佛道人物混同载录，如明陆柬辑《嵩岳志》就将王子乔、鬼谷子、达摩禅师、僧一行、元丹丘及丘长春等同载卷上"灵毓第二"。此外，道教宫观志也记录了许多神仙及道门人物传记，可参本书山志及宫观志部分。

9. 综合性仙传

唐末五代天台山道士王松年撰《仙苑编珠》，所载仙真为上古至梁唐以降见于道书、仙传以及时人见闻者。全书正文共计155条（每二句一条），所记神仙多至300余人，包括天尊、玉皇等道教尊神，伏羲、盘古等传说人物，以及后世圣帝明王、修真好道之士，明确是一种综合性仙传。正文为四言韵语，后附笺注，所引道书仙传有已失传或残缺者，可补道书仙传之缺，对研究五代以前道教神仙信仰很有价值。《道藏》本分为三卷，收入洞玄部记传类。

南宋绍兴甲戌年（1154），正一道士陈葆光撰集《三洞群仙录》二十卷，辑录上古至北宋1000余人的得道成仙故事，汇集成编。其体例类似《仙苑编珠》，每条先以四字俪语为标题，然后援引道书仙传，记述人物事迹。如第一条题作"盘古物祖，黄帝道宗"，后引《述异记》《三五历记》《真书》《道学传》等书，记述盘古开天辟地，黄帝修道成仙的故事。其余各条与此类同。全书征引古籍近200种，皆标明出处。该书收入《道藏》正一部。

成书于元代的《历世真仙体道通鉴》是综合性仙传集大成的代表作，为浮云山圣寿万年宫道士赵道一编辑。全书包括正编五十三卷，续编五卷，后集六卷，共计六十四卷。收入洞真部记传类。赵氏自序称儒家有《资治通鉴》，佛家有《释氏通鉴》，"唯吾道家独缺斯文"。为此，作者集录上古至北宋末年仙道事迹，撰成正编五十三卷，收录得道仙真745人。续编五卷，录34人。后集六卷，收录女仙120人。详见后文介绍。

明清时期，综合性仙传的数量和规模都以空前的规模超越前代，各种大型仙传集相继涌现，包括《新编连相搜神广记》《三教搜神大全》《新刻出像增补搜神记大全》《列仙全传》《仙佛奇踪》《历代神仙通鉴》《绘图历代神仙传》《古今列仙通纪》等，前文已有述及。这些大部头的仙传往往配有插图，以便推广和传播。这种情况跟当时印刷出版业的发展密切相关。这些大型仙传集多在藏外，具有更加广泛的传播和影响。

（三）仙传类道经的功能和价值

道教仙传因传主身份的不同以及传播对象的不同而具有各不相同的性质和功能。道君、皇人等高位仙真的传记和系谱往往表述宇宙生成和演化的进程，具有道教圣史的性质。从宗教学的角度来看，各大宗教都有其自身对人类历史的特定理解。圣史就是以宗教人的眼光看待宇宙和人类的来源、演进、走向和归宿。这一进程有其神圣的起源和动因，不同于从世俗层面看待的世界历史。只有从宗教圣史的角度出发，这类传记的宗教性质和功能才能较为清晰地呈现。在此之下，各派教主或创始人的传记往往兼具圣史和圣传的性质，如老子传记及上清仙真传记等。更为重要的是，这些道经直接关系到人类拯救问题。在各大宗教思想体系中，人类拯救问题都具有核心的意义。这些仙真的名号、来历、位第和功绩多与拯救事业熔为一体。上清仙真传记更是作为道教内部的秘传经典为修道者提供成道的途径和典范。对照而言，一般修炼得道者的传记并不具备圣史的意义。从教内来说，这些传记当然也是修行者的楷模和教材；从教外来看，它们更是对神仙思想的宣扬和见证。这类传主常常具有某些超常特质，如不同寻常的出生、童年及禀赋；或者并不具有这类特质，却以执着的信念潜心修炼，感通神灵，最终通过自身的努力而脱去凡质，得道成仙。这些经典往往是沟通教内和教外的一座桥梁：在教内是经典和教本，在教外是弘道的法宝。无论对宇宙演化的宏大构思，还是对神仙世界的渲染和刻画，都使得仙传类道经成为最具有文学性的道教经典之一，对中国古代文学产生了深远的影响。

二、主要仙传介绍

（一）《列仙传》

《列仙传》是现存最早的一部仙传。旧题西汉刘向撰，而《汉书·艺文志》未见著录。《隋书·经籍志》载刘向作《列仙》《列士》及《列女传》，并提供了《列仙传》的两个版本：其一是三卷本，孙卓撰赞；其二是二卷本，郭元祖撰赞，今本即此。余嘉锡《四库提要辨证》认为此书盛行于东汉，可能成书于明帝到顺帝之间；学界一般认为是东汉或魏晋方士所作。书中记载上古三代至秦汉时期的神仙人物72人，起自神农雨师赤松子，止于西汉方士玄俗。现存版本主要有《四库全书》本和《道藏》本。《道藏》本二卷，收入洞真部记传类。此书魏晋时期流传甚广，左思《魏都赋》连述昌容、犊子等六名仙人，皆出此书。晋人为之作赞，附各传之后，并有总赞一篇。总赞见于现存版本，而各赞唯见《道藏》本。《神仙传》首先提到此书。晋代以降，道教仙传多有祖述《列仙传》，以为鼻祖和范本。关于《列仙传》的版本，清代已有王照圆《列仙传校正》(1918年)，继有钱熙祚、孙诒让、王叔岷等校本，海外则有法国康德谟（Max Kaltenmark）注译本（1953年），详参本篇第三节。

(二)《神仙传》

该书题为晋葛洪撰。梁肃《神仙传论》载唐代《神仙传》有190传。该书不见于《道藏》，而为《道藏阙经目录》著录。现存版本主要有二：其一为《四库全书》本，载子部道家类，据明末著名藏书家毛晋所收版本刻印。其二为《汉魏丛书》本，载明何允中编《广汉魏丛书》、清王谟《增订汉魏丛书》(何镗编《汉魏丛书》无)。《龙威秘书》与之相同。《四库全书》本84篇，为《汉魏丛书》本无者7篇；《汉魏丛书》本92篇，为《四库全书》本无者15篇。另在《说郛》和《云笈七签》中也有部份载录。两个版本各有长短，学者多取《四库全书》为底本，以《汉魏丛书》本相参校。

与《列仙传》有类似之处，《神仙传》所载人物多为上古至秦汉的仙人或方士。其中有见于史籍如《史记》《汉书》者，如广成子、老子、彭祖、河上公、刘安、李少君、张道陵等；而壶公、蓟子训、刘根、左慈、甘始、封君达等则与《后汉书·方术传》相符。作者依据前代仙传、史籍和传说撰集此书，意在证明神仙实有、神仙可学。该书序言十分清楚地交代了作者所依据的资料：

> 余今复抄集古之仙者见于仙经、服食方及百家之书，先师

所说,耆儒所论,以为十卷,以传知真识远之士。

虽然作者以继承和发扬《列仙传》传统为己任,但所载神仙修炼方法已经远远超过前代仙传的范围,包括行气导引、服食、房中、符箓、金丹等。其中体现的地仙隐逸思想十分具有时代特色,而作者金丹道立场也颇为明确。卷七帛和传、卷五马明生和阴长生传,就十分生动地描述了以《太清神丹经》为主线的金丹修炼和传承系统。

《神仙传》序言专门交待刘向之书"殊甚简要,美事不举",而著作此书力图"有愈于向多所遗弃也"。从篇目长短来看,《列仙传》简要古朴,各篇风格较为统一;《神仙传》则详略参差,有长达数千字者,有寥寥两三句者,反映出现存版本在流传过程中的变异情况,相关研究可参本篇第三节。与《列仙传》一样,《神仙传》对后世道书、仙传乃至诗词小说影响甚广,成为早期仙传的经典之作。

(三)《紫阳真人内传》

该书一卷,收入洞真部记传类,是现存上清内传的重要篇目。《道藏》另有两处载录,一是《云笈七签》卷一〇六《紫阳真人周君内传》,二是《历世真仙体道通鉴》卷一四《周义山》,均为节本。洞真部所录《紫阳真人内传》已非原本,但仍是现存相对完整的版本,除周氏生平传记外,还保留了周君所受道书目录、二真人作诗以及周裴二真叙,基本体现了上清内传的叙事结构,包括传主的家世出生、个人禀赋、修行次第以及所受经书等重要信息。下面就结合前文对上清内传的分析具体作一介绍。

传主紫阳真人周义山,字季通,相传生于西汉元凤元年(前80)。《内传》称其为汉丞相周勃七世孙,祖父玄、父祕两代先后任青州刺史及陈留刺史。周义山虽出世家却非纨绔,自幼沉静,不交名流,却长年服气拜日,好游名山,暗寻仙人。一年大旱,他倾财济贫而不张扬,终于感动了中岳仙人苏林登门传道。有趣的是，苏林面对周氏并未居高临下，却语出惊人地告诉这位学生他已名在金书，命定将成真人；而自己虽为导师，却只是一个中仙（地仙），因此只能传他入门道法。苏林此话带出关于真／仙之别的一段精彩论述，清楚地表达了上清派新型的修道理念。在这个新的框架中，《列仙传》的不少人物如涓子、仇生、琴高等都被划归仙而非真的中级得道者，由此对照出传主周氏的全新角色：他命定将修上道而位登紫阳真人。这是《内传》想要传达的一个重要信息。

于是，苏林传周氏"金阙帝君守三元真一法"（简称守三一），并告其传承谱系为东海小童—涓子—苏林—周氏。此法虽属初级，却是基础功夫。从此，周氏勤修此法，并依苏林提供的线索——寻访名山，各依因缘得遇衍门子、赵他子、黄先生、上魏君、中央黄老君等30余位仙真，分别得授《龙蹻经》《三皇内文》《金液丹经九鼎神图》以及《九赤斑符》等经文、丹方、符箓、法术30余种，先后修行110余年，最后从中央黄老君受《大洞真经》，修成乃乘云驾龙，白日升天，诣太微宫，授为紫阳真人。

《紫阳真人内传》详细地叙述了周氏所到名山、所遇仙真、所受道法以及所得经书等完整记录，这与早期仙传中仙人不知何来、不知所终的旨趣大相径庭。前文已述，上清内传虽名为传而实不限于传记，它还包含了上清经典的重要信息，属于教内秘传的专门知识。内传的设计正是要让读者了解传主成真的各个具体修行步骤，以为典范榜样。其中传授经诀又是重中之重。学界已经证明，上清内传原本包含"经"，或传末附"诀"，却在流传过程中与"传"分离，多数已不见于现存版本。《紫阳真人内传》篇末专门开出"周君所受道书目录"，共列道经34部，一一记载了掌管这些经典的仙真、书名及其所在名山。这份书目首录苏林所传《金阙帝君守三元真一法》，末篇则为中央黄老君传《大洞真经》，是上清派独创的传记形式。

上清内传记录经诀传授的另一功能就是梳理和建构谱系。苏林传周氏守三一法，就专门交代了该法的传承谱系，并创新式地将此谱系上溯至承担上清救度任务的重要神灵——金阙帝君。这个精神贯穿了周氏所受书目。就《紫阳真人内传》来说，这一谱系的建构显然不能止于周氏，而是要让它继续传承下去。换言之，内传的宣讲对象就是谱系的继承人。如前所述，上清内传一般都是弟子所作，传主与撰者是师徒关系。洞真部《紫阳真人内传》未署撰人，但在传末"裴周二真叙"交代：江乘令晋陵华侨，奉道数年，见二人往来其家；一人姓周，一人姓裴，先后教授经书；周自作传，裴作未成。据此，华侨为周氏弟子，有资格为师作传，陶弘景《真诰》即载"今有华撰《周君传》"，而所谓"周自作传"，陈国符认为："此传乃华侨所撰，托之周紫阳耳。"这一判断较为符合我们对上清内传的认识。

（四）《洞玄灵宝真灵位业图》

该书一卷，收入洞真部谱录类，题为梁陶弘景撰，唐间丘方远校定。该书原应有图，或据图撰文，故名。原图业已失传，该书有幸保存了相应的文字记录，陶弘景的整理编排功不可没。可以想象，神谱类道书因其神圣性而要求撰写者信仰虔诚、知识渊博，而陶弘景正是这样的合格人选。该书与《真诰》及《登真隐诀》的上清传统一脉相承，依据上清派对天地神鬼的认知，对近700名神灵仙真进行整理和编排，依据他们各自的名号、位爵分等级列为七阶，每阶又设中位、左位、右位，以中位为主神；其中一些阶品设有女真位或地仙散位。简单来说其主体框架如下：

第一阶中位元始天尊，左位五灵七明混生高上道君等，右位紫虚高上元皇道君等。

第二阶中位太上玉晨玄皇大道君，左位太微天帝道君等，右位后圣玄元道君等。

第三阶中位太极金阙帝君，左位太极左真人中央黄老君等，右位太极右真人西梁子文等。

第四阶中位太清太上老君及上皇太上无上大道君，左位正一真人三天法师张道陵等，右位太清仙王赵车子等。

第五阶中位九宫尚书张奉，左位左相清虚真人王君等，右位右相（未录姓名，陶弘景注"已度上清"）等。

第六阶中位定录真君中茅君，左位三官保命小茅君等，右位右理中监刘翊等。

第七阶中位为酆都北阴大帝，左位北帝上相秦始皇等，右位中厩执事四人（戴渊、公孙度、郭嘉、刘封）等。

在上述中、左、右的主框架下，《位业图》还设立了神仙散位及女真位等专区。散位所列仙真未居仙职，第一阶在左位之末、右位之前就列有"玉清中散位十一君"。第五、六两阶在左、右位之末均列有散位区。女真位集中在第二、六两阶。第二阶右位之后，设"女真位"专区，首列紫微元灵白玉龟台九灵太真元君（西王母），次为紫虚元君领上真司命南岳魏夫人，其余依次共录40余人。此外，第六阶右位之后，也有一个规模稍小的女真位，录窦琼英等女真近20名。这些部分所列名单多与《真诰》等上清经典记载相吻合，而整个《位业图》的安排也体现了上清派对天地神灵等级体制及相应职守的理解。纵观《位业图》，七阶分别安排了玉清、上清、太极、太清、定录及酆都七层真灵近700余名。其中还有一些是以群体名号记录的，如第一阶左位末尾三位所列即非个人，而是三组神灵，依次为玉清上元宫四道君、中元宫六道君和下元宫四元君。若据此计算，则整个《位业图》的真灵队伍更加庞大。如前所述，该书是上清神谱的代表作，也是道教神谱的代表作。

（五）《元始上真众仙记》

该书一卷，收入洞真部谱录类。该书又名《枕中书》《枕中记》，旧题葛洪撰。《嘉定赤城志》称《众真记》。《宋史·艺文志》神仙类有

《上真众仙记》,《通志》有《元始上真记》,皆本书之简称。《道藏》洞玄部谱录类《上清众经诸真圣秘》卷五全录此书,书名相同。《说郛》称《枕中记》。《四库全书》称《枕中书》,或据宋人旧本。此外,《道藏》洞神部方法类有《枕中记》,正一部有《枕中经》,内容均与此篇不同。

该书是六朝上清派的典籍,记述天地开辟以来重要仙真神灵的官号及治所,属于道教神仙谱录。《四库提要》及余嘉锡《四库提要辨证》均考定非葛洪所撰。开篇假托葛洪在罗浮山夜遇玄都太真王,授以"真书""真记"。《真书》叙述元始天王创世经历,天地开辟之初,盘古真人自号元始天王,历经诸劫而与太元玉女通气结精,生扶桑大帝与西王母;西王母生天皇,天皇生地皇,地皇生人皇,伏羲、神农等五帝均其后裔。《真记》记述诸仙真职掌、名号和治所,上至元始天王、东王公、西王母、广成丈人等上古仙真,中及尧、舜、禹、汤、汉高祖、光武帝、孔丘、屈原等帝王圣贤,记其事迹和仙职,以及张道陵、王子登、徐来勒、魏夫人等道门人物,止于东晋许穆、许玉斧。这一部分内容与陶弘景《真诰》《洞玄灵实真灵位业图》有类似之处,其性质也十分相近,体现了道教的创世神话和宇宙秩序。

(六)《墉城集仙录》

唐末杜光庭撰,六卷,收入洞神部谱录类,是道教史上第一部独立的女仙传记专集。原书十卷,《云笈七签》引杜光庭序称:"此传以金母为主,元君次之,凡十卷矣。"《崇文总目·道书类》《通志·艺文略》《宋史·艺文志》及《十国春秋·杜光庭传》均同此说。其中《通志》及《十国春秋》载此书共录女仙109名。现存版本中,《道藏》本六卷,录女仙37名;《云笈七签》三卷(卷一一四至卷一一六),录女仙27名;还有39名女仙散见于《太平广记》卷五六至卷七〇。在此之前,散见于神仙传记类作品当中、或单篇流传的女仙传记时有所见,但均未辑录成册，尤其是未能凸显女仙这一主题。该书是元代赵道一《历世真仙体道通鉴后集》六卷历代女仙传记的主要参考之一，但二者在编排体例上区别很大：《后集》以编年体依据时代先后著成，而《墉城集仙录》以上清神谱之"位业"观念建立女仙秩序，形成由金母统领众女而成一个相对独立的墉城仙界，在很大程度上带有道教女性神谱的性质。

（七）《混元圣纪》

南宋道士谢守灏编集。全名《太上老君混元圣纪》，九卷，收入《道藏》洞神部谱录类。编首有绍熙二年（1191）谢守灏《进表》，称历代老君传记率多疏略，百不具一；或虽详细而枝蔓丛生，首尾失次，取舍不当。作者为此"遍考三教经典、传记，究其源流……编为《圣纪》，冠以《年谱》"。全书九卷，首卷即为《老君年谱》，以编年体概述天地开辟以来至北宋宣和年间，老君事迹本末和历代帝王崇奉之事。卷二至卷九详述老君历代垂世立教、应显变化的灵异事迹。编首有绍熙四年陈傅良《序》，称此书"专且博也"，"自开辟以来，凡老子名迹变化及其遗事微言，散见于百家者，撮拾诠次无遗"。全书征引丰富，博而不乱，是现存最详细的老君传记。同见于《道藏》洞神部谱录类的《太上老君年谱要略》即从该书第一卷抄写，由李致道校刊。另有《太上老子混元史略》，分上、中、下三卷，亦为该书一、二、四卷节录。

（八）《金莲正宗记》

元全真道士秦志安（号樗栎道人）编，五卷，收入洞真部谱录类。秦志安为元《玄都宝藏》编校者之一。该书著成于元太宗十三年辛丑岁（1241），集录全真道祖师传记14篇，是现存最早的一部全真教史著作。卷前有平水长春壶天（毛收达）序，概述道教之历史及全真道之兴起和宗旨。该书将全真道的授受系统上溯到老子，称太上老君传道金母，金母传白云上真，白云上真传王玄甫，王玄甫传钟离权，钟离权传吕洞宾和刘操，吕洞宾传王重阳，王重阳传马丹阳等七人。王重阳在甘河镇遇仙，东行见"七朵金莲"，预示七真，故以"金莲正宗"命名其书。

传文共五卷。卷一记东华帝君（王玄甫）、正阳钟离（权）真人、纯阳吕（岩）真人、海蟾刘（操）真人四传。卷二记重阳王（嚞）真人、玉蟾和（德瑾）真人、灵阳李真人三传。卷三记丹阳马（钰）真人传。卷四记长真谭（处端）真人、长生刘（处玄）真人、长春丘（处机）真人三传。卷五记玉阳王（处一）真人、广宁郝（大通）真人、清静散人（孙不二）三传。诸传记中，和玉蟾和李灵阳是王重阳在陕西的弟子，早于山东的马丹阳等七子。传后各有赞。各篇传记都十分详细，保存了丰富的全真史料。元泰定四年（1327）成书的《金莲正宗仙源像传》有配图，但传文大幅精简，未如该书之详尽。《金莲正宗记》不仅建立起全真道自身的神谱，同时也是本派的教史。后来的全真道教史著作，大致以此书为依据。

（九）《历世真仙体道通鉴》

该书为元浮云山圣寿万年宫道士赵道一编集，收入洞真部记传类。全书包括正编五十三卷、续编五卷、后集六卷，共计六十四卷。书成于宋灭后20年中，有赵道一自序、刘辰翁序（1294，甲午年）及邓光荐序。赵自序称儒家有《资治通鉴》，佛家有《释氏通鉴》，"唯吾道家独缺斯文"。为此，作者集录上古至北宋末年仙道事迹，撰成正编五十三卷，收录得道仙真745人。

作为一种总结性的道教神仙通鉴，该书直接或间接取材于前代的重要仙传，包括《列仙传》《神仙传》《真诰》《真系》《洞仙传》《续仙传》《轩辕本纪》《混元圣纪》《高道传》《玉隆集》及《南岳小录》等。这些仙传的篇目往往作为直接素材集中排列在相应卷目，也有散见于其他卷次者。不过，《历世真仙体道通鉴》的主体格局既非单纯编年，亦非照搬前代仙传的组织模式，而是根据南宋末年一个道士的眼光、依据道法传承谱系或派系进行编排的。从这个角度来说，该书确实有志于构建一部宏大的道教圣史。书中所录道派传统主要包括老子的历代显化、古代仙人与方士、尹喜和楼观派、茅山道派、张陵和天师道派、西山忠孝道与许逊崇拜、南岳诸仙以及全真派不同系统的仙圣人物。为了照顾道法传承体系，该书所录部分传记就很难完全依照编年秩序排列，一些道派如天师道系传记也没有依照历史顺序列于楼观、茅山等派之前。不过，既为道门通鉴，整体上的古今结构仍然十分清楚。全书起自后汉（卷一至卷一四），经六朝至隋（卷一五至卷三〇），隋至五代（卷三一至卷四六），至北宋（卷四七至卷五三），止于北宋末年。

续编五卷，除补充前书缺漏人物外，主要收录南宋、金、元时代以全真祖师王重阳及其七大弟子为主的道教人物，共计34名。后集六卷，收录历代得道女仙120人，始自上古，迄于宋末。该书大部分资料取自《墉城集仙录》，编排原则类似正编；而跟正编和续编不同的是，后集卷前有目录，多数名下标注年代。末尾有跋，申明神仙人物往往不记年代，有的历世显现，很难严格编年；所谓通鉴者，"是天下之人皆可得而照鉴也"。因此，学者认为此跋是为正编、续编和后集三部共同题写的。

（十）《茅山志》

元刘大彬撰《茅山志》，《道藏》本共三十三卷，收入洞真部记传类。需要说明的是，刘大彬原书十五卷，明代已有永乐本、成化本、《道藏》本（正统年间）及玉晨观本（嘉靖年间）4种刊本。其中唯《道藏》本析原本为三十三卷，现有王岗据玉晨观本所作点校本（2016年）十五卷，这里依原书十五卷来作介绍，同时注明《道藏》本卷数。

刘大彬《茅山志》继承《真诰》等文献记录，列分主题12篇，即《诰副墨》《三神纪》《括神区》《稽古篇》《道山册》《上清品》《仙曹署》《采真游》《楼观部》《灵植检》《录金石》及《金薤编》,依次记载了历代帝王诏诰、圣师传记、名物古迹、经典、洞天宫府及仙真职司等。其中与仙传相关的有三个部分:(1)卷三《三神记》(《道藏》本卷五),载三茅君世系及传记。(2)卷七《上清品》(《道藏》本卷一〇至卷一二),录上清历代宗师传记,以第一代太师魏华存开始,经第二代玄师杨羲、第三代真师许谧直至第四十五代宗师刘大彬为止。(3)卷九《采真游》(《道藏》本卷一五至卷一六),记载历代栖居茅山的重要道士或隐士共计141人,事迹详略不一。《三神记》和《上清品》可以说是茅山的道派圣传和宗谱,《采真游》则是人物传记。在道教山志中,《茅山志》的仙传所占比重是比较大的。这些传记篇目较为忠实于六朝上清经典,往往保存了一些已经失传的文献和历史记录。以《茅君内传》为例,原本已佚,现存者见于《茅山志》及《云笈七签》,学界已考《三神记》所录《茅君真胄》最接近《茅君内传》原本。这是道教山志保存仙传的一个实例,同时也让我们看到仙传对山志的影响。

茅山位于今江苏句容县境内,为道教第八华阳洞天、第一地肺福地。茅山因民间祠祀汉代升仙于此的茅盈、茅固、茅衷三兄弟而闻名,但其真正成为道教名山的转折点则是东晋上清派在此兴起,并对三茅信仰做了全新的改造。六朝至唐宋,茅山上清道法长盛不衰,一脉相承。刘大彬《茅山志》较为忠实地记录了上清派的历史和传统,是一部颇有特色的道教山志。

三、仙传类道经研究

从国内外学术成果来看,仙传类道经的研究主要有考证辑佚、专题研究和学术翻译三种形式。以下大致依照仙传年代,举例介绍一些代表性研究成果。

（一）考证辑佚

早期对道经的考证辑佚工作以陈国符和严一萍为代表。陈国符《道藏源流考》（1963年）一书中有三个部分集中考证了仙传资料：（1）卷上"诸真传考证"依据历代史志、道书、笔记、金石等，对上清诸真逐一考证，包括《紫阳真人周君内传》《茅三君传》《苏君传》《清灵真人裴君传》《清虚王君传》《南真传》以及《真系传》所录道经传授谱系中从魏华存、杨羲、许谧等直到司马承祯和李含光等重要人物的传记资料。（2）卷下附录一"引用传记提要"以长短不等的篇幅载录了《神仙传》《真诰》《楼观先生本行内传》《洞仙传》《道学传》《三洞珠囊》《续仙传》《真系传》《仙苑编珠》《高道传》《三洞群仙录》《混元圣纪》《玄品录》《历世真仙体道通鉴》《七真年谱》《终南山祖庭仙真内传》《甘水仙源录》《金莲正宗记》《金莲正宗仙源像传》《古楼观紫云衍庆集》《茅山志》《宫观碑志》以及《逍遥墟经》的相关资料。附录二有天师道、楼观道、帛家道、老子考以及《焦旷传》等资料。（3）附录七是《道学传》辑佚，依据原书卷数共辑录60人，卷数不确者归入二十卷之后，共录47条48人，总计共辑108人。该书是道教仙传研究的必备资料。

严一萍《道教研究资料》依据道书及藏外文献对多部仙传作了辑佚和校对工作，辑佚的仙传有唐末杜光庭《仙传拾遗》五卷、《王氏神仙传》一卷以及北宋贾善翔《高道传》四卷；校对的仙传有南朝见素子《洞仙传》二卷、元张雨《玄品录》五卷。这种历史和文献的考证工作给进一步的仙传研究提供了重要参考。

此外，《列仙传》和《神仙传》因其影响不限于教内，相关的考证辑佚也有不少，清代已有王照圆《列仙传校正》（1918年版），继有钱熙祚校正本（见《指海》，1967年版）、孙诒让校正本（见《札迻》，1960年版），王叔岷则在台北出版《列仙传校笺》（1995年）。由于历史原因，这类考证工作在内地一度中断，而国际汉学界则整理了一些资料，主要集中在《列仙传》和《神仙传》。法国康德谟（Max Kaltenmark）在1953

年就注译了《列仙传》，1987年再版。日本福井康顺有《列仙传考》，收入其《东洋思想の史研究》（1960年）。泽田瑞穗（1959年）、小南一郎（1974年）、福井康顺（1983年）等对《神仙传》均有考释，美国学者康儒博（Robert Campany）则有英译和考证（2002年），后文将另作讨论。土屋昌明《历世真仙体道通鉴と神仙传》（1996年），将相关讨论扩至其他仙传，并对《历世真仙体道通鉴》的版本和篇目作了梳理。《真诰》虽非仙传，却因其对上清派的重要性而倍受关注。吉川忠夫、麦谷邦夫在2000年编成《真诰校注》，2006年由朱越利翻译在北京出版。与此同时，中文著作在近二十多年里也日渐增多，中华书局重新出版了王叔岷《列仙传校笺》（2007年），继有胡守为《神仙传校释》（2010年），2013年出版王家葵《真灵位业图校理》，同年出版罗争鸣《杜光庭记传十种辑校》。这一工作还在继续进行。此外，由于志怪与传奇小说较多涉及佛道传记作品，文学史研究中的相关论述亦多，可资参考。

（二）专题研究

1.《汉武帝内传》研究

《汉武帝内传》一卷，收入洞真部记传类。其流传版本凡有一卷本、二卷本和三卷本。《隋志》著录为三卷（《四库提要》误称二卷），新旧《唐志》均著录为二卷，《道藏》本为一卷。现存诸版本以《道藏》本最完备。钱熙祚依据《道藏》本和《太平广记》引文校补而成守山阁本（1922年），成为最为常用的研究版本。《太平广记》与文渊阁本、《说郛》《汉魏丛书》本均有遗漏，《四库》所录亦为删节本。关于作者，《隋志》、新旧《唐志》及《宋志》均不署撰人。《四库提要》称旧题汉班固撰，或为明人之说。此外流传最广的是葛洪所作，见于张柬之《洞冥记跋》和唐昭宗时来访的日人藤原佐世《见在书目》（录为二卷），余嘉锡《四库提要辨证》考为依托之说。徐陵《玉台新咏》最先提到这部作品。

学界多以为魏晋间文士所作，李丰楙则考其成书当在东晋孝武帝时（详见下文）。

该书叙述西王母及上元夫人与汉武帝神人相会、传道授经的故事。汉武帝好长生之术，常祭名山大泽，冀求得遇神仙。元封元年（前110）七月七日夜，西王母亲降汉宫，传授武帝《灵光生经》和《五岳真形图》，又命上元夫人授武帝《六甲左右灵飞》《策精之书》等12事。整个传经过程具体而生动地展现了尊经重道的传统。上元夫人出场之初即谓武帝凡胎浊质，不配受书，后经王母劝说方改变态度，但严辞告诫汉武必须脱胎换骨、谨守盟誓，方行传授。后因武帝淫色恣性，杀伐不休，未从王母之言和上元夫人之诫，所授经书遂遭天火焚毁。此外，武帝身后诸神异之事，也一并记录在案。基于上清传统，书中还记载多首仙歌和上元夫人所授12篇目以及武帝随葬书目7种。

关于《汉武帝内传》较早的学术专著是法国学者施舟人（Kristofer Schipper）1965年著《道教传说中的汉武帝》(*L'empereur Wou des Han dans la légende Taoiste, Han Wou-ti Nei-Tchouan*)。在相关文献考证基础上，作者从宗教和文学的结构分析角度对《汉武帝内传》展开讨论，提出两个核心的问题：一是书中各种宗教启示的意义，二是这个传说的主题结构。作者认为西王母传授武帝的诸多神奇药名以及神秘文献就是一种"符"，在中国神话或半神话故事中是向君王献上的宝物，并从灵—宝、天—地、神—人、阴—阳的对应模式探讨其中的宗教象征意义。故事的主题是天地神婚的观念，是男女在神圣实在（reality）中的结合。女神的到来预示着新的宇宙完整的创建，因而神话的核心是宇宙创生的模式。故事中男女主角的位置将中国古代巫的传统刚好掉转，后者多是一位来去自由的男神造访一位女巫。道教不仅颠倒了这种定位，其中降世的女神往往还扮演了一种中介的角色，引入一位通常是男性的更高级神明，体现了一种阴阳同体的古老信仰，同时也注解了道家的崇阴原则和天地为一的观念。这种从中国传统宇宙模式对《汉武帝内传》进行的结构分析颇具特色，并在作者后来其他的相关研究中得到进一步发展。

在施舟人外，李丰楙《汉武帝内传的研究》(见《六朝隋唐仙道类小说研究》，1986年版)，王国良《汉武洞冥记研究》(1989年)等论著也是这一题材的重要成果，下文将作进一步讨论。

2. 李丰楙六朝仙传研究

在仙传类东晋的研究中，李丰楙《六朝隋唐仙道类小说研究》(1986年)是一部力作。作者以六朝道教经派传统为背景，对《汉武帝内传》《十洲记》和《洞仙传》的版本、作者、内容及相互关联进行了系统考察。关于《汉武帝内传》，李丰楙认为所谓三卷本可能包括《内传》《十洲记》和作为附录的《汉武帝外传》，并对相关文献和道派背景作了详细考证。作者首先分析了该书与《茅君内传》《消魔智慧经》《五岳真形图》以及六甲灵飞十二事等记载的关系，认为《汉武帝内传》成于杨许上清经典流行之后。此外，该书以汉武帝影射东晋孝武帝非有道之君，其成书当在孝武帝太元末年或安帝隆安年间，为王灵期一类道士引述大量古上清经撰成。在此基础上，李丰楙指出这个故事依据多种资料组合而成，同时融入了汉代历史的神话传说和道教传记因素，是一部篇幅最长的早期杂传体道教小说，并对《汉武帝内传》在六朝、隋唐、宋、元、明道教和文学作品中的衍变情况依次进行了梳理和分析。《汉武帝内传》被《四库全书》收入小说家类，而道教学者则强调其宗教圣传的性质。李丰楙认为现存版本之所以是《道藏》本最完整，可能因为所依据的正是道内秘传本。

李丰楙以类似方法整理了《十洲记》与道教真形图说的渊源关系，认为该书也是王灵期一类道士所作。这部作品在后世道书中不断衍变，不仅对道教神话地理观念的发展具有重要意义，而且对道教斋醮仪式乃至内丹修炼都产生了深刻的影响。这种以道教教理脉络对仙传类道经的考察，与一般的文学研究区别甚大。

关于《洞仙传》的研究中，李丰楙考其作者当为南方茅山系道士，并认为《洞仙传》之题名本身就是袭用六朝盛行的洞天说、尤其是陶弘景《真诰》之华阳洞天说而来，所述资料也大多采自《真诰》。作者还据《玉海》卷五八引《中兴馆阁书目》之说，以其原书所录仙人为292名。

3.《道学传》研究

《道学传》为南朝陈道士马枢撰，《隋书·经籍志》和新、旧《唐志》均有著录，但原书元代已佚，故不见于《道藏》。陈国符《道藏源流考》作有辑佚，书目收入《道藏阙经目录》。尽管对《道学传》的专题研究极少，但因该书只录道学（学道之人），不言神仙，是典型的人物传记，我们因此介绍一下斯蒂芬·本巴西（Stephan P. Bumbacher）的专题研究《道学传的残卷》（*The Fragments of the Daoxue zhuan*，2000年）。所谓残卷，是因为现存《道学传》不仅篇目不全，对作者的记载也不尽相同，历代史志书目或录陈代马枢，或不著撰人。本巴西首先对马枢的生平和传记等资料作了专章考察，同时对六朝时期茅山的道教历史背景也作了相应的分析。继之，作者对与《道学传》相关的《列仙传》《洞冥记》《神仙传》、上清仙传以及《洞仙传》等道教传记都作了文献梳理，还对《高逸沙门传》《名士传》《比丘尼传》及《高僧传》等佛教传记的相关内容作了分析。该书第六章着重考察了《道学传》所反映的4世纪早期至6世纪晚期道教的出家修行思想，填补了六朝道教出家问题研究的一项空白。该书末章对《道学传》所录女性修行者进行了专门讨论。本巴西的这部著作是唐前道教历史研究的重要成果。

4.《墉城集仙录》研究

杜光庭撰《墉城集仙录》是第一部独立成书的道教女仙传记，因版本不一、篇目残缺等原因而较少受到关注。笔者博士论文《道教女仙传记〈墉城集仙录〉研究》（2000年）首次对这部道书作了系统的文献梳理和宗教研究。该书在《道藏》洞真部的版本与《云笈七签》版本两种均为残本，且篇目差异极大，《四库全书总目》怀疑后者可能是原书，而前者杂取众书堆砌而成，"然均一荒唐悠谬之谈，其真伪亦无足深辩耳"。基于这种文献状况，加之女性题材不被重视，这部传记长期未能受到重视。笔者在2000年完成对该书的专题研究，随之发表了相关论文，依据版本考证和辑佚提出《墉城集仙录》三种残缺文本存在板块断裂现象，并认为这种情况表明道教女仙传说存在历史分层，由此整理出原书的五大板块的结构方式：其主体乃由上清女仙与中世女道两大系统构成，而上清女仙系统中又呈现出兴宁降仙系和华阳洞天系两个体系，从而构成该书女仙主体部份三大板块的结构形式。其非主体部份一为高居金母元君之上的圣母元君，二为早期仙传中散见诸女仙。这五大板块的结构方式既符合三种残缺版本的自然断裂痕迹，也与道教史的发展轨迹相吻合。杜光庭的编撰原则在于依据上清位业观念而建构出道教的女性神谱，使历代散见于各种史料的女仙事迹和传闻首次集合在同一道教神学框架之中。这项研究第一次系统整理了《墉城集仙录》的版本源流、篇目结构和女仙体系，成果收入施舟人与傅飞岚主编《道藏通考》（2004年）。近年来随着女性研究的不断发展，女仙题材也受到更多关注，成果日丰，是道教研究的一个必然趋势。

此外，美国学者柯素芝（Suzanne Cahill）已将《云笈七签》卷一一四至卷一一六所录《墉城集仙录》27篇传记译成英文（2006年），并对部分内容作了分析介绍，是一本难得的学术译著。

5. 许逊仙传研究

许逊仙传是涉及净明道历史的重要资料，较早且有影响的研究是秋月观暎著《中国近世道教の形成：净明道の基础的研究》（1978年）。作者依据文献考证清理出净明派中许逊传记传承系统的两条主线：第一条线索以《许逊修行内传》（佚）开始为第一代，《许逊真人传》（《云笈七签》）为第二代，《孝道吴许二真君传》为第三代，《旌阳许真君传》为第四代，《历世真仙体道通鉴·许太史》为第五代，《西山许真君八十五化录》为第六代，《净明道师旌阳许真君传》及《许真君仙传》为第七代，第八代则分两个系统：《逍遥墟经》《搜神记》所录《许真君》及《许太史真君图传》。第二条线索从胡慧超《晋洪州西山十二真君内传》（佚）开始为第一代，《太平广记·许逊传》为第二代，《仙苑编珠·许逊传》为第三代，《十二真君传》（佚）为第四代，《历世真仙体道通鉴·许太史》和《逍遥山群仙传》为第五代，《西山许真君八十五化录》为第六代，《许真君仙传》为第七代，《许太史真君图传》为第八代。从第五代开始，两条线索的交互影响就十分明显，呈现重叠发展的态势。作者认为1112年宋徽宗加封"神功妙济真君"，元1295年再次加封"至道玄应神功妙济真君"，分别在第三至四代和第六至七代仙传之间，对许逊仙传的发展具有重要意义。尽管该书的一些观点已经受到当时及后人的质疑，作者本人也有所修正，但仍是我们讨论许逊仙传应该介绍的一部有影响的著作。此后，李丰楙《许逊与萨守坚：邓志谟道教小说研究》（1997年）对许逊传说作了进一步整理，尤其是相关故事在文学领域中的发展。近年更有诸多成果问世，包括郭武《〈净明忠孝全书〉研究：以宋、元社会为背景的考察》（2005年），许蔚《断裂与建构：净明道的历史与文献》（2014年）等，是道教、文学与历史研究中一个正在不断深化的重要课题。

6.《梓潼帝君化书》研究

《梓潼帝君化书》四卷，收入洞真部谱录类，《道藏》本作于元末。美国学者祁泰履（Terry Kleeman）1994年作有专题研究，书名《一位神灵的自述：文昌〈梓潼帝君化书〉》（ A God' s Own Tale：The "Book of Transformations" of Wenchang，the Divine Lord of Zitong）。梓潼帝君即文昌帝君，相传为司禄之神，故为文人、道、释所共同尊奉。祁泰履认为，这一传记的特色是以帝君临坛降笔的方式写成，以自传体形式叙述梓潼文昌帝君从周初到元代历世托生显化的事迹。全书分97化，每化一节，每节各有品题，先列七言诗一首，次用散文叙事，也可视为诗话体之传记。祁泰履考证，该书现存两个版本，《道藏辑要》所录《文帝化书》出自南宋，《道藏》本则出自元代（1271—1368）。《文帝化书》序言载前73化是帝君在1181年降笔给四川成都附近宝屏山的一座庙宇住持刘安胜和他的三位亲戚，其余21化的降笔是在1194年。从内容来看最后三化成于1267年前后。《道藏》本序称此书在14世纪开始有南北二本在流传；献给元朝皇帝是北本，但已经帝君修改，对非汉族统治者不习惯的一些内容作了删节和重组。祁泰履指出文昌信仰融合了地方宗教与国家宗教，发散性与制度性宗教，物形与人形的神灵观念，尤其是道、佛、儒"三教"，将多层面的价值融合在同一位神灵身上，包括孝敬尊亲、服务国家、推崇知识、悯恤孤苦以及追求个人超越等，在不同时期、从不同角度表达了各种社会阶层信仰者的诉求。文昌信仰从地方到全国的发展过程固然得到了国家的认可和支持，但普通民众用神启的方式在很高的程度上得以不断参与，是中国宗教研究中值得重视的一个问题。

对上述几部仙传类道经的专题研究，均收入施舟人（K.Schipper）与傅飞岚（F.Verellen）主编《道藏通考》(The Taoist Canon: A Historical Companion to the Daozang, 2004年)，可资参考。该书所录相关研究还有卫挺生《穆天子传今考》（台北，1970年），郑杰文《穆天子传通解》（济南：1992年），楠山春树《老子传说の研究》（东京，1979年），下见隆雄《蓟子训の传记》（1979年），张铮《元代道教の考察——〈长春真人西游记〉について》（1992年），龟田胜见《〈神仙传〉再检讨のために——诸本におけろ仙传の配列から见て》（1996年），尾崎正治《历世真仙体道通鉴のてキストについて》（1996年），土屋昌明《历世真仙体道通鉴と神仙传》（1996年）等。

此外，王建章纂辑《历代神仙史》（新文丰出版公司，1979 年）属于当代仙史研究；黄兆汉《明代道士张三丰考》（台湾学生书局，1988 年），周绍贤《道教全真大师丘长春》（台湾商务印书馆，1982 年）则是道士传记生平研究。以黄兆汉为例，其书考证张三丰的年代、籍贯、生平、活动地域等问题，确定其为明初人，从而否定了张三丰为元、金、宋人等说。该书着重清理了张三丰与隐仙派（犹龙派）的道统关系，以及他的 11 位弟子和 3 位再传弟子的事迹。与此同时，作者考察了张三丰与道教西派和全真派的关系，并对张三丰的著作作了系统考证。关于神仙谱系的研究，李远国、李黎鹤编著的《中国道教神仙谱系史》近期出版。全书共四册，320 万字，收录图片 2000 多幅，洋洋大观。该书从历史的角度出发，追根溯源，旁征博引，从原始宗教到当代宗教，力图建立一种全方位的"神仙与信仰"的道教史，是关于道教神仙谱系这一课题最新、涵盖面最广的研究成果。

除上述专题道教研究外，文学研究中论及仙传类道经的著作为数不少，主要涉及志怪与传奇小说。王梦鸥《唐人小说研究》（台北，1971 年）较早涉及传奇与仙传的研究，具有先驱性质。李剑国《唐前志怪小说史》（天津，1984 年）从《汲冢琐言》和《山海经》开始，将战国、两汉、魏晋至南北朝的志怪小说尽数收罗，系统论述，涉及魏晋时期的许多重要仙传。作者《唐前志怪小说辑释》可以配合参考。王国良在 20 世纪 80 年代至 90 年代著成《魏晋南北朝志怪小说研究》（台北，1984 年）、《六朝志怪小说考论》（台北，1988 年）、《汉武洞冥记研究》（台北，1989 年）、《海内十洲记研究》（台北，1993 年）等多部作品，是十分密集的文学研究成果。康儒博（Robert F. Campany）著《志怪》（*Strange Writing: Anomaly Accounts in Early Medieval China*，Albany：1996），是志怪小说研究中的英文专著。詹石窗《道教文学史》（上海，1992 年）从道教与文学研究的角度对魏晋南北朝的志怪小说、中晚唐五代传奇小说以及宋代传奇小说与道教神仙传记的关系作了分阶段的论述，涉及《神仙传》《汉武帝内传》和《续仙传》等多部作品。张松辉《汉魏六朝道教与文学》(长沙，1996年)属于同类性质的研究。专题方面则有苟波《道教与神魔小说》(成都，1999年)、罗争鸣《杜光庭道教小说研究》(成都，2005年)等。此外，由于志怪与传奇小说较多涉及佛道传记作品，文学史研究中的相关论述亦多，均可参考。

(三) 学术翻译

对神仙传记的学术翻译工作多由法国、日本和美国学者承担。代表性成果是康德谟《列仙传》法译本(1953年)、日本学者福井康顺《神仙传》日译本(1983年)和美国学者康儒博《神仙传》英译本(2002年)。需要说明的是，这些译本均为学术译本，融考证、注释和翻译为一体，以考证和注释为主，具有很高的学术价值。

1.《列仙传》注译

作为学术译本，法国康德谟(Max Kaltenmark)《列仙传》的注译本堪称典范。该书最突出特色就是对每一传记所涉及的宗教和历史要素作了详细的注释和考证。以首篇赤松子为例，作者不仅梳理这位仙人的历史和来源，而且对与之相关的各种因素进行了考证，包括古代的风师、雨师传说，赤松与神树信仰，玉文化信仰，自焚与火解成仙的传统，西王母与洞穴，炎帝女、女娲与精卫故事，仙药服食以及与之相关的神仙传记、山志、笔记和志怪资料。传记原文寥寥数语，而康德谟考注却长达数页之多。该书其他篇目的处理与此类似，旁征博引，且十分严谨，是西方早期汉学的代表作品，具有很高的学术价值。

2.《神仙传》注译

福井康顺日文注译本《神仙传》于1983年出版，其中考察了《神仙传》的作者、版本、神仙观念的渊源等，尤其详细分析了方仙道的各种表现形式，包括房中、行气、守一等内炼方式和金丹、草药、辟谷等服食修炼以及符箓、真形图和司过神的信仰。传文注释详细考察了相关文献及道教信仰，是《神仙传》研究和翻译的重要参考。

在此之前，福井康顺还有《神仙传考》，发表在《东方宗教》1951年创刊号。泽田瑞穗有《神仙传》译注，收入前野直彬等《六朝·唐·宋小说集》（东京，1959年）。小南一郎《〈神仙传〉の复元》（1974年）对《神仙传》的成书和版本流传作有考证，他的《中国の神话传说と物语り》（1984年；孙昌武中译，1993年）一书，对《神仙传》的成书背景及思想内容作了精彩的分析。关于葛洪是否为《神仙传》作者，学界意见不一。小南一郎根据《抱朴子·内篇》与《神仙传》的对照，认为《内篇》强调自力成仙和掌握相关技术方法，而《神仙传》则有相当高的比重描述奇迹和依靠人间或仙界导师他力成仙。这种他力成仙的模式在葛洪之后的上清派《真诰》等作品中十分突出，因而怀疑葛洪的作者身份。美国学者康儒博（Robert Campany）则认为这观点预设了某种一致性，并过分强调了自力和他力的对照。葛洪并非创作此书，而是撰集，不能假设全书每一细节的一致性和完整性。

康儒博（Robert Campany）《神仙传》英译本《天长地久》（*To Live as Long as Heaven and Earth*）于2002年出版。该书对《神仙传》作了系统的考证、编排和注译。全书分为三个部分：第一部分介绍《神仙传》所涉及的宗教背景。第二部分翻译全书，并将各篇按照年代分层进行分组。第三部分是对翻译所据文献资料的考证、梳理和评述。前两部分可供普通西方读者阅读，后一部分则适合中西学者作专业性学术研究。

在对《神仙传》所涉及宗教背景的分析中，康儒博讨论了仙的观念、长生观念以及长生成仙的各种修炼方法，包括服食、房中、金丹、符箓等。其中对太清金丹修炼传统的考察以及从道教神灵官僚体制诠释"尸解"的多重含义，颇有新意。第二部分按照年代分层将《神仙传》各篇分为A、B、C三组：A组含早期可考仙传36篇、早期可考片段7

篇；B 组含早期可考仙传 45 篇、早期可考片段 3 篇；C 组含后期可考仙传 15 篇。共计 106 篇，与《四库全书》本 84 篇、《汉魏丛书》本 92 篇的结构均有不同。换言之，康儒博依据年代和文献考证将全书作了重新编排。此外，作者还据相关文献辑佚现存本版之外的传记 10 篇。这种划分和重构工作建立在该书第三部分的文献考证基础之上。作者对《神仙传》的文献考证除中文和英文外，还广泛检讨了日文、法文及德文的相关研究，是本书最下功夫的一个部分，对相关研究很有参考价值。这种重建工作是否适宜《神仙传》这样一部宗教经典，尽管学界意见不尽相同，却不影响这部著作成为目前对《神仙传》最系统的研究，同时也是最完整的英文注译本。

建议阅读书目：

陈国符：《道藏源流考》，中华书局，1963 年。

任继愈主编：《道藏提要》（第三次修订本），中国社会科学出版社，2005 年。

李丰楙：《六朝隋唐仙道类小说研究》，台湾学生书局，1986 年。

Kristofer Schipper & Franciscus Verellen eds., *The Taoist Canon: A Historical Companion to the Daozang*, Chicago: University of Chicago Press, 2004.

主要参考书目：

陈国符：《道藏源流考》，中华书局，1963 年。

严一萍：《道教研究资料》第 1 辑，台北：艺文印书馆，1974 年。

朱越利：《道经总论》，辽宁教育出版社，1991。

王叔岷：《列仙传校笺》，中华书局，2007 年。

胡守为：《神仙传校释》，中华书局，2010 年。

〔日〕福井康顺：《神仙传》，东京，明德出版社，1983 年。

〔日〕小南一郎著，孙昌武译：《中国的神话传说与古小说》，中华书局，1993 年。

李剑国:《唐前志怪小说史》,南开大学出版社,1984年。

李丰楙:《六朝隋唐仙道类小说研究》,台湾学生书局,1986年。

詹石窗:《道教文学史》,上海文艺出版社,1992年。

石衍丰:《〈混元圣纪〉与〈太上老君实录〉》,《宗教学研究》1997年第1期,第32页—35页。

杨 莉:《道教女仙传记〈墉城集仙录〉研究》,香港中文大学博士论文,2000年。

〔日〕秋月观暎著,丁培仁译:《中国近世道教的形成:净明道的基础研究》,中国社会科学出版社,2005年。

张超然:《系谱、教法及其整合:东晋南朝道教上清派的基础研究》,台北,政治大学博士论文,2008年。

王家葵:《真灵位业图校理》,中华书局,2013年。

罗争鸣:《杜光庭记传十种辑校》,中华书局,2013年。

(元)刘大彬编,(明)江永年增补,王岗点校:《茅山志》,上海古籍出版社,2016年。

李远国、李黎鹤编著:《中国道教神仙谱系史》,四川大学出版社,2022年。

Boltz, Judith M. *A survey of Taoist literature, Tenth to Seventeenth Centuries. Berkeley*, CA.: Institute of East Asian Studies, University of California, Berkeley, Center for Chinese Studies, 1987.

Bumbacher, Stephan P. *The Fragments of the Daoxue zhuan: Critical Edition, Translation, and Analysis of a Medieval Collection of Daoist Biographies.* Frankfurt am Main: Peter Lang, 2000.

Campany, Robert F. *To live as long as heaven and earth: a translation and study of Ge Hongs' traditions of divine transcendents.* Berkeley: University of California Press, 2002.

Kaltenmark, Max. *Le Lie-sien tchouan: Biographies légendaires des immortels taoïstes de l'antiquité.* Beijing: Université de Paris, publicatios du Centre d'études sinologiques de Pékin, 1953; rpt. Paris: Collège de France, Institut des hautes études chinoises, 1987.

Kleeman, Terry. *A God's Own Tale*: *The' Book of Transformations' of Wenchang, the Divine Lord of Zitong*. Albany: State University of New York Press, 1994.

Schipper, Kristofer. *L'Empereur Wou des Han dans la l'egende Taoiste*. Paris: École française d'Extrême-Orient, 1965.

作者简介

杨莉,四川大学史学学士(1985)、文学硕士(1988),香港中文大学哲学博士(2000)。先后执教于四川大学、香港中文大学及上海大学,研究范围为中国中古道教经典与历史。博士论文《道教女仙传记〈墉城集仙录〉研究》(2000年)首次对中国第一部道教女仙传记集进行了系统的文献和宗教研究,在《汉学研究》(台北)、《中国文化研究所学报》(香港)、《台湾"中央研究院"文哲所中国文哲论集》等一流学刊及其他国内外学术刊物发表论文近30篇。先后主持国家社会科学基金一般项目(2007年)、上海浦江人才计划项目(2007年)、上海市哲学社会科学规划课题(2006年)、香港中文大学直接资助研究基金(2003年、2005年)等课题。

道藏中的女性说略

沈文华、盛克琦

神话起源于远古时期。在人类集体无意识中，沉淀着一段不可磨灭的印记，人们将与之有关的模糊的神秘记忆称为"神话"。对此西方有一种观点，德国哲学家雅斯贝尔斯曾说：

> 史前就像通天塔一样，是一个失落的天堂和种种巨大的危机，是一个黄金时代和种种灾难；他们怎样把自然与超自然混合在一起，让众神在大地上行走，吐露上天的启示和教诲。（《历史的起源与目标》）

在中国古老的神话中，身为女性的女娲氏抟土造人、炼五色石补天，这一丰功伟绩使其成为创世女神，几与开天辟地的盘古大神比肩。《山海经·大荒西经》郭璞注曰："女娲，古神女而帝者"，袁珂注说："女娲功烈，非仅造人，又兼补天"，"是女娲者，诚天地初辟摩肩盘古之大神也"。《说文》："（女）娲，古之神圣女，化万物者也。"在上古传说中，女娲又与伏羲一起以人类始祖的形象出现。为人类的生存繁衍，他们创立了婚姻制度与风俗礼乐。当伏羲、女娲兄妹二人在昆仑山时，天下尚未有人民，两人议为夫妻。女娲被当作人类婚姻制度的缔造者——高禖，《风俗通》说："女娲祷神祠，祈而为女媒，因置婚姻。"

中国的历史记忆可以说是由女子开始。那些彪炳千古的部落首领都是感天而生，知母而不知父。"姓"就是从古至今保存下来的，以母亲为亲缘关系核心的重要标志。《说文》解释说：

> 姓，人所生也。古之神圣人，母感天而生子，故称天子。……因生以为姓，从女生。

《商君书·开塞》说：

> 天地设而民生之。当此之时也，民知其母而不知其父，其道亲亲而爱私。

《吕氏春秋·恃君》：

> 昔太古尝无君矣，其民聚生群处，知母不知父。

列三皇五帝之首的伏羲以及《史记·五帝本纪》所辑录的五位太古氏族领袖如炎帝神农、轩辕黄帝、高阳颛顼、高辛帝喾、陶唐帝尧、有虞帝舜、夏后帝禹等，都是其母感神所生。《太平御览》引各类文献所说，华胥在雷泽履大人迹生伏羲；有大电光绕北斗枢星照郊野，附宝感生黄帝；神龙感女登生炎帝；庆都遇赤龙生尧；握登见大虹感生舜；修己吞神珠生禹。

上述有母无父的感生神话在表明部族英雄神性源头的同时，女性的崇高地位也得以凸显。创造与生育是这一时期的两个基本母题，创世女神与女祖崇拜共同形成了女神信仰。表现在对女神的祭祀上，红山文化中辽西牛梁河距今5000多年前的女神庙和女神塑像就是现存的实物明证。这些丰乳肥臀、腹部隆起的女性裸像，有着生育女神的基本特征。

《周易·系辞》曰："天地之大德曰生，生生之谓易。"《太上老君内观经》说："道不可见，因生以明；生，道之别体也。"《太平经》云："要当重生，生为第一，余者自计所为"，《度人经》云："仙道贵生，无量度人",所谓"神仙之术,首贵长生","仙家唯生"。

《道德经》言:"道生一,一生二,二生三,三生万物。"道生一炁,一炁化阴阳,阴阳分而成阴气、阳气、和气。道家以道为万物之本源,认为它在流变中载天覆地无所不包,通古达今无时不在,生有生无,禀受无形。万物由此而来,道规定了万事万物的本质和发展形态。

万物因阴阳二气摩荡相推而化生。《周易·系辞》说:"一阴一阳之谓道","天地氤氲,万物化醇。男女构精,万物化生"。天地、男女、雌雄等均属阴阳。《黄帝内经·素问》道:

> 阴阳者,天地之道,万物之纲纪,变化之父母,生杀之本始,神明之府也。

孤阴不生,独阳不长,万物负阴而抱阳。

万物都在阴阳之中。天地有阴阳,先有天地而后生人。《诗经》说:"天生烝民","悠悠昊天,曰父母且"。人们视天地为父母,所谓天父地母而人生于天地间,人秉承了天地之精神。在天、地、人三才之中,作为阴阳之大者,天地是阴阳的物质表象;处天地之中,男女是阴阳的性别表象,"乾道成男,坤道成女"。在阴阳共同体中,阴与阳不分主次、无有贵贱。男子与女子共生共存、平等和谐。以道眼观,阴阳并重,男女平等方是天下至理。

道家思想脱胎于上古时期的母系氏族宗教,继承了这一时期的生殖崇拜和女性崇拜。在生殖理念上,道家崇拜的是女阴、玄牝;儒家则是阳性男根。因此,老子说:"谷神不死,是谓玄牝。玄牝之门,是谓天地根。"玄牝之门原指雌性生殖之门,广言之为生化之门,它是生命的根源。从此源头而来,方有大地谷物果实丰盈,人类子嗣繁衍不息。生命源于母体,来源于女性,因此生殖之神、繁衍之神和生命之神非女子莫属。

道家思想充满着对女性、母体的亲近和崇拜,将"道"与"母"一体并列。在《道德经》中，视道为"母"，在行文中"母"字频频出现："无名天地之始，有名万物之母"，"可以为天下母"，"天下有始，以为天下母"；道生育了万物，而知道者"独异于人，而贵食母"，"复守其母，没身不殆"。道之母体具有的阴质特性，也成为了道家效仿的对象与遵循的规则。《道德经》中呈现了了诸多阴性的物象，如母、玄牝、水等。道家主张"守雌贵柔""上善若水"，以阴性所具有的品质作为自己的信条，如阴柔、忍让、接纳、宽恕、不争、曲成、退守、潜藏、幽深，因此无为而神秘、博大而包容，却能直达根柢。老子认识到了"弱之胜强，柔之胜刚"的道理，给予"慈""俭""不为先"这些阴性天生禀赋以特别的重视，他说："我有三宝，持而保之：一曰慈，二曰俭，三曰不敢为天下先。"

道家与儒家为几千年来中国文化的两大支柱。这一阴一阳构建了华夏文明生生不息的太极图式，贯穿了中国历史之始终。与儒家进取、有为、强健、决断、控制、积极、直接、理性、给予之阳刚相反相成，道家极重阴与柔。在价值判断上，阴柔更甚于阳刚，无怪乎吕思勉先生会在《辨梁任公〈阴阳五行说之来历〉》一文中得出这样的结论：老子"全书之义，女权皆优于男权，与后世贵男贱女者迥别"。考其根源，道家实与上古文明一脉相承，继承保留了其母权特质。

这是道家道教与东西方其他宗教的重大差别。在那些宗教传统中，最初的母性文化基因已被后起的男性神学彻底掩盖和清除。女性或成为男性堕落苦难的诱惑之因、被逐出伊甸园的罪魁祸首；或因女性加入修道团体而使正法驻世时间缩短，而成就时必得女身转为男身。在它们的宗教生活中，跟俗世社会一样，对女性的传统敌意和性别歧视同样存在。女性仍被视为男性的"隶属者"，她们具有的只是依附性身份。女性修道者被剥夺了许多宗教权利，从而降低了其宗教地位。在道教中，虽然在其发展过程中不可避免地带入了部分男权思想，但它在宗教气质上仍然以阴性为主，与男性中心主义的世俗和宗教社会不同，有着独特的女性主义神学景观和女权意识，从根本上怀有对女性的敬重。

一、女神、女仙与女冠

女神信仰与史前长生成仙的理想结合在一起，为道教所继承。中国人自古就有成仙的追求，它表达了有限之人对生命永恒的向往，将肉身长存和精神自由付诸于一种浪漫的超越追求。《庄子·天地篇》说："千岁厌世，去而上仙，乘彼白云，至于帝乡。"《说文》释"仙"为"长生仙去"，"神"为"天神，引出万物者也"。

女神"母养群品"，既有着最初的创世、生殖、繁衍、养育天下生灵的职责，继之又有了稳定和谐、维护秩序、合群合力、亲爱教导等后续工作。她们的职能从最初的创生、化育逐渐向统领、管理、教育、引导转变，表现为设立人间婚姻制度、护佑平安、治病救灾、道德教化，乃至生活中不可或缺的音乐、舞蹈、绘画等艺术创造。在唐末道士杜光庭所著的《墉城集仙录》中，系统的女神女仙谱系第一次得以完整呈现。

作为道教史上现存最早、唯一独立成书的女仙专辑，《墉城集仙录》在女仙史上的地位毋庸置疑。原书共10卷，"集古今女子成仙者百九人"[①]。现《道藏》本存有6卷，记录了37位女仙神。这一版为现今通行本；《云笈七签》本卷一一四至卷一一六，录27名。上述两种版本均为残本。

《墉城集仙录》序言引《上经》云：

> 男子得道，位极于真君；女子得道，位极于元君。

"真君"与"元君"为男女得道者最高阶次的尊称，两者地位相等。这一表述确立了女仙传记的总基调。阴阳一体同观，男女都可以得道成

---

① 见《崇文总目辑释：补遗、附录》《通志·艺文略》。

真,他们在修道上具有平等权利与同样的成道潜力。修道上的平权为女子修行打开了广阔的空间,并赋予了其自我成就的信心。

据作者杜光庭(850—933)在叙中所说,其"纂彼众说,集为一家"。这些"众说"包括了秦阮苍、汉刘向的相关述作;有《洞冥书》《神仙传》《道学传》《集仙传》《续神仙传》《后仙传》《洞仙传》《上真记》等所编辑的;还有"名山福地之篇""括地山海之说""搜神博物之记""仙方药品之文"中出现的女神、女仙及其事迹。该书用墉城来命名,因"女仙以金母为尊,金母以墉城为治",所以"编纪古今女仙得道事实,目为《墉城集仙录》",此传"以金母为主,元君次之"。该仙录构建了以西王母为首的昆仑女神为尊、以上清派女仙为主的女子神仙谱系。换言之,就是以昆仑墉城统领天下仙山、洞天福地以及散居于凡俗民间的女神与女仙。

《墉城集仙录》奠定了后世女仙体系的基本框架。此后再无专门的女仙传记集出现,相关内容只在仙传中以"女仙篇"或"后集"等形式出现,如宋《太平广记·女仙》、元《历世真仙体道通鉴后集》、清《历代神仙史·历代女仙》等。

上述传记以道教的信仰和理念汇集了传说、文献中的女神女仙事迹,绘制了一幅从史前一直延续至明代,中国各个历史时期女子修道者的斑斓画卷。虽然在历史的长河中,许多当时叱咤风云的世间英豪已然随时光黯淡,但留存在这一神仙画轴上的女子们却仿佛超越了时空,依然生动多姿、光彩夺目。

在神仙传记中,将女神与女仙统称为"女仙"。但严格来说,神与仙是有区别的。神多指先天自然之神,生于天地未分之时,又称"先天尊神";仙为后天在尘世修炼得道之人,也称"后天仙真"。道教的神仙体系吸收了中国古代神话、宗教、民间信奉的众神众仙以及道教史上的杰出人物与著名高道,构建了以"三清四御"为主的庞大谱系。"三清"为教门之尊,"四御"为昊天三界之尊。其次有诸天帝、日月星辰、三官帝君等,历代传经大法师、雷公、电母、龙王、风伯、雨师、五岳诸山神、酆都大帝、扶桑大帝、各功曹使者、金童玉女、城隍、土地、社稷之神等。

在早期道教，后天修炼得道者视神通变化、长生不死为成仙。《洞玄灵宝定观经》说：

> 长生不死，延数万岁，名编仙箓，故曰仙人。

葛洪在《抱朴子》中引仙经将仙分为天仙、地仙、尸解仙等。南北朝时期，又增加了鬼仙。梁陶弘景所作的《真灵位业图》为道教史上较早的一个有序神谱。他将天神、地祇、仙真、人鬼，用七个阶次组织排列起来。在第一中位（即第一神阶，主神）之下，专列了女真位。唐代钟吕内丹道派兴起，在神仙谱中又列入了神仙、人仙而去除了尸解仙，由此有了天仙、神仙、地仙、人仙、鬼仙。此五等仙的分法沿用至今。

女仙传记中的女仙有先天至尊神明与天仙，她们具有天界尊位或职司；有居于各仙山、洞府以及民间的神仙、地仙和尸解仙等，这是数量最为庞大的一群。女仙谱系的基本架构依《墉城集仙录》而定，受到魏晋南北朝至唐代修道思想尤其是上清派的影响。虽然后期有所增补，但在体系上并没有大的变动。其中，女神包含了先天神明以及在人间有神位、接受祭祀的神灵，女仙则指由凡入圣的女子修道成就者。以上基本可分为两大部分：昆仑—上清系女仙，除此之外的女神、女仙。

作为道之化身，女仙、女神们行走于世间，通过传道教化、扶危救厄、行善解困、艺术创造等各种方式展现了道之真、善、美。她们的丰功伟绩主要体现为对天下苍生的教化与弘道度人上：或以帝王师的身份出现在历史中，教导、帮助帝王安定天下、治理国家、修养身心；或教导弟子，传授道法，设立道派。其中，老君与许多著名神仙人物都曾得到女仙授法或指点。重要道派如上清派与忠孝净明道的创立，也与女仙有最紧密直接的关系。此外，女仙们也以各自的神通法力救危扶困、行善济世，或改变风气、造福一方。

在女仙传记如《墉城集仙录》和《历世真仙体道通鉴后集》中，将老子之母"圣母元君"（无上元君）置于开篇卷首，尊崇其原始高贵，"老君之圣母者，示天地万物必有禀生之由，师资之本"。老君曾得圣母元君传授神图宝章变化之方、还丹伏火水汞液金之术等共七十二篇，《太清神丹经》之法也出于圣母元君。

在"昆仑—上清系"女仙的第一层级中，《道藏》中的女性至尊神明有凝先天气而成的女神，如由洞阴玄和之气凝化而成的圣母元君，由西华至妙之气化生的金母元君（西王母），由西华少阴之气凝气成真的云华夫人等；有太一元君为"群仙之尊，万道之主"，她因合服九鼎神丹而得道，乃老君之师，教授其还丹金液秘诀；有黄帝之师、圣母元君弟子的九天玄女；有太古以来得道证仙的三天真皇之母上元夫人等。

在道教史上，影响最大的女仙神非西王母莫属。

西王母的传说由来已久。在《山海经·西山经》中，西王母居住于玉山，"西王母其状如人，豹尾虎齿而善啸，蓬发戴胜，是司天之厉及五残"。《海内北经》说，西王母梯几而戴胜。在历史上，似乎也存在着这样一位人物，殷墟甲骨卜辞中有不少燎祭"西母"的记载。在《庄子》中，西王母得道，"坐乎少广，莫知其始，莫知其终"。此外，西王母有"长生不死药"之事流传很广，《淮南子·览冥训》云："羿请不死之药于西王母，姮娥窃以奔月。"

中国上古神话中的神祇被纳入了道教体系。在道教神明中，西王母即金母，又称"龟山金母"。《历世真仙体道通鉴后集》①说：

>王母师匠万品，校领群真，圣位崇高，总录幽显。

金母为女仙之首，执掌昆仑仙山。昆仑山又名"昆仑虚（墟）"，可上通天庭，为帝之下都。《淮南子·地形训》道：

---

① 以下简称《仙鉴后集》。

> 昆仑之丘，或上倍之，是谓凉风之山，登之而不死；或上倍之，是谓悬圃，登之乃灵，能使风雨；或上倍之，乃维上天，登之乃神，谓太帝之居。

《水经注·河水注》云：昆仑"有墉城，金台玉楼，相似如一。……西王母之所治，真官仙灵之所宗"。

天上天下三界十方，女子得道登仙者，均由西王母统领。她与由先天阳气凝聚而成的东王公（木公），共理阴阳二气，育养天地，陶钧万物。汉初有儿谣歌道："着青裙，入天门。揖金母，拜木公。"当道教仙人得道升天之时，需谒金母、拜木公。受事完毕，方能升九天，入三清拜太上，觐奉元始天尊。

在《真灵位业图》中，"元始天王"下标为"西王母之师"。《墉城集仙录》说：西王母为元始天王弟子，"元始天王授以万天之统，龟山九光之录，使制召万灵、统括真圣、监盟证信，总诸天之羽仪"。西王母主阴灵之气，治理西方。其为"西华之至妙，洞阴之极尊"，"体柔顺之本，为极阴之元，位配西方，母养群品"。

在历史传说中，西王母曾遣白虎之神，赐予黄帝其所辖地域图，于帝晚年又传清静无为正真之道；在虞舜摄位期间，王母派使者赠舜白玉环，授予增补后的地图，使中国版图从黄帝时的九州扩展为十二州。王母又授舜皇管，吹之以和八风。《史记·赵世家》记述了周缪王（即周穆王）西行巡狩，面见西王母之事。在《汉武内传》中，一代雄主汉武帝曾向西王母叩问长生之道。西王母告诫他应贱荣乐卑、耽虚味道，方能使道来复，并教导养性守神、保精固气全形之法；又请上元夫人授之八会之书、五岳真形、五帝六甲灵飞之符等十二种。

西王母除授诸帝道法外，也曾应茅盈之请，传授其玄真之经、四童散方。王母命上元夫人授茅固、茅衷四部宝经；在女真中，王母传魏华存《玉清隐书》四卷；边洞玄、谢自然等女真都曾朝奉王母而受道登仙,"边洞玄躬朝而受道,谢自然景侍以登仙"。

在西王母的统领下,一些女仙神曾在中国历史舞台上亮相,另一些则在上清经典《真诰》中以神降的形式出现。她们或以出身,或以在仙山、洞天中的仙职来表明身份。其中,最尊贵者为元君;在此之下,以其仙界位阶,参照人间帝王、诸侯妻妾以及宫廷女官的称谓,以夫人、妃、嫔等来称呼。在女仙谱系中,这些名称并非显示其婚姻状况,而是因官职而授,女仙官不论婚否都被授予相应的称号。此外,它们也被用作女神的尊称,如湘江二妃、洛川宓妃。

在这些女神中,九天玄女为黄帝之师、圣母元君弟子。她曾受西王母之命,在黄帝与蚩尤之战中,授帝道法。当黄帝讨伐蚩尤,双方大战于涿鹿之野时,玄女传帝三宫五意、阴阳之略,太乙遁甲、六壬步斗之术,阴符之机,灵宝五符五胜之文,从而大败蚩尤,使天下大定。黄帝又从玄女、素女受房中之术。

上元夫人是道君弟子、三天真皇之母,为上元高尊。在太古得道,统领十方玉女之籍,地位仅次于金母。太微玄清左夫人为太微上真。九华安妃是古之得道女仙,曾在龟山学上清道。道成后,为紫清上宫九华真妃。紫素元君居籍上清,为仙官之最贵者。三元冯夫人为上清高真,主监盟初仙及证度得道当为真人、元君者。在晋穆帝聃永和五年(349),与西王母、南极元君等众仙真降于小有清虚上宫绛房。中侯王夫人为周灵王第三女,王子乔同父异母妹妹。一说在紫清宫中任职,一说在东宫中。南岳魏夫人为紫虚元君,领上真司命,主诸学道生死图籍,摄御三官关较罪考,治南岳衡山。

金母有五女名声较著,她们在仙界分任各职,分别是云华夫人、南极王夫人、云林右英夫人、紫微王夫人和太真王夫人。

云华夫人为金母第二十三女,名瑶姬。她是云华上宫夫人,主领教童真之士;大禹治水之时,老君派遣云华夫人相助。夫人授禹策召鬼神之书,命神将狂章、虞余、黄麾、大翳、庚辰、童律、巨灵等,帮助其斩石疏波、决塞导厄,以便通流;又传禹灵宝真文和上清宝文,使之于陆地可以驱策虎豹，于水泽可以降制蛟龙；同时，又可斩邪祛凶，出入水火、啸叱幽冥、呼召六丁、隐沦八地、颠倒五星、久视存身，从而成就不世功业。此后，夫人又命令狂章、巨灵等神，助禹诛民害。禹戮防风氏于会稽，锁淮涡水神无支祁于龟山，均仰仗其力。

南极王夫人是西王母第四女，掌理太丹宫，为金阙圣君上保司命。居渤阳丹海长离山中，主教当为真人者。云林右英夫人乃王母第十三女，受书为云林宫右英夫人，治沧浪宫。紫微王夫人为紫微宫左夫人，王母第二十女，镇羽野玄陇之山上宫，主教当成真人者。太真王夫人，王母之小女，奉事玄都太真王。

在各宫和洞天任职的还有东华上房灵妃，主理方诸宫东华上房，为太帝之左右相；昭灵李夫人在汤时得道，白日飞升，成为东宫昭灵夫人，治方丈台第十三朱馆中。在《真诰》所载的杨羲降真之会中，有十位夫人皆列位号而无传记及歌吟之词，她们是太和灵嫔上真左夫人、北海六微玄清夫人、北汉七灵右夫人、太极中华右夫人、八灵道母西岳蒋夫人、上真东宫卫夫人、朱陵北绝台上嫔管妃、北岳上真山夫人、西汉夫人、长陵杜夫人。可见，在道教天庭、众多仙山洞天福地之中，还有着许多不曾在经籍中出现的女仙，目前在仙录中所记仅是其中的一部分而已。

在上清道法与经籍传授中，诸位夫人起着重要作用。上元夫人曾降句曲华阳洞天，以《三元流珠经》《丹景道精经》《隐仙八术经》《太极录景经》共四部授予茅固、茅衷。南极王夫人为清虚真人王褒之师；在汉平帝时，降于阳洛山石室中，授小有天王王褒《太上宝文》等经三十一卷；又于晋兴宁年间（363—365），降于杨羲家予以教导。紫微王夫人曾降授《太上宝神经》与裴玄仁，裴行之得道，拜清灵真人；后夫人又授道与杨羲。太真夫人曾救马明生性命，并安排其师从神仙安期生；马明生受金液还丹之方，后炼服升天。九华安妃曾降杨羲家，授《上清玉霞紫映内观隐书》《上清还晨归童日晖中玄书》等二卷经。其他如昭灵李夫人、三元冯夫人、太微玄清左夫人、东华上房灵妃、云林右英夫人等都曾降于杨羲家并予以教导。

此外，在仙传中还有数量众多的女性从官和近侍。她们位列女仙之中，一般以"玉女"相称。如跟随王母的侍女有：李庆孙、宋灵宾、王子登、董双成、石公子、许飞琼、婉凌华、范成君、段安香、法婴、张灵子、田四妃等。见于记载的还有上元夫人之侍女纪罗容、宋辟妃，昭灵李夫人侍女隐晖，王褒侍女华散条、李明兑，云华夫人侍女陵容华。另有北寒玉女宋联涓、东华玉女烟景珠、神林玉女贾屈廷、飞玄玉女鲜于虚等。

在"昆仑—上清系"的第二层级中，有一些修道有成，进入各洞天以及在各山得道的女仙。作为上清派的重要洞天，华阳洞天有女真所居的易迁馆和含真台，分别聚集了女仙83位和200位。处易迁宫中的女仙有：赵素台（易迁夫人）；黄景华（协晨夫人），领九宫神女并任总教授；傅礼和，曾久处易迁宫，后主掌华阳含真台洞天；张微之，先在易迁宫中，后职掌含真台洞天；窦琼英、韩太华、刘春龙、郭叔香、李奚子、周爱支、张桃枝等均为明晨侍郎。对女子任侍郎之职，《真诰》对此作了特别说明：即侍郎职位是以才能来任命，而不限于男女性别。另有居于易迁宫中的郭叔香、王进贤（与侍女田六出）、张姜子、李惠姑、施淑女、郑天生以及嵩山女真韩西华。此外，还有入华阳洞天的钱女真等。在元代，方妙智得吕祖度化，入易迁宫。

同属于上清系的还有：黄观福，其原为上清仙人，因小过而谪于人间；薛玄同，由紫虚元君授以黄庭澄神存修之旨，并赐九华丹；鲁妙典为九嶷山女官，诵《黄庭经》，最后白日飞升。

除华阳洞天外，其他仙山、洞天福地的女仙在仙录中也略有涉及。如东华方诸台郭勺药、赵爱儿，元洲之宫王抱台，朱陵仙嫔丁淑英以及掌蓬莱紫虚洞的陈仁娇等。

在"昆仑—上清系"女仙之外，还有数量众多的女仙神，构成了女仙群体的另一大部分。她们包括一些在历史上曾经出现过，先后列入道教神系或者在民间享有盛名的女神和女仙以及在各代成就的女子修道者。

在民间传说或祭祀中，有一些著名的女神如后土皇地祇、斗姆、碧霞元君、妈祖、嫦娥、麻姑、织女、弄玉、湘江二妃、洛川宓妃、骊山姥等。

在道教神系中，后土皇地祇位列"四御"之一，是地位仅次于三清的四位天神之一，俗称"后土娘娘"。后土信仰源自母系社会自然崇拜之土地崇拜与女神信仰的结合。后土为大地之母，乃母祖神的代表之一，掌阴阳、育万物。地为五方相乘，五气所凝结，所谓"天阳地阴""天公地母"。地母与主持天界的"皇天"（昊天）相对应，主宰大地，负载着江海、山林、屋宇等。

因大地承载万物、上天垂象教示，古人取材于地、取法于天，所以尊崇天而亲近地。地为人类所出、所养之所在，因而有"大地母亲"之说。《礼记·郊特牲》说"故教民美报焉"，祭祀是人们对天地赐予的回报方式。而作为大地崇拜的"地母后土信仰"，最初始于何时已不可考。相传黄帝在平定天下后，曾扫地设坛祭祀地母，尧舜时以及夏、商、周三代也都有相关祭祀活动。《礼记》云："南郊祭天，则北郊祭地矣。祀天就阳位，则祭地就阴位矣。"在汉代曾建后土祠，后土祭祀成为国家祀典，为历代帝王所沿袭。宋徽宗封后土为"承天效法厚德光大后土皇地祇"。在宋代，道教将后土列入"四御"尊神。

"斗姆"名称首见于宋，她被尊为北斗众星之母，其形象为三目、四首、八臂。在道教中，斗姆崇拜十分普遍，许多宫观都建有"斗姆殿""斗姆阁"。关于斗姆的神职权能，《太上玄灵斗姆大圣元君本命延生心经》说：

> 斗姆降以大药，普垂医治之功。燮理五行，升降二炁。解滞去室，破暗除邪。愆期者应期，失度者得度。安全胎育，治疗病疴。润益根荄，阳回气候。生成人物，炼度鬼神。散禳百结，资补八阳。辅正全真，召和延祚。潜施药力，职重天医。

生诸天众月之明，为北斗星之母。

斗姆的神格作为化生紫微、天皇大帝与北斗七星之母体而存在。宋元时期，除被道教神霄派奉为雷祖大帝外，斗姆又与密教摩利支天融合在一起，完成了其信仰的重要演变，逐渐向民间普及。斗姆统领北斗、南斗与诸天星君，主司杀伐、禳星、避难、释怨憎、救亡，誓愿救苦护生。凡有急难，无施不可，依法祷请，即有灵验。至元代，斗姆形象及其神格基本完善确立。明清以后，该信仰民间化倾向更为突出。

另有两位未入女仙仙史的著名女神，她们在民间享有盛誉，有"北元君，南妈祖"之说。

碧霞元君又称"东岳泰山天仙玉女"。她是中国古代传说中的天神，也是道教中的重要女神。以华北地区为中心的碧霞元君信仰历经上千年，特别是在明清以后，对中国北方地区文化产生了重大的影响。其"庇佑众生，灵应九州""统摄岳府神兵，照察人间善恶"，在北方各地多有信众。有《碧霞元君护国庇民普济保生妙经》一卷，述元君之来由、职司、诵经功德以及辅忠助孝、善恶果报之理。

妈祖崇拜原是以中国东南沿海为中心的海神信仰。妈祖原名林默，宋时人，因救助海难而牺牲。林默生前能言人间祸福，济困扶危，为人治病消灾。在逝后，人们为其立庙祭祀。自宋至清，历朝皇帝不断加封，被尊为"天妃""天后"，成为船工、海员、旅客、商人和渔民共同信奉的神祇。妈祖文化始于宋、兴盛于明清、繁荣于近现代，在全世界各地有上万座妈祖庙，全球信仰者达3亿多人。

在神话中，嫦娥奔月的故事为世人所津津乐道。《归藏》曰："昔嫦娥以西王母不死之药服之，遂奔月为月精。"其中的《归妹》卦辞讲姮娥托身于月，化为蟾蜍（蛤）。天文学家张衡所作的《灵宪》是中国古代天文学的名篇，在"日月"一节中引用了《归藏》，讲述了嫦娥化身为蟾蜍之事。《淮南子·览冥训》及高诱注中，说后羿从西王母处请得死之药，其妻姮娥偷服后成仙，"窃以奔月"，入月中成为月精。唐代诗人李商隐有《嫦娥》一诗,"嫦娥应悔偷灵药,碧海青天夜夜心。"

在中国民间,作为女性长寿之神的麻姑名闻遐迩。麻姑为"上元真君之亚",《神仙传》中说麻姑虽然貌似十八九岁的年纪,但却"已见东海三为桑田"。在汉孝桓帝时,她曾降于蔡经家,与神仙王方平相见并话语:"接侍以来,见东海三为桑田。向到蓬莱,水又浅于往者,会时略半。岂将复还为陵陆乎?"这就是"沧海桑田"典故的由来。另外一则神话"麻姑献寿",即麻姑曾在三月三进献仙酿,祝王母寿诞之事。

织女为天上星宿下落凡间。织女上应天宿,牵牛为河鼓星。汉时,有董永为葬父卖身为奴。因永生性纯孝,天帝命织女下凡相助。她一月间织绢百匹,为董永偿债,并告之曰:"我为天之织女",言毕凌空而去。在《武丁传》中,有织女嫁牵牛之事。

湘江二妃为舜之妃,长名娥皇,次为女英。当舜112岁时,南巡于苍梧之野。传说中,太帝五老从天降迎,舜就此升天。二妃因精诚感通,也得升仙。但时人以为她们沉于湘江,于是在洞庭君山立祠。祠中列湘君、湘夫人之位以序长幼,娥皇为湘君,女英为湘夫人。

洛川宓妃是宓牺氏之女,得道为水仙,主于洛川。常游洛水上,与众女仙为宾友,游宴为娱,祥化多端。作为洛水之神,其形象千古流传、令人神往。曹植作《洛神赋》叙其状:

> 翩若惊鸿,婉若游龙。荣耀秋菊,华茂春松。髣髴兮若轻云之蔽日,飘摇兮若流风之回雪。远而望之,皎若太阳升朝霞;迫而察之,灼若芙蕖出渌波……体迅飞凫,飘忽若神,凌波微步,罗袜生尘。

弄玉为秦缪公之女,喜好吹箫。当时有箫史善吹箫,缪公将弄玉许配于他,并为其构筑了凤台。弄玉吹箫十余年,能作凤鸣,有凤来仪,留止凤台。夫妇俩居台上数年,有一日随凤飞去。于是,秦公在雍宫建凤女祠。

骊山姥为远古尊神，不知生于何时。在秦地骊山，她曾为唐代李筌解说传授《黄帝阴符经》之义，自称其受此符已经有三元六周甲子（计一千八十年）。骊山为女娲氏治处，相传骊山老母在此山"炼石补天、抟土做人"。商时，山上有女娲祠，后改为老母殿。民间祭祀不绝，每年都有骊山老母庙会以纪念其功德。

除上述女神之外，还有一些品阶较高的女仙，如居于南海之中的南溟夫人以及水晶宫太阴夫人、中条老母薛真阳等。

一些天界的谪仙人，也散见在女仙传记中。如原为上清仙人的黄观福、织女侍儿梁玉清、女仙杜兰香、玉女武元照；原居玉清无欲天的崔少玄，为玉皇左侍书玉华君，因生欲想触染而堕谪居人世；妙女为提头赖吒天王韦宽之女，因泄露天门间事谪堕人间；张丽英为金星之精，谪降人间；曹文姬原是天上司书仙人，以情爱谪居尘寰。此外，有天汉仙子白水素女，奉天帝令下界帮助晋谢端；她是民间传说中田螺姑娘的原型。

另有一些女仙为神仙弟子或眷属。她们或有幸得闻道法，或处修道家庭之中，耳濡目染，同修仙道，其成就亦不凡。如太阳女奉事绝洞子李修；太阴女修玉子之道，得太阳子禹明指点；太玄女得玉子之道；河间王女为玄俗之妻；采女得彭祖授道；西河少女是神仙伯山甫外甥女；孙氏为张道陵之妻，张文姬、张文光、张贤、张芝为张天师女；卢氏是第二代天师张衡之妻，张玉兰为张衡之女；旴母，有一说为真君许逊之姐姐，许氏为许逊之女；神仙王伯纲之女王鲁连，樊夫人为晋天师刘纲妻子，东陵圣母是刘纲弟子；云英为樊夫人妹妹；鲍姑为鲍靓之女、葛洪之妻；黄仙姑是东晋神仙黄仁览之妹；西河少女为神仙伯山甫之外甥女；李真多是神仙李八百之妹；吴彩鸾为吴猛之女；彭女为彭祖之孙女；费妙行为唐天师智冻之妻；谢自然为司马承祯之弟子；宋马五娘遇九天玄女授以秘法；孙不二为王重阳之弟子、马钰之妻；沈线阳为张三丰弟子沈万山之女；余氏女为余十舍之女、沈万山之外孙女；潘药珠为彭鹤林之妻。

散居于民间，由各自因缘而能入道的女修行者为数众多，她们是女子散仙的主体。一般而言，散仙指不在天界、洞府任仙职的天仙、神仙，如著名的"八仙"；一些无明确师承关系和后传弟子的仙人，也可称作"散仙"。下面以仙传成书时间为序，以不重复为录入标准，罗列此类女仙于下：

《道藏》本《墉城集仙录》：钩弋夫人、阳都女、弄玉、园客妻、昌容、汉中酒妇、女几；

《云笈七签》本《墉城集仙录》：梁母、王氏、花姑、徐仙姑、广陵茶姥、边洞玄、阳平治、神姑（卢眉娘）、王奉仙；

《太平广记·女仙》：玄天二女、南阳公主、程伟妻、明星玉女、江妃、毛女、秦宫人、王妙想、郝姑、成公智琼、庞女、褒女、班孟、天台二女、蔡女仙、紫云观女道士、秦时妇人、何二娘、杨正见、董上仙、张连翘、张镐妻、虞卿女子、吴清妻、杨敬真、玉蕊院女仙、张云容、韦蒙妻、慈恩塔院女仙、裴玄静、戚玄符、王氏女、戚逍遥等；

《仙鉴后集》：女偊、梅姑、屈女、刘仙姑、薛练师、王鲁连、河北王母、孙寒华、焦静真、王法进、缑仙姑、王女（二）、文女真、蔡寻真、李腾空、麻媪、吴彩鸾、诸葛氏、韦女、杨保宗、无名氏、赵仙姑、郑仙姑、刘妍、虞真人、莫州女、于仙姑、张仙姑、徐道生、陈琼玉；

《历代神仙史·女仙》：傅姓四女、鲁女生、丁秀英、罗郁（萼绿华）、麻姑、曹仙媪、屠氏女、黄华姑、范志元、索姑、郑仙姑、马仙姑、立化女仙、耿先生、周惠抃、刘女仙、任仙姑、陈炳、紫园山仙女、唐广真、关氏、潘章妾、李仙女、荀仙姑、焦姑、王昙阳、沈氏女、沧州孝女、舒氏、观园山仙姑、苏氏、于仙姑、刘仙姑、瞽琵琶、宁夏姥姥、罗浮山仙人。

此外，还有隐于武夷山的秦时女真鱼道超、鱼道远，金代凤仙姑等。

在女仙中，还有一些人物可以单列出来作为一个群体给予特别介绍，这就是被称为"女冠"的女道士。在周代，冠礼为贵族男子的成年礼，全称为"士冠礼"，女子的成年礼为笄礼。可见，冠礼有着性别、年龄、等级等要素，戴"冠"原为男子的专属权利。但在六朝至唐代，戴冠女仙大量出现在道经中。这些道经中所述之"冠"体现了仙界的等级秩序，不同的冠对应着不同的品级，从最初级的玄冠直至最高等的飞云凤气之冠，戴冠女仙都具有仙官身份。

与此同时，人间的女子修道者也开始普遍戴冠。女冠之称盛行于唐代，女道戴冠遂成为道门定制。道冠所象征的权力来自于仙界，这一来自神圣世界的授予既区分了凡俗与修道者、道教与其他宗教，不同的道冠也表明了不同的修行次第和等阶。

于是，"女冠"成为女子修道者的通称。在历代女冠中，魏夫人、谌母、鲍姑、樊夫人、谢自然、何仙姑、曹仙姑、孙不二、崔少玄等是其中的佼佼者。其他如三天师夫人、花姑、裴元静、戚逍遥、卢眉娘等也各具特色。

魏夫人名华存，东晋任城人。自幼好道，志慕神仙。年长后被父母强行许配给太保掾南阳刘文，生二子。待二子稍稍长成，华存斋于别室，谨修道法。精思百日后，感得太极真人、东华大神方诸青童、景林真人、清虚真人王褒等来降。王褒授其《大洞真经》等三十一卷，景林传《黄庭内景经》。华存冥心斋静，道行日进。其住世八十三年，后托疾尸解。奉天帝锡命，夫人位为紫虚元君，领上真司命南岳夫人，主诸学道生死图籍，摄御三官关较罪考。

据《太平广记·女仙》载，魏夫人令其子刘璞传法于杨羲、许穆，并屡降茅山。《真诰》称，东晋兴宁二年（364），有魏华存等众真仙降。魏夫人将清虚真人王褒所授的《上清真经》三十一卷与诸仙真传记、修行杂事等授弟子杨羲，杨羲传许谧及其子许翙，此三人均修上清法得道。上清派奉魏华存夫人为第一代宗师，至陶弘景为第九代宗师。陶弘景在茅山传上清经法，开创茅山宗，从此上清派为茅山派所继承。这一法脉从东晋至唐宋都很兴盛。

除上清派外，也有一些女仙曾受魏夫人点拨帮助。如夫人寓梦开示花姑黄灵微，向薛玄同传授《黄庭》澄神存修之旨并赐丹，派遣使者护持缑仙姑等。

西晋时，谌母在金陵丹阳修道。有一日在丹阳街市，遇一位三岁男孩悲啼哀告，求其收养。当男孩长成，告母其为上界孝悌明王化身，以行孝道度诸神仙。于是谌母建立坛靖，阐扬孝道明王之教，明王传谌母修真诀要。至西晋末年，许逊、吴猛听闻谌母有道，赴丹阳求法。母授许逊、吴猛孝道明王之教、真仙飞举之宗及正一斩邪之法、三五飞步之术。又将孝悌明王铜符铁券、金丹宝经、一遵元戒等传付许逊，以弘传孝道明王教。从此，孝道之法经许、吴二真人弘传而行于江表。孝道能感天地、动鬼神、厚人伦、美教化、移风俗，助道弘化。孝道之法隆于晋代，豫章之俗至今行之，谌母功不可没。

樊夫人名云翘，为晋天师刘纲之妻。闲暇时，夫妇俩经常较量道术：如两人都坐在堂上，刘纲作法起火烧碓屋，夫人施术即灭；庭院中有两株桃树，夫妻二人各用咒术驱动一株，使其相斗。过了一阵子，刘纲施咒的那株不敌，多次走出篱笆外；纲向盆中吐唾，即成鲤鱼。夫人则唾成水獭，将鱼吞食；夫妻将入四明山，路上遇到老虎拦路。纲施禁术，使虎不敢动弹，但身一动，虎就准备扑食。夫人径直前去，老虎则面向地，不敢仰视，夫人则用绳子牵了老虎回家，系于床脚下。刘纲与夫人每次试法，事事都不能胜。将升天时，厅侧有大皂荚树，刘纲高升于树数丈后才能飞举；夫人则平坐空中，冉冉如云气上腾，一同飞升而去。

唐德宗贞元年间（785—804），樊夫人化身湘媪以丹箓救疾；又在洞庭湖以飞剑杀一白鼍，救下被困的数百人性命。在《仙鉴后集·云英传》中，樊夫人以云英之姊的身份出现，为云翘夫人、玉皇女史。

鲍姑名潜光，东晋陈留人，为鲍靓之女、葛洪之妻，得尸解之道。其父鲍靓曾任南海太守，师事阴长生真人，学得炼丹之术。姑自幼耳濡目染，长成后也事炼丹与行医。与葛洪结为夫妻后，两人一起在南海采集丹砂,炼丹制药。鲍姑一生行医采药,擅长灸法,尤其精通艾灸法。她以专治赘瘤和赘疣而闻名,以艾线灸人身之赘瘤,一灼即消,疗效显著。其足迹所到之处,当地县志、府志及通史均视其为仙人,称为"鲍仙姑",所制艾也称"鲍姑艾"。曾有诗赞曰:"越井岗头云作岭,枣花帘子隔嶙峋。我来乞取三年艾,一灼应回万古春。"在广州越秀山下三元宫内建有鲍姑祠,以纪念其功德。鲍姑的灸法经验主要记载在葛洪的《肘后备急方》内。全书记有针灸方109条,其中灸方占99条,丰富了中医学的灸法内容。

谢自然居四川南充大方山下,自幼常诵《道德经》《黄庭内篇》。十四岁时,秋季食新稻米饭时,说"里面尽是蛆虫",因此绝粒。几次服食皂荚汤,上吐下泻,使腹中诸虫出尽。从此后,每日进柏叶一枝,七年后停服柏叶。九年后,连水也不再饮用。唐贞元九年(793),刺史李坚为其在金泉山建屋,自然移居此山。金泉道场有蛇、虎、鹿、麒麟、青鸾等或相跟随或为护法,金母、上仙等时常来访、教导,赐药、符、桃等,并召升天出游。自然修道而有神力,日行千里而人不知;白天夜晚,纤微无不洞鉴;寒不近火,暑不摇扇,寒暑不能侵;人间吉凶善恶,无所不知。

自然曾与李坚言及,药力只可益寿,而升天驾景全在修道服药。在修道事中,服柏可以绝粒,其他如茯苓、枸杞、胡麻等也能使人长生久视;修道应于山林静居,远离家庭亲属;辟谷入山可依众方,除三虫伏尸;服气先调气,次闭气,出入不经口鼻,令满身自由,则生死不能侵。

谢自然于金泉道场白日升天,有士女数千人一起见证瞻仰。其留语道:"勤修至道",有五色云遮亘一川,天乐异香弥散。李坚作《金泉道场碑》,记述本末事迹。

崔少玄,唐时人。据《太平广记·女仙》所载,其昔居无欲天,为玉皇左侍书,主下界三十六洞学道之流。因生欲想遭贬落凡尘,后嫁卢陲为妻。当少玄将返归玉清之际,卢陲请赐指喻以出秽浊之世。少玄为此留诗一首：

> 得之一元，匪受自天。太老之真，无上之仙。光含影藏，形于自然。真安匪求，神之久留。淑美其真，体性刚柔。丹霄碧虚，上圣之俦。百岁之后，空余坟丘。

言毕而卒，发葬时举棺如空，却发现棺中只余衣衫。少玄在人间二十三年。

后来，卢陲遇九嶷道士王方古得诗要旨，解释大义数千言，录为《少玄玄珠心镜》。《道藏》洞玄部收入该篇，题王损之章句，王方古疑即王损之。"玄珠"为道真，以明净无杂秽之心镜方能修真得道。此注以虚无自然之说，释"抱一守雌"之道。

曹道冲字希蕴，北宋女冠，赐号"清虚文逸大师""道真仁静先生"。据载，曹道冲曾为《老子》《庄子》《黄庭经》《西升经》《清静经》等经典作注，但大多已佚，仅《老子注》存有残本。曹仙姑另作有《阴符经注》，收在《道藏》洞真部玉诀类《黄帝阴符经集解》。据《罗浮山志》，仙姑明于丹敕，曾作《大道歌》，作七言诗赠道士邹葆光。自陈撄宁先生作《〈灵源大道歌〉白话注解》，曹仙姑之名始为道教研究者所熟知。

孙不二号清静散人，"全真七子"之一。其原为马钰之妻，生三子。后夫妇二人俱礼王重阳为师，不二于五十一岁时得师传道要。后东迁洛阳，依凤仙姑而居，分处上、下二洞。凤仙姑内修仙道，外隐仙踪，有云："绿叶漫天长，黄花满地开。千里觅不得，万里捉将来。"不二修六年道成，行化度人而归者众。在金大定二十二年（1182），她对弟子说："师真有命，当赴瑶池，期即至矣。"留颂曰："三千功满超三界，跳出阴阳包裹外。隐显纵横得自由，醉魂不复归宁海"，跌坐而化。此时，马丹阳正处闭关环堵中，见仙姑乘彩云而过，对其语："吾先归蓬岛矣。"

孙不二作《孙不二元君功夫次第诗》传世。从《收心》之"吾身未有日，一气已先存"，《斩龙》之"风中擒玉虎，月里捉金乌"，至《出神》之"身外复有身，非关幻术成"，《冲举》之"佳期方出谷，咫尺上神霄"，将女丹道修炼次第节节吐露。

历史上其他较著名的女冠有以下几位。张道陵夫人孙氏（一云雍氏），她与张天师同隐龙虎山，修三元默朝之道；后于蜀中阳平化炼金液九丹，丹成后于云台化白日升天，位至上真东岳夫人。花姑即唐时女道士黄灵微，年八十而童颜，肤如婴孩，道行高洁，所以世称"花姑"。其生前逝后事迹神异，颜真卿作仙坛碑记其事迹。何仙姑是唐广州增城人，即民间传说中著名的"八仙"之一，为其中唯一的一位女性。武则天曾经遣使相招请，却在赴京途中失其踪迹。《广州会仙观记》云："何仙姑居此食云母，唐中宗景龙中白日升仙。"据载，在玄宗朝时有人见其出现于都虚观会乡人斋；代宗大历年中（766—779），又现身于小石楼。卢眉娘精于工巧，能在一尺绡上绣《法华经》，字小如粟米。在唐顺宗时入朝，宪宗时眉娘请求度为女冠，放归南海，被赐号"逍遥大师"。后神迁，发棺仅存履只。其后有人见眉娘乘紫云游于海上，有罗浮处士李象先作《卢逍遥传》。

升仙为天仙所具的标志性成就。除了先天尊神和上古得道之女子修道外，三代以后得飞升的女仙有昌容、李真多、太阳女、彭女、孙氏、张文姬、张文光、张贤、张芝、卢氏、南阳公主、谌母、盱母、蔡女仙、许氏、王鲁连、王妙想、孙寒华、樊夫人、边洞玄、黄观福、杨正见、董上仙、张镐妻、丁淑英、黄仙姑、焦静真、王法进、明星玉女、太玄女、文女真、裴元静、戚逍遥、何仙姑、谢自然、诸葛氏、曹文姬、玉蕊院女仙、慈恩塔院女仙、薛玄同、鲁妙典、傅姓四女、罗郁（萼绿华）、麻姑（晋时人）、诸葛氏、马仙姑、马五娘等。

此外，仙人所具的神通异能在女仙传中也屡见不鲜。如弄玉随凤飞去；太玄女得玉子之术，盛寒之时单衣冰上而颜色不变，坐火中衣服鞋帽不燃，又能迁徙官府宫殿城市屋宅于他处，能令物体变大变小，自身变化种种物事；东陵圣母能易形变化、隐见无方；梅姑能着履行水上；

程伟妻能神通变化，等等。

女仙们以神通法力救人们于危难疾困，慈悲化度，移风易俗，美厚人伦。蚕女为高辛（帝喾）时蜀人，女化为蚕，食桑叶，吐丝成茧，以衣被于人间。昌容能提炼紫草，精于染工，所得钱款常年救济贫病者，所以崇奉者甚众。唐德宗贞元年间（785—805），樊夫人以湘媪身份用丹箓救疾，又在洞庭杀白龙，救数百人性命。东陵圣母常常治病救人，又以道法让盗贼无所遁形，使当地因此路不拾遗。凡做奸盗之事，圣母作法，使大者风波没溺，小则生病，使得海陵县中此类事件几乎绝迹。鲍姑在南海行灸医治赘瘤有年，又教程伟以此法行善。太玄女"三十六术甚著"，"起死回生，救人无数"。蔡寻真、李腾空能以丹药符箓救人疾苦，庇佑乡邻；后有杨保宗仰慕蔡、李之德行，也效法行之。谌母所传许逊、吴猛孝道之法，使豫章人世世遵行。

二、女子修道

（一）流派

自辟乾阖坤以来，女仙神如圣母元君、西王母、九天玄女、云华夫人、斗姆、谌母、樊夫人、魏夫人、谢自然、曹道冲、孙不二等，其淳德懿行、炼养精微堪为世范。她们在修道史上扮演着重要角色，成就了诸多传奇和神话。

现代有陈撄宁先生对女子修炼法门作了专门总结，反映出中华女修道统的大致面貌。其在《扬善半月刊》"与朱昌亚医师论仙学书"一文中将女子修行概括为六家，本文略作增删，简介如下：

1. 丹阳谌母派

谌母派又称"外金丹派"。由谌母传吴猛、许逊，以许逊《石函记》和吴猛《铜符铁券文》为主经，传天元神丹兼符咒修炼，最后汇入净明忠孝道之中。

此派重在天元神丹之修炼与服食，兼及符咒劾召等事。《石函记》和《铜符铁券文》二书皆言天元神丹之事，为丹法中之上乘，世间学道者多畏其难，不敢尝试，自明朝张三丰、沈万三两君而后，殊乏知音。

2. 南岳魏夫人派

此派又名"存思派"，要在精思存想。注重存思三部八景二十四身神，以积精累气作为修真要诀，奉《黄庭经》为正宗。吕洞宾有诗曰："肘传丹篆千年术，口诵《黄庭》两卷经。"

《黄庭经》为上清真经，由魏夫人授其弟子。自该经传出后，历代女真依之修炼者颇多，如鲁妙典、崔少玄、薛玄同等皆是。

3. 谢自然仙姑派

谢自然自幼入道，常诵《道德经》《黄庭经》等。十四岁时开始绝粒，后辟谷入山，依众方除三虫伏尸，再行服气法，以辟生死。此派参考诸家气诀与各种辟谷休粮之方，从辟谷服气入手修行，尊奉《太清中黄真经》。

因自然十余岁时即修道，因此该派有"童女派"之称。童女天癸（月经）未至，身中元气充盈，可以不经筑基阶段，用辟谷、服气、安神、存思、静坐等法，直接以清净无为法得道。谢自然曾师事司马承祯，得授上清大法。唐贞元年间，谢自然于金泉道场白日飞升。韩愈作诗记其事，诗中曰：

须臾自轻举，飘若风中烟。茫茫八纮大，影响无由缘。里胥上其事，郡守惊且叹。驱车领官吏，氓俗争相先。入门无所见，冠屦同蜕蝉。皆云神仙事，灼灼信可传。

4. 中条老姆派

此派下手先炼剑术，其源流略见于《吕祖全书》。因其炼法甚不易，今世很少有人能得成就，此种法门在仙道中可以自成一派。

中条山老姆派又称"剑术派""剑仙派"，为地仙门中之旁支。此派由吕洞宾亲传，传法多以师寻弟子而授。以剑术内炼成道，分法剑和道剑。

有火龙先生、中条老姆全得吕祖道剑与法剑。法剑以术治之，俗眼可见，特能除妖驱邪、扶危济困、除恶扬善以济世；道剑出入无形，以虚空阴阳之金气外用，将后天金气转变成先天金气，内炼阳神以成仙。一般先传法剑，后传道剑，用以"斩断魔根，同归仙岛"，此为剑仙之始末。吕洞宾有《海上赠剑客》诗云：

　　剑起星奔万里诛，风雷时逐雨声粗。人头携处非人在，何事高吟过五湖。

在中条老姆派后传中，有沈万三之女沈线阳遇薛真阳（即中条玄女）传授灵通大道、丹霞剑术，并为真阳执掌神剑兼守玉匣诸秘法。

5. 曹文逸真人派

曹文逸，宋代女道士，著《灵源大道歌》。此派以《灵源大道歌》为祖经，从清心寡欲、神不外驰、专气致柔、元和内运下手，自始至终不用别法，至简至易。

上述虽被陈撄宁先生列为一派，但因其传承不详，也无显著代表人物，如单独立派显得有些勉强，若以法门论或更为恰当。

6. 孙不二元君派

此派为清净散人孙不二所创立。其修习太阴炼形法，从"斩赤龙"下手，乃正宗的女子修炼工夫。

金大定十五年（1175），孙不二居洛阳凤仙姑洞修炼并在洞中讲道，门徒云集，由此创立全真道清净派。该派传授的丹法根据女子生理特性而设，所以最具特色，为女子修道专辟了蹊径。从"斩赤龙"开始，传"太阴炼形"之法，令血气化为元气，凝结为内丹，其后一直到出神、冲举，形成了一整套完整的修炼次第，传世有《孙不二元君法语》等。该派对后世女丹道的影响极大，女丹经如《西王母女修正途》《大女金丹诀》《女金丹》《壶天性果女丹十则》《女功正法》《坤元经》等，无不重视"斩赤龙""太阴炼形"的功夫，可谓与之一脉相承。

陈撄宁先生以为：

> 以上六派，将自魏晋以来一千七百年间女功修炼法门概括已尽……此外如调和巽艮，夏姬有养阴之方；肌肉充盈，飞燕有内视之术；以及《房中秘诀》《素女遗经》：此皆言不雅驯，事多隐曲，未便公开讨论矣。

7. 阴阳双修派

为免女修道统有遗珠之憾，现将未录入的女子阴阳双修派增补于下：与男子相同，女双修派也分上、中、下三乘。有行房中秘术、养阴驻颜等；也有采阳补阴之法，其术邪诡；而上乘则能双修双成。《女丹歌》云：

> 潇洒歌唱，浊去留香。日耕三顷地，夜收五内猴。救人兼救己，内外两功收。

在女子阴阳双修派中，有称传自西王母的"王母派"，另有吕洞宾所传的"吕祖派"。但这些传承甚为隐秘，多是口口相传，详情外人不得而知。编纂于北宋的《云笈七签》卷五六《诸家气法部》之《元气论》引《仙经》云：

> 若知玄之又玄，男女同修，夫妇俱仙，斯谓妙道。

卷一〇五《纪传部》之《清灵真人裴君传》则云：

> 当精思远念，于是男女可行长生之道，其法要秘，非贤勿传，使男女并取生气，含养精血，此非外法专采阴益阳也。若行之如法，则气液云行，精醴凝和，不期老少之皆返童矣。……养之丹扃，百日通灵。若久久行之，自然成真，长生住世，不死之道也。

陈撄宁先生在《道教与养生·答复苏州张道初君十五问》说：

> 古法修炼，皆是夫妇二人同心合意，断绝俗情，双修双证，与孤阴寡阳的制度大相悬殊。刘纲、樊云翘二位，乃夫妇双修中最负盛名者。

上述七种法门中，上三种为男女均可修炼的法门，后四种为女子所专修。在此七派中，具有女子修炼特色的当属"谢仙姑派"与"孙不二元君派"。

（二）女子丹法

《周易·象传》曰："至哉坤元，万物资生。"女丹道以为女子身具"坤元"，由此可以入道。若女子能发现坤之真阳产于何处，即可掌握身中命宝。

男女的最大差别在于性别。《黄帝内经·素问》指出：女性"二七（14岁）而天癸至，任脉通，太冲脉盛，月事以时下，故有子"，"七七（49岁）任脉虚，太冲脉衰少，天癸竭，地道不通，故形坏而无子也"。女子一般自14岁始有月经初潮，一月一次，周而复始。女丹道认为：行经是由阳（精、炁）变阴（血）的结果。以气血盈亏而言，初经后女子月事会使元炁渐渐破泄，真血亏损。在婚嫁之后，特别是生育会使气血更受损伤。及至女子年衰，天癸耗尽，炁不能上升生血，腰干血涸后绝经。在生理结构上，女子的三丹田位置也与男子不同。《女金丹》曰：

> 女命何以有三？谓上、中、下也。上者阳穴，中者黄房，下者丹田。
> 命之光有三焉，光之黄者丹田，白者胎元，紫者血元。血元者，乳房也，在中一寸二分，非两乳也。

在女丹命功修行中，两乳中间的乳溪为上丹田。乳溪内窍在心之下、血海之上，为中间虚悬之穴；中丹田在脐后肾前，脐内一寸三分；子宫、阴户为下丹田。其中，子宫内窍就是子宫空腔，也是女身中最大的窍位，称为"大鼎"，日后的"圣胎"将结于此宫。乳溪、脐内、子宫，三者一脉相通，先天种子即命之本源，藏伏其中。

道学认为女子修炼成就较男子为速，所谓"男子伏气需三年，女子一年即可伏"，"男修十年，女修三年"。究其原因，从心性上看男动女静，女子性情较恬淡虚寂，易安心养性；在身体上，女子丹功修命所用的丹田与性宫距离较近。更重要的是，女子"胎"在身中，有着生理的基础优势。所以，根据心性禀赋和生理特点，女子修炼形成了自己行之有效的特色功法"女丹道"。此为众多的女性修炼者所宗奉实践，在宋元之后成为女子修道法门的主流之一。

女丹道指出"赤脉"最能危害道果，女子修炼的首要问题在于"天癸"月经。为改变这一现状，返修成乾体，丹经提出："凡有月信者，先斩赤龙；无月信者，又须先复而再斩。"正常生理的女子应先"斩赤龙"，绝经期的女子必须设法使月经回潮后再行斩断。如能斩断赤脉，使经不漏，那么就算筑基完成。有诗云："女子登天须修真，筑基先要斩赤龙。"斩赤龙之法是有为之法，初修者用周天功。在每日子午二时，修炼者须除思去欲、忘情绝虑，进入静室，以目中玄窍内视"乳溪"内窍，凝神寂照盘坐。

"乳溪"为两乳中间一重要炁穴，它与心、肾、脾相连通。这一炁穴作为血源主生血，真阴由此产生。女修法门中有专门的"太阴炼形"之法。即最初静心调息，然后凝神入炁穴，再意守双乳配合动作和呼吸。当存意乳溪和双房、心念虚寂使气能归溪达房之时，两掌分揉两乳，先缓后急，先轻后重。当此处真炁氤氲环绕，炁聚后更加旺盛，暖气向后烘灼，中间有物油然而降，分别灌注两腰。两肾变烫后，引炁聚到脐轮深处，届时下极滚沸，此谓"赤化新白"，即"赤龙"化为新白之气。从此"河车逆转"，尾闾处有暖气向后穿窜，让其从尾闾穿过沿脊上升，逾枕（玉枕）透谷（天谷），从昆仑降到泥丸，循小周天路线下鹊桥至绛宫。在这一过程中，会出现"三山玄圃"等内在景象，但不可多作流连，只是寂守。此一阶段，行住坐卧最好都能意守乳溪炁穴，修炼身中五行返还成至宝。可日日行、时时行，收获"黍米""一粒复一粒"。

也有女子不行上述功法，而是不加作为，只心定静坐，等真阴自动发生。一般少年女子如心性贞洁，静坐百日，也会出现血海自潮、真阴自动，这是无念而自动的景象。应当加以采取，等炁机消散后才止，仍然回守中极乳溪。

这样修炼一段时间后，会有"电闪雷鸣"等现象，"甘露"如注，咽不胜咽，出现如清净散人孙不二所说的"山头并海底，雨过一声雷"的景象（山头指绛宫，海底为气血海）。然后会神炁于中宫，氤氲不已如雨露之润泽。此时不呼自呼、不吸自吸、不提自提，气充神和而三田一贯。只是内观寂然，将万缘放下。身虚若谷，大地消失，隐隐有凉气袭来，慢慢遍布全身与周遭，如云如烟。忽然雾散云收，性海碧波澄澄，在忘境忘情中忽现万道金光，慢慢化为一轮皓月当空……

女丹修炼的宗旨在于"以专以柔，不为物诱，调其心炁，一其气机"。其中，关键在于"心念虚寂"，只有这样才能神归炁旺，"性须澄若水，心欲静如山"。性不澄、心不静，真阳就不能发生。

女子丹经载，少年女子血气旺、心性淑静者，一般在三个月便可"斩赤龙"而复还童体，面如桃花。行功百日不间断，原先两乳中壮者，胸部会如男童一样扁平；两乳中空者，会缩成核桃状，如处子一般。久之，可使月经自绝而胸部扁平、乳如男子。究其原因，前者为化白之功用，后者乃化赤功夫到家了。女丹功修炼有在经期停功的要求，切忌在经期妄行采取，不然后果不堪设想。对于已绝经而想修女丹功的女子，应当先用还元之法。

功到此时，会有其他与男子相似的修道反应，整日如醉汉相似，昏昏默默，所谓"先天气、后天气，得之者，常似醉"，而昼夜光明不散。行持一年，筑基牢固，修仙之功可以呈验。有诗曰："面如桃花肤似雪，到此赤龙永断绝。清静法身本无尘，功满飞升朝玉阙。"

上述"太阴炼形"功法最能体现女丹道特色，为女子丹法筑基阶段的功夫。当神气充足，真阳旺盛，就能功夺乾坤造化。在生理上表现为返归未发育前的童女状态，真气充沛，精力倍增。所谓"日能增黍米，鹤发复朱颜"，返老还童而重返少艾。这些表现也可与著名丹经《周易参同契》中所述"颜色悦泽好，发白皆变黑，齿落生旧所，老翁复丁壮，耆妪成姹女"——参照对应。

女子修丹由血化气、气化神、神化虚，而虚无自然。从太阴炼形"斩赤龙"开始，其后的十月工夫，直至阳神出现、粉碎虚空等，与男子修炼无有差别。孙不二元君在《坤道功夫次第诗》中将女丹次第分为收心、斩龙、冲举等十四步。她将相关重要证验用诗句来表述，"万缘都不着，一气复归台"，"炁复通三岛，神忘合太虚"，"元神来往处，万窍发光明"，"身外复有身，非关幻术成"，"功完朝玉阙，长啸出烟岚"。

三、相关经籍

（一）女仙传记

1.《墉城集仙录》

唐末杜光庭著。《墉城集仙录》是道教史上现存最早、唯一独立成书的女仙专辑。原书共十卷，"集古今女子成仙者百九人"①。现《道藏》本存有六卷，录 37 位女仙神。这一版为现今通行本。《云笈七签》本卷一一四至卷一一六，录 27 名。上述两种版本均为残本。

2.《太平广记·女仙》

北宋李昉等人于太平兴国年间（976—983）编纂。《太平广记》共五百卷，卷五六至卷七〇为女仙传。其中，唐代女性成道者的资料尤为

---

① 见《崇文总目辑释：补遗、附录》《通志·艺文略》。

宝贵。

3.《历世真仙体道通鉴后集》

元赵道一编。《仙鉴后集》在规模上集女仙传记之大成，记有120位。该集以卷为单位，每卷中的女仙按照从黄帝到元朝的编年顺序收录。它沿袭了《墉城集仙录》的体系和编排规则，补录了一些宋、金时期的女子成道者。

4.《历代神仙史》卷八

清王建章纂辑。本卷载有自上古至明代女神女仙事迹，有传主130位，增补了一些在以往仙传中未收录的女仙。其中，从元至明的部分是以前女仙史所未载。

（二）女子丹经

1.《黄庭经》

不著作者姓氏及年代。《黄庭经》有内景、外景两篇，约成书于魏晋之际。按陶弘景《真诰》所言，"内景篇"由魏华存夫人传出。关于"黄庭"，梁丘子注《黄庭经》说：

> 黄者，中央之色也。庭者，四方之中也。外指事，即天中地中人中；内指事，即脑中心中脾中。故曰黄庭。

《黄庭经》将思神守一、宝精爱气与医家脏腑学说相结合，宣称人脑、五脏六腑等身体器官均有身神。如能存思身神，就能通神感灵，使脏腑安和，形神相守。该经认为人以精为本、以气为根，所谓"仙人道士非有神，积精累气以为真"。通过养神炼气，使精气神完足，不仅可延年祛病，还能通灵达神，乘云飞天。经中另载有漱津咽液、吐纳元气、服食五牙、房中固精、飞奔日月等道法。

上清派以此经为主要经典之一。陈撄宁先生评价说："（该经）尤属丹家之要旨，为玄门之总持矣。"

2.《灵源大道歌》

宋曹文逸作。《灵源大道歌》虽是女真著作，但所论功夫并不仅限定女子。凡学道之人，无论男女老少皆可修习，如此用功都有效验，绝少流弊。本篇开示灵源，直指性命，专讲神气，不用"铅汞"等丹经术语。体道山人汪东亭说：此歌"通篇无一字及铅，所说无非真汞一物，且灵源者泉窟也，泉窟即神水之根也。……盖玄牝即灵源泉窟"。

《灵源大道歌》开篇即言"我为诸君说端的，命蒂从来在真息"。又说："神是性兮气是命，神不外驰气自定"，"专气致柔神久留，往来真息自悠悠"，"神水难言识者稀，资生一节由真气"，"借问真人何处来，从前原只在灵台"，"融蒸关脉变筋骨，处处光明无不通"。在心法上，"无心心即是真心，动静两忘为离欲"，"不动不静为大要，不方不圆为至道"。如此"元和内运即成真"，"闲闲只要养元神"。

3.《孙不二元君法语》

又名《孙不二女功内丹次第诗》。收入《重刊道藏辑要》胃集七，作者孙不二。

原诗十四首，将女丹功法修炼次第分别以收心、养气、行功、斩龙、养丹、胎息、符火、接药、炼神、服食、辟谷、面壁、出神、冲举等来命名，循序渐进。其中，斩赤龙为女子所独有。从此入手，先变化形质，后按清净丹法修炼，可得事半功倍之效。

本诗为女丹之上乘丹诀，依此次第可获相关验效并得证道果。虽然题为女丹功法，但就男女丹诀全部而论，相异之处也只十之一二。所以，一般男子修道者也可以从此诗中获得指导和启发。

4.《女金丹》

收录于清傅金铨《证道秘书十七种》之《一贯天机简易录》后。

《女金丹》有二卷。卷上为《坤宁妙经》《观心斋纪闻》《清净元君坤元经》。卷下为《性功诗》18首、《清净散人孙不二元君功夫次第》《坤诀》。

5.《女丹合编》

清光绪三十二年（1906）重刊，二仙庵藏板。题名井研贺龙骧纂辑。

全书有十三个部分：（1）《男女丹工异同辨》，颜泽寰集；（2）《坤诀》，孙不二著；（3）《壶天性果女丹十则》；（4）《女金丹》，贞一子著；（5）《樵阳经》女工修炼，傅金铨述；（6）《女功炼己还丹图说》，二峨山人述；（7）《女丹撮要》，傅金铨汇辑；（8）《女丹汇解》；（9）《女真丹诀》，陈永清著；（10）《女丹要言》，纯阳吕祖传、傅金铨敬录；（11）《西池集》，太真王夫人作；（12）《女丹诗集》；（13）《旁门小术录》。

6.《吕祖师重申西王母女修正途》

存于清闵一得（1748—1837）《古书隐楼藏书》，收入《藏外道书》第10册。子目如下：一九戒、二本命、三性原、四修经、五复还、六乳房、七玉液、八胎息、九南无、十慎终。

7.《泥丸李祖师女宗双修宝筏》

又名《女功指南》,存于清闵一得(1748—1837)《古书隐楼藏书》,收入《藏外道书》第 10 册,题名太虚翁沈大师述并注。

8.《金华直指》

题名谷口道人鉴定、灵阳道人述。全书分"男功二十七条""女功十八则",集成一卷。《金华直指女功十八则》:识基、洁心、修经、起用、断龙、引还、炼乳、治病、安鼎、调息、还液、炼神、现光、温养、持戒、积功、朝元、超凡。

9.《女真丹》

摘抄自《丹亭真人卢祖师养真秘笈》。收入萧天石《道藏精华》第 12 集之《上乘修道秘书四种》,傅青主抄本。

10.《坤维秘旨》

自民国年间石印本《连城碧》,系《丹诀辨正》与《坤维秘旨》合刊。该篇题名涵虚李真人手著,分述"太阴炼形全旨""女工修炼再说""斩龙经"。

11.《女子道学小丛书》

题名陈撄宁校订。本书收录女丹经等资料五篇,分别是经陈撄宁删订之《坤宁经》《女功正法》《女丹十则》《男女丹工异同辩》《女丹诗集》等。

其他有《坤道丹诀》,摘抄自清汪东亭《道统大成》兑集二;《女丹秘旨》,摘抄自民国银(冉)道源《合宗明道集》初集第三卷,收入《三洞拾遗》第10册。

建议阅读书目:

(五代)杜光庭:《墉城集仙录》,《道藏》本。

(元)赵道一:《历世真仙体道通鉴后集》,《道藏》本。

詹石窗:《道教与女性》,上海古籍出版社,1990年。

李素平:《女神女丹女道》,宗教文化出版社,2004年。

杨莉:《女冠刍议》,《汉学研究》第19卷第1期,2001年。

Caherine Despeux:*Immortelles de la Chine ancienne: Taoisme et alchimie feminine*, Pardès, Puiseaus, 1990〔法〕戴思博:《古代中国的女仙——道教和女丹》,皮索,巴尔德斯出版社,1990年)。

沈文华:《女子修仙道统之女丹道阐幽》,《宗教学研究》2017年第4期。

萧登福:《女丹溯源——兼论清代女丹修炼法门的兴起》,《老子学刊》2019年第2期。

贾晋华著译:《唐代女道士的生命之旅》,社会科学文献出版社,2022年。

主要参考书目:

朱越利:《道经总论》,辽宁教育出版社,1991年

陈国符:《道藏源流考》(新修订版),中华书局,2014年

陈撄宁:《道教与养生》,华文出版社,2000年。

盛克琦编校:《女子丛书集校——女丹仙道》(上下册),华夏出版社,2019年。

作者简介

沈文华：哲学博士，现为南京大学哲学系副教授、老子道学文化研究会秘书长。著有《丹道与密宗》《内丹生命哲学研究》。

盛克琦：全国老子道学文化研究会常务理事、丹道与养生研究会副秘书长、河北省道教协会副秘书长、唐山市道教协会副会长兼秘书长。全真龙门派第二十七代、大江西派第六代传人。《唐山玉清观道学文化丛书》执行主编，点校有《圆峤内篇》《方壶外史》《张三丰全集》《伍柳仙宗全书》《女丹仙道》等二十余部道教经典。

名山宫观志说略

杨立志、王少儒

一、名山宫观志概说

（一）道教名山宫观志的由来

明末清初李渔在题庐山简寂观对联中感慨：

> 天下名山僧占多，也该留一二奇峰栖吾道友；
> 世间好话佛说尽，谁识得五千妙论出我仙师。

此联既客观陈述了当时佛教与道教在思想传播、实体经营等竞争中道教处于颓势的状况，也心情复杂地重申了道家思想的文化渊源和对道教重振士气、坚守根基的勉励。其实，作为外来宗教的佛教，在传入中土后而崇山、"占山"，是其在本土化进程中受道家道教思想影响而作出的更加迎合人们文化心理的变革尝试，并取得了"反客为主"的显著效果。道教作为土生土长的宗教，天然地遗传和继承了中国古老的自然、山岳、神仙崇拜的文化基因，其渊源有自的崇山思想和代有努力的执着实践，既推动了名山文化的形成与发展，也从中获得了诸多的裨补助益。

《山海经》开道教重视名山大川之先河，东汉谶纬之书已列有不少名山，且称山中有仙室或灵药。魏晋南北朝时期，名山成为传授道书和炼丹之地。《抱朴子内篇·遐览》谓道书藏于名山五岳，《金丹》篇称道士合药炼丹必入名山。道教的理想是修炼成仙，《说文》谓："仚（仙），人在山上。"所以，道士们往往选择远离世俗烦扰的深山大岳作为修炼之地。在古人对神话人物的想象和描述中，神仙们居住生活的"洞府"也大多位于风景秀美的名山大川中，甚至是虚构的仙山或海岛上。唐宋时期，道教更赋予众多名山以神秘色彩，司马承祯《天地宫府图序》云："幽质潜凝，开洞府于名山。"这些地方后来就被称作"洞天福地"，成为道教仙境的一部分。洞天福地大多均有实指，历代道士多在其间建宫立观。故历史上有许多著名山岳成为道士荟萃之地，且有道教胜迹闻名于世，这便是我们常说的道教名山。道教所言的"十大洞天""三十六小洞天""七十二福地"几乎都在名山之中。

历代道教中人为创造和追求人间仙境，在名山大岳中建造了许多宫观建筑，以开展道教活动。道教建筑一般采用宫、观、庙、庵、道院等称谓，我们也通常以宫观代指所有的道教建筑和活动场所。道教宫观，与自然环境融为一体，为山岳增添了人文景观，丰富了名山的文化底蕴，提高了山之名声，为道教名山的形成和开发，作出了卓越的贡献！道教名山当然少不了道教的宫观。

当然，也有许多道教宫观并不在名山大岳之中，而地处繁华都市的郊区甚至城市中心。这是因为，随着历史的发展和道教的传承，两汉以后，道教宫观由名山走向乡间和城市。尤其是由朝廷和官员支持修造的宫观，大多位于都市或区域中心城市之内。在唐代，达官贵人舍府宅为道观的现象亦屡见不鲜。然而由于改朝换代时社会动荡，处于城市中的宫观往往成为战乱破坏的牺牲品。所以，尽管各种史书中对处于都市州郡的宫观记载很多，但是幸存下来的却寥寥无几，甚至有许多宫观只是尘封在故纸堆里的或模糊或清晰的记忆符号。劫后余生或劫后重生的部分宫观，保存到现在的，大多都有悠久的历史，也几乎都经历过多次的破坏和重建，是历史发展和文化传承的"亲历者"和"见证人"。如北京的白云观、南阳的玄妙观、成都的青羊宫等，这些位于繁华都市中的宫观，不仅对道教的宗教文化活动有着重要的意义，还保留有一些珍贵的文献资料，而且对其所在地的社会经济和文化也产生过一定影响。

名山以至灵至圣而闻世，宫观以人文汇聚而显扬。这些名山、宫观因为有了人类活动尤其是道教活动的开展而积淀了丰厚的文化财富，在道教精神的陶铸下，形成了独具道教特质的名山文化、宫观文化。名山志和宫观志就是记录这些文化门类的主要载体，也是研究这些文化门类的重要依据性材料，学术研究价值极高，历来受到学者以及研究者的重视。

中国道教的修藏传统，名山宫观的修志传统，都是中华文化的优良传统之一。从目前了解的情况来看，全国各名山宫观在历史上大都修有各种形式的"志"；经历了20世纪80年代大范围的修志活动以及第二轮修志之后，全国的名山大川，当然也包括道教名山和宫观，基本都有了自己或单独或集体的"传记"。遵循传统和习惯，道教学界通常将道教的宫观碑铭、庙碣等也作为宫观地志性文献来处理，本文从之。从总体上看，道教山志要比宫观志的数量多，宫观志中又以单篇的碑铭文献居多。

（二）《道藏》与名山宫观志

《道藏》收录的道教经书、典籍包罗万象，其中，属于历史地理类的名山宫观志方面的文献也相当多。这些名山宫观志在旧版《道藏》中一般分属于各洞（部）的"记传类"，当然也有个别志书划归在其他类别，如《山海经》归类在"本文类"，《三才定位图》和《大涤洞天记》分别归类在"灵图类"和"谱录类"，《洞渊集》（李思聪编）和《岱史》在《万历续道藏》中则分别直接属于"太玄部"和"正一部"。

本文探讨《道藏》与名山宫观志，主要以1988年文物出版社、上海书店、天津古籍出版社三家联合影印出版的 36 册《道藏》[①]为范围。但是由于三家本《道藏》采用传统的三洞四辅十二类的分类方法，名山宫观志书在其中分布于多个册本，不够集中，查阅使用不很方便。华夏出版社于 2004 年出版的《中华道藏》，虽然以三家本《道藏》为主要采编范围（底本），但是采用了新的分类方法编目和归册。对于名山宫观志来说，《中华道藏》设"仙境宫观山志"分册（即第 48 册），按书名或篇名以及所涉及的主要内容，将 30 种道书和文献归纳集中成一册。这就为我们了解和查阅名山宫观志提供了便利。

但是，不管是哪一种"道藏"，承载道经文献的能力都是有限的，不可能把所有的名山宫观志搜集齐全。我们知道，在明代编修《道藏》和《续道藏》的时候，许多道教名山和重要宫观都已经有了一种或数种版本的志书，但进入《道藏》编修者的视野并最终被采用的，只是其中很小的一部分，也就是现在我们可以从《中华道藏》中看到的这 30 种。其余更多的志书，或者没有被《道藏》编修者发现，或者不被《道藏》编修者看中以及种种不得而知的原因，最终没有进入《道藏》，只能长期散逸于江湖各处，我们称之为"藏外志书"。在《道藏》编修之后（明清至民国时期），大量的宫观山志又相继出现，但是已经错过了入"藏"的历史机会，可称之为"藏后志书"。现在所能接触到的，以"藏后志书"居多。这两类志书的数量，要远远多于《道藏》所收志书之数。

所以，我们还应该把视野在三家本《道藏》的基础上适当放大，兼顾到《道藏辑要》《藏外道书》《道书集成》、台湾版《道藏精华》和《中华续道藏》等大型道书总集与《中国道观志丛刊》《中华山水志丛刊》等大型志书专集中辑录的名山宫观志以及部分单行本名山宫观志。

[①] 以下简称"三家本《道藏》"。

（三）名山宫观志的历史新生

由于过去时代的文化出版和传播条件所限，"藏外志书"和"藏后志书"大多并没有在大范围发行流通，再加上社会动荡、文化管制等各种原因，能够完整地保存下来实属不易。相对来说，过去的皇家藏书机构和后来的公共图书馆，借助政府的特权（"诏地方造送图经"等）和良好的馆藏条件，不仅在志书保存方面，而且在整个文化传承上都居功至伟。当然，一些民间藏书家于此也有独特贡献，功不可没。

近几十年，道教学研究随着道教事业的发展而趋向繁荣，传统道教宫观山志以其容载的丰富历史文化信息和具有的重要学术研究价值，越来越受到社会各界的重视。宫观山志在文化出版界也呈现出良好的形势，旧志新版成为一种重要的出版业务，江苏古籍出版社、巴蜀书社、齐鲁书社、黄山书社、岳麓书社、国家图书馆出版社等以及台湾地区的一些出版机构，或影印原版，或新排简化字版，或请专家学者点校、注释等，纷纷重新出版了一批宫观山志。原来只有少数人可以查阅的志书文献得以大范围发行流播，再加上新式道教宫观山志的编修、出版，使得人们可以接触到更多的材料，更加深入地研究道教学。旧志新版和新式志书的大量涌现，既是道教学研究成熟的结果，也是道教学研究繁荣的表现。它们之间形成了良好的互动关系和互相促进的局面。

在旧志新版活动中，各地整理、出版了大量单一版本的旧志；也有一些出版机构，将多种前代志书汇萃、整理在一起，以类似志书集成的形式出版印行。志书集成，即汇集多种宫观山志的较大型的丛书性文献。当然，文化出版界一般只是从广义的中国名山志书层面收集处理这些志书，较少刻意把道教的名山宫观志书和佛教的名山寺院志书以及其他宗教名山和建筑的志书区分开来。但是，这些出版机构组织大量的专家学者整理、点校、注释、考证被选中出版的志书，仍然为我们的学习和研究带来了很大的方便。

作为广泛辑录宫观山志的大型文献，近些年出现的一些规模较大的丛书，往往冠以"中国""中华"字样，以示规模宏大，包容量多，涉及面广，如《中国名山志》《中国道观志丛刊》《中华山水志丛刊》等。另外还有地域性的志书集成，如《江西名山志丛书》；也有某一宫观或道山的多种志书的集成，如《武当山明代志书集注》等。将一定范围内的名山志书或某一名山（宫观）历代不同版本的志书集中点校，汇编集成，也代表了道教宫观山志研究和出版的一个重要方向。

显然，这些名山宫观志都是前人编修的旧式志书，本文主要以此为对象讨论名山宫观志各方面的情况。至于各地新修的现代新式名山宫观志，由于数量大、版本多以及难于全面集中等原因，本文只在必要的地方予以有限的涉及，主要是用于新旧志书的比较。[①]

二、三家本《道藏》中的名山宫观志

（一）道教名山与山志

1.《茅山志》

茅山，本名句曲山，位于江苏省南部，镇江句容市与常州金坛区交界处，是道教圣地之一，被称为第八华阳洞天或金坛华阳之天、第一地肺福地。相传汉代时，有茅盈、茅固、茅衷三兄弟于此隐遁，修道得仙，乘鹤飞升。故后世又称该山为茅君山、三茅山，简称茅山。后茅山道徒奉三茅真君为祖师，历代道教活动相继不绝，是道教茅山宗祖庭、上清派发源地，正一、全真多派共修共存，今有茅山道院（元符万宁宫、九霄万福宫等）、乾元观、华阳洞等。

[①] 为行文简洁起见，下文中非特别说明，"志书"专指道教名山宫观志书。

《茅山志》33卷，题"上清嗣宗师刘大彬造"。书前刘大彬叙录介绍了该书编修的大致经过，乃在旧志的基础上增纂，历时十余年而成。原为12篇15卷，收入《道藏》时因版式规定和每卷字数限制而析为33卷。具体内容为：

"诰副墨"（卷一至卷四）载汉代（汉哀帝）至元代（元仁宗）历代加封三茅真君和历代祖师的诏诰及表启；

"三神纪"篇（卷五）载三茅真君世系及传记；

"括神区篇"（卷六、卷七）记述茅山的山峰水洞、坛石桥亭等；

"稽古篇"（卷八）记述天市坛石、茅君丹井、昭明太子读书台等古迹23处；

"道山册"（卷九）录《道德经》及有关上清、茅山的道书篇目；

"上清品"（卷一〇至卷一二）记述上清经录圣师谱系及历代宗师[①]传略；

"仙曹署篇"（卷一三、卷一四）记述华阳洞天三宫五府诸仙真职司及重要事迹；

"采真游篇"（卷一五、卷一六）记述历代栖山修道隐真高士的姓名和事迹；

"楼观部篇"（卷一七、卷一八）记述山中楼观庵院等建筑；

"灵植检篇"（卷一九）记述神芝、灵药、名木、异卉等；

"录金石篇"（卷二〇至卷二七）辑录南朝梁至元代碑碣石刻文献，多传记史料；

"金薤篇"（卷二八至卷三三）辑录南朝齐、梁至宋元吟咏茅山的各家诗赋，中有李德裕、王安石、周邦彦、吴全节等数十人的作品，另外还收录有书、启、铭、序若干篇。

《茅山志》内容丰富，收录资料比较详尽，对研究道教发展历史尤

---

① 从第一代太师魏华存、第二代玄师杨羲、第三代真师许穆，讫于四十五代宗师刘大彬。

其是元代以前茅山道教的教派传承、人物活动、宫观名胜等情况，有较高价值。

2.《岱史》

泰山，又名岱山、岱岳、岱宗、泰岳等，为五岳之东岳，位于山东省中部，隶属泰安市，绵亘于泰安、济南、淄博三市之间。

《岱史》18卷，明代查志隆编纂，收入《续道藏》。明代之前，泰山原有旧志，但多简略，且时久寝废。明代长芦巡盐御史谭耀有感于此，乃命属下官员查志隆对前代旧志加以增广补续，重新编辑山志，是为《岱史》，约成书于明神宗万历十四年（1586）。卷首有谭耀所作序及查志隆撰"岱史公移"。书前有凡例及总目，诸册前有细目。全书分"三考""二表""四纪""五志"。"三考"为图考、星野考、形胜考，皆为旧志所略，撰者参校诸子史籍，对泰山域图、天象及山川形势详为考释；"二表"即山水表、疆域表，列举泰山之山水疆域；"四纪"为狩典纪、望典纪、遗迹纪、灵宇纪，记述历代帝王巡狩泰山，举行祭祀典礼之历史和遗迹；"五志"为宫室志、物产志、香税志、灾祥志、登览志，分别记载泰山宫观寺庙、土产风物、香火税收、灾异祥瑞，并辑录历代登临泰山之文人官宦所作诗词歌咏、序文游记等。全书编辑条理清晰，考释详实。

3.《西岳华山志》

华山，亦称太华山，为五岳之西岳，位于陕西省华阴市境内。华山因险而名，因仙而灵，自古为道教的神仙洞府，是十大洞天和三十六小洞天之一。

《西岳华山志》1卷，金代王处一编。王处一，字子渊，号莲峰逸士，与全真道"北七真"中的玉阳子王处一为同时代同名之人。该书卷前有刘大用序，简述编者情况及修书过程，并称"其文七十余篇"，而现在仅有50余条，当是后来有所合并或删节。书中详述华山峰峦溪涧、泉潭池井、林谷穴洞、宫观寺庙、神林古柏等，多述及神仙故事（诸神降现）和人物事迹（仙真修炼），涉及人物有清虚裴君、白羊真人、黄初平、陈抟、郑遨、罗隐之、翟士端、郑隐、杜怀谦、王晖、寇谦之等。大体上以地为纲，诸事各附地而记。《四库提要》评其为：

> 皆载华山神仙故事。尽道藏之余文，非地志之正体，故隶之道家类焉。

4. 《金华赤松山志》

金华山，又称赤松山，位于浙江省金华市（古称婺州）境内。晋代葛洪《神仙传》记述有晋代道士皇初起、皇初平兄弟二人在赤松山中修道故事。

《金华赤松山志》1卷，简称《赤松山志》，题"松山羽士竹泉倪守约撰"。倪守约当为南宋末人。书中，倪守约参照《神仙传》中二皇君事迹而做传记1篇，详述二皇君生平。该书还记述了金华山中炼丹遗迹、洞穴、山水、宫观、人物、制诰、碑铭文籍等事项，且分作8类8篇。按书前倪守约自序所言，该书取材于"神仙传记之所录、经典碑铭之所载、父老之所传、风月之所咏"，对于研究金华山道教史有一定的参考价值。

5. 《天台山志》

天台山，位于浙江省台州市天台县境内，以"佛宗道源、山水神秀"闻名于世，是佛教天台宗和道教金丹派南宗的发源地。唐宋著名道士司马承祯、杜光庭、张无梦、白玉蟾等，皆曾于该山桐柏观修道，山中保存有国清寺、赤城山玉京洞等较多历史文物和古迹。

《天台山志》1卷，不著撰人，盖撰于元末明初之际。首篇"郡志辩"，记述洞溪、宫观、井泉诸迹，并收录相关诗赋，词旨可观。书中还录有"重建道藏经记""重修桐柏观记"等，史料价值较高。但该书只是撮取部分材料，随手纂辑而成，并非全面详细的山志，且编次没有系统体例；所据资料，也都是全文抄录。

6.《龙角山记》

龙角山，原名羊角山，位于山西省临汾市浮山县境内。唐武德三年（620），在山上建老子祠，改羊角山为龙角山；开元十四年（726），改老子祠为庆唐观；天宝二年（743），大兴土木，予以扩建；北宋天圣五年（1027）改庆唐观为天圣宫，继续奉祀老君。

《龙角山记》1卷，不题撰人，约成书于金朝。此书辑录唐宋金三代有关龙角山庆唐观之碑记、诏令8篇和祈祷文6篇。书中所收开元十七年（729）唐玄宗撰"御制庆唐观纪圣铭"，详细记述了唐高祖因曲沃人吉善行宣称太上老君显现于羊角山而开始兴建庆唐观的事情。书中还收录有唐"诏下庆唐观"和宋"庆唐观碑铭"，以及金代祈雨雪等祭祷文。其中，"唐明皇诏下庆唐观"记载了唐玄宗诏命天下奉读《老子》之书，并在科举考试中减《尚书》论议而加《老子》策的情况，史料价值较高；韩望所作"庆唐观碑铭"，思理明晰，文章隽雅，堪为铭中佳什。

7.《仙都志》

仙都山，古称缙云山，位于浙江省缙云县境内，县以山得名。《元和郡县志》《太平寰宇记》等称"黄帝炼丹于此"，道书以之为第二十九洞天，称"仙都祈仙天"，是古代道教胜地。唐宋时建立宫观，道士来此修道者颇多。

《仙都志》2卷，元代陈性定编集，吴明义校正。书中记述山川、祠宇、神仙、高士、草木、碑铭、题咏等，所记多为唐、宋时期的人和事，所录诗文中有白居易、陆龟蒙、朱熹等名家之作。书中引文大多注明出处年代，很有参考价值。

8.《大涤洞天记》

大涤山，古名大辟山，位于浙江省杭州市余杭区，以"大可以洗涤尘心"之说而名。关于大涤洞天的所在，过去道书及方志的说法不尽一致。检视司马承祯《天地宫府图·三十六小洞天》、杜光庭《洞天福地岳渎名山记·三十六洞天》、潜说友《咸淳临安志》（卷二四"大涤山洞天"条）及邓牧《洞霄图志》（卷三"大涤洞"条），可知，前人将余杭的大涤山、天柱山和临安的天目山视为同一洞天，而七十二福地序列中又列天柱山为第五十七福地。

《大涤洞天记》3卷，原题"本山邓牧心编"。邓牧（1247—1306），字牧心，浙江钱塘人，宋末元初隐士，居大涤山洞霄宫，与道士孟宗宝合撰《洞霄图志》6卷，详记其山之奇秀、岩洞之深杳、宫宇之沿革、人物之挺特以及仙圣游化之迹、英贤记述之美。书中前有吴全节、沈多福二序，后有叶林、李浡孙二跋。观此书可知大涤洞天之概略。但《道藏》未收该书，所收《大涤洞天记》实际上是《洞霄图志》的删节本，乃明初道士重刻时妄以其意删节并改为现名的。其时，除增入张宇初之序外，不仅删去了原六门中的人物门，保留的宫观、山水、洞府、古迹、碑记等五门，也皆有不同程度的砍削，并非全文。《洞霄图志》书名"图志"，本当有图，但今之《洞霄图志》及《大涤洞天记》均已无图，当是在传承中图佚而志存。

9.《南岳总胜集》

衡山，位于湖南省衡阳市，为五岳之南岳。道佛两教都很看好衡山，均在此繁衍发展，宗教文化繁盛。

《南岳总胜集》1卷，不题撰人。《四库未收书目提要》认为是宋代道士陈田夫撰，原为3卷。焦竑《国史经籍志》录有《南岳总胜集》，为3卷；杨士奇等撰《明书·经籍志》著录此书，作3册。原书上、中、下三卷，对南岳衡山的介绍记述比较详尽，但在入编《道藏》时，删简较多，仅留一卷，记述了衡山的道教宫观及部分神仙。其中的宫观部分，包括真君观、南岳观、上清宫、隐真岩、九真观、九仙宫、紫虚阁等28处宫观灵迹。

10.《武当福地总真集》《武当纪胜集》

武当山，又名太和山，也称太岳、玄岳等，位于湖北省丹江口市。相传玄帝（即真武大帝，亦称玄天上帝）于此修炼飞升，谓"非玄武不足以当之"，故名武当山。其他别名亦各有道教典故传说。道教认为武当山是仙真所治福地之一，称"武当福地"或"紫霄福地"，历代皆有高道入山修炼。元代武当道教及玄帝信仰得到蓬勃发展，至明代达到鼎盛。经明成祖大修、明世宗重修，并封为"治世玄岳"，武当山道场成为"皇室家庙"，被称为"亘古无双胜境，天下第一仙山"，是武当武术的发源地。现存金殿、太和宫、紫霄宫、南岩宫、玉虚宫遗址等。1994年武当山古建筑群被列为世界文化遗产。

《武当福地总真集》3卷，亦称《武当总真集》《武当总真事迹》，题"林下洞阳道人刘道明集"。刘道明为元代武当清微派道士。该书约成书于元世祖至元二十八年（1291），前有刘道明自序，末有吕师顺跋。该书记述了武当山的峰岩溪涧、宫观本末、神仙灵迹、仙禽神兽、奇草灵木、真武神历代封号及传记、录善降日、供献仪物、古今明达等。书中除了对武当山的自然、人文景观予以介绍外,更值得注意的是,该书以宋代的《玄帝实录》为依据而描述的"玄帝传记",将玄帝传说本土化、系统化,且时时处处与武当山水胜迹、仙禽神兽、奇草异木紧密联系,有意识地宣扬武当道教供奉的主神——玄帝,增强了武当福地与真武信仰的本山意识。卷末所载历代在武当山修道成仙之名士达20多人。

《武当纪胜集》1卷,元代罗霆震撰。该书为武当名胜题咏文集,除卷首二章及卷末一章为七律外,其余皆为七言绝句,计209首。举凡武当山之宫观祠庙、楼台殿阁、峰岩涧谷、潭泉溪池以及仙禽神兽、奇木异石等,皆一一为之题咏。诗颇平淡,殊鲜佳什,难称上品。然据此可大致了解元代中期以前武当山的宫观建筑、神迹传说、民间信仰等情况。相对来说,其史料价值更值得重视,可以算作是诗体志书。

(二)宫观志:《梅仙观记》

梅仙观,原址位于江西省南昌市新建区西部。梅岭为西山七十二峰之一。西汉末年,南昌县尉梅福退隐西郊飞鸿山。后人建梅仙坛、梅仙观以作纪念,并改山名为梅岭,也称梅仙山。晋代许逊于此山中修道炼丹,创"太上灵宝净明法",至宋元时形成净明道,盛极一时。西山在唐宋时为道教名胜之地,被道书称为第十二小洞天,也称"天柱宝极玄天"。历代文人墨客多有来此游览探胜,留下许多名诗佳作。

《梅仙观记》1卷,原题"仙坛观道士杨智远编"。该书主要记述梅福仙迹,收录唐宋时期有关梅福及梅仙观的赞颂、诗词、题记等40余篇,其中有苏轼、黄庭坚等人作品。此外还有唐代罗隐"梅先生碑"、宋人碑题以及宋代加封梅福尊号及修建仙坛观敕文6篇,是研究梅仙山道教历史的重要文献。该书最终成书时间大约在南宋末年。除"梅仙事实"篇外,其余均标明作者姓名。"梅仙事实"成书于唐贞元二年(786),不题撰人,篇中详述西汉末年梅福弃官求道、炼丹升仙事迹,以及梅仙山残存梅福遗迹与宫观寺院情形。《四库提要》认为:

（"梅仙事实"篇）其文前列福王莽时所上书，全录《汉史》，"自变名为吴门市卒"以下，备言炼丹遇魔、逢师升举之事，其词甚鄙，至称王莽为"国舅"，殆粗野道流所依托也。

三、三家本《道藏》中的其他志书性文献

除了上面介绍的名山宫观志之外，三家本《道藏》中还有其他一些道经和宫观碑铭等文献，虽然不是真正意义上的宫观山志，但这些文献或者对道教名山福地观念的产生和道教名山宫观文化的形成有重要影响，或者在记述道教人物时也载录了相当份量的具有名山宫观志书性质的内容，或者以道教的洞天福地为记述对象，等等。我们可称之为志书性文献。

（一）神话传说及洞天福地仙境总说

1.《山海经》

《山海经》18卷，即山经5篇、海经8篇、大荒经4篇及海内经1篇，原有图而今不传。《隋书》《唐书》之经籍志皆说为23卷，则今本少5卷，按《四库提要》观点，可疑为后人合并卷帙而造成的。现在所能看到的《山海经》，多为晋代郭璞注本，目录下标注字数。《山海经》为上古地理书，出于汉代之前，以古人所能了解和理解的情况，详细记述了天下河流山川的概况，记山则注明山与山之间的距离和方向，记水则说明水的流向及渊源。间亦详述山川物产（草木禽兽及药物矿藏）、神话怪异及风土民情。《山海经》文辞瑰丽，大有可观，但失之于"丰富

的想象和大胆的夸张",故《道藏》收其入太玄部;朱越利先生《道藏分类解题》将其归入"神话类"。

2.《十洲记》

《十洲记》1卷,又称《海内十洲记》《十洲三岛记》等。原题"汉东方朔撰",一般认为是六朝人托名所作(如《四库提要》),也有学者认为成书时间在汉末(如李剑国、萧登福)。书中记述海内十洲及三岛的方位、幅员、物产、奇异等,有模仿《山海经》的痕迹。其中仙岛部分以神仙叙述为主并有较为完整的神仙体系,昆仑部分充满道教神仙色彩,实为道教仙境说的鼻祖。全书内容支离虚妄,可视为神仙家夸诞之书,也常被作为古代地理博物类志怪小说来看待、研究(如鲁迅《中国小说史略》)。《道藏分类解题》将其归入"神话类"。

3.《洞天福地岳渎名山记》

《洞天福地岳渎名山记》1卷,题"唐广成先生杜光庭编"。卷首有杜光庭序,撰于唐昭宗天复元年(901)。书中将道教仙境分为8类并逐一简述,包括岳渎众山、中国五岳、十大洞天、五镇海渎、三十六靖庐、三十六洞天、七十二福地、二十四灵化等。从中可以看出该书所受《十洲记》及唐司马承祯《上清天宫地府图经》等书的显著影响,甚至有部分内容都大致相同。《洞天福地岳渎名山记》是道教仙境说早期的集大成者,并在理论上对洞天福地思想的体系化建构进行了探索,对后世道教名山洞府崇拜的影响颇大。

4.《洞渊集》(李思聪编)

《洞渊集》9卷,宋代虔州(今江西省赣州市)大中祥符宫道士李思聪编纂。该书纂集道书中关于三清、三界、洞天福地、天宫星宿之说，内容与《云笈七签》卷二四至卷二八略同。卷首有皇祐元年（1049）李思聪《进洞天海岳表》《乞进洞天海岳名山图状》及次年的《中书札子付昭信军》三文，俱称所进为玉清璇极图、洞天五岳图、蓬壶阆苑图、大溟灵渎图、名山福地图、金液还丹图等六图及卧披图十轴，并谓"纂为画图，赞之诗序"。在《道藏》中，本集仅有叙文而无图。其中的三界咏序，申明总体撰编任务；三清咏序，叙述三清名号及传降经箓（《度人经》《阴符经》《正一盟威箓》《道教金科玉律》等）事迹，内有紫微北极五灵帝君诸神；洞天福地，分述十大洞天、三十六小洞天、九山、十洲、七十二福地及五湖四海四渎八江三河十二溪三山水府、二十八治的方位、景物、灵脉；星辰，分述日月五星等周天十一曜星君、北斗七元星君、周天二十八宿星君之职司；上清三十二天帝宫神，记述三界太黄皇曾天等三十二天帝之职司。书末总释三界二十八天、四种民天及三清大罗天等。《道藏》收其入太玄部。

（二）宫观碑铭庙碣等

1.《唐嵩高山启母庙碑铭》

嵩山，又名嵩高山，主峰名峻极峰，取自《诗经·嵩高》中"嵩高维岳，峻极于天"之句。嵩山位于河南省登封市境内，为五岳之中岳。相传夏禹娶涂山氏之女，生子夏启，启母化为石。后人为纪念启母之辛勤，立庙祀之。今有启母阙。山中道教遗迹颇多，中岳庙主要奉祀中天大帝。2010年，嵩山天地之中历史建筑群[①]被列为世界文化遗产。

《唐嵩高山启母庙碑铭》1篇，唐崔融奉敕撰。崔融（653—706），字安成，齐州全节（今山东省济南市章丘区）人。崔融为文华美，当

---

① 包括中岳庙、东汉三阙（太室阙、少室阙、启母阙）、嵩阳书院、少林寺等。

时无出其右者；为太子侍读时，东宫表疏多出其手，累补宫门丞、崇文馆直学士。本篇为嵩山夏后启母庙碑文，铭序一体，前面是序，作骈体文，后面为铭，皆四言句。文辞极尽华丽，赞颂启母之德。圣历元年（698），武则天登嵩山封中岳，见此碑文，深加赞叹。明嘉靖八年（1529）刻本《登封县志》录有《嵩山启母石碑铭》一篇，文字稍异。

2.《唐王屋山中岩台正一先生庙碣》

王屋山，位于河南省济源市西北，为道教十大洞天之首，称"小有清虚之天"。唐代时王屋山道教兴盛，有司马承祯等众多高道居此修道，宫观遍布。经历代毁建，现存多为明清时期建筑，阳台观位于王屋山最高峰天坛山南麓，今尚存者为阳台宫，其他还有紫微宫、清虚宫、十方院（相传司马承祯著经处）、灵都观（相传乃唐玄宗为玉真公主修道而建之金仙观）等。

《唐王屋山中岩台正一先生庙碣》，单篇，唐代卫阴撰，收入《道藏》洞神部记传类。正一先生，即司马承祯，上清派第十二代宗师，乃唐代著名道教学者。本篇较为详细地记述了司马承祯的生平修道事迹，谓其属陆修静一派，陶弘景三传弟子，从体玄先生潘师正学道。开元十二年（724）唐玄宗召司马承祯入内殿受《上清经》法，乃于王屋山置阳台观居之，著《修真秘旨》十二篇（今佚），叙修炼方术。开元二十三年羽化，被追赠为银青光禄大夫，谥称"正一先生"。

3.《终南山说经台历代真仙碑记》

终南山，又名太乙山、地肺山等，属秦岭山脉中段，位于陕西西安之南，东西横跨蓝田县、长安区、鄠邑区、周至县等县区，雄峙在古城长安之南，也称南山。楼观台在周至县境内。古人云：

>关中河山百二，以终南为最胜；终南千峰耸翠，以楼观为最名。

道教传说：当年函谷关令尹喜在终南山精思至道，结草为楼，观星望气，故名楼观。老子骑青牛过函谷关时，被尹喜请至楼观并执弟子礼，于是为尹喜讲授《道德经》五千言，然后飘然而去。今楼观台的说经台相传就是当年老子讲经之处。道教产生后，敬老子为道祖，尊尹喜为文始真人，奉《道德经》为根本经典。于是楼观成了"天下道林张本之地"，终南山也共享了"仙都""洞天之冠"和"天下第一福地"的美称，成为道教发祥地之一。

《终南山说经台历代真仙碑记》1卷，元代茅山道士朱象先编。至元年间，朱象先往礼终南山全真祖庭，至楼观台。楼观原有《楼观先师传》3卷，即今已佚之《楼观内传》[①]。朱象先节录前书，并新增尹喜、尹文操、梁谌、尹志平、李志柔等五人，传后各附以赞语。传主自尹喜始，至李志柔止，为终南山历代祖师及高道集体传记。从这些人物传记中可以了解历史上终南山的道教发展情况，故该书有志书作用。但是书中汉代以前人物事迹，多出自仙传，甚至有些是虚构人物，史料价值不高。《道家金石略》亦有收录，题作《楼观先师传碑》。

4.《宋东太一宫碑铭》《宋西太一宫碑铭》《宋中太一宫碑铭》

在中国的封建时代，皇权与神权是紧密合一的，帝王作为"天之子"要祭拜恩谢天地保佑政权稳固。除此之外，天子还要在春天或秋天于都城的东南郊祭祀太一神，礼仪非常隆重。《史记·封禅书》中云："天神贵者太一，太一佐曰五帝。"帝王祭祀太一神，是为了祈求太一神

[①] 陈国符先生《道藏源流考》指出，晋梁谌著《楼观先生本起内传》1卷，后周韦节续撰1卷，唐尹文操再续1卷。3卷共30人，人各一传。

辅佐帝王的统治，希冀天下祥和太平，国富民安。史书中关于这方面的记载是很多的，如汉武帝、唐玄宗等，均有祭祀太一神的活动。从汉武帝时代起，太一神成为"天神之尊贵者"，即至高神，居五帝之上。到唐代，王希明《太一金镜式经》载"十神太一"，即太一神共有十位，各自独立且地位基本平等。到宋代，《政和五礼新仪》记载的宋东、西、中太一宫神位设置情形，反映出"十神太一"之一的"五福太一"已经成为十神之首，其他九位太一（君基、大游、小游、天一、臣基、直符、民基、四神、地一）成为"五福"的附庸。宋代国家祭典的太一神，主要是"太一五福之神"。

《宋东太一宫碑铭》1篇，题为"翰林学士承旨中奉大夫尚书吏部侍郎臣扈蒙撰"。宋太宗太平兴国八年（983）诏建太一宫于国都开封东南，并于次年秋八月，亲诣太一宫礼祀，命扈蒙撰此铭文。

《宋西太一宫碑铭》1篇，题为"翰林学士兼侍读学士玉清昭应宫判官臣宋绶奉敕撰"。宋仁宗天圣六年（1028）诏建西太一宫于京师开封之西南隅，规模宏大，并选精炼道士元靖大师徐思简等三十余人住持。宋仁宗及皇太后均亲往拜谒，命宋绶撰此铭文，记述建宫史及祀太一神事迹。

《宋中太一宫碑铭》1篇，题为"朝奉郎知制诰兼侍读判国子监臣吕惠卿奉敕撰"。宋神宗熙宁四年（1071），司天监奏称太一五福之神将行临中宫，应立祠以求民康物阜。神宗准奏，于京都开封城南建中太一宫。至熙宁六年春完工，神宗御书殿额，并命吕惠卿撰此碑铭记述其事。

5.《西川青羊宫碑铭》

青羊宫，位于四川省成都市西南郊。相传宫始于周，初名"青羊肆"，为老子出关后在四川敷演道法的地方，被誉为"川西第一道观""西南第一丛林"。

《西川青羊宫碑铭》1卷，唐代乐朋龟撰。李唐皇朝为抬高祖先，追认李耳（老子）为远祖、"圣祖"，先后册封其为"太上玄元皇帝""太上金阙玄元天皇大帝"。因皇权作用，此说成道教定论。唐僖宗为避黄巢之乱奔蜀，中和二年（882）获一刻古篆文之砖，有"太上平中和灾"6字。僖宗于是拨库钱兴建青羊宫。乐朋龟据此撰该碑铭，刻石于成都青羊宫。碑铭为唐骈体，典雅可诵。碑文除叙述道教关于老子为"帝王宗师"的神话传说外，其思想内容紧守《道德经》道生天地万物之旨，调和三教（儒释道）而倡尊道家，从一定程度上反映出当时社会道家思想的发展状况和时代思潮。

在《藏外道书》中，录有明抄本《青羊万寿宫万字碑》1卷，内容与此相同，可供参校勘误；另有《西川青羊宫碑记》1卷，出自《重刊道藏辑要》，仅书名有一字之差。将其作为藏外道书而重复选录，大可不必。

6.《宫观碑志》

《宫观碑志》1卷，《道藏目录详注》题"陶谷撰"，有误，乃将第一篇碑文撰人作为全书作者之故。全书集录有关泾州王母宫（位于甘肃省平凉市泾川县）、重阳成道宫（位于陕西省西安市鄠邑区）、亳州太清宫（今属河南省周口市鹿邑县）、中都（今北京）天长观和敕建普天黄箓大醮等碑记9篇，分别为宋、金、元不同时期的道教金石文献，作者绝非一人，考之有陶谷、郑子聘、魏抟霄、党怀英、朱澜、王鹗、冯志亨等。除陶谷为宋初人（曾任翰林学士）外，其余皆为金元时期人。该书大致集成于元代中期以后，编者当为全真派道士，所收碑文对研究金元道教史有重要价值。如其中的"重阳成道宫记"篇，详细记述了重阳宫的修建沿革，谓：王重阳于大定初年悟道，自掘一穴，号活死人墓，居之二年后迁至刘蒋村；金哀宗正大初年（约1224），尹志平、李真常、李志源于此建重阳成道观，凡三殿五堂；元宪宗二年（1252）改观为宫，称重阳宫，又如魏抟霄的"十方大天长观玄都宝藏碑铭"，记述了《玄都宝藏》的辑补刊印情况等。

（三）道教洞天图录等

1.《四明洞天丹山图咏集》

四明山，其核心之地丹山赤水位于浙江省余姚市境内。在唐代，四明山就已经是道教仙山，道书称"第九四明山洞，名丹山赤水洞天，在越州上虞县，真人刁道林治之"。道教传说的刘纲、樊云翘夫妇升仙的故事，就发生在这里。南朝陈初期，四明山地区出现了道观，道观的主题就是祭祀刘、樊二人。今有有四明道观、撒药台、聚仙亭、天机坪、老君石、丹洞等。

《四明洞天丹山图咏集》1卷，关于该书作者，目前学界尚有争议，主要是由于该书编排混乱，不仅误题撰者、注者，且序文与所序之书亦张冠李戴、阴差阳错，极易使人误解。书中原题"唐木玄虚撰，唐贺知章注"；《中华道藏》中认为是元代曾坚、危素等编，与《道藏提要》所持观点一致；朱越利先生《道藏分类解题》中认为该书的真正编集者是元代道士毛永贞及弟子薛毅夫。该书可分前后两部分。前半部分包括木玄虚撰序、贺知章注四明山图、吴上虞令刘公传赞、宋孔先生传赞、四明山铭、白水观记等，各篇分别记述四明山的山川洞穴形势、历代道士在此修道以及宫观沿革史迹等；后半部分包括曾坚撰"石田山房诗序"以及唐、宋、元三代贤士有关四明山的题咏100多首，其中曾坚撰"诗序"中记叙了毛永贞、薛毅夫等人事迹，并说石田山房是毛永贞修道之处。

2.《龙瑞观禹穴阳明洞天图经》

龙瑞观，在会稽山，位于浙江省绍兴市区东南部，为道教洞天福地之一，称"禹穴阳明洞天"。会稽山在隋代即被列为"四镇"之一，今有大禹陵、禹庙等古迹。

《龙瑞观禹穴阳明洞天图经》1卷，原题"宋翰林学士李宗谔修定"。《宋史·艺文志》地理类著录有李宗谔《越州图经》98卷、《阳明洞天图经》15卷。该书大概是节选其中有关道教神仙灵异之事。书末有北宋政和四年（1114）越州特奏名进士叶枢所作后记，谓书中所记山川宫观皆出于《越州图经》以及叶枢寻访见闻，则该书大概是叶枢抄纂、增补李宗谔书而成。全书仅有6个小段落，记述了龙瑞观、会稽山、宛委山、射的山、箭羽山、郑洪山等会稽名胜，各处皆与道教传说有关，但内容很简略，尤其是关于龙瑞观的记叙，只有约50字。可知，该书题名与内容不尽相符。

（四）道教仙真传说、人物传记等

1.《天坛王屋山圣迹记》

《天坛王屋山圣迹记》1卷，不题撰者，约成书于元代。本书辑录唐、宋、元三朝有关王屋山之碑记及名人歌咏诗文。卷前有唐杜光庭序，但记文为唐后所作，且后附诸诗文，有出于元人之手者。该书收集杜光庭《天坛王屋山圣迹记》、唐睿宗"赐司马天师书"四通及诗一首，以及杜甫、金门羽客林仙人、通真道人和元代杜仁杰等人诗篇，还有元代陈道阜"元特赐玉天尊之记"等，汇编而成。杜光庭《圣迹叙》云：

山中有洞，深不可入，洞中如王者之宫，故名曰王屋。

序中叙述黄帝在王屋山祷于上帝，感王母于天坛山（王屋山最高峰）降授《九鼎神丹经》及《阴符策》，遂大破蚩尤的神话故事。此外，该书对司马承祯的事迹记述颇详。

2.《古楼观紫云衍庆集》

《古楼观紫云衍庆集》3卷，元代朱象先编。唐武德三年（620），改楼观为宗圣观；武德八年欧阳询撰"大唐宗圣观记"，陈叔达为作碑铭；开元五年（717），员半千为宗圣观主尹文操撰"大唐宗圣观主银青光禄大夫天水尹尊师碑"；天宝元年（742），刘同升撰"大唐圣祖玄元皇帝灵应碑"。据元代李鼎撰"大元重修古楼观宗圣宫记"，记述"中统元年（1260）夏六月，朝命易观为宫，仍旧宗圣之名"。朱象先合集上述唐代3碑及元人碑记8篇汇编成集。因元代由尹志平倡议、李志柔主持重建的楼观三楼中有一楼名"紫云衍庆"，该书即以此名，称《古楼观紫云衍庆集》。朱象先自撰的"关尹子后序""古楼观系牛柏记""重建会灵观记"等也编入集中。所收碑文迄于元武宗至大元年（1308）王守玄所撰"玉华观碑"。卷末录"名贤题咏"楼观台诗，自唐迄元，有王维、卢伦、苏轼、苏辙、尹志平等人作品，朱象先自己的作品也收于其中。该书是研究楼观派道教历史的重要资料。

（五）未入编《中华道藏》仙境宫观山志分册的志书性文献

在《道藏》中，还有一些道经，如《赞灵集》《华盖山浮丘王郭三真君事实》《庐山太平兴国宫采访真君事实》等，虽然从题目上来看，可能属于"人物仙传"之类，但认真研读后我们可以发现，其中有相当多的内容属于宫观山志的范畴，记述的史料具有志书的性质。《中华道藏》没有将这些文献编入仙境宫观山志分册中，所以我们在此也予以介绍。

1.《赞灵集》

灵济宫，位于福建省闽侯县境内（青口镇青圃村）。始建于五代南唐，初名大王庙，明代永乐十五年（1417）重建后赐名洪恩灵济宫，奉祀洪恩、灵济二真君（徐知证与徐知谔），是福建著名的民间道教圣地。现存仅有全木结构御碑亭为明代建筑。

《赞灵集》4卷，约辑成于明初（当在1432年以后）。《正统道藏》未收，入《万历续道藏》。[①]《四库提要》将其附于《徐仙翰藻》之后予以简短介绍，《道藏经目录》及《道藏目录详注》也均无专条载记。该集4卷分别收载碑记6篇、表札9篇、序疏跋文9篇及赞颂洪恩、灵济二真君的诗文81首。如果把其中的灵济宫记、重修灵济宫记、重修灵济宫疏等篇什材料集合起来，基本上就是一部"灵济宫志"。该书对研究福建青圃灵济宫和地方民间道教信仰有重要价值。

2.《庐山太平兴国宫采访真君事实》

庐山太平兴国宫，原为九天使者庙，始建于唐代，五代南唐改称通元府，宋代扩建后又两改其名，先是太平兴国二年（977）改名太平兴国观，后于宣和六年（1124）再改为太平兴国宫。该宫供奉庐山之神——采访真君。

《庐山太平兴国宫采访真君事实》7卷，撰人不详，初撰于南宋，增补成书于元代。该书汇编唐、五代、宋、元时期相关资料，记述采访真君事迹、宋元两代崇奉采访真君情况、历代在庐山学道求仙者事迹等，辑录有关太平兴国宫之碑文以及庐山使者显灵感应事迹等。收入三家本《道藏》正一部，[②]《藏外道书》中收录该书为8卷本，归入"传记神仙

[①] 见三家本《道藏》第35册。
[②] 见三家本《道藏》第32册。

类",可作校勘。① 该书实际上可以作为一部较为完整的"太平兴国宫志"或"庐山志"。

3.《华盖山浮丘王郭三真君事实》

华盖山,又名大华山,位于江西省抚州市乐安县东南部(原属崇仁县),因山形状如莲花宝盖,因而得名为"华盖山"。传说,王褒、郭真君在此山得浮丘公传授仙术,焚修炼丹,得道飞升。山中有浮丘公、王褒、郭真人三真祠庙及各种道教遗迹,为道教名山胜地。

《华盖山浮丘王郭三真君事实》6卷,述三真君传、华盖山灵异事迹及峰岩宫观、人物传说等。编纂者非止一时一人,自宋至明,有沈庭瑞、黄弥坚、刘祥、王克明、章元枢等,皆依据前人撰述编辑而成,并各有增补。卷前有张宇初序,可知该书最后定形刊版于永乐五年(1407)。卷三至卷六即南宋道士章元枢所撰《华盖山事实》一书,其中除详备记述真君实录及有关灵迹外,还详记华盖山之峰岭岩洞、奇异祥瑞等各种景致(卷三),山中宫观数十处(卷四),以及高道传记、有关三真君之奇闻轶事等(卷五、卷六)。收入三家本《道藏》洞神部谱录类②。该书相当于是"华盖山志"的雏形。200多年后的天启七年(1627),时任崇仁知县的崔世召(福建宁德人)编纂《华盖山志》,经过清代增订,于民国时始刊印流传。是志共12卷,分序言、胜迹志、建置志、灵异志、栖贤志、崇祀志、艺文志和纪咏志8部分,内容详实完备。两书相比,当然后出者更佳,但对于研究华盖山道教文化的发生、发展和沿革、胜迹、建置等问题,《华盖山浮丘王郭三真君事实》仍有不可忽视的作用和价值。

---

① 见巴蜀书社影印本《藏外道书》第18册。
② 见三家本《道藏》第18册。

4.《南岳小录》

《南岳小录》1卷，原题"道士李冲昭述"，约成书于唐末。《新唐书·艺文志》中著录有该书。该书卷首有李冲昭自序，介绍成书过程情况。书中详叙南岳衡山之山川名胜及历代道士修道升真之事。收入《道藏》洞玄部谱录类[①]。该书可以作为一种"衡山志"来读用。

在《中华道藏》仙境宫观山志分册中，编录有《三才定位图》《太华希夷志》等文献。《三才定位图》，收入《道藏》洞真部灵图类[②]，与《上清洞真九宫紫房图》同卷。该书实为道教之神仙简谱。《太华希夷志》（2卷，元张辂编撰）收入《道藏》洞真部记传类[③]。该书其实就是"陈抟传"（陈抟号希夷先生）。这两种文献均与名山宫观志无紧要关系，《中华道藏》的归类编录和分册处置方式似有不妥。

四、其他道经总集中的名山宫观志

（一）《道藏辑要》

《道藏辑要》是继明《正统道藏》和《万历续道藏》之后收书最多的道教丛书。一般认为该书是清康熙间彭定求撰辑编成，也有学者认为此书系蒋元廷编纂于清嘉庆年间（《道藏精华录》持此说）。后书板被焚，书亦留存甚少。光绪十八年（1892），四川成都二仙庵住持阎永和首倡重刊，至光绪三十二年刊成《重刊道藏辑要》，板存成都二仙庵。全书按二十八宿顺序排列。收道书287种，其中新增道书114种，皆为

---

① 见三家本《道藏》第6册。
② 见三家本《道藏》第3册。
③ 见三家本《道藏》第5册。

明《道藏》未收的典籍。在最后的翼集和轸集中辑录了若干宫观地志文献，有《终南山说经台历代真仙碑记》《四川青羊宫碑铭》《华盖山浮邱王郭三真君事实》《洞天福地岳渎名山记》《南岳总胜集》《梅仙观记》《天下名山记》等。

《天下名山记》不分卷，题"新安吴秋士西邨选，汪立名西亭校订"。吴秋士，字西湄，清代徽州歙县（今安徽省黄山市歙县）人。《四库提要》录为《天下名山记钞》，并认为：

> 其书取何镗《游名山记》及王世贞之《广编》删而录之，无一字之考订。

《四川省古籍联合目录》录有该书，分16卷、附图1卷，乃清康熙三十四年（1695）宝翰楼刻本。上海书店1982年出版有《天下名山游记》（繁体竖排），亦即该书。

除《天下名山记》外，《道藏辑要》所收录其余各志书，或与明代正续《道藏》重复，或已被三家本《道藏》采编，此处不再赘述。

依据二仙庵板，1984年开始，成都市道教协会与巴蜀书社联合重印发行《道藏辑要》；台湾地区道教学术资讯网站也据此书制作出版了DVD电子版《道藏辑要》(洪百坚策划，成都青羊宫监制)，且对原件缺页部分也有所补辑，较为齐整，阅读使用相当方便。

《道藏辑要》《重刊道藏辑要》对后来编修的各种道经总集有一定影响，其中辑录的道经文献，常常被后出者参鉴编用。

(二)《藏外道书》

《藏外道书》，胡道静等主编，巴蜀书社1992年、1994年出版。作为"新续道教经典总集"，《藏外道书》全书36册，荟萃了明代《正统道藏》和《万历续道藏》之外的近千种重要道教经籍，是现代编辑刊行的规模最大的一种道教丛书,其中所收文献价值很高。

为了适应当代道教界和学术界的方便使用,《藏外道书》不再沿用过去的三洞四辅十二部的编排方法,而是将所收书按内容区分为古佚道书类、教理教义类、戒律善书类、传记神仙类、宫观地志类等11类。其中,宫观地志类中,收列明清、民国时期的道教宫观山志和碑铭等文献近30种。

这些文献主要集中在第19册、20册和第32册、33册中,书目及版本情况大致如下:

第19册5种:

《罗浮志》10卷,(明)陈梿撰,清道光间重刊本;

《罗浮山志会编》22卷,(清)宋广业纂辑,清康熙间刻本;

《龙虎山志》16卷,(清)娄近垣纂辑,乾隆五年刊本;

《崂山志》8卷附《游崂山指南》1卷、《名胜题咏》1卷,(明)黄宗昌著,(民国)黄坦增补,民国二十三年(1934)版;

《茅山全志》14卷,(清)笪蟾光编,清光绪四年重刊本;

第20册11种:

《华岳志》8卷首1卷,(清)李榕纂辑,清道光十一年刊本;

《金鼓洞志》8卷首1卷,(清)朱文藻纂辑,清嘉庆时刊本;

《武林玄妙观志》4卷,(清)仰蘅辑,清嘉庆时刊本;

《城北天后宫志》4卷,(清)丁午辑,清道光时版本;

《紫阳庵集》4卷,(清)丁午辑,清刻本;

《重阳庵集》1卷附1卷,(明)梅志暹编辑,骆仲仁补辑;

《重印玄妙观志》12卷首1卷,(清)顾沅辑,道光时版本;

《青羊万寿宫万字碑》1卷,(唐)乐朋龟撰,录自《重刊道藏辑要》;

《西川青羊宫碑记》1卷,(唐)乐朋龟撰;

《白云观志》7卷，日本·小柳司气太编，日本国书刊行会1986年
　　重印本；
《逍遥山万寿宫志》22卷，（清）金桂馨、漆逢源纂辑，清光绪四年
　　刊本；

第32册5种：
《阁皂山志》上下2卷，（明）俞策撰，明万历间抄本；
《浮山志》5卷，（清）陈铭珪撰，清光绪年间刻本；
《罗浮志补》15卷，（民国）陈伯陶撰，民国五年（1916）版；
《大岳太和山志》15卷，（明）任自垣纂，明内府写本；
《武当嘉庆图》不分卷，明宣德七年重刊本；

第33册7种：
《武夷山志》24卷，（清）董天工编，清道光二十七年重刻本；
《穹窿山志》4卷，（清）吴伟业纂，民国三十二年重印本；
《青城山记》2卷，（清）彭洵撰，清道光十三年刻本；
《岷阳前后志》，前志4卷补4卷，（清）孙澍撰；后志8卷补1卷，
　　（清）孙鋕续辑，清道光十六年古棠书屋刻本；
《天下名山记》未分卷，（清）吴秋士辑，录自《重刊道藏辑要》；
《长春真人西游记注》上下2卷，（清）王国维撰，民国十五年
　　刊本；
《长春观志》4卷，李理安撰，民国二十五年刊本；

　　田诚阳先生撰有《〈藏外道书〉书目略析（一）》，专文对《藏外道
书》前20册所收录的文献有简要的评析，其中包括了第19册、20册的
"宫观地志类"的诸文献作者及内容的考订和评析。

(三)《道书集成》

《道书集成》，60册，汤一介主编，九洲图书出版社于1999年影印出版。该集成包含现今《道藏》全部内容，并新增补录384种，总计收书达1878种。增补的道书主要有三类：佚散在各图书馆、寺庙、民间等未经整理的散篇孤本，散见于诸多古代丛书、丛刊中的道书，海外图书馆所藏现今《道藏》与其他补篇未收的海外道书，其中有部分取自萧天石编《道藏精华》。

在新增补的道书中，有《武林元妙观志》《青羊宫碑记》《青城山记》等3种宫观山志，被归入增补记传类（见该书第60册）。

(四)《中华续道藏》

《中华续道藏》(初辑)，20册，龚鹏程、陈廖安主编，台湾新文丰出版公司1999年出版。其中第3册—5册为宫观地志类，共计收录24种，除《龙虎山志》外，其余23种基本与《藏外道书》所收相同。

《龙虎山志》3卷续编1卷，元代元明善奉敕编，元刊明代修补续增本。元明善，字复初，元代大名清河（今河北省邢台市清河县）人，生平事迹见《元史》本传。《四库提要》认为该书明代续修人为张国祥（明代龙虎山正一嗣教五十代天师），所据版本乃"两淮马裕家藏本（三卷）"，并置评曰：

> 是书乃皇庆三年（1314）明善官翰林学士时奉敕所修。然原本体例，不可复考，惟存延祐元年（1314）程钜夫序及吴全节进表。此本载山川、建置、人物、道侣并累朝制敕、艺文，颇为庞杂。殆已多所窜乱，非其旧矣。

今有传明天启五年（1625）写刻本，为线装4册。《中国道观志丛刊续编》收录有《续修龙虎山志》，即为该书。

另，《中华续道藏》所辑《重修龙虎山志》所用版本为"清乾隆五年刊道光十二年修补本"，与《藏外道书》中的《龙虎山志》虽题名不同，但均为清代娄近垣纂辑的16卷龙虎山志。

（五）《三洞拾遗》

《三洞拾遗》（全20册），王卡、汪桂平主编，黄山书社2005年出版。《三洞拾遗》是大型影印古籍丛书《中国宗教历史文献集成》之分编，收录明清以来新出的道教经典、文集、劝善书、科戒书等藏外文献206种，版本有木刻本、石印本、手抄本、铅印本等，其中有不少珍本秘籍是首次面世，为道教文化研究提供了更多的资料。

《三洞拾遗》第13册至第16册，搜集抢救、整理保存了《龙虎山志》（2种）、《大岳太和山志》《大岳太和山纪略》《齐云山志》《泰山纪事》《泰山纪胜》《衡岳志》《武夷山志》《武夷志略》《阁皂山志》《麻姑山丹霞洞天志》《罗浮外史》《鸡足山志》《逍遥山万寿宫志》《通玄观志》《玄妙观志》《长春观志》《古楼观志》等道教名山宫观志书19种。

五、其他名山宫观志简述

（一）四种专集丛书中的志书掠影

1.《中国道观志丛刊》及《中国道观志丛刊续编》

《中国道观志丛刊》全36册，影印本，广陵书社编辑（高小健主编），江苏古籍出版社于2000年出版。总计编印历代道教宫观志50

种，根据宫观的地域分布，依北京、河南、山东、甘肃、陕西、湖北、四川、湖南、安徽、江苏、浙江等各省（市）顺序排列。每志前均有解题，简述志书的著者、版本、宫观始末、成书经过、内容和卷目等情况。

《中国道观志丛刊续编》全28册，影印本，广陵书社编辑（张智、张健主编），江苏古籍出版社于2004年出版。上起唐宋，下迄明清，共收录历代道观志47种。所用版本多为明、清刻本和部分钞本、稿本。每志之前，撰写提要，简述宫观沿革、内容卷目、版本等情况。

《丛刊》及《续编》，除收录明《正统道藏》中的大部分山志、宫观志外，还收录有《道藏》所未收的志书多种，如《龙虎山志》《白云观志》《麻姑山志》《阁皂山志》《江西青云谱志》《武夷山志》《齐云山志》等。而且，所收志书并不局限于道观志书，也涵括了很多的道教名山志书。既有专记一座宫观的专志，如《黄堂隆道宫志》《武林元妙观志》等；也有专记一地宫观的专志和总记一山宫观与道教活动情况的山志，如《金陵玄观志》《台南洞林志》等；还有记载跟道教神仙谱系有一定关系的民间信仰宫观的专志，如《敕封天后志》《吴山城隍庙志》《觉云轩云霄玄谱志》等。《丛刊》及《续编》集中了大量的道教宫观山志资料，从而为人们对这个问题进行专题研究提供了方便。

2015年，广陵书社将《丛刊》和《续编》合为《中国道观志丛刊正续编》（全64册）重新出版。

2.《中国名山志》

《中国名山志》全16册，丛书，全国图书馆文献缩微复制中心2005年影印出版。长期以来，社会各级各界都热衷于"四大名山"或"十大名山"之类的评选、排行，但不管是排行顺序还是评选结果，都不可能有"绝对权威"也不可能得到"公认满意"。该丛书题名为《中国名山志》，其遴选的名山范围和标准也很难理解，实际也只选定了10座山岳，入选的名山各具代表性，既有泰山、华山等五岳代表，也有九华山、普陀山等佛教名山和武当山等道教名山代表，还有武夷山、黄山、庐山等世界文化遗产代表，确实都是具有悠久深厚的文化、历史、宗教积淀的名山。

黄山，位于安徽省南部黄山市，1990年被列为世界文化与自然遗产。黄山古时称黟山，相传黄帝率臣子来山炼丹，并最终得道升仙。唐天宝六年（747），唐玄宗依此传说诏改黟山为黄山。黄山自古为道教名山，山中以道教观念命名的名胜有朱砂峰、炼丹峰、天都峰、轩辕峰、仙人峰、丹井、试剑石、蒲团松、仙人晒靴石、仙女绣花石、望仙台、炼丹台、炼丹源、神仙洞等等，山南部朱砂峰下的慈光阁和山北部叠嶂峰下的松谷庵均为道教庙宇。

庐山，位于江西省北部的九江市境内，素有"匡庐奇秀甲天下"的美誉，是一座历史悠久的文化名山，1996年被列为世界文化遗产。关于庐山名称来历的三种传说，皆与道教有关，是以可知庐山与道教的渊源关系。而且，张道陵、陆修静、吕洞宾等，皆曾在此留下仙踪。陆修静，在庐山建简寂观，编纂《三洞经书》，含道经1200卷，奠定了"道藏"基础，并创立了道教灵宝派。公元4至13世纪，庐山宗教兴盛，寺庙、道观一度多至500处。庐山仙人洞为道教洞天福地之一。虽然如今"一山藏六教，走遍天下找不到"，道教反而相对不很显扬，但庐山作为道教名山的地位却是不能撼动的。

武夷山，位于江西省东南部与福建省西北部交界处，主要历史文化和旅游开发集中区域在东南麓福建省武夷山市（原崇安县）境内，碧水丹峰，风光绝胜，被誉为"奇秀甲东南"，1999年被列为世界自然和文化遗产（2017年遗产地边界调整，将江西省铅山武夷山列入）。武夷山是道教三十六小洞天之一，称第十六升真元化之洞。武夷宫是武夷山最古老的道观，初建于唐天宝年间，宋代扩建至300多间，是历代帝王祭祀武夷山君的场所。现存两口龙井和万年宫、三清殿、玉皇阁等，建于清代末年。

《中国名山志》丛书汇编的道教名山志书有：

《泰山志》4卷，（明）汪子卿撰，郑聚东补，明刻本；

《大岳太和山志》17卷，（明）慎旦、贾如愚等撰，明刻本；

《西岳华山志》1卷，（金）王处一撰，（明）王明顺增补，明刻本；

《衡岳志》8卷，（明）邓云霄撰，明刻本；

《增定庐山志》15卷，（清）吴炜、李滢纂修，清刻本；

《黄山志定本》7卷首1卷，（清）闵麟嗣撰，清刻本；

《黄山志续集》8卷，（清）王士鈜等纂修，清刻本；

《武夷山志》24卷首1卷，（清）董天工撰，清刻本；等。

该丛书所辑录的11种山志，均为明清时期的善本山志，也是各山多种志书中占重要地位的版本，书中所述录的山图、形胜、建置、山产、人物、灵异、艺文、诗赋等，全面详尽地反映了各山的人文、地理、风土、人情。在反映各山的人文环境及文化遗产发展过程方面，有很高的史料价值，为读者和研究者提供了翔实的参考资料，对于人们了解中国历史文化名山和进行山志专题研究，有一定的辅助作用。

3.《中华山水志丛刊》

山水志，即专记山岳、河川湖泽的志书。所谓"仁者乐山，智者乐水"，在中华传统文化中，山水志书，向来是传统舆地之学的重要组成部分，文人学者对山水有着异乎寻常的重视，对山水志的编修以及收藏、保存也付出了极大的努力。山水志涉及范围广泛，对环境变迁、历史地理、水利史、文化史、区域社会经济史均有详实记载，从诸多方面弥补了一般地方志和其他著述的不足，具有很高的文献价值。

《中华山水志丛刊》全75册，国家图书馆分馆编（石光明、董光和、杨光辉主编），线装书局2004年影印出版。上卷（38册）为山岳志，下卷为河川湖泽志。丛刊共计收书319种，乃从国家图书馆所藏山水志中精选而成，是目前为止规模最大、收书最多的山水志丛书，其中辑录了很多道教名山的志书，不完全介绍如下：

（1）五岳名山

东岳泰山志书 5 种：

《岱史》18 卷，（明）查志隆辑，明万历间刻本；

《泰山述记》10 卷，（清）宋思仁纂，清乾隆刻本；

《岱览》32 卷，（清）唐仲冕辑，清嘉庆刻本；

《泰山志》20 卷，（清）金棨撰，清嘉庆间刻本；

《泰山图志》8 卷首 1 卷，（清）朱孝纯纂，清乾隆刻本。

西岳华山志书 2 种：

《华岳志》8 卷首 1 卷，（清）李榕纂辑，清道光刻本；

《华岳图经》2 卷，（清）蒋湘南撰，清咸丰元年刻本。

南岳衡山志书 4 种：

《南岳总胜集》2 卷，（宋）陈田夫撰，清光绪刻本；

《南岳志》8 卷，（清）高自位编，（清）旷敏本纂，清乾隆刻本；

《重修南岳志》26 卷，（清）李元度纂，清光绪刻本；

《衡岳志》8 卷，（清）朱衮修，清康熙刻本。

北岳恒山志书 1 种：

《恒山志》5 卷图 1 卷，（清）桂敬顺纂修，乾隆刻本。

中岳嵩山志书 1 种：

《嵩山志》20 卷首 1 卷，（清）叶封等辑，清康熙刻本。

（2）道教四大名山

青城山志书 2 种：

《青城山记》2卷，（清）彭洵编辑，清光绪刻本；

《青城山记补正》2卷，（民国）罗元黼辑，民国铅印本。

龙虎山志书1种：

《龙虎山志》16卷，（清）娄近垣辑，清乾隆刻本。

武当山志书1种：

《续修大岳太和山志》8卷，（民国）熊宾等修，赵夔等纂，民国石印本。

齐云山志书2种

《齐云山志》5卷，（明）鲁点辑，明刻康熙五年重印本；

《齐云山桃源洞天志》，（明）鲁点撰，明刻本。

(3) 文化名山

黄山志书5种：

《黄山领要录》2卷，（清）汪洪度撰，清乾隆刻本；

《黄山志定本》7卷首1卷，（清）闵麟嗣纂，清康熙刻本；

《黄山志》2卷，（清）张佩芳辑，清乾隆刻本；

《黄山导》4卷图1卷首1卷，（清）汪瑸辑，清乾隆印本；

《黄山纪胜》四卷，（清）徐璈辑，清道光刻本。

庐山志书6种：

《庐山续志稿》7卷首1卷，（民国）江西省文献委员会编，民国铅印本；

《庐山志》12卷首1卷，（民国）吴宗慈编，民国铅印本；

《庐山志》15卷，（清）李澄编辑，清康熙刻本；

《庐秀录》4卷，（清）张维屏辑，清道光刻本；

《庐山新导游》，佚名撰，民国铅印本；
《庐山小志》24卷首一卷，（清）蔡瀛纂，清道光刻本。

武夷山志书2种：
《武夷纪要》，（清）蓝陈略撰，清康熙刻本；
《武夷山志》24卷首一卷，（清）董天工编，清乾隆刻本。

（4）其他重要道教名山
茅山志书2种：
《茅山志》14卷附1卷，（清）笪蟾光编，清光绪印本；
《茅山志辑要》，（民国）江导岷辑，民国石印本。

麻姑山志书2种：
《麻姑山丹霞洞天志》17卷，（明）邬鸣雷辑，（明）陆键编，明万历刻本；
《重刊麻姑山志》12卷首1卷，（清）黄家驹重编，清同治刻本。

天台山志书2种：
《天台山记》1卷，（唐）徐征纂，影印本；
《天台山全志》18卷，（清）张联元辑，清康熙刻本。

崂山、崆峒山、穹窿山等山志书：
《崂山名胜志略》，（明）黄宗昌纂，（清）郭廷翕注，清嘉庆刻本；
《崆峒山志》2卷，（清）张伯魁纂修，清嘉庆二十四年刻本；
《穹窿山志》4卷，（清）吴伟业、向球纂修，民国铅印本；
《千山志》16卷，（清）周厚地辑，清抄本；
《烂柯山志》13卷，（清）郑永禧辑，清光绪刻本；
《钵池山志》6卷，（民国）冒广生辑，民国九年刻本。

《中华山水志丛刊》虽非专门的道教山水志，且所收山水志书仍然不够全面，也没有编制索引目录，但毕竟辑录了数量众多的道教山志，而且基本上都是明清至民国时期的善本志书，线装影印，比较集中地展示了明清时期中国道教山水名胜的概貌。对学习和研究道教学的人们来说，该丛刊不仅可以作为工具书使用，也为大家提供了丰富的研究资料，其中还有《道藏》收录的山志若干种，如《岱史》《南岳总胜集》等，可以与其他版本的志书校勘互正。

4.《武当山明代志书集注》

武当山自宋代后，历代皆修有志书。其中，仅明代就修有4种志书，分别为：任自垣等编纂《敕建大岳太和山志》(15卷，约18万字，宣德六年成书)，方升等编纂《大岳志略》(5卷，约11万字，嘉靖十五年成书)，王佐、慎旦等编纂《大岳太和山志》(17卷，约18万字，嘉靖三十五年成书)，卢重华、凌云翼等编纂《大岳太和山志》(8卷、补遗1卷，约16万字，隆庆六年成书)。成书时间皆在万历《续道藏》之前，但均未能入藏。

据清代乾隆年间《大岳太和山纪略》记载，上述4种山志早在乾隆前就已不见于武当山地区。直至20世纪末才在北京国家图书馆、上海图书馆等机构找到，得以复制，回归武当山。武当山地方志办公室将这4种志书集中整理、点注，汇集成册为《武当山明代志书集注》，全面系统地反映了武当道教在明代达到鼎盛时期的概况。

《武当山明代志书集注》，陶真典、范学锋等点校，中国地图出版社于2006年出版。全书81.5万字，点注详细，校勘认真。该书作为"武当文化精选丛书"之一种，是研究武当道教的重要工具书，为学习者和研究者提供了很大的便利。湖北人民出版社于1999年曾出版过《明代武当山志二种》(杨立志点校)，所选的两种志书为明代4种武当山志中的第一种和最后一种。

此外，台湾地区文海出版社于1983年出版的《中国名山胜迹志丛刊》（沈云龙主编），共收录名山胜迹志书30种，其中有《崂山志》《峨嵋山志》《华岳志》等道教名山志书的多种，所收各种志书版本与内地所见不尽相同，可作校勘。

（二）旧志新版的单本志书举例

《藏外道书》等后来的各种道书总集和志书集成等，确实网罗了大量的"藏外志书"和"藏后志书"，但是仍然有遗珠之憾。大家在平时的工作和学习中，应该有心注意搜集。这里试举两例。

1.《泰山志》

约成书于明代嘉靖三十四年（1555）的《泰山志》，是现存最早的泰山专志，也是第一部确立"大泰山"概念并采用志体著述的全面系统的泰山志书文献。相比于入选《续道藏》的查志隆撰之《岱史》（见前文"《岱史》"条介绍），该志在篇幅、规模和体系上虽有逊差（这也可能就是该志未能选入《续道藏》的原因之一吧），但成书时间却要比后者早30余年。

《泰山志》4卷，明代汪子卿撰。全书体例与内容为：书前有"泰山志序"及"岱岳志叙"，正文之前列泰山、角宿（星野）、岳庙（岱庙）、五岳真形、岳治（图五幅）及图说等；卷一述泰山山水与封禅祭祀，志文依次是山水（分19类，著录山水胜迹近300处）、狩典（缕列历代帝王巡守泰山史事）、望典（历述各朝致祭泰山活动并附以有关的祝祀文辞碑记）、封禅（详记列朝帝王封禅始末并附录历代儒臣的有关评论）；卷二专记泰山古迹名胜，分为遗迹（帝王、圣贤、列仙三节，共计38条）、灵宇（记叙东岳庙等34处泰山庙观的沿革情况）、宫室（记载泰山书院等建筑20处）三目，多附以建修碑志及相关记载，共著录碑石、诗文 70 篇；卷三为登览，相当于其他志书的"艺文志"，目录分为诗、记两类，汇录自周迄明（止于嘉靖年间）千余年间咏赞泰山的诗文近 400 篇；卷四为岳治、治绩、人物、物产、祥异、杂志等，分别载录泰安州治、历代长吏政绩、乡邦名人、本地物产、灾害祥瑞等情况及诸事琐记。

今有《泰山志校证》，可作为嘉靖《泰山志》的通行版本。《泰山志校证》，周郢校证，黄山书社 2006 年出版。全书约 60 万字，在嘉靖《泰山志》的基础上，分卷进行校证，于各卷原文之末附以翔实的校勘记和笺证。书前有详细完备的校证说明，考索嘉靖《泰山志》作者生平及成书过程，介绍并论述《泰山志》的主要内容、学术成就（史学价值）、特点及不足，说明校证的版本依据、校勘及笺证的原则和方法。书后附录傅增湘的"记嘉靖泰山志"[①]、王重民的"泰山志提要"[②]、潘景郑的"明嘉靖本泰山志"[③]等。尤为可贵的是，校证者还编写了详细的内容分类索引附于书尾，为读者检索志中的内容和要点提供了很大的方便。

2.《齐云山志》

齐云山，位于安徽省黄山市休宁县境内，因最高峰廊崖"一石插天，与云并齐"而得名（明代嘉靖中始有齐云山之号）。齐云山古称白岳，与黄山南北相望，山灵水秀，风景绮丽，素有"黄山白岳相对峙，绿水丹崖甲江南"之誉。唐代道士龚栖霞（即栖霞真人）隐居山中天门岩；南宋道士余道元入山修炼，于齐云岩创建佑圣真武祠，此后云游道士纷纷而来，道教活动日益兴盛。至明代发展至鼎盛，渐成江南道教活动场所之一。明代齐云山道教建筑多仿湖北武当山建制，有"江南小武当""桃源洞天"美称，为中国道教四大名山之一。

---

① 录自《藏园群书经眼录》。
② 录自《中国善本书提要》史部地理类的相应条目 3 则。
③ 录自《著砚楼读书记》。

明代曾编撰有多部齐云山志，流传至今的有三部：一为明嘉靖年间休宁县丞方万有等编《齐云山志》7卷2册，现存于宁波天一阁博物馆，几成孤本。二为明万历年间休宁知县鲁点编《齐云山志》5卷5册，编校谨严，较嘉靖本有增减，流传亦较嘉靖本更广。[①]三为明崇祯年间黄九如编《齐云山桃源洞天志》，书中所记明末邋遢仙、黄无心等道人事迹，可补前两种《齐云山志》记事之不足。这三部山志保存了大量关于齐云山的道教活动、道士人物、朝廷敕赠、宫观道院等的记录，是研究道教文化的重要史料。

《齐云山志（附二种）》5卷，明代鲁点编，汪桂平点校，社会科学文献出版社于2015年出版。该书为齐云山志的合校整理本，主体部分以明万历二十七年（1599）刻本《齐云山志》为底本，以明末重印本、清康熙五年（1666）本、清道光十年（1830）本为补校本。补录内容原则上以首次著录的版本为底本，以其后版本为参校本。外附齐云山志两种，即嘉靖版《齐云山志》（节选本，录自天一阁博物馆藏本）和《齐云山桃源洞天志》（以清道光十三年刻本为底本，参校以各版本之《齐云山志》）。该书按现代通行的文本格式繁体排印，标点采用现代标点规则，在校对中尽量保留底本的文字原貌，不轻易改动。书后还专题附录有《引述史料提要》。该书记载的徽州地方文化、明清道教史事等，具有独特而珍贵的史料价值，可作为齐云山道教文化和相关研究的基本资料书。

3.《茅山志》

元代刘大彬《茅山志》成书后，明代永乐、成化年间均有重刻，并于正统年间被收入《道藏》。嘉靖年间，茅山玉晨观道士张全恩再次组织重刻时，请茅山乡贤江永年增补了明代茅山道教懿典、金石、诗文等

[①] 明清两代数次增修重刊《齐云山志》皆以此本为据。

明代史料。其中首卷"明懿典",叙述明代朝廷在茅山举行的祭祀、斋醮等活动,备录有关的敕谕、祭文、祭品记录、参与者名单乃至往来公文等;还详细记录了明代茅山各宫观的位置、沿革、占有田土的情况,道官的姓名和等级,巨细靡遗。

《茅山志》上下册,元代刘大彬撰,明代江永年增补,王岗点校,上海古籍出版社于2016年出版。王岗(Richard G. Wang),美国佛罗里达大学语言文学文化系、宗教系终身教授,复旦大学古籍整理研究所兼职教授。该书以台北"国家图书馆"藏明玉晨观嘉靖二十九年刊本为底本,以目前尚存于世的《茅山志》元刊本残卷、永乐本、《道藏》本、成化本等7种版本为校本,进行校勘标点。该书对明代茅山道教各教派传承、宫观经济等研究有重要的史料价值,也为读者提供了一个《茅山志》的可靠读本。

六、名山宫观志的作者与主要内容

(一)志书作者

不管是前代旧志还是现代新志,在编修工作上都有一套大致相同的程序,这也是历史经验的总结和普遍应用。但在工作机构的设置上,编修现代志书通常设立专门的编纂委员会,吸纳众多的专家学者、实际工作者和各种专业技术人员参与其中,大家各司其职,各尽其责;而前代旧志则往往只是几个人甚至一个人承担全部的编修任务。集体修志,较能保证志书的质量;而以少数人力完成一部志书的编写并能保证一定的质量,确属不易。

过去的修志者往往采用一种或多种前代志书为底本,在此基础上进行增补、续辑而续修或重修成新种志书。这其中虽然也有集体智慧和贡献的因素，但在具体某一次修志的当时，基本还是孤军奋战的情形居多。所以，就某一种具体的志书来说，其作者是比较明确而易于了解的。

1. 编撰作者

前代志书的作者（编修、纂修、撰修、辑录、增补、续修等人员），不管从共时（同一时期不同名山宫观修志）还是历时（不同时期同一名山宫观修志）来看，这个群体的构成都比较复杂，他们的身份背景不同，社会地位不同，修志水平也不同。大致说来，这个群体的成员可以分为以下几类：

（1）道教神职人员

由于道教名山宫观是比较特殊的宗教场所，这些地方的道教神职人员为了发扬道教、光大门派而编修本山本宫观的志书。应该说，这一类志书是早期名山宫观志书的主流，而道教神职人员则一直是编修志书的主力。道教神职人员，既包括普通的道教徒和宫观住持等教团领袖，也包括被委任一定宗教管理机构（如隶属礼部系统，掌管有关道教事务的道录司、道纪司、道正司等）职务的道官。在这里是按照他们的本来职业和社会身份来区分的，我们现在习惯上统称他们为道士。

在过去时代，相当一部分道士的文化水平是比较高的。其中既有由于各种原因出家入道的儒生和"学者"，也有入道后接受良好文化培育和训练的道士。如元代武当高道张守清与当时的社会显达名流常有酬唱往来，深得文人大儒的尊重和推崇，其与弟子编绘有《启圣嘉庆图》；明代武当山道士任自垣就有"道学进士"的美誉，在永乐年间曾先后参与或主持《永乐大典》《道藏》的纂修工作，后来还编修了明代第一部武当山志《敕建大岳太和山志》；《茅山志》的撰者刘大彬为元代茅山道士，嗣上清经箓四十五代宗师。

（2）各级官员

我们现在常见常用的名山宫观志书，大部分是当时政府机构或官员组织、支持下编修的志书，即"官修志书"。从存世版本数量上看，官修志书是名山宫观志书的主体。官修志书的作者署名，往往是负责该志书该次编修的官员。如《岱史》编撰者查志隆，当时任山东都转运盐使司滨乐分司同知；元代《龙虎山志》编修者元明善，曾在枢密院任职，后迁翰林待制，官至翰林学士、参议中书省事，《龙虎山志》即为其任翰林学士时奉敕所修；明代《大岳志略》编纂者方升，为湖广布政司右参议，奉命提调武当山；明代凌云翼修、卢重华纂《大岳太和山志》，凌云翼时任右佥都御史，奉敕提督抚治郧阳等处地方，卢重华时任均州学正。

还有一类修志官员是宦官内臣。如明代"王佐修，慎旦等纂"《大岳太和山志》，王佐是当时被嘉靖皇帝派驻提督大岳太和山的内官监太监，其同时还"兼分守湖广行都司并荆州、襄阳、郧阳三处府、州、县、卫、所及附近淅川、内乡、商州、洛南、商南、山阳、白河各处山场哨堡、巡司等处地方"。

（3）地方乡绅和社会贤达

前面所说的志书一般指的是具有一定规模和体系的志书，除此之外，还有一些志书其实只是篇幅短小的碑碣文字，但由于被收入《道藏》中，根据文本性质和内容，也属于志书范畴。这些志书的作者，除了前面所列两类人员外，还有就是地方乡绅和社会贤达。所谓地方乡绅和社会贤达，并不一定没有做过官，而可能是在某件事发生时，该人已经不做官了，或者尚未做官。这些人在"文化"方面有比较大的成就，在社会上有比较高的地位和比较大的影响。但古人有个习惯，如果某人曾经担任过某个官职，在其"退休"之后，他所撰写的文章尤其是勒石碑铭，往往还自署或由他人加署原官职名称于姓名之前。这些修志的地方乡绅和社会贤达，一般都是比较虔诚的道教信徒，甚至是在家修炼的居士。

当然，一些参与修志的各级官员，也有一定程度的道教信仰，或对道教感兴趣，热心助道。从某种意义上说，只有道教神职人员和道教信徒编修的志书，最能体现道教宫观山志作为道教经籍文献而区别于一般地方志书的特性。相较于"民间私修志书","官修志书"一般都篇幅宏大、体例规范、内容详实,且"公开发行"、官方收藏;而"民间私修志书"大多相当于"内部资料"、地方民间收藏。

此外,一些志书在编修完成之后,由于种种原因,作者没有署名。在后来流传中,有的还可以大概猜测或考证出作者,也有的则无法知晓作者情况。如《龙角山记》之类,根本不题撰人。更有后人作书而伪托前代名人的,如《十洲记》等。这些志书的真正作者,现在就很难准确地认定了。

最后,我们还要提到一个比较特殊的情况——编修中国道教宫观志的还有外国人,如曾编撰《白云观志》的小柳司气太。小柳司气太(1870—1940),日本汉学家,日本学术界研究中国道教的先驱之一,1921年后多次来中国考察。1923年,他以自己的讲义为底本写成《道教概说》,[①]并很快被介绍到中国。在中国期间,为了取得道教宗教生活的第一手材料,他曾住进北京白云观(一说他曾在白云观当道士)。在中国道士的帮助下,他对白云观的历史、道士的生活、宗教活动等内容做了详尽的实地考察和文献研究,编纂完成《白云观志》。这也是现代专家学者编写道教志书的滥觞。

2. 序跋作者

名山宫观志的序和跋的作者,一般也不出上述范围。其中大多序和跋的作者就是编纂者本人。但也有相当一部分的序和跋是请名人撰文推荐,而这些名人的身份背景和社会地位,与志书的发行传播有着非常直接的关系。

如《武当福地总真集》(元代刘道明编撰),原书卷首除刘道明自序外,还有息剌忽所撰序。息剌忽是蒙古族玑鲁古氏,幼从银青荣禄大夫

---

① 该书中文版由陈彬龢译,上海商务印书馆,1926年初版。

行中书省左丞相蒙古台南征，接受汉族文化，熟悉三教经书，曾任承务郎襄阳路均州达鲁花赤兼管本州诸军奥鲁劝农事。刘道明请他作序，显然是为了争取当权者的支持，以便于该书的刊印流行。明初《武当福地总真集》入编《道藏》时，该序被删掉。

又如《茅山志》（元代刘大彬编撰）书前有序两篇，作者分别是赵世延（光禄大夫）和吴全节（玄教大宗师），都是当时的权势人物。有了他们为志书作序，予以肯定评价和引荐推广，志书更容易获得统治阶层的认可和支持，有利于志书的发行传播，有助于地方道教的发扬光大。

再如《启圣嘉庆图》（元代张守清等编绘），为该书作序的既有张与材、吴全节、赵汴等当时著名道士，也有赵孟頫、虞集、张仲寿、鲍思义等名流文人。

此外，宫观碑铭之类的单篇文献，由于本身就篇幅短小，不存在另请高明作序的必要，甚至就没有序。而像《唐嵩高山启母庙碑铭》，其实全名或许应该称为"唐嵩高山启母庙碑铭并序"，是序、铭一体的碑铭，铭、序作者为唐代崇文馆学士崔融。

（二）名山宫观志的主要内容

作为一种特殊的志书，道教名山宫观志记述的内容大致有：秀丽山川景色，深杳神妙岩洞，奇异林木花卉，珍稀飞禽走兽以及列朝圣谕诏诰，宫观建制沿革，山林地界四至，田亩庄园产业，斋醮法会盛况，神仙游化圣迹，英贤记述诗文，等等。从志书的体例来看，则包括有图、纪、表、传、山川名胜、宫观、碑文古迹、经籍、祀典、高道人物、轶事、艺文、物产等内容，能提供不同时代且具有地方特色的一些详细资料。

按现代志书规范，体系完备的志书在内容上应该包括历史、地理、人物传记（简介或详传）等部类。在《岱史》《茅山志》等志书的目录中一般这样分门别类和表述：诰副墨（圣旨敕谕等）、括神区（地理山水、自然环境）、稽古迹（人文景观、文化遗迹等）、集仙采真（神话人物传说、高道传记和传奇事迹等）、楼观（道教宫观建筑）、灵植检（稀有植物、土特产）、神物集（珍禽异兽）、录金石（金属器物及碑碣铭刻文献）、艺文或曰金薤编或曰登览志（诗词文赋等），等等。

由于志书编创人员的身份不同，修志目的不同，所以在具体的修志过程中，对内容的选择取用和栏目设置以及详略侧重，当然会有不同的处置方式。道人自发编修的志书与道官奉敕或地方官员执行并监修的志书，在这一点表现得最为明显。在对比阅读时，会有明显的察觉。

比较前代旧志与现代新志还可以发现，尽管"志"的对象还是同一座山或宫观，但新旧志书在内容上存在较大的差异。除了现代新志采用现代白话和科学术语等原因外，最主要的是"志"的思想倾向性有很大的变化——新志书不再像旧志书那样热衷于对神仙信仰的追慕和玄幻物事的描述。从根本上说，这是因为志书的作者（编修者）的世界观和科学认识水平不一样了。

各种道书总集，基本都将单篇或多篇汇编的宫观碑铭和庙碣归入"宫观地志"类。多篇宫观碑志汇编有《终南山说经台历代真仙碑记》《宫观碑志》等；而《西川青羊宫碑铭》《王屋山中岩台正一先生庙碣》等，则为单篇碑记。虽然这些碑铭文献篇幅长短不一，但它们或多或少地记录着宫观道场的历史信息，是重要的道教史料，其学术价值是不容忽视的。

七、名山宫观志的编修目的及作用

（一）编修动机及目的

古人编撰、修订宫观山志的动机是多方面的。有奉敕撰修的，以宫观碑铭居多，如《唐嵩高山启母庙碑铭》《宋西太一宫碑铭》《西川青羊宫碑铭》等；有个人自发修书的，如《西岳华山志》《武当纪胜集》《武当福地总真集》《南岳总胜集》《金华赤松山志》《唐王屋山中岩台正一先生庙碣》等；有教派领袖（宗师、宫观主持之类）主动组织人力编修的，如《茅山志》等；有地方官员、乡绅倡议并支持，甚而有官员直接组织并参与编撰的，如《岱史》等。①

在各志书的序文中，当事人大多对修志动机有所交代。

其一，或有感于前代旧志荒废、湮没、残缺、遗漏等，于是搜集、整理相关资料，补充缺漏，增入新的内容等，编成较为全面的新志书。此类以《岱史》《西岳华山志》《茅山志》等为代表：

> 有感于前志之寝废，乃嘱同转运使查君辑而新之……俾后世征奇考异之士……将是山寔籍重焉。（《岱史》谭耀序）
>
> 取旧藏《华山记》一通，虑有阙遗，更阅本郡《图经》及刘向《列仙》等传，有载华山者，悉采拾而附益之，俾各有分位，不失其叙。……华山仙踪圣迹于是大备，无不包也。（《西岳华山志》刘大用序）
>
> （刘大彬）病夫山志前约而后阙也，乃嘱诸入室弟子采集成书……（《茅山志》赵世延序）

其二，或认为山川疆域皆有修志传统，而本山尚缺，即或曾有但时已无存，于山之盛名、道之显赫不符称，于是仿效榜样，新创山志。此类以《金华赤松山志》《仙都志》等为代表：

> 惟恐灵迹仙踪无以启迪后人耳。家山旧有刊本事实，岁久

---

① 这个时候，我们可能有必要暂时不考虑《山海经》之类文献的情况。

而磨灭不存。……其（岂）可使祖师之道不显乎？……定为一编，号曰赤松山志，俾来者有可考焉。(《金华赤松山志》倪守约自序）

疆理之书，肇于《禹贡》而具于《职方》，然水有经，郡邑有乘，此《仙都志》所由作也。(《仙都志》序）

其三，或山已有志，且经常修补成为传统，际逢良时，条件具备，就将原有志书举而新之。

此类以明清各种"武当山志"为代表。就笔者所了解的情况，在历史上（截至1949年）先后出现过10余种武当山志，除前面已经介绍过的《武当福地总真集》《武当纪胜集》和明代的4种山志外，还有宋代《武当志》（已佚）、清代万甲和李绍贤编《大岳太和山志》（已佚）、清代王民皞和卢维兹编《大岳太和山志》（孤本，现存首都图书馆）、清代蒋廷锡纂《武当山部汇考》（见《古今图书集成》）、清代王概编《大岳太和山纪略》、民国熊宾和赵夔编《续修大岳太和山志》、民国王理学（号白衣道人）撰《武当风景记》（抄本，存湖北省图书馆）等。

再如《茅山志》：

句曲（即茅山）有记尚矣。宋绍兴二十年，南丰曾恂孚仲、昭台道士傅霄子昂修山记四卷……大彬登坛一纪，始克修证传宗经箓，又五载而成是书。(《茅山志》刘大彬序）

其四，或认为世事无常，有必要编撰山志，记录是时盛况，以留后人追慕。

此类以《大涤洞天记》等为代表：

嗟乎，古今之盛衰兴废之无穷，虽仙真灵异幻化之迹，犹有湮没而无所考焉，其所可追索者，徒赖于名辞巨笔垂之金

石，焕乎千百载而不泯也。(《大涤洞天记》张宇初序)

至于为了点缀盛世太平、庆祝教派繁盛、光大道门信仰等，而兴修宫观山志的情况就更多了。这也几乎是编修山志的普遍目的，在此不必列举赘述。

此外，还有一个有趣的现象，作为武当山"别志"的《武当福地总真集》，编撰者刘道明在序中自说缘由，其编撰目的直接就是为了给游客以指引，省却许多麻烦。这倒可以作为个人修志的一个另类典型代表。文曰：

……退居山林，修真养性，然游人达士登陟者匪一，往往探赜索隐，令指谕峰峦……倦于应酬。敬搜摘群书，询诸耆旧，加以耳濡目染，究其的论确辞……会万古之精华，敛一山之风月，开卷了然。(《武当福地总真集》刘道明序)

（二）宫观山志的功能和作用

宫观山志实际上所发挥的作用及其客观上具备的功能是多样的，这与编修动机和目的既有联系也有区别。总体来说，宫观山志至少具有以下几方面的功能和作用。

1. 导游词——引导游人

不管主观上的编修动机如何，大部分志书在客观上确实起到了导游指南的作用。志书中对山中的自然风景（山水形胜、石岩潭洞、灵禽神兽、奇木异卉等）、人文景观和历史遗迹（宫观建筑、道路桥梁、摩崖石刻等）、名人圣迹（神话传说、奇闻逸事等）的记录，极大地引导了游客对旅游目的的调整，丰富了游客的见闻和收获。比如：

……山川之推为洞天福地之殊者，四方至今犹称之，故其具诸载籍者，凡殿庑之盛、人物之异、文辞之伟，靡不备见之。(《大涤洞天记》张宇初序)

甚者如《武当纪胜集》，在内容的编排次序上，就是以元代朝山神道为线索按景点排列，又以宫观为中心咏颂周围名胜。这与现代的导游手册、旅游指南之类的图书相比，可能就只差一套详备直观的地图了！

2. 地理书——描述地理

志书记录描述有本山的地理位置及对外交通、山体形势及大致走向、峰峦的数量及高差估计、河流泉潭的发源及汇归去向、山中动植物（含特有珍稀物种及寓有道教神话色彩的动植物）的生长习性和活动规律等方面的情况。虽然这些志书不是专门的地理博物学著作，而且具体到每一种志书又不可能面面俱到（甚至一些志书根本缺少这方面的内容），但它们在一定程度上具备了地理书的功能，对我们了解、研究过去年代的山岳地理是有帮助的。

当然，旧式志书没有现代志书这样的"科学思想"和技术标准作指导，对山峰的数量和海拔高度、河流的长度和流域面积、动植物的种类、岩洞的口径和深度等，不可能予以准确的勘查、测量、描述和记录。但这主要是由于时代的客观局限，并非人为的主观过失。

3. 道教史——记载历史

名山宫观志中记载或追述了很多重要的历史事件，记录了有关历史人物的活动情况，尤其是与道教有关的人和事。道家人物的小传所在皆是，尽管其中不乏虚幻灵异色彩，但却并非一无可取、毫不可信。尤其是一些宫观碑铭，以奉敕撰作居多，若剔除其中溢美夸饰之辞，这些碑铭对重大事件的记载至少在时间、地点、人物、事情结果等方面是准确可信的。如《唐嵩高山启母庙碑铭》、宋代三通《太一宫碑铭》等以及《宫观碑志》中收录的"重阳成道宫记""十方大天长观玄都宝藏碑铭"等，都是很有史料价值的。那些规模较大、体系相对完整的志书，其中的"诰墨副""录金石"等部分，皆在此列。

4. 宣传册——地情手册、地方名片

宫观山志以其对当地历史文化、风土人情等方面的记述（尽管可能不全面），对于初到该地的官员能"按图索骥"、鉴古知今、尽快了解辖地情况有很大帮助。因此，宫观山志还有地方官员施政参考的功能。这可能也是一些地方官员愿意资助、支持名山宫观修志的一个原因吧。说到这一点，我们还应该联系到地方官员对志书编修工作的推动作用。正是在他们的支持和参与下，宫观山志和地方志才能保持代有增修的传统。不管他们的目的是否是为了装饰太平、歌功颂德，搞"政绩工程"，但客观上，文化得以传承，地方得以扬名，道教得以光大。从某种程度上讲，名山宫观志也是对外宣传推广本地形象的"名片"。

此外，编修山志，还有利于促进地方（道教派别的本山、本派意识）认同和团结，有利于提高地方（教派）声望和影响。如《茅山志》《西岳华山志》等：

> 是书之传，有益斯道。（《茅山志》吴全节序）
> 噫！华山之仙踪圣迹于是大备，无不包也。其文仅七十余篇，命工镂板，务广流传，则岂曰小补之哉？（《西岳华山志》刘大用序）

八、名山宫观志的特点

现在我们或许可以试着做出这样的界定：所谓道教名山宫观志，是由道门中人或与道教相关的人撰、编的记录、反映某处道教活动场所的志书性文献。不管是志书的内容，还是编修的目的，都必定与道教相关。尽管有些山志最初也记述了同在本山的佛教、儒教等相关的物事，但这并不影响其对道家道教思想的秉承。历史上的某些时期，出于形势需要，道教人士往往在"调和三教"的外衣下坚守、拔高甚至独尊道教。如《南岳总胜集》，该书最初的面貌是佛道皆采，但《道藏》本《南岳总胜集》将其中的关于佛教的内容一概删去，甚至连篇末所附宫观碑刻目录也一并刈除，只保留记述了南岳衡山道教宫观及神仙等内容的部分。

下面，我们在比较中具体了解名山宫观志的特点。

（一）区别于地方志

按照中国传统的志书分类方法，名山宫观志属于广义地方志的范畴。所谓地方志，就是记述特定时间（历史区间）和空间（具体地域）内各个方面（或某个方面）情况的资料性文献。按地方志记述的空间不同，可以分为行政区域志和非行政区域志两大类，则名山宫观志一般属于非行政区域志。

作为特殊的志书，道教名山宫观志，因其对本山（本地）历史、地理、人文等方面的记述，具有了与普通地方志十分接近的外貌和功用。但认真审视、比较之后会发现，名山宫观志与普通地方志还是有较大区别的。

1. 是否按行政区域划分所志的地理范围

通常来说，一座名山涵盖的空间地理范围是比较广的（如武当山号称"方圆八百里"），在山的周边，可能被划分成多个行政区。每个行政区的地方志，都要全面反映本区域的地理、历史、社会、经济等面貌以及行政建制沿革等。即使是较高一级的行政区方志，由于所志的时间和空间范围更广阔，要包容的内容更多，其中可能包含了道教山岳的整体情况，但不可能具体详尽。而名山宫观志却不必面面俱到。

2. 是否直接为道教传承发展服务

地方志的编修，是直接为地方社会政治经济文化发展服务的。而名山宫观志却不必承担地方志的全部功能，其侧重点是道教场所和人物、事件，道教的色彩、味道很浓，其目的主要是为道教的传承发展服务的。地方志编修秉承"经世致用"的儒家思想，强调"修身齐家治国平天下"的入世态度。志书编修遵循"清静无为"的道家思想，强调洞天福地有利修道成仙的出世态度。

（二）区别于道教派别史志

名山宫观志与道教派别史志相比，也有诸多不同之处。中国道教的派别宗系很多，但作为道教活动场所的山岳宫观更多，即使是很多道教宫观可能没有自己的专志，但总体上名山宫观志的数量仍然远远多于道教的派系数量。

1. 是否以某个山岳或宫观为志的空间范围

至少到目前为止，中国道教还没有某个成熟的、影响大的宗派只在一地一处繁衍的情形。很显然，某个道教宗派为自己编修发展史志的时候，即使是以发祥地为主，但里面总是包含着其他多处山岳和宫观的情况。而名山宫观志，从所志的事物对象上就限定了其空间地理范围，其中可能在传述某位重要人物的时候有必要言及师从关系和门派传承情况，但绝不会以此为重点。

2. 是否以某个具体教派为述说的侧重对象

道教派别史志以本宗派的产生、发展、传衍情况为主要传述对象，其中对本宗派有重大影响的关键人物和标志事件是重要内容，历代宗师的炼养方法、思想体系、经典言论和著作又是其侧重点。这与名山宫观志是很不相同的，名山宫观志虽然也不可避免要述及在这里活动过的人，对道门中人（通常须是声名比较显达的高道）会予以小传；但其关注的对象、记述的内容则主要是本山和本宫观，包括自然环境的适宜、历代的建筑兴废等。

此外，名山宫观志对登临游客所作的诗词歌赋和游记作品，因其歌咏对象与志书的契合度高，多会详细收录，尤其是对帝王权贵、名士高道的作品更为青睐有加。许多名山宫观志中，辑录的文学作品所占的比重是很大的。如《茅山志》共33卷，即使不算实际上包含有一些文学作品的"录金石篇"（有8卷之数），仅"金薤篇"就有6卷，占了该志的近五分之一。

总的来说，道教派别史志以人（人物传记、思想述评）为主要对象，名山宫观志则是以物（山岳、宫观）为主要对象。这应该是两者最大的区别。

九、现代新编名山宫观志及道教金石碑刻专集

（一）现代新编志书巡礼

中华人民共和国成立后，尤其是改革开放40年来，宗教信仰自由政策得以贯彻落实，中国传统文化传承发展迈进新时代。道家道教文化作为中华优秀传统文化的重要组成部分，日益得到重视，名山宫观志的编修也愈受关注和扶持。2018年6月，中国地方志指导小组办公室启动了"中国名山志文化工程"，其中首要目标任务就是组织编纂出版中国名山志丛书。

随着道教事业的发展和道教学研究的繁荣以及全国性修志活动的深入开展，在地方修志机构的支持或直接参与下，各道教活动场所也新编和增编了大量的名山宫观专志。这些志书在文体上采用现代汉语的语体文和记述体，在指导思想上采用马克思主义唯物史观，按照新的编纂原则、体例和方法等编修而成，可称之为新式志书。新式志书的大量涌现，进一步壮大了名山宫观志的整体规模，同时也为道教学研究提供了更加丰富的资料和素材。

这方面的志书实在太多，限于篇幅，仅择有代表性的四种新式志书予以简要介绍。

1. 《青城山志》二种

青城山是中国著名的道教圣地，中国道教的发源地之一，位于四川省都江堰市西南。青城山古称丈人山、天谷山等，全山林木青翠，四季常青，诸峰环峙，青山四合，状若城廓，故名青城山，自古就有"青城天下幽"的美誉，被道教列为"第五洞天"。道教在青城山的发展自东汉以来历经2000多年，至今保存较完好的宫观仍有数十座，这些宫观

以天师洞为核心，包括建福宫、上清宫、祖师殿、圆明宫、老君阁、玉清宫、朝阳洞等。

《青城山志》，王文才纂，四川人民出版社于1982年出版，这可能是国内新时期出现的第一种道教山志。该志是订正、删补清末彭洵辑《青城山记》和1928年罗元黼著《青城山记补正》而成的。1989年，青城山志编修委员会在王文才纂《青城山志》的基础上加以续修而完成了新编《青城山志》。

《青城山志》，青城山志编修委员会编纂，1989年第一版、1994年增订第二版、1998年增订第三版由四川人民出版社出版，王纯五主编；2004年增订第四版由巴蜀书社出版。增订第四版《青城山志》，全书共计32万字，分三个部分，以专述部分为主体，包括胜景、自然环境、行政建制及管理、文物、宗教、青城传统文化、游山名人、旅游设施、近百年大事记、艺文10篇共36章，重点在于记述山水景物，记述时间下限止于2003年底。专述之前有序言、凡例、概述，专述之后有文献辑存、旧志叙录及后记，并附有青城洞天胜景全图、明刻青城山图、青城全图等。全书内容丰富，资料翔实，体系完备。

2. 新编《武当山志》

《武当山志》，武当山志编纂委员会编，新华出版社于1994年出版。全书采用纪纲志类、纵横通陈体例，分自然环境、山水胜景、道教、古建筑、文物、道教音乐、武当武术、景区建设与旅游、文献选录、艺文10章。前置照片、地图、武当山景区揽胜图等彩页以及序、综述和大事记（记事下限止于1993年底）。文后附录收古籍序跋选录（22则）、图书目辑存及修志始末和修志机构人员介绍。该志是目前为止规模最大、体系最完整的武当山志。

3.《白云观志》二种

北京白云观,坐落于北京市西城区西便门外,是全真道第一丛林,也是龙门派的发祥地(祖庭)。其历史可追溯到唐代的天长观,金代以后曾改名太极宫、长春宫,明初改名白云观。现存白云观殿堂为明清时重修,进入山门,分中东西三路及后院,规模宏大,是北京最大的道观建筑,也是当今最著名的道教古观之一,目前为中国道教协会所在地。白云观历代皆有碑铭、史料记载其史迹。但对这些分散的材料进行整体系统归纳的史籍,向来置之阙如。目前只有两种白云观志,分别是日本汉学家小柳司气太编写的《白云观志》和李养正先生编修的《新编北京白云观志》。前者出现于20世纪30年代,虽篇幅短小且记述概略,却独占鳌头达70年,直到2003年后者问世,才使这个尴尬的局面彻底结束。

《新编北京白云观志》,李养正编著,宗教文化出版社于2003年出版。全书共计53.5万字,分史志、殿堂志、神像志、戒律志、醮仪与庆典志、道范清规及执事榜文志、玄门人物志、诸真宗派志、珍闻与轶事志、与港澳台道教界的往来及外事志、文物景物趣事志、艺文志、碑铭志13章。前有序,后有跋。重点是第一章的"史志",分上下两编,详尽记述了长春观的发展沿革和历史兴衰,并叙及白云观在新历史时期的复兴和发展气象,记述史实自唐代始,时间下限止于2000年底。该书资料详实,内容丰富,堪称为新修道教宫观志书的代表。

《白云观志(附东岳庙志)》7卷,日本汉学家小柳司气太编著。主要内容为:卷一白云观小志,卷二白云观纪事,卷三诸真宗派总簿,卷四白云观碑志,卷五东岳庙志,卷六东岳庙七十六司考证,卷七补汉天师世家。作为第一部白云观志,该志所辑录的历史资料价值甚为宝贵。其中卷六的东岳庙七十六司考证一篇,对民俗研究者来说,是一份不可多得的资料,其原作者当为民国年间善士刘澄圆。该志1934年由日本东京东方文化学院出版,今有江苏古籍出版社2000年影印本、北京联合出版公司 2019 年整理本。

4.《青羊宫二仙庵志》

《青羊宫二仙庵志》，李合春、丁常春编著（李远国指导），2006 年四川内印版。全书共计 27 万字，为青阳宫志和二仙庵志的合集，分记青羊宫及二仙庵的历史沿革、殿堂志、神像志、戒律志、清规执事榜文志、醮仪与庆典志、造访人物志、文物景物及趣事志、艺文志、碑铭志 10 章，前两章内又各分上下编分别记述青羊宫和二仙庵事项。

总体来说，新式志书由于有比较规范的编修工作程序，可以保证志书质量不会低于合乎要求的平均水准，相比于旧式志书，质量是比较高的。当然，即使是现代新式志书，由于编修者并非都是经过专门训练的修志人员，对于志书的编修原则，个别编修者并不一定能认真贯彻，导致个别志书会出现一些不合志书规范的内容。比如，志书编纂原则中有一条是"生不立传"，即指对在世之人不得以人物传记收录入志书。而目前有的宫观山志中，将现任的教团领袖或尚在世的高道大德立传入志，这样做是不合修志规范的。

其实，"生不入传"并非绝对地要求活着的人不能出现在志书中，如果确实需要在志书中反映人物的突出事迹、背景情况时，可以通过"以事系人"的方法来弥补。志书编写之所以要坚持"生不立传"的原则，主要有两个原因：一是在世的人物往往会左右编修者对其评价，影响志书的客观公正性；二是活着的人是可能发生变化的，存在不确定性，如果提前对其下了定论，一旦情况或结局变化了，志书将何以堪？所以古人才会有"盖棺定论"的经验做法。

（二）道教金石碑刻简述

金石碑刻，即刻写在金属器皿和造像、石碑、山崖等载体上的图文史料，是一种重要的历史档案，也是珍贵的第一手史料。历代有关道家的碑刻数量繁多，主持刻碑的人士上自帝后勋贵，下及士庶以及真人方士等，从侧面反映出道教和道家思想在中国历史上曾享有过的重要地位。道教各名山宫观，所在皆有大量的金石碑刻。这些碑刻所载录的内容是丰富的，形式是多样的。主要有：（1）纪事类，记述宫观建筑营创修缮、斋醮庆典、瑞应奇闻、圣谕榜文等；（2）纪人类，记述本山（宫观）高道生平传记及名人造访活动等；（3）纪物类，介绍宫观历史沿革及奇花异木等；（4）文艺作品类，勒刻与本山（宫观）相关的游记、诗文歌赋等各种文学作品及名人题字等书法艺术作品等。

道教金石碑刻是了解道教宫观制度、道士日常活动的重要载体，向来受到修书治史者的青睐，有以碑证史、以碑补史的作用，也是宫观山志的重要材料和内容之一。在道教学研究中，一直有着重视金石资料的优良传统。历代的宫观山志、碑录和地方志书，包括《道藏》，都收录有许多道教碑石，但还有大量碑石没有著录。仅就《道藏》而言，其失收的宫观碑志远多于收入的，失收的碑刻资料中更不乏极有价值者。而且，随着道教的继续传承和发展，道教碑刻还会不断地发现和出现。这些散见的碑铭石刻，成为宫观山志的重要补充资料，对道教学研究也具有较高的价值。所以也理所当然地会引起人们的重视。下面介绍几种专门汇辑道教金石碑刻的著录。

1.《道家金石略》

《道家金石略》，陈垣编纂，陈智超、曾庆瑛校补，文物出版社于1988年出版。该书除移录《道藏》中的资料外，还征引了大量拓片、金石志、其他道经、地方志、文集及丛书等，共收录自汉到明约1500篇道教碑刻资料，字数近200万，是一部较大型的道家专门资料书，较好地弥补了《道藏》的缺陷。该书所录金石材料，内容涉及道家发展源流、分派、学理教义、道术修炼、斋醮仪式、代表人物的重要活动及其学说，以及道教在不同历史时期对社会、经济、政治和士风、民俗的影响等。尤为难得的是，该书还对所录材料加以精心的选择和考订、校勘、增补，逐件加以标点，有必要的则酌为作出注释说明，并分类编排，还另制订有目录以及作者、主要人名和宫观索引，有很高的实用价值，是研究中国道教史的必读参考书。

2.《巴蜀道教碑文集成》

《巴蜀道教碑文集成》，龙显昭、黄海德主编，四川大学出版社于1997年出版。作为一种地域性道教，巴蜀道教在中国道教史上具有重要地位，对道教的发展产生过许多重要的影响。该书所收道教碑文，上起后汉，下迄清末；也酌量采录少数民国时期的碑文，对研治巴蜀道教者有极大帮助。深入研究地域性道教历史文化，可以从整体上推动道教历史文化和传统文化向更深层次进展。

3.《重阳宫道教碑石》

《重阳宫道教碑石》，刘兆鹗、王西平编著，三秦出版社于1998年出版。该书共收录重阳宫碑厅和碑廊所存碑石刻文34篇、诗词6组（首）、画像2幅、题字2帧、图1幅，其中集中了一些国内罕见的元代遗存金石文献，具有较高的史学价值。

三秦出版社于1995年还出版有王忠信编《楼观台道教碑石》。

4.《茅山道院历代碑铭录》

《茅山道院历代碑铭录》，杨世华主编，上海科学技术文献出版社于2000年出版。该书收六朝、唐、宋金元、明、清、近代及现代茅山道院的碑铭，这些碑铭记载着茅山道教各个时期的历史情况，向我们描述和展示了茅山道教的发展简史。

5.《金元全真教石刻新编》

《金元全真教石刻新编》，王宗昱主编，北京大学出版社于2005年出版。该书编辑水平虽不及《道家金石略》和其他专业金石志，但作为全真道研究的重要成果，作者翻阅了大量地方志，辑录了很多《道家金石略》之外的石刻，对《道家金石略》是重要的补充。该书所收石刻资料文字，按照现今行政区划分省编排，对读者了解全真教在各地尤其是在民间发展的概况有极大帮助。

6.《山东道教碑刻集》（丛书）

《山东道教碑刻集》，赵卫东主编，齐鲁书社自2010年起陆续出版。目前已经出版4册，即《青州、昌乐卷》（赵卫东、庄明军编，2010年）、《临朐卷》（赵卫东、宫德杰编，2011年）、《博山卷》（上下册）（赵卫东、王予幻、秦国帅编，2013年）。该丛书按当前行政区划分卷，每一县或市为一卷，泰山、崂山等碑刻相对集中的地方则单独设卷；每卷按碑刻现存地点分类，每一地点又按立碑时间先后排序。用繁体中文排版，辑录山东省境内现存与道教相关的碑碣、墓志、塔铭、摩崖、经幢、题记等，通过田野考察访碑，记录碑刻保存地点、尺寸、石质、作者、书者、文献著录情况等信息，部分碑刻附有拓片。每卷后附有方志资料中与道教相关的内容，每册后还附有按时间顺序排列的本册目录索引，方便读者研究与查询。

7.《云南道教碑刻辑录》

《云南道教碑刻辑录》，萧霁虹主编，中国社会科学出版社于2013年出版。共辑录西汉至2009年云南14个市、州境内与道教活动相关的碑刻778通，主要收录道教宫观碑记、道士墓志铭、道士传略碑记、仙迹碑记、道教经文碑、道教摩崖诗碑等，以及白族、彝族、纳西族、傣族等少数民族道教信仰的碑记，亦包括关帝、土地神、山神等民间信仰和佛教涉及道教内容的碑刻。首次将云南道教碑刻予以系统辑录，为地方道教史和历史文化研究提供了新的丰富资料。

除此之外，还有一些学者就个别散见或新发现的有重要价值的碑刻，进行专门研究并撰写文章介绍于众。如：朱越利《读徐州博物馆藏〈阴符经〉碑刻》和《释杭州〈重建葛仙庵碑记〉》及杨立志《〈道家金石略〉补正六则》等，所述碑刻皆可以补充《道家金石略》之不足。

十、名山宫观志简评

（一）《道藏》之于名山宫观志的功与过

1.《道藏》的贡献

众所周知，不管是在道教学研究方面，还是在宽泛的历史研究方面，《道藏》的价值和贡献都是巨大的。就其中的名山宫观志来说，《道藏》的贡献和价值在于：

（1）保存历史文献资料功不可没。尤其是在过去时代文化传承保存不方便的情况下，许多山志都湮没失传了，而收入《道藏》中的志书则得以保存；尽管历代"道藏"屡修屡毁，但"集中"仍比"分散"更利于保存。

（2）《道藏》中辑录的志书相对来说还算比较集中、全面，有一定的权威性，对后来各名山宫观修志有较大影响。

（3）在现代学术研究中日益彰显其独特价值。《道藏》对现代人们研究中国传统社会政治、经济、文化、科技等各方面都有一定的帮助。英国的李约瑟在撰写《中国科学技术史》（又名《中国的科学和技术》）时，很多材料和论据都取之于《道藏》。《道藏》中的名山宫观志是现代人们了解、研究明代中期以前（主要是明代以前）道教发展及各名山宫观情况的重要依据之一。

2.《道藏》的局限

《道藏》在编纂成书的过程中，对所收录的文献包括名山宫观志，普遍存在以编修者的主观判断对道书经卷进行删简的做法，没有客观全面反映文献原貌，造成对收录文献的"损害"，所以很多文献的"《道藏》本"与其他刊刻本之间就存在差异。其实，这也是历史上很多大型文献和图书集成（如《四库全书》等）的通病，甚者有毁去原版的极端做法，对原作造成不可逆的永久伤害。具体到《道藏》对所收录名山宫观志的损害，主要表现在以下两个方面：

（1）由于当时制版、印刷等技术原因，对一些志书的图表、绘画等内容作简单化处理：简化或干脆删去这些图片。这可能是因为原文献中的图片水平不高，难入编选者法眼，或编选者认为这些图片不够庄重和神圣等等，部分或完全删去其中的图片。即使是对原文献中的图片进行重新绘制，在创作加工过程中，也可能会有意无意地篡改原作者的意图，损失一些重要的信息，导致志书失真。这些图片可能是宫观建筑示意图、山水形胜图、神仙谱系及造像图等。它们蕴含着很丰富和重要的价值，却就这样在《道藏》中消失了。

（2）由于《道藏》作为道书总集的性质和承担的使命，在选择、收录道书文献时必然会有一定的标准和编选要求。且不说在编纂之前筛选时的遗漏、所选不一定为最佳版本等问题，即使是入选《道藏》的一些志书，可能并不是道教中人编写完成的，原作者的出发点可能并不是为道教服务的。但是，这些志书在被选入《道藏》时，则必须通过编选人员的甄选和"改造"，在这个过程中，有些内容难免会被他们"做手脚"。一些志书在进入《道藏》时，就遭到了强行的"瘦身手术"，部分篇目或序、跋等内容被删除或篡改。后世之人若不能发现这些志书在入藏之前的完善底本，客观上就会造成以讹传讹。

还有一些名山宫观志，由于当时就难以找到完整的善本，缺失的内容在《道藏》中也只能付之阙如。随着地方文化研究的兴起和地方志类文献资料整理发掘工作的深入开展，我们在研究《道藏》中志书的版本源流时，将可以也应该拥有更多的材料和证据。现代电子技术的普及和日益发展，也为对比校勘不同版本的志书差异和具体文字出入提供了更加便利的条件。《中华道藏》在编选点校过程中，针对过去《道藏》存在的问题，就进行了积极并有成效的补益努力。

（二）名山宫观志的现代价值

由于名山宫观志在内容上的丰富包容性，尤其是规模较大、体系完整的山志和宫观志，对我们了解名山宫观当时当地的山川物产、民情风俗、神仙传说、宫观建筑的情况等有很大帮助。尤其是书中对道教建筑（包括道路和桥梁）、庄园田产、公共大事记等方面的记述，基本是真实可信的，在研究名山、宫观、教派传衍等的某些历史问题时，是重要的历史材料。在实际的使用过程中，最好是搜集有关的地方志文献以及古人笔记、文集等资料，将名山宫观志与之对比、互相参照和印证，可以减少单方面引用名山宫观志材料造成的缺陷和不足。因此，对于名山宫观志的评价和使用，我们应该具有批判的眼光，细心区别对待，科学合理取舍。总体上说，名山宫观志在学术研究和实际应用上，都具有很高的价值。

因名山宫观志显著的历史地理志书属性，可以弥补传统正统史料之不足，既能为研治道家道教历史的学者提供宝贵的资料，使之更好地把握道教发展、演进情况以及教派传承、融合、盛衰历史；也可为一些相关的学科如文献学、社会学、民俗学、建筑学、金石学、旅游学、生态学等的研究者提供重要的资料，有助于大家了解古代社会的政治、经济、科技、文化甚至具体到民间信仰、民风民俗和道教文学、建筑、艺术、塑像、雕刻等等。特别是对于旅游资源的开发、保护和利用以及生态、环境保护学等时下的一些热点问题的研究，值得今人借鉴。尤其是采用现代的学术研究方法和技术手段，更多全新的有价值的研究成果不断涌现，纠正了过去的许多错误的认识，促使我们不断调整对历史、对自然、对世界的认识，其中有些成果甚至可能修改传统的历史定论，推动各相关学科的发展。所以，不论出发点是历史学还是宗教学，抑或其他学科，研究《道藏》内外的名山宫观志，都有很有重大的意义。

建议阅读书目：

陈国符：《道藏源流考》（上下册），中华书局，1949年版，1963年增订版。

朱越利主编：《中国道教宫观文化》，宗教文化出版社，1996年。

王光德、杨立志：《武当道教史略》，华文出版社，1994年；中国地图出版社，2006年。

杨立志主编：《自然·历史·道教：武当山研究论文集》，社会科学文献出版社，2006年。

主要参考书目：

任继愈主编：《道藏提要》，中国社会科学出版社，1991年。

朱越利：《道经总论》，辽宁教育出版社，1991年。

朱越利：《道藏分类解题》，华夏出版社，1996年。

朱越利、陈敏：《20世纪中国道教学研究》，载于《江海学刊》1999年第4期。

任继愈主编：《中国道教史》，上海人民出版社，1990年。

卿希泰主编：《中国道教》，知识出版社，1994年。

陈国符：《道藏源流续考》，台湾明文书局，1983年。

胡道静、陈莲笙、陈耀庭选辑：《道藏要籍选刊》，上海古籍出版社，1989年。

朱越利：《道教要籍概论》，北京燕山出版社，1992年。

潘雨廷：《道藏书目提要》，上海古籍出版社，2003年。

《四库全书总目提要》，海南出版社，1999年。

杨世泉编：《中国道教文化、武当文化研究索引》，中国科学文化出版社，2002年。

萧　樾：《中国历代的地理书和要籍》，广西师范大学出版社，2002年。

姜　生：《论道教崇山的原因与实质》，载于《复旦学报（社会科学版）》1996年第6期。

郭顺玉：《会万古之精华，敛一山之风月——元〈武当总真集〉的道教文学价值》，载于《郧阳师范高等专科学校学报》2002年第5期。

杨世泉：《武当诗歌文献述略之一：〈武当纪胜集〉》，载于《郧阳师范高等专科学校学报》2002年第5期。

田诚阳：《〈藏外道书〉书目略析（一）》，载于《中国道教》1995年第1期。

朱越利：《释杭州〈重建葛仙庵碑记〉》，载于《浙江学刊》1990年第1期。

杨立志：《〈道家金石略〉补正六则》，载于《世界宗教研究》1996年第2期。

韦庆远：《汉唐皇权与道家方士——阅读陈垣教授编纂〈道家金石略〉的札记》，《中国文化研究》2004年第4期。

吴丛祥：《〈海内十洲记〉成书新探》，载于《广西社会科学》2009年第10期。

张全晓：《明代武当山志考略》，载于《中国地方志》2011年第5期。

张全晓：《略论明代武当山修志兴盛的原因》，载于《宗教学研究》2013年第1期。

吴　羽：《宋代太一宫及其礼仪——兼论十神太一信仰与晚唐至宋的政治、社会变迁》，载于《中国史研究》2011年第3期。

刘　晓：《元代皇家五福太一祭祀》，载于《隋唐辽宋金元史论丛》第4辑，上海古籍出版社，2014年。

宋福利：《五福太一信仰与元代道教格局》，载于《河南科技大学学报（社会科学版）》2015年第6期。

黄海德：《道教碑文之史料价值初探——以明〈道藏〉为例》，载于《西华师范大学学报（哲学社会科学版）》2016年第2期。

作者简介

　　杨立志，男，1961年10月生，湖北丹江口人。1983年毕业于华中师范大学历史系，先后在郧阳中学、郧阳师范高等专科学校任教，1997年晋升历史学教授，现为湖北汽车工业学院党委副书记、武当文化研究与传播中心（湖北省人文社科重点研究基地）主任、学科带头人。主要研究方向为中国古代史、道教学、武当文化，是湖北省武当文化研究会创会会长、武当文化研究的开创者和领军人。主要著述有《武当道教史略》（合著）、《武当仙谱》（合著）、《武当文化概论》《明代武当山志二种》（点校）、《中华道藏》（第48册"仙境宫观山志"主编）、《鄂西北历史文化论纲》(合著)、《道教与长江文化》(合著)等十余部,在《世界宗教研究》《宗教学研究》《中国道教》等刊物发表论文60余篇,先后承担国家社科基金项目等省部级以上项目10余项。

  王少儒,男,1980年10月生,河南登封人。2005年毕业于湖北师范学院中文系,曾在郧阳师范高等专科学校科研处、湖北省武当文化研究会秘书处工作,现就职于湖北省十堰市审计局,任工会主席。师从杨立志教授学习、研究武当文化,曾参与杨立志教授《武当道教史略》再版修订及其他多项学术著作编校工作,发表有《试论武当山道教建筑群的等级观念》《试论武当山道教建筑群的风水观念与环境意识》等。

全真派道经说略

潘显一、田晓膺、雷晓鹏

一、全真道经总述

在宋金对峙、两宋更替之际，天下战乱频仍，人民生活困苦艰难，各种道教新兴流派应运而生。其中，全真道出现最晚，但发展却最为兴盛，势力最大；并在后期与其他丹鼎小派合流，成为流传至今的中国后期两大主要道教教派。

金正隆四年（1159），王重阳自称在陕西甘河镇遇到异人，只身来到终南县南时村，筑"活死人墓"，自此走上修道传教之路。后陆续收马钰等七大弟子，并于大定九年（1169）前后在山东建立三教金莲会、三教三光会、三教玉华会、三教平等会，正式创立了全真道。在丘处机掌教之时，蒙元统治者成吉思汗召见，并受礼遇。自此以后，全真道大建宫观、广收门徒，开始了大规模扩张时期。元太宗时期，宋德方在山西平阳主修《玄都宝藏》，一时鼎盛。在元代，由于初期受到元统治者的支持，全真道从北方大规模南传。在发展过程中，逐渐与南方流传的源出钟吕金丹派的南宗合流，同时在元代中后期，又逐渐合并了真大道、楼观道和部分净明道，遂成为明清时期唯一的与符箓大派正一道平行发展的丹道大派。自元宪宗八年（1258）在《化胡经》的辩争中失败之后，全真道逐渐走向衰落。在明清时期全真道逐渐分化为诸多丹道小流派，标志着走向了衰微。

道经著述是道教构建教义体系、判别宗教派别、发展道教信徒的重要工具。全真道就其历史发展来说，早期在对待文字经典的宗风上曾有所转变。元王磐曾说：

> 全真之教，以识心见性为宗，损己利物为行，不资参学，不立文字。自重阳王真人至李真常，凡三传，学者渐知读书，不以文字为障蔽。及师（指张志敬）掌教，大畅玄旨。然后学者皆知讲论经典，涵咏义理，为真实入门。(《甘水仙源录》卷五《玄门掌教宗师诚明真人道行碑铭》)

但自金王重阳创立全真道起，由于历代全真道中吸纳不少有文化根底的全真道士，历朝历代全真创作了大量道经作品。而在新兴的三大新道派中，全真道教团骨干人物也多出自文化素养较高的知识分子群体，因此留下的著述也最为丰富。明以前的全真著作基本保存在明《道藏》之中，散见于明《道藏》洞真、洞神以及太平、太玄、正一等部之中。明代和明代以后，全真道诸派也创作了大量全真著作，这些著作有的收入在清康熙年间彭定求编纂的《道藏辑要》和现代《藏外道书》之中。另外，在历史上估计也毁损了不少全真作品。当然这些全真作品中难免有伪托之作，不过其中一些著名道士如王重阳、全真七子以及后代的秦志安、李道纯等的作品，总体上看是本人的作品。

大量的全真道经作品从形式上看，大致包括论述教义教理的道论、诗词、传记、碑刻等一些种类。道论类道经作品主要是对有关全真修仙理论和实践方法的论说。全真道从王重阳开始就重视对道论作品的阐释和撰写，如王重阳就留下了《重阳立教十五论》等全真道纲领性著作。道论作品中有不少语录作品，如马钰的《丹阳真人语录》《丹阳真人直言》，刘处玄的《无为清静长生真人至真语录》，以及七真之后王志谨的《盘山栖云王真人语录》等。全真道强调修炼心性，历代全真道士留下了不少丹道作品，如王重阳著有《重阳真人金关玉锁诀》，郝大通著有

《太古集》，李道纯《中和集》述内丹，刘处玄著有《黄帝阴符经注》，等等。就思想内容来说，全真道经作为有效的文字载体，综合地反映了全真道成仙理论与修炼方术，比如其"三教合一"的思想基础、成仙证真的宗教信仰、性命双修的心性修炼、严谨森严的教规教律等等。在全真道经作品特别是在道论和诗词中，有大量内容与丹道有关，这在全真道南宗表现更为明显。实际上，王重阳创立全真道之初，就主动追溯唐宋之际流行的钟吕丹道，以"三教合一"为基础，以丹道的心性修炼为宗旨，对传统道教继承创新而形成了全真道。因此，包括王重阳、七真在内的全真道内高道都留下了大量的论述丹道的道经作品。这在明清全真道后期表现得更为突出。其时，各种小宗派蜂出，全真道门内论述内丹的著作更是不胜枚举。

诗词类道经作品主要是全真道士运用诗词的艺术形式来立论传道，历代全真道士诗词类作品繁多，在全真道经中占有重要地位。王重阳本人就留下了大量诗词。秦志安《金莲正宗记》中说他：东海西秦，劝化道俗，长歌短咏殆千余首。历代全真中，诗词类作品如谭处端有《水云集》、长筌子有《洞渊集》、姬志真有《云山集》，等等。

传记类道经作品主要是对全真历代高道以全真所奉的神仙生平和神仙事迹进行传写和渲染的作品。传记作品有对教内某事进行记载的，如《长春真人西游记》《金莲正宗记》《终南山祖庭仙真内传》《甘水仙源录》《七真年谱》等，但大量的全真传记主要是对教内高道的生平事迹进行记载。从扩大宗教影响的目的出发，这类作品虽不乏客观真实之作，但或多或少都有神化高道事迹、显示其神异的内容。

碑刻类道经作品其实也多是全真高道传记，如《全真教祖碑》就是记载王重阳的生平以及得道成仙的经过。受记载形式的要求，碑刻往往字数不多且文笔优美。另外，全真道有不少教规教戒类道经作品。王重阳在创教之初，在《重阳立教十五论》中就规定有一些全真教规。元明之际，全真派得到较大发展，随着道派和道观的增多，全真派参照佛教寺庙管理制度，制订了《全真清规》，现收入明《道藏》正一部楹函。

从20世纪40年代著名史学家陈垣著《南宋初河北新道教考》一书，筚路蓝缕，开全真道研究之山林，近年来关于全真道的研究已经逐渐引起了学术界的关注，全真道成为道教研究的重要领域。学术界多次召开了国内外相关学术会议，道教研究的专家学者也出版了不少学术论著，在全真道的历史发展、思想宗旨、与儒佛关系等诸多问题上取得了进展。与之相关的研究成果大致可以分为以下几类：

一是卿希泰先生主编的《中国道教史》、任继愈先生主编的《中国道教史》、牟钟鉴先生主编的《道教通论》以及LiviaKohn主编的《道教手册》等道教通史、综论类著作从历史的角度研究了全真道的发展更迭。

二是国内外学者如日本的窪德忠、蜂屋邦夫、僧由利亚，法国的高万桑，意大利的蒙妮卡，中国港台地区的陈志滨、黄兆汉、梁淑芳，中国大陆地区的朱越利、张广保、邝国强、刘宁、王育成等分别从不同的角度具体而微地研究了全真道的思想、道派源流、文献经典、宫观建筑、文学艺术等广泛的内容。其中，日本学者窪德忠的《中国的宗教改革——全真道的成立》被学界誉为全真道研究的入门书；蜂屋邦夫的《金代道教的研究——王重阳与马丹阳》《金代道教的研究——七真的研究》另辟蹊径，以全真道士的诗词为线索，探讨了全真道士的宗教思想与精神世界；小柳司气太的《白云观志：附东岳庙志》、五十岚贤隆的《道教丛林——太清宫志》、吉冈义丰的《白云观的道教》则从田野调查的角度考察了全真道的实况；而香港学者吴亚魁的《江南全真道》则用历史文献学的方法，从一向被人忽略的江南全真道入手，考察了元代以来江南全真道发生和发展的情况，对我们认识全真道演变的全貌起了很大的作用。

三是中国大陆学者在研究地方道教史时涉及到了全真道，如李远国的《四川道教史》，阮仁泽、高振农主编的《上海宗教史》之《上海道教史》，赵亮撰写的《苏州道教史略》等。

学习、研究全真道经著述，对于厘清全真道的发展历史，研究全真道的思想内容及其宗教理论、方术，分析全真道在道教发展史以及传统文化中的地位，积极引导道教与社会主义相适应，都有着重要的意义。

二、全真道主要著述介绍

（一）《重阳立教十五论》

《重阳立教十五论》是全真道早期的著作。明《道藏》中收入正一部楹函。《道藏》没有标明该论作者，一般认为是王重阳所作，或者门下弟子根据重阳平时语录编纂而成。该论反映了王重阳创教时期的基本思想。

王重阳，全真道创始人。即王嚞（1113—1169），原名中孚，入道后改名王嚞，字知明，号重阳子，故世称王重阳。陕西咸阳大魏村人，少修儒业，然屡试不第，虽考中武举，但郁郁不得志。遂入教修道。据其自称，在金正隆四年（1159）"甘河遇仙"后，便入终南县南时村筑"活死人墓"，入墓修炼三年。后奔赴山东传教，收七大弟子，即后世所称"七真"：马钰、谭处端、丘处机、王处一、刘处玄、郝大通、孙不二。一时门下人才济济，全真由此逐渐兴盛。

《重阳立教十五论》字数不多，全文仅1000余字，但言简意赅地阐述了全真道的基本教义信仰。全文分十五个部分立论，总体上包括三个部分的内容。

1. 修真成仙的理论建构

全真道关于修真成仙的理论包括"离凡世""圣道""超三界"等部分。首先，王重阳认为全真道关于修道成仙的理论与传统道教肉体飞升的理念有别，而重点是心灵的得道与超越。他强调，全真道认为的成仙离开凡世，不是指"身离"，而是指"心地"，即精神的得道和解脱。并以藕根处泥而莲花在虚为喻，来说明修全真之道，虽心已达圣境，而身仍在凡世。这是全真道和传统道教的重大区别，表明新兴道教在唐宋时代佛道思想的交流与融合中汲取佛教思想，已经放弃传统道教以肉体不死为主要理念的成仙理想，而改为追求精神超越了。其次，入这样的圣道要苦志多年，积功累行，成为高明之士或者贤达之流，才可以达到。而一旦达到，就会呈现"普天圣众，默默护持；无极仙君，冥冥围绕。名集紫府，位列仙阶"的境界和状态。再次，在王重阳看来，世界分成了三个部分，即欲界、超色界、超无色界，而这也同时是全真修行的三个层次或者三个阶段，即心忘虑念即超欲界，心忘诸境即超色界，不着空见即超无色界。也就是说，破除主观念想，就可以超越欲界的羁绊，而忘怀客观外境，就可以超越色界的羁绊，最后，对主观世界和客观世界能了悟到"空"的本质，并且对于这种"空"也不执固定执着的看法，则可以达到超越无色界的最高境界，也就成为全真的神仙了。

2. 以性命为核心的修炼之道

全真道以性命为核心的修炼之道包括"打坐""降心""炼性""匹配五气""混性命"等论。首先，性命是修行的总纲，全真修行的根本就是性命。而在性和命的关系上，王重阳认为先性后命，说性为神、命为气，"性若见命，如禽得风飘飘轻举，省力易成"，也就是说，性与命能达到相融互合，就如同禽鸟遇风能相凭而翱翔，没有什么羁绊。具体在性上的修炼，王重阳以调琴和铸剑为喻，要求"得中"即达到"中"的状态，才可得"自妙"。在命上的修炼，要求收心降念，铅汞凝澄，五气聚宫，三花攒顶。而对于打坐，如果只求形体端然，瞑目合眼，还是"假打坐"而已，而"真坐者"要求是在十二时辰之中，住行坐卧一切动静之间，心如泰山不动不摇，不能有丝毫动静思念。达到这样的状态，就虽身处尘世，名已列于仙位。

3. 出家修行的条律准则

全真道士出家修行的条律准则包括"住庵""云游""学书""合药""盖造""合道伴"等论。关于住庵，王重阳强调全真道凡出家者，先须投庵。因为住庵一方面可以让修行者身有依倚、心渐得安，炁神和畅，另一方面也有其宗教意义，即茅庵可以遮形，免得露宿野眠而触犯日月，这样就才可以得"真道"。但是王重阳崇尚俭朴，反对铺张浪费，在"盖造"一论中，他反对宫观修建大殿高堂和雕梁峻宇，否则就是只修外功、不修内行。对于云游，认为玩山游水、寻朋纵意、留心衣食等游历者是"虚云游"，而"真云游"是为了参寻性命、求问妙玄、参访明师、问道无厌。对于学书，王重阳反对华丽，寻求质朴和内在理趣。对于合药，王重阳认为这是非常重要的。强调学道之人不可不通，如果不通就无以助道，但又不可执着，否则有损阴功。对于修行中的交友结伴，他认为要先择人再合伴，而标准是"在丛林，全凭心志"，而不能"顺人情、取相貌"，只能"择高明者是上法"，同时对于道伴，不能相恋，相恋则会干扰心境，但又不能不恋，不恋则没有感情。

总体上看，《重阳立教十五论》文字虽不多，但通过此论，既确定了全真道与传统道教有所区别的基本信仰，即追求精神境界的超越，而非肉体的飞升，又阐述了达到此宗教目标的基本修炼途径，即围绕性命为核心的内丹修炼之道，还较为详细地规定了全真道士修行生活的一些条律准则，包括出家住庵、选择道伴、崇俭斥奢、苦己利人等。另外，从思想和文字的内容看，既承继了传统道教养生修炼的一些理论，又吸收了儒、佛二家的思想观念，比如佛的空、色、报应等观念，反映了全真道顺应时代潮流，标举三教合一的立教宗旨。总之，此书实际上是全真派创教的立教纲领，为后世全真道士入教学道的宗教指南，在全真道的经典中占有十分重要的地位。

（二）《中和集》

《中和集》收录于《正统道藏》洞真部方法类光函，为元初著名道教理论家李道纯的著作，主要是内丹理论的综合结集。李道纯，字元素，号清庵，别号莹蟾子。史料记载，道纯原为元"昭勇大将军管军总管"赵道可手下兵卒。某日道可染肺疾，李道纯请其摒弃左右侍妾，与道可腰背相依，天明道可即病愈。道可深为折服。后即随道纯出家修道。李道纯本是白玉蟾弟子王金蟾的门人，为南宗弟子，在元初全真道大举南传与南宗合流之际，李道纯融通南北二宗，为南北二宗内丹理论的大成者。

在元代儒释道三教合流的历史潮流下，李道纯融通三教，既通《老子》《周易》，又晓禅理，并以三教融通的观念著述了大量道教著作，包括《道德会元》《中和集》《三天易髓》《全真集玄秘要》以及《太上大通经注》《太上升玄消灾护命经注》《无上赤文洞真经注》等多种。《中和集》就是李道纯融通《老子》《周易》和佛理思想阐述道教内丹理论的一部著作。

关于中和的命名，因李道纯曾取《礼记》"喜怒哀乐之未发谓之中，发而皆中节谓之和"之义，为其所居之处题名为"中和庵"，因此由其门人蔡志颐收集整理的这本著作即取名为《中和集》。

《中和集》分为六卷。卷一包括《玄门宗旨》《颂二十五章》和《画前密意》等内容，并有《太极图》《中和图》《委顺图》《照妄图》四图，为全书的主旨所在。开篇李道纯即在《太极图》中说"释曰圆觉，道曰金丹，儒曰太极"，标明三教合一之说，谓儒释道三教虽分为三，但皆以卦象未画前之太极为本。并阐述说释氏所谓"如如不动，了了常知"，《易传》所谓"寂然不动，感而遂通"，道教所谓"身心不动，以后复有无极真机，言太极之妙本也"，强调三教所崇尚的都是"静定"。对于道教炼丹的基本原理，李道纯说，就是逆太极而行之，以精、气、神三物为材料凝结而成圣胎，达到复归于无极，从而成就仙业。

卷二包括《金丹妙诀》《三五指南图局说》《试金石》等内容。《金丹妙诀》之中，配有多种图像以阐说金丹修炼的鼎器、药物、火候等概念，并分标炼精化气（初关）、炼气化神（中关）、炼神还虚（上关）三题以阐述金丹修炼的三个阶段的工夫。《三五指南图局说》从《悟真篇》的诗句"三五一都三个字"起题，从剖析其真义出发，阐述金丹生成的理论。说只要身、心、意相合，即三家相见如婴儿初生，能达到这样的境界，金丹修炼即为成功；而各类丹书中所标注和阐述的法象、异名，归纳起来，都不外乎身、心、意三者。对于金丹修炼中最重要的"玄关"概念，李道纯强调，所谓"玄关"并非指身体实有的某个部位或者器官，而是指称至玄至要机关之意谓；其他所谓印堂、顶门、肚脐、膀胱、两肾、肾前脐后、两肾中间等说法都是错误的。《试金石》中，对当时流行的种种修炼法进行了分类总结。一开始，李道纯就强调，所谓金丹，是"虚无为体、清静为用，无上至真之妙道也"，而其他种种修炼之法，都是圣人为方便后学，开启善诱之门，假借各种名称、物象，并写作各种丹书以启迪教化的一些手段。接着首辟旁门九品，指其中"御女房中三峰采战"等三百余条为下品之下，为邪道；"胞衣为紫河车、炼小便为秋石"等三百余条乃下品之中，为外道；"诸品丹灶炉火、烧熟五金八石"等四百余条乃下品之上，为外道。总此一千余条，为下三品，是贪淫者、嗜利者修行的。次叙中三品，"休粮辟谷、忍寒食秽"等乃中品之下，"吞霞服气、采日月精华"等乃中品之中，"传授三归五戒、看诵修习传信"等乃中品之上，对于此中三品，李道纯认为已渐次接近于道。再叙上三品，"定观鉴形、存思、吐纳"等乃上品之下，"闭息行气、屈伸导引"等乃上品之中，"搬精运气、固守丹田"等乃上品之上，对于一千余条上三品，中等之士修行也可却病，但都还不是修道的真正途径。接着阐述丹法的正道，其中又包括渐法和顿法。李氏称渐法有三乘，顿法只一乘。"渐法三乘"中，下乘为安乐之道，中乘为养命之道，上乘为延生之道，这都是为根基浅薄者所设置的，主要是便利其循序渐进地修行道法。而"最上一乘"的顿法，则是专为夙有根器者所设置的，此法"以太虚为鼎、太极为炉、清静为丹基、无为为丹母、性命为铅汞、定慧为水火"，到"性命打成一片为丹成，身外有身为脱胎，打破虚空为了当"，就是大功告成，修成神仙之体了。

卷三包括《问答语录》《金丹或问》《全真活法》等内容。《问答语录》主要记录了李道纯与其弟子程安道、赵定庵等人谈论丹道的情况。同时，为了破除修道之人在修炼过程中的疑问和迷惑，解答一些丹道修炼的难题，在《问答语录》之后，又专标《金丹或问》一节，对丹书中一些精要的地方，集成三十六条，主要是对九还、七返、三关、玄关、三宫、玄牝、炉鼎、药物等概念和问题作出较为清楚明白的解释。《全真活法》主要是讲述保全本真之要。在这里，李道纯对"全真"作出了解释，称所谓"全真者"，即"全其本真也"，"全精、全气、全神，方谓之全真"，"精气神为三元药物，身心意为三元至要"。强调炼精之要在于身，炼气之要在于心，炼神之要在于意。修炼身、心、意，则可以形固、神全、了性，即达到全真，金丹也就成功了。

卷四包括两《论》、两《说》及《歌》十二首等内容。《论》包括《性命论》和《卦象论》。《性命论》中，对于性命这一对道教内丹修炼的主要概念的关系，李道纯认为修性系于心，修命系于身，强调身心同治，性无命不立，命无性不存，必须性命双修，才能达到命基永固、性本圆明的境界。对于道教内丹借用《周易》卦象等阐述内丹原理，李道纯在《卦象论》中说，道经丹书用卦用爻，只是一种借喻手法，要像白玉蟾告诫后人的那样，不可泥于爻象，不能被比喻所蒙蔽，应充分理解卦象背后所说明的原理，因此说"上品丹法无卦爻"。《说》包括《死生说》和《动静说》。前者借用佛教概念，说一切念虑都属于阴，一切幻缘都属于魔，要不为物眩，不被缘牵，道教修炼就是要绝念虑、空幻缘，绝念虑就可以消除阴趣，空幻缘就可以扑灭魔境，长久坚持，阴尽阳纯，就达到了仙的境界。后者谓天动地静是天道运行的常道法则，修道之要就在于效法天地的运行法则，身心俱静。十二首歌包括《原道歌》《炼虚歌》《破惑歌》等，在《炼虚歌》中李道纯说儒、释、道三教，都是"单传一个虚",无论是哪一家,自古以来修炼超越者,都是从"虚"里做工夫。

卷五和卷六是诗词集,包括诗四十九首、词五十八首,另外又有《隐语》二篇,都是咏唱性命的内丹宗旨并阐述三教合一等思想内容的艺术作品。这些诗词作品中,有些能把内丹丹道原理同诗词的艺术形象要求较好地结合起来,还具有一定的可读性。

总体上讲,李道纯的《中和集》中所述的内丹思想是元代道教内丹思想发展的集中体现,其核心是"中和""虚静"等义。其特点是从炼神还虚入手,强调守中,通过守中可以达致和,从而使身静心虚,最终心归虚极,身入无为,动静俱忘,精凝气化,丹业成就。

元明清时期,道教内丹有东、中、西等派的说法,李道纯的这种丹法,白云观《诸真宗派总簿》称之为内丹"中派"。《中和集》就是研究这种丹法的重要资料,为后代道教人士所重视,对于研究元代时期三教合一的思想也有重要的价值。

(三)《长春真人西游记》

在南宋金初北方出现的新道派中,以全真道发展最为兴盛。进入元代,全真道更获得元室朝廷的支持,从而进入大发展的鼎盛时期。形成这种局面的关键人物是丘处机,而转折性的契机则是丘处机奉元统治者召请西行际遇成吉思汗。元太祖十五年(1220),丘处机应太祖成吉思汗的召请,偕弟子十八人(赵道坚、宋道安、尹志平、孙志坚、夏志诚、宋德方、王志明、于志可、张志素、鞠志圆、李志常、郑志修、张志远、孟志稳、綦志清、何志清、杨志静、潘德冲)从莱州启程北上,于元太祖十七年(1222)在阿姆河南岸(今阿富汗北境)晋见成吉思汗。公元1223年,丘处机请求东回,得到成吉思汗的应允。一年后得返燕京(即今北京)。《长春真人西游记》记叙的就是丘处机晋见成吉思汗的这段史实。

《长春真人西游记》收入《正统道藏》正一部群函，标题"门人真常子李志常述"。李志常（1193—1256），即丘处机随行十八弟子之一。字浩然，开州观城人，幼孤，养于伯父家。少年即有方外之意，伯父为其议婚，不允。公元1218年，志常得闻丘处机居于莱州，遂往而拜于其门下。在丘处机门下时得到丘的器重，并被选为西行随行弟子。公元1227年，丘处机逝世，尹志平嗣教。公元1238年，李志常继尹志平掌教，成为全真道在元代发展的重要人物。

《长春真人西游记》包括三个部分，即上、下两卷与附录。附录收录成吉思汗致丘处机的诏书、圣旨，燕京行尚书省石抹公谨请丘处机住持天长观的奏疏，侍行门人十八弟子和蒙古护持四人名录等。

上卷叙述丘处机西游的经历以及途经各地的所见所闻。开篇对丘处机的学道经历进行了简要记叙。丘氏，字通密，登州栖霞人。未冠出家，师从王重阳，是王重阳七大弟子之一，为年龄最小者。后住磻溪龙门十有三年，终有大成。丘处机是全真道中善于审时度势的。时值金、宋、元更替之势，作为富有影响力的高道，丘不应金、南宋的邀请和拉拢，而独应元成吉思汗的召请，西行传道，是慧眼独具的。正是向新兴强势力者元统治者的政治靠拢，为全真道在元的兴盛打下了基础。上篇在对此作铺叙后，就叙述丘西游的经历。太祖十五年（1220）正月，丘处机率弟子十八人于从莱州出发，经潍阳（潍县）、青州（益都）、常山（今河北正定）至燕京。后出居庸关，至德兴龙阳观度夏，八月初抵宣德州（今河北宣化市）朝元观讲道，复南往龙阳观过冬。次年二月离朝元观，经盖里泊（今伊克勒湖）、渔儿泺（今内蒙东南的达里诺湖），四月初抵达贝加尔湖北的斡辰大王（成吉思汗四弟）帐下。又西行经呼伦湖，翻越库伦以南的高山，经长松岭，抵达金山（即阿尔泰山）东侧的科布多附近，留门人宋道安等九人筑栖霞观居留传道。丘处机则继率赵道坚等弟子九人，翻越阿尔泰山，过准噶尔盆地东侧的白骨甸（博尔腾戈壁滩）、大沙陀（古尔班通古特沙漠），经轮台，至回纥昌八剌城。翻越阴山（今天山），至阿里马城（今新疆霍城县境）。又西行至寻思干城

（撒马尔干）、赛蓝城。后折而南行，经碣石城，过铁门关（今阿富汗库尔勒城北），于太祖十七年（1222）四月五日抵达大雪山（今阿富汗兴都库什山）成吉思汗行宫。丘处机应诏之时，已七十三岁高龄。他以如此高龄，攀山越岭，深入荒漠之地，深受成吉思汗的赏识和嘉许，当即获得召见。

《长春真人西游记》下卷记叙丘处机对成吉思汗讲道以及东归住持天长观之事。当年十月十五日、十九日和二十三日，成吉思汗三次问道于丘处机。在召见时，丘处机不仅重点谈了道教"清心寡欲"等养生之道，还劝阻成吉思汗"止杀保民"，为拯救兵祸之中的黎民百姓起到了积极作用。成吉思汗对丘处机十分赞赏，"颇惬圣怀"，并称"神仙"。① 太祖十八年三月，丘处机辞别成吉思汗，经蒙古南道，自科布多至金山，偕宋道安等弟子东返。经过一年的跋涉，于次年春还抵燕京，住持天长观。全真道得成吉思汗支持并恩准诏免赋役，"教门四辟，百倍往昔"，丘处机乃建平等、长春、灵宝、长生、明真、平安、消灾、万莲八会于天长观，开坛说戒，发展道众，并受权处置北方道教事。太祖二十二年七月七日丘处机去世。

《长春真人西游记》不仅记录了丘处机高龄西行讲道，同时记载了西行途中的见闻，对沿途的自然景观、山川草木以及风土人情都有比较详细的记述。书中还收有丘处机沿途吟咏的几十首诗词，有一定的文学和宗教价值。因李志常本身即为文化程度较高的道门人士，其所记叙文字生动，说理清晰，史实记叙也较为真实，因此《长春真人西游记》是研究丘处机及全真道的重要著述，同时也是一部重要的中西交通史文献，对研究元史、西域史、地理、民俗等均有一定参考价值。

---

① 按照成吉思汗当时"勿泄于外"的禁令，李志常作《长春真人西游记》之时，没有详细记载成吉思汗与丘处机讲道的具体内容。后耶律楚材将讲道内容编录成《玄风庆会录》，也收入《正统道藏》，可以相参。

（四）《金莲正宗记》

《金莲正宗记》题"林间羽客樗栎道人编"，收入《正统道藏》洞真部谱录类致函。本书为全真道祖师传记。

樗栎道人即秦志安。秦志安（1188—1244），为宋德方弟子，字彦容，号通真子。相传早年即趋尚高雅，其父下世时已年满四十，更是喜读方外之书，求索治心养性之道。后遇披云道人宋德方，数语之间便相符契，于是从而受道。宋德方受命重修《道藏》，秦志安即是其主要助手。因秦志安是在平阳（今山西临汾）玄都观领修《道藏》，所居之处号曰"樗栎堂"，故又号"樗栎道人"。

全真教内，相传王重阳在金正隆四年（1159）于甘河镇遇二仙，仙人指东方"见七朵金莲结子"。后来王重阳东去海边传教收徒，收丘处机、刘处玄、谭处端、马钰、郝大通、孙不二、王处一七位高足，遂"足满七朵金莲之数"。[①]"七朵金莲"即喻后世所称全真之"北七真"，《金莲正宗记》遂以此为书名，通过追溯记录教内传授源流，构筑全真道传道谱系，以达到神化其源流、光扬其宗派的宗教目的。

《金莲正宗记》书前有"辛丑平水长春壶天序"。辛丑为元太宗十三年，公元1241年，即为本书成书之时。序言对作此记的写作目的进行了阐明。首先对道与教的关系进行了说明，说道之为体，虽历经无数劫而未尝变化，而教之为用，有时而废，有时而兴。然后对道教的历史发展进行了阐说，认为道教自轩辕黄帝、老子而起，但世人颠顸未知，至张天师之时而教虽兴盛，但后世多以道为集福消灾、神变之道，而性命之说犹为沉滞。及至王重阳弘扬全真，且专为性命之说，后历经七真，全真兴盛，是自轩辕以来教门发展的高峰。因此，作此传记说明"是教也，源于东华，流于重阳，派于长春"的全真道宗教源流，并且"而今而后，滔滔溢溢未可得而知其极也"，希冀其教不断阐扬光大，永远

---

① 见《金莲正宗记》卷二《重阳王真人传》。

兴盛。

《金莲正宗记》全文五卷。卷一为全真道所尊祖师之传，包括东华帝君（王玄甫）、正阳钟离真人（钟离权）、纯阳吕真人（吕洞宾）、海蟾刘真人（刘操）。这是全真道为神化其宗教本源，在记述王重阳及北七真之前，外加四位祖师以宣示其渊源深远。卷二为重阳王真人（王嚞）、玉蟾和真人（和德瑾）、灵阳李真人（失名）之传。后二人为崇敬王重阳并最早居守祖庭终南山的全真道士。卷三为丹阳马真人（马钰）之传。卷四为长真谭真人（谭处端）、长生刘真人（刘处玄）、长春丘真人（丘处机）之传。卷五为玉阳王真人（王处一）、广宁郝真人（郝大通）、清净散人（孙不二）之传。在内容上，每传都是对传主的生平事迹进行简要记述传写，然后立"赞"对其称颂。

实际上，本书主要是后世所谓全真"五祖七真"的传记。本书写作年代较早，是全真道早期的道派史著作，与后出的《甘水仙源录》等全真道传记相互参看，对于研究全真道的历史起源和创教过程以及全真"五祖七真"的生平事迹，都具有一定的史料价值。但是，由于神化宗教源流的目的和宗派门户之见，本书中有不少夸张和神秘之处，有的地方运用传说资料，且有一些地方故意神异传主事迹，难免有不实之处，降低了本书作为客观可信的历史资料价值，但总体上说，不失为研究全真道历史的重要文献。

（五）《磻溪集》

《磻溪集》收入《正统道藏》太平部友函，题为"栖霞长春子丘处机撰"。前有"玉峰老人胡光谦序""文林郎前太常博士兼校书郎云骑尉致仕平阳毛麾序""昭仪大将军武定军节度使兼奉圣州管内观察使提举常平仓护军漆水郡开国侯食邑一千户食实封一百户移剌霖"序、"翰林学士中顺大夫知制诰兼国子司业轻车都尉颍川县开国伯邑七百户赐紫金鱼袋安东陈大任序"。本书为栖霞长春子丘处机述怀宣道的诗词歌赋总集。

丘处机，道教全真道北七真之一，龙门派创始人。据道书记载，丘处机，字通密，号长春，登州栖霞（今山东烟台市栖霞）人。丘处机自幼聪敏博学，渴慕"成仙"之道，19岁入道，20岁拜王重阳为师。他初入陕西，先在磻溪修道六年，后在龙门山潜隐七年，前后十三年的岁月磨砺，使其道志坚定，道识过人。《磻溪集》主要是丘处机居磻溪、龙门山时所作，全书共六卷，卷一为七言律诗六十六首，卷二为七言绝句一百一十六首，卷三有古体诗《青天歌》一首、《吟》六首、《颂》三首、《步虚词》两首、《世宗挽词》一首、《古调》十五首、《五言短句》三首、《五言长篇》五首，卷四有五言律诗二十七首、五言绝句八十一首，卷五、卷六有词一百一十首。《磻溪集》用诗词歌赋的形式表达了丘处机的修仙思想，反映了全真道的思想内涵和宗教特色。

1. 修炼之目标：悟道成仙

悟道成仙是全真道修炼的最终目标，丘处机所有修仙思想和心性磨砺都是围绕着这一目的而展开的。

道是宇宙万物的本源，又是全真道心性修炼的根据，道无处不在，无所不能。《磻溪集》收录了许多丘处机赞美道体的诗词，例如《先天吟》就这样写道：

> 大哉无极玄元道，何者不蒙灵应药。点化三光转碧空，滋荣万物开花萼。腾今跨古未尝坏，历险冲艰殊不弱。浩浩洪流自激扬，纷纷大化谁斟酌。混元一气首兴变，无上至尊唯独恶。踏碎虚空出杳冥，劈开混沌生挥霍。阴阳升降作门户，日月纵横为锁钥。暑往寒来昼夜分，时通运塞兴衰各。既而上立乾坤钮，复乃下鸣师范铎。建德随方料物宜，因时设教从人乐。

在丘处机看来，道运生万物，伟大而神奇，所以悟道成仙才是修炼之最终目的。《赞道》写道：

> 前贤后圣无差别，异派同源化执迷。太一混元开户牖，玄真直指上天梯。

悟道成仙是道教的思想宗旨，也是全真道的最终信仰。丘处机在崂山上清宫清晨的雾霭中表达过他出离尘世、渴慕仙界的愿望：

> 晓日朦胧渐起云，山色惨淡不全真。直须更上山头看，似驾天风出世尘。

在《仙游吟》中更是表达了他不恋凡尘、修炼成仙的坚定信仰："恢然超法界，不复恋人寰"。

与道教的其他派别相比，全真道极力否定现世人生，大肆渲染人生苦短、名利为空的思想。丘处机在《瑶台月·劝酒》中感叹道：

> 浮名浮利，叹今古，悠悠颠倒人泥。茫茫宇宙，多少含灵愚智，尽劳生，终日贪图，竟抵死，奔波沉滞。观乌兔，嗟身世，百年寿，一春寐，虚费，争和满酌流霞送醉。

在《满庭芳·警世》中写道：

> 百尺危楼，千间峻宇，艳歌出入从容。幻身无赖，何异烛当风。旧日掀天富贵，当时耀，绝代英雄，百年后，都归甚处？一旦尽成空。诸公闻早悟，抽身退迹，跃出樊笼。念本初一点，牢落无穷。幸遇时平岁稔，偷闲好、消息圆融。忘机处，灵波湛湛，独镇水晶宫。

《磻溪集》中还有许多类似这样的诗，丘处机之所以否认现世人生价值，就是想劝人修仙悟道，早日摆脱尘世的羁绊，最终达到修炼之终极目标：成仙。

2. 修炼之工夫：修心

全真道在宗教实践中特别重视修心并将其作为修炼的第一步工夫。要想超越生死、证道登真，必须先使凡俗之心安定、恒静，否则是无法达到成仙的修炼目标的。为了让人从意识里摒弃喧嚣尘世而立志清修，《磻溪集》首先向人宣扬世事无常、浮生如梦，长生住世没有多大意义等宗教思想。《磻溪集》中《落花》诗有如此感叹：

> 昨日花开满树红，今朝花落万枝空。滋荣实藉三春秀，变化虚随一夜风。物外光阴元自得，人间生灭有谁穷。百年大小荣枯事，过眼浑如一梦中。

面对世事的空幻易变，丘处机在《磻溪集》反复用"空""假"警醒修道之人，告诉他们"百年万事一切空""百年一觉浮生梦""千古惺惺一梦中"，喟叹"浮世奈何人不悟"。

既然百年万事空，浮生一场梦，那么修仙证道、超越生死、离世成仙便成了人生的唯一目的。而人生匆匆，恍如白驹过隙，所以成仙修炼要趁早。《古调》十五首的第一首便是《速修》，其诗写道：

> 一日一日复一日，短景浑如电光疾。天长地久磨古今，春去秋来变时律。大梦沉沉无昼夜，浮生衮衮差劳逸。人情不断犹著空，我志虽高尚忧失。

丘处机慨叹着人生的短促，劝导人们要明了人生的虚空，尽早斩断人情嗜欲，速速修道。在《下手迟》一诗中，丘处机还写道：

  日月忽忽顶上飞，光阴忽忽眼前移，回头返顾即老成，下手速修犹太迟。

全真道修炼以重神的修心为下手工夫，修心有许多具体而丰富的内容。要修心，首先就要清修苦修。《山居》三首写道：

  龙门峡水净滔滔，南激朱崖雪浪高。万壑泉源争涌凑，千岩石壁竞呼号。周流截断红尘境，宛转翻开白玉膏。胜境无穷言不尽，临风时顾一挥毫。
  不怨深山自采樵，山中别有好清标。幽居石室仙乡近，不假环墙世事遥。饮食高呼天外鹤，摩云仰看峡中雕。时时淡泊浮沉景，显贯真空慰寂寥。
  独自深山搵寂寥，闲云作伴屏喧嚣。耽慵不念生涯拙，好静唯便熟境销。着假空贪齐李杜，明真何必等松乔。研穷寿算文章力，岂夺虚无造化标。

江水滔滔、野鹤高峡，这样的隐居修炼之地不仅是清净的，更是寂寥和清苦的。"饥时只解巡门乞，饱后兼能鼓腹歌"，在这样的环境中"十年苦志忘高眠"修炼心志，排除一切世俗杂念，最终结果便是达到真清真静、心与道通的宗教境界。

  3. 修炼之学术背景：三教融合

  全真道是在宋末元初三教融合的学术潮流中诞生的道教新派别，其宗教领袖在宣教阐教的同时深受儒家和佛教思想的影响并使其宗教思想呈现出三教融合的意旨。在《磻溪集》中，丘处机写道："儒释道源三教祖,由来千圣古今同。"其诗词歌赋中常常充斥着三教的语言与思想。比如,丘处机忧国忧民的"济世"思想就打上了儒家"仁爱"思想之烙印:

天苍苍兮临下土,胡为不救万灵苦?万灵日夜相凌迟,饮气吞声死无语。仰天大叫天不应,一物细琐徒劳形。安得大千复混沌,免教造物生精灵。

而佛教四大皆空、轮回、身是假等思想在《磻溪集》中以下两诗里也可以管窥一斑:

性逐无边念,轮回几万遭。五行随变化,四大不坚牢。暂假因缘活,空贪岁月劳。不知身是患,徒竞物为高。
一团脓,三寸气,使作还同傀儡。夸体段,骋风流,人人不肯休!白玉肌,红粉脸,尽是浮华妆点。皮肉烂,血津干,荒郊你试看!

丘处机熔儒学、佛学入全真,大大促进了全真道的改革,推动了全真道的发展。

《磻溪集》不仅呈现出了全真道的思想特色,还从多个层面描绘了丘处机清修苦修、磨砺心性、应酬赠友、传道阐教的宗教生活,从而反映出丘处机发展全真道宗教思想的过程及重大贡献,是研究丘处机生平、思想以及全真道宗教观念的珍贵资料,具有较大的文学和史料价值。

(六)《孙不二元君法语》

《孙不二元君法语》,又称《孙不二女功内丹次第诗》或《孙不二女丹诗》。题为清静散人著。清静散人即金代全真女道士孙不二。该书为一卷诗集，收存于《重刻道藏辑要·胃集》或《道藏精华录》第七集。

孙不二，"北七真"之一，坤丹道法之主，全真道清净派创始人。法名不二，号清净散人，世人或称孙仙姑。山东宁海人，其夫乃"全真七子"之一的马钰。据道书记载，金大定七年（1167），王重阳对马钰"分梨十化"，马钰于大定八年（1168）出家。随后，王重阳又度化孙不二，授修仙秘要。孙不二从王重阳修炼时间不长，大概仅个把月。她大部分时间独处静室，面壁炼心。后修道功成，游历伊、洛，传教度人。大定二十二年（1182）羽化于洛阳。元世祖至元六年（1269）赐封"清静渊贞顺德真人"，元武宗加封为"清净渊贞玄虚顺化元君"。

《孙不二元君法语》共一卷，主要以诗歌的形式阐释女丹功法。有《孙不二坤道功夫次第》五言四韵十四首和《女功内丹》七言绝句七首。该书在其羽化后由其随从弟子刊行于世。该书最主要的是孙不二所创"女丹功法"，具体修炼阶段为：收心、养气、行功、斩龙、养丹、胎息、符火、接药、炼神、服食、面壁、出神、冲举。

首篇《收心》言修炼者应保持先天元气，固守玄关一窍，虚灵独存。此乃女丹修炼者的心理准备和入手功夫。

篇二《养气》言人顺乎自然，返归无为，后天之气回归先天之气，以气养神。此乃修炼的总论。

篇三《行功》言修炼者要敛息凝神，方能一气复归。

篇四《斩龙》言女子"斩赤龙"之诀，此乃女性特有的功法，即斩断月经。

篇五《养丹》言斩赤龙之后，修炼者性平似水、心静如山、调息玉鼎、安神守关、鹤发变朱颜。

篇六《胎息》言修炼者欲丹速成，须除幻境，守灵药，息返初，心息相依，色相尽除，合太虚，得真如。

篇七《符火》言退阴符、进阳火。

篇八《接药》言丹凝之时，可以固命炼形，鼻接纯阳之气，丹药透体通灵，哺含元气，以待飞腾。

篇九《炼神》言炼养元神。

篇十《服食》言摄取日月灵气之修炼。

篇十一《辟谷》言服灵气之修炼。

篇十二《面壁》言大丹已成，临近最终阶段的修炼。

篇十三《出神》言元神即将破壳而出的修炼阶段。

篇十四《冲举》言修仙功成，遨游仙界之情形。

《孙不二坤道功夫次第》整体阐述了女丹修炼的阶段和不同的宗教体验，明确女丹修炼的一些特点。

《女功内丹》七首阐述的修炼方法与《孙不二坤道功夫次第》大体相同，只是更偏重于以清净为主的修炼，即以王重阳提倡的以"识心见性"为要旨，以炼心炼己为基础，同时不废精气的修炼。

《孙不二元君法语》是女丹著述中的成熟之作，为道教女丹功法的传授和发展作了重大贡献，对后世影响颇大。

（七）《全真教祖碑》

《全真教祖碑》，又称《终南山神仙重阳子王真人全真教祖碑》。题为"前金皇叔开府仪同三司上柱国密国公金源璹撰""葆真玄靖大师前诸路道教提举李道谦书篆"。此碑碑文撰写于金哀宗正大二年（1225），立碑石于元世祖忽必烈至元十二年（1275），现收存于今西安市西南之户县（今为鄠邑区）祖庵镇北门的重阳宫碑林中。

《全真教祖碑》碑文记述了全真教祖王重阳的生平及得道成仙的经过，篇末有四言铭文，高度赞扬了王重阳。文笔流畅，语言优美，生动地摹画了王重阳从幼年及至修炼成仙的奇异历程。《全真教祖碑》全文共计约2771字，是同类碑铭中字数较多者。开篇便高举三教一家、三教平等的旗帜，论述了"三教各有至言妙理"，然后指出革新道教思想、融儒摄佛、尤其着力于会通道禅的"重阳子王先生"，所传之教"名之曰全真。屏去妄幻，独全其道者，神仙也"。

接着，此碑文介绍了王重阳的姓名、籍贯，渲染了其出生时"仙母孕二十四月又十八日"的神奇之事。随后重点叙述了王重阳充满传奇之生平：王重阳家系咸阳富室，弱冠修进士举业，又善武略。到了金熙宗天眷年间放弃文考，改应武举。当时中原多事，秦陇纷扰，加之金兵蛮横暴戾，焚烧掳掠，遂避地终南刘蒋村之别墅。王重阳曾半醉高吟："昔日庞居士，如今王害风（关中称疯子为害风）"，人呼他"害风"，他亦漫应之。正隆己卯（1159），王重阳在甘河桥酒肆偶遇二道者，他惊异于"二人形质一同"，至偏僻处虔诚企求，拜其为师，二道者遂密授道要。自此，弃妻别女，在刘蒋村北一带结庵穴墓，取名为"活死人墓"。到金大定七年丁亥（1167）四月，忽自焚其庵，随路乞化去山东，七月抵宁海，会马从义，筑全真庵，王重阳化之并训其法名为钰，号丹阳子。接着又化谭处端、丘处机，大定八年（1168）八月，王重阳于文登建"三教七宝会"，第二年在宁海周伯通处建"三教金莲会"，至福山建"三教三光会"，至登州建"三教玉华会"，于莱州建"三教平等会"。碑文记载，王重阳在山东所创之五会"立会必以三教名之"。王重阳还劝人诵《道德经》《清净经》《般若心经》及《孝经》，云可以修证。王重阳大半生寻道悟道，至山东传道创教的时间距其仙化已不足三年。由于收徒有方，王重阳在短期内便取得了巨大的成果：在莱州纳刘处玄为弟子，于宁海途中纳王处一，在宁海州纳郝大通，后又提点马钰之妻孙不二，此四子与马（钰）、谭（处端）、丘（处机）被后人并称为"全真七子"。选培"全真七子"，奠定了全真教创教、传教的良好基础。1169年，王重阳携马、谭、丘、刘四弟子径入大梁，于磁（器）王家旅邸住宿，与众弟子语别，枕左肱而羽化于王氏旅邸，时大定十年庚寅（1170）。

碑文最后对王重阳一生做了高度的概括与赞扬：

> 呜呼！先生起西州，化行山东，道满于天下。名闻天子，

开发后人，使尽逍遥之游，岂不伟欤！

此碑不只是个人的传记，还是全真教兴起、发展和演变的重要石刻材料，从中可以窥见全真教创教之初的轨迹和状况，具有重大的道教史料价值和一定的思想文化和书法艺术价值。

建议阅读书目：

陈耀庭、卢国龙：《全真道研究报告》，香港青松出版社，2004年。该书对全真教派的发展和演变、全真教的思想宗旨进行了研究和阐述。

张广保：《金元全真道内丹心性学》，三联书店，1995年。该书对全真道心性问题、与儒佛关系等进行了较为深入的研究，颇有参考价值。

朱越利：《道经总论》，辽宁教育出版社，1991年初印，1995年重印。该书对道教经书作品进行了较为深入的研究，其中对全真道经书作品也有专门介绍。

朱越利：《道藏分类解题》，华夏出版社，1996年。该书以简要的笔法对全部《道藏》进行分类和解题，和朱先生的《道经总论》一起，构成了对《道藏》相辅相成的重要研究。

主要参考书目：

陈　垣：《南宋初河北新道教考》，中华书局，1962年。

陈垣编：《道家金石略》，文物出版社，1988年。

朱越利：《道经总论》，辽宁教育出版社，1991年初印，1995年重印。

〔日〕蜂屋邦夫：《金代道教的研究——王重阳与马丹阳》，汲古书院，1992年。

〔日〕蜂屋邦夫：《金代道教的研究——七真研究》，汲古书院，

1998年。
陈志滨：《全真仙派源流》，台湾全真教出版社，1974年。
梁淑芳：《王重阳诗歌中义理世界》，台湾文津出版社，2002年。
张广保：《金元全真道内丹心性学》，三联书店，1995年。
邝国强：《全真北宗思想史》，中山大学出版社，1993年。
胡文和：《中国道教石刻艺术史》，高等教育出版社，2004年。
陈撄宁：《孙不二女丹内功次第诗注》，载《道教与养生》，华文出版社，1989年。
唐代剑：《王嚞 丘处机评传》，列入"中国思想家评传丛书"，南京大学出版社，2000年。

作者简介

潘显一，1951年8月生，四川大学哲学博士，四川大学教授、博士生导师，代表性著作《大美不言：道教美学思想范畴论》曾获四川省政府社科优秀成果奖一等奖、全国高校人文社科优秀成果奖二等奖，曾主持国家社科基金项目"道教美学思想史研究"、教育部社科重大项目"道教美学与道教审美文化研究"等。

田晓膺，1978年10月生，四川大学哲学博士，成都信息工程大学教授、硕士生导师。主持国家哲学社会科学基金项目"道教诗歌研究"等，著有《隋唐五代道教诗歌的审美管窥》等，曾在《四川大学学报》《宗教学研究》《中华文化论坛》《中国道教》等杂志发表论文多篇。

雷小鹏，1977年5月生，四川大学哲学博士，成都市市委办公厅副主任。曾在《宗教学研究》《安徽大学学报》《中国道教》等杂志发表论文多篇。

道教南宗经典说略

盖建民

关于道教南宗文献，正史记载甚少，元代托托等修《宋史·艺文志》仅载 "《朗然子诗》一卷" "张（疑脱伯，引者注）端《金液还丹悟真篇》一卷"等少数几篇，白玉蟾的文献一篇也未入载。清代温陵黄虞稷、上元倪灿撰的《宋史艺文志补》才于子部记载 "白玉蟾《老子道德经宝章》一卷、《指玄篇》八卷"。关于南宗传人的史料，在正史文献中记载甚少，在宋元地方志文献中记载也不多，翻检现存的宋元地方志，仅在嘉定《赤城志》卷三五发现有一则张用诚小传。南宗史料文献主要是散见藏内外道书和民间文献之中。

其中值得注意的有：编于元代的《修真十书》六十卷，载《正统道藏》洞真部方法类，为南宗大型文献丛书，是研究南宗的重要历史文献；《诸真玄奥集成》九卷，原题 "紫霞山人涵蟾子（朱载堉）编辑"，也对南宗文献作了一次小规模的 "集成"；明代彭好古辑《道言内外秘诀全书》，系彭氏自注，有其自己的心得和见解；明代高时明辑《一化元宗》，现存有明刊本；清徐棨纂辑《道言精义诸真玄奥集》，清同治十三年郑应钧刊本，收录南宗文献多种；清代编辑的《道藏辑要》也对南宗重要文献做了辑刊，其中奎集所收南宗文献最为集中，昂集主要收入元代金丹派南宗与全真道合流后的南宗文献，娄集、胃集、觜集等也涉及；此外，民间编辑的丛书如《五真玄派》等，也时有南宗文献见载。

近几十年来，随着道教史研究的逐步开展和深入，学术界已有个别学者对金丹派南宗文献作了初步的整理。陈兵在卿希泰、任继愈分别任主编的两部通史中对南宗的一些重要文献作了勾勒；潘雨廷的《道教史发微》中，就《悟真篇》与南宗历代的文献进行了简要概述；张继禹主编、王卡副主编的《中华道藏》第19册，将《道藏》内的唐宋元道教丹经的一些主要文献收录于一册，并作了标点；此外，任继愈主编的《道藏提要》、朱越利著《道藏分类解题》及施舟人等编著的《道藏通考》对南宗重要文献做了提要和考证，为我们系统爬疏金丹派南宗史料文献提供了方便。

据盖建民著《道教金丹派南宗考论：道派、历史、文献与思想综合研究》，现存南宗史料文献可大体分为：渊源类，祖师张伯端《悟真篇》及其注疏类，二祖、三祖、四祖类，五祖白玉蟾及其后裔类，非白玉蟾系类，南北合宗类与其他笔记史料类。相信随着我们对南宗研究的逐步深入和细化，还会有一些史料进入我们的研究视野。限于篇幅，下面我们仅略说南宗祖师文献。

一、张伯端《悟真篇》及其注疏类文献

（一）张伯端文献

一般认为，现今传世的张伯端著作约有：《悟真篇》，《道藏》洞真部玉诀类，岁、律、吕、李、柰字号；《金丹四百字》，《道藏》太玄部，唱字号，有多种版本传世，元代俞琰《席上腐谈》认为是白玉蟾所作而托于张伯端，关于这一问题，本书后面将进一步辨析；《玉清金笥青华秘文金宝内炼丹诀》，《道藏》洞真部方法类，称字号；《八脉经》，明代李时珍《奇经八脉考》有专论，《四库全书》收入；《紫阳真人语录》，清雍正帝《御选语录》中收入；《悟真外篇》二卷，张伯端撰，清董德宁辑，收入《道贯真源·修真六书》。

1.《悟真篇》

金丹派南宗形成、发展的奠基性著作，在中国道教史上享有划时代的地位和意义。据张伯端的自序，《悟真篇》作于北宋神宗朝，具体时间为宋神宗熙宁乙卯即公元1075年。《悟真篇》是以八十一首道教丹诗词曲为体裁，有七言律诗一十六首，此为《悟真篇》总论；绝句六十四首，此为《悟真篇》分论；五言一首，乃《悟真篇》丹道功法的总结；张伯端后又续添《西江月》词十二首，对道教南宗内炼理法作进一步阐述。现存《悟真篇》的版本甚多，注疏诠解者代代有之。近人王沐对张伯端《悟真篇》及其丹法源流有专门研究，著有《悟真篇浅解》。

2.《紫阳真人悟真篇拾遗》一卷

收入明代正统《道藏》洞真部玉诀类，又见载《修真十书》卷三〇。原名《禅宗歌颂诗曲杂言》。此书所载禅宗歌颂诗曲三十二首，作于《悟真篇》正编诗歌九十三首之后，现今通行的《悟真篇》注疏本未收，故《道藏》本称"拾遗"。清代刘一明《悟真性宗直指》卷四认为：

> 《性宗》乃《悟真篇》外集，仙翁著《悟真篇》之后，尚恐本源真觉之性有所未究，又作为歌颂乐府及杂言等，附之卷末，以备性命双修之道也。

故刘一明著的《悟真直指》将其归入"外集"。清代还有所谓《张紫阳外集》与《丘处机语录》合刊本流传于世。

3.《悟真遗篇》

南宗文献《丹经极论》篇末附录。其内容为现存《悟真篇》所不载，对于研究《悟真篇》文本内容和版本校勘均有一定意义。

4.《金丹四百字》一卷

题"天台紫阳真人张平叔撰，盱江蕴空居士黄自如注"。篇末有黄自如后序，收入《正统道藏》太玄部。白玉蟾《群仙珠玉集》收入；《道藏辑要》奎集也收入彭好古注的《金丹四百字》；此外，国家图书馆藏有明王一清编《四经》十九卷，收有王一清注《金丹四百字注解》一卷，明万历刻本；国家图书馆藏明《李晦卿真人道书》八卷，内有李文烛解《金丹四百字解》一卷。《修真十书》卷六亦收录此篇，文字与《道藏》本略有出入。俞琰《席上腐谈》卷下认为《金丹四百字》乃白玉蟾所作而托于张伯端。盖建民在前贤研究基础上，进一步补充证据，考辨《谢张紫阳书》确为白玉蟾所著，因此，《金丹四百字》极有可能是白玉蟾所作而通过马自然为中介而托于张伯端。

5.《玉清金笥青华秘文金宝内炼丹诀》上中下三卷

原题"紫阳真人张平叔撰"，收入明代《正统道藏》洞真部方法类，称字号。陈兵《金丹派南宗浅探》认为："据篇首题辞，乃张伯端另一弟子王邦叔所传"，"盖源出张伯端口述，而由王邦叔笔录者"。此说有据，可参考。《道藏辑要》本前有"玉清金笥青华秘文金宝内炼丹法题辞"。关于此书的授受来历，后世有多种说法。

(二)《悟真篇》注疏类文献

张伯端《悟真篇》历代注家甚多，形成《悟真篇》史料文献系统。重要的有宋叶士表，袁公辅等注《悟真篇》，宋薛道光，陆墅，元陈致虚《悟真篇》三注，宋夏宗禹《悟真篇讲义》，宋翁葆光《悟真篇》注本三种，明陆西星《悟真篇小序》，清仇兆鳌《悟真篇集注》，清刘一明《悟真篇直指》，清朱元育《悟真篇阐幽》，清董德宁《悟真篇正义》，清汪启贤《济世全书悟真指南》，清陶素耜《悟真篇约注》上中下三卷，等等。此外，中国中医研究院图书馆还藏有一部《登岸捷径》，内有《金丹四百字疏义》《悟真篇释义》，乃清人相关注释资料，也有一定价值。此类文献均为研究南宗丹法流传和思想衍变的主要资料之一。

1.《紫阳真人悟真篇三注》五卷

收入《正统道藏》洞真部玉诀类，原题"紫贤薛道光、子野陆墅、上阳子陈致虚注"。此三注皆以阴阳双修来注解《悟真篇》，是研究南宗双修派思想的重要资料。值得一提的是，本书编者张士弘从先了性后修命的修道思想和文本措辞出发，认为在《悟真篇》文末所附《禅宗颂》四十余篇为伪作。先命后性乃南宗内炼的一个特点，张士弘以"大药从性而入"的先性后命说来认定禅宗颂诗（即《禅宗歌颂诗曲杂言》，《道藏》本作《紫阳真人悟真篇拾遗》）非张伯端亲著，故在编纂三注时予以删去。这也反映了元代全真道北宗盛行，较南宗而言占据上风的状况。《悟真篇》三家注在道教史上有重要影响，历代刻本甚多，《中国古籍善本书目》著录有明成化十九年（1483）王仲澄等刻本、明万历十六年（1588）刻本、明陈长卿刻本、明金陵徐家书坊刻本、明末广陵程芷楼刻本等十余种。

2.《紫阳真人悟真直指详说三乘秘要》一卷

收入《正统道藏》洞真部玉诀类。原题"象川无名子翁葆光述"，现存《道藏》本在《三乘秘药诗》后又附有"悟真篇本末事迹"（有《张真人本末》《薛紫贤事迹》）、署名"至元丙子中元空玄子戴起宗仲同父谨辨""至元丁丑上巳日后学戴顺（戴起宗之侄孙）稽首书于朱湖大生洞天"的跋和"金丹法象"（前有"至元丁丑上元戴起宗序"，乃后人杂入）。今中国人民大学图书馆、上海图书馆收有明万历十九年（1591）刻《道书全集》本。

3.《紫阳真人悟真篇注疏》八卷

收入明《正统道藏》洞真部玉诀类。原题"象川无名子翁葆光注、武夷陈达灵传、集庆空玄子戴起宗疏"，卷首有三篇序文，分别署名为"至元元年集庆空玄子戴起宗同甫谨序""武陵（当为夷）紫阳翁陈达灵序""时皇宋乾道癸巳中秋，象川无名子翁葆光谨序"。此《悟真篇》注作者为翁葆光，疏作者为元人戴起宗。《四库全书》子部道家类也收入。

4.《悟真篇注释》上中下三卷

收入《正统道藏》洞真部玉诀类。原题"象川无名子翁渊明注"，为翁葆光注《悟真篇》的另一版本。卷首有无名子序，每卷前各有一引言，阐述依据《阴符经》道教思想将《悟真篇》分为上中下三部的道理。

5.宋叶士表（文叔）、袁公辅等注《悟真篇》

收入《修真十书》卷二六至卷三〇。今国家图书馆收有元刻明修本。叶注作于宋高宗绍兴三十一年（1161），为清修一派注解。叶士表反对修真之人"沉于嗜欲"，主张"休妻绝粒，学道人本分事也"，以去欲离爱的清修观注解《悟真篇》，因此叶氏注文受到南宗双修派翁葆光等人的批评。

6.《紫阳真人悟真篇讲义》七卷

收入明正统《道藏》洞真部玉诀类，题"云峰散人永嘉夏宗禹著"。卷首有三则序言。夏宗禹所著《紫阳真人悟真篇讲义》，始终贯穿了南宗清修派思想，是南宗清修丹道的基本文献之一。此外，夏宗禹在解说《悟真篇》时，还系统阐发了金丹派南宗内外丹合修并炼思想。

7.《悟真篇集注二种》

收入今人萧天石主编的《道藏精华》第六集之一。其一为清康熙四十二年（1703）仇兆鳌撰集，全书共选录历代注释共九家，连同知几子仇兆鳌之补注，计十家注。仇兆鳌的《悟真篇》十家注本乃是研究金丹派南宗双修丹法思想衍变的基本文献。其二，清嘉、道年间济一子傅金铨圈点的《四注悟真篇》，扫叶山房藏版，陈廖安主编《珍藏道书十种》影印有清道光间善成堂刊本，实为薛道光、陆子野、陈致虚悟真篇三注，上有傅金铨之顶批圈点提醒，故名四注，也名《顶批三注悟真篇》。可供研究南宗思想对清代道教影响参考。

8.《悟真篇注解》三卷

明张位注，齐鲁书社《四库全书存目丛书·子部》收入。《四库存目标注》云："江苏周厚堉家藏本（总目）。《江苏省第一次书目》：'《悟真篇》二本。'《武英殿第二次书目》：'《悟真篇注解》二本。'"

9.《悟真篇约注》上中下三卷

作者为清代陶素耜，收入《藏外道书》第10册，题"会稽参学弟子霍童山人陶素耜集注"，卷上目次为：张祖师原序、翁真人序、杂义十二则、七言律诗一十六首、五言律诗一首；卷中为：七言绝句三十二首、七言绝句三十二首；卷下为：西江月一十三首、七言绝句五首。其注释包括陆潜虚注、翁渊明注、陆子野（墅）注、"陈（致虚）注""戴（起宗）疏""李注"及作者陶素耜的"愚按"。陶素耜集注、玉溪子增批《道言五种》也收录，现有中华书局点校本。

二、二祖、三祖、四祖类文献

（一）石泰文献

《还源篇》一卷

收入《正统道藏》太玄部。另外南宗文集《修真十书杂著指玄篇》卷二也收录，题"杏林真人石泰得之撰"。元代道士俞琰认为《还源篇》文字格调与白玉蟾文风相近，故怀疑是白玉蟾所作而托名于石泰。另外，在《修真十书杂著指玄篇》卷七末收有一"后序"，署名"杏林石泰得之序"，学界过去未曾注意，此后序当为南宗二祖石泰文献史料之一。在现存石泰文献中并未出现抨击阴阳双修的言论，相反还有一些可以理解为阴阳双修的法诀，例如《还源篇》五言绝句"夫妇初欢合，年深意转浓。洞房交会处，无日不春风"，又如上述"后序"中"然此阳精在乎一窍，常人不可得而猜度也。只此一窍则是玄牝之门，正所谓神之华池也。知此，则可以采取，然后交结"语句中，暗涵有阴阳双修思想，表明石泰在阴阳双修和清修方面所持兼容并举的态度；石泰尊张伯端为先师，并称："泰自从得师诀以来，知此身不可死，知此丹必可成，今既大事入手，以此诏诸未来学仙者云。"明确交待了其师承关系。

（二）薛道光文献

1.《还丹复命篇》一卷

薛道光撰，收入明代《正统道藏》太玄部。前有靖康丙午薛道光自序，此序作于靖康丙午即公元1126年。从序言中所谓"阴阳会聚于生杀之户，采二仪未判之气，夺龙虎始媾之精，入于黄房，产生至宝""一阴一阳之谓道，偏阴偏阳之谓疾。龙虎之机，金木之理，此之真诀，仆闻不疑，依法行之，果济圣域"来分析，薛道光对阴阳双修的丹法是持认可的态度，因为"竹破须还竹补，人衰须假铅全""一夫一妻资天地，三女三男合始终"，《还丹复命篇》中有不少丹诀，暗涵有阴阳双修思想。当然，鉴于南宋社会伦理环境，薛道光对阴阳双修丹法阐述是采取隐晦的语言，"神仙不肯分明说，说与分明笑杀人"。但其清修与双修并举的修道思想反映了南宗特色。

2.《还丹复命遗篇》

南宗文献《丹经极论》篇末附录，包括四首七言绝句和一首五言绝句。《道藏》本《丹经极论》虽不属撰人，但也是南宗道徒所作。《丹经极论》篇末所收上述七言和五言绝句，虽明确标明"还丹复命遗篇"，经与现存《还丹复命篇》校对，五言绝句内容重出，并非"遗篇"，仅四首七言绝句为《还丹复命篇》未有。

3.《丹髓歌》三十四章

薛道光撰，南宗文集《修真十书杂著指玄篇》卷七收录。《丹髓歌》与《还丹复命篇》乃是研究薛道光丹道思想的基本文献。

（三）陈楠文献

《翠虚篇》一卷

收入明代《正统道藏》太玄部，原题"泥丸陈真人撰"，为南宗四祖陈楠传世的文集。前有序，署名"真息子王思诚谨焚香再拜序"。现《道藏》本《翠虚篇》系南宗后人所编辑，编辑者很可能就是序作者王思诚。关于王思诚对陈楠《翠虚篇》的思想特色的分析和把握，宋太祖七世孙赵与时（1175—1231）在《宾退录》卷七曾有过一段评述，可资参考。

《罗浮翠虚吟》是陈楠在嘉定壬申（1212）八月于罗浮山所作，开篇有一段关于南宗传承的叙述，有重要史料价值。陈楠《罗浮翠虚吟》中还猛烈批判了阴阳双修，谓修炼房中术徒非工夫，"虚度此青春"，与其他小术一样，"都是旁门不是真"。认为金丹之要在铅汞二字，以太虚为炉鼎，乌兔（铅汞）为药物，没有金木间隔、龙虎子母，此方为真道。

《丹基归一论》从传统的万物归一的道家自然哲学思想出发，以老子万物得一以生思想为旨，阐述了"一"为金丹之基。陈楠最后说道："得一可以毕万，故作《丹经（疑为基，引者注）归一论》，以付学者白玉蟾。"《丹基归一论》包含陈楠太乙刀圭之说的重要思想，白玉蟾在此基础上进一步创作了《万法归一歌》《钩锁连环经》。

另有三篇词分别赠与弟子鞠九思、沙道昭和白玉蟾，对于研究南宗传法谱系和丹法思想流变有重要价值。

《金丹诗诀》有七言丹诗一百首，以诗歌阐述南宗内丹要诀和修炼景象，破除修炼迷障。

另据笔者掌握的材料，陈楠的著作除了《翠虚篇》外，还有《翠虚妙悟全集》《罗浮翠虚吟》《紫庭经》曾单独刊行于世，此外还有一些署名陈楠的序文。

《翠虚妙悟全集》今已失传，其内容不得而知。惟白玉蟾《为烟壶高士〈翠虚妙悟全集〉书一幅》称"瀛山道院闻有《翠虚妙悟全集》"，

《翠虚妙悟全集》可能是陈楠文集的汇编，编辑者为烟壶高士。此烟壶高士为何人？未见史料记载。查白玉蟾有一弟子叶古熙，道号即为烟壶，是否此《翠虚妙悟全集》即是叶古熙所编辑，尚待进一步考证。但是有一点可以明确，在白玉蟾时代《翠虚妙悟全集》已经罕见，故白玉蟾称瀛山道院"闻有"《翠虚妙悟全集》。

另据署名"嘉定丁丑（1217）六月初伏日承议郎通判婺州军州兼管内劝农事陈与行书于风月堂"的《跋陈泥丸真人翠虚篇》记载，陈楠还著有《紫庭经》，"平生著述有《紫庭经》，察判潘公景良锓传。《翠虚篇》，真息子王公思诚续编之"。由此可知《紫庭经》早在南宋嘉定年间就由潘景良刊印过，后并入《道藏》本所收的《翠虚篇》中，现已无单行本。而《修真十书杂著指玄篇》卷三也收《（紫）庭经[①]》，但误题为薛道光撰。

《罗浮翠虚吟》系陈楠在罗浮山所作，后并入《翠虚篇》，也杂入《海琼白真人语录》卷四，清代《古书隐楼藏书》也收入《翠虚吟》，题"南宗四祖陈泥丸真人著"，并且有一小段闵阳林的评价：

> 此篇凡一百三十六韵，乃四祖传授五祖白紫清真人者。其中历指旁门异术之不可行，小法闲言之不济事。阐明金液大还丹诀，语精法备。善读者与《还源篇注》合参之，学之甚易，炼必可成，足以醒世破迷。

《罗浮翠虚吟》开篇有一段南宗传承的叙述，是研究南宗传法的重要文献。

《道法会元》卷一二二《太上三五邵阳铁面火车五雷大法》有一篇署名"泥丸道人陈楠南木稽首敬书"的"法序"，疑为陈楠散佚文献。此篇文献涉及南宗与符箓雷法，以及南宗与许逊、吴猛、丁义关系，对于研究南宗与神霄道派、净明道关系有价值。

[①] 引者注：《道藏》本原缺"紫"。

三、白玉蟾著述文献

作为南宗的五祖、实际的开山宗师，白玉蟾才思敏捷，一生勤于著述，乐于传道授业，是所谓的"文教道士"的典型，被后世誉为"清明文教总治司白真人"。

白玉蟾在世时，就已经将自己的文集编辑刊布，如同其《金丹赋》所云"编书以遗后学"。同时，其弟子彭耜、留元长、谢显道、洪知常、林伯谦等，在白玉蟾羽化前后，也开始编辑、整理白玉蟾的文集，白玉蟾文集在南宋、明清时期历代民间多有刊行。

（一）《道藏》中收录的白玉蟾文献

明代《正统道藏》及《万历续道藏》即现今通行本《道藏》中收录的白玉蟾文献计有二十余种：

1.《海琼白真人语录》四卷

收入《正统道藏》正一部。白玉蟾弟子彭耜、谢显道、林伯谦、叶古熙、赵收夫等编集。一至三卷，每卷所署的编辑人依次为"紫壶道士谢显道编""门弟子福州天庆观管辖兼都道正紫光林伯谦等编""门人烟壶叶古熙等录"，其中卷三所收《东楼小参》题"门人紫璃子赵收夫录"；卷四未题署编辑人；后有淳祐辛亥冬甲子，即南宋淳祐十一年（1251）彭耜所书的跋。其原书当为彭耜所编辑的《海琼集》四卷本。现《道藏》本所谓《海琼白真人语录》其实原本只包括卷一第一部分内容，即白玉蟾与彭耜、留元长在中秋之夜的师徒对话，现存三种常见的白玉蟾文集所收《海琼白真君语录》也仅仅只有一卷而非四卷，而《重刊道藏辑要》娄集所收《海琼白真君语录》也不分卷，"题紫壶道士谢显道编",这也支持了笔者的判断。现今各卷所收其他文章,包括卷一《传度谢恩表文》《神霄吟三绝》《飞仙吟赠留紫元》《华阳吟三十首》《题天庆观》《题岳祠》《乳燕飞华屋》《赠蕊珠侍经潘常吉》《赠紫华侍经周希清》,卷二《鹤林法语》,卷三《武夷升堂》《常州清醮升堂》《庐士升堂》《平江鹤会升堂》《东楼小参》《冬至小参》《西林入室》《西林架造钟楼普说》,卷四《海琼君万法归一歌》《劝道文》《传法明心颂彭鹤林》《黄籙借职奏状》《陈情表》以及《与彭鹤林书》《十月二十一日琼山老叟白某致书》等九篇书信,并非语录体,实为彭耜编辑的福州天庆观旧版的《海琼集》其余各卷内容,并且还杂入其他文献。例如《罗浮翠虚吟》系陈楠在罗浮山所作,后并入《翠虚篇》,也杂入《海琼白真人语录》卷四。

2.《海琼问道集》

《正统道藏》本前有留元长序一则,原题"海琼白玉蟾作",内容包括《龙虎赋》《乌兔经》《玄关显秘论》《海琼君隐山文》《常寂光国记》《金液大还丹赋》《金液大还丹诗》《道阃元枢歌》。笔者认为:《海琼问道集》很可能还有其他名称,而《道阃元枢歌》的作者并非白玉蟾,而是其弟子彭耜;《海琼问道集》与失传的《鹤林问道集(篇)》及《紫元问道集》或二者合称的《鹤林、紫元问道集》有密切关系。

3.《海琼传道集》

据卷前陈守默、詹继瑞序,本书由洪知常编集。知常,字明道,自号坎离子。集中包括《金丹捷径》一篇,《钩锁连环经》一卷及《庐山快活歌》一章。四库馆臣认为《金丹捷径》《钩锁连环经》系"村野黄冠所依托"。《海琼传道集》除了《正统道藏》本外,目前有多个版本存世,台湾"故宫博物院"藏有明刻《一化元宗》本,台湾"中央图书馆"藏旧抄《一化元宗》本,中国科学院图书馆藏明天启四年刻崇祯十五年补修《一化元宗》本，齐鲁书社《四库全书存目丛书》据此影印。

4.《玉隆集》六卷

收入《修真十书玉隆集》卷三一至卷三六。除此之外，尚有元代福建建安刊本存世。据《藏园订补郘亭知见传本书目》记载：

《新刊琼琯白先生玉隆集》六卷，宋葛长庚（即白玉蟾——引者注）撰。元建安余觉华勤有堂刊本，十一行二十字，注双行同，黑口，四周双阑。标题大字占双行。后题"建安余觉华刊于勤有堂"。

建安位于今天的福建闽北建阳一带，宋元时期刻书业发达，有许多著名的书坊，余氏书坊即是其中之一。现今德国巴伐利亚图书馆收藏的《新刊琼琯白先生玉隆集》六卷，经笔者查核，即上述记载的元建安余觉华勤有堂刊本的六卷目录，与《修真十书》本《玉隆集》各卷所收白玉蟾文献篇目基本一样，仅文字略有差异。《修真十书》本依次为：卷三一（德国藏本卷一），《玉隆宫会仙阁记》《閤皂山崇真宫昊天殿记》《湧翠亭记》《心远堂[①]记》《牧斋记》；卷三二（德国藏本卷二），《听赵琴士鸣弦》《赠方壶高[②]士》《赠蓬壶丁高士琴诗》[③]《南岳九真歌题寿宁冲和阁》；卷三三（德国藏本卷三），《旌阳许真君传》；卷三四（德国藏本卷四），《续真君传》[④]；卷三五（德国藏本卷五），《逍遥山群仙传》；卷三六（德国藏本卷六），《诸仙传》[⑤]。此《玉隆集》所收白玉蟾文献对于研究金丹

---

① "堂"，德国藏本作"亭"。
② "高"，德国藏本作"处"。
③ "赠蓬壶丁高士琴诗"，德国藏本作"赠丁高士抚琴"。
④ "续真君传"，德国藏本作"许真君后传"。
⑤ "诸仙传"，德国藏本作"传"。

派南宗在江西地域的发展及其与净明道的关系有重要价值。

5.《上清集》八卷

收入《修真十书上清集》卷三七至卷四四。据《藏园订补郘亭知见传本书目》记载：

> 《琼琯白玉蟾上清集》八卷，宋葛长庚撰。元建安余氏刊本，十一行二十字，黑口，四周双阑。标题大字占双行。目录次行题"建安余氏刊于静庵"一行。江南图书馆藏。

近年，国家图书馆出版社据上海图书馆藏元代余氏静庵刻本影印出版了再造善本《琼琯白玉蟾上清集》。本集所收白玉蟾文献从内容上分析，收入不少白玉蟾关于武夷山文献，与白玉蟾另一部文集《武夷集》有密切关系。

6.《武夷集》八卷

收入《修真十书武夷集》卷四五至卷五二。国家图书馆古籍馆收藏有元代建安余氏刻本，明修本，半页11行，每行20字，黑口，四周双边。另据《藏园订补郘亭知见传本书目》记载：

> 《琼琯白玉蟾武夷集》八卷，宋葛长庚撰。元建安余氏刊本，十一行二十字，黑口，四周双阑。标题大字占双行。内阁大库有残本。

关于《玉隆集》《上清集》与《武夷集》的关系，笔者认为所收文字内容与文集标题有较大出入，这三部文集在收入《修真十书》时，很可能发生错排，将原本是《武夷集》的一些文章例如《游仙岩记》《云窝记》《驻云堂记》《橘隐记》《棘隐记》《题棘隐壁三绝》以及一些吟咏武夷山水的诗歌编入《上清集》里，并且窜入《倪昭卿赋赠叶神童二首》等非白玉蟾诗词。今上海古籍出版社编辑出版的《续修四库全书》第1319册收入白玉蟾《武夷集》八卷。据今人祝尚书《宋人别集叙录》，白玉蟾的上述三种文集有元刊本存世。

7.《金华冲碧丹经秘旨》上下两卷

收入《正统道藏》洞神部众术类。卷上题为"海琼老人白玉蟾授，三山（福州别称——笔者注）鹤林隐士彭耜受"，卷下则题为"白鹤洞天养素真人兰元白授，门弟子西隐翁辰阳孟煦受"。笔者考证，此书传授地点当在南宗发祥地所在的东南地域，极有可能是上卷传授地点在彭耜的家乡福建福州地区，下卷在南宗重镇福建武夷山。西蜀孟煦所作《金华冲碧丹经秘旨传》披露，此乃"偶于嘉定戊寅间游于福之三山，参访鹤林彭真士"时，"彭君携出玉蟾白真人所授传法书数阶"秘示给孟煦，内有一书"即号《金华冲碧丹经》"。《金华冲碧丹经秘旨》是白玉蟾传授的南宗外丹著作，书中对外丹黄白烧炼的鼎器装置、制作乃至功用有简明文字说明，并且有结构图示，此书典型反映了南宗内外丹兼修的思想方法。

8.《太上老君说常清静经注》

收入《正统道藏》洞神部玉诀类。原题"海南琼琯子白玉蟾分章正误，终南隐微子王元晖注"。卷末有两后记。白玉蟾注释《清静经》的文本在元代尚存，后散佚，目前可从王元晖注本和佚名《清静经注》及元代王道渊所纂图解注的《太上老君说常清静妙经纂图解注》等引述中略见梗概。例如王元晖《清静经注》文本中《知觉》引"白玉蟾云：桑田成海海成田，一刹那间又百年。拨转顶门关捩子，阿谁不是大罗仙"。

白玉蟾注释《清静经》的另一个特色是从南宗内炼角度进行的，即以内丹释清静之经，别具一格。现《道藏》本的《太上老君说常清静经注》乃是经过元代王元晖之手，保留了白玉蟾"分章正误"主体框架内容，略去图谱，更多的是加入了全真道北宗的一些思想。值得特别指出的是，注文中大量引述宋代儒家特别是邵雍、朱熹对《清静经》做的解说，反映了宋元时期道教南宗与儒学思想的融通关系。

9.《九天应元雷声普化天尊说玉枢宝经集注》上下卷

收入《正统道藏》洞真部玉诀类。原题"海琼白真人注，祖天师张真君解义，五雷使者张天君释，纯阳孚佑帝君赞"。《九天应元雷声普化天尊说玉枢宝经》亦名《雷霆玉枢宝经》，简称《玉枢宝经》，系道教雷法文献，作者未详。白玉蟾注解的《九天应元雷声普化天尊说玉枢宝经》对后世道教有深刻影响，历代多有刊行。清康熙十六年（1677）以《雷文仙音》刻刊，题"嗣教（全真教龙门派）玄玄孙弟子唐清秘熏沐叩书"，题"紫清白玉蟾真仙注解"，前有落款"岁值丁巳交律吕以遗音"的《紫清白玉蟾真仙注解序》，卷末有《笔削真仙跋》，笔者与《道藏》本进行了核对，文字有较大差异，当为清代康熙十六年全真道龙门派弟子扶鸾降笔的作品。

所谓"集注"，实乃白玉蟾一人所注，只不过在白玉蟾"注曰"文后，依次有"义曰""释曰""赞曰"，进一步释经阐义。白玉蟾注文是研究道教南宗雷法思想的重要文献之一。

10.《静余玄问》一卷

收入《正统道藏》正一部，未述编撰者姓名。《静余玄问》的文字形式为语录体，主要内容为白玉蟾回答弟子彭耜、留元长有关旁门小诀、阴阳、龙虎、行法和本门宗师张紫阳、石杏林、薛道光特别是其师陈楠的籍贯、道号、经历，以及陈楠在福建漳州入水解化的时间和原因，还有驱邪治病、修丹口诀等等问题，师徒对话，简明扼要。现今《白玉蟾全集》甲乙丙三个版本均失收，《静余玄问》与谢显道所编辑的《海琼白真人语录》有关系。

11.《道法九要》

《道法会元》卷一收入。题"琼琯先生白玉蟾编"，前有白玉蟾自序一则，白玉蟾序中强调了道法的重要性，道士掌握道法可以"出法度人""助国安民""济生度死"。其实质乃是白玉蟾为其创立的南宗宗教团体制定的本宗教规。《道法九要》在《海琼白真人语录》《海琼问道篇》《海琼传道集》《武夷集》《上清集》《玉隆集》诸文献所不载，且现存三种版本的白玉蟾文集即明万历甲午《琼琯白真人集》[①]，清同治戊辰重镌《白真人集》[②]，今人朱逸辉、王君伟、陈多余、朱逸勇校注的《白玉蟾全集》[③]均失收，因此《道法会元》卷一所保存的白玉蟾《道法九要》弥足珍贵，是研究南宗戒律制度的重要文献资料。

12.《白先生金丹火候图》《丹法参同三十对偶》《丹法参同七鉴》《丹法参同十九诀》《金丹捷径指玄图》

以上皆收入《道藏》本《修真十书杂著指玄篇》卷一，据笔者考证，部分丹经图诀即是白玉蟾所著的《金丹捷径》主要内容。

---

① 《重刊道藏辑要》娄集，《藏外道书》第5册，巴蜀书社1994年影印。
② 萧天石主编《道藏精华》第十集之二收入，台湾自由出版社影印出版；汤一介主编的《道书集成》第四十二册收入，九洲图书出版社1999年影印出版。
③ 海南出版社，2004年6月。

13.《修仙辨惑论》《谷神不死论》《阴阳升降论》

以上3种收入明代《正统道藏》洞真部方法类《修真十书杂著指玄篇》。民国时期守一子所编的《道藏精华录》收有清四峰山人元真子董德宁辑的《紫清指玄集》，内有《玄关显秘论》《修仙辨惑论》《性命日月论》《谷神不死论》《阴阳升降论》等五篇丹道论文。今人萧天石主编的《道藏精华》第一集之四影印有董德宁辑的《紫清指玄集》版本，除了这五篇丹道论文外，尚收有《金液还丹赋》《学道自勉文》《东楼小参文》《东至小参文》《丹房法语（与胡胎仙）》《题张紫阳、薛紫贤二真人像》《谢陈仙师寄书词》《鹤林问道篇》《大道歌》《必竟恁地歌》《快活歌》以及白玉蟾诗词多首。《中国宗教历史文献集成》之二《三洞拾遗》也有类似版本。今《藏外道书》第6册中明代彭好古辑《道言内外秘诀全书》收入署名"紫清真人海琼白玉蟾著"的《指玄篇》一卷，其内容仅仅包括《谢紫阳真人书》《（修仙）辨惑论》二篇文献。上海图书馆藏有《白先生杂著指玄篇》八卷、《白先生金丹火候图》二卷，明刻本。可见后人收集整理白玉蟾文献时，常常使用"指玄"之类的文字作为篇名，其涵盖的白玉蟾文献也不尽相同。

《修仙辨惑论》《谷神不死论》《阴阳升降论》《玄关显秘论》和《性命日月论》这五篇丹道论文，是研究南宗丹道思想内容的主要文献。

《海琼问道集》之《玄关显秘论》与《修真十书杂著指玄篇》之《修仙辨惑论》，集中反映了金丹派南宗的丹道思想。

14.《谢张紫阳书》《谢先师寄书词》

收入《修真十书杂著指玄篇》卷六。学术界过去有人认为白玉蟾上距张伯端有相当年代，不可能直接交往之事，因此认定此《谢张紫阳书》是后人伪托。笔者看法恰恰相反，认为确为白玉蟾所著。

《谢先师寄书词》是白玉蟾为感激其先师陈楠"忽承鹤使掷示鸾

笺"而作，内有白玉蟾生平履历的文字。元代俞琰认为"玉蟾《谢陈泥丸书》《谢张紫阳书》无非张皇其说"，对于考察白玉蟾生平有重要史料价值。

15.《堂规榜》

载《鸣鹤余音》卷九。《鸣鹤余音》系元代仙游山道士彭致中"采集古今仙真歌辞，并而刻之"。全书九卷，收入《正统道藏》太玄部。《道藏辑要》觜集八亦收有元代彭致中集的《鸣鹤余音》。卷九内有署名白玉蟾的《堂规榜》。《鸣鹤余音》前有元代道园道人虞集伯生作的《鸣鹤余音叙》，略述本书来历，在书末卷九收录有吕洞宾、张伯端、白玉蟾、萧庭芝、朗然子、王重阳、丘长春、冯尊师、马丹阳等人所作历代歌、赋、记、文十七篇，其中第十六篇《堂规榜》，明确署名"白玉蟾"，篇幅不长，为以往学术界所忽略。其制定的堂规非常细致，包含有戒与律两个方面的内容，相比较《道法九要》而言，其对南宗道徒日常修行的规范虽然较为粗略，但也已经具备有比较成熟的戒律、戒规。《鸣鹤余音》卷九在此白玉蟾《堂规榜》后还有一颂，对白玉蟾制定道教堂规的意义进行赞颂。

16.《道堂戒论文》

收入《白真人集》，此篇与《堂规榜》是姐妹篇，并是研究白玉蟾南宗早期宗教组织制度和戒律的重要文献，过去学术界多为忽略，弥足珍贵。清代闵一得所编辑的《古书隐楼藏书》第十二册《清规玄妙》（亦作《清规玄妙全真参访集》）时，其内集中收入一篇题为《紫清（其原书目录有"白"字，引者注）真人清规榜》，经笔者对勘，其文字略有出入，实际上是白玉蟾《堂规榜》的"全真版"，明代四十三代天师张宇初撰的《道门十规》就明确规定："凡出处之间，悉遵白祖师、冯尊师诸师匠《堂规》《丛林仪范》而行。凡有过失，悉依责罚"，反映了白玉蟾制定的南宗戒律思想的地位和对后来道教戒律体系的深远影响。

17.《道德宝章注》

亦名《蟾仙解老》，白玉蟾所作的老子《道德经》注释本，一卷，是南宗老学的主要代表作，颇有影响。元代著名书法家松雪道人赵孟頫曾手书白玉蟾注的《道德宝章》，笔墨圆润苍秀，为历代《道德经》注本中的传世佳作。《文献通考·神仙家书目》载云：

> 葛长庚《道德宝章》一卷，长庚字白叟，号白玉蟾，又以其祖仕琼而生，别号海琼子，闽清人，嘉定间封紫清真人。

清代乾隆年间编修《四库全书》时，将赵孟頫写本《道德宝章》秘籍本影刊，收录子部道家类。《四库全书》本《道德宝章》原题"宋葛长庚撰"，亦收入《藏外道书》第1册；明代陈继儒曾将《道德宝章》加以重刻，易命为《蟾仙解老》，北京国家图书馆古籍馆普通古籍阅览室也收藏有明刻本，今《藏外道书》第1册收有影印本；《海琼白真人全集》卷一〇新增题为"楚南周本源明觉子增定、豫章邹道炽镜湖同订"的《道德宝章注》，收入《白玉蟾全集》乙本；并且，台湾萧天石主编《道藏精华》第十五集之三《道德经注》又加以影印出版，萧天石加了一则案语，称赞有加："原注文简辞古，义深旨幽，其博大高明处可与王弼本比美。"今人编辑的《中华续道藏》初辑第七册也收入《道德宝章》，系据明摹刊元赵孟頫手写本影印；赵孟頫手书的《道德宝章》，今人朱逸辉等人校注的《白玉蟾全集》卷一〇也收入影印本。

此外，尚有些其他版本，笔者核查到的有，北京大学图书馆藏《蟾仙解老》一卷，明万历绣水沈氏刻《宝颜堂秘笈》汇集本。中科院国家科学图书馆总馆藏有两种：宝颜堂订正《道德宝章》一卷，《亦政堂镌陈眉公家藏汇秘笈》四十二种八十六卷，明沈德先辑；《道德宝章八十一章》，白玉蟾注，清道光十八年（1838）刻本。

（二）白玉蟾诗文集

元明清时期，白玉蟾的诗文在社会上流传很广，民间一些好道之士开始收集整理，力图以全集或者摘粹的形式将白玉蟾文集汇编成册。笔者检索经眼的主要有以下几种：

1.《葛白叟诗集》九卷

亦名《白玉蟾诗集》，宋葛长庚撰，万历刻，明潘是仁辑校宋元诗本，前有潘是仁撰"葛白叟先生序"，中科院国家科学图书馆总馆藏。北京国家图书馆善本室藏有两种版本，一是明万历四十三年（1615）潘是仁刻本，《宋元诗四十二种》二百八卷；一是天启二年（1622）重修本，《宋元诗六十一种》二百七十三卷。北京大学图书馆也藏有《宋元四十三家集》（原拟名宋元名家诗集），明潘是仁辑，明潘是仁刻本。

2.《海琼摘稿》十卷

嘉靖十二年（1533）唐胄刻本，四册，半页10行，每行20字，黑口，四周双边，北京国家图书馆古籍部善本室、湖南师大图书馆藏。前有嘉靖岁癸巳春正月西洲居士唐胄所写的序一则，其中卷一〇有《法诰》《为道士火解》《水解》《为道士举棺》等"告牒"，以及《化功德》《洞真观化功德》《新兴观题法神》《化水陆功德》等疏文，未见于现存白玉蟾文集，乃白玉蟾散佚文献。

3.《海琼子词》一卷

题"闽清葛长庚白叟",北京国家图书馆古籍部善本室藏有明代抄本,1册,半页8行,每行28字,蓝格,白口,四周单边。其内容主要收入白玉蟾所作词《兰陵王》《又题笔架山》《又紫元席上作》《沁园春》等一百二十四首。

4.《玉蟾先生诗余》一卷、续一卷

宋葛长庚撰,刻本,归安朱孝臧(1857—1931)辑,民国六年(1917)刻本,《彊村丛书》一百一十九种,二百二十六卷,半页11行,每行21字,黑口,左右双边,北京国家图书馆古籍部善本室藏;另外,北京国家图书馆古籍馆及北京大学图书馆还藏有民国十一年(1922)刻本(《彊村丛书》本)。江苏广陵古籍刻印社1980年曾重印,上海古籍出版社1989年也出版有朱孝臧辑校编撰《彊村丛书》附遗书(全十册),台湾出版的《丛书集成续编》也收有《玉蟾先生诗余》。

中科院国家科学图书馆总馆所藏明高时明编《一化元宗》十二集五十三种六十卷中,收有宋白玉蟾撰《谢张紫阳真人书》一卷、《地元真诀》一卷、《大道歌》一卷。

据日本《京都大学人文科学研究所汉籍目录》记载,该所收藏的明清时期刊行的收录白玉蟾作品的文献主要有:明代彭好古辑《道言内外秘诀全书》,万历二十五年至二十八年(1597—1600)刊本,内篇有白紫清《指玄篇》(《谢紫阳书》《辨惑篇》)一卷、《歌类》(《前快活歌》《后快活歌》《大道歌》)、《词类》(《水调歌头》)、《诗类》(《五言古诗》)一卷,外篇有题为白玉蟾撰《地元真诀》一卷;《白玉蟾诗集》九卷,收入《宋元名公诗集》,明潘是仁辑,万历四十三年(1615)刊本;《玉蟾集钞》,收入《宋诗钞补》,清管庭芬辑,民国四年(1915)上海商务印书馆涵芬楼据别下斋旧藏本排印；《玉蟾先生诗余》一卷、续一卷，明钞《玉蟾先生集》本，收入《彊村丛书》，清朱孝臧辑，民国六年（1917）序，归安朱氏据梅禹金藏明钞本；《道德宝章》一卷，收入《宝颜堂秘籍汇函》，明陈继儒辑，绣水沈氏亦政堂刊本等。

另据白玉蟾祖籍地闽清县地方志记述，白玉蟾文献有《白玉蟾文集》十二卷、《海琼集》八卷、《武夷集》《海琼集摘稿》（天一阁书目、明唐胄序）、《海琼词》二卷。

而清代陈寿祺《福建通志》卷二六三《方外著述》则记述白玉蟾文献有：《道德宝章》一卷、《武夷集》《海琼集摘稿》《海琼词》二卷、《元关（显）秘论》《观物筌蹄十论》，另有未明确指明作者的《指元篇》八卷、《清静经章句》一卷。

另据《日藏汉籍善本书录》子部道家类记载，日本天理图书馆藏有《九天应元雷声普化天尊说玉枢宝经》一卷，明人写本，折本装共一帖。内阁文库藏（白先生杂著）《指玄篇》八卷、《白先生金丹图》二卷，元勤有堂刊本，共一册，原江户时代林罗山旧藏。

据沈津著《美国哈佛大学哈佛燕京图书馆中文善本书志》记载，该馆藏有明刻本《海琼玉蟾先生文集》和明万历闽书林刘双松安正堂刻本《新刻琼琯白先生集》二种。除了这两种题名不同的白玉蟾文集外，还有一种题名《白真人（全）集》，关于这三种题名不同的白玉蟾文集，国内外各大图书馆收藏不一。

最后需要说明的是，白玉蟾作为南宗宗教组织的创立者，在南宋地域发展了大批南宗成员。其中既有师事其左右的入室弟子，据笔者考证统计，计有彭耜、留元长、谢显道、林伯谦、叶古熙、赵汝浍、赵汝渠、陈守默、杜道枢、洪知常、陈知白、詹继瑞、林时中、王景溢、潘常吉（蕊珠）、林时中、周希清、吴景安、邓道宁、陈弥隆、叶古熙、周希清、胡士简、罗致大、庄致柔、碧虚子、毛颖玄、陶泓、白起、管城先生、廖蟾辉、沈白蟾、王金蟾和永嘉黄茅道士等等，还有在罗浮山地域招收的弟子郑孺、张月窗、胡衍、吕鉴等，其中有不少弟子如彭耜、方碧虚等有著述或者文集传世。除了入室弟子外，也有相当一批是仰慕白玉蟾仙风道骨风范、沉醉南宗修炼丹法的私淑弟子。白玉蟾与这些弟子关系亲密，如同"仙家父子"一般。当然还有相当一部分是再传、多传弟子如王庆升、李道纯、萧廷芝、金志阳、王庆升等。我们将宗承白玉蟾道脉的南宗弟子所作的道书文献统称为白玉蟾后学类文献。由于篇幅所限，此类文献不详细叙说，可参见盖建民著《道教金丹派南宗考论：道派、历史、文献与思想综合研究》。

建议阅读书目：

陈　兵：《金丹派南宗浅探》，《世界宗教研究》1985年第4期。

卿希泰：《紫阳派的形成及其传系和特点》，《道韵》第五辑，1999年8月。

盖建民：《道教金丹派南宗内外丹合修思想方法探微——兼论南宗在岭南地域的传播》，《香港暨华南道教国际学术研讨会文集》，2003年12月，香港中文大学；又载黎志添主编《香港及华南道教研究》，中华书局，2005年。

〔日〕松下道信：《日本全真教南宗研究简介》，《天台山暨浙江区域道教国际学术研讨会论文集》，浙江古籍出版社，2008年。

主要参考书目：

陈国符：《道藏源流考》，中华书局，1963年。

朱越利：《道藏分类解题》，华夏出版社，1996年。

盖建民：《道教金丹派南宗考论：道派、历史、文献与思想综合研究》，社会科学文献出版社，2013年。

神霄派道经说略

李远国

一、神霄派道经的研究状况

对神霄派及其经典的研究，近十余年方有一些成果问世。如卿希泰教授撰《道教神霄派初探》，认为道教神霄派形成于两宋之际，与天师道、上清派有关系，吸收了东南沿海地区的雷神信仰及其相关法术并加以系统化、理论化。主要创派人物有王文卿和林灵素。林灵素曾获宋徽宗宠信，因而神霄派大振，形成一股新的道教势力。王文卿一系在南宋以后特别兴盛，王传朱智卿、熊山人、平敬宗、袁庭植、上官氏、邹铁壁等人，邹传莫月鼎等人，莫传金善信等人，其雷法在南方有众多的信徒。李丰楙教授先后撰有《道教神霄派的形成与发展》《宋元道教神霄派的形成与发展》《邓志谟〈萨真人咒枣记〉研究》《邓志谟〈铁树记〉研究》等，对神霄派的形成、发展、影响作了分析，并对有关萨真人与王灵官的生平事迹作了较为详尽的研究。刘仲宇教授撰《神霄道士王惟一雷法思想探索》，就元代王惟一的生平、思想作了探讨，认为王惟一在内丹理论上结合了宋代理学家的学说，在性命观上采纳了全真道的若干思想，他的雷法理论是一个综括诸家、独有领悟的体系，其突出之处在于将传统的以气为本的雷法思想，转变为以神为本并最终归于以心为本。

韩国安东浚博士有《论韩国医学与道教之关系》一文，集中论述了高丽朝廷与北宋徽宗朝的交流，认为高丽曾送青牛予徽宗，徽宗回赐《玉枢经》等，可推定神霄雷法于其时已传入高丽。通过政和年间与宋的交流，高丽道教以福源宫为中心发展起来，并受中国道教的影响，供奉玉皇上帝、太上老君、雷声普化天尊。朝鲜初期，在掌管道观的国家机关昭格署选拔道流时必须诵读《禁坛》《灵宝经》《延生经》《太一经》《玉枢经》《真武经》《龙王经》，并按照"《玉枢经》八节酬所读"，并谓高丽睿宗十三年（1118）七月，宋徽宗派遣杨宗立、秉义郎、曹谊、杜舜举、成湘迪、陈宗仁、蓝茁七名医师出使高丽，传授了两年的宋医学，由此推测出从那时起中国道教医学开始在高丽悄然传承，传入高丽的道教医学当是以神霄派《玉枢经》为中心的治疗法。

对神霄派加以系统的研究，则有李远国教授的专著《神霄雷法——神霄派沿革与思想》。该书从神霄派的渊源、形成、发展等历史层面展开了论述，就道教神系的基本概况、神霄诸帝与雷部众真信仰、神霄雷法的渊源与特征、神霄雷法的内奥与功诀、神霄雷法的社会影响与历史地位等一一详加考究，颇为全面地揭示了神霄派的历史与神霄雷法的内奥。正如德国柏林大学弗罗瑞恩·瑞特教授所评价那样：

> 自唐代始，李远国描述了道教神霄派的初期特征，对各种各样的道教派别及其从属关系的雷法先辈作了追溯，提供了大量的道教人物及道教之神灵或道教之实体，这都有助于作为中国道教的统一现象的雷法的出现，或已经成了雷法出现的一个组成部分。作为一种新兴的道法，雷法可被看作在宋代时达到顶峰。当时，有宋徽宗热衷于道教，有林灵素、王文卿等著名道师的促进。他们是道教领域的出色代表，他们的专长就是雷法。李远国以丰富的细节揭示了这些历史发展，指出了雷法的特征，并以清代结束。李远国以一种说服力极强方式对大量的法和术展开了讨论，引领读者更好地理解道教文化的瑰宝。至于对宗教史的研究，该书也作出了很有价值的贡献。继雷法史

后的几章节中，李远国引入了宗教上和思想上的信仰的广阔王国。包括：各方面的神灵、通常早已确定的名称、万神殿系统中的诸多变迁，尤其是内丹与符箓运用之间的关系。李远国表明，事实上绝大部分所谓的"道教"，都可从"雷法"的角度加以考查。"雷法"这一术语实际是"道法自然"的同义词。对此，李远国提出了丰富的根据。他为许多古老的道家人物界定了在历史上的角色，他们展示了雷法并积极运用这种精神和宗教技术。从这个意义上讲，该书最后数章主要致力于"符箓"——任何道教操作（行为）的适宜的教仪式资产的广泛领域的探讨，从而使读者能够理解雷法操作及其在我们现代继续存在的原因和方式。

二、神霄内府秘藏经概述

神霄经多出于宋元之际。它是由两宋时期形成的道教的一个新兴道派——神霄派道士们所编撰。关于神霄派，其创始人为北宋的林灵素、王文卿。他们称其雷法出于元始天王诸子之一——高上神霄玉清真王，亦号南极长生大帝、扶桑日宫大帝，为万雷总司。神霄派由于迎合了徽宗以道教神化自己的需要，很快便风行海内。

据史籍所载，北宋徽宗皇帝崇信道教，在全国范围大力扶植和推行道教。他宠信道士魏汉津、徐神翁、刘混康、张继先、林灵素、王文卿等，推重神霄派道法。其时温州道士林灵素由徐知常推荐于徽宗，徽宗问其知晓何种道术？他自称"上知天上，中识人间，下知地府等事"，并利用徽宗自称曾梦游神霄府之事，宣称天有九霄，神霄最高，设神霄府，"神霄玉清王者，上帝之长子，主南方，是长生大帝君，陛下是也。既下降于世，其弟号青华帝君者，主东方，摄领之。已乃府仙卿曰褚慧，亦下降佐帝君之治"。又称蔡京、童贯等皆是神霄府的仙伯、仙吏，就连徽宗的宠妃刘氏亦是神霄府的"九华玉真安妃"，皆下降佐徽宗治理天下。徽宗喜其玄说，赐名"通真达灵先生"，经常宣召入内。又命天下皆建神霄万寿宫，于京师开神霄箓坛，传箓散符，宣神霄法于天下。

政和七年（1117）二月，在林灵素的策划下，徽宗宣称"青华帝君"夜降宣和殿，授他"帝诰、天书、云箓"，遂命道士二千余人集合于上清宝箓宫，由林灵素宣谕其事，并命京师吏民皆受"神霄秘箓"。于是林灵素搜集九天秘书、龙章凤箓、九等雷法，集成玉篇进上。其后徽宗欲得雷书金经全部，收入《道藏》，但求访不得。于是，林灵素假借"玉华天尊"奏告上帝，上帝遣玉女以印相授的名义，造"神霄嗣教宗师印""都管雷公印"等，连同《雷书》五卷进奏，遂得全集。

其时古《度人经》本一卷，徽宗时亦以神霄琼室秘藏的名义增造六十卷。据《高上神霄宗师受经式》称：

《高上神霄灵宝度人经》六十一卷，并出于神霄东极华堂琼室之中，乃历劫禁秘永传经也。得遇此道，保己则登升三境，为人则却灭百疴，功德协著，克度神霄，后当获补宰制治化之官矣。

此外，尚有《高上神霄玉清真王紫书大法》《高上神霄玉清秘箓》《高上神霄真王说五方天中好生不杀颂》《神霄东极华堂妙济经科》《高上神霄真王长生大帝降生记》《上清玉书真符照验诸记》《冬祀天真降临示现品记》等雷经，"神霄内府所存三洞四辅，有自古已传者，或多见于世间。有历劫未传禁秘宝经，一千二百卷，分为六等，一十二品，列为上中下三阶，藏于东西华台。自太平启运，壬辰、庚子之后，渐当降显"。这表明在政和、宣和年间，以神霄府秘藏名义编造的神霄经可能多达上千余卷。

在这批神霄派道书中，既有唐代高道的一些著述，亦有当朝道士所作。如被誉为神霄派祖师的汪子华，他精通雷法，传王文卿"飞章谒帝之法及啸命风雷之书。每克辰飞章，默朝上帝，召雷祈雨，叱咤风云，久雨祈晴则天即朗霁，深冬祈雪则六花飘空。或人家妖祟为害，即遣神将驱治，俱获安迹"。有《火师汪真君雷霆奥旨》《混合秘诀》《玉枢灵文》《斩勘五雷大法》等道书，藏于朱陵西洞中，后被北宋高道朱执中所得，披显于世。

而王文卿所得《雷书》，即为唐代天师叶法善所著。北宋元妙宗《太上助国救民总真秘要》中所收《上清隐书骨髓灵文》三卷，亦为叶氏所传。内曰：

《骨髓灵文》，唐叶法善天师所传，出自汉正一天师之遗法也。功验神奇，莫可拟测。旧以九符常用传授，其余隐秘，莫不闻见。臣昔于九符之外，复得十符，谨续本文之次，别成中卷，稍阐元纲，以广妙用也。其于条律，自如旧本，载之于后云耳。

唐代另一位高道邓紫阳亦传有雷法符书，在元妙宗《太上助国救民总真秘要》中所收"天蓬馘邪真法""天蓬救治法""天蓬三十六将符口诀"等，皆为邓紫阳所传。其后，唐末五代的杜光庭，宋代的张继先、王宗敬、吴道显、柳伯奇、钟明真、卢养浩、徐必大、刘玉、黄公瑾等，皆习北帝大法，并将其法与神霄雷法结合，从而推行出一门新的道法——神霄金火天丁大法。

就两宋之际的神霄派而言，祖师王文卿所撰、所传雷书多达数十种。如《冲虚通妙侍宸王先生家话》《王侍宸祈祷八段锦》。此外，尚有《玄珠歌》《上清五府五雷大法玉枢灵文》《高上神霄玉枢斩勘五雷大法》《雷说》《先天雷晶隐书》《侍宸诗诀》《上清雷霆火车五雷大法》《中皇总制飞星活曜天罡大法》等雷法要典。其弟子邹铁壁又传《先天一炁火雷张使者祈祷大法》于世。

三十代天师张继先撰有《大道歌》《心说》《三十代天师虚靖真君语录》。又《道法会元》所收《虚靖召役庙貌神祇法》《太一禁秘通天撞星大法》《太一火犀雷府朱将军考附大法》《地祇温元帅大法》《东平张元帅专司考召法》《地祇馘魔关元帅秘法》《酆都朗灵关元帅秘法》等，皆为张继先所传。其嗣法弟子萨守坚、朱梅靖、卢养浩、陈希微等均为神霄派重要人物，活跃于南宋之际。入元，三十六代天师张宗演承其遗风，得《帝令宝珠五雷祈祷大法》，"行诸天之号令，总三界之雷霆，以先天一炁而运用，以后天八卦而成符，名曰宝珠"。

南宋之际，神霄道法的传播主要分为陈楠、白玉蟾和萨守坚两系。《道法会元》中所收《高上景霄三五混合都天大雷琅书》《太上三五邵阳铁面火车五雷大法》及邵阳雷法印，即为当时陈楠所得。其弟子白玉蟾，是将雷法理论化、流派教团化的重要宗师。他文才赡富，著述甚多，除诗文集《上清集》《武夷集》《玉隆集》等及其徒众编的《静余玄问》《白真人文集》《海琼白真人语录》《海琼传道集》《金华冲碧丹经秘旨》外，尚有许多雷法著述，如《玄珠歌注》《道法九要》《坐炼工夫》等，以及所传《先天雷晶隐书》《高上景霄三五混合都天大雷琅书》《洞玄玉枢雷霆大法》《神霄十字天经》，均为神霄派的重要文献。

另一位高道萨守坚，得张继先、林灵素、王文卿之道法，开神霄西河派。今《道法会元》中收有萨守坚述《雷说》《续风雨雷电说》《内天罡诀法》三篇，当为门下弟子所整理。又有《雷霆三五火车灵官王元帅秘法》《豁落灵官秘法》《南极火雷灵官王元帅秘传》诸篇，亦为萨守坚所传。

除白玉蟾、萨守坚系道派外，尚有众多高道推演神霄雷法，故派内支分多脉，有忠孝法门、金火天丁法门、地祇法门、九州社令法门、太乙火府法门等。

忠孝法门以李清叔为祖师，主传《正一忠孝家书白捉五雷大法》。据该派弟子高仓所言，此法昔老君授祖天师于四川鹤鸣山，其后子孙皆异人亲授，自非后世各派所言。南宗时又由李清叔传授赵履，赵履传高仓，该法始又重显于世。李清叔生平籍贯无考，他自称"玉帝御前伏魔上相李真君"，亦即张宇初所列举的神霄派宗师中的"伏魔李君"。李真君巡游天下，至湘乡州中，忽遇赵贯夫，"因缘际会，乃召苟、毕二帅出现于前，遂以衫袖写咒四句，并缺角印文，授与松隐赵先生，临行付嘱曰：以忠孝为念。而又赐学真童子。后松隐授与空山高先生，空山授与南涧岳先生，南涧授与庐山清虚成先生，成先生授与冯先生，冯先生授与周先生，周先生授与洞渊张先生，洞渊授与某人，俱亦亲传"。

金火天丁法门以陈道一为代表，主传《神霄金火天丁大法》。他说：金火天丁者，总万法归一身，运一心应万法，为一符一印，至为要道。其神可以修身，可以炼魂，可以卫生，可以断怪，可以除瘟，可以致雨，可以祈晴。该派承袭林灵素所传道法，以林灵素所著《金火天丁神霄三炁火铃歌》为经典，其传承如下：林灵素——张如晦——陈道一——薛洞真、卢养浩——徐必大——刘玉——黄公瑾，已至南宋末期。

地祇法门以刘玉为代表，主传《神霄金火天丁大法》《地祇法》。刘玉为南宋勋臣刘玠之孙，幼慕清虚，遍历江湖，参礼名师。初行符水之法，继行灵官酆都地祇考附法，悉有灵验。后得卢养浩、徐洪季传法，"卢悉以心章隐讳、内炼秘诀，倾付之"。

之后，活跃于各个朝代的一些神霄道士，亦留下一批雷经。如陈相真撰有《雷霆纲目说》，张埜愚撰《天罡说》，万宗师撰《雷法议玄篇》，张善渊撰《万法通论》，王惟一作《道法心传》《明道篇》，邓铁崖撰《道法宗旨图衍义》等，皆为研究神霄派的重要文献。

三、《灵宝无量度人上品妙经》与神霄祖师著作

（一）《灵宝无量度人上品妙经》

在明代《正统道藏》中，排列首位的是《灵宝无量度人上品妙经》，

简称《度人经》，共六十一卷。其中第一卷为本文，乃道教古《灵宝经》之一，约成书于东晋末南朝初。经文约五千余字，大致可分为三部分：其一为道君前序及《元始洞玄章》《元洞玉历章》；其二为道君中序及灵书上中下篇；其三为道君后序及《太极真人颂》。经文内容主要叙述元始天尊在始青天中，向十方天真大神、上圣高尊及妙行真人等，演说灵宝度人经教，宣扬"仙道贵生，度人无量"之旨。其中经文二章，主要叙诸天之中有度人不死之神及司命、司禄、延寿、益箅、度厄诸神；诸天之上各有生门，中有空洞谣歌之章，有闻灵音者得受诸神卫护，免除苦难，七祖升迁；诵之万遍，则飞升太空，位登仙公。其余序、颂、灵书诸篇，或描述元始天尊说教情形，或发挥度人教义，或宣布吉祥之音，以明天尊随劫度人之旨。其余六十卷，乃北宋神霄派道士增益。

据《高上神霄宗师受经式》记述，其经乃元始天尊演说，并以授于玉宸太上道君并上清诸真人：

> 总其元义，开品分条，共为六十卷，以应六甲之数，皆以无量度人为首。其经既成，简奏虚皇，遂使藏于紫微上宫。仍令付于神霄玉清真王君，秘于东极华堂琼室之内，至于后劫，方当下传。逮其炎宋兴隆，太平丕至，时际吉会，神霄真王当降世间，以为人主，遂举其弟青华帝君代领神府之任。真王受天明命，绍承丕祚，统御九有，协和万邦，显彰道化，阐神元风。政和壬辰（1112）之后，青华时来密会禁掖，神明齐契，天人相通，所以告于期运者焉。于是真王飞神达变，洞合紫清，乃以神霄琼室所秘灵宝真经六十卷。

即以上天神霄府秘藏之名义编撰了这部道书。

经中主张普度天人，不分贵富贫贱、天界阳世阴间，将三界万灵、神人幽鬼一律视为济度的对象。强调平等普度，从而极大地扩大了道教宣教济度的范围，所谓"普度无穷，一切天人，莫不受庆，无量之福，生死蒙惠"。这种普度万灵的思想，容易满足所有信徒的不同精神需要，对于那些深受苦难，迫切要求改善现状的贫苦民众更有吸引力。经中曰：

> 斯经尊妙，独步玉京，度人无量，为万道之宗。（卷一）
> 上消天灾，保镇帝王，下禳毒害，以度兆民，生死受赖，其福难胜，故曰无量，普度天人。（卷一）
> 君民安泰，亿劫长存，乾坤静肃，日月合明，昆虫遂性，至化无边，神真协赞，世祚长年，与道齐德，功归万天。（卷四）
> 天人遇值经法，普得济度，全其本年，无有中伤，倾土归仰，咸行道真，无私无恶，无漏无染，无结无想，无欲无秽，无贪无嗔，言无妄诞，口咏善声，齐同慈爱，异骨成亲，国安民丰，欣乐太平，经始出，教一国以道。（卷九）

正是因其这种普度众生、慈悲悯世的大乘精神，故被后世道教信徒奉为万法之宗，群经之首。

今《道藏》本中，卷一为本文，卷二至卷六一为演文。每卷各立品目，内容均依据第一卷加以阐述，大致可以分为三大类。

第一类是根据阴阳、三才、五行之理论，说明宇宙生成、人物蕃育及顺德齐功之道。如《玉宸大道品》《显端符应品》《清微金科品》《禹余玉律品》《大赤灵文品》《玉明运度品》《阴阳化生品》《日精阳明品》《月华阴景品》《阴阳离合五行化体品》《扶桑青阳品》《素景曜灵品》《十方圣境品》《碧落空歌品》《腾曜二景五星品》《祈求嗣续庆延门阀品》《保胎护命品》等。

第二类举陈安镇、消灾、辟邪、制鬼、镇魔之方，以尽祈禳济度之用，如《天地八维安镇国祚品》《永延劫运保世升平品》《消禳国君王侯世土灾祥品》《太一神变五福护国禳兵品》《生化胎根断除邪秽品》《飞神召灵品》《降真召灵品》《断绝胎根闭塞死户品》《五行顺治品》《五方正气品》《七星除妖品》《神符除难品》《北都除殃品》《洞神禳灾品》《解禳山谷瘴疠品》《除禳水火漂焚品》《祈禳水旱品》《安镇九垒土祅不祥品》《消除病疠跛疴品》《蠲化水火灾疠品》《消除病疫保命延年品》《斩灭五行邪怪品》《断臧不祥品》《追度上世亡魂品》《济渡死魂品》《解释幽牢品》《回生起死品》《化尸受形品》等。

第三类论保形养神、长生成真之方，如《太乙元精品》《神变气化品》《赤符丹光品》《明体贯气品》《紫光丹灵品》《三辰光辉保命延生品》《降真延寿品》《长生久视品》《九宫仙籍品》《八景神合品》《南宫延生品》《五行备足生灵寿域品》《玄明洞渊品》《炼气变仙品》《永断轮转品》等，所谓"咸得至真，养气，养神，养元，养精，养志，养妙，养慧，养形，养生，养性，光华被体，灵丹告成"。

（二）神霄祖师著作

道教的雷法，源自中国最古老的原始宗教。它将人们对天地的敬畏、对神灵的崇拜以及人的主观能动性，三者有机地结合，从而形成了一种非常独特的文化现象。尤其是唐宋以来，由于众多道门高真的倡导，雷法盛行天下，一度雄居万法之首，成为道教法术的最高代表，引起世人广泛的关注，影响甚巨。从王文卿、林灵素等开创神霄一派，在短暂的百余年间，便传播中国南方的各地，深得朝野上下的信奉及众多高道的皈依，这除了与宋徽宗的推重有关，更为重要的原因是在于它本身所具备的深厚理论及精妙道法吸引了广大的信徒，成为宋元时期最为显赫的一大道派。其所奉行的雷法，亦被许多道派吸收，从而产生了一大批有关雷法的著作。

1.《高上神霄玉清真王紫书大法》十二卷

撰人不详。从内容文字看，应为宋元时神霄派道士所作。全书前有《高上神霄紫书大法序》。内称：元始天王与玉清神母生子八人，其长子名曰南极长生大帝，亦号九龙扶桑日宫大帝，亦号高上神霄玉清王。他凝神金阙，"悯念世间一切众生，三灾八难，一切众苦，九幽泉酆，一切罪魂，受报缘对，浩劫相求，无量众苦，不舍昼夜，生死往来，如旋车轮"。故诣元始上帝金阙之下，"礼请殷勤，乞问紫微上宫紫玉琼蕊之笈；于九霄宝箓之内，请《神霄真王秘法》一部三卷。皆梵炁成文，九天太玄云霞之书。上隐万天之禁，中隐神仙万年之法，下明治人治鬼保国宁家之道。元始上帝即敕太皇万福真君，以高上神霄玉清王长生护命秘法传付下世"。据此，可知本书原仅三卷，即今《道藏》本前三卷，约出于北宋末。其余九卷当系南宋增益。

在该经中，首先论述神霄大法的来源，介绍神霄府诸神之谱系、职官、治所。其中提到"神霄玉清王，今玉帝就命人主，准神霄玉清府"。此所谓"人主"，即指宋徽宗而言。此外，述说神霄派神系中的主尊以及各自职任。谓元始天王化生八帝，即南极长生大帝、东华帝君、蓬莱灵海君、蓬莱西元大帝君、东井大帝君、清都帝君、清灵帝君、九天中皇大君；又有雷祖大帝，合称"神霄九师"。他们代天，以司造化，主宰万物。

神霄玉清府主掌五雷，其下拥有众多雷帅神将、护法使者。对此，经中有"五方雷神""五雷捕队将""无上大罗天大威德天神""七信雷神""中天青斗五雷五瘟将""大将军部""捉邪灵官部"等，讲述雷部各大将军、灵官的名讳、职司、神符。

关于雷法运用的介绍，主要有"论箓""论秘诀""论妙旨""论法""誓法仪""建坛式""行禁式""摄邪治祟附体法""入门法""迷魂法""大捉法""缚枷栲""照法""移降法""自投法""治邪檄文式""明折鬼神法""雷部捉鬼打鬼法""五雷照法""用霹雳法""镇坛法""三天捉神法""咒枣捉鬼法""十二将远捉法""九天云路追捉将法""天关地轴四直捉法""太上八毒杀鬼赤杖丸""太上灵宝真人熏邪治病神烟法""伏魔消鬼法""伏魔五星法""思七斗禁魔""思二十八宿""童子役使万神法""高上神霄建狱法""建火狱式""立冰狱式""咒水治病法""请雷神法""神霄玉清五雷秘诀""神府祈雨秘法""神霄摄召大法仪式""炼度法"等。各篇文章多以雷法为主，用于召雷祈雨，伏魔摧妖，护身保命，安国宁家。

在雷法的运用中，符咒是其重要手段。对此，经中收有大量的雷符、秘咒，如神光符、东华木公符、西灵金母符、龙章天书、神霄命魔前驱杀鬼真符、神霄彻地符、三十六天狱真符、保胎宜男符、救产难符、度厄消灾符、去官灾口舌法、去伏连符、断注符、厌游尸破射符、断咒诅口舌符、通目符、变狱符、召六丁玉女符、召真致神符、召泰山兵马符、召五岳掾吏符、召里社符等。此外，书中尚有神霄玉文琼玺、通章印、雷火大将印、斩邪断瘟印、急催追捉印等五枚法印，并载"造印式""祭印式"，以述刻制法印、开光祭印的方法。

关于雷法的修持，经中所载有"采服神霄气行持""太霄清真保命品三十六天图""服三十六符法""高上神霄玉清王长生秘诀""神霄玉清大洞秘诀存化真图""神霄服大洞三十九章混合百神符法""大洞微妙""变景混化神将妙法""掌诀""大洞五气混合""去三尸法""玉液炼身大洞真人法""洞观""神霄聚五星璇玑法""大护身战鬼伏魔法""请雷神法""神霄玉清五雷秘诀"。

经中还有各种各样的养生良方、治病妙法，如"斋粥法""梳头法""沐浴冠带法""盥漱法""解衣法""临卧法""遇疾服药咒""履秽入暗法""拘制三魂法""制魄法""禳恶梦法""安五脏法""出行法""降魔法""安耳鸣法""去灾厄法""还神法""明目法""自解忧愁法""梳头发不落法"等。

2.《无上九霄玉清大梵紫微玄都雷霆玉经》一卷

撰人不详。似为北宋末神霄派道士所造。经文假托为上天神霄玉清真王长生大帝传授,主要论述神霄雷法。内称:神霄玉清真王是浮黎元始天尊第九子,玉清元始天尊之弟,太上老君之叔。该神统领元象,主握阴阳,掌管九霄三十六天雷霆之政。雷霆者,乃天地之枢机,能赏善罚恶,司生司杀。"上自天皇,下自地帝,非雷霆无以行其令;大而生死,小而荣枯,非雷霆无以主其政。"故下界安国抚民、消灾求福等事,皆隶属雷霆之政。经文详述上天九霄府之宫室建制、官僚机构及其下属诸雷神之姓名和职司等。卷末载"九霄玉清大梵紫微仙都符"九枚,并有咒颂,谓诵经念咒可得超度,不入地狱。

3.《九天应元雷声普化天尊玉枢宝经》一卷

又名《雷霆玉枢宝经》。撰人不详,出于北宋。经文假托为雷声普化天尊所说。此神为上天神霄府九宸之一,是总司五雷、普化群生、赏善罚恶之神。经文主要内容可以分为两节。第一节论述"至道",内称:

> 道者,以诚而入,以默而守,以柔而用。用诚似愚,用默似讷,用柔似拙。夫如是,则可与忘形,可与忘我,可与忘忘。入道者知止,守道者知谨,用道者知微。能知微则慧光生,能知谨则圣智全,能知止则泰定安,泰定安则圣智全,圣智全则慧光生,慧光生则与道为一,是名真忘。惟其忘而不忘,忘无可忘,无可忘者,即是至道。

第二节论"气数",认为:人之禀受不同谓之气,智愚清浊谓之数;数系乎命,气系乎天;学道之士若为气数所囿,天命所梏,则不得真道。经文又述消灾解厄之法,谓:凡遇三灾九厄,可依法持诵经文,若默念普化天尊之号，即有诸神消灾解厄；若归命此经，可以长生。

4.《九天应元雷声普化天尊玉枢宝经集注》二卷

元朝玄阳子撰集。此书是《雷霆玉枢宝经》之集注本。其注文分注曰、义曰、释曰、赞曰四部分，假托海琼真人白玉蟾注、祖天师张陵解义、五雷使者张天君释、纯阳帝君吕洞宾赞。注释内容着重以符咒之术解说经文，旨在消灾度厄。又增补《圆满吉祥灵章》《学道希仙章》《召九灵三精章》《解五行九曜克战刑冲章》等十七种咒语符图，亦用于召神驱鬼，消灾度厄。

5.《玉枢经钥》二十四卷

清姚复庄撰注。姚复庄为浙江镇海人，以善画梅名于时。时因病住城北玉清道院，闭关静养，借羽士《九天应元雷声普化天尊玉枢宝经》，焚香日课之，历时五月，病体竟愈。于是参考各家，旁征博引，为《玉枢经》作注13万余字，详述雷霆之要，名曰《玉枢经钥》。其自序述其缘起，赞曰："振蒙启瞆，而反其诚于心，与吾儒尽性立命之旨，相表里也。"次在《例言》中介绍其修持之法曰：

> 日逐持诵科范，斋戒整衣，澄心定气，叩齿演音，将净身、净口、净心、安土地、净天地、金光、祝香、开经、玄蕴、八大咒，端默体会一周，然后入开经赞启请颂诸文。始端坐面东，入经正文。课毕后，宣扬赞辞，回向散坛。慎弗轻慢，交谈接语。随愿祷祝，自然感应。兹卷，因供学道者默修内炼之助，或一卷，或半卷，或数翻，可以随时理会，由浅入深，但肃身心，无拘仪节。

6.《九天应元雷声普化天尊玉枢宝忏》一卷

撰人不详。应为宋元道士所造。此忏用于道士为信徒悔罪祈福，内载忏仪及忏悔文式。首先由道士率信徒礼拜赞颂"九天应元雷声普化天尊"之神威功德；其次忏谢自身罪业，并愿志心归命三宝及诸天尊神灵，祈求赦罪赐福。

7.《冲虚通妙侍宸王先生家话》一卷

王文卿撰述，弟子袁庭植编集。内容为王氏回答弟子袁庭植所提出的四十个问题。首先述其授受源流，自称于金陵清真洞得"嘘呵风雨之文"，又遇火师汪真君授以"飞神谒帝之道"。其次论述呼唤风雨、召神役雷之法理。强调内修为雷法之要，而只知外用符诀奏章，并非役雷之术。宣称行法之人若能静坐默朝，久行之，则"神气精自然混凝，上可脱壳朝元，次可长生久视，又其次可以兴云致雨，役雷鞭霆，济人利物，何所往而不可也"。

8.《雷法议玄篇》一卷

南宋万宗师等撰。万宗师，号元虚真人，生平不详。他自称为王文卿弟子，得闻混元太一之道、五雷御邪之文，密识玄机，屡取灵效，运风雷于掌中。书中论述神霄派雷法，内载四篇论文。第一《雷法议玄篇》，南宋初万宗师撰。谓世传雷法之书多达数百篇，内容庞杂，行之无效。作者自称遇度师授以简捷雷法，指点要诀。认为风雨雷霆皆由诸天星宿主持，故修真之士行持雷法，当得三十六天气之妙，知星宿运行变化之道，方能与道合真，而不在虚玄繁文。第二篇《雷法渊海正演数》，南宋谷隐撰。论述雷法之要在于正心诚意，与天为徒。又称古有行持之士，以心感物，以正御邪。心正则百神效灵，身正则万邪遁迹。

第三《欻火真形详论》，第四《太极雷坛祭四维神法》，其撰人皆不详，亦出于南宋。内载书符行气，以召雷祈雨之法。

9.《道法心传》一卷

元代王惟一撰。王惟一，号雷霆散吏，其法得莫月鼎、邹铁壁真传。正文收录诗歌一百余首，主要咏述修道理论及雷法要诀。强调断绝尘缘、心地清静为修道之本，掌握外界风雷气象变化之道及凝神聚气为雷法之要。《道法精微》篇收录"行持戒行图""万法归心图"等十三图，并附图论。其内容亦为雷法理论。例如"万法归心图"为一圆圈，内写一"心"字。图下有诗云："万法从心起，万法从心灭。晓得起灭处，生死事方决。"图后又有短文，论述心为一身之主、万法之根，修心即是修道，修道即是修心。其余各图与此类似。全书末附王真《满庭芳》词数首，亦述雷法理论。

10.《明道篇》一卷

亦王惟一撰。卷首有大德甲辰年（1304）作者自序，谓撰诗八十一首、《西江月》词十二阕，以明内丹之道。卷末附《金丹造微论》一篇、《得道歌》一首，宣称：

> 大抵金丹之要，必也远声色，克己私，屏人我，全忠孝，正心诚意，如颜之愚，如参之鲁，以太虚为鼎器，以乌兔为药材，以无为自然为火候，以清静冲和为温养，以身外有身为脱胎，以打破虚空为了当，而后可以合。

其功法不用年月日时，不论火候抽添，唯以凝然静定、一念不生为要。

11.《道法宗旨图衍义》二卷

元朝邓柟纂图、章希贤衍义。章希贤为元成宗、武宗年间人,籍贯江西临川。字师亮,号养吾子。通儒、释、道三教之说,与三十八代天师广微子、临川道士空玄子汪万顷等交游。邓柟号铁崖子,生平不详,当为章希贤至友。书中收有"元始祖劫图""混元化身之图""雷霆互用图""雷霆之图""雷霆三关图""五雷攒簇图""雷霆吞啖图""将用自己元神之图""五雷胎息图""雷霆一窍图""雷霆九宫图""雷霆运用之图""雷霆玄化之图"等二十二图,以阴阳五行、九宫八卦等原理,阐述元始天尊化生诸天,太上老君化身传道以及日月星辰运行、四季风雨雷霆形成变化规律,天地人及神气形之相互关系,雷法之运用原理,役使雷霆的法诀,阐明神霄雷法之原理,每图后为"衍义",大都征引道、儒、释三家有关语录,主以阴阳变化之原理、天人感应的思想,解释风雨雷霆之形成,为元代的一部重要雷法著作。

12.《雨旸气候亲机》一卷

撰人不详,约出于宋元。本篇言雷法,主要讲述如何观测气候变化。全篇包括《诸雷气候》《妙洞引》《先天一炁雷霆玉章》,讲述星辰及天河运行之时间、位置、方向以及其颜色、形状等情况,预测旱涝阴晴和风雨雷霆。其中虽难免有非理性成分,但亦包含古人观测气象之经验。如书中有"石润水流天欲雨""蝼蚁封穴雨时行""冬月南风天有雪""久雨西风又放晴"等,皆为民间气象谚语。

四、《道法会元》与《法海遗珠》中的神霄道经

（一）《道法会元》中的神霄道经

《道法会元》，原不题编撰者。约成书于元末明初。全书凡二百六十八卷，为一部大型道法汇编，共收入宋元时期道教各派法术著作一百五十余篇，以神霄派、清微派、北帝派、灵宝派、正一派之道法为主。其内容庞杂，涉及雷法、炼度、章奏、符箓、咒诀等各种道法。"会万法以归元"，故名《道法会元》。在这部丛书中，神霄派的著作最多。下面概而述之。

首先是王文卿一系所传著作。《上清玉府五雷大法玉枢灵文》《上清玉枢五雷真文》，内收王文卿序、汪真君所传罡诀、变神、祭法、召雷、书符、祭四神、五雷朝斗法、咒水、立狱收邪、捉法、缚法、枷法、考法、吹法、烧法、炮法、遣鬼法等文，所载雷印十五种及造印、祭印、令牌诸法，为神霄派秘传之要诀。内谓此法系玉清真王、火师汪真君亲传，强调自身的内功修为，有服雷气、变神、朝斗等修炼秘法。如服雷气法：

> 受法之士，救民疾苦，断绝妖精，驱邪治病，须得雷公请炁之法，方可行用。此法自传度以后，取惊蛰前后，忽闻雷声，便备香案，向其方，两手握雷局，瞑目，密咒曰："吾受五雷典法，雷霆威声。纳则治身保命，吐则缚鬼诛邪。神炁万丈，灌我胃华。太上律令，猛吏银牙。急急如律令。"咒尽，待闪电雷声作，望此方直视，吸其炁，咽之二十五次，隐隐明明光降，即疾吞炁，有验也。

《高上神霄玉枢斩勘五雷大法》《玉枢斩勘五雷祈祷大法》《玉枢斩勘

五雷大法》，内收王文卿序、《将班》《报应诀》《验风发知雨诀》《雷霆罡炁方》《役雷下雷霆罡法》《行用口诀》《入室行用诀》《祭坛诀》《运雷诀》《祈晴诀》《炼将玄妙》《造雷函埋祭法》《泓池受水法》《行移奏牒》《推煞方例》《王侍宸家书》《祈晴雨要诀》《五方蛮雷使者》等篇章，及火雷、山雷、水雷、土雷、风雷、起雷、起风、起云、起电、起雨、收风、收云、收电、止雷、收雨等橄符。所谓"斩勘"，是指斩灭妖邪，勘合大道。王文卿曰：

> 惟斩勘五雷法者，以道为体，以法为用。内而修之，斩灭尸鬼，勘合玄机，攒簇五行，合和四象，水火既济，金木交并，日炼月烹，胎脱神化，为高上之仙。外而用之，则斩除妖孽，勘合雷霆，呼吸五炁之精，混合五雷之将，所谓中理五炁，混合百神，以我元命之神，召彼虚无之神；以我本身之炁，合彼虚无之炁，加之步罡诀目、秘咒灵符，斡动化机，若合符契，运雷霆于掌上，包天地于身中。

即明白指出，这是一种融内丹功夫与符咒罡诀为一体的雷法，既有自我内炼的功夫，亦有外施造化的秘诀。如感召雷神，就将内功化为接引雷神的信道，法师当静定存神，"以舌拄上腭，存心中赤炁下至肾宫，使二炁交感，运起雷车二炁，盘绕直上，从口中化成雷路一道，直接巽宫。凡召雷神，皆从此路下降至前，听自法师指挥，治事毕，复还本位"。

此外，王文卿尚传《雷霆箭煞年月枢机》。内收《法说》《发用》《雷分八节会应吉凶之图》《飞定星宿主事法》《运用飞遁星宿兴云致雨法》《十干起时例》《五星遁数法》《五行生克》《星禽应事》《雷霆合炁停年歌》《推霆星入中宫飞遁例》《十二星九宫五行定局》《推定式》《雷霆白虎煞方》《雷霆直符方》《雷霆箭法诗断》《雷霆诗断》《十二星顺盘》《太乙真数》等。又有《北真水部飞火击雷大法》为王文卿传，内收《祈晴捷径》《祈雪捷径》等。《上清雷霆火车五雷大法》亦为王文卿传，内收王文卿《法序》《炼神》《召合秘法》等。

《王侍宸祈祷八段锦》，篇中以袁无介提问、王文卿解答的形式，系统论述了神霄派丹功雷法的内秘。并有御风注，明白揭示了雷法的玄机。全书八章。第一立极章，言无极、太极的演化过程，主张行先天大梵纯刚之气，"可以感天地，动鬼神，呼吸风云雷雨，无所不至矣"。其下手要诀有四，一要专心，二要精勤，三要保养，四要得传。第二召合章，阐述召合雷部诸神的秘要。强调以脾土为中心，致虚守静之中，脾窍若开，金光即现，如召肾将心将，以合雷部神真，万无一失。第三行持章，讲述内丹行持秘密。以定息静坐为下手功夫，次存想水火交媾，脾窍忽开，金光渐大，运入两肾，由胆从心，历舌根而出面前，金光一团运转不息，即用天眼注视金光，见所召神将在内跳跃，诵咒存想，升入无形。第四书符章，论述书符秘诀。要点有三，一要定息以采集清气，二要闭气以急笔书符，三要存神以所召将吏打入符中，金光罩符，秘字押符。所谓"金光闪烁，书符纸上，如龙走势，满纸煞炁"，即有灵异响应。第五祈晴章，揭示雷法中的祈晴秘决，认为天地万物的灵异变化，皆为九天真气的运化结果。第六祈雨章，主述祈雨秘要，指出要诀在于存修两肾。第七煞伐章，述法师运用自己元神之怒气，书符召将，遍烧法界，绝灭精邪。第八造化章，阐述天地造化、三才和合之内奥，指出人为万物之灵，一身内外与天地相通，"大地山河，无所不备矣。吾果能息缘调气，以身中克应，合天地之秘密，仍以我之真意，注想于所行之事，则天地真炁随吾意行，定见报应，此万无一失之事"。又以心为君主，心意一动，或善或恶，即为仙佛、鬼魔分判的关键："若能知祖炁源流，则捉住此一点真炁，则我即天地之主宰。"

《玄珠歌》，乃王文卿撰、白玉蟾注。歌乃四言长句，内曰：

大道无言，闭息内观。天罡运转，七曜芒寒。五星相联，还绕泥丸。水火交射，金木相克。金水相生，木火相得。土为意神，随炁生克。风火雷电，雨晴雪雹。一炁流通，浑沦磅礴。散为万有，聚为赤子，变为雷神，化为自己，先天先地，一而已矣。

述雷法丹道修炼之至诀。白玉蟾注：

> 风者，巽也。火者，心也。雷者，胆炁也。电亦火也。
> 雨者，肾水也。运动自己阴海之炁，遍满天地，即有雨也。晴者，心火也。想遍天地炎炎大火，烧开自身炁宇，乃晴也。雪雹，尽用阴炁逆转，存阳先升，阴后降，方知是也。
> 雷神亦元神之应化也。人知动静，则通天彻地，呼风召雷，斩馘邪妖，驱役鬼神，无施不可，即所谓将用自己元神是也。

即言天人感应，雷法依内功而运化。

《先天一炁雷法》，乃王文卿、莫月鼎所传。该法以飞捷报应使者张珏为主将，包括《内炼功夫》《剪虹》《掩日》《移掇雷雨》《祈雨心章式》《一炁参同玄妙》《侍宸玄珠歌》《月鼎一炁之妙满江红》《侍宸诗诀》《玉泉诗诀》《祭雷誓章》《动雷》《兴云》《止风》《掩月》《掩日》《祈雨》《祈晴》《煞伐》等。这些功法大多切实致用，操作性强。如动雷法：

> 其要在乎正心诚意，定息忘形，心等太虚，神凝空谷，万虑俱忘，九窍俱泯，于静定之中，候其九地之下玄玄之精，腾腾而上，交合离宫。渐次升降三田，周流四体，逼逼窄窄，充塞乾坤，时节到来，一动之际，则五炁激搏，雷电交作矣。是故感召之机在此，不在彼矣。

《火师汪真君雷霆奥旨》，题"王文卿传、朱执中注"。前有白玉蟾序，后有北宋朱执中自述。依朱执中述，他得汪真君传道于青城山，令其入朱陵西洞寻雷书，后至南岳石洞，"见石案上有黄卷书三卷，中已半开，而二卷牢不可开。余再拜，具述情恳，检而视之，则此雷书也"。后加整理，遂传于世。白玉蟾序曰：此经得于陈楠，"汪真君以七十二句，显述于其前。朱先生以万言，发明于其后，凝神默想，超悟玄微，正所谓蕉花春风之机，梧桐秋雨之妙，碧潭夜月，青山暮云，微妙深玄，粲然明白"。

正文为七言长诗，讲述汪真君求道修真、炼丹运雷的生平事迹。其注详述内修之道，包括静坐、存想、变神、洞照、周天、炼神、还虚等功夫，为重要的神霄丹道雷法。如静坐，其注曰：

> 以冬至阳生之时，居静室之中，盘足正坐，闭目垂帘，冥心定息住炁，舌拄上腭，先背手擦腰眼即肾腧十计数目，以降心火。神水升，则口内津液涌溢甘香。心火降，则一身俱暖，两足如汤。却以左手兜外肾，鼻吸清炁，送心火下丹田。复以左手摩脐轮下，八十一遍。左右各换手，摩擦三遍。乃想脐下如火轮炎炎，自觉丹田火炽，真炁充盈，颜色异常，形体坚固。久而行之，内可消百病，外可净妖魔。

另一位神霄派祖师林灵素，则传金火天丁之法，主要有《神霄金火天丁大法》《金火天丁神霄三炁火铃歌》《金火天丁凤炁紫书》《金火天丁玉神解关云篆》《金火天丁摄召仪》《金火天丁阳芒炼度仪》《金火天丁召孤仪》。内收《玉帅出入制邪品》《玉帅卫坛变化屋宅品》《法师路遇邪巫品》《玉帅布罩捉邪品》《玉帅悬火镜制邪品》《玉帅火狱制摄品》《玉帅宝瓶捉魈品》《玉帅保胎催生品》《玉帅断泉脉水怪品》《玉帅伐庙灭邪品》《玉帅祷雨救旱品》《玉帅寸金匮盖品》《请炁》《内炼》《炼镜诀》《金光咒掌图》《玉神大作用》《天丁炁诀》《用符玄变》《玉符玄奥》《三九得七之说》《告斗行持》《认本命真形》《存神秘诀》《金光云火炼度坛式》《告符节次要妙》《神霄金光火铃生天玉箓》《生天箓作用诀法》《摄召符作用诀法》等。

在《道法会元》中，有一些为陈楠、白玉蟾一系所传。如《高上景霄三五混合都天大雷琅书》，乃陈楠、白玉蟾所传。史载陈楠得此雷书于黎姥山神人，并下传白玉蟾。内收《五雷所主》《行持次序》《内修洞章》《天雷部》《地雷部》《水雷部》《神雷部》《社令部》《治天政》《理地纪》《正人事》《用法》《总司十使者》《符窍》《出笔法》《元始混灵太微玉文上篇》《元始混洞太灵玉文中篇》《元始混沌太虚玉文下篇》《天皇内文玉书》《地皇内文玉书》《人皇内文玉书》《元始天尊催风雷隐章》《元始天尊说杀鬼降魔大神咒》《元始天尊命景霄五雷君保制劫运大神咒》《景霄灭瘟疫隐章》《景霄治病保生神咒》《请雨大梵倒海隐章》《太一帝君急召五雷咒》、白玉蟾《翠虚陈真人得法记》、虞集《景霄雷书后序》以及众多雷符秘咒。其中《翠虚陈真人得法记》《景霄雷书后序》两篇尤其重要，记述了陈楠访道求仙、修习雷法的过程以及《景霄雷书》传播的情况，这对于研究南宗与神霄派的历史提供了一份可靠的史料。

此外，《太上三五邵阳铁面火车五雷大法》，内收陈楠《法序》《雷霆次舍》《起例》《起雷透天关局法》《天罡炁诀》《行持节次法》《配衣斗法》《发遣文字法》《邵阳心法》《召将法》《雷诀取炁》《验状诀五法》《邵阳雷公法印》《邵阳雷公致狱式》《邵阳仙官品职》《邵阳祭雷法》《坛式》等，载神霄派法印八枚，颇为珍贵。

《先天雷晶隐书》《雷晶使者祈祷行检》《九天雷晶元章》，为白玉蟾、闵子文一系所传。包括《召合玄机》《炼法》《书符口诀》《诸师玄秘》《道妙》，王文卿《火雷序》《道法玄微》《雷法说》《玉皇心印》《一炁雷机》《诸师口号》《雷霆体用》《归一密语》《琼山紫清真人答隐芝书》《先天一炁论》《精液论》《雷府六事》《内秘用法》《大造机要》《祈雨诀法》《动掌心雷》《祈祷行持》《九宫作用》《步罡变神咒》《都天雷公咒》《木郎咒》《投状式》《罡诀》《内运功夫》等，内容非常丰富。如白玉蟾总结神霄雷法，指出其根本的要害有六，称为"雷府六事"。他说：

> 雷有六府，非世人所知。盖其真符、真咒、真炁、真罡、真诀、真机，非今人画符念咒、布炁步罡、掐诀机关也。
>
> 古人画龙点睛，风雨飞去；画水通神，夜闻水声；画佛，见光明照满寺。良由用智不分，乃凝于神，笔墨所寓，皆能变化，岂咒诀之然哉！所以老夫书符之时，不拘早晚，或醉或醒，不诵咒，不作炁，随笔扫成，用无不应，叱咤风雷，虓灭妖魔，目击道存，吾亦不知使者之为我，我之为使者，终身行之，止"致虚极，守静笃"六字而已，何尝假乎他哉！

即把万法的施用都立基于内功之上，归根于老子的清静虚无大道。

《洞玄玉枢雷霆大法》，为白玉蟾、薛师淳传。内收薛师淳《事实》《坛式》《破秽罡》《誓章》《烧九宫纸诀》《洞玄雷》《铁面》《洞玄灵宝金玉九章》《晴雨盘》《起云》《团云》《掩日》《召雷》《召雨》《日月交会图》《金丹诗》《雷诗》《坐功》《治病》《催生》《起土》《治瘟》《三十六步破地召雷罡》《告斗行移》《宝箓式》《告斗存用》《祭炼亡爽》《天罡法》《天罡说》《立狱》《九宫捷法》《铁面行雷章》《雷经上篇》《雷经中篇》《雷经下篇》《祈雨行移》《传度行移》等。

《三气雷霆神位》《洞真品》《洞玄品》《洞神品》《大洞三阳神圣灵雷飞捷品》《玉枢院圣号》《司命府神吏位》《先天梵炁雷法十将》《雷霆纲目说》《三炁雷霆所属》等，多为陈相真所传。陈相真自称"括苍青华洞玄子"，生平事迹无考。其集《雷霆纲目说》认为雷霆实大道之功用、造化之枢机：

> 帅有二百六部九万余屯，上佐乾纲，下临坤垒，威行六合，声震万天，长养生灵，剪除凶恶，护持国土，号令人天，风霆流形，雷雨磅礴，昭昭其有，冥冥其无，集之成一炁，散

之为五雷。卷之而寂尔无形，舒之而忽兮有象，道行法界，妙在灵台。

卷中所载雷霆名目多达三百三十六种，如无极无量梵炁雷霆所辖二十种雷，清虚真皇清炁雷霆所辖二十五种雷，紫微垣混天应神雷所辖三十五种雷，太微垣洞灵天元雷所辖三十六种雷，少微垣洞清神复雷所辖三十七种雷，心市垣紫琼变雷所辖三十五种雷，大角垣洞光蛮雷所辖三十六种雷，中天紫极璇玑雷所辖四十四种雷等，为研究神霄雷法的珍贵史料。卷末收有黄应炎序，自言雷法甚繁：

> 获遇眉山至人，于是叩头恳请，乃沐师麻，立誓设坛，呼雷召将，斯须感动，报应不殊，付以雷书数品，上自三皇，下根千古，符文简策，宝笈琅书，字字金科，章章玉篆。上品雷书，大小劫经，尚存大有，非至人得此，何能探讨。中品雷书，皆皇人按笔。下品雷书，即应世宗师采择仙经，集为契信。上可以祈天福国，下可以赞法济人。

《雷霆玄论》，内收张善渊述《万法通论》，萨守坚述《雷说》《续风雨雷电说》《内天罡诀法》，王文卿撰《雷说》《诗诀》《王侍宸一十六字》等，为探讨神霄派理论的重要史料。张善渊为宋末元初高道，字深父，号癸复道人。其伯父崇一始为道士，得易如刚灵宝飞步法，称为张雷师。时张善渊从之学道，亦能捕逐鬼物，呼致雷雨，道法药术，精通其妙。元世祖召入朝，召鹤有祷灵应，故命为平江道录。其撰《万法通论》，详论太易、太初、太始、太素、太极之妙理，直示雷霆玄关之内秘：

> 阴阳之气为雷霆，生育万物也。雷霆者，天地之枢机也。天枢地机，阳雷阴霆，枢阴机阳，雷生霆煞，雷善霆恶。夫谓

万物厥有至符，至符阴玄，乃职生灭。东三南二，北一西四，此大数之祖，而中央五焉，雷霆得天地之中炁，故曰五雷。

又谓玄关一窍，乃千诀万法之根本、丹道雷法之至妙，"修之于内，则聚灵为宝，超凡入圣；施之于外，则调阴燮阳，济人利物。至于驱役雷电，制伏鬼神，抑其容易之事"。

《雷霆六乙天喜使者祈祷大法》《先天六一天喜使者大法》，为南宋汪集灵所传授。内容主要有《登坛作用法》《大兴雷咒》《书符妙用》《檄式》《九字灵章》《法中变用》《内运诗括》《祈雨杀伐坐功》《召雷雨造化》《回风秘诀》《召法》等。内言役雷祈雨之法，不仅要求法师精通内功，还须善观天象：

更夜静出观北斗，如斗星间或有云雾所掩，或穿斗口，或电光闪动，乃我工夫合动造化矣，来日必有大报应。如斗星不动，又看太阴，或有云雾昏灌，来日主大雷小雨。如太阴不动，再加工夫打坐，次早看太阳升东，如有黑云遮护，来日主小雷大雨。

《雷霆三五火车灵官王元帅秘法》《豁落灵官秘法》《南极火雷灵官王元帅秘法》，为萨守坚所传。内收《变神召将》《真人誓章》《主帅誓章》《本帅摄召一秤金》《立狱法》《作用召役》《召合》《普倒蒙法》等。

《帝令宝珠五雷祈祷大法》，乃李闲云、张宗演所传。内收《序法》《存炼作用》《变神作用》《召三神作用》《邓帅阴阳日合同》《入坛启师》《用剑行持》《入坛祈祷式》《握雷局诀》等。

《雷霆默朝内旨》，作者不详。正文为七律一首，述内丹修炼之道：

舌拄上腭目视项，闭户澄心神息定。锁兑含流合正源，鼻引清炁持金井。三官升降往来频，明珠飞入昆仑顶。撤开金锁火龙飞，希夷养就醍醐饮。烹精炼液过宝台，玉堂累累添真境。有人遇此会修行，功成自有天书请。

其注文则详解玄秘，论内丹、雷法合修之要。

《天书雷篆》，内收唐天师郑思远序，《辩明雷嗔》《雷文天篆》《雷霆神器》《雷函天书》《天篆上篇》《天篆中篇》《天篆下篇》《雷嗔谢雷醮》《雷嗔意》《赎尸牒》《雷神牒》《昊天表式》《雷霆谢过设醮仪》等。所谓雷文天篆，即是指被雷霆击死者身上显现的特殊文字，或显刻在动物植物、宫观柱壁、地面石碑等上。郑思远曰：

世间不忠不孝，负命造业，恶贯满盈，而阳法所不及者，三官鼓笔，社令奏愆，付五雷斩勘之司以击之。或前世为恶，罪该雷诛，仍罚为六畜，以为报偿。或宫观寺院公宇，有妖孽凭附其处；或树木器皿，其下有毒虫隐形；或淫秽秽渎，以致震击其处，必有天书以彰其咎，或现于锅底，或书于屋壁，或书于其形体，皆非后世市里字形，实乃天书云篆，或与籀文蝌蚪鸟迹古文相近。

《雷霆妙契》，内收邹铁壁注《雷霆梵号咒》，白玉蟾注《坐炼功夫》《书符内秘》，莫月鼎述《书符口诀》《橐钥枢机说》《法外余事》，侯清谷著《策役星斗图诀》，张埜愚述《天罡说》以及《结炼内事》《普召万神内诀》《起风诀》《起云诀》《起雷诀》《祈雨诀》《祈晴诀》《祈雪诀》《流火大煞》《定二十八宿日直五行晴雨法》《五符定晴雨方位》《逐月过将例》《金虎大煞起例》《流火凶星定法》《传音起例》《帝星硬定方》《雷霆箭法》《五雷盘天经注解》《太乙元君定雷神出入游方截法》《勘合真机》《号令歌》《天干起例》《雷霆合炁诗括》《雷霆晴雨括》《占晴雨诀》《都天火六壬》《斗中制凶方吉时天罡横图式》《雷霆白虎帝星起例》《白虎入中宫定例》《横推二十四向方道星辰所临》《十干日二十四时所值星辰》《白虎大杀八方所值日辰》等，为研究内丹修炼、雷法运用、观天候机的重要史料。

如张垫愚论天罡，谓其为天之柄星、雷霆之根宗：

> 耳眼口鼻舌，精神魂魄意，攒簇向中宫，化作先天气，即中黄气也，吾身中之天罡气也。行持之士，内视五蕴者，固气练神，聚其尸魄，内想不出，外想不入，神气不散，混合百神也。外察万神者，以我平昔修炼工夫，寓之于书符念咒，掐诀步罡，役使万灵，则万神听命，罔敢弗恭，报应如谷答响，出乎自然，惟在洁己斋心至诚，可以动天地，感鬼神也。

白玉蟾传坐炼工夫，很有特色。其口诀曰：

> 两眼对两肾，认取此中间。忽然一声响，霹雳透泥丸。复运丹田养，如蜜甜又凉。有人达此者，即可返仙乡。

白玉蟾详解说：

> 凝神定息。舌拄上腭，心目内注，俯视丹田片时，存祖炁氤氲，绵绵不绝，即两肾中间一点明，又名曰破地召雷法。
> 当一阳初动，存祖炁，自下丹田，透过尾闾，微微凸胸偃脊，为开下关。觉自夹脊而上，运动辘轳，微微伸中，为开中关。却缩肩昂头，觉过玉京，入泥丸，为开上关。师云：夹脊双关透顶门，修行只此是为根。此名开天门也。
> 当觉津液满口，闭息合齿，微微吞咽。如石坠下丹田。师云：华池玉液频吞咽，即中理五炁，混合百神，十转回灵，万炁齐仙，刀圭橐籥阖辟工夫，皆在此矣。
> 复存祖炁在中黄脾宫，结成一团金光，内有一秘字，觉如

婴儿未出胞胎之状,咽液,存炼金光结聚,忘机绝念,然后剔开尾闾,涌身复自夹脊双关直上。师云:紫府元君直上奔。心目注射,胸间迸裂,自眉间明堂而开,仰视太虚,金光秘字分明,充塞宇宙,则火炎中使者现。师云:踏翻斗柄天昏黑,倒卷黄河水逆流。又云:倾翻北海万重云,卷起黄河千丈雪是也。①

《㰥火律令邓天君大法》,为南宋杨耕常传。法中以邓伯温天君为主帅,包括召合玄秘法、书符秘诀、封山破洞祛邪秘要、五雷罡法、霹雳断虹符、驱瘟治邪妙用法、都雷秘诀等。如驱瘟治邪妙用法,法师当先运神功,"两目神光射开罳户,见梵炁中雷祖大帝,左眼鏐字,右眼鍗字,先吸鍗字归心,次吸鏐字归肝;次出心鍗字于空中,成一火珠;再出肝中鏐字,成一龙拿珠。兆即运雷局,打破火珠,火光散开,中有元帅骑龙拥出,即吸来香上,祝事行遣"。

《负风猛吏辛天君大法》,为南宋洞微子潘松年授。此法以辛汉臣天君为主神,包括本帅火车符、大帅符,辛帅信符、神霄大金光咒、变用符、铁帽符、辛字符、请光祝水治病咒、乌阳符水召咒、火轮咒、治万病生气符等。在符咒运用时,多要存神布气:

先念净口、净身、净天地咒。毕,凝神静坐,默存雷霆主坛辛天君,领诸部雷神于中宫,却提起自天目中,出于香烟上。次咒笔,方书符,随病如意拜请救济,以诚为主,自然感应。

此外,潘松年还传《太乙捷疾使者大法》,赵先生传《太乙使者大法》。法中以张元伯为主将,包括《召咒》《誓章》《使者檄》《满江红》《火雷妙

---

① 见《道法会元》卷七七,《道藏》第29册,第276页、277页。

用》《登坛咒》及使者、阴雷、本身、召雷神等符。

《先天一炁火雷张使者祈祷大法》，此法以南极勾陈上宫天皇大帝为主法。包括坐炼功夫、祈祷行持、召合法、作符秘诀、天皇符、烹山煮海法、倒涌黄河法、鞭龙起电法、起风止风法、催雨法、行持备论及白玉蟾述《雷霆三帅心录》等。功法以体内之变化来预测、感召雷雨，颇为神奇。如烹山煮海法，以心为山，以丹田为海，"凡作用须静定，候消息至，则缩水谷道，紧咬牙关，闭炁，以鼻引清炁归心，不可出炁，则心自摇动；如炁冲塞，上运至顶，则电光亦入斗矣。腹中鸣动，则为雷矣。雷电既作，则雨亦降矣"。

《混元六天如意大法》，为南宋路大安、雷时中传。内收《修炼直指》《混元无为六天宗基》《混元一炁心传》《天君跋经语》《洞玄天君全诰》《混元启白文》《混元攻炁妙用》《攻炁法》《布炁秘诀》《治疟诀》《驱蚊秘诀》《存三守一》《治头痛诀》《治小儿惊风诀》《召十大太保》《天君治孩童惊法》等。其法诀多施用于治病驱邪，为人解厄。如混元攻炁妙用法，将内功布炁用于治疗疾病，适应范围颇广：

> 凡治头风、脑痛、连目痛者，布炁，想头风从顶出，四边皆如此布炁，四散出。如头风注目，赤肿有赤，羞明怕日者，布炁去风，从顶门出，然后布炁于眼，四散出去风邪了，便想冷炁攻目，自然清凉。如有翳膜，即布炁去从眼尾出。注赤肿者，布炁去了，然后想天医仙官，以冷药贴之。治一切冷病，如冷，想热汤、太阳真火，烧脾暖胃；如下元冷，想丹田如水热，十分极热，便住。如心炁脾疼，想温暖炁调理，不宜便使火，令人发燥，只可温温补之。如一切嗽病，看冷热治之。如热嗽、胸膈有痰拥盛，想化为水去；如冷嗽，以温炁补之。

此外，《雷霆三要一炁火雷使者法》《雷霆欻火张使者秘法》《雷霆飞捷使者大法》《太极都雷隐书》《南宫火府乌阳雷师秘法》《九州社令蛮雷大法》《九州社令阳雷大法》《石匣水府起风云致雨法》《雷霆祈祷秘诀》《神霄断瘟大法》《神霄遣瘟送船仪》《神霄遣瘟治病诀法》《雷霆三司祈祷秘诀》《上清飞捷五雷祈祷大法》《九天碧潭祷雨大法》《昊天金阙五雷大法》《雷霆铁札召龙致雨法》《五雷祈祷行持秘法》《五雷祈祷符法》《五雷祈祷大法》等。其中既有打坐功夫、内丹雷法修持之文，又有祈晴、祈雨的秘诀，皆为研究神霄派及其丹诀、雷法、思想的重要史料。

(二)《法海遗珠》中的神霄道经

在另一部汇集雷法的丛书《法海遗珠》中，亦有一些神霄道经。该书编集者不详，约成书于元末明初，共四十六卷。其中卷一、卷二《神霄十字天经》《洞玄秘旨》，为白玉蟾、薛师淳传。内收《混炼玄隐》《书经秘用》《十字天经》《玉枢经十五符》《洞玄造化诗》《流派》《元始玉枢混合雷章》《合炁炼神》《策役雷章》《元阳火凤章》《青灵合信章》《元阳请进章》《青灵玉笈章》《元阳锦笈章》《青灵大梵章》《元阳金梵章》《青灵玉宸章》《元阳玉宸章》《炼合内玄》《会雷章》等。卷六为《三宫内旨》，内收《风雷雨晴云秘用》《雷师训诰》《雷橄秘文》《玉皇告命》《合神》《炼神》等。卷一〇为《神霄上道》，内收《坐功》《现虹法》《神霄致雨召雷真文》《太乙三山大木郎神咒》等。卷一一为《雷机玄妙》，内收《飞罡交乾布斗诀》《玉皇亲机符诀》《雷霆要妙》《雷霆玉经绿水内功》《阴阳雷霆停天太岁煞方起例》《雷霆金虎流火凶星日时大煞起例》《飞煞炁诀》《变用风火令罡》《太上皇老帝君说运雷天童真经》《运雷经》等。卷二一为《混合五雷内修》，内收《平日坐功》《神霄内功》《服符诀》《火府坐功》《内功秘旨》《雷晶梵炁坐功》《五行生克造化》等。

如混合五雷法，即以内功修持而合五雷。功法分炼雷、朝元、化神、炼将等，依序修炼。法师静坐，叩齿集神，闭目，咽津三口，以舌拄上腭，息炁，令内炁在三宫中升降，闭口，呼炁三口，嘘炁一口，内观心田，再炼炁鼓津，一口吞下，坠入肾宫。默念《运雷护命经》一卷，或大金光咒，名曰炼雷。再闭目，内观肝宫，作怒嘘炁三口，想心火炎炎至心腹，闭息片时，仍嘘炁、呵炁各三口。又呼炁三口，呵炁三口，则其炁自分布九宫，这是内炼青雷。

再内观心宫，微微呵炁，使胆炁流行。吹炁三口，存想心宫火炁蒸熏肺下，得白炁上至顶门。复以鼻引吸顶门炁一口，吞下肾宫，使炁归元，三宫升降，这是内炼赤雷。

"次作怒炁，鼓津和液，送下肾宫，想白炁下降，接肾宫黑炁，从酆都关涌起，吹炁三口，不要耳闻。"这是内炼白雷。

"次息炁作怒，将谷道缩起，小腹胁动七次。再存肾水黑炁，经历脾宫过，与脾宫黄炁炼合。次呼炁五口，是火得土则生，想水得土则止，五炁得土，炼成一块。"这是内炼黑雷。

"五炁得脾宫煅炼，初成黄炁，色如金橘。次发肾宫臣火、膀胱民火，降心宫君火，是为三昧真火也。脾如鼎，腹下膀胱、肾火烧之，煅炼如紫金色。其炁朝元蓊郁，如电灿烂，闪闪上升也。"这是内炼黄雷。

其后闭息片时，回视顶门，存想五炁朝元，顶门有紫炁闪烁照耀，全身诸孔窍皆尽光明。经云：

> 法师煅炼至此，五炁朝元，三花聚顶，紫赫之炁遍乎诸天诸地，晃耀闪烁，身左右上下各有圆光，此即吾身自有风雷电云雨，变化莫测矣，又何鬼不伏也。
>
> 法师丹成炁足，紫赫之炁上朝，是炁足矣。然后发运上顶门，以鼻引炁，次呼分布左右，然后存想。是以炁化凝结成形，以杳冥无形之真形，而驱役无形之鬼神，初非妄想也。
>
> 一次呼炁，化炼成雨师于前；一次呼炁，化炼成风伯于后；以吾身之真炁，本然之真质，即雷公矣；双目照耀，即电母矣。所谓法行先天大道，将用自己元神是也。

建议阅读书目：

李远国：《神霄雷法——神霄派沿革与思想》，四川人民出版社，2003年。

主要参考书目：

任继愈主编：《道藏提要》，中国社会科学出版社，1991年。

朱越利：《道藏分类解题》，华夏出版社，1996年。

朱越利：《道经总论》，辽宁教育出版社，1991年。

任继愈主编：《中国道教史》，上海人民出版社，1990年。

卿希泰主编：《中国道教史》四卷本，四川人民出版社，1996年修订版。

李远国：《道教气功养生学》，四川省社会科学院出版社，1988年。

李远国：《中国道教气功养生大全》，四川辞书出版社，1991年。

李远国：《道教炼养法》，北京燕山出版社，1993年。

作者简介

李远国，男，1950年10月生于四川成都。曾任四川省社会科学院哲学研究所副所长、宗教文化研究中心主任，兼任四川大学教授。研究领域广泛，包括道教文献、道教思想、道教历史、道教科技史、道教神学、道教神系、道教图像、道教文物、道教养生学、科仪法术、水陆画等，著有《道教气功养生学》《中国道教气功养生大全》《道教与气功：中国养生思想史》(日文版)、《道教法印秘藏》《道教炼养法》《水的七德：李远国2001年日本演讲集》(日文版)、《道教养生学》(韩文版)、《神霄雷法：道教神霄派沿革与思想》《衣养万物：道家道教生态文化》《中国道教读本》《中国道教神仙谱系史》《中国道教与生态文明理论》，参与点校《中华道藏》，合著有《中国道教的现状》(日文版)、《中国的道教》

（日文版）、《中国道教大辞典》《中华道教大辞典》《中国道教科学技术史》《道法自然：道教与环境保护》《道教与中国养生智慧》《道教与民间信仰》等，发表论文三百余篇。

净明派道经说略

郭 武

一、净明道的兴起与"净明经"的出现

净明道是于南宋初期兴起的一个新道派，又称"净明忠孝道"，主张"以忠孝为本，敬天崇道、济生度死为事"。这个道派虽然在南宋初期才正式形成，但它的渊源却可追溯至东晋以来就已存在的对许逊的崇拜。据《艺文类聚》引《许逊别传》言：许逊七岁丧父，"躬耕负薪以养母，尽孝敬之道"；又与寡嫂共田桑，"推让好者，自取荒者"。许逊的行为赢得了世人的赞赏和尊敬，并逐渐被人们附以神秘的色彩，如说他曾屡显异术、驱疫救民、斩蛟除蠹，甚至飞升成仙等，由此而形成了对他的崇拜。隋唐时期，社会上已出现了以崇拜许逊为主要内容的"孝道"群体，并有着不小影响；北宋时期，宋徽宗曾为传说中的许逊"飞升"之地——江西西山"游帷观"赐名"玉隆万寿宫"，并为许逊上尊号曰"神功妙济真君"，令其享有尊贵显赫的地位。这种状况，为净明道在南宋初期的兴起提供了很好的条件。

宋金之际，战火纷飞、生灵涂炭，广大百姓处于水深火热之中。据《净明忠孝全书》记载：当时有何真公等人因见"兵祸煽结，民物涂炭"，故曾祈祷"神功妙济真君"许逊，希望他能显灵救度众生；至南宋高宗绍兴辛亥（1131），许逊"果然"降临西山玉隆宫并授予何真公《飞仙度人经》、"净明忠孝大法"等，而何真公得到这些经、法后，则

凭之"建翼真坛，传度弟子五百余人"，并为豫章地区（今江西省）的百姓"消禳厄会"，终令"民赖以安"。这次"降授"虽然有着浓厚的神秘色彩，但因其在事实上导致了以"净明"为名的宗教经典和宗教仪式的产生，并推动了奉行这些经、法的信徒及相关活动场所的出现，且有着一定的社会影响，故人们一般将它视为净明道正式创立的标志。

所谓"净明经"，也正是净明道正式创立后不断造作出来的一批以阐述净明道教理教义、行为方式为主要内容的宗教经典，同时也包括那些记录净明道宫观活动内容、沿革历史的志书。这批宗教经典，多冠有"净明"或"许真君"等字样，因其出现稍晚，故未能单独成为《道藏》"三洞四辅十二类"中的一类，而是多被收录在明《正统道藏》洞玄部方法类、众术类中，也有部分被收录在太平部中。此外，还有一些明清时期出现的净明经并未被收入《正统道藏》中，而是被收在后来的《藏外道书》等类书中；另有一些重要的净明经，甚至未被收在《藏外道书》等道教类书中，而是只流传于民间。至于明清时期出现的一些以净明道人物为创作题材的文艺作品，笔者认为不应被视为"净明经"。

二、南宋时期的净明道经典

明《正统道藏》中所收净明道经典，计有《太上灵宝净明洞神上品经》《太上灵宝净明法序》《太上灵宝净明秘法篇》《灵宝净明新修九老神印伏魔秘法》《太上灵宝净明飞仙度人经法》《太上灵宝净明飞仙度人经法释例》《太上净明院补奏职局太玄都省须知》《太上灵宝净明玉真枢真经》《太上灵宝净明道元正印经》《太上灵宝净明天尊说御瘟经》《太上灵宝首入净明四规明鉴经》《太上灵宝净明九仙水经》《太上灵宝净明中黄八柱经》《许真君受炼形神上清毕道法要节文》《灵宝净明天枢都司法院须知法文》《天枢院都司须知令》《天枢院都司须知格》《天枢院都司须知行遣式》《灵宝净明院行遣式》《灵宝净明院教师周真公起请画一》《高上月宫太阴元君孝道仙王灵宝净明黄素书》《灵宝净明黄素书释义秘诀》《太上灵宝净明入道品》《灵宝净明院真师密诰》《太上灵宝净明法印式》《灵宝净明大法万道玉章秘诀》及《净明忠孝全书》等二十余部。其中，除了《净明忠孝全书》为元代净明道徒编纂而成外，其他经典多是南宋时期的净明道徒伪托许逊等仙真"降授"而造作出来的。这些经典的名称之所以多冠有"灵宝"字样，是因为早期净明道曾深受灵宝派的影响，如南宋道士白玉蟾甚至以为"净明法"乃"灵宝法之旁门"。

由于年代的久远，加上元代"至元辩伪"后《玄都宝藏》的被毁，故上述净明经在明《正统道藏》中的编次显得颇为混乱，而目前学术界关于这些净明经乃至整个南宋净明道团的认识也有很多不足。例如，作为《太上灵宝净明秘法篇》之"序"的《太上灵宝净明法序》，在《正统道藏》中并未被置于其正文之首，而是错入"三篇同卷"的《太上灵宝净明入道品》《灵宝净明院真师密诰》与《太上灵宝净明法印式》之中，且未见诸《道藏》目录。又如，《太上灵宝净明秘法篇》与《太上灵宝净明洞神上品经》本是两种不同性质的净明经，实际上是模仿"灵宝法"之使用须有经、法相配的做法而来，即如南宋金允中《上清灵宝大法》卷一五所说"灵宝之用，因经而出经法"，或如《太上灵宝净明飞仙度人经法释例》所说"以法述经意，因经明法理"，但目前学术界却因二者有很多文字相互重复，而误以为是"传既久而残阙"所致的同一部净明经之"两种本子"。再如，净明经中曾出现过何真公与周真公两个名称，这两个"真公"实际上是南宋不同时期的两个净明道团的领袖，但目前学术界却多将二人混为一谈，以致掩盖了南宋时期的净明道经典实际上可以分为不同性质的两组这一现象。事实上，上述南宋净明经乃是何真公及后来的周真公两个不同时期的净明道团分别造作出来的。这两个不同时期的净明道团在推崇"忠孝"上是一致的，但在其他行为方式上则有着一些区别：何真公道团的修炼法多受上清派"存神"法的影响，而周真公道团则较多地接受了钟吕金丹派的"内丹"修炼方法；何真公道团多用灵宝斋法和"正一五雷法"来为民祈福禳灾，而周真公道团则开始用新的"黄素真文"（符箓）来配合内丹修炼。下面，我们略对其中一些重要的经典进行介绍，以窥这个时期净明经的内容和特点。

（一）何真公时期净明道团的经典

何真公时期净明道团的经典，较重要者有《太上灵宝净明洞神上品经》《太上灵宝净明秘法篇》《太上灵宝净明飞仙度人经法》《灵宝净明新修九老神印伏魔秘法》等四部，此外还有《太上灵宝净明玉真枢真经》《太上灵宝净明道元正印经》《太上灵宝净明天尊说御瘟经》《太上灵宝首入净明四规明鉴经》《太上灵宝净明九仙水经》《太上灵宝净明中黄八柱经》《太上净明院补奏职局太玄都省须知》《许真君受炼形神上清毕道法要节文》《灵宝净明天枢都司法院须知法文》《天枢院都司须知令》《天枢院都司须知格》等十余部。这些经典在明《正统道藏》中的编次颇为混乱，增加了我们对其进行认识的难度，以下仅介绍该道团比较重要的四部经典。

《太上灵宝净明洞神上品经》共两卷、三十五篇，未署撰人。由《太上灵宝净明法序》言，许逊曾著"道经三十五篇"行于人世，我们推测该三十五篇之《太上灵宝净明洞神上品经》可能是南宋净明道徒伪托许逊"降授"。该经分别就"佩服宝箓""三五飞步""回生起死""度脱六亲""救治百病""束缚百邪"等三十五个问题进行了具体阐述，其内容主要是对所谓"净明秘法"的说明，具有一定的系统性和可操作性，并有兼融诸多传统道派之学的特点。此外，《太上灵宝净明洞神上品经》还有许多推崇忠孝的言论，如说：

> 倬倬孝弟（悌），忠义不亏，虽无大药，亦可以悟法，名列巍巍。

不仅如此，该经还将凡俗的父母、兄弟视作"天尊"或"真人"，以为日常的"孝悌"行为具有宗教的"神圣"意义，令"许逊崇拜"在神学理论上取得了突破。以往，崇拜许逊的人们虽也推崇"孝悌"，但却多只将其视为得道成仙的一个条件，而并未将这种行为本身直接地视为有"神圣"性质。《太上灵宝净明洞神上品经》出现以后，将"孝悌"及"忠义"之类社会伦常本身视为"神圣"行为的做法则成了净明道的一个显著特点。

《太上灵宝净明秘法篇》也未署撰人，共两卷，上卷为《逐日烧香行持法》及一些符箓，下卷为《灵书上篇》与《灵书下篇》。由《太上灵宝净明洞神上品经》卷下《净明正印篇》言"玄中中科，三十五分，复有《妙说》《灵书》三篇，法可以寿千百，可以见鬼神"暨"念此净明经，兼行净明法，法可消千灾，兼治万魔精"，可知《太上灵宝净明秘法篇》当为与《太上灵宝净明洞神上品经》三十五篇相配而行的"净明法"之一种，系于南宋建炎年间由许逊等仙真"降授"。该经不仅包含各种"净明秘法"，而且还从理论上对所谓"净明"进行了阐释，《太上灵宝净明法序》称：

> 净明者，无幽不烛，纤尘不污，愚智皆仰之为开度之门、升真之路，以孝悌为之准式，修炼为之方术，行持（为）之秘要。

《太上灵宝净明飞仙度人经法》署"高明大使神功妙济真君许旌阳释"，共六卷、四十一章，内容大致为借灵宝派之《太上灵宝度人经》（《度人经》）来阐发净明道之"法"。具体而言，该经实是以《度人经》原文为纲，并参照金允中、王契真所编《上清灵宝大法》，同时羼入净明家言来阐释净明道之"度人法"。其或以《度人经》文为"呪"，或以《度人经》文为"法"，这种方式实即"灵宝法"之"以经中之文而为咒，因经中之字而为之符"的制作方法。也就是说，《太上灵宝净明飞仙度人经法》乃是以《度人经》为"经"，而以自身为《度人经》之"法"；这种配合方式，与上述《太上灵宝净明秘法篇》配《太上灵宝净明洞神上品经》而行的"因经而出经法"的做法是相同的。由于该经《识神章》中曾出现元代对张道陵之"三天扶教辅元大法天师正一冲玄静应真君"封号，故有人以为其乃元代西山刘玉等人所造；但笔者则认为该经应属何真公道团作品，元代封号不过是后世好事者在编印该经时添入，具体考证详见拙文《何真公、周真公与南宋净明道团的演变》。

《灵宝净明新修九老神印伏魔秘法》也是何真公道团的重要经典，前有序，署"翼真坛副演教师何守证撰"。经文内容主要为对净明道"伏魔秘法"的说明，谓"上清伏魔印章、受炼形神秘法"可致降伏妖魔之功。因其"伏魔秘法"需要行持者"受炼形神"，故经文中又多有对净明道修炼方法的阐述，如《每日服气法》言：

> 每日早晨面东焚香，两手掐日君诀，叩齿九通，存想九老帝君太阳上帝在日轮中，日色紫赤，九芒霞光晖映太空，如日初出之状。

从中可见其受上清派"存神"修炼法的影响痕迹。此外，该经《净明气镜篇》还试图阐述如何修炼体内之气而令其"与天地流通"，最终令"丹鼎成，黄芽生，庆云兴"，颇具内丹修炼之意味；但是，其法却尚显粗糙，且很少有唐末五代以来兴起的"钟吕金丹派"色彩，故曾被后来的周真公在《灵宝净明黄素书释义秘诀》中斥为"误人多矣"。

总之，从何真公道团所传经典的内容来看，其说除宣扬"忠义孝悌"外，乃重以"秘法"为人禳灾解难。之所以如此，与该道团在南宋初"兵祸煽结，民物涂炭"的社会背景下兴起，并具有"消禳厄会""民赖以安"的社会功能，有着一定的关系。

（二）周真公时期净明道团的经典

周真公时期净明道团的经典，有《高上月宫太阴元君孝道仙王灵宝净明黄素书》《灵宝净明黄素书释义秘诀》《灵宝净明院行遣式》《天枢院都司须知行遣式》《灵宝净明院教师周真公起请画一》《太上灵宝净明入道品》《灵宝净明院真师密诰》《太上灵宝净明法印式》等，其中较重要者为《高上月宫太阴元君孝道仙王灵宝净明黄素书》及《灵宝净明黄素书释义秘诀》两部。这一时期净明道经典的内容，既有对内丹修炼方法的阐述，也有对符箓、斋醮之术的说明。据《高上月宫太阴元君孝道仙王灵宝净明黄素书·序例》言，周真公道团所行"法"有灵宝法、度人法、黄素法、净明法四种；其中，"灵宝法"与"度人法"属符箓、斋醮之术，来自传统的灵宝派与何真公道团，而"黄素法"与"净明法"则属内丹修炼方法，乃周真公道团所倡"新法"。下面，以《高上月宫太阴元君孝道仙王灵宝净明黄素书》及《灵宝净明黄素书释义秘诀》这两部经典为例，来介绍周真公道团的"新法"及其特点。

《高上月宫太阴元君孝道仙王灵宝净明黄素书》共十卷，卷首有《序例》，署"紫微右典者、少微都录、灵宝净明院司察右演教使傅飞卿解"。全书内容主要为阐述内炼之法，并附有许多"真文"（符箓）。该经依然推崇"忠孝""廉慎"等社会伦常，并同样肯定符箓法术之功用，不过却对它们进行了新的解释，如其《黄帝素书入道品》称：

> 凡学《黄素书》者，要在忠孝。忠孝之人，持心直谅，秉炁温恭，是非不能摇，淫邪不可入。
> 凡学《黄素书》者，要在廉慎。廉慎之人，无所贪欲，有所持守……然后有成也。

很明显，其在这里推崇"忠孝""廉慎"，已不再是简单地将其视为一种世俗社会的伦理规范了，而是强调实践这些社会伦理时所持的心态如

"持心直谅""无所贪欲"等对于宗教修炼的作用，令"忠孝""廉慎"具有了浓厚的宗教修炼色彩。这是其与前面的何真公道团之不同所在，因为何真公道团虽赋予"孝悌"等社会伦常以"神圣"意义，但却尚未将其纳入修炼范围。此外，《高上月宫太阴元君孝道仙王灵宝净明黄素书》中还收录有一百余道符箓，不过这些符箓却主要是用来配合修炼的，如"黄素真文"用于"吐纳"时，"黄素合炁"符用于"闭炁止息"时，"黄素十二符"则为"拔宅之阶级而超腾之要术"。也正由于此，该经才有"凡欲学仙，必知真文"的说法。这种用符文配合修炼的做法，与宋代其他道团很不相同。宋代道教虽有将内炼与符箓相结合之趋势，但却多只是将修炼内气作为画符行法之基础，尚少有反过来用符箓真文作为内炼之基础者。

《高上月宫太阴元君孝道仙王灵宝净明黄素书》还对所谓"净明法"与"黄素法"的具体内容进行了说明，如其《序例》曾以性、命分别解释"净明"与"黄素"，以为"净明法"重修性而"黄素法"重炼命。相比而言，《高上月宫太阴元君孝道仙王灵宝净明黄素书》的内容似更偏重于"炼命"，如书中有十二《黄素篇》，篇篇皆述内丹炼命之法；这种"炼命"重于"修性"的倾向，也是周真公道团的一个显著特点。对于周真公道团的"黄素法"，有学者因《高上月宫太阴元君孝道仙王灵宝净明黄素书》称"脾肾为元炁冲炁之本"，而以为其法受到了上清派重脾肾之说的影响；但是，我们通过进一步研究而发现，这种修炼法实际上更多地是受到了"钟吕金丹派"的影响。例如，该经《黄帝素书入道品》言：

凡学《黄素书》者，既得不变之道，而所以成就之者亦有法。何谓成就？知天地，知四时，知日月，知五行，辨水火，交龙虎，明丹砂，（合）药物，晓铅汞，会抽添，转河车，然后炼形之术、朝元之方、魔难之试、证验之悟无不周矣。

后面又有长篇释文，对天地、四时、日月、五行、水火、龙虎、丹砂、铅汞、抽添、河车诸内丹术语进行了解释，内容明显袭自《钟吕传道集》。这种现象，则又与吕洞宾弟子施肩吾及"金丹派南宗"的白玉蟾曾活动于江西西山有关。

周真公道团的修炼方法之受钟吕丹法影响，还明显地体现于《灵宝净明黄素书释义秘诀》中。《灵宝净明黄素书释义秘诀》仅一卷，未署撰人，内容为方文与其师（周真公）关于修炼方法的问答。如方文曾问："方文伏睹钟离真仙与吕真仙作《传道集》，说炼大药金丹事，有曰五炁朝元、三花聚顶……伏乞分明指示。"其师所答，也明显是袭《灵宝毕法》与《钟吕传道集》等钟吕系丹经而来。不仅如此，《灵宝净明黄素书释义秘诀》还就"辨水火""交龙虎""明丹药""晓铅汞""会抽添""转河车"等炼丹要领进行了详细讨论，其说也颇近《灵宝毕法》与《钟吕传道集》之旨，兹不赘述。

周真公道团重视内丹修炼的做法，令南宋净明道团开始从"符箓派"色彩极浓的道派向"丹鼎派"色彩较重的道派转变，在性质上发生了很大变化。不过，这种转变并不是很彻底，其修炼过程尚保留了对符箓的运用，并杂有吐纳、闭气、咒炁、辟谷诸术，甚至还有教人于起床、着衣、饮食、登厕时用的诸"咒炁法"。但即便如此，这种重视内丹修炼的做法还是对净明道的发展产生了很大影响，成为元代刘玉革新净明道的先声。

三、元代的《净明忠孝全书》

南宋净明道团兴盛二百余年后便衰微了。到了元代，又有刘玉在西山托称得许逊等仙真降授经法，并"开阐大教，诱诲后学"，创立了新的净明道团。刘玉及其弟子黄元吉等人对传统的净明道进行了很多改革，其活动情况及革新思想见录于该道团的重要经典——《净明忠孝全书》。

《净明忠孝全书》见于明《正统道藏》太平部，正文共有六卷：卷一为《净明道师旌阳许真君传》《净明经师洪崖先生传》《净明法师洞真先生传》《净明监度师郭先生传》《西山隐士玉真刘先生传》《中黄先生碑铭》《丹扃道人事实》等有关许逊、张氲、胡慧超、郭璞、刘玉、黄元吉、徐慧诸净明道祖师的传纪，卷二为《玉真灵宝坛记》《净明大道说》《净明道法说》《净明法说》《玉真立坛疏》等阐述净明道教义的经文，卷三至卷五为《玉真先生语录内集》《玉真先生语录外集》《玉真先生语录别集》等刘玉的"语录"，卷六《中黄先生问答》为黄元吉与其弟子就有关教义问题的讨论。此外，该经卷首还有张珪、赵世延、虞集、滕宾、曾巽申、彭埜、徐慧等名儒、高道所撰序文，其中也透露了一些元代净明道团的活动情况及社会影响。

《净明忠孝全书》的编纂并不止一次，这从现存《道藏》本各卷的署名不同即可窥知，如该书卷一署"净明传教法师黄元吉编集，嗣法弟子徐慧校正"，中间四卷署"净明传教法师黄元吉编集，嗣派弟子徐慧校正"，末一卷则署"净明法子玉隆陈天和编集，庐陵徐慧校正"。关于《净明忠孝全书》的编纂过程，秋月观暎、畑忍两位日本学者曾进行过讨论，笔者也曾撰写《〈净明忠孝全书〉编纂考》一文专门探讨之。笔者认为：《净明忠孝全书》在元初就已被刘玉编成，初名"净明忠孝之书"，内容主要是托许逊、胡慧超、郭璞降授的《玉真灵宝坛记》《玉真立坛疏》《净明大道说》《净明道法说》及《净明法说》等；元代中期，黄元吉又曾对其再加编纂，名为"净明忠孝书"，内容大致包括前述诸文与有关许逊、张氲、胡慧超、郭璞、刘玉诸净明道祖师的传记以及刘玉"语录"之《内集》与《外集》等，刊印时间不晚于元英宗至治三年（1323）；元末，徐慧又再次编纂之，并在前述基础上加入了刘玉语录之《别集》、黄元吉的传记及《中黄先生问答》，更名为"净明忠孝全书"，刊印时间在元泰定四年（1327）。徐慧之后，《净明忠孝全书》曾经散佚，并被重新加以编纂过；至明代刊印《道藏》时，所收《净明忠孝全书》已非徐氏原版，其中可能散失了一些原版的内容，并增入了《丹扃道人事实》部分。除了明《正统道藏》本之外，《净明忠孝全书》还有一个于清代嘉庆年间在云南刊印的版本。嘉庆刊本于近年在云南昆明被发现，其底本系由净明道第六代嗣师刘渊然于明永乐年间谪居昆明时携入云南，刊成于清嘉庆二十三年（1818）。清本与明本的最大不同，乃在于清本附有用以驱疫逐瘟的《金阙上相许真君七宝如意丹诀》。此《金阙上相许真君七宝如意丹诀》，实即《道藏》本《净明忠孝全书》卷一《西山隐士玉真刘先生传》所谓刘玉从洪崖先生张氲处得授之"如意丹方"，亦即《历世真仙体道通鉴》卷二六《许太史》所言许逊升仙前授众弟子之"大功如意丹方"，但其内容却不为《道藏》本《净明忠孝全书》所载。此外，近年又有学者谈及现藏日本内阁文库的明景泰三年（1452）邵以正序刊本以及原藏南京图书馆的清光绪三十一年（1905）黄元安铅印本，兹不细述。

《净明忠孝全书》虽号称"全书"，但篇幅却并不是很大，如《道藏》本仅有约三万字而已。不过，在这三万文字中，却包含了早期净明道的祖师生平、教团历史、教理教义、道德规范、修炼方法、科仪符法等内容，并记录了元代儒家文人士大夫对该书的态度。套用俗语"麻雀虽小，五脏俱全"来形容它，颇为贴切。以下，我们仅考察《道藏》本《净明忠孝全书》中有关元代净明道团思想主张的内容，以窥这一时期净明道的特点。

元代净明道的思想特色，集中地体现于《净明忠孝全书》对用以作为该教派名称的"净明""忠孝"这两个词语的诠释上。所谓"净明"，字面上的含义是清净与光明，即所谓"无幽不烛，纤尘不污"；不过，该词在《净明忠孝全书》中的含意却丰富得多，大致有如下几层：一是净明道徒追求的理想境界或状态，二是宇宙世界之终极根源和本体，三是达到这种状态或境界的修行手段。所谓"忠孝"，本是儒家提倡的一种世俗社会的伦理规范，用指对君主的忠诚及对父母的孝顺；不过，

《净明忠孝全书》所言"忠孝"却与儒家有着不同,其除了作为世俗社会的伦理规范外,还是一种用以修炼"心性"、追求"净明"的重要法门。以下具体说明之。

(一)作为理想境界——终极根源之"净明"

《净明忠孝全书·玉真先生语录》曾言:"净明大教,始于忠孝立本,中于去欲正心,终于直至净明。"由此,我们可知"净明"乃是元代净明道徒追求的一种终极理想境界。从刘玉的其他"语录"中,我们又可知其所谓"净明"还指人出生时禀自宇宙本体的生命状态——"自性"(灵魂)清净光明。对刘玉的说法,人们难免会有如下疑问:既然清净光明乃是人之"自性"的本来状态,则又何须再将其作为净明道徒所追求的理想境界?对此,刘玉认为:人之"自性"虽本来清净光明,但却会因纵忿恣欲而暗昧,令人死后堕入黑暗地狱中受苦;是故,人们需要"惩忿窒欲,明理不昧心天",通过修行而追求恢复其"自性"的本来状态。作为一部用以教化人群的宗教经典,《净明忠孝全书》中所用的"净明"一词,应该说多是在"追求"而非"本来"的意义上使用的。

元代净明道徒所追求的这种理想状态,实际上就是传统道教所说的"得道""成仙",亦即《净明忠孝全书》所谓"方寸净明……自然道成""死而不昧,列于仙班"。也就是说,元代净明道的终极信仰仍然是追求成仙。不过,此时净明道所追求的成仙在形式上却与传统净明道有了不同,例如:晋代以来人们对于许逊"拔宅飞升"一事的看法,皆以为是所谓"举形升虚""肉体成仙";但刘玉却认为,许逊成仙一事的承担者"非谓血肉之躯",而是能"聚则成形,散则成气"的东西,这明显是接受了唐末五代以来新兴的"灵魂成仙"观念。

"净明"除了作为人所追求的"自性"(灵魂)之终极理想状态外,还有着另一层含义,即作为宇宙世界之终极根源和本体。这另一层含

义,明显地体现于净明道以"无极"为"净明"的解释中,如《净明忠孝全书·净明法说》言:

> 无极而太极,无极者,净明之谓也。

刘玉也说:

> 寂然不动是无极,感而遂通是太极。无极者,净明之谓。

这里所说的"无极",显然是从宋代理学家周敦颐《太极图说》中"无极而太极"一语而来,具有世界的终极根源和本体之义;而将"净明"说成是"无极",也就令"净明"同样也具有了世界终极根源和本体之义。这种说法,实与将"净明"作为一种"自性"之终极理想状态的说法有着很深的内在联系。刘玉等人之将"净明"说成是世界的终极根源和本体,目的乃在于说明:达到"自性"之终极理想状态,实际上也就相当于"回复"到宇宙世界之终极根源。此即所谓"反身而诚,复归于一"。

(二)作为修行手段之"净明"

在元代净明道中,"净明"不仅是一种人所追求的终极理想状态或神圣境界,而且也是达到这种状态或境界的修行手段,亦即是一种实用的求仙修炼之术,如刘玉的《玉真先生语录》开篇即言:

> 净明只是正心诚意,忠孝只是扶植纲常。

这里的"正""诚",与"扶植"一样,都应当作动词理解;而与"扶植纲常"相对应的"正心诚意",亦属一种实践活动。"正心诚意"本是儒家推崇的一种道德修养，语出《大学》，后曾被宋代理学家作为一种修心功夫而大加发挥；刘玉出身儒士，或许吸收了儒学的这个术语，不过，他却以为儒者多空谈义理而缺乏实践精神，故主张净明道徒应真正践履之，称：

> 世儒习闻此语烂熟了，多是忽略过去，此间却务真践实履。

刘玉所谓"正心诚意"的真践实履，具体内容为"惩忿窒欲，明理不昧心天"，亦即通过杜绝忿欲之类的不良念头而使"心性"恢复其本来的净明状态。此外，刘玉又说：

> 何谓净？不染物。何谓明？不触物。不染不触，忠孝自得。……忠者，忠于君也；心君为万神之主宰，一念欺心，即不忠也。

这段文字，非但明确了"净明"修养的对象乃是"心君"，而且还透露出一种观点，即：只要做到内心的"净明"，便可表现为行为的"忠孝"。后来，刘玉弟子黄元吉又进一步解释"净明"与"忠孝"的这种关系说："就里除去邪恶之念，外面便无不好的行检。"也就是说，"净明"（正心诚意）乃是比"忠孝"（扶植纲常）更为直接的求仙法门，甚至有兼摄"忠孝"行为之功。

（三）"忠孝"之神圣意义

所谓"忠孝"，本是儒家提倡的一种世俗伦理规范，用指对君主的忠诚及对父母的孝顺，但净明道在南宋初则开始赋予了它们以宗教的"神圣"意义。循南宋净明道之说而进，元代刘玉等人更对"忠孝"的神圣意义加以大力阐发，声称实践"忠孝"便可"死而不昧，列于仙班"。刘玉等人所说"忠孝"，已非世俗意义上的伦常规范，而是一种与道教传统学说相结合的宗教修炼方式，如《玉真先生语录内集》以为净明道的"正心修身之学，真忠至孝之道"关键只有如下三十字：

> 惩忿窒欲，明理不昧心天；纤毫失度，即招黑暗之愆；霎顷邪言，必犯禁空之丑。

这三十个字，关键又只在于"惩忿窒欲，明理不昧心天"十字，后二十个字不过是未能奉行"真忠至孝之道"的后果罢了。"惩忿窒欲，明理不昧心天"这十个字表面上看起来似乎与理学家所言伦常无异，但实际上却是一种类似于道教内丹修炼的功夫，如刘玉曾释之曰：

> 惩忿则心火下降，窒欲则肾水上升，明理不昧心天则元神日壮、福德日增。水上火下，精神既济，中有真土为之主宰（真土即是明黄中之理），只此便是正心修身之学、真忠至孝之道。修持久久，复其本净元明之性，道在是矣。

这段解释乍看起来似乎有点不太好理解：惩忿窒欲何以能与"忠孝"发生联系？践履"忠孝"又何以能令心火下降、肾水上升？理解这段话的关键，乃在于弄清其所"忠"所"孝"的对象已非世俗的君主与父母，而是自身之"心性"，如刘玉将"忠"释为忠于"心君"，言：

> 忠者，忠于君也。心君为万神之主宰，一念欺心，即不忠也。

又释"孝"为"不昧心天"，言：

> 明理只是不昧心天,心中有天者,理即是也,谓如人能敬爱父母,便是不昧此道理,不忘来处,知有本源。

如此,则践履"忠孝"实际上就成了修炼"心性",进而可以致心火下降、肾水上升之功。

对于这种作为修炼心性的"忠孝",刘玉弟子黄元吉后来也加以过很多阐发。如黄氏弟子曾问:"生平未尝仕宦,无致君泽民之事,虽有忠心,将何所施?"这就是说,其弟子理解的"忠"乃是"致君泽民"的世俗行为,而人若不能仕宦,岂不失去了践履"忠"的机会?对此,黄元吉答道:

> 是何言欤!如此,则人人必仕宦而后用心于忠乎?……不仕宦者,亦合念念在于不欺心、不昧理,紧要处先自不妄语,始能如前哲所言,方免为不忠之人。为学至此,方谓之能忠。

也就是说,所谓"忠"并非单纯的忠于世俗君主和实践"致君泽民"之事,而是还有"不欺心、不昧理"的含义。这里所谓的"不欺心、不昧理",也非通常意义上的诚实正直,而是虔诚地敬奉神灵,如黄元吉又言:

> 不黍稷牺牲,惟不欺为用,小心翼翼昭祀上帝,是谓真忠。

这里的"上帝",实即刘玉所言作为"万神之主宰"的"心君";也就是说,虔诚地敬奉"心君",方为元代净明道之"真忠"。至于其所谓"真孝",也非敬事世俗父母,而是"珍啬元气,深知天命,长养道胎,继续正脉",多与内炼有关。如黄氏弟子又曾问曰:"事亲之礼,冬温夏清,昏定晨省,口体之养,无不尽心,可得谓之孝乎?"这个问题,亦将"孝"视为侍奉世俗父母，而黄元吉则以为：

> 此是孝道中一事耳。当知有就里的孝道，不可不行持。大概吾身是父母遗体，但向行住坐卧十二时中善自崇护，不获罪于五脏，方可谓之至孝。

这就是说，侍奉世俗父母不过是"孝道"的内容之一，而最高的"孝道"乃是"不获罪于五藏"，即不伤五脏之气。也就是说，其所谓"真孝"乃属养生修炼之范围。

总之，元代净明道所倡"忠孝"，并不仅仅是一种世俗伦理的规范，而且还是一种与道教传统学说相结合的宗教修炼方式，可以直接用以与神灵沟通，并最终达致"净明"（成仙）之境界。这种求仙方式，虽与当时诸家道派所倡并不相同，但却同属宋元道教对革新成仙途径的探索。隋唐以来，道教不仅对其传统的成仙观念进行了变革，而且诸派也都试图对成仙途径或修行方式进行新的探索，以致出现了不同形式和内容的修仙方法。《净明忠孝全书》之"忠孝"修炼方式虽较为特殊，但实质上却也同上述内丹道派一样，属于对革新道教求仙方式的一种探索。

四、明清以来的净明道经典

以上所谈，属明代《正统道藏》中收录的净明道经典。此外，还有一些明清时期出现的净明道经典，并未被收入《正统道藏》中。下面，我们简单地介绍几种明清以来新出现而不在《道藏》之内的净明道经典。

（一）《净明宗教录》

《净明宗教录》是明清时期净明道的重要经典，内容为对净明道祖师生平、教团历史、教理教义、修炼方法、科仪符法、道德规范等的系统阐述，颇似元代之《净明忠孝全书》。目前我们能够见到的《净明宗教录》，共有三个版本：一为明代杨尔曾编印的十五卷本《出像许真君净明宗教录》，一为清初朱良月等编印的十卷本《太上净明宗教录》，一为《道藏辑要》所收《太上净明宗教录》残本。这三个版本的《净明宗教录》，唯收于《道藏辑要》中的残本较易见到，而十五卷本的《出像许真君净明宗教录》与十卷本的《太上净明宗教录》则在近年才被学界发现。

十五卷本《出像许真君净明宗教录》编印于明代万历三十一年（1603），编印者杨尔曾（字圣鲁，号雉衡山人）为明代著名出版商，同时也是虔诚的净明道信徒。该《净明宗教录》版心落有"草玄居"字样，卷首有杨尔曾书《纪刻许真君净明宗教录事》，书前有刘玉、黄元吉等六位净明道祖师画像并杨尔曾手书"像赞"，书中《许真君八十五化录》也配有很多插图。考该书所收十五卷、二十二部净明道经典，实全部出自明《正统道藏》，唯卷首所附《净明归一内经》为新出道经。该《净明归一内经》题"南畿水晶子撰、星邑陈尧乡录、书林詹易斋梓"，其《后叙》称"净明忠孝后嗣、上帝诏封九天都大使管事、学仙童子赵一明，俗名善为，号自然，字水晶子谨撰"。查有关资料，可知赵一明乃明万历时南昌铁柱宫的住持，而铁柱宫则是当时净明道活动的重镇。《净明归一内经》是一部关于内丹修炼的经典，前有序文并二十幅炼丹示意图，正文依次为《为人大节论》《劝世调》《净明归一经》《道字歌》《机关比喻歌》《先天性命呼吸论》《天地论》《先后天阴阳五行论》《后天五行论》《先后天五行生克论》《三教一道论》《三乘问答论》《身国比喻论》《破女鼎明大道论》《真假夫妻论》《真夫妻歌》《药火歌》《水银歌》《钩连归一论》《酒色财气调》《三尸论》《内外金丹论》《切要十章论》

《劝骷髅歌》《律诗一十六首》《七言四音一百六十首》《又七言十二音一首》《一明道德工程妙经》《学道始终问答论》《修道比喻论》《真伪书籍》《修道品级论》《净明归一内经》，就内丹修炼的方法及相关要求进行了系统阐述。从中可以看出，此时净明道的发展多偏重于内丹修炼方面。该十五卷本《出像许真君净明宗教录》现藏北京大学图书馆"特藏部"，笔者曾于2000年偶然访得；另据严绍璗先生《日本藏汉籍珍本追踪纪实》言，日本日光轮王寺"天海藏"也藏有明版《许真君净明宗教录》。

十卷本《太上净明宗教录》编成于清初，据其卷前胡之玟（法名德周）《序》言，该书最初乃是胡氏与朱良月（法名道朗）、周占月（法名德锋）三人因感"《净明道法统宗》及《净明宗教录》《净明初真、正真、上真科戒》《净明大法》诸书未得同归一轨，五陵之士虽共习一家之言，不同符一真之旨，未免南辕北辙"，故才"合道法而归一宗，以印合德合明之心"，全书"凡十卷，仍名《宗教录》"。由此可知，其是在明代《净明宗教录》的基础上编成的。十卷本《净明宗教录》曾长期湮没于世，直至2005年中国道教协会在西山举行"海峡两岸净明道弟子归宗传度大法会"，才由江西藏书家王令策先生贡献给道教界，并由道教界再次刊行。该《净明宗教录》书名页首题"朱良月、周占月二师鉴定"、末落"青云谱藏板"，卷前有"西昌弟子胡之玟"序、末有"净明法嗣青云谱全真弟子朱道朗"跋，卷一至卷九题"弟子胡之玟法名德周、男士信法名弘道编校"、卷一〇则题"弟子李应彩补刊，弟子胡之玟法名德周、男士信法名弘道编校"（其中的《祭炼启师威仪玄科》又题"天枢逸吏董汉策参订，净明学者胡之玟较梓"），这表明其在清代的编印并不止一次。考该书之内容，既有不少选录自明《正统道藏》的典籍，也有很多新造的经文。其新造的经文，有卷五之《净明初真戒经》《净明正真戒经》《净明上真戒经》《净明在家奉持戒仪》《净明女真戒仪》《净明三真科戒威仪》，卷九之《净明法藏图》，卷一〇之《朝真礼斗经忏戒坛章奏等式》《净明祈禳炼度科文》《净明科仪早晚课诵》以及"附录"之《都仙真君神功妙济方》《净明堂神功妙济诸方》等；从中可以看出，此时净明道的发展多偏重于戒律、科仪方面。此外，十卷本《净明宗教录》所收道经还附有一些"疏"文与"衍"文，多为当时净明道活动重镇——南昌"青云谱"道观住持朱道朗（朱良月）所撰。而据《青云谱志》言，朱道朗即清初著名的"八大山人"。

《道藏辑要》本《净明宗教录》则是清初十卷本《太上净明宗教录》的残本，收于《道藏辑要》危集四，书首称《太上灵宝净明宗教录》而版心称《净明宗教录》。其卷首有"凡例"，但内容却并不属"凡例"之列，而是收录了题为"高明太史许旌阳谨序"的《太上灵宝净明法序》，以及未署撰人的《太上灵宝净明入道品》并其"疏""衍"，显然是在刊印时为其他部分的文字窜入。其书正文篇幅较少且没有分卷，所收经文也多见于《正统道藏》中。在发现十卷本和十五卷本的《净明宗教录》以前，《道藏辑要》本《净明宗教录》是我们了解明清净明道的重要材料。

（二）"济一子道书"

所谓"济一子道书"，是指清代净明道士傅金铨的著作。傅金铨字鼎云，号济一子，又号醉花道人，生活于清嘉庆、道光年间，本为江西金溪珊城人，后入蜀寄居巴县。据民国《巴县志》言，傅金铨入蜀后曾"大开乩坛，自谓得纯阳符火不传之秘，所著有《道书十七种》，从游者众"。这里所说《道书十七种》，全名《济一子证道秘书十七种》，是傅金铨撰辑而成的道教丛书，具体包括《吕祖五篇注》《度人梯径》《天仙正理读法点睛》《道书一贯真机易简录》《丹经示读》《杯溪集》《道海津梁》《性天正鹄》《心学》《自题所画》《赤水吟》《樵阳经》《外金丹》《内金丹》《玄微心印》《三丰丹诀》《邱祖全书》等十七种道书。其中，前三种属傅金铨对前代道经的注释，后六种属傅氏所辑他人著述，而中间八种则为傅金铨本人的撰著，内容多为宣扬净明道思想并阐述金丹（内丹、外丹）修炼之道。

《济一子证道秘书十七种》初有蜀东善成堂刊本，民国初又有上海江左书林重印之，后台湾新文丰出版公司曾于1978年据民国石印本重新影印，巴蜀书社出版的《藏外道书》也将其收入（缺《丹经示读》）。除了《道书十七种》外，傅金铨还留有"济一子顶批道书四种"，含《顶批上阳子原注参同契》《顶批三注悟真篇》《顶批金丹真传》《顶批试金石》等四种关于古代丹经的"顶批"注释，内容多为对金丹修炼之法的阐发。关于《济一子证道秘书十七种》及"济一子顶批道书四种"的内容，有谢正强博士《傅金铨内丹思想研究》一书可供参考，兹不赘述。

（三）宫观山志

明清时期，净明道曾编印了不少有关其教之名山、宫观的志书，其中最重要者，当推有关其"祖庭"——江西西山玉隆宫的《逍遥山万寿宫志》。据《重刻逍遥山玉隆万寿宫志序》言，西山玉隆宫之有志乃始于元代，后来明、清两朝又曾多次重修。目前我们所能见到的《逍遥山万寿宫志》，是清光绪年间重修、刊印的版本，收于巴蜀书社出版的《藏外道书》第二十册中。该志共二十二卷，不仅记有西山（逍遥山）的星野、舆地、山川、古迹以及山中的宫殿、丘墓等，而且录有历代皇室、官府在玉隆宫举行国典、祀典的情况及其所涉诏、敕、诰、表、词、服物、剑印等，此外还有大量的有关净明道之经籍、仙传、人物、轶事的记录，并保存了很多文人墨客为玉隆宫题留的诗词、记述、碑文等，内容十分丰富，有着很高的研究价值。

明清以来净明道徒编印的较为重要的"宫观山志"，还有《青云谱志》。《青云谱志》创自清初朱道朗，后曾经过多次重修，目前我们所能见到者乃民国时青云谱住持、江西省道教会会长徐云岩重刊的版本。从该《青云谱志》中，我们不仅可以得知很多有关清代净明道发展的情况，而且可以窥知其与全真道的关系，故此书也有着很高的研究价值。此外，类似的志书还有不少，这里就不多作介绍了。

建议阅读书目：

〔日〕秋月观暎著、丁培仁译：《中国近世道教的形成——净明道的基础研究》，中国社会科学出版社，2005年。

郭　武：《〈净明忠孝全书〉研究：以宋元社会为背景的考察》，中国社会科学出版社，2005年。

郑阿财：《敦煌道教孝道文献研究之一：〈慈善孝子报恩成道经要品第四〉的成立与流行》，载于《杭州大学学报》1998年第1期。

朱越利：《〈灵剑子〉的年代、内容及影响》，见詹石窗主编：《道韵》第九辑（"净明闾山派与养生哲学"专号），载于台北中华道统出版社，2001年。

郭　武：《关于〈净明忠孝全书〉的编纂》，载于香港《弘道》2002年第2期。

朱越利：《净明道与摩尼教》，载于《中国学术》2003年第2期。

王　卡：《隋唐孝道宗源》，见陈鼓应主编：《道家文化研究》第九辑，上海古籍出版社，1996年。

郭　武：《关于许逊信仰的几个问题》，载于《宗教学研究》2000年第4期。

郭　武：《何真公、周真公与南宋净明道团的演变》，载于台北《汉学研究》第二十卷（2001年），第二期。

郭　武：《净明道与传统道派关系考论》，载于《云南社会科学》2005年第3期。

许　蔚：《〈净明忠孝全书〉的刊行与元明之际净明统绪的构建——以日本内阁文库藏明景泰三年邵以正序刊本为中心》，载于《古典文献研究》第十七辑，2014年。

主要参考书目：

〔日〕秋月观暎：《中国近世道教の形成—净明道の基础的研究—》，日本东京创文社，1978年。

卿希泰主编：《中国道教》第二册，知识出版社，1994年。

章文焕：《万寿宫》，华夏出版社，2004年。

李丰楙：《许逊与萨守坚：邓志谟道教小说研究》，台湾学生书局，1997年。

黄小石：《净明道研究》，巴蜀书社，1999年。

谢正强：《傅金铨内丹思想研究》，巴蜀书社，2005年。

〔澳〕柳存仁：《许逊与兰公》，载于《世界宗教研究》，1985年第3期。

〔日〕畑忍：《〈净明忠孝全书〉成书考——刘玉に降授された教法をめぐって——》，载于大阪《人文论丛》第28卷，2000年。

〔日〕畑忍：《「道法」の净明道の展开——元代净明道の士刘玉の「道法」观——》，载于东京《东方宗教》第95号，2000年。

郭　武：《元代净明道与朱、陆之学关系略论》，载于《宗教学研究》，2005年2期。

作者简介

郭武，男，1966年出生于云南省，先后毕业于北京大学哲学系、四川大学宗教学研究所、香港中文大学宗教研究系，哲学博士。曾任四川大学道教与宗教文化研究所教授、博士生导师，国家"985工程"四川大学"哲学、宗教与社会研究创新基地"学术带头人，美国哈佛大学燕京学社、芝加哥大学宗教研究中心访问学者，英国牛津大学中国研究所高级研究学者，现为山东大学特聘教授、博士生导师，兼任"老子道学文化研究会"副会长、"丹道与养生文化研究会"副会长、"中国人文社会科学期刊评价专家委员会"宗教学科委员、香港《弘道》季刊主编。研究方向为道教思想与道教历史，著有《〈净明忠孝全书〉研究——以宋元社会为背景的考察》《道教与云南文化——道教在云南的传播、演变及影响》《王重阳学案》《丘处机学案》等。

道教善书说略

唐大潮、周冶

一、序语

善书是劝善书的略称,民间也称之为"劝世文"或"因果书"。南宋大儒真德秀最早使用"善书"一词,他说:

> 《感应篇》者,道家儆世书也。蜀士李昌龄注释,其义出入三教中,凡数万言。余连蹇仕途,志弗克遂,故常喜刊善书以施人。

日本学者酒井忠夫认为:

> 善书是为劝善惩恶而记录民众道德及有关事例、说话,在民间流通的通俗读物⋯⋯是一种不论贵贱贫富,儒、佛、道三教共通又混合了民间信仰的规劝人们实践道德的书。

在中国封建社会后期,劝善书在社会上十分流行和普及,不仅有宗教性的道德教化书籍,也有非宗教性的训俗小册子,还包括政府为老百姓制定的规章如"圣谕"之类以及民间用于讲唱的鼓励人们积善积德的曲艺唱本。可以说,上至宫廷、官宦,下至民间艺人和黎民百姓都参与了善书的制作和推广。在这场声势浩大的"善书运动"中,道士编撰的《太上感应篇》是第一部严格意义上的劝善书,从这个意义上说,道教开启了善书制作的先河。自《感应篇》以降,历代都有不少道教善书问世,广泛流传于社会各阶层,并对其他善书的制作产生影响。

毫无疑问,道教善书在整个善书的体系中自有其独特个性,在善书的发展过程中占有极为重要的地位。我们认为,道教善书是假神仙之口训导、托神仙的名义降授或道教徒以个人名义撰著的,循道教的教义、从道教的角度劝人去恶从善以成仙了道和积善获福的通俗道德教化书。道教善书所反映的宗教伦理化(即单纯宣扬道教的善恶报应思想,以行善止恶为成仙了道的最重要途径)和伦理宗教化(即吸收社会普遍的伦理道德进入道教体系,借助神灵的宣讲使之具有神圣性),代表着道教发展的新路向,是道教适应社会变化、通过呼应社会的道德吁求而更广泛地与民间社会相结合的努力。

二、道教善书的渊源

"善"与"恶"的具体所指,或许随着社会历史的发展而存在差异,但是,善总是被定义为对社会、对他人、对自己有利的物和事,而恶的意涵总是相反。所以,不论何种社会,福善祸淫都是绝大多数人相信的基本"道德律",而那些关注社会与人生的学派也总是从不同的理论基点出发去论证和强化这一点,以维系整个社会的存在和发展。自然地,作为中国传统文化三大支柱的儒、释、道都有自己的劝善思想,如清代朱彝尊说:

> 释氏有因果之说,道家亦有感应之篇。然福善祸淫之原,《易》《书》《诗》著之详矣。

以下主要从道教方面来看道教善书的思想渊源。

汉代道典《太平经》认为，人的一切行为都受到天神的监督，"过无大小，天皆知之"。人的身体中也有神灵存在，司察善恶：

> 心神在人腹中，与天遥相见，音声相闻，安得不知人民善恶乎？
>
> 为善亦神自知之，恶亦神自知之。非为他神，乃身中神也。夫言语自从心腹中出，傍（旁）人反得知之，是身中神告也。

而且，天人之间的感应普遍存在，"应感则变化随方，功成则隐沦常住。住无所住，常无不在。不在之在，在乎无极"。所以，人的所作所为一定会上达于天，形成善与恶的因果感应，"故人为善于地上，天上亦应之为善；人为恶于地上，天上亦应之为恶"。如果人一生行善，神灵自有嘉奖；如果行为不轨，则"主恶之鬼久随之不解"；如果能够悔过迁善，则"恶能自悔，转名在善曹中"。《太平经》还提出"承负"说，意思是说先人若犯过失而不悔改，积累起来，必将报应于后人；如果先人积功很多，后人将得到先人的荫庇；而且，每个人的功过加起来还将对整个时代和社会造成巨大影响。《太平经》这些思想，都出现在道教善书当中。

葛洪对魏晋时期的道书和各种神仙思想、修炼方术进行了系统的总结，其《抱朴子内篇》征引前代道书《玉钤经》《易内戒》《赤松子经》及《河图记命符》等，对道教劝善成仙思想作了发挥，使道教的劝善学说初具雏形，对后来道教善书的产生起了十分重要的作用。有学者详细比较了《抱朴子内篇》和《太上感应篇》的内容，发现后者的内容主要来自前者的《对俗》《微旨》两篇，部分内容甚至是原封不动地照搬。

南朝道士陶弘景所著《养性延命录》，提醒人们有鬼神暗中监督着善恶行为，"心言小语，鬼闻人声，犯禁满千，地收人形"，并且人所行善恶总是会得到报应的。书中说：

> 人为阳善，吉人报之；人为阴善，鬼神报之。人为阳恶，贼人治之；人为阴恶，鬼神治之。……老君曰：人修善积德而遇其凶祸者，受先人之余殃也；犯禁为恶而遇其福者，蒙先人之余庆也。

《真诰》卷六《甄命授》也指出，有过知改也为时不晚。陶弘景说："有恶知非，悔过从善，罪灭善积，亦得道也。"这些思想都为后世道教善书所继承。

唐代道士吴筠在《玄纲论》中，回答"人有善恶，天地神明岂悉知之"的问题时，认为心是神灵之府，神栖于心间，心念一动，神即知晓。因此，即使只动了坏的念头而没有实施，也会招来神灵的惩罚。其后的杜光庭也说：

> 为恶于明显者，人得而诛之；为恶于幽暗者，鬼得而诛之……积善有余福，积恶有余殃，幽则有鬼神，明则有刑宪，斯亦劝善惩恶至矣。

杜光庭还专门搜集积善成仙的实例和善恶报应的灵验故事，编写了《道教灵验记》。在《墉城集仙录》中，他又指出：

> 行善益算，行恶夺算；赏善罚恶，各有职司；报应之理，毫分无失；长生之本，惟善为基。

除了以上这些神学理论思想，功过格所包含的定量计算善恶的方法也能在古代的道书中找到源头。《太平经》中有道教徒为记录善恶而制定的名为"天券"的东西，让人们将自己的善恶行为年复一年地记录于小册子上，以检查自我行为的得失。天券由神与人各置一册，分别记录"吏民"每年的善恶行为各有多少，而且人与神的记录应当一致，所谓"下疏与上所记置，当繇（遥）相应，名为天征合符"。这样做的目的，在于让人"易心为善"，按照"天意"，使自我行为"多善""大善"。如果不思悔改，让为恶之心"无变不易"，就会"大恶增剧"，受到上天的惩罚。在此，天就像一面"洞明照心之镜"，可以"不失铢分"地反映人的善恶，从而指导人们"治行"。天券这种计算人的善恶，分别予以不同报应的做法实为道教功过格的滥觞。

《真诰》承续《太平经》计算善恶功过的做法，明确将成仙与功过之格联系起来。其卷五《甄命授第一》说：

> 积功满千，虽有过，故得仙。功满三百，而过不足相补者，子仙。功满二百者，孙仙。子无过又无功德，藉先人功德，便得仙，所谓先人余庆。其无志、多过者，可得富贵，仙不可冀也。

陶弘景注称："此一条，功过之标格也。"所谓"功过标格"，已非常接近后世功过格的提法。又卷一三《稽神枢第三》说：神仙有不同的等级，各依世人积累阴德的程度而授予，而要在神仙世界的等级秩序中上升，得按年限、规格进行。德行作为在仙界中"依格"晋升的标准，后世的功过格无疑继承了这种意涵。

功过格计算善恶的做法，也能在魏晋至北宋的多种道经中发现。比如，《无上秘要》卷九《众圣会议品》称众神"周行天下，司察善恶功过轻重"，"纠察兆民，条列善恶轻重"，"校定学仙人名功过深浅"。《洞玄灵宝道士受三洞经诫法箓择日历》记载：十斋八节时，"众圣按行条记功过"。《太上大道三元品诫谢罪上法》说："众圣同集，推校生死功过录籍。"《无上秘要》卷四四《洞真三元品诫仪》也有"生死图箓功过""生死命籍筭录功过""生死功德轻重功过"等说法。这些说法都是将功过与人的生命连在一起，也是后世道教功过格的主要思想。

《至言总》卷五《功过》详细列举了行"一善"至"一万善"以及行"一恶"至"一万恶"所当获致的报应，从形式上看已经很接近成熟的功过格。只是它着重强调功过的报应，没有像后来的功过格那样标明具体行为的功过数量。但是它也讲"行善益筭，行恶夺筭，赏善罚恶，各有职司，报应之理，毫毛无失"，与后世功过格是一脉相承的。

三、道教善书的形成和发展

中国固有的劝善惩恶思想，至道教善书的出现而冶为一炉，形成一种专门性文献体例。

道教善书的出现，与宋代的社会历史条件有关。由于土地兼并、官僚机构庞大、北方少数民族威胁等原因，宋代的阶级矛盾尖锐，从北宋中期开始，各种农民反抗此起彼伏。社会的动荡不安，人生的不可逆料，生死或在旦夕之间，所以民众普遍希望得到神灵护祐。同时，为了缓和阶级矛盾和民族矛盾，真宗、徽宗等皇帝推崇道教，借神权以维护其腐朽统治。而且，在社会上，由于土地私有制的进一步发展，土地买卖盛行，"贫富无定势，田宅无定主，有钱则买，无钱则卖"，社会的贫富变动非常迅速。而由于科举制的完善与推行，不问家世，无关阀阅，政治权力的获得摆脱了血缘家族的控制，导致社会的贵贱转换也非常迅速。"朝为田舍郎，暮登天子堂。将相本无种，男儿当自强"，成了当时的生动写照。如此的转变模糊了社会上层与下层的界线，使宋代以降的社会步入了日本学者所谓的"近世"，亦即所谓的"平民社会"。进入平民社会，平民成为社会的基础，成为社会政治经济生活的主角，精英反而成为一个并不稳定的群体，频繁地出入于平民之中。这种社会结构的转变,带来了很多新问题。

首先,贫富贵贱的频繁转换,使传统的"天命""宿命"观念受到挑战,社会需要对此情形作出解释。于是,道教善书告诉人们,富贵贫贱虽是天命,然善恶行为可以使之流转。

其次,门阀士族作为社会精英,在历史上是社会道德的榜样和维系者。他们的退出历史舞台,使社会失去了道德楷模,必然带来一种道德危机。正如唐人所言:

> (隋)罢乡举,离地著,尊执事之吏,于是乎士无乡里,里无衣冠,人无廉耻,士族乱而庶人僭矣。

因此,随着道德楷模的消失和社会的迅速变动,社会要求有一套客观的道德标准以供参照。响应这种社会诉求,道教善书以善恶报应作为理论支撑,对传统伦理资源重新加以整合提升,形成了一类富有时代特色的道德教化文本。

再次,平民为主的社会带来总体文化色彩的通俗化,如张邦炜在《宋代文化的相对普及》中所说:

> 各种文化形态似乎都在不同程度上出现了通俗化的趋势。诸如学术方面的从汉学到宋学,文学方面的从"雅"到"俗",书法方面的从碑书为主到帖书为主,绘画方面的从政治画、宗教画为主到山水画、花鸟画为主等等。

因应文化的通俗化,我们看到,道教善书的思想浅显易懂、文字简洁而通俗,其内容也非常接近平民生活,正所谓"愚夫愚妇,易知易行"。

另外,雕版印刷术的推广和活字印刷术的发明,也为道教善书的普及和盛行提供了必要的物质基础和技术保证。

当然,道教善书的产生还和道教自身的危机有关。道教本产生于下层社会，但随着魏晋南北朝的改革，逐渐向社会上层靠拢，到了宋代，以林灵素等人为代表的符箓道士得到统治者的宠任，其所作所为使时人对道教多有反感。再加上政府为了增加财政收入，实行出售道士度牒的制度，使得大批不懂道教理教义的投机者混进了道教，这些人的形象和作为更使道教的声誉受到严重损害。由此，道教与民众之间的隔阂加剧。要改变这种局面，一方面要从教理教义出发规范道士的行为，另一方面也要顺应社会的发展去迎合民众的需求，道教善书可算是较好地完成了这两方面的任务。

正是在这样的社会情势下，至迟在北宋末，第一部道教善书《太上感应篇》应运而生。《太上感应篇》问世不久，由于"有功于辅教"，即得到封建统治者的重视和提倡，皇帝、大官僚和大儒都成为它的有力推销员。南宋理宗不仅赐国帑刊梓，而且亲笔为之题写"诸恶莫作，众善奉行"八字冠于篇首，使得这本善书成为官方推行的社会教化的基本教材。宋代为此书作序的，有"郑安晚丞相、真西山先生，余皆其时宗工巨儒"。

在1171年，道士又玄子托称"梦游紫府，朝礼太微仙君，得受功过之格，令传信心之士"，于是按梦中所见功过条目撰成《太微仙君功过格》。这是现存最早的功过格。可以看到，功过格这种善书形式，藉神灵启示将计算功过得失的"天条"颁布于人世，使民众自己就能够很方便地稽核本身的善恶指标，所谓"自知罪福，不必问乎休咎"。

大约在元代，又有《文昌帝君阴骘文》问世。《阴骘文》假借文昌帝君现身说法，特别强调行阴功、积阴德，即暗中施惠于人，宣扬"广行阴骘，上格苍穹"，称：

> 诸恶莫作，众善奉行，永无恶曜加临，常有吉神拥护。近报则在自己，远报则在儿孙。百福骈臻，千祥云集，岂不从阴骘中得来者哉！

与早前的《感应篇》和《太微仙君功过格》相比,《阴骘文》的道教神学色彩很弱,通篇只讲行善得好报、作恶得恶报的报应观念。即是说,它的内容更为贴近民众的世俗生活。

明清以降,随着关帝信仰的盛行,于清初出现了托关帝之名的道教扶鸾善书——《关圣帝君觉世真经》。该篇融合了《感应篇》和《阴骘文》的劝善思想,教人"敬天地,礼神明,奉祖先,孝双亲,守王法,重师尊,爱兄弟,信朋友,睦亲族,和乡邻,别夫妇,教子孙",紧扣世俗生活的方方面面。同时,增加了具有其时代特色的内容,如对民间秘密宗教活动的批评,认为"不信正道,奸盗邪淫……假立邪教,引诱愚人,托说升天,敛物行淫"都是罪恶的事情。

根据酒井忠夫对善书所做的分类,《感应篇》《阴骘文》《觉世经》三书及其注释本,再加上《太微仙君功过格》,被称为"古典善书";继《感应篇》及《功过格》之后产生的善书,多依据这些善书的写法与模式编成,并以扶乩启示的形式著造为主流,可称为"新善书"。以上我们对古典善书的发展做了大致梳理,发现其劝善内容随时代进程而有变化,且越来越削减其神学色彩而贴近老百姓的世俗生活。这代表了道教善书在思想内容上的总体发展趋势。

从刊刻数量来看,咸丰二年(1852)刻印的《宣讲集要》云:

> 善书之流传夥矣。入则充栋,出则汗牛,殆不啻恒河沙数也。

光绪二十九年(1903)江苏一份杂志说:

> 感应阴骘之文,惜字放生之局,遍于州县,充于街衢。

善书印数之多,于此可见一斑。

从编纂形式来看,出现了以一位神仙信仰为中心的文献总集,如刘体恕辑刊《吕祖全书》《文帝全书》，彭绍升等纂《关圣帝君全书》；还有善书类书，如《水镜录》《敬信录》《全人矩矱》《暗室灯》等；还有善书丛书，如《信心应验录》《三益集》《有福读书堂丛刻》等都收录了道教善书。

从宣讲形式来看，文字、绘图、讲说等各种方式齐头并进。陈坚撰于泰定元年（1324）的《太上感应篇图说》最早用图画注解善书，光绪年间周藻指出：

近来各种善书，悉皆绘图，意欲新人耳目，启迪颛蒙。

对于采用图画形式的好处，余治说：

图像挂幅，其感化比劝善诸书更捷更广……即不识字者皆可会意也。

《太上感应篇直讲》提及善书的六种讲法，即会讲（集会宣讲）、演讲（演说）、家讲（训家）、馆讲（于学馆讲说）、摘讲（针对听众问题摘录讲说）、劝讲（劝人如上讲解），使善书与宣讲紧密结合起来，成为宣讲的素材。此后，宣讲善书逐渐成为一种民间文艺形式，于娱人的同时宣传道德观念。

四、道教善书的基本内容

首先，神仙是道教善书的核心，不仅为人颁布道德规范、监督这些条规的执行、对世人的功过实施奖惩，而且，积善能够成仙也是道教善书吸引世人行善的动力。在这个意义上，甚至可以说，贯穿道教善书的神仙信仰正是把道教善书与其他劝善书区别开来的根本标志。我们看到，大多数的道教善书都声称得自于各路神仙，如《太上感应篇》《太微仙君功过格》《文昌帝君阴骘文》《关圣帝君觉世真经》。道教善书又告诫世人，天上地下以至人身之中无时无处不有神灵监督和记录人的行为，人的一举一动都躲不过神的眼睛。在一定的时候，掌管赏罚的神就会根据人的善恶行为作出相应的奖惩。当真如《觉世真经》所说：

> 一切善事，信心奉行。人虽不见，神已早闻。加福增寿，添子益孙。……神明鉴察，毫发不紊。

对于积善不辍的善人，不仅可以得享人间福报，道教善书还把成仙的门票许诺给他们。《太上感应篇》就说：

> 所谓善人，人皆敬之，天道佑之，福禄随之，众邪远之，神灵卫之，所作必成，神仙可冀。

道士董清奇在所撰善书中也写道：

> 行于至善者，成仙证祖，皆不出此关键尔。

其次，道教善书包含了多个层次的伦理思想。（1）人神伦理。《太上感应篇》列举的恶行中，有"呵风骂雨""指天地以证鄙怀，引神明而鉴猥事""越井越灶，跳食跳人""晦腊歌舞，朔旦号怒，对北涕唾及溺，对灶吟咏及哭，又以灶火烧香，秽柴作食，夜起裸露，八节行刑，唾流星，指虹霓，辄指三光，久视日月，春月燎猎，对北恶骂"等条，据惠栋《太上感应篇注》的解释，知其皆冒渎神灵，故应禁止。《太微仙君功过格》把"指斥毁天尊圣像"定为二十过，指斥毁真人为十五过。

（2）人人伦理。家庭伦理，如《感应篇》之"抵触父兄""用妻妾语，违父母训""骨肉忿争，男不忠良，女不柔顺，不和其室，不敬其夫""无行于妻子，失礼于舅姑"等，又如《文帝孝经》所提倡的"相通相让兄和弟，父母心欢家道吉"。政治伦理，如《阴骘文》提倡之"正直代天行化，慈祥为国救民"。社会伦理，如《感应篇》之"悯人之凶，乐人之善，济人之急，救人之危"，而且要"济急如济涸之鱼，救危如救密罗之雀"。经济伦理，如"减人自益，以恶易好""强取强求，好侵好夺，掳掠致富""短尺狭度，轻称小升，以伪杂真，采取奸利""斗称需要公平，不可轻出重入"等等。医学伦理，如《太微仙君功过格》之"以符法针药救重疾一人，为十功；小疾一人，为五功"，"凡有重疾告治不为拯救者，一人为二过；小疾，一人为一过"。

（3）生态伦理。道教善书有很多关爱动植物、保护环境的规条，仅如《太上感应篇》就明确禁止"射飞逐走，发蛰惊栖，填穴覆巢，伤胎破卵""用药杀树""春月燎猎""杀龟打蛇"。盖道教认为自然界生命是平等的，"万物同体，均受于天"。但是，道教善书也并非拘泥于规条，而是追求"是道则进，非道则退"。比如《十戒功过格》讲戒杀，但是对于虎狼之类，"已伤人者，其罪宜死"，则"杀之反为功"。

最后，道教善书广泛汲取儒、释二教的劝善止恶思想，其内容表现出浓厚的三教合一色彩。宋元以降，三教的融合成为主流。明清之际三教都高唱"三教一家"，其中的一个基调就是三教都劝人为善、戒人行恶。诚如酒井忠夫所云：

> 善书、功过格都不再拘泥于吻合过去型的儒、佛、道的界限，而将三教混合一致，并以自己的实践立场为中心，理解三教的信仰和学问，因而作为新的民众道德而勃兴流行。

其所言固是所有劝善书籍的特点，道教善书也不例外。具体分析道教善书中的三教成分，大概如段玉明先生所言：

道教善书所开启的伦理系统是一圆融三教的系统。概而言之，其忠孝伦常部分主要应是取自儒家，其十善恶业部分主要应是取自佛教，而其齐物畏神部分则主要应是取自道教。

五、道教善书的影响

道教善书在历代统治者的倡扬下，自宋代以来流传不绝，注家蜂起，仿制品丛生。捐资刻板刊印者有之，用文艺作品宣传其思想者有之，信之者从宫廷、官僚、士绅到"闾巷细民"皆有人在。儒释二家也对道教善书备极推崇，破门而出，消除成见，为之扩大影响。可以说，明清时代道教的特点之一便是以劝善书为标志，以宗教道德训化为主课，深入到民情风俗中，成为社会生活不可分割的部分。

道教善书因其首创之功，不仅启发了儒士与僧人编写劝善书籍，如袁黄《了凡四训》、颜茂猷《迪吉录》、莲池袾宏《自知录》以及各种官绅功过格，而且让封建帝王也认识到劝善对于稳固统治的重要性，于是纷纷亲自制作善书劝善教民，如明太祖《修身大诰》《教民榜文》，明成祖《钦颁善书》《为善阴骘》，顺治《六谕卧碑文》《劝善要言》，康熙《圣谕十六条》等等。

道教善书复因其通俗易懂，影响及于妇孺。"三圣经"被直接采为蒙学教材，如《三圣经直讲》序云：

若此"三圣经"，就是初入小学之童蒙，亦能知能行而有益于身心。何者？语句浅显，童蒙读之而易知；事故平常，童蒙体之而能行。

民国印光大师提倡"正蒙教育"，认为"欲子弟成人……当以因果报应为先入之言，使其习以成性"，子弟"及能读书，即将《阴骘文》《感应篇》令其熟读，为其顺字面讲演之"。

道教善书还渗透进唱道情和民间宗教的宝卷当中。道情曾是礼颂神仙、俗讲道教经典和道士讲述自己修炼的艺术形式，明清以来，随着道教的伦理化和进一步与世俗社会相结合，道情所唱内容主要为劝善惩恶的故事，逐渐演变为以劝善为主的说唱艺术。同样地，宝卷发展到清代，也如泽田瑞穗所说，"缺少教派宝卷创立教派的首唱性，取而代之的是鼓吹通俗的伦理道德，具有较强的道德教化倾向"，而且，此时具有教派色彩的宝卷也是"同佛教居士和地方乡绅的善书热合流"。道教善书还对明清小说和戏剧产生影响。劝善惩恶、功过报应、广积阴德、积善成仙等思想充溢于这些艺术形式之中。在民俗节庆和迎神赛会的时候，免不了有劝善的说唱和戏曲表演。与神灵监察善恶有关的守庚申和祭灶，也演变为一种民间习俗。日用的历书、春节的对联、占卦的签诗等等，也无不烙上劝善的印记。总之，道教善书的核心理念"诸恶莫作，众善奉行"已经深深地影响到社会生活的方方面面。在这种风气下，社会慈善家不断涌现，明末以来的方志中，即形成了"善士"的固定分类，慈善组织——"善堂"逐渐兴起，专门印行善书的"善书坊"在各地创办。善人、善堂、善书三者相互关联，形成一个"善的体系"。

道教善书还影响到少数民族地区。明代，云南彝族翻译、刻印了《太上感应篇》，其书以《感应篇》句子作标题，以彝族原始宗教及社会风俗作讲解。嘉靖二十年（1541）罗甸水西地区所立《水西大渡河建石桥记》说："善者心怀于黎民，存了善念，为人诚朴，心地光明，就增长寿龄，达到九十九岁"，"修桥通道，为善有盛名"。嘉靖二十五年（1546）贵州宣慰使安万铨立《新修千岁衢碑记》，有"为善荣庆""行善寿长""行善地位高"等语。《太上感应篇》还被清政府敕命译成满文，在满族聚居区流行。

道教善书不仅对宋明以至民国时期的中国社会产生了深远影响，其影响还波及日本、朝鲜、越南等邻国和欧美国家。善书在韩国从朝鲜时代初期开始普及。据李德懋（1741—1793）的《盎叶记》卷二记载，朝鲜太宗十七年（1417），明成祖送来善阴骘书（善书）六百部。但是，善书的翻印和韩语译本的盛行，则是在朝鲜时代的末期。宪宗十四年（1848）刊行《太上感应篇图说》，哲宗三年（1852）刊行《太上感应篇图说谚解》，高宗十七年（1880）以《太上感应篇》之名再版。高宗十八年（1881），《灶君灵迹志》也以韩语译本出版。其他如《玉枢经》《桂宫志》《众香集》《奇灵立妙经》等也陆续有韩语译本出版。高宗七年（1870），奉王命以《过化存神》之书名，合编刊行了关圣帝君的《觉世真经》《救劫文》《灵验记》《附对联句》等韩语译本。同年，又以《敬信录谚解》之书名，合编刊行了《太上感应篇》《文昌帝君阴骘文》《文昌帝君劝学文》等韩语译本。此外，还出版了《觉世新编八鉴常目》（哲宗七年，1856年出版）、《三圣训经》（高宗七年，1870年出版）、《玉皇宝训》《阴骘文注解》《注生延嗣妙应真经》《太微仙君纯阳吕祖师功过格》等。

据三条西实隆（1455—1537）的日记《实隆公记》所载，明应（1492—1500）年间，即有《太上感应篇》在日本初次流传之事。到江户时代，善书被大量地刊刻流布。其中有：《太上感应篇日文注释》（宽永元年，1624）、《太上感应篇》（宽永、正保年间，1624—1648）、《觉世真经》（延宝五年左右初版，1677；享保十五年再版，1730）、《太上感应篇俗解》（延宝八年，1680）、《太上感应篇笺注图说》（元禄八年，1695）、《明赐进士袁了凡先生阴骘录·自知录》（元禄十四年，1701）、《积善春草吟》（宝永五年，1708）、《译语关帝真经》（享保三年，1718）、《太上感应篇谚注》（享保八年，1723）、《和字功过自知录》（安永五年，1776；宽政十二年，1800）、《和语阴骘录》（安永六年，1777）、《关圣帝君觉世真经灵应篇》（宽政三年，1791）、《和语太上感应篇》（宽政七年，1795；文政十年，1827）、《太上感应篇和注》（宽政十年，1798）、《和语阴骘录》（文政元年，1818）、《和语阴骘文绘抄》（文政三年，1820）、《丹桂籍》（文政十二年，1829）、《增补绘抄和字功过自知录》（天保九年，1838）、《太上感应篇》（嘉永二年，1849）、《通俗太上感应篇》（明治十五年，1882）等。如此连续不断的刊印发行，使得善书的思想渗透到社会各个阶层，甚至出现了实行功过格教诲的妇女。另外，善书对当时的日本学者亦产生了较大影响。被视为日本阳明学鼻祖的中江藤树（1608—1648）纂有《阴骘文》《灵符疑解》等有关道教的书籍，并在其所著《鉴草》中引用《迪吉录》和《劝戒全书》等善书。其弟子熊泽蕃山（1619—1691）说，藤树门下经常集体诵读《太上感应篇》和《孝经》。藤树弟子渊冈山（1617—1686）读《太上感应篇》，重视阴骘思想和福善祸淫。另一弟子中川谦叔（1624—1658）对《迪吉录》有浓厚兴趣。1924年，日本学者小柳司气太还将"三圣经"与李士达《功过格辑要》《抱朴子内篇》合编为"道教圣典"出版。

越南在19世纪至20世纪初印行了不少关帝善书，如1874年版《关圣帝君救劫劝世永命经》等。"三圣经"于民国初年已有善士印送到越南。

道教善书还被译介到西方国家，如法国著名汉学家雷慕沙（Jean Pierre Abel Rémusat，1788—1832）于1816年最早将满语本《太上感应篇》译成法文；他的学生儒莲（Stanislas Julien，1797—1873）又于1835年将《太上感应篇》包括注释完整地翻译成法文，在巴黎印行。1841年，德庇时（John Francis Davis，1795—1890）在伦敦出版《中国概述》，书中对儒莲的法译本《太上感应篇》进行了介绍，并将其中的故事翻译成英文。1879年，道格拉斯（Robert K. Douglas，1838—1913）在伦敦和纽约出版了《儒教与道教》，其中对《太上感应篇》《阴骘文》进行了简介和选译。同年，巴尔福（Frederic Henry Baifovr，1846—1909）在《中国评论》第八卷发表了《太上感应篇》的英译文。《阴骘文》也有英、法文译本。近年，著名生态伦理学家阿尔贝特·施韦泽（Albert Schweitzer，1875—1965）在所著《敬畏生命》一书中更是把《感应篇》赞誉为讲生态禁忌的圣书。

六、主要经典介绍

（一）《太上感应篇》

李昌龄传，郑清之赞。本篇假托太上所说。南宋《秘书省续编到四库阙书目》著录为一卷，不题撰人。据绍定六年（1233）临安太一宫道士胡莹微上表，得知其时太一宫刊本之本文来自"宝藏"，应即"琼章宝藏"。据陈国符《道藏源流考》，南宋孝宗淳熙二年（1175）将福州闽县报恩光孝观所庋《政和万寿道藏》运往临安，太一宫即抄录一藏，淳熙四年（1177）完成，御书藏殿名"琼章宝藏"。故胡莹微所据实即《政和万寿道藏》。此藏至迟在徽宗政和八年（1118）刻板完竣，因此《太上感应篇》本文最晚应作成于1118年以前。而且，现《道藏》本内有《虚静天师颂》，虚静亦作虚靖，系正一道三十代天师张继先于徽宗崇宁四年（1105）所受赐号，而继先卒于钦宗靖康二年（1127），可为佐证。

此篇《宋史·艺文志》题为"李昌龄《感应篇》一卷"，《郡斋读书志》赵希弁《附志》谓为八卷，汉嘉夹江隐者李昌龄编。考今《道藏》本题作"李昌龄传"，且理宗宝庆二年（1226）萧应叟所上《度人经内义》即云"蜀士李昌龄解释报应因缘十万余言"，前举太一宫刊本陈奂子序亦云"读感应灵篇与蜀士李昌龄之注"，可知李昌龄仅为本书注者。其注文提及南宋间事，止于乾道八年（1172），故李昌龄当为南宋时人。注文多举蜀地事例，与其"蜀士"的身份也相吻合。有人以为该李昌龄系北宋御史中丞，有人以为李石，皆不足据。

至于前人记载中卷数的差异，盖为繁简两种注本。今中国国家图书馆藏有明刻一卷本和元刻八卷本、明刻八卷本，可为实证。另据张元济《涵芬楼烬余书录》和董康《太上感应篇集传序》称，二人曾亲见宋版八卷本，与《道藏》本合。而《道藏》本前胡莹微上表称，其所刊刻正为八卷。因此，今《道藏》本三十卷，当由八卷本析成。

《太上感应篇》正文1274字，始于"祸福无门，唯人自召"，终于"诸恶莫作，众善奉行"，宣扬天人感应，劝善惩恶。大意谓天地有司过之神、三台北斗神君、三尸神、灶神等录人善恶，为恶必降之祸，为善必降之福，依所犯轻重夺人筭纪，按立善多少成各等神仙。若能悔恶行善，也将转祸为福。李昌龄传广引三教典籍，历述灵应故事，宣扬感应灵验，天神难欺。郑清之为理宗朝名相，博引《四书》《五经》，极称《感应篇》句句不虚。

是篇流传颇广，历代刻本、注本甚夥，清代名儒惠栋、俞樾皆为之作注，清代并译成满文。其影响远播朝鲜、日本等国。

(二)《文昌帝君阴骘文》

以文昌帝君的名义颁行的劝善书。"阴骘"一词义为"默定"，源出《尚书·洪范》"惟天阴骘下民"，意谓冥冥之天在暗中保定人们。在《阴骘文》中，"阴骘"具有天人感应的含义，被理解为天于冥冥之中监察人之善恶功过而降赏罚，因此要求人们多积阴德阴功，默默地做好事，自然会得到文昌帝君的暗中保佑。

此书大约作成于元代，因为元仁宗延祐三年（1316）将梓潼帝君加封为"辅元开化文昌司禄宏仁帝君"，这以后才开始把梓潼帝君称为文昌帝君。由于史料不足，其作者究为何人以及成书的具体年代，难以遽下断论。

因为文昌帝君主管人间尤其是士大夫的功名富贵，所以本书的说教对象以官僚士大夫为主，这和《感应篇》以社会各阶层为对象不同。它借帝君之口，号召人们"广行阴骘，上格苍穹"，"行时时之方便，作种种之阴功"。其所谓"阴功"，除"朝真奉斗""拜佛念经"等宗教内容外，不少是日常可行的社会公德，如"剪碍道之荆榛，除当途之瓦石"，勿毒鱼虾，勿宰耕牛，勿弃字纸，勿谋人财产等。帝君又劝人"广行三教"，"印造经文，创修寺院"。此文篇制短小，仅五百四十余字，但传播极广，影响深远，注本也甚多，比较重要的有《文昌帝君阴骘文注》《阴骘文像注》《阴骘文图证》等。

(三)《关帝觉世真经》

全文凡六百余字，是托名关圣帝君的道教扶鸾善书。关羽晋号为帝在万历末年，清以后，因受朝廷崇奉，在民间地位愈益提高，故有托名关帝的劝善书行世。本经最初出于何时不可考。内容为劝人"众善奉行，毋怠厥志"。又云"人心即神"，"无愧心，无愧神，若是欺心，便是欺神"，"一动一静，神明鉴察"，"若负吾教，敢试吾刀"。所谓其教首在忠孝节义，称"人生在世，贵尽忠孝节义等事，方于人道无亏，可立身于天地之间"，另外也言及若干社会公德。本书与《感应篇》《阴骘文》一起，被称为"三圣经"，其注本主要有《关帝宝训像注》《觉世篇注证》《觉世宝训图说》等。

(四)《太微仙君功过格》

一卷，洪州西山会真堂无忧轩又玄子编著。这是现存最早的功过格。据其卷首自序，作者于金大定辛卯年(1171)梦游紫府，朝礼太微仙君，得受功过之格，梦醒后写成此书。

书中列举功过格律，包括功格三十六条，分为救济门、教典门、焚修门、用事门四类；过律三十九条，分为不仁门、不善门、不义门、不轨门四类。此书的特点是对善恶行为作定量的分析，方便"修真之士"逐日逐月自记其言行功过，按时检查，通过数量的加减即可自知功过多寡，认为按照功过格统计的功过数量与上天真司考核之数昭然相符，依此行持，远恶迁善，积功累德，则"去仙不远矣"。

此书简便易行的善恶计量方式对社会影响巨大，使道德自律具有了切实的可操作性。仿此形式，后世陆续出现了《石音夫功过格》《十戒功过格》《警世功过格》等作品。

（五）《水镜录》

一卷，编撰者不详。此书似出于明代，收入《续道藏》。全书辑录七篇劝善戒杀、积功修德之文，即《太上感应篇》《梓潼帝君戒士子文》二则、《阴德延寿论》《放生文》《杀生七戒》《劝杀牛歌》。各篇大旨谓天道福善祸淫，神明赏善而罚恶，善恶有报，应如影响。故劝人行善积德，不可杀生害命。

建议阅读书目：

陈　霞：《道教劝善书研究》，巴蜀书社，1999年。

游子安：《善与人同——明清以来的慈善与教化》，中华书局，2005年。

〔美〕包筠雅著，杜正贞、张林译，赵世瑜校：《功过格：明清社会的道德秩序》，浙江人民出版社，1999年。

主要参考书目：

陈　霞：《道教劝善书研究》，巴蜀书社，1999年。

游子安：《劝化金箴——清代善书研究》，天津人民出版社，1999年。

游子安：《善与人同——明清以来的慈善与教化》，中华书局，2005年。

唐大潮等注译：《劝善书今译》，中国社会科学出版社，1996年。

〔日〕野口铁郎主编：《道教讲座》第5卷《道教与中国社会》（本卷主编野口铁郎、松本浩一、奈良行博），雄山阁，2001年。

袁啸波编:《民间劝善书》,上海古籍出版社,1995年。

朱越利:《〈太上感应篇〉与北宋末南宋初的道教改革》,载于《世界宗教研究》1983年第4期。

卿希泰、李刚:《试论道教劝善书》,载于《世界宗教研究》1985年第4期。

李　刚:《〈文昌帝君阴骘文〉试析》,载于《宗教学研究》1987年第3期。

李　刚:《〈太上感应篇〉初探》,载于《宗教学研究》1988年第1期。

李　刚:《功过格解析》,载于《道家文化研究》第七辑,上海古籍出版社,1995年。

郑志明:《太上感应篇之伦理思想(上、下)》,载于《鹅湖月刊》第12卷第11、12期,1987年。

〔日〕酒井忠夫:《中國善書の研究》,东京弘文堂,1960年。参见中译本,〔日〕酒井忠夫著,刘岳兵、何英莺译:《中国善书研究》(增补版),江苏人民出版社,2010年。

〔日〕吉冈义丰:《初期の功過格について》(《初期的功过格》),载于东京大学《东洋文化研究所纪要》,第二十七册,1962年。

〔日〕秋月观暎:《道藏本功過格と淨明道——酒井·吉岡兩博士の爭點によせてへ》(《道藏本功过格与净明道——与酒井、吉冈两博士商榷》),载于弘前大学《文经论丛》,第六卷第四号,1971年。

〔美〕包筠雅著,杜正贞、张林译,赵世瑜校:《功过格:明清社会的道德秩序》,浙江人民出版社,1999年。

郑志明:《中国善书与宗教》,台湾学生书局,1988年。

段玉明:《〈太上感应篇〉:宗教文本与社会互动的典范》,载于《云南社会科学》2004年第2期。

段玉明:《论道教善书的当代价值》,载于《宗教学研究》2006年第

3 期。

游子安：《明末清初功过格的盛行及善书所反映的江南社会》，载于《中国史研究》1997 年第 4 期。

乐爱国：《试析道教劝善书中的生命伦理思想》，载于《伦理学研究》2004 年第 1 期。

李　艳：《辅教风化　劝善于戏——道教劝善书与元明清戏曲初探》，载于《宗教学研究》2004 年第 1 期。

安　荣：《道教劝善书中的伦理思想及其教育方法》，载于《中国道教》2006 年第 3 期。

陈　霞：《道教善书的动物保护思想初探》，载于《中国道教》2004 年第 6 期。

陈　静：《道教劝善书的道德教化功能——以〈太上感应篇〉为例》，载于《道教与伦理道德建设》，中国言实出版社，2004 年。

李　冀：《〈太上感应篇〉文本来源及其成书时间考析》，载于《宗教学研究》2017 年第 1 期。

胡孚琛主编：《中华道教大辞典》，中国社会科学出版社，1995 年。

作者简介

唐大潮，女，湖南澧县人，1956 年 7 月生。哲学博士，四川大学道教与宗教文化研究所教授。独著《明清之际道教"三教合一"思想论》，合著《道教史》《道教常识答问》《中华道教简史》《道教文化新典》《中外宗教概论》（副主编）、《道教与道学常识》等。参加国家社科基金重点项目《中国道教史》《宗教观的历史·理论·现实》《中国道教思想史》等的撰写。在《世界宗教研究》《宗教学研究》《社会科学研究》《中国道教》等学术刊物发表学术论文多篇。

周冶，男，重庆南川人，1977年4月生。哲学博士，现为四川大学道教与宗教文化研究所副所长、副研究员。参加国家社科基金重点项目《中国道教思想史》的撰写工作，参与国家社科基金重大招标项目《百年道学精华集成》（任分辑主编）、《百年道家与道教研究著作提要集成》（任分辑主编），出版《道法自然：道教与生态》《上阳子陈致虚生平及思想》，整理校注《道教征略》。在《世界宗教研究》《宗教学研究》《中国道教》等学术刊物发表论文数篇。

朱越利 主编

道藏说略

增订本

下册

北京联合出版公司

道藏中的儒家说略

汪桂平

一、概述

在渊远流长、流派纷呈的中国传统思想文化中，儒家和道家始终是两条最主要的脉络。以孔孟思想为核心的儒家学说，是中国文化的正统；以老庄思想为代表的道家学说以及在其基础上产生的道教，是中国文化的另一主干。儒道并立和互补，是贯穿中国古代思想史始终的基本脉络。两千多年来，儒家居于中国社会思想文化的正宗和主导地位，是政治、教育和道德领域的指导思想；道家崇尚自然无为，与社会现实保有一定的距离，在大部分历史时期处于在野的地位，但它对社会生活各个层面的影响是潜移默化和深入骨髓的。正如林语堂先生所说：道家及儒家是中国人灵魂的两面。

儒道两家同源而异流，同体而异用。所谓同源，正如牟钟鉴先生所总结：一是两家皆源于以黄帝为人文初祖的中华上古文明，二是两家皆以上古公天下时代纯朴社会为理想复归的原型，三是两家皆以《周易》的阴阳之道为宇宙观的基石，四是两家终级关切皆在究天人之际，通古今之变，成社会人生之美善。[①] 因此，儒道两家皆源于中国古代文化，有着共同的中国文化基因。正因为儒道两家有着共同的思想渊源和价值

---

① 参见牟钟鉴：《儒道佛三教关系简明通史》，人民出版社，2018年，第101页。

趋向，在历史上一直都是相互激荡、相互融汇，规约着中华民族发展的精神方向。

早在先秦时期，孔孟和老庄的思想即已互相包容，如老子主张隐世，也讲"爱民治国""与善仁，言善信"；孔子也赞美大舜"无为而治"等。两汉时期，儒道两家更表现为融合互通之走向，儒家经学一体多元，黄老道家吸收各家思想，正如司马谈《论六家要旨》所说，道家"因阴阳之大顺，采儒、墨之善，撮名、法之要，与时迁移，应物变化"，可见道家对儒墨等家的吸收融汇。

东汉末年，道教正式形成，出现太平道、五斗米道等民间教团，出现《太平经》《老子想尔注》等道教经典，这些经典中就融汇有明显的儒家思想。如《太平经》倡导要遵守儒家的忠孝之道，曰：

> 子不孝，则不能尽力养其亲；弟子不顺，则不能尽力修明其师道；臣不忠，则不能尽力供事其君。为此三行而不善，罪名不可除也。

魏晋南北朝时期，经过数百年的改造发展，道教的经典教义、修持方术、科戒仪范渐趋完备，从早期的民间宗教演变为成熟的正统宗教，并得到统治者的承认。在此期间，一些著名道教思想家撰写著作，建构道教理论体系，清整旧法，大量吸收儒家思想，从而确立了与儒家相联合的思想方向。如东晋道士葛洪是著名道教思想家，是外丹学和道教神学的奠基人，他撰写的《抱朴子》一书，分内外二篇，内篇二十卷，为道教神仙信仰建立了理论体系；外篇五十卷，谈论的却是儒家思想。《抱朴子·自叙》称：

> 其内篇言神仙方药、鬼怪变化、养生延年、禳邪却祸之事，属道家；其外篇言人间得失、世事臧否，属儒家。

葛洪主张高士贤者可兼修道儒，"内宝养生之道，外则和光于世，治身则身长修，治国而国太平"。①葛洪是以道家为本位来吸纳儒家的，他说"道者，儒之本也；儒者，道之末也。"②总之，葛洪以老子道论为其本体哲学，以仙道追求人生理想，以儒家礼教实现治国目标。

南北朝时期，又有著名道教改革家寇谦之进行清整道教的改革，他一方面改革旧法，"除去三张伪法、租米钱税、男女合气之术"，另一方面又吸纳儒家思想，"专以礼度为首"，从而使道教摆脱民间宗教的色彩而正规化，得到北魏太武帝的支持，成为官方尊崇的北天师道。寇谦之的改革，对儒家思想非常重视，他对崔浩说：

> 吾行道隐居，不营世务，忽受神中之诀，当兼修儒教，辅助泰平真君，继千载之绝统。（《魏书·崔浩传》）

可见，作为道教领袖，他借神之口，要求学习儒教，反映了当时道教对儒家思想的学习和融汇。与此同时，南朝的著名道教思想家陶弘景，亦主张融儒援佛，致力于三教会通。他认同儒家，以忠孝道德作为成仙之途：

> 夫至忠至孝之人，既终，皆受书为地下主者，一百四十年乃得受下仙之教，授以大道，从此渐进，得补仙官。（《真诰》卷一六）

总之，魏晋南北朝时期的道教领袖，多有援儒入道之思想和实践，甚至有专门的儒学著述。

晚唐北宋以来，儒家学者吸收融摄佛道二教思想，形成新儒学（即

---

① 王明校释：《抱朴子内篇校释》，中华书局，1980年，第135页。
② 同上书，第167页。

理学）。在当政者的大力提倡下，又迫使佛道二教向其靠拢附合，形成三教合流的社会思潮。宋元以来，道教内部亦发生重大变革，北方出现了太一、真大、全真等新兴道派，南方也出现了金丹派南宗、天心、神霄、清微、净明等新符箓道派。这些新兴道派大多主张三教合一，不同程度地吸收融会儒家思想，其中比较典型的是净明道和全真道。

净明道是儒道融合的典型。净明道又称净明忠孝道，称其教法传自许逊真人。许逊是西晋人，提倡孝道，在江西南昌一带传道三十余年，形成教团雏形，其后道统绵绵不绝。唐代有胡惠超、张氲等人宣传净明道法。宋真宗封许逊为神功妙济真君。南宋有道士周真公在南昌一带宣传净明教义，传度弟子。元初有南昌西山隐居儒士刘玉（1257—1310），自称得净明法师胡惠超真传，创立了新的净明道派。刘玉开创的新净明道，以许逊为第一代，刘玉为第二代，黄元吉为第三代，徐慧为第四代。净明道的教义以融摄儒道为特色，极力提倡忠孝，以"忠孝廉慎宽裕容忍"八字作为许真君降授的"垂世八宝"，尤其对忠孝神化到无以复加的程度，宣称"孝至于天，日月为之明；孝至于地，万物为之生；孝至于民，人道为之成"。净明道不仅宣扬忠孝，扶植纲常，而且真践实履，济世利民，得到社会各层的赞赏。净明道把儒家伦理直接转化为宗教教义和戒律，是儒学宗教化的尝试和创新，也是道教向儒家靠拢的表现。元代成书的净明道经典《净明忠孝全书》，题为"净明传道法师黄元吉编集，嗣法弟子徐慧校正"，就是一部援儒入道的典型著作。

全真道是三教合一的典型。全真道创始人王嚞（1112—1170），号重阳子，早年修习儒业，后皈依道教，收度弟子，创立了全真道，成为北宋以后最重要的新道派。全真道受晚唐以来三教合一思潮的影响，极力标榜三教圆融，主张三教一家、三教平等，称"太上为祖，释迦为宗，夫子为科牌"[1]，"儒门释户道相通，三教从来一祖风"[2]，劝导信徒诵

---

[1]《道藏》第25册，第803页。
[2]《道藏》第25册，第693页。

读道教的《道德经》《清静经》、佛教的《心经》和儒家《孝经》,用三教最精练的经典作为全真道的经典。儒释道三教之学,本来各有其宗旨,宋儒言理,禅宗谈性,道教修命。但是全真道认为,三教之学皆不离大道,归根到底都是道德性命之学,"三教者,不离真道也。喻曰:似一根树生三枝也"。①因此,王重阳主张创立一种融通三教的性命之道,即全真道。王重阳的著作《重阳全真集》《重阳教化集》《重阳立教十五论》等,多有融汇儒释道三教之言论。受全真教祖王重阳的影响,元代的全真道士在其言论、著述和实践中多主张三教合一,其中有不少著述,表现出明显的儒道会通之倾向,如《中和集》《道玄篇》等。

净明道、全真道而外,宋元时期其他道教流派或著述亦多主张三教合一,吸纳儒家思想,出现不少儒道会通之著作。如南宋王庆升撰《三极至命筌蹄》一书(收入《道藏》洞真部众术类),本为修炼内丹之著作,但其中吸收有不少儒家思想。《三极至命筌蹄》云:

> 皇极之人,会归《中庸》之率性,三《易》之中爻,皆毕于此矣。勉旃古诀云:人心惟危(注:肾邪,人心从之则危),道心惟微(注:心正,道心放之则微),惟精惟一(注:精强不败,一终不离),允执厥中(注:信天顺守,作圣之域)。

可见该书对儒家伦理之宣扬。

在三教合流的社会思潮下,儒家学者也兼习佛道,注解道家经典,出现不少以儒解老、以儒解庄之著作。北宋大儒朱熹、司马光、苏轼、苏辙等,均对儒释道三教有所研究和体悟,他们注解老庄等诸子类著作,如司马光的《道德真经论》、苏辙的《道德真经注》、朱熹的《黄帝阴符经注解》等,均体现了儒道会通、以儒解道之思想。这些儒家学者的著作,有不少收录在《道藏》之中。

---

① 《道藏》第25册,第802页。

在中国历史的长河中，儒道释三家都有汇编经典之传统，如儒家之《四库全书》、道教之《道藏》、佛教之《大藏经》，这些经典在历史上多次结集，流传至今，并有各自独特的分类方法。这些结集虽以某个教派的文献为主体，但由于历史上三教的不断斗争与融合，故呈现出你中有我、我中有你之现象。如《道藏》中即包含有不少儒家和佛教的资料，特别是某些儒家的著作，或含有儒家思想的道经，因为是道士所撰，其版本也以《道藏》本为早，或鲜见其他传本，成为研究中国古代儒家思想的珍贵资料。

"道藏"是道教一切经书的总集。道藏的编纂历史久远，历朝历代多次进行，但唯有明代编修的《道藏》留存至今。明《道藏》包括明正统年间编纂的《正统道藏》和万历年间编修的《续道藏》，合计1476种，5485卷，后世统称为《正统道藏》，或称《道藏》。

明《道藏》的内容非常丰富，除了主要收录道教的经典、科仪、戒律、方术、文集以及宫观山志、人物传记等资料外，同时还收录了不少中国古代医药养生、天文地理和诸子百家的著作，从而表现出广博深厚的中国传统文化内涵。

道教和儒家是中国传统文化的重要两支，同源异流。历史上形成的儒家典籍非常丰富，历代王朝都有汇编儒家经典的举措。如唐朝有《五经正义》，宋元编有"十三经注疏"，清朝编纂的《四库全书》，更是汇集了大量的儒家文献。《道藏》作为道教经书的总集，除《易》之外，没有收录儒家经典的四书五经，但《道藏》中收录的其他儒家著述也很丰富，如《抱朴子外篇》《伊川击壤集》等。收入《道藏》的儒学著作，大致有以下几种情况：

第一，本身就是儒家学者的著述，收入《道藏》之中。如北齐刘昼的《刘子》，唐张弧的《素履子》，宋邵雍的《伊川击壤集》，明邵经邦的《弘道录》等。这些著作既是儒家学者所撰，阐述的内容也以儒家思想为主，但是收入了《道藏》之中，也成为历代道教徒修习的经典。

第二，有些本是道士的著作，但其内容阐述的就是儒家思想，如葛洪的《抱朴子外篇》。有些本是道教经典，但其中援引有大量儒家经义和思想，如《无能子》《太平两同书》《净明忠孝全书》等。

第三，以儒家思想或儒道融合思想注释诸子类著作。如《道德真经论》(司马光)、《道德真经传》(吕惠卿)、《道德真经注》(苏辙)、《御注道德真经》(朱元璋)等。

第四，劝善类道经。《道藏》中有劝善、孝道、积善等劝善类道经，如《太上感应篇》《太微仙君功过格》《文昌帝君阴骘文》等，虽然题为神灵宣说或授受，但宣扬的是儒家伦理。

第五，道教易学类著作。《周易》是儒道两家共同尊奉的重要经典，《道藏》中也收录了不少易学类著作。

二、儒家著作

明《道藏》的内容杂而多端，其中收录了一些纯为儒家的著作，如《刘子》《素履子》《伊川击壤集》《弘道录》等。其中亦有一些本是道士的著作，但内容阐述的全是儒家思想，如葛洪的《抱朴子外篇》。这些著作虽然收录在明《道藏》之中，但实际上属于儒家著作。

(一)《刘子》

又名《刘子新论》。《道藏》本十卷，收入太玄部。应为北齐刘昼撰，唐人袁孝政注解。《道藏》本不署撰人，书名下题"播州录事参军袁孝政注"。《道藏》本无序，他本有袁孝政序，曰：

> 刘昼伤己不遇，天下陵迟，播迁江表，故作此书。时人莫知，谓为刘勰，或曰刘歆、刘孝标作。

余嘉锡《四库提要辨证》卷一四有详细考证，定为刘昼撰。

此书共十卷凡五十五篇，大抵融会儒家与黄老之学，论述举贤任能、治国修身之道。全书以《清神》为第一篇，认为：

> 形者，生之器也。心者，形之本也。神者，心之宝也。故神静而心和，心和而形全，神躁则心荡，心荡则形伤，将全其形，先在理神。①

另有《防欲》《去情》《韬光》诸篇，多为黄老家言。亦有多篇论述修身治国之道，认为治国在于贵农爱民、荐贤任才、知兵阅武等。末篇《九流》评论道、儒、阴阳、名、法、墨、纵横、杂、农九家，认为：

> 道者玄化之本，儒者德教为宗。九流之中，二化为最。今治世之贤，宜以礼教为先；嘉遁之士，应以无为是务。则操业俱遂，而身名两全也。②

显见其说重儒、道二教，并以儒道结合为依归。

近人杨明照有《刘子新论注》，较唐袁孝政旧注为胜。

（二）《素履子》

唐人张弧撰。《道藏》本三卷，收入太玄部。论述圣人治国及修身进德之事，以儒家为主旨。《四库提要》称该书词义平近，"援引经史，根据理道，要皆本圣贤垂训之旨，而归之于正，盖亦儒家者流也"。

---

① 《道藏》第21册，第726页。
② 《道藏》第21册，第782页。

此书共三卷十四篇，依次为：履道、履德、履忠、履孝、履仁、履义、履智、履信、履礼、履乐、履富贵、履贫贱、履平、履危。作者自序曰：

> 取《周易·履卦》：初九，素履，往无咎。以纯素为本，以履行为先。虽衣布素，须履先王之政教。

全书大旨以抱朴守素，践履道德忠孝仁义等儒家和道家伦理为主。全书多引《老子》《诗》《书》《易》《礼》之说，兼引历史人物故事为证，谈论儒家修身治国之事，是合儒、道以治国，而归本于道家者。

该书之著录，始见于宋·郑樵《通志·艺文略》，著录为一卷，并归之入道家。但其后书志，则多归入儒家，《宋史·艺文志》《四库全书总目》均归为儒家。

（三）《伊川击壤集》

简称《击壤集》，宋邵雍撰，诗集，凡收各体诗一千四百余首。收入《道藏》太玄部。《击壤集》在《宋史·艺文志》中有著录，《四库全书》收入别集类。在现存诸本中，以《道藏》本早出。

邵雍是宋代名儒，其诗平白如话，或呈答赠谢，或咏史颂贤，或写安居太平之闲情，或言天道人心之哲理。其诗集中有部分理学诗。将其诗集收入《道藏》，《四库提要》谓"殊为诞妄"，认为邵氏为儒家，不应归入道教。不过，邵雍虽不求仙，然其学说师承有本于道教，诗集中亦有数诗似言内丹等。

（四）《弘道录》

明邵经邦撰。五十六卷，收入《续道藏》。邵经邦字仲德，今浙江杭州人。明武宗正德十六年（1521）进士，官工部员外郎。编撰有《弘道录》《弘艺录》《弘简录》三书，号《三弘集》。《弘简录》系删掇诸史而成，《弘艺录》则为其自作诗文之结集。

《弘道录》选录经史子集四部典籍中有关纲常名教之嘉言善行，汇编成辑，而参以己见，附编者案语。全书起自唐尧，迄于明代万历年间。分仁、义、礼、智、信五品。各品又分君臣、父子、夫妇、昆弟、朋友五目，自谓："引用先圣先贤，迄于当今作者嘉言善行，一准《大学衍义》。"①

此书盛赞尧舜以来明君贤臣之治世业绩，历代名儒之经纶典范，皆阐述儒家伦理道德之言，而非道教修仙之旨。此书所引古籍，甚为庞杂，如《春秋》《论语》《列子》《家语》《尚书》《孟子》《史记》《大学》《诗经》《易经》《礼记》等，也多为儒家经典。

此书是一部典型的儒家著述，《明史·艺文志》列《弘道录》于子部儒家。以之收入《道藏》，可能为误入。但除《道藏》本外，本书鲜见其他传本。

（五）《抱朴子外篇》

晋道士葛洪撰，五十卷，收入《道藏》太清部。《抱朴子外篇·自叙》谓其所著《外篇》为五十卷。此书最早见于著录者为《隋书·经籍志》，云："《抱朴子外篇》三十卷，葛洪撰。梁有五十一卷。"自《隋志》以下，皆将此书归入杂家，而卷数则差别甚大，如《旧唐书·经籍志》曰五十卷，《新唐书·艺文志》曰二十卷，《宋史·艺文志》曰五十卷。诸家史志卷数的差别，往往和刊行者分卷有关。今《道藏》本篇数与抱朴子自序所说相合。严可均辑有《抱朴子外篇佚文》一卷。近人杨明照有《抱朴子外篇校释》，较为完备。

---

① 《道藏》第35册，第70页。

全书共五十卷，计五十二篇，依次为：嘉遁、逸民、勖学、崇教、君道、臣节、良规、时难、官理、务正、贵贤、任能、钦士、用刑、审举、交际、备阙、擢才、任命、名实、清鉴、行品、弭讼、酒诫、疾谬、讥惑、刺骄、百里、接疏、钧世、省烦、尚博、汉过、吴失、守堉、安贫、仁明、博喻、广譬、辞义、循本、应嘲、喻蔽、百家、文行、正郭、弹祢、诘鲍、知止、穷达、重言、自叙。

葛洪自序称此书"言人间得失，世事臧否，属儒家"。书中议论汉末魏晋时政得失、君臣之道，批评世俗行为的善恶，辨析学术文章。认为治国之道应任贤举能，爱民节欲，移风易俗，修身之道应安平知止，大旨以儒家为宗。《四库提要》谓其"辞旨辨博，饶有名理"。

三、援儒入道的道经

明《道藏》收录的著作中，有不少援儒入道类道经，这些著作可大致分为以下几种情况：一是援引有大量儒家经义和思想的道教经典，如《无能子》《太平两同书》等；二是以儒家思想或儒道融合思想注释诸子类著作；三是劝善类道经；四是道教易学类著作。

（一）援引儒家思想的道经

1.《无能子》

唐无能子撰，三卷，收入《道藏》太玄部。序言谓是书撰于唐光启三年（887）。《新唐书·艺文志》《郡斋读书志》《直斋书录解题》《文献通考》均著录。在该书现存诸本中，以《道藏》本最早、最善，另有明清版本十余种。近人王明整理此书，撰有《无能子校注》一书，以《道藏》本为底本，并与他本互校，较为完备，中华书局1981年出版。

全书三卷，凡三十四篇。上卷论理，中卷论史，下卷皆问答、见闻和寓言。作者自序称：

> 其旨归于明自然之理，极性命之端。自然无作，性命无欲，是以略礼教而外世务焉。①

猛烈抨击乱世纷争乃"圣人者之过"，提倡修炼性命，自然无为。书中言及服气、坐忘，宣扬成仙解脱。修炼中强调无心，伦理中包含兼济天下，以见其援儒入道之旨。

2.《太平两同书》

唐罗隐撰，二卷，收入《道藏》太平部。原书不署撰人，据马端临《文献通考》卷二一四所考，当为唐末学者罗隐撰。另有《宝颜堂秘籍》本、《式训堂丛书》本、《四库全书》本等。在该书现存版本中，以《道藏》本为早。别有吴筠《两同书》二卷，与此非一书。

本书分《贵贱》《强弱》《损益》《敬慢》《厚薄》《理乱》《得失》《真伪》《同异》《爱憎》十篇。宗老氏、孔子之说，论以上十对矛盾概念间之统一关系，以明治国修身之道。《四库提要》谓此书"上卷五篇，皆终之以老氏之言；下卷五篇，皆终之以孔子之言"。认为贵贱、强弱等，皆相反而又相成，可向对方转化。惟掌握其转化之机，用以立德养生、御下任臣、察人断事，始可为有道之君，臻太平之治。又认为儒道二家，其旨同归，故曰"两同"。

---

① 《道藏》第21册，第707页。

3.《上方灵宝无极至道开化真经》

作者佚名，经考应为金代上方真元派四种经典之一。三卷，收入《道藏》太平部。

此书有经有注，先标儒家五伦忠孝仁义之说，次述道教内丹修炼及荐拔度幽之思想，兼及佛教明空之谈。注中好用诗词。

书共三卷，二十四章，依次为君明章、臣忠章、父义章、母慈章、昆友章、弟恭章、子孝章、女贞章、周死章、悟生章、师训章、弟学章、仁义章、柔和章、设教章、度人章、人伦章、响应章、进退章、宗元章、修真章、炼性章、明素章、常道章，各章文句下皆有注。其中，上中二卷十六章以宣扬儒家忠孝伦理、修齐治平之说为主。下卷八章主张三教合一，讲及佛家明素归空、道教修真炼性之旨。该书以汇合儒、道为主，亦兼及释教，主三教合一，如"宗元章第二十"注末颂曰："归依道释与宣尼，昼则无忌夜亦随，用我圣人三教理，何愁不到凤凰池。"

4.《净明忠孝全书》

原题"净明传教法师黄元吉编集，嗣法弟子徐慧校正"，六卷，收入《道藏》太平部。书成于元泰定四年（1327）。本书鲜见其他传本。

卷首有序文七篇，卷一收净明道祖师许逊、张氲、胡慧超、郭璞、刘玉、黄元吉、徐慧等传记，凡七篇；卷二为《玉真灵宝坛记》《净明大道说》《净明道法说》《净明法说》《玉真立坛疏》等阐述净明道教义的经文；卷三、卷四、卷五为刘玉语录，分内、外、别三集；卷六为《中黄先生问答》，是黄元吉与其弟子的讨论。全书多采儒说，为儒道融合之典型。其说以"净明忠孝"为宗，谓"净明只是正心诚意，忠孝只是扶植纲常"，又谓"大忠者一物不欺，大孝者一体皆爱"。又谓以净明忠孝为基，不离日用人事而实践之，惩忿窒欲，则自然心火下降，肾水上腾，不期长生而自能长生升仙。其说以明心为要而终归心性于忠孝，不废人事，不倡出家，谓"人事尽时，天理自见"。全书所述净明教义，多取于儒家心性修养及忠孝伦理观念，又承袭道教符箓祈禳、性命修炼传统，是为儒道融合之典型。

5.《道书援神契》

元人著作，作者佚名，书前有作者于元成宗大德九年（1305）序。一卷，收入《道藏》正一部。此书鲜见其他传本。

此书以儒家为本位，认为道本于儒。全书据儒家六经以考证道教一些常用名词术语之来历，援引儒家经义，考其渊源，阐幽抉微，与神合契，故效谶纬，以《援神契》名之。正如序言所说：

> 老子徒之服不与俗移。故今之道士服，类古之儒服也。至于修养性命，则本乎《易》；醮祭鬼神，则本乎《周礼·春官·宗伯》；符檄冠佩，又未尝不本乎古之制也。

可见其以儒家为本位，来解释道教名相，用以说明道教的制度、科仪，皆出自儒家礼仪、帝王宫室及宗庙祭祀者。

书分三十二条目，依次为：宫观、醮坛、钟磬、香灯、神祇、饼果（附酒）、帐幕、法服、冠裳、圭简、位牌、符简、步虚、章表、跪拜、法尺、法剑、方彩、禁祝、符文、铺灯、附体、手炉、帝钟、气诀、令牌、幡幢、云璈、祷疾、晴雨（附禳灾）、休粮、道士。在各条目下，从儒家经书如《礼记》《周礼》《春秋》《尚书》《易》《春秋繁露》《孔子家语》等，找出其源流，说明和儒家之关系，并释其义，如"宫观"条："古者，王侯之居皆曰宫，城门之两旁高楼谓之观……今天尊殿与大成殿同，古之制也。《诗》曰：'雍雍在宫'。《传》曰：'遂登观台'。"① 其他均类此。

6.《中和集》

元初全真道士李道纯撰，门人蔡志颐编。六卷，收入《道藏》洞真部方法类。编首有大德丙午（1306）杜道坚序。题名"中和"者，乃李道纯居室匾名，取《礼记》"喜怒哀乐之未发谓之中，发而皆中节谓之和"之义。李道纯为元代全真道著名学者、内丹大家。

卷一有《玄门宗旨》《太极图颂》《画前密意》，论太极；卷二《金丹妙诀》《三五指南图局说》《试金石》，述内丹；卷三《问答语录》《全真活法》；卷四《性命论》《卦象论》《死生说》《动静说》及歌十二首，卷五诗四十九首，卷六词五十八首，外《隐语》三篇，皆杂论性命及内丹之旨。

其说以三教合一为特色，谓"道释儒三教，名殊理不殊。"派虽分三而其源则一，皆以卦象未画前之太极为本。以为"释曰圆觉，道曰金丹，儒曰太极"，名异而实同。李道纯以《中庸》的中和思想为纲，开拓全真内丹学，用"守中致和"对"归根复命""性命双修"加以综合创新。书中多引用儒家经典，援儒入道，对儒家的中和思想多有融通。

7.《道玄篇》

元末全真道士王道渊撰，一卷，收入《道藏》太玄部。本书鲜见其他传本。

此书以老子道体论及儒家修身治国之说为主，兼及内丹修炼，偏重在融汇儒、道为一家。全书共五十五章，法《易经·系辞》天地之数，

---

① 《道藏》第32册，第144页。

分别为：大道、玄极、赋命、明理、妙用、人物、寓形、龙虎、正位、谦德、君臣、道德、寄禅、保守、虚明、全形、礼乐、神气、圆明、不足、绝学、中庸、威仪、运化、通玄、道要、得失、宁心、忘机、真空、有无、重道、治道、观道、虚无、常心、忠孝、正性、执中、体用、神虚、通达、吉凶、知止、务本、自然、感应、自恃、得泰、造化、假言、无争、道化、公心、正人等。书中内容多论述儒、道二教经世济民之学，融会老子道体及儒家经世修身之说为多，并兼及内丹修炼法门。

（二）以儒家思想或儒道融合思想注释诸子类著作

《老子》《庄子》《文子》《列子》《关尹子》等诸子类经典，也是道教尊奉的重要经典，历代注释者众多，《道藏》中收录了历代各类注本很多种，其中有不少是以儒家思想来进行注释的，而且有些著作除《道藏》本外，鲜见其他传本。

《老子》是道教尊奉的基本经典，一般称为《道德经》或《道德真经》。在明《道藏》中收有《道德经》白文本2种，注释本51种[①]。其中，有几部《道德真经》注释完全是用儒家思想注释的，如宋司马光的《道德真经论》，宋苏辙的《道德真经注》，明太祖朱元璋的《御注道德真经》；有几部《道德真经》注释本是儒道融合注释的，如吕惠卿的《道德真经传》，宋陈象古《道德真经解》，宋邵若愚《道德真经直解》，元李道纯《道德会元》，元张嗣成《道德真经章句训颂》，明焦竑《老子翼》等。

《庄子》，道教尊为《南华真经》。《道藏》中收录《庄子》白文1种，注13种，其中亦有以儒解庄之著述，如宋王雱《南华真经拾遗》等。

---

① 参见朱越利《〈道藏〉中的中国哲学史史料举例》，《中国道教》1987年第1期。

《列子》，道教尊为《冲虚至德真经》。《道藏》中收录《列子》白文1种，注释5种。其中宋江遹《冲虚至德真经解》二十卷，就是儒道相参，往往得言外之旨，在本书现存诸本中，以《道藏》本早出。

《关尹子》，道教尊为《无上妙道文始真经》。《道藏》中收录白文本1种，注2种。其注皆融合有儒家思想。如宋陈显微《文始真经言外旨》九卷，即以道家、道教思想为主，援引儒佛二教，以发挥关尹子之旨。在该书现存诸本中，以《道藏》本早出。又，元牛道淳《文始真经注》九卷，亦融合有儒释道三教思想，本书鲜见其他传本。

《道藏》收录《黄帝阴符经》白文本1种，注21种，其中多种注本含有儒家思想。如宋蔡望《黄帝阴符经注》、宋萧真宰《黄帝阴符经解义》、宋朱熹《黄帝阴符经注解》、元俞琰《黄帝阴符经注》、宋胥元一《黄帝阴符经心法》等，均是儒道相通，发挥儒家思想。

1.《道德真经论》（司马光）

又名《道德论述要》《老子道德论述要》，原题司马氏注。《郡斋读书志》《直斋书录解题》均著录本书，并题司马光撰。原本二卷，《道藏》本改作四卷，收入洞神部玉诀类。

司马光为宋代名儒、史学家，认为老子之书"道德连体，不可偏举"，故不分《道经》《德经》为上下篇，亦不标章名。其经文句读，亦与前人有所不同。其注解援引儒家之书来诠释《道德经》，属儒道结合的注经方式。如引"其身正，不令而行"，解"行不言之教"。以"一阴一阳之谓道"释"反者道之动"，以"仁者必有勇"释"慈故能勇"之类。

此书在范应元《道德经古本集注》、彭耜《道德真经集注》及李霖《道德真经取善集》中有所引用。但本书除《道藏》本外，鲜见其他传本。

2.《道德真经传》(吕惠卿)

一称《老子注》,宋吕惠卿撰。《道藏》本作四卷,收入洞神部玉诀类。而其他著录如《文献通考·经籍考》《国史志》皆作二卷。本书现存诸本中,以《道藏》本早出。

该书以儒道两家之说相参证,谈修身治国之道。称道为皇王之宗,执道以应世,则"令善恶之两遣,而极冲虚之一致"。又以《尚书》人心道心"唯精唯一,允执厥中"之说解《老子》之"守中"。又言世去太古已久,不可尽返太古之治,要在知礼乐之意,应世道之实。全书宗旨,盖以儒应世,而以道为归。

3.《道德真经注》(苏辙)

一名《老子新解》,北宋苏辙撰。《宋史·艺文志》作《道德经义》,《四库全书》作《道德经解》,皆为二卷。《道藏》本四卷,收入洞神部玉诀类。该书主三教同源之说,《四库提要》谓:"是书大旨,主于佛老同源,而又引《中庸》之说以相比附。"本书现存诸本中,以《道藏》本早出。

是书分四卷,前两卷注道经,后两卷注德经,每章有章名。书末有苏东坡题跋,谓"使汉初有此书,则孔子老子为一,使晋宋间有此书,则佛老不为二",指出其三教同源之旨。

苏辙之注,多以儒家仁义之说来注《道德经》,如"道可道非常道"下注云:

> 莫非道也,而可道者不可常,惟不可道,而后可常耳。今夫仁义礼智,此道之可道者也。然而仁不可以为义,而礼不可以为智,可道之不可常如此。惟不可道,然后在仁为仁,在义为义,在礼为礼,在智为智。彼皆不常,而道常不变,不可道之能常如此。

其以儒合道的注解方法，甚为明显。

4.《道德会元》

元代道士李道纯撰，二卷，收入《道藏》洞神部玉诀类。本书鲜见其他传本。

其注以《老子河上公注》为准，将诸本《老子》"差讹"二百余处列出，称为"正辞"，又将诸家注释不合义理十余处列出，称为"究理"，然后逐句逐章注《老子》。其内容大抵以儒、禅解老，注多儒义，颂近禅偈。李道纯自序谓：

> 将正经逐句下添个脚注，释经之义以证颐神养气之要。又于各章下总言其理，以明究本穷源之序。又于各章复作颂，以尽明心见性之机。至于修齐治平，纪纲法度，百姓日用之间，平常履践之道，洪纤巨细，广大精微，靡所不备。

可见其融合儒释道三教之旨。

5.《御注道德真经》（朱元璋）

亦称《大明太祖高皇帝御注道德真经》。明太祖朱元璋注，成书于洪武七年（1374），二卷，六十七章，收入《道藏》洞神部玉诀类。该书在《明史·艺文志》《万卷堂书目》《佳趣堂书目》皆有著录，但鲜见其他传本。

朱元璋作为明代开国之君，该书完全是从儒家经世致用及王者安国治民的角度来注经。朱元璋自序称，其一统天下以来，欲知前代哲王之道，求助先贤，故阅《道德经》，认为《道德经》"乃万物之至根，王者之上师，臣民之极宝，非金丹之术也"。其注以修齐治平为说，将老子哲学引合于政事，自得立说，不用古注。如第一章"道可道，非常道。名可名，非常名"下注云：

> 上至天子，下及臣庶，若有志于行道者，当行过常人所行之道，即非常道。道犹路也，凡人律身行事，心无他欲，执此而行之，心即路也，路即心也，能执而不改，非常道也。道可道，指此可道言者，盖谓过人之大道。道既成，名永矣，即非常之名，可行焉，可习焉。

6.《老子翼》

明焦竑编撰，六卷，收入《续道藏》。全书分上下篇及附录、考异四部分。《四库全书总目》著录三卷，以"上下篇各为一卷，附录及考异共为一卷"。《道藏》本则每卷分为二，凡六卷。又有八卷本则上下篇各厘为上中下三卷，附录、考异各为一卷。在本书现行诸本中，以《道藏》本早出。

全书六卷，前四卷分《上篇》《下篇》，注解《道德经》之道经及德经。全书无章名章次，以整章经文为一段，在经文之后，先以己意释经，再引他人与己相近之注，以说经义。该书辑前人《老子》注凡六十四家。所引之注，以宋代苏辙注独多。援引古籍有《诗》《左传》《公羊传》《尔雅》《管子》《庄子》《山海经》《考工记》《白虎通》《参同契》等凡数十种。焦氏注中重视字词训诂及音读，书中也好援儒以入道，以儒家修身治国说来注《道德经》。

7.《南华真经拾遗》

宋王雱撰。该书为作者所撰《南华真经新传》的姊妹作，择《庄子》书中数项以发挥前书未尽的余义，弥补前书之遗漏，故名"拾遗"。二卷，收入《道藏》洞神部玉诀类。本书鲜见其他传本。

该书分"拾遗"与"杂说"二类。"拾遗"举太庙之牺、春秋经世、罔两问影、梦为胡蝶、卮言五条加以论释，皆颇关庄学之旨要。"杂说"二十九条，杂论庄子诸说，如道、形名、自然、天人等，而以性命为主，颇有以儒学衡量庄子，以庄子折中于儒学之意。谓庄周之书究性命之幽，合道德之散，"其通性命之分而不以死生祸福动其心，其近圣人也，自非明智不能及此"，"其言救性命未散之初而所以觉天下之世俗也"，可见其儒道汇通之思想。

8.《黄帝阴符经注》（蔡氏）

原题"蔡氏注"，《宋史·艺文志》有"蔡望《阴符经注》一卷"，当即此书。今本收入《道藏》洞真部玉诀类。

此注采唐李筌三百字本，分上中下三篇，不题篇名。注文简明平实，发挥儒家思想，盖为儒者所撰。本书鲜见其他传本。

9.《黄帝阴符经心法》

题"蜀潼川六虚散人胥元一注"，约成书于金末元初。原文三卷，《道藏》本合为一卷，收入洞真部玉诀类。此书鲜见其他传本。

经文采用四百字本，分为三章，章名与他家不同。是书名为注经，实则假经义以申己说，其注着力发挥儒家存天理、灭人欲、修心诚性践履之旨，引证前人之说亦多取儒家经典，间涉老庄、释氏。

（三）劝善类道经

道教从创立开始，就把"劝善"作为其伦理道德教化的重要内容。

如《太平经》里关于"承负"的教义，就已经确立了劝善的思想观念。到了宋代，道教善书进入成熟期，《太上感应篇》《太微仙君功过格》《文昌帝君阴骘文》等一批讲善恶感应的书相继出现。这些劝善类道经，虽然题为神灵宣说或授受，但宣扬的基本是儒家伦理道德规范，教人尽忠为孝，恪守五伦等。到了明清时期，道教善书进入兴盛期，道门中人与文人士大夫不仅对原先的善书进行注疏和发挥，而且创作了许多新的善书，如《太上感应篇笺注》《感应篇直讲》《太上宝筏图说》《关圣帝君觉世真经》《吕祖醒心经》《吕祖忠孝诰》《丹桂籍》《石音夫功过格》《文昌帝君功过格》等。这些道教善书圆融三教，宣扬儒家的忠孝伦常，受到封建统治者的重视和提倡，历代皇帝、官员和儒生多参与注释和宣讲，各种各样的善书名目和刊印本遍及州县街衢，印刷数量之多，流传地域之广，大大超越了一般的宗教经典。关于上述诸善书及其内容，本书另篇《道教善书说略》（唐大潮、周冶撰）一文多有介绍，可参阅。本篇仅就上文中未重点提及的几种善书略作介绍。

1.《吕祖醒心经》

题孚佑帝君（即吕洞宾）著，一卷。《藏外道书》第七册收有清刘体恕辑三十二卷本《吕祖全书》，其中卷二一即是"醒心经"。

经前有康熙丁亥（1707）太仓顾周庚《序》，谓该年吕祖降示：

我有《醒心真经》一卷，久欲觉世，今当为汝等宣之。

可见《醒心经》约成书于清康熙年间。经文宣扬为善获福，为恶必得遭殃。世人苟欲除殃积庆，必须"遵守吾教，大醒自心"。要求时时自醒，消除恶念恶行，"勿许一念游移，勿许一时间断，久久自然黑气全消，红光缭绕。不独一身荣昌，子孙亦获吉庆"。

该书虽以吕祖口吻劝说世人学道，但实则宣扬的主要是儒家的纲常伦理，对于"不忠于君，不孝于亲。不敬于师，不信于友。私其妻子，伤其手足。慢其尊长，薄其亲戚"等等恶行进行鞭笞，要求世人务必猛省自心，洗心涤虑，务使"方寸之中，空空洞洞。一物不交，如皓月当空。万境澄彻，如明镜照人"。

2.《吕祖忠孝诰》

题"孚佑帝君（即吕洞宾）著"，二卷。《藏外道书》第七册收有清刘体恕辑三十二卷本《吕祖全书》，其中卷七、卷八即是"忠诰"和"孝诰"。

史大成《重刻忠孝诰序》谓"孚佑帝君《忠孝宝诰》一书"，"今姚子方升，请刊行世。吕祖亲降宝坛，用伸嘉勉。时蒙吕祖并苏真同赐临览。蒋子校正，又以序请于上，许之，以命余书"。史大成（1621—1682）为明末清初人，则该书大概成书于明末，盖为托名吕祖降笔的道教劝善书。

该书借道教神仙吕祖之名，宣扬的是儒家忠孝之道，以正人心，以化世人。序言托名正阳帝君，曰：

> 吾友纯阳子，念世教之衰微，悯苍生之蒙昧，特揭忠孝，以正人心，宣写颁行，广布人间。其立言本意，必酌精忠纯笃、至孝无忝者，方得入诰。如少有瑕疵，则不与焉。所作忠诰七十二位，孝诰三十六位。

3.《文帝孝经》

一卷，收入《重刊道藏辑要》星集，又收入《藏外道书》第四册。前有明弘治五年（1492）少保大学士邱濬所作《文帝孝经原序》，称"宋西山真先生言是经神妙通明"，可知该经大概成书于宋代，作者不详。该经托文昌帝君之口，劝导世人遵守孝道。

全书分为育子章、体亲章、辨孝章、守身章、教孝章、孝感章共六章，讲述：

> 父母育子之劳，曲尽其心；人子体事之怀，精悉其义：纲维至性，经纪民物，达自一孝，准诸万事。挚而加切，约而加详，广宣孝化，敷扬妙道，集众教之大成，而创千古之子则也。

该书的主要内容就是劝世人尊崇孝道，要求子女应该体恤、孝敬父母，并以此道推己及人，由此不但保全自身天性，还可以获得上天赐福，科举成功，乃至证果得道。该书对孝道极尽推崇，认为：

> 孝治一身，一身斯立；孝治一家，一家斯顺；孝治一国，一国斯仁；孝治天下，天下斯升；孝事天地，天地斯成。

该书从道法自然的宇宙观出发，认为孝是自然万物中的一种情感，孝道是自然之道。同时与儒家的孝道观紧密结合，孝可治国齐家，体现了儒道会通的思想进路。

4.《丹桂籍注案》

明颜廷表著，清颜云麓、颜生愉订补。四卷，收入《藏外道书》第12册。

《丹桂籍》是对《阴骘文》的注解。早在明代成化年间（1465—1487），颜廷表在从政之余，即对《阴骘文》进行笺注，到了清康熙年间，其五世孙颜云麓和六世孙颜生愉又在此基础上进行了参订补校，并于康熙二十七年（1688）刊出。颜生愉在《凡例》中说：

《文昌阴骘经》文,实与《太上感应经》相为表里。《太上感应经》注释已多,独《文昌经》未有注释。

颜生愉并强调,把《阴骘文》改名《丹桂籍》,是文昌帝君在梦中对颜子的委托。该书对《阴骘文》每句话加以注解,同时附上灵验案证。注释和案证多引用儒家经书故事。

(四)道教易学类著作

儒道两家都有自己尊奉的经典,如儒家奉习《诗》《书》《礼》《乐》《春秋》《论语》《孟子》等四书五经,道家奉习《老子》《庄子》《列子》等。但是《易经》却是两家共同奉习的经典。《易经》作为中国文化之源,也是儒家、道家之源。儒家宗《周易》,道家宗《归藏》,皆以阴阳之道为宇宙观的基石。道教正式成立之后,援引易理以指导修炼,以东汉魏伯阳的《周易参同契》为标志,出现了一个易学流派,即道教易学。卢国龙定义说:道教易学是援引《周易》义理以阐发道教教理、信仰和修持方法的一种学术形式,道教易学和儒家易学同源而异流。[1] 章伟文亦指出,道教易学主要指道教中的易学,是以《周易》的卦爻象、卦数及历代易学中围绕着《周易》经、传本身及对其阐释中出现的种种概念、命题来对道教的信仰尤其是教义思想进行解说的一种学术形式。[2] 道教易学对中国哲学、伦理学、数学、建筑学、养生学等都有较大的影响。从《周易参同契》开始,已建立起较为系统、完整的道教易学思想体系。魏晋南北朝时期的道教易学更为重视对《周易》的神化和信仰化。《参同契》所承载的道教易学理论对于天人关系的思考,对于道教

---

[1] 卢国龙:《道教易学论略》,载于《道家文化研究》第11辑。
[2] 章伟文:《道教易学综论》,载于《中国哲学史》2004年第4期。

的理论和实践发展都有重要的启发意义。宋元时期，道教易学发展至极盛，易学内丹学、道教易图学、道教易老学成为道教易学发展的三种主要形式。在内丹学方面，如南宋道士陈显微认为道教修持应法易理而行，储华谷则以《易》的河图、洛书之理来论道教修持，而俞琰则以易理、易符来论内丹道与易道的关系。在易图学方面，宋代陈抟的龙图易开创了易图学的先河，金代全真道士郝大通以各种易图论宇宙的规律及其与道教修持的关系。在易老学方面，如宋末元初道士雷思齐以《道德经》论《周易》的河图、洛书之理，元代道士李道纯以《老子》"虚静"的道体说，与《周易》的"动静"说相结合，提出易、象为道之源，常、变为易之原的观点。总之，宋元时期出现众多道教易学类著作，这些著作都保存在《道藏》之中。道教易学作为易学的一个重要流派，其对易学的诠释有不同于儒家的特点，重在对自然天道及人与自然天道合一等问题的探讨，为传统易学的发展开辟了新的思想空间。

《道藏》中收录了不少易学类著作。据《中华道藏》的七部分类法，道教易学作为第二部类"四辅真经"下面的一个子类，包括《周易参同契》《易林》等26种著作。而在这26种经书中，《参同契》类有12种，易图类有6种，其他类7种。实际上，《道藏》中还有更多的经书可以归入到"道教易学"的范畴中来。[①] 本书另篇《易学类道经说略》（章伟文撰），对此有专门的介绍，故不再重复。唯将这些著作目录罗列如下：

（1）《周易参同契》（阴真人）

（2）《金碧五相类参同契》（阴真人）

（3）《周易参同契注》（无名氏）

（4）《周易参同契分章通真义》（彭晓）

（5）《周易参同契鼎器歌明镜图》（彭晓）

（6）《周易参同契注》（无名氏）

---

① 参见章伟文《易学类道经说略》，朱越利主编《道藏说略》下册，北京燕山出版社，2009年，第463页—465页。

（7）《周易参同契注》（储华谷）

（8）《周易参同契解》（陈显微）

（9）《周易参同契分章注》（陈致虚）

（10）《周易参同契考异》（朱熹）

（11）《周易参同契发挥》（原题俞琰）

（12）《周易参同契释疑》（原题俞琰）

（13）《易林》（焦赣）

（14）《易数钩隐图》（刘牧）

（15）《易数钩隐图遗论九事》（刘牧）

（16）《周易图》（佚名氏）

（17）《大易象数钩深图》（杨甲）

（18）《易外别传》（俞琰）

（19）《易筮通变》（雷思齐）

（20）《易图通变》（雷思齐）

（21）《天原发微》（鲍云龙）

（22）《易象图说内篇》《外篇》（张理）

（23）《古易考原》（梅鷟）

（24）《易因》（李贽）

（25）《皇极经世》（邵雍）

（26）《集注太玄经》（司马光）

建议阅读书目：

朱越利：《道经总论》，辽宁教育出版社，1991年。

任继愈主编：《道藏提要》，中国社会科学出版社，1991年。

胡孚琛主编：《中华道教大辞典》，中国社会科学出版社，1995年。

陈国符：《道藏源流考》（新修订版），中华书局，2014年。

主要参考书目：

牟钟鉴：《儒道佛三教关系简明通史》，人民出版社，2018年。

王　卡：《道家与道教思想简史》，中州古籍出版社，2019年。

朱越利：《〈道藏〉中的中国哲学史史料举例》，载于《中国道教》1987年第1期。

任继愈主编：《中国道教史》，上海人民出版社，1990年。

任继愈主编：《道藏提要》，中国社会科学出版社，1991年。

胡孚琛主编：《中华道教大辞典》，中国社会科学出版社，1995年。

卿希泰主编：《中国道教思想史》（第四卷），人民出版社，2009年。

萧登福：《新修正统道藏总目提要》，巴蜀书社，2021年。

〔日〕野口铁郎主编：《道教讲座》第4卷《道教與中國思想》（本卷主编福井文雅、山田利明、前田繁树），雄山阁，2001年。

朱越利：《道教与"天地君亲师"五字牌位》，《东方文明与礼仪国际学术研讨会论文集》，2021年。

作者简介

汪桂平，女，安徽桐城人。1985年9月到1989年7月，北京大学历史系本科。1989年9月至1993年7月，北京大学历史系中国古代史专业研究生。1993年毕业，获硕士学位，同年到中国社会科学院世界宗教研究所道教研究室工作至今。现任中国社会科学院世界宗教研究所研究员，道教与民间宗教研究室主任，兼任中国宗教学会道教研究专业委员会主任、中国道教学院特聘教授。主要著作有《东北全真道研究》《道教科仪研究》（合著）《洞经乐仪与神马图像》（合著）等；主编有《三洞拾遗》《中国本土宗教研究》《嵩山论道：首届嵩山道教文化论坛论文集》《华夏文库·道教与民间宗教书系》；点校整理有《齐云山志（附二种）》《中华大典·宗教典·道教分典》等。

易学类道经说略

章伟文

一、《道藏》道教易学类道经概述

"三洞""四辅""十二类"是《道藏》经书传统的分类方法。唐代以前，因所属道派各不相同，道经按传授系统主要分为"洞真""洞玄"和"洞神"三部；"四辅"和"三洞"合称"七部"的提法也开始出现。自宋代以来，"三洞""四辅"七部的分类方法开始在正式修藏时采用。明重修《道藏》时，仍然按"三洞""四辅"来对道经进行归类。但由于宋以后，道派、经书数量又增加了不少。新出道经按原来"三洞""四辅"的方法进行归类，总给人"名实不符"的感觉；且原本"三洞"各分"十二类"的分类方法就已有重复之嫌。

由中国道教协会道教文化研究所、中国社会科学院世界宗教研究所和华夏出版社三家共同组织编纂的《中华道藏》在明《道藏》的基础上，将道教经书分为"三洞真经""四辅真经""道教论集""道法众术""道教科仪""仙传道史""目录索引"七部。既保留了原《道藏》"三洞""四辅""十二类"的分类方法，又在此基础上对新出道派的新增道经进行了合理编排。其中的一个创新之点，就是将"道教易学"作为《中华道藏》经书分类的子项目之一，归入到第二部类"四辅真经"中。

《中华道藏》"道教易学"部分所收经书包括26种：

原题"长生阴真人注"：《周易参同契》

原题"阴长生注"：《金碧五相类参同契》

不题撰人：《周易参同契注》，原收于明《正统道藏》太玄部容字号

五代后蜀道士彭晓撰：《周易参同契分章通真义》

五代后蜀道士彭晓撰：《周易参同契释鼎器歌、明镜图》

无名氏注：《周易参同契注》，原收于明《正统道藏》太玄部映字号

陈显微撰：《周易参同契解》

储华谷注：《周易参同契》

朱熹撰：《周易参同契考异》

俞琰撰：《周易参同契发挥》

俞琰撰：《周易参同契释疑》

陈致虚撰：《周易参同契分章注》

焦延寿撰：《易林》

刘牧撰：《易数钩隐图》

刘牧撰：《易数钩隐图遗论九事》

不题撰人：《周易图》

不题撰人：《大易象数钩深图》

俞琰撰：《易外别传》

雷思齐撰：《易筮通变》

雷思齐撰：《易图通变》

鲍云龙撰：《天原发微》

张理撰：《易象图说》（内外篇）

梅鷟撰：《古易考原》

李贽撰：《易因》（上下经）

邵雍撰：《皇极经世》

司马光撰：《集注太玄经》

上述26种经书中,《参同契》类的有12种,易图类的有6种,其他类的有8种。这26种经书,在原《道藏》中分布各不相同。其中《参同契》注有10种,收录在原《道藏》"太玄部"中;收入"太玄部"的还有邵雍《皇极经世》、俞琰《易外别传》、雷思齐《易筮通变》《易图通变》。陈致虚《周易参同注分章注》,原《道藏》未收,《四库全书》《道藏辑要》《藏外道书》有收录。阴长生注《金碧五相类参同契》,收入《道藏》"洞神部众术类"。刘牧、张理等关于易图类的经书5种,收入原《道藏》"洞真部灵图类"。《易林》《古易考原》《易因》,收入明万历《续道藏》。《天原发微》和《集注太玄经》,收入原《道藏》"太清部"。

新编《中华道藏》把这些经书均归入到"道教易学"部分,这是因为:首先,《参同契》本身就是站在道教炼丹的立场来对《周易》进行解释的;第二,图书易学与道教学者陈抟有极密切的关系,且图书易学与道教重天道的思想特征相一致,而与王弼玄学易、程朱儒家易学重人事的特征有所不同;第三,其他7种对《周易》《太玄》进行解释的经典,对道教教义思想亦有启发作用,跟道教的关系也比较密切。

我们认为,"道教易学"不仅仅限于此26种经书。在《道藏》中,还有更多的经书可以归入"道教易学"的范畴中来。之所以这么说,是因为"道教易学"本身就是道教阐发自身教义思想的一个重要理论形态。

二、道教易学的研究状况及其与玄学易、儒学易的区别

朱伯崑先生较早提出"道教易学"的概念,并将"道教易学"纳入其易学哲学史研究范围。在《易学哲学史》上册讲"魏伯阳的月体纳甲说"时,他提出:

《参同契》的易学,是为炼丹术服务的。但它创建了道教解易的系统,其在道教思想史和易学史上都起了很大的影响。[①]

　　从易学史的角度看,此书以《周易》中阴阳说,特别是汉易中的卦气说,解释炼丹术,标志着汉易发展的另一倾向,成为后来道教易学的先驱。[②]

朱先生之后,陈鼓应先生主编的《道家文化研究》第十一辑是一期关于"道教易"的专辑。[③] 此书中的一些文章,如卢国龙先生的《道教易学论略》《论唐五代道教的生机观——〈参同契〉与唐五代道教的外丹理论》《〈参同契〉与唐宋内丹道之流变》,余敦康先生的《论邵雍的物理之学与性命之学》《论邵雍的先天之学与后天之学》,陈耀庭先生的《道教科仪和易理》,萧汉明先生的《〈周易参同契〉的易学特征》,詹石窗先生的《〈悟真篇〉易学象数意蕴发秘》《李道纯的易学思想考论》,李远国先生的《陈抟易学思想探微》,张善文先生的《〈道藏〉之易说初探》,张广保先生的《雷思齐的河洛新说》,刘韶军先生的《〈道藏〉〈续道藏〉〈藏外道书〉中易学著作提要》等,对何谓道教易学、不同时期道教易学的有关典籍作了探讨,对一些重要人物,如陈抟、张伯端、俞琰、李道纯、雷思齐等人的道教易学思想有所介绍。朱越利先生所著《道经总论》《道藏分类解题》,胡孚琛先生主编《中华道教大辞典》等书,对"道教易学"列有专类并进行过重点介绍。

此外,现代的一些专家及学术著作对"道教易学"的某个方面的内容都作了专题的研究。如对《周易参同契》,王明、陈国符、潘雨廷、孟乃昌、萧汉明等先生都有深入研究。陈国符先生确定了《道藏》中有两个注本是唐代的,潘雨廷先生对《参同契》的作者及成书年代有过详

[①] 朱伯崑:《易学哲学史》上册,北京大学出版社,1986年,第235页。
[②] 同上书,第214页。
[③] 陈鼓应主编:《道家文化研究》第十一辑,生活·读书·新知三联书店,1997年。

考，孟乃昌先生对《参同契》的著录和版本情况有过研究。萧汉明、郭东升先生合著的《〈周易参同契〉研究》，在前人的基础上，对《参同契》文本自身作了系统的研究。在"易学"与"道教文化"的关系方面，詹石窗、连镇标先生所著《易学与道教文化》一书，对易学与道教文化的关系作出了富有特色的探讨。李申先生、张其成先生对于易图学及其与道教的关系也作过重要研究。李申先生著有《话说太极图》《易图考》等专著，张其成先生著《易图探秘》一书。这都对道教易学的深入研究产生了重要的影响。章伟文著《宋元道教易学初探》对宋元道教易学作了专题研究。国内外还有许多专家、学者对道教易学作出了富有特色的探讨与研究，限于篇幅，于此不作一一介绍。

道教易学，既不同于儒家易学，亦不同于道家易学，它是为道教炼养学提供理论基础的。所谓道教易学，主要指的是道教经典中以《周易》卦爻象、卦数及历代易学中围绕着《周易》经、传及其阐释而出现的概念、命题等来对道教的信仰、教义思想进行解说的一种学术形式。[①] 道教易学产生于东汉中后期，以《周易参同契》的出现为标志。

道教易学的出现，是和整个两汉社会大的政治、学术环境密不可分的。因为中央集权政治统治的需要，汉武帝实行"罢黜百家，独尊儒术"的方针，这使儒家学说成为了官方意识形态。作为意识形态，要对现实生活进行引导、规范，要对至高无上的王权进行监控，故而以孟喜、京房为代表的汉儒官方易学的主要特点在于通过卦气说、奇偶之数、纳甲之法等解《易》形式，言阴阳灾异来探寻"天意"，利用"天意"来对现实的王权、人事进行"规范"。但在汉儒的易学之外，到东汉中后期又出现了讲阴阳变易和炉火修炼之事的最初的道教易学。这是因为儒学独尊对于汉代社会来说有利有弊。其利主要在于儒家的纲常伦理以及其重视现实教化的特点和传统能发挥稳定社会、巩固皇权的作

---

① 此定义受卢国龙先生著《道教易学论略》一文观点的启发而提出，详见卢国龙著《道教易学论略》，陈鼓应主编《道家文化研究》第十一辑，生活·读书·新知三联书店，1997年，第5页。

用；其弊则反映在儒家的一套定型的纲常伦理与活生生的、不断发展的社会生活之间通常存在一种"发展"和"限制"的矛盾。这种矛盾在一定情况下，可能会激化成为社会的主要矛盾，从而导致社会的动荡。

相对于汉代儒学的僵化，先秦道家思想则显得通融、无碍。先秦道家"道"的概念具有无限包容性，一切变与不变皆可纳入到其中来。但是道家具有轻人事、重天道的特征，①这使其在切入现实生活方面存在一定的难度。而不能切入现实，则不能引领现实。先秦道家的这个理论缺陷，使得它必须适应时代和社会的要求而作出某种改革。道教便是先秦道家变革后的一个产物。道教以"道"名教，直接继承了先秦道家通融无碍的"道"的思想。但道教作为一种宗教，亦应考虑教化世人的问题，因此也就要考虑如何更好地教化现实、切入现实的问题。道教既吸收了先秦道家在天人关系上的思想，又吸收了儒家重人事、重现实教化的特点，对天人关系进行了重新审视。它一方面认为人道应该合于天道，天道是人道归趋的目标；另一方面又重人道之本身，认为归趋于天道的落脚点还在于人道。

天道之理为何？理想之人道为何？由人道及于天道为什么是可能的？由人道及于天道的具体路径为何？道教正是在对这些天人关系问题的思考过程中，引入了《易》学，从而确立了道教易学这种独特的道教教义理论形式。《周易》经、传的义理内容和卦爻象的数理排列（如卦气说、纳甲说、卦的数理、卦序的排列、卦的取象、阴阳对待、流行的观念、阴阳与五行、八卦的关系等）对于天道的敷演，是非常有效的理论形式。将《易》引入道教，可以解决由人道及于天道的路径和阶次的问题。人通过法天地阴阳的消长，如四时、十二月、二十四气的卦气变化，卦象和卦理的变化，纳甲的方法，修丹以合于天道。如东汉魏伯阳的《周易参同契》以乾、坤、坎、离四正卦为阴阳之橐籥；以屯、蒙等

---

① 道家在人天关系上，更重天，所谓"人法地，地法天，天法道，道法自然"（《道德经》第二十五章）、"无以人灭天，无以故灭命"（《庄子·秋水》）。

六十卦论一月三十日每日早晚之火候；以坎、离两卦结合震、兑、乾、巽、艮、坤六卦论月亮的盈亏，说明一月中用火的程序；以复、临、泰、大壮、夬、乾、姤、遯、否、观、剥、坤十二辟卦结合律吕以论一月或一年丹道炉火之用功，就系统地运用了《周易》的卦象和原理，以论天道和丹道炉火之理，从而建立起较为系统、完整的道教易学思想的体系。

《周易参同契》推阐《易》之天道，以之来引领人事，又以人事去印证《易》所言之天道。通过引《易》入道，《易》理即是天道之理，循《易》理而行就能与天道相通，达到人与天的合一。它结合《易》理来探讨天道的内容、表现以及由人事通向天道的路径，既能为道教信仰确立较明确的终极宗教目标，又能为道教的宗教修持提供切实的路径和方法。和玄学易（或谓之道家易学）重虚无本体，强调"得意忘象""得象忘言"有所不同，道教易学重人道达于天道的具体方式、方法，重视对汉易象数学的改造、运用，以之来摹拟天地造化的过程以及人道达于天道的方式。

我们认为，道教易学之所以成为易学的一枝，是因为它亦有传统易学"推天道以明人事"的特点。在这个过程中，和儒家易学以政治和社会伦理问题作为"人事"的主要内容有所不同，道教易学的"人事"，主要指的是个人的修炼之事，是以个体的人为本位，通过个体的人修金丹炉火之事，使人道合于天道。应该说，儒学易同样重视对天道的探究，但儒学易探索天道的主要目的是为政治和社会伦理问题提供本体论的根据。如宋代理学开山之祖周濂溪的易学著作《太极图》及《太极图说》，其特点是将儒家具有政治和社会伦理特色的"中正仁义"等内容上升为"天道"，其立论的方法是以《周易》天、地、人"三才"一理为前提，从"天地自然之理"推及于"人之理"，又"原始返终"，将"人之理"上升至于"天地自然之理"。故《太极图》最上一圈为"无极而太极"，表明无形无象的太极是宇宙万物生成的本源和本体；第二圈"坎离相抱"，表明"太极"的动静产生了阳性和阴性的物质，它们两者统一于"太极"之中，既互相对立，又互相转化，从而生生不已；第三圈是"五行生成图",指的是"太极"中阴阳两仪的变化和组合,形成了金、木、水、火、土五行;第四圈"乾道成男,坤道成女"、第五圈"万物化生",指阴阳五行之气又生成人类和万物。其中,人为万物之灵,其所禀受的阴阳五行之气成为人的五常之性,即仁属木,义属金,火属礼,水属智,土属信。儒家的圣人于五常之性不偏、不执,取其中正而已,故无欲;无欲故静,从而能"与天地其合德,与日月合其明,与四时合其序,与鬼神合其吉凶"①。由此可以看出,周子学说本身的内容是历史上儒家一贯强调的"中正仁义",他将形而下的政治和社会伦理问题上升为形而上之天道,为政治和社会伦理问题提供本体论的根据,其立足点是人事,天道是为人事的需要而设定的。

儒学所谓的"人"是一种作为社会存在物的人,具有社会性的"人"要利用自然物和自然力,更多地要倚重群体的力量,要借助群体的力量来弥补单个人力量的不足。如荀子所谓人"力不若牛,走不若马",而牛、马却为人所役,因为"人能群,彼不能群也",故"能群"才能"胜物"。儒学指导下的这种社会运作形式,要求社会群体组织原则的严密性,如孔子"道之以德,齐之以礼"的德治观,孟子的"制民之产"的仁政学说等,都是从如何使这个社会群体更为有效运作所提出的方案。但这些理论也容易产生一个缺陷,即单个的人在这个过程中,往往容易被当作手段而不是被当作目的来看待。道教易学和儒学易的不同之处就在于,它重在对自然天道及人与自然天道之合一这个问题进行研究,这种人与自然天道的相合更多地是以个体的、自然人的身份来进行,认为通过积极的、能动的个体修道活动,能达到身体机能和精神的理想状态,从而增强人的主体性和自由度。人道及于天道的路径和阶次等问题因《易》被引入道教而变得更加明晰。因道教与《易》的沟通,产生了道教易学,也便形成了道教易学独特的论题:

---

① 《宋元学案》卷一二,《濂溪学案下》首列有《太极图》,并附周子《太极图说》,详见黄宗羲著《黄宗羲全集》第3册,浙江古籍出版社,1986年,第603页、604页。

首先，道教易学结合《易》之理，要探讨天道及其表现，以为道教信仰确立终极的宗教目标，也为道教的宗教修持确立方向。

其次，以《易》的理、象、数等形式来论修道的路径和方法，包括药物、火候、鼎器、路径、阶次等问题也都属道教易学的内容。

最后，道教以及道教易学都要立足于人事教化，以人合天，故其内容还应包括以《易》之理来论人性修养和人的精神超越等问题。

三、道教易学的历史发展及其对道教教义思想的影响

东汉后期，《周易参同契》确立了道教解易系统。但进入魏晋南北朝之后，《周易参同契》的道教解易系统不论是在道教内还是在道教外，似乎都相对沉寂，没有得到更进一步的阐发。究其原因，我们认为，《周易参同契》作为汉代黄老道思想的一个重要代表，其命运应该和汉代黄老思潮的兴衰联系在一起。

汉初以黄老思想治国，主要目的在于休养生息，恢复和发展被长年战乱所严重破坏的生产力。西汉发展至武帝时，其时、势与汉初相比已经有了根本的不同。此时，西汉国势达到极盛，为了更好地维护国家的稳定，巩固边疆，创造一个和平的发展环境，以促进生产力的更好发展，迫切需要加强中央集权的政治统治。汉武帝不再以黄老道思想作为治理国家的主导思想，而是适时地实行"罢黜百家，独尊儒术"的政策。究其原因，一则在于儒学的经世特色有利于维护中央集权的政治统治，从而能为生产力的发展创造一个相对稳定的社会环境；另外也是出于政治斗争的需要，因为一些地方诸侯王以黄老制谶，有可能削弱中央的集权。故武帝后，黄老思想经历了一个相对沉寂的时期。

东汉前期，光武中兴，亦面临战乱后的重建问题，黄老思想在这种情况下有可能重新被统治者所重视，得到一定的发展。在东汉中后期，

黄老思潮发展为黄老道，成为反抗腐朽、黑暗的宦官和外戚专权的重要武器。这从汉末的黄巾大起义，可以得到证明。黄巾大起义失败后，统治者深惧黄老道思想，故而具有黄老特色的《周易参同契》，可能在当时也受到一定的压制。因此，进入魏晋南北朝之后，《周易参同契》的道教解易系统不论是在道教内还是在道教外，似乎都相对沉寂，没有得到更进一步的阐发。

从易学的发展史来看，由于汉代象数易学的日渐繁琐和神秘化，在经历了两汉的充分发展后，至魏晋时期，汉代象数易学走向了它的反面，被以王弼易学为代表的玄学易所取代。这种取代，不仅是学风由繁琐趋向简易的变化，并且所讨论的理论话题也有了重大改变。由于受佛教传入的影响，理论界逐渐抛弃了对汉代天人感应问题的讨论，进而将关注点转向了探讨现实之后的本体问题。这个学术的转向，有其内在的社会、政治原因。从东汉中后期开始，一直到三国两晋南北朝，中国的社会政治生活总是处于动荡和不稳定中。要探究造成社会动荡和不稳定的原因，离不开对现实社会政治制度的检讨。制度的好与坏，当然必须通过社会的实践来评判，但对于一项制度形成的根据和原因的探讨也很重要。一项好的制度，其形成原因和机制是什么？一项不好的制度，为什么是不好的？对于这些问题的思考，必然引导人们去探讨现象和事物背后的决定性的因素是否存在、如何存在、它是什么等问题。在这一点上，佛教认为，现实世界是虚幻不实的，本体的世界才是真实的。这一重视对现象背后的本体进行思考的理论思路的价值就自然而然地流行起来。魏晋玄学吸收了佛教重本体思考的理论思路，适应时代的需要，对有无本末问题、名教与自然问题进行了重点的思考。这个思考是通过对《老》《庄》《易》三玄之学的阐发来进行的。在这种大的时代背景之下，汉易的象数学似乎已经被玄学易所超越。《周易参同契》主要就是结合汉易象数学来论道教的炼丹。汉易象数学在魏晋时的命运也直接影响到《周易参同契》在魏晋时期的发展。因玄学的话语系统成为当时的主流文化，《周易参同契》不合时宜的汉易象数学话语系统不为时代所重，故不能不相对地沉寂。

应该承认的一个事实是,《周易参同契》不是魏晋六朝时期的显学,但这并不意昧着它就没有影响。当时的一些重要文献对它还是有所提及的,如葛洪的《抱朴子》《神仙传》,陶弘景的《真诰》,颜之推的《颜氏家训》等。同时,在魏晋南北朝,道教易学仍然有所发展,其主要的特征是更加重视对《周易》的神化和信仰化。这和《周易参同契》利用汉易构造一套炼丹的理论体系的特点有所不同。如道教的宗教仪式中要设立斋醮坛场,其中有以九宫配八卦,八卦又与相应的神及神位相对应。这是否对宋代河洛图书易学有所影响,尚可以进一步讨论。

隋唐时期,道教得到了较快的发展,《周易参同契》的影响也逐渐加大。新、旧《唐志》已有对《周易参同契》的记载。为什么隋唐之后,《周易参同契》的影响会逐渐增大?这一时期道教与易学的关联如何?我们对此作一简略分析。

从思想史和道教史的发展角度看,受佛教中观"有无双遣"思想以及魏晋玄学思想的影响,六朝后期至隋唐时期,道教中有"重玄学派"的兴起。所谓"重玄学派"的"重玄",取自《老子》首章所云"玄之又玄",并以之开宗明义。唐代道士成玄英、李荣是"重玄学派"的重要代表。成玄英《道德经义疏》释《老子》"玄之又玄"句云:

> 有欲之人唯滞于有,无欲之人又滞于无,故说一玄,以遣双执。又恐行者滞于此玄,今说又玄,更祛后病。既而非但不滞于滞,亦乃不滞于不滞,此则遣之又遣,故曰玄之又玄。

李荣《道德真经注》释"玄之又玄"说:

> 非有无之表,定名曰玄,借玄以遣有无,有无既遣,玄亦

自丧，故曰又玄。①

重玄学比玄学更进一步，玄学兴起的原因在于探究现象后面的本体的需要，以求得为现实制度和生活立法的功效，它一般是在有与无的范畴之内来讨论问题的，在其虚无、逍遥的学风中有着浓烈的现实关怀在其中。重玄学虽也是为了求证最终的本体，但这个本体在确立的过程中，排斥任何的规定性，既不"贵无"，亦不"崇有"，也难说就是"独化"；其用来论证本体的方式、方法主要是"否定"。仅就学术思辨的水平言，相对于魏晋玄学，重玄学有了长足的进步。但重玄学的目的主要并不在于为现实的社会制度立法，不是为寻求现实制度的根据而建立，它侧重于引导人们去除对现实的执与滞，直接契入本体。应该说，道教重玄学更近于佛教中观学的出世主义，而与道教一贯重视现实教化的传统有所背离。

尽管从思想本身的发展看，从对宇宙生成本原的考察，过渡到对现象背后的本体的考察，再到诸多对本体思考中的心性本体的凸显，这个过程涵盖了对于世界的形成、世界的本质以及人与世界的关系等重要哲学命题的思考，呈现出人类在哲学思考理路上的进步和哲学内容的丰富和发展。但是思想反作用于现实的功效性的大小，毕竟是人们在进行思考时必须要顾及的功利性原则。重玄学直接开启了道教义理的心性之路，这是道教在魏晋南北朝和隋唐时期儒、释、道三教互融互摄大的思想背景下寻求自身发展的一个新突破，其功效性当然不容抹杀。但随着重玄学的发展，其"绝对否定"的方法论原则越来越构成对道教传统"重现实教化"宗风的破坏。而现实教化不仅表现在要因应、体察现实制度和生活以立教宗，还表现在哲学思考上，应建立起现实与本体之间建设性的、实在的联系，而不能仅用绝对否定的方式来论现实与本

---

① 成玄英、李荣注语，转引自任继愈先生主编《中国道教史》，上海人民出版社，1990年，第256页。

体，这样容易使得现实与本体之间隔绝，从而使现实与本体裂为两截。《周易参同契》就其本文而言，是以汉易的卦气说、阴阳五行说、纳甲之说结合黄老思想和道教炉火炼丹的理论而形成的。汉代象数易学认为宇宙发生、发展是有规律的，这就是天道；天道不离阴阳消息，阴阳消息的规律可以《周易》卦爻变化的规律来表征；《周易》卦爻的变化反映的是天道的内容，现实的一切无非是阴阳消息作用的结果，掌握阴阳消息的规律，就能认识天道的规律。隋唐以来，道教各家在对《周易参同契》注释的过程中，以汉易的卦气说、阴阳五行说、纳甲之说等为基础，认为《易》体现了天地之道，人法天地之道能修成还丹，与天地同在；更重要的是能认识天道规律、驾驭现实，沟通天与人。这对于恢复道教传统的重现实教化的宗风，在理论上更有价值，在实践中更有实效性。因此，尽管从隋唐一直发展到宋，道教重玄学仍然有所建树，但与此同时，以阐发《周易参同契》天人思想为重要内容的道教丹道之学开始崛起并趋于兴盛。

对于《周易参同契》在唐代能成为道教中的一门显学，卢国龙先生较早对此作过精辟分析。他认为：

> 《参同契》对于《周易》原理的运用，使它在炼丹术的形式和神仙信仰的方式下，承传了中国文化所固有的天道观念，成为元气生成论和宇宙生机观的一大载体。①

卢先生从中国传统文化的大背景来着手考察，认为儒道文化在渊源上是同一的，都承认宇宙的基本原理是元气生成。《易·系》所谓"天地之大德曰生"，《老子》所谓道生德蓄之"玄德"，从原理、信念到应用，都渗透着中国文化的一个根本观念：宇宙间洋溢着生气，生机流转，造

---

① 卢国龙：《论唐五代道教的生机观》，载于《道家文化研究》第十一辑，第76页至120页。

化无穷；人得天地钟秀之气而最灵，能体悟宇宙生机的动跃流转，因应自然进而驾御自然。道教的信仰体系和修持炼养方法都建立在《易》《老》的这种元气生机论的原理基础之上。唐代佛教以缘起论、性空论、佛性论等冲击着中国传统文化中的元气生成论思想，而这个思想是道教信仰得以成立和道教修持得以进行的一个重要基础。道教必须要巩固这个基础，以期获得生存和发展的空间。《周易参同契》作为元气生成论思想的一个重要的代表，必然受到道教界的重视。这也是唐代时《周易参同契》从众多丹经中脱颖而出，成为一门显学的一个更重要的原因。①

隋唐五代道教易学的宇宙观，认为宇宙的造化发生在天地间，炼丹的造化发生在炉鼎间，修丹之理与天地造化的变化之理相同。对此，我们可以在隋唐五代的道经中找到相关的证据。如似出于唐代的《太清元极至妙神珠玉颗经》认为，人之生成，与天地阴阳五行、四时八卦之运行变化同理，因此人之修炼，亦与天地造化同途。此书所述丹道之诀，其周天符火进退与《周易》卦爻变化是相配合的。唐代丹经《通幽诀》认为，道生阴阳，阴阳生五行，五行合而为还丹，还丹之理同于天地造化之理。上述这些丹书之所以讲炼丹还要结合天地之理来进行论述，反映出隋唐道教的炼丹术和东晋葛洪、南朝陶弘景时的炼丹术相比已有了重大的不同，炼丹的技术当然还是关注的重点问题，与此同时，对炼丹进行理论的论证逐渐成为了更为重要的关注点。《周易》天地人三才之道以及《周易参同契》合大易、黄老、炉火言丹道的传统在隋唐五代得到继承和发扬。天道与丹道的同一，使得道教炼丹的过程成为和天地造化同途的过程，炼丹的意义，不仅是求得长生不老，更重要的是求得人与天道的合一。

隋唐道教丹经还以《周易参同契》所载汉易象数学的理论形式，如卦气说、阴阳五行说、纳甲说等，论天地造化的节序，并以之描述道教

---

① 卢国龙：《论唐五代道教的生机观》，载于《道家文化研究》第11辑，第76页至120页。

丹道的火候。《周易》卦爻符号的变化被用来表征天道阴阳消息进退的信号，修道之人法此而行，就能与天地合，与大道通。如题玄和子撰的《玄和子十二月卦金诀》，以《周易》十二消息卦与十二月、十二时辰相配，根据卦爻阴阳变化及寒暑推移，确定炼丹时间与火候进退，以《周易》卦象与炼丹火候相配，这就是本之于《周易参同契》。

隋、唐、五代时期，道教外丹学得到了充分发展。但在当时，外丹的不适当服用常常造成对生命的戕害，这对道教长生成仙、延年益寿的宗教理想是一个打击；同时，外丹把服食丹药当作长生、成仙的主要途径，比较重视丹药的配方、炼制及服食的效果，不太重视宗教伦理道德在实现长生、成仙理想过程中的作用。而宗教伦理道德对于宗教理想实现的作用问题直接关系到道教对生活世界、经验世界的态度问题，如果处理不好，就容易削弱道教的社会教化基础。

外丹的局限性，使得道教转而向内探求，于是有了宋元明清道教内丹学的兴起。内丹学借用外丹术语，以人体为鼎炉，以神识意念对内在于人的药物——精、气、神进行烹炼，以修成金丹。修炼自身精气神的前提条件之一，即是人的精神虚静、恬适，外缘和顺，这样才能凝神聚气。宗教伦理道德、规范，对此前提条件的促成，有着重要的作用。因为宗教伦理道德一般均要求与人为善、积功累德、少私寡欲、慈爱和同等，认为只有这样，才能达成虚静恬适，外缘和顺等修道的境界。内丹学与宗教伦理道德、规范的这种密切关系，使之不再只是一种单纯的养生技术，而成为了和社会密切相关的心性修养之学。这和外丹希冀于服食药物以长生、成仙相比，有着更为广泛的社会意义，有利于道教的社会性道德教化，对于道教的发展有着重要的促进作用。

内丹学既是对道教外丹学的扬弃，同时也是在对重玄学的反思和批判中建立起来的。重玄学对形上层面的东西讲的较多，对达成此形上的境界，即如何具体操作的方法则谈得不是很清楚。如《清静经》是唐代出现的一部重要的道教经典，其中，对道教重玄学的思想有着精辟的论说。但元代高道陈致虚认为，《清静经》论说的还很不够。因为此经所

述的"空""无""虚""寂""静"等原则上都是形而上的境界,而不是指导宗教实践的具体范式。所以,陈致虚评论说:

> 《清静经》自"内观其心,外观其形,远观其物,惟见于空,空无所空,所空既无,无无亦无,无无既无,湛然常寂,寂无所寂",语到这里,常人看来,岂非大休歇、大解脱时也?缘何下接"欲岂能生?欲既不生,即是真静,真静方能应物"?仔细看来,行到真静应物处,方是初学底事,若论修丹,未梦见在。①

《清静经》所言及的境界,在常人看来好象是到了大休歇、大解脱的地步了,但是从内丹修炼的角度看,这才是初学之事。道教内丹学讲穷理尽性以至于命,就内丹修炼而言,《清静经》中所论及的只是穷理一事,而对随后通过具体宗教修行以尽性乃至于命的路径、阶次则都语焉不详。如果说内丹道教比重玄道教更进了一步的话,那么,其主要表现,就在于内丹道教通过明确宗教修行的路径和阶次,弥补了重玄道教的不足,一步一个脚印地去接近和体验永恒的道体。

因此,宋元明清内丹道教是对外丹学和重玄学的扬弃中建立起来的。它致力于为道教的宗教实践提供具体范式的指导,为道教的社会教化寻求更为理性和更具操作性的切入点。围绕着这个历史使命,内丹道教对实证形上道体的方法,形上道体与形下经验世界、生活世界关系等问题进行了多方面的思考,提出了各种各样的解决方案。宋元明清道教易学,就是其中的一个重要方面。

宋元明清时期,道教易学得到了极大的发展,出现了各种不同的流派。这些流派运用《周易》的原理,分别对道教教义的某一个方面展开

---

① 陈致虚:《周易参同契分章注》,《藏外道书》第9册,巴蜀书社,1992年,第230页。

论述。如从唐五代肇始的道教易图学，以易图的方式对天地生成之理和节序进行理论的说明，以为道教的修丹实践服务。道教易图学主要是以易图的方式来表达道教对宇宙生成问题的看法和态度所形成的道教易学的流派。它重点探究天道运行的法则和规律，以指导道教的炼丹。《道藏》中有相当一部分关于道教易图学的经文，如五代彭晓著《周易参同契鼎器歌明镜图》，是较早用图的形式结合《易》之理来论道教的丹道修养的道教丹经。此后，五代、北宋著名道士陈抟著《易龙图》，提出龙图三变，成"河图""洛书"，又提出无极、先天诸图，以易理述道教的丹道理论，等等。道教易图学就其内容而言，主要是为道教丹道的修持提供理论的论证，而修丹之理同于天地生成之理，由此，对天地生成之理的探讨是其内容中非常重要的一部分。

在宋元明清道教易学中，易学内丹学是其中的一个重要流派。何谓易学内丹学？易学内丹学首先是内丹学，而内丹学又是相对于外丹学而言的。以炼制外丹为修炼方法的道教流派统称外丹派，对外丹炼制进行理论方法的论证，构成外丹学。内丹学则是在外丹学发展的基础上确立起来的道教学术形式。内丹学采用外丹学的术语，将丹道理论中具有重要意义的鼎器、药物、火候等落实于人身之中，以人身的丹田为修持的鼎器，以人身的精气神为修炼的药物，以修炼过程中修炼者的意念和呼吸的调节为火候，由此形成的道教修持的理论体系，即是内丹学。内丹学中，由于修持理念和修持方法所侧重的方面各不相同，形成了不同的流派。易学内丹学主要借助于《周易》之理来论道教内丹学的鼎器、药物、火候以及人性与道性等问题，在这个过程中所形成的道教内丹学流派，我们即称之为易学内丹学。较早开启易学内丹学的是唐五代发展起来的道教钟吕金丹派，其代表性的著作，如《秘传正阳真人灵宝毕法》《钟吕传道集》《西山群仙会真记》等丹经著作中，已有用《周易》卦象、易理论说内丹理论的情况。宋元明清各个时期，易学内丹学都有其代表性的人物和著作。如北宋丹经《真人高象先金丹歌》推崇《周易参同契》为"万古丹经王"。在宋元时期，道士李道纯著《三天易髓》等书，以《周易》卦理释内丹火符。明清时期，道士陆西星撰《方壶外史》，内有《周易参同契测疏》《周易参同契口义》；清中叶道教龙门派第十一代传人刘一明撰《周易阐真》《孔易阐真》《参同直指》《周易注略》《三易读法》等书，以天道与易道并论，以易理参天地万物之理和丹道之理，对易学内丹学进行了总结。

宋以后，道教易老学发展到一个新的阶段。易老学是以《周易》卦爻变易的节序性、规律性的思想结合《老子》天道自然的道体观共同对世界和事物作出说明的理论体系。易老学的理论特质在于将宇宙生成论和宇宙本体论进行结合，形成一有体有用的理论体系。我们举宋程大昌论《易》《老》的关系，来看易老学的特征何在。宋程大昌曾著《易老通言》，认为《易》只言道器，而《老子》的有无概念层次极多，如"玄""又玄""道""自然"等。因此，六经、《论》《孟》应资以《老》，以《老》之道体的多层次性和丰富性来补儒。当然，儒详于涉世而《老》疏略之，故两者需要互补。①

道教学者亦认识到《易》《老》互补的重要性。如元代高道李道纯兼宗《易》《老》，合《老》之道体与《易》之变易论体用、有无、动静，为道教易老学的发展作出了贡献。他提出"道本至无，易在其中""易也、象也，其道之原乎；常也、变也，其易之原乎""圣人所以为圣者，用易而已矣，用易所以成功者，虚静而已矣"等重要的道教易老学的观点。这些观点都是为道教的宗教修持和实践服务的。因此，所谓道教易老学乃是将《周易》卦爻变化的节序性、规律性的思想与《老子》论道体的自然无为思想相结合，将道体的虚无自然看作具象个体变化的本质，而具象个体变化过程中表现出来的规律性和节序性又是虚无自然道体的内容和显现，道体不离个体变化之用，个体变化之用显现道体的内容，从而以体用的方式贯通道体与器用，沟通形上与形下，为道教修持确立形上本体的依据，也为形上道体奠定形下的现实的、物质的基础。

---

① 刘惟永、丁易东辑：《道德真经集义大旨》，《道藏》第14册，第77页。

做到既"穷高极远",又能落到实处。

因此,宋元明清道教易学主要有三大类型,即易学内丹学、道教易图学和道教易老学。其中易学内丹学主要是以个体为本位,对天道之理进行切身之体悟,以求得个体与天道之相通、相融的具体方法和路径;道教易图学主要是以易图的形式对天道之理进行理论探讨,进而为道教内丹修炼提供理论的指导;道教易老学则是对《周易》《老子》天人之学的理论综合,以体用的方式来贯通天与人、道体与器用,沟通形上与形下。

四、《道藏》道教易学类经书简介

（一）《太古集》四卷

金朝郝大通撰。据郝大通弟子范圆曦于《太古集·序》所述,《太古集》十五卷（内附《周易参同契简要释义》一卷等）;《历世真仙体道通鉴》谓:"有问答歌诗、《周易》《参同》演说图象,总三万余言,目曰《太古集》。"①

今所存《太古集》仅四卷,收在明《正统道藏》太平部,尚有不少遗佚。《太古集》第一卷的内容为《周易参同契简要释义》;卷二与卷三均为"易图",表达了宇宙生化万物之理以及丹道修炼之理;第四卷为金丹诗,阐明金丹修炼之理。

《太古集》卷二与卷三,共列有三十三图。对比《太古集》之卷二与卷三,可以发现,卷三所列之图,一般是对卷二相应之图内容的进一

---

① （元）赵道一:《历世真仙体道通鉴》,《道藏》第5册,第431页。

步解说。如卷二提出乾天"取坤为妻,而生六子也"①。但在卷二中,并未出现乾与坤合如何生六子之图,而卷三篇首即为《乾坤生六子图》,对此进行了说明。卷二有《天地交泰图》《日月会合图》,讲天地日月交会成岁月;卷三则有《八卦数爻成岁图》,对此进行补充。此外,卷二有《五行图》,卷三则有《五行悉备图》;卷二有《天数奇象图》《地数偶象图》,卷三则有《天地生数图》《天地成数图》;卷二有《三才入炉造化图》,卷三则有《三才象三坛之图》等。

从《太古集》所列三十三图的内容来看,大致可以将之分为三类:

第一类,是描述天地宇宙生发过程的,体现其道教宇宙论思想的图式。如《乾象图》《坤象图》《日象图》《月象图》《天地交泰图》《日月会合图》《天数奇象图》《地数偶象图》《河图》《变化图》《五行图》《乾坤生六子图》《八卦数爻成岁图》《五行悉备图》《天地生数图》《天地成数图》《八卦反复图》等。

第二类图,主要是考察天地生成之后,阴阳两气消长规律之图。由阴阳两气消长成五运、六气、十二律、二十四气、七十二候、六十甲子,并结合天象十干、二十八宿、地象十二支等来对照说明阴阳两气的变化,以易图的形式,对这些变化进行学理的探讨、归纳而形成的图式。如《二十八宿加临四象图》《二十四气加临七十二候图》《二十四气加临乾坤二象阴阳损益图》《六子加临二十四气阴阳损益图》《二十四气加临卦象图》《二十四气日行躔度加临九道图》《天元十干图》《十二律吕之图》《六十甲子加临卦象图》《五运图》《六气图》《四象图》《北斗加临月将图》等。

第三类图,法天地造化生成万物的原理,论在人体中进行内丹修炼的易图。天地造化以天地为鼎炉,以阴阳为药物,万物造化于其中。法此原理而论修丹,则有《三才入炉造化图》《八卦收鼎炼丹图》《三才象三坛之图》等图。

---

① (元)郝大通:《太古集》,《道藏》第25册,第871页。

通过对《太古集》所载三十三图的三部分内容的大致分类，我们对郝大通的道教易图学思想基本有一个大体的了解。他的思想主要有三个方面：第一个方面，是关于宇宙万物生成的道教宇宙论思想；第二个方面，是认为天地宇宙造化生成万物虽然复杂多变，但有其规律可循，此规律也是内丹修炼所应遵循的规律；第三个方面，是法天地造化生物的原理以论还丹之炉鼎的思想。

(二) 储华谷注《周易参同契》三卷

南宋储华谷撰。此书三卷，收入原《道藏》"太玄部"。此注特点在于以道教内丹原理来注解《周易参同契》，运用《周易》的卦爻象和"河洛之说"释内丹修炼的原理。

储华谷说：

> 乾为离宅，坤为坎郭。真阴离处，真阳坎居。离纳己妇，坎纳戊夫。日月合璧，戊己为枢。宾浮主沉，制有以无。药之与物，二八河图。五贼运火，皇极洛书。法象羲《易》，按爻摘符。①

内丹修炼最重要的问题，是所谓"炉鼎""药物"与"火候"的问题。"炉鼎"是炼丹之所，"药物"是成丹之源，"火候"为结丹之工夫。对何谓内丹修炼之"炉鼎""药物"与"火候"，储华谷以"河图"（九宫图）、"洛书"（五行生成图）作出了说明。

储华谷认为，"河图"之震、兑，配合先天卦之离、坎。震与离会，震为龙，离为火，蕴内丹"龙从火里出"之意。兑为金，坎为水，兑与坎会，蕴内丹"虎向水中生"之意。木生火，金生水，为五行顺生。丹

---

① （宋）储华谷注：《周易参同契》卷下，《道藏》第20册，第312页。

家逆之而行，求火中之木，水中之金，这就是储华谷提出的"二物总因儿产母"之旨。

储华谷所谓"药之与物，二八河图"，借《易》河、洛之说与先天卦数，将丹道与易道结合，并将之上升到天道的高度。这对于内丹道理论的建设，是一大贡献。同时，"河图"之坎、离，配合先天卦之乾、坤，成内丹修炼之阳炉、阴鼎。"坎藏于坤，离藏于乾，故曰匡郭。"[①] 以乾合离是谓阳炉，离宅于乾；以坤合坎是谓阴鼎，坎宅于坤。在人体而言，乾为首，坤为腹；离为性，发为神；坎为精，发为情。于坤腹炼精，坤中藏坎，是为阴鼎；于乾首炼性，乾中藏离，是为阳炉。

储华谷还认为，先天卦从震、离、兑至乾为阳长，从巽、坎、艮至坤为阴消，其中又有春分、秋分、冬至、夏至之分，二至为阴阳火符转换的关键点，二分则为运火中的沐浴阶段。故储华谷说："至于月出（出原缺，据文义补）震而满乾，减巽而没坤，此又分、至火候之妙也。"[②] 即河图加先天卦，中又蕴内丹鼎炉、火候之妙诀。

"五贼运火，皇极洛书"，意指五行之间的生克互用，其原理同于洛书之数理，为修炼内丹之重要原理。他认为，人以"一真"变气以为形体，托形以居魂魄精神。所谓金情、木性、心火、肾水是也，此四者即可以"洛书"七、八、九、六五行之成数来表示。在人处于后天凡质的情况下，此四者分散，各自得自己一方之气，各自的位置与先天状态相比都不恰当，因此便"失其初"。只有使"性得情以守卫"，使"坎男得乾画，动而施精；离女得坤画，虚而翕受"，在这种情况下，自然九火、七金还元返本，八木、六水归根居源，从而四象合体，是为"真一"，返回到人之未生前的先天状态。在此，储华谷以"洛书"五行之成数的配合，引入到阐明内丹修炼之理上来，这使得内丹修炼术得到了理论的提升。

---

① （宋）储华谷注：《周易参同契》卷下，《道藏》第20册，第297页。
② 同上书，第302页。

对于储华谷易学内丹学的理论贡献，我们认为有以下几个方面：

其一，引进《周易》"河图""洛书"的相关原理，对于内丹学中最重要的药物、鼎炉、火候问题进行说明。在这个说明的过程中，强调内丹术要循天道而行，法天地人三才之道以论还丹，并以《易》理来统摄天、地、人三才之道，从而增强了道教的理论色彩，提升了道教内丹术的理论品位，为将道教内丹由术转为学，作出了贡献。

其二，在哲学思想上，阐发了天、地、人三道的有序性、节度性的思想，力图对之进行规律性的认识。这是对魏晋隋唐以来道教重玄学侧重关注道教形而上的本体讨论的一个反动。魏晋隋唐以来道教重玄学侧重关注道教形而上的本体讨论，深化了道教的义理，使道教在本体论问题上得到了充分的丰富和发展，道教的本根问题、终极关怀问题等一系列重要问题也因之而有所解决。但由此也产生了一个消极的影响，许多教徒在修持上耽于对"虚无"本体的直接把握，在习学上偏于名辞概念的剖析，在理论上导致由人之天的单向发展。人之于天，只是其中的一个不显著的附属物，人就容易失却其存在的必要性，从而导致只有本体之"道"的孤芳自赏，人之存在变得不是那么重要了，这对于道教传统的"我命由我不由天"的这一教义思想，是一个冲击。由人之天，还要由天之人，道教在由天之人方面，和儒家有所不同，不是主要以天道之内容来规范人伦的纲常、道德，而是强调人通过对天道规律的把握，人就能成为真正的人，人就可以自己把握、自作主宰，这时的人，就等同于天了。因此，道教易学内丹学，强调人可以通过对《易》之卦爻画所表现出来的天道之理的掌握，有节度地精进修持，结成内丹，超越人生的不完善，达到与本体的道同等完善的境界。这是对道教教义的丰富和发展。

(三)《易图通变》五卷

宋末元初道士雷思齐撰。书前有《空山先生〈易图通变〉序》，包括至元丙戌（1286）嗣天师张宗演（第三十六代）所作之《序》，至顺三年（1332）揭傒斯《序》、吴全节《序》和大德庚子（1300）雷思齐《自序》。而据吴全节《序》，则当时之大儒黄震、曾子良、吴澄等皆曾为思齐之书作序；吴澄"与（雷思齐）谈《老子》，甚契"①。

在《自序》中，雷思齐谓：

> 图之数以八卦成列，相荡相错，参天两地，参伍以变，皆自然而然。后世不本其数实惟四十，而以其十五会通于中，乃妄计天地之数五十有五，以意增制于四十之外，以求其合幸其中，故愈说愈迷。②

认为"河图"是《周易》八卦之源，"河图"之数只有四十，后人以"十五"会通于"河图"四十数之中，以成天地之数五十有五，有违先圣之旨。故思齐于是书首列《河图四十征误之图》《参天两地倚数之图》《参伍以变错综数图》《参两错综会变总图》，认为"十五"在河图中不是实数，而是虚数，因"十五"之虚，方有河图四十实数之用，故万有本之于虚无。雷思齐还以"参天两地"和"参伍错综"来说明其河图之数；并对郑康成、陈抟、刘牧、李觏等关于"河洛"之说，均有所评判。

雷思齐《易图通变》继承了宋以来易学中数学派的观点，认为：

> 天地之理，未始不有数行乎其中。然或有余于数，不足于数。唯其余、不足而为之中制，故虽阴阳奇偶之数，有分有合，有虚有实，有进有退，有自然互相生成之中道焉。③

---

① 张继禹主编：《中华道藏》第16册，华夏出版社，2004年，第635页。
② 同上书，第636页。
③ 同上书，第641页。

以天地之数的奇偶、虚实、进退、分合来解释"河图"图式的来源，并持"河九八卦"说，反对"河十洛九"说。此书在道教易学史上具有重要的影响。

(四)《易筮通变》三卷

宋末元初道士雷思齐撰。据雷思齐《易图通变·自序》：

> 余因潜心有年，备讨众说，独识先圣之指归，遂作《通变》传，以与四方千载学《易》者，同究于真是焉。兼筮法亦乖素旨，附见后篇。求古同志宜能明其非敢诬也。①

则此书原来是附于《易图通变》之后的。《道藏》将此篇置于《易图通变》前，有误。

全书凡五篇。《卜筮》引经据典，考各家所述卜筮之说，"有专卜而不筮者""有兼用卜筮，而卜有辞、筮亦有辞者""有先卜后筮者""有先筮后卜者"，故思齐认为"卜筮之不可概同"。②

《之卦》释《易传》"卦有小大，辞有险易；辞也者，各指其所之"之"之"，认为："变之所适，之卦之谓也。"③

《九六》释《周易》阳爻称九、阴爻称六之由，认为天之生数天一、天三、天五，参之而为九，地二、地四，两之而为六，故九、六为《周易》卦爻之用。

《衍数》释大衍之数五十之因，称天地之数五十五，空太极以上之五则为五十：

---

① 张继禹主编：《中华道藏》第16册，第636页。
② 同上书，第620页至622页。
③ 同上书，第625页。

则易之有太极，而太极也者，特浑沦之寄称尔。浑沦而上，既有谓易、谓初、谓始、谓素，凡四其称，而至于浑沦而五，故以浑沦为太极，是之谓五太也。是则太极也者，既先含其五于中矣，故天地之数五十有五，而大衍之数乃五十者，既虚其太极已上之五，而取用于五十之妙也。①

《命蓍》释五十蓍挂一不用之由，认为太极为全体，故尊其一于不用，只用四十九；并详述《周易·系辞》所载蓍法之"四营""十八变"而成卦之义。雷思齐此书多有新意，不主旧法。

（五）《易象图说（内外篇）》六卷

元代清江张理仲纯述。其《易象图说序》自谓此书著于元"至正二十有四年（1364），青龙甲辰三月上巳日"。② 全书分《易象图说内篇》和《易象图说外篇》两种。

《内篇》分《本图书》《原卦画》《明蓍策》《考变占》四部。其中，《本图书》所述有"龙图天地未合之数""龙图天地已合之位""龙图天地生成之数""洛书天地交午之数""洛书纵横十五之象""发明图书之数""发明图书之变"，阐述圣人作易之旨。《原卦画》所述有"太极生两仪之象""两仪生四象之象""四象生八卦之象""先天八卦对待之图""后天八卦流行之图""先后天八卦德合之图""六十四卦循环之图""六十四卦因重之图"。《原卦画》所述另有"六十四卦变通之图""六十四卦致用之图"。《明蓍策》所述有八图，《考变占》所述有两图。

《外篇》分《象数》《卦爻》《度数》三部。《象数》所述包括"太极之图""三才之图""五气之图""七始之图""九宫之图""河洛十五生成之

---

① 张继禹主编：《中华道藏》第16册，第629页。
② 张继禹主编：《中华道藏》第17册，第3页。

象"。《卦爻》所述包括"四象八卦六位之图""四象八卦六节之图""四象八卦六体之图""四象八卦六脉之图""四象八卦六经之图""四象八卦六律之图""四象八卦六典之图""四象八卦六师之图"。《度数》所述包括"周天历象气节之图""地方万里封建之图""万夫之图""一成之图"。

黄镇成序张理《易象图说》,认为此书"其极仪、象、卦,图以奇上偶下,各生阴阳、刚柔、内外、交变,而卦画之原、四时之义、性命之说、图书之数,蓍策变占,靡不周备"①。张理自序则谓"其言不本先儒传注之旨,或者庶几乎圣人作《易》之大意",②认为图书之学虽不源自儒家,而出于道家,但合于儒家圣人作《易》之大意。

(六)《易林》十卷

收入《万历续道藏》,分上下经,共十卷。原不题撰人。《隋书·经籍志·五行类》有《易林》十六卷,谓:"焦赣撰,梁又本三十二卷。"《旧唐书·经籍志·五行类》有"《焦氏周易林》十六卷"。《唐书·艺文志·五行类》有"《焦氏周易林》十六卷"。《宋史·艺文志》蓍龟类有"焦赣《易林传》十六卷",皆认为《易林》为西汉焦延寿(焦赣)所作。余嘉锡《四库提要辨证》等则认为《易林》为东汉崔篆所作。

《续道藏》所收《易林》书前有唐王俞之《序》、黄伯思《校定焦贡易林序》,还有汉费直之《杂识》、宋程迥之《记验》。《筮仪》则采朱熹《易学启蒙》所述《周易·系辞》所载"大衍之数"揲蓍之仪。另有南宋储泳之"代蓍法",即以木制三弹丸,每丸各六面,以其中三面刻三画,另三面刻二画,掷之以定卦。"三丸掷之皆三则成九,老阳数也。三丸皆二则成六,老阴数也。两二一三则成七,少阳数也。两三一二则成八,少阴数也。""凡得卦爻,老变少不变,变则为之卦。"

---

① 张继禹主编:《中华道藏》第17册,第2页。
② 同上书,第3页。

《易林》认为，一卦可变六十四卦，则《周易》六十四卦共变而为四千零九十六卦。每卦系以预言吉凶之四言（偶有三言）韵语数句。如《乾》之第一，语《乾》：

> 道陟多阪，胡言连謇。译瘖且聋，莫使道通。请谒不行，求事无功。

《乾》之《屯》则曰：

> 阳孤亢极，多所恨惑。车倾盖亡，身常忧惶，乃得其愿，雌雄相从。①

《易林》篇末有南宋陈振孙于淳祐辛丑（1241）五月所作《题识》，言"宝庆丁亥（1227），始得其书于莆田"，嘉熙庚子（1240）自吴门归，得乡守王寺丞家藏本，两本互校，补其脱误，使之皆成全本。成化癸巳（1473）彭华得《易林》，录而藏之，认为：

> 《周易》至汉儒分而为三，有田何易、焦赣易、费直易。何之易传自孔子，分上下经，以孔子所作为《十传》，而有章句。赣之易，专于占察，《易林》之十六卷。直之易，长于卦筮，无有章句，徒以象象文言等参八卦中以解经。汉末田、焦之学微绝，而费氏独存。盖费之后，有郑康成、王弼辈为之注故也。宋程伊川据弼易为《传》，固出于费。朱氏晦庵据吕伯恭古易为《本义》，则本之田何。于是田、费之易皆盛行于世，而赣独不幸无传者。②

---

① 张继禹主编：《中华道藏》第16册，第355页。
② 同上书，第510页。

彭华认为焦赣之易所本即《易林》，故此书在易学史上意义重大。嘉靖四年（1525）姜恩"题《易林》后"认为此书"其意精而深，其文简而古，真有以发羲文周孔之所未发，而开物成务通志业断疑之妙，开卷具在"[①]。有其独特的学术价值。

建议阅读书目：

朱伯崑：《易学哲学史》，华夏出版社，1995年。

朱越利：《道经总论》，辽宁教育出版社，1991年。

胡孚琛主编：《中华道教大辞典》，中国社会科学出版社，1995年。

陈鼓应主编：《道家文化研究》第十一辑，生活·读书·新知三联书店，1997年。

卿希泰：《中国道教史》四卷，四川人民出版社，1996年。

主要参考书目：

任继愈、钟肇鹏等主编：《道藏提要》（修订本），中国社会科学出版社，1991年。

萧汉明、郭东升：《〈周易参同契〉研究》，上海文化出版社，2001年。

潘雨廷、孟乃昌著：《周易参同契考证》，中国道教协会，1987年。

陈鼓应主编：《道家文化研究》第十一辑，生活·读书·新知三联书店，1997年。

卢国龙：《道教哲学》，华夏出版社，1997年。

詹石窗、连镇标：《易学与道教文化》，福建人民出版社，1995年。

卿希泰主编：《中国道教史》四卷，四川人民出版社，1996年。

李　申：《易图考》，北京大学出版社，2001年。

---

① 张继禹主编：《中华道藏》第16册，第510页。

詹石窗：《易学与道教符号揭秘》，中国书店，2001年。

张其成：《易图探秘》，中国书店，1999年。

孟乃昌、孟庆轩：《万古丹经王——〈周易参同契〉三十四家注释集萃》，华夏出版社，1993年。

任继愈主编：《中国道教史》，上海人民出版社，1990年。

朱越利：《道经总论》，辽宁出版社，1991年。

胡孚琛主编：《中华道教大辞典》，中国社会科学出版社，1995年。

章伟文：《宋元道教易学初探》，四川出版集团巴蜀书社，2005年。

作者简介

章伟文，男，1969年生，江西临川人，历史学博士、哲学博士后，曾在中国道教协会研究室工作，担任过《中华道藏》编委，现为北京师范大学哲学学院中国哲学与文化研究所所长、教授，主要研究方向为中国传统哲学中的道教哲学、易学哲学和历史哲学。著有《宋元道教易学初探》《全真学案——郝大通学案》《易学历史哲学研究》《周易参同契译注》《全真学案——钟离权学案》《中国传统价值观及其当代转换》等，在《世界宗教研究》《中国哲学史》《周易研究》等学术刊物发表论文九十余篇。

数术类道经说略

章伟文

一、《道藏》数术类经书概述

道教数术学源自中国上古时代的占卜术。数术属于"占验术"的范畴，指通过某种方法、技术以达到对事物发展情况的先知，并判断其休咎。其中，"术"指的是方术；"数"指的是气数、卦数、数理等。

对于何谓"数术"（或术数），《辞海》术数条是这样概括的：即"用阴阳五行、生克制化之理推算人事吉凶，如占候、卜筮、星命之类，总称'术数'"①。刘英杰、李郅高、郭志城编著之《中国术数概观》认为，"术数"即指用天干、地支、阴阳、五行等数理，来推测社会与人事的变化和发展趋向。这里的术，就是方法、技术；数，指宇宙及人事的生灭规则，也可以理解为世事的气数和命运。②李零主编《中国方术概观·序言》沿袭了《汉书·艺文志》的观点，认为数术与方技概念有同有异：

"数术"是以研究"大宇宙"（macro-cosmos），即"天

---

① 《辞海》第1分册，中华书局辞海编辑所修订、出版，1961年11月新一版，第766页。
② 《中国术数概观·前言》，中国书籍出版社，1991年，第1页。

道"或"天地之道"为主，内容涉及天文、历法、算术、地理学、气象学等学科；而"方技"是以研究"小宇宙"（microcosmos），即"生命"（或"性命"）和"人道"为主，内容涉及医学、药剂学、性学、营养学，以及与药剂学有关的植物学、动物学、矿物学和化学等学科。……前者是以合天人、通古今的"预测学"，即占星候气、式占选择、龟卜筮占等占卜为特点；后者也是杂糅针药与巫诅禁咒（祝由）。①

一般认为，数术中如星占、卜筮、六壬、奇门遁甲、命相、拆字、起课、堪舆、占候等，皆与各种迷信有关。但我们也应该看到，在中国古代历史发展过程中，中国数术学实际上蕴含了古天文学、古气象学、古医学、历法、数学、心理学、哲学乃至军事学等内容在其中，对于这些学科的发展做出了有益贡献。而道教数术学是由中国古代占验术演变而来，与一般的占验术有着相当程度的共性。但道教数术学不仅要研究宇宙、社会和人生的发展规律，以预知其吉凶休咎；并且力图通过对此规律的掌握，来达到对宗教永恒的形上道体的掌握。因此，道教数术学的"术"是与其最高的宗教追求"道"紧密相联的。这又是道教数术学与一般的占验术有所不同的地方。

中国古代占验术的发展，有其时代和社会发展的背景。上古时代，由于生产力十分落后，人们对于自然和社会现象不能够正确理解，他们主要通过龟卜和占筮方式，来向鬼神卜问吉凶祸福。如《周礼·春官·宗伯》记载有：

> 太卜掌三兆之法：一曰玉兆，二曰瓦兆，三曰原兆。其经兆之体皆百有二十，其颂皆千有二百。

---

① 《中国方术概观·序言》，人民中国出版社，1993年。

"三兆"之法，指的是占筮中的龟卜之法。所谓"卜"，是将龟甲或者兽骨钻孔后，用火去烤；烤后会出现各种裂纹，这就是"卜"。卜兆有三大类型：玉兆、瓦兆和原兆（也称田兆），每一种类型的卜兆又各具一百二十种基本形状，还各有一千二百条判断吉凶的辞句。商朝人用龟卜比较普遍，殷墟曾出土大量的甲骨文，即是他们龟卜所留下的材料。

关于占筮，《周礼·大卜》云：

（大卜）掌三易之法：一曰连山，二曰归藏，三曰周易。
其经卦皆八，其别皆六十有四。

《易》也有三种，即《连山》《归藏》《周易》。这三种"易"基本结构大致相同，基本卦（指经卦）都是八卦，相重的卦（指别卦）都有六十四卦。但流传到现在的只有《周易》的占筮方法，《连山》与《归藏》的占筮方法今天的人们对之已经不太清楚了，而周朝人主要用《周易》进行占筮。一种说法认为，《周易》之所以得名，就是取"周"代之易的意思。

在先秦解《易》的变卦说、取象说、取义说的基础上，到了汉代，《周易》象数学得到了极大的发展。司马迁在《史记·儒林列传》中说，孔子传《易》于商瞿，六世后到齐人田何；田何传杨何，司马迁的父亲司马谈曾受《易》于杨何。《汉书·儒林传》对于汉初的传易系统有一个说法，认为汉兴以后，田何传《易》于周王孙、丁宽、服生、杨何。后来，丁宽又传田王孙，田王孙传施仇、孟喜、梁丘贺，孟喜传《易》于焦延寿，焦延寿传京房，这是西汉中后期的传《易》系统。由于汉易象数学的发展，出现了多种关于《周易》的解释体例，如孟喜的卦气说，京房的八宫卦说、世应说、飞伏说、纳甲说、五星配卦说、五行爻位说、五行生克说，《易纬乾凿度》的九宫说、爻辰说等。他们或者以阴阳说解释《周易》，推测气候的变化，推断人事的吉凶；或者用阴阳五行生克制化的数理来推测个人的祸福或国家兴亡之命运。而春秋战国以来，除卜与筮之外，又产生了诸如星占、阴阳、占梦、占候、祈禳、择日、太乙、六壬等多种占验形式，在此基础上，《汉书·艺文志》对数术进行了界说和初步总结，认为数术（或术数、方技）是"七略"即辑略、六艺略、诸子略、诗赋略、兵书略、术数略、方技略中的重要内容，所谓"数术者，皆明堂、羲和、史、卜之职也"。并将天文（包括占星候气等）、历谱（包括历法算术等）、五行（包括式法、择日等）、蓍龟（即龟卜筮占）、杂占（占梦、祈禳等）、形法（相术）等六种列为数术的范围，而方技则包括医经（医学理论）、经方（医方）、房中、神仙（服食、行气、导引等求仙之术）四种。而司马迁《史记·日者列传》记载以术数名家者尚有"五行家""堪舆家""建除家""丛辰家""历家""天人家""太乙家"等；《史记》还记载刘邦生来异相，有相士谓其相"贵不可言"，有"天子相"，也说明形法、相术等占验术已经在秦汉时期流行开来。

　　魏晋以来，王弼玄学易兴起，以《老》《庄》释《易》，《老》《庄》《周易》并称"三玄"。玄学易一扫两汉象数易学的繁琐，便易学的学风有了一个根本的转变，易学由重象数、占验向重阐发义理过渡。这一时期，中国古代数术学开始逐渐融入道教，魏晋高道葛洪《抱朴子·遐览》著录了不少关于道教数术学的经典著作，这一时期，各种方术、占候之法不断涌现和翻新，也出现了一些数术学的大家，如葛洪、管辂、郭璞等。此后，唐代李淳风、袁天罡、李虚中，宋代陈抟、邵雍、徐子平、徐彦升，明代万民英，清代陈素庵等数术名家，对于数术学又有大的发展，其中的一个重要方面，是生辰八字即四柱学不断得到完善，如李虚中的《命书》、徐彦升的《渊海子平》、宋濂的《禄命辩》、万民英的《三命通会》等书对四柱学进行了发展；此外，道教数术学中还出现了推测神意以预测人的运命的各种灵签之书，如不题撰人《扶天广圣如意灵签》、不题撰人《四圣真君灵签》、不题撰人《玄真灵应宝签》、不题撰人《大慈好生九天卫房圣母元君灵应宝签》、不题撰人《护国嘉济江东王灵签》、不题撰人《洪恩灵济真君灵签》等。

清代编修《四库全书》，数术类（或术数类）已不包括天文与历法，只有数学、占候、相宅相墓、占卜、命书相书、阴阳五行、杂技术七类。这种对数术学的归类法与《汉书·艺文志》相比，又有了新的变化。对于数术学与占候之法的发展情况，《四库全书总目提要》有一个评价，其谓：

> 术数之兴，多在秦汉以后。要其旨，不出乎阴阳五行、生克制化，实皆《易》之支派，傅以杂说耳。物有生象，象生有数，乘除推阐，务究造化之源者，是为数学。星土云物，见于经典，流传妖妄，浸失其真，然不可谓古无其说，是为占候。

这个评价与数术学的历史发展大致是相符合的，只不过没有注意到数术学在注重对占验术的探讨背后，也蕴藏了一些现代科学的萌芽。

《中华道藏》中，有关"道教数术"的经书主要包括以下若干种：

《易林》十卷，原收入《万历续道藏》。

不题撰人，晋驾部郎中颜幼明注、宋御史中丞何承天续注：《灵棋本章正经》二卷，原收入《正统道藏》太玄部。

不题撰人：《灵棋卜法》残卷，原收入敦煌 P.3728，S.557。

不题撰人：《灵信经旨》《福寿论》二篇同卷，原收入《正统道藏》正一部。

不题撰人：《扶天广圣如意灵签》一卷，原收入《正统道藏》正一部。

不题撰人：《四圣真君灵签》一卷，原收入《正统道藏》正一部。

不题撰人：《玄真灵应宝签》三卷，原收入《正统道藏》正一部。

不题撰人：《大慈好生九天卫房圣母元君灵应宝签》一卷，

原收入《正统道藏》正一部。

不题撰人:《护国嘉济江东王灵签》一卷,原收入《正统道藏》正一部。

不题撰人:《洪恩灵济真君灵签》一卷,原收入《正统道藏》正一部。

不题撰人:《黄帝龙首经》二卷,原收入《正统道藏》洞真部众术类。

不题撰人:《黄帝金匮玉衡经》一卷,原收入《正统道藏》洞真部众术类。

不题撰人:《黄帝授三子玄女经》一卷,原收入《正统道藏》洞真部众术类。

不题撰人:《黄帝宅经》二卷,原收入《正统道藏》洞真部众术类。

不题撰人:《儒门崇理折衷堪舆完孝录》八卷,原收入《万历续道藏》。

不题撰人:《通占大象历星经》二卷,原收入《正统道藏》洞真部众术类。

原题张平子撰:《太上洞神五星赞》一卷,原收入《正统道藏》洞神部赞颂类。

不题撰人:《盘天经》一卷,原收入《正统道藏》正一部。

不题撰人:《秤星灵台秘要经》一卷,原收入《正统道藏》洞真部众术类。

不题撰人:《灵台经》一卷,原收入《正统道藏》洞真部众术类。

不题撰人:《紫微斗数》三卷,原收入《万历续道藏》。

不题撰人:《玄精碧匣灵宝聚玄经》三卷,原收入《正统道藏》太玄部。

不题撰人:《六十甲子本命元辰历》一卷,原收入《正统道藏》正一部。

不题撰人：《元辰章醮立成历》二卷，原收入《正统道藏》正一部。

不题撰人：《九天上圣秘传金符经》一卷，原收入《正统道藏》正一部。

不题撰人：《邓天君玄灵八门报应内旨》一卷，原收入《正统道藏》正一部。

原题许旌阳撰：《许真君玉匣记》一卷，原收入《万历续道藏》。

南宋朱宋卿编：《虚静冲和先生徐神翁语录》二卷，原收入《正统道藏》正一部。

不题撰人：《秘藏通玄变化六阴洞微遁甲真经》三卷，原收入《正统道藏》洞神部方法类。

不题撰人：《太上六壬明鉴符阴经》四卷，原收入《正统道藏》洞神部方法类。

不题撰人：《太上洞神玄妙白猿真经》一卷，原收入《正统道藏》洞神部方法类。

不题撰人：《太上登真三蹻灵应经》一卷，原收入《正统道藏》洞真部众术类。

不题撰人：《黄帝太乙八门入式诀》三卷，原收入《正统道藏》洞玄部众术类。

不题撰人：《黄帝太乙八门入式秘诀》一卷，原收入《正统道藏》洞玄部众术类。

不题撰人：《黄帝太乙八门逆顺生死诀》一卷，原收入《正统道藏》洞玄部众术类。

上述诸种经书中，《灵棋本章正经》《灵棋卜法》等经书占卜法与易占相类似，《扶天广圣如意灵签》《玄真灵应宝签》《大慈好生九天卫房圣母元君灵应宝签》《护国嘉济江东王灵签》《洪恩灵济真君灵签》等经书属于灵签类，《太上六壬明鉴符阴经》《秘藏通玄变化六阴洞微遁甲真经》《黄帝龙首经》《黄帝授三子玄女经》《邓天君玄灵八门报应内旨》等经书之占卜方法与六壬、遁甲相类似，《黄帝宅经》《儒门崇理折衷堪舆完孝录》等经书属堪舆类，《通占大象历星经》《太上洞神五星赞》《盘天经》《秤星灵台秘要经》等经书属占星、望风类，《紫微斗数》《灵台经》等经书属紫微斗数类，《元辰章醮立成历》等经书属章历四柱类，《许真君玉匣记》等经书属择日类，《邓天君玄灵八门报应内旨》等经书属扶乩类，《太上登真三蹻灵应经》等经书属变化类，如此等等。在实际分布上，道教数术学经书在明代《道藏》中被归到正一部的居多，也有部分归到洞真部众术类、洞玄部众术类以及洞神部方法类等；《中华道藏》编修时，将这一部分内容大部归入"道法众术类"，还有少部分则归入"道教易学类"，如《易林》等。

当然，"道教数术类"经书不仅仅限于上述所列诸种经书，其他还有不少关于图谶、风角、太乙神数、河洛数理、相术、测字、梦占、杂占等方面的经书分散在《道藏》各册中。应该说，还有更多的经书可以归入"道教数术类"的范畴中来。

二、道教数术学的研究状况及其在道教教义思想发展中的地位与价值

道教数术学是道教文化的一个重要组成部分，但由于数术学本身含有大量占验的内容，长期以来被视为封建迷信和糟粕，没有得到学术界的重视。改革开放以来，道教研究得到了前所未有的发展，道教数术学也开始为人们所了解。对于道教数术学的研究，学术界一般都坚持取其精华、弃其糟粕的方针，在分析批判的同时，加以严肃、科学的研究；

而不只是简单地将之视为封建糟粕和迷信而弃之不顾。

道教学者对道教数术学，在一些重要的研究著作中都有所涉及。任继愈、钟肇鹏等先生主编，朱越利、王卡等先生共同参与编纂的《道藏提要》(中国社会科学出版社)，对有关道教数术学的经书作了提要；朱越利先生《道经总论》(辽宁教育出版社)、《道藏分类解题》(华夏出版社)等著作在对道经进行分类的过程中，对道教数术类经书有专门的介绍和分类；张继禹道长主编的《道教大辞典》(华夏出版社)、胡孚琛先生主编的《中华道教大辞典》(中国社会科学出版社)等大型道教辞书也为道教数术学设计了许多细目，并作了较为详细的介绍；中国道教协会道教文化研究所与北京燕山出版社组织出版道教文化丛书，其中有《道教与周易》《道教与中国医药学》《道教与中国炼丹术》等专著来介绍道教数术学的相关内容；中国书籍出版社组织专家、学者编著了《中国术数概观》系列丛书，分五卷出版，第一卷为卜筮，第二卷为星命，第三卷为三式，第四卷为相术，第五卷为堪舆与选择；人民中国出版社出《中国方术概观》系列丛书，分占星卷、卜筮卷、式法卷、选择卷、相术卷、星命卷、杂术卷、服食卷、导引行气卷、房中卷等；北京师范大学出版社亦组织了"神秘文化丛书"的系列出版，其中就包括《三命通会注评》等数术学的书籍；郑万耕先生主编《算命透视》(科学普及出版社)，澄清了人们对于《周易》算命的一些不健康认识，消除了人们对它的神秘感；李零先生的《中国方术考》(东方出版社)、《中国方术续考》(东方出版社)是近年来研究数术学的学术巨著，对于数术学的具体内容及历史发展有深入的探讨。当然，学术界还有许多关于道教数术学的研究成果，鉴于篇幅有限，于此我们不作一一介绍。应该说，学术界关于道教数术学研究所取得的这些成果，为今后道教数术学的进一步深入研究奠定了坚实的基础。

道教数术学在道教教义思想发展中有着非常重要的地位与价值。之所以这么说，是因为"道教数术学"本身就是道教阐发自身教义思想的一个重要的理论形态。

道教数术学的宗旨在于弥补道家哲学偏重形上学的弱点，从而开辟道教由人事通向天道的实践之路。道家哲学通融、无碍，其所谓"道"，具有无限的包容性，却又存在难以具体描述的困境。如《老子》所说，"道可道，非常道"（一章）；道作为本体的存在是不可名的，"有物混成，先天地生，寂兮寥兮，独立而不改，周行而不殆，可以为天下母，吾不知其名，字之曰道"。《庄子》以为，道"有情有信，无为无形；可传而不可受，可得而不可见"（《庄子·大宗师》）。这种"玄之又玄""有无双遣""无滞无累""超凡脱俗"的最高宗教精神境界，是不可言说的，不利于指导具体的宗教实践。通过将数术学引入道教，如观星、望气、灵签、纳甲、卦气、卦变、先天后天、五行八卦、河洛数理、紫微斗数等等，来探讨天道的内容，表现由人事通向天道的路径，既能为道教信仰确立较明确的终极宗教目标，又能为道教的宗教实践提供切实的路径和方法。这在道教义理发展的过程中，具有重要的学术地位和理论价值。按照这种思路，只要循数术之理，就能理解天道的内容，达成与天道相通，达到人与天的合一。因此，道教数术学这种学术形式的出现，可以弥补道家哲学偏重形上学的缺陷。当然，在这个过程中，很多内容带有宗教及数术学所特有的神秘性，有着与现代科学所截然不同的方法和性质。

　　宗教的一个重要的社会功能就是要为信徒提供安身立命之处，此安身立命之处在很多宗教中都表现为对普遍神性的追求。普遍神性是世间万象的根据，世间万象虽然纷繁复杂，但只是神性的异化和显现。从多中求一，从乱中求同，从变中求永恒是各大宗教引导教徒寻求安身立命之处的一个共同的价值追求目标。道教作为中国土生土长的宗教，不仅同样思考着这个重要的问题，而且由于思考问题的角度不同，因而在不同的时期，对这个问题的解答也各不相同。早期的神仙道教将世界的根据归之为人格化的神，神是人和万物的主宰，同时，人格化的神作为普遍存在的万事万物的根据，又被实体化和本体化了。将人格化的神视为本体，容易导致对这个本体之"神"进行实证的困难；欧洲中世纪的神学努力对"上帝存在"进行各种证明,就充分表明了这一点。道教数术学的兴起,对此问题提出了自己的解答方式。道教数术学认为:道是本体,术则是达成此本体的方法,无术则不能显道;术以道为主,道以术为用,强调以术证道。

我们可以说,如何理解道与术的关系是一个关涉道教教义思想建设的重大理论问题。因为通过对道与术关系问题的探讨,可以对道本体的属性、证道修道的方法、道器体用等诸多问题进行深入探究,而这些问题对于道教信仰体系的建设来说至关重要。综观道教发展历史,我们可以看到,汉魏六朝以来的道教各派,无论是天师道、金丹道,还是上清、灵宝、三皇以及后来的正一各派,不论是重斋醮科仪、外丹炼养,还是重存思精念、符咒法术等的道派,都强调以术证道。唐宋以来,内丹道兴起,亦强调以术证道。修道是通过借助于阴阳,按照一定的方法和路径来消除道的异化并复归于道,而这便离不开具体的"术"。

历史地看,道教数术学兴起后,道教数术家在保持中国古代原有数术文化特色的基础上,吸收各家思想之长,并借助于《周易》之理,对当时各派的数术学有意识地进行了理论升华,致力于为道教的宗教实践提供理论指导,从而为道教的教义思想体系的建设作出了贡献。

三、《道藏》数术类经书简介

(一)《黄帝宅经》二卷

撰人不详,二卷,收入明《道藏》洞真部众术类。本书篇首列《黄帝二宅经》《地典宅经》《三元宅经》《文王宅经》《李淳风宅经》《吕才宅经》《子夏金门宅经》等历代相宅之书二十余种,强调本书是在此基础上,经过"采诸秘验"而成书的。因为此书所引有所谓唐李淳风、吕才

"宅经",从内容文字看,此书似应出于唐宋间。

本书论述卜宅之法。提出"夫宅者,乃是阴阳之枢纽,人伦之轨模","故宅者,人之本。人以宅为家,居若安即家代昌吉,若不安即门族衰微"。① 认为人们所居住的家宅安,则家族昌吉,不安则门族衰微,所以,需要考察家宅之阴阳休咎。其法,分宅院四面为二十四路,即十天干、十二地支、乾、艮、坤、巽,共成二十四路,以相其吉凶。相宅之要在于阴阳平衡:

> 阳不独王,以阴为得。阴不独王,以阳为得。亦如冬以温暖为德,夏以凉冷为德,男以女为德,女以男为德之义。《易诀》云:阴得阳如暑得凉,五姓咸和,百事俱昌。

阴阳平衡则家宅吉昌,偏阴偏阳则家宅凶险,即所谓"重阴重阳则凶"。② 又提出:

> 宅以形势为身体,以泉水为血脉,以土地为皮肉,以草木为毛发,以舍屋为衣服,以门户为冠带。③

凡欲移居,须向福德之方;凡欲造宅,须顺十二月之生气。其云:

> 正月生气在子癸,死气在午丁。二月生气在丑艮,死气在未坤。三月生气在寅甲,死气在申庚。四月生气在卯乙,死气在酉辛。五月生气在辰巽,死气在戌乾。六月生气在巳丙,死气在亥壬。七月生气在午丁,死气在子癸。八月生气在未坤,死气在丑艮。九月生气在申庚,死气在寅甲。十月生气在酉

---

① 《黄帝宅经》卷上,《中华道藏》第32册,华夏出版社,2004年,第184页。
② 同上。
③ 同上书,第186页。

辛，死气在卯乙。十一月生气在戌乾，死气在辰巽。十二月生气在亥壬，死气在巳丙。

若修造时冲犯土气，即有灾殃，宜依法禳之。书中有相宅图二幅，详述二十四路、十二月建造之吉凶禁忌。又有所谓五虚五实之法，其云：

> 宅有五虚，令人贫耗；五实，令人富贵。宅大人少一虚，宅门大内小二虚，墙院不完三虚，井灶不处四虚，宅地多屋少庭院广五虚。宅小人多一实，宅大门小二实，墙院完全三实，宅小六畜多四实，宅水沟东南流五实。①

五虚令人贫耗，五实则令人富贵。但此书又引子夏之言说：

> 人因宅而立，宅因人得存，人宅相扶，感通天地，故不可独信命也。②

认为人与其住宅相互影响、相互扶持，人可以影响其所住之宅，住宅也可以影响到在其中居住的人，因为人与其住宅可以相互作用，所以，不能只单方面从家宅的角度来判断吉凶。

(二)《紫微斗数》三卷

撰人不详，三卷，收入《万历续道藏》。此书云：

> 夫人者，禀天地之气，受阴阳之精，生其身命，上属五

---

① 《中华道藏》第32册，第185页。
② 同上书，第186页。

星，下属五行。若其时正，则身命高超，前程显达；其时不正，则命贱身卑，沉沦飘没。①

认为人禀天地之气而生，与天地之气相通。如果出生之时其气清、其时正，则身命高超，前程远大；如果禀气浊而时不正，则命贱身卑。命运的好坏都是前定的，关键看自身生辰八字所值星辰所主为何而定。

此书言占星算命之术，其谓：

凡看命，先定身宫，并身者上系太乙之神。若好星与禄旺相见得地，颇成天气，则是清贵之命。然后却推命宫及时候浅深，不安则无力；纵有力，星辰为福亦轻。须得地时正，方得荣显福德田宅官禄。六宫好恶，断其存亡；贵贱，定其祸福，方有应验。②

人之身命上系天星，下得地时，按其生辰八字排流年，定运限，即可占卜人之吉凶祸福，穷通寿夭。全书分作十节：一定时刻，二起八字，三立格局，四排星辰，五立坐命，六起大运，七起大限，八书化曜，九书喜忌，十排吉凶。运用时，一看命主八字强弱，二看立格用神，三看命宫空贵，四看六亲多寡，五看行运兴衰，六看守限星照，七看流年星宫，八看倒限神煞，九看落枕安慰，十断死命运限，期年月日时刻之应。又有紫微、天虚、天贵、天印、天寿、天空、红鸾、天库、天贯、文昌、天福、天禄，以及天杖、天异、毛头、天刃、天姚、天刑、天哭等星宫，十二时辰生人分属之。诸星各有所主，每星后附十二时辰之五言、七言、四言象语，用于占验吉凶。

占算之时，大抵以某人出生之年月日时干支配合为"四柱八字"，

---

① 《紫微斗数》卷二，《中华道藏》第32册，第341页。
② 同上。

按生年安紫微星宫，按生月安天杖星宫，按生日安身宫，按生时安命宫。据书中《命星时刻度数总论》①所说，人之命运，决定于所生之时刻及与之相应之星宫。故此书对于人的四柱八字，尤其重视时柱干支的情况，并以之来判断吉凶。

(三)《护国嘉济江东王灵签》一卷

原不题撰人。一卷，收入明《道藏》正一部。此书附载有明洪武辛亥年（1371）国子司业宋濂撰《赣州圣济庙灵迹碑》，《碑文》称：

> 宋宝庆间（1225—1227）莆田傅烨为赣县东尉，艳神之为，撰为繇辞百章，俾人占之。②

据此，本书签文当系南宋傅烨所撰。后来，明代道士又以此灵签之文与宋濂碑文合编为一，即本书，书中载灵签一百经。

"护国嘉济江东王"是神人石固的封号之一。据宋濂撰《赣州圣济庙灵迹碑》所载：秦朝赣人石固，殁后，屡现灵迹，救护群生。如汉高祖六年，灌婴定江南，至赣，赣与南越相邻，南越尉陀侵犯边境，灌婴将兵击之，石固显灵，告灌婴以克捷之期；此后一直到元末明初，石固屡显神异，救济民众，消弭兵祸。历代帝王、官吏因石固屡有灵验，"功在国家，德被生民"，遂为之建庙奉祀，加封尊号，如"宋五封至于崇惠显庆昭烈忠佑王，赐庙额曰嘉济。元三易封为护国普仁崇惠灵应圣烈忠佑王，复更之以今额"。③书中载灵签一百经，有诸多劝善、修德的内容。如：

---

① 《紫微斗数》卷二，《中华道藏》第32册，第324页。
② 《中华道藏》第32册，第145页。
③ 同上。

盈虚消息总天时，自此君当百事宜。若问前程归缩地，更须方寸好修为。(《护国嘉济江东王灵签》第二)①

　　衣食自然生处有，劝君不用苦劳心。但能孝悌兼忠信，福禄来成祸不侵。(《灵签》第三)②

　　知君指拟似空华，底事茫茫未有涯。牢把脚跟踏实地，善为善应永无差。(《灵签》第十八)③

　　公侯将相本无种，好把勤劳契上天。人事尽时天理现，材高岂得困林泉。(灵签》第二十八)④

　　奉公谨守莫欺心，自有亨通吉利临。目下营求且休矣，秋期与子定佳音。(《灵签》第三十)⑤

　　才发君心天已知，何须问我决狐疑。愿子改图从孝悌，不愁家室不相宜。(《灵签》第六十七)⑥

这对于民风、民俗的改过迁善，有积极意义。

(四)《元辰章醮立成历》二卷

　　撰人不详。二卷，收入明《道藏》正一部。《新唐书·艺文志》著录"元辰章三卷"，《通志·艺文略》著录"元辰章用二卷"，疑即此书。故此书似出于唐宋间。

　　本书内容为禳灾算命书。卷上载"上章禳灾醮仪"，有"坛图

---

① 《中华道藏》第32册，第131页。
② 同上。
③ 同上书，第133页。
④ 同上书，第134页。
⑤ 同上。
⑥ 同上书，第139页。

法""元辰章坛四门符""章信""醮法"等，主要目的在于为人禳灾去祸。因为按照此书所说，人出生之年月日时，若遇太岁、魁罡等恶星所临，或因干支、五行相克，则有灾殃。其云：

> 胎年生月之上，为魁罡所临，众忌互加，凶灾临身。行年本命之上，并见罗网所缠。本命支干、生月支干，并相克贼，恶星丑宿临身。

而奉道之士"当佐天理气，助国扶命，救生度死"。① 故本书根据人之行年（出生年）、胎月（怀胎月）、生月（出生月）、本命（生日）等，以干支、五行相生相克之理，推算灾凶及消解之法，行此方术以解人之苦厄。

本书卷下载推算吉凶和消灾之法，为人消去本命元辰胎生行年元辰等灾。内列举六十甲子日历和神名，如"甲子王文卿，从官十八人。乙丑龙委卿，从官十六人。丙寅张仲卿，从官十四人。丁卯司马卿，从官十二人"②，如此等等。并根据某人出生年月日时（即生辰八字），以干支、五行相生相克原理，推算所遇凶灾及消解之法。如书中举例云：

> 假令本命甲子，则恶在庚辰，成请子神丙寅某乙，合神己丑某乙……为某和释自相为恶之灾，消却本命上所见诸厄魁纲天杀，众灾恶害，一切解除之。③

也就是说，如果某人本命生在甲子年，按历推算，其所遇恶神为庚辰神，应该请子神丙寅神消除，并请合神己丑神来保护。

此外，本篇又载消五音灾法、消五鬼绝命灾法、慰喻五藏法、课四

---

① 《中华道藏》第32册，第393页。
② 同上书，第398页。
③ 同上书，第397页。

时请等，亦皆为推算灾祸和消灾养生之法。

（五）《邓天君玄灵八门报应内旨》一卷

撰人不详。一卷，收入明《道藏》正一部。此书称"天君降笔亲书玄灵八门内旨、掌上六十甲子秘诀"，乃假托邓天君降笔，为道教扶乩之书。从内容看，其云此书之旨"乃九宫遁用八门直日报应之诀，断例自与徐神翁《打门槌歌诀》《鬼敲门之法》相同"①。因徐神翁乃北宋末年著名道士，故此书有可能出于北宋之后。

所谓"玄灵八门内旨"，其意在于人在心中存思念咒，默想自身，蹑步斗罡九宫（即北斗九星），行至某宫以测吉凶。书中提出先须修炼斗中二使（星官），使之坎离交、婴儿姹女结；又有阴阳日八门默点值日报应诗，结合逐月所值，以取吉凶；又有《遁九宫八门报应图式》，要求阳日顺数行，阴日逆数行，或行开、休、生、惊、伤、死、景、杜八门，以断吉凶生死。又录徐神翁《八门断例》(又名《打门槌》)、《徐神翁鬼敲门》《二十四字经歌判状》等秘诀，其云：

> 欲求祸福问安危，先问八门仔细推。但见见闻归一位，即是鬼神相报知。倪闻欢笑皆云吉，若是愁声凶可知。……问讼若逢宽衣带，不问赢输总解围。……或持丝麻经过眼，断然孝服见亡危。……见有梅家阴媒动，见李其家理必亏。见其血家离骨肉，见桃逃走定人离。如逢犬吠冲来处，必定人家主哭悲。鼠来过处遣声响，财散人离盗贼欺。……阳日震位产男儿，阴日小房诞女儿。②

---

① 《中华道藏》第32册，第407页。
② 同上书，第409页。

如此等等。这其实是根据占算人所见各种征兆，结合阴阳五行、九宫八门、六十甲子、年月日时之数理，来掐算人之吉凶祸福、生男生女。此书认为，掌握了"玄灵八门报应内旨"，便"能参造化真机妙"，达到"一法通时万法精"的地步。

（六）《太上登真三蹻灵应经》一卷

不题撰人。一卷，原收入《正统道藏》洞真部众术类。

此经言三蹻之术，其云："夫三蹻经者，上则龙蹻，中则虎蹻，下则鹿蹻。"① 其术渊源古远，东晋葛洪《抱朴子·遐览篇》已著录"龙蹻经""鹿卢蹻经"等。对于"龙蹻"之法，本书提出：

夫龙蹻者，气也。气者，道也。长视龙蹻，炼身为气，与道合真，足生云也。龙蹻者，奉道之士，欲游洞天福地，一切邪魔精怪恶物不敢近。

大凡学仙之道，用龙蹻者，龙能上天入地，穿山入水，不出此术，鬼神莫能测，能助奉道之士，混合杳冥，通大道也。②

关于"虎蹻"，其云：

夫虎蹻者风之母，水之子，用之三载，其虎自乘风来来往往，如风动败叶飞空，聚则为形，散则为风，与天地正阳之气混合为一。③

人习之久久，则可以聚为形而散为风，乘风往来。关于"鹿蹻"，能助

---

① 《中华道藏》第32册，第483页。
② 同上。
③ 同上。

奉道之士日行千里，采食灵芝。龙蹻、虎蹻、鹿蹻有些即是道教中所说的分形变化、缩地飞行之术。书中对于如何修习龙蹻、虎蹻、鹿蹻有详细的方法，包括择日斋戒、立坛上供、吞印念咒、存想龙虎鹿现形而乘骑飞行等。本书特别强调，修习上述之法的目的在于奉道以济度生灵，它要求修习者要"常行扶危拔苦，救济孤贫老幼"的善行，才可能使自己的修持"立有神验矣"。

建议阅读书目：

刘国梁：《道教与周易》，北京燕山出版社，1993年。

孟乃昌：《道教与中国医药学》，北京燕山出版社，1993年。

孟乃昌：《道教与中国炼丹术》，北京燕山出版社，1993年。

刘英杰、李郅高、郭志城等编著：《中国术数概观》，中国书籍出版社，1991年。

李零主编：《中国方术概观》，人民中国出版社，1993年。

主要参考书目：

任继愈、钟肇鹏主编：《道藏提要》(修订本)，中国社会科学出版社，1991年。

郑万耕：《算命透视》，科学普及出版社，1997年。

朱伯崑：《易学哲学史》，华夏出版社，1995年。

朱越利：《道经总论》，辽宁教育出版社，1991年。

朱越利：《道藏分类解题》，华夏出版社，1996年。

胡孚琛主编：《中华道教大辞典》，中国社会科学出版社，1995年。

刘英杰、李郅高、郭志城等编著：《中国术数概观》，中国书籍出版社，1991年。

李零主编：《中国方术概观》，人民中国出版社，1993年。

李零：《中国方术考》，东方出版社，2001年。

李零：《中国方术续考》，东方出版社，2001年。

道藏中的诸子说略

吕锡琛

一、《道藏》中的诸子概述

作为中国本土宗教的道教生发于自家深厚广袤的文化沃土，诸子百家是道教教理教义重要的思想源泉。因此，与其他宗教不同，作为道教经书之总集的《道藏》，不仅收入记载道教神学理论和神仙传记、符箓法术、斋醮科仪等道经，而且还将《老子》《庄子》《墨子》等具有理论根源性质和富含哲学思想的诸子作品纳于其中，这是道教教理教义的理论基础。从思想文化史的视角来说，《道藏》中的诸子作品大致包括以下三类：

第一类是被称为"经"的诸子作品。除了在西汉末年已被称为《道德经》的《老子》之外，还包括被唐玄宗敕封为真人的诸子作品。它们分别是南华真人庄子所著的《庄子》(《南华真经》)、文始真人尹喜所著的《关尹子》(《文始真经》，今本《关尹子》为南宋人伪托)、冲虚真人列子所著的《列子》(《冲虚至德真经》)、洞灵真人庚桑子所著的《亢仓子》(《洞灵真经》，多数学者认为今本为唐代王士元伪作)、通玄真人文子所著的《文子》(《通玄真经》)。在明代编纂的《正统道藏》中，这几部作品列入"洞神部本文类"，按照《道教义枢》的解释，本文乃"经教之始、经之本源"和"辨析万事、表诠至理"的典籍，可见其在《道藏》中的重要地位。

第二类是注解《老》《庄》等经的作品，在《正统道藏》中列于"洞神部玉诀类"。按照《道教义枢》的说法，"玉名无染，诀语不疑，谓决定了知，更无疑染"。《道藏》的解经作品中，注《老》的作品最为丰富，在2004年出版的《中华道藏》就包括《老子》及注释共66种，《庄子》及注释14种，《列子》及注本6种，《关尹子》及注本2种，《文子》及注本4种，《亢仓子》（《庚桑子》）及注本2种。

第三类是墨、名、法、纵横诸家学者的作品。包括战国时期墨翟等著《墨子》、尹文子著《尹文子》、公孙龙著《公孙龙子》、韩非著《韩非子》、王诩著《鬼谷子》及《鹖冠子》《鬻子》，还有汉至明代的诸子：汉代刘安主编的《淮南子》、晋代葛洪撰《抱朴子》、唐张志和撰《玄真子》、唐袁孝政注《刘子》、唐吴筠或罗隐撰《太平两同书》、唐马总撰《意林》、唐无能子撰《无能子》、唐谭景升（谭峭）撰《化书》、宋张商英注《黄石公素书》等。

从以上所列作品来看，《道藏》中的诸子多为蕴含丰富哲学思想的理论作品，在中国思想史上具有重要地位。这类作品的入《藏》，充分体现出编纂者兼收并蓄的博大胸怀。

但是，兼收并蓄并不等于驳杂无章，入《藏》的诸子作品多与道教存在着程度不一的各种内在联系。

在史籍记载中，老子是一个颇具神秘色彩的人。孔子的犹龙之叹、老子二百余岁、出关隐去、莫知所终等传说，都留给人们神秘莫测的形象，从而为神化老子、尊奉《老子》提供了叙事和理论层面的依据。《老子》提出了生发万物、"玄之又玄"而又难以言说的"道"，它具有一种玄妙莫测而又无所不在、支配万物的特性和神秘性，使得对"道"的阐释可以向神学方面发展，为道士的附会和神化提供了理论基础。《庄子》之"道"虽有将老子的客观存有之"道"内化为精神与心灵境界的趋向，但在以"道"作为超越的形上本体（根）这一关键点上并无歧见，所谓"夫道有情有信，无为无形，可传而不可受，可得而不可见；自本自根，自古以固存；神鬼神帝，生天生地"，而书中对仙人、神人、真人的描述以及论说的修真之理，都被道教奉为宗源。

更重要的是，《老》《庄》中的"道"并非只是高悬于空中的形而上概念，而是可能通过行为主体的不懈修炼而获得的真实体悟，作者提出的"致虚极，守静笃""坐忘""心斋""养气""守一"等修炼方法和理论被道教吸收、发展为仙道要法；而"惚兮恍兮其中有象，恍兮惚兮其中有物，窈兮冥兮其中有精，其精甚真，其中有信"等修炼体验亦与神仙方士和早期教团的追求和目标产生共鸣。《韩非子》《淮南子》等作品则从各自的视角继承、发挥了《老子》思想。于是，《老子》《庄子》《韩非子》《淮南子》等诸子作品成为道教教理教义的理论基础。《墨子》中"天志""明鬼""尚俭""均平"等思想亦成为道教教理教义的思想来源，即便如《意林》这种杂纂百家之要义的作品，其中亦因收入《老子》《庄子》《列子》《墨子》《文子》《鬼谷子》《吕氏春秋》《淮南子》《抱朴子》等道家诸子之言而与道教多有联系。

道藏中的诸子作品内容十分丰富，限于篇幅，本篇只对《道藏》中的诸子作品择其要者进行简介。同时，其他分篇对有些子书已作介绍，如尹志华的《太玄部道经说略》已对尹文子、鹖冠子、子华子、鬻子、关尹子、亢仓子等作品进行简介，郭树森的《正一部道经说略》论述了《老子想尔注》的版本及主要思想（亦论及鬼谷子、天隐子、素履子），王承文的《洞玄部道经说略》，胡孚琛、姜守诚的《太清部道经说略》，汪桂平的《道藏中的儒家说略》中分别对《抱朴子》的内、外篇予以介绍。以上诸子，本篇不赘。而《老子》《庄子》等重要作品在《太清部说略》《正一部说略》中已从道教教义、版本流传等视角进行简介，故本篇侧重从思想理论层面对《道藏》中的主要诸子作品进行简介。

二、《老子》及注《老》作品

（一）《老子》

传世的《老子》版本较多，尹志华的《太玄部道经说略》中对此已作论述。《老子》植根于前代深厚的文化土壤，是对前代先哲思想的总结和提升，将前人关于"道"的概念提升为具有根源性意义的主导概念，建构起了"道"的形而上思想体系。老子认为，"道"是万物之源及其运行发展的内在动力和趋势："有物混成，先天地生，独立而不改，周行而不殆，可以为天下母，吾不知其名，字之曰道"。在这里，"道"是一个"混成"的整体，广大无边而周流不息，周流不息而伸展遥远，伸展遥远而返回本源。宇宙间的一切事物，都是以"道"为其最初本源的有机统一整体，"道生一，一生二，二生三，三生万物"。"道"是无形无象而又无处不在、自本自根而又为"万物之宗"的超越性存在，它支配着万物的运动和发展趋势，万事万物顺道则昌，逆道则亡，即使是拥有至高权力的侯王也必须遵道而行，不可违道、逆道而肆意妄为。

在道生万物、道统万物的思维模式下，老子认为，人对自身反观内照即可体悟大道和万物变化之规律，故可推之于修身齐家治国平天下。基于"道"的无为、柔弱、利物等特性，老子提出了尊道贵德、道法自然、无为而治、抱朴守真、正反相因、俭啬寡欲、兼容并蓄、慈柔不争、反战尚和、致虚守静等一系列思想主张，反映出老子的价值追求、治国原则、生活信条、处事态度、修炼方法、社会理想，对中华民族的性格形成产生了深刻的影响。

《老子》无为而治的主张要求为政者谨慎地使用权力，"以辅万物之自然而不敢为"；要顺应民众之意愿而为，"以百姓心为心"，不能主观妄为；要不恃己功而为，"功成事遂，百姓皆谓我自然"。这可谓是人类历史上最早的人本管理和柔性管理思想。在中国历史上，一些明智的统治者将《老子》中无为、谦下、俭啬等思想应用于政治实践，曾促进了汉初文景之治、唐初贞观之治的出现。道家的管理智慧还具有超越时空的价值，不仅可为当代中国的社会管理提供文化资源，更受到外国政要的青睐，美国前总统里根、俄罗斯前总统梅德韦杰夫、联合国前秘书长潘基文皆在不同场合表达了对老子思想的崇尚。

老子将"慈""俭""不敢为天下先"奉为养生处世的"三宝"，体现出超越亲疏贵贱、尊重关爱民众的人道精神，是一种无偏私的普遍之爱和自律节制、谦下不骄的美德，不仅化为中华民族为人处世的基本信条和对行政官员的道德要求，而且为道教徒的道德培养和心性修炼奠定了行为标准。老子的致虚守静主张不仅为后世修道者提出了具体的修炼方法，亦是具有现代普适价值的心理保健和心理调节的良药。它让人们暂时排遣意识和理性思维，从意识状态超脱出来，进入潜意识层面，无思无虑，空明宁静。这种心理状态有助于心理的稳定平和，促进人体内各个组织系统的和谐与健康，开发大脑的潜能。文中提出的"柔弱胜刚强""兵者凶器""报怨以德"等主张，强调通过非暴力手段化解矛盾，以博大的胸怀对待一切恩怨仇恨，亦具有缓和争斗，协调人际，促进社会和谐乃至世界和平的积极意义。

（二）注《老》作品

《老子》文本具有言简意赅的文风和独特的思维方式，"道"这一兼具抽象哲理和实修体悟的概念为后人提供了无限的阐释空间，极大地丰富了中国哲学的内容，其哲学睿见和政治智慧吸引着历代哲人高道、帝王将相的青睐和研习。在中国历史上，注《老》者绵延不绝，其身份十分多样，既包括道门中人，亦有帝王将相、哲人儒生，甚至还有佛门人士。2004年出版的《中华道藏》综合明代《正统道藏》《续道藏》，共收入《老子》注本61种。不同注本的注释方式亦是异彩纷呈，既有对原文逐字逐句进行注解的传统注经方式，亦有超出传、注、疏、笺、解、章句、解诂、训等传统方式的发挥。它们大致可分为"回归历史和文本"与"面向现实和未来"两种阐释定向（刘笑敢语），是处于不同人生境遇和时代背景下的人根据各自需要和理解而作出的文化传承和理论创新。

历史上流传最广的《老子》版本是汉代河上公本和曹魏时期的王弼本。

1.《河上公道德经注》

本书出于东汉时期隐士之手，是较早的注《老》作品。这一时期，社会上形成了制度化的道教，弥漫着长生成仙之风，此注本正反映出这一社会风气以及道家向道教的转向。作者吸取汉代哲学、医学和养生学的成果，融合汉代神仙观念，主张通过自身修炼而长生不老，从治身治国一理的角度注解《老子》，将"经术政教之道"视为"可道"，而将"自然长生之道"奉为"常道"，突出养生、长生、成仙、不死等内容，并归纳出行气、固精、养神等养生要术，以图"与道合同""长生久寿"，凸显出作者"轻治国而重治身"、从长生成仙的信仰维度注《老》的特征。

2.《老子想尔注》

相传为张陵或张陵之孙张鲁所作。该书从道教神学的视角对"道"作出了阐释，实现了由哲学向神学的转型，将作为哲学家的老子以及作为哲学典籍的《老子》与道教紧密联系起来，老子被神化为由道、气所化，常治昆仑的"太上老君"，成为天师道的尊神。《老子》中的"一"和"道"被人格化，成为能发布诫令的主体并具有赏善罚恶的生杀大权："道设生以赏善，设死以威恶"。作者又把"生"与道、天、地并列为"域中四大"，多次提到"长生成仙"的基本信仰以及"仙士"的名号。特别是注文中"道教人结精成神"一语,乃"道教"这一术语的最早出处,故钟肇鹏等先生认为此书的宗教价值"无与伦比"。书中还吸收儒家三纲五常思想和黄老清静无为学说,融合修炼方术来解读《老子》,为道教神学理论体系的形成奠定了基础。此书与河上公的《老子》注本成为道家向道教转型的标志性作品,为早期道教的形成提供了理论基础,不少思想为后世道教继承、发扬。

3. 王弼的《道德真经注》

魏晋玄学的早期代表人物王弼所撰的《道德真经注》是最早的学者注《老》作品。他对《老子》的思想推崇备至,其注文言简义深,在汗牛充栋的《老子》注版本中,王弼《老子注》"妙得虚无之旨",成为最具代表性、最有体系性、最有影响力的作品。

书中突破了老子"有无相生"的宇宙生成论,不再局限于探讨宇宙万物如何从"道""无"中产生和演化,而是着重探讨"无"这一宇宙万物的本质,将论题的中心上升到了哲学本体论的高度,以"无"释道,以无为始,以无为本,以无为用,故被称为"贵无论"。

他将"无"上升到与"道"等同的地位,认为作为宇宙本体的"道"之本质即是"无","无"是"有"的本质和根本,万物必须依赖"无"才能发挥作用。作为万物本体的"道""无"的特征是"不温不凉,不宫不商,听之不可得而闻,视之不可得而彰",只有这无形无象者才能统摄宇宙万物,支配、贯通天地万物,"为品物之宗主",而任何有形有象的具体事物都具有某种特殊的质的规定性,有其局限性。

王弼抛弃汉代"废大体,务碎义"的注解方式,"删划浮辞,芟除烦重",避开章句训诂的执着,直接切入义理的阐发,以本末的思想来解释有为与无为之间的关系。他认为,无为是本,而有为是末,不能舍本逐末,故倡导"崇本息末"。王弼不仅将"道"作为万物的本体,使"道"的形而上学之意义更为显明,而且阐明了事物的共性与个性的辩证关系，认为"道""无"不是独立于万物之外，而是通过具体事物得以体现，成为个体向往并可望达到的最高境界。

作者将"以无为本"的本体论用于社会政治领域，得出了"名教本于自然"的逻辑结论。所谓"名教"亦即"以名为教"，就是将维护封建统治利益的政治观念、道德规范等立为名分，定为名目，号为名节，以之进行教化，其具体内容即是三纲五常等一系列道德规范和礼法制度；所谓"自然"，即是指"道"或"无"。宇宙万物包括人类社会的一切法则都是从此而生发出来的："道者，物之所由也。"因此，作为封建政治伦理的"名教"是"道"或"自然"在社会领域自然而然的体现，也就是说，"道"或"自然"是仁义礼的本体。

王弼的《老子注》突破了汉代章句之学的长期禁锢，由训诂名物、繁琐象数转向义理之学，立足于文本，在不改变原初文本的核心意涵的基础上，注重理论上的概括和哲学层面的抽象，注释风格由繁至简，极大地敞开了文本的意义，开启了以"玄远"为特点的一代玄风，提高了中国哲学的抽象思辨能力，对中国哲学史和伦理思想史的发展皆具有重要意义。

4. 杜光庭编撰的《道德真经广圣义》

本书为唐末五代高道杜光庭所编撰。自汉代以来，道门中人的注老作品甚多，除《老子河上公注》和《老子想尔注》之外，《道藏》中还收入了汉代严遵，唐代李荣、李约、陆希声、强思齐，宋代陈景元、彭耜、董思靖，元代李道纯、杜道坚、薛致玄以及第三十九代天师张嗣成等人的注《老》作品，杜氏此书是颇有代表性的一部。全书长达五十卷，列唐以前历代注释60余家，以推衍唐玄宗《道德真经注疏》之文意的形式，采撷众书，兼融儒佛，全面地清理、总结、吸收了前人的注《老》成果。作者推崇《老子》对于治国理身的重要作用，认为"经国理身之妙，莫不尽此也"，主张持守"三宝"，以彰道用。

书中对于"道"的起源和性质作出了富有新意的阐述和归纳；将遣之又遣的双遣之法灵活地运用于宗教修炼、立身处世、治国安民等活动之中，将儒家的建功立业与道家、道教不为功名所累的价值观念结合起来，追求自然朴实的"真智""真礼""真忠""真仁""真义""真信"，力图调和出世与入世、有为与无为的矛盾，进而超越有为与无为，达到"无所局滞"境界，以求实现政治治理活动中的自由。

作者力图调和儒道，融合儒道，认为儒家这些道德规范与老子的自然无为之道并不矛盾，而是互相吻合：

> 至仁合天地之德，至义合天地之宜，至乐合天地之和，至礼合天地之节，至智合天地之辨，至信合天地之时。

将儒家的仁义礼智信融入老子的自然无为理念之中。但他又指出儒家仁义礼乐之弊，主张重玄学者应超越仁义礼智信，追求于仁忘仁、泯然忘迹、与天地相冥合、利泽施于万物的"大仁""大义""大礼""大智""大乐""大信"，显示出道教重玄学者融儒入道而又改造和超越儒家的气度。

5. 帝王儒相的注《老》作品

宋代苏辙、吕惠卿、司马光、林希逸，元代吴澄，明代焦竑等儒者和官员的《老子》注本亦为《道藏》所收入。如，司马光的《道德真经论》以儒家观点解释老子思想；苏辙《道德真经注》则主张三教同源，"孔老为一，佛老不二"，融通儒释道三教，又引《中庸》之说相比附；吕惠卿的《道德真经传》以宋儒所谓的"十六字心传"，即《尚书·大禹谟》中"人心惟危，道心惟微，惟精惟一，允执厥中"十六字解《老子》的"守中"，以道家、儒家治身理国之说相参；理学家吴澄注老时将《老子》定为68章，这一分章传统为清代魏源《老子本义》所继承，吴氏注《老》以尊德性为本，体现出宋明理学重视心性道德的思想旨趣。

帝王注《老》作品是《道藏》诸子中颇有特色且值得关注的部分，其包括唐玄宗李隆基、宋徽宗赵佶、明太祖朱元璋的注解。

李隆基的注释引入《庄子》《易经》《尔雅》《西升经》等儒道经典以及道教重玄学"本迹两忘"等概念，又援用"妙本""摄迹归本"等佛学的理论和概念，对"道"那种无形无象、不可思议而又生化和贯穿万物的特性进行阐释，以"妙本"释"道"，富有新意。包括他在内的唐初统治者不仅丰富了"无为而治"的内涵，还在一定程度上将无为、清静等主张作为"一种实践智慧"而加以践行，开元盛世的出现与他们对老子及其思想的崇尚不无关联。

宋徽宗在政治上虽是失败者，但却饱读经书，他的注文旁征博引，贯通诸家，分别引用《易经》《尚书》《庄子》《论语》《内经》《孟子》《吕氏春秋》《列子》等多部文献，且能妥帖自然地将其揉入注文之中。作为一位道教皇帝，他的注文具有宗教色彩且侧重形而上层面的理论诠释，贬低形而下的实践层面，流露出某种脱离治国实践的虚玄倾向，这种诠释向度对他的政治生涯亦产生了消极的影响。

朱元璋作为一位从社会最底层崛起的帝王，希图通过研究和注释《老子》吸取治国智慧，以"利后人"。故他的诠释紧密贴近当时社会现实和理论需要，彰显出鲜明的经世致用、理论与实践紧密结合的特征。他不仅在理论上赞许老子清静治民、休养生息之治国方略，又深化了老子"治大国若烹小鲜"等语的内涵，并将一些思想运用于政治生活，提出"治乱民不可急、抚治民不可扰"等主张。

《老子》这部五千言的作品吸引着如此众多的最高为政者进行研习并撰出数万言的注疏，堪称古今中外绝无仅有的文化奇观！从诠释学的视角看，他们的诠释与西方诠释学的理路颇有契合。因为根据诠释学专家洪汉鼎的说法，诠释学包括"理解、解释、应用和实践能力"，它"不是一种语言科学或沉思理论，而是一种实践智慧"。而由于史料的缺乏，今人很难将众多诠释者对经典的注解与"实践智慧"联系起来，幸运的是，由于帝王的特殊身份，他们的实践活动有专职官员作详细记载并保存在史籍中。我们看到，帝王的《老子》注疏不仅包括了对《老子》文本的"理解、解释"，更在一定程度上在治国安民和立身处世方面有所践行，体现了诠释学的"理解、解释、应用和实践能力"四大要素，这在中国诠释学史上具有独特的价值。

三、《庄子》及注《庄》作品

（一）《庄子》

今传的《庄子》一书即庄子及其后学的著作汇编。一般认为，内篇基本为其本人所作，外篇和杂篇为庄子后学所作但亦包含了庄子的思想。庄子的思想虽与老子有相异之处，但"其要本归于老子之言"，更多地继承和发展了老子思想的本质特征，庄子学派既是老学的重要继承发展者，又是道家各派的综合者。

《庄子》一书继承发展了《老子》以"道"为核心的宇宙论，在这里，"道"不仅是宇宙的总根源和总根据，而且还是人对于宇宙终极实体的体悟和洞察，也是与宇宙万物融为一体的体验，庄子将这种与"道"合为一体的体验本身也当作"道"，即"道"的一个特殊意含，这是庄子对"道"这一概念的独特用法。庄子对老子"道生万物"的宇宙生成模式作了具体的阐发，认为"通天下一气耳"，气是万物的直接起源，每个具体的个人或事物在本源上皆由气聚合而成，是"假于异物，托于同体"。万物的形态、美恶皆可以互相转化："人之生，气之聚也；聚则为生，散则为死"，"臭腐复化为神奇，神奇复化为臭腐"。

庄子对政治黑暗的社会现实深感失望，故远离政治的浊流漩涡，以旁观者的清醒和睿智，思考社会、人生的诸多问题，深刻而激烈地抨击了当时的社会弊病和罪恶现象。他反对专制制度对人的压抑和束缚，追求精神上的逍遥自适和人格独立，从束缚人生的桎梏中解脱出来，在开篇的《逍遥游》中就以鲲鹏为喻，希图由"有待"而进入"无待"，"逍遥乎无为之业"，乘天地之正，而御六气之辩（变），以游无穷，摆脱外物之累而"无己""无待"，使心神任随外物的变化而悠游自适（"乘物以游心"），获得精神的自由，达到"逍遥游"这一最高的人生境界。为了超越现实世界，实现精神上的逍遥境界，他提出了"齐物"的论说，认为万物之间的大小、是非、善恶皆是相对的，还提出"见独""丧我""无己"等修养主张，以图从精神上超脱一切自然和社会的限制，泯灭物、我，泯灭人的好恶之情，忘却仁义礼乐，抛却外物，"堕肢体，黜聪明，离形去知，同于大通"，达到"形若槁骸，心若死灰"，与自然之道合一。

庄子将老子顺应自然的思想发展为顺世安命、随遇而安的处世方法和人生态度，认为"死生、存亡、穷达、贫富、贤与不肖、毁誉、饥渴、寒暑"等各种状况皆"事之变，命之行"，不要让它们袭扰心灵。如能安于时运，顺应生死，则哀乐之情不能进入心怀，"安时而处顺，哀乐不能入也"，保持心灵的宁静与心态的平和。

庄子继承了老子对仁义礼智的批判态度，对其进行了更为激烈的抨击。他认为，儒家推崇的仁义是万恶之源，仁义与窃国相通，是统治者蒙骗人民、将国家据为己有的工具；仁义礼智违背人的自然本性："屈折礼乐，呴俞仁义，以慰天下之心者，此失其常然也。"他倡导"法天贵真"，强调真朴之德出于天然，不可改易，而礼则是人为造作；还认为孝只是局限于血缘关系以内的道德规范，而至仁则是"利泽施于万世"的广阔胸怀。因此二者是无法相比的。

作者继承发展了老子无为而治的思想，将其细化为君无为而臣有为，"帝王无为而天下功"，"上必无为而用天下，下必有为为天下用"；又提出"在宥天下"的主张，即追求悠游自在、宽容自得的社会环境，让天下人"安其性命之情"，体现出尊重个体的价值和本性的追求，可谓独树一帜，对后世影响深远。

（二）注《庄》作品

《庄子》的文笔优美，汪洋恣肆，哲理深邃，想象奇特，为人们提供着心灵的安慰，其中的寓言神话及方术又为道教所重，故历史上注疏《庄子》者代有其人，玄学家郭象，道门中的成玄英、林希逸、陈景元、褚伯秀以及吕惠卿、王雱、焦竑等儒者皆有作品传世。《道藏》中《南华真经》(《庄子》)的注本达12种，其中南宋褚伯秀的《南华真经义海纂微》长达一百零六卷，但对后世影响最大的注释为《南华真经注疏》三十五卷，该书由《注》《疏》两部分组成，分别由魏晋玄学的代表人物向秀、郭象作《注》，唐代著名道教学者成玄英作《疏》。

1. 郭象《庄子注》

郭象通过诠释《庄子》而阐发自己的思想，他提出"万物独化于玄冥"的本体论，认为任何事物的产生、存在和变化，都是无原因、无目的、无条件，自然而然地孤立生发出来的——"万物皆造于自尔"，"无待"于任何力量的主宰。他将庄子的超越论发展为性分说。刘笑敢将这种独标新意、不同于文本原意的诠释称之为"逆向诠释"，其思想体系完整、理论倾向独特，某些重要观点又与庄子理论相反相异。具体地说，庄子之逍遥是从顺应到超脱、到终极的超越之体验过程，其安于既定境遇和实现逍遥游是两个不同的层次和阶段。但在郭象的《庄子注》中，安命和逍遥却变成了同一层面的问题，他借着注释的形式发展出了全新的哲学体系。庄子的既定境遇来自于外在的、普遍的力量，有如天地自然之变化；而郭象的既定境遇则是万物自身的本性决定的，来自于内在的、个体的力量。因此，与庄学不同，郭象常将"命"与"性"和"分"联系起来，以"性命""性分"作为万物独化的根据和安命、逍遥的基础。因此，郭象抹杀了庄子哲学原有的对现实的批判和不满，取消了庄子忘却个体人生，通过心斋、坐忘、见独的修炼功夫达到与道为一、与天地万物为一的向上、向外精神境界追求；他的逍遥取消了超越之道的存在，是安于现实的精神满足，只要能自足其性就可以实现，少有主体之自由的意味。较之《庄子》哲学的超越性，郭象的立场呈现出保守和自缩的倾向。

但郭象《庄子注》中的政治主张颇值得关注。他通过注解《庄子·天下》中所引的老聃"无为也而笑巧"一句，对"无为"给出了明确的定义：

无为者，因其自生，任其自成，万物各得自为。

这是他对老庄无为主张的发展，应该说，这些思想有利于缓解专制制度对人性自然的摧残。郭象还认为，具体的礼法制度皆有其局限性，不区分具体的时空条件而固守礼法，必然生弊，必须因顺时代和人性不断改革更新现有的政治礼法制度。他继承却又超越了王弼崇本息末的思想和嵇康"越名教而任自然"的主张，试图通过阐发《庄子》思想，解除人们由于背本就末而导致的顽鄙和苦闷，促使礼义忠信与自然本性合而为一，力图冲破礼法制度对于人性的束缚，调和名教与自然的矛盾。他将自然视为根本，而名教乃自然之迹，二者是"迹"与"所以迹"（"本"）的关系，主张"捐迹反一"（前人以"名教即自然"来概括郭象关于名教与自然关系的观点并不准确），反映出郭象对于名教与自然之关系这一问题认识的深化，展现出郭象玄学融会儒道而走向圆熟，将魏晋玄学提高到一个新的理论层次。

2. 成玄英《庄子疏》

本书是教内人士阐扬庄学的代表作品。成玄英进一步深化了向秀、郭象的注释，凸显出道教学者的思想智慧。

成玄英对《庄子》推崇备至，认为庄子之言，不狥流俗，可以理国治身，可以逍遥适性，可以摄卫，可以全真，穷理妙性，能仰登旻苍之上，俯极黄泉之下。他将《庄子》视为完整而赅备的思想体系，认为内、外、杂三篇的分篇依据及前后次序亦有理路可循，内篇阐明"妙理"，故置于前部，外篇侧重叙述"事迹"，杂篇则妙理和事迹杂陈。

成氏疏解以郭象版本和注文为基本依据，他在继承、推阐和批判郭注的基础上，重构了新的庄学义理体系。如，他继承了郭注的"独化"概念，赞同郭象否定物与物之间依待关系的观点，"是知一切万有，无相因待，悉皆独化"，但却不同意郭氏否定"道"对万物主宰作用之观点。郭象取消了"道"和"天"的独立存在和功能，主张万物独化，生命的根源在于"自尔"，自足其性则可实现逍遥，从而与庄子超越现实、忘却个体人生的逍遥理路分道扬镳。而成氏重新肯定了"道"的本体地位及其对万物的主宰："六合虽大，犹居至道之中，豪毛虽小，资道以成体质"，而任物自行正是"道"所具有的一种特性："至理无塞，恣物往来，同行万物，故曰道也。"故他的逍遥路径也就不同于郭象"不为而自能"的消极路径，而是虽"无待圣人"，却还需行为主体"虚怀体道"的修炼功夫，方能"御六气以逍遥"，体现出作为道门中人的成玄英修道体道的人生追求，亦为世人指出了一条积极可行的超越之途。

由"独化""恣物往来"的理论出发，成氏强调，即使是"位居九五"之尊的君主也不能以主观意愿干涉民众，"无容私作法术，措意治之"。而应"任庶物之不同，顺苍生之为异"，"随造化之物情，顺自然之本性"，"各顺素分，恣物自为"，才能够达到理想的治理目标："上符天道，下顺苍生，垂拱无为，因循任物，则天下治矣"，"群性咸得，故能富有天下也"。特别是君主在进行道德教化的过程中，对待贤愚不齐的人士必须持守一种尊重民众之本性的宽容态度："主上圣明，化导得所，虽复贤愚各异，而咸用本情，终不舍己效人，矜夸炫物也。"只要体悟大道，与物冥合，亦能自然而然地合于仁义："夫能与物冥者，故当非仁非义而应夫仁义……故是道德之正言。"

成玄英还以黄帝学道于广成子的传说为例，表达了道尊于位的观念，他说：

> 道在则尊，不拘品命，故能使万乘之王，五等之君，化其高贵之心而为卑下之行也。

在成玄英看来，"道"具有至高无上的地位，决定尊卑贵贱的不再是政治上的"品命"，在有道之人面前，身居至尊地位的君主也应放下身段虚心求教，这无疑是对封建等级观念的冲击。

3. 褚伯秀《南华真经义海纂微》

本书为南宋妙真派大宗师杭州天庆观道士褚伯秀所编纂，是历代注《庄》作品中内容最为丰富的一部，正文达一百零六卷，字数远超《道藏》所收同期其余所有《庄子》注本的总和。正文之前有庄子小传和刘震孙序、文及翁序、汤汉序、无名氏序、"今所纂诸家注义姓名"，正文之后有褚伯秀后序。全书汇集了郭象、王旦、吕惠卿、林疑独、陈详道、陈景元、王雱、刘概、吴俦、赵以夫、林希逸、李士表、范应元十三家的《庄子》注，中间还多次引用陆德明、成玄英、文如海、张潜夫有关《庄子》的音义与注疏。除了纂集各家注疏之外，褚伯秀在诸人说法之后亦"断以己意"，阐发他自己的"管见"；从这些"管见"来看，褚伯秀的庄学思想也在一定程度上受到了魏晋玄学以及唐宋时期儒佛道文化思潮的影响。

该书保存了两宋时期各家研治《庄子》的重要资料。所引十三家治《庄》之说中，林自（疑独）、陈详道、陈景元、王雱、刘概、吴俦、赵以夫、王旦、范元应九家文献都已亡佚，甚至有的连历代志书都没有记载，完全依赖本书的辑录而得以存其梗概。可见，褚伯秀的"编纂之功"实不可没，本书成为庄学史上具有里程碑意义的作品，为研究两宋思想史提供了重要资源。褚伯秀还对《庄子》原文进行了考校，有关的校勘意见不但得到了后世治《庄》者的认同，其所反映出的有些思维方法与清代、民国时期学者考校《庄子》字词时所用的方法相类，这在宋末以前的治《庄》史上颇为难得。

四、其他诸子作品

（一）《文子》

作者是春秋战国时期的哲学家、思想家文子，文子姓辛氏，号计然。刘向《七略》及《汉书·艺文志》《隋书·经籍志》《新唐书·艺文志》均收录此书。唐开元年间设立道举，规定习《老子》《庄子》《文子》《列子》道教四部经典，该书是名列《老》《庄》之后的第三大经典。长期以来，人们将其认作伪书；但1973年，河北定县四十号汉墓出土了《文子》残简。据整理小组介绍，与传世本《文子》对照，古本中属《道德》篇的竹简87枚，1000余字，另有少量竹简文字与《道原》《精诚》《微明》《自然》中的内容相似，余者皆是传世本中找不到的佚文。可见，古本《文子》是先秦古籍而并非伪书，而传世本则夹杂了儒、墨、名、法诸家特别是黄老道家《淮南子》的语句来解释《道德经》，故唐柳宗元称之为"驳书"。《正统道藏·洞神部·玉诀类》中收录唐代徐灵府（默希子）《通玄真经注》十二卷，宋朱弁《通玄真经注》七卷，元杜道坚《通玄真经缵义》十二卷，以上传世本在内容和形式上与出土的竹简本《文子》均有不同。每篇皆以"老子曰"三字开始，意在显示作者与老子及其思想存在着师承关系，但其所引《老子》，与今本《老子》又多有不同。

《文子》古今版本的文字均有与《淮南子》相同或大同小异之处，据学者考证，传世本《文子》有80%的内容可在《淮南子》中找到原文。三者的关系引起学界讨论，究竟是《文子》抄《淮南子》，还是《淮南子》抄《文子》，莫衷一是。但自古本《文子》出土之后，多数学者认为是《淮南子》吸收了《文子》的思想，何志华就此曾撰专著，特别论证了汉代高诱注《淮南子》时曾参考传世本《文子》。《道藏》中所收的传世本《文子》分为道原、精诚、九守、符言、道德、上德、微（策）明、自然、下德、上仁、上义、上礼十二篇，其思想主旨继承发展《老子》又杂揉诸家，在中国古代哲学史上占有一席之地。

　　书中关于"道"和"无为"等思想的论述与《淮南子》多有雷同。"道"是构成宇宙万物的原始材料，德是万物各得于道的一部分，蓄养成长为具体事物，道与德相辅相成。道使万物生长，而德使万物繁殖。道是整体，德是部分，是阴阳陶冶而变化万物的必由之路，"万物变化，合于一道"。根据"天地运而相通，万物总而为一"的原理，作者进而由道论推衍到人事，强调"道"的无为无形之特性，推崇其功能：

> 内以修身，外以治人，功成事立，与天为邻，无为而无不为。

要求统治者顺道而为，持守柔弱以得人心。但有别于《老子》的是，作者对于仁、义、礼的态度是积极肯定的。文中说：

> 故云上德者天下归之，上仁者海内归之，上义者一国归之，上礼者一乡归之。无此四者，民不归也。不归用兵，即危道也。

明确将仁、义、礼作为治国的重要内容，显示出与《老》《庄》绝仁弃义斥礼立场的分野，而与《淮南子》等黄老道家相关主张接近。

作者还要求统治者努力修身，主张"圣人守内而不失外"，"因时而安其位，当世而乐其业"，提出了"守虚""守无""守平""守易""守清""守真""守静""守法""守弱""守朴"九个具体的修养方法。这反映出作者对道家道教的治国思想及其修炼理论的继承和发展。

唐代道士徐灵府（默希子）、宋代儒生朱弁以及元代道士杜道坚等曾注解《文子》。徐灵府在《通玄真经注》的序言中称道该书：

> 上述皇王帝霸兴亡之兆，次序道德礼义衰杀之由，莫不上极玄机，旁通庶品。其旨博而奥，其词文而真。

认为遵循此书之旨，治国则可由淫败之俗而返朴归真，治身则可由患得患失的状态而"复至命于自然"。他继承道教形神兼治的修炼主张，但强调以养神修心为主，希望以君主为核心，任贤爱民以寻求天下安宁，恢复大唐盛世。作为儒生的朱弁的注文忠于原文，并提出了"兴衰治乱"说与"随时而变"的治国思想。

元代杜道坚虽是道门中人，但他的《通玄真经缵义》却主张儒释道三教合一，推阐"皇道帝德"，强调"大一统"，以君主为治理天下的中心，从君主自身、君臣关系、君民关系等方面提出了"致君泽民"的主张；认为修身与齐家治国相联系，修道之人在天下有道时应该归隐，天下无道时则济世救民，融会儒道学说而形成一套修持理论。书中汇集众解，自为说者则题曰"缵义"，又于每卷之后附《释音》，逐篇摘字，注音释义。《四库全书总目提要》中对其注本颇为认可，不仅"注文明畅"，且充分肯定其版本学意义，称其身处宋末，"犹见诸家善本，故所载原文，皆可勘正后来讹误"。

（二）《列子》

《列子》是中国思想史上的重要著作之一，在唐代列为道教的四大经典之一。原为二十篇，十万多字，是战国早期列子、列子弟子以及列子后学著作的汇编。经过秦祸和西晋永嘉之乱，多篇均已失传，今本《列子》乃由东晋张湛搜罗整理作注才流传于世，仅存《天瑞》《仲尼》《汤问》《杨朱》《说符》《黄帝》《周穆王》《力命》等八篇。学术界不少人认为此书多系晋人伪作。但今人许抗生根据先秦两汉一些典籍引《列子》文句之事实，认为其为早期黄老道家典籍；近代出土的敦煌本《列子》古注本节抄证明，今本《列子》的经文中有张湛的注文羼入。

该书反映了夏末商初交替与春秋战国时期的哲学、神话、音乐、军事、文化以及世态人情等社会文化生活的各个方面，保存了众多珍贵的先秦史料。作者默察造化消息之运，阐发黄老哲学之深幽，辞旨纵横，发人深思，其中的"万物皆出入于机"、一切缘自"道"的思想以及贵生、顺性、知止等主张是道家义理不可或缺的部分，后来又为道教教义所吸收，特别是关于宇宙生成的看法，亦为《太上老君开天经》《太平经》等道教经籍所吸取。其中寓言故事百余篇，如《黄帝神游》《愚公移山》《夸父追日》《杞人忧天》等，读来妙趣横生，表达了精微的哲理。

"贵虚"是列子的重要主张，张湛在《列子·序》中说，该书"明群有以至虚为宗，万品以终灭为验"。在《天瑞》中，列子自认"虚者无贵"，彻底的虚，必定有无（空）皆忘，消融了所有差别，也就无所谓轻重贵贱，万事万物和人的诞生、消亡皆暂行于世而终归虚无，万物自天成，盗者本无心，光阴若逆旅，因此主张"顺性""忘怀"。书中认为，世间万物皆有始有终，唯有"不生不化者"，亦即"道"，才能够循环往复、独立永存。"不生不化者"是世界产生与变化的本源，它最初无形无象，历经太易、太初、太始、太素四个阶段，形成"浑沦"，再自"视之不见，听之不闻，循之不得"的"易"演变为有形的"一"，最终生成天地万物。"万物皆出于机，皆入于机"，一切缘自于"道"，但却并非"道"有意为之，而是自然而然地变化运转，生息盈亏。《汤问篇》中还提出："无极之外复无无极，无尽之中复无无尽。无极复无无极，无尽复无无尽。"以上关于宇宙生成四阶段的观点以及"宇宙无限说"等思想展现出中国古人的智慧,远远早于西方同类学说。

作者认为,天命超越于人间所有道德、强权、功利之上,世间的寿夭、穷达、贵贱、贫富都由它来决定。天命并不具备判断是非、主持公正的独立意志,也不怀有任何赏善罚恶的目的,故古往今来才会出现"寿彼而夭此,穷圣而达逆,贱贤而贵愚,贫善而富恶"等诸多颠倒混乱的社会现象。

该书的《杨朱》篇历来引发诸多指责与争议,文中主要讨论个人的真实生命与现实生存的问题,即张湛注《杨朱》时开篇解题中所说的"达乎生生之趣"。作者"损一毫利天下不与"的观点常被指责为自私自利。但贺麟先生早就认为,此言既与损己利人的利他主义相反,亦与损人利己的恶人相反,乃是"取其两端的中道"。《杨朱》篇也并未提倡纵欲,而是崇尚超越一切欲望和外在事物的自由,不拘泥于形式,摆脱某些有形无形的束缚,但要懂得知止。若是在缘自本性的欲求之外去追求多余的功名利禄,就是贪得无厌,这是他所鄙夷的"阴阳之蠹","守名而累实"。可见,作者本为批驳俗世虚荣,告诫人们抛弃造作虚伪,不为功名利禄所累,而并非纵欲妄为;后人对其断章取义的曲解,才让其背上了自私放纵的万世恶名。

(三)《墨子》

《墨子》是战国时宋大夫墨翟的作品及弟子对其言行的记录。原71篇,今存53篇,另有8篇存目。内容涉及哲学、逻辑学、伦理学、军事学、工程学、力学、几何学、光学等诸多学科,在中国思想史上具有重要的地位,先秦的科学技术成就亦多依赖《墨子》以传。书中"铦者必先挫,错者必先靡""甘井先竭,招木先伐""太盛难守"等观点与《老子》"反者道之动""物壮则老""兵强则不胜"等思想一致。墨子提出了"天志""明鬼"的概念,论证鬼神的客观存在,认为天有意志,天和鬼神皆能赏善罚恶,爱人憎人,这皆与道教的教义相合。因此,正统十年（1445），张宇初奉敕将《墨子》刻入《道藏》，今本《墨子》赖此得存。

墨子反对儒家的"天命论"，认为依据"命"而非依据实际言行进行赏罚，必定造成令人恃仗"有命"而为所欲为，失去判断是非的标准，对天帝、鬼神和人类皆不利。故他强调"天志"的权威以及服从"天志"即天之意志，而天志的内涵就是"义"，以"天志"为标准，就可以度量天下之王公大人卿大夫以及百姓之仁与不仁：

> 顺天意者，兼相爱，交相利，必得赏；反天意者，别相恶，交相贼，必得罚。

同样，墨子认为鬼神亦具有明察善恶、赏贤罚暴、无所不能的力量，如欲"兴天下之利，除天下之害"，必须"明鬼"。《墨子》中天志、明鬼之说成为道教顺应天命、赏善罚恶等教义的重要理论来源。

作者将人类的知识划分为"闻知"——传授的知识、"说知"——推理的知识、"亲知"——实践经验的知识三大类，在此基础上而提出判断是非真假的标准——"三表法"，即上据"古者圣王之事"，下察"百姓耳目之实"和"国家百姓人民之利"来判断是非，这在认识发展史上是一大进步，但也存在忽视理性认识的缺陷。

书中提出了"兴天下之利，除天下之害"的十项纲领，包括：尚贤、尚同、节用、节葬、非命、非乐、兼爱、非攻、天志、明鬼。值得重视的是，尚同等主张中提出，选择天下贤良圣智辩慧之人，立以为天子，立以为三公、万国诸侯，以至左右将军、大夫和乡里之长，社会成员自下而上尚同于天子之"义"；并且"上有过，规谏之"。社会成员的意愿层层上达，庶几天子及其以下的各级官吏按共同的"义"行事，从而实现"天下治"。这些思想蕴含着民主选举和社会成员参政、议政的萌芽，但"尚同于天子之义"的主张又具有明显的权威主义倾向。作者反对侵略战争，主张过节俭生活，节省开支，不仅要求统治者清廉俭朴,墨者亦应身体力行,这与《老子》的反战、崇俭寡欲主张遥相呼应。

《墨子》中的平等、博爱思想殊可宝之。他主张"兼相爱,交相利",要求君臣、父子、兄弟都要在平等的基础上互爱互利,"爱人若爱其身",还要求"饥者得食,寒者得衣,劳者得息","官无常贵,民无终贱",走向大同社会。墨家的兼爱主张与儒家"亲亲""尊尊""爱有等差"思想对立,故被孟子斥为禽兽,亦不见容于统治者,这是墨家在汉代以后被冷落的重要原因。

丰富的逻辑思想是《墨子》一书中的亮点,在《经》上下、《经说》上下、《大取》《小取》等篇中,作者论述了辩论的作用和目的:"将以明是非之分,审治乱之纪,明同异之处,察名实之理";提出了相当于西方传统逻辑之概念、判断、推理的"名""辞""说"三种基本思维形式和由"故""理""类"构成的逻辑推理,对逻辑的基本规律也有较明确的论述。这些逻辑思想不仅在中国逻辑史上具有奠基作用,在世界上亦是可与古希腊亚里士多德的逻辑、古印度因明(见印度逻辑史)相媲美的体系。

(四)《韩非子》

《韩非子》共五十五篇,十万余字,为战国时期韩非所作。此书集法家思想之大成,将商鞅的"法"、申不害的"术"和慎到的"势"相融汇,又以老子的"道论""无为"和辩证法等思想作为"法、术、势"的理论基础,将道与法融为一体。书中的《解老》《喻老》通篇从治国御臣的角度阐衍《老子》思想,《主道》《扬权》《外储说右下》《南面》等篇多阐述"经术政教之道"。

《韩非子》认为,"道"是变化的,天地、人与社会皆是变化的,故治理社会的方式方法也是变化的。法依着道而建立,法必须随时代变化,必须人人遵守。故他反对复古,主张法治,主张因时制宜,提出重赏、重罚、重农、重战四个政策。他继承老子"无为而无不为"的思想，认为君王应当具备的一项品质便是"为无为"，自己表现出"无为而治"，其最高理想为"君无为，法无不为"。他发展了老子的"无为"之说，主张"各处其宜，故上下无为"，将"静退"视为人主之道；对《老子》守静寡欲、持守"三宝"等思想也有恰当的把握，告诫人们："时有满虚，事有利害，物有生死"，"去甚去泰，身乃无害"。

书中的《解老》《喻老》是对《老子》相关段落或文句的摘抄和诠解。《解老》中对"上德不德""其政闷闷""治人事天""治大国""出生入死""使我介然""天下皆谓""善建章"等章的主要内容进行解读。《喻老》中对"重为轻根""天下有道""为无为""其安易持""将欲歙之""善行无辙迹""天下有始"等章的一些内容进行阐发。值得注意的是，与马王堆帛书本《老子》"德经"在"道经"之前的顺序相同，《解老》亦是从"德经"即后世通行本第38章开始，且通篇未涉及"道经"的内容，而《喻老》中仅有"重为轻根""将欲歙之""善行无辙迹"这几章的部分内容涉及"道经"。我们知道，"德"是道的体现和运用，《解老》《喻老》重"德经"轻"道经"，明显地反映出韩非重用轻体，关注政治、人生的倾向。两篇的先后秩序与《老子》传世诸文本不一，亦未分章，这是否也反映了《老子》文本的原貌？

韩非对《老子》的解读有其独特之处。例如，《解老》中将"不敢为天下先"解释为"圣人尽随于万物之规矩"，告诫为政者治理天下要遵循万物之"规矩"，而不要先于人前妄加指挥，透露出韩非对"规矩"的重视。作者也继承了《老子》关于事物运动发展变化的思想，强调"世异则事异，事异则备变"，"法与时转则治，治与世宜则有功"，这是韩非变法主张的理论基础，亦是其思想的亮点。

但是，与《老子》的人性质朴论截然不同，《韩非子》对人性的基本认识极其消极、阴暗，认为"人皆挟自为心"（自私自利），从父母子女到雇主与雇工、工匠与顾客皆以"计算之心以相待"。故作者将赏罚视为君主控制臣民的"二柄"，通过厚赏来诱使臣民为之卖命，使用重刑以威慑民众，主张"审于法禁"，"必于赏罚"，方能国富兵强，成就霸王。基于以上认识，他又歪曲了老子的诸多思想，以权谋解《老》的基调贯穿于全书。例如，以晋献公将欲袭虞却首先赠以璧马、知伯将袭仇由而先予以广车等政治谋略来解读"将欲取之，必固与之"等句。又如，他将虚静无为的治国安民之道改造为装愚守拙、深藏不露、正话反说或正事反做的权术，所谓"君无见其所欲""倒言反事以尝所疑"，以便窥探和控制臣下，将其当作强制控制和防范的对象，玩弄于股掌之中。他更是完全抛弃了《老子》"德信""处厚"等信条，公然声称："人主之患在于信人，信人则受制于人！"故《韩非子》的无为饱含权术智诈，弥漫着"明君无为于上，群臣竦惧乎下"的恐怖气氛。不幸的是，韩非的曲解造成了后人对《老子》的误解，将权谋智诈的帽子戴到老子的头上。

（五）《淮南子》

《淮南子》乃汉代淮南王刘安组织其门客所编纂，汉许慎、高诱注解，共二十八卷，收入《道藏·太清部》。该书视野广阔，包罗万象，旁征博引，文词华美，自称其书"纪纲道德，经纬人事，上考之天，下揆之地，中通诸理"，"经古今之道，治伦理之序，总万方之指，而归之一本，以经纬治道，纪纲王事"。全书共二十一篇，以道家思想为主干，兼取儒、墨、名、法和阴阳诸家学派之长，倡言自然无为、秉要执本以治国安民养生，提出了"循道""无为""持后""贵柔""守静""重生""养性"等一系列主张，集中体现了汉代黄老学派顺天道而治人事之思想宗旨。其中《要略》是序言，其余诸篇基本上按照天、地、人这一顺序排列，每篇又围绕某方面的主题展开。例如，《原道训》是全书的总纲，着重阐述"道"的理论；《天文训》《地形训》《时则训》论述了对于天地自然的认识以及关于天人关系的思考；《主术训》《齐俗训》《修务训》《泰族训》主要讨论治国安民、道德教化、修身养性、社会风俗等具体问题。此书历来为学者所重,后世道教亦受其影响,如晋葛洪撰《抱朴子》中对其多有取义。

该书以"原道"开篇,从本体论与生成论的哲学高度阐发了"道"的理论,认为"道"是深远无际而又无形无象的世界本体:"高不可际,深不可测,包裹天地,禀授无形",是万物产生和运行的总根源。"道"始生于无形的"虚廓",进而产生阴阳二气,阴阳二气刚柔摩荡而化生天地万物及人类:"天地之合和,阴阳之陶化,万物皆乘一气",彼此相互联系、相互感应。

作者继承发展了老子的无为思想,认为无为绝非"漠然不动""寂然无声""凝滞不动",而是"私志不得入公道,嗜欲不得枉正术,循理而举事,因资而立功,事成而身弗伐,功立而名弗有"。在此基础上,作者提出了"处静以修身,俭约以率下"的"君人之道";主张"乘众人之智""用众人之力""因性而用""各便其性",营造让世人"安其居、处其宜、为其能"的社会环境;推崇"神化为贵""神明定""至诚动化""心反其初"等教化主张;倡导"以内乐外""精神内守""和愉虚无"等精神修养,深刻地影响了嵇康等士大夫的人格和审美情趣;要求君主"抱德推诚""气志虚静""内修道术"以感化和治理天下。可见,作者超越了《黄帝四经》等黄老道家专务治世的视野,在设计治国方略的同时亦提出了丰富的养生养德之道,为治国安民的黄老经世之学向修身养性的黄老养生之学的转化作了理论上的铺垫,将治国与治身、安民与养心、修德与养生等方面融会贯通,形成了颇有特色的身国一体、身国同治的理论,代表了汉初黄老道家的最高水平。

作者亦试图调和儒道两家关于仁义礼法和道德教化等方面的主张,既承认礼乐法制与人性自然的一致性,又强调应防止仁义礼乐对人性的压抑,认为因顺人性"则天下听从",拂逆人性"则法县(悬)而不用",内在的心性修养更重于恪守仁义等外在的行为规范,"圣人内修道术,而不外施仁义"。作者在重视老子不言之教的同时,亦肯定儒墨两家道德教化的效果,承认圣人的声教法令的教育作用,孔门弟子"入孝出悌"乃"教之所成",墨门弟子"赴火蹈刀"乃"化之所致",体现出黄老道家融汇诸家的博大胸怀。

五、诸子作品入《道藏》的历史文化意义

第一,促进了道教神学对中国传统哲学和思想智慧的吸收。

道教是一种宗教信仰,而哲学则是一种理性。富含哲学和思想理论的诸子作品入《藏》,不仅意味着道教信仰与哲学理性可以和谐相处,可以互通有无、互鉴互取,更促使道教不断地吸收传统哲学理论和思想智慧,广采众长,在信仰中注入理性的因子,提升道教神学的理论高度。

第二,拓展和提升了道门中人的文化素养。

《道藏》中的诸子作品虽被当作道教理论的组成部分,但其内容上及天文,下及地理,中及人事,远远超出其他宗教典籍所涉及的学科内容。道门中人通过研习《老子》《庄子》《淮南子》等诸子的作品,不仅可增添哲学思辨能力、治国理政素养和养德修身的道德智慧,更可借注释《老》《庄》等道经阐发自己的思想理论和社会理想。可以说,《道藏》如同一座没有围墙的中国传统文化学堂和宝库,道门中人可在这里尽情地开拓视野,探赜索隐,钩深致远!这对于提升他们的文化素养、理论水平和政治觉悟具有积极的促进作用。

第三,丰富了中华思想宝库,特别是保存、汇聚了历代思想家的作品。

道门中人不仅受惠于《道藏》中诸子作品的理论滋养,而且亦为中华思想文化宝库增砖添瓦。他们在研习诸子思想的同时,亦阐发自己并汇聚同道们的思想智慧,如,汉代严遵的《老子指归》、河上公的《老子章句》,晋代葛洪的《抱朴子》,唐代成玄英的《庄子疏》、李荣

《老子注》，五代杜光庭的《道德真经广圣义》，南宋褚伯秀的《南华真经义海纂微》等皆为典型的杰作。在中国文化的长河中，道教学者前赴后继地成为后世《道藏》中新一代的"诸子"，丰富和拓展着传统思想文化的内容。

更值得指出的是，由于老庄等思想家与道教的特殊关联，故在编《藏》之初，编纂者就超越了宗教的界限，不仅收入《老》《庄》及其注本，更将相关诸子作品纳入，散落在各个时代、不同人员对于《老》《庄》的注释和诸子文集因此而得以收集汇聚，这对老庄学史的研究和相关文献的保存起到了重要的作用。

例如，据朱越利考证，《道藏》中杜光庭所撰《道德真经广圣义》五十卷，其序言中列举历代诠疏笺注《老子》者61家，并略加注，可由此窥知唐前《老子》学概貌；佚名所集的《道德真经集注》十卷保存了"崇庆五注"之一王雱《老子注》；金代李霖撰《道德真经取善集》十二卷保存了已亡佚的钟会《老子注》和鸠摩罗什《老子注》；唐无名氏撰《道德真经次解》二卷保存了遂州龙兴观《老子》碑本；金元间高守元所集《冲虚至德真经四解》二十卷，存张湛注原貌，卢重玄、范致虚二注赖该书流传，宋徽宗注赖该书存全貌。又如，秦汉以后，墨学衰微，《汉志》记载《墨子》71篇在宋以后亡佚19篇，所余53篇即《道藏》残本，传刻之本唯《道藏》本为最优；唐代《无能子》三卷，今存十几个版本，以《道藏》本最早且最善。

第四，帝王儒相的《老》《庄》注本入《藏》推动了道家思想的研究和传播。

位于权力巅峰和社会上层的帝王和儒相加入到注释《老》《庄》诸子的作者行列之中，他们与道门中人的作品同列于《道藏》之中，尽管有的冠以"御注"之名头，但仍然是等级森严的中国古代社会中难得的文化景观！这既提升了《道藏》的权威性，又提升了《老子》文本的地位，发挥着"上有好之，下必从之"的示范效应，推动了整个社会对《老子》的研究和注释；而帝王儒相通过对《老子》的研究和注释，提升了自身的理论水平和政治素养，在不同程度上自觉或不自觉地将《老子》的政治智慧融入到政治实践中，推动了政治环境的优化。更值得当代学者注意的是，由于帝王儒相的活动在各类历史文献中多有保存，由此可窥见社会上层在政治生活中应用《老子》思想的情形，如李隆基、朱元璋、王安石等人皆是较为典型的例证。相较于中国注经史上绝大多数限于理论层面的《老》《庄》注疏作品，帝王儒相的《老》《庄》注疏较能体现出现代诠释学的"理解、解释、应用和实践能力"四大要素，这与西方诠释学具有某种程度的相通，从而为当代学人建立中国诠释学理论体系提供了难得的案例和思想资源。

建议阅读书目：

朱越利：《道经总论》，辽宁教育出版社，1991年。

刘笑敢：《老子古今》，中国社会科学出版社，2006年。

陈鼓应：《庄子今注今译》，商务印书馆，2012年。

王卡点校：《老子道德经河上公章句》，中华书局，1993年。

饶宗颐：《老子想尔注校证》，上海古籍出版社，1991年。

王弼注，楼宇烈校释：《老子道德经注校释》，中华书局，2008年。

陈奇猷校注：《韩非子新校注》，上海古籍出版社，2000年。

萧登福：《列子古注今译》，台北：文津出版社，1990年。

彭裕商：《文子校注》，巴蜀书社，2006年。

何　宁：《淮南子集释》，中华书局，1998年。

王焕镳：《墨子集诂》，上海古籍出版社，2014年。

主要参考书目：

朱越利：《道藏分类解题》，华夏出版社，1996年。

朱越利主编：《道藏说略》，北京燕山出版社，2009年。

卿希泰、詹石窗主编：《中国道教思想史》，人民出版社，2009年。

张继禹主编：《中华道藏》，华夏出版社，2004年。

熊铁基等主编：《老子集成》，宗教文化出版社，2011年。
（清）郭庆藩：《庄子集释》，中华书局，1961年。
胡孚琛主编：《中华道教大辞典》，中国社会科学出版社，1995年。
许抗生：《〈列子〉考辨》，见许抗生《道家思想与现代文明》，中华书局，2015年。
吕锡琛：《善政的追寻——道家治道及其践行研究》，人民出版社，2014年。
何志华：《〈文子〉著作年代新证》，香港中文大学出版社，2004年。
孙中原：《墨学通论》，辽宁教育出版社，2019年。
何　宁：《淮南子集释》，中华书局，1998年。

作者简介

吕锡琛，1953年出生于湖南长沙市，毕业于湖南师范大学历史系。中南大学哲学系教授、博士生导师、中南大学道学国际传播研究院执行院长，兼任全国"老子道学文化研究会"创会副会长、"湖南省君子文化研究会文化康养专委会"会长、"湖南省宗教文化交流促进会"副会长、"湖南省船山学社"副社长等职。主要研究方向为道家道教文化、中国传统伦理思想。已出版《王船山史论研究》《道家与民族性格》《道学健心智慧——道学与西方心理治疗学的互动研究》《道家治道及其践行研究》《中式雅生活与文化康养》等专著7部，在《哲学研究》《世界宗教研究》《心理科学》等学术期刊和国内外学术会议上发表论文二百余篇。主持"道家思想与民族性格""道学与西方心理治疗学的互动研究""道家治道及其践行研究""二十世纪道学西用研究"等国家社科研究项目和省部级科研项目十余项。

道藏中的民间宗教说略

李志鸿

一、引言

在中国宗教史研究中,道教与民间信仰的相互影响、相互塑造是一个十分有趣而又需要进一步研究的问题。道教原本兴起于民间,与民间信仰、民间社会有着甚深的渊源。

早在战国时代,原始道教便开始孕育发展了。当时楚风崇巫术、重淫祀,而中原一带的民间则盛行着神仙方术。两者都是汉代民间道教发端的源头。汉末,有大规模组织的道教肇始。无论是蜀之三张的五斗米道,还是北方张角兄弟的太平道,皆不见容于统治者,因其起于民间,在民间流传,成为底层民众云集响应的信仰中心。唐、宋六百年间,道教真正发挥了正统宗教的功能,甚至一度成为官方神学。而道教即使在那时,其传播主体仍在民间社会。至于道教的异端则又形成了一系列新兴的民间宗教教派。金元时代,全真道、真大道等新兴民间道教兴起于北方,成为重新整合、振兴华夏文化的重要力量,正如陈垣先生所说,他们承担的是"用夏变夷,远而必复"的历史使命。明清两朝,民间宗教诸新兴大教派接踵而至。其中黄天道、弘阳道等大兴于民间社会,而八闽倡三教合一的三一教,其后的蜀之刘门教,苏北、山东之黄崖教都以明修儒学、内炼丹道为宗旨。至于一炷香教,八卦教,传播于四川、两湖的青莲教,金丹道亦无不如此。明清时代道教虽然衰落,但道教的修炼宗旨却在民间宗教世界大放异彩。

可以说，正统宗教与民间信仰不是简单的平行发展，二者既相互影响，又相互分离，有着有趣的重叠与动态的互动。道教与民间信仰的关系问题曾经受到了中外学者的广泛关注，石泰安（Rolf A. Stein）认为道教与民间信仰领域之间存在着辩证关系，二者之间的相互影响可以看作是一种变化无定的辩证运动，从来未曾停顿过。一些道教的精英如葛洪等人总是在俗祷与道教祠祀之间动摇不定，所谓纯化的道教"正派"与备受非议的"淫祀"之间并非界限分明。① 索安（Anna Seidel）则指出努力界定与民间或民俗宗教相对立的道教和描述两种教派之间的交流在西方的汉学界十分引人注意。② 施舟人（Kristofer Schipper）在其文章中也指出：由于大部分的民间香火缺乏可资印证的历史典籍，因此《道藏》所保存的资料就显得尤其重要，它为民间香火的研究提供了历史的透视，让我们进一步了解民间信仰在中国历史上的地位，并有助于对民间宗教进行社会学分析。③

关于中国宗教形态，杨庆堃曾区分为"制度化宗教"（Institutional religion）与"普化宗教"（Diffused religion）两种。在他看来，前者有明显的组织、经典、教义，后者指没有明显的组织、经典、教义等的宗教信仰形态，它的宗教成份渗透于社会生活的各个方面，成为民众日常生

---

① 参见〔法〕石泰安（Rolf A. Stein）著，吕鹏志译：《二至七世纪的道教和民间宗教》，《法国汉学》第七辑《宗教史专号》，中华书局，2002年12月，第39页—67页；王宗昱：《道教的"六天"说》，《道家文化研究》第十六辑，北京大学出版社，1998年5月。

② 〔法〕索安（Anna Seidel）著，吕鹏志、陈平等译：《西方道教研究编年史》（*A Chronicle of Taoist Studies in the West 1950—1990*），中华书局，2002年11月版，第28页—33页、第88页—92页。

③ 〔荷兰〕施舟人（Kristofer Schipper）：《〈道藏〉中的民间信仰资料》，《中国文化基因库》，北京大学出版社，2002年，第84页—100页。

活的一个部分。①加拿大学者欧大年认为"中国民间教派在结构上类似于欧洲中世纪异端宗教结社",具有世俗的、异端的、调和各种信仰的特征。在他那里,民间宗教有了"教派的民间宗教"和"非教派的民间宗教"之区分。②事实上,由于中国宗教体系的复杂性,对民间宗教进行分析时,比较科学的方法理应是将民间宗教放在一个与其他不同的宗教类型相互关联的、互动的场景中来加以把握。金泽先生从发生学的角度,将宗教划分为"原生性宗教"和"创生性宗教"。他认为中国的宗法性传统宗教和民间信仰属于原生性宗教,而五大宗教及民间教派、新兴宗教等属于创生性宗教。③

可以发现,民间宗教是作为一种宗教形态而存在的,与民间信仰相比,它有比较坚硬的组织外壳,是一种非官方、非主流的主要活动于民间的宗教形态。同样的,在《民间宗教志》中,马西沙先生也明确地指出:"所谓民间宗教,是指流行于社会中下层、未经当局认可的多种宗教的统称",民间宗教这一概念比秘密宗教、秘密社会或民间秘密结社"更具有包容性和普遍性"。④他说:

> 民间宗教与正统宗教虽然存在质的不同,但差异更多地表现在政治领域,而不是宗教本身。……就宗教意义而言,民间宗教与正统宗教之间没有隔着不可逾越的壕沟。⑤

在马先生那里,道、释等正统宗教及儒学在民间的散布形态(如民间道

---

① C.K.Yang, *Religion in Chinese Society: A Study of Contemporary Social Functions of Religion and Some of Their Historical Factors.* Berkeley, 1961.p294–295.
② 〔美〕欧大年著,刘心勇、严耀中等译:《中国民间宗教教派研究》,上海古籍出版社,1993年,第2页。
③ 可参见金泽相关论文《民间信仰的聚散现象初探》,载《西北民族研究》2002年第2期。
④ 马西沙:《民间宗教志》,上海人民出版社,1998年,第1页。
⑤ 马西沙、韩秉方:《中国民间宗教史》,上海人民出版社,1992年,第2页。

教和佛教）理所当然地属于民间教派或民间宗教。他甚至还持如下观点：

> 在未来的社会，所谓民间宗教，所谓正统宗教的概念都会消失，将代之以传统宗教、新兴宗教的概念。

在中国历史上，民间信仰、民间宗教与正统宗教之间，历来都处于一种良性的互动关系。而且，所谓的"民间与官方""小传统与大传统""俗文化与雅文化"等二元对立的概念，就恰恰无视不同类型的文化之间的互动与交织。显然，正统宗教与地方信仰，即所谓"民间"与"正统"，这些约定俗成的称谓并非截然的壁垒森严，它们之间往往是互动的。正统可以认同民间，民间也可以有正统的在场，二者同是传统文化的一分子。也就是说，只有将民间宗教、正统宗教与民间信仰置于相互关联的网络中进行考察，才能更准确地把握中国传统宗教的实态。

二、《道藏》中民间教团资料

（一）早期民间教团资料

汉末，有组织的民间道团出现，巴蜀的五斗米道、华北的太平道，成为广大民众的信仰依托，其诸多经典与民间社会息息相关。汉魏两晋时期，巫术盛行，托之于张天师的黄赤之道传承不绝。

1.《洞真黄书》与《上清黄书过度仪》

早期天师道房中养生书《黄书》，原本有八卷，其中两卷现残存于《正统道藏》中。其一为《洞真黄书》，其二为《上清黄书过度仪》。两晋以来,一些道经说五斗米道创始人张陵传黄赤之道,佛教方面也以此攻击道教。从《洞真黄书》中可以看出,早期天师道的黄赤之道,是以思神、念咒、步罡等巫术与男女交媾相结合的修炼方术。其目的在于比拟天地阴阳生化程序,以自身之生气与自然生气相结合,从而达到消灾除病,度世长生。

2.《女青鬼律》与《太上洞渊神咒经》

细加考证,发现最早提及黄赤之道的文献是晋代道经《女青鬼律》和《太上洞渊神咒经》。《女青鬼律》自称全书共八卷,今实有六卷,盖为残卷。《女青鬼律》是天师道的经典,约撰于公元4世纪。该经倡导遵守戒律,且言熟知天下鬼神姓名,以此治鬼,逢凶化吉;亦言合气法,称合气亦能治鬼,亦能成仙,亦能获救。《太上洞渊神咒经》,初成于西晋末至南北朝之宋齐时期,后之各朝加以完善,盛传于隋唐。《太上洞渊神咒经》对天师道教义,继承与背离皆有,且多有对天师道组织之批判。奉《太上洞渊神咒经》者可称为洞渊派,此派当为一民间道派,《太上洞渊神咒经》是其主要经典。据《女青鬼律》和《太上洞渊神咒经》,我们可推知:黄赤之道产生于4世纪两晋之际,与《女青鬼律》编纂同时,或略早;天师道徒是黄赤之道及其经典《黄书》创作者。

以上经典皆可见早期民间道教与方术的互动往来。这些都是道教深根于民间社会,源远流长的体现。

(二)宋元道教与民间社会

1.《太上感应篇》与两宋之际道教

《太上感应篇》三十卷,题"李昌龄传,郑清之赞",是道教劝善书之一。正文计一千二百多字,主要借太上之名,阐述"天人感应"和"道教承负思想"。朱越利先生以为,《太上感应篇》盖编造于公元1101年至1117年,可辅助统治阶级宣扬封建道德。马西沙先生指出:宋理宗指陈善恶之报,"扶助正道,启发良心",广泛推广劝善书《太上感应篇》,为以后《阴骘文》《功过格》的大力普及及民间宝卷类劝善书的兴起,开了先河。

2. 宋元新符箓派与民间社会

隋唐至宋初是道教法术的转变时期,该时期的法术与早期道教法术迥然有别,是对早期天师道与上清派法术传统的融合。其中既有天师道的书符诵咒、治病收鬼之术,也有上清派踏罡步斗,祈祷北极诸星君,通灵召真之术。这一时期,新兴符箓派层出不穷。如唐代道士邓紫阳开创的北帝派即属此列,该派以江西抚州南城县麻姑山为活动中心。唐末五代北帝派仍然传续不绝,广为流传。进入宋代,该派遂与其他道派合流。该派法术以北帝为尊,其法兼容上清、正一之特色,诵经、存神、服气与符箓咒术、召遣鬼神并重。据《三洞修道仪》记载,修此道者自称"上清北帝太玄弟子",修习该法须传授《天蓬经》《伏魔经》《北帝箓》《北帝禁咒经》《北帝雷公法》《北帝三部符》《酆都要录》等经箓。流传于荆蜀一带的镇元派,肇始于唐代道士翟法言。该派属于天师道支派,徒众称"太玄部正一弟子",世代传习《镇元策灵书》,其道法与北帝派相类,亦兼容上清与正一之法。

晚唐北宋以来,内丹炼养术风行一时,道教符箓派亦践行此术,遂产生出了一些新符箓派,如天心正法派、灵宝东华派、神霄派、清微派、净明派等。这些道派承袭了北帝派、镇元派的道法传统,兼行上清与正一之法术。以天心正法为例,其法即宣称崇奉北帝,并将北帝符、上清符纳入自己的符咒系统。此外,这些道派更援引内丹之法,出现了"内丹外符"的新气象。所谓的"内丹外符"或谓之"内修外法",即将内炼神气与外施符咒术结合为一。

（1）天心正法派与《上清天心正法》

天心正法派是以传习"天心正法"而得名的新符箓派，创始于北宋。天心正法出于抚州华盖山，据《上清天心正法·序》所言"然华盖者，是三清应化虚无之境，独有虚皇灵坛，即无道流居止"。可知，早先之华盖山为抚州当地兴盛之民间信仰所在，并无道士。考之天心正法派经典，其创始托于饶洞天，但现存的文本皆编成于两宋之际，著录亦不早于宋徽宗之时。两宋时期，天心正法派有邓有功、元妙宗、路时中先后"祖述教法"，编纂经典。南宋末，蜀人廖守真亦传天心正法。邓有功、元妙宗为天心正法之正宗，皆主符劾。路时中之法稍变为玉堂大法，出上清一系，主三光，且擅"玉堂斋法"或曰"玉堂醮法"。迨至廖守真一系，则借"天心"之名，演雷法之实，其法近神霄、清微。

此派经典众多：

《上清天心正法》，北宋邓有功编。《通志·艺文略》著录作三卷，不题撰人。今《道藏》本七卷，收入洞玄部方法类。为宋元天心正法派之重要经典。

《上清骨髓灵文鬼律》，天心正法派重要经典，原书分上中下三卷，收入《道藏》洞玄部戒律类。全书收载上天"驱邪院"法律科仪一百二十余条。

《上清北极天心正法》，原不著撰人，一卷，收入《道藏》洞玄部方法类。

《太上助国救民总真秘要》，北宋天心派道士"洞幽法师元妙宗"编，十卷，收入《道藏》正一部。

《无上玄元三天玉堂大法》，原不题撰人。三十卷，收入《道藏》洞真部方法类，应为北宋末南宋初道士路时中后人编成之著作，约编成于南宋绍兴二十八年（1158）之后，并且经名臣翟汝文之手。

《华盖山浮丘王郭三真君事实》，南宋道士沈庭瑞、章元枢等编撰，六卷，收入《道藏》洞神部谱录类。按华盖山在江西崇仁县，山中有浮

1049

丘、王、郭三真君祠庙及遗迹,为天心正法派之本山。唐宋以来,华盖山及江南各地颇有三真灵迹,文人道士多记述之。

作为崛起于民间,且有着"内修外法"倾向的新兴道派,天心正法派的出现,不仅开启了道教符箓派与内炼功法相结合的先河,而且它所建立并阐扬的一套新的道法、仪式传统,对后来的诸多道派影响深巨。

（2）清微派与《清微元降大法》等

清微派的创教、发展与流变,是一个由神话而历史,由民间而正统的演变历程。其宣称自身乃是"四派总归"或曰"五派总归",这一"会道"观念,在新兴的道派中,极具特色,为清微派由民间而正统提供了理论支持。祖舒,广西零陵人,为会合四派或五派的"会道"宗师。作为"会道"祖师的祖舒,具有"统辖雷霆""啸命风霆"之法术,可见雷法在中国南部之兴盛。所谓"唐祖元君,愿重慈深,博学约取,总四派而为一,会万法而归元",显示清微派在道教最高神元始天尊的神圣权威下,由民间走向了正统。

《清微元降大法》是清微派道法的早期形态。这是一部清微派道法的总集,共二十五卷。在卷十的"元灵镇玄天经"中,清微派就已经明确了行法时召遣雷神以施雷法的观念：

> 清微大道,安镇九真,驱役雷电,策召万神,保制劫运,烝与会仙。

作为以召役雷神来施行雷法的《清微元降大法》,其行法时所役使的雷神名目极多。

《道法会元》中第一卷至第五十五卷为清微派经典。《清微神烈秘法》共上下两卷,不见于其他的法术总集之中,是单独刊印行世的清微派道术经典。相对于早期的清微派道法《清微元降大法》而言,《道法会元》第一卷至第五十五卷以及《清微神烈秘法》,理应是清微道法的晚期形态。此派亦有传记仙谱、斋法多种。《清微仙谱》一卷,元初道士陈采撰。陈氏，建安人，生平不详。此书前有陈采于元世祖至元三十年（1293）所作之自序，称清微派重要传人黄舜申"近膺诏命入觐，得旨还山，予始获登先生之门"。可知陈采系黄舜申之弟子。《清微斋法》二卷，编撰于元代，作者不详。首述清微派源流，次论清微道法要旨，主要部分则讲述清微斋法。

（3）许逊教团与净明道法

净明道，是由以许逊崇拜为核心的民间教团发展而来。许逊传说和许逊崇拜，发端于六朝，源远流长。净明道宣扬孝道，"汲取道教诸派，融合儒释二教，颇具特色"。

宋以前，与六朝许逊、吴猛或孝道相关联的主要经典有：六朝《许逊别传》、南朝见素子《洞仙传》、南朝《吴猛传》、刘宋刘义庆《幽明录》、刘宋雷次宗《豫章记》、南齐刘澄之《鄱阳记》、陈马枢《道学传》、唐陈翰《异闻集》，以及初唐贞观年间陈宗裕《敕建乌石观碑记》、初唐高宗时胡惠超《晋洪州西山十二真君内传》、唐元和年间《孝道吴许二真君传》和唐末五代杜光庭《墉城集仙录》等多种。

魏晋时期，社会上出现许逊、吴猛等传扬孝道的现象。此后，在西山，崇拜许逊之传统蔚为大观；隋朝及唐初，崇拜有所弱化。唐高宗时期，经胡慧超之倡导，许真人崇拜得以复兴。元初，刘玉革新净明道，高举"忠孝"之意：

> 其法以忠孝为本，敬天崇道、济生度死为事，简而不繁。

刘玉弟子黄元吉、徐异、赵宜真、刘渊然等人，将净明道法传承衍化，发扬光大。《净明忠孝全书》则是刘玉等人所创传的净明忠孝道的基本典籍，全书六卷，卷一至卷五，题名净明传教法师黄元吉编集，嗣法弟子徐慧校正，卷六题陈天和编集，徐慧校正。此书涵括净明道诸多语录、问答、传记等，谓"大忠者一物不欺，大孝者一体皆爱""万法皆空，一诚为实"，为仙道之根本。

（三）二徐真人信仰与明代道教

二徐真人，本是南唐皇室徐知证、徐知谔二位兄弟，福建福州地区民众奉之为神明，闽侯青圃灵济宫为其本山。明永乐十三年（1415）之后，明成祖朱棣盛赞二徐真人之灵验，永乐十五年（1417），明成祖加封徐知证为"九天金阙明道达德大仙显灵溥济清微洞玄冲虚妙感慈惠护国庇民洪恩真君"，徐知谔为"九天玉阙宣化扶教上仙昭灵博济高明弘静冲湛妙应仁惠辅国佑民洪恩真君"，其父为"翊亮真君"，赐庙额"洪恩灵济宫"。北京灵济宫，成为京师二徐真人信仰之中心。以北京、福建灵济宫为基础，教团逐渐形成，"灵济道派"继之而起。

永乐年间，北京以及福建福州灵济宫道士，先后制作一系列道教经典。包括：以叙述教义为主的《灵宝天尊说洪恩灵济真君妙经》；以斋醮科仪为主的《洪恩灵济真君自然行道仪》《洪恩灵济真君集福宿启仪》《洪恩灵济真君集福早朝仪》《洪恩灵济真君集福午朝仪》《洪恩灵济真君集福晚朝仪》《洪恩灵济真君祈谢设醮科》《洪恩灵济真君七政星灯仪》《洪恩灵济真君礼愿文》等，以上出于北京灵济宫道士之手；此外，福建灵济宫道士亦制作众多斋醮科仪经典，如《乐章》《庆赞丹悃》《祭祀仪注》《真君琼科》《七政星灯》《仙妃秘典》《竖幡科》等；而关于本宗派史的经典则有《徐仙真录》《洪恩灵济真君事实》等。①

三、《道藏》中民间道坛资料

自20世纪60年代以来，国际汉学界对中国东南部，湖南、广西等地民间道坛进行了研究。学者们发现，这些民间道坛法师往往被称为

---

① 王福梅：《明代灵济道派的形成嬗变考析》，《世界宗教研究》2012年第4期。

"红头""乌头""佛教""释教""道教""文科""武科"等,所作法事常被称为"大法事""小法事""吉祥""不吉祥"等类型,这些类型多样的民间法师,被学者命名为闾山教、梅山教、瑜伽教、普庵教等。事实上,闾山教、梅山教、瑜珈教、普庵教这些约定俗成的称谓,并不具备严格的"教派"意义。这些道坛法师属于家居火宅的火居道士,没有统一的创教祖师,其道法均源于家传,或师徒授受,各道坛不相统属,究其实质,是以地方神明传说为核心的祭祀科仪活动,神灵与祭祀是其存在之基石。

历史地看,这些民间道坛往往与宋元新道法密切关联,在《道藏》中有所体现。白玉蟾真人《海琼白真人语录》卷一记载:

> 元长问曰:巫法有之乎?其正邪莫之辩也。答曰:巫者之法始于娑坦王,传之盘古王,再传于阿修罗王,复传于维陀始王、长沙王、头陀王、闾山九郎、蒙山七郎、横山十郎、赵侯三郎、张赵二郎,此后不知其几。昔者巫人之法有曰盘古法者,又有曰灵山法者,复有闾山法者,其实一巫法也,巫法亦多窃太上之语,故彼法中多用太上咒语。最可笑者,昔人于巫法之符下,草书太上在天,今之巫师不知字义,却谓大王在玄,呵!呵!

闾山派道坛,以福建古田临水夫人为信仰核心,结合张圣君等地方信仰,在中国东南地区流传久远。以上记载,常被视为《道藏》中最早记载福建"闾山派"道坛之资料,经诸多学人引用,而知名度甚高。显然,两宋时期,闾山派被正统道教以"巫法"视之。

南宋以后,作为密教伏魔法术的"秽迹金刚法"在流传的过程中又与民间闾山派法术混用交杂,并且融合了道教的斋醮法术,形成了自称"释迦之遗教"的"瑜珈教",至今在福建地区仍有传衍。《海琼白真人语录》卷一曾载其法曰:

耗问曰:"今之瑜珈之为教者,何如?"答曰:"彼之教中,谓释迦之遗教也,释迦化为秽迹金刚以降螺髻梵王,是故流传此教,降伏诸魔,制诸外道,不过只三十三字'金轮秽迹咒'也,然其教中,有龙树医王以佐之焉,外此则有香山、雪山二大圣,猪头、象鼻二大圣,雄威、华光二大圣,与夫那叉太子、顶轮圣王及深沙神、揭谛神以相其法。故有诸金刚力士以为之佐使,所谓将吏,惟有虎伽罗、马伽罗、牛头罗、金头罗四将而已,其他则无也。今之邪师,杂诸道法之辞,而又步罡捻诀,高声大叫,胡跳汉舞,摇铃撼铎,鞭麻蛇,打桃棒,而于古教甚失其真,似非释迦之所为矣。然瑜珈亦是佛家伏魔之一法。"

可知,这里所说的"瑜珈之为教",重视的是"教法"中的"法",即指法术。白玉蟾将"瑜珈教"法师唤作"邪师",在白氏看来,瑜珈教之法术亦属于"邪法"。从白玉蟾的论述中,我们可以知道,流传于福建一带所谓的"瑜珈之为教"虽然借用了密教"秽迹金刚"伏魔法的些许名相,但却是在融合了道教法术仪式与福建地方巫法的基础上产生的。

四、《道藏》中民间神明资料

道教与民间信仰的神明关系密切。刘仲宇先生指出,从民间信仰中汲取部分内容,是道教保持与民众紧密联系的重要途径。道教对民间信仰的吸收,有自己的选择标准,而吸引和改造又有多种方式,这些方式包括:接管型、受管型、请进宫观型、召遣型、编制神谱型、编写仙传或经书型。①

（一）宋代东岳信仰与道教借兵仪式

两宋时期，传统的国家祭祀体系已经无法满足民众的信仰需求。民间的祀神信仰十分兴盛，以法术见长的民间宗教家非常活跃。官方往往将不具备合法性的民间俗神称为"淫祀"。赐封是官方承认民间俗神的主要途径。通过对民间俗神颁发赐额、封号，朝廷重新建立了秩序化的国家祭祀体系。与此相适应的是，新符箓派也以"代天行化，伐庙除邪"自誉。并且，在继承早期道教经律传统的前提下，效仿国家法律制度制定了新道法的鬼律体系，进而以鬼律为依托，驱邪辅正，以神灵世界秩序维护者自居。

东岳泰山信仰是中国历史上最为重要的民间诸神之一，随着历史的发展，泰山信仰又与冥府信仰相关联，在民间信仰体系中日益重要。唐宋之际，是泰山信仰发展的重要时期。当朝统治者多次赐封东岳，唐武后垂拱二年（686）封东岳为"神岳天中王"，万岁通天元年（696）又尊封为"天齐君"。唐开元十三年（725）玄宗皇帝加封泰山神为"天齐王"。宋真宗大中祥符元年（1008）诏封为"东岳天齐仁圣王"。祥符四年（1011）加封尊号为"东岳天齐仁圣帝"。大中祥符九年（1016）张君房所编的《云笈七签》亦将泰山列为三十六小洞天之一。此后，各州县亦建有东岳庙，崇祀东岳，并以东岳行宫的形式完成东岳信仰的"在地化"。②宋代东岳信仰兴盛，不仅源于其与冥府信仰、城隍信仰的结合，更由于宋代道教的推动。宋代的道士，在各地不仅推动着东岳观、东岳行宫的兴建，更创造出以东岳诸神将即"岳下神兵"为"主法"（主神）

---

① 刘仲宇：《道教对民间信仰的收容和改造》，《宗教学研究》2000年第4期，第41页—43页。
② 范纯武：《双忠崇祀与中国民间信仰》第二章《宋代以后道教的发展与双忠信仰》，台湾师范大学历史学系博士论文，2003年6月，第81页—102页。

的诸道法，用以驱邪辅正。这无疑可以看成是道教对民间诸神的吸纳。天心正法法术仪式中的"申东岳""牒城隍"，以"借兵"助法，无疑是以"召遣"的方式吸纳民间信仰的神灵。

以天心正法为例，正是通过"借兵"仪式，实现了对"东岳""城隍"以及民间"祠神"等民间信仰诸神真的吸纳。在实际的法术仪式中，天心正法往往以最高机构北极驱邪院的名义，以"申东岳""牒城隍"的形式，借得"阴兵"，以助行法。天心正法的"借兵"传统可以上溯至天心初祖饶洞天之际，谭紫霄即是从泰山天齐仁圣帝处借得"阴兵"，传得道法的。其文称：

> 大士者，饶公处士也，名洞天，虽获秘文，然未识诀目玉格行用之由。复遇神人，指令师于谭先生，名紫霄，授得其道。紫霄又令往见泰山天齐仁圣帝，得尽其妙。王又奏请助以阴兵。（《上清天心正法》）

显然，只有当饶洞天从"泰山天齐仁圣帝"亦即东岳大帝请得了"阴兵"，其方才尽得天心正法之精髓。此处显然隐喻着天心正法与东岳信仰之间天然的密切关系。这种密切关系，鲜明地体现为天心正法法术仪式中的"借兵"之说。在《太上助国救民总真秘要》卷二《识法中圣像》已经将北极驱邪院的神将吏兵与"东岳差来补充神将""助法神将"等"岳下神兵"一并召请。而在《上清天心正法》中，这一"借兵"助法的现象，更是随处可见。其"治伏癫邪"法须"具申岳府，备牒城隍，书写文字，务在秘密，差神将监临，于靖室书之，不可令人见。各乞选差将兵，前往监逐。某住址、山林、社庙家，先司命五道、土地、内外所事等神，立定时候，勒令尽抵，四散缉捉"；"治瘟断疫"法须"申东岳，牒城隍，与患人首罪。或只牒当境社祠及猛烈庙神驱遣"；"追治山魈"则须"令投状来，具状内情由，密申东岳，牒城隍，借兵相助讫"。

（二）宋代东岳冥府信仰与道教元帅神

随着道教东岳信仰之兴盛，"东岳十大太保"等元帅神深入民间，而首要者即温元帅、关元帅等。

温元帅，名温琼，道教四大元帅之一。关于四大元帅，说法不一：一说为"马灵耀、赵公明、温琼、周广泽"，二说为"岳飞、赵公明、温琼、康席"，流传最广者则是"马灵耀、赵公明、温琼、关羽"。《道藏》收温元帅文献多种，洞神部谱录类收入《地祇上将温太保传》一卷，为南宋道士黄公瑾校正并补遗，记叙地祇上将温太保事迹。据称温琼字子玉，温州平阳人。曾为唐朝名将郭子仪部下猛将，遇神仙指点，化为东岳太保。宋徽宗时，温州百姓祈雨救旱，设醮谢天，向玄帝保奏温琼。宣和年间（1119—1125）虚靖先生张继先又为之作"地祇一司正法"及符箓咒诀，使统领鬼兵，佐虚靖天师等仙真行法济世，专司斩妖伏魔、杀鬼驱瘟等事。《道藏》正一部又有《太上说青玄雷令法行因地妙经》，一卷，此经言雷神温元帅之功德与神威。《道法会元》卷之二百五十六亦载《地祇温元帅大法》，为以温元帅为将班之雷法。

关羽，即关元帅，在《道藏》中亦十分重要。宋元时期，由于王朝之推崇，关羽屡获擢升，由侯而公，由公而王。《道法会元》卷之二百五十九载《地祇馘魔关元帅秘法》，之后有《事实》一篇，署名陈希微撰，讲述北宋崇宁（1102—1106）年间关羽受封崇宁真君之事。关羽因宋元道法之盛行而广播于民间。《道法会元》卷之二百五十七《东平张元帅秘法》，则是因张元帅崇奉而形成的道法。东平张元帅，东岳十大太保之一，即张巡，称忠翊张元帅，又称"宣灵昭庆使""宝山忠靖景佑福德真君""铁纛地雷东平忠靖王张元帅""通天斩邪大将东平忠靖威烈元帅"。其原型即唐代忠臣张巡（709—757），祖籍蒲州河东，出生于邓州。张巡以忠、勇、节烈而受到后人的崇拜。

（三）梓潼文昌信仰及其经典

文昌帝君，又称更生永命天尊，是中国民间和道教尊奉的掌管士人功名禄位之神。文昌帝君与梓潼帝君张亚子有关。宋元道士造作《清河内传》和《梓潼帝君化书》，有七十三化和九生八化等不同说法，并称玉皇大帝委任梓潼神掌管文昌府和人间禄籍，司文人之命，且历朝降世为王侯将相。收入《道藏》之文昌信仰经典有《元始天尊说梓潼帝君应验经》《元始天尊说梓潼帝君本愿经》《梓潼帝君化书》等五部，收入《道藏辑要》的有《文帝孝经》等五部，收入《藏外道书》的有《文昌心忏》《大洞经示读》《文昌大洞治瘟宝箓》等九部。

又有《太上无极总真文昌大洞仙经》五卷，收入《道藏》洞真部本文类，原题甘山摩维洞主校正。《大洞仙经》为《大洞真经》的南宋传本，亦称梓潼文昌经本或者蜀本。此经假托"更生永命天尊"（即文昌帝君）于南宋孝宗乾道戊子（1168年）初次降笔于鸾坛，宋理宗景定甲子（1264年）上德真君降坛校正。《大洞真经》本为炼养之书，以诵咒思神为主，而《大洞仙经》却是除去《大洞真经》中的存真之法，效仿《度人经》，以济生度死、消灾延寿为归旨，强调设斋诵经，行斋醮仪式。元朝卫琪在注释《大洞仙经》时，既强调须修诵《度人经》，方可受度飞升，同时，更结合新出仪式（如炼度仪）的宗旨来诠释《大洞仙经》。认为"南昌上宫"即文昌，即所谓"《度人经》、南宫、南昌皆与此同"。

（四）灶王信仰及其经典

灶神，俗称灶君、灶王爷，全称"九天东厨司命太乙元皇定福奏善天尊"，或称"灶君公""司命真君""九天东厨司命主""香厨妙供天尊"，为厨房之神。商朝时，民间已有灶神信仰，可知起源甚早。《道藏》洞真部本文类有《太上洞真安灶经》，一卷，详述灶王事迹。经文乃炊母神母向太上元始至尊请示安灶之法。至尊宣称灶君主镇中堂，唯好清净。应于每月祭灶吉日良夜,以锅安净水,列案焚香,供奉酒果,召请五帝司命之主、六癸神女之灵,宣示咒文,转诵此经。如此则能保佑父慈子孝,夫唱妇随,家道昌隆。篇末附五言偈文一首。《道藏》洞玄部本文类中,还有另一部《太上灵宝补谢灶王经》,为天尊为妙行真人演说。内称昆仑山中有一"种火之母",上通天界,下统五行,是为灶神。此神乃人间司命,主管世人寿命长短、富贵贫贱,并记录世人善恶,夜半上奏天曹。如有人家亵渎尊神,则三灾并起,百怪俱生,应延请道士转诵此经,向五方灶君及诸神忏谢,老母将大显灵通,赦宥罪过,家宅人口安宁。

(五)妈祖信仰及其经典

妈祖,是海内外久负盛名的海上女神,护国佑民,影响深广,是道教文化在民间的表现形式。邱人龙《天妃显圣录序》称天妃"以坤道成乾道",即以"坤阴"之女身炼就纯阳之大道,显示妈祖与道教之关联。《道藏》洞神部本文类中,收入《太上老君说天妃救苦灵验经》,此经以"太上老君说"为叙述方式,道教面目明显,经成于明成祖永乐七年至十年(1409—1412)。经中称"斗中有妙行玉女,于昔劫以来,修诸妙行,誓扬正化,广救众生,普令安乐",又说"天尊妙行玉女,降生人间,救民疾苦",显然,妈祖是奉道教天尊之命,下世救民。这是典型的道教化的思路。

(六)五显信仰及其经典

五显,又称五显灵官、五通、华光大帝等等,本是源出于徽州婺源的民间信仰,宋元时期兴盛异常。五显灵官,职掌施药祛疫、抵御旱涝、助取功名、富贵财源等,灵验无比,尤以南宋年间显圣"泥马渡康王"为胜,受封"五显帝君",累朝享万民祭祀。徽州婺源城北灵顺庙,当为最早供奉五显神之道教宫观。《道藏》正一部收入《大惠静慈妙乐天尊说福德五圣经》一卷，似为宋元道士所造。此经，为大惠静慈妙乐天尊为诸仙演说，内述"五圣"，即五显灵官名号、神威及信奉此经之功德："有赐福消灾之力，有赏善罚恶之功"。书中列举五圣之尊号、真形图、咒语、祝愿词等，称：善男信女诵念尊号咒词，可消灾得福；若遇灾祸，可请正一道士立坛醮祭五帝大元帅，即有福德仙官、善庆童子等下降护卫，消灾赐福。

《万历续道藏》又收《太上洞玄灵宝五显灵观华光本行妙经》一卷，约出于宋代，述念诵召请五显华光大帝，可忏罪消灾之意。可知，经历道教信众之渲染，五显大帝信仰越发深入民间。

（七）碧霞元君信仰及其经典

碧霞元君，俗称泰山娘娘、泰山老奶奶，是华北地区受到广泛信奉的女神。明清以来，碧霞元君在民间信众的影响更是超过了东岳大帝。据考，碧霞元君信仰始于宋真宗封禅泰山时发现的玉女石像。元末，道教开始将泰山玉女纳入教内之神灵谱系；明代，皇室纷纷崇祀泰山女神，始有"天仙玉女碧霞元君"之封号，明中期后，碧霞元君封号已在民间广为流传。以碧霞元君为核心的民间宝卷更是为数不少，诸如：《天仙圣母源流泰山宝卷》《灵应泰山娘娘宝卷》《泰山天仙圣母灵应宝卷》《泰山圣母苦海宝卷》等成为明清民间宗教教派的重要经卷，在底层民众的宣卷仪式中得以不断展演。

道教神灵谱系对碧霞元君的吸纳，是其广泛传播的助推剂。《道藏》本《搜神记》将碧霞元君视为泰山神之女"帝一女：玉女大仙，即岱岳太平顶玉仙娘娘是也"。《万历续道藏》及《道藏辑要》所收《元始天尊说东岳化身济生度死拔罪解冤保命玄范诰咒妙经》，一卷，为元始天尊为金华真人等说皈命敬礼五岳圣帝，消灾拔罪济生度死之法。此经，讲述了泰山玉女到碧霞元君之转变：

泰山顶上东岳内宫,曩时现玉女之身,根本即帝真之相,应九炁而垂慈示相,冠百灵而智惠圆融。行满十方,恩周亿劫。位正天仙之号,册显碧霞之封。

《碧霞元君护国庇民普济保生妙经》一卷,同出于《万历续道藏》,为元始天尊所说碧霞元君事。此外,泰山所藏"大明万历年制"铜钟,刊有《太上老君说天仙玉女碧霞护世弘济妙经》,讲述碧霞元君灵验事迹。

建议阅读书目：

陈国符：《道藏源流考》（上、下册），中华书局，1963年12月。

吕宗力、栾保群：《中国民间诸神》（上、下册），河北教育出版社，2001年1月。

马西沙、韩秉方：《中国民间宗教史》，上海人民出版社，1992年12月。

马西沙：《论全真道的民间性》，载《全真道传承与开创国际学术研讨会2003年论文集》，第91页—96页。

马西沙：《清代八卦教》，中国人民大学出版社，1989年9月。

詹鄞鑫：《神灵与祭祀》，江苏古籍出版社，1992年6月。

朱越利：《道藏分类解题》，华夏出版社，1996年。

朱越利：《道经总论》，辽宁教育出版社，1997年4月。

朱越利：《道教考信集》，齐鲁书社，2014年5月。

李远国、刘仲宇、许尚枢：《道教与民间信仰》，上海人民出版社，2011年12月。

Hymes, Robert P. *Way And Byway: Taoism, local religion, and models of divinity in Sung and modern China*. Berkeley: University of California Press, 2002.

Lagerwey, John. *Taoist Ritual in Chinese Society and History*. New York, 1987.

Paul R. Katz, *Daoism and Local Cults*: *A Case Study of the Cult of Marshal Wen*, *Heterodoxy in the Late Imperial China*, Edited by Kwang-Ching Liu and Richard Shek, Honolulu: University of Hawaii press, 2004, 172-208.

主要参考书目:

范纯武:《双忠崇祀与中国民间信仰》,台湾师范大学历史学系博士论文,2003年6月。

〔法〕石泰安(Rolf A. Stein)著,吕鹏志译:《二至七世纪的道教和民间宗教》,《法国汉学》第七辑《宗教史专号》,中华书局,2002年12月,第39页—67页。

王宗昱:《道教的"六天"说》,《道家文化研究》第十六辑,北京大学出版社,1998年5月。

〔法〕索安(Anna Seidel)著,吕鹏志、陈平等译:《西方道教研究编年史》(*A Chronicle of Taoist Studies in the West 1950—1990*),中华书局,2002年11月。

〔瑞典〕施舟人(Kristofer Schipper):《〈道藏〉中的民间信仰资料》,北京大学出版社,2002年,第84页—100页。

〔美〕康豹(Paul R. Katz):《道教与地方信仰——以温元帅信仰为个例》,《台湾宗教研究通讯》第四期,台北兰台出版社,2002年10月,第1页—31页。

作者简介

李志鸿,男,汉族,福建永春人,中国社会科学院世界宗教研究所道教与民间宗教研究室副主任、研究员，兼任中国宗教学会理事、中国社会科学院道家与道教文化研究中心秘书长。从事宗教学研究，学术专长是道教与民间宗教。主要代表作有：《闽浙赣宝卷与仪式研究》，博扬文化出版社2020年12月第1版；《道教天心正法研究》，社会科学文献出版社2011年8月版；《程智与道教及民间宗教初探》，《世界宗教研究》2019年第6期；《三一教与道教雷法初探》，《世界宗教研究》2018年第2期；《财神信仰与中国民间宝卷》，《宗教学研究》2019年第4期；《后土信仰与中国民间信仰》，《世界宗教文化》2018年第3期。完成国家社科基金项目《闽西罗祖教调查研究》，正在从事国家社科基金冷门绝学项目《道教与民间宝卷研究》。

道藏中的佛经说略

强　昱

中国的本土宗教——道教诞生于汉末。但道教在正式问世之前，曾经历了相当漫长的积累酝酿阶段。见诸于《史记》与《汉书》的黄老道、方仙道，包括诸子百家以至两汉之际兴盛一时的谶纬神学，都与道教的勃兴存在着千丝万缕的联系。可能在这一时期诵读的经典，构成了最早的道典《太平经》的基本来源。而其主体部分是汉代通行的阴阳五行观念，殊少佛教影响之迹。纵使存在着极少数被视为受佛教影响的文字，学者们以为出自六朝道流的附益而非其旧。稍晚问世的《老子想尔注》以及被后人誉为"万古丹经王"的《周易参同契》，因为没有任何外来佛教的内容存在其间，可以作为这一判断的旁证。由于早期道典《正一法文》散佚过甚，已无法据此进行佛道融会关系的分析。但我们可以通过《道藏》以及相关文献的记载，考察道教的创立发展与佛教传入中国并扎根，成为推动中国思想文化成长的巨大力量的简要过程。

一、历史发展情况的概述

经历了漫长的酝酿发育阶段而正式诞生于汉末的道教，其出现是中国历史文化发展过程中的重大事件。为推翻暴政而走向社会政治舞台的太平道与天师道，与以永平求法为标志佛教正式传入中国的时间，在时间先后顺序上存在着较大的距离。过去以为是佛教的传入中国，刺激了道教的问世。实际情形却是佛教首先依附于黄老道家存在，被时人视为九十六种道法之一。佛陀的形象，类似于中国的神仙。牟子《理惑论》对此所言甚详，反映了初时进入中国内地的佛教，在百姓以及士大夫心目中的朦胧印象。综合考察各种不同的记载，佛教初始传入中国大约为两汉之世。此时传入的佛理不含大乘教义，而与中国固有的鬼神祭祀、服食修炼结合在一起。战国以来社会上流行的对黄帝老子的神化以及早期神仙信仰，汉朝人运用阴阳五行学说予以解释，又与外来思想成一大综合，逐渐演变为后来的道教。佛教虽然是外来的宗教，构成了渐兴的道教容纳的部分。自楚王英至桓帝约一百年，始终以黄老、浮屠并称。佛教实际上不具有独立的性质，不能与中国的鬼神祭祀区分开来。①虽然汉明帝求法在道教成立之前，可是在很长一段时间里，佛教寂然无闻，仅为当时方术之一，流行于民间。与异族有接触的如博士弟子景卢及好奇之士如楚王英、襄楷等有所称述，佛教的本来面目完全没有得到呈现。时人仅知佛教为外来的夷狄之法，被当作了道术的支流，势力十分微弱。如果不能把握这种基本的历史事实，就会把后来佛教的面貌移植于早期阶段，从根本上混淆外来文化进入一种新的文化传统之中，被固有文化逐步改造并最终接受，成为自己文化传统的组成部分的发展演变趋势的不同阶段，导致严重的认识错误。即佛教必须达到一定的程度，摆脱自己的依附从属地位，成为整个文化结构中的组成部分并被世人接受，才能对中国传统文化发生较为普遍广泛的影响。

由于汉末的政治动荡以及紧接而来的三国分峙，在中国思想文化领域进入了道家的全面复兴时期。以何晏、王弼、阮籍、嵇康、向秀等为代表的玄学家，围绕本末有无问题，展开了自己的哲学思考。虽然这些哲学家在政治态度方面存在着较大的差异，思考的哲学问题的重点有

---

① 本节多处直接利用了汤用彤《汉魏两晋南北朝佛教史》（中华书局，1983年版）中的相关研究。

别，但都遵循了通过对概念命题的演绎分析，建立自己哲学体系的方式，全然不同于汉代思想家往往是借助于感性事例的类比，说明宇宙人生的终极性根源问题。玄学家在精神生活中普遍向往神仙不死，服食金丹大药蔚为一时之风气，形成了清谈与服食统一的生活方式。本来汉代佛法初来之际，道教正处于萌芽状态，两者纷歧则势弱，相得则益彰。不论是外来的佛教还是渐兴中的道教，均利用了早已流行的老子化胡说，以期会通两方教理，结果导致帝王列释老二氏并祭，臣下合黄老、浮屠为一的奇异景象。迨及道家思想笼罩了整个思想界，特别是道教的人生追求成为上层知识分子的衷心向往，当时社会的精神生活发生了空前的巨变。上层知识分子的精神理想与流行于民间的宗教信仰的合流，推动了道家道教的进一步在中国社会生活中的渗透。黄帝、老子作为光辉的人格典范，不仅成为道家的精神旗帜，而且转化为有力引导佛教进入中国人心灵世界的强大推动力量。历史的因缘聚会，支谦、康僧会、支谶、竺法护等一大批译人入华，持续译出大量的大乘佛教经典，内容多与老庄道家以及魏晋玄学思考的问题契合。发展至魏晋时期，玄学清谈盛极一时，中国的学术精神为之一变，而佛教则更依附玄理，大为士大夫所激赏。外来的佛教借助于这种文化环境的变化迅速成长，甚至居于中心的地位。道教广泛接受、容纳佛教经典与教义于自身，不是在早期的"佛道"阶段，而出现于对佛教义理的探讨占据了学术思想领域的重要地位的"佛玄"后期。在佛教逐步流行于中国内地的发展演进历史过程中，先后受到黄老学说与魏晋玄学的洗礼。离开了这个先决条件，将无法清楚界定佛道关系的消长变化。另一方面，汉译佛典大多选择了先期两汉时期道家哲学的概念。入华初期的佛教不能在社会生活中形成广泛的影响，经典的译者皆为西域与中亚一带人士，不熟悉汉语，受到语言领会能力的限制很难准确表达原来的意思，阅读极为不易，同样成为了制约佛教思想流行的重要因素。直至鸠摩罗什来华，受到政府的支持和众多弟子的帮助，其译著终于彻底改变了质胜于文的旧观，达到了文与质的和谐。鸠摩罗什的译经质量高而数量多，成为中国佛教的重大转折点。因此，汉末道教肇始至齐梁之际，对于中国社会历史发展的整体情形而言，既是道教的创始并初步发展的时期，又是佛教逐步摆脱对黄老与玄学的依附，走向独立发展的关键阶段。道家道教对佛教的影响，远远超过了佛教对道家道教的影响深度。

从思想发展的社会背景考察，中国传统哲学的主流，不论是先秦的老庄道家还是继起的魏晋玄学，都是高度抽象的逻辑思辩，难以走向大众的精神生活领域。随着汉代社会阶级矛盾的激化而导致了儒家的纲常名教的破产，固有的维护社会秩序的价值规范遭到了前所未有的质疑。而以革命者形象出现于社会的道教，要求建立"君臣民三者合一而得太平"的公正合理的社会秩序，受到了广大下层群众的拥护。其宣扬的互助合作精神与"精气神三者混一而得长生"的终极理想，因为已极大地包容了道德规范与法律制度于自身的教义之中，没有走向虚幻的说教的方向，呈现出更为强烈的对现实人生肯定的态度，当然远较空洞的道德教化更能符合时代的需求。加之大乘佛教宣扬的中道观，同魏晋玄学关于有无问题的讨论存在着相当一致的地方，受到时代风尚影响下的佛教，洋溢着浓烈的老庄气息。被鸠摩罗什誉为"秦人解空第一"的僧肇，其中道观的理论基础不以缘起论为重点，而以老庄道家思想为精神骨干。僧肇的同门无不类此，即使道安与慧远概莫能外。当时全国性的战乱加剧了思想多元化的发展，许多僧人、道士同居一地进行宗教修炼，北魏郦道元的名著《水经注》，就记载了大量的类似的有趣事例。道家思想广泛渗透到佛教思想之中，这一时期日渐兴盛的道教，其生活态度与修炼方式和道家思想一道，改变了印度佛教以苦行禁欲为特征的宗教实践，这固然与中国人崇尚自然的天性有关，当然也是某种外来文化扎根于本土文化，不得不自觉加以调整的结果。这样就在整个中国社会结构中，形成了一种多元化的发展态势，而目标直指如何克服汉代出现的价值规范严重失衡的问题。魏晋南北朝以来的中国文化，由此进入了一个蓬勃发展的创造时期。和谐共处是这一阶段的主要倾向，然而"化胡"说的产生又使佛道双方，出于自身的利益与独立性或主体性地位的争执日趋激烈。

　　如果我们把握了佛道两教由初期的佛教依附于道家道教发展,在西晋之后发生明显的冲突争论,直至隋唐五代时期的互较高下,到彼此相互承认的过程,将有可能摆脱佛与道始终和谐共处或剧烈冲突的盲目判断。冲突发生时的争论始终是局部的存在,除了因政治干预出现的大规模毁佛灭道事件,佛道两教自身的争论辩难没有发生波及全局性的影响。绝不能罔顾历史的真相,不加区别地把不同时期的情况等同起来。佛教与道教在历史发展过程中表现出来的既相互渗透又彼此独立的复杂情况,决定了我们判断道教对佛教思想的吸收消化问题,需要首先确定相对可靠的时间坐标与内容。而自汉以来下迄两晋,佛教在内地的传播实则为禅法与般若两大系统。而禅定的修持同中国源远流长的守一炼气,存在着极大的可以比附的余地；高度推崇智慧的中华民族,与成佛的般若在精神内涵上具有相当多的共性。佛教的传入丰富了中国传统文化,而佛教最终成为中国传统文化的组成部分,又将佛教这一人类共同的精神财富推进至向所未有的高度。其中佛教自觉适应中国文化的需求固然是不容否认的因素,但积极回应并消化佛教对中国传统思想的挑战,道家道教始终走在历史发展的最前沿,取得的成就也是儒学难以望其项背的。佛教在中国社会中的未来命运,源于六朝时期精神气质的变化。由"佛道"至"佛玄"的演进,以僧肇的《肇论》为例,其重要论理,如齐是非、一动静,或许多因阅读《庄子》而有所了悟。只是僧肇的特点在于能够抉取庄子的思想学说并予以独特的领会贯通,纯粹运用于对宇宙人生存在问题的解释。由于他对流行的玄学思想具有极为精微的认识,依据大乘佛学的中道观批判、揭示玄学的不足,加之表达优美精炼而逻辑严密,《肇论》成为中国哲学创作中难得的成果。佛教在精神追求上以否定一切实在性为特征,承认本体的绝对存在显然是对中国道家哲学的认可。对觉悟人生的内在依据问题的认识上,竺道生的孤明先发,依然离不开中国传统思想的启迪。道生对于《涅槃》的佛性论,能以《般若》的义理融会,实现了真空、妙有的契合无间,中国哲学从此进入了心性论哲学的时代。魏晋玄学逐步淡出思想学术界的主流地位，取而代之的是佛教与道教哲学的兴起。不可否认，当时佛教思想的贡献的确处于领先水平，与此同时，我们也不能忽视道教哲学的迅速成长壮大的事实，不能简单认为道教哲学仅是佛教思想的附庸。玄学的精神创造由于道教三一论的成熟与重玄学的兴盛，不仅得以充分继承，而且道教哲学家在广泛吸收、消化各方面思想成就的过程中，在本体论与心性论以及修养论诸多领域，取得了可观的成绩。

道教对佛教的吸收始于六朝，可以葛洪的卒年划界，因为《抱朴子》中没有佛教思想或概念的痕迹。在道门中，不同的派别对佛教的态度存在着明显的差别，灵宝派最为热衷，茅山或上清派较为友善，楼观派激烈反对，天师道情况复杂。直接模仿或改头换面将佛经转化为道经的行为，隋唐之际已告结束。后来出现的往往是认识观念的接受，概念术语的运用，内涵已进行了认真的转换，同佛教自身的认识存在着一定的差异。明版《道藏》则对前代的道典中出现的佛教概念等进行了一定程度的处理，对照敦煌文书，就可以发现这一现象。当然有完全拒斥佛教的作品，保持着传统的纯洁性的作品。从相安无事到矛盾冲突加剧，再到三教鼎立的形成，并成为社会各方面人士的基本共识，在隋唐五代时期已是如此。佛道两教早已扎根于中国文化中，彼此间再无征服或被征服的问题。封建王朝即使以政权的力量干预教门的内部事务，实际上只是加速了儒释道三教更加走向衰落的命运。三教合一的观念问世于六朝末年，之后被整个社会肯定。隋唐五代时期佛道两教的哲学创作达到了非常高度的水平，儒学却处于长期的消歇沉寂状态。一方面道教哲学影响了天台、华严与禅学的理论建构，另一方面中唐时期的佛教禅学又对即将走向成熟的道教内丹学，产生了深远的影响。这就需要我们仔细把握三教合一的社会氛围，在不同哲学派别以及个性殊异的哲学家身上的表现的差异，还应当注意吸收渗透从来都是双向或多向的整体互动。齐梁至晚唐五代是道教的成熟期，道教通过自身的发展积累，与对魏晋玄学以及佛教思想的全方位吸收，不论是组织制度、教理教义、科仪戒律还是实践方法等领域，达到了很高的水平。大唐王朝曾主持过数次的三教之间的针锋相对的辩论，道教理论家成功地回应了来自佛教的挑战，处于平分秋色的地位。尤其是重玄学的问世，道教哲学家通过对《老子》《庄子》《列子》《西升经》等经典的注释，精深地阐发了先秦道家内圣外王的精神旨趣，为道教的终极关怀提供了坚实的逻辑依据，几乎成为贯穿唐王朝的治理国家的核心原则。唐明皇更是身体力行，先后注释《老子》《孝经》《金刚经》，以诏令的形式要求士庶家藏《道德经》一册供奉学习。三教鼎立而合一渐成全体社会成员的共识，在保持着各自的独立性的同时，彼此间融合交流的深度、广度空前拓展，为光辉灿烂的隋唐五代文化做出了可贵的贡献。而儒学的成绩远不足以与佛道教比肩，主宰魏晋南北朝至隋唐五代精神生活的力量主要是佛道教。前期道教徒炮制经典或对佛经改头换面以充道经以求与佛教一较高下的行为，转变为主要通过自己的理论阐发揭示宇宙人生真谛的努力。成玄英、李荣、司马承祯、吴筠、崔希范、彭晓等代表不同时期道教精神创造高度的哲学家继往开来，以极为自信的态度向世人展示了道教的认识实践的不朽意蕴。客观地承认佛教的理论创作数量庞大，精品众多，与肯定道教精神价值的认识高度，两者并不矛盾。隋唐五代佛教哲学能够取得那样伟大的成绩，离不开道家道教哲学的滋养。最能代表中国化佛教特色的天台与华严、禅，在思想内涵上深受道家道教哲学的熏陶。不仅如此，天台的止观之说与忏法，有学者认为多取资于道教。道教的内丹修炼，对佛教密宗的影响有目共睹。而华严哲学的庞大结构系统，熊十力与章太炎更是断言来自道家道教。这些观点启人深思，说明走向成熟期的道教，与已中国化的隋唐五代佛教在社会精神生活领域，形成了对峙且融会的阶段。

宋元以来的道教哲学，基本分属于老庄学系统与内丹学系统两个相互依存的方面。此时的佛教哲学的创造力日趋衰退，而内丹学却持续兴盛，派别繁多。诚如早期内丹学表现出来的情形那样，道教内丹学往往以佛教禅学为取资的对象，不论南宗还是北宗都是如此。绝大多数的道教哲学家以一种极为开放的态度，吸收佛教思想于自身，只有少部分哲学家几乎不运用佛教概念或基本思想。认识与实践的长期积累使道教在宋金元时期达到鼎盛，佛教则失去了创造的活力，而逐步兴起的两宋新儒学又对当时的道教理论家发生了较为普遍的影响。[①] 趋于成熟的内丹学以席卷天下的气势，向社会不同阶层渗透。这一时期道教理论家人才辈出，创作了大量的著作。《周易参同契》与《黄帝阴符经》成为与老子《道德经》并列的经典，《黄庭经》《九天生神章经》等主要阐释修炼方法的早期道经受到了更加普遍的青睐，而八仙取代了三张二葛的地位成为了道教社会形象的代表。以天师道与上清派为主体的道教组织结构，可能由于内部分化的加剧，造成了许多内丹修炼者谱系不明的情况。世俗化进程的深入，既推动了道教的实践主张演变为全民族的精神遗产，扩大了道教在社会中的号召力，又构成了导致道教组织制度瓦解涣散的消极因素。这些复杂情况同当时的阶级矛盾与民族矛盾交织在一起，构成了中国思想文化领域斑驳陆离的景象。崛起于北方的全真道、真大道，同活跃于南方的净明忠孝道、神霄派等共同维护着汉民族的精神价值的延续，促进了进入中原地区的多个少数民族与汉族的融合。南方的少数民族接受道教，如土家族、壮族、瑶族、纳西族等，可能正在这一时期。全真道以《道德经》《心经》与《孝经》为基本的学习典籍，其律法几乎是佛教禅学清规的再现，与以张伯端为旗帜的道教南宗的差别，仅是出家或在家方面。内丹修炼整合了道教认识实践各方面的资源，虽然内部存在着不同的认识，但道教的确达到了自身发展的历史顶点。这一事实，不容否认改变。

明清时期的佛道教以及儒学基本失去了创造的活力，日益停滞，在中国思想领域独放异彩的只有阳明心学。南方的正一与北方的全真因受到历代王朝的册封，成为公认的正统。由于地域的不同，内丹修炼又衍

[①] 对佛道教关系在宋元时期的表现问题的认识，参考了朱越利先生惠赠的《王志坦的道禅》等系列研究作品。

生为东南西北中五大派别。特别是修炼的功理功法，由早期的简单走向繁复。而明清丹家积极提炼、概括前人的成果，对修炼的程序步骤以及异常的感受，加以条理化的总结，便利了初学者的修习。由于没有根本的认识实践的突破，甚至于因清王朝在政策上对道教的限制，道教的后继者们往往连传统的格局都不能保持。与此同时，众多的民间教派的问世，是宋元时期道教发展的历史惯性推动的必然结果，这些民间教派的经典往往把佛道教义融会一起，比如无生老母这位创世女神见诸于许多的宝卷之中。中国的地下社会，几乎同民间教派的兴衰同步。民间教派包括天地会、哥老会、白莲教、大乘教乃至进入民国时期的一贯道，呈现出来的问题极为复杂。无可置疑的是，追溯这种历史的发展演变之源，魏晋南北朝时期无疑是最为重要的阶段。不同宗教或思想传统的界限的模糊，积极的意义表现为价值关怀的趋同，有助于民族凝聚力的增强，消极方面则丧失了相互批评带来的认识成长的内在动力。随着对佛教与道教研究的逐步深入，中外学者克服了过去认识中存在的种种误区，已能较为准确具体地把握彼此之间思想内涵的影响表现。然而在许多领域尚未有较为充分的研究，存在着不少的认识盲区。这需要在未来更加准确全面地把握道教与外来的佛教彼此冲突融合的具体情形，乃至整个中国文化在不同历史时代的特征。

二、佛道教的根本分歧

围绕《老子化胡经》以及《妙真经》《西升经》等，佛道两教展开的激烈交锋，受到世俗政权的限制约束，完全是理论上的较量，是对自己正统地位的辩护，没有演化为宗教战争。真正在思想史上发生影响的是南朝顾欢《夷夏论》与孟景翼《正一论》发动的对佛教的挑战，之后就是范缜对佛教神灭论的批判，开始触及到问题的核心，具备了理论意义。佛教对道教的批评，从南北朝以至隋唐五代，基本上是以歪曲自然的含义为理论前提。吉藏《三论玄义》、法琳《辨正论》与宗密《华严原人论》等，较为集中地阐述了矛盾冲突的焦点。[1]

以佛教高于道教的判断，一旦面临"伯阳之道，道曰太虚。牟尼之道，道称无相"，自诩高明的佛教将实际上与道教产生"理源既一，则万流并同"的结果。更何况"（鸠摩罗）什（僧）肇抑扬"老庄的精神，吉藏对佛教的信赖肯定，不过是浅薄的宗派意识的反映，没有实质性的价值。而吉藏认为：老子与佛陀的心灵世界"浅深既悬"，存在着天壤之别，其"体"的终极关切当然不能"由一"；纵使"伯阳之道，道曰杳冥，理超四句"，具有一定的合理性；老子不过"唯辨有无，未明绝四"，但远不及释迦牟尼"九流统摄，七略该含"。如果把非有非无的认识加入到老子的有无之辨，就如同把砂子糅到黄金中一样。吉藏立足于中观学对佛道异同的评论，首先认为佛教的有无双遣、不落有无两边的思想，是老庄道家所没有的真理性认识。但以老子之道为虚无，则完全违背了老子之道是有无的统一的核心原则；他把自己的判断强加于老子身上，曲解老子自然概念的内涵。这一对世界的根本认识问题，反映了中观学的中道缘起论同道家的元气自然论的对立。佛教主张一切事物，不论精神现象还是物质现象，都是一定条件的暂时结合的产物，没有实在性，因此是虚幻不真的假象，空就是世界的真实面貌。道家始终认为构成万物的基本物质元素，运动变化的内在依据为道。阴阳作为元气的功能固然处于永恒的运动变化过程中，但只有无规定性的道能够成为万物存在的依据而己身无变，事物运动的变化规律与秩序都是本体之道的现实表现。觉悟宇宙人生的真相而实现人生的自由，就在于对本体之道的领会洞察。相反，佛教以为万法皆空，人生皆苦，必须通过戒定慧三学，把自己从轮回流转变动不居的悲惨命运中解脱出来，成就涅槃寂静的永恒安宁。

---

[1] 以上各篇并见石峻等编《中国佛教思想资料选编》，中华书局，1981年。

少年出家的法琳，为了获得对儒道思想的全面把握，竟然"权舍法服，长发多年，外统儒门，内希聃术"，以求彻底解决佛道高下问题的争论。法琳特别强调佛陀的神性是超越的存在，非老子肉身凡胎。且称佛者，大有深意：

> 德无不备者，谓之为涅槃。道无不通者，名之为菩提。智无不周者，称之为佛陀。

释迦牟尼才是人类的真正精神导师，老不及佛是因为老子既然为一气所化，则物质性的气不能成为通生万物的最高神灵。又云：

> 古来名儒及河上公解《五千文》"视之不见，名曰夷"，夷者精也，"听之不闻，名曰希"，希者神也，"搏之不得，名曰微"，微者气也，"是谓无状之状，无物之象"。故知气体眇莽，所以迎之不见其首；气形清虚，故云随之不见其后。此则叙道之本，从气而生。

的确"精是精灵，神是变化，气是气象"，唯"合此三乘，以成圣体"，但不会像法琳质疑的那样，产生"检道之宗，以气为本。考三气之内，有色有心。既为色心所成，未免生死之患，何得称常"的疑问。佛教是神不灭论，以为去除了肉体的障碍，就会成为永恒的绝对者。按照佛教的认识，这同样是需要破除的对象，结果如何安顿自身又成为一个严重的问题。道教认为唯有形神合一具有现实的生命，精神不能独立于形体而存在。通过形神化质的不断修炼，个体生命就能处于动态平衡中长生不死。而能否达到这种理想的目标，法琳给出的道教方面的回答，反映了魏晋时期道教理论家认识的一个重要侧面：

> 案《养生服气经》云：道者气也，保气则得道，得道则长

存。神者精也，保精则神明，神明则长生。精者血脉之川流，守骨之灵神也。精去则骨枯，骨枯则死矣。故庄周云：吹嘘呼吸，吐故纳新，彭祖修之，以得寿考。校此而言，能养和气，以致长生，谓得道也。

道教的"得道"在终极境界上，是精神的自觉与肉体的不朽的统一。因为形神统一才有生命，不存在孤立的灵魂。世界的意义以及自我的价值，只能通过现实的心灵领会确证。法琳对此提出了自己的诘难，以为这样"纵使有道，不能自生，从自然生，从自然出"，而"道本自然，则道有所待。既因他有，即是无常"，依赖于自然存在的个体事物，不具有永恒的独立性，达不到"常"的不朽无限，况且"自然无称穷极之词，道是智慧灵和之号。用智不及无智，有形不及无形。道是有义，不及自然之无义也"。法琳有意误读了"道法自然"的含义，认为道与自然为二物。如果承认自然是终极的不可改变的存在，而道是有自主意识的觉悟者的名称，道是有而自然是无，道与自然当然不相统属。

以"智慧灵和"的主体是人而非没有理性精神的客观物质，是中国哲学一贯的立场。但由于觉悟者与道同体，本质不异自然，能知的主体因此以理性的自觉洞察宇宙人生的真相；有限的个体生命如果同永恒不灭的元气合一，生命将摆脱个体有限性的限制。这与涅槃境界一样是宗教理想，无法验证于现实生活。而寂静的佛陀同长生不死的神仙，代表了不同文化传统下对理想人格问题的不同认识。吉藏关于对佛道两教道的内涵的辨析，与法琳对佛教的自我、道教的自然的考察不同，前者偏重于客体，显示了来自中观学的理论特色，后者多来自道生等的真空妙有观念，注重了主体问题，都值得我们特别予以关注。

兼通禅与华严的宗密在《华严原人论》中对三教问题的讨论，更加细致地体现了儒释道三教的时代特色。宗密以华严宗的认识立场对儒释道三教皆有批评，认为：

> 习儒道者只知近则乃祖乃父，传体相续，受得此身；远则混沌一气，剖为阴阳之二，二生天地人三，三生万物。万物与人，皆气为本。习佛法者但云，近则前生造业，随业受报，得此人身；远则业又从惑展转，乃至阿赖耶识为身根本。皆谓已穷，而实未也。

在宗密看来，以往的错误，在于论者都不明白圣人权实设教的宗旨。儒道两教虽有可被尊崇之处，但"推万法，穷理尽性，至于本源，则佛教方为决了"。只有宗密自己体会的佛教教义，体现了佛陀的真精神，因为世界万物"顺逆起灭，净染因缘"是不可否认的事实。如果万物皆从虚无大道而生，元气是吉凶祸福之本，无从反映尊贵与愚贱之分。不承认因缘和合化生万物，就会出现石头生草，草生人而人生畜牲的结果。如果说自然的生化不是设定于某一时、某一地，则"神仙不藉丹药，太平不藉贤良，仁义不藉教习"，孔孟老庄完全成为无用的刍狗。不能最终解释人类的理性认识来自何处的问题，人生的意义与价值等终极性根源性问题将无法予以正确的回答。

无知的元气可以生成有知的人类，宗密以为这是一个显而易见的存在着严重错误的认识。他认为：

> 一切有情，皆有本觉真心。无始以来，常住清净。昭昭不昧，了了常知。亦名佛性，亦名如来藏。从无始际，妄相翳之，不自觉知。但认凡质故，耽著结业，受生死苦。大觉愍之，说一切皆空，又开示灵觉真心清净，全同诸佛。

必须存在着一个永恒不灭、纯洁无瑕的"本觉真心"，成为人类是能知的主体理由，佛性或如来藏是从不同角度，揭示觉悟人生的依据与可能达到的终极结果。佛陀与众生的差别，仅是消除了"妄想"的遮蔽，开辟了光明的人生前景。宗密引用了《华严经》的"佛子，无一众生而不具有如来智慧，但以妄想执着而不证得。若离妄想，一切智、自然智、无碍智即现眼前"的论断，指明只要领会了自己本来是佛，真性呈现出于当下，就会自做主宰。众生只要"行依佛行，心契佛心。返本还源，断除凡习。损之又损，以至无为。自然应用恒沙，名之曰佛。当知迷悟同一真心。大哉妙门"！心灵的明觉是佛道教的共同追求，不论如何予以繁复迂回的论证，不能改变其"昭昭不昧"者必然是神我的属性。宗密又容纳了道家道教的元气理论，阐释自我存在问题：

（人伦物类）所禀之气，展转推本，即混一之元气也。所起之心，展转穷源，即真一之灵心也。究实言之，心外的无别法。元气亦从心之所变，属前转识所现之境，是阿赖耶相分所摄。从初一念业相，分为心境之二。心既从细至粗，展转妄计，乃至造业，境亦从微至著，展转变起，乃至天地。业既成熟，即从父母禀受二气，与业识和合，成就人身。据此，则心识所变之境，乃成二分，一分即与心识和合成人，一分不与心识和合，即是天地、山河、国邑。三才中唯人灵者，由与心神合也。

宗密以为元气的存在体现于心灵的业相，是心灵业相的精神意识活动辗转变现的产物，受到根本的心"阿赖耶识"的制约、容摄，形成了心与境两种存在者。因此，心生，一切法生；心灭，一切法灭。心与境的不断变化增长，使执着于外在表象的自我出现了智愚寿夭之别，不与心识所变之境和合者，生成各种物质现象和社会现象。宗密在历史上享有的盛誉，说明佛教中国化程度已越来越深入。至于其论述是否具有逻辑合理性，已是另外的问题。

道家道教认为，一切事物都是自然的存在。追寻其存在的根源，无不是气化的产物，主体自我如果能够顺应自然的秩序，就会摆脱个人生存的困境，达到自我解脱的人生目的。顺应自然，不意味着放弃个人的责任义务与能动性、创造性。恰恰相反,真正的自我能动性、创造性的体现,正在于对自然存在的秩序的认识洞察,使之落实于具体的实践。臻于无为而无不为的化境,有限的个体与无限世界完全融合,获得了永恒。自然在道家道教的思想传统中,既指宇宙中的一切事物都是客观的,又指人生的态度及理性自觉的终极界限。因此,道家的存在自然论把世界视为生生不息的无限整体,而考察万物的生起根源,来自于元气的不断膨胀、分化。人类是天地精华的凝聚,具有反思宇宙存在与自我命运的能力。能知与实践统一的主体自我,克服主客体之间因个体性造成的疏离而实现人生。对世界的观照体悟,不纯粹是知性的活动,顺应无限世界不可抗拒的必然性就在伦常日用中。这一存在自然论彻底否认了悬空孤立的神灵或灵魂,决定了在人生态度上要求忠实履行个人的责任义务,以自我的能动性、创造性的充分展开,并通过具体的实践方式使个体潜能释放于世界的认识实践立场。

吉藏、法琳及宗密已大大淡化了印度佛教人生皆苦的最基本教义,把佛教的核心定位于如何获得智慧,达到对实相的观照。佛教的业感缘起、中道缘起以及如来藏缘起、阿赖耶识缘起论,不论如何巧为曲说,已预设了不灭的神我的存在。以此解释由于前世的个体现实活动的欠缺,造成今生或来世的自我苦难命运的原因。不变的真我就是"真一之灵心",消除遮蔽、扭曲的伤害,回归于固有的纯洁真实,围绕戒定慧三学展开,都以心灵的净化为宗旨。而物质世界缘于心灵生起,不具有客观性,被排挤在意义世界之外,纯粹变为消极的因素。而在另一方面,佛教的觉悟人生的论述,表达了丰富的主体性关怀,曲折地阐释了人类的现实生存困境,如烦恼、痛苦等等,是对个体生存状态的深化,使人类对自我的反思不再流于肤浅的表象,必须要从经验的沉沦状态中解放出来。其细致周密的逻辑思辨,开阔了中国文化的视野。正因为中印两大文明成果的交汇,佛道二教在隋唐五代达到了历史的最高水平,造就了中国文化的繁荣昌盛局面。道教对佛教的吸收与佛教的中国化始终是同步的过程,两教之间的相互辩难争雄,使心性解脱问题不可逆转地成为思想的主题。

　　佛与道的根本不同首先表现为价值观的差别。道教认为，实现人生的自由只能在当下今生而非来世或遥不可及的天国，这种现实主义的人生态度，直接决定了道教在实践方式上，围绕主体自我的生命潜能释放问题，立足于个体存在，展开积极有效的生命塑造活动。智慧明觉与生命永存成为了衡量每一个体人生价值实现程度的标志，始终否定离开了现实的自我还有实现人生的可能。而道教接受并发展了由道家通过高度抽象建立起来的形上学，合理地揭示了道与物相互不离的依存关系，肯定了本体之道作为万物的普遍存在依据，是只能通过心灵的领会洞察的观念。由《洞玄灵宝内观经》概括总结的"生道合一"命题，所表达的生命与真理同在，与宇宙同在的理想追求，精深地阐明了只有主体自我活生生的圆满完整生命，最终能够成为本体之道绝对性、永恒性的唯一见证的道理。因此，以生命实践为核心的道教，把佛教等其他社会化宗教（包括儒学在内）强调的道德实践，理解为仅是道教倡导的生命实践的组成部分。它坚持了每一个人忠实履行自己在尘世中的责任义务，是实现人生自由的必要条件的思想原则；以为建立公正有序的合理社会，同样是觉悟者应当承担的历史使命；构筑起了内圣外王有机统一的理论体系，使认识实践得以完整沟通，从未将个体自我与自然、人类社会对立。正是因为承认宇宙万物，甚至最高的神灵皆为阴阳一气变化的产物，灵魂与肉体的结合是自我生命存在的固有要求，否认具有意志的人格神创造世界或不灭的神我能够孤立存在的判断，使道教打上了鲜明的民族文化的烙印。

　　需要我们特别注意的是，佛教对道教方面的有关记载可信度不高，刻意歪曲之处比比皆是。道教对佛教的吸收消化，依照历史发展的顺序涉及不同内容。在关于世界存在问题的认识上，主要涉及的是思想教义部分。而对彼岸世界的借鉴消化，与前者相关，但更多的是天堂、地狱的善恶两分的不同人生结果。在科仪戒律的实践宗教世界的特殊要求方面，以全真与佛教禅宗最为雷同。而这三方面的内容之中，由于佛教思想的历史演变不同，相应对道教理论产生的影响在不同经典中的表现有别。《太上一乘海空智藏经》与《太上洞玄灵宝升玄内教经》以吸收佛教中观学为特色，空宗的破遣观念是其建构自己思想学说的核心，同时又大量借鉴了佛教心性论的思想资源。《太玄真一本际经》与《太上灵宝元阳妙经》则以对佛教有宗的认识为重点，突出地反映了意识结构问题受到了道教理论家的关注，当然也不乏对中道观的肯定。禅学深入地渗透于宋元道教之中，张伯端的《悟真篇》等作品即是典型的代表。中国传统哲学与宗教的宇宙论远不及印度人那样复杂，天堂、地狱作为行善作恶者的应有归宿，需要以宇宙论的认识加以说明，人生的未来命运问题在宗教领域因此得到更加系统的说明。《灵宝无量度人上品妙经》是今存《道藏》的首经，道教理论家在阴阳五行学说的框架下，容纳印度思想，建构起了一个庞大的世界结构。《老君说百八十戒经》是早期道教律法，较少受佛教思想的影响，可是在金元时期的全真教那里，已与佛教律法几乎无别。固然禅学受中国文化的浸润是不争的事实，但异军突起的全真教在律法方面与佛教趋同的现象，说明中印两大文化传统经过长期的融合，佛教思想的许多认识，逐步为中国人在价值观上认同、接受。

三、具有代表性的道化佛典

研究表明，道化佛典的代表——《升玄经》《元阳经》《本际经》与《海空经》这四种同为十卷的著作，在思想观念上具有较为明显的共性。它们都以佛教经典作为蓝本，并且随着佛教中国化的进程，由对中观学空观的倚重，转变为对如来藏缘起论或阿赖耶识缘起论的瑜伽行派的吸收消化；同样无一例外地坚持了以民族文化为本位的意识，运用中国传统的元气理论，力图将佛教教义容纳于道教的观念框架内，予以思想认识的转换变通，并非完全的照搬。

（一）时代变化反映的《太上灵宝升玄内教经》的思想

天师道固有教团体系的瓦解和中国南北分治局面的形成，为道教的发展提供了历史的契机，同时也造成了天师道传统权威的动摇。回应日渐强盛的佛教的挑战，重塑天师道的领导地位，有效地把新兴的灵宝派等纳入到自己固有的领导系统中来，成为了《升玄经》这部十卷的道经的基本目标。通过对《升玄经》各方面内容的分析，该经非成书于一时一地一人之手，大致定型于六朝末年。该经围绕道德天尊对天师张道陵的重新敕命以及阐发实现人生的要诀而展开。作为"津要"的《太上灵宝升玄内教经》是整个道教思想的最高圣典，"于诸经中，最为第一"。不论是"三一"的"洞神部"，还是"真一"的"洞玄部"，乃至"太一"的"洞真上道"，只有"合三洞，通为升玄内教所部"（卷二），是真理的集中体现。①因此，"兼苞众经三洞之上，统御万灵"（卷五），为世人指明了觉悟人生的方向道路。

而历史的重任依然落在了张道陵及其后人身上，这是因为张道陵具有"上参道气，下以治民，其法多奇"（卷二）的能量，足以承担将代表道教事业以及人类光明未来的"三一之道"（卷九）流通于世界的使命。"于无上道不负恩"的张道陵，"于将来世作大法师，护度一切"。这一预言同"为无上洞玄真一法师张道陵作升玄三教司"的敕命一起，决定了张道陵在尘世中的尊崇地位。不仅如此，张道陵"宿世以来，相承一门之中，得道者七百九人，道陵父子为十二"。即使在未来的漫长岁月，于今之后"过九百八十四年已，道陵远孙当有八十六人相俟得道"。他荣膺"太上灵宝洞玄真一三天法师"之职乃顺乎天而应乎人，各方神人不得有丝毫的怀疑。以道德天尊的名义发布这样的号令，当然是出

---

① 据《中华道藏》王卡点校本。

于塑造张道陵特殊身份的目的。其用心显然是抑制灵宝与上清等势力的蔓延，维护天师道固有的主导地位。注重"服御神丹"与"吐纳导养"等的灵宝与上清，虽然可以发挥"延年益寿"以及"遏制淫色，使不放逸"的作用，但不能达到"终离苦难"的解脱目标。只有在"心合道真"的基础上，成就自我"升入无形，与道合德"（卷二）的自由人生。"诸十方得道成佛真人、妙行如来、一切大圣，莫不履行宗受斯经而得成真"（卷六），所有的觉悟者无不是在《升玄内教经》的精神旗帜的感召之下，证实自我而超凡入圣，连如来佛都不例外。道德天尊宣称："吾我自然气，布满周西胡。为之立佛法，垂象法玄虚。吐经施禁诫，辞参三洞书。方便说权教，得道在灭度。"（卷八）出自于老君的佛法，只是克服死亡的无奈的"灭度"方便法门，未臻于永恒自由的至极境界。原因是"西胡难悟"，不得不通过"形象为真"的方式，使其"灭度自新"（卷八）。这种全新的化胡论不再是夷夏之争，而是力求将佛教纳入到道教思想体系之中，以之为道德天尊说法悟人的流裔之一。

与"外教"不同且包容了"外教"价值的"升玄内教"，其精神实质是"真一妙术，发自内心"。采补、服食等如果不建立在"行善得道，非从外来"的基础上，就违背了"道由人弘"的原则立场，混淆了人生的自由只能是心灵的自觉的界限。而个体自我"得道"的实现人生，只有"内行具足，非为药也"（卷二）唯一的道路。反映于现实生活，要求每一个人自觉地履行自己的责任义务，《升玄经》卷一对此在"居山十事"中进行了具体的规定。如"不得领户化民"，建立个人的小宗派而独立于教团组织的管理约束之上。"不得交游贵胜，以求名利"，奔走于权贵富豪的门庭，无疑是降低自己的人格，获取世俗的利益。"修行邪咒禁术"则在绝对禁止之列，这是对巫术活动的明确排斥。"卖药行医，取人钱财"纵使是互惠的行为，但在道门中同样遭到了否定。至于"中后不得食谷气物，有谷气者不得以近口"的限制，则是以律法的形式对养生提出了具体的说明。而"水玉、芝石、松术、黄精、云英、灵飞散、苟杞等药食无时，不在禁列"的条文，反映了道门中以生命为重的精神追求,认为服食这些有助于生命活力的药物,随时可以进行滋补。"当念父母生长之恩勿忘"(卷一)的道德准则,被提到了律法的高度而倍受肯定,成为了需要"具足"的"内行"的要素之一。"外教"必须服务于心灵净化的目标,应当明白"导引之法,是小乘之行"。这种"假托外助,阶级渐进"的方法手段,同"服药延年"的性质相同,"虽寿百千万岁,犹复轮转,还生五苦八难之世"(卷二),终究不能实现人生的自由永恒。

建立与经验事实相符合且以道教的理想目标为最高追求的价值体系,将有力地回应来自教内外的质疑挑战。而"上得神仙,中得天仙,下得延年。神仙成真,自然登天。白日乘景,上造紫晨。具诸妙相,金刚之身"(卷八)的终极理想被《升玄经》包罗殆尽。律法是不论何人、何时、何地都需要严肃恪守的事情,但实现人生的自由则远不仅如此,只有在"内行具足"的条件下超凡入圣,使有限个体成为永恒。贯通三洞的《升玄经》的"三一之道",指明了世界的生起与运动变化都是"玄元始"之"三气"的反映,其"成生万物"的创造能量的绝对性依赖于"生于无生,先于无先"的"大道"呈现出的"玄妙"作用,因"出于自然"(卷八)的固有依存关系的存在,决定了"一切含气之类,皆是道成"(卷七)的根本理由。认识领会万物与道的"不一之一",即差别性包含着普遍性的内涵,就必须破除"挟二之心"的主客观对立。虽然主体自我"念"的精神意识活动依然没有消失,但因"一念"的知情意的和谐完整而"心得定也",心灵容摄了整个世界。由于自我"心定在一,万伪不能迁,群耶(邪)不能动,故谓真一"(卷四)的成就,有限个体与无限世界打成了一片。这说明"出此一形内"是对自我有限性的超越,而"至道乃当明"(卷五)则是人生自由解放的唯一归宿。外在的血统、门第、财富等与个体价值的实现无关,"有无贵贱,有道则尊"(卷二)。"有道"不是对道的占有,是对自我固有"真性"的发现和证实,以生命永存与智慧明觉的统一为标志。而"能觉两半者,岂不体之乎"(卷六)?不论是生命的真谛还是万物的生灭,理解了阴阳"两半"的奥秘，宇宙的真相又如何可以不被生命之光照亮？

人类心中"所愿，以生年为贵。人之所恶，以死终为贱"是普遍的现象。"天地平正，以生赏善，以死罚恶。此吉凶祸福，从窈冥中来。祸灾非富贵者所求请而可避，非贫贱者所不欲而可去。修善福应，为恶祸来"是不可抗拒的普遍法则。接受死亡的事实不等于每一个人只能消极地服从命运的安排，毫无作为。生命是宇宙对人类善行的最为珍贵的馈赠，生死祸福不因自我意志而改变。问题在于能否通过"修善"的努力，化解人生存在的种种危机。而"皆如本心所愿想"实际上"不用金帛贷赂，不用人事意气，不用酒食祭祷，不用巧言方便"，仅仅是"直心归道"，则"无为自成"。因此《升玄经》指出，"万物之中，人最为贵"。人类在宇宙中具有杰出的地位，就在于具有天赋的"归道"的潜能，把握自身的命运，消除死亡的沉沦，"唯有不生，乃无此难"（卷七）。"不生"意为自我生命持续不绝，创造的潜能得以彻底的释放。实现人生必然需要每一个人"远身行，离口过。除恶念，拔逮根。绝声色，检爱欲。放玩习，洗垢秽"。与情感欲望的泛滥放纵划清界限，同时驱使知性能力"知因灭度入虚无，知因虚无为灭尽，知因灭尽成为道，知因成道为最大"（卷九）。超越死亡的"灭度"最终使有限的个体"入虚无"，同无垠的宇宙生生不息。"灭尽"则意味着克服了人生可能的一切欠缺，成为绝对的圆满自足者。唯此实现了"成道"的理想目标，这种"最大"的价值是人生中唯一具有决定意义的事情。

发现并证实真性或正性，就是对道的自觉。而"无形"之道为"真妙理"，不同于"体无实"的相对暂时有限的事物。"真"表示不能人为扭曲改变，"理"指运动变化的秩序条理，"妙"于万物而不会发生须臾的疏离。世人不理解"真之与化，等无差别"的道理，以为"伪性假合"暂时存在的事物消亡，必然导致为"实"之"体"的道的毁灭，殊不知"化"的运动变化正是"道"之"理"的现实表现，人为地将本来"一体"的道与物割裂。被有与无的"二名"迷惑，实质是：

> 有无二名，生于伪物。形见曰有，形亡曰无。相因而然，并非真实。真性常一，未始暂有，未始暂无。无形而可求，无声而可闻。是故智者知之而必求之，圣人体之而必弘之。求之者以损有为益，弘之者以体无为大。是故损有者必先之于无，体无者以无无为大。（卷次未详）

实在之"有"与潜在之"无"彼此"相因"，一方的存在以另一方为条件，以相对有限的"伪物"作为生起的本源。人类经验感受中的"有"与"无"，则以是否具备"形"的现实性为判断的基本依据。正是"相因而然"的转化始终不绝，因此"并非真实"者，不是绝对永恒的实在。"真性"不受"相因而然"的条件性制约，是没有任何改变的"常一"。只有满足了"未始暂有，未始暂无"的要求，才能成为宇宙万物存在的根本依据。但"常一"的"真性"不是悬空孤立的幽灵，虽"无形而可求，无声而可闻"，人类可以运用自己的精神领会能力将其究竟底蕴揭示于世界。能够把握人生方向的"智者"以生命潜能的释放"知之而必求之"，贯穿于人生实践的每一环节。而觉悟了人生的"圣人"通过"体"的冥思体验，又以自己的人格力量为"真性"赋予了不朽的光辉。自觉追求"真性"的个人"以损有为益"，意指借助于对遮蔽"真性"的外在事物的克服，回归于先验的纯粹状态。"益"则为固有的和谐稳定足以回击任何艰难困苦的考验，不再因情感欲望的困扰造成心灵创造力量的流失。圣人能够"弘之"，以生命激情发扬光大，进而"体无为大"，达到与道体之"无"默契冥合的高度，这代表着个体价值的彻底实现。"必先之于无"，只有与"无"的无规定性的本体之道同一，才能进而将自身升华结晶为"无无"的纯粹圆满状态。

个体生命的塑造与内在潜能的发掘，是实现人生过程中相互依存的两个方面。"守道念真，安神无为。得不死之术，升仙度世"既指服食或胎息服务于心灵净化的目标，又指完整的自我人格离不开"不死之术"的养育。而"到长寿宫，是名得无所得"（卷次未详）的观念，批判了以觉悟解脱为造物主的恩赐或外药的弥补的错误认识，强调人生的自由乃是对自我"真性"的证实，固有于个体生命之中。《升玄经》围绕"以无法为法，无相为相，无戒为戒，无说为说"（卷十）的核心宗旨，论述了"以无为本"的精神原则。要求以"无"的精神原则渗透于认识实践的不同对象中，消除"法"与"相"以及"戒"与"说"的局限。这就是"道法无为"的真谛，具体表现为"以慈心为上，真实为本。心口言行，内外相应"（卷次未详）的认识实践统一的规定。魏晋玄学的"以无为本"的认识成就成为了《升玄经》的理论创作的背景资源，而佛教的中道观则又成为其思想建构的极其重要的组成部分。《升玄经》极为自信地指出，"身清神则宁，皇一守丹田。行备由内起，致得升冲天"（卷七）。丹田的气息吐纳是保障"身清"的不可或缺的措施，由此开辟"神则宁"的精神满足道路。实践的"行备"合乎中道要求，奠基于"内起"的心灵的自由自在，"升冲天"则是自然延伸的结果。

通过对内容与结构的分析，可以确定主导《升玄经》理论建构的基本成分是道家道教的思想，被吸收消化了的佛教义理以及重新解释的佛教概念，表明其力图将佛教教义融会于道教中的雄心。但该经与同时期的道典一样，存在着结构不够严谨细致，逻辑分析的展开各方面照顾不周的欠缺。但是以心灵的自觉作为人生的解放的态度立场极为明确，反映了当时心性论哲学共同追求的时代潮流。这对于引导道教思想的成熟，依然具有极为重要的价值。

（二）心性论哲学在《太上灵宝元阳妙经》中的反映

魏晋玄学在齐梁以后的复兴，主要在于道教理论家的推动。但出现了不同于前期的思想倾向，这就是对心性论问题的关注逐步取替对本体论问题的探索，本体论哲学的认识成就成为揭示自我存在以及人生意义问题的理论原则。大致问世于6世纪至7世纪的《元阳经》，最主要的认识收获正是对心性论问题的较为系统的说明。

觉悟人生开始于主体性意识的觉醒,《元阳经》认为表现于"观身"的对造成自我存在状态"不净"以及人生"苦恼"根源的明确判断。只有具备了这样的条件,然后才能把握"无常"的导致自我沉沦的消极力量,开辟未来自由解放的光明道路。这种自省首先以社会生活中的善恶为对象,同时对普遍存在的人性的弱点,作出明确的分别,使"悭贪"(贪婪心理)、"破戒"(违背社会正义与道教价值关怀的行为)、"恚"(抱怨责怪)、"懈怠"(意志力的松弛)、"散乱"(即各种非分之想)以及"愚痴"(心智不开)的"六种弊行",得到彻底的抑制。通过"持百八十戒"等对律法的自觉服从,达到"行无污点,志不犯非"的动机与目标的完整统一。而不断突破自我有限性的根本力量,在于"心如金刚"是每一个人固有的先验属性。当具备了"信法"(对道教的价值体系与实践方式的坚定信仰)、"惭"(对自我有限性的自觉意识并付诸于奋斗进取的行为)、"悚"(对潜在放纵心理的警觉)、"多闻"(知识积累)、"智惠"(明觉心灵)以及"舍离"(能够摆脱一切外在的财富、地位、声誉等的影响),此"七真财"成为了个人的素质的时候,完整的人格"真人"就已诞生于世界。"以是因缘,复名真行",与芸芸众生划清了界限。而这恰恰是"法性清静"(《圣行品上》)的现实表现,即自我"金刚"之"心"内在潜能的释放。①

人类社会不存在天生的觉悟者,人们都是通过对个体有限的突破,成就独立的自我。因为"一切诸法,皆悉无常,性相不定。若有诸法从因生者,则是无常。是诸仙人,无有一切不因缘生"(《圣行品下》)。"性相不定"的具体事物由于处于永恒的运动变化过程中,因此为"无常"的相对有限的存在者。这说明"无有一切不因缘生"是不可抗拒否定的绝对原理,是具体事物的内在之"性"与外在之"相"不能永恒延续的原因。人类通过对"法"的精神现象与物质现象的普遍提炼,得出

---

① 据〔日〕镰田茂雄《道藏内佛教思想资料集成》,东京大学东洋文化研究所,1986年。

了"无有一切不因缘生"的真理性认识，而不是相反。但在无限变化的世界里，"唯有心风，因缘和合，变现种种"（《圣行品上》）。是心灵的能动作用同外在所缘的对象结合，万物被人类心灵呈现，世界不再是僵死沉寂的世界。人类虽然在宇宙中具有如此杰出的地位，可毕竟是"因缘生"者，而"非因所作，非缘所生，是故名常"（《圣行品下》）。征服死亡就需要把"此身一切，悉无有真"的自己，达到同"常"者一样的"非因所作，非缘所生"的不朽水平。

任何个体的"此身"是存在者现实性的标志，因"心风"因缘关系产生出来的"种种有为事业"，当然不能超越"悉无有真"的范围。"风"的生命活力必须内在于"此身"发挥作用，而且不否认"此身"的相对稳定性。"有为之法，凡有二种，一者色法，二者非色法。非色法者，心心数。法色者地水火风。"受到因缘条件决定的事物为"无常"，以"有为事业"为内容或具体表现，是"无有真"的虚幻。意味着在相对有限的时空环境里，不论自我还是所有的"有为之法"不因处于绝对的运动变化过程中，就出现完全无序的状态，唯此"有为之法"存在着被人类认识的可能。"心名无常"不排斥先验具有的"性是攀缘，相应分别"的内在规定性与功能作用。"变现"的生命活动因此而展开，万物得以进入人类的视野。如果"攀缘"与"分别"违背了应有的秩序就会"心意迷乱"，生命失调的"病"就是应有的结果，直至死亡的降临。"死者舍离所受之身"，是条件性的丧失表现，包括"一者寿命尽死，二者攀缘死"（《圣行品上》）两种情况。固然"一切诸众生，皆含至道性"（《德行高贵品》），无一例外。"至道性"就是万物存在之"因"，人类异于万物的本质属性在于具有"攀缘"的意识活动与"分别"的知性判断能力。虽然存在着"受生高贵"者，只不过是"禀道气而生"。可是"保命畏死"的天赋本能，凡圣"二俱无异"。但无论如何不能因为"因缘生"的绝对原理，就人为取消"人兽尊卑差别"（《观行品下》）的界限。

生死存亡的各种经验现象，都是在人类生命活动中被发现探索的问题。"昔无今有，本有还无"的个体事物，处于无穷的新陈代谢过程中。离开了人类对世界的叩问，"推其实性，无眼无主"。不在人类视野中的东西就是"无主"的不具有"实性"的潜在，"一切诸法亦复如是"(《慈行品》)。只有进入人类生命活动中的事物，能够被证实。理解了"有为无相，真为假相，实为空相"的奥秘，就能够"随心所成，无有虚妄"(《观行品上》)。"有"为"无"之"相"，意为现实存在的个体事物是"无"这一内在依据的表现。"真"作为永恒不变者，则通过"假相"的暂时相对的有限个体，得以确定"真"的绝对实在、真实不虚。如果否认了"真"者，"诸法"就丧失了存在的理由。因为相对有限的东西自身处于运动变化过程中，无法成为具体事物的普遍存在依据。"实"者必然为"空相"，即没有任何"相"可言，无规定性就是其应有之"相"。具有"诸法"存在的"相"，那就只能是"因缘生"的派生物，违背了独立不倚的"实性"的要求。说明"随心所成，无有虚妄"指向经验事物，就是要全面完整地把握"因缘生"的绝对性、普遍性。而回归于自我，则必须摆脱对心理意识的盲目信赖与执着。这是因为"心若常者，诸忆念法，不应忘失"。可是记忆的失真与遗忘，是人类生活中的广泛事实。一旦对"无所有"的"自然之性"增加经验内容，则是与自然无为对立的有为。能够洞察"自然之性"的"无所有"意蕴，是由于"心识聪哲，有大智慧"(《圣行品上》)为人类的先验属性。"自然"强调理当如此，"无所有"则指"相应分别"的知觉判断未发生之前的纯粹状态。重返"无所有"的纯粹就是人生的实现，以"七真财"的成就为条件。

与"因缘生"者不同，"道性常住，无有迁动"，始终为一。"非内非外"的道性，不能以"内"之性与"外"之相分割，而是"无为法中，平等一法"。"常住"的道性普遍存在于一切事物之中，"非有为法，非无为法。非有为性，非无为性"(《慈行品》)。不论是"性"还是"法"的有为无为判断，仅是人类"攀缘"的知觉的赋予。"云何世间所知见觉？所谓造化之法主，世界始终断常二见，说言初心至非非想，名为真道",是意见而非真理。本来是自然且"因缘生"的无限世界,人类根据自己的感性知觉,为之炮制了居于万物之上的"造化之法主"的人格主宰力量,以为具有"始终断常"的事物,就是宇宙的真相。甚至立足于心灵活动初始展开的"初心",考察"非非想"的虚幻心理意识的变化以及各种表现形式,等同于"真道",造成了严重的认识混乱。殊不知"真道之性,非实有也"。因为是无规定性之有,"道者名通,既自通晓,复能通他"。存在于每一个人的内心,能够为自我"通晓"领会,又能在"通他"中达成一致,为任何觉悟人生者共同接受。"唯此正法,无有时节",不受时间条件的限制,"不生不出,不住不灭。不始不终,不去不来。不动不转,不长不短"(《观行品中》)。存在的依据就在自身而不假他物。不理解"一切诸法,皆无定相"的世人,为经验表象迷惑。"定"的绝对性贯穿于"色"与"空"以及"法"与"真"的领域,应当确信"乃至无极大道,亦无定相"同样是不可动摇的准则。执着于"定"的稳固一贯就会与"生"的不息变化彻底对立,如果以为"无极大道"具有"定相",就不能含贯万有。因此"虽非有非无,而亦是有"最终成为"道性常住"(《观行品下》)的实质,非不存在,亦非有限的某物。"真道是常住法,非本无今有,是故为常",不是时间绵延之流中的暂时存在者,永恒不变之"常"具有"真道之体,非生非出,非实非虚。非作业生,非是有漏有为之法"的独特品格。

万物以"真道之体"为普遍存在依据,"体"就是事物赖以生起之"因"。突破潜在转化为实在的"生"与"出",当其存在合理性没有终结之前,依然保持着"实"的个体性,而存在合理性的丧失就会走向"虚"的凋零。具体事物"有漏有为"的个体局限性受到"作业生"的制约而不可改变,但这些生灭存亡的变化都是"真道之体"的表现,"真道之体"则湛然如一。只有"于一切法当无所住,亦莫专执一切法相"(《德行高贵品》)的时候,面对"不定"的大千世界,自我能够"观一切法,作和合相"(《德行品》),就能彻底打破生灭、终始、常断与虚实等分别。画地为牢的"住"与"专执",是对"因缘生"的必然原理秩序的片面化。在另一方面,"若生自生,生无自性"的认识,以为"生"是每一个体自身膨胀裂变的结果,就会产生"无自性"的"生"者,其"自性"与"生"的脱节问题。且"若能生他,以何因缘不生无漏"的疑惑,将不能得到合理的说明。更为严重的是:

若未生时有生者,云何于今名为生?若未生时无生者,何故不说虚空为生耶?(《德行高贵品》)

不是否认"真常之道"绝对存在,就是会出现以一无所有的"虚空"为"诸法"的生起本源的错误。

潜在向实在的转化受到多方面条件的制约,"无有一切不因缘生"作为不容动摇的绝对原理,建立于对相、法、性相互关系的分析说明中。事物的"性"为内在之"因"的具体化,"一切众生悉有道性"(《观行品中》)的论断,则是对存在者存在的依据"道性"的概括提炼,就是最为普遍的"因"。而在中国传统哲学中,"性"主要指本质属性。"因"在每一个体内部的功能作用不同,"一者生因,二者和合因,三者住因,四者增长因,五者远因"是有机统一整体。推动生命成长的活力为"生因",统一于自我生命中的积极因素与消极力量彼此依存则为"和合因",始终存在着相互转化的可能。"住因"则保持了每一个体的相对稳定性,不至于遭受到外在势力的干扰就顷刻瓦解。如果满足了个体存在的条件,生命得以顺利延续,就是"增长因"。受到觉悟者的启迪而打动自我心灵,化为奋发努力的能动精神目标为"远因"。概要言之,则为"作因"与"了因"两种。"如陶师轮绳,是为作因;如灯烛照暗中物,是名了因"(《德行高贵品》)。"作因"与"了因"是体与用的关系,"众生"的每一人类成员以"心如金刚"以及固有的"大智慧"潜能为体,以"性为攀缘"的生理机能生发出"相应分别"的知情意的能力为用。只是《元阳经》在对"道性"与"因缘生"相互关系的分析说明过程中存在着照顾不周的现象,严重影响了自身认识的逻辑严密性，使"因"的价值受到了很大的限制。

区分"作因"与"了因"具有十分重要的认识意义，较为合理地解释了自我生命发展过程中出现偏离现象的原因。说明"性为攀缘，相应分别"与"心如金刚"作为同一生命的组成部分，内在之"性"具有的"攀缘"的机能与外在事物相互结合，产生"分别"的知觉判断，存在着是否恰当的不同，受到"金刚"之"心"的主宰制约。"凡夫不能善摄六根，则有诸漏，为恶所牵，至不善处"（《德行品》），普通大众对"六根"的感性知觉活动不能"善摄"，背离了固有的正常秩序要求，造成了"不善"的后果。感性知觉出现的差异，表现为"有有见者，得感果故。无有见者，则无感果"的分别。发生了"感"的主客体的相互作用，形成"有见"的意识活动。"无感"则心灵处于沉睡状态，潜在的智慧之光不足以"照暗中物"，把握自我成长的方向。"常见之人，则为非有。无常见者，则为非无"（《观行品下》），都不是对整个世界全面真实的领会。其云：

> 若见若闻，悉无诸恶。以无恶故，心得安稳。以安稳故，则得静定。得静定故，得实知见。得实知见故，厌离生死。厌生死故，则得逍遥。得逍遥故，得见法性。见法性故，得于真道（《观行品中》）

只有这样，消除了"分别"的片面局限，符合中道的要求而心灵获得"安稳"的充实怡悦。而且"安稳"即知情意的和谐有序使个体自我"静定"，能够回应一切外在的挑战，不会出现丝毫的错乱失衡现象。"得实知见"即对宇宙人生奥秘的洞察，奠基于心灵"静定"的凝湛纯粹。个体的"生死"的周期性存在被彻底超越，实现了"逍遥"的自由解放。正是精神的自由决定了事物的"法性"，得以被自我见证。为之"真道"与自我不再有任何的疏离，"心如金刚"的伟大作用，就此全面完整地展示于现实世界。而有限的个体自我成为永恒不朽的绝对者，安享幸福圆满的人生。

而人生的自觉与生命潜能的彻底释放，是实现自我的同一过程不可分离的两个方面。"生为大苦"（《圣行品》）是世人共同的切身感受，置身于世界与社会多重关系制约中的每一个人，如果能够"自观其身"，通过对生命的反省，理解现实的个体"是大苦聚，是诸一切恶业根本"（《德行品》），是痛苦不幸的载体，就会力求克服"为生死之所恼害"的悲惨人生，探寻实现自我拯救的可能。"吞精咽气，吐纳服御"的气息调养，为弥补生命能量的流失提供了一定的保障。可是服食的活动"譬如灯烛，唯藉于油"，存在着"油既消尽，势不久停"（《圣行品上》）的局限。只有在"谛专一心"的条件下，围绕着"三业"的身、口、意努力"修持"，趋于"净"（《圣行品下》）的完美。"心若迷乱，则失正念。若失正念，则不能观真不真义。若不能观真不真义，则行恶事。恶事因缘，则堕三途十恶地狱"（《圣行品上》）。觉悟人生、超越生死始终以心灵的净化为轴心，需要世人："观身常净，不染秽恶"，出淤泥而不染；"观心常定，无有异想"，不论何时何地，心灵没有丝毫的扭曲，知情意处于和谐稳定的状态；"观诸法中，无有我相"，消除主观偏见，与世界打成一片；"观于万物，一想平等"（《观行品中》），平等地面对宇宙万物，没有自大或自卑的心理意识。心灵的智慧之光，因此照亮了无限世界；而"光明者，名为大慈大悲。大慈大悲者，名为元阳真道"（《德行高贵品》），这就是《元阳经》昭示世人的普遍真理。换言之，"道性即是天尊，天尊即是法，法即是常"（《圣行品下》），无不以自我"道性"的证实，成为永恒不朽的觉悟者。涵盖了"三清秘要，七部神图，如是深奥之义"（《德行高贵品》）全部精神价值的《元阳经》自信地宣称，任何自觉践履这一认识实践准则的个人，不论是"诸凡夫众生"，还是"从地狱出生人中"的至恶，"若能修行布施，乃至具足诸精进法，是人必得入正解脱"（《慈行品》），实现人生是必然的结果，不会有点滴虚假。因此，"元阳妙法者，则名为真道"，是智慧的直接代表，而"真道之法，无有因缘"（《德行高贵品》），自足圆满的绝对者"无有因缘"，如果能够证实自我"真性",亦即拥有了整个世界。

实现人生只能是心灵的自觉,生命存在则是认识实践赖以展开的基础,对于这一原则,《元阳经》有着清醒的判断。可是对道性为"因"及其各属性相互关系问题的阐释上,直观地以"真道之体"与"元阳妙法"的直接同一,没有进一步的分析讨论。"道气"与相、法的关系同样缺乏明晰的规定,又制约了整个理论建构展开的严谨程度。然而《元阳经》的宝贵贡献在于已指明了心性论哲学的核心要素与各方面内容,为道教哲学的成熟迈出了坚实的一步。

(三)道性论在《海空经》中的地位问题

大唐王朝建立前后问世的《海空经》全称为《太上一乘海空智藏经》,是一部十卷的著作,一品一卷。"序品"为总纲,决定了《海空经》的整体结构和论述的渐进顺序,道性论是核心内容。经初唐名道黎元兴与方惠长之手开始流行,而黎元兴被晚唐五代的杜光庭视为"重玄之道"的代表人物,可是《海空经》缺少"重玄之道"的基本理论要素,说明黎元兴并非如佛教僧人玄嶷所言是该经的制作者。

每一社会成员存在着不同是显而易见的事情,但同为人类的一员,就不免会产生"一切法中,何者为最能得道果?何者为最能得智慧?何者为最能得神通?何者为最能得寂灭,无为无碍,最上第一?是四道中,修因云何?若为差别,所获不同,成就各异"的疑问。具备了哪些素质,能够成为"一切法中"的所有存在者里面"最能得道果",将自己扩充到可能达到的理想高度?那些不可思议的"神通"能力,表现于具体生活方面会是什么?心灵明觉的"智慧",在何者身上无以复加?超越生死周期性限制的"寂灭",又将呈现出怎样的不同凡响的风貌?令人向往的"无为无碍"的自由解脱,"第一"的终究尺度何在?以为是天赋的不同,就违背了"法"的存在者存在的普遍同一原则,这种理由不能成立。如果是"修"的自我努力的反映,包含着哪些具体的内容？至于遵循同一方法手段实践人生出现的"成就各异"的结果，依然需要予以坚实的证据作出解释。这就需要首先承认人类成员"有躁有静，有智有愚"的先验差别不可改变，虽然具有同一的本质属性，但对世界的认识领会能力存在着天然的不同。而芸芸众生"智既未圆，躁加其动。于此小智，多有所之。心既不定，善恶难存，故不得道"就成为不可避免的命运。说明人类同具"智"的理性判断能力，差别仅在大小高下方面，又因"不定"之"心"加深了自我人格的悲剧性分裂，生命的沉沦成为了整个人类社会普遍的现象。

实际上实现人生是内在固有潜能的自然成长过程，善恶的不同结果是由于心灵的"不定"，造成了与自我稳定属性的疏离。经云："夫一切六道四生业性，始有识神皆悉淳善。"流转变迁于"六道"中的万物，不论是以胎生还是湿生等方式存在于世界，先验的"业性"决定其为不同类别的存在者。但"识神"在具有生命反省能力的人类的初始形成阶段，都为"淳善"，没有任何恶的东西存在其间。又云："唯一不杂，与道同体。"正是这种"唯一"无二的普遍属性，使人类成为共同群体中的非异己的个体，不能把经验性的因素"杂"于此先验的属性之中，出现认识的混乱。因为自我"与道同体"，同万物一样依赖本体之道存在，只要"依道而行，行住起卧，语嘿食息，皆合真理"。不需要把主观人为的因素强加于自身，徒增人生的负担，"如鱼在水，始生之初，便习江湖，不假教令。亦如玉质本白，黛色本青。火性本热，水性本冷"。如果能够完全遵循本具的道体拓展生命存在的空间，就会与"真理"的必然规律秩序，出现"自合"的彻底冥合结果。这是天赋本性应当呈现出来的内容，"不关学习，理分自然"。这种"自然"之"理分"的内在属性与功能作用的直接外化，同知识技能的"学习"无关。不仅如此，"一切众生，识神之初，亦复如是"。试图通过对"识神"的经验成分的分析而确定其先验状态，无疑是对人类"唯一不杂"的纯洁天性的扭曲。"禀乎自然，自应道性，无有差异"则是一切觉悟者，实现人生的唯一途径。而现实生活中生起的"种种恶缘，地狱、饿鬼、畜生等报"，固然是普遍存在的现象,"当知皆是六根所引"(《序品》),是感性知觉被感觉器官牵引,丧失了正当秩序的表现。追究其根源,是"不定"之"心"不能"禀乎自然",同自我"道性"没有形成"应"的和谐一致。①

　　心灵之"定"在《海空经》中被理解为"自然",实际上包含着本来如此与必当如此两方面的内容。只有合乎必然秩序要求的东西为"道性",以"识神"的知性判断能力与"定"的坚实稳定以及正当为核心。原本"常一不异"(《哀叹品》)的道性不能恰如其分呈现于认识实践的每一环节,出现善恶的不同"皆因于缘",被外在的事物抑制,而"缘藉心起"(《法相品》)。相应说明主体自我存在于世界,心的认识主宰能力并非具有控制一切的绝对作用。"依道而行"因此涉及了主客体统一的问题,意味着"理分自然"的人类认识创造,唯其"应"于"常一不异"的道性,以自我为轴心面对世界的挑战,并且是在"皆合真理"的程度为"定",保持着先验的和谐一贯。同理,"不能善摄六根"的"一切众生",还是因为"不定"之"心"的存在,"为恶所牵,至不善处"(《持戒品》)。由于生理机能的"六根"为个人"不能善摄",导致种种问题的产生。而"根"有内外两种,但"道性之中,非内非外,以是义故,道性之生不断"。生生不息的"道性"其为"不断",表现为"一者有为,二者无为"的差别,以是否"应"于"自然"为区分的标准。又因"道性之中,非有非无,是故道性不常"。道性贯通于有无内外而绝不是一成不变的东西,是"真常"与"无常"的整体;只有理解了道性是"亦非有常亦非无常"的真谛,才能最终把握"道性之生,不断不常"(《问病品》)的内涵。

　　道性为"常一不异"的认识分为相互联系的两个层次的规定。"生"的具体活动形式与内在机理,是理解道性的关键。以为道性是形上的纯粹概念,就会与现实生命无关,违背了"一切诸法,各有道性,从因缘生"(《哀叹品》)的绝对原理。"六道四生"的现实存在者不超出"诸法"

---

① 据"三家本"《道藏》。

的范围，道性之"因"是其存在的普遍依据，潜在转化为实在必须遵循"常一不异"的道性生起。如果道性不是"非内非外"与"非有非无"的"常一不异"者，那么世界就会出现彻底的断裂，与经验现象不符。表现于具有"生"的现实活动的自我，"若是断者，则应还得"。虽然出现了"断"的瓦解背离情况，但在个体生命没有走向终结的时候，如果还能"应"于本质存在的道性的要求，就还会"得"于自我心灵，重新趋于默契冥合的状态。"若不还得，则名不断"(《问病品》)。如果"不得"，不能回归于"淳善"的阶段，由于生命依然继续，"各有道性"的万物于自我当然是"不断"，绝不会烟消云散。

经验中的个体事物"皆从无生"，这是因为"向本无此，而今有之"，过去未曾存在于世界的东西，如今成为了现实存在者。"有何缘生？必因于无"，驱使具体之"有"突破潜在状态转化为实在的力量是"无"，说明"无"为"有"之"因"，是"有"赖以存在的根据。经云："是知无中，皆悉有有。以有有故，一切无无。"(《序品》)原来"无"绝不是空无所有，而是蕴藏着"有有"的无限发展潜能。既然肯定"无"通过"有"的个体事物显示自身为"有"，整个世界当然只能是"无无"的绝对永恒存在的世界。"断"仅表示个体事物生与死或死与生的突破，向他事物转化的临界点。"不断"则指构成万物的基本元素即地水火风等"四大"(《舍受品》)相互转化，绵延依存，没有丝毫的间隙。"道性之生，不断不常"的认识从来都是立足于"生"的生命创造，揭示"不常"的个体事物在其存在合理性没有终结之时，具有的"生"潜能"不断"，都是"道性"的现实反映。而个体事物的"不常"是其终极命运，但"无无"的"道性"却始终"不断"于纷纭的万物之中。

在佛教中观学中，"非有非无"既不是实在之"有"而是幻相，又不是绝对"非无"的绝对不存在。因为万物依赖于"因缘"的条件性生起于世界，条件性的丧失，具有规定性的事物失去了存在的合理性必将趋于消歇，不能成为永恒不灭的个体。因此"性空"正是指其本性为"空"，没有实在性，"妙有"则肯定了万物生起的神妙莫测。"非内非外"强调不能以空间的"内"与"外"加以限制,"因"的内在条件与"缘"的外在条件暂时的结合,决定了每一事物成为该事物。《海空智藏经》吸收了佛教中观学的合理因素,但在根本态度上却始终坚持了老庄传统哲学的认识立场。一方面肯定每一事物"各有道性",万物依赖没有任何质的改变、量的增减的本体之"道"存在,道性永远为一切事物存在依据之"因";另一方面,又一以贯之地认为这是客观的必然法则,是"自然"而没有丝毫的人格因素参与其间。问题的核心奥秘在于:

  神本澄清,湛然无杂。一切法,本从中而有。以是因缘,一切众生,善恶诸业,唯一心作,更无余法。是故众生不来不去,不有不无,同等虚空,无分别想。(《普记品》)

客观世界没有"善恶"的道德属性,"业"的是非善恶结果"唯一心作",只能存在于人类的精神生活中。离开了人类对世界万物的观照,世界是否存在无意义。此"澄清"的"神本"为心灵的先验存在状态,"湛然无杂"是由于没有经受任何经验成分的染习或扭曲。人类的心灵本来具有容摄"一切法",即物质现象与精神现象的能力,具体事物刺激人类的感官,使潜在的"本从中而有"的意识功能转化为生动的图景,认识得以形成。内在于"众生"的道性"不来不去",不因生命的生死周期改变,"不有不无"则指既不可以个人占有又是生命存在的决定力量。唯当"等同虚空"即容摄宇宙万物于自我心灵的时候,消除了"分别想"的计较执着,才能洞见道性的真实意蕴。

  实现人生就是要通过心灵的净化,使自我对"六根"保持"善摄"的能动自觉。基本途径在于"习思微定志,晓了照达",以道性之"微"为"思"的反省对象,借助于"定志"的知情意塑造"渐渐阶梯",逐步成长,"至无上道"(《序品》)的"与道同体"的人生解脱。达到了这样的圆满境地,则:

> 往于烦恼生死之中，不失智慧。以不失故，虽见五欲，心不贪著。若见净色，不生色想。唯观苦相，乃至识想，亦复如是。不作生相，不作灭相。不作因相，生和合相，生智慧相（《持戒品》）。

心灵的智慧不因现实生活中的不幸遭遇或生死的周期性代谢，出现流失瓦解的可能。"五欲"的正常生理需求存在于生命中，但不会有"贪著"的欠缺。仿佛经历了"净色"的洗涤，任其去留而曾不流连。是由于对"苦相"的深切之"观"，力求摆脱种种人生的困境，直至对"识想"的生命本源的叩问。超越生灭之"相"的造作，连"因相"的生命发展潜能的展开态势，都被消融殆尽。只有同宇宙万物打成一片渗透贯通的"和合相"，意为与无限世界完全等同，这就是觉悟者的"智慧相"昭示于世人的风貌。尘世中的个人"若照此相，则得入于智慧之源"（《序品》），认识自我而证实自我。

自我的实现就是对宇宙人生真相的洞察，是因为"湛然之理，等一无二"（《法相品》）。因此"不增不减"的"真一妙理"（《平等品》），是"照"的精神领会的终极归宿。而"若有一人，得睹真境，寂静无为。于一念间，发无上道，心更不退"，那么"一切罪垢，悉得尽除"。偶然的良心发现经不起大千世界的考验还会衰退消歇，只有在"不退"的情况下"通达真理，境智无差，即名为道"（《普说品》）。"寂静无为"的心灵处于自发状态下"得睹真境"，顿时在"一念间"实现了刹那永恒，使"真理"见证于生命的底层。"境"（认识对象）与"智"（主体自我）表里内外完全符合对应，就可以称之为"真道"。而正如《海空经》的主人公海空智藏真士那样，"其身如海，其心若空，理包物外"，成为"智藏"的智慧宝库与生起本源。为此，《海空经》指出："道性之有，非世间有。道性之无，非世间无。是谓妙无。"由于"妙无"的"道性之理"为"渊寂"与"应感"的统一整体，每一个人就能够在"住于渊寂之地"的心灵凝湛中，"观于诸有，则见无相"，领会个体事物只是相对暂时的存在者。当其"住于应感之地,观于诸有,则见有相"。每一生动丰富的具体事物被全部观照体验,能否领会"寂境即是妙有之源"(《序品》)决定了凡圣之别的界限。

如果能够理解"依他性相,由真实性"存在,就会完整把握"无常"的运动变化的事物"由分别性"而得到确定的道理。"依他"为缘,"真实"为道,就是内在之因。"分别"则是"识神"的功能作用的具体化,指知觉判断的认识活动。把"依他"与"真实"割裂对立,"微妙深定慧力"(《普说品》)将永远无法落实于自我生命。而"服食休粮"或"餐霞纳气"(《序品》)等虽然具有一定的价值,但与觉悟了"无上道"的"心不随身"的"名真仙者",存在着相当的距离。必须是"所有心性,常弘广大"的"身心自在"(《哀叹品》)者,"免生老病死,忧悲愁苦,一切烦恼"(《平等品》),真正实现了人生的自由。坚持了道教的理想人格为智慧明觉与生命永存统一的认识,而又把不同的实践方法从价值的高低区分为小道、中道与上道,趋于"常乐无为"(《普说品》)的自足圆满。这一系列的相关规定,明晰了道教三洞四辅的教义体系的精神实质,至少在心性的立场下,较为合理地消化了佛教的思想资源而不失民族文化本位的特色,有力地呼应了自《升玄经》以来,特别是宋文明、臧玄靖阐发的道性论的理论建设成就。

以主体自我存在为视野展开对自然与自己关系论述的《海空经》,在分析过程中存在着一定的逻辑欠缺。如果在某种程度上可以肯定,遵循"澄清"的"神本"就可以"皆合真理",不需要通过知识技能的"学习",显然把复杂的问题简单化了,而且与"善恶诸业,唯一心作"的认识产生了矛盾。虽然"缘藉心起"是合理的见解,但"识神"离开了同所"缘"之"境"的信息能量的交换,始终只能是空洞贫乏的东西。并且无法令人相信心之"定"能够贯穿于人生的整个过程中,相反需要认真仔细的说明,围绕心灵的中轴发生波动的情感欲望以及知性判断等,存在着一定的弹性空间。只有不逾"道性"的"真实性"的制约调节范围,不论是"依他"还是"分别"之"性",都是心灵固有属性的不可或缺的组成部分。这样才能合乎认识要求地把只属于价值评价的"善恶",限制于对"真实性"的扭曲疏离方面。同时在终极意义上,阐释"身心自在"的觉悟者,不是通过知识技能的"学习",而是以对自我"道性"的发掘实现人生。整个认识最终保持逻辑的一贯明晰,不至于出现彼此照顾不周的漏洞。

(四)《本际经》的重玄观与道性论

《太玄真一本际经》存在着众多异称,由于同当时流行的一些经典具有异常密切的亲缘关系,显然经历了较为漫长的编订成书过程。《本际经》以重玄兼忘为核心,融会多方面的佛教思想资源而归本于道教的理想追求,内容极为庞杂。它既是重玄学的诞生标志之一,又是道教心性论学说的具体反映。这些适应了时代潮流的认识,受到唐玄宗的高度肯定。玄宗曾先后两次下诏要求研习该经,使《本际经》在隋唐五代的道教思想发展中,扮演了极其重要的角色。

佛教的中道观学说与《大乘起信论》的佛性论主张,对《本际经》的理论建构产生了深远的影响。以"真实空"指称道性,正是《本际经》力图消化这两方面思想素材的直接表现。"真实"意为不受任何条件性的限制,无始无终,永恒存在。"空"为没有具体事物的规定性,因此能够"为一切诸法根本"。是万物赖以存在的普遍依据,自然无为即是道性的精神内涵。"无造无作"重在揭示不同于经验事物的超验特质,"自然而然,不可使然,不可不然"(卷四)则强调以自身为存在根据,是必然性与客观性的统一,不因外在的力量改变。"若有说言一切果报由业缘来,肉眼不睹三世业相,谓言自然,此非实义"(卷二)[①]。如果以为生死祸福是"业"的前世造作与"缘"的现实环境的累积,没有

---

① 据〔日〕镰田茂雄《道藏内佛教思想资料集成》,东京大学东洋文化研究所,1986年。

领会"三世"的无限绵延时间过程中,出现的"业相"个体存在状态的内在实质。与"自然"的真谛格格不入,是意见而非真理。实现人生就是对道性的洞察,"悟此真性,名曰悟道"(卷四),成为觉悟者超生死、得解脱的坚实支持,因此"道为圣本,本即道根"。人生的自由只能是根植于道,通过"悟"的心灵升华实现个体存在的价值。但道与圣"非无二源",不能就其"一体"的不可分离关系,认为道与圣完全等同。这是由于"道名独立,体自虚通。强字无待,远近息功。本对于末,因待假名。称为物始,用涉能生。又为迹本,动寂用殊"(卷九)。运用"独立"的概念符号之"名"指称道,在肯定其绝对性与超越性的同时,还包含着对其无处不在、无时不存的"虚通"之"体"的规定。"无待"的不受条件性限制就是道的德行,不论时空的"远近"都从未与事物发生片刻的疏离。而在逻辑关系上,"本"是与"末"相互依存的概念,"因"的内在依据与"待"的外在条件都是"假名"的相对有限的符号。借助于对宇宙万物生灭变化的周期性过程的考察,把道称为"物始",是因为"物"未存在时道已"通达无碍",贯通于世界的任何角落。"用"就在于"能生"的决定事物的生起方面,说明万物"生"的运动变化之"迹",以"本"或"因"以及"体"的道为依据,不是僵死的存在者。事物生灭"用殊"的潜在与实在循环转化,是由于"动寂"的不同存在状态的反映。割裂了道物之间的体与用或本与迹关系,就是对自然无为的"真性"的严重误解。

主体自我对"真性"的觉悟,是心灵的能动创造作用的反映,依然不能以为就是道。道则"非色非心,非相非非相。即一切法,亦无所即。何以故?一切法性,即是无性。法性道性,俱毕竟空"(卷九)。与"色"的物质现象与"心"的精神现象不同,运动变化之道非"相",可是又"非非相",同事物的存在状态不可分离。事物割不断与道的联系,但道超然于"即"的统一之上。这是因为事物的内在属性本质上以"无"的无规定性为内容,"无性"就是指个体事物的"法性"的相对暂时。而道与法之"性"的归宿在"毕竟空",不能超越包容无限的宇宙的范围。在另一方面,《本际经》的"毕竟空"还指"法"为"道"的依托,存在合理性丧失的"法",则其曾有之"道"成为"空"的不具有实在性的虚幻者。这又从否定的角度肯定了道无所不在的认识,强调人类面对的只是具体事物。如果不是"毕竟空",就会产生"道若是有,有则不关于无。道若是无,无则不关于有"的漏洞。假如有与无同道互不相关,"如此隔碍,何名为道"?成为了完全空洞的概念预设,没有丝毫的实际意义,"乃至亦有亦无,非有非无等法,是妄生分别"(卷五)的结果。根本不存在的"无"不能为现实之"有",反之亦然,具有规定性的"有"不能彻底走向不存在的"无",只是转移为他物。中观学的有无关系论遭到了批评,《本际经》以为有与无的"分别"意识,违背了"自然而然"的固有秩序法则。"非有非无"消除了有与无的界限,把始终如一、"无造无作"的道,等同于具有"业相"的具体事物。"亦有亦无"的认识表面上肯定道的实在性而否定道具有实体性,但因其"有"与"无"的规定存在着逻辑的混乱,没同"不可使然,不可不然"的必然性与客观性统一,还是错误丛生的概念游戏。

为之《本际经》指出:

> 夫道也,无祖无宗,无根无本,一相无相,以此为源,了此源故,成无上道,而独能为万物之始。以是义故,名为元始。(《卷三》)

以"无"阐释道,就是"无性"的无规定性为道的意思。不是任何东西的派生物,因此"无祖无宗"。而"毕竟空"就是以"无根无本"为内涵,如果运用经验事物的条件性,类推道的绝对性与实在性,结论必然是"无根无本",不具有丝毫的经验因素。换言之,唯有"无相"的"一相",客观全面地反映了道的永恒不朽精神,这就是道以自身为"源"的理由。觉悟了道为"自本自根"(《庄子》)即其存在的依据就在自身的道理,有限的个体升华结晶"无上道",成为与三清的至上神比肩并立的绝对者。"独能为万物之始"意指万物以"元始"为生起的本源，既指元始天尊同样为一气所化，又指万物依赖元始之气存在于世界。"正道真性，不生不灭，非有非无"（卷二）的内涵得以呈现，《本际经》以为只有这样的"非有非无"的认识，克服了佛教中观学的不足。

回到"用涉能生，又为迹本"的问题上来，《本际经》对自我存在问题的理解，发生了结构上的转移。经中认为每一个人的"识真本"即觉悟宇宙人生的真相，永远不能回避对"道性自然因"的领会。而追究个体生命"两半生死身"的决定力量，必须指向"烟煴初"的"元始"阶段。虽然父母诞生了自己，但阴阳"两半"则是万物构成的基本物质元素，缺乏对宇宙"自然因"与"烟煴初"的内在依据以及终极状态的自觉，就不能解释"三界"的差别与同一关系问题。意识不到自我命运取决于是否"根识染诸尘"方面，当然不能以无畏的勇气与坚定的信念，通过"断故以证新"的生命升华，享受"升玄独欢欣"的"太一果"的圆满美好。因此，"无量知见，作生死本"。知性欲求的泛滥造成不能回归自我身心进而导致死亡的严重危机，而"源不可测，故称神本，神即心耳。体无所有，去本近故，性即于本，本于无本，故名神本"（卷四）。精神意识活动与客观事物神妙莫测的变化，都依赖于"知见"的存在发生作用。正因为这是"妄想初一念之心，能为一切生死根本"，决定着生命的创造与沉沦。"神"就是"体无所有"的心灵，知觉判断、情感意识的功能不具有生理器官的"相"的规定性。"近"于"本"的存在依据道性，说明人类的精神意识活动与固有的内在属性存在着一定的弹性空间，不能完全对应或彻底分离断裂。然而是以"无本"为"本"，蕴藏着无限发展的潜能，以其自足圆满的属性称之为"神本"，即不可思议的存在者。

而"体无所有"具体指，"非心不心，非色不色。无缘虑故，非无常故，故言非心"。不能以心脏的生理器官指称其全部内容，可是离开了心脏的生理机能又无法呈现其创造的能量。客观事物刺激人类获得经验表象，其先决的条件是如果离开能够感知世界的主体自我，整个宇宙将归于沉寂。"缘虑"的能动活动仅是其功能作用,非"神本"自身。不受外在条件的干扰影响改变"道性法性"的"毕竟空"属性,而人类的心灵总是处于永不停息的波动过程中。不仅如此,"能生心故,无不知故,亦名为心。无所碍故,故名非色。能生色故,道眼见故,亦名为色。是清净心具足一切无量功德,智慧成就,常住自在,湛然安乐"。这一认识围绕主客体相互关系展开,以"具足一切无量功德"为核心要素,肯定"神本"的无限超验品格。"神本"是"能生"知情意之"心"的主体,"无不知"则是"无量功德"的内容之一。"神本"贯通一切而"无所碍",不会与"色"的经验事物发生冲突,而且本身就是"非色"的东西。作为"能生"的主体,当然包含着对"色"的生起作用。在"道眼见"的无限绵延中,在至上神"三清"的生命世界里呈现,意指离开了人类或神灵对万物的反映,世界存在的事实与意义将不复存在。在认识上"亦名为色",表示主客体的统一必然反映于万物同为一气所化即存在者存在的同一性,同时统一于人类能动的精神意识活动对万物的容摄。先验纯洁无瑕且具有无限创造潜能的"是清净心",不能直接表现于每一个人的现实生命,只能通过"智慧成就"。达到了"常住"的牢固稳定状态,"清净心"回归于"自在"的先验和谐,就能"湛然"纯粹宁静,主体自我实现了"安乐"的幸福人生。

考察世人的现实命运,"清净心"由于"为烦恼所覆蔽,故未得显了,故名为性"(卷九)。"清净心"的"无量功德"处于"未得显了"的时候,是"性"普遍形上学原理,"心"则已具各种经验成分。"神本"如果一旦被不正当的"妄想"的"一念之心"干扰迷惑,生命能量流逝的可悲命运就此开始。"一念之心"是包含了"缘虑"与"知见"等要素的"清净心"的功能作用,在同具体事物发生联系时形成。此即主客体必然依存的"道性自然因",自己与异己是对立统一的整体,一方的存在永远以另一方的存在为条件,没有任何人为的安排预设。个体生命中潜藏的"清净心"以"缘虑"与"知见"的现实表现为代价,弥补缺乏实际内容的贫乏空洞,激发心灵具有的"功德能量"的创造作用。自我的"烦恼"等心理感受，是偏离了固有结构秩序的消极结果。生命的成熟需要在"断故以证新"的不断精神历险中，化解人生道路上面临的各种危机，最终以"太一果"的塑造完成，有限个体回归于先验纯洁的"清净心"而成为觉悟者。至于"清净心"是否一定会出现偏离失衡的问题，《本际经》显然认为是理所当然。总结觉悟者与世界的关系，实际上"法身犹如虚空，圆满清净，即是真道，亦名道身，亦名道性"(卷二)。这就是觉悟者可能达到的理想境界，化身万有，同众生休戚与共，但"清净心"的本质存在与"用涉能生"的存在状态完全默契冥合。"犹如虚空"则能容一切，遍处各方。"圆满清净"表示消除了个体性的欠缺，不会依附任何外在的对象。"体无所有"在此终极领域既指觉悟者成为了"真道"的现实化身，又和光同尘，与世界彻底贯通。

如何实现"清净心"的完整潜能的释放，《本际经》提出了重玄兼忘的方法论主张，与隋代成书的《道门大论》一起，共同成为了重玄学成立的标志。书中认为人生的自由解放，奠基于心灵的净化。"正观之人，前空诸有，于有无著；次遣于无，空心亦净，乃曰兼忘"。超越经验表象为"空"，这是觉悟人生必须经历的过程。"有"的实在事物终究趋于"无"而走向消亡，只有在对"无"的信赖瓦解的高度"空心亦净"，领会了世界中"不生不灭，非有非无"的"正道真性"的内涵。"兼忘"是"正观"的结果，"正观"即如实客观地面对世界，则是走上人生觉悟的开始。"而有既遣，遣空有故，心未纯净，有对治故。所言玄者，四方无著，乃尽玄义"。把"空"或"有"视为具体的对象，是"心未纯净"的表现，出现了"对治"的人为矛盾。只有"四方无著"，深远奇妙的世界在自我心灵中"乃尽"，没有了点滴的遗漏。"如是行者，于空于有，无所滞著，名之为玄。又遣此玄，都无所得，故名重玄，众妙之门"(卷八)。对于宇宙万象都能"无所滞著"，因任自然，达到了"都无所得"的彼此独立且和谐共处的程度，世界的意义被自我心灵见证的"重玄众妙之门"，得以在觉悟者生命中成为事实。重玄因此不仅指方法，而且具有本体与境界的含义，是三者的完整统一。

以"将示重玄义，开发众妙门"（卷一）为己任的《本际经》，对于心灵净化问题予以了高度的重视。书中指出传统的"导引与胎息"的实践方法，具有"制魄拘三魂"的作用。而"服药茹芝英"的途径，同样产生了"延寿保命根"的功效。但只有"依教俱奉行，免害获长存。遨翔洞宫府，谓之出樊笼"。生命的长久不是人生的终极目标，"出樊笼"的优游自在才是每一个人应当不懈追求的理想。历代的先驱已经通过自身的实践，证明了导引服食存在着奇妙莫测的事实。然而在重玄兼忘的检验下，"始知非解脱，未免四魔怨"（卷四），还存在着很大的局限性，发生了认识实践上的偏离。如果能够回归于"正观"的原则立场，把实现人生作为自己的终极目标，"发心"即心灵觉醒就成为跨入解脱门径的起点。而"皆了重玄兼忘之道，得此解已，名发道意。渐渐明了，成一切智。其余诸行，皆是枝条"（卷八），已成功把握了"具足一切无量功德"的"清净心"的核心枢纽，永远以"重玄兼忘之道"为宗旨。领会了这一精神实质，则称之为"发道意"。由此逐步呈现出"清净心"本来具有的"无量功德"，直至"一切智"在自我心灵中孕育成熟。

作为心灵净化的方法途径的"正观"，包括"明说身相，启方便门，令诸学者入重玄趣"，与"离一切著，亦无所离，不滞二边"，以及"能通众生，至善寂处，到解脱城"（卷九）多方面的规定。而"身相"就是源自《太平经》的阴阳两半理论，是对自然与自我存在问题的说明。服食导引则是"方便门"的具体所指，已指明了认识的突破是"入重玄趣"的人生解脱的前提条件。"不滞二边"的破遣观念，吸收消化了中观学的合理方而，强调对本质存在与存在状态关系问题的领会，决定着"成一切智"的生命潜能释放的深浅。"能通众生"等意味着对每一社会成员的深切理解同情，通过积极的因材施教活动，引导世人走向人生觉悟的光明未来。完全具备了这些要素，就是"重玄遣一切相，遣无所遣，名为道意，即是具足"（卷八）的自我存在价值的彻底实现。《本际经》提供了相关的步骤以及过程，认为"发心之始"既是"清净心"的积极力量的初步展示，经过观行与无欲的不可或缺环节，又是回归于自然的"正道真性"的必然归宿。"清净心"固有的"道性力"的现实化及不断升华结晶，驱使主体自我"不生分别，决定清净"。在此状态下"初发道意之相"表现于现实世界，进而借助于"转有得心"的有序修炼，自我"念无所念，止心不动"的"清净心"在"清净"方面塑造完成，达到了"妙心"的"回向正道之心"阶段。"观"的"念念相应，察无相想"更加凸显了修道者"具足"的"功德"的创造性力量，能够回应一切事物的挑战。"伏行"的"能摧烦恼，破有得心"，就是其价值的直接延续。结果"真实决了"宇宙人生的真相，成为了"无欲"的无心无我的"正中之正，明解妙门"的典范人格。"明解妙门"不是知识的积累技能的掌握，而是智慧之光照亮了世界。"正中之正"的自我成为衡量是非真伪善恶美丑的尺度，表现为"清净心"的"无量功德"已经在个人身上"具足"，即主体自我知情意的和谐稳定与其先验存在状态完全冥合。"超种民位，白日腾举，出到三清"，与三清尊神并驾齐驱。"反我两半，处于自然。道业日新，念念增益"，蓬勃的生命活力依然发展成长，不会止息，而与整个世界"心心相得，不期自合"（卷四）。唯此"无量功德"决定着觉悟者永恒不朽，周尽成物而无不恰如其分。

觉悟人生的"悟道"不在于对运动变化的经验事物的数量的度量或属性的判断，而在于对"真性"的自觉。"重玄兼忘"的"众妙之门"，当然也没有否定认识世界在认识自我过程中的重要价值。"本自有之"的每一个人的"正道真性"，由于"非今造故，故名为本"（卷九）。因其"明净"的"体性"（卷二），"具足一切无量功德"。通过对自我存在的发掘，"以圆通眼，照道真性，深达缘起，了法本源，解众生性，即真道性"。是心灵的智慧而非"筹算所可计知"（卷三），使个体人生"气观神观，即是定慧"（卷八），即以"定"的心灵稳定凝湛，与"慧"的洞察领会结合，相互促进而实现人生的自由圆满。因此，理解"清净心"的内涵是解读《本际经》的关键。"道性力"的主宰知觉功能是其"无量功德"中，最为重要的属性。未为阴阳两半化生的潜在者，依赖"用涉能生"的道性转化为现实的事物。处于先验状态时的道性直接与"清净心"同一，永远不失"为一切诸法根本"的地位，只是由于"毕竟空"，成为"性"的普遍形上原理。当"根识染诸尘"的自我存在于世界，"无量功德"遭到了抑制扭曲，"本于无本"的"神本"虽然其"清净"状态被打破，而知觉判断之"心"因从属于"清净心"，并未彻底使"无量功德"流逝殆尽。作为"非身之身"的"法身"，即道性的同义语，不论是"图像"的表象还是"真形"的天尊，具有"理亦无二"的绝对平等的道性。"随心获福"虽然是每一个人的渴望，但善恶的结果"唯在汝心"（卷二）的原理，从未有发生动摇的可能。这说明主体自我只要"修习二观"的"定慧"，就能正本清源，终究"乃悟大乘无上之道"（卷六）。围绕自我存在这一轴心，"正观"引发了"定慧"的积极成果，成为了实现人生唯一具有决定意义的事情。

仔细反省《本际经》的心性论，实际上同佛典《大乘起信论》的"一心开二门"的认识结构是同一模式。通过对《本际经》等道教经典思想内容的分析阐释，为我们把握齐梁以来道教思想的变化，提供了极为宝贵明晰的线索。广泛吸收佛教的思想观念，以至于连语言概念都充满了佛教的气息的《本际经》等经典，依然毫不动摇地坚持了老庄道家自然无为的认识原则。不论这些经典存在着怎样的不足，都始终是在对佛教的批判消化中，使自身的思想认识得到了发展成熟。揭示《本际经》等书中存在的佛教与道教的思想异同问题，还需要我们回到特定的时代环境中，借助于更加严格细致的分析，使其精神内涵得到充分全面的展现。

四、道化佛典的历史意义与文献价值

一个富有文化创造活力的民族，必然是既能擅于吸收外来文化的优秀部分为己所用，又能保持自己民族特性的群体；而且在固有的文化传统内部，应当始终是主流的民族精神与多元化的思想追求并存的状态，推动着自身文明程度的不断成长。中国的历史文化能够在隋唐五代时期达到高度成熟的水平，就是明显的例证。日益趋于专制、保守与封闭的明代中后期乃至清王朝，政治体制的专制与思想的僵化密不可分，造成的严重社会危机更是决定了近代中国被西方列强凌辱的命运。

如果出于宗派意识而把道化佛典的系列作品，当作是道教剽窃佛教的铁证，不能换一个角度，审视其中包含的丰富思想信息，就会与一场伟大的思想运动失之交臂，丧失客观把握中国宗教、哲学发展过程的机会。由于唐之前的典籍流传至今者百不及一，仅此而言，诞生于这一时期的道化佛典，就具有思想史上不可替代的地位。通过对这些历经劫难而流传下来的道经的内容的分析，可以发现其中存在着多方面不容忽视的因素，值得我们认真反省研究。

第一，不论"化胡"说是出自佛教的依托还是道教的习惯性联想或刻意的编造，《升玄经》等作品的问世通行，反映了当时社会历史发展的重要动态。对教理教义的探索已基本取代了正统非正统之争，夷夏之辨的狭隘民族意识大大淡漠。这说明大量少数民族进入中原地区引发的民族矛盾与思想冲突，转变为对终极价值理想问题的关注。如果脱离了这一基本的时代背景，将难以理解在北方建立自己政权的各少数民族，上层统治者以奉道或信佛作为自己的国策的事实。而可能的解释则是，受到中国文化主要是道家洗礼的佛学，其普遍的价值关怀得到了广泛的承认尊重。经典的创作者或许未必能够清晰分别佛与道的不同，但一定是其中包含的人生解脱观念，打动了他们的心灵；并依据自己的认识领会加以适度调节，从而产生了脱胎于佛教经典的道经。由于不是偶然的个例，且大致始于衣冠南渡稍后而终结于隋唐之际，兴盛一时的魏晋玄学被佛道两教朝气蓬勃的理论思辩热情取代。这种兴衰消长变化的社会历史根源与思想发展演变的内在根源，需要我们通过具体细致的阐释，揭示时代精神的更替轨迹。如果仅仅局限于正史或佛教的记载，无疑会导致认识的片面化与简单化。

第二，道教驳斥佛教攻击的作品如今散佚殆尽，我们对这一历史阶段佛道关系的认识，客观上总是把佛教的记载作为认识的主要依据，有意无意地扭曲了淹没在历史尘埃中的事实真相。而"佛教类"道经的存在，纵使这样的概括并不十分恰当，但为研究者提供了至为宝贵的第一手文献，使今天的研究者能够据此展开较为深入具体的讨论，考察道教如何以"拿来主义"的态度，在坚持自己的理想追求的同时充实丰富自己的理论体系，实现认识的转型。以《本际经》与《元阳经》等为代表的这些经典，其思想框架乃至语言表达的方式，许多东西无疑来自佛教，任何人不必为之讳言。然而对文本的细致研读使我们惊讶地发现，自然无为无一例外地成为这些经典的最高精神准则并贯穿于全篇。佛教的理论基础因缘观，始终受到元气自然论的限制，来自老庄道家的本体论立场以及魏晋玄学精深的逻辑分析成就，使佛教的因果报应、轮回流转之说引发的以人生为苦的消极因素大大削弱，积极进取、乐观向上的人生态度因此构成了佛教中国化的强大外在推动力量。换言之，佛教的中国化不单纯是中国僧俗理论家，在保持印度佛教的基本教义而自觉趋同于中国文化传统的单一向度的发展，对儒道二教的回应也是其中重要因素；而道教理论家入乎其内出乎其外的变革，远较宋明以来儒者的成绩更为突出。

第三，中道缘起论、如来藏缘起论与阿赖耶识缘起论，特别是中观学的中道缘起论对《升玄经》《海空经》产生了深远的影响。而《本际经》与《元阳经》既相当程度上吸收了中道缘起的思想要素，更多地则是围绕如来藏缘起论与阿赖耶识缘起论展开自己的理论构造；同步反映了僧肇中观学到道生涅槃学兴起的过程，有力地见证了佛教中国化的发展演变趋势。在某种意义上，当然是刺激中国化佛教宗派如天台、三论、华严、禅宗应运而生的社会理论氛围之一。说明那些被道教理论家关心并学习借鉴的部分，同样是具有创造性的中国佛教理论家赞成欣赏的内容。这种大规模的双向互动的思想潮流，一方面极大地深化了中国传统文化的内涵，另一方面又因佛教融会了精深的中国智慧而发展至历史的顶点。如果忽视了中观学同老庄道家思维方式、思想内容上存在着一定的契合点，魏晋玄学后期的玄佛合流现象就会难以令人理解。中国传统哲学中对意识结构与层次问题的讨论相对欠缺，如来藏缘起论与阿赖耶识缘起论广泛深入地渗透到道教思想中，促进了道教哲学更加明晰地揭示心理意识问题。反观内丹学的成熟过程，曾经得益于佛教对意识结构问题的认识启迪。而《黄帝内经》《老子中经》《黄庭经》等传统思想资源，因此被大大激活。相应地道教理论家、实践者为之赋予了坚实的经验体会内容，克服了佛教侧重纯粹理论思辩而经验内容不足的缺点，为未来道教全力探索生命本质的修道实践，贡献了极富前瞻性的思想资源。

第四，传世本道经与敦煌本道经在文字上的差异，不能简单认为纯然是明版《道藏》编者的作为。明代《道藏》的镂版利用了元代甚至是宋代的旧刻，新收的经典数量有限。如果将许多佛教概念刻意替换为道家道教的术语，以为是道教界自惭形秽的举动，就不足以解释今存《道藏》中普遍存在的佛教概念的现象。更为深层的原因应当只能是由于佛教思想已被消化于道教经典之中，佛教的某些术语在部分经典中丧失了继续发挥作用的能力。加之不同派别或不同思想家对佛教的态度有别，造成了这种存与废并存的情况。对此重要问题，我们还需要以审慎的态度，根据不同的经典流传过程做出合理的分析。而由此反映出来的思想动机，至少有两方面的问题应当引起我们的重视，即今天的研究者依据何种态度立场考察特定历史环境下问世的道经，以及我们评判其是与非的客观标准或尺度如何建立。我们应当站在道教的自身需要的角度，尽可能地回归于经典的逻辑建构与理论阐释的细节，说明"佛教类"道经的意义与价值。观察的角度发生了变化，必然会导致不同认识结论的出现。

第五，古典时代信息交通不发达，经籍全赖手工抄写，十分珍贵。即使在今天的偏远山区，知识的传播依然是一严重的问题。而前人所建许多寺庙往往远离城市，成为那一地区的思想文化与教育中心。相信

"佛教类"道经的形成,典型者如《本际经》绝非出自一时一地一人之手,是逐步归纳同类素材并长期演化的结果。那些赖以取资的对象——佛经,在不同的读者中就会有相异的认识理解。能够准确鉴别佛与非佛界限者当然只能是极少数的专业研究者,大多数的下层信众无意于区分佛与道的不同。可以据此推测"佛教类"道经的问世流通,可能诞生于佛道两教都比较发达且关系较为和谐的地区,从地方中脱颖而出的宗教领袖或理论家以其权威,推动了这一类经典的扩散范围。能够流行的根本原因是适应了当时社会成员的精神需求,并经过筛选的考验和重新加工整理的过程,最终被道门认可并获得皇室的肯定。以"佛教类"指称的系列道教经典,在语言文字的表达上历来质朴率直,与上清派的文词华丽形成了鲜明的对比。大多数的天师道经典,在文字风格上与此同样存在着明显的距离。通过多种线索考察其演变成立的要素与环节,将会为我们贡献更为丰富的历史知识。这是未来研究工作中面临的难题。

第六,具有代表性的"佛教类"道经虽然呈现出许多共同的特点,但彼此之间又存在着众多的差异。《元阳经》几乎把自己当作了道门最高的圣典,老子只是其中扮演提问者的小角色之一;《海空经》中的老子形象同样不够崇高伟大,完全不同于天师道视老子为至上神的态度。这种现象应当是崛起于地方的小教派争取自己神圣合理性在造作经典上的反映,表现了社会处于分裂动荡时期思想的多元化倾向。对此同异关系的明晰,有助于更加深入地领会道教的个性。而且《升玄经》标题为"灵宝"经之一,但在内容上肯定张道陵的不可动摇的教主身份,反而比"太玄"部的《本际经》推重张道陵的意味强烈,似乎说明新出的"灵宝"经完全改变了葛洪在《抱朴子》中对老庄不以为然的意识。天师道由于受到战乱的影响分裂为分别以陆修静与寇谦之为代表的南北两种力量,可是其在道教中的主流地位从未发生根本的改变。在上层知识分子中影响深远的灵宝与上清派,逐步向传统天师道的靠拢的情况,是道教的凝聚力、向心力受到佛道之争的刺激,日益觉醒并达成共识的历史潮流的见证,是三洞四辅十二部类经教体系建立完善过程中,具体而微的表现形式。这对于充分全面考察道教的精神成长之路，无疑是极具价值的文献依据。

从对大乘佛教空宗的吸收转向对有宗的接纳，道教对佛教思想的回应，几乎与佛教自身认识的消长更替同步。而中晚唐时席卷天下的禅宗，在同时出现的道典中反应的不够充分。张伯端《悟真篇》的推重，对道门发掘禅学的价值起到了积极的示范作用，禅学由此开始广泛表现于这一阶段的作品中。实际上道生的涅槃学早已倡导于前，道教在隋唐之际创作了《太上老君内观经》《洞玄灵宝定观经》等一系列心学色彩甚为浓烈的经典，反而可能是促进禅宗发展成熟的重要推动力量。在道教理论家消化佛教的合理思想资源为我所用的努力中，我们必须注意还存在着相当数量的自觉划清与佛教界限的经籍。《黄帝阴符经》被张伯端视为与老子《道德经》地位等同的要典，题名张果的唐人系列注释，大量的外丹经典受佛教影响之处就很少。宋元时期道教理论家对老庄著作、《九天生神章经》等的注释，包括一些理论的创作，很少运用甚至完全排斥佛教概念的现象也并非绝无仅有。只是由于我们对数量庞大的道经缺乏具体扎实的研究，许多情况尚未明了，所以目前已取得的各方面认识，不免存在顾此失彼的毛病。但如果我们不抱有先入之见，以思想意义为中轴反省这些道经的历史价值，放弃论是非、定高下的宗派意识，一定能够使我们的判断接近事实真相，并对其内在的精神做出合理的说明。

附录：《道藏》中题属佛教的著作 *

朱越利

现行于世的道经总集《道藏》（明《正统道藏》和《万历续道藏》）中，亦有从书名或篇名看属于佛教的著作，凡六种，不大为人注意。它们未入《大藏经》。其中除《搜神记》一种不能算佛教著作之外，其余五种是否都应承认为佛教著作，内容本身对研究佛教具有何种价值，也有待进一步考证和探讨。但是，它们都包含着佛教的内容，其中五种公开题属佛教，而存在于《道藏》中。这一事实本身，就显示着佛道二教间的某种关系，值得重视。

（一）《昙鸾法师服气法》

见桑榆子评《延陵先生集新旧服气经》（《正统道藏》洞神部方法类，命帙，涵芬楼本第570册），题《鸾法师服气法》。又见北宋张君房编《云笈七签》第59卷《诸家气法》（《正统道藏》太玄部，职帙，涵芬楼本第689册）。桑榆子和延陵先生均不知何许人。《延陵先生集新旧服气经》和《云笈七签》卷五九《诸家气法》分别汇辑气法15家，其中7家相同。《昙鸾法师服气法》为相同7家之一，《云笈七签》录自《延陵先生集新旧服气经》，均无序无跋。《隋书·经籍志·子部·医方》著录曰："《论气治疗方》一卷，释昙鸾撰"（《隋书》卷三四）。《宋史·艺文志·神仙类》著录曰："魏昙峦法师《服气要诀》一卷"（《宋史》卷二〇五）。南北朝时高僧昙鸾被日本净土宗奉为初祖，曾因病求神仙方术，于南朝受萧梁著名道士陶弘景《仙经》十卷。后还北朝，于洛阳受菩提

---

* 原载《法音（学术版）》第2辑，1988年12月版，第104页—106页。

流支教诲，焚《仙经》，专弘净土。汤用彤先生判断，《昙鸾法师服气法》或即《宋志》（汤先生误为《隋志》）著录之《服气要诀》。他紧接着阐述说：

> 可见鸾即受流支呵斥以后，仍具有浓厚之道教气味，按北朝释教本不脱汉世"佛道"色彩。昙鸾大行其道，与口宣佛号之所以渐盛行，当亦由于世风使之然也。①

《昙鸾法师服气法》凡500余字。其曰：服气之初应念法性平等，生死不二。初调气，应从粗而渐细；将罢，应从细而入粗。又述何以察风火水地四大不调，何以使四大调和，四大不调的内外二因何在。中有桑榆子夹注两段，欲以道教服气法匡正鸾公。

（二）《达摩大师住世留形内真妙用诀》

亦见《云笈七签》卷五九《诸家气法》。《宋史·艺文志·释氏类》著录曰："菩提达摩《胎息诀》一卷"（《宋史》卷二〇五）。《达摩大师住世留形内真妙用诀》盖《宋志》著录之《胎息诀》。南天竺（或云波斯）高僧菩提达摩，南北朝刘宋时至中国，修大乘禅法，以四卷《楞伽》授学者，被尊为禅宗初祖。其有无《胎息诀》传世，难以遽定。

《达摩大师住世留形内真妙用诀》凡1200余字。篇首曰："吾昔于西国，授（受）得《住世留形胎息妙（疑阙"诀"字）》。师名宝冠，传吾秘诀。"达摩之师当非宝冠释迦、宝冠菩萨，不知何以名宝冠。

该诀曰：达摩欲往东土弘法，特向宝冠师求长生不死之法。宝冠师指出，人"所生之本"为神，"为受之本"为形，形因气而成，人禀气于母腹之中，子成，母自衰。故释迦文佛令孝敬父母，报答养育哺乳之

---

① 汤用彤：《汉魏两晋南北朝佛教史》下册，中华书局，1983年，第580页。

恩。故胎息之术为长生之本。因此人应"心不缘境，住在本源；意不散流，守于内息；神不外役，免于劳伤"，返本还源，握胎息之机；应以神主气，神气相合，修习呼吸，内视专一，神气注于气海之中，鼻无出息，为真胎息。

(三)《法师选择记》

又名《如来选择记》。见《诸神圣诞日玉匣记等集》(《万历续道藏》冠帙，涵芬楼本第1108册)。《诸神圣诞日玉匣记等集》《续道藏经目录》和白云霁《道藏目录详注》皆著录为"《玉匣记》一卷"，过简，易使人误为宋皇甫牧撰《玉匣记》一卷，实为《许真君玉匣记》等17种著作或摘录的合集。《法师选择记》为该集第3种，不见诸志著录。

《法师选择记》篇首曰：

> 贞观元年正月十五日，唐太宗皇帝宣问诸大臣僚："朕见天下万姓母(每)三四日长明设斋求福，如何却有祸生？"当时三藏和尚奏："万姓设斋之日值遇凶神故。为咎者皆是不按藏经内值言神可用之日，所以致此。臣今藏经内录《如来选择记》奏上，见其祸福由之日吉凶也。"

该段应为序。依序所言，《法师选择记》为唐贞观元年三藏和尚从大藏经中录出。贞观时三藏和尚，当指玄奘法师。是否出自玄奘之说，有待考证。

篇末后序曰：

> 盖闻《皇极玉记》秘于大有之庭，出自太虚玉匣之内，自真君许始有立焉。《选择记》者，藏于西土宝塔之上，自三藏贞观初现此分(文)。二教建善之文所由起也，虽同源而异派。

> 百川之流归于海，天下无二道，圣人无两心，既有其文，不
> 可不遵焉。争命梓匠刊施，用广流传，上报君恩，下保黎庶，
> 开示有情，同霑福庆。弘治元年戊申仲秋旦玄玄道人延陵子
> 后序。

玄玄道人延陵子显为明代道士。其称《选择记》"藏于西土"，盖出自玄奘西行取经之事的联想，但颇不合于史实，至少贞观元年玄奘尚未启程。后序表明，明弘治元年（1488）玄玄道人延陵子曾刊《法师选择记》。若作进一步推测，《法师选择记》或系玄玄道人延陵子伪撰。此推测亦有待考证。

《法师选择记》为小型择日历，依次排列六十甲子记日，每日均注明何种神检斋、说法，或无神检斋，有何种吉凶，供择吉所用。神名有善财童子、阿罗汉尊长者与天神、司命、那吒太子、青衣童子、三途饿鬼、判官、马鸣王菩萨、净盆神恶鬼、野妇罗刹、弥陀佛、朱雀神、冥司差极忌神、司命真君差童子、畜神、阿难尊者与青衣童子、恶神、文殊普贤与青衣童子、观音菩萨、天下四角大神、牛头夜叉、千佛、一切贤圣、诸佛贤圣同恶树、大头金刚、释迦如来同菩萨等。

（四）《文殊裁衣吉凶日期》

亦见《诸神圣诞日玉匣记等集》，为该集之中第6种。无序无跋，不题撰人。《宋史·艺文志·天文类》著录曰："《文殊星历》二卷"，"《文殊七曜经》一卷"（《宋史》卷二〇六）。《文殊裁衣吉凶日期》盖出自前者，为宋籍，文殊显为托名。

全文凡84字，为星占。依次列二十八宿星名，每宿后以两字述吉凶。如"角，安稳"，"氐，睹友"，"轸，长久"。

（五）《无生诀经》一卷

见《消摇墟经》卷四（《万历续道藏》槐帙，涵芬楼本第1082册）。不见诸志著录，不题撰人，无序无跋。经中有明末圆悟禅师法号，《万历续道藏》付梓时其健在。卷末题《万历续道藏》付梓时间和主持人曰：

大明万历三十五年岁次丁未上元吉日正一嗣教凝诚志道阐玄弘教大真人掌天下道教事张国祥奉旨校梓。

《无生诀经》成书，当在《万历续道藏》问世前不久。

该经辑录佛、尊者以及元朝至明末禅师及他人有关无生偈颂120余首。被辑录者有：释迦牟尼佛、摩诃迦叶尊者、商那和修尊者、优波毱尊者、鹤勒那尊者、菩提达摩大师、僧璨大师、弘忍大师、慧能大师、法融禅师、慧忠禅师、神秀禅师、南岳思大师、天皇悟公、本净禅师、南阳忠国禅师、盘山积公、大珠海公、善慧大士、鉴贞禅师、夹山密公、玄沙备公、傅大士、法云白公、永明寿公、庞蕴居士、水明寿公、慈云慧禅师、黄山轮公、天衣怀公、圭峰禅师、智真禅师、李长公、天台观公、云门侃公、大静禅师、永嘉禅师、窦持禅师、陵郁山主、佛日才公、广慧禅师、圆悟禅师、善胜禅师、龙济禅师、无着禅师、云岩禅师、景岑禅师、晦堂禅师、南台和尚、宗一禅师、仲宣禅师、绍悟禅师、智间禅师、孤峰长老、惟宽禅师、宗一禅师、开先照禅师、玉泉远禅师、保宁禅师、佛鉴禅师、智达禅师、白圭兆禅师、琳公、照觉白师、云峰潜师、宝志和尚、龙牙和尚、文益禅师、同安禅师、云顶山僧、丹霞和尚、通智禅师、崇化赟师、僧澹交题像、遯庵珠师、山谷公、山堂浮师、觉海禅师、临济禅师、法为禅师、从谂禅师、智明禅师题像、牧正禅师、堕灶和尚、断际禅师、慧日禅师、布袋和尚、白杨顺师、僧润、黄龙和尚、安丕师、自在禅师、无念禅师、大茅和尚、从悦禅师、性空庵主、水庵一禅师、长庆和尚、圆觉禅师、黄檗禅师、张拙秀才、南华昺师、无垢子、法常禅师、报恩逸公、清凉国师、法真禅师、希明禅师、兜率禅师、道英禅师、宫徽师和慧林受师凡112人。

(六)《搜神记》六卷

见《万历续道藏》高帙（涵芬楼本第1105册—1106册）。该《搜神记》虽未题属佛教，内容亦非仅有佛教，但与《三教源流搜神大全》同源，佛教内容较多，故亦列入本文。

该《搜神记》与晋干宝《搜神记》和唐句道兴《搜神记》同名异书，无继承、增补关系，卷前《引搜神记首》已标榜"一墨盖不袭于（干）旧"。该《搜神记》未入《正统道藏》，其《引搜神记首》作者"登"称其于万历癸巳（1593年）得读该记。以此二者观之，该《搜神记》当成书于1444年（《正统道藏》刊版）之后，1593年之前。元代有无名氏撰画像《搜神广记》前后集。该《搜神记》与之内容基本相同，盖去其像增订而成。明人增入洪武以下神号及附刻神庙楹联等，为明刻绘图本《三教源流搜神大全》七卷。

该《搜神记》卷一有《儒氏源流》《释氏源流》和《道教源流》。全书介绍三教及民间诸神近200位。

建议阅读书目：

萧登福：《道家道教与中土佛教初期经义发展》，上海古籍出版社，2003年。

〔日〕吉冈义丰：《道教と佛教第一》，图书刊行会，1959年。

〔日〕吉冈义丰：《道教と佛教第二》，丰岛书房，1969年。

〔日〕吉冈义丰：《道教と佛教第三》，图书刊行会，1976年。

〔日〕神塚淑子：《道教経典の形成と仏教》，名古屋大学出版会，

2017 年。

主要参考书目：

陈　垣：《南宋初河北新道教考》，中华书局，1962 年。

陈国符：《道藏源流考》，中华书局，1963 年。

汤用彤：《汉魏两晋南北朝佛教史》，中华书局，1983 年。

许地山：《道教史》，上海商务印书馆，1934 年。

任继愈主编：《中国道教史》(增订本)，中国社会科学出版社，2001 年。

任继愈主编：《道藏提要》(修订本)，中国社会科学出版社，1991 年。

卿希泰主编：《中国道教史》，四川人民出版社，1996 年。

傅勤家：《道教史》，上海商务印书馆，1937 年。

刘师培：《读〈道藏〉札记》，见《刘申叔先生遗书》第 69 册，江苏古籍出版社，1997 年。

李养正：《佛道交涉史论要》，青松观香港道教学院，1999 年。

汤一介：《魏晋南北朝时期的道教》，陕西师范大学出版社，1988 年。

朱越利：《道经总论》，辽宁教育出版社，1991 年。

萧登福：《道家道教与中土佛教初期经义发展》，上海古籍出版社，2003 年。

王承文：《敦煌古灵宝经与晋唐道教》，中华书局，2002 年。

张广保：《金元全真道内丹心性学》，三联书店，1993 年。

卢国龙：《道教哲学》，华夏出版社，1993 年。

强　昱：《从魏晋玄学到初唐重玄学》，上海文化出版社，2002 年。

〔日〕小柳司气太：《道教概说》，商务印书馆，1926 年。

〔日〕吉冈义丰：《道教と佛教第一》，图书刊行会，1959 年。

〔日〕吉冈义丰：《道教と佛教第二》，丰岛书房，1969 年。

〔日〕吉冈义丰：《道教と佛教第三》，图书刊行会，1976年。

〔日〕吉冈义丰：《道教经典史论》，大正大学道教刊行会，1955年。

〔日〕编集委员会：《敦煌と中国道教》，大东出版社，1983年。

〔日〕吉川忠夫编：《六朝道教の研究》，春秋社，1998年。

〔日〕常盘大定：《支那の佛教と儒教道教》，东洋文库，1930年。

〔日〕久保田量远：《支那儒释道三教史论》，东方书院，1931年。

〔日〕山田利明、田中文雄编：《道教の历史と文化》，雄山阁，1998年。

〔日〕山田俊：《唐初道教思想史研究——〈太玄真一本际经〉の成立と思想》，平乐寺书店，1999年。

〔日〕福井康顺、山崎宏、木村英一、酒井忠夫监修，朱越利等译：《道教》，上海古籍出版社，1992年。

〔日〕小林正美著，李庆译：《六朝道教史研究》，四川人民出版社，2001年。

作者简介

强昱，男，1964年12月12日生。汉族，内蒙古临河人。哲学博士，北京师范大学哲学学院教授、博士生导师，价值与文化研究中心兼职研究员，主要研究方向为道家道教哲学、佛教华严学、陆王心学。著有《全真学案：刘处玄学案》《从魏晋玄学到初唐重玄学》《知止与照旷——庄学通幽》《成玄英评传》等，在《哲学动态》《中国哲学史》《世界宗教研究》等杂志发表论文多篇。

道藏中的历史文献说略

刘 屹

一、引言

道经因为在道门中被认为具有神圣的来源，通常会有意回避与某个特定历史背景产生关联。但也有一些道教文献，因为其造作者各种各样的原因，或多或少地与某些特定历史背景相联系起来。这种情况在本文可以有两个不同角度的理解：第一是指能够直接关联到某些具体历史背景的道教文献，第二是指专门反映某一道派师徒传承谱系、历史发展脉络和基本经典形成经过的道教文献。按这两个角度作区分，也不是绝对的。有的文献明确涉及相关时代的历史背景，有时还是很重要的历史背景。有的文献并不涉及特别具体的历史背景，但反映的却是专门的道派和经典形成和发展历史。这些都道教史研究的宝贵史料。

在利用这些资料研究道教史之前，有一些基本原则还是要先明确的。

第一，本文暂不以道经得自"天启"或"神授"的观点为认知道教文献的前提，而是认为任何传写在纸面上的道教文献，都应该有其人间的"始作者"。只不过不同的道教文献，最初会以不同的形式或载体出现，并流传下来。因此，任何道教文献都会或多或少地有其特定的历史背景，以及那些知名的或不知名作者的个人印记。如果从这个角度来看，《道藏》中所有的文献，都可说是在不同程度和立场上反映道教发展史的"史料"。但本文不能将所有道教文献作为"《道藏》中的历史文献"来介绍，而是需要先界定一个大致的范围。

第二，道教是一种宗教，在一般情况下，宗教需要以对超自然力量的信仰为基础和前提。但并不是所有人都能对超自然力有所体证和验证。因此，一方面，应该允许某些涉及超自然力崇拜的信仰存在，并且应该承认这些并不具有广泛性的体验记录，具有存在的合理性。这些宗教性的体验和记录，既难证伪，也难证实。今之学者对信仰者留下这样的记录，不能简单以有意"编造""作伪"而视之。这些记录，至少反映了撰写者或记录者自己信仰的心理与思想意向，是研究"信仰史"或"思想史"的一手史料。现代学者对宗教信仰者留下的宗教历史记录，理应予以必要的理解和同情。另一方面，也正因宗教体验并非一种具有普遍性和广泛性的经验，因而信仰者的宗教体验对于非信仰者来说，就缺乏必要的和有效的验证途径。这种情况下，就不能以信仰者的立场和思维，要求非信仰者无条件地信从道教文献，乃至不允许提出对道教文献所记内容的真实性有所质疑的看法。理想的状态是，信仰者可以保持自己的信仰，非信仰者也理应保持自己的怀疑。信仰者和非信仰者之间，完全没必要进行所谓的"论辩"。因为谁也说服不了谁，各自坚持的立场和前提就是南辕北辙的，根本不可能达成认知上的一致。

第三，"历史"一词的界定非常复杂，最基本或最大程度上，要以客观事实为基础，有时也包括人们思想中对过去"历史"的认知和阐释。任何一种客观上的事实和主观上的思想，只要是"过去的"东西，也都可以算作广义上的"历史"。但通常情况下，只有真实发生过的事情，才会被认作是真正的"历史"；只有对真实发生过的事情的记录，才能被称作"历史记录"。然而，宗教中的"历史"则未必全都是真实发生过的事情，其中无法印证、难于核验，甚至完全出自信仰者个人想象的情境和记录会有很多。应该允许非信仰者对这些超自然力的信仰及相关记录，持有一种自觉的怀疑。这种怀疑的目的，不应仅仅停留在判断其是否真实可靠的层面，而是要做出必要的辨析。至少应区分出：哪些内容是需要在事实层面做出认定的？哪些内容未必真实发生过，但却是信仰者自己相信或希望别人相信曾经发生过的？哪些则是完全出于宗教信仰者的想象？在此基础上，再去讨论或解释为何信仰者会留下这样的记录，以及我们能从这些记录中得到关于宗教的哪些认知。如果研究者对于宗教信仰者留下的记录和资料，缺乏一种基本辨识的能力，只会按照宗教文献纸面上的记载去理解，紧随着信仰者指定的方向去论说，那他只是宗教信仰的现代传承者、宗教记录的现代转述者，并非严格意义上的现代学术语境下的宗教学或历史学研究者。

具体到道教史研究，须知道教学者，特别是道教史研究者的职责，并不是让道教信仰更加普及，或者是更加严厉地批判道教，而是要搞清楚什么是"道教"，"道教"是如何成为一种宗教的，"道教"的过去历史和未来可能的发展状况如何。如果事先对"道教"做了价值判断，贴上"好"与"坏"的标签，又不接受任何与自己既定价值判断相左的意见，只能按照这一价值取向去做阐释，那就真与宗教信仰者无异，违背了学者的基本道义和责任。道教学者应尽量避免成为道教在现代社会的宣教者或批判者的角色。实际上，"道教"是一种不因现代学者去了解、宣传或批判，而自洽存在的客观事实。现代学者无论对"道教"做怎样的扬抑和褒贬，也改变不了"道教"过往的真实历史角色，更难以影响到其在未来多元化世界中既定的前途命运。道教在现代社会与文化中的地位和处境，是其过往历史发展合理的、必然的结果。看待任何历史形成的事物，历史的眼光也许并非唯一的，但却是必不可少的。

基于以上这些原则，本文将选取《道藏》中一些有代表性的、具有史学价值的资料进行介绍[①]。有些文献可能在其他部类中得到过介绍，也请读者前后参见一下。如有本文与其他表述不同之处，也请读者自行比较选择。

---

① 对道经中史学资料比较全面的列举和介绍，可参见朱越利先生指导易宏等为中国道教学院编写的教材《道教经典概论》中第八章第四节的内容。

二、与特定历史背景关联的文献

(一)《三天内解经》二卷

此经题"三天弟子徐氏撰",是研究六朝道教史几乎绕不开的一部重要文献。因经中出现了明显宣传和赞颂"刘裕代晋"的内容,故应与晋宋之际的特定历史背景紧密相关。以往认为此经的作成必在"刘裕代晋"的最初几年,实际上"刘裕代晋"只可看作是此经成书的时间上限。不过,到479年开始的萧齐时代,也就没必要再专门赞颂刘氏皇帝。故此经应是一部刘宋时期(420—479)的道教文献无疑。一般认为"三天弟子"之称,表明这位"徐氏"是天师道弟子。既然是道门弟子,对自家门派的历史记述自然有凭有据,因而可靠性大增。不过,这样在道教文献中相对罕见地存留撰者署名,也证明此经原本是出自人间道士之手。此经的确对了解天师道早期历史具有重要的价值。此外,还涉及"古灵宝经"的"出世"问题,当时的道教对佛教的看法和立场以及所谓"大乘"和"小乘"道法的区分等重要的观念。但是,我们对经文内容的理解,不能只进行片段的择取,而需要从整体上把握作者的思路和所要表达的意涵。因此,很有必要对全经的文字大意和主要的思想观念做一简单的梳理。

卷上开篇,讲述天、地、人三才之间的互生、互立关系,并指出当下已属"下古"时期,人民寿命不长,是因为"所修失本""信邪废真",具体表现是:

> 或烹杀六畜,祷请虚无,谣歌鼓舞,酒肉是求。

此即汉代以来民间盛行的弦歌鼓舞、杀生血祠之巫鬼信仰。作者明确指出:

> 求生反死,邪道使然。……祈请乖越,以致灭躯,夭此年命。

认为对巫鬼信仰的崇拜,是导致人们夭寿、世乱不息的主要原因。作者认为只有崇奉"真道"信仰,才是摆脱夭寿、世乱的途径。

接下去就是对"道"的长篇论述,包括从虚无自然中而来的"道源本起",最早的人格性道神——道德丈人,此"道德丈人"的存在是"太清玄元无上三天无极大道、太上老君、太上丈人、天帝君、九老仙都君、九气丈人等,百千万重道气,千二百官君,太清玉陛下"这一系列道神的前提,因下文紧接着说:"今世人上章书'太清',正谓此诸天真也。"可见这里是表示复数的天真道神。"无极大道"与"太上老君"在这样的语境下,不可认作同一神格。这些天真已经存在之后,才有玄元始三气化生"玄妙玉女",再生出老子。"老子者,老君也。"显然,"老子"可以等同于"老君",却不能直接等同于"太上老君"。他们本质上都是"道气",但称号和出世的先后不同。

"老君"又化为三男六女的九人①,"至伏羲、女娲时,各作姓名,因出三道,以教天民"。"三道"即无为大道、佛道和清约大道。"此时六天治兴,三道教行。"这里的"六天"和"三道"之分,与前述"三男六女"有无关联?目前也不明了。此后就是老子在三皇五帝时代的一系列变化身形,作为帝师。特别提到在殷武丁时"反胎于李母",八十一年后降生,又号"老子"。此"老子"再于周幽王时出关,遇关令尹喜授经,留下传世的《老子道德经》上下二卷和《中经》一卷。此后就是老子与尹喜入天竺国化胡成佛的故事,老子令尹喜降生为佛陀,三道中的"佛道于此而更兴焉"。

以上内容,从"道源本起"讲到"老子化胡",可以看到有最初的

---

① 这九人何指,目前仍不明确。

道气论和元气论,有人类历史依序退步堕落的历史观,有类似印度传来的宇宙论,有老子历世化现为帝师,有玄妙玉女和李母分别降诞老子的神话故事,有"《(老子)中经》"的出现,有"老子化胡说"中的"尹喜化佛说",等等。从汉代以降至晋宋之际的各种文献中,这些要素基本上都是各自单独存在的。只有到了《三天内解经》,才把它们有意识地编排在一起。除了某些道教特有的宗教符号外,这里几乎看不到此前文献资源中从未出现的要素,说明作者是在既有的思想和文献资源基础上,做了有意识的择取和编排。

接下去,经文叙述到了比较晚近的时代:

> 下古僭薄,妖恶转兴,酌祭巫鬼,真伪不分。太上于琅琊以《太平道经》付干吉、蜀郡李微等,使助六天,检正邪气。微等复不能使六天气正,反至汉世,群邪滋盛,六天气勃,三道交错,疠气纵横,医巫滋彰,皆弃真从伪,弦歌鼓舞,烹杀六畜,酌祭邪鬼,天民夭横,暴死狼藉。

这里"干吉"就是《太平经》传承历史中重要的人物于吉。但"李微"其人其事,则至今不明。经文作者再次批判了"弦歌鼓舞,烹杀六畜"的民间巫俗信仰。实际上,正如很多学者已经指出的那样,六朝前期,正是道教用"清约"思想反对民间巫鬼信仰最激烈的时期,而且是道教和佛教站在一起来反对民间信仰。经文中重复出现对民间巫鬼信仰的批判,就是要使道教信仰与巫鬼信仰区别开来。这是本经的一个主要思想。

经文不仅把道教作为比传统的民间信仰要纯正和高级的信仰,而且还提出是否尊奉"真道"和"大道",直接关系到帝王国运。作者举例王方平和东方朔,说他们是道教的"真人",去辅佐汉室,但不受西汉皇帝的信任,所以西汉灭亡。到东汉明帝时,因引入只适合"外胡国八十一域"的佛教,导致"三道交错,于是人民杂乱,中外相混,各有攸尚。或信邪废真，祷祠鬼神，人事越错于下，天气勃乱在上，致天气混浊，人民失其本真"。在这种情况下，才讲到了"三张天师道"的出现：

> 太上……以汉安元年（142）壬午岁五月一日，老君于蜀郡渠亭山石室中，与道士张道陵，将诣昆仑大治新出太上。太上谓世人不畏真正，而畏邪鬼，因自号为新出老君。即拜张为太玄都正一平气三天之师，付张正一明威之道，新出老君之制，罢废六天三道时事，平正三天……到永寿三年（157）岁在丁酉，与汉帝朝臣以白马血为盟，丹书铁券为信，与天地水三官、太岁将军共约：永用三天正法，不得禁固天民。民不妄淫祀他鬼神，使鬼不饮食，师不受钱，不得淫盗，治病疗疾，不得饮酒食肉。民人唯听五腊吉日，祠家亲宗祖父母，二月、八月，祠祀社灶。自非三天正法，诸天真道，皆为故气。疾病者，但令从年七岁有识以来，首谢所犯罪过，立诸赇仪章符，救疗久病困疾，医所不能治者，归首则差。立二十四治，置男女官祭酒，统领三天正法，化民受户，以五斗米为信。

很多人认为这些内容，正可与《后汉书》《三国志》中关于张鲁五斗米道的记载相吻合，或者认为这部道教文献所记载的天师道历史，较之史书所记，更为翔实可靠，是天师道内部传承下来的固有传统。

不过，说"三张传统"在汉末出现，有可能一直传承到刘宋时期，是一回事；说《三天内解经》所描述的"三张传统"从汉末一直传承到刘宋，则是另一回事。做出后一判断的前提必须是：在汉末，我们能找到足以佐证《三天内解经》所描述内容的依据来，而不能只是笼统而模糊的"三张传统"这样一个概念。因为即便是"三张传统"这一概念，不同时代也会以不同的面貌和特征呈现出来。不能因为一个"大概其如是"的"三张传统"概念确实存在，就不去追究细节上的合理性和准确性，轻易地认定这位"三天弟子徐氏"对汉末情况的描述，是来自完全可靠的天师道内部传承。事实上，汉安元年（142）蜀郡渠亭山老君降授天师之事，信者有信者的坚持，不信者有不信者的理由，我们暂不过多纠结。但所谓永寿三年（157）的白马盟誓，显然是出自道教的自我神话。无论是说老君还是说张天师，与汉帝的盟誓，不仅没有任何历史记录可以佐证，也是根本不可能发生的事情。永寿三年相关记述的不可靠，也许应该引起我们对汉安元年记述的持疑。

经文接着说：

> 今有奉五斗米道者，又有奉无为幡花之道及佛道，此皆是六天故事，悉已被废。又有奉清水道者，亦非正法。……自奉道不操五斗米者，便非三天正一盟威之道也。

依照经文，张道陵从老君那里得授的"三天正法、正一盟威之道"，是需要信道者出"五斗米为信"，但显然经文并不认为当时的道教名称是"天师道"或"五斗米道"，因为这位作者明确说"五斗米道"是"六天故事，悉已被废"。但同时又强调了"操五斗米"的重要性。

经文反复强调：人间的治乱兴衰，主要是随着对"真道"和"大道"信仰的纯正与否而循环往复。帝王信道奉道，天下太平，人民安乐；帝王不信道，就会迎来乱世和人民的死亡。基于这种观念，作者认为干吉、李微、东方朔、王方平、张道陵，都是太上大道派往人间辅助帝王的使者。这样把三张天师道也纳入太上大道历代遣使助化人间帝王的历程之中。而这样的观念，显然不可能在汉末巴蜀汉中的早期道教那里出现，只可能是这位作者有意将各种来源不同的道教信仰和派别，都纳入到"大道"信仰系统之中。此经看似描述天师道的历史，实际上隐含的一条线索是"大道"和"真道"对人间历代帝王的关注和辅助。

这位作者并不认为道教是一种可以脱离世俗政权的超然世外的宗教信仰，反而几乎从上古时代以来，道教就从未缺席于人间帝王的左右。正是在这样的观念之下，才出现了经文中明示的"刘裕代晋"的特定历史背景：

> 刘氏之胤，有道之体，绝而更续，天授应图、中岳灵瑞、二十二璧、黄金一饼，以证本姓。九尾狐至，灵宝出世，甘露降庭，三角牛到，六钟灵形，巨兽双象，来仪人中。而食房庙之祇，一皆罢废。……宋帝刘氏是汉之苗胄，恒使与道结缘。宋国有道多矣。

经中不仅颂扬"宋帝刘氏是汉之苗胄"，而且"中岳灵瑞、二十二璧、黄金一饼"这样的祥瑞，也的确见于"刘裕代晋"前后佛教僧侣对刘裕的进献。至今，六朝史研究中"刘裕代晋"的宗教史背景还有待进一步研究。佛教和道教看来都把"刘裕代晋"作为自己教门命运转折的一个重大机遇。除《三天内解经》外，《洞渊神咒经》最初的几卷，也有明确地颂扬刘裕功业的内容。这样的内容在敦煌本中还可看到，到《道藏》本就几乎都删改了。值得注意的是，在证明"刘裕代晋"合法性的诸种祥瑞中，有"灵宝出世"。此"灵宝"并非与九尾狐、三角牛一样的奇禽异兽，而是指"古灵宝经"中的"元始旧经"三十六卷。这批灵宝经原本保存在天宫，也随着刘宋王朝的建立，而应运出世。既然如此，420年"刘裕代晋"也就成为这批"元始旧经"在人间开始传布的重要契机。这对于探究"古灵宝经"的形成历史也是一个重要的时间坐标。

此后，经文再度强调"无为大道、清约大道、佛道，此三道同是太上老君之法，而教化不同，大归于真道"，表明作者既把佛教视作可与道教相比肩"三道"之一，两者在反对民间淫祠的立场上是一致的；又把佛教严格限制在"外胡国八十一域"之中，认定佛教是不适合中夏习俗礼仪的域外宗教。刘宋天师道对佛教的看法，是与道教同根异枝、适合域外胡国教化的"三道"之一。这与上清经和灵宝经对佛教的看法可能是略有不同的。

卷下的开篇，仍强调道气的根本性，并多处征引包括《老子道德经》在内的"经"文，不过这些内容似乎只是重复先秦道家以来的说法，并无新意。只有"夫为学道，莫先乎斋。……能修长斋者，则合道真，不犯禁戒也。故天师遗教：为学不修斋直，冥冥如夜行不持火烛。此斋直应是学道之首"，强调斋直和散斋对于修道的重要性，这或可看作是道教的修行与传统道家修行的重要不同之处。

此外，经文也明确区分了"大乘"和"小乘"之学：

> 学有数品，大乘之学，当怡心恬寂，思真注玄。外若空虚，内若金城。香以通气，口以忘言。慈心众生，先念度人，后自度身，悉在升仙。不念财钱，回心礼谢，不劳身神。求真于内，然后通玄。念与道合，自无多陈。可谓呼吸六合，历览未闻。夫小乘之学，其则不然。唯以多辞为善，多事为勤。头颊相叩，损伤身神。口辞争竞，内思不专。三指撮香，所陈亿千。则求神仙度世，飞行上清；又欲……所求者多，所尚者烦，不合老子守一之源。

显然，这位作者已经注意到"度身"与"度人"的不同取向，"大乘之学"就是讲"先度人，后度身"。而"小乘之学"则并不仅限于追求"度身"，而是指那些修道方式不正，修道目的不纯的求道行为。本来"大乘""小乘"之分是来自佛教的传统，道教一方面接受了来自佛教的这一区分，另一方面似乎又不是完全按照佛教的本来意义去理解"大乘"和"小乘"的。最后还是把"大小乘"之分，归结为"佛道"之间的差异。故经文又说："沙门道人，小乘学者"，"道士，大乘学者"。意即佛教修行都是"小乘之学"，道教修行才是"大乘之学"。

纵观《三天内解经》全文，可认为这位"徐氏"作者，对"大道"和"真道"（经文中并未出现"天师道"之称）有强烈的归属感和优越感。他试图把上古以来一直到"刘裕代晋"的人类历史，从"大道"信仰的角度贯穿下来；在这条线索上，串联起很多原本各自独立发展的道派和历史人物。而这一做法本身，就体现了作者刻意编排道教历史的主观倾向性。经中反复出现了对于民间传统巫鬼祭祀的批判，特意把对外来佛教也拉进"三道"之中，反映了一种既承认又贬低佛教的态度。我们只能在此经看到刘宋时期"三天弟子"们对本门道派历史发展的认识和对民间信仰、佛教的态度。我们用此经来说明刘宋时道教对自己历史、对佛教和民间信仰的态度，没有问题。但如果想根据经中对汉代历史的描述，来复原汉末天师道的历史，就需要格外谨慎和小心。除非是能找到此经以外的其他资料给予验证。

（二）《陆先生道门科略》

"陆先生"即陆修静（406—477）。关于陆修静的道教信仰，以往大都根据这部道教文献来认定陆氏是天师道信徒。但人们也注意到：《道藏》中流传下来几部以各种形式署名陆修静所作的文献，只有《道门科略》这一种是天师道经典，其他都是以灵宝经为主的三洞经典和仪式书。对此，以往的研究都认为这表明：陆修静是毫无疑问的天师道信仰者，他在信仰天师道的同时又接受了灵宝三洞经教。但这仍是一种比较模糊而未追求精准的看法。《道藏》中留存的陆修静作品，为何会呈现这样一种天师道经典和不包含天师道的三洞经典之间，极度不平衡的状态？有的学者认为：《道门科略》属于陆修静早年的作品，陆氏早年信奉天师道，中年以后转奉灵宝和三洞经教，所以才会出现目前他的诸部作品中，只有一部属于天师道的情况。

我以前也长期认为《道门科略》出自陆修静之手。但最近发现：除了此经的经题中出现"陆先生"外，全文几乎看不出任何能够与陆修静联系起来的线索。国外曾有学者质疑过这部经典究竟是否出自陆修静之手，但这样的质疑并没有引起足够的重视。在早期天师道的面貌绝大部分要靠六朝天师道经典来描述和复原的情况下，很多研究者也不愿轻易质疑这样一部重要的天师道经典的可靠性。然而,《道门科略》究竟是否陆修静的作品?仔细想来,答案很可能应该是否定的。

首先,"陆先生"肯定不是陆修静的自称,更不可能是他本人在撰写《道门科略》时自称为"陆先生",只可能是后人对他的尊称。但"陆先生"之称何时出现?一般认为,"陆先生"是对陆修静去世后被追谥为"简寂先生"的简称。我们纵不能简单得出只有在陆修静去世之后,才会有"陆先生"这样尊称出现的结论,至少要对"陆先生"之称使用的前提和情境要有所考虑,才能判断"陆先生"有无可能写出《道门科略》。

其次,陆修静的生卒年是清楚的。现知420年"刘裕代晋"时,"灵宝出世",即"元始旧经"开始问世;437年,陆修静撰写了《灵宝经目序》。在其中,陆氏说自己从"元始旧经"出世以来的17年,一直在孜孜以求地搜寻和鉴别灵宝经。420年时,陆修静刚刚14岁。他是否真地从那时开始就醉心于灵宝经教?我们无法得到这方面的确证。从现存的陆修静传记来看,他出身吴地名门,很早就结婚成家,但很快就离弃妻子,寻仙访道。如果他说的是真话,意味着从他14岁开始就已经成为灵宝经教的信奉者和追随者。即便不一定如他所说在这17年中,一直以追寻灵宝经教为宗旨,至少在437年他31岁以后,陆修静已变成了完全的三洞经教尊奉者,更难有撰写《道门科略》这样作品的思想动机。这是因为:《道门科略》与其他几部归名陆修静的著作,在宇宙观、神学观念等方面都存在明显的矛盾之处。因此,要想为陆修静作为天师道徒,在《道门科略》所描述的天师道教团中的生活经验,找到恰当的时间和空间,显然是非常困难的。换言之,《道门科略》如果不是陆修静早年的作品,就更不可能是他31岁以后的作品。

所以,我认为《道门科略》未必是陆修静本人的作品,"陆先生"之名,更应是后人为借重陆修静的声望,而特意把一部天师道的作品归于他的名下。那么《道门科略》应该是哪个时代的作品?这至少可以从两个方面考察。

其一，此经中的概念、术语，和对天师道早期历史的基本描述，很多都与时代相对明确的《三天内解经》相吻合，例如：现在处于"下古"时期，是"六天故气"盛行之时，体现在杀生血祠的民间淫祠大兴。为纠正淫邪的信仰，所以"太上老君"传给张道陵天师"正一盟威之道"，设立"二十四治"。并强调"神不饮食，师不受钱"的"清约"之道。相较于《三天内解经》简单的一句"化民受户"，《道门科略》的描述更加详细：

> 天师立治署职，犹阳官郡县城府治理民物。奉道者皆编户著籍，各有所属。令以正月七日、七月七日、十月五日，一年三会。……落死上生，隐实口数，正定名簿。……道科宅录，此是民之副籍，男女口数，悉应注上。

这样的记述，透露出当时的天师道，的确在民间乡里村舍存在教团组织，而且有自己的"道科宅录"。但恰恰这一点，足够引起我们的重视。

因为在古代社会，掌控户口的多寡，直接影响到政府的财政收入，所以国家管控户籍的意愿和手段都是强烈的，更不太可能允许在"阳官郡县城府"之外，另行一套户籍管理制度。只有在特定的历史条件下，即中央政府的权威无法对基层社会组织实施有效的户籍管辖之时，才会有天师道"道科宅录"存在的空间。这样看来，汉末汉中张鲁时期以及永嘉之乱以后，北方流民聚居在晋陵地区的东晋至刘宋初年，是最有可能出现天师道组织可以明里暗里地按照自己的宗教系统来"编户著籍"的时期。在其他时期，世俗政府在多大程度上能够允许这种情况的存在？是很值得怀疑的。刘裕本人曾主持过东晋末年的"义熙土断"，即413年左右对侨置州郡户籍的清理。但他特意没有在晋陵地区推行土断，因为这里的北方流民，正是刘裕主要军事力量北府兵的兵源所在地。随着刘宋建国，457年和473年两次大规模的土断，最终把晋陵地区的侨民也都编入当地的户籍，由政府统一管控。在这样的情况下，我们看到南朝墓葬中出现的天师道信徒的墓券，无一例外地称自己现居地的户籍所属，而没有一例是声称自己除了从属于世俗政府编制的户籍之外，还有另外一个"道科宅录"的户籍。这或可在一定程度上说明，这种"道科宅录"实际施行的范围和局限性。这是我们在讨论"道科宅录"时不能回避的一个重要问题。《道门科略》之所以敢这样明言祭酒领民制度的存在，恐怕正是在东晋南朝尚未彻底完成"土断"这样特殊的历史背景下的产物。

其二，《道门科略》明确提及了《老君百八十戒》，此外虽未提及经名，但实际上已经直接或间接地征引到两部"仙公新经"的文字，即《太极真人敷灵宝斋戒威仪经》和《太极左仙公请问经》卷下。这三部早于《道门科略》成书的经典，无疑是确定《道门科略》成书的时间上限。关于《百八十戒》的成书时间，学者们的各种说法相去甚远，较近的有伍成泉对道教戒律的研究，认为《百八十戒》中有戒条出自佛教戒条，故成书应在东晋末刘宋初之间。"仙公新经"的出现是4世纪90年代至5世纪10年代的二十多年间。或许可说，5世纪初是《道门科略》成书的时间上限。《道门科略》没有出现"元始旧经"的痕迹，当然不能说当时绝对没有"元始旧经"存世，只是相对于"元始旧经"，"仙公新经"有更多的内容能够与天师道相贴近。这其实也是目前六朝道教史研究中一个尚未得到很好解决的难题。天师道无疑在当时是跟随北方流民而传入江南地区，并且确实存在于乡里村舍之间。葛氏道是一种家族的仙道信仰传统，与天师道本来有所区别。二者的源头、存在方式和形态恐怕都不能简单混同。但是在葛氏道传统下出现的"仙公新经"，竟然很自然地就体现出部分天师道的内容，同时却还注意保持着比较鲜明的葛氏道色彩。换言之，从"仙公新经"内容来看，这些经典显然是出自葛氏道之手，但为何葛氏道的经典中体现出天师道的组织和仪式来？葛氏道在当时如何与天师道产生了某种程度的融合？

如果把《道门科略》所引经典的作成时间作为其成书的时间上限，再把"道科宅录"被国家户籍所取代的大致时间作为成书的下限，则

《道门科略》很可能是在东晋末至刘宋前期作成的。它与《三天内解经》一样，都可视作是刘宋天师道的代表作。我们用它们说明刘宋天师道的思想观念没有问题，如要用它们说明汉末天师道初立时的情况，就需要格外小心才是。

（三）《正一法文天师教戒科经》

这部经也是在道教学界争议颇多的一部重要经典。不少学者将其视作是重建早期天师道历史，特别是张鲁降曹到曹魏时期五斗米道发展历史的重要依据。但也有学者怀疑其中的内容能否那么早。截至目前，恐怕仍然难以下定结论，到底这部经中的内容是否如实反映了汉末曹魏五斗米道的历史。不过已有的研究，还是为我们思考这个棘手的问题提供了不少有价值的线索。

"正一法文"之称，表明其归属于七部道书体制中的"正一部"，性质是天师道经典。关于"正一法文"的来历和形成，黎志添已经有专文研究。大体可知："三洞"加上"四辅"构成的"七部"之名，是萧梁时期才形成的；在南北朝末年道教解释"七部义"时，就专门引用了《正一盟威经》来解说"正一法文"之义，并将"正一法文"作为"正一部"的教义主题；梁代"七部"中的"正一部"，有"正一法文"一百卷。① 后代道书中还有"正一法文"经六十卷、一百二十卷、二百卷、一千卷等不同说法。通过历代道书目录，黎志添复原出大约27种"正一法文经"的经题，但目前只有9种在《道藏》中留存下来。

看来，带有"正一法文"之称的道经，主要是在南朝梁时被统编起来形成"正一部"的。所以我们现在看到的《正一法文天师教戒科经》，应该是萧梁时才正式形成的。但这并不意味着经中所有的内容都是萧梁

---

① 参见黎志添《南朝天师道〈正一法文经〉初探》，陈鼓应、冯达文主编《道家与道教：第二届国际学术研讨会论文集·道教卷》，广东人民出版社，2001年，第162页—180页。

时才出现的。或许可以说，6世纪中期的萧梁时期，是这部经成书的时间下限。至于"正一法文"在历史上到底有多少部经典，很可能连最初的"一百卷"之数，也是专门为了凑成整数而说的虚数，未必真有百卷之多。"正一法文"经的实际数目，现在已经很难搞清楚了。

今本《正一法文天师教戒科经》，是由五个部分组成的。第一部分缺失了题目，第二部分即争议重重的《大道家令戒》，第三部分是《天师教》，第四部分是《阳平治》，第五部分是《天师五言牵三诗》。除了第一部分，后四个部分往往被认为是早期天师道的重要篇章。因为这些篇章中，都或明或暗地提及了张天师和天师道从巴蜀汉中转入中原地区的历史。四个篇章之间也往往有可以对照呼应的字句。以往研究中，对后四部分的讨论较多。但切不要忘记这四个部分是保存在成书时间下限可晚至萧梁时期的一部文献当中。《大道家令戒》和《阳平治》中分别提到了东汉和曹魏的年号，即建安、黄初、太和与正元，最晚已是3世纪中期的年号，这是这些篇章形成的时间上限。所以这四篇文献的时间，理论上在3世纪中期到6世纪前期的二百多年范围之内，都有可能的。

第一部分虽然失题，但现在可以找到两份与之密切相关的文献，一是《太上洞玄灵宝中和经》，二是《升玄内教经》卷七《中和品》。其中《升玄内教经》的成书时间是相对明确的：经过学者们的反复讨论，一般认为这是在6世纪70年代北方道教形成的十卷本经典。十卷本《升玄内教经》形成时，借用了此前既有的一些道教经典资源，即改写了某些先前已经单独流传的道书，以其为基础，改编进十卷本，成为一品或一卷。卷七《中和品》就是这样来的。经过卢国龙、王宗昱和我先后的研究，目前可以确认：在内容大体相近的这三份文献中，《正一法文天师教戒科经》的第一部分应该最早，《太上洞玄灵宝中和经》则是根据这一部分而改写成一卷单独的经典，而《升玄内教经》卷七《中和品》，又是根据《中和经》而改编的（《升玄内教经》卷八《显真戒品》也有部分内容是从《中和经》而来的）。这第一部分虽然失题，但从后两种文献来看，都是强调"中和"之意，故第一部分的原题，很可能也有"中和"二字。如果以三种文献中最晚的《升玄内教经·中和品》来反观前两种文献，《中和品》借鉴的是单独成篇的《中和经》，而《中和经》又是从这失题的第一部分而来。这样看来，失题的第一部分肯定在"正一法文"经正式形成的6世纪50年代之前就已存在。否则《中和品》就该直接借鉴这失题的第一部分，而《中和经》就失去其既有的位置和价值。但具体能早到何时？目前还没有更多的线索。

第五部分《天师五言牵三诗》，以往长期没有人专门讨论。刘昭瑞从"牵三诗"的创作源流角度，认定"牵三诗"是在嵇康之后、王嘉之前形成的。① 当然，他把这首"牵三诗"直接归在王嘉名下，似乎还需要更多的直接证据。而且他把嵇康和王嘉的年代都提早了一个世纪，也算是智者之失。但如果他的论证是可靠的，至少说明"牵三诗"的出现，应该在3世纪中期至4世纪末的一百年间。那么这篇所谓的"天师五言牵三诗"就不可能是汉末天师道的作品。所以从第一部分和第五部分来看，其内容向下或向晚近时代的关联性，要明显大于其向上或向早前时代的关联性。但这仍不足以彻底否定认为此经较早的看法。

第一部分开篇称："道以冲和为德，以不和相克。""冲和"有可能是"中和"之误。这里的"道"还是抽象之道，甚至在本质上还是一种道炁。"道"决定了天地、万物、国家、天下、万姓的祥和安宁状态。文中特别强调"天地不和""国家不和""室家不和"会带来的种种弊端，并描绘：

> 道之弘大，方圆无外。天网恢罗，人处其中，如大网捕鱼，鱼为游行网中，岂知表有网也？牵网便得，放网乃脱。人不知真道大神，如鱼之不知网也。

---

① 刘昭瑞：《早期道教文献中的"牵三诗"与王嘉》，收入《考古发现与早期道教研究》，文物出版社，2007年，第120页—130页。

>大道含弘，爱惜人命……道之视人，如人之视虫蚁；道能杀人，如人能杀虫也。道之好生恶杀，终不杀也。

从这些对"道"的描绘来看，这里的"道"是有人格化或神格化色彩的，是一种威严肃杀、睥睨群生、俯视一切的存在，还没有人格化到能够直接对人发布"家令戒"的地步。即便在后文中又说及"道出自然，先天地生，号无上玄老太上"，但也没有更多的人格化描述。换言之，第一部分的"大道"与第二部分《大道家令戒》中的"大道"，还是有所区别。

第一部分的内容，确有天师道的色彩，如出现了"天师设教施戒"。"戒"在第一部分中多次出现，如强调人要与"法戒相应"，要人"执守教戒"，并具体列出了天师道的"五戒"。其第二戒中还出现了"奉道者身中有天曹吏兵……吏兵上诣天曹，白人罪过，过积罪成，左契除生，右契著死，祸小者罪身，罪多者殃及子孙"，这里既有人身中天曹吏兵上诣天曹，白人罪过的观念，又有子孙"承负"祖先罪过的观念。前者未必只是天师道特有的思想，而后者则表明此篇中关于善恶报应的理论，还停留在汉代"承负说"的水平。还有不止一次出现的"下古世薄"之说，也与前面《三天内解经》之类天师道经典的宇宙观和历史观非常相近。汉末五斗米道时期，应该还没有形成所谓"法戒"或"教戒"的观念；这些戒文也不是从佛教戒律条文中摹写过来的。道教的戒律观念在佛教戒律被正式翻译之前就已形成，应该具有本土文化传统中长辈对晚辈"训诫"的背景。但要说这些"戒"的思想都是汉末就有的，则很难有证据来说明。

第一部分还出现了"奉道之家"，正可与《道门科略》所记的天师道家庭组织相印证。书中还具体讲到如何保证男女共同奉道修行时的清正之行，如"若男女不晓书疏者，专心好道，可请明者，听诵经戒，会在静舍。若堂上扫除烧香，澡浣洁清，男女别坐，俨然正体安神，精思明听，勿妄华言"等。这些都反映了天师道组织在民间活动的情况，甚至不排除有专门对已被污名化的所谓"黄赤之术"进行正名的意味。整体上感觉，这失题的第一部分，在大道神格和思想教义上，都还保持一种较为朴素的天师道经教特色，尚未体现出受到六朝上清、灵宝经典以及佛教影响的明显痕迹。但这部分内容又是如此重要，以至于后来的道教还要根据它来发展出《中和经》和《中和品》。

第二部分《大道家令戒》，与第一部分相比，有一些字句上的相同之处，如"下古世薄"，"道"对人有杀生大权等。这能说明两个篇章都属于天师道的教义思想体系是无疑的，但两者的不同之处也不能忽视，即《家令戒》中的"大道"明显比第一部分的"道"要更直接地与信徒产生关联，即《家令戒》中"大道"的人格化程度更高。

所谓"大道家令戒"的篇名，也很值得细究。首先，所谓"戒"，还不是戒律的意思，而是"训诫"之意。其次，从篇名看，似乎应是主神"大道"对天师家族的"令戒"。如果这样，则全篇都应该是以"大道"口吻发布的教令才对。但不少学者认为《家令戒》的全文都是以某位"天师"的口吻来代替"大道"发布戒令。我以前曾认为，文中提及的某些事迹，明显是"大道"主神的神迹，而不应是"天师"所为，如"吾晨夜周流四海之内，行于八极之外，欲令君仁、臣忠、父慈、子孝、夫信、妇贞、兄敬、弟顺，天下安静""吾顺天奉时，以国师命武帝行天下"等。但结合其后《阳平治》中的说法，似乎"天师"也可以随"从太上老君周行八极"。如果认定这里都是以"天师"的口吻来说的，则就不存在所谓人称代词使用不一的情况。但同时也会提出新的问题：汉末曹魏时期的"天师"，究竟是道神在人间的代言人，还是本身就已经成为代表"道神"行化人间的"神师"？这样一位"天师"，在汉末曹魏时，能被当时的人所能理解和接受吗？

《家令戒》中常常被引用来作为早期天师道历史资料的内容，主要是"道使末嗣分气治民，汉中四十余年……义国殒颠，流移死者以万为数……自从流徙以来，分布天下"，被认为反映的是张鲁降曹后，汉中的五斗米道被迁至中原地区的历史背景；而"七子五侯，为国之光。……父死子系，弟亡兄荣，沐浴圣恩"，被认为反映的是张氏降曹后，一门皆受曹魏重用，并与曹氏结成姻亲关系的史事；特别是先后出现的"太和五年（231）""正元二年（255）"这样的曹魏年号，似乎都进一步印证了《家令戒》的内容是公元3世纪中期曹魏天师道的作品。这也许只是《家令戒》的作者希望读者相信的内容而已。如果将《家令戒》的思想和文中提及的干吉、尹喜事迹，汉安元年张道陵受道之事，五斗米道在汉中存在的时间，张鲁死后，其子孙受到曹魏尊崇的史事细节等，与其他道典中的说法以及传世的历史资料相对照，就会发现一系列的不合之处。换言之，如果以《家令戒》的记述为信史，将需要改写或重新解释很多其他相关的记载才能与之符合。更重要的是，《家令戒》整体上的教义思想，相对而言，更多地与六朝其他天师道的经典相合，但却很难找到汉末至曹魏时期的证据来支持《家令戒》是3世纪中期的作品。就像《想尔注》一样，可以在六朝时期道典中找到很多与《想尔注》相似或相近的道教思想，但如果非要认定《想尔注》是汉末三张的作品，目前并没有能够佐证其在汉末成书的资料。除非我们相信2世纪末五斗米道的思想，在经历二百多年后，到5世纪初仍然没有丝毫的发展和改变。当然，现在也没有直接的证据证明《家令戒》肯定不是3世纪中期的作品。但我建议使用它时，要持谨慎态度，不可不加辨析地直接当作曹魏时期天师道的资料。或许，如果将其与现存曹魏时期的文字比较，也会发现很多不符合那个时代特征的文字表述特点。

第三部分《天师教》是一首七言诗，是以某位天师的口吻发布的七言教令。其中值得注意的句子有："今故下教作七言，谢诸祭酒男女民。""走气八极周复还，观视百姓夷胡秦。不见人种但尸民，从心恣意劳精神。"等等。"教"在汉代就是一种文体，而不是"宗教"或"教团"之义。曾有学者希望通过考察七言诗的用韵情况来说明其可能的作成时代。不过，韵脚的形成、固定和使用，是一个很长时间段内的事情，用来考察具体作品的作成时间，也许只能作为参考，不能作为直接和确凿的证据。

第四部分《阳平治》，开篇云"教谢二十四治、五气中气、领神四部行气、左右监神、治头祭酒、别治主者、男女老壮散治民"，表明此篇仍然是"教"的体裁。这里出现的二十四治、别治、散治，见于前述《道门科略》的记述。又云：

> 诸祭酒主者中，颇有旧人以不？从建安、黄初元年以来，诸主者祭酒，人人称教，各作一治，不复按旧道法为得尔。不令汝辈按吾阳平、鹿堂、鹤鸣教行之。

这些文句也常被引用来与前述《家令戒》中"义国殒颠，流移死者以万为数"相对照，认为正反映了东汉末、曹魏初五斗米道被迁徙至中原而流散各地，组织混乱的状况。但其实在建安、黄初年间，不太可能有五斗米道教团组织随意流徙天下的情况发生。这种情况更有可能发生在永嘉之乱以后流民大迁徙。也的确有一些历史资料和考古资料中，能够把具有"大道"信仰的天师道徒流徙至长江以南的历史背景，追溯到永嘉之乱前后。但更早的情况就缺乏可靠材料了。

所以，在我看来，《正一法文天师教戒科经》属于六朝天师道经典是无疑的，五个部分之间也的确有很多可以互相照应的地方，当然细微之处的差别还是不能忽视的。五个部分中，有些内容可以与前述《三天内解经》《道门科略》等相对照，说明它们是在大体相同的历史时期形成的。现在可以肯定的是，文中所有追溯汉末和曹魏时的历史，可能有一定的事实依据，但却经过了宗教神学化的加工和夸大。以往我们主要看重的是"大道"或"老君"的神格化，现在看来，"天师"的神格化也不容忽视。而这很可能是一个关键的环节，即：如此刻意把"天师"神格化的动机是什么？在何种历史背景下才需要一位"大道"的代言人？真是出于汉末或曹魏时的需要吗？保守地说，我认为《正一法文天师教戒科经》的各部分，在5世纪左右已经形成是完全可能的，所以才会到6世纪中期被统编在一起。但如果想证明这些内容从3世纪的曹魏时期出现，就一直保存在天师道内部，再到6世纪中期被统合在一起，形成"正一法文"中的一部，那么又似乎太过理想化了。

三、特定道派的历史文献

（一）《真诰》

《真诰》被认为是记载上清经系统创立和早期流传的重要资料。公元365年前后，杨羲作为丹阳句容许氏家族聘用的神媒，起到了代替许氏父子与神灵沟通的作用。仙真或是直接向杨羲传达神意，或是通过杨羲来对许氏父子传达神意，这些神意大都由杨羲亲笔写出，也有许氏父子的转写抄录，形成所谓的"三君手书"。在东晋末至南朝初期，这些神启文字一度很受修道者的重视和珍惜，但后来由于各种原因，有的被秘藏起来，有的则未被珍惜而流散开来。陶弘景的家族与许氏家族原本同住在句容，有共同的信仰，还有姻亲关系，所以陶弘景对大约一百三十年前发生在建康、丹阳和茅山等地的仙真降授活动，情有独钟。经过几年的搜寻、鉴别和整理，他在公元499年编成了七卷本的《真诰》。这七卷的篇题依次是：《运题象》《甄命授》《协昌期》《稽神枢》《阐幽微》《握真辅》《翼真检》。后来从七卷本分成十卷本，再进而形成我们今天看到的《道藏》二十卷本。一般认为，在原初七卷本的前五篇，收集整理了陶弘景辨识之后确认出的"三君手书"。在全书最后，陶弘景撰有《真诰叙录》《真经始末》《真胄世谱》等三篇，讲述许氏家族和上清经出世流传的经过。前两篇讲述上清经的传授、流传经过，第三篇讲述三君族谱及传记，是了解上清经系历史的珍贵史料。

实际上，《真诰》不仅对了解上清经系是一手史料，对于了解六朝时期的江南，特别是江东地区道教信仰与民间信仰、道教与佛教的交流、道教内部各系统之间的交融等历史背景也具有重要的参考价值。例如，杨羲的角色是神媒，而他这个代神发言的神媒，原本并不是上清道教的特点，甚至在上清经系正式形成后，也不再是所谓"上清派"的主要教法。代神发言本是来自巫觋的传统。以往我们认为杨羲从仙真那里得来的神启，就是最早的上清经典。但杨羲到底应该被视为上清经典的创造者还是传承者？上清经为何要以神媒代言的形式被创造出来？在上清经出世的语境之下，杨羲的神媒角色与传统的巫觋角色有何异同？许氏家族在几代之前从北方来到江东，其仙道信仰之源，本在北方。在杨羲之前，许氏家族还与天师道吉阳治祭酒李东多有往来。但杨羲真正取代的，却是以酒肉娱神而泄露天机的俗神信仰中的神媒华侨。到底是杨羲本人就体现了上清经法的特色，还是许氏父子在杨羲代言的基础上做了某些转化和强调？甚至也不妨思考：有没有可能是在陶弘景搜集整理《真诰》的过程中，才突出了某些经教的特色？如果说杨羲既有巫觋传统，又有上清经的经教色彩，他为何会呈现这样复杂的面貌？他是主动地、自觉地将两种传统汇聚一身，还是被许氏父子或之外的某种信仰或力量所牵引？在杨许三君与神灵沟通的文字中，哪些是纯粹传统仙道或者巫觋之术？哪些是可以被后世上清经所继承的要素？"三君手书"最初的面貌如何？被陶弘景整理之后，有哪些明显的不同？《真诰》应该是能够体现道教信仰在形成阶段，与传统的巫觋或民间信仰若即若离关系的一个重要例证。

此外，由于陶弘景本人对同在句容的另一奉道家族葛氏道所尊奉的左仙公葛玄的不屑，他不止一次地在自己书中贬低和批评葛玄一系的道法。他说："葛巢甫造构灵宝，风教大行。"甚至对茅山周围信众积极投入灵宝斋的实践活动也不以为然。陶弘景对葛氏道所传的"仙公系灵宝经"表达了强烈的不满，认为葛氏道宣扬葛仙公位列仙班，成为太极左仙公之说，是虚夸之辞；在陶弘景眼中，葛巢甫对灵宝经是"造构"，即"伪造"。这也许反映了陶弘景对于道经神圣来源的一种观念，即只有来自仙真降授的神启，才可被视为真正的道经。而像葛氏道尊奉仙公所传灵宝经，因为没有详尽可靠的授受源流可查，所以只能是出自葛巢甫个人的伪造。他似乎没有把矛头指向当时真正"风教大行"的另一部分灵宝经——"元始旧经"。为何会这样？是因为他对葛氏家族的传承心知肚明，所以知道仙公所传这些灵宝经的来历究竟是怎样的，而对陆修静鉴别整理后传下来的"元始旧经"则采取了宽容的态度？这恐怕不能简单用以往上清传法系统中，陆修静经孙游岳传陶弘景的理由来解释。无论如何，陶弘景对葛玄的不屑，对葛巢甫短短几个字的评价，成为我们了解当时上清与灵宝之间微妙关系与灵宝经出世的重要历史线索。但事实上，灵宝教法在灵宝经出世和灵宝经的集成正式形成后，已经逐渐成为中古经教道教的主流道法。在这种情况下，陶弘景对灵宝经教的态度，就显得非常独特。这又涉及陶弘景在道教史上究竟产生怎样影响的问题：实际上没有多少人因为陶弘景对灵宝经教的偏见，而跟随他疏远灵宝，偏意上清。灵宝经教一直非常流行。

此外，陶弘景在书中还无意中透露出很多自汉代以降至齐梁时期，江南道教发展的重要史实。如江南地区原本应该只有巫觋信仰，仙道信仰是随着一批因为各种原因从北方迁徙到南方的仙道之士而在南方得以广泛传布的。《真诰》中记录了一大批这样的南渡仙道信仰者。这是关于北方道教信仰如何得以传布江南地区的重要历史背景。

很早就被注意到的《真诰》与《四十二章经》文字相同或相近的情形，反映了佛道交流的事实。严格说来，并非陶弘景在编辑《真诰》时抄袭了佛经，而是"三君手书"本身就体现出这种对佛教因素的直接取用。当然，陶弘景本人的佛教信仰也很值得探讨。不仅有传世文献称其自认为"胜力菩萨"，在茅山还开展造像、写经等佛教活动；更重要的是，考古发现的天监十九年（519）陶弘景墓砖上，除了说陶弘景是太上大道弟子外，也刻写了诸如"胜力菩萨""释迦如来弟子"等。这印证了传世文献对陶弘景佛教信仰的记载是有根据的，并非是佛教徒故意对他道教信仰的抹黑行为。当然，必须看到，随着梁武帝公开的废道奉佛，陶弘景作为与梁武帝关系颇深之人，自然会在一定程度上愿意展现出对佛教的接受。但在其死后的墓砖上也表现出其佛教信仰的一面，应该说明佛教信仰对陶弘景而言，并非一个简单的标签，或只是为了做给人看的假象。很可能，从"三君手书"的时代，直到陶弘景的时代，江南道教对佛教的认识前提，是认为佛教只是道教的一个分枝，所以佛教有用的东西，都可以被道教直接拿来使用。以《真诰》为先声，其他上清经中其实也有很多明显借鉴佛教的地方，这些借鉴甚至为后来灵宝经教形成更紧密的"佛道混合"状态，做出了尝试，奠定了基础。

当然，因为有真实可靠的历史人物来建构具体的历史时空，所以与前面我们只能笼统地把三部天师道经典放置在刘宋初年或5世纪初的历史背景之下不同，在《真诰》中，仙真降授的时间，三君手书形成的时间，流散的时间，陶弘景搜集整理的时间，我们都可以大体知道确定的时间段或时间点。与《真诰》所蕴含的丰富历史信息相比，现在的研究还不能算充分。如果在重新理清几条主要的时间线索之后，可能还会有一些重要的新观点显露出来。

若以上清经系的历史而言，《云笈七签》卷四《上清源统经目注序》、卷五的《真系》、卷一〇七陶翊的《华阳隐居先生本起录》等，对于研究上清派也很重要。在此不再一一介绍。

（二）《长春真人西游记》

"长春真人"即全真道的"邱祖"丘处机（1148—1227）。"西游"即公元1220年，时在山东的丘处机，拒绝了金朝和南宋方面的邀请，不远万里到正在西域征战的成吉思汗行宫进谒。此举对全真道在宋末元初受到蒙古统治者的支持，具有重要的意义。公元1228年，丘处机的随行弟子李志常（1193—1256）著成此书，共二卷，记录了丘处机应召西行、宣道、东归及主持天长观的事迹。长期以来，道门中人对《长春真人西游记》一书评价甚高。但现在看来，这种完全出自道门弟子之手颂扬本门祖师的作品，还是需要参照其他可能参考的材料来看，才有可能获得全面而客观的认识。例如，当丘处机师徒觐见成吉思汗时，还有早已随从成吉思汗左右的蒙元重臣耶律楚材（1190—1244），他撰有《西游录》，也记录了丘处机与成吉思汗见面的情形。当然由于耶律楚材本人是崇奉佛教和儒家的，他本人对道教，甚至对丘处机个人都有很大的不满，所以导致《西游录》全文六千多字，批评丘处机的就有四千多字。此外，还有耶律楚材"奉敕编录"的《玄风庆会录》，也对丘处机与成吉思汗会面的情况做了记述，可以作为《长春真人西游记》的重要补充。

对于丘处机西行见成吉思汗之事，只有在把全真道弟子所书与道门外人记述结合起来，互相勘验的情况下，才能比较接近历史的真相。如果只相信教门弟子的一面之词，往往会把研究者带上偏路。

四、其他历史文献概说

唐末五代初的杜光庭，留下多部著作，其中《历代崇道记》一卷，成书于公元884年。书中记载历代皇帝、宗室、道士崇道事迹，始自周穆王，迄于中和三年（883）。隋唐以前之事，多出自传说。隋唐时期历代帝王的崇道活动，虽有一定史实背景，但也不宜全盘接受，不加辨析。例如在唐高祖和太宗时期，因老子或老君显圣而引发了崇道活动，但一些显圣事迹本身明显是到唐高宗时期才正式形成的，所以这些崇道活动的真实性，也就值得仔细考虑。

杜光庭集《道教灵验记》，原书应有二十卷，今本只存十五卷。《云笈七签》大约转引有此书一百八十条。所谓"灵验"，是以道教罪福报应思想为依据，叙述汉魏至隋唐时期的人物、宫观、经像、天师等灵验感应事迹，劝戒世人为善去恶。所谓"灵验"故事，多为神话，涉及众多的帝王将相、道俗各色人等，固不能视作这些人物、事迹的可靠信史,但却是有价值的道教信仰社会史料。

南宋谢守灏编《混元圣纪》九卷,取编年体例,叙自开辟以来,迄北宋徽宗间,老子灵迹变化,世作圣师及历代崇敬等事迹。本书由作者搜集各种史籍、老子传记和其他神仙传记中所记之老子神话故事编次而成。卷一记述老君应世变化,从三皇时代至徽宗政和二年(1112)。卷二记述老君创化天地日月星辰动植万物,化身行教至于殷末。卷三记述老君试度关令尹喜,著《道德五千言》授之。卷四记述老君携尹喜游观八方仙境,上朝玉晨大道君,继到西域诸国"教化胡人"。卷五记述老君与文始先生尹喜游东海扶桑,会大帝校集诸仙品位,及周穆王为尹喜建楼修观,并延请道士继之修道等事。卷六记述老君门下诸弟子及孔子师事老君等事。卷七至卷九,记述老君于秦汉到北宋徽宗年间的化身显灵及历代崇道事迹。

元刘大彬《茅山志》,题"上清嗣宗师刘大彬造",原为十五卷,分十二篇,即:《诰副墨》《三神纪》《括神区》《稽古篇》《道山册》《上清品》《仙曹署》《采真游》《楼观部》《灵植检》《录金石》《金薤编》,均以三字为题,被认为模仿《真诰》体例。今《道藏》本分为三十三卷。《茅山志》另有清初一个十四卷本,被认为是对元代本的删削、重排,只增加了一些清初的材料。目前较好的版本应是王岗根据明玉晨观本,参校其他版本整理点校的《茅山志》[①]。茅山是所谓"上清派"的圣地,因而《茅山志》也是继《真诰》之后又一部全面记述上清经系历史,茅山神圣空间的著作。《三神纪》《上清品》两篇,叙述了所谓"上清派"的历代宗师事迹。其余各篇,分别记录茅山山水形胜、仙真遗迹、楼观庵庙、历代隐者、上清经传目录等内容。特别是《录金石》《金薤编》,分别辑录上起南朝梁下至元代的茅山碑文,以及历代文人歌咏茅山之诗歌序铭,保存了大量茅山古代的金石碑刻史料。明嘉靖年间,江永年增补《明懿典》一卷,记录明代茅山的国家祭典、宫观组织等情况,突出反映了茅

---

① 上海古籍出版社,2016年初版,2018年修订本。

山在明代国家祀典中的重要地位，并增补了明代茅山碑文、诗歌。此书虽然记叙汉晋以降茅山历代宗师事迹，但因成书和增补主要是在元明时期，故对研究元明时期茅山道教的历史具有更为直接和重要的价值。

《汉天师世家》四卷，不题撰人。《道藏》所收四卷本为增刊本。原为一卷，第四十二代天师张正常撰于明太祖洪武九年（1376）前，包括前四十一代天师传记。第四十三代天师张宇初对其删校增次。明万历三十五年（1607）第五十代天师张国祥又增补第四十二代至四十九代天师传。虽然书中几乎对每一代天师都有记载，但对第四代至第二十三代张天师记载的可靠性，非常值得怀疑。特别值得注意的是，很可能是唐人都已搞不清楚的六朝时期张天师世系，到明代突然清晰起来，所以这部分尤其值得警惕。无论如何，正是因为有这样的张天师家谱存在，使得龙虎山张天师世家成为与曲阜孔氏家族一样中国文化中儒、道两家的代表世系。作为文化符号的张天师世系还是有价值的，但对其中出自后人补缀的部分，在研究时应该有所察觉。此后，又有第六十二代天师张元旭撰《补天师世家》等。

建议阅读书目：

陈国符：《道藏源流考》，中华书局，1963 年 12 月增订再版。

朱越利：《道经总论》，辽宁教育出版社，1991 年 12 月。

任继愈主编：《道藏提要》（第三次修订本），中国社会科学出版社，2005 年。

Kristofer Schipper & Franciscus Verellen eds., *The Taoist Canon: A Historical Companion to the Daozang* 道藏通考，Chicago: University of Chicago Press, 2004.

主要参考书目：

（梁）陶弘景撰，赵益点校：《真诰》，中华书局，2011 年。

（唐）杜光庭撰，罗争鸣辑校：《杜光庭记传十种辑校》，中华书局，2013年。

（元）刘大彬编，江永年增补，王岗点校：《茅山志》，上海古籍出版社，2016年。

王承文：《陆修静道教信仰从天师道向灵宝经转变论考——以陆修静所撰〈道门科略〉为起点的考察》，载于《汉晋道教仪式与古灵宝经研究》，中国社会科学出版社，2017年，第653页—706页。

黎志添：《南朝天师道〈正一法文经〉初探》，载于陈鼓应、冯达文主编《道家与道教：第二届国际学术研讨会论文集·道教卷》，广东人民出版社，2001年，第162页—180页。

刘昭瑞：《早期道教文献中的"牵三诗"与王嘉》，载于《考古发现与早期道教研究》，文物出版社，2007年，第120页—130页。

刘　屹：《移民与信仰——南朝道教墓券的历史背景研究》，载于《中国史研究》2017年第3期，第101页—120页。

刘　屹：《论东晋南朝江东天师道的历史渊源——以"大道"信仰为中心》，载于《文史》2018年第1期，第97页—116页。

〔日〕麦谷邦夫著，孙路易译：《梁天监十八年纪年有铭墓砖和天监年间的陶弘景》，载于《日本东方学》第一辑，中华书局，2007年，第80页—97页。

〔日〕小林正美：《六朝道教史研究》，东京创文社，1990年日文初版；李庆中译本，四川人民出版社，2001年。

Stephen R. Bokenkamp, with a contribution by Peter Nickerson, *Early Daoist Scriptures*, University of California Press, 1997.

王家葵：《陶弘景丛考》，齐鲁书社，2003年。

王见川：《张天师之研究：以龙虎山一系为考察中心》，台北博扬文化，2015年。

〔日〕楠山春树：《老子傳說の研究》，东京创文社，1979年。

杨　讷：《丘处机"一言止杀"考》，上海古籍出版社，2018年。

作者简介

刘屹，首都师范大学历史学院教授、院长，中国敦煌吐鲁番学会副会长。专业领域为敦煌学、中古宗教史。已在国内外各种专业学术刊物上发表专题论文、研究书评、译稿等130多篇，出版专著和论文集8部：《敬天与崇道——中古经教道教形成的思想史背景》（2005）、《经典与历史——敦煌道经研究论集》（2011）、《神格与地域——汉唐间道教信仰世界研究》（2011）、《敦煌道经与中古道教》（2013）、《汉唐道教的历史与文献研究——刘屹自选集》（2015）、《六朝道教古灵宝经的历史学研究》（2018）等。前20年的主要研究领域是道教历史与文献。在道教历史方面，对早期道教的"五斗米道—天师道"一线单传的历史模式提出质疑。在道教文献方面，对《太平经》《老子想尔注》《老子化胡经》《老子变化经》《升玄内教经》《太上妙法本相经》等道书和六朝的"古灵宝经"有专门的研究。近年转向中古佛教研究，目前对佛教"末法思想"问题比较关注。

道藏中的文学说略

蔡觉敏

一、综述

道经采用古代的文体，创造了道教文体，包括诗词、文赋、道教仙传等。其中大部分缺乏文学性，但是也有一些堪称文学作品，如描写仙界与圣地的诗句极其优美，斋醮之文质朴深情，神仙传记曲折生动。它们多保存于《正统道藏》中，也有少部分存于《藏外道书》《敦煌道经》《道藏精华》中。

道经中的文学作品有不少是综合性文集，例如明人傅霄、陈楠辑陶弘景生平杂文及与梁武帝来往书信所成的《华阳陶隐居集》、唐吴筠《宗玄先生文集》、托名吕洞宾的《纯阳真人浑成集》、宋张继先《三十代天师虚靖真君语录》、全真七子的大量作品集等。

这些综合性文集内容繁富，包括诗词歌赋等不同的文学形式，如《宗玄先生文集》有诗、赋、论；《华阳陶隐居集》辑录志、赋、颂、文、诗、启、书、序、碑、表等共数十篇，间附答诏及残文；《三十代天师虚靖真君语录》包括论道、内丹术、符箓斋醮及闲吟酬答之文，卷二至卷七有诗词歌颂等二百余首，其中诗又分五言古诗、五律与七律、五绝、七绝及六言绝句等，卷五还有金丹诗。《徐仙翰藻》有宫庙碑记、赋、文、赞、传、序、跋、训、说、诗、词、表、榜、疏、启、联等，文体极多，收录了很多传说轶事，文辞典雅。清李西月重编、据传为张三丰所作的《张三丰先生全集》中，也收有不少张三丰及其后人的诗文，即《云水前集》《云水后集》等，中有大量五言、七言诗歌，通俗幽默，还有少量的四言诗和词；此外，该集中还有大量张三丰及其弟子的生平事迹、神话传说等，近于小说。

综合性文集外，道经中还有零散的诗词、文赋以及初具小说形态的神仙传记等；此外，神仙道化剧虽未收入道经，但也被视为道教文学中的重要组成部分。

道经中的诗非常多，以阐述教义、咏怀传道、描述景色为主，以五言、七言形式见长，但四言、杂言也不少见，甚至有二言诗和一句仅一字者，有的通俗晓畅，有的恬淡高远，有的绵密婉曲，风格不一而足。

道经的传记中有不少用于塑造神仙形象的诗，或是抒情写景，或是记录神迹，如《吕祖志》有五言古风一篇、七言古风两篇、五言绝句四首、五言律诗十八首、七言绝句四十二首、七言律诗一百二十一首、歌九篇、渔父词十八首、梦江南词十一首、沁园春四首、杂曲九首等；内容也比较丰富，有赠人者如《赠刘方处士》，有游历之作如《洞庭湖君山颂》，有题道教场所者如《题诗紫极宫》。

再如《梓潼帝君化书》中包括七言诗九十七首，《纯阳帝君神化妙通纪》中有若干七言诗，它们与描述性文本相配合，能概括神迹，丰富人物形象，以点睛之笔凸显其道教思想。

有的诗作托以道经中仙人的唱辞，构成了道经中非常重要的游仙诗，如《武帝内传》中仙女历数仙境之美与乐，西王母侍女安法婴唱《玄灵曲》"玄圃遏北台，五城焕嵯峨。启彼无涯津，泛此织女河。仰上升绛庭，下游月窟阿。顾眄八落外，指招九云遐"即是如此；《真诰》中也多以仙真降临所诵之诗描绘仙境之美妙。

道经中还有一类诗作是道士做法事时的唱辞，其中有不少由五七言韵语构成，最著名的是斋醮中所唱的步虚词，一般为五言，句数不拘，后来自成一体，不一定限于转经时吟唱。这类诗声情婉转、辞藻华丽、对仗工整、音韵和谐、富丽精工的诗句配以雍容舒缓的音乐，更能够营造出仙境的高贵缥缈，如《太上洞渊神咒经》卷一五中所录《步虚》就是颂神降灵而禳解灾难，一些著名的道士如陆修静、张万福、杜光庭等都有步虚词。

还有一类道情诗也很著名，它是一种歌唱的诗体，大约出现于唐代。南宋时期，配以渔鼓和简板的道情诗成为当时一种民众喜闻乐见的曲艺形式，托名为张三丰所作的诗中就有很多道情诗。

不仅道经中有诗，丹经中也有不少诗，多用隐喻，较为晦涩，整体水平低于道经中的诗，但有的优秀之作也能够用比喻把炼丹场面描绘得非常壮阔。

道经中另一大类艺术性很高的文学作品是文和赋，文有散有骈，有的文和赋被收录于综合性文集中，有的则杂见于斋醮科仪时所用的章表等道经中。

擅长写散文的道士中，有的有非常多的优秀之作，如杜光庭的《洞天福地岳渎名山记》《青城山记》《武夷山记》，张宇初的《岘泉集》文体众多，有杂著十四篇、序十八篇、记十七篇、说三篇、传三篇、书信一篇、铭七篇、箴一篇、像赞十三篇、青词九篇等。

斋醮仪式中也有一些赞颂祝启章表等，这些道经多是用于颂神、祈福还有驱逐邪魔等，风格各异，颂神之词华美富丽，祈福之作虔诚谦卑，驱邪之语坚定有力，而艺术性最强的当属青词。

青词也称绿章，一般为骈体，始于唐代。据说该文体最初是用朱砂写在青藤纸上，以表示披肝沥血。《道门定制》中说青词只上三清玉帝或专上玉帝，不列其他神，直述心愿，篇幅短小，讲究对仗用典，但后代并未完全遵守这些规则。青词兼具宗教神圣性与世俗功利性，沿用了世俗的表奏文体但又进行了神圣化，可以很好地宣传教化。道士认为青词的优劣会影响到神的回应，故用力甚多。杜光庭的青词成就很高，有两百多篇，多存《广成集》中，以祈福禳灾为务，描述斋醮缘由时会述及现实状况；有的情感诚挚，语言典雅。此外，不少道教仪式为了感动神灵，描述斋醮缘由时，语言富于感染力，祈祷和礼赞之词能烘托出神界的神圣庄严，表达出祈祷者的虔敬。

道经中还有大量神话传说，证明神迹之可考，神仙之可成，多采用传记的笔法，受中国史学笔法影响很深。二者不同的是，史传多有史可据，神仙传记则以虚构为主，或是虽有其人，但事迹有夸大，或是并无其人。优秀的神仙传记故事周详，形象生动，情节曲折，如《许真君仙传》等。

西汉刘向的《列仙传》是仙传之始。其后葛玄有《神仙传》，共十卷，收录了中国古代传说中九十二位仙人的事迹。南朝陈马枢有《道学传》，录有张天师、许迈等一百余人，今佚；陈国符《道藏源流考》一书附录中有《道学传辑佚》。

一些著名的传记，包含的神异之事颇多，甚至接近长篇小说。唐五代时，杜光庭撰《神仙感遇传》，收录了若干神仙；另有《云笈七签》等也收录几十人之多。五代沈汾撰《续仙传》，多记述唐代仙真及道士，分为飞升、隐化等类，共计三十余人。还有据陈国符考证为五代或宋时的天台山道士王松年所撰的《仙苑编珠》，所记神仙参考《列仙传》《神仙传》《真诰》等，共计三百余名神仙以上。

南宋道士陈葆光有《三洞群仙录》，集有自盘古至北宋共计一千零五十四则神仙故事。元代道士赵道一撰《历世真仙体道通鉴》，共计六十四卷。还有《疑仙传》《仙都志》也收有若干神仙。

纯为叙述神仙事迹的仙传外，还有为数不少的仙传附于神山圣迹或者碑记中，例如杜光庭的《天坛王屋山圣迹记》。

神仙传记外，还有人神合传。道教认为道士是沟通天人的中介，著名道士往往被视为神仙式的人物。这样，人神并无绝对区别。人修成神仙的传记中，既有人之事，又有神之事，主人公在历史上可能实有其人，但其事迹往往以传说和虚构为主，这样的有如《汉武内传》《汉武外传》，杜光庭的《墉城集仙录》《洞玄灵宝三师记》和唐廖俨的《南岳九真人传》等，均是人神合传。

此外，还有些记载仙人化身的传记。例如《老子变化经》，描写老子不同化身的故事，每一世都有一次化身，即相应有一世的故事，若干次化身的故事构成类似长篇章回小说的仙传。又如《梓潼真君化书》中，记载了真君历次转世时九十多则故事，被汉学家祁泰履认为具有相当的文学意义。

　　道教与戏曲也有密切关系。和戏曲一样，道教科仪具有程序性、表演性；不仅如此，道教还促成了神仙道化剧这一重要戏剧门类的产生。

　　为与神界沟通，道教法术科仪多有程式化动作，这既证明了道教法师的专业性，也强化了人们对道教的虔敬心理。科仪中，众多道士合作完成宗教仪式，歌颂神仙，驱斥邪魔，往往伴有一定的动作和语言，具有表演性。富于感染力的唱词和具有神学意义和神秘色彩的仪式化动作、与经文相应的音乐等一起营造出了氛围浓烈的场景，在民众生活中反复出现，成为一种可以激起民众宗教情绪的重要仪式，融娱乐性和宗教性于一体。美国汉学家丁荷生对莆田宗教信仰与戏剧的研究就深刻地呈现了宗教科仪的宗教感染力和戏剧性。道教科仪在动作、主题、表演程式等方面与戏剧表演均有相通之处。

　　神仙道化剧是道教催生下的戏曲，朱权的《太和正音谱》称之为"神仙道化科"，虽未收入道经，但敷演道教神仙人物、事迹等。这类杂剧以神仙道士为主人公，前期多为描写神仙显圣或者度化众生之事，后期也加入福寿喜庆之事。和传记相比，这些戏剧的情节更为曲折，视听效果更好，表达了神仙教化与普通人伦思想；有的细节充满生活情趣，且有强烈的人间烟火气息。文人之中，马致远的神仙道化剧成就最高，多歌颂隐居避世，表现了文人道士入道的复杂心态与变化过程。皇室中大量创作神仙道化剧的有朱有燉，其作品歌颂了封建人伦，尚团圆富贵之气，表现出皇室贵族的爱好倾向。

二、诗词

道经文学中，诗词占的比例最大，以诗为甚。有的出现于斋戒章表中，如向上天陈情等；也有一些是辅助仙传描述神迹。它们有的是在神仙授符时的唱辞，如《洞真太上神虎隐文》中太上大道君授符时所唱；有的是众神所唱颂神词，如《诸真歌颂》，《真诰》和六朝道经中也有众多歌颂词；此外，还有不少是描述仙山圣地的景色，如《道藏》中还收有李白的一些描述景色的诗歌。

斋戒章表虽是用于科仪，但其中有不少诗，或是举行仪式所唱，或是述仙真、游仙。一些用于葬礼时的诗歌写得真挚哀婉，如《灵宝九幽长夜起尸度亡玄章》其中一首：

> 生者何乃乐，死者何乃苦。冥冥长林下，上有奄忽土。悠悠黄泉底，精神向何所。妻子父母别，终归堕七祖。呼吸逐风尘，魂魄何所主。死者亦不生，看天天无柱。瓦鸡将不鸣，木人亦不语。哀哉伤人情，悲哉切肝膂。建斋度亡人，留情何所处。唯愿得生尸，升仙度七祖。

虽是度亡之章，但流露出生命将逝的浓烈哀婉，显示出道教"重生"的生命意识，语言浅切易懂，情感深挚，有汉代的古诗十九首之余绪。

颂赞章表等道经中这种类型的诗不少，如述颂的《上清金章》中，有五言韵语若干，并收入《上清诸真章颂》。收录诗词比较多的还有以下作品，如：

《洞玄灵宝六甲玉女上宫歌章》为唱颂歌词，共收六首歌章，多为五言。

《太上洞真徊玄章》以五言诗为主，述十方回玄颂。

《太上洞玄灵宝智慧礼赞》为赞颂词，五言为主，还有少量七言句。

《众仙赞颂灵章》共收集赞颂诗词十三种，其中《青华救苦赞》七言八句，其余十三种均为五言。

《北斗七元金玄羽章》，有两版本，但均有七星玄章，系四言诗。

《三洞赞颂灵章》述诸神颂、斋醮颂及教理颂，全书各种赞颂凡九十八篇皆为韵语诗偈，四、五、七言不等。

《洪恩灵济真君礼愿文》述祈祷仪及赞词、愿文，如吟香、吟水、吟花三篇偈为五言，《唱咏真君本愿赞》赞词为四言。

道经中艺术成就特别高、文学影响最大的当属游仙诗。首先创作游仙诗的当推葛玄和吴猛。《历世真仙体道通鉴》中传说葛玄有三首游仙诗，其一说"三界尽稽首，从容紫宫里。停驾虚无中，人生若流水"，将人生感慨与老庄之道相融合，彰显仙境之高贵。东晋时的《玉清隐书》中也有上皇玉帝俯视太空，但见"上景发晨晖，金霄郁紫清。三素曜琼扇（扉），玄上照虚灵"。灵宝经中的《灵宝无量度人上品妙经》卷二七中的《第三紫光丹灵真王歌》列述众仙来集，也可谓为游仙之属。

有很多游仙诗是描写仙人观赏风景时的逍遥之乐，如《真诰》中的降真诗："神岳排霄起，飞峰郁千寻。寥垄灵谷虚，琼林蔚萧森"，写出了众峰林立，上入云天，深谷静寂，苍翠满眼的情形。其景色与仙人飘逸融为一体，如其十四首中，紫微王夫人唱：

> 飘飘八霞岭，徘徊飞晨盖。紫軿腾太空，丽盼九虚外。玉箫激景云，灵烟绝幽蔼。高仙宴太真，清唱无涯际。去来山岳庭，何事有待迈。

描述出了烟霞紫绕于高峰幽谷，仙人飘摇逡巡于山岭云霞间，玉萧声声振林越的声色兼美情境。

再如写仙界热闹场景的《云笈七签》卷九八：

> 腾跃云景辇，浮观霞上空。霄軿纵横舞，紫盖托灵方。朱

> 烟缠旌旄，羽帔扇香风。雷号猛兽攫，电吟奋玄龙。钧籁昆庭响，金笙唱神钟。采芝沧浪阿，掇华八渟峰。

仙界龙腾虎跃，云霞旖旎，车马纵横，花香怡人，笙歌此起彼伏，仙人采芳挹露，无年华逝去之忧，有养形保生之乐。

还有一类是众仙降谕，仙人向道士描述仙境生活，仙界富丽堂皇，和风旭畅，如《真诰》卷二紫微夫人对许长史所言：

> 绛阙扉广霄，披丹登景房。紫旗振云霞，羽晨抚八风。停盖濯碧溪，采秀月支峰。咀嚼三灵华，吐吸九神芒。

唐时，著名道士吴筠创作了大量艺术水平很高的游仙诗，境界阔大，情志高远。其《游仙二十四首》组诗以自己不好俗世之营营，但慕众仙之高妙始："启册观往载，摇怀考今情"，写自己心慕神仙而游，其后写自己在天上之过程，有如屈原之在天界各种追索，同时感慨世人不知大道，沉溺于欲望，流露出强烈的老庄色彩，诗中仙境景色之美与旷远情怀融为一体：

> 玉山郁嵯峨，琅海杳无岸。暂赏过千椿，遐龄谁复算。招携紫阳友，合宴玉清台。排景羽衣振，浮空云驾来。灵幡七曜动，琼障九光开。凤舞龙璈奏，虬轩殊未回。

玉山琅海间，老树苍然，仙人于其间招友共饮，羽衣连袂，翩然上举，排空而下；灵幡于风中飘摇，龙飞凤舞之处，星光闪耀。诗句对仗工整，状美飘逸。

道教科仪中还有一类重要的诗是步虚诗，是指斋醮仪式中在音乐伴奏下步虚绕坛时所唱之词，是祭祀颂神的歌词的衍变和发展，某种程度上可谓一种特殊的游仙诗。西晋时的《太上洞渊神咒经》卷一五中所录

《步虚》就是颂神降灵以禳解灾异，作者唱颂诸仙，描述其在上天游历的情形：

> 东方苍老君，号曰勾芒灵。梵女游太空，迢迢拂玉京。大乘总三兵，众兵统魔兵。八音遍十地，九龙云舆迎。建斋立大功，长夜自然明。正道法鼓震，百邪悉摧精。魔王来稽首，方始免其刑。善神守门户，力士交万灵。道炁广流布，家亲咸安宁。疫毒皆消灭，万民悉长生。相与弘至道，俱游紫凤城。

这首诗是歌颂东方勾芒，梵女在仙界翩翩游历，大乘统领众兵，威仪赫赫；道士们行起斋功，宏伟庄严，邪魔仓皇逃脱，道教尊神恕免其责，体现了道教神之宽猛并济。在道教诸神的守卫下，人们家宅平安。这类步虚诗极尽渲染神的威严和法力，天神所在之处，富丽排场，雍容舒缓，邪魔慑于道教神的威严正气，不敢为患，海内升平，疾疫全无，百姓和乐。

这类步虚诗也为数不少，如六朝上清道士的《上清无上金元玉清金真飞元步虚玉章》有步虚玉章14首，《续道藏》中有《洞玄灵宝玉京山步虚经》有步虚吟、赞、颂、咒等，《金箓斋三洞赞咏仪》辑有宋太宗、真宗、徽宗制的步虚词等。

斋醮科仪所用之诗外，更多的诗出于著名道士诗人之手，如李白、全真七子以及托名吕洞宾和张三丰等的作品。

李白身入道门，自认就是谪仙人，道教是其生活重要组成部分。美国汉学家柯睿（Paul W. Kroll）就考证出李白诗中"紫气"等大量意象都源于道教。《道藏》中留存了李白不少诗作，如《续仙传》中有其《题许宣平庵壁》，《历世真仙体道通鉴》中有其《咏鹦鹉诗》《经乱离后天恩流夜郎忆旧游书怀赠江夏韦太守良宰》等，《天台山志》中有《题桐柏观诗》，《岱史》有《送范山人归泰山》，《搜神记》有《陪族叔刑部侍郎晔及中书贾舍人至游洞庭五首》，《三洞群仙录》有《如梦令》等。

还有托为唐代吕洞宾的《纯阳真人浑成集》，该诗集中各体皆备，四言绝句如《清》《静》《道》《德》，五言绝句如《琴》《棋》《书》《画》，此外还有六言诗、百字诗、长言长律等。他的诗歌闲散潇洒，如六言诗"春暖草花半开，逍遥石上徘徊。独拥玉律金诀，闲踏青莎碧苔。古洞眠十（来）九载，流霞饮几千杯。逢人莫话人事，笑指白云去来"，全诗以自然物象为主，加之以仙界意象，节奏舒缓，体现了仙人的闲散自在。七言律诗《劝世吟》"为人不可恋嚣尘，幻化身中有法身。莫炫胸中摘锦绣，好于境上惜精神"，通俗直白。有的诗句虽系道门中语，但也有比较形象大气的意象，如"心印一轮千里月，髻簪五岳七星冠""细柳营深蚊阵密，长江波阔蜃楼横"，对仗工整。有的虽是道教伦理说教，但如生活箴言样流畅上口，如"无限竞名贪利客，几人能得见清平"。某些地方也显示了对统治者的劝诫，如"愿君不窃饥民禄，随我同酬玉帝恩"。有些俗若民歌，如"六月山头飞白雪，三冬水底长黄芽。这些道理人还识，陆地神仙闹似麻"。

王重阳及其弟子均有很高的文才，好以诗词歌曲论道、言志、宣教。创始人王重阳的诗词形式多样，律绝古调词曲都有，甚至还有一字诗、三字诗、藏头诗词等。他有多本诗词集，《重阳全真集》为诗词歌颂等综合集，多抒怀宣道；《重阳教化集》为诗词歌颂集，收诗词曲二百余首；《重阳分梨十化集》为八十余首唱和应答之诗词，其中不少通俗晓畅，明白如话。

王重阳的弟子也有不少作品。《正统道藏》所收马丹阳的《洞玄金玉集》收诗词九百余首，反映了马钰弃家入道的历程，此外还有《丹阳神光灿》《渐悟集》等。尹志平有《葆光集》，为诗词歌颂集，收诗词四百余首，多即事感怀。郝大通有《太古集》，原为十五卷，今仅存四卷，后半诗词歌赋有所亡佚，其一有颂，后有金丹诗若干。王处一有《云光集》，收诗词歌颂六百余首，以赠答之作居多，述怀宣道，皆宣扬全真教旨。刘处玄有《仙乐集》，有诗词歌颂，述教理，多渲染生死轮回。谭处端有《水云集》，为其诗词歌集，多赠人述怀之作，间亦咏物记游，皆宣扬全真教旨。全真道第四代姬志真有《云山集》，有诗四百余首，宣扬遁世学仙、修心炼性。

全真七子中，成就最高的当属丘处机，他的《磻溪集》收诗词歌颂四百七十余篇，其中五言、七言诗约占三分之二。除少数为传道之作，大多为题咏抒怀与应酬之作，不少艺术成就很高，例如《海上观涛》：

大风时起北溟寒，万里惊涛辊雪山。怒色冲天昏气象，雷声出地骇尘寰。江神汹浪潜输款，河伯威灵溢汗颜。白马素车空有势，非仙无路可跻攀。

道经中的写景之作多囿于山水烟霞、田园人家等，或者就是仙界富丽、仙人逍遥，题材相对较窄，丘处机的诗则往往独出机杼，这首《海上观涛》引用《庄子》《七发》等，辅之以神话形象，气势博大，有龙吟虎啸之声，一洗无病呻吟之气。再如《过盖公岘石》中"岘石崎岖马不禁，溪风萧飒虎难寻。山横剑戟参差大，气郁烟霞晻蔼深"，雾霭氤氲之中见山石之崚嶒凌厉。

明时四十三代天师张宇初的《岘泉集》水平也很高，新安程通在书序中评价其"词赋诗歌又各极其婉丽清新，得天趣自然之妙"。全书十二卷，卷九有五言古诗，卷一〇有五言律诗、五言排律，卷一一有七言律诗，卷一二有七言长歌和七言绝句。其诗融自然天趣与磅礴浩瀚于一体，如其《题方壶真人奇峰雪霁图》中：

岷峨太古雪，万劫昆仑巅。壶仙洒墨总冰玉，剑阁巀屼西极天。层峰浪涌何奇绝，暖动鱼龙湘水裂。霁色初分款段桥，松涛夜度峨眉月。沧江老屋山之幽，极浦阴崖回冻流。袁安门巷白三尺，古木焕烂珊瑚钩。笑我支离卧丘壑，琼树瑶芳翳溟漠。大泽重裘雾霰深，春风渐转梅花角。衰倦谢毫端，披图意欣愕。辋川遗兴邈复追，静对孤光隐寥廓。

该诗写春天的雪后，境界阔大，壶仙剑阁之典奇幻而贴切，以"裂"写湘江的冰化浪涌，用词贴切；雪后夜色下的桥、松涛和月，皎洁中透着苍劲，所居之处既有清山之幽，又有古木之朴，也很好地衬托出了主人公的清幽高洁与道心坚贞。他还有一些描写旅途抒怀、雨景、积雪、山居、送别、寄友之作，各有特色，均有很高成就。

金元时期作诗的全真道士还有不少，如于道显有《离峰老人集》，多为述怀宣道；祁志诚的《西云集》收七绝二百余首，多写隐居之乐、修真之德；长筌子有《洞渊集》，吟幽居之乐，笔调清雅；玄虚子有《鸣真集》，有七律、七绝，为述怀赠答之作，咏修道之趣；李通玄《悟真集》，收诗歌一百五十余首，或述怀，或自叹，或寄答，或警世，诗风似丘处机。还有侯善渊有《上清太玄集》，其中有诗词。刘志渊有《启真集》，诗词为主，咏道吟丹，赠答酬和。

此外，元代道士彭致中作《鸣鹤余音》，集金元三十九位诗人诗词歌赋及骈文近五百首（篇），其中有吕洞宾、王重阳等的作品，多为宣道之作。

明代之后，后人辑有《张三丰先生全集》，中有不少诗文，道情诗尤为有特色。其诗语言雅俗兼备，有民歌的轻快流利，又有文人的闲情雅志，如"秋山隐隐水迢迢，放艇闲吟廿四桥。绿柳千行鸦万点，夕阳红处听吹箫"。

诗之外，道经中还有一些艺术性较高的词，如王重阳、张宇初等的词。王重阳的词风格不一，有的非常通俗，如《小重山·喻牛子》"堪叹犊儿不唤牛，性如湍水急，碧波流"。偶有文词高雅细密者，例如《戚氏·冻云昌》：

冻云昌，出入缭邈遍舒张。直上玄凝，满空浓密，现嘉祥。六花妥瑶芳，轻飞缓舞恣飘扬。须臾渐渐俱缟，物物因迹尽均妆……细想虽无馥郁，便深宜、寂暗藏香。别生景趣盈盈，再腾妙妙，静里开真相。复作冰、为宝玲珑状。风剪剪、声韵玱玱。

意象绵密，语言雅致，描述出雪花清奇细腻状。

王重阳弟子丘处机的词和其诗一样大气浑融，例如《无俗念·暮秋》：

霜风荡扬，舞飘零、木叶斜飞阡陌。极目长郊凝望处。衰菊斓斒犹坼。点点苍苔，漫漫朝露，渐结清霜白。山川高下，尽成一片秋色。潇潇万物摧残，凄凉天气，愁损征途客。水谷云根无可玩，独有苍苍松栢。悟道真仙，忘机逸士，亘古同标格。欺寒压众，自来天地饶得。

这首词描写秋景，清冷萧瑟，衰菊残败，苍苔掩映，山川秋色，不失清劲壮阔之气，写出旅途游子的愁绪，寂寥而不失刚劲。

全真其他弟子也多有词作。马钰有《渐悟集》，收词曲三百余首，渲染生死轮回之苦，赞出家修仙之逍遥无累，神仙之长生自在，以述教理、赠答为多。马丹阳有《神光灿》，宣道述怀，收《满庭芳·神光灿》词百首。弟子王丹桂有《草堂集》，收词作一百四十余首，皆宣扬早期全真教旨，与马丹阳同一格调，多赠寄唱和之作，警诚世人觉悟人生梦幻，断恩爱，脱名利。

明代词作杰出者有张宇初，其词风格多样，均别有风味情致，如《风入松·问学》"十年灯影夜相亲，寒暑迭催频。短窗几度停犀管，残编尽、知味何人"，苍凉质朴，语浅情深。

丹经中也有一些诗词较有文学性：如孙思邈的四言炼丹诗成就相对较高；张宇初的炼丹词《沁园春·登真》将炼丹写出了玲珑而纯净的天地境界，富有生气。

诗词之外，道经中还有演唱形式的韵文，包括玄歌、变文。敦煌写本《老子化胡经》所收玄歌包括化胡歌七首、尹喜哀叹五首、太上皇老君哀歌七首；玄歌可能属于歌谣一类，与魏晋间流行的仙歌道曲有一定关联，如《老子化胡经》卷一〇有《老君十六变词》十八首，采用通俗易懂的七言诗：

> 一变之时：生在南方亦（赤）如火。出胎堕地能独坐，合口诵经声璨璨。眼中泪出珠子碟，父母世间惊怪我。复畏寒冻来结果，身著天衣谁知我。
>
> 二变之时：生在西岳在汉川，寄生王家练精神。出胎堕地能语言，晃晃昱昱似金银，三十六色绮罗文。国王欢喜会群臣，英儒雅士〔来〕平论。忽然变化作大人，发眉皓白头柱天。

这里多用口语，大部分为逐句押韵，少数为隔句押韵或者不规则押韵，一韵到底者多，读来朗朗上口，适合记诵和传唱。变词以各种奇异之事描述出老君神奇的变化过程，对当时的道教传播功莫大焉。

三、文和赋

道经中有不少文及赋，多分布在一些文集、道论、斋醮章表、宫观传说和碑文等道经中。有的散文描述了优美景色，如《岘泉集》中一些写景散文；有的道经阐述教论，如《宗玄先生文集》中的《神仙可学论》《心目论》《形神可固论》；还有的是斋醮章表之文，行文朴实，情感深挚，如杜光庭的斋醮之文；一些记载宫观相关史实的宫观碑记往往也有优秀之作，如《云山集》有跋记碑文等十四篇，记述元初全真教人兴建终南山、洛阳等地宫观的事迹，《鄢陵黄箓大斋之碑》《洛阳栖云观碑》

等皆描述了当时赤地千里、万无一存之惨况，笔致清雅。

道士多居山中，目睹秀美景色，发而为文，故道经中的写景佳作为数不少。如《岘泉集》中就收录不少散文，无愧乎其序言中所言："发为文辞论议，雄迈伟杰，读之令人击节不已。予尝爱其文，如行空之云，昭回绚焕，变化莫测，顷刻万状，哗乎其成章也。"如下之写景片断：

> 孟启之居吉原也，膏田沃壤，去吴塘不半舍，三峰卓然而起，峻拔若笔立。冈陇林麓，环抱映带，中宽而外固。溪流畦圃，增浚益植。回视云林吴塘，层岑迭巘。数十里皆黛，蓄膏渟献奇发秀若不可遏。孟启筑堂其间，修篁嘉卉植焉，泓池曲涧凿焉，良畤广陌辟焉。久之，山幽木腴，丰畅荟蔚，日葛巾野服，枕藉芳缛，徜徉乎乔林旷渚之滨。惟岩霏谷霭，朝夕应接于目睫间。不知其有轩冕之足动乎中而枘凿之足介乎外也。

文中描写的景色有清秀俊俏之气，文气疏荡，景色秀美可鉴，生活闲散悠然。

道教中圣山福地众多，相关道经多描述它们的优美景色。据今人对《道藏》经书的分类方法，这些多被归为《道藏》地理类，达一二十种，如唐代杜光庭编《洞天福地岳渎名山记》、金代王处一编的《西岳华山志》、原题上清嗣宗师刘大彬造的《茅山志》、元代刘道明集《武当福地总真集》、元代邓牧撰的《大涤洞天记》、明代查志隆编《岱史》等，不少文采斐然。如《西岳华山记》中，"若夫仙掌云空，苍龙日出，千山捧岳，岚气川流，翠扑客衣，经时不落。已而，斜阳映山，莲峰弄色，如金如碧，匪丹匪青，奇丽万千，不可名状"，以雅洁的语言描述出了奇峰丽景。

《天台山志》亦是如此：

> 夫其高居八重之一，俯临千仞之余，背阴向阳，审曲面势，东西数百步，南北亦如之。连山峨峨，四野皆碧，茂树郁郁，四时常青。大岩之前，横岭之上，双峰如阙，中天豁开。长涧南泻，诸泉合漱，一道瀑布，百丈垂流，望之雪飞，听之风起。石梁翠屏可倚也，琪木珠条可攀也。

语言省净，写出天台的秀美奇峭。

道经中还有不少骈文的文学性很高。六朝时骈文盛行，陶弘景就有非常多的优秀骈文，如《寻山志》中：

> 尔乃荆门昼掩，蓬户夜开。室迷夏草，径惑春苔。庭虚月映，琴响风哀。夕鸟依檐，暮兽争来。时复历近垄，寻远壑，坐盘石，望平原。日负嶂以共隐，月披云而出山。风下松而含曲，泉潆石而生文。草藋藋以拂露，鹿飒飒而来群。扪虚萝以入谷，傍洪泽而比清。照石壁以端色，攀桂枝而齐贞。

文章对仗工整，语言清雅疏荡，节奏明快，文气摇曳，有清远脱俗之气。其后南宋时期杨至质有骈文集《勿斋先生文集》，多为答谢他人之词，对仗工整，写景清峻秀美，抒怀真切质朴，用语典雅清新。

道经中，不仅写景的散文有较高文学性，一些表章之中的请神、送神祷告之词，也多言语典雅、感情真挚、风格质朴者。它们或为家国之事求，如求雨止雨，也有为自己去病免灾、为先祖亡灵求。杜光庭的不少文章就有较高的文学水准，如《贺太阳合亏不亏表》《宣示解泰边陲谢恩表》《皇帝修符瑞报恩斋词》《中和周天醮词》等。其他比较著名的有《赤松子章历》，述斋醮章、表，载各种章奏；唐代的《太上济度章赦》，为斋醮所用祈神上章及神降赦文，有《延生解厄章》《谢土安宅章》《谢罪祈雨章》等；《太上三洞表文》中述救苦、度亡各种表章，虽是斋醮所用仪文，但语言典雅，陈情恳切深挚。还有宋真宗向诸神与列祖祈求致谢的《宋真宗御制玉京集》。

优秀的斋醮文众多，如辑自元朝龙虎山天师道及玄教各类斋醮词和榜文的《萃善录》，其章表中设醮荐父母，祈风调雨顺，陈情恳切深挚。如《吴惟德荐母》：

> 客途天远，空驰游子之心，乡岫云停，不见慈亲之面，俯遵玄教，仰叩清都。伏念浅矣学仙，阙焉事母，将谓转蓬苟得，尚酬菽水之欢，岂期泛梗言还，遽洒莱衣之血。揆一子出家而奚益，幸十方救苦之不诬，憨日适临，冲科特启。

表现出了求道者的虔诚恳切与对母亲牵挂愧疚的复杂心境，情景交融，用典贴切。此外，其中还有不少《早朝词》《午朝词》《晚朝词》等，为国家斋醮，磅礴厚重，气象恢弘。

道经中，青词的文学性尤为高。青词是斋醮奏章表文中的一种文体，醮坛上的一些对联也属此体。据说此类文章最初是用朱砂写在青藤纸上，必须青纸朱书，以表示披肝沥血，唐李肇《翰林志》将其称为青词。青词兼具宗教神圣性与世俗功利性，可以推动人们对道教观念的认同，起到很好的宣教作用。

青词方面成就最高的是杜光庭。杜光庭的青词主要包括斋词、醮词两类，其旨多以祈福禳灾为务，有青词两百余篇，以当时流行的骈文写成。全文对仗工整，声律铿锵，朗朗上口，笔调清丽，言辞华美，意象阔大高远，气宇轩昂，其《司徒青城山醮词》说：

> 伏以灏气渐凝，群山挺秀。高扶宸极，厚镇坤舆。惟彼西南，上通参井。结灵积瑞，含藏日月之华；叠翠堆岚，包括神仙之宅，位崇众岳，秩亚三山……顷属雨泽逾旬，泉源垄涌。丹崖翠巘，虽传陨圮之声；绀殿彤轩，靡有震惊之变。

这篇《青城山醮词》对仗工整严谨，写出青城山山势险峻、巍峨俊秀之美，更以大量的神话人物赋予青城山神秘、神圣的宗教色彩，读来抑扬顿挫，声韵和谐朗畅，与景色的开阔雄浑之美相应。

文之外，道经中还有不少赋。如《华阳陶隐居集》中就有《水仙赋》。吴筠的《宗玄先生文集》有《岩栖赋》《竹赋》《逸人赋》等，抒写隐居情怀；《思还淳赋》写世风浇薄，希以道济世；《洗心赋》《登真赋》《庐山云液泉赋》《玄猿赋》，或写超脱高逸的情趣，或铺陈敷彩，或咏物寄怀，或论列史实，或阐扬玄道。金末长筌子的《洞渊集》中也有诸多赋，抒发避世隐遁、林泉闲散、弃世修真、逍遥方外等情感。

有些丹经也是以赋体写成的，如陶植的《陶真人内丹赋》、佚名的《擒玄赋》、马莅昭《金丹赋》、赵大信所注的《谷神赋》等，均多用铺排手法。

此外，还有一些章表与颂词中也有赋，例如《洞玄灵宝升玄步虚章序疏》有斋醮颂词，还有《上清诸真章颂》中的斋醮颂章集。

四、戏剧类

道教法事是宗教活动，道士遵循一定的程序完成法事，或者扮演各种角色等，有出场人物和情节，是综合了布景、绘画、服饰、音乐、舞蹈、唱颂等的艺术，清初叶梦珠就称道教法事竟同优戏。道场中道士们向天神诉苦、祈祷等，其脚本往往也具有强烈的情感感染力，表现出一定的文学性。

道教中原本用于约束道士的科仪戒律具有一定的程式性和表演性，例如陆修静的《陆先生道门科略》、刘若拙的《三洞修道仪》及明代的《洞玄灵宝三洞奉道科戒营始》等，这些道门戒律对道士的言行、服饰都有一定的规定，如"洞神部道士"需"冠交泰冠、绛褐黄裳，丹裙玄履,执白简,佩青光玉佩四道,带皇极洞神印绶,佩阴阳斩魔剑、华阳巾、方胜帽,坐九宫辰象坛,参洞神十二部经"。《正一法文经护国醮海品》中神灵各有特定服饰,东海水帝神王就是"头建大晨宝明之冠,衣青文翠羽飞裙,带青灵九色狮子虎头肇囊"。

科仪中,不仅服饰、语言等有规定,其中的法事动作也需遵循一定的程序,例如杜光庭删定的《道门科范大全集》中的"真武灵应大醮仪",先后有"设醮行道""法事升坛如式""各礼师存神如法""宣卫灵咒""鸣法鼓二十四通""请称法位""宣词""重称法位""十二愿""复炉""出堂颂""出户"等,每一步骤有固定的动作,和戏剧虚拟生活场景一样。每一步还配合醮词的表演,如《太上消灾祈福醮仪》就配有宣卫灵咒、发炉、降神、迎驾、奏乐、上茶、散花、步虚、赞颂、宣词、复炉、上香、献酒等仪式表演。再如《洪恩灵济真君祈谢设醮科》配有宣神咒、鸣法鼓、陈醮礼、称法位、请圣、宣词、宣状、送神、复炉等。

复杂的斋仪还具有表演性质。如杜光庭所修《上清天宝斋初夜仪》中学道求仙之人为帝王、祖先行斋祈福,忏罪谢过,陈八愿。他的《太上洞神太元河图三元仰谢仪》有入坛、思神、上香、发炉、礼三十二天、复炉等。《正一威仪经》还有忏悔、礼拜、烧香、燃灯、鸣钟、章奏、醮请、法具、器用、居处、卧具、用水、饮食、动止、游行、住观、死亡等凡一百三十余条。《正一出官章仪》中则有斩杀恶人、追捕叛逃、拘鬼打入地狱的情节,其中追捕判逃的行为还比较复杂。

与道教相关的神仙道化剧,虽然并不收在《道藏》中,但却是道教思想与戏剧的结合,以神仙道士为主人公,被朱权的《太和正音谱》称为"神仙道化科"。著名杂剧作品有元代马致远的《西华山陈抟高卧》《吕洞宾三醉岳阳楼》《马丹阳三度任风子》、谷子敬《吕洞宾三度城南柳》、岳伯川《吕洞宾度铁拐李岳》、朱有燉《八仙庆寿》等。

元代名目可存的神仙道化剧大致有两类:一是仅存残曲或剧目的,有马致远《王祖师三度马丹阳》、郑廷玉《风月七真堂》、李寿卿《鼓盆

1171

歌庄子叹骷髅》、纪君祥《韩湘子三度韩退之》《陈文图悟道松阴梦》、赵明道《韩湘子三赴牡丹亭》、赵文殷《张果老度脱哑观音》、钟嗣成《宴瑶池王母蟠桃会》、无名氏《蓝采和心猿意马》；二是保留比较完整的，有马致远《吕洞宾三醉岳阳楼》《马丹阳三度任风子》《邯郸道省悟黄粱梦》、岳伯川《吕洞宾度铁拐李岳》、杨景贤《马丹阳度脱刘行首》、谷子敬《吕洞宾三度城南柳》、贾仲明《铁拐李度金童玉女》《吕洞宾桃柳升仙梦》、范康《陈季卿悟道竹叶舟》、无名氏《汉钟离度脱蓝采和》《瘸李岳诗酒玩江亭》、史九散人《老庄周一枕蝴蝶梦》、王子一《刘晨阮肇误入桃源》、宫天挺的《严子陵垂钓七里滩》《陈抟高卧》《柳毅传书》《沙门岛张生煮海》、吴昌龄《张天师断风花雪月》等。

这些杂剧中，多宣扬抛弃功名而得道成仙，歌颂对世俗污浊的超脱，对道教长生的追求；实际上多借此表现元代时期科举不兴、汉文人失志的心路。

明代时候，皇家贵族多喜欢神仙道化剧。朱权有杂剧多种，现存《冲漠子独步大罗天》和《卓文君私奔相如》。朱有燉是明代杂剧大家，他有《诚斋乐府》，其中，神仙救度的对象从人扩展到一切有仙缘的生命体，如《紫阳仙三度长椿寿》《东华仙三度十长生》《南极星度脱海棠仙》《小天香半夜朝元》；在神仙度化剧之外，又加入了节令贺寿的庆寿剧，如《河嵩神灵芝庆寿》《四时花月赛娇容》《福禄寿仙官庆会》和《群仙庆寿蟠桃会》《瑶池会八仙庆寿》，符合中国传统伦理道德和大团圆的喜好。

明代还有一批无名氏的创作，如《许真人拔宅飞升》《李云卿得悟升真》《边洞玄慕道升仙》《孙真人南极登仙会》《吕翁三化邯郸店》《吕纯阳点化度黄龙》，这些集中体现了神仙道化剧崇道、济世主题。

此外，明代还有降魔剧，如《张天师明断辰钩月》《太乙仙夜断桃符记》《时真人四圣锁白猿》《灌口二郎斩健蛟》《二郎神锁齐天大圣》《争玉板八仙过海》。

众多神仙道化剧中，马致远的神仙道化剧最为出色。马致远是济世无门的汉文士,其神仙道化剧饱含着文人强烈的愤世情感。他中年时创作的《吕洞宾三醉岳阳楼》和《西华山陈抟高卧》这两部神仙道化剧充满对现世的深切关注和自己的人生思考:《吕洞宾三醉岳阳楼》表达了对"醉"时混沌为一的状态的渴望;《陈抟高卧》则是对避世生活的向往;后期的《邯郸道省悟黄粱梦》和《马丹阳三度任风子》则更为鲜明地表现出了对世俗人世的超越,明确地将人世的功名利禄当成虚无,而敢于超越世俗的价值体系的任风子,则是作者理想人生的标杆。和后来明代的喜庆剧和降魔剧相比,马致远的神仙道化剧在语言和思想上都有更为强烈的文士色彩。

道经中还有一些散曲,但成集者少。全真中以散曲类道词结成的集唯有《自然集》,收散曲四十余首,多述全真教理和内丹术;曲中赞王重阳及七真。《醉太平》描写钟离权、蓝采和、铁拐李等,是全真家笔下最早见到的八仙故事。

五、仙传类

道经中,多有宣扬神仙与道教圣山福地之灵异者。为了证明神仙的灵异,往往会编撰出各种神话和仙话。这些神话多采用中国古代的史传笔法,但与史传以史为据、七分真实三分虚构有所不同,道经神话中一部分道教神仙纯属虚构,史无其人;还有一些神仙,则是基于神化后的历史人物,也多是三分史实七分虚构。但在具体的叙事手法上,多以语言、动作、细节塑造神仙,情节曲折,较少或没有心理分析,这些都与史传笔法一致。

这些仙传有的直接以"传记"名之,如《列仙传》《武帝内传》《神仙传》《穆天子传》《翊圣保德传》《清河内传》等,其中《穆天子传》就是以"传"之名述穆天子西游见西王母神话。有的将神仙当成实有之人，故号之以"纪"或者"史略""事实""录"等，例如《上清后圣道君列纪》《洪恩灵济真君事实》《混元圣纪》《太上混元真录》《太上混元老子史略》等，其中《上清后圣道君列纪》就述上清金阙后圣帝君之身世及修真体道、济世度人之迹。此外，还有一些看似不是传记，而是托以神仙授语和灵媒传语的形式，但里面也包括了大量神话，例如《纯阳帝君神化妙通纪》《梓潼帝君化书》。

《道藏》中最早的仙传是刘向的《列仙传》。其后有著名道士葛洪的《神仙传》，其中的神仙群体非常有代表性，后世各种修道成仙的方式都已经出现。

一是服用丹药或者养生之物而得长生，如《沈文泰》中的沈文泰"得江众神丹土符还年之道，服之有效"；《吕恭》中，吕恭少好服道，遇仙人得药而长生不老，后复返家中以授后人，后人服之亦得长生。此外还有绝洞子服丹升天，孔元服食松脂茯苓等长生，王烈服食黄精，沈建、华子期、乐子长、南极子、马鸣生、灵寿光、赵瞿、河上公等俱是如此。

二是虽然没有服丹药，但是一心向道，行善救民，也可跻身仙家，如《沈羲》中沈羲能消灾治病，救助百姓，虽不知服食药物，最后也得道。阴长生勉力服侍马鸣生，得鸣生之丹，仅服一半，另一半拿去行善，亦得道。

三是多有道法幻术等，如皇初平能够化石为羊，孙博能够让人避火而行，入水不湿，王仲都不惧盛暑寒冬，班孟能白日飞行，玉子授符则能召鱼鳖等，太玄女能于石中造出乾坤，茅君使死人复活，东郭延、刘京会五帝六甲左右灵飞之术，左慈能役使鬼神，比比皆是。又如李阿善占卜，李少君救议郎董仲，董仲又忆其方而救数人，王真有肘后方，刘纲与其妻樊夫人斗法，王遥不用祭祀和符水也能够治病，君异多为人治病。借这些异法，他们能够避免世俗之害，如曹操想于左慈处求仙而不得，以各种方法加害左慈，但终不得。此外，道士们还有其他得道表现，如孙登超然物外，无有喜怒。如此可见，早期的仙传中，其实也已经体现了道教伦理观与生命观。

《神仙传》中成仙,是因为行善事、少欲念,得道者多有异法。这也奠定了道教仙传的特点,后世道经中的神仙形象莫离此道。

《神仙传》也在一定程度上奠定了后世神仙形象塑造的方式,即有一定的情节与人物。有的为证明求仙之路需谦虚诚恳,将求道过程设置得曲折复杂,如《卫叔卿》中,开始武帝强梁自贵,不识卫叔卿,卫叔卿弃之而去,武帝悔恨,派叔卿的儿子度世去追寻,叔卿不改,后度世也成仙,独武帝不得机会。再如《魏伯阳》中,魏伯阳以丹予狗,狗服之即死,伯阳自服丹亦死,以之试弟子,弟子诚心求道者服之死,其他弟子不敢服丹,但最后服丹的狗、弟子和魏伯阳俱仙去,不敢服者惟有后悔叹惜,这种模式在后世仙传中多次出现。为证明道术之高,传记也极尽曲折,如《王远》一篇中,历述王远生平之奇异行迹与在陈耽、蔡经家中异事,以渲染神迹,人物形象较为丰满。

《神仙传》在人物描写上也有较高水平,语言简约而具风神,如《若士》中:"其为人也,深目而玄准,鸢肩而修颈,丰上而杀下,欣欣然方迎风轩轾而舞",简笔勾勒出其人外貌风神。写方平与麻姑见面时,方平笑曰:"姑故少年也,吾老矣,不喜复作此曹辈狡狯变化也。"不仅表现出方平与麻姑之熟稔,仿见此事之真有,且方平之言幽默俏皮,使得神仙形象富于情趣。场景描述也符合人物身份特征,如麻姑见方平时,所见是:

皆金玉杯盘无限也。肴膳多是诸花果,而香气达于内外。
擗脯而行之,如松柏炙,云是麟脯也。

这些美艳之物合乎仙家高贵洁净身份。《茅君》一篇也是如此,铺排描述出仙人出场情形"翕然相语,来者塞道",仙家云集,排场浩大,如后世李白所说"仙之人兮列如麻"。

魏晋南北朝的《汉武帝内传》则代表了另外一种类型的人神杂传,

其中有的人物完全出于虚构,例如西王母、上元夫人等,有的则是史上有之,如武帝。《汉武帝内传》将历史上威风赫赫的武帝改造成一个为道所服的谦恭之士,以皇帝之尊表现出对道的崇敬,多有虚构,可为有意之文学。文中大事铺叙,极尽渲染铺张之能事;文字亦错采缛丽,富于华彩:

> 王母唯扶二侍女上殿。侍女年可十六七,服青绫之褂,容眸流眄,神姿清发,真美人也。王母上殿,东向坐,着黄锦袷襦,文采鲜明,光仪淑穆。带灵飞大绶腰、分头之剑。头上大华结,戴太真晨婴之冠,履元琼凤文之舄。视之可年卅许,修短得中,天姿掩蔼,云颜绝世,真灵人也。

描写王母身边之人,言辞清丽,仙女明媚灵动,清纯秀雅;而王母则威仪显赫中不乏淡雅沉静。同为神仙,侍女和王母各具不同的风神气质。再如王母之言:

> 此辈书符,藏之于紫陵之台,隐以灵坛之房,封以华琳之函,蕴以兰简之帛,约以北罗之素,印以太帝之玺。

句式整齐,气势沛然,与书符之神圣严肃相应;而短短数句中,动词均有变化,不仅准确地描述了相关宗教行为,体现了道教书符之重要,又使整齐的句式免于板滞,富于错落流动之美。其后,王母说:

> 女能贱荣乐卑,耽虚味道,自复佳耳。然女情恣体欲,淫乱过甚,杀伐非法,奢侈其性。恣则裂身之车,淫为破年之斧,杀则响对,奢则心烂,欲则神陨,聚秽命断……女行若斯之事,将岂无彷佛也。如其不尔,无为抱石而济长津矣。

仙传中描写上仙所食，极尽侈丽，东西南北，山河湖海，各色瓜果毕备，从形式到内容均有似于汉大赋《七发》，而其提倡寡欲素食，既可谓有《七发》之遗响，也表达了道教养生观。故事背景空间开阔，时间恒久，体现了道教囊括天人的宇宙观。

魏晋期间的杰出仙传还有万历《续道藏》中的干宝《搜神记》，该书意在发明神道之不诬，记载了不少神仙收伏鬼怪的道教活动。这里的鬼神精怪包括怪物、鬼魅、淫祀神等，神仙多有奇伎，如葛玄以法术使唤各种小虫小物，变出酒，吴猛在水中扇出陆路，管辂精于卜筮，郭璞撒豆成兵，费孝先治病，刘凭用符，韩友驱鬼等，呈现了道教在魏晋时期的长足发展。

魏晋之后，著名道士杜光庭编辑了不少神话传记之书，如《道教灵验记》叙历史、人物、宫观、经像、天师等灵验感应事迹，以证道教罪福果报观；《录异记》录怪异故事；《神仙感遇传》记唐五代间古人与神仙感应相遇之故事；《历代崇道记》记秦汉以来历代帝王崇奉道教的举措。

上述仙传外，宫观碑铭中也有不少神话，例如《梅仙观记》就收有碑文、加封、题赞、诗颂等，《御制洪恩灵济宫碑》《宋东太一宫碑铭》《宋西太乙宫碑铭》《宋中太乙宫碑铭》等碑铭中都有仙传故事。这些碑铭中的仙传，有的被收集成册，如《玄天上帝启圣灵异录》就由元代真武庙碑记诏旨汇聚而成。

还有不少仙传出自地理博物类道经和圣山神迹的相关记录中。地理博物类道经中最早的是《山海经》，对草木禽兽、药物矿藏、风土民情、神话怪异、祭祀医药等均有记载，文辞古朴奇幻，瑰丽可观。这些神话是研究中国上古文化的宝贵资料。还有托名东方朔的《十洲记》，述十洲及沧海异岛等仙山神话。①

有的神话片断被联缀成书，如《五岳真形图序论》一书系联缀《汉

---

① 仙传浩繁，不一而足；更详细的仙传情况，可参见本书《仙传类道经说略》。

武帝内传》《十洲记》《汉武帝外传》等的片段而成。有的则以道教圣地为纲,联缀相关神迹,如王处一的《西岳华山志》以地为纲,对华山峰穴林谷、岩龛池井、溪渊潭泉、宫殿寺庙、药炉拜坛、神木古柏以及诸神降现之处和仙真修炼事迹,皆有所介绍。

这些包含神话的传记、地理博物体道经、杂记体小说等有时也互相交叉,如六朝时期不同经派的仙真被整编到唐代道教仙山地理系统之内。如杜光庭编录的《洞天福地岳渎名山记》,包括住在岳渎众山、五岳、十大洞天、五镇海渎、三十六靖庐、三十六洞天、七十二福地、灵化二十四这些天上、海中、山里洞天福地的各派神的传说。

有的作品汇聚诸道经中的不同神仙故事成集,如《道要灵祇神鬼品经》辑录《度人经》《太平经》《三皇经》《老子天地鬼神目录》《太上女青鬼律》等十余种道书中有关灵祇神鬼的内容,述各类神鬼来历、神通、名号等,分灵祇神品、瘟鬼品、蛊鬼品等。清代和民国时期,出现了汇编神仙传记的经籍,例如《列仙全传》《三教源流搜神大全》。

某一神仙如有若干神迹,且成为有所关联的系列,其形制则近于长篇章回小说,如元代时《梓潼帝君化书》。该书托名帝君降笔,叙梓潼文昌帝君历世显化的事迹,全书分九十七化,每化一节,每节先列七言诗一首,次用散文叙事。当代美国汉学家祁泰履(Terry Kleeman)认为该书对中国小说也有影响。同为元代的《纯阳帝君神化妙通纪》分为一百零八化,除二十六化至三十三化缺失外,其他每章记一事,称一化,每化前有标题,从不同方面列述神仙之神异,形象丰满,情节曲折,道教伦理道德观则隐含于这些神迹中。

不同道经中的神仙传说递相累积,使得仙传内容越来越丰富。如关于老子等的神话有唐乐朋龟的《西川青羊宫碑铭》,述老子传说;还有佚名的《太上混元真录》,述老子降生、变化、传授关令尹喜等神话;宋代《太上老君金书内序》,述老子本始、应化;贾善翔编《犹龙传》,述老子降生、变化、灵迹等;在这些基础上,谢守灏编《混元圣纪》,记老子灵迹变化及历代崇敬,是现存收录老子神话相当全的一本。关于真武大帝的神话也是如此，如先有《太上说玄天大圣真武本传神咒妙经》述真武神通及报应等，后人陈伀在其基础上增入灵验故事，成《太上说玄天大圣上帝真武本传神咒妙经注》。

神仙传记的递相累积不仅丰富了神迹，使得神仙形象更为丰满，不同时代神仙形象的时代特点还体现了道教的发展演变。美国汉学家柯恩（Livia Kohn）和柯素芝（Suzanne Cahill）等汉学家研究了道教女性神仙如斗母元君、西王母、老子母亲等的形象，就描述了这些女仙的形成过程及不同时期的特点。

道经中的一些描述周详、情节委曲的传记形态上已近于小说，如明太祖朱元璋所作的《周颠仙人传》，其中的周颠善于未卜先知，法术奇妙，其事虚虚实实，与史实难分难解。

《藏外道书》中也有一些清代小说，如《吕祖本传》记述吕岩出生家世、得道经过、丹法渊源、显化灵迹、随世度人等，实为神迹。《张三丰全集》中的显迹类与古文部分以及中篇章回小说《七真因果传》中，某些故事篇目较长，情节复杂，塑造出较为丰满的艺术形象。

此外，还有些作品，虽然没收入《道藏》，但被视为道教史料的，如《博物志》，该书记有神人、神宫、神像、不死树以及方士的活动，宣扬服食导引之法，其中对上古神话传说人物进一步仙化，也是文学性很强的作品。

总之，《道藏》中有文学性的道经非常之多，门类繁富，但当前相关研究并不深入，尤其是章表中的诗文、地理博物类道经中的仙话，它们的文学性及与文学的互动，还是一块相对空白的领域，值得当代学界深入开掘。

建议阅读书目：

李丰楙：《六朝隋唐仙道类小说研究》，学生书局，1986年。

葛兆光：《想象力的世界——道教与唐代文学》，现代出版社，1990年。

詹石窗：《道教文学史》，上海文艺出版社，1992年。
杨建波：《道教文学史论稿》，武汉出版社，2001年。
罗争鸣：《杜光庭道教小说研究》，巴蜀书社，2005年。
吴光正、郑红翠、胡元翎主编：《想象力的世界——二十世纪"道教与古代文学"论丛》，黑龙江人民出版社，2006年。
钟来因：《中古仙道诗精华》，江苏文艺出版社，1994年。
黄世中：《唐诗与道教》，漓江出版社，1996年。

主要参考书目：

黄兆汉：《道教与文学》，台湾学生书局，1994年。
朱越利：《道经总论》，辽宁教育出版社，1997年。
张松辉：《先秦两汉道家与文学》，东方出版中心，2004年。
詹石窗：《道教文学史》，上海文艺出版社，1992年。
Catherine Despeux, Livia Kohn. *Women in Daoism.* Three pines press: Cambridge, MA, 2003.
朱玉麒：《〈道藏〉所见李白资料汇辑考辨》，《文教资料》1997年第1期。
〔日〕野口铁郎主编：《道教讲座》第4卷《道教與中國思想》（本卷主编福井文雅、山田利明、前田繁树），雄山阁，2001年。
黄　勇：《道教笔记小说研究》，四川大学出版社，2007年。
刘守华：《道教与中国民间文学》，中国友谊出版公司，2008年。

作者简介

蔡觉敏，女，北京大学中文系古代文学专业博士毕业，任教于天津外国语大学。从事古代文学与海外道教学研究，著有《庄骚比较论》，翻译《早期道教的混沌神话及其象征意义》一书，论文若干。

道藏中的图像说略

赵 伟

一、《道藏》图像综述

道教作为中国本土宗教，在其形成、发展过程中，融汇了神仙信仰、道教哲学、自然崇拜、祖先崇拜、巫术、鬼神信仰、宗法制度以及儒家思想等，呈现出一种杂而多端的状态。作为其表象的艺术形式，亦呈现出复杂的多样性。现存道教图像除壁画之外，还涉及卷轴画、建筑、雕塑、版画等。

《道藏》中的图像属于版画范畴。在图像的传播过程中，版画因其刊行便利的优势，成为唐宋以降影响最为广泛的艺术形式之一。现存最早的带有图像的经书为唐咸通九年（868）印制的《金刚经》插图，虽然该图版属于佛教艺术范畴，但从唐代佛道并行，且道教受到帝王更多重视的情况分析，道经图像的印制时间应该与佛经大致相当。

当然，版画并不是道教艺术的最早表现形式。从道教经典《太平经》记载的图像情况看，东汉时期用于传教的艺术方式主要是壁画。明版《太平经》载有《东壁图》《西壁图》《乘云驾龙图》等一系列作品，其中《东壁图》和《西壁图》作为劝人行善诫恶的道教图像，带有壁画特有的方位指向，且人物图像旁边多标有说明性文字，记录着图中人物的服饰样式及色调，颇具壁画小稿特质。道经中的这一记录，对后人认识早期道教图像具有一定的借鉴意义。

对于《道藏》中的图像，朱越利先生曾在《道藏分类解题》说明：各种用途画类凡21种，乐曲类凡2种。许宜兰博士在《艺术与信仰——道经图像与中国传统绘画关系研究》中又做了部分补充。姜守诚教授在《道藏说略》"符图类道经说略"中对《正统道藏》及《万历续道藏》中含有各类图像的道经做过细致统计，认为多达370余种。而据《中国道教版画全集》的辑录，道教版画数量不低于三万幅。如此丰富的道教图像散存于诸多版本的《道藏》以及单行本道经中，除常见的人物、动物等具象图像之外，还有数量庞大的符图。符图是古代先民在制作岩画，塑造陶器，刻画甲骨文、金文和篆书的过程中，逐渐将传统文字和图像相结合的产物。这种符图，普遍具有一定的特殊含义，只有少数特殊身份的人才可识读。另外就是与道士的修炼行为密切相关的医药、山水地形及器物类图像。

下面，以三家本《道藏》和《藏外道书》中的图像为例试作说明。

（一）三家本《道藏》中的图像情况

在三家本《道藏》中，图像最为丰富的是符图，其次是修炼图和神仙图，再其次是法器用具图、医药卫生图和天文地理类图像。需要注意的是，在同一部道经中，往往会包含多类图像。如《灵宝无量度人上品妙经》的卷首是一幅诸神朝元图，其他部分则多为符、真文、章、箓类。又比如在《上清大洞真经》中，既有修炼类的存思图50幅，又有各类道符39通。对于以上融汇多种不同类图像的道经，本文主要按照每部经书中同类图像的多寡情况对其进行分类。

1. 符图

按三家本《道藏》三洞四辅的编排顺序，属于洞真部符图类道经有：《灵宝无量度人上品妙经》，收录"太微玉符""九仙玄箓""玉帝长生宝符"等符图41通，另有东方真文、南方真文、西方真文、北方真文、中央真文各26字和清微金科首题36字、禹余玉律天文161字、太清大赤天灵文120字，所述内容与役使鬼神、坐知长生、得道登真相关。《太上三十六部尊经》著录由432枚天书云篆组成的灵符36组，分别为玉清境经上：上清经、妙真经、太一经、妙林经、开化经、仙人经等灵符各12组；玉清境经下：黄林经、上真经、道教经、上炼经、上妙功德经、道德经等灵符各12组；上清境经上：洞玄经、元阳经、元辰经、大劫经、上开经、内音经等灵符各12组；上清境经下：炼生经、灵秘经、消魔经、无量经、按魔经、上通经等灵符各12组；太清境经上：太清经、彻视经、集仙经、洞渊经、内秘经、真一经等灵符各12枚；太清境经下：集灵经、中精经、无量意经、集宫经、黄庭经、小劫经等灵符各12组。《高上玉皇本行集经》录秘字672个，其中包括东方九炁灵宝玉篇真文120字、南方三炁灵宝玉篇真文152字、中央一炁灵宝玉篇真文144字、西方七炁灵宝玉篇真文136字、北方五炁灵宝玉篇真文120字；并录东方青帝符、元始青帝真符、南方赤帝符、元始赤帝真符等共30通，祐国安民。《天上九霄玉清大梵紫微玄都雷霆玉经》录玉清大梵呼风玉符、玉清大梵召雷玉符、玉清大梵起云玉符、玉清大梵致雨玉符、玉清大梵兴电玉符、玉清大梵祷雪玉符、玉清大梵借潮玉符、玉清大梵摧魔玉符、玉清大梵请晴玉符等。《太上说朝天谢雷真经》录57个避雷篆文供人佩带，后附玉堂、武当等印契。《元始五老赤书玉篇真文天书经》录东方、南方、中央、西方、北方等五帝灵宝赤书玉篇672字及相关符命41通。《太上九天延祥涤厄四圣妙经》录北方四圣真符及四圣都符各1枚。《上清黄气阳精三道顺行经》录符8道，分别于秋分、冬至、春分、夏至、立春、立夏、立秋、立冬日的某一具体时刻使用。《元始天尊说变化空洞妙经》中录有太极炼变定真灵生符、太极玉景篇中藏之太极上宫符图、太素瑶台通真变仙宝符、紫微灵都真符、司命长存符、中黄八道秘仙符、太微灵都幽升符、阳台灵生符、天真灵宝八景玉符等。《太上导引三光九变妙经》录导引流精、导引泽婴、法炁、玉阳、云华、导仙、九变、定光等符图18通。《高上太霄琅书琼文帝章经》载琼文帝章秘字240个，主要述九天之元精、万真之隐名。《太上玉佩金珰太极金书上经》录太极金书秘字三元九真阳符等9通以及太极金字玉文九真阴符9通。

同为洞真部的《三洞神符记》录太上敷落五篇，分别为东方苍精飞云玉篇、南方赤字玄精凝章玉篇、西方流精神英玉篇、北方紫册玄冥玉篇、中央飞英总云玉篇以及相关篆字152个。《云篆度人妙经》共收录秘字4624个，每个秘字下均标注出相应的楷书，对后人识别云篆书体有极大帮助。《洞真太微黄书天帝君石景金阳素经》录九台符、太上灵符、无上灵符、万神符、上谒道君符、太一来使万神符、元先符、明堂符、开天门符、谒上皇符、东岳符、南岳符、谒九君符、西岳符、北岳符、中岳符、通黍室符、天地别符、太帝招魂符等19通。《上清洞真元经五籍符》录五神内宝符、五籍五混符、太一制三魂七魄宝符等12道。《白羽黑翮灵飞玉符》录上、下、左、右、太等灵飞玉符5道，以凝魂固魄，登空步虚。《上清琼宫灵飞六甲左右上符》共收录道符62通，述六甲六十玉女名号，教人服符隐遁之道。《太上洞真经洞章符》录洞章符、生策五符、太一扶命延年神符以及一些秘咒等。《太上秘法镇宅灵符》录具有厌胜性质的镇宅灵符72道。《太上灵宝诸天内音自然玉字》收录东方青帝、南方赤帝、西方白帝、北方黑帝等三十二天八会内音自然玉字256个，劝人服符诵咒。《九天应元雷声普化天尊玉枢宝经集注》录学道希仙第一章、召九灵三精第二章、解五行九曜克战刑冲第三章等总计15章符篆。《灵宝无量度人上品妙经符图》收入"普告三界符""元始符命""三十二帝玉讳符""五帝护魂符""五帝符""五炁符""敕制地祇符"等道符45通、秘字837个，教人诵经服符。《元始高上玉检大录》一卷，乃六朝上清系符篆之一，该经收录道符47通，首段为《三元玉检文》，次为符图及40位道君名讳，并附有真文及一些真人、辅仙的信息。《灵宝无量度人上经大法》共录道符1175通、秘字3203个、印章31枚，主要为修炼、祈禳、符咒、炼度及科仪类。《无上玄元三天玉堂大法》共收入道符374通、秘字132个，主要述符咒驱邪除鬼、炼度、步罡踏斗诸法。其他如《清微神烈秘法》《清微元降大法》《清微斋法》等收入的真文、符箓，均为清微派雷法和斋法等。《洞真太微黄书九天八箓真文》录秘文200个，劝人佩之以役鬼神。《太玄八景箓》所录大量秘字，有的秘字下标出了相应的楷书；另有脑神、发神、皮肤神、目神、顶髓神等八景玉符、八景真符、八景灵符等25通。

洞玄部的《上清金匮玉镜修真指玄妙经》收录道符39通，介绍太上道君劝人静观守道、去欲养心、为善保真、养气养形、泰定成性、诵经持号、荐亡祝生以获长生等内容。《上清三元玉检三元布经》收录道符19通、秘字390个，述上元检天大录、中元检仙真书、下元检地玉文，皆附符箓，教人服、埋、焚符并存神诵咒。《太上洞玄灵宝灭度五炼生尸妙经》为六朝灵宝经书，收录秘字272个，述诸神以符文拔度地狱鬼魂内容。《上清五常变通万化郁冥经》《太上洞玄灵宝赤书玉诀妙经》《太上灵宝五符序》《太上洞玄灵宝素灵真符》《太上洞玄灵宝五岳神符》《上清金母求仙上法》《上清豁落七元符》《太上洞玄灵宝投简符文要诀》等亦收入秘字、符图等，内容包含养生求仙及服符疗病、驱鬼厌镇等术。《洞玄灵宝自然九天生神章经注》收录道符19通，倡导超脱生死及尊炁、贵形、保命、爱神的思想。《太上洞玄灵宝五帝醮祭招真玉诀》的184个秘字述神灵侍卫，护佑其身，所求所向，皆得如心，逆知吉凶的功能。撰于南北朝的《上清高上玉真众道综监宝讳》收录道符91通，列上清众神君综监名讳。《上清众经诸真圣秘》录六朝上清经50余种、道符300通，集众神名讳。《灵宝领教济度金书》乃东华派斋醮科仪总集，收入道符2163通、秘字3476个、幡牌20个。《太上黄箓斋仪》收录秘字888个，为庆贺、安宅、消灾、去病、度幽、散坛、礼灯等诸科仪。《无上黄箓大斋立成仪》乃历代黄箓斋醮仪总集，共收录道符177通、秘字488个、印章14枚、幡牌11个、图13幅。其他如《灵宝玉鉴》《高上月宫太阴元君孝道仙王灵宝净明黄素书》《灵宝净明大法万道玉章秘诀》《太上灵宝净明飞仙度人经法》《上清天心正法》等亦收录斋醮、符咒、服食、绝谷、步罡、燃灯、章表类的符图、秘字、幡牌等。《玄圃山灵匮秘箓》收录道符60通、印章14枚，述符箓、咒诀、印式、召神劾鬼、变化、神通诸术，如无碍、佯死、入壶、盆取鱼、纸鹤飞、飞空住等。《黄帝太乙八门入式诀》录有道符14通，卷中有六丁玉女法，乃书符念咒、持诵、醮祭之术，目的是消灾灭魔，预占未来。《黄帝太一八门入式秘诀》录道符43通、印章8枚，主要为书符念咒请六丁玉女下辟精邪，消灾如愿。《黄帝太一八门逆顺生死诀》录道符41通，辑各种符咒、图式、药方，述隐遁、蹑步、孤虚、择时、伏魔拘邪、治病保胎、隐形、造印、造剑、埋剑等术。《太上赤文洞神三箓》录道符35通、印章5枚，称服食此符，启请神真，可以与神对语，并能够求神营卫，乞判吉凶等。

洞神部的《洞神八帝妙精经》《太上老君混元三部符》《上清丹天三气玉皇六辰飞纲司命大箓》述戒律、三皇、符文及符箓飞升之法，并有南斗六真、南斗玉女像及南斗符22通。《太上说玄天大圣真武本传神咒妙经》记录了紫微大帝述真武神通、问世、事迹及天符妙用、报应秘字。《太上通灵八史圣文真形图》卷四"八史箓"述召神、服符、祭祀、占卜、求福、禳灾等法。《太上洞神太元河图三元仰谢仪》的64通道符述坛堂、神位、入坛、思神、上香、发炉、礼三十二天、忏告、复炉等科仪。《太清金阙玉华仙书八极神章三皇内秘文》《秘藏通玄变化六阴洞微遁甲真经》《太上洞神玄妙白猿真经》《上清镇元荣灵经》《太上六壬明鉴符阴经》《鬼谷子天髓灵文》所录道符亦多为科仪及灵异之术。

太玄部的《金锁流珠引》录道符47通、图16幅，为步罡、安魂、镇魄、上元、中元、下元、入水、入山、九天春夏秋冬时令和五行、方位等相关符图。

太平部的《太平经》录秘字2132个及部分神仙图像。《法海遗珠》录道符538道、秘字212个，另有图53幅，多为诸派雷法。

太清部的《抱朴子内篇》乃东晋葛洪名著，录道符18通，述成仙诸术，尤以金丹术为主。

正一部经书著录的符图较多。其中,《洞神八帝元变经》录道符16通、图10幅,述召南斗史佐八大鬼神之法,包括符箓禹步、饵药斋戒等。《太上正一盟威法箓》录道符157通、图42幅,述各等级符箓,以召神劾鬼。《高上大洞文昌司禄紫阳宝箓》《太上北极伏魔神咒杀鬼箓》《太上正一延生保命箓》所录符图分别为文昌司禄宝箓、北极杀鬼箓、延生保命箓等神讳、符图、法词、仪式等。《高上神霄玉清真王紫书大法》撰于南宋,收录道符376通、秘字127个、印章5枚、图61幅,述神霄派符箓法及雷法,还包括宗派、神谱及养生内容。除此之外,隶属正一部的还有《道门定制》《太上助国救民总真秘要》《受箓次第法信仪》《太清玉司左院秘要上法》《上清修身要事经》《三洞道士居山修炼科》《洞真上清太微帝君步天纲飞地纪金简玉字上经》等道书,为服符、咒祝、辟邪、守戒、步罡躡斗、飞升、礼拜、盟仪、方法、戒律类符图。

2. 修炼类图像

修炼类图像指关涉外丹、内丹、存思、导引等多种修行方式的道经图形,此部分经书在《道藏》中所占比例也很大,主要有:

洞真部的《上清大洞真经》绘诵经入室存思图48幅,其中第一幅存思图绘室内布局及存思图像。其中室内布局分别标出东西南北方位和帝尊、正座、太上道君、紫微王夫人等多位神祇名号,以及入席向北烧香启经、三烧香、三启等仪式步骤。存思图像则绘一道尊席中端坐,旁立男女十位辅神,周边有祥云流布。其他存思图多与之类似,构图皆为一道人或正向或背向端坐(个别直立)存思诸神。《元始无量度人上品妙经通义》录太极妙化神灵混洞赤文图、雷霆枢机互用图等,其中太极妙化神灵混洞赤文图包括易图、丹图、河图象数图、雷霆一窍图,皆为丹法。《元始无量度人上品妙经内义》录太极妙化神灵混洞赤文图、体象阴阳升降图等,亦为内丹之术。《太上洞玄灵宝无量度人上品妙经法》绘大定神光图、璇玑玉衡图、八节九宫图、三十二天位次图、存思图、大行梵炁图、西龟山大行梵炁图、二十八宿星图、元纲流演图等。《玉清无极总真文昌大洞仙经》绘无极图、阴阳奇偶化生天干地支以成文昌之图、伏羲河马之图、大禹洛龟之图、大洞帝尊示现之图等。《黄帝阴符经讲义图说》绘三教归一图说、先天后天图说、七十二候图说等8图。《上清琼宫灵飞六甲左右上符》绘甲子太玄宫左灵飞玉女、甲戌黄素宫左灵妃玉女等6位仙真像。《修真太极混元图》和《修真太极混元指玄图》分别绘图16幅和9图，内容涉及三景之图、三才定位分道图、天地阴阳升降之图、日月弦望图、不知修炼耗散走失图、信心入道仙凡图、三田五行正道之图、五行配象之图、真五行颠倒图、真五行交合传送图、匹配阴阳胎息诀图、人世七十二福地之图、海中三岛十洲之图、虚无洞天图、天地日月时候与人同参图、生死路邪正图、真龙虎交媾内丹诀图、周天火候诀图、肘后飞金晶诀图、还丹诀图、炼形秘诀图、三田既济诀图、炼气成神朝元诀图、内观起火仙凡交换图、弃谷升仙入圣超凡诀图等，皆为内丹修炼之术。《金液还丹印证图》绘图20幅，皆为南宗内丹术。《修真历验钞图》绘三十辐共一毂图、采真铅汞图、阴阳交映图、炉郭图等12幅，释内丹术及铅汞和火候等。《上清太玄九阳图》由金代侯善渊撰，绘未见之图、太玄制魄之图、太玄炼魂之图、太玄动静之图、太玄有无之图、太玄升降之图、太玄三要之图、太玄六合之图、太玄九阳之图等。《上清洞真九宫紫房图》绘九宫紫房图1幅。《无上三天玉堂正宗高奔内景玉书》绘图40幅，述高奔日月、三奔、卧斗、回元诸法，教人存思日、月、北斗等。《玉清金笥青华秘文金宝内炼丹诀》绘图9幅，以口诀、论、说、图论等述南宗内丹术。同属此类的还有《陈虚白规中指南》《玉溪子丹经指要》《纸舟先生全真直指》《大丹直指》《三天易髓》《三极至命筌蹄》《清微丹诀》《先天金丹大道玄奥口诀》《抱一子三峰老人丹诀》及《修真十书》等。另《大洞金华玉经》绘多组人物修炼图，最终目的是通过常年习经达到白日升天；《上乘修真三要》以牧童牧马为喻，绘出相关图像和诗词图诀，述调性、明心、修命之重要性，颇具禅宗意味；《真仙秘传火候法》述一些隐讳性词语，或为阴阳双修之法；《中和集》则绘安炉、立鼎、还丹、内药和外药等图。

洞玄部的《上清八道秘言图》为六朝上清经，绘图 8 幅，分别以立春、春分、立夏、夏至、立秋、秋分、立冬、冬至等八个节气望云存思太素三元君等神，以便招真飞升。《太上玉晨郁仪结璘奔日月图》附图 6 幅，绘一头戴圆光的道人或立或坐于海上升起的平顶山石之上，存想日月之术。其中两幅图像分别为乘龙、乘彩凤入日月之图。《上方大洞真元妙经图》和《上方大洞真元阴阳陟降图书后解》不早于元，分别附虚无自然之图、道妙恍惚之图、太极先天之图、三仪冥有之图、气运之图和五行推移之图、八卦六变之图、九宫七元之图、修仙炼真之图、臣朝金阙之图等多图，劝人养气及阴阳陟降等术。《抱一函三秘诀》据称为元代著名画家黄公望所传，绘伏羲先天始画之图、文王后天八卦之图、天地五十五数图、坎离互用之图等 13 幅，均与丹法有关。《养生秘录》出自宋元间，录《规中图》1 幅，以如规之大圆镜喻个人正心诚意之修行。

洞神部的《道德真经集义大旨》录图 16 幅，如谷神图、九天生神图、应心为用图以及强调内丹养命、外丹长生的玄牝图等。《太上玄灵北斗本命延生真经注解》绘图 12 幅，分别为北斗七元星君和外辅内弼星君以及三台星君。《清静经注》绘混元三宝之图、初真内观静定之图、金丹大道之图等，均为内丹妙理。其他如《太上老君说常清静经注》《太上老君说常清静妙经纂图解注》《清静经注》等，均有倡导静心修行之术图像留存。《上清金阙帝君五斗三一图诀》绘图 15 幅，一一叙述具体季节某个时辰存思北斗和"三宫三一三卿及我合七人"之术。《四气摄生图》绘图 6 幅，涉肝神、心神、肺神、肾神、脾神、胆神名号及图像样式，为养生之法。《太上老君大存思图注诀》绘图 11 幅，述存思成仙之法，存五脏、五岳、五星、五帝、金映五色圆光之像，另有卧朝存思、朝出户存玉女、夕出户存少女等图。《太上五星七元空常诀》和《上清金书玉字上经》所绘图像也都与存思有关，部分图像绘出存思时的相应身姿和位置。

太玄部的《周易参同契发挥》绘图29幅，主要为内丹图说。《周易参同契解》与《易外别传》《易图通变》《易象图说》绘丹术、象数类图像。元代的《玄宗直指万法同归》绘无极、太极、三教同元图、三才万法图、性命身混合图说、牛车宝谕身性命说、佛氏卐字新轮图说、三身同根图、六对之图等。另一元代经书《上阳子金丹大要图》载太极图、太极分判图、先天太极图、后天太极图、金丹九还图、金丹七返图、金丹五行之图、太极顺逆图、元气体象图、金丹三五一图、清浊动静之图、宝珠之图、金丹四象之图、金丹八卦之图、形物相感之图、明镜丹道图、紫阳丹房宝鉴之图、悬胎鼎、偃月炉等图共计22幅。《爱清子至命篇》为南宋王庆升所撰，绘先天四象之图、后天四象之图、安炉立鼎之图、排符进火之图、九转成功之图5幅，述内丹理论。

太平部的《无上秘要》卷五二绘坛图1幅，按五方列炉五具，外绘后天八卦符号，述存思默祷之术。《太古集》由全真教北七真之一郝大通撰于金大定十八年（1178），绘乾象图、坤象图、日象图、月象图、天地交泰图等33图，主要述内丹之术。

正一部的《道法心传》为元代王惟一述，绘图14幅，如行持戒行图、万法归心图、先天元精图等，皆为内丹修炼之术。宋代的《雷法议玄篇》绘念木郎咒书和赤鸡紫鹅符，以及玉雷皓师君、洞阳幽灵君、虚皇太华君、火光流精君等4幅人首兽身神祇图像。《海琼传道集》绘和合四象之图、偃月炉之图、金丹之图、神室之图、婴儿之图、刀圭之图、玄牝之图等23幅记述内丹术之图。《洞真黄书》为六朝经书，绘图13幅，述术数、祈禳、斋醮之术。《上清天关三图经》为六朝上清经，绘图20幅，通过存思第一太星玄枢阳明天枢魂神上玄九君、第二元星北胎阴精天璇魂神上玉九君等七星诸神，酆都六宫诸神以及北方辰星、东方岁星等五星神，以求达到填塞死源，使七玄九祖脱离十苦、赦罪更仙的目的。《玉清上宫科太真文》录图18幅，均为道装人物及清微天、禹余天、大赤天等帝王冕旒装人物。《上清太一帝君太丹隐书解胞十二结节图诀》乃六朝时上清经，绘图 34 幅，前两幅为道士造型，后面诸图分别为戴通天冠的四方帝君以及着道装的玄一老子等。《上清黄庭五藏（脏）六府（腑）真人玉轴经》绘图 6 幅，分别为肺藏图、心藏图、肝藏图、脾藏图、肾藏图、胆藏图，述吐故纳新，补泻五脏六腑之法。

3. 神仙类图像

按人物构成方式，神仙类图像可分为单体个人尊像、组合式人物尊像和连环画类仙传人物故事图像三类。

其中，单体人物尊像是指个体人物形象，如《玄元十子图》和《金莲正宗仙源像传》《吕祖志》以及仙缘列传中的个体人物图像皆属此类。《玄元十子图》据称是按照赵孟頫的画作刊刻而成，现老子像缺失，仅存其 10 位弟子像，每像独立存在，并附传记性像赞。《金莲正宗仙源像传》绘图 13 幅，分别为老子和全真五祖及七真像，像旁亦附像赞。《续道藏》中的《吕祖志》为明代万历年编纂，绘正阳开悟传道真君钟离权和纯阳演正警化真君吕洞宾之像，造型与常见二仙样貌一致，属单体个人尊像性质。

组合式人物尊像是指同一组画面中绘有多个人物形象，且图像间不具有连环叙事功能。如洞真部灵图类的《三才定位图》中所绘三清天等诸神图以及《灵宝无量度人上品妙经》卷首的诸神朝元图，均属此类。

连环画类仙传人物故事图像是指围绕同一主体人物展开的具有叙事功能的人物故事画像。《道藏》中属于此类道经的有《许太史真君图传》《上清侍帝晨桐柏真人真图赞》《大明玄天上帝瑞应图录》等等。《许太史真君图传》出于元代，绘许逊故事插图 52 幅以及十二真君像各一幅。其中，52 幅的许逊故事插图属于叙事性连环画类仙传故事，十二真君像则属肖像类的单体人物图像。《上清侍帝晨桐柏真人真图赞》绘桐柏真人王子晋得道图像 11 幅及图解和赞词等。《大明玄天上帝瑞应图录》撰于明代，绘图 17 幅，主要记录了永乐十六年（1418）御制真武庙碑及相关种种祥瑞。

4. 法器用具类图像

法器用具类经书是指涉及炼丹和施法所用鼎、炉、印章、令牌、服饰、幡盖等器物的经书。虽然有些器物是修炼或施法过程中想象出来的物体，并非实物，但因其具有清晰的外形，故也列入此类。

洞玄部的《上清长生宝鉴图》录铜镜纹饰图 7 幅，辟邪所用，附有铭文。《上清含象剑鉴图》为唐司马承祯所制，录镜图 3 幅及双剑图，附有释文。《太上灵宝净明法印式》绘印图两枚，用于奏牍及呼神召鬼。

洞神部的《太上通玄灵印经》录通灵、摄鬼、召鬼、策鬼等印图 5 幅，述以符印役神使鬼、移山竭海、隐形缩地等术。

太平部的《洞玄灵宝三洞奉道科戒营始》，据吉冈义丰的研究，当编著于陶弘景殁后至梁孝元帝期间，书中绘图 11 幅，列正一、高玄、洞神、洞玄、洞真、大洞、三洞等法师及大洞女冠、山居法师、凡常道士、凡常女冠的法服图仪。

洞神部的《丹房须知》出自南宋，绘 4 幅炼丹炉、坛等图像。《稚川真人校证术》篇首绘炼丹器皿一组。《上清九真中经内诀》为六朝古上清经，述饵丹砂法，绘醮太一时所列供桌陈设及供品。《感气十六转金丹》录水鼎上合子具式，炉式、水鼎式、养火都式等，另外还绘有混沌鼎、大砂合的形制及丹台的具体构造。《修炼大丹要旨》绘火龙玄珠丹鼎法象、炼丹所用铁扇草和术律两种草药形制以及银盖汞鼎样式和九还既济炉图。《还丹肘后诀》绘日月天地图和水鼎金汞火门图各 1 幅。《金华冲碧丹经秘旨》绘炼丹用的甑图、炼铅汞归祖既济图、鼎器图、铅汞归根未济图、还丹第一转金砂黄芽初丹并鼎器图、还丹第二转混元神朴丹并鼎器图、还丹第三转通天彻地丹并鼎器图、还丹第四转三才换质丹并鼎器图、还丹第五转三清至宝丹并鼎器图、还丹第六转阴阳交泰丹并鼎器图、还丹第七转五岳通玄丹并鼎器图、还丹第八转太极中还并鼎器图、还丹第九转金液大还丹并鼎器图。《铅汞甲庚至宝集成》绘两幅炼丹炉式。《太极真人杂丹药方》绘养炉、流炉、炼炉以及多种用匮法、用炉法，并附具体匮形，如黄芽匮、白虎匮、青龙匮等。除此之外还对阴炉、阳炉、文火、武火等有细致描绘。

太玄部的《周易参同契鼎器歌明镜图》出于南宋嘉定元年（1208），绘明镜图及日象、月象图。其中，明镜图附图像样式，并逐一阐释镜上所列8环的详细内容，揭示其意涵。《还真集》为元末明初王道渊（玠）撰，绘图14幅，均为内丹修炼所需的鼎器、药物及火候等内容。

5. 医药卫生类图像

道教所涉长生与升仙的方式众多，《道藏》中与草药采集和炼制仙丹以及调理内脏器官等相关的图像经书有：

洞玄部的《黄庭内景五脏六腑补泄图》撰于唐宣宗大中二年（848），绘肺脏图、心脏图、肝脏图、脾脏图、肾脏图、胆脏图，各以一动物为代表，述脏腑病症诊断、施治与保养等法。

洞神部灵图类的《图经衍义本草》，宋寇宗奭编撰，许洪校正，共介绍了十大门类共计1400余种药材，附多幅图像。《白云仙人灵草歌》共记录了57种仙草，其中54种绘有图像。

太平部的《急救仙方》，由明徐守贞撰，述妇科医药方，绘图20幅，详细描述各种致疾病虫样貌及祸患，并绘出穴位治疗图。《仙传外科秘方》为元代杨清叟编述，四传至原阳子赵宜真，明太祖洪武十一年（1378）刊行，述痈疽疮毒等治疗方及其他杂病方，绘图24幅，分别标出病患所在部位及救治方法。

正一部的《太上灵宝芝草品》出自六朝，列127种芝图，并附相关说明文字述其颜色、形制和用途。

6.天文地理类图像

道经中还有一些关注山形、地貌、时令、气节与人物命理的图像，其中比较有代表性的有：

洞真部的《通占大象历星经》绘四辅四星、六甲、钩陈、华盖等星图51幅，为星占之术。

洞玄部的《洞玄灵宝五岳古本真形图》绘图18幅，其中有五岳、霍山、潜山、青城山、庐山使者等真形，图旁附山形范围及所属区域等文字。《玄览人鸟山经图》录太上人鸟山真形图1幅。

太玄部的《黄帝素问灵枢集注》与撰于宋哲宗元符二年（1099）的《素问入式运气论奥》、宋度宗咸淳五年（1269）的《黄帝八十一难经纂图句解》皆为关涉气运的道经，绘论四时气候及五天气图等图像。

太平部的《天原发微》，由宋鲍云龙编著，方回校正，绘图69幅，多为星象排布图示，于象数学中发挥程朱理学。

正一部的《邓天君玄灵八门报应内旨》有图6幅，主要为占卜吉凶、预示报应的图像。《九天上圣秘传金符经》绘图3幅，为查阅日辰天星占卜之法。《雨旸气候亲机》主要记述雷法，绘有39幅天象图。《道法宗旨图衍义》撰于元成宗大德三年（1299），绘元始祖劫图、混元化身之图、雷霆互用图、雷霆之图及宿曜玄机图等22幅，为内丹和雷法之术。《元辰章醮立成历》约撰于元明时期，开篇绘坛图1幅，坛上标有作法道士和四方天帝、二十八宿、三台等诸多神祇位置，之后详述醮祭六十甲子本命元辰之科仪。

（二）《藏外道书》中的图像概况

《藏外道书》作为明《正统道藏》和《续道藏》的有力补充，含有大量明《道藏》未收入的图像。其中，符图类的有《上清太霄琅书琼文帝章经》《正一盟威秘箓》《广成仪制保苗炎帝正朝全集》《广成仪制救破九狱全集》《广成仪制铁罐斛食全集》《广成仪制血湖三途五苦集》《广成仪制度人符式》《广成仪制水火符箓集》《广成仪制大表符式》《上清灵宝济度大成金书》《文昌大洞治瘟宝箓》等，这些经书中的秘字、符箓及步罡、灯坛图式，为研究唐宋以降的道教科仪提供了很好的原始资料。而修炼类经文如《太上老君清静经图注》《琼琯白真人集》《金丹大旨图》《慧命经》《玉清金笥青华秘文金宝内炼丹法》《中和集》《规中指南》《葛仙翁太极冲玄至道心传》《象言破疑》《金丹大要》《玉清金笥青华秘文》《超凡入圣九还七返金液还丹秘诀》《烟罗子体壳歌》《性命圭旨》《敲蹻洞章》《修真秘要》《赤凤髓》《十二段锦》中的图像，均围绕丹法、修炼等内容绘制，大大丰富了已有的道教图像体系。

《藏外道书》中另外两个突出的图像类型是神仙人物图和天文地理图。神仙人物图中比较有代表性的有《群仙集》《神仙通鉴》《仙佛奇踪》《武当嘉庆图》《有像列仙全传》《三教搜神大全》《修真宝传》《列仙酒牌》《洞玄释义经》等；天文地理图类《儒门崇理折衷堪舆完孝录》出于明代，绘图19幅，为堪舆、修墓、葬法等内容。另《藏外道书》中还有一些经书与术数、命理有关，如《古易考原》绘图7幅，为卦画、术数类；《法师选择记》绘四孟之图、四仲之图、四季之图，预示出行时日吉凶。《紫微斗数》绘图12幅，述人生辰八字以占卜吉凶。天文地理类图像中出现数目较多的为洞天福地名山宫观图，如《罗浮山志会编》《崂山志》《茅山全志》《华岳志》《武夷山志》《穹窿山志》《金鼓洞志》《白云观志》《逍遥山万寿宫志》等均属此类。

最后，需要关注的部分还有，《藏外道书》中所辑录的医学类经书较三家本《道藏》而言也有了很多变化，出现了具有人体解剖性质的《性命法诀明指》以及通过祝由治病的《祝由医学十三科》。再有就是《藏外道书》中还辑录了大量图文并茂的劝善类经书，如《感应篇图说》《阴骘文图说》《太上宝筏图说》等。

二、图像道经介绍

按照以上所述符图、修炼图、神仙图、法器用具图、医药卫生图和天文地理类图六种道经图像分类,现每类择要介绍一两部道经图像情况。

(一)《太上秘法镇宅灵符》(符图类)

《太上秘法镇宅灵符》共1卷,被收入三家本《道藏》第2册洞真部神符类。该经撰者不详,有研究者认为出自唐宋。该经作为一部专门记述施符镇宅之法的经书,开篇即从《上元经》所载汉文帝访"三愚之宅"故事入手,引出二神人化作书生传72道镇宅灵符,从而使凶宅变成吉宅的经过。经中绘"璇玑八卦之图""厌釜鸣狗上床斩火光一切鬼""厌除炁运阴阳不和""厌猪猫犬等自食子怪""厌中央土气移动鬼""厌龙神非佛""厌老树木作精魅鬼""厌除太岁疾疫之侵""厌镇凶恶之鬼""厌镇牛马六畜死伤鬼""厌除家鬼克害人口"等72道灵符,并规定每月圣降之日需准备供养之仪,还列出忌食种类,对探讨道教符箓与风水堪舆术有着重要的研究价值。

(二)《上清太一帝君太丹隐书解胞十二结节图诀》(修炼图类)

《上清太一帝君太丹隐书解胞十二结节图诀》共1卷,被收入三家本《道藏》第34册正一部,为六朝上清经。该经主要阐述了存神佩符、开解体内十二胞胎结节之法。上清派认为,人类是由胞胎中的精血生成,自出生时,体内便有十二个胎结;如果这些胎结得不到有效的疏解,便会导致五脏六腑郁滞,从而使人生病或死亡。为解除郁结,需诵读帝君以下百神名字，并按次解结。经中共绘图34幅，前两幅为道士修行造型，其一为正面盘坐的道人，双手笼于胸前袖内，呈端坐冥想状；其二为一在岩洞下打坐的道人。二位道人之后绘四位头戴通天冠的帝君，分别为东方青帝、南方赤帝、西方白帝和北方黑帝。再之后是着道装的玄一老子林虚夫字灵时道、三素老君牢张上字生道、正一左仙人仲成子、正一右仙人曲又子、太微小童干景精字会元子等五神，以及上胎、中胎、下胎诸神灵。其中，上胎九君分别为：太一尊神务犹收字归会昌、右无英公子玄元叔字合符子、右白元洞阳君郁灵摽字玄夷绝、中央司命丈人君理明初字玄度卿、命门挑君孩道康字合精延、泥丸天帝君上一赤子玄凝天字三元先、泥丸天帝卿肇勒精字中玄生、绛宫心丹田宫中元丹皇君神运珠字子南丹、绛宫辅皇中一卿中光坚字四化灵，所有神祇均为头戴簪缨梁冠或通天冠的官员装扮，有的手中还捧有玉简，或身佩玉具剑。上胎九君之后为中胎九真，皆为头戴簪缨梁冠，身穿袍服，身佩玉具剑的官员造型。下胎九君的形象未以单独神祇形象呈现，而是绘一头戴道冠，闭目盘坐于毯子上的神祇，正存思诸神。该神身侧绘诸神随云气降临。以上诸图之后又分别绘三图，其一为一人闭目盘坐存思；其二为一人于洞内石塌上曲肱侧卧；其三为二人于凭几两侧对坐，几上置一本经书。按经文所载，最后一图似为传授经书的过程。总体而言，《上清太一帝君太丹隐书解胞十二结节图诀》所绘神像主要用于存思，其中部分神像附近标出服饰色调，便于存思者对于神灵形象的建构。

（三）《太平经》（修炼图类）

《太平经》被收入三家本《道藏》第24册，是东汉时期十分重要的一部道经，又名《太平青（清）领书》，原有170卷，分甲至癸十部，每部17卷。在流传过程中多佚失，现仅存57卷，经中插有多幅图像。

《太平经》中的图像，多具有劝诫、说教性质。其中比较具有代表性的是卷一〇〇的《东壁图》和卷一〇一的《西壁图》。按图像后面所附文字，可知《东壁图》是为了劝善，《西壁图》是为了诫恶。《东壁图》中绘九位高髻跪坐女子，面向中间屋宇中的真人，真人左侧立一展经弟子，屋外树下立神将一人，头冠为明代样式。神将身后跪坐六位受戒弟子。《西壁图》中绘多组打斗人物，分执剑、枪、棒、盾、弓箭等武器，不乏伤亡、败逃场景的描绘。打斗人物旁边绘一屋宇，中间为一真人端坐，两旁各跪一人。屋外台阶下3人，正望向打斗人物方向。屋宇的另一侧绘4组人物，一组人物为四人直立，呈相互商议状。另三组人物身下均铺有长方形的席子类物件，形态各异。画面末端流云状的图案中绘一屋宇，屋宇内外共绘7人。

相比《东壁图》，《西壁图》中的打斗场面更具画面感。传教者通过生动的图像宣示了恶行的可怕后果，告诫弟子天下之事要各从其类，如果"不守其本，身死有余过。乃为恶于内，邪炁相召于外。故前有害狱，后有恶鬼，皆来趋斗，欲止不得也"。

除《东壁图》和《西壁图》这种直接具有劝善诫恶性质的图像之外，《太平经》还绘有一些用于昭示修道效果的神仙图像。如卷六的《升天图》，图中绘龙辇一部，辇中端坐一位头戴通天冠的男子，正与辇两侧所立戴道冠男子看向云头下方的一位捧简道人，似正与之告别。辇上立有华盖，盖顶饰宝珠。辇下云气缭绕，做升空状。龙辇上方一前一后还翱翔着两只仙鹤，似为负责导引的瑞禽。此图旁边标有文字，称"于此画神人羽服乘九龙辇升天，鸾鹤小真陪从，彩云拥前，如告别其人意"。卷九九的《乘云驾龙图》亦是如此，图中绘驾车之龙五条，分为前后两组。五龙之后为男女二人，男子头上戴冠，面上有须，正扭头看向身边同行的女子。女子头上盘多环高髻，右手执一伞幢类小型法器。二人身后为彩绘凤辇，辇上坐头戴通天冠的男子以及两位从官。该图上方标有人物的服饰色调，下方是升腾着的云气。

以上《太平经》图像，除承担着先秦两汉图像所具有的说教功能之外，也反映了早期道教修炼、存思的大致情况。

（四）《金莲正宗仙源像传》（神仙图类）

《金莲正宗仙源像传》共1卷，被收入三家本《道藏》第3册洞真部谱录类。卷首有泰定丁卯年（1327）正一派第三十九代天师张嗣成（太玄子）所撰之序，后为全真教庐山清溪道士刘志玄于泰定丙寅年（1326）所作序，简述此书编纂经历。仙传前列元代三帝诏书，分别为：《元太祖成吉思皇帝召丘神仙手诏》《元世祖皇帝褒封制词》《武宗皇帝加封制词》，后为老子和全真教五祖七真共十三位宗祖的白描画像及传记，分别为：混元老子、东华帝君、正阳子（钟离权）、纯阳子（吕洞宾）、海蟾子（刘海蟾）、重阳子（王重阳）、丹阳子（马钰）、长真子（谭处端）、长生子（刘处玄）、长春子（丘处机）、玉阳子（王处一）、广宁子（郝大通）、清净散人（孙不二），皆为一人一图一传。

《金莲正宗仙源像传》作为全真最为重要的经典图像，其所绘五祖、七真形象，与元代永乐宫纯阳殿、重阳殿壁画中出现的宗祖形象较为相似，对探讨全真早期宗祖形象具有十分重要的研究价值。

（五）《仙佛奇踪》（神仙图类）

《仙佛奇踪》被收入《藏外道书》第32册，洪应明撰，董康题，共8卷。开卷有了凡道人袁黄所题的"仙引"，之后为真实居士冯梦祯题的"佛引"，再之后录《列仙总目》。第一卷绘老君、东王公、西王母、赤松子、广成子、青鸟公、彭祖、铁拐先生、黄野人、尹喜、李八百、丁令威、鬼谷子、刘越、韩湘子、白石生、安期生、东方朔、钟离权、马成子、刘晨和阮肇等21幅图像；第二卷以张道陵为首，绘14幅图像；卷三绘司马真人、王质等20幅图像；卷四为《长生诠》和《佛祖总目》；卷五绘以释迦牟尼佛为首的17幅图像；卷六绘菩提达摩尊者等15幅图像；卷七绘云岩昙晟禅师、寒山子、拾得子等22幅图像；卷八录《无生诀》。

《仙佛奇踪》中的人物形象多与《三才图绘》一致，但编排顺序有所调整，且个别图像经过较大变动。如"刘晨、阮肇图"，《三才图绘》中的图像和传记内容围绕二人展开，但榜题只标刘晨一人之名。《仙佛奇踪》在图像名录部分补上阮肇二字，图像上部构图也比《三才图绘》的版本更为完整。另如"张道陵图"，虽两书中人物造型如出一辙，但图像上部云气的刻画方式有所差异，《三才图绘》为单线刻画，《仙佛奇踪》则塑造出复杂的云头效果。其他变化还体现在对张道陵脚边岩石和芳草的处理方面，《三才图绘》较为清晰简洁，《仙佛奇踪》则相对复杂。

除以上这些变化之外，《仙佛奇踪》还选取了一些与《三才图绘》完全不同的人物造型。如"吕洞宾图"，《仙佛奇踪》中的吕洞宾脸部被拉长，头上冠巾飞扬，神情高古；代表其身份的宝剑背于身后鬼卒身上，他本人则手持一把扇子，完全是一幅超凡脱俗的隐士打扮。《三才图绘》中的吕洞宾形象则神情轻慢，一副醉态，代表其身份的宝剑背在自己的背上，右臂下立一扶持他的小鬼。两种不同的吕祖造型反映了绘制者对吕祖的不同认识。另外，相较于《三才图绘》直呼人物名字的做法，《仙佛奇踪》亦有所改变，经常使用人物的道名。如将《三才图绘》中的"许逊"称作"许真君"，"张志和"称作"玄真子"等等，彰显出更多的宗教属性。

（六）《上清含象剑鉴图》(法器用具图类)

《上清含象剑鉴图》共1卷，被收入《道藏》第6册洞玄部灵图类，原题"天台白云司马承祯进"。作为一部与道教法器剑、镜相关的经书，《上清含象剑鉴图》不但蕴含着道教"藏道于镜"的世界观和宇宙观，而且还指明了该器物所特有的收鬼摧邪功能。

《上清含象剑鉴图》分由"含象鉴序"和"景震剑序"两部分组成。其中，"含象鉴图序"绘鉴图三幅，皆呈外圆内方之象。

第一幅镜图外缘刻两周圆圈，最内是八卦符号围成的正方形。正方形按九宫布局分别刻有图形和文字，其中东、南、西、北四正方位及中央各绘一山纹，象征五岳；四隅则各书四字篆书。方圆之间则绘日月星辰。上方离卦外绘一圆，象征日，有三足乌立于内；坎卦外绘一圆，象征月，月内绘一在桂树下捣药的玉兔；震卦和兑卦外分别绘制不同的星图。镜图旁附楷书释文，表明镜上篆文为："天地含象，日月贞明，写规万物，洞鉴百灵"16字，阅读顺序乃由四隅篆书中各取一字，即从西南至西北，再至东北和东南，顺次而成。据王育成先生考证，现存部分唐代铜镜与此镜相仿，可相互参照研究。

第二幅镜图可分为内外两个区域，两区皆为圆形。内区中心为一龟形镜钮，上刻"金龟绿地"四字。外区是十二个篆书铭文，按镜图旁楷书释文，可知其内容为："龟自卜，镜自照，吉可募，光不耀"12字。

第三幅镜图由内而外可分为四个圆形区域，最里层为一龟形镜钮，龟形镜钮之外通过三道圆圈与外层隔离。隔离后的第二区于四个方位分别绘有青龙、白虎、朱雀、玄武四神，此层图像所占空间较大，如果按图像比例，四神与中间龟形镜钮大小相当。四神之外是第三层区域，该区域极为狭小，是由两道圆环构成的狭窄空间，其间刻有35个篆书铭文，类装饰带，按图旁所列楷书释文，可知其内容为："青盖作镜大吉昌，巧工刊之成文章。左龙右虎辟不祥，朱鸟玄武顺于旁，子孙富贵居中央。"第四个区域刻篆书12字，具体内容为："龟自卜，镜自照，吉可募，光不耀。"

《上清含象剑鉴图》的"景震剑序"部分首先解释景震剑的命名缘由，后附剑图两幅。两幅图分别刻有剑身构造，另剑柄上还附有篆书"景""震"二字以示区别。

"景"字剑手柄处刻12字篆书铭文，按图旁所附楷书释文，可知其内容为："乾降精，坤应灵。日月象，岳渎形。"铭文下方有"辛酉符"，后附代表日、月、岁星、荧惑星、镇星、太白星、辰星的星图符号和篆书"春""夏""季""秋""冬"字样，剑尖则为北斗七星图。

"震"字剑手柄部位也刻有12字篆书铭文，具体内容为："挥雷电，运玄星。摧凶恶，亨利贞。"铭文之后为"庚申符"，符后附15字篆书铭文，据图旁所附篆书释文可知该部分文字为："戊己岱淮衡江嵩河华济恒风云雷电"，象征着干支与五岳、四渎及风云雷电等物象的交融作用。

图文之后录唐明皇的相关文字，如"宝照含天地，神剑合阴阳"诗句等。最后为北宋吴及于景德二年（1005）十月献给朝廷的"进司马天师铸含象鉴表"以及《铸剑镜法并药》和《炼砂成银法》二文，宋或后人编入。

（七）《上清长生宝鉴图》（法器用具图类）

《上清长生宝鉴图》共1卷，被收入《道藏》第6册洞玄部灵图类，撰人不详，研究者多认为出自唐代，亦有人认为出自南朝。开篇载镜铭一首，略言神镜通灵伏魔之意，称："百炼神金，九寸圆形。禽兽翼卫，七曜通灵。鉴包天地，威伏魔精。名山仙佩，奔轮上清。"随后，录镜图三幅。

第一幅镜图，其由内至外形成的四个同心圆可视为四个区域。第一区以长方形镜钮为中心，镜钮分上下两部分，分别书有"戊""己"二字。镜钮之外上端绘一北斗七星图案，斗口内标一"辰"字及圆形星图，镜钮两侧及下端分别书"岁""太白""镇""荧惑"等字样及星图五处，区内四正方位还分别标有"玄武""朱雀""青龙""太虎"字样，以及"神人""仙人""仙女""仙童"等文字。第二区是二十八星宿名，按自右向左的逆时针方向可依次识读为：角、亢、氐、房、心、尾、箕，斗、牛、女、虚、危、室、壁，奎、娄、胃、昴、毕、觜、参，井、鬼、柳、星、张、翼、轸。第三区为十天干（缺少戊、己二干，但可以镜钮上的二字补齐）与十二地支的混写铭文，由图像最上端"子"字开始按顺时针方向可识读为：子、癸、丑、寅、甲、卯、乙、辰、巳、丙、午、丁、未、申、庚、酉、辛、戌、亥、壬。第四区是由八卦符号和八组四字篆书组成的铭文带，每两个卦象间插入四个篆字，共计三十二字，为"百炼神金，九寸圆形；禽兽翼卫，七曜通灵；鉴包天地，威伏魔精；名山仙佩，奔轮上清"。

《上清长生宝鉴图》载录的第二幅镜图，亦为四层同心圆构图，其核心区域是八卦围成的镜钮及青龙、白虎、朱雀、玄武四神；第二层为十二生肖图像；第三层为二十四个铭文，铭文内容似为道教秘字，大多难以辨识；第四层为南北两端绘二卦象。

第三幅镜图为外圆内方样式，方圆之间刻四组云纹，分列于四个方位，每组云纹中刻日月星辰图案，其星辰样式与《上清含象剑鉴图》第一幅镜图中的造型类似，但日月图案则仅以双环表示，环内未有三足乌和捣药的玉兔。镜内核心区域是八卦围成的方框，框内为36个朝向四个不同方向的"山"字。

镜图之后有四幅明镜图符，亦为圆形，多由星图、符箓和铭文组成，其中第二组可分为内外两圈。内圈上方刻两组北斗七星图，并标有"四一三"和"四三"等数字，含义不明。北斗图的斗柄下方是数组星图，所标文字为"真君、四员星、太上老君大员护身箓君司命令箓参虚皇大帝"等。外圈为八枚道符，道符上刻有文字、星图等。

《上清长生宝鉴图》与司马承祯所作的《上清含象剑鉴图》作为道教界贡献给人类文明的宝贵财富，还有待进一步的深入研究。

（八）《图经衍义本草》（医药卫生图类）

《图经衍义本草》被收入三家本《道藏》第17册洞神部灵图类，是由宋代通直郎辨验药材寇宗奭编撰，宋太医助教辨验药材许洪校正的一部医药类书籍，全书共47卷，前5卷皆为序例，之后介绍各种药材。从玉石部开始，依次为草部、木部、人部、兽部、禽部、虫鱼部、果部、米谷部、菜部等十大门类，共计1400余种药材。每种药材先用文字标出名称和产地，然后详述其性能、产地、采制方法及服用禁忌，有些还附以图像。据统计，约489幅药材配有插图。不同地区的同类药材，通过标注产地名称及绘制不同图样的方式加以区分，使人阅后明了于心，有所参照。

经中所绘图像较为简略，但基本符合药物的原貌。如对紫水晶的刻画，虽然图像并未施彩，但水晶的六边形柱状晶体特征灵活再现。"食盐"部分，则分别介绍了"海盐"和"解盐"，并详细描绘出制造食盐的各个步骤。卷九的"草部上品之上·远志"部分，先标注出齐州、威胜军和商州三个地方名称，然后再绘出三类名为"远志"的不同草药样式，并引用《抱朴子》及《肘后方》的相关内容详加解读。按书中所涉前代医书，有《图经》《千金方》《唐本草》《齐民要术》等百余种，堪称当时本草药物学之集大成者。

（九）《白云仙人灵草歌》（医药卫生图类）

《白云仙人灵草歌》共1卷，被收入《道藏》第19册洞神部众术类，撰人不详，陈国符先生在《道藏源流续考》中认为有可能出自司马承祯。该篇共记录了57种仙草，分别为：达道草、白禄草、海宝草、紫枝草、合穗草、望仙草、金莲草、玉液草、大秘草、金凤草、仙人钦草、宝剑草、林泉草、地榆草、金线草、地宝草、大通草、天降草、惹罗衣草、大道草、长生草、白鹤草、磨罗草、五云草（无图）、凤青草、显志草、玉柱草、明月草（无图）、水红草、红焰草、地蕉草、宝山草、小白禄草、小金线草、真珠草、金鸢草、海石榴草、红蓝草（无图）、聚珍草、海桃草、金灯草、山青草、万通草、白珠草、龙泉草、宝峰草、金钱草、仙娥草、黄芽草、青金草、七星草、山浆草、银线草、宜男草、金罗草、杨桃草、百金草。在57种草药中，只有3种草药未绘出图像。该书的编制方式是先列仙草名称，然后在名称之下用小字注其花朵、枝叶的色调，然后绘制图形，图后再附详细文字介绍该草药的产地、药性和用途，以及与丹砂配合使用的情况。按篇末"七十二草总有灵，各伏丹砂并通神。不是上方留下界，凡世俗流少听闻"的诗文，原来或许有72种仙草的记录，而不仅仅是现存的57种。

（十）《黄帝宅经》（天文地理图类）

《黄帝宅经》共两卷，被收入三家本《道藏》第4册洞真部众术类。该经绘图两幅，分别为阳宅和阴宅图。二图皆为内外两个方框相套样式，中间内框绘后天八卦图。

阳宅图的八卦内所标文字位于五个方位，中间为"阳宅"，北方坎位"福"字，东方震位"刑"字，南方离位"福"字，西方兑位"德"字。两个方框中间，东西南北四正方位各有多行文字指示吉凶。四隅方向亦有文字，西北乾位书"天门五月丁壬日治"，西南坤位书"人门龙肠二月乙庚日治"，东北艮位书"鬼门八月甲巳日治"，东南巽位书"地户十一月丙辛日治"。

阴宅图的八卦中心是"阴宅"二字。其中，位于正西兑位的是"刑"，位于北部坎位的是"福"，位于东部震位的是"德"，位于南部离位的是"福"。四隅所对的西北乾位为"天门五月丁壬日修"，西南坤位为"人门二月乙庚日修"，东南巽位为"地户十一月丙辛日修"，东北艮位为"鬼门福囊八月甲巳日修"。

从以上二图可以看出，《黄帝宅经》主要为记述宅院阴阳吉凶及镇禳之法的一部经书，与风水堪舆有着密切的关系。

三、道教图像研究及出版概况

有关道教图像的研究，早年主要集中于道教壁画。20世纪三四十年代，加拿大的怀履光（William Charles White）主教首先开始对道教壁画进行研究，并于40年代完成了 Chinese Temple Frescoes: A Study of Three Wall-paintings of the Thirteenth Century 一书。怀履光所介绍的道教壁画出自山西平阳府地区，30年代前后被日本人盗卖出国，现藏于加拿大多伦多市皇家安大略博物馆。怀履光主教之后，在美国执教的景安宁教授也对该壁画进行过专门探讨，2002年，他在北京大学出版社出版了《元代壁画——神仙赴会图》一书。

中国大陆的道教壁画研究始于20世纪五六十年代永乐宫的搬迁。为配合永乐宫的搬迁，1963年，《文物》杂志集中刊发了一系列有关永乐宫的研究文章，其中就包括王逊先生的《永乐宫三清殿壁画题材试探》一文。王逊先生的研究奠定了永乐宫壁画研究的基础。之后，在长达二十多年的时间里，学界对永乐宫问题并无任何推进。直到1989年，山西大学的李德仁教授最先对三清殿的主神排列提出新的意见。随后，1994年于美国普林斯顿大学就读的景安宁先生在其博士论文 Yongle Palace: The Transformation of the Daoist Pantheon during the Yuan Dynasty （1260—1368）中开始系统阐释自己的观点，对三清殿的八位主神身份重新进行认定。2007年，中央美院的赵伟在博士论文《道教壁画五岳神祇图像谱系研究》中通过对永乐宫建筑、壁画布局和全真修行方式的探讨，提出了三清殿建筑与壁画出于一个整体构思，秉承了后天八卦理念的观点。与此同时，北京大学的邓昭和荷兰的葛思康（Lennert Gesterkamp）亦围绕永乐宫三清殿壁画主神体系展开讨论，具体研究情况可参见《道教美术新论》（2008年，山东美术出版社出版）论文集和葛思康的专著 The Heavenly Court: Daoist Temple Painting in China, 1200-1400（Lennert Gesterkamp, Leiden Boston, 2011）。

对于永乐宫另外两座殿堂纯阳殿和重阳殿壁画的研究，康豹（Paul R. Katz）、景安宁、刘科、吴端涛等人用力较多。康豹的研究可参见《多面相的神仙：永乐宫的吕洞宾信仰》（齐鲁书社，2010年）一书，景安宁的讨论集中于《道教全真派宫观、造像与祖师》（中华书局，2012

年)著述和其博士论文中,刘科和吴端涛的论述可分别参见他们的博士论文及随后所出的《金元道教信仰与图像表现——以永乐宫壁画为中心》(巴蜀书社,2013年)和《蒙元时期山西地区全真教艺术研究》(文物出版社,2019年)两部专著。除此之外,张方、赵伟等人亦有相关研究发表,具体内容可参见知网等学术网站。

在关于永乐宫壁画的研究中,还有些学者专门针对晋南画工群体做出探讨。如黄士珊女士1995年于台湾大学完成的名为《从永乐宫壁画谈元代晋南职业画坊的壁画制作》的硕士论文,孟嗣徽研究员2011年由紫禁城出版社出版的专著《元代晋南寺观壁画群研究》,以及曾嘉宝女士撰写的《永乐宫纯阳殿壁画题记释义——兼及朱好古资料的补充》等文。

其他一些道教壁画研究,如葛思康和赵伟对于河北曲阳北岳庙壁画的探讨,肖海明从《真武灵应图册》入手对河北蔚县真武壁画的探讨,高明对西安东岳庙壁画的研究,胡春涛对陕西佳县白云观壁画《老子八十一化图》的研究,以及二人合作出版的《陕西寺观壁画全集》等,都从不同角度丰富了道教壁画研究课题。随着学界对明清寺观壁画调查与研究的深入,道教壁画艺术的研究成果也愈加丰硕。

与道教壁画研究相呼应,近些年来,道教美术考古和道教版画的研究成绩斐然。在道教美术考古领域,海外学者中较早注意到道教美术研究价值的有张光直、巫鸿等先生。国内关注道教考古资料的多为考古学、人类学和宗教学方面的学者。2006年线装书局出版了由张勋燎、白彬二位先生合作的六卷本《中国道教考古》;2007年文物出版社出版了刘昭瑞先生的《考古发现与早期道教研究》;2007年王家祐先生的《道教考古文集》出版;2016年姜守诚教授撰写的《出土文献与早期道教》面世;同年,姜生教授的《汉帝国的遗产:汉鬼考》亦公开发行。以上这些著述连同不断刊发的各类考古文章为道教美术研究者提供了极为丰富的学术资源。

道教版画作为与《道藏》图像关系最为密切的画种,一直是海内外道教研究者们关注的热点。海外学者黄士珊、尹翠琪、林圣智等均曾在此领域有所建树。2012年，美国莱斯大学的黄士珊女士在哈佛大学亚洲中心出版了她的专著 Picturing the True Form: Daoist Visual Culture in Traditional China，该书围绕《道藏》插图及壁画、卷轴画、册页中的相关图像，较为全面地分析了存思、山水真形、内景图式、坛场科仪等多种道教艺术形式。香港中文大学的尹翠琪女士作为研究《道藏》图像的资深专家，撰写过一系列高水平的论文，其中比较有代表性的有《道教版画研究：大英图书馆藏〈玉枢宝经〉四注本之年代及插画考》《明代道经图像与科仪的互动——以〈度人经〉为例》和《〈正统道藏〉本〈三才定位图〉研究——北宋徽宗朝的道教宇宙神谱》等。台湾史语所的林圣智先生长期以来一直关注佛道艺术的发展，其论文《明代道教图像学研究：以〈玄帝瑞应图〉为例》是围绕道教版画中的玄天上帝形象，并结合道教壁画、塑像和科仪画像等不同艺术形式探寻动态化道教图像建构方式的一条有效途径。除此之外，林圣智的《南宋の道教における地狱救济の図像学：传梁楷［黄庭经图卷］考》研究亦极为出色，他对《黄庭经神像图卷》主尊为救苦天尊的判定，已成为学术界的共识。

国内学者对《道藏》图像关注较多的是张鲁君和许宜兰二位女士。张鲁君的博士论文《〈道藏〉人物图像研究》主要以三家本《道藏》人物插图为基础，在对其中的人物图像进行基本分类之后，着重分析了《三才定位图》《太平经》《上清侍帝晨桐柏真人真图赞》和《许太史真君图传》四部经书中的人物图像的时代特色，以及存思图的相关问题。许宜兰的《艺术与信仰——道经图像与中国传统绘画关系研究》亦是立足于《道藏》图像的研究，但同时，她亦关注到中国绘画的传统，从著述的篇章结构可以看出她为揭示道教版画与其他画种间的有机联系而做出的努力。

除以上研究者外，李丰懋、詹石窗、谢世维、尹志华、许蔚、申喜萍等诸多道教学者亦曾参与过道教图像的讨论。

在道教图像研究中，比较具有紧迫感的是道教美术发展脉络的梳理和相关图录画册的出版。最早探究道教美术发展历程的是金维诺先生和罗世平先生。1995年，二位先生合作出版了《中国宗教美术史》一书，该书从美术研究的角度系统地梳理了中国宗教美术的发展脉络，内容广博，涉及到佛教、道教、民间宗教、基督教、祆教等多种宗教艺术形式，是中国宗教美术史上一座具有里程碑性质的著作。另外两位在道教美术史研究领域拥有突出业绩的是胡文和先生和李松先生，他们各积数十年之功分别完成了《中国道教石刻艺术史》（高等教育出版社，2004年）和《中国道教美术史》（共三卷，目前暂出一卷）的写作任务，填补了道教图像相关研究的空白，极大地推进了道教美术事业的发展。

道教图像的集结出版，最早是伴随着中国美术图像的出版应运而生的。20世纪80年代，金维诺先生最先倡导并开始编纂60卷本的《中国美术全集》。《中国美术全集》是一部囊括了不同画种的美术类图像的煌煌巨著，道教美术亦被包含其中，长期以来一直是美术史研究者的重要工具书之一。除了这套大部头的著述之外，金维诺先生还组织编纂了许多专题类画册，如《中国寺观雕塑全集》《永乐宫壁画全集》《中国寺观壁画典藏》等等，其中不乏道教美术内容。

如果说作为美术史家的金维诺先生所编辑出版的图书是面向所有美术研究群体的话，那么，王宜峨研究员的著述则主要针对道教美术学者。从1994年出版《道教美术史话》开始，王宜峨研究员笔耕不辍，先后出版了一系列的道教美术著作，其中比较有代表性的是近些年由蓬莱仙馆资助出版的道教文化丛书：《卧游仙云》《玉宇琼楼》《陶铸永恒》《道像庄严》和《法箓威仪》。以上著述以图像为主，同时附有研究性的文字，一部画册一个专题，分别从卷轴画、建筑、塑像、壁画、水陆画和版画等不同角度对道教美术予以全方位的介绍。

道教界对图像研究有过巨大贡献的还有中国社科院的王育成先生，他通过《道教法印令牌探奥》和《明代彩绘全真宗祖图研究》两部专著，向世人展示了他在道教文献和图像方面的深厚研究功力。法国的范华先生在华居住长达半个世纪，2013年，他将其搜集了数十年的湖南道教造像结集出版，为我们正确解读当下宗教艺术遗存提供了极好的路径。同样对民间道教艺术一直给予极大关注的还有四川社科院的李远国先生，他对道教神像及水陆画的研究有望引导21世纪道教美术研究的新走向。与李先生的研究相辅相成的还有已故学者谢生保先生对甘肃一带道教黄箓图的调查研究，以及近几年出版的一系列相关画册，如北京白云观李信军主编的《水陆神全——北京白云观藏历代水陆画》，民乐县文物局和博物馆编的《民乐水陆画》，江苏高淳县文化局编的《明清道教神像画》，张同标、胡彬彬、蒋新杰编著的《长江中游水陆画》等等。

2019年，与道教版画相关的两件大事必将载入道教美术研究史册。该年，两部极为重要的道教版画丛书相继出版，一部是由周心慧先生主编、朱越利先生作序的32卷本的《道教版画丛刊》；一部是由翁连溪、李洪波主编，中国书店出版的100册《中国道教版画全集》。其中，《道教版画丛刊》收录了几乎半数以上的《道藏》图像，很多版本均属难得一见的珍藏本。而《中国道教版画全集》囊括了三万余幅图片，成为道教版画之集大成者。以上两部丛书都倾尽了编纂者的心力，相信不久的将来，凭借这些资料，道教美术研究者必将开创出一片新的天地。

建议阅读书目：

陈国符：《道藏源流考》，中华书局，1963年。

朱越利：《道经总论》，辽宁教育出版社，1991年。

朱越利：《道藏分类解题》，华夏出版社，1996年。

任继愈主编：《道藏提要》(修订本)，中国社会科学出版社，1991年。

陈　垣：《南宋初河北新道教考》，科学出版社，1958年。

王育成：《明代彩绘全真宗祖图研究》，中国社会科学出版社，2003年。

张勋燎、白彬：《中国道教考古》，线装书局，2006年。

王宜峨：《道像庄严》，五洲传播出版社，2016年。

Patrice Fava, *Aux portes du ciel: La statuaire taoÏste du Hunan*, Les Belles Lettres Ecole française d'Extrême-Orient, 2013.

黄士珊：《图画真形：传统中国道教的视觉文化》(*Picturing the True Form: Daoist Visual Culture in Traditional China*)，哈佛大学亚洲中心出版，2012年。

主要参考书目：

朱越利：《道经总论》，辽宁教育出版社，1991年。

朱越利：《道藏分类解题》，华夏出版社，1996年。

朱越利主编：《道藏说略》，北京燕山出版社，2009年。

任继愈主编：《道藏提要》(修订本)，中国社会科学出版社，1991年。

胡孚琛主编：《中华道教大辞典》，中国社会科学出版社，1995年。

作者简介

赵伟，博士，研究方向为中国宗教美术，现为中央美术学院人文学院教授，曾经出版专著《道教壁画五岳神祇图像谱系研究》和《中国古代物质文化史·绘画·寺观壁画（上）》，并校注绘画史籍《广川画跋》。发表论文《永乐宫三清殿壁画主要神祇位业研究》《北岳庙吴道子画壁考》《图中春秋——永乐宫重阳殿壁画中的法派意图》等论文二十余篇。同时，完成教育部及北京市社科课题各一项，参编中国美术史教材三部，出席国际学术会议十余次。

道藏中的音乐说略

甘绍成

一、引言

　　道教音乐，又称道家音乐，简称"道乐"。值得说明的是，传统道乐属于一种具有特殊功用的宗教仪式音乐，在过去的传承中，它并不是供人们娱乐、消遣和欣赏的艺术音乐，而是一种用于道教科仪（仪式）——修斋、建醮、诵经、拜忏、传戒、传度、冠巾等活动中使用的音乐。现代道乐则与传统道乐有所不同，它在传统道乐的基础上，已由原来仅使用于道教科仪活动，发展成一种具有寓教于乐特点的艺术性音乐而进入音乐会表演，如本世纪初以来道教界于2001年—2018年间，连续在香港、台湾、北京、新加坡、广州、成都、南昌、常州、上海、兰州、昆明、吉林（市）、西安等地举办的十余届"道教音乐会演"便是说明。本文涉及的内容，主要是传统道乐范畴，即《道藏》中记录的道乐相关内容。

　　《道藏》以及部分藏外道书，不仅是研究道教历史、信仰、哲学思想、科学技术、天文历法、社会风俗、伦理道德、医疗保健等方面的文献，而且还是研究道乐的重要文献。据历史上遗存下来的相关文献考证，中华人民共和国成立以前，由于录音、录像技术的制约，道乐与其他传统音乐一样，它的文献资料，除部分散见于我国历史文献中的正史、野史、笔记、方志及诗歌外，绝大部分则保存在《道藏》①和藏外的各类道书②中。

从现今影印出版的《道藏》及藏外其他道书中，就有不少道乐文献资料，其内容大体涉及以下几个方面：

二、道教音乐演礼

所谓演礼，据《汉语大词典》③谓："清时新登仕籍者在引见前一天须赴吏部演习引见时的礼节，称为演礼。"在道教文献中，演礼一词可见于清末《玄都律坛传戒引礼规则》④，该书收录全真道传戒登规行礼及戒坛相关科仪等内容共34项，其中第8、第14、第29项分别为演礼开示法、演礼二次开示法、演礼三次开示法。而担任全真传戒活动的八大师之一的，称为演礼大师，则负责传戒期间教戒子登规行礼及戒坛一切礼仪。从音乐角度来看，道乐的演礼，犹如戏曲音乐的演出，是根据科仪道士早已编撰的科仪文本（类似戏曲剧本），在信众面前进行一场道教仪式音乐的演出，其演礼活动有人物、有程序、有节次，可以说唱、奏、念、做一应俱全。

《道藏》中有关道乐的演礼文献，主要涉及道乐的演礼程序、演礼仪节、演礼分工等内容。此方面的资料，主要集中于《道藏》收录的近百项道教科仪文本中，兹分述如下：

---

① 文物出版社、上海书店、天津古籍出版社1988年影印出版。
② 指除《道藏》之外的其他道书，如《藏外道书》《道藏辑要》《广成仪制》等。
③ 罗竹风主编：《汉语大词典》，汉语大词典出版社，1994年，第8090页。
④ 清光绪年间成都二仙庵笙喈道人阎永和校刊。

（一）演礼程序

无论是正一道还是全真道，或是其他道派的音乐，道乐总是按照一定的程序和规律贯穿使用在科仪之中。尽管道教科仪的结构和内容非常繁杂，但主持道教科仪的高功等法师，却自有一套"依科阐教"的办法。他们往往根据科仪书籍（以下简称科书）早已规定的内容，进行有程序、有节次、有分工的演礼。这在道教科书中都有相关规定。如以唐末《北斗延生清醮仪》[1]为例，书中对该醮仪的演礼程序规定为：祝香、叙事、述圣、宣词、三上香、忏悔、赞德、七皈依、三献、散坛等。又如，《正一指教斋仪》[2]的演礼程序为：发炉，次西向，次北向，次东向，次南向，次还东面西，读辞，次还西向坐、说威仪十二法，次补职，次复炉，次咏［紫霞颂］[3]、出坛等。再如，唐代《醮三洞真文五法正一盟威箓立成仪》[4]，它的演礼程序为：设坛座位第一、洁坛解秽第二、入户咒第三、发炉第四、出灵官第五、请官启事第六、送神真第七、勅小吏神第八、内官第九、复炉第十、［送神颂］第十一、［出户咒］第十二、醮后诸忌第十三共13项。仅从以上三例中即可说明，传统道乐由于属于道教科仪的重要组成部分，它必然按照一定的程序和规律贯穿使用在道教科仪之中。如《北斗延生清醮仪》中的［祝香］［宣词］［三上香］［七皈依］，《正一指教斋仪》中的［紫霞颂］，《醮三洞真文五法正一盟威箓立成仪》中的［送神颂］［出户咒］等，均与道乐密不可分，它们便是道乐史上流传的某一形式的道教声乐曲。

---

[1] 详见杜光庭删定《道门科范大全集》卷五五，载《道藏》第31册，第885页—886页。
[2] 相传汉末天师道有指教斋法，后改编为指教斋仪。载《道藏》第18册，第291页—293页。
[3] 本文中涉及乐曲名时，添加中括号，以示区别。
[4] 唐三洞弟子张万福撰，载《道藏》第28册。

（二）演礼仪节

所谓仪节，据《汉语大词典》①："谓仪礼的程序形式。清·阮元《小沧浪笔谈》卷一：'《曾子》十篇，儒言纯粹在《孟子》上，投壶仪节，较《小戴》为详。'……"而道教科仪的仪节，是指道教科仪演礼程序中的某一节次，有的与音乐有关，有的与音乐无关。从《道藏》中的各种道教科仪可以看到，无论程序简略或是复杂的科仪，都少不了使用音乐。从传统道乐来看，可以说：有科仪，必然就有音乐。因为"无乐不成科，无乐不成仪"，这应当是传统道乐的法则。在众多道教科仪中，均有不同的仪式节次——仪节。其中，音乐仪节是道教科仪节次必不可少的重要组成部分。如《太上洞玄灵宝授度仪》②之《明日登坛告大盟次第法》中，除涉及到挂榜、择日、设坛、供物、仪职称谓与分工、着装与穿戴内容外，其中与道乐密切相关的仪节就有："鸣钟……［香花赞］引……赞唱勿停……乃祝曰：……诵［金真太空章］一篇……次诵［卫灵神祝］……次［发炉祝］……唱［东方天尊］……次读表文……鸣鼓三十六通……诵咏［五真人颂］……师诵真文序毕……次师起巡行，咏［步虚］……诵［礼经颂］……每诵［步虚］一首讫，弟子唱善散花，礼一拜毕，唱［三礼］……次师诵［三徒五苦辞］……次法师复炉祝曰……次诵［奉戒颂］［还戒颂］。……毕，师、弟子绕坛梵咏还。事了……师弟乃梵咏"等。

（三）演礼分工

道教科仪演礼中，均有专门从事音乐唱奏的演礼道士，这在《道藏》及藏外道书收录的相关科书中均有记载，从中可以了解自汉晋至清

---

① 《汉语大词典》，第1704页。
② 南朝宋道士陆修静编撰，载《道藏》第9册。

代有关道乐演礼道士在分工方面的一些变化。其中，在《正一指教斋仪》《洞玄灵宝斋说光烛戒罚灯祝愿仪》①《无上黄箓大斋立成仪》②卷一六等中，均对汉晋以来道教科仪演礼道士中的六职——法师、都讲、监斋、侍经、侍香、侍灯的称谓与分工作了相似的说明。

在《灵宝领教济度金书》③卷三一九中，对北宋以来道教科仪演礼道

---

① 南朝宋道士陆修静撰，《洞玄灵宝斋说光烛戒罚灯祝愿仪》："法师，经云：当举高德，玄解经义。斯人也，道德内充，威仪外备，俯仰动止，莫非法式，三界所范，鬼神所瞻，关启祝愿，通真召灵，释疑解滞，导达群贤。都讲，经云：才智精明，闲炼法度。其任也，行道时节，上下食息，先自法师，次引众官，礼拜揖让，皆当赞唱。监斋，其职也，司察众过，弹纠愆失，秉执科宪，随事举白，必使允当，不得隐滥。侍经，其职也，营侍尊经，整理巾蕴，高座几案，四座席地，拂拭齐整，不得怠懈。侍香，其职也，当料理炉器，恒令火然灰净。六时行道，三时讲诵，皆预备办，不得临时有阙。侍灯，其职也，景临西方，备办灯具，依法安置，光焰火然，恒使明朗。若遇风雨，火势不立，谘白法师，宜停乃停，不得怠替，辄令阙废。"载《道藏》第9册，第825页。

② 三洞法师冲靖先生留用光传授，太上执法仙士蒋叔舆编次《无上黄箓大斋立成仪》卷一六："高功法师，经云：当举高德，玄解经义。斯人也，道德内充，威仪外备。俯仰动止，莫非法式。三界所范，鬼神所瞻。关启祝愿，通真召灵。释疑解滞，导达群贤。都讲，经云：才智精明，闲练法度。其任也，行道时节，上下食息。先白法师，次引众官。礼拜揖逊，皆当赞唱。监斋，其职也，司察众过，弹纠愆失。秉执科宪，随事举白。必使允当，不得隐滥。侍经，其职也，营卫尊经，整理巾蕴。高座几案，四坐席地。拂饰齐整，不得懈怠。侍香，其职也，料理炉器，常令火然灰净。三时行道，二上转经。皆预办备，不得临用有阙。侍灯，其职也，景临四方，备办灯具，依法安置。光焰火然，常使朗明。若遇风雨，火势不立，启白法师，宜停乃停。不得怠替，辄令阙废。"载《道藏》第9册，第476页。

③ 宋末元初洞微高士开光救苦真人宁全真授，灵宝通玄弘教水南先生林灵真编《灵宝领教济度金书》卷三一九云："后世任六职者类多老成，不欲劳以杂务，未免众官代举其职。于是六职之外，颇多冗名。如灵坛、都监、知磬、知钟、直坛、炉头、表白、引班等名，始纷然矣。今之知磬，即副都讲也。今之表白，即副监斋也。今之直坛，即副侍经也。今之炉头，即副侍香也。今之知钟，即副侍灯也。时异事殊，各代官长，分任其事，有何不可。惟灵坛都监，乃年德俱高之人，纠察一坛之事，可与监斋互相弹纠，无其人则不必充位具员也。"载《道藏》第8册，第807页。

士中六职与冗员称谓与分工也作了说明。在《天皇至道太清玉册》[①]卷四《醮坛职名》条中，还对元明以来道教科仪演礼道士称谓的变化作了新的阐释。其中，元以前的六职，已在原称谓基础上，更名为高功、都讲、监斋、侍经、侍香、侍灯，明以来新增加的炼师、摄科、正仪、监坛、清道、知炉、知磬、词忏、表白九职也作了补充说明。

    从以上文献可以看出，明代以前的道教科仪演礼道士，主要包括负责威仪演礼的法师（高功）、监斋、侍经、侍香、侍灯、炼师、摄科、正仪、监坛、清道、知炉等，负责唱念演礼的都讲、知磬、词忏、表白等，负责内坛奏乐的云璈部[②]乐职道士。根据宋以来道教科仪演礼道士的分工来看，无论是负责威仪、唱念的道士，还是云璈部的道士，绝大

---

① 明朱权编《天皇至道太清玉册》卷四"醮坛职名"条："炼师，其职也，内外贞白，心若太虚，德体好生，诚推恻隐，致坎离之妙用，合造化之元功，炼质并真，超凡入圣。摄科，其职也，严格威仪，宣扬玄范，端临几席，密迩道前，音传金玉之声，向答琳琅之钧，必敬必戒，以谢以祈。正仪，其职也，通贯科仪，整肃玄纲，务在老成之士，方严中正之规，高功对越之有亏，尤资辅协，监斋纠举之或失，必藉考稽。监坛，其职也，激浊扬清，摄邪辅正。升坛隶事，先须严洁之功。通真达灵，必假监临之力。事须虔恪，毋令差迟。清道，其职也，肃清云路，荡涤尘氛。祛魔魅，不侵于黄道；斥妖邪，勿近于仙班。毋或后贻，届期先导。知炉一名左司仪，其职也，玄教威仪，仙班领袖。从容礼节，持诚必在于端庄。严整规绳，临事勿违于先后，礼宜周备，事勿参差。知磬一名右司仪，其职也，吟咏洞章，歌扬玄范。调和气宇，步虚声彻于云霄；净一身心，华夏音传于坛墠。弘敷至道，会感真灵。词忏一名左直箓，其职也，宜坚正念，对越天皇。通诚意于上穹，忏愆赧于下庶。真仪严重，勿致怠荒。表白一名右直箓，其职也，奏陈虔恪，注念精专。宜罄竭于一光，庶诚通于三界。威仪敬慎，规矩宜遵。"载《道藏》第36册，第391页—392页。

② 考宋以前的《道藏》文献，目前还没有见到"云璈部"的相关记载，有的多是关于"云璈"的资料。在约出于东晋《洞玄灵宝玉京山步虚经》中，有"是时诸天奏乐，百千万妓，云璈朗彻……"之说；在北周武帝宇文邕纂《无上秘要》（载《道藏》第25册）卷二〇中，有"萧条九空之中，西妃击节，天女罗铮，龙啸虎吹，鸾舞凤鸣，四真合唱，八音齐声，云璈激朗，倾骇三清"之说；在该书同卷中，有云："上清西华紫妃及西王母，乃各命侍女王廷贤、于广晖等弹云琅之璈，又命侍女安德音、范曲珠击昆明之缶，又命侍女左抱容、韩龙宾吹凤鸾之箫，又命侍女赵运子、李庆玉拊流金之石。"可见，"云璈"是和"节"等乐器合奏的一种细乐，与明代朱权编撰《天皇至道太清玉册》（载《道藏》第36册）卷五《天乐仪仗章》条中所说的"三清天乐"形式相似。

多数都要担当音乐赞唱和乐器伴奏；而负责云璈部的乐职道士，主要担当内坛奏乐的器乐合奏之责。如《灵宝领教济度金书》①卷三一九"升坛"条中，有"诸升坛……次云璈部先行……云璈部，止而不作……与知磬诣右幕，分两边对立"。可知宋以后，道乐已有了相对完善的乐队——云璈部。关于它的乐队组合，很可能与明嘉靖中江永年《茅山志》后编道秩考②所记载的道教内外坛乐队形式相似。

三、道教音乐乐器

从诸多道书中可以看到，早期道乐所使用的乐器名目繁多，它们仍是沿袭我国周代根据乐器制作的不同材料进行"八音"③分类的方法，将道乐中的乐器分为金、石、土、革、丝、木、匏、竹八类。对此，我们从道书《无上秘要》④卷二〇、《天皇至道太清玉册》⑤卷五、元人卫琪注《玉清无极总真文昌大洞仙经》和元人张勤订证、明人刘文彬校正的《太上玉清总真无极文昌大洞仙经》二书所附同一幅《苍胡颉宝檀炽钧

---

① 载《道藏》第 8 册，第 807 页。
② 明嘉靖中江永年《茅山志》后编道秩考中，有"内坛奏乐一十五名：云锣一名，笙四名，管二名，笛二名，札（板鼓）二名，板二名，鼓二名。外坛奏乐一十五名：云锣二名，笙二名，管二名，笛二名，札二名，板二名，鼓二名。"转引自陈国符《明清道教音乐考稿（I）》，第 15 页，载《中华文史论丛》1981 年第 2 辑，上海古籍出版社，1981 年。
③ 《周礼·春官》："大师……皆播之以八音：金、石、土、革、丝、木、匏、竹。"《无上秘要》卷二〇中，有"四真合唱，八音齐声"。
④ 北周武帝宇文邕敕辑，载《道藏》第 25 册。
⑤ 详见《天皇至道太清玉册》卷五"乐具"条，载《道藏》第 36 册。

道藏中的音乐说略

音之图》①（见图1、图2）即可看到，早期道乐所使用的乐器包括：

图1：《玉清无极总真文昌大洞仙经》附图

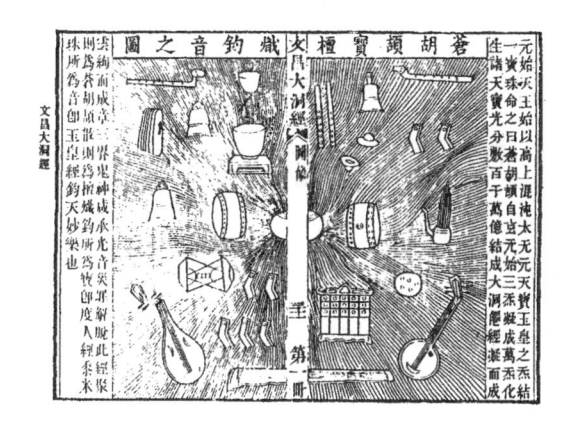

图2：《太上玉清总真无极文昌大洞仙经》附图

---

① 该图分别收录于元人卫琪注《玉清无极总真文昌大洞仙经》（载《道藏》第2册，第604页）和元人张勤订证、明人刘文彬校正的《太上玉清总真无极文昌大洞仙经》（载《藏外道书》第4册，第437页）二书。

1219

（一）金类乐器

《道藏》相关文献提到的金属类乐器，有金、钟、金钟、镛、璈、手磬、帝钟、铙钹。

1. 金、钟、金钟、镛

《无上秘要》卷二〇中，有"西王母为茅盈作乐……又命侍女石公子击昆庭之金"；《汉武帝内传》①中，有"王母……又命侍女石公子击昆庭之钟"。两书内容相似，一个写成"昆庭之金"，一个写成"昆庭之钟"，这说明在古人的眼里，二者同义，均指金属类击奏乐器钟。②《太上洞玄灵宝授度仪·明日登坛告大盟次第法》中，有"升坛所须等物悉具备，鸣钟"。《洞玄灵宝钟磬威仪经》③还提到了大罗天、玉清天、上清天、太清天等天界中，出现的60种不同名称的钟——九明华钟、七曜

---

① 载《道藏》第5册。
② 《辞源》谓："金奏，击钟及镈而奏九夏之乐。《周礼·春官·钟师》：'钟师掌金奏。'注：'金奏，击金以为奏乐之节……'"
③ 《洞玄灵宝钟磬威仪经》谓："大罗天中，有九明华钟、七曜神钟、洞光浮钟、飞精空钟、大光云钟、开天光钟、自然神钟。玉清天中，有凤生天钟、华宝云钟、霄焰灵钟、玉龙华钟、空明宝钟、九合光钟、万变瑶钟。上清天中，有十华宝钟、四华凤钟、电耀明钟、龙耀明钟、鸾翔华钟。太清天中，有九精合成钟、百宝空明钟、结云华凤钟、天飞龙钟。九天中，有自鸣华钟、九色光钟、万宝华钟、大自然钟。皆结自然真精、妙炁而成，光明洞彻，神化无方，千形万象，应变难名。或大或小，随运自鸣，音声响亮，和雅应神。四梵天中，有度命神钟、长生灵钟、济生神钟、消魔神钟、反魂神钟、制魔神钟、降魔神钟、伏邪神钟、挥灵宝钟、集仙琼钟、归真和钟。三界天中，有保生之钟、昌乐之钟、自鸣之钟、安国之钟、应命之钟、宝龄之钟、延和之钟、长寿之钟、护神之钟。皆以紫凤翠龙之金，照夜明霄之宝，承九天之气、九泉之火，合而成之。宛利天中，有莲花之钟、翔云之钟、宛凤之钟、交龙之钟、遐龄之钟、消灾之钟、度厄之钟、护国之钟、定生之钟、保命之钟、修期之钟、辟兵之钟、消魔之钟。皆以金银铜铁、琼瑶宝玉，镕铸雕刻而成。"又谓："世间钟，用金银铜铁作，两角、三角、四角、六角、九角、无角，大小随宜……"载《道藏》第9册，第864页—865页。

神钟、洞光浮钟等。这些不同名称和规格的钟及其制作，书中还有详细说明。《苍胡颉宝檀炽钧音图》中有钟画图，只是无具体尺寸标记。上述道书中提到的钟，虽带有神话色彩，但早在商代，我国就已有大小三枚组合起来的编钟，周代以后更是出现了由大小数十枚组合而成的成套编钟，用于伴奏歌唱，称之为歌钟[1]。唐·皮日休《太湖诗其八·缥缈峰》诗中，有"杖策下返照，渐闻仙观钟"。《道书援神契》[2]也提到了编钟、特悬钟、大钟。说明唐代以来，钟不仅早已在道教名山宫观中用于每日开静、止静，而且还用于道乐活动中。

2. 璈

又称云璈、云锣[3]。《无上秘要》卷二〇[4]中，多处提到了天界仙女所弹的云钧之璈、云琅之璈、八琅之璈、九气之璈、景龙云璈等；约出

---

[1] 《辞源》谓："歌钟，古代打击乐器名，即编钟。铜制。用来配合歌曲，故名。"载《辞源》(修订本)，商务印书馆，1988年。

[2] 元大德年间编撰的《道书援神契》"钟磬"条谓："古者祭乐有编钟、编磬，每架十六，以应十二律及四宫清声。又有特悬钟、特悬磬。特悬者，独悬也。今洞案金钟玉磬，又有大钟等，皆本诸此。"载《道藏》第32册。

[3] 《中国音乐词典》谓："云锣，打击乐器。又名云璈、九音锣（九为多数之意，不限于九个）。元代已出现，《元史·礼乐志》：'云璈制以铜，为小锣十三，同一木架，下有长柄，左手持而右手以小槌击之。'山西永乐宫元代壁画的奏乐图和永乐宫三清殿斗拱间元代装饰画中均有演奏云锣的形象。云锣由若干个大小相同，厚薄、音高不同的铜制小锣，按声音高低列置一木架上……现经改革，锣的数目增至二十九个或三十八个，用双槌击奏。多用于民族乐队的合奏中。"缪天瑞、吉联抗、郭乃安主编，人民音乐出版社，1984年。

[4] 《无上秘要》卷二〇云："高圣玉帝命上宫玉女徐法容、萧惠忠、田四非、李云门等弹云钧之璈……上清西华紫妃及西王母，乃各命侍女王廷贤、于广晖等弹云琅之璈……西王母为茅盈作乐，命侍女王上华弹八琅之璈……太极真人乃先命北寒玉女宋德消弹九气之璈……又命西华金灵上宫飞玄玉女，景皇真人，弹五合之琴，景龙云璈……"

于东晋的《洞玄灵宝玉京山步虚经》[①]和南朝宋道士陆修静编撰的《太上洞玄灵宝授度仪》所咏唱的一首[步虚]中[②]，均提到了云璈。虽皆系托名，但该乐器约在两晋南北朝时就已使用于道乐中。《道书援神契》云："云璈，古者祭祀有乐，此仿之也。其常高于常乐，全用清声，达于天地。手执者象天乐，可游行而奏也。"《苍胡颉宝檀炽钧音图》中有云璈画图，说明元代以来，该乐器已在民间音乐和道乐中广为流传。

3. 手磬

又称引磬[③]，《苍胡颉宝檀炽钧音图》中有手磬画图。《天皇至道太清玉册》卷五"乐具"条中，有"达悯通真之磬，手磬也"，说明早在元代，手磬就已用于道乐和洞经音乐中。

4. 帝钟

《天皇至道太清玉册》卷五"乐具"条中，有"黄帝会神灵于昆仑之峰，天帝授以帝钟，道家所谓手把帝钟，掷火万里，流铃八冲是也。天丁之所执者，又谓之火铃"的远古传说。《苍胡颉宝檀炽钧音图》中有帝钟画图；《道书援神契》云："帝钟，古之祀神，舞者执铙；帝钟，铙之小者耳。"说明至迟在元代，它已用于道乐和洞经音乐中。

---

① 《洞玄灵宝玉京山步虚经》云："是时诸天奏乐，百千万妓，云璈朗彻，真妃齐唱而激节，仙童凛颜而清歌，玉女徐进而跰跹，放窈窕而流舞翩翩，诜诜而容裔也。"载《道藏》第34册，第625页。
② 《太上洞玄灵宝授度仪》所咏唱的[步虚]中，有"虚皇捬云璈，众真诵洞经"。载《道藏》第9册，第853页。
③ 《中国音乐词典》谓："引磬，打击乐器。磬身形似酒盅，直径约7厘米，形状与仰钵形坐磬相同。置于一根木柄上端，木柄长约35厘米，用细长铜棍敲击……"

5. 铙钹

《天皇至道太清玉册》卷五中，有"蚩尤至，驱虎豹与黄帝战。黄帝作铙钹以破之，其虎豹畏铙钹之声故也，况亦惊逐魔怪"的远古传说。《苍胡颉宝檀炽钧音图》中有铙钹画图，说明至迟在元代，铙钹已用于道乐和洞经音乐中。在现今各地流传的道乐中，铙钹①更是常用的击奏乐器之一。

（二）石类乐器

《道藏》相关文献提到的石类乐器，有石、磬、节、玉节。

1. 石、磬

《汉武帝内传》中，有"王母……侍女阮灵华拊五灵之石……石，如鸣球之类也。侍女范成君击洞庭之磬"的神话传说；《无上秘要》卷二〇中，也有类似的传说，只是个别仙女名和乐器名有一定出入："又命侍女琬绝青拊吾陵之石，又命侍女范成君拍洞阴之磬"。可见，二者均指用石类材料制作的击奏乐器，统称石磬，又称鸣球。使用玉石制作，称为"玉磬"。《要修科仪戒律钞》②卷八中，称："《太真科》云：斋堂之前，经台之上，皆悬金钟玉磬，依时鸣行。"《天皇至道太清玉册》卷五"乐具"条中，称："玉清天球之磬，玉磬也。"后来，可能由于石材制作的乐器容易损坏，加之不便携带，遂又产生了采用金属铁和铜制

---

① 《中国音乐词典》谓："铙钹，铙和钹是两种形制相似而稍有区别的乐器，可统称为铙钹……铙与钹皆属铜制金类乐器，直径约30厘米—35厘米，中间隆起部分如水泡形，每副两片，相击发声。铙的隆起部分较小，发音较响亮，钹的隆起部分较大，发音较浑厚。"

② 唐代道士朱法满撰，载《道藏》第6册。

作的铁磬与铜磬作为替代乐器。如现今各地道乐中使用的磬，基本上使用铁磬或铜磬，而无石磬。

2. 节、玉节

节①在过去的民间音乐和宫廷音乐中，应是一种竹类击奏乐器。但在道教仙乐中，它并不像东北民间歌舞中用竹材制作的同一名称乐器，而是一种玉制的石类击奏乐器，称之为玉节②，简称节。《洞玄灵宝玉京山步虚经》③中，有"云璈朗彻，真妃齐唱而激节"；《无上秘要》卷二〇中，有"四畅徐乃击节而歌""萧条九空之中，西妃击节""清虚真人又命飞玄玉女鲜于灵金，拊九合玉节"等。尽管带有神话色彩，在现今的道乐中也未见使用，但它很可能是早期道教祭乐活动中的一件礼器。

（三）土类乐器

《道藏》相关文献提到的土类乐器，主要有埙和缶。

1. 埙④

埙是一种历史久远的采用陶土烧制的吹奏乐器。浙江河姆渡遗址曾

---

① 《辞源》谓："乐器（十一）编竹形如箕，以圆竹二，上合下开，划之发声，以节乐。见《大清会典·图三九》。《文选·晋左太冲（思）蜀都赋》：'巴姬弹弦，汉女击节。'"
② 《汉语大词典》谓："玉节：3. 古代一种用以调节乐声的乐器。●北周庾信《北园新斋成应赵王教》诗：'玉节调笙管，金船代酒卮。'倪璠注：《汉书音义》曰：'管，漆竹，长一尺，六孔。古以玉作，不但竹也。'……节，竹约也，以玉为之，故云玉节矣。'……"
③ 撰人不详，约出于东晋。系古《灵宝经》之一。载《道藏》第34册，第625页。
④ 《汉语大字典》谓："埙 ◎ 古代用陶土烧制的一种吹奏乐器，圆形或椭圆形，有六孔。亦称'陶埙'。"

发现有一个吹孔的陶埙，距今约七千年，是目前所知年代最早的实物。先秦《诗经·小雅·何人斯》中，有"伯氏吹埙"。主要用于历代宫廷雅乐，民间也有流传。《天皇至道太清玉册》卷五中，托名"叶和众音之埙"。《苍胡颉宝檀炽钧音图》中有五孔埙画图，可见它至迟已在元代的道乐和洞经音乐中使用。

2. 缶①

缶是古代一种瓦质（陶土）的击奏乐器。南北朝·陈叔宝《独酌谣四首·其四》中，有"是牖非圆瓮。吾乐非击缶"。《无上秘要》卷二〇中，有"又命侍女安德音、范曲珠击昆明之缶"。虽系托名，但缶很可能是早期道乐使用的一件乐器，由于属于陶土制品，在携带过程中容易损坏，后来便由大铜磬替代。《道书援神契》中，有"其大铜磬本诸击缶"的阐释。

（四）革类乐器

《道藏》相关文献提到的革类乐器，有鼓、鼗、鼛、天鼓、法鼓。均指采用皮革材料蒙皮制作的革类乐器，只不过名称和大小有所不同而已。晋·皇甫谧《帝王世纪》中，云："黄帝于东海流波山，得奇兽。状如牛，苍身、无角、能走，出入水则风雨，光如日月；其音如雷，名曰夔。黄帝杀之，以其皮为鼓，声闻五百里。"《天皇至道太清玉册》卷五"天乐仪仗章"条，在沿用此说基础上，增加了神话色彩，曰："取夔之皮作鼓，以享天帝"；同书"乐具"条中，有"震天集灵之鼓（焚

---

① 《汉语大词典》谓："缶：4. 瓦质的打击乐器。●《易·离》：'不鼓缶而歌。'●《诗·陈风·宛丘》：'坎其击缶，宛丘之道。'●《史记·廉颇蔺相如列传》：'于是秦王不怿，为一击缶。'●《汉书·杨恽传》：'仰天拊缶，而呼乌乌。'●颜师古注引应劭曰：'缶，瓦器也；秦人击之以节歌。'"

焚），丰鼓也""瑶池灵明之鼗（音桃），扛鼓也""灵鼍啸风之鼙，杖鼓也，名玉礼"等托名。《太极真人敷灵宝斋戒威仪诸经要诀》①、《要修科仪戒律钞》卷二"存念咒钞"②、《太上黄箓斋仪》③卷一中，有"鸣天鼓""鸣法鼓"二十四通或三十六通等。其中，天鼓一词，据《辞源》谓："《史记·天官书》：'天鼓，有音如雷非雷，音在地而下及地。'唐李白《李太白诗》三《梁甫吟》：'我欲攀龙见明主，雷公砰訇震天鼓。'本谓天神所击之鼓发声如雷。后亦以天鼓比喻雷声。"法鼓一词，据《汉典》引《国语辞典》谓："道坛所击的大鼓。用以震起法众，祛除妖氛。"《苍胡颉宝檀炽钧音图》中有"细腰鼓"和"扁鼓"画图，在现今各地流传的道乐中，有不同名称的鼓，如大鼓、小鼓、朝鼓、堂鼓、板鼓、手鼓等，是常用的革类击奏乐器。

（五）丝类乐器

《道藏》相关文献提到的丝类乐器，有琴、瑟、箏、箜篌、琵琶、阮。

1. 琴

琴在古代泛指古琴，早期为五弦琴④，后来发展为七弦琴。《无上秘要》卷二〇中，有"太真王夫人，时自弹琴。琴有一弦而五音""又命西

---

① 约出于东晋的《太极真人敷灵宝斋戒威仪诸经要诀》中，有"次长跪，鸣天鼓二十四通"，载《道藏》第9册。
② 唐三洞道士朱法满撰《要修科仪戒律钞》卷二"存念咒钞"中，有"一诵《本相经》，存咒。先鸣法鼓三十六通，礼经三礼"。
③ 唐末五代杜光庭集《太上黄箓斋仪》卷一中，多处有"鸣法鼓二十四通"，载《道藏》第9册。
④ 《帝王世纪》："神农始作五弦之琴，以具宫商角徵羽音。历九代至文王，复增其二弦，曰少宫、少商。"（晋）皇甫谧撰，《丛书集成初编》刊本。1978年，我国在湖北省随县曾侯乙墓（战国初期）出土有一张五弦琴，它与文献记载的筑相近。

华金灵上宫飞玄玉女、景皇真人,弹五合之琴";《灵宝领教济度金书》①卷一〇"赞颂应用品"[七真赞]中,有"众仙弹灵琴";《苍胡颉宝檀炽钧音图》中有七弦琴画图。由此可以说明,琴至迟在元代的道乐和洞经音乐中已使用,后来可能由于音量较小,不太适合在乐队中使用,才很少在传统道乐中使用。然而从古至今,琴与道教的文化生活密不可分,常用于道士自娱自乐、修身养性与文人雅集。唐宋诗词中,有若干关于道士弹琴方面的美篇佳作便是证明。

2. 瑟

瑟与琴同属丝类乐器,只是构造形制不尽相同。二者常在一起合奏,誉之为"琴瑟之乐"。《诗经·小雅·棠棣》,有"妻子好合,如鼓瑟琴"。《天皇至道太清玉册》卷五"天乐仪仗章"条,有"乃取伏羲所制之琴瑟,合之为乐",同书"乐具"条中,有"湘灵空清之瑟"的托名。可能在早期的道乐中,瑟仅是道教祭乐活动中使用的一件礼器,传统道教乐队中虽未见使用,但仍与道教的文化生活密不可分。如元·于立《题顾处士竹逸亭》诗中,有"仙人或送青精饭,道士时来白羽衣。清觞雅瑟在盘石,坐看白云天际飞"。

3. 篥

篥②是一种古代弹弦乐器,类似筝。《天皇至道太清玉册》卷五中,有"太虚仙音之籁,似箜篌而篥弦"。其中之籁,疑即为篥字误写,应是一种丝弦乐器,不是吹奏乐器之籁。元·耶律楚材《赠蒲察元帅七首·其二》诗中,有"忙唤贤姬寻器皿,便呼辽客奏筝篥"。可能是元

---

① 载《道藏》第7册。
② 《汉语大字典》谓:"篥[音秦],一种古乐器,似筝,有七弦。见《元史·礼乐志五》。"

1227

代辽人善弹的一种与古筝相似的乐器,早期道乐中虽未见使用,但在现今各地建立的道教乐团中,古筝却是不可缺少的丝类弹拨乐器。

4. 箜篌

箜篌是我国古代使用的丝弦类弹拨乐器[①]之一。唐·杜佑《通典》卷一四四·乐四谓:"箜篌,汉武帝使乐人侯调所作,以祠太一。或云侯晖所作,其声坎坎应节,谓之坎侯……旧说一依琴制。今按其形,似瑟而小,七弦,用拨弹之,如琵琶也";《天皇至道太清玉册》卷五"天乐仪仗章"中,也有类似说法:"汉武帝乃命乐师侯调作箜篌,以配神灵之音";唐·施肩吾《赠女道士郑玉华二首·其二》诗中,有"明镜湖中休采莲,却师阿母学神仙。朱丝误落青囊里,犹是箜篌第几弦"。这说明,早期道乐中很可能使用过箜篌,只是在现今的道乐中未见使用。

5. 琵琶

汉唐以来就是一件常用的弹弦乐器[②]。唐、宋以来,它在传统琵琶基

[①] 《中国音乐词典》谓:"箜篌,古代弹拨乐器。又名坎侯、空侯。有卧箜篌、竖箜篌、凤首箜篌三种形制。《史记·封禅书》:'于是塞南越,祷祠太一、后土,始用乐舞,益召歌儿,作二十五弦及空侯琴瑟自此起。'"

[②] 《中国音乐词典》谓:"琵琶,弹拨乐器。初名批把。东汉刘熙《释名·释乐器》:'批把本出于胡中,马上所鼓也。推手前曰批,引手却曰把,象其鼓时,因以为名也。'即以弹奏方法而得名。在秦代(公元前221年—前207年),劳动人民根据鼗(táo)的形式,创造出一种直柄、圆形音箱,竖抱演奏的弹拨乐器,名'弦鼗'……公元四世纪,随着与西域的文化交流,有一种半梨形音箱,曲项,四弦四柱,横置胸前,用拨或用手弹奏的琵琶和五弦琵琶传入内地。唐、宋以来,在这两种琵琶的基础上不断改进,形成半梨形音箱,以薄桐木板蒙面,琴颈向后弯曲,琴杆与琴面上设四相九至十三品、四弦的琵琶,用手或义甲弹拨(亦有仍用拨子弹奏的)。它的演奏技法逐渐发展和丰富,成为既能独奏、又能伴奏和参加合奏的重要民族乐器……"

础上不断改进，发展为现今半梨形音箱，以薄桐木板蒙面，琴颈向后弯曲，琴杆与琴面上设四相九至十三品，用手或义甲弹拨，可任意转调的四弦琵琶。《上清灵宝大法》①卷一二"上真星宿好乐"条中，提到了"琵琶"。《苍胡颉宝檀炽钧音图》中有一种类似半梨形音箱，以薄桐木板蒙面，琴颈向后弯曲的四弦琵琶画图，说明至迟在元代，琵琶已在道乐和洞经音乐中使用。

6. 阮②

宋·李龏《赠摘阮道士》诗中，有"下山何处去，语别老君前。自背一张阮，远登三楚船"。《天皇至道太清玉册》卷五中，有"瑶台夜月之阮"，虽系托名，但《苍胡颉宝檀炽钧音图》中有阮画图，系一种圆形音箱、直柄的弹弦乐器。说明至迟在宋元以后，阮已在道乐和洞经音乐中已使用。

（六）木类乐器

《道藏》相关文献提到的木类乐器，有板、柷、敔、櫼、鱼。

1. 板

《天皇至道太清玉册》卷五中，提及"瑶台碧玉之板"，疑即为玉制。宋·陈棣《次韵陶几道观洪积仁诗编》中，有"剡藤敲冰琢玉板，

---

① 洞微高士开光救苦真人宁全真授，上清三洞弟子灵宝领教嗣师王契真纂，载《道藏》第30册。
② 《汉典》谓："一种古老乐器'阮咸'的简称。古琵琶的一种。四弦有柱，形似月琴。相传西晋阮咸善弹此乐器，因而得名。"

月兔脱颖供毛锥"。但从古至今，板①或拍板是民间音乐和道乐中不可缺少的击奏类木制乐器。《苍胡颉宝檀炽钧音图》中有拍板画图，应为木制。说明至迟在元代，板已在道乐和洞经音乐已使用。

2. 柷

过去，柷②多用于宫廷雅乐、孔庙祭祀音乐，表示乐曲开始。《天皇至道太清玉册》卷五中，有"五音翕和之柷"。在早期道乐中，柷可能是道教祭乐活动中使用的一件礼器，未见其在道教乐队中使用。

3. 敔

与柷相似，敔③过去也多用于宫廷雅乐、孔庙祭祀音乐，表示乐曲结束。《天皇至道太清玉册》卷五中，有"八音九成之敔"。可能也是道教祭乐活动中使用的一件礼器，未见其在道教乐队中使用。

4. 㯹

《天皇至道太清玉册》卷五中，有"檄龙命鸦之㯹"。据《辞源》谓："㯹，打更用的木梆。同'柝'。字或作'㯹'。《周礼·夏官·挈壶

---

① 《中国音乐词典》谓："拍板，打击乐器。也称檀板、绰板，简称板。唐代以来的拍板由九块或六块长方形木板组成，双手合击板块发声。现在通常用三块长方形紫檀或黄杨木板组成。"
② 《中国音乐词典》谓："柷，古代打击乐器。《尚书·益稷》：'合止柷敔。'郑玄注：'柷，状如漆桶，而有椎，合乐之时栘椎其中而撞之。'（桶，指古时方形的斛）。此器木制，形如木升，上宽下窄，用推（木棒）撞其内壁发声，以示乐的起始。用于宫廷雅乐。"
③ 《中国音乐词典》谓："敔，古代打击乐器。《尚书·益稷》：'合止柷敔。'郑玄注：'敔，状如伏虎，背有刻，鉏铻，以物拂之，所以止乐。'此器木制，形如伏虎，演奏时，用一支一端破成细条的竹筒，逆刮虎背的锯齿，以示乐曲的终结。用于宫廷雅乐。"

氏》：'凡军事，县壶以序聚㯓。'注："郑司农（众）云：'……以次更聚击㯓，备守也。'玄谓击聚㯓，两木相敲，行夜时也。"该乐器疑即为现今西北一带梆子戏曲和道乐中使用的木类击奏乐器——梆子的前身。

5. 鱼

即木鱼。原用于佛教梵呗伴奏，道观使用大约在唐代，《混元圣纪》①卷八中，有"宫观有木鱼自兹始也"。《历代崇道记》②中，提到了一种叫瑞鱼磬的法器，应为木鱼。宋·周紫芝《刘（诸本作到）蕲州见和木鱼歌再赋二首·其一》诗中，有"道人闲作木鱼歌，使君肯和无弦曲"。《天皇至道太清玉册》卷五，有"钵堂外置云版一、木鱼一"，"每日升堂入单礼：但遇子午卯酉至期直日者先击木鱼六声，集众升堂入单"。说明唐宋以来，木鱼已与道观和道士的生活密不可分，清代已在道乐中广泛使用。如《广成仪制》③所收《诸品大斋告符启坛集》中，有"执事者，鸣鱼，三振铃，三鸣铙，一击钹"。在现今的道乐中，木鱼更是一种常用的木制击奏乐器。

---

① 载《道藏》第17册。
② 唐末五代杜光庭《历代崇道记》谓："衢州为建观宇，穿地得鱼一头，长三尺，其状似铁，微微带紫碧之色，又如青石光莹，雕镌殆非人功所成也。扣之甚响。其鱼亦不能名。遣使来献，帝令宣示百僚，亦不能辨。帝乃呼为瑞鱼磬，仍命悬于太微宫，非讲经设斋，不得击之。由是诸观竞以木石模之，以代集众。"载《道藏》第11册。
③ 《广成仪制》，陈复慧校辑、校录，清光绪、宣统以及民国年间成都二仙庵藏板。巴蜀书社1992年—1994年编纂出版的《藏外道书》第13册—15册，收录有不同名称的道教科仪书籍270余集，民间另有未收录进该书的其他名称的单行本科书。本文所提到的《诸品大斋告符启坛集》《九天生神总朝全集》《九皇庆寿巨门醮品全集》《玉枢九光雷醮削影科仪集》《三天门下女青诏书全集》《三元斋左案上全集》《九皇大醮破军庆祝全集》《河图三辰星醮午朝中集》《十种报恩全集》《血湖曲赦集》《太清章全集》《金刀断索全集》，均出自《广成仪制》。

（七）匏类乐器

《道藏》相关文献提到的匏类乐器，主要有簧[①]、笙、竽。三者均系同一类乐器。[②]《汉武帝内传》中，有"王母……又命侍女许飞琼鼓震灵之簧"；《无上秘要》卷二〇中，也相同说法："西王母……又命侍女许飞琼鼓震灵之璜"，只是"璜"字有误，应为簧。关于笙、竽，二者早在春秋、战国时期就是同一类吹奏簧管乐器，由于其笙斗采用匏（葫芦）制作，因而归入匏类乐器。竽[③]是一种大笙，笙[④]指小笙。《无上秘要》卷二〇中，有"西王母……又命侍女董双成吹云和之笙"；《天皇至道太清玉册》卷五"天乐仪仗章"条中，有"天乐之始，昔黄帝会群灵于昆仑之西山，命伶伦取嶰谷之竹，作笙竽箫笛，以引凤鸣"等神话和历史传说。笙又称凤管，《上清灵宝大法》卷一二"上真星宿好乐"条中，提到了"凤管"。《苍胡颉宝檀炽钧音图》中有笙画图。元·周砥《凤笙篇赠紫霞道人》诗中，有"凤笙十三簧，音响应天时。……凤鸣几千载，仙人吹笙至今在"。说明至迟在元代以后，笙就是道乐中的重要乐器。

（八）竹类乐器

《道藏》相关文献提到的竹类乐器，主要有箫、笛、篪、管。

[①] 《汉语大词典》谓："簧，1. 乐器里有弹性的薄片，用竹箬或铜片制成，作为发声的振动体。亦指簧片振动发出的声音。●《诗·小雅·鹿鸣》：'吹笙鼓簧，承筐是将。'●孔颖达疏：'吹笙之时，鼓其笙中之簧以乐之。'……"

[②] 《汉语大字典》引《正字通》谓："簧，笙、竽皆谓之簧。"

[③] 《汉语大字典》谓："竽 ◎ 古代吹奏乐器，像笙，有三十六簧：滥～充数。"

[④] 《汉语大字典》谓："笙 ◎ 管乐器名，一般用十三根长短不同的竹管制成，吹奏：～歌。芦～。～管乐（yuè）。"

1. 箫

箫①是我国古代的吹奏乐器，多为竹制，但也有玉制或瓷制的。南朝梁陶弘景《真诰》卷三中，有"玉箫和我神，金醴释我忧"；《无上秘要》卷二〇中，分别有金箫、洞箫、凤鸾之箫、九灵箫、九凤之箫等不同名称。其中之九灵箫，同书谓竹制，且称："南极夫人曰：小方诸上仙人，常多吹九灵箫以自娱乐，能吹者闻四十里。箫有三十孔，竹长二三尺"；《天皇至道太清玉册》卷五中，提及"玄洲洞灵之箫"；《苍胡颉宝檀炽钧音图》中有洞箫画图；宋代陈虞之《山水小景》诗中，有"青溪道士坐船上，自按玉箫人不闻"。说明魏晋南北朝以来，道教中使用过玉制和竹制箫；至迟在元代，箫已是道乐和洞经音乐中的重要乐器。

2. 笛

笛是我国古代常见的一种吹奏乐器。《天皇至道太清玉册》卷五"天乐仪仗章"条中，已有提及；同书"乐具"条中，提及"啸风凌云之笛"。《苍胡颉宝檀炽钧音图》中，有龙笛②画图。与箫一样，笛至迟在元代就是道乐和洞经音乐中的重要乐器，明嘉靖中江永年《茅山志》

---

① 《中国音乐词典》谓："排箫，古代吹奏乐器。原称箫。《世本》：'箫，舜所造。其形参差象凤翼，十管，长二尺。'《博雅》：'箫，大者二十四管，无底；小者十六管，有底。'《三礼图》：'无底者谓之洞箫。'汉、唐以来石刻、壁画及随葬陶俑中常可见到吹奏排箫的形象。宋以后民间失传，只用于宫廷雅乐。湖北随县曾侯乙墓出土有排箫，竹制，编管十三，按长短依次排列……是目前考古发现年代最早的实物。"同书"箫"条："吹奏乐器。也称洞箫。单管、竖吹。汉代陶俑和北魏云岗石窟雕刻中已有吹箫的形象。唐、宋时期的尺八（又称箫管、竖笛、中管）可能是其前身。……古代箫多为竹制，但也有玉制或瓷制的；现代箫为竹制……"

② 《汉语大词典》谓："龙笛，亦作'龙篴'。指笛。据说其声似水中龙鸣，故称。语本汉马融《长笛赋》：'龙鸣水中不见已，截竹吹之声相似。'后则多指管首为龙形的笛……《元史·礼乐志五》：'龙笛，制如笛，七孔，横吹之，管首制龙头，衔同心结带。'"

后编道秩考中，也提到了道教内外坛乐队中使用的笛。

3. 篪①

《天皇至道太清玉册》卷五中，提及"保合太和之篪"。篪属于我国古代乐器中的竹类吹奏乐器，在早期道乐中，可能是道教祭乐活动中使用的一件礼器，未见其在道教乐队中担当伴奏或合奏之用。由于与笛相似，它在道教乐队中多以笛代之。

4. 管②

管是我国古代的一种吹奏乐器，最初为竹制，后来又发展为玉制和木制，有六孔或八孔，分单管和双管。《天皇至道太清玉册》卷五中，提及"琅霄遏云之管，即葭管"。可知道教仙乐中使用的葭管为玉制。《汉典》谓："葭管 装有葭莩灰的玉管。"近代以来，管主要流传于我国北方，在东北地区的民间音乐和道乐中广泛使用。

综上，从道乐中呈现的以上八类乐器来看，尽管其中有些是仅限于道教仙乐中的名称，而在现实的道乐中却少有见用，如节、缶、瑟、纂、箜篌、柷、敔、篪等，它们极有可能用在过去的道乐祭乐活动中充当礼器角色而摆放到神坛，以示道教试图在儒家礼乐制度基础上，按

---

① 《中国音乐词典》谓："篪，古代吹奏乐器。春秋战国时期广泛使用，《诗经》《楚辞》等文献中均有记载。《尔雅·释乐》郭璞注：'篪，以竹为之，长尺四寸，围三寸，一孔上出……横吹之。'……唐宋以来民间不传，只用于宫廷雅乐。据清代所传实物来看，其形制为'一孔上出'，即吹孔与按指孔不在一个平面上；'有底'，即两端封闭。"

② 《说文解字》谓："管，如篪，六孔。十二月之音。物开地牙，故谓之管。从竹官声。琯，古者玉琯以玉。舜之时，西王母来献其白琯。前零陵文学姓奚，于伶道舜祠下得笙玉琯。夫以玉作音，故神人以和，凤皇来仪也。从玉官声，古满切。"

照"三清天乐"所构建的仙乐体系，建立起一套如《无上秘要》卷二〇中所描绘的"高圣帝君，以九玄建气之始，空灵分判，上登九层七映朱宫，徘徊明霞之上，萧条九空之中，西妃击节，天女罗铮，龙啸虎吹，鸾舞凤鸣，四真合唱，八音齐声，云璈激朗，倾骇三清""响激闻于数里，众鸟皆聚集于岫室之间，徘徊飞翔，驱之不去，殆天人之乐，自然之妙音"的道教仙乐盛景。

四、道教音乐表演

道乐表演方式，在《道藏》文献中，通常简称为演。北宋末《玉音法事》①卷下，有"天真皇人，按笔乃书，以演洞章，次书灵符""伏以元始祖劫，化生诸天，演碧落之空歌""天尊留戒律，太上演真经"；《道门通教必用集》②卷五中，有"至如升玄，演清净之音，入众妙门"；《天皇至道太清玉册》"天心玄秘章"中，有"昔元始天王悬黍珠于黎土，命皇人以演洞章"等。大体包括以下两个方面：

（一）声乐演唱

即道乐中演礼道士演唱声乐曲时所采用的若干方式。分别有：

1. 唱、举、举唱

唱，在道乐中是一种广义的概念，有时指咏唱，有时指吟唱，有时

---

① 载《道藏》第11册。
② 载《道藏》第32册。

指念唱。如《无上黄箓大斋立成仪》卷一六至卷三一中，有"都讲唱[步虚旋绕]""都讲唱[三礼]""唱[三皈依]""唱[宿命赞]"等，通常指采用咏唱方式演唱上述声乐曲。而"都讲唱[礼二十六忏悔]""唱[请转法轮]"等，通常指采用吟唱方式演唱上述声乐曲。"都讲唱[密咒]""唱[三闻经]"等，通常指采用念唱方式演唱上述声乐曲。这与现今各地道乐中普遍采用的以上三种演唱方式大体相同。

举，在道乐中，一是指领唱或独唱，如《太上黄箓斋仪》卷五三中，有"次知磬举[出堂颂]"；《灵宝领教济度金书》卷三一九中，有"次知磬举[天尊号]""知磬举[道赞]毕"等即是。一是指合唱或齐唱，在道教科仪中有众举和齐举之说，如同书中另有"众举[天尊号]三声"，《太上玄门早坛功课经》①所收道曲[双吊挂]的唱词首句"上坛齐举步虚声"即是。

举唱，应当与举同义，如《玉音法事》卷下中，有"举唱[十方]""举唱[五星]""举唱[五岳]"；《道门十规》②中，有"暇日则举唱法事……或吟诗抚琴以自怡……举唱不齐……歌谈妖艳之词……轻则议罚"等。

2. 和、合唱、合声、齐唱、齐声

和③，即应和、唱和、附和等含义。《太上黄箓斋仪》卷五三中，有

---

① 载《藏外道书》第 29 册，第 467 页。
② 载《道藏》第 32 册。
③ 《汉语大字典》谓："和 hè〈动〉(1) 应和，跟着唱 [join in (the singing)]。荆轲和而歌 (《战国策·燕策》)。拊石而和之 (明·刘基《诚意伯刘文成公文集》)。当哭相和也 (清·林觉民《与妻书》)。(2) 又如：唱和，曲高和寡，和歌 (应和他人之歌声而唱歌)。(3) 附和，响应 [follow; echo; respond to]。如：和从 (附和顺从)，一倡百和，一唱百和。(4) 以诗歌酬答，依照别人诗词的题材作诗词 [compose a poem in reply to one by another poet using the same rhyme words]。如：和章 (酬和他人的诗章)、和答 (酬答别人的诗)、和酬 (以诗酬答他人)……"

"次知磬举［出堂颂］，众和……次知磬举［向来颂］，众和之"；《太上元始天尊说宝月光皇后圣母天尊孔雀明王经》①卷下，有"志心称念'孔雀明王大天尊'，众和［不可思议功德］"等。

合唱，当指传统意义上的合唱形式——齐唱，如《无上秘要》卷二〇中，有"四真合唱""神妃合唱，群仙容裔"等。

合声，当与传统意义上的合唱同义。如《无上秘要》卷二〇中，有"合声齐唱，歌大洞高清玄诫之章"。

齐唱，即两位以上的歌唱者，不分声部，按照同一旋律同时演唱。《洞玄灵宝三洞奉道科戒营始》②中，有"每至首终，齐唱善礼"；《洞玄灵宝玉京山步虚经》中，有"是时诸天奏乐……真妃齐唱而激节"等。

齐声，应与齐唱同义。《太上无极总真文昌大洞仙经》卷五中，有"齐声宣咏大洞云章"；《无上秘要》卷之二〇中，有"四真合唱，八音齐声"等。

综上诸名称，其义皆与齐唱同义。

3. 唱、歌、歌咏、歌唱、歌诵、赞唱、咏、赞咏、啸歌、啸咏

唱，在道乐中，应指唱道歌之意。《太上黄箓斋仪》卷一中，有"唱道场众等，人各运心，归命三宝一切念"；《灵宝领教济度金书》中，有"唱［华夏］，唱［出堂颂］，唱［十步虚］"等。

歌，应与唱同义。《无上秘要》卷四中，有"阿人歌洞章"；同书卷二〇中，有"王母命侍女于善宾、李龙孙歌玄云之曲"；《要修科仪戒律钞》中，有"若见王子，当愿一切日歌太平"等。

歌咏，即歌唱。《洞玄灵宝钟磬威仪经》中，有"男女歌咏，国土安宁"；《玉音法事》卷下，有"在每朝之内，各歌咏［玉京步虚词］十

---

① 载《道藏》第34册，第593页。
② 载《道藏》第24册。

首""太上称善,则歌咏[步虚]"等。

歌唱,《太上洞玄灵宝授度仪》中,有"边域不争,兆民歌唱";《太上黄箓斋仪》各卷中,均有"天人歌唱,吉应来翔";《无上秘要》卷二〇中,有"歌唱消魔篇,四座吟灵章"等。

歌诵,与歌唱同义。《太上诸天灵书度命妙经》[①]中,有东南西北四天真人、玉女分别歌诵[灵书度命品章][灵书度命玉章][灵书度命玉章][灵书度命玉章]的叙述;《太极真人敷灵宝斋戒威仪诸经要诀》中,有"又三洞弟子诸修斋法,皆当烧香歌诵";《要修科仪戒律钞》中,有"歌诵嗟咏,吟啸叹息"等。

赞唱,与歌唱同义。《太上洞玄灵宝授度仪》中,有"至东南角,向西倚,赞唱勿停";《洞玄灵宝斋说光烛戒罚灯祝愿仪》中,有"礼拜揖让,皆当赞唱";《无上黄箓大斋立成仪》卷一六中,有"若都讲赞唱失仪,罚香一斤"等。

咏,指歌唱。《正一指教斋仪》中,有"次咏[紫霞颂]出坛";《太上洞玄灵宝授度仪》中,有"毕,次师起巡行,咏[步虚]";《太上黄箓斋仪》卷二八中,有"[步虚]声已彻,更咏洞玄章"等。

赞咏,与咏同义。《要修科仪戒律钞》中,有"今人唯受斋主拜请,兼以上座、下座赞咏""当听法说,赏议五音,调和五德,时习赞咏""赞咏灵文,惊动一国"等。

啸歌,即"长啸歌吟"[②]。《太上黄箓斋仪》中,有"啸歌冠太漠,天

---

① 《太上诸天灵书度命妙经》中,有"东方九气天中灵书度命品章,东华宫中诸真人、玉女歌诵其曲""南方三气丹天灵书度命玉章,朱陵上宫诸真人、玉女所歌诵""西方七气天中灵书度命玉章,太素上宫诸真人、玉女恒所歌诵,以检魄灵""北方五气天中灵书度命玉章,北上宫中诸真人、玉女恒所歌诵,以和五宫之气",载《道藏》第1册。
② 《汉语大词典》谓:"啸歌,长啸歌吟。●《诗·小雅·白华》:'啸歌伤怀,念彼硕人。'●晋左思《招隐》诗之一:'何事待啸歌,灌木自悲吟。'●宋王安石《如归亭顺风》诗:'篙师昼卧自啸歌,戏彼挽舟行复止。'●清曹寅《和些山冬至前三日咏东轩竹见寄》诗之五:'红栏碧浪争清福,道服芒鞋接啸歌。'"

乐适我娱""啸歌彻玄都，鸣玉叩琼钟"；《洞玄灵宝斋说光烛戒罚灯祝愿仪》和《无上黄箓大斋立成仪》卷一六中，有"白鹄狮子，啸歌邕邕"等。

啸咏，《辞源》谓"歌咏"。《洞玄灵宝斋说光烛戒罚灯祝愿仪》中，有"啸咏洞章，赞九天之灵奥""手把十绝，啸咏洞章"；《太上黄箓斋仪》中，有"啸咏朱陵府，翱翔白玉京"等。

综上诸名称，其意均指咏唱，它类似于南北朝时期道乐中使用的音诵或乐诵。

4. 吟、吟诵、吟咏、吟哦、吟唱、诵咏、

吟，应是一种有别于咏唱（歌唱）的演唱方式。《太上黄箓斋仪》卷四九中，有"次吟［投龙颂］"；卷五三中，有"次吟［送经赞］毕……次吟［闲经赞］三首……吟［七真赞］"；《道门十规》中，有"或吟诗抚琴以自怡"等。

吟诵，即吟咏歌诵之义。《洞玄灵宝玉京山步虚经》中，有"右英夫人亦吟诵之"；《太上洞玄灵宝诸天内音自然玉字》卷四"太皇翁重浮容天音第五"中，有"吟诵无量之章"等。

吟咏，与吟诵同义。《太上洞玄灵宝授度仪》《洞玄灵宝斋说光烛戒罚灯祝愿仪》二书中，分别有"吟咏帝一尊，百关自调理""吟咏［步虚］者，正是上法玄根众圣真人"；《道门通教必用集》中，有"三日四夜吟咏法事"等。

吟哦，应与吟咏同义。《太上黄箓斋仪》卷四〇、《玉音法事》卷下，有"华夏吟哦远，人声自抑扬"；《玉音法事》卷中，有"执卷吟哦，声闻九地"；《三洞赞颂灵章》①中，有"吟哦欢蒨灿，阆风映昆

---

① 载《道藏》第5册。朱越利《道藏分类解题》认为：该书"卷末有'冲妙先生号'，此为南宋蒋宗瑛号。本章当撰于元代。述诸神颂、斋醮颂及教理颂。"

池"等。

吟唱，即吟咏式歌唱。据《汉典》引《国语辞典》谓："吟唱，吟咏歌唱。如：'诗词吟唱'。"《无上秘要》卷二〇中，有"四真吟唱，太极真人乃先命北寒玉女宋德消弹九气之璈"。

诵咏，即诵读吟咏[1]。《太上洞玄灵宝授度仪》中，有"诵咏[五真人颂]"；《洞玄灵宝斋说光烛戒罚灯祝愿仪》中，有"调声正气，诵咏经文"；《要修科仪戒律钞》中，有"诵咏灵文""皆昼夜诵咏祝愿"等。

综上诸名称，含义皆与吟唱同义，应是一种介乎于念唱与歌唱之间的演唱方式，有如古人之吟诗，曲艺音乐中之说唱。

5. 宣、读、宣读、宣说、念、持念、诵、持诵、读诵、讽诵、诵读、诵念

宣，即诵读之义。《太上黄箓斋仪》卷五三中，有"各虔诚忏悔，并宣方忏""一人面北，对三宝宣忏""虽言功之时，宣咒已毕"；《无上黄箓大斋立成仪》卷一六中，有"次监斋宣职状""侍经宣[启坛疏]，次宣《金钟玉磬仪》""宣词及三上香后，却礼十方"等。

读，与诵读同义。《无上黄箓大斋立成仪》卷一六中，有"读词说戒，补职宣禁""若读经或乱，请问败句"；《太上黄箓斋仪》卷一六中，有"次读表文""次读太岁以下盟文""毕，回向王，叩齿十二通，读简竟"等。

宣读，与朗读同义。《无上黄箓大斋立成仪》卷一六中，有"宣读三两过，只须易换忏文"；《太上黄箓斋仪》卷五三中，有"其他宣读，皆委他人"；同书卷五五中，有"言功之夜，宣读咒赞已毕"等。

---

[1] 《汉语大词典》谓："诵咏：1.诵读吟咏。●汉应劭《风俗通·怪神·世间多有狗作变怪》：'仲舒朝服南面，诵咏经论。'●宋司马光《谢始平公以近诗一卷赐示》诗：'言《诗》何敢望商赐，幸得诵咏祛童蒙。'●清黄宗羲《姚江逸诗序》：'亦有诵咏已落四方之口，邑中反无知之者。'"

宣说，与宣读同义。《太上黄箓斋仪》卷五三中，有"法师或法职一人，执科宣说拜咒"；《太上无极总真文昌大洞仙经》卷一中，有"此经乃太上金口宣说，无非为救末劫设也"等。

念，与诵读同义。《道门通教必用集》中，有"念［沐浴炼真咒］""念［沐浴东井咒］""念［清水度魂咒］""念［着衣冠带咒］"等。

持念，与诵读同义。《道门通教必用集》中，有"升坛持念［天尊圣号］""凭合坛道众，持念［天尊圣号］""仰凭清众，各持念上元日宫皇极天尊"等。

诵，与诵读同义。《太上洞玄灵宝授度仪》中，有"诵［金真太空章］一篇""次诵［卫灵神祝］""众真诵洞经"；《要修科仪戒律钞》中，有"一诵《本相经》""二诵《黄庭经》""三诵《老君经》""诵《步虚经》"等。

持诵，与诵习同义。《太上无极总真文昌大洞仙经》卷一中，有"尔后晨夕持诵不辍""予积玄功妙行，皆由持诵此《大洞仙经》""持诵礼法"等。

读诵，与诵读同义。《要修科仪戒律钞》中，有"流通读诵"；《道门通教必用集》中，有"能勤读诵，故令知命以归真""读诵经文，当令心口相应"等。

讽诵，仍与诵读同义。《太极真人敷灵宝斋戒威仪诸经要诀》中，有"高才至士好讽诵""欲讽诵期升仙者，当与灵宝同时受之"。

诵读，《太上洞玄灵宝授度仪·太上洞玄灵宝授度仪表》中，有"谨洁身清斋于三宝御前，诵读一过"。

诵念，与诵读同义。《洞玄灵宝道学科仪》"读诵品"中，有"科曰：凡是道学，当知存念读诵，经宝在身，则为慈母。若道士，若女冠，勇猛精进，或舍文诵念，或执文披读，一念生解，即入慧门"；《道门通教必用集·目录》"十二愿念"条中，有"单声诵念，赞助行持"等。

综上诸名称，其义皆与念唱相同，均指一种介乎于念白与吟唱之间的演唱方式，它类似于南北朝时期道乐中采用的直诵。

（二）器乐演奏

即道乐中担任云璈部的乐职人员，演奏道教器乐曲所采用的合奏、独奏、击奏、吹奏、弹奏等方式：

1.合、奏、运、运动

合，指合奏之义。《天皇至道太清玉册》卷五"天乐仪仗章"条中，有"乃取伏羲所制之琴瑟，合之为乐……乃命道士大合天乐于昊天之宫"。

奏，指合奏之义。《道门科范大全集》[①]卷八至卷九中，有"知磬举，散花，奏乐"；《道门科范大全集》卷一一中，有"举［玉清乐］，奏乐""举［太清乐］，奏乐""举［上清乐］，奏乐"等。

运、运动，指合奏之义。《九天生神总朝全集》中，有"法众运乐引孝信迎灵依方［信礼］"；《九皇庆寿巨门醮品全集》中，有"运乐三礼，长跪"；《玉枢九光雷醮削影科仪集》中，有"借汝丹头一点血，坛前犒祭五雷兵，运动乐音"；《三天门下女青诏书全集》中，有"运动乐音，宣诏行道"等。

2.鸣、鼓

鸣，在道乐中泛指演奏，非特指。《太上洞玄灵宝授度仪》中，有"鸣钟，法师与弟子临坛"；《洞玄灵宝三洞奉道科戒营始》中，有"各依法罚香油，鸣钟礼拜"；《洞玄灵宝钟磬威仪经》中，有"众真降房，鸣钟祝之"；《洞玄灵宝斋说光烛戒罚灯祝愿仪》中，有"七烧香奏烟，鸣鼓召神"；《诸品大斋告符启坛集》中，有"司螺者鸣螺三声""执事

[①] 载《道藏》第31册。

者，鸣鱼……三鸣铙"等。

鼓①，作动词讲。在道乐中，泛指演奏，非特指。《无上秘要》卷二〇中，有"鼓神州之笙"；《汉武帝内传》中，有"鼓震灵之簧"；《玄坛刊误论》②"论凡修斋用乐品第十七"中，有"鼓云璈"等。

3. 拊、拍、振

拊、拍，在道乐中二者同义，特指"击奏"之义，包括用手掌击奏石、节等乐器。《无上秘要》卷二〇中，有"又命侍女赵运子、李庆玉拊流金之石""又命侍女琬绝青拊吾陵之石""清虚真人又命飞玄玉女鲜于灵金，拊九合玉节""又命侍女范成君拍洞阴之磬"等。

振，在道乐中，指"击奏"之义。包括击奏铃、磬等乐器。《三元斋左案上全集》中，有"大梵玉音，振铃念诵"；《太上洞玄灵宝诸天内音自然玉字》中，有"振琳琅之响，叩琼瑶之音"；《九皇大醮破军庆祝全集》中，有"振玉磬七十二音"等。

4. 吹

吹，在道乐中，特指"吹奏"之义，包括吹奏箫、笙等乐器。《无上秘要》卷二〇中，有"吹凤鸾之箫""吹九凤之箫""吹凤唳之箫""吹云和之笙"；《天皇至道太清玉册·方诸国》条中，有"青帝君……常多吹九灵箫以自娱乐"等。

---

① 《汉语大字典》谓："◎ 鼓 gǔ 〈动〉（3）泛指敲击，弹奏 [beat; strike; sound]。吾王之好鼓乐，夫何使我至于此极也！（《孟子·梁惠王上》）。虎鼓瑟兮鸾回车，仙之人兮列如麻。（唐·李白《梦游天姥吟留别》）。"
② （五代）张若海集，载《道藏》第 32 册。

5. 弹

弹，在道乐中，应指"弹奏"之义，或采用手指弹奏，或通过竹槌弹奏。《无上秘要》卷二〇中，有"弹云钧之璈""弹云琅之璈""弹八琅之璈""太真王夫人，时自弹琴""又命西华金灵上宫飞玄玉女、景皇真人，弹五合之琴、景龙云璈"等。

6. 作

作在道乐文献中，既指"创作"，又指制作或演奏。《无上秘要》卷二〇中，有"西王母为茅盈作乐""又命侍女段安香作缠便之钧"。《天皇至道太清玉册》卷五"天乐仪仗章"条中，有"汉武帝乃命乐师侯调作箜篌，以配神灵之音"；"铙钹"条中，有"黄帝作铙钹以破之，其虎豹畏铙钹之声故也"。

五、道教音乐形式

所谓形式，即道乐在历史上曾经使用过的某些音乐体裁和种类，主要包括以下两大方面：

（一）声乐形式

即道乐中使用的若干声乐体裁形式。分别有：

1. 步虚、仙歌

即道乐中一类以步虚作为曲名或变化名的五言体（句数不等）声乐曲。所谓步虚[1]，据《道书援神契》谓："步虚：古者，祭祀歌乐章，或歌《毛诗》。今法事长吟，本诸此也。《书》曰：声依永，律和声。"根据步虚音乐填写的词，称为步虚词[2]。仙歌，应为步虚声的另一种说法，二者同义，其意无非说此类歌曲皆由神仙所作，均表现仙道思想内容。如《无上秘要》卷二〇中，就专设有"仙歌品"，收录五言体歌曲若干。

以步虚——仙歌为曲名和唱词的五言体声乐曲，有的除直接称为［步虚］外，也有一些是在［步虚］基础上产生的相近曲名。《道门定制》卷五"三日四夜吟咏法事"、《道门通教必用集》卷二"词赞篇"、《无上黄箓大斋立成仪》卷一六、《玉音法事》卷上中下，除［步虚］外，另有［玉京步虚词］［玉京步虚之章］［步虚空洞之章］［步虚洞章］；《洞玄灵宝玉京山步虚经》中，有［步虚吟］［洞玄步虚吟］［空洞步虚章］；《洞玄灵宝升玄步虚章序疏》[3]中，有［洞玄步虚咏］10首；《上清诸真章颂》中，有［步虚忧乐慧辞］；《太极真人敷灵宝斋戒威仪诸经要诀》中，有［步虚蹑无披空洞章］；另在《无上黄箓大斋立成仪》卷三七、《太上黄箓斋仪》卷一中，有［步虚旋绕］与［步虚洞章］；《灵宝领教济度金书》卷三一九中，有［十步虚］等。

---

[1] 《道教大辞典》"步虚"条谓："道教诵经时吟咏的韵调，声韵优雅飘渺，犹步云端……"华夏出版社，1994年版。（南朝宋）刘敬叔《异苑》称："陈思王曹植……游山，忽闻空里诵经声，清远遒亮，解音者则而写之，为神仙声。道士效之，作步虚声。"

[2] （宋）郭茂倩《乐府诗集》卷七八引（北周）庾信《乐府解题》曰："《步虚词》，道家曲也，备言众仙缥缈轻举之美。"

[3] 载《道藏》第11册。

2.歌章、歌、章、颂、赞、偈、韵、引

即道乐中一类以歌章、歌、章、颂、赞、偈、韵、引作为曲名或后缀名的声乐曲，词体较为自由，包括四言、五言、七言、杂言等。

以歌章作为曲名后缀的声乐曲，《洞玄灵宝六甲玉女上宫歌章》①中，收有灵宝斋仪歌章六首，如［甲子太玄宫左灵飞玉女歌章］［甲戌黄素宫左灵飞玉女歌章］［甲申太素宫左灵飞玉女歌章］等。

以歌作为曲名后缀的声乐曲，《无上秘要》卷二〇中，有［三元监真上元无英帝君歌］［中候夫人歌］［九华安妃歌］等；《诸真歌颂》②中，有［方诸宫东华房灵妃歌曲］［郭四朝常乘小船游戏塘中叩船而歌］［保命仙君告许虎牙杜广平常喜歌］等；《三洞赞颂灵章》中，有［青帝歌］［白帝歌］［赤帝歌］［黑帝歌］［黄帝歌］；《重刊道藏辑要·全真正韵》中，有［云乐歌］等。

以章作为曲名后缀的声乐曲，《无上秘要》卷二〇中，有［中元洞化内真章］［下元洞虚化真章］等；《上清诸真章颂》中，有［洞真回旋章］［金章十二篇］；《太上洞玄灵宝授度仪》中，有［金真太空章］；《三洞赞颂灵章》中，有［华盖玄谒真凝炁章］［妙英飞爽集玄炁章］［青玄凝真导魂章金真章］；《上清诸真人授经时颂金真章》③中，内载［金真章］12首；《上清无上金元玉清金真飞元步虚玉章》④中，内载颂章14首；《上清金章十二篇》⑤中，内载［上清金章］12首；《灵宝九幽长夜起尸度亡玄章》⑥中，载灵宝斋仪歌章26首；《洞玄灵宝六甲玉女上宫歌章》中，载灵宝斋仪歌章6首；《太上洞真徊玄章》⑦中，载［徊玄颂章］

---

① 载《道藏》第11册。
② 载《道藏》第19册。
③ 撰人不详，约出于南北朝或隋唐，载《道藏》第34册。
④ 撰人不详，约出于南北朝或隋唐，载《道藏》第34册。
⑤ 撰人不详，约出于南北朝或隋唐，载《道藏》第34册。
⑥ 撰人不详，载《道藏》第11册。
⑦ 撰人不详，约出于南北朝或隋唐，载《道藏》第34册。

10首;《北斗七元金玄羽章》①中,载［北斗七元星君玄章］7首;《河图三辰星醮午朝中集》中,有［洞玄章］等。

以颂作为曲名后缀的声乐曲,《道门定制》卷五"三日四夜吟咏法事"中,有［启堂颂］［奉戒颂］［三启颂］等10余首;《道门通教必用集》卷二"词赞篇"中,除有与上书相同的曲目外,还有［智能颂］［度简颂］［符戒颂］等数首;《无上黄箓大斋立成仪》卷一六中,除有与上两部书部分相同的曲目外,还有［学仙空洞颂］;《玉音法事》上中下三卷中,除有与上三部书相同的曲目外,还有［敷斋颂］［云舆颂］［三涂颂］10余首;另在《太上洞玄灵宝授度仪》《诸真歌颂》《三洞赞颂灵章》等书中,还收有颂类声乐曲近80首。

以赞作为曲名后缀的声乐曲,《道门定制》卷五"三日四夜吟咏法事"《道门通教必用集》卷二"词赞篇"、《无上黄箓大斋立成仪》卷一六、《玉音法事》上中下三卷中,有［唱道赞］［华夏赞］(又曰［四声华夏］)［转声华夏赞］等20余首;《无上黄箓大斋立成仪》卷三六中,有［三皈依赞］［闻经赞］［道赞］等数首;另在《三洞赞颂灵章》《道藏辑要》②·柳集·忏法大观》《众仙赞颂灵章》③中,还收有赞类声乐曲近40首。

以偈作为曲名后缀的声乐曲,《道门通教必用集》卷三中,有［开方偈］［第一度召请诸神偈］［第二度召亡人偈］等数首;《道藏辑要·忏法大观》所收《太上忏》《八洞忏》《三茅忏》中,有［开经偈］;《北极忏》中,有［开忏偈］;《十种报恩全集》中,有［一殿偈］［三殿偈］［四殿偈］近十首。

以韵、引作为曲名后缀的声乐曲,分别见于《重刊道藏辑要·全

---

① 撰人不详,约出于宋代,载《道藏》第17册。
② 载《道藏辑要》(《重刊道藏辑要》),二仙庵刻本,清光绪三十二年(1906)成都二仙庵住持阎永和、新津彭翰然重刻,井研贺龙骧校订。
③ 撰人不详,约出于唐宋间,载《道藏》第11册。

真正韵》①中所收的［澄清韵］［步虚韵］［幽冥韵］［青华引］［大救苦引］［小救苦引］；《玉音法事》卷上收录的［玉清乐引］［上清乐引］［太清乐引］［散花引］等。

以上所举步虚、歌章、歌、章、颂、赞、偈、韵、引等声乐形式，尽管词体有所不同，但它们仍在现今各地的道乐中传唱，是一种旋律性强、调式、调性明确，音阶形式与曲体完整，采用咏唱方式，类似于南北朝道乐中采用乐诵演唱的道教歌曲。这种形式的声乐曲，无论在正一道、全真道，或是其他道派的道乐中，应当说是道乐中最为常见、最有代表性的声乐形式——韵曲（简称韵）。

3. 诰、号

即道乐中一类以诰或号作为曲名后缀的声乐曲。其特点是，唱词均采用散文体，句式自由，篇幅较短，不押韵。它是一种在语言声调基础上，旋律有不同程度的夸张与衍生，介乎于韵曲与朗诵曲之间的声乐曲。有关它的演唱方式，在道乐中通常称之为礼诰。此类声乐曲，无论在正一道、全真道，或是其他道派的科仪音乐中，都是十分常见的声乐形式。

根据它们的用途来看，其中之诰，在道乐中又称真诰、宝诰、圣诰、玉诰、经诰等。而号，在道书中的含义与诰相同，二者经常互用，如［玉清诰］［上清诰］［泰清诰］，亦写成［玉清号］［上清号］［泰清号］等。从内容上来看，它是专门用来颂扬众真、诸神功德的一种散文体，唱词首句，多数以"志心归命礼"内容开头，然后再述说诸神功德。

以诰、号作为曲名后缀的声乐曲，《诸师真诰》②中，收录诰曲40首，如［元始至尊号］［上清号］［泰清号］［弥罗号］等；另在《太上玄

---

① （清）彭定求编修，二仙庵刻本。
② 载《道藏》第5册。

门早坛功课经》《太上玄门晚坛功课经》《大品斋醮庭参九皇集》①中，还收有近30首相似或相异的诰曲。

4. 咒、祝

即道乐中一类以咒、祝作为曲名或后缀的声乐曲。它在词体上，主要以四言体为主，也有个别为五言体、七言体和杂言体。在音乐上，是一种完全按照语言声调高低，词曲结合紧密，调式调性不鲜明，音阶形式不完整（多限于四声音列），音调起伏小，结构缺乏独立性，演唱风格类似于南北朝时期道乐中的直诵，是介于吟诵与念白之间的一种声乐曲。

咒②，据《北斗七元金玄羽章》谓："咒者祝也，以心通天，用神合炁，形声相应，咒而祝之，法立而有，不疑乃中。"另据《海琼白真人语录》③卷一载："元长问曰：法中念祝何如？答曰：咒者，祝之义也。夫祝之之意，欲以达乎天地神明，果尔则世间善恶之祝，在在报应耳……如法中咒语，一则太上金口所宣，二则往往皆将吏旗号，所以咒之要，在乎法，法所以咒，将吏亦从之，高真亦闻之。"可见，咒与祝同义。

以咒作为曲名后缀的声乐曲，《道门通教必用集》卷三至卷九中，收有五言句的咒曲10余首，如［五方卫灵咒］［沐浴东井咒］［清水度魂咒］等；四言句的咒曲近20首，如［沐浴荡秽咒］［沐浴炼真咒］［着衣冠带咒］等；杂言句的咒曲近10首，如［破地狱升天咒］［剑水相向咒］［解秽咒］等；七言句的咒曲［玉清慧命启请咒］［净坛咒］［命魔咒］。另在《上清灵宝大法》等道书中，也有诸多不同名称的咒曲。

---

① 载《藏外道书》第13册。
② 《汉语大字典》谓："呪 zhòu〈动〉（1）呪俗作咒。会意。从口从兄。'兄'，'祝'的本字。祝、呪本同一词。祝愿和诅呪是一件事的两面。本义：祝告。"
③ 南宋彭耜等编，载《道藏》第33册。

以祝作为曲名后缀的声乐曲，《太上洞玄灵宝授度仪》中，有［祝］和［封策两头祝］［卫灵神祝］若干首；《道门定制》中，有［南斗祝］；《玉景九天金霄威神王祝太元上经》①中，有［威王之祝］［太元上景金真威神内祝］；《云笈七签》卷四十六中，有［帝君捕神祝］［遏邪大祝］［三天正法祝魔神］共8首。值得说明的是，在上述不同形式的声乐曲中，多数有名有词，少数有名无词，极少数则有名有词有谱。

综上，道乐中的步虚、仙歌、歌、章、颂、赞、偈、韵、引、诰（号）、咒（祝）等声乐形式，汇聚成了一套丰富多彩的声乐体裁形式，让我们可以从中了解中华道乐的传统文化内涵，从中可以学习、继承它的优秀音乐传统，或许可以为中国音乐未来的发展提供借鉴。

（二）器乐形式

器乐形式，即道乐中使用的不同乐种。有关道教器乐形式方面的文献，道书中相对声乐方面的记载有限，这可能与道乐历来重视声乐唱诵有关。但从零星的记载中，也不乏此方面的内容。

根据《天皇至道太清玉册》卷五"乐具"条的记载，道乐中的器乐形式，大体包括以下几类：

1. 三清天乐②

简称天乐。它是一种陈设于宫殿，由华夏始祖黄帝命伶伦用笙、

---

① 又名《玉京九天金霄威神玉秘经》，载《道藏》第4册。
② 参见《天皇至道太清玉册》卷五"天乐仪仗章"条："天乐乃殿上陈设之乐也。天乐之始，昔黄帝会群灵于昆仑之西山，命伶伦取嶰谷之竹，作笙竽箫笛，以引凤鸣。作钟磬以叶律吕，以定岁之闰余。取夔之皮作鼓，以享天帝。取伏羲所制之琴瑟，合之为乐，于是群神皆集，百兽率舞，凤凰来仪。至尧大祀圆丘，以享天帝，用之去古既远，失于其真。汉武帝乃命乐师侯调作箜篌，以配神灵之音，重订是乐，乃命道士大合天乐于昊天之宫，以祀三清上帝，命其名曰：三清天乐。"

竽、箫、笛、钟、磬、鼓、琴、瑟等乐器合奏，用于圜丘祭祀三清尊神的天乐。因该音乐极为古老，在流传过程中难免失真。于是，汉武帝命乐师侯调用箜篌等乐器，重新创作了一部专用于"昊天之宫，以祀三清上帝"的三清天乐。关于该音乐使用的乐器，据该书卷五"乐具"条介绍，最初演奏天乐的乐器有鼓、镛、钟（两种，不同名称）、群玉琳琅之磬、鼗、磬（手磬和玉磬）、琴、管（葭管）、瑟、籁、阮、櫋、笙、箫、笛、鼛（杖鼓也，名玉礼）、板、璈、埙、篪、柷、敔、帝钟、铙钹等，共26种。①

从以上内容可以看出，所谓三清天乐，简称广乐，又称钧天妙乐、钧天大乐。晋郭璞注《穆天子传》②卷一中，有"天子乃奏广乐"，注云："《史记》云：赵简子疾，不知人，七日而寤，曰：我之帝所，甚乐，与百神游于钧天，广乐九奏万舞，不类三代之乐，其声动心。广乐义见此。"张若海集《玄坛刊误论》"论凡修斋用乐品第十七"中，有"谨按仙书，玉京山诸天仙圣众，奏钧天广乐"；《玉清无极总真文昌大洞仙经》卷六引《仙集》中，有"此钧天妙乐也，与人间凡乐不同"；《云笈七签》③卷三八"思微定志经十戒"条中，有"侍从僚属，钧天大乐，非可目名，返于上方"。

由此说明，钧天广乐、钧天妙乐、钧天大乐，皆指一种"与人间凡

---

① 参见《天皇至道太清玉册》卷五"乐具"条：震天集灵之鼓、碧霄震空之镛、万金铮鏦之钟、群玉琳琅之磬、瑶池灵明之鼗、达悃通真之磬（手磬）、玉霄紫金之钟、玉清天球之磬（玉磬）、太昊咸和之琴、琅霄遏云之管（葭管）、湘灵空清之瑟、太虚仙音之籁（似箜篌而篆弦）、瑶台夜月之阮、橄龙命鸦之櫋、青华瑶天之笙、玄洲洞灵之箫、啸风凌云之笛、灵鼍啸风之鼛（杖鼓也，一名玉礼）、瑶台碧玉之板、震空丹霄之璈、叶和众音之埙、保合太和之篪、五音禽和之柷、八音九成之敔，以及帝钟、铙钹。
② 载《道藏》第5册。
③ 宋张君房纂辑，一百二十二卷，载《道藏》第22册。

乐不同"的天乐和仙乐，它与先秦老子、庄子所说的"天籁"[①]当是同义。这类音乐，实际上应是早期道教高人根据周代礼乐制度的乐器配置方案，为道教仙乐创立的一种神格化的器乐形式。说起来好像是一种音乐神话，离现实中道教乐器组合似乎有一定距离，然而，若联系20世纪40年代在中国成都西边发掘的永陵墓，其棺床东、南、西三面24幅歌舞伎浮雕石刻上，所刻的竖箜篌、琵琶、笙、笛、箫、筚篥（2件）、毛员鼓、都昙鼓、答腊鼓、腰鼓（2件）、羯鼓（2件）、鸡娄鼓、鼗、铜钹、贝、筝、拍板（2件）、篪、叶19种共23件乐器图像看，它与《天皇至道太清玉册》卷五"乐具"条中所列举的多数乐器相同或相似。如果我们再联系四川成都自东汉以来就是道教发源地，且前蜀王建、王衍父子又都是崇尚道教的皇帝，或许早在唐末五代时期，中国四川成都道乐中就曾经有过一支使用多种乐器合奏的三清天乐形式。

2. 行道仙乐[②]

又称仙籁，类似于道乐中的一种行乐形式（仪仗音乐）。可能是道乐发展到后期，因受人员、环境等诸多条件的限制，原来由26种乐器组成的乐队逐渐减至仅钟、鼓、笙、箫、云璈等组成的乐队合奏的行道仙乐，主要用于道教升坛、朝真、谒帝活动。若根据明嘉靖中江永年《茅山志》"后编道秩考"中，道教举行国醮时由22名乐职人员演奏的乐器——磬、引磬、钟、鼓、云锣、笙、管、笛、札、板、鼓等，说明此时的道教器乐正是在三清天乐基础上简化而成的行道仙乐形式。

[①] 《汉语大词典》谓："天籁：1. 自然界的声响，如风声、鸟声、流水声等。●《庄子·齐物论》：'女闻人籁而未闻地籁，女闻地籁而未闻天籁夫！'●唐刘禹锡《武陵北亭记》：'林风天籁，与金奏合。'……"

[②] 《天皇至道太清玉册》卷五"乐具"条："此乐，黄帝祀三清之乐也。今之所用，但钟、鼓、笙、箫、云璈、仙籁而已。凡升坛、朝真、谒帝，则用之……"

3. 常日仙乐①

类似于道乐中一种坐乐形式,主要配合道教法师在上香、行礼、跪拜过程中合奏,行道、诵经停止时使用,借以烘托道场气氛。疑即该音乐使用的乐器数量更为简略,或者细乐,或者钟鼓乐、或钟磬乐及其他器乐形式。

4. 钟磬乐

即道教科仪中使用钟和磬合奏的音乐。《道书援神契》"钟磬"条中,有"古者,祭乐有编钟、编磬……又有特悬钟、特悬磬……今洞案金钟、玉磬,又有大钟等,皆本诸此"。可见,道乐中使用钟磬乐与古代祭祀音乐密切相关。至于它在道教科仪中发挥什么作用?《要修科仪戒律钞》谓:"《太真科》曰:斋堂之前,经台之上,皆悬金钟、玉磬,钟磬依时鸣。行道上讲,悉先叩击,非唯警戒人众,亦乃感动群灵,神人相关,同时集会,弘道济物,盛德交归。"《上清灵宝大法》②卷二〇"金钟玉磬仪"条也说:"取法阴阳,金主刚而玉贵润。配合天地,钟应上而磬彻幽。况斋盟已达于瑶宫,众圣将临于宝席。整严班列,遥瞻仙驭于虚徐。振肃规仪,仰睇粹容于杳霭。故即器而陈礼,异以声而感神。虎跃龙腾,瑞气充盈于法界。鸾翔凤翥,灵风鼓振于珂奇。"同书"钟磬交击三十六下"条又谓:"伏以阴召阳凝,妙用潜于罔测。金钟玉磬,清韵彻于无穷。虽坎实以离虚,乃水升而火降。感激之道,自然而然。应和之功,当举而举。则刚柔而制器,调音律以迎禧。鸣厥磬钟,格于上下。达灵神咒,恭对披宣。"可知钟磬乐具有"振肃规仪""感动群灵、弘道济物""调音律以迎禧……格于上下、达灵神咒、恭对披宣"的

---

① 《天皇至道太清玉册》卷五"乐具"条:"其行道、诵经,止用常日之仙乐。"
② 南宋金允中编。系灵宝派符咒道法总集之一。凡五十五品,四十四卷,并序文、目录一卷。载《道藏》第31册。

作用。

从《上清灵宝大法》卷二〇提到的"振金钟二十五声""击玉磬三十下""钟磬交击三十六下""振金钟九声，击玉磬六下""钟磬交鸣，韵奏钧天"，《洞玄灵宝钟磬威仪经》中提到的"太上曰：世间钟……依时整法服、祝诵赞唱击之""磬……若行道礼诵、赞唱斋诚，击以节之"等内容来看，可知钟磬乐既可以用于合奏，也可以用于独奏、轮奏和伴奏等。

5. 钟鼓乐

即钟鼓之乐的简称，使用钟和鼓演奏，主要用于宫廷或庙堂[①]，也用于道教科仪。在道观中，钟鼓乐不仅是开静、止静的报时信号，而且是道教科仪"建斋行事"、法师登坛、道众排队举行祭祀活动前必奏的开场音乐——序曲。《要修科仪戒律钞》中"都讲钞"在谈到都讲担当的职责时强调："都讲，其职也，克明正典，诠举职任，至如行道时节，礼诵容止，先鸣法鼓，次引朋众，法则轨仪，敬凭唱说。夫以建斋行事，都讲要用明能：一则参详法师，二则知主人斋意，三则先定时节，四则击鼓鸣钟。"《血湖曲赦集》中，有"钟鼓声振阊阖启，龙虎班分队仗排"；《太清章全集》中，有"瑶坛肃静，钟鼓停音"等。可见钟鼓乐在道乐中的重要作用。

6. 细乐、鼓乐及其他

除上述器乐形式外，自明清以来，道乐中实际还使用了细乐、鼓乐合奏形式，以及采用云璈、法鼓、金钟、海螺、长号等乐器独奏的器乐

[①] 《中国音乐词典》谓："钟鼓之乐，宫廷或庙堂的音乐或乐舞。《墨子·三辩》：'昔诸侯倦于听治，息于钟鼓之乐。'可见它是诸侯、王以上享用的乐。"

形式。有关此方面记载,《太清章全集》中,有"纳官如故,或细乐,或鼓乐"①;《金刀断索全集》中,有"鼓乐齐鸣行护送,愿尔共登宝莲船"②;《九皇大醮破军庆祝全集》中,有"执事者击鼓三通""执事者鸣金一匝";《诸品大斋告符启坛全集》中,有"司螺者鸣螺三声";《太清章全集》中有"执事者长号三声"③等。

六、道教音乐曲谱

所谓曲谱,应指记录音乐音高或者节奏的各种书面符号的音乐文献。如大家平时常见的简谱或五线谱均属此类。《道藏》中的音乐曲谱文献相对其他音乐文献更少,主要有以下几种曲谱值得了解:

(一)步虚谱

步虚谱是北宋末年道教《玉音法事》中用来记录步虚声赞等仙歌的一种谱式(见图例1)。它是我国一种古老的乐谱形式,其发生、发展的过程与道乐有密切关系。其初始至迟可追溯到汉代④,北宋时用于道教《玉音法事》曲谱。据《道教提要》⑤说:"此书词曲,至迟亦当为宋真宗、宋徽宗所制,前者称曰制,后者则称圣制,殆为北宋末人所

---

① 详见该书第五十七页,宣统三年辛亥,成都二仙庵藏板。
② 详见该书第十一页,宣统三年辛亥,成都二仙庵藏板。
③ 详见该书第二十六页,宣统三年辛亥,成都二仙庵藏板。
④ 《中国音乐词典》谓:"声曲折……《汉书·艺文志》著录有《河南周歌诗七篇》与《河南周歌声曲折七篇》。河南'周歌'以'诗'与'声曲折'并列,应是词和曲的关系。'声曲折'被记录而成篇、成书,应即记录曲调的乐谱。这一类乐谱的实物,在我国现有史料中,见于'道藏'的有明代以前的《玉音法事》。"
⑤ 见该书第438页,任继愈、钟肇鹏主编,中国社会科学出版社,1991年。

图例1：《正统道藏·玉音法事》书影

辑……"该谱的问世，当与北宋以来道乐在民间的空前活跃，朝廷又十分重视有关。

后来该谱集收入明《正统道藏》。此谱集共分上、中、下三卷，收录有从唐代至宋代的道曲50首。除下卷有辞无谱外，上、中卷所载有谱的如《步虚》《金阙步虚》《空洞》《奉戒》《三启》《启堂》《敷斋》《大学仙》《小学仙》《焚词》《山简》《白鹤词》《玉清乐引》《玉清乐》《太清乐》《散花词》等46首。该曲谱的问世，对研究古代谱式及宋以前道教声乐曲的音调、曲式结构等有其重要的文献价值。

该谱式非常独特，它既非古琴所用的减字谱，亦非琵琶所用的工尺谱，而是采用的一种形似曲线婉蜒之状的曲线谱，亦称声曲折谱，或步虚谱。在书写风格上，步虚谱很像道教的符箓云篆，神秘难辨，真可谓一部音乐天书，虽经国内多位学者研究，至今仍难于解读。此项课题，只有留待未来新人通过新的手段来破译这一音乐之谜。

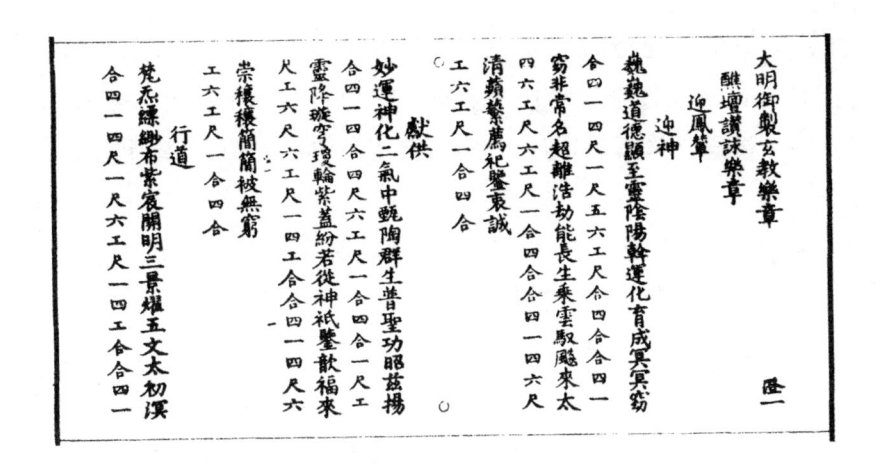

图例2：《正统道藏·大明御制玄教乐章》书影

（二）工尺谱

工尺谱是我国传统音乐的记谱法之一。因用工、尺等字记写唱名而得名。它与许多重要民族乐器的指法和宫调系统紧密联系，不仅在我国民间音乐中广泛应用，而且在道乐、佛教音乐中也十分常见。它的历史悠久，从敦煌千佛洞发现的后唐明宗长兴四年（933）写本"唐人大曲谱"（所用谱式即唐以来的燕乐半字谱）起，经过宋代的俗字谱（如南宋姜夔《白石道人歌曲》所用的今旁谱、张炎《词源》中的"管色应指字谱"和陈元靓《事林广记》中的"管色指法"谱），一直发展为明、清以来通行的工尺谱。我国道乐中，至迟从明代开始就已使用工尺谱。如《道藏》第19册就收录有一部采用工尺谱记写的《大明御制玄教乐章》[①]（见图例2）。

该书内容分三章：《醮坛赞咏乐章》，包括有名有词有曲的道歌共11首，如［迎凤辇］（含［迎神］［献供］［行道］［请师］［献酒］［送圣］共

---

① 载《道藏》第19册。

6首)［天下乐］［过声］［圣贤记］［过声］［青天歌］；《玄天上帝乐章》，包括有名有词有曲的道歌10首，如［迎仙客］(共8首)［步步高］［醉仙喜］；《洪恩灵济真君乐章》，曲目有［迎仙客］8首，属于有名有词无谱。

该书系明代通行的正体工尺谱，采用"合""四""一""上""尺""工""六"等中文字符号代表音高的工尺谱从右到左竖行书写，无调号和节奏符号标记。由于系明成祖时御制，它无论从词章的章法结构还是过于规整的旋律形态，一字一音的唱诵形式和呆板缺乏活力的音乐风格，可说是明显具有宫廷祭祀乐章的色彩，似乎与各地活态传承的道乐在风格上大相径庭。

(三) 铛请谱

铛请谱是道教全真派音乐中使用的一种曲谱（见图例3），主要用于记录全真派道士演唱的道教韵曲。由清代道士彭定求编订，清光绪三十二年（1906）成都二仙庵住持阎永和、新津彭翰然发起重刻，贺龙骧参与校订的一部全真道乐谱集《重刊道藏辑要·全真正韵》。该曲谱是藏外道书中一部全真道经韵乐章，也是目前尚存于世的最完整的一部全真道经韵曲谱。

曲谱共收录全真派常用"正韵"56首，如［澄清韵］［举天尊］［双吊挂］［大启请］［小启请］

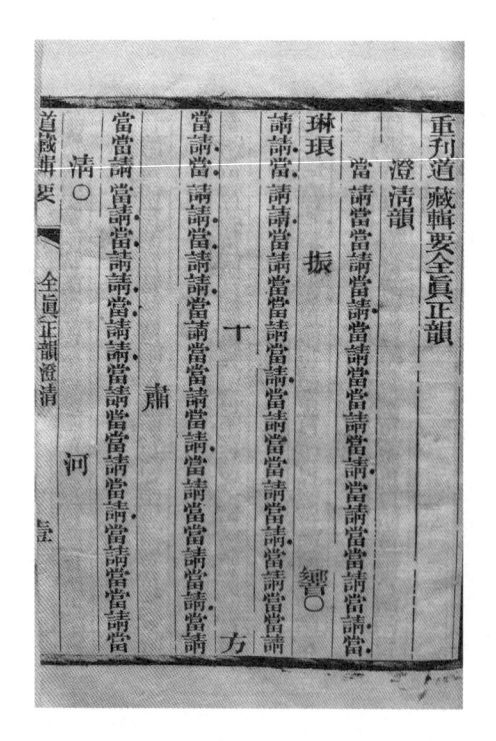

图例3：《重刊道藏辑要·全真正韵》书影

〔天尊板〕〔中堂赞〕〔小赞韵〕〔大赞韵〕〔步虚韵〕〔下水船〕〔干倒拐〕〔反八天〕〔早叛依〕〔午叛依〕〔晚叛依〕〔风交雪〕〔仙家乐〕（一）、〔仙家乐〕（二）、〔白鹤飞〕〔三宝香〕〔三宝词〕〔送化赞〕〔焚化赞〕〔三尊赞〕〔单吊挂〕〔倒卷帘〕〔云乐歌〕〔供养赞〕〔青华引〕〔大救苦引〕〔圆满赞〕〔九条龙〕〔幽冥韵〕〔三炷香〕〔慈尊赞〕〔黄箓斋〕〔仰启咒〕〔三信礼〕〔三拿鹅〕〔五召请〕〔阴小赞〕〔五供养〕〔悲叹韵〕〔小救苦引〕〔召请尾〕〔返魂香〕〔十伤符〕〔金骷髅〕〔银骷髅〕〔咽喉咒〕〔梅花引〕〔反五供〕〔出生咒〕〔宝箓符〕〔跑马韵〕。

早在清代，该曲谱就在全真道各宫观通用并传承至今，在曲谱唱词右侧，注有"当"（铛子）"请"（镲）"鱼"（木鱼）等法器演奏的状声字，并用圈、点注明"板眼"记号，没有标明旋律、音高的符号，如离开经韵道士的口传心授，仍不能直接依谱诵唱。尽管该谱在传承道乐方面，仍有一定局限，但它的问世，却标志着全真道的经韵音乐自此有了全国通用的唱谱，并已完全走向成熟和规范化。

综上，除上述三种曲谱外，在藏外实际上还有不少未编入的谱式——锣鼓谱、符号谱等，它们也是道乐的重要文献资源。兹不赘述。

七、道教音乐思想

道教音乐思想指道乐中蕴含的若干道乐思想观念，所涵盖的内容十分广泛，至少包括其中的来源观、审美观、功能观、自然观、和谐观、礼乐观等，绝非寥寥数语就能全面阐述。仅择其主要内容阐述如下：

（一）来源观

指道教关于音乐与道乐来源于阴阳之气和天神创造的观念。其中，关于音乐来源于阴阳之气的观念，《太平经》①卷一一六中认为："音声者，即是乐之语谈也"，"故为阴阳者，动则有音声。故乐动辄与音声俱。阳者有音，故一宫、三徵、五羽、七商、九角，而二四六八不名音也。刑者太阴者，无音而作，故少以阴害人。无音而作，此之谓也"。关于道乐来源于天神创造的观念，《云中音诵新科之戒》的残篇《老君音诵戒经》②："老君曰：……谦之，汝就系天师正位，并教生民，佐国扶命，勤理道法……一从吾乐章诵诫新法，其伪诈经法科，勿复承用……吾此乐音之教诫，从天地一正变易以来，不出于世，今运数应出，汝好宜教诫科律，法人、治民、祭酒按而行之。"认为道乐来源于"步虚声""梵咏"的，有《洞玄灵宝斋说光烛戒罚灯祝愿仪》《太上洞玄灵宝授度仪》《洞玄灵宝升玄步虚章序疏》等书。第一书说道乐"步虚"是对天宫中神仙巡行时吟诵之声的仿效，称："十方至真，三千大千已得道大圣众及自然妙行真人，皆一日三时，旋绕上宫，稽首行礼，飞虚浮空，散花烧香，手把十绝，啸咏洞章，赞九天之灵奥，尊玄文之妙重也。今道士斋时，所以巡绕高座，吟诵步虚者，正是上法玄根，众圣真人朝宴玉京时也。"第二书说："梵咏出西北九天门"。第三书说："步虚是神造之员极"，根据笔者的理解，所谓"员级"，当为"元极"一词之通假，可理解为"元始"之义，即"元始天尊"，又称"元始天王"，意即"步虚"乃元始天王所创造。这与《玉清无极总真文昌大洞仙经》③关于钧天妙乐的来源，《无上秘要》卷二〇有关西王母作乐的描述，应是一脉相承，无不包含道乐来源于天神创造的观念。

---

① 载《道藏》第24册。
② 又名《云中音诵新科之诫》。北魏神瑞二年（415），嵩山道士寇谦之假托太上老君降授。据《魏书·释老志》载，原本为二十卷。现残存一卷，载《道藏》第18册。
③ 《玉清无极总真文昌大洞仙经》"檀炽钧吉祥"条谓："和炁致祥，元始所出之音声，谓之檀炽钧……钧天妙乐……［霓裳羽衣曲］，皆天乐也"。

（二）审美观

指道教对音乐与道乐的审美观念，即追求中和、雅妙宛绝、碧落空歌、言无韵丽、曲无华宛的音乐风格。例如，《老子道德经想尔注》[1]中，作者对《老子道德经》中关于"五音令人耳聋"的解释是"非雅音也。郑卫之声抗诤伤人，听过神去，故聋"。强调："道贵中和，当中和行之，志意不可盈溢，违道诫。""忿争激，急弦声，所以者过。"认为"五音令人耳聋"的提法，并非一般的反对音乐，而是特别有针对性地反对淫乱的"郑卫之声"，反对在音乐中一味追求感官刺激、淫佚放荡的颓废音乐，提倡中和、典雅的高尚音乐。在《抱朴子内篇》[2]卷一"畅玄"中，葛洪从神仙道教的立场出发，明确指出："夫五声八音，清商流徵，损聪者也。鲜华艳采，或丽炳烂，伤明者也。宴安逸豫，清醪芳醴，乱性者也。冶容媚姿，铅华素质，伐命者也。"他在卷五《至理》中又说："然荣华势利诱其意，素颜玉肤惑其目，清商流徵乱其耳，爱恶利害搅其神，功名声誉束其体。"与老子在《道德经》中所说的"五色令人目盲，五音令人耳聋，五味令人口爽，驰骋畋猎令人心发狂，难得之货令人行妨"的观点一脉相承。作者从老子"无为"思想出发，在卷五"至理"中主张："是以遐栖幽遁，韬鳞掩藻，遏欲视之，自遣损明之色，杜思音之耳，远乱听之声，涤除玄览，守雌抱一，专气致柔。"在卷二"论仙"条中强调，反对使用神仙派道教所认为的"砰磕嘈喊，惊魂荡心"的音乐，而应当追求如"赏克谐之雅韵"的那种和谐、高雅的音乐。此外，在《洞玄灵宝玉京山步虚经》中，强调道乐应是"诸天奏乐，百千万妓，云璈朗彻，真妃齐唱而激节，仙童凛颜而清歌……灵风振之，其音自成宫商，雅妙宛绝"的风格。在《太上洞玄灵宝无量度

---

[1] 据传为祖天师张道陵所撰，一说是系师张鲁撰。原书四卷，收入《道藏》太玄部，已佚。现存敦煌残本，系唐人所写。底本出处：敦煌 S.6825 号。另参见《老子想尔注校证》（饶宗颐著，上海古籍出版社，1991 年）。

[2] 晋葛洪著，二十卷，载《道藏》第 28 册。

人上品妙经》①卷一中,强调道乐是一种"诸天上帝及至灵魔王隐秘之音,皆是大梵之言,非世上常辞,言无韵丽,曲无华宛"。在《道门通教必用集》"旧本步虚篇第四"中,强调道乐应是"文畅而曲不华,趣幽而义益奥"的风格。

(三)功能观

指道乐所具备的各种功能,如乐人、乐治、乐天地、乐神灵等观念。如《太平经》《洞玄灵宝斋说光烛戒罚灯祝愿仪》《要修科仪戒律钞》《玄坛刊误论》《灵宝领教济度金书》《洞玄灵宝三洞奉道科戒营始》《道门通教必用集》《天皇至道太清玉册》等书中都有阐述。其中,最具代表的是《太平经》,该书对道乐的功能作了较为全面的阐述,如卷一一三说道:"乐,小具小得其意者以乐人,中具中得其意者以乐治,上具上得其意者以乐天地。得乐人法者,人为其悦喜;得乐治法者,治为其平安;得乐天地法者,天地为其和。天地和,则凡物为之无病,群神为之常喜,无有怒时也。"卷一一六:"故举乐,得其上意者,可以度世;得其中意者,可以致平,除凶害也;得其下意者,可以乐人也。上得其意者,可以乐神灵;中得其意者,可以乐精;下得其意者,可以乐身;俱得其意,上帝王可游而无事,乐起而刑断绝,精神相厌也。"另在《玄坛刊误论》"论凡修斋用乐品第十七"中,认为"行礼作乐者,所以通天地而交神明也"。

(四)自然观

指道乐所遵循的自然法则观念,即天定的不可违背的顺应天地、自

---

① 又称《元始无量度人上品妙经》或《灵宝无量度人上品妙经》,简称《度人经》。《度人经》是古灵宝经之一,收入《道藏》之首。载《道藏》第1册。

然时序的规格法则,是道教假借天的意旨提出的一种观念。即《太平经》中所说的"格法",如"天之格法""自天格法""自然天地之格法"等。所谓格法,即作者托言为天定的不可违背的规格法则。如《太平经合校》卷一一五至卷一一六中提出:"欲大得天地之心意……乃当顺天地之心意,不可逆太岁诸神,同合其气。""逆天地之道……与天地用意异,天地战怒,万变并起,奸邪日兴,则至不安平,凶年气来。""皆顺其气,如其数。独六月者,以夏至之日,并动宫音,尽五月、六月者,纯宫音也。"关于顺气,书中列举了"自然天地之格法"六条:一曰先顺乐动天地四时帝气,二曰先顺乐动天地四时王气,三曰先顺乐动相气微气,四曰慎无动乐死破之气,五曰无动乐囚废之气,六曰无动乐衰休之气。认为:"乐上帝上王相微气三部,令天地人悦,致时泽,灾害之属除去,名为顺天地人善气也,致善事。乐下三部死破囚废衰休之气,致逆灾,天时雨,邪害甚众多,不可禁防也。"总之,天之所向者兴之,天之所背者废之,这就叫知时气,顺时气,合天地之心。

(五) 和谐观

指道乐所蕴含的和谐观念,认为音乐与阴阳、四时、五行、天、地、人之间的和谐具有密不可分的关系。如《太平经合校》卷一八至卷三四中认为:"乐乃可和合阴阳,凡事默作也,使人得道本也。故元气乐即生大昌,自然乐则物强,天乐即三光明,地乐则成有常,五行乐则不相伤,四时乐则所生王,王者乐则天下无病,蚑行乐则不相害伤,万物乐则守其常。"卷五〇也说:"诸乐者,所以通声音,化动六方八极之气,其面和则来应顺善,不和则来应战逆。夫音声各有所属,东西南北,甲乙丙丁,二十五气各有家。""古者圣贤调乐,所以感物类,和阴阳,定四时五行。阴阳调则其声易听,阴阳不和,乖逆错乱,则音声难听。"卷一一三又说:"天地和,则凡物为之无病,群神为之常喜,无有怒时也……是故乐而得大角上角之音者,青帝大喜,则仁道德出,凡物乐生，青帝出游，肝气为其无病，肝神精出见东方之类。……南方徵之音，大小中悉和，则物悉乐长也。南方道德莫不悦喜，恶者除去，善者悉前。赤气悉喜，赤神来游，心为其无病。……故得黄气宫音之和，亦宫音之善者亦悉来也，恶者悉消去。得商音之和，亦商音善者悉来也，恶者悉消去。得羽音之和，羽音善者悉来也，恶者悉去。"①

（六）礼乐观

主要指道乐所奉行的礼乐观念，包括祭祀天神地祇活动中的一些仪节规范和与之相配合的音乐制度，涉及道乐中的用乐制度、殿上陈设、乐器配置和祭祀对象等。《道门通教必用集·序》中规定："古者，天子祀天地，格神明，皆具牺牲之礼，洁粢盛，备衣服，先散斋，而后致斋，以成其祭，犹虑仪不及物，与不成享也，而况士庶乎？是以太上谈经立法，以好生恶杀为务。继之天师因经立教，而易祭祀为斋醮之科，法天象地，备物表诚，行道诵经，飞章达款，亦将有以举洪仪，修清祀也。是故歌雍诗，颂清庙，使声成文，谓之音，可以通于神明，祷于上下；唱步虚，咏洞章，原其理也，亦无二致。"《天皇至道太清玉册》卷三在谈到道乐的用乐观念时，说"醮仪中修用存思诀法，并载《干运造化章》，其乐具仙仗，见《天乐仪仗章》，更不于此详注。"另在同书卷五之《天乐仪仗章》以及《太极真人敷灵宝斋戒威仪诸经要诀》《洞玄灵宝钟磬威仪经》《诸品大斋告符启坛集》等书相关内容，都是建立在道教神学观念上，认为道乐是根据神仙的仪仗所设，要"大合天乐"，"以祀三清上帝"。

除此，有关道乐思想观念的文献还有诸如选材观、戒律观、诚敬观、存想观、传承观、德行观、报应观等，兹不赘述。

---

① 参见李养正：《〈太平经〉中的音乐理论》，载《黄钟（武汉音乐学院学报）》1990年第1期。

八、结语

综上所述,《道藏》中所蕴含的道乐文献资源十分丰富,涉及早期道教音乐的演礼程序、演礼仪节与演礼分工,道教音乐乐器的类别与名称,道教音乐表演中的声乐演唱与器乐演奏,道教音乐中的声乐形式与器乐乐种,道教音乐中的步虚谱、工尺谱与铛请谱,道教音乐思想中的来源观、审美观、功能观、自然观、和谐观与礼乐观等。为我们进一步研究现实中的活态道乐提供了文本依据,从中可以更科学、合理地认识道乐的发展历程,了解道乐的文化传统,熟悉道乐的文本资源,掌握道乐的研究路径,拓宽道乐的研究范围,深化道乐的研究深度,为未来进一步研究道教音乐发挥其应有的作用。

建议阅读文献:

1. 著作类

蒲亨强:《道教与中国传统音乐》,文津出版社,1993年。

王纯五、甘绍成编著:《中国道教音乐》,西南交通大学出版社,1993年。

曹本冶、蒲亨强:《武当山道教音乐研究》,台北商务印书馆,1993年。

周振锡、史新民、王忠人等:《道教音乐》,北京燕山出版社,1994年。

吕锤宽:《台湾的道教仪式与音乐》,学艺出版社,1994年。

曹本冶、王忠仁、甘绍成、刘红、周耘编写:《中国道教音乐史略》,新文丰出版公司,1996年。

刘　红:《苏州道教科仪音乐研究》,文化艺术出版社,2010年。

袁静芳：《巨鹿道教音乐研究》，新文丰出版公司，1998年。

李世斌：《陕西省佳县白云观道教音乐》，新文丰出版公司，1999年。

胡　军：《中国道教音乐简史》，华龄出版社，2000年。

蒲亨强：《神圣礼乐——正统道教科仪音乐研究》，巴蜀书社，2000年。

甘绍成：《青城山道教音乐研究》，新文丰出版公司，2000年。

曹本冶、徐宏图：《杭州抱朴道院道教科仪音乐研究》，新文丰出版公司，2000年。

曹本冶、徐宏图：《温州平阳东岳观道教科仪音乐研究》，新文丰出版公司，2000年。

史新民编著：《20世纪中国音乐史论研究文献综录·宗教音乐卷·道教音乐》，人民音乐出版社，2005年。

曹本冶著，吴艳、秦思译：《道教仪式音乐：香港道观之"盂兰盆会"个案研究》，文化艺术出版社，2011年。

杨民康、杨晓勋：《云南瑶族道教科仪音乐》，文化艺术出版社，2014年。

蒲亨强：《道书存见音乐资料研究》，巴蜀书社，2016年。

张鸿懿：《北京白云观道教音乐研究》，文化艺术出版社，2017年。

钱铁民、马珍媛：《无锡道教科仪音乐研究》（上下册），文化艺术出版社，2017年。

2. 论文类

陈国符：《明清道教音乐考稿（Ⅰ）》，载《中华文史论丛》1981年第2辑，上海古籍出版社，1981年。

李石根：《西安城隍庙道派鼓乐》，载《音乐研究》1984年第1期。

吴素华：《道与道教音乐》，载《黄钟》1987年第2期。

陈大灿:《道教音乐》,载《中国大百科全书·宗教》,中国大百科全书出版社,1988年。

李养正:《〈太平经〉中的音乐理论》,载《黄钟》1990年第1期。

甘绍成:《正一道音乐与全真道音乐的比较研究》,载《道家文化研究》第九辑,上海古籍出版社,1996年。

吴炳鋕:《澳门的正一派音乐》,载《中国道教》1997年第3期。

王小盾、王皓:《论道藏中的音乐史料》,载《音乐研究》2010年第3期。

主要参考文献:

1. 辞书类

缪天瑞、吉联抗、郭乃安主编:《中国音乐词典》,中国艺术研究院音乐研究所《中国音乐词典》编辑部编,人民音乐出版社,1984年。

商务印书馆编辑部编:《辞源》(修订本)1—4合订本,商务印书馆,1988年。

徐中舒主编:《汉语大字典》,湖北辞书出版社、四川辞书出版社,1986年—1990年。

罗竹风主编:《汉语大词典》,汉语大词典出版社,1986年—1993年。

2. 丛书类

《道藏》,文物出版社、上海书店、天津古籍出版社,1988年。

《道藏辑要》(《重刊道藏辑要》),二仙庵刻本,清光绪三十二年(1906)成都二仙庵住持阎永和、新津彭翰然重刻,井研贺龙骧校订。

《藏外道书》，巴蜀书社 1992 年—1994 年编纂出版。

陈复慧校辑：《广成仪制》，清光绪、宣统以及民国年间成都二仙庵藏板，巴蜀书社 1992 年—1994 年编纂出版的《藏外道书》第 13 册—15 册，收录有不同名称的道教科仪书籍 270 余集，民间另有未收录进该书的其他名称的单行本科书。

张继禹主编：《中华道藏》，华夏出版社，2004 年。

3. 论文类

陈国符：《明清道教音乐考稿（Ⅰ）》，载《中华文史论丛》1981 年第二辑，上海古籍出版社，1981 年。

李养正：《〈太平经〉中的音乐理论》，载《黄钟（武汉音乐学院学报）》1990 年第 1 期。

王小盾、王皓：《论道藏中的音乐史料》，载《音乐研究》2010 年第 3 期。

甘绍成：《洞经音乐产生的渊源》，载《星海音乐学院学报》2010 年第 3 期。

甘绍成：《清代以来四川道教广成坛使用的科仪与音乐——从〈广成仪制〉〈雅宜集〉谈起》，载《音乐探索》2016 年第 2 期。

4. 著作类

王纯五、甘绍成编著：《中国道教音乐》，西南交通大学出版社，1993 年。

杨光文、甘绍成：《青词碧箫——道教文学艺术》，四川人民出版社，1994 年。

曹本冶、王忠仁、甘绍成、刘红、周耘编写：《中国道教音乐史略》，新文丰出版公司，1996年出版。

蒲亨强：《道书存见音乐资料研究》，巴蜀书社，2016年。

作者简介

甘绍成，1957年1月生，四川崇州人。四川音乐学院教授，四川大学客座教授、博士生导师。一直从事中国传统音乐理论与音乐学相关课程的教研，主要研究领域为道教音乐、洞经音乐、传统器乐及音乐学学科建设。

先后发表《川西道教音乐的类型及其特征》《正一道音乐与全真道音乐的比较研究》《青城山道教科仪的演礼程序与音乐安排》《清代以来四川道教广成坛使用的科仪与音乐——从〈广成仪制〉〈雅宜集〉谈起》《洞经音乐产生时间考辨》《从〈儒院文稿〉看早期成都儒坛的设置、仪礼与洞经音乐》等论文近50篇，出版《青城山道教音乐研究》《中国道教音乐》(合著)、《青词碧箫——道教文学艺术》(合著)、《中国道教音乐史略》(合著)、《天府天籁——成都道教音乐研究》(合著)等著作，参与并承担国家级、省部级、地区级、厅级和校级等科研项目10余项。先后获"四川省文学艺术界德艺双馨艺术家""四川省教学名师""四川省学术和技术带头人"等称号。

医药养生类道经说略

杨玉辉

一、医药养生类道经概述

在各种宗教中，对医药养生的重视无疑是道教的一个最突出的特点。这个特点在道教最重要的经典集成——《道藏》中，就体现为对医药养生经典的重视，而医药养生论著也构成了《道藏》的重要组成部分。

(一)《道藏》中的医药经典概述

《道藏》中汇集了大量的医药养生经典，根据朱越利先生《道藏分类解题》的统计，《道藏》中共有 8 种医学基础理论著作。这 8 种医学基础理论著作是：《黄帝内经素问补注释文》50 卷、《素问六气玄珠密语》17 卷、《黄帝内经灵枢集注》[①]23 卷、《黄帝内经灵枢略》1 卷、《素问入式运气论奥》3 卷、《黄帝内经素问遗篇》5 卷、《黄帝八十一难经纂图句解》7 卷、《渊源道妙洞真继篇》3 卷。

在以上 8 种医学基础理论著作中，有关中医学最早的医经《黄帝内经》的论著占了六篇，其中，又以《黄帝内经素问补注释文》和《黄帝

---

① 《道藏》本误题作"黄帝素问灵枢集注"。

内经灵枢集注》,为黄帝内经医学思想的系统阐述,最为重要。《黄帝内经素问补注释文》包括了《黄帝内经素问》各篇全文及其注解。该书为唐太仆令王冰编注,北宋林亿等奉敕校正。原本为二十四卷,或作十二卷,有宋元明清及近代刊本数十种。《道藏》将其收入太玄部,全书五十卷。今存《黄帝内经》包括《素问》和《灵枢》两个相对独立的部分,各八十一卷。《黄帝内经》是我国现存最早的较为系统和完整的医学典籍,约成书于春秋战国至东汉时期。从其内容和流传来看,显然非出自一时一人之手,而是众多医学著作和医疗经验的汇集。东汉班固《汉书·艺文志》即有"《黄帝内经》十八卷"的记载;汉末张仲景亦提到《素问》《九卷》之名;晋皇甫谧则第一次有了对《内经》一书的说明,他在《黄帝三部针灸甲乙经》中说:"按《七略》《艺文志》,《黄帝内经》十八卷,今有《针经》九卷、《素问》九卷,二九十八卷,即《内经》也。"但汉魏以后《内经》传本多有,至唐王冰感其"世本纰缪,篇目重叠,前后不伦,文义悬隔,施行不易,披会亦难,岁月既淹,袭以成弊"(王冰《重广补注黄帝内经素问序》),遂对《素问》加以重新编次整理,削繁补缺,并加注解,使它能按现在这个样子流传下来。王冰《素问》注本凡24卷,其中存在许多文字错误及窜改妄增古书之处。北宋嘉祐中(1056—1063),林亿等奉敕校正,取汉唐古医书重新校正王注本谬误六千余字,增加注释二千余条,恢复古本旧貌,后代刊刻本也多以此本为准。

《黄帝内经灵枢集注》为南宋史崧根据家中藏本,参考诸书校释而成。该书内容包括《黄帝内经灵枢》各篇全文及历代重要注释。该书约于绍兴乙亥年(1155)成书。原书二十四卷,或作十二卷,有宋刊本、仿宋本、《四库全书》本等版本。《道藏》本收入太玄部,计二十三卷,误题作"黄帝素问灵枢集注"。《灵枢》与《素问》一样都是假托黄帝与岐伯问答阐述各种医学问题。但该书尤重于针灸经络之学,同时也阐述人体脏腑生理、病理及诊断治疗问题。

其他四篇有关黄帝内经的论著则是从不同方面对以上两部著作的补

充和阐释，如《黄帝内经素问遗篇》所载《刺法论》《本病论》是对《素问》亡失的两篇论著的补缺。该书编撰人不详，约出于宋代，五卷，收入《道藏》太玄部。据记载，此二篇原属《黄帝内经素问》第七卷，早已缺佚。在唐人王冰所撰《素问次注》中，此二篇有目无文。北宋林亿等认为所见此二篇当系唐宋间伪托之作。《素问入式运气论奥》和《素问六气玄珠密语》两篇则都是对《黄帝内经》运气学说的进一步探讨之作；而《黄帝内经灵枢略》则是《灵枢》中《天年》等篇的精要节录。

除了《黄帝内经》相关论著外，《道藏》中的医学基础性著作还有两篇，即《黄帝八十一难经纂图句解》和《渊源妙道洞真继篇》。《黄帝八十一难经纂图句解》简称《难经句解》，南宋李駉注，收入《道藏》太玄部，七卷。《黄帝八十一难经》相传为战国时名医扁鹊（秦越人）所撰。据近人考证，当为秦汉医家经典，假托黄帝解释各种医学疑难问题，尤重于论述经脉理论，亦有不少古人医学经验。三国时吴太史令吕广始为此经作注。南宋李駉据前人注本加以注解。其注融会诸家之说，对荣卫部位、脏腑脉法、经络腧穴等医学问题详加讨论。卷首附《黄帝八十一难经注义图序论》一篇，综述大法。此书现仅存《道藏》本，十分珍贵。

《渊源妙道洞真继篇》原题"真元门生李景元集解"。景元生平不详，据书中引述北宋朗然子（刘希岳）之语，盖出于两宋之际。原书三卷，收入《道藏》太玄部。书分三篇，皆有经有注。上中二篇讨论天人相应及脏腑经络理论，其所引藏医论脏腑形体发育别有一说；下篇引"卢氏究五脏言"以医论仙，阐述内丹术，并用内丹搬运术附会脏腑经络说。

此外，孙思邈《备急千金要方》亦有关于医学基础理论方面的讨论。

《道藏》不仅汇集一系列基础医学论著，而且还收集了不少本草和方剂经典。根据《道藏分类解题》的统计，《道藏》中有8种本草和方剂经典，它们是：《图经衍义本草》47卷、《葛仙翁肘后备急方》8卷、

《太上灵宝芝草经》1卷、《孙真人备急千金要方》95卷、《黄庭内景五脏六腑补泻图并序》1篇、《通玄秘术》1卷、《仙传外科秘方》11卷、《急救仙方》11卷。其中，《图经衍义本草》是《道藏》收录的最为完整的本草经典，对各类药物中的常用药物的产地、形状、性味、功用及临床应用等都有所阐述。《葛仙翁肘后备急方》为葛洪、陶弘景所编医药名著。书中收录急救用方百余首，取其简便易行，可置之佩囊，带之肘后，以备贫家病人急需，故名"肘后备急方"。《急救仙方》11卷，收入妇科、外科、伤科等方药。《仙传外科秘方》收药方四百余首，分为十三品类，分别论述救治各种内外科疾病及杂症之方，尤以论治外科痈疽、疔疮等病为主。《太上灵宝芝草经》列有127种芝草图，并说明其益仙之效。当然，在《道藏》的本草方剂经典中，最完备的还是孙思邈的《千金要方》。该书辑录医药方论约五千三百首，凡脏腑之论、针灸之法、脉证之辨、食治之宜，以及备急之方、养性之术，无所不包，乃唐代药方之大成，至今仍然受到医界的推崇。

(二)《道藏》中的养生经典概述

就道教来说，医药与养生虽然有一定的界限，但实际上这两个方面又密不可分，许多阐述医药的著作也涉及养生问题，而阐述养生的著作也关系到医药问题，像《黄帝内经》《孙真人备急千金要方》这样的著作本身就既是医药经典，也是养生经典。同时，道教修仙所运用的内丹修炼方法其实也是养生的方法，自然各种内丹修炼的经典也是养生的经典。所以如果按照这样一种理解，《道藏》中的养生论著当有数百种之多，即使根据《道藏分类解题》的统计，也有四百余种。由于本书对内丹论著已有专章介绍，所以我们这里主要就《道藏》中的一般养生论著的情况加以说明。

1. 综合养生经典

养生修道是道教成就神仙的基本方法,所以道教历来就十分注重养生的理论和方法,《道藏》中也收录了大量的养生著作。这些养生著作有专门讨论某一种养生方法的,更有综合各种养生方法并加以系统阐述的。实际上,从最早的医经《黄帝内经》到葛洪的《抱朴子内篇》,再到陶弘景的《养性延命录》,再到孙思邈的《千金要方》,都对养生的思想和方法进行了大量的探讨,提出了一系列关于养生修道的基本理论和操作方法。其中《黄帝内经》以道家思想为指导,从医学的角度对于养生的原理和方法进行了探讨,并形成了一套医学养生体系;《抱朴子内篇》则提出了众术合修的养生理论和方法;《养性延命录》第一次构建起了系统的道教养生的理论和实践体系,为道教养生学的建立作出了巨大的贡献;《千金要方》又进一步深化了养生的理论和方法,使之能落实到更为具体的操作层面,构筑起了更为完善的道教养生实践体系。此外,属于综合养生的论著还有:《抱朴子养生论》《彭祖摄生养性论》《太清道林摄生论》《枕中记》《保生要录》《三元延寿参赞书》《至言总》《服气精义论》等,它们都从不同的角度对道教养生所涉及的各种理论和方法进行了探讨,共同构筑起了道教养生的完整体系结构。

2. 服食养生经典

服食即服用具有养生保健作用的食物和药物,它是道教养生的一种重要方法。《道藏》中有关服食养生的论著主要有《太清经断谷法》《太上肘后玉经方》《修真秘录》等。其中《太清经断谷法》辑录服食断谷之方三十余种,包括服食松根、茯苓、术、黄精、天门冬、巨胜、杂米麦、大豆、桑葚、牛羊苏及葵子汤、大麻子汤等。《太上肘后玉经方》依八卦次序收录天父地母七精散方、风后四扇散方、王君河车方、龟台王母四童散方、彭君麋角粉方、夏姬杏金丹方、赤松子枸杞煎方、清精先生糯米饭方等八种药方。《修真秘录》分《食宜》《月宜》二篇，假托思仙与真人问答，论述饮食调养之法，强调选择食物须应四时月令，以和五味，益五脏，治百病。其中《食宜》篇列举宜食之肉果谷菜诸类食物百余种，注明其性能及主治疾病；《月宜》篇则依次列举四时十二月宜食之物。实际上，除了以上这些专门的服食论著外，像《抱朴子内篇》《养性延命录》《千金要方》《太上灵宝五符序》《四气摄生图》等，都罗列了一系列养生的单方和复方；《千金要方》《太上灵宝五符序》更有专章讨论各种食物的性味、功效及服用方法，以及各种具有特殊功效的养生复方的组方和运用。

3. 导引经典

导引即用意念引导肢体运动的养生方法。《道藏》中关于导引的专门论著不多，但涉及导引内容的经典则不少，包括《太清导引养生经》《养性延命录》《灵剑子》《灵剑子导引子午记》《摄生纂录》《道枢》《修真十书·杂著捷径》《太上导引三光九变妙经》《太上导引三光宝真妙经》等。其中，《太清导引养生经》汇集诸家导引按摩方法，并着重阐述了五种导引方法，即：慎修内法、王乔导引图、彭祖导引图、淘气诀、咽气诀等；《养性延命录》专章讨论了包括五禽戏在内的多种导引方法；《灵剑子》则罗列了各种导引势的内容；《灵剑子导引子午记》附有《导引诀》，系统阐述导引的各种方法。其他如《摄生纂录》《道枢》《修真十书·杂著捷径》《太上导引三光九变妙经》《太上导引三光宝真妙经》等都有有关导引的内容。

4. 调神经典

调神即精神调养或心理调养，它是道教养生中最具特性也最为丰富多彩的养生方法。对于精神调养，道教提出了许多方法，如守一、存神、服符、修心、炼神、畅神、达情、信神等。由于调神方法多种多样，所以《道藏》中关于调神的经典自然也成为各种养生经典中最为丰富多样的部分，可以说几乎绝大多数道教养生论著都论述到了调神问题，而专门或主要论述调神的论著少说也有百余种。根据《道藏分类解题》的统计，涉及调神的心理疗法与精神疗法的服符、守一、存神、修心等的论著共有122种。其中，服符的经典有：《太上洞玄灵宝素灵真符》《洞真太上上皇民籍定真玉箓》《上清洞真元经五籍符》等；守一经典有：《太平经圣君秘旨》《玄珠心镜注》《西升经集注》《黄帝阴符经注》等；存神经典有：《上清太上八素真经》《太上老君说常清静经注》《太上老君中经》《上清大洞真经》《太上老君大存思图注诀》等；修心经典有：《天隐子》《坐忘论》《心目论》《宗玄先生玄纲论》《太上老君内观经》《太上老君说常清静妙经》《清和真人北游语录》《太上老君说了心经》《三论元旨》等。这些经典都从不同的角度阐述了调神修心的理论和方法。

5. 调摄

所谓调摄就是日常生活的调养，它是养生的一个重要方面。道教调摄主要涉及居处、饮食、睡眠等人的生活的几个基本方面，并对此也提出了许多切实可行的方法。《道藏》中论及调摄的著作不少，其中尤以《黄帝内经》《千金要方》《养性延命录》《三元延寿参赞书》《混俗颐生录》等最为充分。《黄帝内经》在《上古天真论》中对调摄养生提出了一系列的基本原则和方法；而在《四气调神大论》中则系统阐述了一年四季的气候特点以及相应的调摄方法；在其他的一些章节中，它还讨论了根据环境特点的调养方法和睡眠、饮食等的调养原则和方法。《千金要方》则对居处、饮食、睡眠等方面的调养都进行了详细的探讨，并罗列出了一系列具体的调摄方法。《三元延寿参赞书》和《混俗颐生录》更是对调摄所涉及的各个方面进行了系统的阐述，提出了一系列具体的调摄养生方法。

6. 房中

房中即性生活的调养，它是道教养生的一个重要方面，所以《道藏》也收入了不少有关房中术的著作。根据《道藏分类解题》的分类，《道藏》中的性科学著作共有23种，其中包括《洞真黄书》《洞真太微黄书天帝君石景金阳素经》《上清黄书过度仪》《老君变化无极经》《真元妙道要略》《太清元极至妙神珠玉颗经》等。不过从上述论著的阐述来看，大多数对房中术的说明都比较隐讳，很少直接明确地加以阐述，且多语焉不详。实际上，关于一般房中术的阐述在陶弘景《养性延命录》和孙思邈《千金要方》中要具体得多，也系统得多，只是他们的论述还没有完全将房中术与内丹修炼，尤其是作为一种特殊的阴阳双修的修炼方法有机地结合起来。事实上，由于《道藏》编撰的社会历史条件限制，《道藏》的编者并没有将系统的阴阳双修丹道著作收编进去，即使是收录的这类著述，也都仅是一些有关双修问题的比较隐蔽的讨论。这在今天也是我们能够理解的。

二、几种重要的医药养生类道经

（一）《黄帝内经》

《黄帝内经》是中国医学在理论上的奠基之作，也是道教对人体认识的重要著作。它对构成人的基本存在——形、气、神，对人体的基本功能系统——五脏六腑，对将人体的形气神和脏腑联系起来的信息系统——经络，进行了系统的阐述，从而完成了对人体的基本把握；同时，它还对人体的生理和病理、养生和治疗的基本原理和方法都进行了阐述，为后世医学确立起了一个基本的框架结构。《黄帝内经》是古代中国医学最重要的经典，同时它也是一部非常重要的养生学著作。它不仅形成了一套对人体的完整认识，而且对医疗保健和养生的方法亦进行了较为系统的论述。《内经》在医学养生的理论和方法上的贡献主要包括：

第一，明确阐释了人体的本质构成和功能构成及联系人体各部分的经络构成。

在对人体的基本构成的认识上，《内经》提出了人体是由形、气、神三个基本的部分构成的观点，认为人在本质上是形气神的统一体。它认为人体的存在，不仅要具备脏腑血脉之形体，而且还要具备营卫之气和魂魄之神，只有形、气、神三者的有机统一，才能形成活生生的现实的人。否则，没有脏腑血脉之形体，人就会失去其形态和结构基础，人自然就无以存在；如果没有气和神，没有生命活动的动力和精神意识对人的控制和支配，人不过是徒具其形的死尸，亦谈不上真正的人的存在。所以对人来说，形、气、神三者合而为一，人就产生、存在；形、气、神三者一旦不能维持其统一关系而走向分离，人就死亡。

在对人体功能系统的认识上，首次提出了人体的主要功能系统是由五脏六腑组成。《内经》认为人体是由不同的脏腑功能系统组成的，正是通过不同脏腑的功能活动，人体的生命才得以维持。按照《内经》的认识，人体的脏腑又主要包括五脏和六腑，人体的五脏六腑分别是：五脏：肝、心、脾、肺、肾；六腑：胆、胃、小肠、大肠、膀胱、三焦。它们各自承担其不同的功能，共同维持人体的存在和正常活动。

在对人体的形气神与脏腑相互联系的机制的认识上，《内经》认为是人体的经络来完成各部分的相互联系的，经络是人体各部分相互联系的通道。《内经》认为，人体从纵向上是由形气神三者构成的，从横向上则是由五脏六腑组成的，而且这不同部分之间还是紧密联系的，其相互联系的途径就是经络。经者，径也；络者，系也，绕也，网络也。在《内经》看来，经络就是人身经气运行的通道，其大者为经，小者为络。由于经络内连于脏腑，外络于肢节，通过其运行经络之气的作用，营养全身，沟通内外，贯串上下，将人体各部分联系成一个有机的整体。

总之，《内经》通过从纵向上提示人体是形气神的统一的本质特征，从横向上揭示脏腑功能系统的构成，同时又从人体各部分相互联系的途径和方式上揭示出经络系统的存在，由此完成了对人体的基本把握，形成了一套完整的人体基本理论，亦为真正科学的医学打下了理论基础。

第二，提出了关于人体生理与病理的基本理论。

《内经》根据其对人体的基本认识，并运用阴阳五行学说，进一步阐明了人体的生理与病理机制，并把这种机制看成是矛盾的统一体。在《内经》看来，如果说，人体形（精）气神的健全、五脏六腑的正常功能运作及经络的畅通是人体生理的正常状态的话，那么形（精）气神的亏耗虚损及功能运动的异常乖戾，五脏六腑的功能活动失序及受损丧失，经络的阻滞不畅等，就是人体由正常的生理向异常的病理转变的基本表现。而且《内经》尤其强调不管是人体的生理还是人体的病理，都在实质上反映为人体的各种机能活动及人体各方面关系的正常和异常或平衡和谐与失衡不调。这也正如《内经》所谓"阴平阳秘，精神乃治；阴阳离决，精神乃绝"。《内经》认为，人体的生理正常表现为人体形气神、脏腑与经络之间各种关系的和调平衡；而人体的病理异常则是形气神、脏腑和经络之间各种关系的不调失衡。就形气神来说，这种生理和病理的关系的表现既可以是形气神之间，也可以是形、气、神的某一部分和其他部分之间，还可以是形气神与脏腑和经络之间。脏腑和经络的生理和病理表现也是如此。

第三，提出了系统的关于人体养生治疗的基本原则和基本方法。

《内经》根据其对人体生理病理的基本认识，提出了一系列养生治疗的基本原则和基本方法，这些基本原则和基本方法可以归纳为以下几个方面：

（1）预防为先。《内经》一贯强调对疾病和各种对人体有消极影响的因素的预防，以保障人体的健康，并把预防置于比治疗更重要的地位。养生与治病同理，当问题出现时再来采取措施加以解决往往不如问题未出现之前加以预防，而且许多问题一旦出现要加以解决就不是那么容易了，甚至是不可能的了，因此不管是治病还是养生，最好的方法就是及早预防，避免各种危害人体健康的因素出现，把它们消灭在萌芽之中。事实上强调预防为先本身也是对养生的重视。

（2）协调阴阳。在《内经》看来，阴阳的对立统一规律是天地万物的根本规律，亦是人体存在和运动变化的根本规律。对人体来说，不仅形气神、脏腑、经络等的构成具有阴阳的特性，而且它们的运动变化亦是按照阴阳的规律进行，人体一刻也不离阴阳。但按照人体阴阳的矛盾运动规律，要维持人体的健康存在，就必须保持人体阴阳两方面的协调平衡；否则，人体阴阳两方面一旦失去其协调平衡，出现阴盛阳衰或阳盛阴衰，阴阳的对立统一关系就会受到影响，从而出现疾病；如果进一步发展出现人体阴阳的衰竭，致使阴阳的对立统一关系彻底破坏，人体也就死亡。而维持人体阴阳的协调平衡关系，最根本的原则和方法就是协调阴阳，也就是使人体阴阳的两个方面都不致太过与不及，维持其相对平衡，并保持其和谐的相辅相成关系。

（3）调养形气神。根据《内经》的认识，人是形气神的统一体，而精气神是维持人体生命的最重要因素，所以要实现人的健康长寿，就必须注重形气神的调养。这是养生治疗的最根本的原则和方法。当然，虽然在养生治疗中应形气神三者并养，不可偏废，但由于神在人体中的主导和支配地位，所《内经》也更强调对神的调养，认为神的调养对气和形的调养有直接的带动作用和重要的影响。至于形气神调养的具体方法，形的调养应着眼保精养形，虚则补之，实则泻之，滞则行之；气的调养应着眼补养虚亏和调理气机；神的调养则应着眼安神和畅神。

（4）调理脏腑。根据《内经》的认识，人体在功能上是由五脏六腑组成的有机整体，脏腑是人体各种功能活动的承担者，要使人体脏腑功能维持正常，不仅需要保持各个脏腑的健全，而且还必须使各脏腑之间在功能上保持和调的关系。从功能来说，脏腑和调是人体各种生理活动得以正常进行的基本条件，所以也是养生治疗的基本要义。而要达到脏腑和调，则需要对脏腑进行调理。要使脏腑调理，无非两个方面：一方面是使各脏腑保持功能的健全，防止脏腑功能的损伤；另一方面是使脏腑之间的关系协调，避免脏腑间功能上的失衡和冲突。这当然又涉及脏与脏、脏与腑、腑与腑几个方面关系的协调。只有各脏腑功能健全，脏腑间功能协调，脏腑和调才能实现。

（5）疏通经络。《内经》认为，经络是运行全身气血，联络脏腑肢节，沟通上下内外的通路，经络内连于脏腑，外络于肢节，纵横交错，布满全身。经络是人体的气血和信息运行的通道。人体的五脏六腑、四肢百骸，不仅需要经络输送的气血的温养濡润，而且也需要经络传输的信息的调节，才能发挥其正常的功能作用。同时，经络还对人体的各种功能活动具有协调的作用。人体正是通过经络的运行气血、协调功能作用将五脏六腑以及形气神各个方面联系成一个有机的整体。只有经络通畅，气血才能川流不息地营运于全身。只有经络通畅，才能使脏腑相通、阴阳交贯、内外相通，从而养脏腑，生气血，布津液，传糟粕，御精神，以确保生命活动正常进行。一旦经络阻滞，则影响阴阳协调，气血运行也受到阻碍；阴阳失调，气血失和，则疾病由此而生。所以，疏通经络也是养生治疗的基本原则，贯穿于各种养生治疗的理论和方法之中。

（6）扶正祛邪。在《内经》看来，养生治疗的根本目的在于使人体正气更为强盛健全，使邪气不能侵害人体或将侵入人体的邪气加以祛除，以使人恢复正气主导的健康长寿状态，所以扶持正气，祛除邪气就成为养生治疗的基本原则和方法。而且，就扶正和祛邪这两个方面来说，《内经》认为扶正比祛邪更根本，因为人体之所以被邪气所侵，还是因为正气虚，"邪之所凑，其气必虚"，如果不是正气虚，邪气就无机可乘；同时，要真正消除邪气对人体的侵害，最根本的还是要自身正气旺盛起来才行，否则人体也无法达到健康长寿。

（二）本草方药经

1.《图经衍义本草》

《图经衍义本草》，北宋唐慎微、寇宗奭等编撰，收入《道藏》洞神部灵图类。全书四十七卷，其中序例五卷，正文四十二卷。书成于宋徽宗政和六年（1116）。此书前五卷为序与序例。卷一由几篇序文组成，包括《补注总叙》《图经序》及旧注文《开宝重定序》《唐本序》《梁陶隐居序》等。卷二为《序例》，讨论"诸药采造之法"，说明散、汤、丸、膏等基本制作方法，并附《重广补注神农本草并图经序》及《雷公炮炙论序》。卷三载寇宗奭《衍义总序》及序例两篇，说明本书的研究写作情况，以及用药的基本原则与方法。卷四、卷五仍为《序例》，抄"病源所主药名"，备载风症、霍乱、伤寒、消渴、黄疸、积聚、虚劳、阳痿、好眠、失眠、安胎、堕胎、出汗、止汗、淋症、金疮、痈疽、瘿瘤、痔疮、妇科诸病等九十多种病之对症药名数种至数十种不等。正文四十二卷分为十部分，共收药一千零八十二种。其中卷一至卷二为玉石部上品，卷三至卷四为玉石部中品，卷五至卷六为玉石部下品，玉石部共收药一百六十三种；卷七至卷一一、卷一九为草部上品，卷一二至卷一五为草部中品，卷一六至卷一八为草部下品，草部计收药三百四十五种；卷二〇至卷二一为木部上品，卷二二至卷二三为木部中品，卷二四至卷二五为木部下品，木部计收药一百七十二种。卷二六为人部，收药十三种；卷二七为兽部上品，卷二八为兽部中品，卷二九为兽部下品，兽部计收药五十四种；卷三〇为禽部，收药四十种；卷三一为虫鱼部上品，卷三二为虫鱼部中品，卷三三为虫鱼部下品，卷三四为虫部下品，计收药一百十一种；卷三五为果部上品、中品，卷三六为果部中品、下品，果部计收药四十二种；卷三七为米谷部上品，卷三八为米谷部中品，卷三九为米谷部下品，米谷部计收药四十一种；卷四〇为菜部上品，卷四一为菜部中品，卷四二为菜部下品，菜部计收药六十二种。各药附产地，图形，释以性能，并引用《图经》《唐本》《外台秘要》《圣惠方》《经验方》《千金方》《肘后方》《齐民要术》《药性论》《酉阳杂俎》《太平广记》《续齐谐记》《丹房镜源》《博物志》《述异记》《南方草本状》《泰清人璧记》等百余种方书，及陶隐居、孙真人、青霞子等著名药物学家论述，加以注释。对于各药物之性能、疗效、产地、采时、制造、畏忌等，皆有所注释与辨证，具有很高的理论和运用价值。

2.《肘后备急方》

《葛仙翁肘后备急方》，晋葛洪撰，梁陶弘景、金杨用道、明初赵宜真等增补刊行。《道藏》本八卷，收入正一部。另有《四库全书》本。该书《自序》叙述了葛洪编撰此书的缘由，谓见古人所撰医方篇帙浩繁，急时难以备办，乃周流华夏，收拾奇异，选而集之，撰成《玉函方》百卷。又采该书之要，以成《救卒方》三卷，收录急救药方八十六首。取其简便易行，可置之佩囊，带之肘后，以备贫家世人之急用，故又名《肘后备急方》。后梁陶弘景将葛氏八十六方合为七十九首，另增补二十二首，更名为《肘后百一方》。其书亦为三卷，上卷三十五首治内病，中卷三十五首治外发病，下卷三十一首治为物所苦病。葛氏及陶氏之书，在隋朝时分别单行。金熙宗时，汴京国子监博士杨用道节录唐慎微《证类本草》药方，分类附刻于《肘后方》中，更名为《附广肘后方》。明初洪武年间，道士赵宜真又以治外科病方增补杨氏刻本，后编入《道藏》。现存《道藏》本共八卷，所载药方按主治共七十类，包括中恶死方、心痛方、心腹俱痛方、霍乱方、伤寒时气温病方、癫狂方、大腹水病方、呕吐方、黄疸方、痈疽方、虫兽伤方等。现存《道藏》本已经无法分辨原作和增补之作。书中载有治疗天花之方，为现存最早的有关天花病的记录。

3.《急救仙方》

原不题撰人，约出于明代，十一卷，收入《道藏》太平部。此书前五卷为明徐守贞所撰《妇产急救方集》，为救治妇科病之方。五卷分别为：卷一妊娠诸疾品，列治妊娠诸病方；卷二产难诸疾品，列治胎产难症验方；卷三妇女杂病品，列调治妇科诸杂症方；卷四、卷五济阴品，列调理妇科之月经不调、痛经等诸症方。卷六仙授理伤续断秘方，录诸种伤科验方；卷七治伤损方论，辑录骨伤诸病症及治疗验方；卷八疗疮治法，阐述疗疮病症及治疗验方；卷九秘传五痔品，论述痔之类型、症状及治疗秘方；卷〇上清紫庭追痨仙方论法，论述痨病之类型及病因病理；卷一一上清紫庭追痨仙方品，阐述痨病之诊断治疗。

4.《仙传外科秘方》

明初赵宜真编撰，十一卷，收入《道藏》太平部。全书分为十三品类，分别为叙论痈疽发背品第一、服药通变品第二、用敷贴温药品第三、敷贴热药品第四、敷贴凉药品第五、合用诸方第六、治痈疽经验品、治诸疗疮经验品、神效治瘰疬品、发背形证品、治诸杂症品等。该书有论有方，并详细阐述各种内外科疾病及杂症的治疗方法及处方用药，尤以论治外科痈疽疗疮等病为主。书中所收药方四百余首，除传统验方外，亦广采民间验方，为一部有临床实用价值之外科专著。

（三）《养性延命录》

《养性延命录》，梁朝陶弘景撰集，二卷，收入《道藏》洞神部方法类。《云笈七签》卷三二亦节录此书。书前有序言，称此书采集古人修身养性，延年益寿之方，上自农黄以来，下及魏晋之际，略取其要法，删弃繁芜，"分为上下两卷，卷有三篇"。按陶弘景，字通明，丹阳秣陵（今南京）人，著名的医药学家和道教学家。曾隐居茅山，自号华阳隐居，故人称隐居先生。在我国医学史上，陶弘景对梁以前的本草学和医药学进行了细致的整理和总结，撰有《本章经集论》七卷和《叙录》，共载药物七百三十种，首创以玉石、草木、虫兽、果、菜、米食、有名未用分类法。又撰有《药总诀》二卷、《补阙肘后百一方》三卷、《效验方》五卷等。在道教研究方面，他除了有著名的养生著作《养性延命录》外，还有《真诰》等。其在道教养生学上则可以说是一个真正的创立者，而《养性延命录》一书则是陶弘景养生思想最集中也是最系统的体现。该书是对当时各种养生文献的汇集和整理，全书除序外共分上下两卷，各三篇，其中上卷三篇为：教诫篇第一、食诫篇第二、杂诫忌禳害祈善篇第三；下卷三篇为：服气疗病篇第四、导引按摩篇第五、御女损益篇第六。该书虽然不是原创性的养生理论著作，而只是对各种养生论述的汇集，但它却是道教养生学史上具有里程碑意义的著作，为道教养生学思想体系的确立做出了巨大的贡献。其最大的贡献有两点：一是系统保存了当时的各种养生文献；二是提出了一个道教养生学的体系结构。通过本书对养生文献的系统汇集，给人们呈现出了道教养生学的清晰的理论结构，尤其是对道教养生的基本方法给予了系统的阐述。

在陶弘景所确立的道教养生学的体系结构中，其养生理论最突出地体现在他提出的养生的基本原则之中。概括起来，其主要的养生原则有以下四条：第一，形气神并养。根据陶弘景的认识，由于人体是形气神的统一体，要维持人体的健康存在，就必须始终保持形气神的统一关系。养生不仅要分别对形气神进行保养，而且必须时刻注意协调它们三者之间的关系，做到对三者保养的并重，并确立了"虚静以养神，和调以养气，防泄以保精"的形气神调养方法。第二，清虚静泰。由于人体是形与神的统一，要维持这种统一关系就必须做到形神相亲，而这中间最重要的就是要使神安静，与形相守，所以养生必须遵守清虚静泰的原则。强调神以静为安：神安则一身皆安，故人能长寿；而躁动则会导致心神不安，神情外驰，精气耗伤，损寿折年。第三，自然少为。在陶弘景看来，包括满足人的各种需求的活动虽然是维持人体生命所不可缺少的，但过多的活动则又会耗伤精气神，所以要使精气神得到保养，就必须按照人道之自然法则，以少为法。因此，《养性延命录》提出了十二少的养生方法："少思、少念、少欲、少事、少语、少笑、少愁、少乐、少喜、少怒、少好、少恶，此十二少，养生之都契也。多思则神怠，多念则志散，多欲则损志，多事则形疲，多语则气争，多笑则伤藏，多愁则心慑，多乐则意溢，多喜则忘错昏乱，多怒则百脉不定，多好则专迷不治，多恶则焦煎无欢。此十二多不除，丧生之本也。无多者，几乎真人大计。"第四，动静有度。陶弘景总结前人的养生理论和经验，强调养生不仅要静以养神，而且也要动以养形，做到动静结合，动静有度。

根据养生的四个基本原则，《养性延命录》进一步阐述了一系列具体的养生方法，其中之一就是饮食调养。《养性延命录》强调，饮食是人体后天精气之来源，对人体的健康有至关重要的影响，但饮食不当则会对人体的健康带来负面影响，所以饮食的调养是养生不可缺少的一环。陶弘景在《养性延命录》中将"食诫篇"放在各种养生方法的首位，足见其对饮食养生的重视。《养性延命录》提出了饮食养生的三个基本原则和基本方法：第一，少食，饥饱适当；第二，讲究饮食程序；第三，食后适当运动。同时，《养性延命录》认为饮食调养还应讲究饮食宜忌，并总结了一系列具体的宜忌规律。此外，它还强调要适当服用养生方。在一般的生活调养上，《养性延命录》还提出要重视生活起居的调养，并根据自然无为的道的规律，认为生活中顺应自然、素朴节欲、万事适度是最重要的养生原则，强调起居养生最重要的就是根据道的规律来安排人的生活，避免生活中不符合道的规律的妄作妄为。在养生方术方面，《养性延命录》十分重视运用行气方法来养生。它认为气是人体生命活动的动力和源泉，也是各种疾病产生的重要原因。而由气导致疾病产生，最普遍的又是气机的阻滞，所以行气又是养生修道的一个极其重要的方法。《养性延命录》搜集、总结出了一系列的行气养生方法，如彭祖的闭气纳气法、"六字诀"行气法等。除了行气外，导引按摩也是《养性延命录》十分重视的调养身体的养生方法，并总结阐述了一系列导引按摩养生方法。此外，房中养生也很受《养性延命录》重视，书中认为房中之事乃生命之本，十分重要，并提出房中养生以宝精为要的原则，阐述了房中养生的一些具体方法。在《养性延命录》的养生方法中，还有一种方法也颇受重视，这就是存神。存神一法源自魏晋时期的道教上清派，以《黄庭经》的修炼方法为其突出代表。陶弘景则对这一方法进行了进一步的整理和发展。他既继承了上清派的各种存神方法，同时也创立了一些自己的存神方法。如存二十四景神的方法、内观五脏神气法、存守九宫神法等，都是其所器重的方法。

《养性延命录》对道教养生的贡献是多方面的，归纳起来主要是以下几点：第一，从理论上确立了修道以养生为先的思想，使养生成为道教修道的基本工夫。虽然在他之前道教中人也很强调养生，但都没有从理论上对养生与修道的关系作出系统的阐述，更没有明确养生对修道的基础作用，而《养性延命录》则不仅第一次从理论上说明了养生的极端重要性，而且还进一步阐述养生作为修道的准备工作和基础关系。第二，第一次完成道教养生学资料的搜集和整理。在陶弘景之前，道教虽然已经积累了丰富的养生学资料，但各种资料都淹没在大量的道教经典之中，人们无法对其加以系统的认识。陶弘景通过其长期的努力，完成了资料的搜集和整理，写就《养性延命录》一书，不仅成为第一本道教养生学的资料集成，而且也成为第一本系统性的道教养生学著作。第三，确立了道教养生学完整的思想体系。在陶弘景之前，虽然道家和道教的著作中在论及修道时都涉及养生的理论和方法，事实上道家和道教的修道本身就是广义的养生，但真正第一本专门的道教养生学著作则无疑是陶弘景的《养性延命录》。而且陶弘景还通过《养性延命录》一书，第一次提出了一套系统的道教养生学的理论体系，这套体系以对人体的本质把握为基础，通过对人体形与神统一关系的把握，以及对人体精气神的具体作用的认识，提出了养生应形气神并养，虚静无为、动静适度等养生原则，并进一步阐述了包括饮食、居处、行气、导引、房事等具体的养生方法。由此形成了一套完整的道教养生学体系，为后世道教养生学的发展奠定了理论基础。

(四)《孙真人备急千金要方》

《孙真人备急千金要方》，孙思邈撰，北宋林亿、高保衡、钱象先等奉敕校正。按孙思邈，京兆华原（今陕西耀县）人，生于隋开皇辛丑，即公元581年，唐永淳元年（682）卒。孙思邈一生淡泊名利，山居著述，唯以修道养生、治病救人为己任，有多方面的成就，其中以医学与养生成就最为卓越，后人尊为"药王"。孙思邈一生著述颇丰，根据史志、本草、《道藏》等文献以及药王山有关碑刻，共得题为孙思邈的著作80种。其内容很广泛，有医家类、道家类以及农家、五行家等多方面的著作。现存孙氏著作包括《千金要方》《千金翼方》《孙真人摄生论》《福寿论》《保生铭》，《存神炼气铭》《摄养枕中方》等。其中，《千金要方》《孙真人摄生论》《福寿论》《保生铭》都收录在《道藏》中。

在孙思邈的一生中，虽然也进行许多研究，但其核心则是人的健康长生，所以其一生的活动和著述也是围绕治病养生进行的，《备急千金要方》就是其最重要的代表作，此书也是中国医药养生名著。《道藏》本《千金要方》收入太平部，九十五卷，其中目录二卷，正文九十三卷。全书除首论有关医学的大医习业、大医精诚、治病略例、诊候、处方、用药、和合、服饵、药藏等几个基本问题外，分二十六科，二百二十五类，辑录医药方论约五千三百首，涉及妇人方、少小婴孺方、七窍病、风毒脚气、诸风、伤寒方、肝脏、胆腑、心脏、小肠腑、脾脏、胃腑、肺脏、大肠腑、肾脏、膀胱腑、消渴、淋闭、丁肿、痈疽、痔漏、解毒、备急、食治、养性、平脉、针灸等。全书以方药带脏腑之论、针灸之法、脉证之辨、食治之宜、备急之方，医药养生之各个方面，无所不包。该书卷八一至卷八三专列养性门，系统阐述养生的原理和方法，论及摄生、调气、按摩、导引、服食、房中等养生的基本理论和具体方法。

如果说《千金要方》在医学治疗上也提出了许多自己的独到见解，有重大的贡献的话，那其在养生方面的系统阐述则更体现了其与道教的特殊联系，也更具有独特的学术贡献。在孙思邈看来，人生最重要的事情莫过于养生，而养生则是对人的包括道德情操在内的各个方面的全面调养，它不仅是身体的调养，而且还包括精神情感的调养。它既是一种培养人的良好生活方式和崇高品德的活动，同时也是"治未病之病"的预防保健活动，是一种全面提高人的生活品质的活动。《千金要方》主张养生者应"百行周备"而兼以内炼神气，就是要从各个方面采用各种有效的方法来调养人的身心。在具体的养生方法上，《千金要方》进行了许多的探讨，对各种生活的基本方面的养生提出了自己独到的见解，如在精神的摄养上，《千金要方》借用陶弘景的观点，认为应当经常保持"十二少"（少思、少念、少欲、少事、少语、少笑、少愁、少乐、少喜、少怒、少好、少恶），避免与之相反的"十二多"。他认为"此十二少者，养性之都契也"；与此相反，"十二多"则会导致身心受到伤害，养生者必须加以避免，"此十二多不除，则营卫失度，血气妄行，丧生之本也"。这种强调以虚静少为为本的精神调养法在今天看来仍然是十分有价值的。在形体的摄养上，《千金要方》则继承了前人的认识，强调坚持动以养形的原则。他说："养性之道，常欲小劳……且流水不腐，户枢不蠹，以其运动故也。"它反对过度的运动，"莫大疲及强所不能堪"，认为过度的运动是对人体精气神的消耗，会损减人的寿命，他说："养性之道，莫久行、久立、久坐、久卧、久视、久听。盖以久视伤血，久卧伤气，久立伤骨，久坐伤肉，久行伤筋也。"总起来看，《千金要方》养生的一个核心思想就是强调"适度""无多无少"，也就是儒家所谓"中和"。他认为"人之所以多病，当由不能养性"，也即偏离了"中和"。因此当发觉自己的精神、行为、饮食、起居有偏离中和之处，应及时纠正，做到体欲常久，食欲常少，劳勿过极，少勿过虚，不强食，不强欲，饥乃食，渴乃饮。

在道教养生学史上，如果说，陶弘景第一次从理论上确立了道教养生学的思想体系的话，那么孙思邈则是一位真正的集大成者，他不仅对道教养生学从理论上进行了充实和完善，而且在方法上更是有一系列新的创造和发展，使道教养生学走向了成熟。这个成熟的标志性著作就是他的《千金要方》。事实上，《千金要方》对道教养生学的发展主要体现在对养生方法的充实和完善上，但其在养生理论上的贡献亦不容忽视。这种发展主要体现在以下几个方面：第一，更加明确地强调了从人体的形气神和脏腑来进行养生的原则。如果说在葛洪那里只是指出了应从人体的形气神进行修道养生的话，那么陶弘景则从道教养生学理论的建构中明确了形气神作为养生的核心地位，而孙思邈则更加具体地阐述了形气神的调养和脏腑的调理在养生中的根本地位，强调养生必须以形气神和脏腑的保养为根本，以形气神和脏腑生理的健康维持和病理伤害的预防为依归。第二，更加具体地提出了一系列的养生原则和养生理论。《千金要方》提出了一套和而有度，动静结合，起居有节，饮食有度，道德有养的养生学说。认为，生活中各种过或不及的行为皆不利于养生，甚至发为疾病，特别是受情欲控制的过度行为更是养生之大敌，认为，纵情恣欲，不知节度，实乃百病之根源，强调养生应坚持无多无少的原则，而精神情志养生更应坚持虚静少为的原则。第三，充实和完善了各种具体的养生方法。《千金要方》不仅总结了大量前人的养生方法，而且还自己创造出了一系列新的养生方法。《千金要方》所提出的养生方法包括了居处法、按摩法、导引法、调气法、调神法、服食法、房中、内丹等从形的调养到气和神的调养及脏腑调养各个方面。《千金要方》对道教养生方法的阐述不仅全面系统，而且其对各种养生方法的阐述也更加具体，更具有现实的操作性。

（五）《坐忘论》与《服气精义论》

《坐忘论》与《服气精义论》皆为唐朝上清宗师司马承祯撰。其中，

《坐忘论》,《新唐书·艺文志》及《宋史·艺文志》均著录为一卷,《通志·艺文略》著录作一卷。今《道藏》本一卷,收入太玄部。《云笈七签》卷九四亦收录此书。该书共由七节组成,依次为:敬信、断缘、收心、简事、真观、泰定、得道。书末附《坐忘枢翼》,总括其旨。《服气精义论》原由九篇组成,《云笈七签》卷五七收录本书完整九篇版本。《道藏》本则将此书割裂为二种,以序文及前二篇为《服气精义论》,收入洞神部方法类;后七篇为《修真精义杂论》,收入洞真部众术类。《服气精义论》所论九篇及内容分别是:五牙论第一,论述服食五牙之法,其法以思神、服气、颂咒为要诀;服气论第二,阐述辟谷服气之法;导引论第三,阐述行气导引之法;服药论第四,讨论服食草药之法;符水论第五,讨论吞符诵咒治病益气之法;慎忌论第六,说明饮食起居等养生之禁忌;五脏论第七,论述宣行经脉,安和脏腑,保养精气之法;服气疗病论第八,阐述行气疗病之法;病候论第九,论述诊断内病之法。

司马承祯对修道理论和方法的最大贡献是更加明确地提出了调养形气神是修道养生的根本原则和方法。这一贡献在《坐忘论》和《服气精义论》中有集中的体现。司马承祯认为,养生修道最重要的是要根据人之道来进行,而人又是形气神的统一,所以养生应以形气神的调养为根本。因为人体之存在,莫离形、气、神三者,且人体形气神又是紧密相联、不可分割的,养生也必以此形气神为依归。

在司马承祯看来,养生修道最重要的方法就是坐忘,而《坐忘论》就是专门阐述这一方法的。该书也是司马承祯最重要的修道养生著作,书中提出了一整套坐忘养生的程序和方法。"坐忘"一说来自《庄子》,郭象等对坐忘有进一步的阐释,都强调坐忘是一种意图达到超越自我,物我两忘、与道合一境界的精神修炼方法。司马承祯继承了各家有关坐忘的思想,并对此有了更系统的阐释,使之成为一种具有明确操作程序的养生修道方法。《坐忘论》将坐忘的程序分为"敬信一""断缘二""收心三""简事四""真观五""泰定六""得道七"等七个步骤或层次:第一,"敬信"。养生修道者首先需要有坚定的信仰,对修道养生的理论和方法的信仰是养生修道能取得实效的前提条件，也是修道养生的首要功夫。只有坚信不惑，努力修行，才能得道；否则，如果对修道养生没有信心，要取得好的效果是不可能的。第二，"断缘"。就是要斩断尘缘，不为俗累，摆脱各种世俗功利事务的缠绕，进入老子所谓"塞其兑，闭其门，终身不勤"的境界。当一个人能摆脱尘世事务的缠绕，就能够获得心神的宁静，自然也就更容易进入养生修道的境界。第三，"收心"。强调"学道之初，要须安坐，收心离境，住无所有。因住无所有，不著一物，自入虚无，心乃合道"。至于收心的具体方法则不离调心、虚心、安心、静心。第四，"简事"。简事就是要求养生修道之人处事安闲，应物而不为物累。第五，"真观"。即"智士之先鉴，能人之善察，究倪来之祸福，详动静之吉凶。得见机前，因之造适；深祈卫足，窃务全生。自始至末，行无遗累"。第六，"泰定"。坐忘进入"泰定"层次意味着修道养生达到了其高级的阶段，处于"出俗之极地，致道之初基，习静之成功，持安之毕事"，这是即将进入"得道"的境界。第七，"得道"。得道的根本表现就是形神合一，与道同体。人得道之后，因能与道合一，故可长生久视。为了达到形神合一，司马承祯认为第一要务就是修心，因为只有通过修心入静，与形相守，才能做到神与道合。

在养生方法中，司马承祯除了重视坐忘之外，还十分强调服气、导引等方法的作用。在服气方法上，他非常重视养气和行气这两个基本的方面，并具体阐释了包括太清行气符、服六戊气法、服三五七九气法、养五藏五行气法等一系列特殊的服气方法。在导引方法上，他继承华佗"血脉流通，病不得生。流水不腐，户枢不蠹"的养生思想及其五禽戏导引养生方法，同时又根据中医脏腑、经络理论，提出了一种在躯体运动时又注重调息、叩齿、冥想、吞咽等内容的导引养生方法，并成为道教所特有的养身健体方法。

综观《坐忘论》及《服气精义论》等司马承祯论著，其对道教修道养生具有重大的贡献，主要表现在两点：第一，为道教养生从外服为主转向内炼为主进行了大量的理论探索，为道教的内炼养生提供了重要的理论根据与基本的实践方法。道教自创立以来，炼服外丹一直是其最重要的修炼方法，直到唐初，这种情况仍然没有改变。而在当时盛行外丹修炼的风气中，司马承祯力倡"坐忘"，以老庄思想为依据，吸取佛教止观、禅定的方法，为道教修道养生提供了一种不同于传统外炼的新的方法，可谓开一代新风。司马承祯以坐忘为突破口，为道教逐步走向内炼修道养生的道路提供了基本的理论和方法论基础。这给后世道教以极大的影响，特别是在道教由外丹转向内丹，由外向内寻求成仙之道的过程中起了重要的理论作用，成为宋元道教内丹学的理论先驱。第二，为道教的内修养生提供了基本的程序方法。司马承祯通过对坐忘的七个基本步骤和相关状态效应的阐述，第一次在道教养生方法中涉及程序问题，并明确指出了按照程序规定的步骤进行修炼的重要性。同时，他还对内炼养生程序中各步骤之间的内在联系进行了深入的阐述，说明了各个环节的操作方法、基本要点及各步骤之间的有机联系。这种修炼的程序思想对后来内丹的理论和方法产生了重要的影响。

（六）其他养生经典

1.《太清道林摄生论》

《太清道林摄生论》一卷，撰人不详，收入《道藏》正一部。全书分六篇，前两篇目录缺佚，但内容尚存，后四篇依次为：黄帝杂忌法第三、按摩法第四、用气法第五、居处第六。其基本内容是强调预防为先，阐述按摩行气、服食禁忌及居处调摄等养生方法。有学者认为此书可能成书于魏晋，果如此，那陶弘景撰《养性延命录》，当受此书影响。

2.《混俗颐生录》

《混俗颐生录》，北宋茅山处士刘词集，二卷，收入《道藏》洞神部方法类。《通志·艺文略》及《宋史·艺文志》均著录。卷首有作者序文，自称昔年酒食过度，痼疾缠身，后栖心修道，肆志林泉，景虑都忘，渐致痊复，遂总结摄生经验，撰成此书。全书共十章，分别是：饮食消息第一，讨论饮食调养之道；饮酒消息第二，讨论饮酒之道，主张适量饮酒，反对过量饮酒，并指出各种饮酒禁忌；春时消息第三，夏时消息第四，秋时消息第五，冬时消息第六，分别讨论四季调摄之道；患痨消息第七，讨论痨病患者的特殊调养方法；患风消息第八，讨论风症的预防和治疗调养方法；户内消息第九，讨论居家生活调养之道；禁忌消息第十，讨论日常生活的各种不宜之忌。全书基本的指导思想是强调克制情欲，顺情适性，恬淡自然，保养和气，以此顺应天人之道，从而达成祛疾延年之目的。

3.《三元延寿参赞书》

《三元延寿参赞书》，元人李鹏飞编撰，约成书于元世祖至元末年（1294），收入《道藏》洞神部方法类。书名源于《中庸》所谓"赞化育、参天地"之意，因以言调摄修养以祛疾延年之道，故名。该书是一部综合养生的著作。前有自序称，作者曾于飞来峰下偶遇百岁高龄宫道人，告之曰："人之寿，天元六十，地元六十，人元六十，共一百八十岁。不知戒慎则日加损焉。精气不固则天元之寿减矣，谋为过当则地元之寿减矣，饮食不节则人元之寿减矣。当宝啬而不知所爱，当禁忌而不知所避，神日以耗，病日以来，而寿以日促矣。"作者遂编撰此书，论述保全三元之寿。全书共五卷，其内容分别为：卷一前有"人说"篇，引藏教关于人体发育的论述，但主要内容为天元之寿精气不耗者得之，论述节制男女房事，保固精气之道，强调欲不可绝、欲不可早、欲不可纵、欲不可强、欲有所忌、欲有所避、嗣续有方、妊娠所忌、婴儿所忌等；卷二"地元之寿起居有常者得之"章，论调节思虑言行、日常起居之道，主张养生有道，具体罗列涉及喜乐、忿怒、悲哀、思虑、忧愁、惊恐、憎爱、视听、疑惑、谈笑、津唾、起居、行立、坐卧、沐浴洗面、梳发、大小便、衣着、天时避忌、四时调摄、旦暮避忌、杂忌等各种调养之法；卷三"人元之寿饮食有度者得之"，论饮食调养、药物服食之道，阐述果实、米谷、菜蔬、飞禽、走兽、鱼类、虫类等食用方法；卷四"神仙救世却老还童真诀"，罗列养生滋补验方、导引方法、调心秘图；卷五"神仙警世"，强调养生应注意调养滋补，惩忿窒欲，行善去恶。全书有论有法，观点独到，征引宏富，立论平实，具有较高的价值。

三、医药养生类道经的功能和价值

对许多人来说，把道教与医药养生联系在一起似乎是一件难以理解的事情，因为道教与其他各种宗教一样，都具有否定现实人生的倾向，怎么可能去实行肯定现实人生的医药养生呢？但事实并非如此。医药养生不仅在道教中具有重要的地位，而且医学与养生学还是整个道教的一个极为重要的有机组成部分。作为把长生不死、自由自在的神仙当作其最高追求的宗教，道教与其他宗教有着很大的不同，如果说其他宗教都倾向于在现实世界与理想天国之间划出一条绝对的界限，并竭力否定现世生活的真实价值的话，那么道教则倾向于强调二者之间的密切联系，并把现世生活看作是走向神仙世界的一个重要环节。在道教看来，人生虽然是有限的、不完满的，但它却是成就神仙必不可少的阶段，人只有通过在现世的养生修炼才能成为神仙。可见，更长久地维持在现世中的生命存在，不仅可以使人更有可能修炼成仙，而且也是成就神仙所不可缺少的一环。

事实上，在整个道教思想中，医学和养生学是不可或缺的，并构成了其思想理论的重要的有机组成部分。作为一种以神仙崇拜为其核心价值的宗教，神仙固然是它要首先加以肯定的，但对人来说，神仙并不是天生的，而是后天修炼成就的。人要成就长生不死的神仙，只有修道向仙一途。对道教来说，仙人都是由凡人修炼而成的，世上每个人都具有成仙的可能性，但并不是每个人都能够成仙，一切取决于修炼的方法和现世的努力。因为由凡人到仙人是人的生活的一种延续和超越而不是中断，所以成仙只能在现世完成，而不是像有些宗教所说的那样可以寄托于来世。人一旦死亡，成仙的希望也就完全失去。因此对人来说，寻找正确的修炼方法和艰苦的修炼努力就显得十分重要。

正因为此，医学和养生学的重要地位也就凸显出来了。首先，由于成仙与人在现世中的修炼直接相关，修炼时间越长，所达到的层次就越高，成仙的可能性就越大，所以如何促进人的健康，延长人的寿命就成为影响人成仙的一个重要因素，因而研究如何消除人的疾病，增进人的健康长寿的医学和养生学也就自然成了道教的一个重要组成部分。其次，成仙还与人的修炼方法直接相关。要想成仙，仅有长期和艰苦的修炼是不够的，还必须有正确的修炼方法，如方法不当，不仅成不了仙，甚至会损伤身体，缩短寿命，导致死亡。所以如何找出正确的防病治病和养生修炼的方法，并按照这些正确的方法进行养生修炼又是成仙要解决的另一个重大问题，而医学和养生学的研究则又是解决这一问题所不可缺少的。而且防病治病及养生修炼与成仙修炼具有本质上的一致性，医疗养生所追求的健康长寿与成仙所追求的长生不死在方向上是完全一致的，所以医学和养生学研究所提供的各种方法实质上也是一种成仙修炼方法。事实上在修仙的初级和中级阶段，其修炼方法几乎就是一种防病治病和养生保健的方法，只是在高级阶段才与纯粹的防病养生有所不同。医学与养生学的研究很显然能为修仙找到更好、更正确的修炼方法。这也是医学和养生学能受到道教人士普遍重视的原因。

具体来说，医学和养生学在道教中的重要地位主要表现在以下几个方面：首先，医学和养生学可以为人的神仙追求可供理论上的依据。要使人相信人能够成仙并为之努力，就必须从人本身来加以说明。对人的医学和养生学研究则可以提供有关人基本构成及运动变化规律的知识；提供有关人的生理、病理及衰老死亡机制以及如何预防和治疗疾病，增进人的健康长寿，延缓衰老死亡的知识。这些知识，既可以作为道教从理论上说明成仙可能性的依据，同时又可以作为道教修仙理论的组成部分，使道教思想变得更为完整、具体。其次，医学和养生学还可以为神仙修炼提供必不可少的途径和方法。神仙修炼需要正确的途径和方法，而医学和养生学研究所找到的途径和方法则可以直接成为修仙的途径和方法。同时通过医学和养生研究，还有助于发现和寻找新的、更好的修仙的技术、手段和方法。

正是因为医学和养生学在道教的整个思想理论体系中具有重要的基础性的地位和作用，所以《道藏》中才收录了大量的医药养生著作，而这些医药养生学著作也确实提供了道教所需要的对人体生理病理及养生保健的基本理论和方法，从而使道教的思想理论得以完善，成为一种真正系统完整的修道的理论和实践体系。在这其中，《黄帝内经》为道教医学奠定了基础，它不仅为道教提供了关于人体的基本构成的理论，使道教能从纵向的形气神来认识人体的本质结构，从横向的脏腑来认识人体的功能结构，从经络来把握人体纵横各部分的相互联系和相互作用的途径和机制；而且在这基础上，它还为道教提供了对人体的生理和病理规律的认识，阐明了养生保健的基本理论和方法，以及治疗的基本原则和方法。其他医经和本草经则在医学基础理论方面作出了应有的补充，而本草经典则为临床治疗中药物和方剂的运用提供了重要的理论和方法。在养生著作方面，《养性延命录》则为道教养生提供了一个完整的理论和实践体系，使道教养生学成为真正的科学。如果不是《养性延命录》对养生思想和方法的整理和概括，人们对养生的认识就是凌乱的、不完整的，而它则使人们对道教养生有了一个完整系统的认识和理解，形成从理论到实践的逻辑体系。因此，《养性延命录》在道教养生学的发展史上真正具有奠基性的作用。其后的《千金要方》则在理论和实践体系上对它做了进一步的完善，也具有重要的地位；而其他的各种养生学论著则又从不同的方面对道教养生的理论和实践进行了探讨和补充，使之更趋完善。至于唐宋以后内丹学的兴起则又在理论和方法上开创了道教养生的新纪元，发展出了一套完善的内丹养生的理论和方法，使道教养生真正成为人类养生保健事业的奇葩，至今仍夺目绚烂。很显然，没有以上的各种医药养生论著，《道藏》必然会失去不少重要的价值，其思想理论也必然显得残缺不全，难以自圆其说。

四、医药养生道经研究简况

对于医药养生道经的研究历来受到人们的关注，也取得了不小的成绩，不过专门深入的研究仍然显得不够。在医药道经方面，由于中医药界的专业人士多不熟悉道教，而道教学术界的人也多不熟悉中医，所以对医药道经的研究不多，而所进行的研究也多集中在《黄帝内经》，其他的经典几乎没有什么研究。而对《黄帝内经》的研究也多是从中医学的角度，很少从道教的角度来探讨其理论和方法问题。即使是王洪图总主编的《黄帝内经研究大成》（北京出版社，1997年版）这部450余万字三大本的鸿篇巨制之作，也基本上没有从道教角度探讨《黄帝内经》的有关问题，只是在讨论王冰与《素问》注时，有一段"道家思想在王冰注释中的体现"的文字。在医药道经研究方面最有成就的应该是盖建民的《道教医学》，这部书虽然不是医药道经的专门研究，但它从探讨道教医学的角度对相关的医药道经及著名的道教医学家及其理论和方法进行了系统的考察和研究，从一个侧面使人们对医药道经有了更完整的认识和理解。其他像孟乃昌的《道教与中国医药学》（北京燕山出版社，1993年版）、祝亚平的《道家文化与科学》（中国科学技术大学出版社，1995年版）等也从不同的层面讨论到了医药道经的理论和方法问题。

与医药道经研究的寂寥不同，养生道经的研究则受到人们的追捧，尤其是在前些年的气功热潮中更是出现了短暂的繁荣局面。但这中间有许多纯粹是迎合社会的市场需求，真正深入的学术研究也不是很多。就一般的养生道经研究来说，目前人们做的比较多的是对它们的资料整理工作，在这方面李远国教授成就最大，其《中国道教气功养生大全》（四川辞书出版社，1991年版）虽然主要是总结整理道经气功养生的文献资料，但也对其他的道经养生资料进行了全面的整理和概括。该书洋洋170万字，对几乎所有养生道经的理论和方法都给予了归纳整理。与此同时，陈耀庭、李子微、刘仲宇编的《道家养生术》（复旦大学出版社，1992年版）也有较大的贡献，它不仅系统阐释了道教养生的重人贵生、天人合一、我命在我、形神相依、众术合修及内修外行六个基本原则，而且将道教养生明确划分为守一、存思、导引、吐纳服气、胎息、服食、内丹、房中、起居、其他等几个方面，并对每个方面的理论和方法加以概括说明，将道经中的相关论述的精华一一展示，并加以注释。其他像汪茂和主编的《中国养生宝典》（上下）（中国医药科技出版社，1991年第一版，1998年第二版）、张伟英主编的《养性门》（大连出版社，1991年版）、李长福等编著的《孙思邈养生全书》（社科文献出版社，2003年版）等也对养生道经资料的整理研究作出了成绩。养生道经研究的另一个重要方面就是对其理论和方法的研究。在这方面，最有影响的当数台湾的萧天石先生，他不仅编辑整理出版了以道教养生为主要内容的《道藏精华》丛书，而且于1963年出版了《道家养生学概论》一书，第一次全面地阐述了道教养生的基本要旨及各派的养生理论和方法。1974年又出版《道海玄微》一书，从新道学角度阐述各种养生修道方法。在这方面的另一项重要成就是杨玉辉的《道教养生学》（宗教文化出版社，2006年版）一书。该书是在对道教及养生道经广泛研究的基础上完成的第一部系统阐释道教养生学的理论和方法的著作。分上下两篇，上篇总论，包括人体的本质结构，人体的脏腑，人体的经络，人体的健康、疾病、衰老、死亡，养生的基本原理，养生的基本方法等六章；下篇各论，包括服食、调神、行气、导引、调摄、房中、内丹等七章。全书通过对有关养生的基础理论和方法的阐述，在学术上确立起了一个完整的道教养生学体系。其他如姜生等主编的《中国道教科学技术史（汉魏两晋）》（科学出版社，2002年版）中的《养生学篇》、张学梓等主编的《中医养生学》（中国医药科技出版社，2002年版）、李远国的《道教气功养生学》（四川省社会科学院出版社，1988年版）、胡孚琛的《魏晋神仙道教》等也都对相关养生道经的理论和方法进行了研究，并有所成就。此外，还有不少研究养生道经的专题学术论文，探讨包括《道德经》《庄子》《黄帝内经》《淮南子》《抱朴子内篇》《养性延命录》《通玄真经》等道经的养生理论和方法，取得了不小的学术成就，但限于篇幅，这里就不一一罗列评述了。

建议阅读书目：

　　杨玉辉：《道教养生学》，宗教文化出版社，2006年。

　　盖建民：《道教医学》，宗教文化出版社，2001年。

主要参考书目：

　　《道藏》，文物出版社、上海书店、天津古籍出版社，1988年。

　　任继愈主编：《道藏提要》（修订本），中国社会科学出版社，1991年。

　　朱越利：《道藏分类解题》，华夏出版社，1996年。

　　朱越利：《道经总论》，辽宁教育出版社，1991年。

　　陈耀庭、李子微、刘仲宇：《道家养生术》，复旦大学出版社，1992年。

　　杨玉辉：《道教养生学》，宗教文化出版社，2006年。

　　杨玉辉：《道教人学研究》，人民出版社，2004年。

　　姜生、汤伟侠主编：《中国道教科学技术史（汉魏两晋）》，科学出版社，2002年。

　　萧天石：《道家养生学概要》，台北：自由出版社，1983年。

盖建民：《道教医学》，宗教文化出版社，2001年。

薛公忱主编：《儒道佛与中医药学》，中国书店，2002年。

黄自立编著：《中医古籍医论荟萃》(上下册)，汕头大学出版社，2003年。

(明)徐春甫编著：《古今医统大全》(上下册)，人民卫生出版社，1991年。

张学梓、钱秋海、郑翠娥主编：《中医养生学》，中国医药科技出版社，2002。

作者简介

杨玉辉，本科中医学，博士宗教学，博士后心理学。西南大学养生养老养病文化研究所所长、宗教研究所原所长、国家治理学院哲学系教授、宗教学专业道教养生与宗教管理方向博士生导师。长期从事中医学、宗教学、道教学、科学技术哲学、管理学、心理学、养生学等学科的教学与研究工作，并取得一系列独创性研究成果，尤其是对养生学和宗教管理学的研究具有开创性。近年来主要致力于养学（养生学、养老学、养病学）学科建立与调养产业（养生、养老、养病产业）发展研究推动工作。出版《道教人学研究》《道教养生学》《宗教管理学》《道家人格研究》《现代科学技术哲学》《中华养生学》《道教管理学》《养生学》等专著；发表有关科学、哲学、宗教等学术论文近百篇。

科技类道经说略

姜生、韩吉绍

长生成仙的宗教理想，曾经驱动无数道教信仰者探索自然界和人自身的奥秘，探索延长人类生命、提高生存能力的种种手段。为实现长生不死、由人而仙这个超乎寻常的目标，他们付出了超乎寻常的努力，也获得了超乎寻常的成果。

尽管历史上道教信仰者们根本从未意识到，也从未把注意力放在探索和发展某种"科技"上面，但由于他们的目标需要今人所谓的"科技"，因而他们的许多努力在事实上推动了科技的发展。

一、道教与科技史研究命题的由来及发展过程

《道藏》或者说道教之所以能够与科学技术发生重要关系，这个问题说起来比较曲折。我们知道，西方文艺复兴时期最重大的成就之一便是产生了近代科学。明清之际，西方传教士最先将西方科学介绍到中国，同时大量搜集有关中国各方面的情报。可以说，当中国人对"科学"还一无所知的时候，西方人已经在研究中国的科技了。1688年，法王路易十四派遣的五名"御前数学士"并身兼科学院院士以传教士的身份来到中国，负责向法国科学院搜集有关中国数学、天文学、医药学、矿物学、植物学、地学知识等情报。但是，早期西方汉学家研究中国因

政治原因向来多偏向文史，很少有人涉猎到科学技术，在西方人眼中，中国本无所谓"科学"。倒是国人出于民族自尊心，从而使得真正意义上的中国科技史研究出现于20世纪初期的中国，当时一批留学返国的学者如丁绪贤、张子高、王琎、章鸿钊等人成为中国化学史研究的最初开拓者。尤为可贵的是，这些学者最初便意识到道教炼丹术的科学史价值，并使其成为化学史及科技史研究的重要组成部分。

美国加利福尼亚大学约翰生博士（Obed Simon Johnson）于1928在上海出版了他的英文博士论文 *A Study of Chinese Alchemy*（《中国炼丹术考》），这是试图对中国炼丹术进行全面研究的最早专著，这本书很快就由黄素封译为中文出版。在这部篇幅不长的著作中，尽管作者对炼丹术甚至道教有诸多错误认识，但作者提出了两个非常有价值的观点：一是中国炼丹术起源于本土道教，并对中国古代科学技术影响很大；二是西方炼丹术受到中国炼丹术的明显影响。直至今日，炼丹术与中国古代科技之关系问题仍然是炼丹术研究的核心内容，后者则基本形成共识。至20世纪30年代时，中国留美学生吴鲁强、赵云从、陈国符等协助美国麻省理工学院的戴维斯教授（Tenney L.Davis）研究中国炼丹术，国内学者如曹元宇等亦取得重要成绩。当然，总的看来，民国时期中国炼丹术的研究规模较小，且范围基本上局限在化学史的领域内。

1931年，曲继皋与顾颉刚一起在青岛崂山太清宫读《道藏》，曲继皋因撰《道藏考略》，认为"自汉以来，举凡方士之道术及一切占卜星纬之法，皆并入道教之中。故《道藏》之书，虽形繁多，而驳杂乃不可伦"，极言"《道藏》里面的烧铅炼汞医药技术，无往而不是科学，就是从前方士所玩的那一些把戏，也逐渐可以拿科学来证明的"，力倡研究《道藏》中的科学技术。1935年林语堂著 *My Country and My People*（汉译《吾国与吾民》或《中国人》）一书中，言简意赅地提出："道教是中国人力图发现自然奥秘的一种尝试。"

1949年以后，中国化学史研究得到很大发展，之前于炼丹术研究已取得成就者如曹元宇、袁翰青、张子高、陈国符等继续致力于此，出现了袁翰青《中国化学史论文集》、张子高《中国化学史稿（古代之部）》等重要著作。尤其是陈国符以治《道藏》享誉海内外，继《道藏》研究开山之作《道藏源流考》之后，又专研外丹黄白术，其成果汇集于1983年台湾明文书局出版的《道藏源流续考》一书中，他在外丹经典籍考证方面所取得的成就至今无出其右者。20世纪80年代以来，现代科技手段尤其是模拟实验方法在炼丹术研究中得到较大推广，虽然这种方法出现很早，但得到广泛应用却是在此时。王奎克、孟乃昌、赵匡华等学者用这种方法澄清了很多技术难题，用科学手段证明了炼丹术中蕴含的科学技术成分，极大地推进了炼丹术与科学技术的研究。

与此同时，海外道教与科学技术研究取得了更大的成就与影响，这里不能不说到英国学者李约瑟。李约瑟本来为剑桥大学一位深具发展潜力的生物化学家，正当他的事业取得重要成就并被选为英国皇家科学院院士的时候，由于受到鲁桂珍等几位中国留学生的影响，他对中国文化产生了巨大兴趣，这种兴趣大到促使他放弃了自己的专业而决心研究中国科学技术史，这便是大型多卷本巨著《中国科学技术史》(Science and Civilisation in China)写作动机的由来。他利用二战时期到中国工作的机会搜集了大量资料并运回英国，从此便沉溺其中，乐不思蜀。自1954年《中国科学技术史》第一卷"总论"出版至1995年李约瑟逝世，这部计划7卷共30多册的巨帙仍未全部出齐。尽管炼丹术部分是李约瑟研究的重要内容，然而他的目光在考查道教科技的时候大大超越了炼丹术的范畴，将道教科技史的研究范围做了极大拓展。这不足为奇，因为在李约瑟的眼里，道家思想是中国科学和技术的根本，他认为：

> 道家哲学虽然含有政治集体主义、宗教神秘主义以及个人修炼成仙的各种因素，但它却发展了科学态度的许多最重要的特点，因而对中国科学史是有头等重要性的。此外，道家又根据他们的原理而行动，由此之故，东亚的化学、矿物学、植物

学、动物学和药物学都起源于道家。①

李约瑟的研究在海内外产生很大反响，更多的学者致力于此。1975年卡普拉（Fritjof Capra）著 The Tao of Physics（《物理学之道》），探讨东方各种文化同现代物理学的思想的内在联系，而用"道"（Tao）字名其书，指出："道家最重要的洞见之一就是认识到变化与变迁乃是自然的本质特征。"但并非所有的人都像李约瑟那样乐观。胡适早在20世纪30年代就说过"其实整部《道藏》本来就是完全贼赃"②的话。这种观点的出现不足为奇，颇能代表一部分人。因为即使在古代大部分时期，道教都是处于民众中的非正统文化。李约瑟的合作者之一、美国学者席文（Nathan Sivin）有着与胡适相似的论断，但他与胡适不同，而是对炼丹术有着相当的研究，他说：

> 没有证据表明在 Taoism 与科学之间存在任何普遍的和必然的联系。……无论我们考虑道的哲学还是宗教，这一点都是成立的。③

1996年，台湾杂志 Taiwanese Journal for Philosophy and History of Science 第5卷第1期以整期篇幅发表由俄籍学者阿列克赛·沃尔科夫（Alexei Volkov）特约编辑的4篇论文，集中讨论14世纪全真道士赵友钦与中国古代科学的关系。其中阿列克赛·沃尔科夫在《科学与道教导论》一文中，以赵友钦为例反驳席文的论点。赵友钦是元代全真道重要人物陈致虚的老师，著有《仙佛同源》《金丹正理》和《金丹问难》等，但其《革

---

① 李约瑟所说的道家包括道教与通常所说的道家，引文见李约瑟《中国科学技术史》第二卷科学思想史，中译本，科学出版社、上海古籍出版社，1990年，第175页。
② 见胡适《陶弘景的真诰考》，载《蔡元培先生六十五岁论文集（下）》，1935年。
③ Taoism and Science, in Nathan Sivin, *Medicine, Philosophy and Religion in Ancient China. Researches and Reflections*, pp.1–72.1995.

象新书》则具有很高的天文学和物理学水平。沃尔科夫在文中说：

> 科学同它更为普遍的社会和知识背景之间的关系，要比李约瑟和席文所设想的更为微妙而复杂得多。不幸的是，在那些罕见的现存资料中比我们所愿看到的更为晦涩。①

可以看出，对道教与科学关系的讨论不仅超越了国界与文化圈，而且已经形成各家持论相争的形势。

正常的学术争论必定会推动研究的理性发展。20世纪八九十年代以来，无论是中国科技史研究领域还是道教研究界均将道教与科学技术关系问题纳入视线，突破了以往炼丹术研究单线进行的窘况，使得道教与科学技术的研究在许多领域内展开，并出现诸多成果。1998年，国家社科基金重点项目"中国道教科学技术史"立项，相关成果陆续问世。进入21世纪，道教科学技术史的研究出现新局面，由中国科学院席泽宗院士担任名誉主编，姜生、汤伟侠任主编的大型多卷本《中国道教科学技术史》前两卷"汉魏两晋卷"和"南北朝隋唐五代卷"分别于2002年、2010年由科学出版社出版，其编撰队伍汇集了国内外相关领域中的主要力量。该书全方位、多领域地考查道教与中国古代科技和医学等诸领域的关系，在概念上拓展了科学的范畴，扩大了道教科学技术史的研究对象，使道教科学技术史这一学科走向成熟。

然而，毋庸讳言，由于"科学"是西方文明的产物，因此道教科技史这一命题本质上乃是一种比较文化研究，自民国以来数代学者一直致力于证明道教文化与科学的正面关系，同时伴随着一种自觉不自觉地"祛魅"行为，试图将其他"非科学"因素无情地、不假思索地抛进历史的垃圾箱。岂止道教，整个中国古代科技史的研究均以"科学"为原

---

① Science and Daoism: An Introduction. In *Taiwanese Journal for Philosophy and History of Science*, 1996, Vol.5, No.1, p.30.

点而展开。由于"科学"的强势话语权,对国人而言,这也是特定历史阶段无法逃避的宿命。

近年来,道教与科学问题研究继续走向深入。值得一提的是,中国在这方面的研究已开始得到国际学界的关注和支持。如2005年和2007年,美国约翰·汤普顿基金会资助的GPSS（Global Perspectives on Spirituality and Science）国际研究计划设立的"道教与科学"项目奖两度为中国学者姜生获得,进一步扩展了中国文化在西方科学世界的影响。

二、《道藏》中的科学技术成就概论

《道藏》是一部道教经典总集,因而是研究道教科技史最重要的资料。当然《道藏》中亦收录有一些非道家或道教的文献,如在中国古代科技史上占有重要地位的《墨子》,研究《道藏》中的科技成就时一般将这部分内容排除在外。《道藏》是中国古代科学技术史研究领域中最后一个待突破的巨型堡垒,它犹如一片金矿,经过许多人的辛勤劳作已淘炼出璀璨的黄金,但仍有相当大一部分未得到开发,因而此处仅能作管中窥豹之论。

《道藏》所包含的科技史料范围非常广泛,包括理工医农等众多大学科,其中化学及相关技术是最早引起人们注意的部分,这主要体现在炼丹术的研究方面。炼丹术确切地说应该称为金丹术,有时又称为外丹黄白术,它包括炼丹与黄白两部分内容。炼丹术发端于战国时期,一般认为是在西汉正式出现,唐代最为鼎盛,之后一直延续至明清之际。《道藏》中保存了大量的外丹经,对中国古代化学史研究而言,任何一部外丹经都不能被忽视。中国炼丹术由于其光辉成就被西方学者称为近代化学的先驱。在长时期的发展过程中,炼丹术中产生了一大批领先于当时西方的科技成果。如中国古代四大发明之一的火药实为炼丹术的产物，后来被用于军事、工业等领域，对世界文明进程产生了重大影响；"胆水炼铜"被称为现代湿法炼铜的前身，其原理及技术于炼丹术中得到认识与发展，在两宋时期的冶铜部门中得到大规模推广，成为当时炼铜生产的主要技术，盛极一时；在炼丹过程中，炼丹家们对近百种金石矿物的物理化学性质、产地等有相当科学的认识，并在实践过程中对汞化学、铅化学、砷化学、合金化学等做出了突出贡献，先后发明了多种抽砂炼汞法、各种铅化合物的制备法等，最早炼制出单质砷，发明了铜砷合金及其配方、铜锌合金、各种汞齐（汞与金、银、铅、锡、铜等的合金）、铅锡合金等，其中许多技术被社会所采用。在这个过程中，炼丹家们培育了宝贵的科学精神，最突出的便是比较科学的实验方法，可以说丹房便是早期的科学实验室，正是在实验室里，炼丹家们对多种物质之间的化学反应关系、质量守恒定律、物质转化规律等有了初步认识。这些理论、技术传至西方，对近代化学的产生做出了重要贡献。

在物理学及相关技术方面，道教虽然没有取得如化学那样系统的成就，但同样辉煌卓著，主要体现在天学、漏刻计时技术、气象学、光学等多方面。天学是中国古代最系统、最发达的传统科学之一，古人相信天体运动是天命和天道的直接体现，对天与天体的观测和研究则是窥视天命、把握天机的重要途径，因而天学于政治而言具有特别重大的意义，由此之故，民间的研究行为往往受到严格控制。然而道教的宗教特征决定了它具有研习天学的传统，因而中国古代天学有官、民两大分支——官在司天监，民在道教。关于道教天学，目前缺少系统研究成果，个别研究涉及《道藏》中收录的《淮南子》对天地起源与盖天说的系统论述等。不过研究道教天学必须超越《道藏》中的材料，如隋唐道士丹阳子的《步天歌》一书非常重要，它是天文学三垣二十八宿体系创立的标志。历代官方天学亦与道教有密切关系，许多官员即有深厚的道教背景。另外道教中许多法术对时间要求严格，因而发展了漏刻技术，《全真坐钵捷法》即为漏刻技术专著；宋元之际"雷法"盛行，相应地道教界对于气象学有了更多研究，出现了《雨旸气候亲机》《盘天经》等气象学著作。此外，由于铜镜作为道教法器长期被用于修炼，因而《道藏》中保存了因此而生的大量光学史料。

地学成就主要体现在地理学与矿物学方面。由于道教对山岳的崇拜以及修炼需要，《道藏》中保存了十余种宫观山志，如《洞天福地岳渎名山记》《岱史》《西岳华山志》《南岳小录》《南岳总胜集》《茅山志》《天台山志》《武当福地总真集》等，另外还有综合性的历史、地理著作《长春真人西游记》等，其中保存了大量对中外地理的实地观察研究成果。不仅如此，由于道士修炼或炼丹多于山中进行，这就需要把握山区的地理特征和资源分布，由此道教中更产生出像《五岳真形图》这样的地图学专著。以上地理著作对研究自然地理、人文地理均具有重要参考价值。矿物学的成就主要在炼丹术方面，炼丹家千百年来遍采金石，对近百种金石矿物从产地、性状、功能等均有详细认识，如《金石簿九五数诀》《大洞炼真宝经九还金丹妙诀》《丹方鉴源》《黄帝九鼎神丹经诀》等均有此方面的系统成果，其中包括许多对域外矿物的认识。目前所知医学对道教矿物药成就吸收最多，于古代矿业开发影响情况尚无研究。不过总的说来，道教矿物学方面目前尚缺少系统研究。

道教的冶铸技术突出表现在两方面，一为种类繁多的实验设备，二为较为独特的铸造技术。炼丹术早期所用设备比较简单，许多丹釜甚至用泥土烧制。唐宋时期，出现了形形色色的金属设备，如各种水火鼎、既济式丹炉、未济式丹炉、飞汞炉等均是精致的仪器，《道藏》中所辑《丹房须知》《金华冲碧丹秘旨》《修炼大丹要旨》等丹经中有关仪器图像资料相当丰富。由于炼丹仪器绝大多数均在专业范围内使用，因而只能由道士自己制作。搞清楚这些仪器发展的历史脉络及其制造技术，对于铸造技术史研究无疑是相当重要的，曹元宇、李约瑟、陈国符等均有研究成果可供参考。然而遗憾的是，大多仪器目前仅能在其形制上加以考察，其详尽发展脉络及具体的制造技术因资料缺乏而不甚清楚，像《神仙炼丹点铸三元宝照法》这类详细记载铸造技术的专著很罕见。铜镜在道教上清派及炼丹术中应用比较广泛，出现多种"镜法"方术，魏晋六朝时期道士们还发明了以锡铅合金镀镜的技术，见于《上清明鉴要经》。唐代道教中出现了独具特色的"道教镜"，从《上清含象剑鉴图》《上清长生宝鉴图》及《神仙炼丹点铸三元宝照法》，我们可以看到道教镜从纹饰题材的设计到具体铸造技术的完整过程。另外道教中还有铸剑的传统，如东魏、北齐年间（公元550年左右）道士綦毋怀文用灌钢法铸"宿铁刀"，在中国冶铸史上具有重要地位，不过《道藏》中这类铸剑资料比较缺乏。

除以上几个方面外，尚有诸多领域有待进一步研究，如数学、植物学、生命科学、医学等。《道藏》中虽然没有保存专门的数学著作，但道家道教思想对中国古代数学作出的独特贡献，是不可否认的。以前学者未曾注意这一点。1999年台湾学者洪万生发表《全真道观与金元数学》一文，探讨全真道与金元数学的关系，指出："无论李冶与全真道士的交往是否密切，他的'天元术'研究以及其支撑的社会条件，离不开全真教所参与、经营的学术环境，殆无疑问。"目前一些学者正在从事这方面研究，或可揭示出道教在数学领域的一些不为人知的贡献。关于道教在植物学方面的探索，李约瑟曾经这样说过："东亚的化学、矿物学、植物学和药物学都起源于道家。"但相关研究较少。生命科学与内丹术及医学关系密切，多种原因致使研究难度比较大，有待于进一步开拓。另外自古医道多不分，有"医道同源"之说，道教内不仅名医辈出，而且对医学理论、临床实践、药物等有巨大影响，这一领域已出现不少有影响的研究成果。

基于众多研究，道教中蕴含着的大量科学技术成就逐渐浮出水面，然而对于《道藏》这个宝库来说只能是冰山一角，大多领域的研究目前只能说处于开拓阶段，许多内容迫切需要拓展、深入，以上的介绍只能择其要点。另外需要说明的是，《道藏》是研究道教科学技术史最重要的依据，但由于种种原因，许多道教资料没有被收进《道藏》，如宋元时期重要的道教科学家赵友钦所著《革象新书》是一部重要的天文、物理学著作，其中对日月食的解释、"同时参验"的恒星测量思想等均具有很高的科学价值，尤其是他关于小孔成像的物理实验更是中国古代经典科学实验之一。治道教科技史研究之学者应对这类藏外资料予以特别注意。

三、科技类重要典籍介绍

以上所述表明，《道藏》中的科学技术成就相当突出。然而《道藏》中并非天然地存在"科学"这种东西，大量的科技成就分布于多种道经，限于篇幅，以下介绍的科技类典籍均为科技成分比较集中或者对道教科技思想影响较大的著作。

（一）《三十六水法》

炼外丹有两种方法，除了人人皆知的火炼法之外，尚有一种水炼法。今《道藏》中收有仅存的两种水法丹经《三十六水法》与《轩辕黄帝水经药法》。水法炼丹出现非常早，据《黄帝九鼎神丹经诀》记载，西汉初即有八公《三十六水法》，《抱朴子内篇·遐览》中也著录有《三十六水经》，二者可能是同一部书。陈国符《道藏源流续考》认为今本《三十六水法》即为汉代古籍。全书共记载35种水52种方，其中36种方为古本内容，其余部分为后人所补。[①]

所谓丹砂水、雄黄水等各种水，其制法大致相同，先将金石矿物放入一个竹筒或陶罐中，然后再将容器口封住，放入水或醋中数十日，由于外部的水或醋液渗入，自然会将容器中的可溶性矿物溶化。今人关心的是在这个过程中道士是否掌握了溶解金石矿物的化学方法。对此，学

---

① 参见韩吉绍《〈三十六水法〉新证》，《自然科学史研究》2007年第4期。

者意见不一。如李约瑟认为《三十六水法》中使用了稀硝酸，王奎克和孟乃昌则认为"金液"中也使用了稀硝酸，并指出当时的炼丹家已明白将酸碱反应与氧化还原反应加以统一，由此认为至迟4世纪时炼丹术中即开始了应用非蒸馏法制无机酸的历史。但赵匡华则认为各种水除少数是真溶液外，其他大部分不过是矿物粉与硝石溶液构成的悬浊液而已。孟乃昌等对《三十六水法》中的多种"水"进行过模拟实验，可供参考。

(二)《周易参同契》

《周易参同契》是中国早期炼丹史上最重要的经典之一，但此书的作者及确切成书年代扑朔迷离，众说纷纭，自宋以来无有定论。较为普遍的观点认为，该书出现于东汉顺帝、桓帝时期，作者除魏伯阳外可能还另有其人。姜生《汉墓龙虎交媾图考——〈参同契〉和丹田说在汉代的形成》[①]一文为东汉说提供了新的有力证据。不过奇怪的是，在唐以前的道教中《参同契》并未引起多少注意，唐宋时期突然声名鹊起，其影响力甚至大大超越炼丹术范围，在社会上备受推崇，被称为"万古丹经王""万古丹经之祖"，其在炼丹术中的地位犹如基督宗教的《圣经》。正因为如此，历代《参同契》注本多达二十余种，甚至宋代理学家朱熹亦化名邹訢为之作注。《朱子语类》、明胡应麟《四部正伪》、清姚际恒《古今伪书考》等均有关于《参同契》真伪的专论，其影响之大可见一斑。

关于《参同契》的主旨，同样长期存在争论，主要是内、外丹之争。不可否认，以今观之，大多数注家从内丹立论，但事实上，宋之前征引《参同契》者则多为外丹经，因此《参同契》内、外丹之争除了《参同契》本身即含有可为内外丹所用的双重内容之外，很大程度上

---

① 《历史研究》2016年第4期。

在于内、外丹本身界限的不确定性，而这与内丹家借用外丹术语有直接关系。

《参同契》最重要的意义在于奠定了中国炼丹术的理论基础。注家及学者对"参"多有争议；综合分析，将其理解为大易、黄老、炉火较为恰当，三道相通，如符合契，故名《周易参同契》。它将汉代的周易卦象学说、黄老道家学说附于炼丹过程，为炼丹术建立了一套精致的理论，并为后世所广泛效法。《参同契》崇尚铅汞论，认为只有铅汞相合才能炼出神丹。"《火记》不虚作，演《易》以明之。偃月法鼎炉，白虎为煞枢。汞白为流珠，青龙与之俱。举东以合西，魂魄自相拘。""知白守黑，神明自来。"白即为汞，黑即为铅。铅汞论对以后的炼丹术产生了重大影响，与之后出现的硫汞论同为中国炼丹术的两大旗帜，唐宋之后内丹术中的"真铅""真汞"之争与此亦有重要渊源关系。另外，《参同契》中的许多概念、隐语成为炼丹术的基本话语，甚至像"黄芽"这样的概念在以后也被长期实践与争论。从这重意义上说，将《参同契》视为中国炼丹术的理论源头之一亦不为过。

在具体的化学知识方面，《参同契》同样取得了令人瞩目的成就，其中最重要的是铅化学与汞齐的制备。如《参同契》以胡粉来制铅丹时说："胡粉投火中，色坏还为铅。"这一过程分为两步：先用胡粉制备密陀僧（PbO），然后再将密陀僧烧炼成铅丹。胡粉，即碱式碳酸铅 $[Pb(OH)_2 \cdot 2PbCO_3]$ 或碳酸铅（$PbCO_3$）。这一过程的化学反应式如下：

$$Pb(OH)_2 \cdot 2PbCO_3 \xrightarrow{煅烧} 3PbO + H_2O \uparrow + 2CO_2 \uparrow$$

$$PbO + C \xrightarrow{煅烧} Pb + CO \uparrow$$

这里《参同契》的作者很清楚地认识到胡粉中即含有铅，并通晓其制备方法。关于汞及汞齐的描述就更多了，如"河上姹女，灵而最神。得火则飞，不见尘埃"。"河上姹女"是汞的隐名，这是对汞受热后易蒸发的形象描述。"太阳流珠，常欲去人。卒得金华，转而相因。化为白液，凝而至坚。金华先唱，有顷之间，解化为水。""太阳流珠"亦是汞的隐名，此句是说汞极易挥发，若与铅混合，则可以成为汞齐固定下来。汞齐凝固后非常坚固，但是受热后又可以化为流动的液体。其他描述汞齐制备的文字非常多。在中国炼丹术中，由于汞是母药，因此炼丹家对汞的合金如铅汞齐、金汞齐、锡汞齐等了解得非常透彻，其中一些技术得到广泛应用，这些与炼丹家的贡献是分不开的。

（三）《抱朴子内篇》

《抱朴子内篇》约作于公元4世纪初期，作者葛洪，字稚川，别号抱朴子，为早期道教史上一位承前启后的关键人物。《抱朴子》分内、外篇，内篇言神仙方药、鬼怪变化、养生延年、禳邪却祸之事，属道家；外篇言人间得失、世事臧否，属儒家。内道外儒，可见葛洪的思想倾向。汉魏三国时期，是中国炼丹术发展的第一阶段，出现了像魏伯阳这样的炼丹大师，同时大量炼丹经典被造作出世。葛洪之师郑隐即是这一时期著名的炼丹家，他由儒入道，博览群书，知识渊博。葛洪自幼随其左右，年长后受其真传，得阅郑隐所藏大量道经。后葛洪又师从南海太守鲍靓，一心求道炼丹，晚年入广东罗浮山修炼，直至逝世。

从内容上看，《内篇》并非葛洪原创性著作，它更像是一部百科全书式的道经汇编著作，从理论到实践均有所论，集晋代之前道教及其炼丹术之大成，在道教史上占有极重要的地位。《内篇》共20卷，是为：（1）畅玄、（2）论仙、（3）对俗、（4）金丹、（5）至理、（6）微旨、（7）塞难、（8）释滞、（9）道意、（10）明本、（11）仙药、（12）辨问、（13）极言、（14）勤求、（15）杂应、（16）黄白、（17）登涉、（18）地真、（19）遐览、（20）祛惑。其中与科技史有关的主要是金丹、仙药、黄白三卷，仅此三卷即包含了此前炼丹术数百年之精华。

《内篇》在炼丹理论方面有两大建树，其一为"假求于外物以自坚固"的思想，其二为物类变化观。炼丹术确切地说应称金丹黄白术，它有两个翅膀，一为金丹术，一为黄白术，缺一不可。丹为还丹，黄白为金银。炼丹家认为，人食饵药金、药银或用铅、汞（有剧毒）等金属还炼而成的丹药，即可达到长生成仙的目的。这一思想的根源在哪里？其实很简单，古人相信"同类相感"，这一原理几乎成为不须证明的原理被接纳。《易·文言》有"同声相应，同气相求"，《吕氏春秋》有"类固相召，气同则合，声比则应"，《春秋繁露》有"气同则会，声比则应"，这一线索非常明显。古人认为，同类的东西不仅可以相互感应，而且其某些性质亦可发生转移，因此服食黄金就可以像黄金那样永生不腐。《内篇》将这种思想上升到理论高度：

> 夫金丹之为物，烧之愈久，变化愈妙。黄金入水，百炼不销，埋之，毕天不朽。服此二药，炼人身体，故能令人不老不死。此盖假求于外物以自坚固。

这就为服食仙丹提供了坚实的理论基础。炼丹家们还相信天地间物类的变化是无穷的，高山变为深渊，深谷成为山陵，甚至人也可以男女异形，为鹤为石，为虎为猿，为沙为鼋。如此，则黄金自然可造，正如《内篇》所说："变化者，乃天地之自然，何为嫌金银之不可以异物作乎！"而这就是仙丹可炼的理论基石。毫不夸张地说，这两大理论是炼丹术得以存在的逻辑基础。

《内篇》所反应的中国古代化学史成就非常丰富，主要有以下几项。

首先，它深刻认识到丹砂（即硫化汞）的化学性质，并明确记载了水银的制备方法。《金丹》卷云："丹砂烧之成水银，积变又还成丹砂。"这一过程的化学反应式为：

$$HgS + O_2 \xrightarrow{\text{加热}} Hg + SO_2 \uparrow \qquad 2Hg + O_2 \xrightarrow{\text{加热}} 2HgO$$

先秦以后，所用水银大都是用这种"抽砂炼汞"法制备，在炼丹术中，炼丹家发明了多种"抽砂炼汞"法，在中国化学史上有重要地位。

第二，首次记载了单质砷的炼制方法。西方学者一般认为，13世纪日尔曼炼丹家马格纳斯（Albertus Magnus）最早从砷化合物中提炼出单质砷。实际上《抱朴子·仙药》即记载了一种砷的提炼方法，根据现代学者的模拟试验，这种方法的有效性得到确认。此法较马格纳斯早900多年。

第三，利用炭的高温还原性将雄黄与石胆等药物的混和物制成铜砷合金，这一方法记载于《黄白》篇，此法亦得到现代学者肯定。铜砷合金当砷含量较少时呈金黄色，当砷含量超过10%时呈银白色，《内篇》甚至掌握了通过调节砷的含量来改变合金颜色的方法。

其他化学成就还有很多，如对于铅化学的认识、对于铁铜置换反应的认识以及记载多达40余种的金石原料等，这些均使《抱朴子内篇》成为中国古代科技史研究中一部非常重要的著作。

（四）《大洞炼真宝经九还金丹妙诀》

作者陈少微为唐代著名炼丹家，张子高《中国化学史稿（古代之部）》认为该书成于712年—713年间，陈国符《道藏源流续考》则认为成于686年—741年间，且有多处于天宝年间修改过。

炼丹术历史上有两种还丹理论影响最大，一是始自《周易参同契》的铅汞论，二则是隋末唐初出现的硫汞论。硫汞论出现较晚，因此硫汞丹开始时被称为"小还丹"，以区别于铅汞之"大还丹"。按赵匡华等学者的意见，中国人工合成硫化汞的时间大约是在隋末唐初，至中唐时这种技术已经非常成熟。陈少微的《九还金丹妙诀》是研究硫汞还丹的最重要资料。该书表明，当时道教炼丹家已能够熟练地将水银和硫黄升炼成红色的硫化汞，然后可以"分毫无欠"地用铅从丹砂中还原出水银。赵匡华将这一过程总结如下：

室温　　　　　　　　　　　密封升炼
$Hg + S ====== HgS$（黑色青砂头）　HgS（黑）$======== HgS$（红色紫砂）

升炼、冷凝
HgS（红）$+ Pb ========= Hg + PbS$

硫汞还丹在当时亦被称为"灵砂"，宋代药典《经史证类备急本草》将其作为一种药物使用，明代末年改称为"银朱"，于医学中应用广泛。

陈少微还记载了一种"竹筒抽汞法"，操作简便，且效率较高，直至宋代时仍在使用。炼丹家们先后发明了多种抽砂炼汞法，如低温焙烧法、下火上凝法、上火下凝法、蒸馏法等，上火下凝法还可以分为多种不同的炼法。以上方法分散于多部丹经中，赵匡华《我国古代"抽砂炼汞"的演进及其化学成就》[①]一文考证颇详。

（五）《大洞炼真宝经修伏灵砂妙诀》

此经同为陈少微所撰，张子高《中国化学史稿（古代之部）》认为成于712年—713年间，陈国符《道藏源流续考》则认为成于702年—741年间。内容主要介绍丹砂的产地、性状及抽砂出汞法。

《修伏灵砂妙诀》最重要的科学成就是对天然丹砂不同成分的定量研究。炼丹家对不同产地、不同品质的丹砂非常讲究，陈少微在《修伏

---

① 《自然科学史研究》1984年第1期。

灵砂妙诀》中辑录了《大洞炼真宝经》(已散佚)对各种天然丹砂不同成分的测量结果,书中说:

> 光明砂一斤,抽汞可得十四两,而光白流利,此上品光明砂,只含石气二两;白马牙砂一斤,抽出汞得十二两,而含石气四两;紫灵砂一斤,抽汞可得十两,而含石气六两;上色通明砂一斤,抽出汞只可得八两半,而含石气七两半。石气者,火石之空气也,如汞出后,有石胎一两,青白灰耳。

以上测量可以概括为如下公式:

$$\text{天然丹砂} \xrightarrow{\text{加热}} \text{汞} + \text{石气}$$

非常明显,炼丹家已经明白前后反应的质量应该守恒,并且用这一原理来比较不同丹砂的品质。不管其结论如何,这种方法及精神非常接近近代西方化学先驱们。在这个过程中,我们看到的是一种严谨的科学精神,全然不见炼丹家的影子。这种方法及精神在同时代的炼丹家金陵子身上再次显现,他用质量守恒法研究铁从胆水(硫酸铜水溶液)中置换出的红银(即纯铜)的本质(详见下节)。可见对质量守恒定律的认识和严谨的科学精神,在炼丹家、尤其是唐代炼丹家身上并非个别现象,非常值得重视。

(六)《龙虎还丹诀》

陈国符《道藏源流续考》认为该书撰于唐睿宗垂拱二年(686)至玄宗开元末年(741),或肃宗乾元元年至三年间(758—760)。作者题为金陵子,真实姓名不可考。该诀分上下两卷,卷上主要论述点丹阳法，即制砷白铜法；卷下专论各种结红银法，即胆水炼铜法。《龙虎还丹诀》在中国化学史上占有重要地位，郭正谊《从〈龙虎还丹诀〉看我国炼丹家对化学的贡献》与韩吉绍《炼丹术与宋代冶铜业革命》等曾对其所取得的化学成就作过讨论。

炼丹术中砷铜合金出现很早，西汉淮南学派的集大成之作《淮南子》即有"淮南王饵丹阳之伪金"的记载；魏晋之际，葛洪《抱朴子内篇·黄白》篇中明确记载了一种用雄黄制砷铜合金的方法。[①] 而《龙虎还丹诀》中砷铜合金是用砒霜点化制得的，这是砷白铜炼制史上的一项重大技术进步。其具体过程分作两步进行，首先将砒黄、雄黄、胡同律等制成束丝状砒霜，即金陵子所说的"卧炉霜"，然后再用砒霜点化丹阳铜，用炭还原，即可制得银白色的砷铜合金。赵匡华曾对这一过程进行模拟试验，最终确实得到了 9.92% 的砷铜合金。金陵子甚至还注意到了这种合金容易氧化变成赤铜色，他将其称为"铜晕"，为此还特意记载了除铜晕的多种方法。

《龙虎还丹诀》卷下专论制"红银"（纯铜）法。中国古代很早就认识到某些矿物遇到铁会变成铜的现象，如《淮南万毕术》即有"白青 [$2CuCO_3 \cdot Cu(OH)_2$] 得铁，即化为铜"的记载。之后炼丹家均注意到这一现象，至唐玄宗时，刘知古《日月玄枢论》中记载了多种以铜化合物炼制纯铜之法，其文曰："或以诸青、诸矾、诸绿、诸灰结水银以为红银，复化之以为粉屑。"《龙虎还丹诀》卷下可以说是对这句话所作的详细注解。金陵子将可以炼制红银的矿物分为三类：诸青、石胆、土绿，相对应的方法依次为"青结红银法""石胆红银法""土绿红银法"。在这些方法中，最具代表性的是"石胆红银法"中的"结石胆砂子法"，这种方法只用到石胆、水银与铁（容器亦用作反应物）而无其他杂质，因其工艺之巧妙，屡为学者所称道。其过程如下：首先将汞及少量水放入一平底铛中，加热至微沸，然后放入胆矾，搅拌，胆矾中的铜不断被

---

① 具体参见上文对《抱朴子内篇》的介绍。

（铛）铁置换出，与汞形成汞齐，当生成的铜足够多时，汞齐变成砂粒状。这时结束操作，回收砂子。然后将得到的砂子在容器中加热，汞被蒸发掉，最后所剩即为颗粒很细的铜粉屑。更为可贵的是，金陵子还对此进行了深度理论探讨，在反应进行之前他对各种药物与铛进行称量，分别记录，反应结束后再称量，发现铛损失了五两，而同时得到四两半红银，他便据此大致等量关系判断红银实际上相当于铁铛中的铁。虽然金陵子没有得出事实真相，但他对质量守恒定律的认识以及精确的科学精神是非常可贵的。胆水炼铜法经过改进后在两宋时期得到大规模推广，南宋乾道年间（1165—1173）胆铜产量乃至占当时铜产量的81%，对社会经济产生了重大影响。仅此而言，《龙虎还丹诀》在中国古代科技史上应该占有重要地位。

（七）《真元妙道要略》

《真元妙道要略》原题"真人郑思远"（三国至晋时人）撰，显系伪托。关于此书的出世年代，学者意见不一，但大体一致。袁翰青《从道藏里的几种书看我国的炼丹术》认为是在八九世纪左右，李约瑟《中国科学技术史》认为在7世纪后至八九世纪间，陈国符《道藏源流续考》认为撰于五代或更晚，孟乃昌《〈真元妙道要略〉的化学史意义》则认为出于7世纪末至8世纪中叶。

《真元妙道要略》是一部内丹学著作。由于内丹家激烈地批判外丹术，因此该书在对批判对象的引述中留下了极其宝贵的化学史料。全书分为"黜假验真镜第一""证真篇第二""铄形篇第三"等三个部分。于科技史而言，第一部分最为重要，作者连续列举了三十一种炼丹法并逐一进行批判，保留了古代化学的珍贵史料。孟乃昌认为其中包括尿类固醇性激素的提取法、硫化汞的合成、提取较纯碳酸钾的方法以及原始火药发现的过程。这里主要介绍后者。火药为中国"四大发明"之一，1954年中国学者冯家昇撰《火药的发明与西传》一书，证明火药确为中国发明,之后这一结论逐渐为国外科学史家所广泛接受。冯家昇在书中进一步指出火药乃是炼丹术的产物,现在这一观点已被广泛接受。然而遗憾的是,火药与炼丹术关系的详情,仍有一些疑点因缺乏资料而没有解决。《真元妙道要略》中的记载有两点值得特别注意,一是对火药威力的描述:"有以硫黄、雄黄合硝石并蜜烧之,焰起,烧手面及烬屋舍者。"这说明其时炼丹术中已经发明了火药,尽管时人可能还没有意识到。另一个则是"伏火"问题。所谓"伏火"本来是为了防止炼丹过程中出现诸如爆炸等现象而特意添加一些药物,而火药的孕育过程便蕴含其中,因此伏火问题对火药发明过程的研究非常重要。当然,研究炼丹术中火药的发明过程,并非一部书便可以解决,正如大量化学成就分散于各种外丹经中一样,火药问题的复杂之处在于,其发明过程隐藏于炼丹术的发展过程之中。因此,要找到一条清晰的线索,仍有待进一步的探索。

(八)《全真坐钵捷法》

中国古代计时仪器主要是漏刻,因道士修练或炼丹讲究时辰,因此对漏刻多有创新,如北魏道士李兰曾发明著名的"秤漏",从隋唐两代到北宋燕肃莲花漏取而代之以前,经过改进的秤漏一直被作为一种主要的计时器被皇家及其司天机构所采用。

《全真坐钵捷法》的撰人及成书年代不详。全书分为"造盂之法""下漏之法""造筹之法""加减之法"等四部分,讲述制作壶漏及校正时刻之法。所谓"坐钵",是指将一小钵底部钻一小孔,然后将其悬坐于一个较大的盛水钵中,依小钵之进水量来测定时间。该仪器的发明,目的是服务于全真道的静坐习定之宗教实践。全真道于每年冬季集体静坐百日,每日数次,每次都有规定的时间,因此需要计算时刻。

《全真坐钵捷法》中所介绍的是不同于一般规制的漏刻。作者认为当时所用壶漏不合古法,由于制造者一味追求机巧,致使大多壶漏既无定制又多差误，因而作者声称发明了一种简易准确的壶漏。亦有人称其为"漏盂"。其原理大致如次：取两只铜盂，一大一小，大者盛水，小者底部钻一小孔。然后将小盂浮在大盂中，由于小盂的重力作用，水自然会从小孔中渗入小盂中，用一根标尺（筹）探测显示水深，据此则可以确定时辰。这种漏刻较之传统的滴漏反其道而行之，简便易行，对于户外修行而言相当方便。然而其计时精度可能并不像作者所说的那样高。据今人王立兴的研究，这种壶漏每昼夜的最大误差达15分钟。这样的精度显然不可能用于天文观测，不过从日常使用的角度来看仍有其实用性。

（九）《雨旸气候亲机》

宋元之际，道教符箓派兴盛，"雷法"便是其中之一。通雷法的道士声称他们可以呼召风雷，伏魔降妖，祈晴雨，止旱涝。尽管雷法中的祈雨术带有极浓厚的宗教色彩，但是不可否认，如果没有深厚的气象学知识，雷法很难长时期地流传于社会。道教对中国古代气象学成果的继承和发展是雷法得以长期流行的基本保障。《雨旸气候亲机》本为雷法之书，出现年代不详，但应该与行"雷法"的道派密切相关。书中主要记述观测气候变化的方法，是中古时期难得的气象学著作。

书中内容主要分为太阳、太阴、天罡、北斗、龙炁、白虎、河炁，"雷牌"三十九图，诸雷气候，妙洞引以及先天一炁雷霆玉章等几个部分。其中有两点值得特别注意：一是预测天气变化之方法，二是独具特色的气象表达符号系列。

书中介绍了多种预测天气的方法，如观测太阳、月亮、星辰等，有不少方法直到今日仍在民间流传，如：

> 月色红，明日大雷雨；色青赤，应明日。有圆光大如车轮者，明日大风，三日后方应。外有白云结成圆光，不甚（明），

明日亦大风。

有根据云的大小、位置、颜色等判断天气法,如:

> 有黑云成块,大者有风,其形如猪渡河。黑云如烂絮枯木,若霞,或遮太阴,或在月下上,应明日雷雨。白云如绵絮,小雨。鳞而自南至北者,明日南风至别方。同在日落后验之。

有根据某些自然现象、动物的异常行为来预测天气的方法,如石润水流、炎气蒸薰、鱼跃渊、蝼蚁封穴、蜈蚣昼现等等。将这些经验的积累全部归之于道教显然可能会失之于实,但在道教中得到继承、总结和发展应该没有问题,本书的可贵之处正在于此。

另外值得注意的是道士们发明了一种独具特色的气象表达符号,这便是"雷牌"三十六图。"雷牌"本是道士作法祈雨时使用的令牌,将气象信息画成图有助于直观表达。这些图有关于太阳、云气、月亮、星辰等周围状况所预示的天气变化,这大概是道士的独立发明。

气象观察预报所面对的是一个处于时刻变化之中的复杂巨型系统,因而气象学乃是一种高难学问。但在基本层面上,经验非常重要。在古代没有现代科技手段的情况下,这种借助经验来预测天气的方法是行之有效的,只要长时期细致观察,就能找到规律,从而比较准确地预报天气。道教中的气象学无论从科学技术上,还是从对社会的作用上,都应给予合理评价。

(十)《太清金液神丹经》

《太清金液神丹经》是一部外丹著作,分上中下三卷,撰者分别题为张道陵、阴长生和抱朴子。据陈国符考证,此经部分内容在西汉末东汉初出世，盖为后人辑本。卷上、卷中部分为重要炼丹术资料，反映了早期炼丹术的风貌，火法与水法并重。其中有以曾青、礜石、硫黄、戎盐、凝水石、代赭、水银为原料的"作霜雪法"，孟乃昌认为这可能是最早的氯化亚汞合成配方。卷下为地理部分，述扶南、典逊、林邑、杜薄、西图、月支、安息、大秦等20余国之地理位置及风俗物产，遍及南亚、中亚及罗马帝国，是一部杰出的早期海外地理著作。

（十一）《五岳真形图》

《五岳真形图》是一种道教符箓著作，大约出于魏晋之际。道教有非常强烈的山岳信仰，古之道士须入山修练，但因人迹罕至，山中多险，因此凡入山者均须遵守严格的宗教仪式，佩带符图法印便是其中之一。葛洪《抱朴子内篇·登涉》篇说："上士入山，持《三皇内文》及《五岳真形图》，所在召山神，及按鬼录召州社及山卿、宅尉问之，则木石之怪、山川之精，不敢来试人。"可见《五岳真形图》的地位在当时非常高。目前存世的《五岳真形图》有多种版本，见于《正统道藏》者如《洞玄灵宝五岳古本真形图》中的两种本子，《灵宝无量度人上经大法》卷二一所收《灵宝五岳真形图》以及《上清灵宝大法》中的上、下五岳真形图。藏外文献如明高濂撰《遵生八笺》、明章潢撰《图书编》、明汪子卿撰《泰山志》、明查志隆《岱史》等均记载有《五岳真形图》。金石资料刊刻真形图者亦非常多。另外日本藏有多种真形图，其中包括非常罕见的本子。以上真形图可分为两类：第一类较多地保存了地图的特征，另一类则道符倾向明显。与普通的道符不同，第一类《五岳真形图》的技术内涵很丰富，相当于一幅早期的地图，而且可能是等高线画法的最早尝试。关于它的地理、地图学价值，学者已有较多研究，如日本小川琢治《中国地图学之发达》、井上以智为《五嶽眞形圖に就いて》、英国李约瑟《中国科学技术史》、中国曹宛如和郑锡煌《试论道教的五岳真形图》、卢嘉锡主编《中国科学技术史·地学卷》、姜生《东岳真形图的地图学研究》①以及姜生、汤伟侠主编《中国道教科学技术史·汉魏两晋卷》。最新研究请参见《中国道教科学技术史·南北朝隋唐五代卷》。

(十二)《金石簿九五数诀》

炼丹术中所用矿物药相当丰富，最多达百余种，这些矿物知识散见于多种外丹经中，《金石簿九五数诀》是现存为数不多的集中讨论矿物药的著作之一。陈国符《道藏源流续考》认为该书为初唐人所撰，孟乃昌则认为作于10世纪前叶，后一种意见可能比较符合实际。

书中所列矿物共45种：朱砂、雄黄、玉、石硫黄、礜石、赤石脂、白石脂、白石英、云母、石钟乳、磁石、石脑、阳起石、金精、黄矾、白矾、绛矾、鸡屎矾、碙矾、空青、曾青、石桂英、理石、朴硝、芒硝、石胆、硝石、天明砂、黄花石、不灰木、戎盐、太阴玄精、卤碱、滑石、寒水石、胡同律、石榴丹、禹余粮、硇砂、雌黄、金芽、代赭、石盐、紫石英，石中黄子。作者依次介绍其产地、性质，并对不同产地矿物之品质进行比较，具有很高的科学史料价值。尤其可贵的是，书中介绍了大量域外矿物药，以来自波斯者为多，包括乌长国、林邑、安南及西域等地。域外矿物药是研究中西炼丹术交流情况的一条重要线索，详情可参见韩吉绍《道教炼丹术与中外文化交流》一书。

另外，记载矿物药较多的外丹经主要有：《黄帝九鼎神丹经诀》，编撰于唐高宗显庆年间；②《大洞炼真宝经九还金丹妙诀》，作者陈少微，撰于唐睿宗垂拱二年（686）至玄宗开元末年（741）；③《丹方鉴源》，作者独孤滔，撰于南唐④等。以上外丹经可与《金石簿九五数诀》作综合

---

① 《历史研究》2008年第6期。
② 据韩吉绍《黄帝九鼎神丹经诀校释》，中华书局，2015年。
③ 参见陈国符《道藏源流续考》，台湾明文书局，1983年。
④ 参见何丙郁《道藏丹方鉴源》，香港大学亚洲研究中心，1980年。

研究。

（十三）《长春真人西游记》

元太祖十四年（1219），成吉思汗派专使赴山东诏请全真道当时领袖、全真七子之一长春真人丘处机，请他告以忧民当世之务，或示以长生保身之术。1220年，丘处机以73岁高龄，率弟子18人远赴成吉思汗行宫（在今阿富汗东北巴达克山西南）会见成吉思汗，返回燕京时已是四载之后。他们的沿途经历及言语问答等内容，由丘处机的弟子李志常记录下来，即为《长春真人西游记》。该书分上、下两卷。上卷主要讲述丘处机一行的西游经历，下卷主要介绍丘处机讲道及东归住持天长观之事。书中对沿途的道路里程、山川形势、气候、语言、民风习俗、珍禽异木以及教内人事言语等均有详明记载，既是研究全真道的第一手珍贵资料，又有极高的历史地理学价值。

此书作成后长期被埋没，直至清乾隆年间，著名学者钱大昕在苏州玄妙观读《道藏》时发现此书并将其抄出，此后才受到关注。清末大学者王国维为该书作注时给予甚高评价：

> 全真之为道，本兼儒释，自重阳以下，丹阳、长春并善诗颂，志常尤文采斐然。其为是记，文约事尽，求之外典，惟释家《慈恩传》可与抗衡。三洞之中，未尝有是作也。（《长春真人西游记校注》）

现国外有英、法、俄等译本。

学界认为该书堪与晋代法显《佛国记》、唐代玄奘《大唐西域记》以及元代意大利人马可波罗的《马可波罗游记》相媲美，在世界中世纪的地理游记中占有重要地位。道光年间著名学者徐松、程同文等曾对书中地理、名物等加以考证。民国时有丁谦《〈长春真人西游记〉地理考证》、王国维《〈长春真人西游记〉校注》、王汝棠《〈长春真人西游记〉地理笺释》等问世。新中国成立后研究成果益多，尤其是著名科学家竺可桢《中国近五千年来气候变迁的初步研究》一文，曾利用其中关于新疆赛里木湖当时终年积雪的材料，论证中国气候的变迁；台湾张廷撰有《蒙古帝国与科学——初探〈长春真人西游记〉中的科学与技术》一文可供参考。

(十四)《上清明鉴要经》《洞玄灵宝道士明镜法》

中国古代部分铜镜表面进行过镀锡处理，但在宋代之前缺乏相关记载，致使人们对此项技术的详细情况不得而知。这两部道经记载了两种磨镜药方，其中一种填补了早期铜镜镀锡技术缺乏记载的空白，为相关研究提供了重要依据。

《要经》编成于南北朝时期，主要记载驱邪避害、疗病养生之法，包括作明镜法经、真人道士摩镜经、老子百华散辟兵度世方、仙人神酒方、神仙除百病枕药方、老子枕中符及药方六个部分，磨镜药方载于《真人道士摩镜经》一节。《明镜法》成书约在《要经》之后，但亦不出南北朝，有抄袭《要经》的痕迹，内容相当于《要经》中的作明镜法经、真人道士摩镜经两部分。

《要经》所记药方为：

> 方以锡四两，烧釜猛下火，令釜正赤，与火同色，乃内锡末，又胡粉三两合内其中。以生白杨刻作人，令长一尺，广二寸，厚一寸，其后柄长短在人耳，以此搅之，手无消息，尽此人七寸。又复内真丹四两，胡粉一两，复搅之，人余二寸。内摩镜锡四两，搅令相得。欲用时，末如胡豆，以唾和之，得膔脂为善，又以如米大者，于前齿上嘘之后，以唾傅拂其上，以自拂之，即明如日月。

经研究，这是一种熔点很低的锡铅合金，用于外镀镜面。[①]这条药方表明中国古代很早就发明了镀锡的铜镜表面处理技术。

《明镜法》所载药方为：

> 向得摩镜人云，药用锈锭，边有铁，锽（黄）赤者好。打铁人烧锈锭，打之即出。鳌铁亦有之，名赤渣，是取之于铁白中，热捣细筛，用帛子箩过，又用蛇黄，亦捣细筛，用生油和此二物即是药也。

这种药有别于《要经》，它是一种研磨剂。

这两种药方揭示了古代磨镜之谜，即中国古代很早就发明了镀锡的铜镜表面处理技术。当然同时亦有其他的处理方式，并非所有的铜镜都采用这种技术。

（十五）《神仙炼丹点铸三元宝照法》

《三元宝照法》最晚成书于唐昭宗天复二年（902），作者题为归耕子，真实姓名不可考。该书的最大价值在于记载了道教镜与鼎的铸造技术。道士修炼或炼丹需要使用铜镜，为此教内出现了专门的道教镜。《三元宝照法》让今人看到了道教镜的铸造流程及相关技术，为研究道教镜提供了非常宝贵的资料。另外道士炼丹要用到各种各样的鼎，在很多道经中可以看到此类鼎的样图，但是很少记载其具体铸造技术。

《三元宝照法》前半部分讲述三种宝照（照即镜）——天照、地照、人照的铸造，抛开宗教部分不谈，技术方面主要涉及镜的大小、铸造时

[①] 参考韩吉绍：《〈道藏〉中的两种磨镜药研究》，《自然科学史研究》2005年第2期；《〈上清明鉴要经〉磨镜药方模拟试验研究》，《广西民族大学学报（自然科学版）》2021年第2期。

间及镜背纹饰三方面。三种镜均为尺寸一致的特大镜,厚3寸,重72斤,面广36寸。① 中国古代特大镜极为罕见,其铸造过程对技术要求相当高,此道教镜尺寸如此之大,足以说明道教的铸镜技术已达到炉火纯青的地步。另外因宗教原因,道教镜的铸造必须遵守一些特定的规范,如地照铸造时要求在太阴望中,人照铸造时则在丙午日太阳中时等。太阴望中与丙午日一年四季之中会交替出现,因此不同季节因温度不同对铸镜合金会有一定影响,其中主要是铅的含量应该根据情况调节。书中虽然没有明确说明这一点,但要铸镜成功必须掌握此技术。至于镜背的纹饰,三种镜子各不相同:天照"背上内象紫微星君所居,外列二十八宿",地照"背上铸山川、五岳、四渎、八卦、九州、十六神",人照"背上铸璇玑之星、六十甲子神名、天子帝号、本命神君、左龙右虎、国号星辰、分野所属郡邑"。若参照唐代前期出世的《上清含象剑鉴图》(上清派大道士司马承祯著)及《上清长生宝鉴图》(佚名)两部经书所载镜图及技术资料,我们可以比较清楚完整地看出道教镜制造技术、操作过程以及在唐代一脉相承的发展脉络。

《三元宝照法》还描述了铸鼎过程中容易出现的技术缺陷:

> 一金不精,二铸不及时,三厚薄不匀,四模素不干,五悬胎铸,六砂孔,七唐膈,八夹横,九金皱,十高下、大小、厚薄不依尺寸。

这种对于铸造技术缺陷的详细描述在古代文献中极为罕见,为研究古代铸造技术和质量控制情况提供了非常宝贵的直接资料。其他有关技术还包括坛的建造、炉养丹法及火候法,此处从略。

---

① 其厚度过大,记载可能有误。

四、研究成果举要

（一）《道藏提要》《道藏通考》《道藏分类解题》

这是研究《道藏》中科技史料的三部代表性工具书。

任继愈主编、钟肇鹏副主编《道藏提要》，由中国社会科学出版社于1991年出版，是国内道藏提要的代表性著作。施舟人（Kristofer Schipper）与傅飞岚（Franciscus Verellen）主编《道藏通考》，英文名 The Taoist Canon: A Historical Companion to the Daozang, Chicago: The University of Chicago Press, 2004，是西方道藏提要的代表性著作。这两部书浓缩了国内外学术界关于《道藏》全部文献的研究认识。

《道藏分类解题》，朱越利著，由华夏出版社于1996年出版。这部工具书按照现代学科分类，将《道藏》中的经书重新编排并对内容作扼要介绍。如读者要查阅《道藏》中的科技类道经，通过检索该书中的地理、化学、天文学、医药卫生及工业技术类内容，便可以快速地了解相关经书及内容梗概，使道教科技史料相关典籍的搜寻更为便捷。

（二）《中国化学史稿》（古代之部）

张子高编著，由科学出版社于1964年出版。这是新中国成立初期非常重要的一部化学史著作。炼丹术部分主要有两节内容，比较系统地论述了炼丹术产生及其发展过程，并比较了中西炼丹术的不同，指出中国炼丹术独立产生并影响了西方炼丹术。另外书中其他地方还讲到炼丹术的成就。

(三)《道藏源流续考》《中国外丹黄白法考》《陈国符道藏研究论文集》

《道藏源流续考》，陈国符著，由台北明文书局于1983年出版。陈国符教授是《道藏》研究的开创者，1963年由中华书局出版的《道藏源流考》①至今仍是《道藏》研究方面的经典著作，这本书附录中即有《中国外丹黄白术考论略稿》一文。20世纪70年代初期，陈国符开始深入研究外丹黄白术，其主要成果汇编成《道藏源流续考》一书。全书包括"中国外丹黄白法词谊考录""中国外丹黄白法经诀出世朝代考"《石药尔雅》补与注""中国外丹黄白术所用草木药录"以及"《太清经》考略稿"等几个部分。其中第一部分经修订后由上海古籍出版社于1997年出版，定名为《中国外丹黄白法考》，其余部分被收进同一出版社于2004年出版的《陈国符道藏研究论文集》一书。《道藏源流续考》在对外丹经出世朝代的考证、炼丹术语的研究等方面作出了巨大贡献，至今仍是炼丹术研究最基本的参考书。

(四)《中国古代化学史研究》

赵匡华主编，由北京大学出版社于1985年出版。这部论文集选编了1977年至1984年我国学者发表的54篇论文。其中炼丹术部分包括王奎克、赵匡华、孟乃昌、郭正谊、陈国符、何丙郁等炼丹术研究名家撰写的10余篇重要论文，就单质砷的制备、砷白铜的历史、抽砂炼汞、胆水炼铜、狐刚子的贡献、部分重要外丹经的出世年代等问题展开讨论。这几篇论文大多涉及模拟实验，这是20世纪80年代以来炼丹术研究方法出现的重要变化。对炼丹术进行模拟实验类文章大多刊登在《自然科学史研究》上，如果读者有需要，可检阅该杂志。

---

① 修订版，初版于1949年由中华书局出版。

（五）Science and Civilisation in China（中文名《中国科学技术史》）

英国李约瑟（Joseph Needham，1900—1995）著，这部7卷30多分册的英文巨著，从1954年开始由英国剑桥大学出版社陆续出版。其中第五卷第二分册讨论炼丹术的起源及中国的长生不老思想等，由李约瑟与鲁桂珍执笔，1974年出版；第三分册研究炼丹术（外丹）的发展与早期化学史，从古代的丹砂一直讲到合成胰岛素，由李约瑟、何丙郁与鲁桂珍执笔，1976年出版；第四分册比较研究中西化学仪器的发展、中国炼丹术的理论基础及其在阿拉伯、拜占庭及欧洲的传播，以及对文艺复兴时期帕拉塞斯（Paracelsus）药化学学派的影响，由李约瑟、何丙郁、鲁桂珍与美国宾夕法尼亚大学的席文（Nathan Sivin）执笔，1980年出版；第五分册研究生理炼丹术（内丹）、原始生物化学及中世纪性激素的制备，由李约瑟与鲁桂珍执笔，1984年出版。这几个分册是李约瑟及其合作者们比较集中讨论道教中科技史料的部分，其他分册中亦有相关内容。这几分册的中文版的翻译出版目前正由科学出版社进行中。另外中国台湾地区陈立夫主译的中文版《中国之科学与文明》第十四、十五册炼丹术和化学部分，[1] 分别为李约瑟原书的第五卷第二、三册，可供参考。

（六）《道教与科学》

金正耀著，由中国社会科学出版社于1991年出版。这是第一部直接以"道教与科学"命名的研究著作，基于作者的博士论文而成。该书的问世开拓了道教研究的学术空间，对中国科学史研究亦提出新的问题。

---

[1] 由台北商务印书馆于1982年、1985年出版。

(七)《道教与中国炼丹术》

孟乃昌著,由北京燕山出版社于1993年出版。在这部著作中,作者对炼丹术的历史、重要的外丹经、炼丹术的理论以及炼丹术的主要成就等均有所论,其中作者用力最深的是评介了30种重要的外丹经,包括经书内容及其科学成就,有重要参考价值。

(八)《道家文化与科学》

祝亚平著,由中国科学技术大学出版社于1995年出版。这部书较为系统地整理了《道藏》中的科学技术史料。书中的"道家"概念包括通常所说的道家与道教。书中前半部分介绍了道教科学思想的发展历史及其特征;后半部分从天文物理、炼丹化学、数学物理与气象、技术与发明、生命科学等几大领域,介绍道家对中国古代科学技术的贡献,并在书后进行了归纳总结。

(九)《中国科学技术史·化学卷》

赵匡华、周嘉华著,由科学出版社于1998年出版。由于炼丹术对化学史研究的重要意义,该书专辟两章内容讨论炼丹术,由赵匡华撰写。赵匡华先生为20世纪后期炼丹术研究领域最重要的学者之一,他与陈国符同为化学教授,但与陈国符的乾嘉遗风不同,赵匡华非常重视运用现代科技手段,对外丹经中的记载进行模拟实验,从而与孟乃昌等人将炼丹术研究推向一个新高峰。这部书的炼丹术部分是他在总结前代学者之研究基础上,积其数十年研究成果的综合产物,是20世纪后期中国炼丹术研究的代表作。该书第一部分讲述中国炼丹术的发展历史;第二部分为重点,内容包括炼丹理论、各类药物及玄奥物质考辨、炼丹设备种类及建造方法、炼丹术中的医药化学、合金化学、炼丹术与火药的发明等,是了解炼丹术对中国古代科学技术所作贡献的重要著作。

(十)多卷本《中国道教科学技术史》

作为国家社科基金重点项目成果,该书是第一部系统阐述道教学术思想中的科学理论和科学技术成就的大型著作,由中国科学院席泽宗院士任名誉主编,姜生、汤伟侠主编,数十位海内外知名学者共同编撰。"汉魏两晋卷"与"南北朝隋唐五代卷"已由科学出版社分别于2000年和2010年出版,"宋元明清卷"正在编撰中。

这部书有两大特点。第一,系统考查道家道教与中国古代科学技术的关系问题,改变了以往多偏重于炼丹术的状况。首卷从科学思想、炼丹术与化学、医学、养生学、天学与地学、物理学与技术等学科领域进行研究。所用原始资料已大大超越了《道藏》所录经典范围,《道藏》以外与道家道教有关的史料文献、出土文物等均被纳入研究范围。

第二,该书突破传统中国科学技术史研究的范式,尝试对"科学"概念重新厘定,提出"科学是人类经过千百年的探索与实践而形成的用于有效延长和增强自身能力的知识系统,它使人类面对自然界这个生存环境时,具有符合其价值取向的攫能效率"。这种新诠释将"科学"从西方文化背景下的理念中解放出来,开拓了科学的合理边界,拓展了道教与科学技术史的研究空间。

作为一部科技史著作,该书的另一特点是在某些章节的尾部设置附录,展示多种横向资料(如对某些问题的相关研究、不同观点的研究结果,尤其是模拟实验研究),使读者获得更多更广的学术参考信息,不仅可以在某些问题上进一步拓展,也使读者的眼光不致于为本书作者表达的一种观点所限制,给读者留下思考和判断的空间。

(十一)《知识断裂与技术转移——炼丹术对古代科技的影响》

韩吉绍著，由山东文艺出版社于2009年出版。该书以新提出的"知识断裂"理论为指导，系统考察了道教炼丹术对中国古代科技发展作出的重要贡献，其重点不在探究炼丹术内部到底取得了哪些科技成就，而是聚焦炼丹科技对道教之外的世俗社会产生了哪些重要影响。

建议阅读书目：

〔美〕约翰生著，黄素封译：《中国炼丹术考》，上海商务印书馆，1937年（Obed Simon Johnson, *A Study of Chinese Alchemy*, 上海商务印书馆，1928年）。

冯家昇：《火药的发明与西传》，上海人民出版社，1954年第1版，1978年第2版。

王　琎：《中国古代金属化学及金丹术》，科学技术出版社，1957年。

袁翰青：《中国古代化学史论文集》，北京三联书店，1965年。

Nathan Sivin, *Chinese Alchemy: Preliminary Studies*, Harvard University Press, 1968.（席文著：《伏炼试探》，哈佛大学出版社，1968年）

曹元宇编著：《中国化学史话》，江苏科学技术出版社，1979年。

张觉人：《中国炼丹术与丹药》，四川人民出版社，1981年；四川科学技术出版社，1985年。

杜石然等：《中国科学技术史稿》，科学出版社，1982年。

胡孚琛：《魏晋神仙道教》，人民出版社，1989年。

赵匡华：《中国炼丹术》，中华书局（香港）有限公司，1989年。

华同旭：《中国漏刻》，安徽科学技术出版社，1991年。

容志毅：《中国炼丹术考略》，上海三联书店，1998年。

金正耀：《道教与炼丹术论》，宗教文化出版社，2001年。

Jiang Sheng（姜　生）, Chinese Religions, Daoism and Science, in: *Encyclopedia of Science and Religion*, New York: Macmillan Reference USA, 2003.（《科学与宗教大百科全书·中国宗教、道教与科学》，纽约：美国麦克米兰出版公司，2003 年）

王家葵：《陶弘景丛考》，齐鲁书社，2003 年。

盖建民：《道教科学思想发凡》，社会科学文献出版社，2005 年。

Jiang Sheng（姜　生）, Daoist Contributions to Science in China, in: *Science, Religion, and Society: An Encyclopedia of History, Culture, and Controversy*, New York: M. E. Sharpe Inc., 2006.（《科学、宗教与社会大百科全书·道教对中国科学之贡献》，纽约：M. E. 夏普出版公司，2006 年）

容志毅：《道藏炼丹要辑研究：南北朝卷》，齐鲁书社，2006 年。

韩吉绍：《道教炼丹术与中外文化交流》，中华书局，2015 年。

韩吉绍：《黄帝九鼎神丹经诀校释》，中华书局，2015 年。

主要参考书目：

姜生、汤伟侠主编：《中国道教科学技术史·汉魏两晋卷》，科学出版社，2002 年。

姜生、汤伟侠主编：《中国道教科学技术史·南北朝隋唐五代卷》，科学出版社，2010 年。

赵匡华、周嘉华：《中国科学技术史·化学卷》，科学出版社，1998 年。

祝亚平：《道家文化与科学》，中国科学技术大学出版社，1995 年。

孟乃昌：《道教与中国炼丹术》，北京燕山出版社，1993 年。

任继愈主编：《道藏提要》（第三次修订本），中国社会科学出版社，2005 年。

朱越利：《道藏分类解题》，华夏出版社，1996 年。

韩吉绍：《知识断裂与技术转移——炼丹术对古代科技的影响》，山东文艺出版社，2009年。

作者简介

姜生，历史学"长江学者"特聘教授，现任四川大学文化科技协同创新研发中心主任，国家社会科学基金评审专家。主要从事历史学、宗教学、科学史和汉墓考古的交叉学科研究，在国际学界倡导基于宗教研究的历史理解认知方法。主持国家社科重大招标项目"宋元明清道教与科学技术研究"。出版《汉帝国的遗产：汉鬼考》及《中国道教科学技术史》等著作，发表《曹操与原始道教》等论文百篇。

韩吉绍，历史学博士，山东省泰山学者青年专家。现任山东大学人文社科研究院副院长、教授、博士生导师。主要研究中国古代科技史及思想文化史，著有《道教炼丹术与中外文化交流》《知识断裂与技术转移：炼丹术对古代科技的影响》《黄帝九鼎神丹经诀校释》等，翻译《太清：中国中古早期的道教和炼丹术》，发表论文五十余篇。

道藏图书学说略

刘康乐

一、道藏图书学概述

《道藏》中有着丰富的图书学知识，举凡《道藏》关于道教图书的分类、目录、解题、分章、音义等相关学问，都属于图书学的研究范畴。朱越利先生在《道藏分类解题》中首次提出了道藏图书学的概念，并认为"论考道经之分类法、源流、分章、要义、名称、文字等内容的道经属于图书学"，这是就明《道藏》而言的。在明《道藏》之前，历代道经的抄写、编撰、编目、刊刻、收藏等图书相关知识的积累和传播，也都属于道藏图书学的内容。

丁培仁先生在《道教文献学》中认为，研究道经的校勘、版本、目录、考证等内容的学科应属于"道教文献学"。当然道教文献学也属于图书学。中国传统的文献包括"图"和"书"，图就是符号、图像等文献形式，书就是文字、书法等文献形式，"河图洛书"实际上就是指上天降授的文献。古代文献多写在木板、竹板、绢帛等之上，故图书也称为简、牍、本、策、籍等。《道藏》中包含了符图类和文字类两大类的道教经典，"道藏图书学"以历代道教文献为研究对象，其包括了道教文献学，但又不仅限于道教文献学。

《道藏分类解题》是就明《道藏》所做的全新分类和解题，属于道藏图书学中的目录学研究，该书将明《道藏》中关于图书学的道经单独化为"图书学类目",并在此类下列出了《洞玄灵宝玄门大义》《上清大洞真经玉诀音义》等图书学类道经。此外,该书还设有"综合性图书"分类,下列的类书、词典、目录类道书,也属于图书学。因此,道教文献学和道藏图书学的研究范围基本上是一致的。以下就道藏图书的分类、目录、索引、提要等图书学相关内容做简要的概述。

(一)道经分类法

道经的分类是在道经积累了相当的数量并且需要分类管理的背景下产生的,各道派经书的汇集和整合需要一个符合道教经教体系的分类方法。道藏独特的分类法是道教在图书学上最为重要的贡献。《汉书·艺文志》采用刘歆的《七略》的分类法,将道教经书主要分为道家、房中家和神仙家三类。两晋时期"郑隐藏书"分经、图、记、符四大类,其他各派经目分别称为上清经、灵宝经、三皇经等。

1. 三洞分类法

南北朝时期,包容三派经典的道藏逐渐形成,三洞分类法由此开始。洞有通之意。洞真、洞玄和洞神,合称"三洞",收入三派经书,三派即上清、灵宝、三皇三派。洞真部收录上清派经,洞玄部收录灵宝派经,洞神部收录三皇派经。在上清派道士的主导下,将三派经典合为三洞经藏,其中以洞真部为最高,洞玄部次之,洞神部再次之,反映了江南地域色彩的道教经教体系的构建。

2. 七部分类法

南北朝初期建立的三洞分类法,远不足以统辖上清、灵宝、三皇等三派之外其他派别的经典,故很快又产生了新的分类,即太玄、太平、太清和正一四部，称为"四辅"，以补充三洞分类之不足。三洞与四辅合称七部，梁朝孟法师《玉纬七部经书目》，已经按照七部分类法编目。具体来说，太清部辅洞神部，主要为金丹类道经；太平部辅洞玄部，主要为《太平经》等；太玄部辅洞真部，主要为《道德经》及其注解、其他诸子哲学著作；正一部遍陈三乘，主要是正一道的经典。

三洞四辅分类法是南朝道教各派经教体系相互整合的结果，但在后来的道经编目中逐渐错乱，已不能反映三洞四辅的本意。北宋编修的《宝文统录》和《大宋天宫宝藏》重新按照三洞四辅分类法进行了编纂。《正统道藏》也按照三洞四辅七部分类法编纂，但许多收录的道经并未归入其应处的部类之中，其后增修的《万历续道藏》已不按此法编纂。

3. 十二部分类法

为了反映三洞经书的实际内容，三洞之下又各设"十二部"，又称十二类。十二类的具体名称是：第一本文类，第二神符类，第三玉诀类，第四灵图类，第五谱录类，第六戒律类，第七威仪类，第八方法类，第九众术类，第十记传类，第十一赞颂类，第十二表奏类。其中方法类和众术类常有混杂的情形。三洞各设十二类，有重复之嫌，但四辅下又不分类，检索起来又很不方便。随着后世道经日益增多，传授系统日趋混乱，明《道藏》中的十二类有许多错乱的情形，有失原义，已不能反映原有分类法的初衷。

4. 三十六部分类

三洞十二部合为三十六部，故道藏也称为"三十六部尊经"，南北朝所出的《三十六部尊经目》，就是按照三洞十二部共三十六部的分类法确立的目录。

除此之外，历史上还出现了其他的三十六部分类法，唐代的《玄门大论》提出了一种不同说法的三十六部分类。隋唐之际《无上内秘真藏经》卷四《众经目》和唐代所出的《太上灵宝洪福灭罪像名经》中的《信礼三十六部经》，列出了三十六部真经之名。宋代所出的《太上三十六部尊经》沿相抄袭，与南北朝三洞十二部的名称并不相同，具体分玉清境经十二部、上清境经十二部、太清经十二部，共三十六部经：即上清、妙真、太一、妙林、开化、仙人、黄林、上真、道教、上炼、上妙功德、道德；洞玄、元阳、元辰、大劫、上开、内音、炼生、灵秘、消魔、无量、按魔、上通；太清、彻视、集仙、洞渊、内秘、真一、集灵、中精、无量意、集宫、黄庭、小劫。以上所列的三十六部尊经，实际上是道士日诵的短经，很难说是一种新的分类法，故此不赘述。

5. 其他分类法的尝试

在三洞四辅十二部分类法形成后，也有一些学者在编道经书目时创造和采用其他的分类法。如梁阮孝绪《七录·仙道录》分为经戒、服饵、符图、房中四类，北周《玄都经目》分道经、传、记、符、图、论等六类，王延《珠囊经目》也分经、传、疏、论四类，《隋书·经籍志》子部后附"道经"分经戒、服饵、符箓、房中四类。

北宋张君房在编《云笈七签》时，已经看到了三洞四辅十二部分类法的缺陷，开始尝试对所收录的道经进行重新分类，依次分为道德部、混元混洞开辟劫运部、道教本始部、道教经法传授部、经教相承部、三洞经教部、天地部、日月星辰部、十洲三岛、洞天福地、二十八治、禀生受命、杂修摄、斋戒、说戒、七签杂法、存思、秘要诀法、杂要图诀法、杂秘要诀法、魂神、诸家气法、金丹诀、金丹、金丹部、内丹诀法、内丹、方药、符图、庚申部、尸解、诸真要略、仙籍旨诀、诸真语论、七部语要、七部名数要记、仙籍语论要记、仙籍理论要记、赞颂歌、歌诗、诗赞辞、赞诗词、纪、传、传录、列仙传、神仙传、洞仙传、神仙感遇传、续仙传、墉城集仙录、道教灵验记等，共五十二部。新的分类法试图将唐宋以来新出的道经纳入统一的体系之中。

南宋初郑樵编《通志·艺文略》，其中于诸子类道家著录道书，分类为老子、庄子、诸子、阴符经、黄庭、参同契、目录、传、记、论、书、经、科仪、符箓、吐纳、胎息、内视、道引、辟谷、内丹、外丹、金石药、服饵、房中、修养等，共二十五类。元代马端临《文献通考·经籍考》中把道经分清净、炼养、服食、符箓、经典科仪五类。明代焦竑《国史·经籍志》也本于此分类法。清代编修的《道藏辑要》，另辟蹊径，按照二十八宿排列经目，实际上并没有按内容分类。

近代学者戴遂良（Léon Wieger，旧译魏哲）、刘咸炘、陈撄宁、任继愈、钟肇鹏等，都提出或实施了新的分类方案。1911年，法国天主教传教士戴遂良用中法双语拟出了第一份《道藏》目录，将道经分为五十六类。刘咸炘在《道教征略》中分道书为经、符箓、科仪、戒律、论诀五类。陈撄宁在《道藏书目分类》[①]中将道藏经书分道家类、道通类、道功类、道术类、道济类、道余类、道史类、道集类、道教类、道经类、道诫类、道法类、道仪类、道总类十四类。任继愈主编的《道藏提要》[②]将明《道藏》分为总类、道经、戒律科仪、道论、修炼、符箓道法、记传、子书、诗文集九类，该书副主编钟肇鹏在《道藏目录新编刍议》中则将《道藏》分为总类、经论、史地、诸子、道术、杂著六类目。胡道静、陈耀庭主编的《藏外道书》[③]收录明《道藏》以后的道经，主要分为古佚道书类、经典类、教理教义类、摄养类、戒律善书类、仪范类、神仙传记类、宫观地志类、文艺类、目录类、其他类，共十一类。

朱越利先生在《道藏分类解题》[④]中，参照中国图书馆分类法，突破三洞四辅分类法，对明《道藏》经目重新分类，以方便现代人使用。解题重点放在考证作者和年代，附有每种经书在六种《道藏》版本的页码，编制了一些索引，以便读者检阅《道藏》。新分类法将明《道藏》

---

① 《道协会刊》第14期，1954年。
② 中国社会科学出版社，1991年。
③ 巴蜀书社，1992年。
④ 华夏出版社，1996年。

分为十五部，分别是哲学、法律、军事、文化、体育、语言文字、文学、艺术、地理、历史、化学、天文学、医药卫生、工业技术、综合性图书，部下分若干小类，共三十三小类，每一类下又分若干条目。

陈廖安主编的《中华续道藏》第一辑[①]20册，主要包含了仙真传记、宫观地志、经典教义类的著作。据此书凡例所记，该丛书的目标是系统收集整理历代道经，规划为五辑100册，分为仙真传记、宫观地志、经典教义、百家众派、丹道养生、科仪轨范、道法方术、教外道典、戒律善书、道教支系、道教文学、古佚道书、敦煌道书、域外道书、新辑道书、文物史料、论著选辑、目录索引等18个类目。

张继禹主编的《中华道藏》[②]48册索引1册，在继承三洞四辅分类法之外又有新的分类的补充，分为洞真上清经、洞玄灵宝经、洞神三皇经、三洞经教、太平部诸经、太玄部经诀、正一部经箓、道德真经、四子真经、道教易学、太清金丹经—外丹服食、太清金丹经—内丹经诀、诸子文集、全真文集、道教类书、科戒威仪、灵宝诸斋仪、灯仪法忏章表、神仙高道传和仙境宫观山志等类，该书最大的贡献是将许多原来编目错乱的道经重新归入其应属的部类之中。

丁培仁在《增注新修道藏目录》[③]尝试了一种新的分类法，将道经分为10大类48小类，10类目如下：教理教义类、戒律清规类、科范礼仪类、符箓道法类、术数图像类、修炼摄养类、仙境宫观类、神谱仙传类、文学艺术类、总类并附录子书及古佚道家书。2019年5月新出的《道教文献学》延续了这个分类法。

近来立项的《中华续道藏》将采用何种分类法，尚不得而知，但作为国家出版基金项目的《中华道经精要》编集工作即将完工，采用了12大类分类法，即三洞经教、道德真经、义理论著、教规戒律、斋醮科仪、符箓法术、仙道修炼、医药摄养、善书劝谕、谱录仙传、宫观山志和玄门诗文。

---

① 台北新文丰出版公司，1999年。
② 华夏出版社，2004年。
③ 巴蜀书社，2007年。

（二）历代道经目录

余嘉锡《目录学发微》总结古代目录之书有三类："一曰部类之后有小序，书名之下有解题者；二曰有小序而无解题者；三曰小序、解题并无，只著录书名者。"于道经目录来说，此三类目录皆有，而以第三类为多。历代道经目录主要有道士私编经目和官修道书目录两大类。具体来说，又可分四类：一是《道藏》全目及其他道教丛书目录，属于综合目录；二是道教各派别的经典目录、法次仪规定的授经目录、镇坛经目、未出道经虚目和宫观山志目录，属于专门目录，或称偏目；三是国家图书目录、史志目录以及私家藏书目录中记载的道经目录，称作"著录道经目录"；四是由道经、佛经、儒书中引用的道经目录汇集而成的目录，称为"引用道经目录"。

道经目录是道藏图书学的基础学问之一，历代以来围绕道经的汇集、分类和著录等形成了非常丰富的道经目录。目录统领群经，因而查阅目录能起到"辨章学术，考镜源流"的作用，故此历代文献学家和道教学者都非常重视道经的编目，以下择其要者概述之。

1. 汉魏六朝道经目录

道经的著录最早可以追溯到东汉时的国家藏书目录。《汉书·艺文志》是中国最早的目录学文献，是据刘歆的《七略》增删改撰而成的，其"诸子略"收录道家 36 家 939 篇，"方技略"收录房中 8 家 186 卷、神仙家 10 家 205 卷，这是所见最早关于道书的著录目录。东汉末年出现了第一部专门道经经目《太平经目录》，原题"太平部卷第二"，明《道藏》未收，现存敦煌遗书 S.4226 号抄本一件。

东晋葛洪（283—363）《抱朴子内篇》卷一九"遐览"篇，著录了其师郑隐的二百多种藏书。郑隐兼通儒道，对当世道书无所不藏；葛洪师事郑隐，亦得以饱览其师所藏之书并编目。"郑隐藏书"包括道经、记、符、图四类，总计 260 种 1299 卷，其中符 56 种 620 卷。

南北朝时期，上清、灵宝、正一等教派各自造作并尊奉各自的经典，道经的数目大量增加，各派为了确立经书传授体系，开展了丰富的道经编目活动。目前六朝派别道经目录大都失传了，《云笈七签》卷四《道教经法传授部》中，仅提到《上清源统经目》和《灵宝经目》之名并存陆修静的序文和经卷数，其他如《中品目》《魏传目》、鲍南海《序目》和《上清真迹题秩目》等目录，也只遗留下目录名称或序文，目录的内容都已亡佚。《正一经治化品目录》著录道经930卷、符图70卷，总数共计千卷，其中包含正一经100卷，属于正一派的经目。拟名为《通门论卷下》的敦煌遗书P2861、P2256中记载了宋文明的《灵宝经目》，属于灵宝派的专门目录。以上都是派别经目。

陆修静在南朝宋明帝支持下搜罗道经，并于泰始七年（471）按照三洞分类法编纂成《三洞经书目录》。《三洞经书目录》载有道家经书、药方、符图等，总1228卷，除去138卷尚在天宫的虚目，实际只有1090卷。此外六朝时期，道士在升授品阶时，同时会授予某些特定的经目，如《大有录图经目》《灵宝中盟经目》和《上清大洞真经目》等。

南朝梁孟法师按照"三洞四辅"的经教体系编订道书经目，撰《玉纬七部经书目》，又称《玉纬》或《孟法师录》。上清派法师陶弘景所撰有《经目》，对东晋以来的上清经进行系统的编目。此时的《太上众经目》和此后出现的《三十六部尊经目》，都体现了三洞十二部的分类法。近人陈国符在《道藏源流考》中据《抱朴子》《真诰》等书所载，列举了当时尚未问世的道经目录，即《道书虚目》，丁培仁在《道教文献学》中对"虚目问题"有专门的考证。

北周武帝广收道经，在长安召集道教学者编纂道经目录，天和四年（569）编成《玄都经目》，收经、传记、符、图、论等共计2040卷。武帝灭佛之后建立通道观，选任"田谷十老"王延等高道充任通道观学士，负责搜集整理道经，得约8030卷，并编有《珠囊经目》七卷，又名《三洞珠囊》，是南北朝道经总量最多的官修道藏经目。

2. 隋唐道经目录

《隋书·经籍志》著录道经377部1216卷，其中经戒301部908卷、服饵46部167卷、房中13部38卷、符箓17部103卷，比北周《珠囊经目》收录的经书少了很多。《隋书·经籍志》将道经、佛经列于四部之后，共分六部，但道经和佛经有类而无目，难以窥见当时道经的篇目，也难以知晓隋朝道经的总数。

唐代仿照佛藏"一切经"编修的道藏称"一切道经"。玄宗先天二年（713）前，长安太清观观主史崇玄领衔数位高道大德以及昭文馆、崇文馆学士编写了《一切道经音义》140卷、《一切道经目》及旧经目录共计113卷，称为《道经音义目录》，惜此经目已不存，《全唐文》仅存《御制一切道经音义序》和《妙门由起》等篇。

长安玄都观观主尹文操奉玄宗之命编纂《玉纬经目》，收录道经7300卷。开元间，玄宗又诏令发使搜访道经，汇成《开元道藏》，编目为《三洞琼纲》，另外还编有《玉纬别目》，总计编目道经超过了9000卷，为历代著录道经数量之最。此外《新唐书》"子部神仙类"还著录道士张仙庭所撰的《三洞琼纲》三卷，收录道经5700卷。

此时道经偏目主要有《类编长安志》所载的《唐太清宫道藏经目录碑》，属于某一宫观的藏经书目，而张万福著《传授三洞经戒法箓略说》所列经目与《洞玄灵宝三洞奉道科戒营始》类似，都是道士升授品阶时的"受经目录"，包括《戒目》《正一法目》《道德经目》《三皇法目》《灵宝法目》。杜光庭删订《太上黄箓斋仪》中的《三洞真经部帙品目》及《历代圣人神仙所受经》，也都属此类。

3. 北宋道经目录

北宋端拱年间（988—989），徐铉等人奉太宗命搜寻道经3737卷。宋真宗命宰相王钦若统领道经编纂事宜，按三洞四辅编成《宝文统录》

7卷进奉，收录道经4359卷。大中祥符六年（1013）冬，张君房编纂《大宋天宫宝藏》，收经4565卷，并在七部分类法之外又采取了以千字文为函目的函册排序方式。徽宗政和年间（1111—1118），诏天下搜访道教遗书，设立经局，敕令道士元妙宗、王道坚校订，送福州，由黄裳役工镂板，共540函5481卷，称《政和万寿道藏》。

此外宋代的主要道经目录还有《宋朝明道宫道藏目录》6卷、《洞玄部道经目录》1卷、《太真部道经目录》2卷、《洞神部道经目录》1卷、《道藏经目》7卷、《道门藏经目》1卷、《道经目录》1卷、《众经目录》1卷、邓自和撰《道藏书目》1卷等。偏目方面亦有刘若拙授、孙夷中编《三洞修道仪》中的授经目录，留用光授、蒋叔舆编《无上黄箓大斋立成仪》中的《斋坛安镇经目》等。

4. 金元道经目录

北宋编修的《政和道藏》经板至金代尚存，但已经残缺，孙明道分遣道士四处寻访，共得遗经1074卷，以补《万寿道藏》的残版，编成602帙，共6455卷，号为《大金玄都宝藏》。明编《道藏阙经目录》卷下著录的《宋万寿道藏三十六部经品目》和《金万寿道藏经目录》10卷，即其目录。

元代全真道士宋德方组织重刊7800余卷的《玄都宝藏》经板和大部分道经被焚，其经目亦不可知。元代刘大彬著《茅山志》卷九中有《上清大洞宝经篇目》《上清大洞宝箓篇目》以及《众真所著经论篇目》，另有《通志·艺文略·茅山道书目》，著录了大量上清派的道经，这部分属于宫观山志目录。

5. 明清道经目录

明《正统道藏》保存流传至今，按三洞四辅分类，共收道经1476

种5485卷,按千字文排序,共512函,但《万历续道藏》不再按照七部分类。所附的《道藏经目录》和《续道藏经目录》,是目前仅存的全藏目录。编纂者还对照元《玄都宝藏》目录编制了《道藏阙经目录》2卷,记载了元朝的亡佚道经795种。天启年间,道士白云霁撰有《道藏目录详注》,是对明《道藏》目录所作的提要。

1900年八国联军侵入北京,明《道藏》经板亦遭焚毁,北京白云观仅存较完整的一部明《道藏》,上海白云观、青岛崂山等宫观也有收藏,但已非全帙。1923年,上海涵芬楼影印了明《道藏》以供研究。此后,中国台湾地区、日本及中国大陆地区不断有影印明《道藏》出版,2004年华夏出版社出版了张继禹任主编的《中华道藏》,是基于明《道藏》的整理点校本,利用敦煌道经增加和校勘了不少道经,也补充了许多《道藏》失收的明以前道经。

清代未修过《道藏》,官方也不重视道经的编目。清修《四库全书总目》站在儒家立场轻视道经,在子部道家类批判说:"其恍惚诞妄,为儒者所不道,其书亦不足录。"故此清代著录的道经很少。嘉庆十年(1805),蒋予蒲及其觉源坛同门弟子开始编纂《道藏辑要》,最迟于嘉庆二十一年(1816)或以前完成编纂并刻板刊行。蒋予蒲在嘉庆二十四年(1819)逝世前,《道藏辑要》曾数次增刻刊行。光绪三十二年(1905),阎永和、彭翰然、贺龙骧等人编纂《重刊道藏辑要》,又增添道经。此后,《重刊道藏辑要》又不断出现新的刊本。这一过程造成《道藏辑要》版本较多,各版所收道经数量不尽相同。半个世纪以来,一些出版社又先后出版了影印本、重印本。黎志添教授综合诸版本后断定:《道藏辑要》(包括《重刊道藏辑要》)收道经307种。其中,明《道藏》内道经203种,藏外道经104种。

(三)《道藏》索引和提要

近代以来,在多学科学者们的共同推进下,道藏图书学的研究日益受到重视，道经分类、索引、提要、编目等方面的成果不断涌现，其中以索引和提要的成果最为丰富，这部分内容也属于道藏图书学的范围。

1.《道藏》索引

上海涵芬楼影印《道藏》之后，道藏学日益成为一门国际性的学问，为了方便对《道藏》的检索和利用，道经的索引和提要的编订也成为道教学术的重要工作。哈佛燕京学社于1935年刊行翁独健（1906—1986）编《道藏子目引得》[①]，全书分为四部分：分类引得、经名引得、撰人引得和史传引得。该书附有《道藏阙经目录》和《道藏辑要》的经目。此书纠正了此前中、西文《道藏》工具书存在的缺点和错误，在很长时间内成为学者阅读《道藏》的必备工具书。

1976年，法国学者施舟人发起成立欧洲汉学协会，开展对《道藏》的经文、作者、宗派、年代等的研究，并编制目录索引。施舟人所编《道藏通检》的一大特点是采用"逐字索引法"，将道经书目的每一个字单独编入。这种做法的好处是，当一部道经有多个异名或者检索者只知道经名中的某些字时，仍然可以查到这部经典的全名及其在《道藏》中的位置，十分便利。1981年法国远东学院还出版了施舟人所编的《〈云笈七签〉索引》（K. Schipper：*Index du Yunji Qiqian*. Paris：Ecole française d'Extrême-Orient，1981—1982），这是就《道藏》中的类书进行的索引，类似的成果还有中嶋隆藏在1980年出版的《〈道教义枢〉索引稿》。

龙彼得的《宋代收藏道书考——考证和引得》[②]，对宋代的道经进行深入的考证，索引部分题中文为"宋代馆阁及家藏道书综录"。该书索引部分用中文编写，根据笔画多少排列经名，注明每种经名被《新唐书》《宋史》等13种史志著录的情况。

---

① 上海古籍出版社，1986年9月重印。
② 伦敦依大卡出版社，1984年。

大渊忍尔、石井昌子编《六朝唐宋の古文献所引道教典籍目录·索引》[1]，将《抱朴子内篇》、敦煌道经、《云笈七签》等道教文献，以及《弘明集》等佛教文献和类书《艺文类聚》《太平御览》等在内的45种文献所引道教典籍目录摘出，编订索引。1999年，《改订增补六朝唐宋の古文献所引道教典籍目录·索引》出版，对1988年版进行了改订和增补。

胡道静等主编的《藏外道书》[2]36册，附有目录和索引1册，便于检索利用。1996年上海书店出版施舟人编、陈耀庭改编的《道藏索引：五种版本道藏通检》，该书是在施舟人主编的《道藏通检》的基础上改编而来，其中包括《道藏子目索引》和《五种版本道藏经书子目联合目录》，能够查询每种经书的卷数、编著者以及该经书在五种版本《道藏》中的千字文编号或册数，便于使用。附录还收录了《五种版本道藏经书子目联合目录》与哈佛燕京学社《道藏子目引得》编号对照表和明《道藏》收录的《道藏阙经目录》。

2.《道藏》提要

1991年中国社会科学出版社出版了任继愈和钟肇鹏主持编纂的《道藏提要》。《道藏提要》仿照《四库全书总目提要》的形式，吸收前人研究成果，对明《道藏》所收的1473种经书的撰人、时代及内容进行了简明扼要的介绍，并针对不少经典撰人不详的情况尽量通过考证给出大致时代断限。书后附有编纂人简介、正续道藏经目录、新编道藏分类目录、编纂人索引以及道藏书名索引。此书先后修订三版，是一部极具学术价值且完整实用的工具书。

1996年华夏出版社出版朱越利主编的《道藏分类解题》，该书不仅

---

[1] 国书刊行社，1988年。
[2] 巴蜀书社，1992年。

对《道藏》进行了新的分类尝试，而且对每种道经的内容都做了简短的解题，并附有该经在六种《道藏》（1988年三家本、1977年新文丰本、1977年艺文印书馆本、1986年日本株式会社本、明版《道藏》本、民国涵芬楼影印本）中的册数和页码或千字文字号，非常便于了解每种道经的内容和检索利用。

2003年上海古籍出版社出版了张文江主编、潘雨廷著《道藏书目提要》，书后附录有《〈道藏编目〉自序》《道书提要补遗》和《〈正统道藏〉与〈万历续道藏〉》三篇文章。2004年，美国芝加哥大学出版社出版了由施舟人和傅飞岚主编的三卷本《道藏通考》，该书对《道藏》收录的所有经典的年代、作者、内容等进行考订并撰写了提要，前两卷对《道藏》经典采取了全新的分类，先按时代分为东周至六朝、隋唐五代、宋元明三段，在每一时段下再设广泛流传之典籍和内部流传之道典两大部分，最后分别根据其所属的不同学科性质、道典等级、派别进行更为细致的分类设置。加上第三卷的传记、目录与索引等丰富资料，共同构成了一部学术性和工具性兼具的著作。此书的汉译工作已经被国家社科基金立项，由四川大学道教与宗教文化研究所张崇富教授领衔翻译。

3. 道藏图书学研究

除了对《道藏》进行索引和提要外，近代学者于道经的研究和考证亦有不少成果，对综合利用《道藏》有着重要的价值。刘师培《读〈道藏〉记》、曲继皋《道藏考略》、汤用彤《读〈道藏〉札记》等，都是20世纪上半期中国学者涉足《道藏》领域的初步成果。1949年，陈国符《道藏源流考》由中华书局出版，该书从三洞四辅经典的渊源与传授到历代道经目录、道藏编修的考证，材料的丰富和分析的严密都堪称经典，为道藏图书学研究的基础性成果。1963年该书增订版出版，2014年出版的"新修订本"增订了许多新内容。

20世纪90年代以来，道藏研究的成果取得许多新的成就。1991

年，辽宁教育出版社出版了朱越利著《道经总论》，该书系统地考察了道经的产生、道藏编纂的历史、道经分类、道经目录、敦煌道经、藏外道经举例及道经评价，是当代道藏研究的重要成果。1992年北京燕山出版社又出版了朱先生的《道教要籍概论》，对重要的道经文献进行了介绍和分析。1996年，华夏出版社出版了朱越利著《道经分类解题》，此书不仅对道经提出了一种科学的新分类法，而且对明《道藏》的每种经书都做了简要介绍和六种《道藏》版本的检索。

2008年巴蜀书社出版了丁培仁《增注新修道藏目录》，考证历代存佚道经6000多种。2019年四川大学出版社出版了丁培仁的《道教文献学》，系统研究了道书的分类法、道藏的编纂刊刻、道经目录及校勘，并对70多种主要道经做了解题。

20世纪以来，随着敦煌遗书的发现，当代学者也尝试对敦煌所藏的道书进行编目。1978年，日本学者大渊忍尔根据英藏敦煌文献胶片和法藏敦煌道经照片以及北京图书馆的敦煌道经照片，撰写了包括496件文献的《敦煌道经目录》，这是学术界首次对敦煌道经的系统编目。2004年中国社会科学出版社出版了王卡的《敦煌道教文献研究：综述·目录·索引》，此书收录的敦煌道经多达800多件，并对残片进行细密的拼合，所做的编目也比大渊忍尔更为合理，便于检索，是敦煌道教文献研究的最新成果。

二、图书学类道经说略

按《道藏分类解题》的分类，明《道藏》中关于图书学类的道经有9种，分别是：《洞玄灵宝玄门大义》《洞玄灵宝左玄论》《太上洞玄灵宝大纲钞》《无量度人上品妙经旁通图》《上清大洞真经玉诀音义》《庄子内篇订正》《周易参同契释疑》《上清七圣玄记经》《诸天灵书度命妙经义疏》，都是与道经分类法、源流、分章、要义、名称、文字等有关的道经。丛书1种，即《修真十书》；类书7种，包括《无上秘要》《道教义枢》《上清道类事相》《三洞珠囊》《云笈七签》《太平御览》《上清道宝经》；词典3种，即《道门经法相承次序》《道典论》《道书援神契》；目录3种，即《道藏经目录》《道藏阙经目录》和《续道藏经目录》。

《中华道藏》收录的道教类书，增加了《道枢》《道要灵祇神鬼品经》《天皇至道太清玉册》、敦煌道经《大道通玄要》《敦煌失题道教类书》5种，共计12种类书，也应当归入图书类道经。以下就图书类道经分目摘要略作介绍。

（一）分类、解题和音义类道经

1.《洞玄灵宝玄门大义》

又名《玄门大论》或《道门大论》，撰人不详，约出于隋唐之际，《道藏阙经目录》著录，原本20卷，现仅残存1卷，收入《道藏》太平部，主要解释道经的十二部分类法。《洞玄灵宝玄门大义》是《道教义枢》的原型，本属类书，但残卷仅论述道经分类，故归入"图书学"。

唐孟安排撮录《玄门大义》撰成《道教义枢》10卷，《玄门大义》现存残卷相当于《道教义枢》卷二《十二部义》第七，《云笈七签》卷七所引《道门大论》、卷四九所引《玄门大论》皆见于《道教义枢》。开篇"正义第一""释名第二""出体第三""明同异第四""明次第第五"，依次简要介绍道藏十二部之名称、异同以及道士修学道藏十二部之次第；"详释第六"，即对十二部的名称和内容分别进行详细的解释。

"明教第一"讨论道藏经分三乘，大乘三十六部、中乘二十四部、小乘十二部，大乘可兼小乘，但小乘不可兼学大乘，仍然是讨论修学的次第。"明行第二"提出了关于三乘十二部的其他说法。举《太玄都老子自然斋仪》为例，言三乘道经又可分天经、地经和人经，其每乘有十二条即十二部，即"一曰无为，二曰有为，三曰无为而有为，四曰有为而无为，五曰续爱，六曰断爱，七曰不断不续，八曰分段，九曰无分段，十曰知微，十一曰知章，十二曰通用"。三乘交会相通，总曰三十六部。又举《正一经》之说，十二部"一者心迹俱无为；二者心无为，迹有为；三者心有为，迹无为；四者舍家处人间；五者携家入川泽；六者出世，与人隔绝；七者与世和光同尘；八者断欲斯断；九者不断；十者游空中；十一者在地下；十二者住天上。三乘皆有十二，故成三十六"。这个三十六部与通行的三十六部完全不同。

2.《洞玄灵宝左玄论》

撰人不详，约出于隋唐之际，系某失题道经之注疏，收入《道藏》太平部。据《三洞珠囊》卷七的引文，原书至少应有十三品，今本仅残存第四、第五品，分作四卷，述观法及道经分类法。卷三主要讨论道经的三洞十二部分类法，但十二部的名称与通行说法稍有差异，即：慧本、玉字、神符、妙诀、戒律、灵图、谱录、方法、赞诵、咒术、记传、章表。除了"玉字"和"咒术"之外，此经的十二部的名称可与通行十二部名称一一对应，虽然名称稍有差异，如把"本文"称为"慧本"、"玉诀"称为"妙诀"；相应的，通行十二部的威仪类和众术类，在本经的分类中也没有提及，只有"咒术"稍可与"众术"对应，但不完全相同。这也从一个方面反映了十二部名称起码在隋唐时期还有不同的说法。

3.《上清大洞真经玉诀音义》

北宋道士陈景元撰，实为茅山宗坛本《大洞真经》的校勘记以及一些字词的注音释义，收于《道藏》洞真部玉诀类。在注音方面，此书采用了直音（"云璈，音遨"）、反切（"玉翰，胡岸切"）、说明声调（"转藏，去声"）的方法，注音之外并有释义，且多处引用《说文》、史崇玄《一切道经音义》。《上清大洞真经玉诀音义》所保留下来的部分内容对版本、音韵的研究都有一定价值。另外，一些道教神灵的异名、生僻字，经文中的道教专有名词等，《音义》都通过校勘、注音、引证其他材料的方式作出了解释。

4.《周易参同契释疑》

此书是元代俞琰考校《参同契》诸本之文字的作品，收入《道藏》太玄部。全书结构主体分为上、中、下三篇释疑，后附《鼎器歌》释疑、《序》释疑和《赞序》释疑，依次摘录列出《参同契》诸版本互异之字、词及词句颠倒不当之处，并时有分析及评判正误之语。如"否塞不通，萌者不生，阴伸阳诎，毁伤姓名"一句，《释疑》释曰："阴伸阳屈，毁伤姓名，谓七月属申，律应夷则也。伸即申也，伤即夷也。旧本'毁伤'作'没阳'，一本作'没扬'，皆非是。"可以看出，俞琰的校勘工作是建立在他熟读各版本《参同契》，对其文字义理均有独到见解的基础上的。《释疑》可能是俞琰撰《周易参同契发挥》时雠校的随录，他在《周易参同契发挥》自序中陈述著述大旨："凡论天地阴阳则参以先儒之语，述药火造化则证以诸仙之言，反复辩论，务欲发明魏公本旨。"

（二）丛书和类书

1.《修真十书》

该书共60卷，编者不详，是两宋钟吕金丹派南宗内丹著作合集，收入《道藏》洞真部。"十书"包含了单著与杂著，共收篇目达数十种，其中多数不见于他处，具有重要的资料价值。

第一书，《杂著指玄篇》8卷，辑有十二种著述，主要为南宗宗师丹诀著作，间杂有讲述忠孝修身、戒律、养生法等作品。

第二书，南宋萧廷芝《金丹大成集》5卷。萧乃张伯端六传弟子，此书主要讲述张伯端一系内丹理论及修行之要，亦收入《道藏辑要》。

第三书，施肩吾传《钟吕传道集》3卷。此书乃钟离权授予吕洞宾丹法的问答记录，认为修习内丹才是成仙正道，并阐述了仙之品级、丹法原理、修炼方法及阶次等内容，是钟吕金丹派教义最系统的作品。

第四书，《杂著捷径》9卷，辑众家养生著作。包括陈楠《翠虚篇》一卷，烟萝子撰《体壳歌》等数篇，不署撰人之《养生篇》及六言绝句八十一首，林屋逸人述《西岳窦先生修真指南》及崔希范《天元入药镜》，曾慥《劝道歌》，曾慥《临江仙》及何鉏翁《满庭芳》等词十二首，不署撰人之《太上传西王母握固法》《三茅真君诀》等导养术著作数篇，以及同样未有署名的《天地交神论》《逐日戒忌之辰》等。

第五书，张伯端《悟真篇》5卷。此处所收《悟真篇》有叶士表、袁公辅、无名子等注解，不同于洞真部玉诀类《悟真篇》诸注解。

第六书、第七书、第八书分别为白玉蟾《玉隆集》6卷、《上清集》8卷以及《武夷集》8卷，收有白玉蟾所作大量诗、赋、记、传、赞、铭以及醮词、章、咒等，具有较高的历史价值和文学价值。

第九书，王志谨《盘山语录》1卷，是其弟子记录王志谨于盘山讲道论玄之作，具有融会道、禅的色彩。

第十书，包括胡愔《黄庭内景五藏六府图》1卷、梁丘子《黄庭内景玉经注》3卷及《黄庭外景玉经注》3卷，讲述导引、养生诸法以作为内丹修行的基础。

2.《无上秘要》

《无上秘要》是目前已知最早的道教类书，被学者称为"六世纪的道教大全"。原书100卷288品，分49科，摘引了130种以上道经原文，多数是东晋以后上清派、灵宝派的经典。唐时此书已有残缺，《道藏》太平部收有残本68卷135品，敦煌卷子中也有10多件写本及《无上秘要目录》。该书综合各派经典，较为全面地阐释了道教宇宙观、神仙信仰、经籍图文、修行术法及次第等内容，体现了南北朝道教理论发展的成果。

2016年9月中华书局《道教典籍选刊》系列出版了周作明校注的《无上秘要（全三册）》，以《正统道藏》68卷为底本，参考敦煌残卷、《太平御览》《云笈七签》等文献资料中保存的佚文，尽可能恢复原书面貌，是目前最为完整可靠的辑佚整理本。

3.《道教义枢》

原题清溪道士孟安排集，成书于唐高宗时，10卷（原缺第六卷），收入《道藏》太平部。《道教义枢》是另一道教类书《玄门大义》的枢要，将《玄门大义》勒成10卷37章品，分别是：道德义、法身义、三宝义、位业义、三洞义、七部义、十二部义、两半义、道意义、十善义、因果义、五荫义、六情义、三业义、十恶义、三一义、二观义、三乘义、六通义、四达义、六度义、四等义、三界义、五道义、混元义、理教义、境智义、自然义、道性义、福田义、净土义、三世义、五浊义、动寂义、感应义、有无义、假实义。《道藏》文本仅存9卷32章品（第六卷全部及第五卷"三乘义"缺），初步总结了道教的教理教义。1980年中嶋隆藏曾出版《〈道教义枢〉索引稿》，上海文化出版社2001年出版王宗昱著《〈道教义枢〉研究》，是关于此书较全面的研究成果。

4.《上清道类事相》

题大唐陆海羽客王悬河修，共4卷，收入《道藏》太平部。内容包括仙观品、楼阁品、仙房品、宝台品、琼室品、宅宇灵庙品共六品，引典籍170余种，释宫观庙宇台室的历史、仙迹、妙用、藏经、灵验等，可作为类书。书中引用资料多为唐前早期道经，且部分现已失传。

第一仙观品：仙观亦名道场、玄坛、精舍、靖治等，编者辑录《本相经》《三洞科》《法轮经》《上清变化经》等四十余种道书中关于仙观由来、名称、规制及其有关神灵事迹的文字，每言有据，可供研究道教史迹及神仙传说等参考。

第二楼阁品：与仙观品类似，记载了大量神仙所居楼阁及其中所藏真文宝经等情况，征引了《洞神经》《大洞玉经》《素灵玄洞经》等十余种道书以详其事。篇末亦引《道学传》，记陶隐居、荆州长史柳悦启、宋明帝等人修造楼阁台馆事迹。

第三仙房品：记述琅轩朱房、通真房、太霄云房等，皆为仙真所居、藏经之处，与第五品相似。

第四宝台品：引《赤书玉诀经》《本行经》《玉光八景经》等，所记宝台为神灵仙真居住、集会、说法、校订经典之处所。

第五琼室品：琼室即静密之石室，为神仙隐士居止、神书秘藏之所。

第六宅宇灵庙品：记载了多种宫室异名，如茆屋、万溜屋、环堵等。

5.《三洞珠囊》

唐王悬河编，10卷，收入《道藏》太平部。《宋志》《通志·艺文略》等皆著录为30卷，今本为残卷，引道经210余种，分品述道教故事、斋醮、服食、名数、方术、仙界等，多存佚书，可作为类书对待。全书按照类别共分35品，分别为：救导品、贫俭品、韬光品、敕追召道士品、投山水龙简品、服食品、绝粒品、神丹仙药名品、丹灶香炉品、坐忘精思品、长斋品、斋会品、舍失戒品、清戒品、立功禁忌品、受持八戒斋品、二十四治品、二十四气品、二十四地狱品、三部八景二十四神品、二十四职品、地发二十四应品、二十四真图品、二十五性色者、二十七中法门名数品、二十八中法门各数品、三十二中法门名数品、相好品、诸天年号日月品、分化国土品、劫数品、老子为帝师品、老子化西胡品、时节品、叩齿咽液品等。

6.《云笈七签》

北宋真宗天禧间张君房摘录《大宋天宫宝藏》的精要编成的大型道教类书，被誉为"小道藏"，收入《道藏》太玄部。全书分52个部类，是在三洞四辅体系之外新创立的分类法，收录宋版道书千余种。宋本《云笈七签》120卷，明《道藏》本析为122卷，基本保持宋本旧貌，另有明张萱刊印的清真馆本，卷数、序号与《道藏》本相同。

与其他类书多节录不同的是，《云笈七签》收录了许多道经的全文，保存了许多失传的文献，尤其是宋代以前的珍贵文献，故此受到历代学者的重视。法国远东学院1981年—1982年出版施舟人编《〈云笈七签〉索引》，便于检索利用。2003年中华书局出版了李永晟点校的《云笈七签》，以明《正统道藏》为底本，据以他书加以校正补阙，是目前《云笈七签》整理本中比较好的版本。

7.《太平御览》

《太平御览》为北宋太平兴国年间李昉奉敕所编的大型类书，原名《太平总类》，共1000卷，为北宋四大部书之一。明《道藏》收录《太平御览》"道部"的部分内容即第674卷至676卷共三卷为一书，归入《道藏》正一部。本书卷上为理所，述道教洞天福地及仙真；卷中为冠服，述道教衣冠和道具，分载道士所服的冠、帻、帔、褐、褵、袍、裘、衣、佩、绶、板、笏、裙、铃、杖、节、履、舄、帷、帐、席等名称及形制；卷下为简章，述道教所用的书、简、章、玺、符、箓、券、契之名。该书纂集宏富，所引用五代以前的文献、古籍，今天大部分已失传，故《太平御览》对现存先秦、汉、唐经史典籍，多能刊正其脱漏错讹，具有很高的史料价值；明《道藏》本与影宋本内容基本相同，个别文字稍有差异，可相互校勘使用。

8.《道枢》

宋曾慥编著，42卷，《直斋书录解题》著录为20卷，收入《道藏》太玄部，此外还有明天一阁本和清《道藏辑要》本。《四库存目丛书》中的《至游子》（明嘉靖四十五年姚汝循刻本）二十五篇与《道枢》前七卷内容相同。本书征引文献多达上百部，保存了许多已经佚失的珍贵丹道养生文献，在文献学的意义上价值很大。全书主要收录道教的丹道功法，撮其精要，删繁就简，并按照自己的理解加以缩编，基本不改变原书的主旨，仅侧重在内丹修炼方面的内容节选。2018年巴蜀书社出版的张阳《〈道枢〉研究》，对《道枢》做了比较全面系统的研究。

（三）词典

1.《道门经法相承次序》

该书不署撰人，述道家由起、经典、仙界、神仙、教义、方术、位阶、三身、斋戒、科仪等，多述名词概念，凡140余条，可作为道教小词典，该书体现了唐初佛道融会的特色，收入《道藏》太平部。

卷上先述道教及道经肇起，通释"三清""三天""三洞""四辅""六度行""生五苦""死五苦"等名词。卷上末段开始为唐天皇与潘尊师的对话，潘师正引用道经对道家阶梯证果、天尊名号居处、三十六天名号等问题一一回答，阐释道教经法名义。

卷下主要为道教名词的解释百余条，如"一乘""二仪""三天""三阶""三丹田""三乘""三官""三尸""四等""五老""五浊""六情""七部经"等。卷下后半部尤重唐高宗时重玄派著作《海空智藏经》，多引经中关于发心入道、修行证果、次第阶梯等内容，释"十心""三阶""十转""十种障"等，不少内容取自佛经。

2.《道书援神契》

2卷，撰者不详，约成书于元代，序文撰于元成宗大德九年（1305），收入《道藏》正一部。本书解释道教相关名词32条，附录2条，共34条，相当于一本道教日用小词典。具体解释的名词有：宫观、醮坛、钟磬、香灯、神祇、饼果附酒、帐幕、法服、冠裳、圭简、位牌、符简、步虚、章表、跪拜、法尺、法剑、方彩、禁祝、符文、铺灯、附体、手炉、帝钟、气诀、令牌、幡幢、云璈、祷疾、晴雨附禳灾、休粮、道士。

（四）目录

1.《道藏经目录》

又称《大明道藏经目录》，4卷，为《正统道藏》全藏目录，撰于《正统道藏》编后，前有《道教宗源》和"凡例"。《道教宗源》开篇叙述道教肇始缘起，与《道门经法相承次序》基本一致，以道教神话解释三洞四辅十二部分类。"凡例"分述"三洞"层次并解释十二部名称和四辅与三洞之关系。正文共收书目1415种4517卷，采用千字文编号，起自"天"字，终至"英"字，按先三洞后四辅的顺序排列。每种书书名后标有卷数、撰人、是否附有符或图等信息。

2.《续道藏经目录》

又称《大明续道藏经目录》，1卷，为万历三十五年第五十代天师张国祥奉命续修《道藏》的目录。《续道藏》仍按千字文序号，接自"杜"字，终于"缨"字，先列神仙所授经文，后列各人注释、论集等，共著录道经书目52部180卷。

3.《道藏阙经目录》

明《道藏》刊刻时校元《道藏》所阙道经的目录，分上、下二卷，共列出阙经786部，其中个别经目实际未阙，因编修时疏漏而录。书末附有刻石于元世祖至元十二年（1275）的《道藏尊经历代纲目》，先叙三洞四辅分类，后记自陆修静以来历代藏经目录及所收卷数，自言以备后世寻经目者查考云。

建议阅读书目：

  陈国符：《道藏源流考》，中华书局，1963年第一版，2014年增订再版。

  朱越利：《道经总论》，辽宁教育出版社，1991年。

  朱越利：《道藏分类解题》，华夏出版社，1996年。

  丁培仁：《道教文献学》，四川大学出版社，2019年。

主要参考书目：

  〔日〕中嶋隆藏：《〈道教义枢〉索引稿》，自费出版，1980年。

  任继愈主编：《道藏提要》，中国社会科学出版社，1991年。

  〔澳〕柳存仁：《民国以来之道教史研究》，载《和风堂新文集》下册，新文丰出版公司，1997年。

  〔日〕大渊忍尔等人编辑：《六朝唐宋古文献所引道教典籍目录索引》，国书刊行会，1998年增补本。

  王宗昱：《〈道教义枢〉研究》，上海文化出版社，2001年。

  黄永锋：《〈道枢〉研究》，福建师范大学，2002年硕士学位论文。

〔日〕中嶋隆藏：《云笈七签の基础的研究》，研文出版社，2004年。

王　卡：《敦煌道教文献研究——综述・目录・索引》，中国社会科学出版社，2005年。

丁培仁：《增注新修道藏目录》，巴蜀书社，2007年。

李永晟点校：《云笈七签》，中华书局，2013年。

周作明点校：《无上秘要》，中华书局，2016年。

张　阳：《〈道枢〉研究》，巴蜀书社，2018年。

J. Lagerwey（劳格文）：*Wu-shang pi-yao：Somme taoïste du Vie siècle*. Paris：Ecole française d'Extrême-Orient，1981（《论〈无上秘要〉》，法国远东学院，1981年）。

K. Schipper（施舟人）：*Index du Yunji Qiqian*. Paris：Ecole française d'Extrême-Orient，1981（《〈云笈七签〉索引》，法国远东学院，1981年）。

P. Van der Loon（龙彼得）：*Taoist Books in the Libraries of the Sung period*，London：Ithaca Press，1984（《宋代收藏道书考》）.

K. Schipper（施舟人）& F. Verellen（傅飞岚）：*The Taoist Canon：A Historical Companion to the Daozang*，The University of Chicago Press，2004（《道藏通考》，芝加哥大学出版社，2004年）。

作者简介

刘康乐，1979年生，安徽泗县人，哲学博士，历史学博士后，长安大学哲学与社会发展研究所副教授，主要从事道教研究，已出版专著《中古道官制度研究》《绵阳佛教史》《明代道官制度与社会生活》，主编《西安道教百年》等。

道教类书说略

王宗昱

类书是集中了各种知识的大型工具书。类书这个名字是《新唐书》开始使用的，但是类书这种图书类型在魏文帝曹丕时代就有了。那就是《皇览》这部书。中国历史上有几部很有名气的类书，如《太平御览》《永乐大典》。最后一部大型类书要数《古今图书集成》。张涤华的《类书流别》里列举了历代的类书几百种，可见类书在中国图书历史上有着重要地位。《道藏》中的几部类书也一直受到历代学者的重视。道教的类书也有很多，不过在数量上仅仅占古代类书的一小部分，性质上也稍有区别。在历史上，类书的百科知识的性质实际上起到了教化的作用，是当时官方认可的知识系统。不同时代的类书反映了不同时代的知识体系。进入20世纪，新文化运动抨击了旧时代知识系统的封建性和腐朽性，也宣判了类书的死刑。20世纪80年代中国新型百科全书的编纂是新文化运动知识革命的成果，标志着中国在全球化时代新知识体系的形成。我们现在对类书的认识也当然和古人不再一样。类书对于大部分人不再有传播知识的教化作用，而只是少数专家问津的古文物，是考察古事物的助手。多数人认为类书兼有百科全书和资料汇编的性质，但是目前大部分学者看重的是类书的资料汇编性质，因此他们才把类书的作用定义为校勘古籍和史料普查。

对于道教的类书我们千万不要理解得这么狭窄。就目前的道教研究而言，学者们对于道教还很不了解。道教作为一个宗教，它的类书反映了以道教信仰为宗旨的知识体系。因此，道教类书的第一个作用就是使我们通过它了解道教。在大部分学者眼中，道教类书的重要性只是校勘道教经典。这种看法是受到了道教以外那些类书的影响。现代学术界道教研究的历史还不到一百年，而中国的道教研究在陈国符先生写作《道藏源流考》的时代是发展缓慢的，直到最近20年才有了长足的进步。这20年的道教研究主要是根据哲学、历史学和文献学的立场去构建对道教的认识。这个认识是很有主观性的，大大脱离了道教的本相，而道教的类书有助于我们了解道教的本来面目。不同时代的道教类书反映了当时道教的发展状态和那个时期道教的特点。

朱越利在《道藏分类解题》一书里确定的道教类书不多，只有《无上秘要》《道教义枢》《上清道类事相》《三洞珠囊》《云笈七签》《太平御览》和《上清道宝经》。朱先生的划分是在新的学术背景下做出的，而且更看重典籍的内容，例如他把《道典论》划入词典类。《道藏》里面有些历史上的类书由于残缺就更难以被确定为类书。例如《洞玄灵宝玄门大义》，它本来是《道教义枢》的成书原型，当然是类书。因为目前见到的只是论述道经分类的一个章节，于是朱越利不再把它看作类书，而划入"图书"类。这样的划分当然有道理，不过我们在研究道教类书历史的时候却不能忘记《玄门大义》。由于篇幅的关系，我在这里不能谈论很多，只是对几部著名的道教类书作一个简单的介绍。

一、《无上秘要》的教义体系

《无上秘要》是北周时期形成的道书。关于它的背景材料留下来的非常少。人们多引用《续高僧传》的材料说它是周武帝平齐（577年）以后"自窜缵道书"的成果。这说明《无上秘要》是朝廷下令编纂的，不是民间行为。在此之前，北方的楼观派道教已经逐渐接受了南方以三洞经典为主体的教义系统，实现了南北方道教的融合。王延受到北周皇帝的礼遇，在皇家敕建的道观里校理三洞经书。这是《无上秘要》成书的重要背景。它成书时有100卷，但是很早就残缺了。《旧唐书》著录为72卷。《郡斋读书录》著录为95卷。保存在《正统道藏》里的本子只有68卷，不过还保留着100卷的结构。敦煌道经里有11件抄本《无上秘要》，其中两个卷子的内容分别是《道藏》本已经丢失的卷一〇和卷六三。另一件是卷二九，和《道藏》本文字颇有出入，很可以作为了解道书传承历史的参考。

《无上秘要》是历史上第一部道教类书。很多人只是看重它在保存道教经典方面的价值，实际上它也是对此前道教发展的一种总结，并不能仅仅看成是道经的罗列。《无上秘要》对道教教义涉及之广泛在后世只有《云笈七签》可以相比。并且，与《三洞珠囊》《道门经法相承次序》等道书相比，它更贴近道教的实际活动，而不偏重于义理一面。今人鄙视它不够有理论深度或许是出于研究者的独嗜哲学或佛学的洞穴假象。《无上秘要》所反映的道教传统教义的义理表述是我们一直研究不够或未予以正确理解的。《无上秘要》保留下来的内容大约只有原书的三分之二。由保存在敦煌的公元718年《无上秘要目录》抄本看，失散的文字约有90余品，现存只有135品；因而就事类比例而言，失散的部分更多。《无上秘要目录》抄本的特点是在若干品目之后总结这些品目的宗旨，也就无形中作了一个结构性的分章。它叫作科，共有49科。抄本开篇就说："合一百卷，二百八十八品，义类品例卌九科"。现在，我把这49科的总结性文字转录如下：

> 至道无形，混成为体。妙洞高深，弥罗大小。既统空有之穷名，复包动静之极目。故表明宗本，建品言之。
> 混成之内，眇莽幽冥。变无化有，皆从气立。故次第二。
> 气之所分，生天成地。形象既敷，众类斯植。故次第三。
> 众类推迁，循环不息。匪存年候，莫知其际。故次第四。
> 劫运交驰，部域弘广。承天统物，归于帝王。故次第五。

惟王建国，光宅天下。布德为政，在于慎兵。故次第六。

人之禀生，各有崖限。违分广求，则乖理伤性。故次第七。

善由心召，恶自身招。善则天地弗违，恶则人神同逆。故次第八。

心行会理，而所图皆易。志趣亏忠，则为事俱难。故次第九。

好尚不淳，触涂兴滞。事既无极，患则随及。故次第十。

气度交勃，山海互爎。运会所期，除凶留吉。故次第十一。

神道无方，妙穷隐显。冥司功过，轻重俱存。故次十二。

过慢所显，虽贵必罚。功行有彰，贱不遗赏。故次十三。

赏罚所加，天人攸重。须尽详议，定兹简录。故次十四。

死生异适，徒并十三。得善则形全，失道则神散。故次十五。

罪恶难为，殁而不已。虽复骸朽一棺，仍须魂受三掠。故次十六。

求道之类，悟理思真。受罪之徒，厌苦希圣。而善救无道，应从机显。混心于物，设教随时。故次十七。

众圣化时，称号非一。位行既殊，本迹亦异。故次十八。

灵官殊品，车服异容。歌乐参差，宫治各别。故次十九。

神君出书，起于三清。方丈落空，光于五色。玄文焕炳，则四座获欢。注笔正音，则十方蒙庆。玄瑞于此表祥，嘉应因兹而显福。故次廿。

天文劫召，降自神图。符赞宝章，三洞兼有。故次廿一。

宝经隐秘，降说异时。灵书玄妙，应见殊劫。一宝数名，须详其本。故次廿二。

经道有大小，德被有浅深。深大之法，逢劫终而恒在。浅小之术，遭改度而随无。故次廿三。

金书玉札，生于飞玄之上。龙字凤文，出于空洞之中。非有玄录，不得遇受。故次廿四。

玄文隐妙，非圣莫传。传必待人，须立期限。故次廿五。

道贵隐智，法尚密修。一泄宝文，则三官书考。故次廿六。

经法化世，随分传通。有信质心，依盟开授。故次廿七。

既遇师受法，将有呼召。投简陈敬，以通灵司。故次廿八。

所求道重，师德须尊。执勤无倦，方宜请业。故次廿九。

入室对经，宜殊世服。贵存洁净，无假雕华。故次卅。

开读合仪，通灵致福。演诵违度，失道延灾。故次卅一。

诚以止恶，斋以虚心。恶止则善来，心虚则道集。故次卅二。

紫金银字，上圣宝持。白玉赤书，玄古隐秘。卫以毒兽，侍以灵人。非会当传，莫由启笈。故次卅三。

玄官有录，则气候彰形。功行无名，施则更成伤败。故次卅四。

业尚殊端，善恶异趣。报应相归，妙同影响。故次卅五。

报应既彰，知过由己。修德补愆，则转祸成福。故次卅六。

心存趣道，则外累可排。所忌不干，则内诚自固。故次卅七。

柔先为行，则心事俱通。岩栖离挠，则形神咸畅。故次卅八。

藻形涤秽，安心诣静。燎脾光以照圣，焚芳芷以通神。然后鸣鼓延灵，击钟遣恶。咒祈异陈，恭修靡懈。想五帝之易观，思九精之可蹑。唯务肃肃无愆，必使冥冥有感。故次卅九。

　　意操浮竞，灵爽外驰。心度安恬，精景内守。善事拘留，则神宅充固。如其拙为保养，则身藏衰虚。故次卅。

　　蠲疴以康体，去尸以定意。体康则修事无疲，意定则所行不或。故次卅一。

　　所宝惟身，其福不远。成全有归，在于舍德。故次卅二。

　　君亲尊重，本自生成。臣子为行，在于忠孝。忠则无灵不感，孝则无神不通。感通顺道，功迹外立。忠孝履常，全德内布。功德既敷，名刊灵简。非直福延先祖，盖亦庆逮后孙。故次卅三。

　　德立行修，所念非忘。志愿有凭，灵鉴无爽。故次卅四。

　　省谷辟饥，休粮纳气。取玄牙之外精，存胎息之内美。还童返白，变之非难。流照傍通，行之则易。故次卅五。

　　功行密进，则灵药可希。为道不休，则神丹有冀。故次卅六。

　　秉心难拔，毁誉恒定。立志易回，干犯则移。求真之类，试可乃辩。经验无愆，随格恭谒。故次卅七。

　　事业异成，升任别所。俱从心迹，致此灵阶。故次卅八。

　　行穷上道，位极高真。易景通灵，陶形变质。混同物我，则天地等遗。莫识其由，则视听无寄。乃自然之妙旨，冥寂之玄宗。造化神途，于兹验矣。终此卅有九。

　　循着《无上秘要目录》保留下来的品目结构，参考现存部分的内容，我们也许能够重构《无上秘要》总结的道教教义体系。这份目录所列出的品名与现存《无上秘要》文本稍有出入，其原因尚需考察。值得注意的是《目录》分述了49科的顺序。这些文字不见于今本《无上秘要》的目录中，或许是敦煌本整理者对《无上秘要》结构的一种解释，反映了他对《无上秘要》道教教义体系的理解。这49科虽然没有各科名目，但是它对条分缕析的288品内容作了进一步的概括和归纳，使我们目前看到的平行陈列的诸品次有了种类的划分或归属。某些科中只有一品，如"劫运品"；而第48科则有37品之多。通过这49科的划分，我们可以看清《无上秘要》是如何循序渐进地对道教的教义作逻辑的展开。自首品"大道品"开始，《无上秘要》叙述了"至道无形"，意在"标明宗本"。继而有"一气变化品"，讲述气化流行而成品汇。这是"变无化有，皆从气立"。第3科讲述"气之所分，生天成地"。自第7科"循物丧真品"（今卷七，现名"修真养生品"）开始讲述的是："人之禀生，各有崖限。违分广求，则乖理伤性。"接着便是讲述人的善恶罪福，于是顺理成章地出现了道教的开显。此后即讲述道教经教体系的各个部分。第48科的37品均是讲："事业异成，升任别所。俱从心迹，致此灵阶。"最终的境界便是复归大道。这份《无上秘要目录》是唐开元六年（718）的抄本。这49科的文字也许并非《无上秘要》成书时代所有，但是它仍然有助于我们理解《无上秘要》对道教教义的总结。《无上秘要》的确有它的缺点，如某些经典的选择并不典型，也失于完备，取舍可能并不十分恰当，但是它紧紧扣住道教的实践和修行的次序。其浩繁的品目正说明编者试图囊括道教的全部精义。它选取的经典主要是早期的道教经典，且少有佛学成分。这不但反映了早期道经在道徒修习中的重要作用，而且说明作者在努力反映道经的传统教义。认真研究《无上秘要》会使我们对六朝道教的理解不会因为某一时期学术界的兴奋点而造成以偏概全的误解。

二、融合佛道的《道教义枢》

《道教义枢》现存于《正统道藏》太平部，原题"青溪道士孟安排集"。这部道书受到学术界的注意始于陈国符先生的《道藏源流考》一书。陈国符先生很看重《道教义枢》中关于经典的材料。受到陈先生的影响，许多日本学者先后对此书作了研究，不但把它看成研究道教经典编纂史的重要材料，更把它看作道教教义发展史上的一部重要著作。日本学者的讨论又影响到近年来中国学者的道教史研究。

关于《道教义枢》的作者，陈国符先生根据杜光庭《道德真经广圣义》序言中的记载推定孟安排为南朝道士孟景翼，并且明确指出武则天时代的青溪道士孟安排不是《道教义枢》的作者。现在，中外学者都已经不再同意陈先生的说法，因为仅仅从《道教义枢》引用了隋唐道教经典《海空经》和《本际经》这一事实就可以排除孟安排是梁朝道士。

以吉冈义丰为代表的几位日本学者对《道教义枢》的作者及成书年代作了推定。他们分别把《道教义枢》的成书时间断定为7世纪中期（吉冈义丰、福永光司）、公元700年前后（大渊忍尔、麦谷邦夫）、8世纪前期（镰田茂雄）。其中，吉冈义丰确定的年代最早，认为《道教义枢》成书于656年至665年之间，作者便是生活在这个时期的孟安排。为了排除孟安排为梁代道士的可能，吉冈义丰做了详细的考证，比较了众多的材料。他把成书年代确定在656年至665年之间是因为《道教义枢》的序言引用了《隋书·经籍志》的文字，而此书是公元656年由长孙无忌等人写成进献给皇帝的。

大渊忍尔在1969年发表于《东方学》的《道藏之成立》一文中考察了有关武则天的一则碑记《荆州大崇福观记碑》。它记载孟安排奏请武则天下诏修葺崇福观。大渊忍尔考察了青溪的地理形势和当地道风。根据《水经注》，青溪为水名，汇入沮水。以其出于"青山"，故名青溪水。《太平寰宇记》说，青溪出于青溪山，在远安县南65里。是则青溪为山名，青溪水以山得名。盛弘之《荆州记》说，此地多有道士筑庐隐居。大渊忍尔根据这些材料推测《荆州大崇福观记碑》中提到的孟安排很可能就是《道教义枢》的作者，其时代在公元700年前后。

汤一介先生也认为《道教义枢》序言引用了《隋书·经籍志》，因而孟安排不是梁代人。卢国龙在《中国重玄学》一书中对青溪山地区自晋代至唐代的道教发展概况作了考察，也断定《大崇福观记碑》中提到的孟安排就是《道教义枢》的作者。

虽然现在中日学者都不再同意陈国符先生的结论，但是后人对孟安排的了解均有赖于陈先生发现的《大崇福观记碑》。大渊忍尔特别提到这一点。日本学者推翻陈国符先生的论断之后，关于孟安排的考察一直没有进展。

《道教义枢》的编成与《玄门大义》有着密切的关系。《道教义枢》的序言中说：

> 惟《玄门大义》盛论斯致。但以其文浩博，学者罕能精研，遂使修证迷位业之阶差，谈讲昧理教之深浅。今依准此论，芟夷繁冗，广引众经，以事类之，名曰《道教义枢》。显至道之教方，标《大义》之枢要。勒成十卷，凡三十七条。

"依准此论"明确指出了该书是以《玄门大义》为蓝本的，而《道教义枢》的作者所作的只是"芟夷繁冗"，并没有在义旨方面有所修正。别为一书的原因乃是由于《玄门大义》卷帙浩繁，不方便使用。

《玄门大义》原书已经佚失。现存于《正统道藏》太平部的《洞玄灵宝玄门大义》只是原书讨论"十二部"的文字，当属逸文。据大渊忍尔等人编辑的《六朝唐宋古文献所引道教典籍目录索引》，可知《玄门大义》还有若干逸文保存在唐代道士王悬河编纂的《三洞珠囊》和宋代类书《云笈七签》中，并且可以知道这部书还有《玄门大论》《玄门论》和《道门大论》等异名。据龙彼得先生的《宋代收藏道书考》，它还有《长生正义玄门大论》的题目。这些异名或为原书本有，或为后人另取，笔者尚难考定。《云笈七签》卷六引录的《道门大论》"三洞义并序"中援引了《本际经》的文字。学界大多认为它出于隋代。这部书在问世后不久就被新编成的《三洞珠囊》援用，可见它流传很快并且受到了道教界的重视。《云笈七签》援引它而没有使用《道教义枢》，可以看出《玄门大义》在相当长的时间里是一部重要的道书，并且《云笈七签》的作者张君房可能认为《道教义枢》不能取代《玄门大义》。从《道教义枢》避赵匡胤的讳可以推断它在宋代是被编入道藏的。《玄门大义》和《道教义枢》同时存在，而张君房不取《道教义枢》可能有不同方面的原因：或者因为《玄门大义》这部书流传甚广，或者张君房认为《玄门大义》中的论述比《道教义枢》能够提供更多的信息，或者《道教义枢》流传并不广，不甚为人看重。《玄门大义》有不同的异名说明它广为道门内传抄。

《道教义枢》序言中说"勒成十卷，凡三十七条"。现存《道教义枢》的文本仍然保留着10卷的原貌和37章品目的结构。这37章的目录如下：道德义、法身义、三宝义、位业义、三洞义、七部义、十二部义、两半义、道意义、十善义、因果义、五荫义、六情义、三业义、十恶义、三一义、二观义、三乘义、六通义、四达义、六度义、四等义、三界义、五道义、混元义、理教义、境智义、自然义、道性义、福田义、净土义、三世义、五浊义、动寂义、感应义、有无义、假实义。现存文本已经残缺，丢失了三乘义、六通义、四达义、六度义、四等义五个章节。

由于失散的五章均是佛学内容，所以我们仍然能够根据这个框架考察《道教义枢》乃至《玄门大义》的教义体系。鉴于它不像现存《无上秘要目录》那样为该书内容作了49科的划分和说明，因此我们必须对各章内容加以考察以求探明其间的逻辑关系。《道教义枢》的分章之间并非都有着逻辑关系。这一情况大约是缩编造成的。它破坏了《玄门大义》的原貌，至少使原有各章的内容不完整，又可能略去了一些章节，使我们无法看清其教义各要素之间的关系。

如果我们将其重新组合以求探究其对道教教义的总结，那首先应以道教的传统教义为主，共有19章，即道德义、法身义、三宝义、位业义、三洞义、七部义、十二部义、两半义、道意义、十善义、十恶义、三一义、混元义、理教义、自然义、道性义、动寂义、感应义、有无义。这之中有的虽以佛学术语名章，但所述为道教内容，如理教义。此外，还有某些在佛教名相之下叙述了部分道教教义，如五浊义。我们可以把这19章的内容再分成几组。第一组只有一章，就是道德义。它是全书的统帅与核心。第二组有混元义、五浊义（部分内容）、法身义。这一组讲述大道气化流行生成宇宙、历史的劫运变化和大道化身开劫度人。第三组有三宝义、理教义、三洞义、七部义、十二部义，讲述道教的经教体系，而以道经师三宝为这一组的统帅。第四组有道性义、两半义、道意义，讲述成道的根据、人的后天性质及道徒发愿修行的教义。第五组有三一义、十善义、十恶义、位业义，讲述道徒的修行和阶次。第六组有自然义、有无义、动寂义，介绍道教教义的论辩。自然义与第一、二组有关，不过视其在《道教义枢》中的文字暂入第六组。

我们已经明显看出，在《道教义枢》的37章中，属于道教传统教义的内容仅仅占了一半稍强，而佛学内容占了相当大的比重。即使在传统教义的讨论中也渗入了许多佛学成分，如道性义与两半义。

通过以上的比较，我们已经可以知道《道教义枢》所展示的道教教义是不完整、不充实的。我们可以通过它来研究唐代某些思想家总结道教教义的尝试，但是我们不应该夸大它在这方面的成绩。它的不完整在于它缺少许多道教教义体系的重要内容与环节。它的不充实在于它用道教经典的叙述代替了道教经戒体系乃至修道方法的丰富内容，显得单薄而且抽象。站在我们今天的立场上看，它的佛学内容似乎对它的教义体系作了补充，但这是远远不够的，因为这些佛学内容主要是说明人因为后天情欲背离实体的堕落过程。这些不是道教本来的观念。在当时，成玄英等人也用道教的语言阐述了这个过程，虽然非常简略。成玄英指出了人背离道体的过程和回复大道的方式。《道教义枢》中的这部分佛学内容只是对于此前道教中佛教成分的一个整理总结。这部分内容占了相当的分量，很可能仍是压缩《玄门大义》而成。

《道教义枢》被人重视，首先是被陈国符先生用它来研究道教经典史。中国学者近来重视它的教义方面的意义大约是在麦谷邦夫的论文之后，把它看成唐初道教教义的集成之作。前文已经指出这部书里有很多的佛教因素，并且和《无上秘要》相比就可以看出它对道教教义的总结是很不全面的。随着道教研究的深入，它的这种意义将会减退。《道教义枢》的确是唐代一部较有特色的道书。它的重要性也由于目前学术界对当时道教教义的发展没有一个很好的总结，于是它就更具有参考价值。我认为它的意义一方面是帮助我们了解道教经典系统，另一方面是帮助我们了解当时一部分道士对于佛教的看重。但是，千万不要夸大佛教在道教教义体系当中的比重。

三、小道藏《云笈七签》

《云笈七签》是宋人张君房编定的一部道藏辑要。据《四库全书提要》介绍，张君房是岳州安陆（在今湖北省）人，景德（1004—1007）中进士。他曾经任尚书度支员外郎，充集贤校理。祥符（1008—1016）中，自御史台谪官宁海。适真宗崇尚道教，尽以秘阁道书付杭州，俾戚纶、陈尧佐校正。据张君房自序里说，1012年戚纶等人奏请准许张君房参与整理道藏。1013年冬天，朝廷任命张君房为著作佐郎。张君房自序称：

> 臣于时尽得所降到道书并续取到苏州旧道藏经本千余卷，越州、台州旧道藏经本亦各千余卷，及朝廷续降到福建等州道书，明使摩尼经等，与诸道士依三洞纲条，四部录略，品详科格，商较异同，以铨次之，仅能成藏。都卢四千五百六十五卷。起千字文天字为函目，终于宫字号，得四百六十六字。且题曰大宋天宫宝藏。距天禧三年春，写录成七藏以进之。

由这篇自述可知张君房参与了道藏的编纂。《云笈七签》就是从这部所谓的《天宫宝藏》里抽取的精华概要。天禧三年是 1019 年。据英国汉学家龙彼得《宋代收藏道书考》说,《云笈七签》的序言是在 1028 年或 1029 年写成的。这部书当然没有被收入所谓的《天宫宝藏》。我没有证据说明它被收入了 1115 年编纂的《万寿道藏》。

据张君房自序中说《云笈七签》为 120 卷。在 1190 年《大金玄都宝藏》编成之前,有三个目录著录了《云笈七签》。1178 年的《中兴馆阁书目》和晁公武《郡斋读书志》(1249 年衢州本)均著录为 120 卷。尤袤(1124—1194)《遂初堂书目》未注明卷数。陈振孙(1183—?)《直斋书录解题》记为 124 卷。陈振孙又说:

> 顷于莆中传录,才二册,盖略本也。后于平江天庆观道藏得其全,录之。

周子美编定的罗振常(1875—1942)遗著《善本书所见录》著录了一部宋本《云笈七签》:

> 宋梵夹大字本,单框。每板十行,行十七字。右框有书名及刻工名。

宋高宗时张淏《云谷杂记》、宋宁宗时陈耆卿《赤城志》、宋理宗时《宝庆四明志》都引用了《云笈七签》。谢采伯《密斋笔记》说《云笈七签》有三百余卷。这说明《云笈七签》在宋代已经印行了,而且可能有不同版本。

现在存世的《云笈七签》刻本有三种。最早的当属平水刻本的元代《玄都宝藏》,存世有卷九五、卷一一一至卷一一三。卷九五原存北京图书馆(现改名中国国家图书馆),目前暂时不见于检索目录。《中国版刻图录》收有一幅书影,为"色身烦恼"一节部分文字。另外 3 卷原为清内阁大库藏品，现藏于台北"故宫博物院"。今枝二郎的论文转录了台北藏本的文字。1933年出版的《重整内阁大库书影》影印了卷一一三上首页全图和卷下末页部分。两页框外均标有千字文序号，为"既"字号。卷数下所标数字为该卷页数。由此知元藏编序仅标千字文某字，而明藏则再各分为十部分，每一部分另标页数。此外，王文进《文禄堂访书录》卷四记录了20世纪初仍然存世有平水刻本的《云笈七签》卷二九，应属于元《玄都宝藏》卷帙。近年，北京的拍卖会也拍卖了这个本子的零页。

第二个刻本是1145年明《正统道藏》122卷本。其中第113卷分为上下两部分，和元藏一致。对照元藏图版，可以发现《正统道藏》本卷一一三下末尾缺62字。这显然是重新编辑或是使用了不同版本。

第三个刻本是明人张萱刊印的，版心刻"清真馆云笈七签"，若干卷末有"清真馆藏板"字样。传世书目多称之为清真馆本。这个刻本在私家目录里多有著录。《四库全书》收入的就是浙江藏书家孙仰曾收藏的清真馆本。目前中国和世界几处大型汉学图书馆多有收藏。王敦化《明板书经眼录》卷下和沈津《哈佛大学燕京图书馆中文善本书志》对这个版本有详细介绍。《明板书经眼录》云：

> 版框市尺高六寸一分，宽以半页计四寸一分。半页九行，行二十字。白口，单栏，直格。上鱼尾，黑中缝。顶格题清真馆云笈七签。鱼尾下题卷之几，下记叶数。卷前有张君房进《云笈七签》序（序文略）。次《云笈七签》目录。录次行下六格，结衔题"明清真居士张萱补"一行。每卷首行顶格书题云《云笈七签》卷之几。越数格下题某几。次行起下六格结衔题"宋张君房辑，明张萱订"两行。某某部下一格，小题下三格。

该书122卷，各卷千字文序号和明《正统道藏》本相同。我认为它是以《正统道藏》为底本的。前面提到的卷一一三卷下末文字，清真馆本亦缺少62字。明藏第一卷中吴筠之"吴"为讹字，清真馆照刻。清真馆刻板曾经大量印刷，每次分册不同。

清真馆本也曾经被翻刻。清人孔广陶《三十有三万卷堂书目略》著录的《云笈七签》为"小游吟仙馆印藏旧刊清真馆本，三函三十二本"。在日本也有翻刻本。长泽规矩也《和刻本汉籍分类目录》著录了《道藏七签》3卷（卷八一至卷八三）。提要称："宋张君房编，明张萱评"。此书分别在日本明和元年（1764）和明和八年（1771）两次印刷。该目录刊有书影一页，为卷八一首页。该书版式和清真馆版迥异。版心标"庚申部"，为该卷所属节目。该书书名和所谓"张萱评"均不知何所根据。清代编辑的《道藏辑要》也收入了《云笈七签》。我认为它也是清真馆本的翻刻本。《道藏辑要》本删除了许多卷次。所存卷次内容、异文及插图都和清真馆本相同。以上材料证明张萱清真馆本《云笈七签》是道门外流传最多的刻本。在我翻阅的几十种官私目录中，没有见到《正统道藏》以后其他的单行刻本。后世翻刻《云笈七签》径取清真馆本固然有许多原因，但是《道藏辑要》也取清真馆本，可见清真馆本的影响是很大的。

张萱，字孟奇，博罗人。《明史》无传。他于万历壬午年（1582）中举人，由中书舍人官户部郎中，最后的任职是平越（今贵州福泉）知府。万历三十三年（1605），张萱以中书舍人领衔校理内阁藏书，编定《新定内阁藏书目》8卷。《云笈七签》的校订当是他悠游林下时所为。他自号清真居士，可知他曾经深嗜道教学术，但是在他的著作中可资参考的材料寥寥无几。他刊刻《云笈七签》时对文本做了改动。

以上是三种存世刻本。傅增湘《藏园群书题记》中说到他曾经买到过金藏残页：

> 审其字号与明《正统藏》不同。残叶为《七部名数要记》。明藏为以字一号，宋藏则志字七号，知宋藏与明藏编次有异矣。

既已断其为金藏,何以又云"宋藏"?是有笔误。然而傅先生由此知《云笈七签》编次差异的现象值得重视。"七部名数要记"在明藏本卷九一。明藏《云笈七签》每十卷占千字文一字。傅先生所见残页为志字七号,或由于该书千字文每字对应卷数与明藏不同,或由于"七部名数要记"在当时《云笈七签》中所居卷次与明藏不同。当然,如果参考元藏,"志字七号"之"七"可能并非千字文序号,而是页数。傅先生所购残页已不知下落,但是傅先生的记录给了我们重要的信息。现在我们可以知道《云笈七签》在三部道藏中的不同编次。三部道藏本《云笈七签》所用千字文序号的不同说明《云笈七签》在各藏的次序不同。"七部名数要记"在金藏(或宋藏)《云笈七签》中卷次目前不能确定,但是"志"字为千字文第 395 字。现存元藏本《云笈七签》千字文为"承""既"字,分别为第 471 字和 473 字。明藏《云笈七签》为"学"字至"棠"字,即千字文第 305 字至 316 字。《云笈七签》在三部道藏中的次序有如此大的差异,说明它在三部道藏中所在部类可能不同。这还有待进一步的研究和新材料的发现。

在讨论《云笈七签》传本的时候,我们也应该考察传世的抄本,因为在传世目录中有不少抄本。目前《中国古籍善本书目录》中的抄本只有两件,其中上海图书馆所藏为全本。可能还有私人收藏的抄本难以检索,因为傅增湘《双鉴楼善本书目》和王文进《文禄堂访书录》卷三都记载了明代会稽钮氏世学楼的抄本。傅增湘藏有两部抄本,其中一部为残卷,现存国家图书馆。此抄本有傅增湘双鉴楼藏书印,是他捐赠给国家图书馆的。此抄本共有三册,分别为卷一至卷一〇、卷五一至卷六〇、卷一一四至卷一二二。这个抄本和《正统道藏》本及清真馆本文字相同。前述"吴"字之讹亦同。不能排除它可能是《正统道藏》本或清真馆本的抄本。此抄本可能是清内阁大库流出。我尚未细检上云钮氏抄本的下落。《藏园群书题记》既断其抄自明藏,后文又说:"《殷文祥传》内'构'字下注'御名'。可知此书决从南渡初刊本中抄出者,视后来展转传刻，沿讹袭谬，殆不可同年而语矣。"《殷文祥传》在明藏本卷一一三下，"构"字没有小注。所以，钮氏抄本肯定也同时使用了明藏以外的本子。这说明传世抄本也可能对我们研究版本流传及经文有参考价值。

1925年，涵芬楼影印了《正统道藏》，《道藏》本的《云笈七签》逐渐被世人利用。同时，由于台湾商务印书馆影印的《四库全书》发行量更大，所以目前《正统道藏》本和清真馆本《云笈七签》在世上并行不悖。对勘两个版本，不同之处甚多，可以分为四类：①分卷不同；②清真馆本缺少某些经典；③经典相同，但是所收章节和内容有异；④经典相同，版本不同。由于张萱对《云笈七签》的部分内容做了重新编辑，也依据了不同的版本，并且有少量的内容的确为世人提供了新的资料，所以他自称"补""订"在一定程度上是名副其实的。

《正统道藏》本《云笈七签》为122卷，分为52个部类。事项目录如下：道德部、混元混洞开辟劫运部、道教本始部、道教经法传授部、经教相承部、三洞经教部、天地部、日月星辰部、十洲三岛、洞天福地、二十八治、禀生受命、杂修摄、斋戒、说戒、七签杂法、存思、秘要诀法、杂要图诀法、杂秘要诀法、魂神、诸家气法、金丹诀、金丹、金丹部、内丹诀法、内丹、方药、符图、庚申部、尸解、诸真要略、仙籍旨诀、诸真语论、七部语要、七部名数要记、仙籍语论要记、仙籍理论要记、赞颂歌、歌诗、诗赞辞、赞诗词、纪、传、传录、列仙传、神仙传、洞仙传、神仙感遇传、续仙传、墉城集仙录、道教灵验记。每个部类的卷数不同。"三洞经教部"最为庞大，有15卷之多。有些部类则只有一卷。

和《无上秘要》相比，《云笈七签》没有细致的品目划分，只有部类的区别，而且有些部类的名目相似，所以《云笈七签》没有完整准确地反映宋代道教的教义体系。《云笈七签》引用了700多部道教经典，大大超过了《无上秘要》，然而对于道教体系的介绍却是不平衡的，例如它很少收入道教科仪。

总的来看，这 52 个部类，有三个方面的内容占了主要篇幅。那就是道教经典、修炼法术和仙传，特别是修炼法术占了许多卷帙。在经典的介绍方面，《云笈七签》记录了最早的传经故事和道教经典系统。按照"三洞经教部"下有"释经"小类，介绍了 46 部早期道教经典的要义。某些篇章对于今人了解六朝经典有重要的参考价值。《云笈七签》对道教法术的介绍是各种道书汇编中最丰富的，对唐代以后新出世的修炼经典和服气内丹等术作了较为全面的记录，是后人了解北宋以前道教修炼法术的重要依据。《云笈七签》还有一个与其他类书不同的地方。它全文收录了许多道教经典。长篇的有《黄庭经》注释和《老子中经》，短篇有若干修炼经诀。对于新旧仙传，它也大量收录，所以《云笈七签》有 14 卷的篇幅是仙人传记。

这个特点也决定了《云笈七签》的历史地位。它的历史贡献就是保存了许多失传的文献。唐末五代以后中国宗教进入的新的大发展时期，也是新旧道派交替的时期。又因为北方的战乱，宋代和金代编纂的道藏都没有保存下来。许多道教经典靠着《云笈七签》流传下来，如《洞仙传》等重要道书。某些文献非常珍贵，例如陆修静的《灵宝经目序》，对于我们研究灵宝经的形成有重要的价值。

《云笈七签》的这些特点使它受到历代学者的重视，被看作道藏的袖珍本。也有人称它是道教的百科全书。清真馆本也是在这个背景下出现的。可见《云笈七签》在它问世以后的一千年里一直作为道教以外的人士了解道教的重要资料。当然，《云笈七签》也并不是名副其实的百科全书，也没有全面地反映道教的面貌，不过它还是能够帮助我们方便地了解道教的。

建议阅读书目：

周作明：《〈无上秘要〉与早期道教经书》，《西南民族大学学报》
　　2015 年第 3 期。

丁培仁：《从〈无上秘要〉的结构看南北朝道教的教义体系》，《宗教学研究》2011 年第 4 期。

刘祖国:《点校本〈无上秘要〉与道教文献整理》,《古典文献研究》2017 年第 1 期。

尹昌杰:《〈无上秘要〉中所见"御制新仪"考》,《道学研究》2019 年第 1 期。

〔法〕劳格文著,吕鹏志译:《〈云笈七签〉的结构和资料来源》,《西南民族大学学报》2018 年第 9 期。

〔日〕中岛隆藏:《《雲笈七籤》の基礎的研究》,东京研文出版社,2004 年。

李　庆:《日本道教研究的新成果——中岛隆藏所著〈《雲笈七籤》の基礎的研究.〉》,《中国典籍与文化》2005 年第 4 期。

〔日〕今枝二郎:《中山博物院藏〈云笈七签〉について(上、中、下)》,《中国学研究》12,1993 年,《武藏野女子大学纪要》29—1,1994 年,《养生》1,1995 年。

主要参考书目:

卢国龙:《中国重玄学》,人民中国出版社,1993 年。

〔日〕麦谷邦夫:《南北朝隋唐初道教教义学管窥》,见《日本学者论中国哲学史》,中华书局,1986 年。

王宗昱:《道教义枢研究》,上海文化出版社,2001 年。

朱越利:《道藏分类解题》,华夏出版社,1996 年。

J.Lagerway（劳格文）: *Wu-shang pi-yao: somme taoïste du VIe siècle.* Paris: Ecole française d'Extrême-Orient, 1981.

P. Van der Loon（龙彼得）: *Taoist Books in the Libraries of the Sung Period*, London: Ithaca Press, 1984.

K.Schipper（施舟人）& F.Verellen（傅飞岚）: *The Taoist Canon*, The University of Chicago Press, 2005.

作者简介

王宗昱，男，1954年出生于北京。1986年获得北京大学哲学硕士学位，留校任教，现为北京大学哲学系（宗教学系）教授、博士生导师。2009年开始参与京都大学主持的《道藏辑要》研究项目。2009年至今担任香港中文大学和法国远东学院创办的《道教研究学报》编辑委员。著《梁漱溟》《〈道教义枢〉研究》，编《中国宗教名著导读·佛道教卷》《金元全真教石刻新编》《儒礼经典选读》《中国近代思想家文库·梁漱溟卷》等，集校《阴符经集成》。

道教碑文说略

黄海德

道教碑文是在道教历史上产生形成的有关道教教派渊源、神仙人物、科仪方术、经书典籍等碑刻铭文的总称。由于碑刻的载体为石材，质地坚硬，传承久远，并且大多保存了信实可靠的第一手资料，诚如清代学者钱大昕所说：

> 盖以竹帛之文，久而易坏，手钞板刻，展转失真。独金石铭勒，出于千百载以前，犹见古人真面目，其文其事，信而有征，故可宝也。（钱大昕《关中金石记·序》）

故道教碑文无疑为学术界研究道教历史与文化的珍贵史料，从宗教史的角度来看，自应属于道教文化的重要组成部分。

中国传统学术以经、史、子、集"四部"分类，碑文类往往归入"史部"（或称"乙部"）"目录类"的"金石之属"，如宋代著名金石学家赵明诚所撰《金石录》，学者洪适编撰的《隶释》都归属此部之中。而《道藏》则是按传统道经的"三洞""四辅"来分类，其中有关道教碑文的内容大部列入三洞之"洞神部"的"记传类"。建国以后设立的"中图法"（Chinese Library Classification），则是根据现代学科的分类规则，将"金石""碑文"归类为"历史、地理"大类之中的"中国文物考古"一类，其下有"古书契"一目，而甲骨、金文、石刻、碑碣、经幢、墓志皆属之。总起来看，《道藏》的"洞神部"所收碑文大部为宫观纪事，碑刻铭文属于史料性质，传统学术分类归入"史部"，现代学科划为"历史考古"，应该说是大体适当。

《道藏》"洞神部"属于"三皇经"的传授系统，按照道教经书的传统分类，分为"本文""神符""玉诀""灵图"等十二类，其中以《老子道德经》的本文与注释、有关老子的经传与传说、丹经养生方术等内容为多，约占"洞神部"的三分之二以上。"洞神部"的"记传类"收有道书共二十种，其中有关碑刻铭文的道书计有十四种，此外"洞玄部"记传类与其他文集之中尚有一些分散的道教碑文，总计约有二十余种有关碑刻铭文的道书。这些道教碑文是道教历史上的第一手史料，具有珍贵的文献价值，对于道教史的研究有着不容忽视的重要作用。

一、碑文的起源及其历史价值

中国文化起源甚早，若按以往的古史传说，从"三皇五帝"算起应有五千年左右的历史。文化是需要传承的，否则就有可能断绝，而传承文化最为重要的方式之一就是文字的发明与使用。在西方，古希腊文化靠希腊文与拉丁文得以传承，终于在千年以后点燃了"文艺复兴"的圣火；在东方，中华文化就主要靠汉民族的语言与文字传承下来，至今在世界文化之林中占有重要的一席之地。从文化史的角度来看，传承文化的文字必须要有加以承载的物质形式，才能传之久远，否则就有可能湮灭无闻。譬如中国最早的"夏"王朝，在古籍中有所记载，近代也考古发掘出大量的遗址与器物，然而至今却缺乏夏代的文字以作证明，致使许多当代的历史学家在书写中国远古历史时颇有困难之感。从古至今，各国文字的物质承载形式有多种，如两河流域的泥板、印度的贝叶、地中海沿岸的羊皮纸等。而中国的文字载体有先秦时期殷商的龟甲和兽骨，镌刻在上面的文字自 20 世纪以来被称为"甲骨文"；周代数百年流行使用青铜器，铸刻在铜器上的文字被叫作"金文"；以后相继出现竹简、缣帛、纸张等书写文字的承载体，如战国简策、汉代帛书、敦煌遗书等，通过如许众多的文字记载，使中华文化的丰富内涵与民族精神得以千年传承，至今巍然于世。

在中国这样多种的文字承载形式中，质地较为坚硬，能够传承久远的文字载体当数铜器和碑石。先秦的墨子曾说过：

> 古之圣王，欲传其道于后世，是故书之竹帛，镂之金石，传遗后世子孙，欲后世子孙法之也。（《墨子·贵义篇》）

意思是古代的"圣王"要把他们的思想传于后世，就必须使用文字书写镌刻在"竹帛"和"金石"之上，才有可能流传千秋万代。其中讲的"金石"，就是指铜器与碑石。

清代学者叶昌炽在《语石》中曾断言："凡刻石之文皆谓之碑"。这是后来的说法，其实在古代"碑"的本义并不是"刻石之文"的意思，而是有着另外的形式和意义。中国古代有宫庙，宫庙要经常举行祭祀，而祭祀的程序必须要按严格的时辰来安排，因此宫庙前大多竖立有一块长条的石头，用来观察日影，计算时间，安排祭祀以及其他活动。《仪礼·聘礼篇》记述说："陪鼎当内廉东面北上，上当碑南陈。"汉代经学家郑玄注说："宫必有碑，所以识日景，引阴阳也。""识日景，引阴阳"就是观察日影，安排时间，这是古代文化中"碑"字的古义。另外又有一说，即《礼记·祭义篇》所讲的："祭之日，君牵牲……既入庙门，丽于碑。"郑玄注解说："'丽'，犹'系'也。"后来北宋史学家宋祁解释说："碑者……施于庙则系牲。"（《宋景文公笔记·释俗》）就是说"碑"是立于庙门之内栓系牛马等牲口的石条。《仪礼》与《礼记》两种文献的说法，虽然使用的目的和方法不一样，但是"碑"都是指与宫庙有关的石头，这是殆无疑义的。除此之外，古代的"碑"字还有一种含义，不是指石头，而是指木桩。《礼记·檀弓下》说："公室视丰碑。"郑玄注解："丰碑，斫大木为之，形如石碑。"其作用是在天子或贵族下葬的时候，"于椁前后四角树之，穿中于间为鹿卢，下棺以绋绕"，在葬坑四角的厚木桩中间穿洞，用粗绳将棺木慢慢放下，以便安葬。这里讲的"碑"，其作用似乎相当于今天的滑轮。为什么要将木桩称为"碑"呢？宋人孙何《碑解》说，"其字从石者，将取其坚且久乎？"因为古人安葬建墓都希望坚固长久，所以使用了"石"字旁的"碑"字，这只能是聊备一说。

那末叶昌炽所言"刻石之文"的"碑"是何时产生的呢？按照时下大多数学人的意见，认为应该是战国后期至秦代。现今有一套传世国宝，通常考古界称作"石鼓"，据考证这是战国时候秦国的珍贵历史文物。每面石鼓上刻有纪功颂德、田猎车骑的内容，字体介于金文与小篆之间，历来称为"石鼓文"，这大概是现今可考的最早的"碑文"。后来"一代枭雄"秦始皇平定六国，在中国历史上建立了第一个庞大的专制王朝，为了炫耀其"丰功伟绩"，到处刻石纪念以垂不朽。虽然秦王朝很快就从历史的舞台上消失了，但是"始皇帝"的纪功刻石却靠着大自然铸就的坚硬特性流传了下来，如《泰山刻石》与《琅琊刻石》等，可见秦朝时还未称为"碑"，世人多称为"刻石"或"碣石"，名称尚未统一。

到了汉代，朝廷颂功德，皇家叙祀典，官府纪工役，文人刻诗文，百姓记民生，也大多立碑记事，以存永久，于是社会上下蔚然成风。据各类金石资料记述，传世汉碑即有数百通之多，现在留存的也有一百多通，其中著名者有《三老碑》《张迁碑》《曹全碑》《礼器碑》等。从文化史的角度来看，可以认为汉代是中国传统文化的载体之一即"刻石之碑"正式产生的时代。以后自汉魏至唐宋明清，历代相沿，碑刻纪事成为中国历史上的重要文化现象，其历代传承的大量碑文也自然成为十分珍贵的历史文化史料。

碑文是十分难得的实存史料。历史是逝去的岁月，不再重现；但过去时代的遗迹却有不少幸存下来，碑文就是其中的一种。碑文的历史文化价值首先表现为客观真实。我们知道，碑文从它的起源开始，就是叙事内容的载体。秦代刻石记载的是帝王的丰功伟绩，汉代碑刻大多是士大夫生活内容的记述，隋唐盛行墓志铭，宋明时期佛教与道教的寺庙宫观记文，基本上都是历史的真实叙事，因此学术界长久以来都将碑文视作珍贵的第一手历史资料。20世纪陈垣先生通过对道教碑文的整理与研究，撰写了《南宋初河北新道教考》，重现了"太一教"和"全真教"的历史真相，就是其闻名于世的学术成就。其次，碑文的历史文化价值表现为内容丰富。从汉碑、唐志到明清碑刻，既有政治、军事、经济的纪事，也有诗词文学、语言文字、书法艺术的内容，甚至一些古代少数民族的语言文字，也靠碑文得以流传后世。如辽宁发现的契丹文《萧慎微墓志》，甘肃武威保存的西夏文碑刻《重修护国寺感通塔碑》，吉林松原留存的女真文《大金得胜陀颂碑》等，都是研究古代少数民族语言文字的珍贵史料。再次，碑文的载体是质地坚硬的石材，比起其他文字的载体如丝帛、竹简、纸张等，更能历经岁月变迁，传承久远。由于碑文的以上特征，因此在历史研究中有着不可替代的特殊地位和作用。

二、道教碑文概况及其研究现状

根据现有的考古材料，道教碑文大约兴起于汉代。道教的教团组织以东方的太平道与西部的正一盟威之道（或称五斗米道）的建立为标志，其年代都在东汉时期。现今所见东汉时期与道教有关的碑文约有六通：其一为吴兴刘氏《希古楼金石萃编》卷六所载东汉顺帝阳嘉四年（135）"延年石室"刻石；其二为王昶《金石萃编》卷七收录的东汉顺帝汉安元年（142）"会仙友"题字；其三为《蔡中郎集》卷一所收东汉桓帝延熹末年（约165—167）蔡邕所撰《王子乔碑》；其四为南宋洪适编撰的《隶释》卷三收录的东汉陈相边韶奉命撰写的《老子铭》；其五为

《隶续》卷三记载的东汉灵帝熹平二年（173）"祭酒张普"碑；其六为东汉献帝建安十年（205）刊刻的《巴郡太守樊敏碑》。六通碑石之中，与道教兴起直接相关的应是第五、第六两通碑石，其中内容较为充实的是《樊敏碑》。

魏晋六朝是道教创宗立派、兴盛发展的时期，三皇、灵宝、上清诸派与天师道都在此时期获得程度不同的发展。然而，该时期的道教经文虽然流传颇广，道教碑刻却存世无多；现今所见，历代碑拓与文集、山志所收仅有数十通。

道教碑文大量出现的时期在历史上有三个。第一个是唐宋时期。该时期由于多位帝王崇信道教，社会上信仰普及，信众广泛，因此与崇信、祭祀、塑像有关的道教碑文大量涌现。第二个时期是金元时期。这段时期北方的少数民族政权入主中原，汉政权被迫南迁，为了维护与保存传统的汉民族文化，北方的士绅民众相继创立了太一教、真大道教与后来兴盛壮大的全真道。为了宣传道教信仰，争取民众支持，扩大宗教组织的影响，上述道教教派在关中、山东等地镌刻了众多大型道教碑石，碑文内容丰富，刻石精美，这一时期的道教碑刻很多比较完好地保存到了现代。第三个时期是明清时期。该时期官方系统的道教逐渐衰微，而随着儒、释、道三教合流的趋势民间信仰广泛流行，因此各个地区的神灵奉祀成为不少地区民众社会生活的重要组成部分，记载庙宇变迁、修建和神灵生平、灵迹的碑刻就在民间大量流行。从数量上来看，该时期的道教碑刻应为最多。

在这三个时期之中，唐宋时期的碑文大多靠宋代的金石学专著与文人文集保存下来，金元时期的道教碑刻现今有大量的存世实物和碑拓传世，而数量最多的明清时期与民间信仰相关的道教碑文，令人遗憾的是由于诸多社会因素和客观条件的限制，长期以来对之缺乏应有的重视和系统的收集整理。

碑文的搜集、整理和研究在古代属于金石之学，现代属于历史学的范畴，这在前面已经述及。然而道教碑文的整理和研究却长期以来未能得到学术界和社会上的应有重视，再加上从事这项工作所面临的各种客观困难，致使当代的研究者投入无多，有关专著和论文在当今世界道教热之中与其他门类形成极大的反差，殊为遗憾。

在民国以前，社会与学界对道教的认知存有误差，再加之历史资料的缺乏，因此尚未有专人对道教碑文进行系统的整理与研究。至20世纪20年代，陈垣先生任职北京大学研究所国学门导师，始注重搜集有关道教的碑刻文献，在其助手和学生的帮助下，历经数年功夫，从《道藏》、历代文集笔记和缪荃荪所藏艺风堂拓片中搜集和整理了数十册道教碑文资料，只是由于工作量太大，时间、精力皆有限，故陈先生在世时一直未能整理出版。经过半个多世纪，直到20世纪80年代末才由文物出版社出版了由其后人陈智超先生整理校补的《道家金石略》。该书搜辑了自汉代至宋明有关道教的碑文一千三百多篇，分为汉魏六朝、唐、宋、金元、明五个部分，按时代先后排列，是现代学术史上第一部道教碑文专集，为道教史研究提供了大量详实而珍贵的历史资料。惟一遗憾的是出版社竟采用简体字印刷古代碑文，大为降低了该书的历史真实性与学术价值。

20世纪90年代四川大学出版社出版了由龙显昭、黄海德主编的《巴蜀道教碑文集成》。该书所收碑文，"以关乎道教者为准。碑文时限，上起后汉，下迄清末；少数民国碑，亦考虑采录"。该书所收碑文主要从方志、文集和古代文献中采录，少量从《道藏》中搜集，部分唐宋时代的道教碑文是经过田野实地考察，据原碑实地迻录，尤为难得。

以后三秦出版社出版有"陕西金石文献汇编"，其中有《重阳宫道教碑石》，收集了部分全真道的道教碑文。其后则相继有黄海德撰写的《道教碑文说略》由北京燕山出版社出版，赵卫东、庄明军等人主持编撰的《山东道教碑刻集》之《青州昌乐卷》《临朐卷》《博山卷》由齐鲁书社出版发行，佟洵编著的《北京道教石刻》由宗教文化出版社出版，萧霁虹编纂的《云南道教碑刻辑录》由中国社会科学出版社出版，黎志添、李静编著的《广州府道教庙宇碑刻集释》由中华书局出版。于是道教碑文的考察和研究逐渐呈现出一番欣欣向荣的学术景象，黄海德曾撰有《百年道教碑文研究的学术成就与展望》一文予以详细阐述。

三、《道藏》碑文概述

明代的《正统道藏》与《续道藏》按传统分类，分为"三洞""四辅""十二类"。在本文、神符、玉诀等十二类之中，有关道教碑文的大量内容主要分布在"三洞"经书的记传类，尤以"洞神部"记传类较为集中。此外，部分文集之中也有一些散见的碑记铭文。就考察所见，主要有《宫观碑志》《甘水仙源录》《终南山说经台历代真仙碑记》《古楼观紫云衍庆集》《龙角山记》《大涤洞天记》《西川青羊宫碑铭》《宋东太一宫碑铭》《宋西太乙宫碑铭》《宋中太乙宫碑铭》《天坛王屋山圣迹记》《唐王屋山中岩台正一先生庙碣》《唐嵩高山启母庙碑铭》《茅山志》《梅仙观记》《天台山志》等，兹分别介绍如下。

（一）《宫观碑志》

《宫观碑志》一卷，编者不详，《道藏目录详注》题为陶谷所撰，实际上陶谷是该书中第一篇碑文的撰写者，非全志撰者。据所收碑文内容推测，似为元代全真道士所编，后收入《道藏·洞神部·记传类》。该书共收有九篇道教宫观碑记，大多为史事记录，依次为：

1.《泾州回山重修王母宫记》

题为"翰林学士判吏部流内诠事陶谷撰"。陶谷是五代宋初人，家为北方望族，曾历仕后晋、后汉、后周与北宋，博雅擅文辞，该记是北宋初"太师清河公"张铎镇守泾州，重修回山"王母宫"后所撰写。"泾州回山"，即今甘肃省泾川县回中山，山上自古建有"王母宫"。《古今图书集成》所载《平凉府古迹考》云："回中山，在州西三里，脉自昆仑来，上有王母宫，下临泾水，一名宫山。周穆王、汉武帝尝至此。"宋太祖开宝元年戊辰岁（968），检校太师张铎主持重修回中山王母宫，并请翰林学士刑部尚书陶谷撰写碑文，张铎刻石立碑，世称为"陶谷碑"。

碑文对自古以来有关西王母的传说和形象作出了总体的描述和概括，由《尔雅》至《山海经》《竹书纪年》，内容涉及周穆王驾八骏宴瑶池，捧王母之觞以歌黄竹，汉武帝祷灵境等。碑文记述说："则回中有王母之庙，非不经也。年纪浸远，栋宇隳坏，坛墠杏朽，蔽荆棘于荒庭；井废禽亡，噪鸟鸢于古堞。物不终否，崇之在人。"后面记述了张铎重修王母庙的具体事实，盛赞其功。

2.《重阳成道宫记》

金元之际全真道士冯志亨撰。重阳成道宫位于今陕西省户县城西20里的祖庵镇，是全真道祖师王重阳最初修炼成道之地。碑文记述王重阳于金大定（1161—1189）初年始悟道，自掘其穴，称为"活死人墓"，居住二年后迁往刘蒋村。"大朝革命"以后，乙未之年（1235），尹清和、李真常、李志源聚众人之力，在此建成重阳成道观，共三殿（无极殿、袭明殿、开化殿）五堂（三师堂、灵官堂、瞻明堂、朝彻堂、虚白堂），"金碧丹臒，粲然一新"。元宪宗蒙哥辛亥年（1251），"诏征掌教大宗师真常李真人，上亲授金盒香、白金五千两，佩金符代礼巡祀岳渎。凡在祀典者，靡所不举。明年（1252）春二月吉日，以御香来致，上命礼成以恩例改观为宫"，遂称为"重阳成道宫"。甲寅年（1254），知宫王志远上禀大长春宫掌教真人李真常办理重阳宫刻碑树石事宜，嘱冯志亨主笔撰文，文中说道："宗师以润文见命，予年近八十矣，倦于笔砚久矣，度其不可违，因按其实而编次之。"认为全真之教"一动一静皆天而不人"，所谓天，"曰诚而已，诚者心斋也"，是为全真祖师传道心法。

3.《敕建普天黄箓大醮碑》

题为"宣差总教佐玄寂照大师教门都道录冯志亨撰"。元宪宗蒙哥癸丑年（1253），提点王志坦向宪宗进言，天下干戈饥馑，众多幽魂困狱，无由出离，愿皇帝圣慈，普行济度。"上嘉纳其言"，遂传密旨燕京大长春宫，令掌教真人李志常主持醮事，设普天黄箓大醮三千六百分位。甲寅年（1254）春三月自初九至十六日，连续举行七昼夜，"一切冤枉，靡有遗弃"，既宣宏道教"善救人而无弃人，善救物而无弃物"之宗旨，又光扬"皇帝莫大之圣德"。后主醮大宗师命纪其事，由"教门都道录"冯志亨撰文，刻碑以传。

4.《元重修亳州太清宫太极殿碑》

题为"翰林学士承旨知制诰兼修国史王鹗奉敕撰"。王鹗是金末元初人，曾为金哀宗正大年间（1224—1231）状元，后投元朝，屡献治国之策，时人称为"饱学硕儒"，著有《汝南遗事》传世。亳州太清宫，其故址位于今安徽涡阳县城北。太清宫始建于东汉延熹年间（158—166）。因汉桓帝梦老子降于殿廷，乃颁旨于老子故里，建庙立祠，奉祀老子，称为老子庙，并命陈相边韶撰成《老子铭》以颂其功。后李唐皇室尊老子为始祖，以此为祖庙，唐高祖、太宗、高宗、武则天时曾相继营建宫殿庙宇。唐玄宗天宝二年（743）钦封为"太清宫"。唐末毁于兵火，宋代重建，规模更为宏大。元世祖即位之四年（1263），曾遣使备礼祭祀老子。五年后（1268）建成太极殿，玄教真人张志敬、大臣张文谦与刘秉礼上书朝廷"乞树碑以纪岁月"，世宗从之，诏令翰林学士王鄂撰文以纪其事。该碑文记述太清宫的演变历史尤为详密。

5.《中都十方大天长观重修碑》

题为"翰林侍讲学士知制诰兼修国史郑子聃奉敕撰"。撰者郑子聃为金代进士，历官侍御史、吏部郎中、左谏议大夫，擅长诗赋，平生所撰诗文两千余篇。十方大天长观，原建于唐代开元年间（713—741），始称天长观，后几经兴废，金代改为此名，元代又称长春宫，明清以来改名为白云观，即今北京市西便门外白云观。据碑文介绍，金大定十四年（1174），建成十方大天长观，世宗率众臣"款谒修虔"，诏令"为道场三日夜以庆成"。至十九年（1179），诏令学士郑子聃"文其碑"以赞其事。于是子聃按《图经》及旧碑，考天长观之兴废"扬摧而叙之"。碑文历叙天长观自唐代至金代的衍变与修葺事迹。

6.《十方大天长观玄都宝藏碑铭》

题为"承事郎应奉翰林文字知制诰兼国史院编修魏抟霄撰"。道教经书的正式结集成"藏"，始于唐代开元年间（713—741），此后宋、金、元、明诸朝皆曾编修，由于各种历史缘故，明代以前编纂的多种道藏都已经亡佚不存。金代编纂的道藏名为《玄都宝藏》。据该碑文记述，金世宗大定二十六年（1186），诏令冲和大师孙明道提点天长观事。两年以后（即1188）下诏将南京（今河南开封）的道藏经板尽付中都（今北京）十方天长观。"又易置玉虚观经于飞玄之阁，以备观览，天长旧经，还付玉虚，其旧有名籍而玉虚不具者，听留勿还，须补完则遣之"。金章宗明昌元年（1190），诏令十方天长观提点孙明道搜求遗书，重修道藏。孙明道分遣道士访遗经于天下，未及二年，"凡得遗经千七十四卷，补板者二万一千八百册有畸，积册八万三千一百九十八，列库四区，为楹三十有五，以架计者百有四十"。孙明道于是"倡诸道侣，依三洞四辅，品详科格，商较同异，而铨次之，勒成一藏，都卢六千四百五十五卷，为秩六百有二，题曰《大金玄都宝藏》"。大名魏抟霄遂受冲和大师之请，撰文叙其始末，以传久远。《玄都宝藏》于金章宗泰和二年（1202）毁于火灾，今已不存，而该篇碑文是编纂《玄都宝藏》的实录，具有珍贵的历史价值。

7.《十方大天长观普天大醮瑞应记》

碑末题有"征事郎应奉翰林文字兼国史院编修官借绯臣朱澜拜手稽首谨书"，可知撰文者为金代翰林朱澜。金章宗明昌元年（1190），皇太后身体失和，皇帝下诏，令"大天长观设普天大醮七昼夜，仰祝皇太后圣寿无疆"。后太后"康宁如初"。朱澜备纪其事，以"扬君上之美"。

8.《中都十方大天长观普天大醮感应碑》

题为"国子祭酒兼翰林直学士知制诰同修国史党怀英撰"。该碑文所记与《十方大天长观普天大醮瑞应记》记事相同，均为金章宗祈祷皇太后康复之事。因"孙公大师复属鄙文，传之刊镂"。文末云："道师稽首，惟天子孝；千万亿年，加惠玄教。"

9.《中京重建十方上清宫记》

撰人署为孙纯甫，未题何时人，但记文言"国朝升河南府为中京"，此事当在金兴定元年（1217），时改河南府为金昌府（治洛阳），建号中京，据此则作者应为金代之人。该文叙述太上老君历代神化事迹，十分周详，如言"太上者，混沌之祖也，初生三清，自玉清至于太清。又成九气，自无量至于无爱。以纯阳而上分三十六天，自太黄而至于大罗；以纯阴而下分三十六地，自润色而至于洞渊；皆在制御之域也。虽处乎丹台之上，紫阙之内，三大仙、九大帝、二十七天君、八十一大夫、一千二百仙官、二万四千灵司、七万仙童玉女、五亿天丁神王，咸奔走之"。金代的"中京"为河南洛阳，洛阳上清宫建于唐高宗时期，奉祀太上老君，自后历代均有修建。金代重修上清宫时，雁门道人武大顺主持宫事，"大顺丐文于予，将伐石志之"，故为之详记其事。

（二）《甘水仙源录》

《甘水仙源录》又名《甘泉仙源录》，原为十卷，元朝全真派道士李道谦编撰，收入《道藏》洞神部记传类。该书编成于元世祖至元二十五年（1288），次年（1289）刊成问世。前有李道谦于戊子重九日所撰《序言》一篇，自言重阳祖师"于金正隆己卯（1159）夏遇真仙于终南山甘河镇，饮之神水，付以真诀"，后遂传道创教，于是取名为《甘水仙源录》，表明全真道自王重阳开始一脉相传之意。并在序言中表明编纂该书的缘由："每因教事历览多方，所在福地名山、仙宫道观竖立各师真之道行，及建作胜缘之碑铭者，往往多鸿儒巨笔所作之文，虽荆金赵璧未易轻比。道谦既经所见随即纪录，集为一书，目之曰《甘水仙源录》，锓梓以传。"全书后有李道谦弟子张好古序文一篇，表明担任校雠之责，不负师命，以传之不朽。全书共计十卷，主要内容为各地名山宫观有关全真教的高道碑传与宫观碑文，现分别介绍如下。

该书第一卷首列元世祖至元六年（1269）皇帝诏令一道，敕封全真道"北五祖""北七真"为帝君、真君、真人，并令掌教张志敬遵奉执行。卷中有密国公金源璹所撰《终南山神仙重阳真人全真教祖碑》1篇，翰林修撰刘祖谦所撰《终南山重阳祖师仙迹记》1篇，邑人张子翼撰《丹阳真人马公登真记》1篇，翰林直学士王利用撰《全真第二代丹阳抱一无为真人马宗师道行碑》1篇，金源璹所撰《长真子谭真人仙迹碑铭》1篇，共计5篇碑文。

第二卷收有秦志安撰《长生真人刘宗师道行碑》、陈时可撰《长春真人本行碑》、姚燧撰《玉阳体玄广度真人王宗师道行碑铭》、徐琰撰《广宁通玄太古真人郝宗师道行碑》各1篇，共计碑文4篇。另有吴章撰《祭文》1篇与王粹撰《七真赞》1篇。

第三卷迻录有弋毂所撰《广化真人尹宗师碑铭》、王鹗撰《玄门掌教大宗师真常真人道行碑铭》、杨奂撰《终南山重阳万寿宫洞真于真人道行碑》，共计3篇碑文。

第四卷载有张邦直撰《真常子李真人碑铭》、元好问撰《离峰子于公墓铭》、李谦撰《弘玄真人赵公道行碑》、刘祖谦撰《终南山碧虚真人杨先生墓铭》、李道谦撰《终南山全阳真人周尊师道行碑》、宋子贞撰《普照真人玄通子范公墓志铭》、王鹗撰《栖云真人王尊师道行碑》、孟祺撰《应缘扶教崇道张尊师道行碑》各1篇，共计碑文8篇。

第五卷收录王盘撰《玄门掌教宗师诚明真人道行碑铭》、孟攀鳞撰《湛然子赵先生墓碑》、赵九渊撰《终南山灵虚观冲虚大师吕君墓志》等碑文共计8篇。

第六卷收有何道宁撰《终南山重阳万寿宫无欲观妙真人李公本行碑》、赵著撰《佐玄寂照大师冯公道行碑铭》、李鼎撰《重玄广德弘道真人孟公碑铭》等碑文共计6篇，另有《紫阳真人祭无欲真人》祭文1篇。

第七卷收录高鸣撰《崇真光教淳和真人道行之碑》、李国维撰《颐真冲虚真人毛尊师蜕化铭》、李道谦撰《终南山圆明真人李练师道行碑》与《终南山楼观宗圣宫同尘真人李尊师道行碑》、元好问撰《通真子秦公道行碑铭》等碑文共计7篇，另有王粹与张本《事迹》各1篇。

第八卷收有《纯成子李君墓志铭》《圆明真人高君道行碑》等碑记、铭文、事迹、序文共计11篇。

第九卷收录俞应卯撰《鄠县秦渡镇重修志道观碑》、陈时可撰《燕京白云观处顺堂会葬记》等各地有关道教宫观的碑记共9篇。

第十卷收录张本撰《修建开阳观碑》、宋子贞撰《顺德府通真观碑》、王奂撰《重修太清观记》等碑记8篇，另有《七真传序》《送真人于公如北京引》各1篇,《终南山甘河镇遇仙宫诗序》1篇。

以上全书十卷,共收录有关全真道士与宫观的碑记、铭文、诗序70余篇,其中大多出于金元时期名家之手,叙事翔实,颇富文采,实为研究全真道的珍贵历史资料。

(三)《宋东太一宫碑铭》

《宋东太一宫碑铭》一篇,题为"翰林学士承旨中奉大夫尚书吏部侍郎扈蒙撰",收入《道藏·洞神部·记传类》。据《史记·封禅书》记载,亳人缪忌曾上书汉武帝,言:"天神贵者太一,太一佐曰五帝。古者天子以春秋祭太一东南郊,用太牢。"于是武帝令太祝在东南郊建祠奉祀"太一之神"。其祭祀礼仪十分隆重,仅次于冬至祭天与夏至祭地的"二郊之祀"与"二仪之坛"。对于"太一神"的国家祭祀,自汉代到唐代一直沿袭不绝。宋代特别推崇"五福太乙",认为"所至则民皆福寿,所临则岁必丰穰"。宋太宗太平兴国八年(983),因朝廷日官推策"当于甲申岁去辽碣之野,适斗牛之次",于是下诏在皇都开封东南建太一宫祭祀"太一","卜兹胜地,创是新宫",以"宅神灵而昭睿德也"。期以"三元令节",岁时奉祀。由于该宫建于都城东南郊,故后来称为"东太一宫"。甲申(984)秋八月,宋太宗如期亲至太一宫祭祀,翰林学士扈蒙奉旨撰写碑铭。南宋迁都后,曾在杭州仿照开封旧制建有东太乙宫,明代郎瑛《七修类稿·杭州宋祀典考》云:"东太乙宫,今祖山寺。"

(四)《宋西太乙宫碑铭》

《宋西太乙宫碑铭》一篇,题为"翰林学士兼侍读学士玉清昭应宫判官臣宋绶奉敕撰",收入《道藏·洞神部·记传类》。先是,宋太宗之时,曾在都城开封东南建有"东太一宫","国有大事,必先告之"。宋仁宗年间，"复从居乡之请"，于天圣六年（1028）下诏在京城开封西南另建"西太乙宫"，由张怀德总管其事，分建四殿：即"黄庭峙于中，以尊五福君棋大游；宁禧绎于后，以奉小游；延觊峨于东，以寓天一四神臣棋；资佑竦于西，以宅地一、直符民棋"。其他堂庑众舍，总共四百余区，精选道士三十余人，由元靖大师徐思简任住持，"祠醮仪法，率用雍熙之旧"。仁宗于秋季亲临奉祀，次年皇太后也至西太乙宫拜谒，"勤礼恤祀"，"绥靖辑睦"，学士宋绶承诏撰文以记其事。

（五）《宋中太乙宫碑铭》

《宋中太乙宫碑铭》一篇，题为"朝奉郎知制诰兼侍读判国子监臣吕惠卿奉敕撰"，收入《道藏·洞神部·记传类》。以前北宋皇室已在都城开封东南和西南分别建有东、西太乙宫，并均撰有碑文。宋神宗熙宁四年（1071），司天监奏称"太乙五福之神"将于七年行临中宫，"其分为京师之野"，应如故事立祠以求民康物阜。神宗即下诏于开封城南另建"太乙宫"，熙宁四年冬季开建，六年春季竣工，建有三门七殿，"分祠十太一与太岁之神，而五福居其中"。其中"坛场之制，祷祀之仪"，"皆以太乙之学为本，而参以道家之说"。宋神宗为之御书制名，诏命吕惠卿撰文以记其事，庶使"覆载之内，蒙泽如一；动植之类，赋生咸若"，子孙皇王，传之万世。因该宫建于城南，处于东太乙宫与西太乙宫之间，故后世称为"中太乙宫"。

（六）《龙角山记》

《龙角山记》一卷，编者不详，收入《道藏·洞神部·记传类》。该书收集从唐宋至金代有关山西龙角山道教宫观的碑文、诏令和祈祷文合编而成。龙角山古称羊角山，位于黄河中游的太行山麓，即今山西省临汾市浮山县境内。相传唐高祖李渊武德三年（620），曲沃人吉善行宣称太上老君显现于羊角山。告之曰："吾而唐帝之祖也，告吾子孙长有天下。"于是唐高祖李渊封吉善行为朝散大夫，并改"浮山"之名为"神山"，建"庆唐观"以奉祀太上老君。该《记》共收有碑文诏令八篇、祈祷文六篇。

八篇碑文诏令依次为：

（1）唐玄宗李隆基于开元十七年（729）所撰《唐明皇御制庆唐观纪圣铭》，追述唐初太上老君显灵于羊角山以佑护唐朝皇室的神应事迹，因"龙神化而无端"，故改羊角山为龙角山，后有先天二年（713）敬造天尊像的铭文；

（2）开元二十一年（733）《唐明皇诏下庆唐观》诏令一篇，敕令天下士庶家藏《老子道德经》，"俾敦崇道本，附益化源"；

（3）开元二十七年（739）《唐明皇再诏下太上老君观》诏令一篇，宣称《道德》者百家之首，清净者万化之源，敕令"凡圣祖降代出处之迹"，"立像以尽其意焉"；

（4）左拾遗崔明光撰《庆唐观金箓斋颂》，记述了龙角山庆唐观"启玉皇印，修金箓斋"的盛况，并"刊此乐石，以奉至尊"；

（5）神山县知县韩望于宋真宗大中祥符元年（1008）所撰《庆唐观碑铭》，其碑文内容融合儒、道，认为"《六经》之旨正而详，《道德》之奥和而备"，以"基国树民，包淳剔伪"，记述庆唐观道士梁志真于景德年间（1004—1007）矢志修复神山道观，韩望资助修葺玄元、三清、三皇等殿之事，其人后奉调选部，行前应梁道士之请，撰文纪事，以"体道而昌"，"玄教重光"；

（6）宋徽宗政和元年（1111）靳苣所书《重修三清殿记》，记述了政和初年县宰公孙公修葺天圣观三清殿的始末情形；

（7）金太宗天会十一年（1133）进士王建中所撰《重修嘉润侯殿记》，记述了南李村民众修葺龙角山华池峰"嘉润侯殿"的事迹，适作者往观其事，遂应道众所请，记述其事，刊诸碑石，以传不朽；

（8）乡贡进士田蔚所撰《重修华池嘉润侯殿记》一篇，未记年号，但根据文末所记干支"辛丑"推测，似为金世宗大定二十一年，即公元1181年所记。金天会年间会众修复华池峰嘉润侯殿以后，不久为天火所毁坏。金熙宗皇统（1141—1149）末年，道录、知观与当地民众又纠集人力加以重修，然未撰文记事。若干年后，进士田蔚教学观前，应众人之请，撰写记文，追叙其事，以贻后代。

后面是《祈雨文》或《祈雪文》共计6篇。除首篇《祈雨祭文》记有"（金）大定十一年岁次辛卯（1171）"的年代外，余5篇均无年月记载。

（七）《天坛王屋山圣迹记》

《天坛王屋山圣迹记》一卷，编者不详，据该书诗文所记，约成书于元代，收入《道藏·洞神部·记传类》。该书所收计有：广成先生杜光庭所撰《天坛王屋山圣迹记》，《唐睿宗赐司马天师白云先生书诗并禁山敕碑》，《睿宗御制五言送司马炼师还天台山》，杜甫、金门羽客林仙人、通真道人等撰写的五言诗或七言诗数首，齐人杜仁杰撰《清虚小有第一洞天》三言一首，卷末有元至大二年（1309）中岩知宫陈道阜所撰《元特赐玉天尊之记》一篇。

王屋山在河南洛阳西北，为道教十大洞天之一。《圣迹记》记述："山中有洞，深不可入，洞中如王者之宫，故名为'王屋'。"相传黄帝在此祷告上帝，上帝命西王母降临王屋山主峰天坛山，授黄帝《九鼎神丹经》经书，遂大破蚩尤。西晋时清虚真人小有洞主王褒在王屋山清虚宫授南岳魏夫人上清道经，故又称为"小有清虚之天"。唐代上清派著名道士司马承祯曾在此山顶中岩台修道多年。司马承祯为唐睿宗女儿玉真公主之师，为唐代著名道教学者，著有《天隐子》《坐忘论》等，对道教的修道成仙理论贡献颇著。

（八）《唐王屋山中岩台正一先生庙碣》

《唐王屋山中岩台正一先生庙碣》一卷，唐朝左威卫录事参军卫琎撰，收入《道藏·洞神部·记传类》。本篇较为详细地记述了唐代著名道士司马承祯的生平修道事迹。司马承祯号白云子，为陶弘景三传弟子，师事体玄先生潘师正，得受上清经法及符箓、辟谷、导引、服饵等方术，与陈子昂、李白、孟浩然、王维、贺知章等人为"仙宗十友"。曾长期隐居天台山，唐代睿宗、玄宗诸帝屡次召见，唐玄宗曾从其亲受法箓，后命于王屋山自选形胜，筑阳台观以居。承祯擅长篆、隶书法，自成一体，号为"金剪刀书"；又曾以三种字体书写《老子道德经》，刊正文句，刻为石经。唐开元二十三年（735）卒，追赠银青光禄大夫，谥称"贞一先生"，著有《修真秘旨》《天隐子》《服气精义论》《坐忘论》等。据道经记载，司马承祯将修仙的过程分为"五渐门"，即斋戒、安处、存想、坐忘、神解，称"神仙之道，五归一门"；将修道分为"七阶次"，即敬信、断缘、收心、简事、真观、泰定、得道。此"五渐门""七阶次"，又可概括为"简缘""无欲""静心"三戒，只需勤修"三戒"，就能达到"与道冥一，万虑皆遗"的仙真境界，其思想对宋代理学"主静去欲"学说的形成有着重要的影响。

（九）《唐嵩高山启母庙碑铭》

《唐嵩高山启母庙碑铭》一卷，题为"登仕郎崇文馆直学士臣崔融奉敕撰"，收入《道藏·洞神部·记传类》。相传夏禹娶涂山氏之女，生子夏后启，其母化为石，后人为纪念启母，立庙奉祀，称为"启母庙"。崔融为唐代名诗人，与苏味道等人称为"文章四友"，曾为唐中宗侍读，"东朝表疏，多出其手"。碑铭赞扬"母德"，"气为母则群物以萌，日为母则容光必照，坤为母则上下交泰，后为母则邦家有成"，碑文道意深湛，文采斐然。据说武则天幸嵩山，见到崔融所撰《启母庙碑铭》，深加赞叹，不久擢为著作佐郎，后兼修国史。

(十)《终南山说经台历代真仙碑记》

《终南山说经台历代真仙碑记》一卷，为元代茅山道士朱象先所编，收于《道藏·洞神部·记传类》。撰者朱象先，号一虚子，茅山道士。元世祖至元十六年（1279）往终南山参访全真祖庭，因居楼观台，得以遍览楼观旧志及先师传记，节录原北周韦节所撰、唐尹文操续撰的《楼观先师传》，编成该《碑记》。"说经台"位于陕西省周至县终南山麓的"古楼观"，相传老子西出函谷之时曾在此讲授《道德经》，故后世有此名称。据《楼观本起传》介绍："楼观者，昔周康王大夫关令尹之故宅也。以结草为楼，观星望气，因以名楼观，此宫观所自始也。"该地原名"草楼观"或"楼观"，渭水横展，千山相拥，北邻郦山，西眺太白，自古为道教名胜之地。汉代曾在此建有离宫，唐代崇奉道教，以老子为李氏先祖，特将"楼观"改为"宗圣观"，元代升为"宗圣宫"，后来将"楼观"与"说经台"合称为"楼观台"。

朱象先编撰《碑记》以前，唐宋时期有《楼观先生本起内传》流传，或为一卷本，或为二卷本，或为三卷本，名称或称为"先师传"，或称为"本行传"，或称为"内传"，郑樵《通志》《宋史·艺文志》《初学记》《崇文总目》等古人目录均有记载。据道经记述，早在晋惠帝永兴二年（305），太和真人尹轨曾降授道士梁谌《楼观先生本起内传》一卷，后来北周华阳子韦节续撰一卷，唐代楼观道士尹文操在前面两卷的基础上又续撰一卷。经陈国符先生《道藏源流考》考证，认为《初学记》书中所引尹轨《楼观先师传》一卷，即是晋代道士梁谌所撰的一卷本；北周韦节续撰一卷，即是《崇文总目》记载的两卷本；唐代尹文操又再续撰一卷，即是《通志》所收录的三卷本。至于《通志》与《宋史·艺文志》另外记载的《楼观先师传》或《楼观本行传》，应该是尹文操单独续撰的一卷本。

现存《碑记》共收有自文始真人尹喜至洪妙真人李志柔的记传三十五篇，依次为九天仙伯文始先生无上真人、杜阳宫太和尹真人、王屋山太极杜真人、赤城宫彭真人、太清宋真人、西岳冯真人、白水宫姚真人、秦陇宫周真人、清尹仙人、大有宫王真人、西岳仙卿李真人、上清封真人、太清高仙张真人、梁考成真人、王子年真人、孙仲宣真人、马元约法师、尹灵鉴真人、王道义法师、母始光法师、贞懿先生陈真人、李顺兴真人、张法乐先生、精思法师韦真人、侯法先法师、威仪法师王真人、严道通法师、于长文法师、金紫光禄大夫岐法师、巨国珍法师、田仕文法师、银青光禄大夫尹尊师、正一通真梁真人、掌教大宗师清和尹真人、同尘洪妙李真人等。在原有三十篇传记之上增加了尹喜、尹文操、梁筌、尹志平、李志柔等五人，每人各列一小传，传后有赞语，"总为是碑"，立于楼观宗圣宫，"刻之贞石，昭示无穷"。

陈垣先生所编《道家金石略》亦收录此篇，题作《楼观先师传碑》，据陕地原拓所记，该碑刻立于元世祖至元三十年（1293）。

（十一）《古楼观紫云衍庆集》

《古楼观紫云衍庆集》三卷，元代茅山道士朱象先编撰，收入《道藏·洞神部·记传类》。该书汇集古楼观所保存的唐代和元代的碑文传记以及名士题咏编撰而成，朱象先自撰的碑记诗文亦收入集内。古楼观历史悠久，唐高祖武德年间（618—626）改名为"宗圣观"，欧阳询撰有《大唐宗圣观记》。元代时尹志平至楼观，推荐李志柔主事重加修建，建有三楼三殿，其中一殿名为"紫云衍庆楼"，该集即以此为书名。

卷上收有唐代三碑与元代一碑。唐代碑文为欧阳询撰《大唐宗圣观记》、员半千撰《大唐宗圣观主银青光禄大夫天水尹尊师碑》、刘同升撰《大唐圣祖玄元皇帝灵应碑》；元代碑文为李鼎撰《大元重修古楼观宗圣宫记》，记述"（元世祖）中统元年（1260）夏六月，朝命易观为宫，仍旧宗圣之名"，故碑文纪为"宗圣宫"。

卷中收元代碑记6篇，《刊关尹子后序》《宗圣宫图跋文》各1篇，另有《关尹赋》1篇，全部为元人所作。碑文有：贾諴撰《大元清和大宗师尹真人道行碑》，李道谦撰《大元宗圣宫主李尊师道行碑》，朱象先所撰《古楼观系牛柏记》《终南山重建会灵观记》《文仙谷纯阳洞演化庵记》3篇，王守道撰《玉华观碑》。

卷下录有杜道坚撰《大宗圣宫重建文始殿记》，余后题为"名贤题咏"，为历代高道名士如王维、储光羲、卢伦、苏子瞻、尹志平等人题咏楼观名胜的诗文作品。

全书总计收录编集有关古楼观台的碑文11篇，其中唐代碑文3篇，元代碑文8篇，是研究楼观派道教历史的重要资料。

(十二)《西川青羊宫碑铭》

《西川青羊宫碑铭》一卷，唐代翰林学士乐朋龟撰，收入《道藏·洞神部·记传类》。青羊宫位于今四川省成都市城西，是巴蜀地区的著名道教宫观。相传"太清仙伯敕青帝之童，化羊于蜀国"，民间并有尹喜在青羊肆遇老子、太上老君现身说法等传说。该宫古称玄中观，据杜光庭《历代崇道记》记述，唐僖宗中和年间（881—884）避乱入蜀，下诏宗室李特立、道士李无为于成都府青羊肆玄中观设醮祈福，"忽见虹光如弹丸许，渐渐明大，出于殿基东南竹林中"，挖地得玉砖一块，上有古篆"太上平中和灾"六字。后"狼武荡平，八肱无事"，僖宗返长安后，特敕令赐钱购地对玄中观大加修建，并改名为"青羊宫"，令"翰林学士承旨尚书兵部侍郎知制诰乐朋龟撰碑立之"。

碑文称叙太上玄元皇帝为天地之父母，自三皇五帝、夏商周三代以来历世下降为帝王之师。宣称"大道者三教之冠冕，上德者百圣之宗元"，"仰其高而弥高，考其上而无上"。主张"三教争长，惟道独尊"。碑文长达八千余字，记述道教神话内容颇富。

(十三)《大涤洞天记》

《大涤洞天记》三卷，宋末元初邓牧编，收入《道藏·洞神部·谱录类》。邓牧字牧心，浙江钱塘人，宋元之际学者，少好《庄》《列》，淡泊名利，南宋亡后，拒不入仕新朝，遍游天下名山，自称"三教外人"，世称"文行先生"。元大德三年（1299），隐居余杭大涤山洞霄宫，住持沈介石为建白鹿山房，匾曰"空屋"。牧与九锁山冲天观的叶林为深交，叶坐化以后，邓牧亲为之撰写墓志铭，半月后邓亦无疾卒于山中，终年六十岁。著有《洞霄图志》，精于古文，有自编诗文集《伯牙琴》传世，集中有《君道》一篇，揭露帝王专制残民，"以四海之广，足一夫之用"，其思想对明末黄宗羲有相当影响。《洞霄图志》卷五《人物门》有《邓文行先生传》介绍其生平事迹。

大涤山古名大辟山，在浙江余杭县西南。宋《咸淳临安志》卷二四《大涤山洞天》条云："或言此山清幽，大可以洗涤尘心，故名。"道教将其列入三十六洞天之第三十四洞天，名"大涤玄盖洞天"。洞霄宫位于大涤山中峰下的大涤洞旁，传说创建于汉武帝之时，唐中宗弘道元年（683）奉敕建有天柱观，唐昭宗乾宁二年（895）钱镠加以改建，称为天柱宫，宋真宗大中祥符五年（1012）奉敕改名洞霄宫。宋室南渡以后，常以去位宰执大臣提举洞霄宫。元世祖至元年间（1264—1294）屡经扩建，规模日宏，并以该宫总摄江、淮、荆、襄诸路道教，是元代重要的道教宫观。

邓牧居于大涤山之时，与道士孟宗宝曾合撰《洞霄图志》一书，而后来明《正统道藏》未收入，至清代鲍氏父子精刻《知不足斋丛书》时，在第十五集收有元刻本《洞霄图志》六卷，题为"本山隐士邓牧（牧心）编，本山道士孟宗宝（集虚）集"（《丛书集成初编》收有该书，分为上、下两册）。据内容以考，《洞天记》实为《洞霄图志》的删改本。

《四库提要》史部地理类云："牧于大德己亥（1299）入洞霄，止超然馆，住持沈多福为营白鹿山房居之，遂属牧偕本山道士孟宗宝搜讨旧籍，作为此《志》。凡六门：曰《宫观》，曰《山水》，曰《洞府》，曰《古迹》，附以异事，曰《人物》，分列仙、高道二子目，曰《碑记》，门各一卷。前有元教嗣师吴全节及多福二序，后有钱塘叶林、台州李洧孙二跋。牧文章本高旷绝俗，故所录皆详略有法。牧成此书在大德乙巳（1305），至明年丙午春而牧卒。此书第五卷后附住持、知宫等题名，有及丙午六月后事者，疑为道流所增入。又《人物门》有牧及叶林二传，前题'续编'二字，亦不知续之者为谁。旧本所有，姑并存之。又书称《图志》，而此本乃有志无图。当为传写所脱佚，无可校补，亦姑仍其阙焉。"又《四库存目》史部地理类《大涤洞天记》条下云："核其书，即牧所撰《洞霄图志》内《宫观》《山水》《洞府》《古迹》《碑记》五门，而删其《人物》。每门又颇有刊削，不皆全文。卷首吴全节、沈多福二序亦同，惟增入洪武三十一年（1398）正一嗣教真人张宇初一序。称今年春某宫道士某持宫志请序，将广于梓。盖明初道流重刻时，妄以其意删节之，而改其名也。"认为《大涤洞天记》系明初道士重刻《洞霄图志》时将其删节而成，并擅改书名。

《道藏》本《洞天记》前有序文三篇。首篇为明洪武三十一年（1398）第四十三代天师张宇初所撰，言："大涤洞天天柱峰即洞霄宫也，始汉武元封（前110—前105）间，而晋唐以来，修真隐遁之士多居之。"次篇序文为玄教嗣师吴全节撰，记"大德九年夏，余奉旨搜贤，知叶玄文、邓牧心隐余杭天柱山，即而征之，固辞不起"，该序撰于元武宗至大三年（1310）。第三篇为洞霄宫住持沈多福所撰，自言："余惧灵迹奇闻久将湮没，遂俾道士孟宗宝、隐士邓牧心相与搜罗旧籍，询咨故老，考订作《洞霄图志》。凡山川标致之胜、宫馆规制之详、仙圣游化之迹、英贤纪述之美，皆收拾而无遗。"

《洞天记》卷下为《叙碑记》，收录钱镠撰《天柱观记》、吴筠撰《天柱观碣》、李玄卿撰《厨院新池记》、曹叔远撰《洪钟记》、吴泳撰《演教堂记》、杨栋撰《东阳楼记》、王思明撰《栖真洞神光记》、白玉蟾撰《演教堂揭扁法语》、家铉翁撰《重建洞霄宫记》、邓牧撰《昊天阁记》、叶林撰《白鹿山房记》、张伯淳撰《元清宫记》、沈多福撰《重建冲天观记》、邓牧撰《冲天观记》《清真道院记》与《集虚书院记》等唐、五代、宋、元碑记铭文共计16篇，所收多为名家之作。

(十四)《茅山志》

《茅山志》原书分为十二门十五卷，今《道藏》本析作三十三卷，题为"上清嗣宗师刘大彬造"。

茅山位于江苏句容市境内，因山势曲折，故名句曲山，道家称"句曲之金陵，是养真之福境，成神之灵墟"。相传西汉时茅盈、茅固、茅衷等三兄弟来此隐居修道，后人尊奉为"三茅真君"，遂改句曲山为三茅山，简称茅山。茅山为道教上清派发源地，道教"十大洞天"称为"第八金坛华阳天"，并列为"七十二福地"之首，素有"三宫、五观、七十二茅庵"之说，是著名道教圣地之一。《茅山志》撰成以前，已有《茅山新小记》一卷（《崇文总目》著录），南宋时曾恂等人重修的《茅山记》四卷等书刊行于世，但所书"山水祠宇，粗录名号而已，考古述事，则犹略焉"，所记十分简略。《茅山志》即根据以前多种旧志加以增修编纂而成，原为十五卷，明编《正统道藏》时因限于编藏体例，故将元刊本改为三十三卷。清代编修的《四库全书》将"浙江孙仰曾家藏本"《茅山志》列入《存目》史部地理类，该本实为明代嘉靖刻本，"不但纸版恶劣，非张雨之旧，且为无识道流续入明事，叙述凡鄙，亦非刘大彬之旧矣"。

刘大彬号玉虚子，钱塘人，元武宗至大四年（1311）袭教，为茅山派第四十五代宗师。据其自序云，"大彬登坛一纪，始克修证传宗经箓，又五载而成是书"。而该书前有玄教大宗师吴全节序文一篇，称"是书前后凡二十年始成"，说明该书编撰历时较长，或非一人之作。后钱大昕《元史·艺文志》著录有元末茅山道士张天雨编撰的《茅山志》十五卷，陈国符《道藏源流考》据此认为，元代以后传世的《茅山志》"实即张天雨所修，刘大彬窃取其名而已"，近世学人多有认同。

《茅山志》前有赵世延、吴全节、刘大彬三篇序文，略述撰志缘起与全书概要。全志分为十二门，分别为《诰副墨》《三神纪》《括神区》《稽古迹》《道山册》《上清品》《仙曹署》《采真游》《楼观部》《灵植检》《录金石》《金薤编》，每门以三字为题，应是仿陶弘景《真诰》而取的篇名。其内容包括历代帝王诏诰、茅山宫观名胜、仙真神人、宗派传承、道经典籍、医药养生、诗文题咏等，内容丰富，纪事翔实，体例得当，是道教志书中的上乘之作。

其中卷二〇至卷二七为《录金石篇》，集录自南朝萧梁至唐宋元末的茅山道教碑记铭文，除少数仅列碑目之外，大多为实录全文。其中录有《九锡真人三茅君碑文》《上清真人许长史旧馆坛碑》《陶先生朱阳馆碑》《茅山长沙馆碑》《茅山曲林馆碑》《梁解真中散大夫贞白先生陶隐居碑铭》《华阳隐居墓铭碑》《燕洞宫碑》等梁代碑文8篇，其中1篇有目无文；唐代碑文则有《唐国师升真先生王法主真人立观碑》《少室仙伯王君碑铭》《桐柏真人茅山华阳观王先生碑铭并序》《茅山贞白先生碑阴记》《唐茅山紫阳观玄静先生碑》《茅山玄静先生广陵李君碑铭并序》《华阳三洞景昭大法师碑》《崇元圣祖院碑》《三圣记碑》《唐石灯记》《唐道门威仪玄博大师贞素先生王君碑》《茅山紫阳馆碑铭并序》《复禁山碑》《灵宝院记》《上清真人许长史丹井铭碑》《体玄先生潘尊师碑颂》《唐汉东紫阳先生碑铭》《王法主碑》等共计29篇，其中13篇有目无文；宋代碑文则录《御制观龙歌》《宋天圣皇太后受上清箓记》《茅山五云观记》《茅山第二十三代上清大洞国师乾元观妙先生幽光显扬之碑》《武仙童书碑》《江宁府茅山崇禧馆碑铭》《宣和御制化道文碑》《茅山元符观颂碑》《茅山元符万宁宫记》《茅山华阳先生解化之碑》《冲隐先生遗表碑》《冲隐先生墓志铭》《茅山凝神庵记》《嘉定皇后受箓之记》《白云崇福观记》《洞阳馆记》等共有16篇；元代录有《华阳道院碑铭》《句曲山洞泉铭》《福乡井铭》《弘道坛铭》《崇禧万寿宫记》《崇寿观碑》等共计6篇碑记铭文。另外卷二六卷末录有《宋罗天感应碑》《元符万宁宫经藏记》两篇碑文之名，而无文字，注解说"右阙文"，说明其内容已经佚失；后面列有《宋重修华阳宫记》《元阳观记》《玉液庵记》三篇碑铭名称，下云："右不录文"，其缘故未作说明。

该志总计收录自南朝至元代有关茅山道教的碑记铭文64篇，其中19篇仅存碑目而无内容，实录碑文45篇。《茅山志·录金石篇》所收存的四十余篇碑文，唐宋时代的共计有32篇，几占大半，这与唐宋时代道教兴盛的历史背景有关，而且这段时期也是道教上清派的兴盛发展阶段。这些碑文实际反映了这一时期茅山道教的教派传承、人物活动、宫观名胜的具体内容，是有关道教历史的珍贵资料。

（十五）《梅仙观记》

《梅仙观记》一卷，题为"仙坛观道士杨智远编"，收入《道藏·洞玄部·记传类》。编者杨智远为南宋末年人，生平事迹不详。梅仙观原址位于今江西南昌市境内的梅岭，梅岭原名飞鸿山，属西山七十二峰之一，风景秀丽，素有"小庐山"之称。相传汉末南昌尉梅福不忍天下生灵涂炭，"乃奋忠义之气，上灾异书，以陈治乱"，后退隐于此，炼丹修道，升天成仙。后世为纪念其高风亮节，遂在山上建梅仙坛，山岭下修建梅仙观，将飞鸿岭改名为梅岭，成为道教名胜之地，历代文人墨客来此游览探胜，赋诗纪念。《梅仙观记》即将有关梅福其人与该地名胜的碑记铭文、诗词题咏汇编成册，以俾流传。

该《记》首列《梅仙事实》一篇，记述梅福生平事迹："昔梅仙君，河南寿春府人，名福，字子真。乃西汉成帝时受命洪州南昌县尉。居官清节，志厌浮华，每以恤民为念，未尝加鞭朴于民。"曾先后向朝廷上《陈灾异书》与《建三统书》，"帝俱不纳"，于是产生归隐之志，"遂解衣挂冠东都门，纳官弃妻子去九江"，其后求师慕道，访山采药，多隐名山广谷之间。一日得空洞仙君指点，至飞鸿山修炼千日，道成仙去。自后飞鸿山号为梅仙山，山之西有坠马洲，山之下有登仙里，山之东溪有逃童石，山之侧有甘露源，山之后有天花岭，传说均为梅仙遗迹。山麓建有梅君道院，乡民崇奉，香火颇盛。该文撰于唐德宗贞元二年（786），作者不详。后面有《梅先生碑》一篇，为唐末诗人罗隐所作，指斥汉代"纲纪颓坏"，而云"天下有道则正人在上，天下无道则正人在下"。其后有萧山明《书梅先生碑阴》与萧泰来《书梅先生碑后》各一文，言"失士则亡，得士则存"，大概都是对于唐末社会紊乱失和的情况有感而发。

后面则有宋代以来的诏令敕文6篇，卷末为历代赞咏梅仙馆的诗词题记40余首，其中有黄庭坚、苏辙等人的作品。范仁仲《题梅山》诗云："霞驭月寒时弄影，斗坛风冷夜闻香，先生不必真人号，自与乾坤共久长。"文字隽永，寓意深远。

（十六）《天台山志》

《天台山志》一卷，收入《道藏·洞玄部·记传类》。原书不著撰人，《四库总目》编者认为："末称世祖皇帝封道士王中立为仁靖纯素真人，知为元人所作。又称前至元间，知为顺帝时人矣。其书颇典雅可观，惟'七十二福地'一条，不引杜光庭书而引《记纂渊海》，知为稗贩之学矣。"近来《道藏提要》的编者根据书中叙述桐柏观有关纪年的文字推论，"自乾道戊子（1168）曹开府修建毕工，至今丁未变故，又一百九十九年"，"戊子"为南宋孝宗乾道四年，下推一百九十九年为"丁未"，适为元顺帝至正二十七年，断言该《志》"撰于元末至正二十七年"，即公元1367年。由此看来，前后两说均言之有据。

天台山位于浙江天台县，因"山有八重，四面如一，顶对三辰，当斗牛之分，上应台宿，故名天台"。此山既是佛教天台宗的发祥之地，又是道教南宗的祖庭所在，夙称"佛宗道源，山水灵秀"，唐宋时期的高道如司马承祯、杜光庭、张无梦、白玉蟾等均在此山桐柏观游历修道。在道教的洞天福地之中，天台被列为"十大洞天"之一。道经记载："第六（洞天）赤城山洞，周回三百里，名曰上清玉平之洞天。在台州唐兴县，属玄洲仙伯治之。"唐代高道司马承祯曾长期隐居于此，相传有司马悔桥的遗迹，故道教"七十二福地"又有"第六十（福地）司马悔山，在台州天台山北，是李明仙人所治处"的说法。历代以来，众多文人名士游历天台，如王羲之、顾恺之、李白、苏东坡、陆游、徐霞客等人，留下大量诗词题咏和碑刻文字，形成天台山著名的人文景观。该书即是以上历史内涵的记载与汇编。

该志前有《郡志辨》一篇，征引《会稽志》《十道志》《越中志》《赤城志》以及《真诰》《登真隐诀》等道经志书，概述天台山的历史渊源与宗教名胜。次则收录晋代文学家孙绰的《天台山赋》，其云："天台山者，盖山岳之神秀也。涉海则有方丈、蓬莱，登陆则有四明、天台，皆元圣之所游化，灵仙之所窟宅。夫其峻极之状，嘉祥之美，穷山海之环，富尽人神之壮丽矣。"将天台与蓬莱仙山相比，词旨清新，文辞秀丽，颇有情韵，为晋赋之名篇。次有《桐柏观碑》一篇，题为"唐太史中大夫行尚书河部部中上柱国清河崔尚撰"。碑文记述了唐代高道司马承祯（子微）在天台修道的事迹与唐代景云年间（710—712）修建桐柏观的由来，文末阐述道家之旨："夫道生乎无名，行乎有情，分而作三才，播而作万物，故为天下母。修之者昌，背之者亡，故为天下贵。"并解释大道与仙山的关系说："道之行也，必有阶也。行道之阶，非山莫可。故有为焉，有象焉，瞻于斯，仰于斯，若舍是居，教将奚依。"作为唐代士人对道教的理解，不为无见。次后则有宋代夏竦所撰《重建道藏经记》一文，对五代时期吴越之地筹建道教经藏的过程做了如实记录，这是一篇有关道教文献史的珍贵资料。最后有题名为宋人曹勋撰写的《重修桐柏记》，记述了宋乾道年间重修桐柏观的详细经过情形。

此书并非严格意义上的地方志，仅属有关天台诗文史料的汇编叙述，然记述详实，词旨可观，研究者多有征引。

建议阅读书目:

陈国符:《道藏源流考》,中华书局,1963年。

任继愈主编:《道藏提要》,中国社会科学出版社,1991年。

朱越利:《道经总论》,辽宁教育出版社,1991年。

主要参考书目:

陈国符:《道藏源流考》,中华书局,1963年。

任继愈主编:《道藏提要》,中国社会科学出版社,1991年。

任继愈主编:《中国道教史》(增订本),上海人民出版社,2001年。

卿希泰主编:《中国道教史》(修订本),四川人民出版社,1996年。

陈　垣:《道家金石略》,文物出版社,1988年。

龙显昭、黄海德主编:《巴蜀道教碑文集成》,四川大学出版社,1997年。

朱越利主编:《道藏说略》,北京燕山出版社,2009年。

赵卫东等编:《山东道教碑刻集》,齐鲁书社,2010年—2013年。

萧霁虹主编:《云南道教碑刻辑录》,中国社会科学出版社,2013年。

黎志添、李静编著:《广州府道教庙宇碑刻集释》,中华书局,2013年。

北京图书馆编:《中国历代石刻拓片汇编》,中州古籍出版社,1990年。

《石刻史料新编》,台湾新文丰出版公司,1986年。

《丛书集成新编》,台湾新文丰出版公司,1985年。

樊光春主编:《山西道教碑文集成》,青松出版社,2019年。

黄海德:《百年道教碑文研究的学术成就与展望》,原载盖建民主编《道在养生高峰论坛暨道教研究学术前沿国际会议论文集》,巴蜀书社,2015年。

黄海德:《道教碑文之史料价值初探——以明〈道藏〉为例》,《西华师范大学学报》（哲学社会科学版）2016年第2期。

姜　生：《栖真观碑记所见沂蒙山区早期全真道》，《世界宗教研究》2006年第4期。

王　卡：《明代景教的道教化——新发现一篇道教碑文的解读》，《世界宗教文化》2014年第3期。

米德昉：《明代甘肃永登地区道教真武信仰研究——以万历年间〈新建北灵观碑记〉为中心》，《宗教学研究》2013年第2期。

王　岗：《宣南地区的金朝道观与碑文》，《古籍整理研究学刊》2012年第1期。

作者简介

黄海德，1953年重阳节生。早年在四川省图书馆古籍部（渭南严氏贲园书库）拜王家祐先生为师，后师从李耀仙教授攻读中国思想史。曾在四川省社会科学院哲学研究所工作，2001年调至华侨大学工作。现为华侨大学教授、博导，宗教文化研究所名誉所长，主持国家社科基金重点项目"东南亚华文宗教碑铭的搜集、整理与研究"。曾参加任继愈先生主编的《中国宗教大词典》与《中国道教史》（修订版）的撰写工作；主编《道教研究》《巴蜀道教碑文集成》《道学文化丛书》等；著有《老子道德经经解》《天上人间——道教神仙谱系》《中国文化与中国社会》（合著）、《道家思想史纲》（合著）等书。自20世纪80年代以来，在《世界宗教研究》《世界宗教文化》《宗教学研究》《学术月刊》等杂志发表论文数十篇。先后获国家古籍优秀图书奖二等奖、省部级哲学社会科学优秀成果奖等9项。

禁毁道经说略*

朱越利

商鞅"燔《诗》《书》",秦始皇"焚书坑儒",刘邦沿袭"挟书律",中国封建专制制度严酷的文化禁锢政策渊源有自。这一政策对道经亦不例外。在中国历史上,曾有过多次中央政府或割据政权支持编修《道藏》的文化德政。但必须看到,这些德政是以维护封建统治为前提的。一旦违背了这个前提,或者仅仅被怀疑有违背这个前提的可能性,统治阶级即会毫不手软地向道经开刀,将禁毁图书的紧箍咒对着道经念上一念。通观历史,道经主要因以下三种内容引来禁毁之灾祸:

一、含有反叛思想

汉顺帝时,琅琊人宫崇到皇宫门前献上一部《太平清领书》,厚达170卷,自称是他的老师于吉在曲阳泉水上所得的神书。汉顺帝没有称赞这部书,也没有赏赐宫崇,将书收藏了起来。汉桓帝时,平原隰阴人襄楷再次推荐《太平清领书》,又不为用。虽未明文禁止,这种束之高阁的作法却是不禁之禁。试想,皇帝不用,在统治阶级中谁还敢用?北宋贾善翔《犹龙传》卷四《授于吉太平经》说,宫崇献给汉顺帝的书就

---

* 原载《三秦道教》1998 年第 2 期。

是《太平经》。《太平经》为太平道的基本经典。《后汉书》记载，于吉神书以奉事天地、顺应五行为主要内容，也有兴国广嗣之术。今存《太平经》与这一记载相符合。

汉顺帝和桓帝将《太平经》束之高阁，据说是因为《太平经》"妖妄不经""多巫觋杂语"。所谓妖妄不经等等，是一种含混其词的借口。真正的原因恐怕是因为《太平经》的一些内容包含着农民的愿望。比如，《太平经》一些篇章反对过度剥削，谴责昏君和贪官污吏，主张男女平等、自食其力、周急救穷，向往没有剥削和压迫的乌托邦社会。这些内容不合封建统治阶级口味，隐藏着煽动民众造反的可能性，使顺帝和桓帝隐隐地感到不安。汉灵帝时，巨鹿人张角发动黄巾起义。张角利用原始道教太平道发动群众，公然藐视不禁之禁，以《太平经》为主要经典。它证明了汉顺帝和桓帝的政治嗅觉是灵敏的。

据《云笈七签》卷一一一引六朝《洞仙传》记载，三国孙策平定江东，时有于吉传道，士民事之如神，尊称他为干（于）郎。孙策将于吉请到军中为客，请他为自己占卜，以符水为将士治病。于吉道术高明，获得将士广泛的尊崇，将士们甚至"先拜吉，后朝策"。这种局面刺伤了孙策狭隘的专制主义的自尊心，令他担心自己的统治地位受到于吉的威胁，于是他借故杀掉了于吉。孙策虽然只是武装割据势力，但封建专制主义的"天无二日，国无二君"的政体和意识在他那里并无不同。孙策的行为表明专制主义者对于有损自己威望、威胁自己地位的言行，哪怕是一点点影子，都是十分敏感的。

《洞仙传》说，于吉尸解后，经常在孙策前后显灵作祟，使孙策为刺客所伤，继而恐吓大叫，伤口迸裂而死。这是神话，隐蔽地谴责了孙策滥杀无辜的专制主义行径。《洞仙传》又说，孙策死后，"世中犹有事干（于）君道者"。这位于吉是否就是在曲阳水上得神书《太平经》的那位于吉，很难说清，但所谓于君道就是当年的太平道。这段记载表明，黄巾起义失败后，太平道或转入地下，或改头换面继续活动，《太平经》在汉末吴初继续流传。

东晋葛洪整理其师郑隐家中藏书，简略地抄录了书目，写成一篇文章，名为《遐览》，收入《抱朴子内篇》。《遐览》著录曰"《太平经》五十卷，《甲乙经》一百七十卷"。《甲乙经》是《太平经》的另一个书名。《遐览》表明，《太平经》在东晋时仍在流传。

不仅如此，南北朝时期，孟法师等在"三洞"的基础上，增加"四辅"，作为道藏的类别。其中一类叫做"太平部"，专收以《太平经》为首的道经。南北朝上距东汉末年时间已远，朝代更迭，《太平经》似乎不那么忌讳了，所以奉《太平经》为主要经典的道派居然能成为当时的主流道派之一。不过这些道派在当时的活动情况未被记载下来，后来显然是沉寂了，融合到其他派别中去了。由于道藏七部分类法沿袭下来，《太平经》也随着历代编修道藏保存了下来，今存明《道藏》太平部收有《太平经》残卷57卷和唐间丘方远《太平经钞》10卷等。

与黄巾起义几乎同时，张鲁利用另一原始道教五斗米道割据巴蜀近三十年。张鲁著《老子想尔注》，令教民诵习。从今存《老子想尔注》半部残卷中倒是看不到反映农民思想的内容。况且张鲁最后投降了曹操，五斗米道的命运要比太平道好得多。但五斗米道分化了，一部分转变为贵族道教，一部分仍在民间，沦为"淫祀"。由于原始道教具有反叛性格，故而承继东汉的三国和两晋政权，无不对原始道教时时防范。魏武帝曹操、魏文帝曹丕、晋武帝司马炎等均数次废禁"淫祀"，曹丕甚至禁祀老子。虽然至今没有发现魏晋统治者颁布的禁毁《老子想尔注》的命令，但可以推断《老子想尔注》等原始道经不为统治阶级所欢迎。

明《道藏》未收《老子想尔注》，《老子想尔注》多亏敦煌遗经才保存下来。

二、含有谶纬内容

许多封建统治者在夺取最高权力之前，都曾利用过谶纬预言为自己制造舆论。当他们登基之后，地位发生了颠倒性的变化，对谶纬的态度也随即根本改变，变为防止别人利用谶纬颠覆自己。晋武帝于泰始三年（267）下诏"禁星气、谶纬之学"，开创了禁谶纬天文著作的先例。由此开始，六朝时期屡禁谶纬。前秦符坚在禁谶纬的同时，还禁《老》《庄》，严厉之极，明令"犯者弃市"。道教尊崇《老》《庄》，吸收了星气、谶纬之学。在上述一次又一次的严禁之中，包含有谶纬内容的道经受到株连亦不足为奇。

《三皇经》在六朝时期流传很广，卷数和种数都相当可观，为三洞之一。唐朝尊崇道教，但唐太宗曾下令禁废《三皇经》。原因是经中的图谶宣扬诸侯可以成皇帝、妇女可以成皇后。唐太宗担心这种图谶会诱导、鼓励王侯将帅重臣觊觎皇位的政治野心，威胁李家统治。贞观二十年（646），曾在礼部尚书厅前集中烧毁过一次《三皇经》。

隋朝末年，道士制造了许多改朝换代的谶纬符命，矛头直指隋朝统治者。在各种谶纬中，李氏代杨的预言流传最广，影响最大，对唐朝的建立起到重要作用。不仅包括道士王远知在内的许多人利用李氏代杨的谶语力劝李渊起兵反隋，劝隋朝将士和各路反隋豪杰归顺李渊，而且李世民自己也曾力劝父亲李渊顺应谶纬预言，打起反隋的义旗。唐太宗对谶纬的作用一清二楚。所以他对谶纬采取了双重标准。《三皇经》受到唐太宗禁毁后，损失惨重，今只有少量残卷侥幸保留下来。

宋王朝近一步扩大了禁书的范围。天文、图纬、谶候、推步、阴阳诸类禁书，难免稍带一些道经。

三、含有化胡说

化胡说早在汉代即已出现。此说出自道教,还是出自佛教,后人看法不一。从各种文献记载的史实是,六朝时期佛教方面有人强烈指责道教伪造《化胡经》,觉得自己受了侮辱。《化胡经》说老子是佛的老师,六朝以来的确有个别道士以此扬道抑佛,进一步激化佛道之间的矛盾。化胡说逐渐变成佛道矛盾的一个焦点。化胡说本身并没有排外或歧视少数民族的意思,其出发点在于神化老子,或者在于依附中土文化。老子不仅化胡,也化汉,大家都信奉老子,胡汉一家。由于佛道教都有人从狭隘的门户观念出发利用化胡说作文章,遂使化胡说蒙上一层民族矛盾的色彩。

化胡说的争论继续到元代,一些佛教徒抓住身为少数民族的元代统治者的心理,提出《老子化胡经》的真伪这一敏感问题打击道教,获得胜利。元宪宗五年(1255)僧道辩论《化胡经》真伪,宪宗裁决《化胡经》为伪书,颁旨焚毁45部道经印板。两年后又烧了一批。元世祖至元十八年(1281)佛道再次辩论,道教又输。世祖下诏除《道德经》外,其余《道藏》经文印版全部焚毁。

祥迈《至元辨伪录》卷二开列了遭禁断的39部重要道经,它们是《化胡经》《犹龙传》《太上实录》《圣纪经》《西升经》《出塞记》《帝王师录》《三破论》《十异九迷论》《明真辩伪论》《十小论》《钦道明证论》《辅正除邪论》《辟邪归正议》《訖邪论》《辨仙论》《三天列纪》《谤道释经》《五公问虚无经》《三教根源图》《道先生三清经》《九天经》《赤书经》《上清经》《赤书度命经》《十三虚无经》《藏天隐月经》《南斗经》《玉纬经》《灵宝二十四生经》《历代应现图》《历代帝王崇道记》《青阳宫记》《纪胜赋》《玄元内传》《楼观先生内传》《高上老子内传》《道佛先后论》《混元皇帝实录》。①

元世祖不久觉察到在佛道二教间执行的倾斜政策已经过度了，立即对道教进行了安抚。故边远地区的道藏没有全部烧掉。尽管如此，宪宗、世祖三次焚毁道经，特别是焚毁纯阳万寿宫所存《大元玄都宝藏》经板，对道教文献造成了巨大损失。元末明初的战争，使道经继续受到摧残。另外，元代亦禁天文、图谶、阴阳伪书。

有学者说，元世祖的诏书只命令焚毁39种伪造并污蔑佛教的道经，并没有命令除《道德经》外的其余《道藏》经文印板全部焚毁。整个元代，焚毁的道经只有数十种。

除元代之外，其他朝代也有因三教斗争而引起禁毁道经的。南北朝是儒释道三教斗争异常激烈的时期，各朝各国各位皇帝对三教的态度五花八门，甚至反复无常。指名禁绝道教的有这么几位皇帝：梁武帝萧衍于天监三年（504）下《舍事道法诏》，称老子为邪法、邪道，表示要划清界限，并要求公卿百官侯王宗族均舍道入佛。北齐高祖高洋于天保六年（555）下《废道法诏》，禁绝道教。梁武帝虽舍道入佛，但仍优礼他的老朋友、著名道士陶弘景，道经在梁国境内的流传大概受影响不大。齐高祖禁绝道教，道经在北齐国境内流传当比较困难。周武帝宇文邕于建德三年（574）采取断然措施："初断佛、道二教，经、像悉毁，置沙门、道士，并令还俗。"统治阶级指名焚毁道经，这是第一次。道经受到创伤是毫无疑问的。

三教斗争有时同民族矛盾搅在一起。道教产生于中国，往往被人误认为单单是汉族人的宗教。历史上一些少数民族统治者有这种误解，一些汉族人也有这种误解。其实道教的产生与少数民族文化的关系十分密切，信仰道教的少数民族也不少。当然，道教信徒中以汉族人为最多，道教的文化内涵也以汉族传统文化为主体，这也是事实。元代两位皇帝禁毁道经时，难免没有防范被压迫的汉族民众反元的考虑。金代统治者

---

① 《辨伪录》所述，本书第一版照录《大正藏》本，此次再版加以校改。

也对全真、真大道、太一等新道派深怀戒心，几次下达禁令，因为它们为被压迫的汉族民众广泛信仰。后转而对上层道士采取拉拢、利用的政策，对下层信众的限制仍未放松。道藏外的道经在金代受到禁止可以想见。真大道、太一两教经典今存世不多，当与金代严禁有关。

明清两朝进入了中国封建社会后期，文化专制主义逐渐达到顶峰，道经受到的限制和禁毁超过从前。明代正统和万历年间编纂《道藏》后，再没有新的道藏出现。清统治者大兴文字狱，禁书的文网也张得更大，拉得更紧。清代皇帝根本没有下令编辑新的道藏。清高宗下令编辑《四库全书》时，对全国的图书进行一次大检查，大禁毁，一些道经也被禁止或毁坏。

因历代封建统治者的禁毁而损失的有价值的道经究竟有多少，今已难统计。现存的有价值的道经，大都历经磨难，十分珍贵。它们能够逃脱一次又一次的文网，流传至今，有赖于各种必然的和偶然的因素。道教徒的精心甚至舍命保护是其中一条重要的原因。另外，道教徒在编制经书时，晦涩其文，使用隐语，也使一些犯禁的道经免遭文祸。这样做的副作用也很大，造成这些道经传到后世人皆不识的局面。今天我们破译道经的任务还很重，其中一部分负担是封建的文化专制主义造成的，可谓贻害无穷。

建议阅读书目：

陈　垣：《南宋初河北新道教考》，中华书局，1962年。

陈国符：《道藏源流考》，中华书局，1963年12月。

岑宇凡：《潜邸时期的忽必烈与佛教徒》，《社会科学动态》2021年第11期。

张云江：《至元十八年焚毁道经事考辨》，《世界宗教研究》2014年第4期。

主要参考书目：

陈　垣：《南宋初河北新道教考》，中华书局，1962年。

陈国符：《道藏源流考》，中华书局，1963年12月。

张云江：《至元十八年焚毁道经事考辨》，《世界宗教研究》2014年第4期。

图书在版编目（CIP）数据

道藏说略 / 朱越利主编 . —增订本 . —北京：北京联合出版公司，2022.5（2024.4 重印）
ISBN 978-7-5596-6007-7

Ⅰ.①道… Ⅱ.①朱… Ⅲ.①道藏 Ⅳ.① B951

中国版本图书馆 CIP 数据核字（2022）第 039044 号

道藏说略（增订本）

主　　编：朱越利
出 品 人：赵红仕
责任编辑：张永奇
封面设计：黄晓飞
出版发行：北京联合出版有限责任公司
　　　　　北京联合天畅文化传播有限公司
社　　址：北京市西城区德外大街 83 号楼 9 层
邮　　编：100088
电　　话：（010）64243832
印　　刷：北京富诚彩色印刷有限公司
开　　本：787mm×1092mm　1/16
字　　数：1238 千字
印　　张：89.5
版　　次：2022 年 5 月第 1 版
印　　次：2024 年 4 月第 2 次印刷
ISBN 978-7-5596-6007-7
定　　价：328.00元（全三册）

文献分社出品
未经许可，不得以任何方式复制或抄袭本书部分或全部内容
版权所有，侵权必究